Eugen Drewermann
Moby Dick oder Vom Ungeheuren, ein Mensch zu sein

Eugen Drewermann

Moby Dick oder
Vom Ungeheuren, ein Mensch zu sein

Melvilles Roman tiefenpsychologisch gedeutet

Walter

Bibliografische Information der Deutschen Bibliothek
Die Deutsche Bibliothek verzeichnet diese Publikation in der Deutschen
Nationalbibliographie; detaillierte bibliographische Daten sind im
Internet über http://dnb.ddb.de abrufbar.

© 2004 Patmos Verlag GmbH & Co. KG
Walter Verlag, Düsseldorf und Zürich
Alle Rechte vorbehalten
Druck und Bindung: Clausen & Bosse, Leck
ISBN 3-530-17010-0
www.patmos.de

… wie die guten Sitten es den Leuten im wirklichen Leben nicht erlauben, mit der gleichen Unbefangenheit aus sich herauszugehen, die auf der Bühne zulässig ist, so erhoffen sie sich von den Romanen nicht allein mehr Kurzweil, sondern im Grunde sogar auch mehr Wirklichkeit, als sie das wirkliche Leben zu bieten hat… So gesehen, müssen sich die Menschen in einem Roman – genau wie die Menschen in einem Theaterstück – kleiden, wie sich, genaugenommen, niemand kleidet, müssen reden, wie, genaugenommen, niemand redet, und handeln, wie, genaugenommen, niemand handelt. Mit dem Roman ist es wie mit der Religion: er soll uns eine andere Welt zeigen, aber doch eine, mit der wir uns verbunden fühlen können.

Maskeraden, XXXIII 390

Also wirklich, ihr Bücher müßt wissen,
wo euer Platz ist.
Wenn's um die nackten Wörter und Tatsachen geht,
seid ihr ganz nützlich,
aber die Gedanken müssen wir beisteuern.

Moby-Dick, XCIX 669

Alles, was am Menschen
wahrhaft wunderbar und furchtbar ist,
ward nämlich noch nie
in Worten oder Büchern festgehalten.
Und der nahende Tod
...
gewährt auch allen ohne Unterschied
eine letzte Offenbarung,
die nur ein Autor aus dem Totenreich
uns richtig wiedergeben könnte.

Moby-Dick, CX 733

Es ist unheimlich zu sehen, wie ein seidiges Tier
lange mit einer goldenen Eidechse spielt,
bevor es sie verschlingt.
Noch viel schrecklicher ist es zu sehen,
wie das katzenhafte Schicksal manchmal
mit einer Menschenseele spielt
und ihr infolge eines namenlosen Zaubers
die vernünftige Verzweiflung
durch eine unvernünftige Hoffnung ersetzt.
Unbewußt ahme ich selbst dieses katzenhafte Wesen nach,
indem ich mit dem Herzen des Lesers spiele;
denn wenn er nichts dabei fühlt,
liest er ohne Nutzen.

Die Encantadas, VIII 289

Inhalt

9

Wie zu lesen ist

Manche Bücher liest man der Fülle ihrer Gedanken oder Informationen wegen; andere liest man zur bloßen Unterhaltung. Doch dann gibt es solche, bei denen man von der ersten Zeile an spürt, daß man sie lesen muß, um etwas Wesentliches über sich selbst zu erfahren. Eine eigentümliche Faszination geht von ihnen aus – von den Motiven ihrer Erzählung, von der Entwicklung ihrer Handlung, von der geheimen Symbolik, die in ihnen liegt. Irgendwie, so begreift man, ist das Erzählte eine Parabel auf das eigene Sein, und dem muß man nachgehen. Gefühle uneingestandener Sehnsucht, Ahnungen insgeheim lauernder Gefährdungen, Zielsetzungen, deren Kühnheit stets nur erschreckte, Fragen und Infragestellungen, die schon auf Grund ihrer Widersprüchlichkeit und mehr noch in Anbetracht ihrer alle gewohnten Sicherheiten zersprengenden Konsequenzen bisher stets gemieden wurden, Gegensätzlichkeiten, ja, Unvereinbarkeiten zwischen Denken und Empfinden, zwischen Sollen und Wollen, zwischen Müssen und Mögen, der Zerfall gar der eigenen Person in eine Mehrzahl einander widerstreitender Gestalten, die doch miteinander verwoben sind und in vagen Andeutungen die Teile eines noch unerfindlichen Ganzen bilden, die beklemmende Ungewißheit vor allem, wieviel im eigenen Leben eher vorherbestimmt und vorherverfügt ist als selbstgewählt und verantwortbar, die bestürzende Frage schließlich, ja, die vollkommene Irritation darüber, wer man eigentlich ist und welch eine Rolle inmitten des Wirbels dieser verwirrenden Welt dem winzigen Ich denn nun zufällt oder vielleicht wohl auch zugedacht ist, – wo irgend ein Buch sich bietet, das eine oder einige dieser Facetten des Daseins zentral aufgreift und ausbreitet, da regt es zum Lesen an, da erregt es einen höchsten Grad an Aufmerksamkeit, da nötigt es zu einer als dringend notwendig empfundenen Auseinandersetzung. Denn so viel steht fest: ausweichen kann man ihm nicht.

Ein solches Buch, ohne Zweifel, ist HERMAN MELVILLES *Moby-Dick*. Obwohl vor nun mehr als 150 Jahren geschrieben, soll es uns im folgenden nicht historisch interessieren – als ein einzigartiges Dokument des amerikanischen Walfangs in der relativ kurzen Zeitspanne der vierziger Jahre des 19. Jhs.; denn es ist ein zeitloses Werk, das an jeder Stelle den Versuch unternimmt, das Zeitbedingte ins überzeitlich Gültige, ins Mythische zu erheben und zu erzählen von dem, was immer war und immer ist und immer sein wird, von dem, was sich stets von neuem begibt und sich endlos wiederholen wird und wiederholen muß, – solange wir seinen tragischen Mechanismus nicht verstehen und, aufgerüttelt durch tiefere Einsicht, es nicht wieder und wieder zu überwinden vermögen. Obwohl sprachlich ein Werk von HOMERischer Größe und Schönheit, soll es uns nicht vorwiegend ästhetisch interessieren, vieles sonst möchte insbesondere kompositorisch als mängelbehaftet und unausgeglichen erscheinen. Uns soll es einzig um die Frage zu tun sein, wer wir selber denn sind im Konterfei eines solchen Romans, dessen Protagonisten, das ahnt jeder Leser, in unserem eigenen Herzen spielen und sich in unserem eigenen Leben aufführen.

Sucht man in der Literaturgeschichte nach Parallelen für die Gestalt eines Mannes wie Kapitän Ahab, einer Person, die mit ihrem Haß und mit ihrem Wunsch nach Rache für eine tief empfundene Kränkung und Schmach sich selbst und alle anderen in ihrem Umkreis unaufhaltsam in den Untergang treibt, so mag man an SHAKESPEARES Shylock (in *Der Kaufmann von Venedig*) denken, dem man in der Person seiner Tochter alles geraubt hat, woran sein Herz hing, und der nun »Gerechtigkeit« fordert für das Unrecht, das man ihm, einem vereinsamten freunde- und freudlosen Juden, in den Mauern der »christlichen« Lagunenstadt angetan hat, – doch sogleich wird man merken, daß Ahabs Haß den eines Shylock bei weitem übersteigt; auch den eines *Hamlet*, der zwischen Wahnsinn und Mord das Verbrechen seines Onkels Claudius und seiner Mutter Gertrud zu ergründen und zu ahnden sucht; auch den eines Jago, der seinen Konkurrenten *Othello*, den Mohren, in einem Netz von Verdächtigungen und Verleumdungen zur Ermordung seiner geliebten Gattin Desdemona treibt, um sich für seine vermeintliche Zurücksetzung durch den Dogen zu rächen. Wohl lebt in all diesen SHAKE-SPEAREschen Dramen, die MELVILLE unstreitig zutiefst beeinflußt haben[1], das gleiche quälende Gefühl von fundamentaler Kränkung, von aufgestauter unerträglich werdender Wut, von dem elementaren Bedürfnis nach Revanche und Vernichtung, doch betrifft dieses tragische Ensemble von erlittener Ohnmacht und ersehnter Vergeltung in gewissem Sinne nur diese großen exemplarischen Einzelnen selbst. Was indes MELVILLE in seinem *Moby-Dick* schildert, ist, ausgehend von solchen Vorbildern, die Verknüpfung der Psychologie des Einen mit der Psychologie aller, ist die Verschmelzung von

Individualpsychologie und Massenpsychologie, ist die Darstellung der kollektiven Verführbarkeit der Menge durch den Wahn ihres Führers. Was geschieht in Ahab, wenn der Schmerz seines verkrüppelten Daseins ihn rasend macht bis zum Irrsinn, und was geschieht mit seiner Mannschaft, die sich ihm unterwirft bis zur Ununterscheidbarkeit? Und wieder anders gefragt: wie stehen die einzelnen Personen an Bord der *Pequod*: die drei Steuerleute, ihre drei Harpuniere, der geheimnisvolle Parse Fedallah, der Schiffszimmermann und der Schmied und nicht zuletzt der vor Angst wahnsinnig gewordene Schiffsjunge Pip in Beziehung zu ihrem »Kapitän« – wie verhalten sich all diese verschiedenen Einstellungen und Sichtweisen des Lebens zu ihrem einen Zentrum, dem persönlichen Bewußtsein, dem einen eigenen Ich?

Es gibt eine Art Vorurteil, das wie eine Leseblockade für die Hälfte der Menschheit wirkt, indem es die Geschichte von Kränkung, Rache und Untergang an Bord eines Walfängers aus Nantucket Mitte des 19. Jhs. für eine »typische Männergeschichte« erklärt. In der Tat: MELVILLES Roman spielt (bis auf die resolute Mrs. Hussey vom Gasthaus »Zum Trankessel« und »Tante Charity« mit ihrem witzigen Ingwer-Tee) ausschließlich unter Männern; gewiß auch werden es fast ausnahmslos die Jungen in aller Welt sein, die sich in der Abenteuerphase ihrer Entwicklung mit 14 Jahren in die grandiose Handlungsvorlage von Seefahrt und Walfang bis in ihre nächtlichen Träume hinein verlieben; und natürlich war (und ist) ein Beruf, wie MELVILLE ihn schildert, das Metier von Jägern und Schlächtern, eine ausgesprochene »Männersache«. Doch der Stoff selbst von verletztem Selbstwertgefühl und alles vernichtendem Haß hat bereits in dem Drama der griechischen Medea sein weibliches Pendant in einer Frau gefunden, die, enttäuscht in ihrer Liebe zu Jason, für den sie alles verließ, in verzweifeltem Zorn die eigenen Kinder zerstückelt; und vor allem das *Nibelungenlied*: es schildert den Untergang eines ganzen Volkes in Folge des rasenden Rachebedürfnisses Kriemhilds für den heimtückisch ermordeten Siegfried. So zu empfinden ist, wie man sieht, nicht geschlechtsspezifisch, es ist ganz einfach menschlich, und so stellt sich die Frage an jeden, wie er seine Menschlichkeit bewahrt oder zurückgewinnt angesichts dieser wohl unheimlichsten aller menschlichen Möglichkeiten.

Vor allem mit Blick auf die geschichtliche und politische Wirklichkeit erscheint kaum ein Problem dringlicher, als wie wir einen Ausweg aus den uralten Verhaltensbereitschaften von Aktion und Reaktion, von Schmerz und Vergeltung, von Unrecht und Gewalt zu finden vermögen; wie lernen wir es, die allzu gehorsamsbereite Indienststellung aller im Kampf gegen das vermeintlich Böse aufzukündigen, die Vereinnahmung zu dem ewigen Krieg gegen ein dämonisiertes Ungeheuer aus Horror und Terror abzulehnen und zu den simplen Forderungen von Vernunft und Menschlichkeit zurückzufinden? Schon all diese Fragen bedürfen dringlich einer Antwort. Die Geschichte von Moby Dick aber nimmt selbst die politische und psychologische Problemstellung, die in ihr enthalten ist, nur zum Einstieg zu einem weit abgründigeren, im letzten metaphysischen Problem: Was heißt es, in einer Welt zu leben, die randvoll ist von Qual und von Leid, im Raum einer Natur, die grenzenlos gleichgültig dem Untergang der Kreaturen gegenübersteht, inmitten einer Wirklichkeit, in welcher das wechselseitige Töten und Verschlingen eine nicht zu überschreitende Urtatsache darstellt?

Das »Meer« und der »Wal« bilden im Grunde nur noch die Chiffren einer Welterfahrung von unentrinnbarer Grausamkeit und abgrundtiefer »Arglist«. Dann aber stellt sich die Frage, welch eine Glaubwürdigkeit, welch eine Wahrheit die Tröstungen und Wahrheitsbehauptungen der überkommenen christlichen Religion im Gegenüber einer derart elementar erlebten »heidnischen« Welt noch besitzen.

Es war nicht von ungefähr, daß man in den 50er Jahren des 20. Jhs., nach den Erfahrungen von Totalitarismus und totalem Krieg, MELVILLES großen Roman als eine existentialistische Schlüsselerzählung verstand, in welcher die Situation eines Menschseins geschildert werde, das sich selbst seine Menschlichkeit im Protest gegen die Absurdität eines unmenschlichen Daseins zu beweisen trachte, selbst wenn es in diesem Protest von vornherein zum Scheitern verurteilt sei[2]. Schriftsteller wie JEAN GIONO widmeten dem Menschen MELVILLE eine einfühlsame Darstellung der vielleicht wichtigsten Epoche seines Lebens gerade aus der Zeit der Abfassung des *Moby-Dick*[3]; Film-Regisseure wie JEAN PIERRE MELVILLE, die ihr gesamtes Werk auf die Frage nach den Motiven des Bösen im Menschen auszurichten suchten, fanden in dem zu seiner Zeit völlig verkannten und schließlich fast unbekannten amerikanischen Autor ihr großes künstlerisches Vorbild[4].

Es wäre schon viel, wenn es mit der vorliegenden Interpretation des MELVILLEschen Romans gelingen könnte, ein Stück der Ernsthaftigkeit der Diskussion jener Tage in die Zeit unseres wesentlich an dem literarischen Reiz eines Werkes ausgerichteten Rezensions- und Rezeptionsbetriebs einzuholen.

Wohlgemerkt aber ist gerade der *Moby-Dick* alles andere als ein philosophisch oder weltanschaulich einheitliches Werk. Im Gegenteil. Wenn es in

MELVILLES Roman eine Grundüberzeugung gibt, so besteht sie in der prinzipiellen Unvollendbarkeit aller Bemühungen um Klarheit und Wahrheit über unsere Lage in der Welt. Nicht nur, daß MELVILLE von der ersten Zeile an seinen nur allzu berechtigten Spott über die Stubengelehrten mit ihrem Willen zu systematisch gewonnener Erkenntnis ergießt, er zeigt zugleich, wie mitten im Leben ein und dieselbe Wahrnehmung von verschiedenen Personen ganz unterschiedlich interpretiert werden muß, je nachdem, was für Menschen sie sind, ja, wie sogar ein und dieselbe Person, je nach augenblicklicher Gestimmtheit, zu diametral entgegengesetzten Deutungen der gleichen Sachverhalte geführt oder verführt werden wird. Der Mensch ist nicht einheitlich und die Welt viel zu groß, um zu einem »abschließenden« religiösen oder philosophischen »Gutachten« zu gelangen. Um so mehr stellt sich dem Leser die Frage, wie in ihm selber der Widerstreit der Meinungen und Ansichten, die auf der *Pequod* wie in einem Brennglas gebündelt sind, sich fortsetzt und wie er selbst, nicht mit dem Entwurf einer theoretischen Synthese, wohl aber mit seiner eigenen Existenz darauf zu antworten vermag.

Ein Versuch zur Interpretation von MELVILLES größtem Roman kann und soll im besten Falle nicht mehr, aber auch nicht weniger sein als eine Anregung und eine Hilfestellung zur eigenen Lektüre. Andererseits ist es wohl nur realistisch, vorauszusetzen, daß viele weder die Zeit haben noch die Geduld aufbringen werden, sich durch die 135 Kapitel des MELVILLEschen Monumentalwerks hindurchzuarbeiten; selbst »Gutwilligen« dürfte es schwerfallen, sich durch die Bizarrerien und Clownerien von MELVILLES »Walkunde« oder durch seine langatmigen Erläuterungen über die Gerätschaften und Praktiken des zeitgenössischen Walfangs nicht abschrecken zu lassen; und doch wird der Leser gerade an solchen wie unnötige Einschübe wirkenden Stellen reich belohnt durch die regelmäßigen Allegorien wesentlicher Züge des menschlichen Daseins, mit denen MELVILLE seine nur vordergründig »technischen Abschweifungen« gewöhnlich beschließt. Statt, wie manchmal geschehen, in diesen existentiellen Symbolisierungen nichts weiter zu erblicken als ungelenke Posen einer krampfhaft aufgesetzten Bedeutsamkeit, sollte der Leser MELVILLES Bemühen um eine Weltbetrachtung in Chiffren in Wahrheit als eine selbstverständliche Konsequenz seiner einzig wirklichen Überzeugung, als Grundzug seines gesamten künstlerischen Schaffens verstehen: daß nichts existiert in der äußeren Welt, was nicht sein Spiegelbild und seine Entsprechung in der inneren Welt besäße; daß dem Erleben des Menschen etwas im wirklichen Leben gemäß ist, – daß,

17

mit einem Wort, Mensch und Natur in einer unauflöslichen Einheit von verborgenen Verweisungen miteinander verwoben sind. Diese durch und durch mythische Weltanschauung und Weltbetrachtung des *Moby-Dick* ist alles andere als eine stilistische Marotte oder als eine rein literarische Fiktion, sie ist Eindruck und Ausdruck des Kerns MELVILLEscher Welt»erfahrung« in wörtlichem Sinne.

Nun denn, geh grad mal ein paar Schritte voraus zum Bug und wirf einen Blick nach Luv rüber, dann komm wieder her zu mir und erzähl mir, was du da siehst, sagt Kapitän Peleg zu Ismael, um herauszufinden, wie ernst es diesem mit seinem Entschluß ist, auf einem Walfänger anzumustern, mit dem Ziel, *die Welt zu sehen* (XVI 138; 137); was Ismael in *Luv* zu sehen bekommt, ist *grenzenlos, aber über alle Maßen eintönig und abstoßend; nicht die kleinste Abwechslung – nichts als Wasser;* doch entscheidend ist nicht das »Sehen«, sondern das Erleben, und was *Meer* und was *Welt* ist, kann man nur in Erfahrung bringen, indem man sie erfährt und befährt, quer durch alle Widrigkeiten und Fährnisse. Was MELVILLES Ismael später bei seiner Ausfahrt erlebt, wird sich niemals zu einem geordneten Ganzen fügen, zu ungefüg und chaotisch ist die Weltwirklichkeit ebenso wie das menschliche Herz, zwei Unendlichkeiten, die sich berühren und miteinander verschmolzen sind und die doch auf sonderbare Weise einander fremd und feindlich bleiben. Allenfalls Ansichten, manchmal auch Einsichten lassen sich gewinnen und zusammenstellen; mag sich dann daraus ergeben, was gerade am nächsten liegt. Was ist da Einbildung, was Wahrnehmung, was bloßer Sinnentrug, was wahre Erkenntnis, und woher sollen die Kriterien stammen, um das eine vom anderen zu unterscheiden? Es gilt, genau hinzusehen. Mehr ist nicht möglich.

Einer solchen aspekthaften Weltbetrachtung, die dem Mythos wesentlich zukommt, ist auch der Stil des *Moby-Dick* verpflichtet. Nirgendwo vor MELVILLE oder nach MELVILLE gab oder gibt es einen Autor, der einen Satz über zwei Seiten fügt, bestehend aus einem elfmaligen *obschon*, endend zum zwölften dann mit einem trotzigen *trotz ... doch,* wie etwa in der Beschreibung vom *Weiß des Wals* (XLII 310 – 312); oder der mit einem fünfmaligen *wenn auch* die grausige Gefräßigkeit der Haie allerorten zu schildern unternimmt, um dann mit einem entschiedenen *doch* ihre Freßgier anläßlich des Tods eines Pottwals als den Gipfel von all dem Schrecklichen zu schildern; hat man erst einmal all das vor sich, was auch sonst *schon* schlimm genug ist, so leuchtet ein, was als die Summe solcher Betrachtung sich dann wie von selber ergibt: *Solltet ihr so etwas noch nie gesehen haben, dann vertagt eure*

Entscheidung darüber, ob es sich schickt, den Teufel anzubeten, und ob es ratsam ist, ihn beschwichtigen zu wollen. (LXIV 467 – 468) Man muß die Haie sehen, um die Welt zu sehen; doch was für eine Welt bietet sich dar im Angesicht der Haie?[5]

Das ist MELVILLE – die Art wie er sieht, wie er sucht, wie er schreibt, wie er schreit, wie er schweigt. Kaum einer seiner Sätze im *Moby-Dick* bildet eine logische Reihe mit wenn–dann oder weil–deshalb (sehr im Unterschied etwa zu dem nachfolgenden grüblerischen Roman *Pierre*); es gibt in Anbetracht der Vieldeutigkeit aller Motive und Phänomene nur eine Reihung von Sichtweisen unter wechselnden Standpunkten und darin ein unablässiges Ringen um Wahrheit, einen nicht endenden Kampf um Klärung und Lösung und ein nicht abzuschüttelndes Wissen um die Bodenlosigkeit und Haltlosigkeit unserer Existenz im ganzen. Als unmöglich und inakzeptabel deshalb muß den MELVILLEschen Menschen eine Beruhigung am »Festland« des Lebens erscheinen; ihr Streben geht stets ins Unendliche, es gilt dem »Meer«, ja, dem Jenseits des Meeres; denn noch mit seinem *letzten langen Blick aufs Meer*, beim Anblick eines Bildes, *das sich bereits dem Noah bot*, wird Ahab spüren, daß in Lee, in der Richtung, in welche unablässig der Weiße Wal zieht, *etwas liegen* muß, *das mehr ist als gemeines Land und schöner als der schönste Palmenstrand.* (CXXXV 852) Doch dieses Jenseits der Dinge ist unerfindlich und unerreichbar im Diesseits. Drum kann eine dichterische Darstellung des Lebens, wie MELVILLES humorig-ironische Walkunde (seine *Cetologie*), nur *unvollendet* bleiben; denn dies gilt von allem, was Menschen tun: *Da sei Gott vor*, erklärt Ismael, *daß ich jemals etwas zur Vollendung brächte. Mein ganzes Buch ist nur ein Entwurf – nein, nur der Entwurf zu einem Entwurf. Ach, Zeit, Kraft, Geld und Geduld!* (XXXII 245) Und wer wollte widersprechen, wenn MELVILLE zusätzlich noch betont: *jedwedes Menschending, das nach Vollkommenheit strebt*, muß *just aus diesem Grunde unfehlbar fehlerhaft sein* (XXXII 228 – 229)?

Wie also liest man ein Werk, das seiner ganzen Anlage und Absicht nach nichts anderes sein kann und sein will als eine Darbietung des Ganzen in zerfallenden Fragmenten? Außerordentlich hilfreich, ja, für den deutschen Leser unentbehrlich ist die neue Übersetzung von MATTHIAS JENDIS[6], weil sie die Dramatik und Theatralik, die Rhythmik und Pathetik des MELVILLEschen Sprachduktus hinreichend getreu im Deutschen nachzuahmen sucht. Man kann *Moby-Dick* nicht lesen, indem man, gemächlich nach der Manier Stubbs, des Zweiten Steuermanns an Bord der *Pequod*, die Pfeife rauchend, die Dinge treiben läßt, wie sie sind, und im übrigen weiter seine »Pflicht« zu tun gedenkt – was immer diese nun sei. Es ist nicht anders möglich, als daß die Lektüre dieses Buches zur Aufführung eines tragischen Stücks auf der Bühne der eigenen Seele wird; und so sollte man vor allem die langen Monologe Ahabs oder Starbucks oder die besinnlichen Meditationen Ismaels sich laut deklamierend vortragen, – als stünde man selber auf den Brettern eines Schauspielhauses und hätte die Aufgabe, sie alle gleichzeitig nicht zu spielen, sondern zu verkörpern: Ismael und Bulkington, Ismael und Queequeg, Ahab und Pip, Ahab und Starbuck, Starbuck und Stubb, Ahab und Fedallah, und nicht zuletzt den unglückseligen Schmied, und den stumpf gewordenen Schiffszimmermann, und den nur bis zwei zählenden Steuermann Flask, und die Kapitäne all der anderen Nantucketer Schiffe, die auf hoher See zu einem *Gam*, zu einem besuchsweisen Gespräch an Bord, winken (LIII) und die wie verhüllte Warnungen und Mahnungen wirken. Merken wird man bei einem solchen vorlesenden Vortrag, wie man selber Stelle für Stelle die Rolle des jeweils Sprechenden oder Handelnden in MELVILLES Roman übernimmt, bis daß man entdeckt, daß man sie alle selbst ist, daß man sie in sich trägt, ganz als verwandelte sich das eigene Dasein in eine russische Puppe, die ineinandergeschachtelt sie alle, mal größer, mal kleiner, in sich birgt. Es war ALBERT CAMUS, der es als die höchste Form der Wahrheit menschlicher Existenz erachtete, in gerade dieser Weise all die SHAKESPEAREschen Dramengestalten oder die DOSTOJEWSKISchen Romanfiguren als Möglichkeiten in sich selbst durchzuspielen, um dadurch nach und nach die eigene Rolle zu finden[7].

Freilich werden die wenigsten Leser berufsmäßige Schauspieler sein, und existentiell gesehen ist es nicht einmal zulässig, das Leben in eine bloß ästhetische Zurschaustellung zu verwandeln, statt sich selber bis zur Entscheidungsreife von all den dargebotenen Möglichkeiten betreffen und prägen zu lassen. Es verrät deshalb weder Schwäche noch Ungeschick, wenn jemand beim Sich-Vorsprechen der Selbstreflexionen Ahabs über das Glück und das Unglück seines Lebens im CVI. Kapitel (*Ahabs Bein*) in Tränen ausbricht oder wenn er sich hin- und hergerissen fühlt beim Deklamieren von Ismaels, Ahabs und Starbucks Betrachtungen der Welt unter dem Strahlen der Sonne an einem klaren, azurblauen Himmel über der abgründigen Tiefe des Meeres (CXXXII: *Die Symphonie*), während doch an der gegenüberliegenden Reling bereits *lautlos Fedallah lehnt*... Und wie erst bei dem Gespräch zwischen Ahab und Pip in der Kajüte? (Kapitel CXXIX)... Woher, muß man erschüttert sich fragen, kommt dieser verzweifelte Wille zu Untergang und Zerstörung, woher dieses endlose Leiden am Grauen des Daseins? Es ist unausweichlich, daß die Probleme Ahabs zu den eigenen werden und ein innerer Dialog, ein innerer Prozeß sich formt als ein gewaltiges symbolisches Drama auf Sein oder Nichtsein im eigenen Leben: – ein sehnsuchtsvolles Suchen nach Heimat in Heimatlosigkeit, nach einem Zuhause im Unbehaustsein, nach einem Grund unter dem Abgrund, nach einem Halt in Haltlosigkeit, – ein Verlangen nach Menschlichkeit, ein experimentierendes Erforschen seiner selbst, ein expressives Forschen nach Gott…

Wie bei aller großen Literatur liest man einen Roman wie *Moby-Dick* nicht primär auf seinen Autor MELVILLE hin; die etwaigen biographischen Zusammenhänge mögen an einzelnen Stellen der Interpretation dienlich sein[8], – wesentlich sind sie nicht, so wenig wie bei SHAKESPEARE, von dem wir kaum wissen, wer er war und welche der ihm zugeschriebenen Werke wirklich aus seiner Feder stammen, oder wie bei HOMER, von dem wir nicht einmal wissen, ob er als eine einzelne Person hinter dem großen »homerischen« Epos der *Odyssee* überhaupt gelebt hat. Zu lesen ist ein solches Werk auf die eigene Person hin; und nur diesem Bestreben ist der vorliegende Deutungsversuch des MELVILLEschen Romans gewidmet. Er möchte helfen, sich selbst und andere in den Portraits der Romangestalten des *Moby-Dick* wiederzuerkennen und dadurch zu verstehen. Doch auch darin liegt unvermeidbar ein enormer Anspruch, den ich selber in gewissem Sinne seit meiner ersten Begegnung mit dem tragischen Schicksal des Nantucketer Walfängers verspüre: Es gilt, der *Rachel* gleich auf der Suche nach ihren verlorenen Kindern, Ismael nach dem Untergang der *Pequod* aufzunehmen und Ahab aus der Hölle herauszuholen, in die er am Ende wie unrettbar versunken scheint. Doch wie soll das möglich sein, ohne sich selber in seiner bisherigen Sicht auf Welt und Mensch von Grund auf zu wandeln?

Auch das gehört zu jedem wirklichen Werk der Weltliteratur: daß man es niemals »ausgelesen« hat. Man wird zu ihm geführt wie von raumem Wind, der übers Heck von achtern hereinfällt, oder man wird von ihm getrieben wie von dem Stoß einer jäh hereinbrechenden Bö, oder man wird von ihm geleitet wie von einer steifen Brise, vor der es gleichwohl mühsam auf Kreuzkurs zu gehen gilt. Es ist dazu nicht erfordert, daß man jenes Buch tatsächlich wieder und wieder liest – auszugsweise, an manchen Tagen, vielleicht –, es bildet lediglich einen Teil der alltäglichen Atemluft, es gehört ganz einfach zum Bestand der Atmosphäre, mit der man sich austauscht, – es hört die innere Auseinandersetzung, einmal begonnen, niemals mehr auf. Und es beginnen, einmal von der dunklen Magie der MELVILLEschen Prosa gefangengenommen, zugleich auch die Gestalten und Gedanken der anderen

Romane und Erzählungen ein ebenso stilles wie stetes Gespräch mit dem Leser: der fünf Romane *vor* dem *Moby-Dick* – *Taipi* (1846), *Omoo* (1847), *Redburn* (1849), *Mardi* (1849) und *Weißjacke* (1850) und der zwei großen Romane danach: *Pierre* (1852) und *Maskeraden* (1857), des kleineren Romans *Israel Potter* (1855) sowie der Geschichten der *Piazza Tales* (1856) mit so wichtigen Erzählungen wie *Bartleby, Benito Cereno* und den *Encantadas*, endend schließlich mit dem postum erschienenen *Billy Budd* (1924). All diese Gestalten ringen und reden miteinander, tauschen sich aus, verwandeln sich ineinander, widerlegen oder kommentieren sich wechselseitig; denn wie MELVILLE in *Pierre* (XXI 1; S. 488) schreibt, sind *alle vorhandenen großen Werke* (sc. der Literatur, d.V.) *miteinander verbündet* und sind *all die großen Bücher dieser Welt nur die verstümmelten vorausgeworfenen Schatten unsichtbarer, auf ewig körperloser Bilder in der Seele...; so daß sie nur die Spiegel sind, die uns unser Ureigenes verzerrt widerspiegeln;* und sie alle warten in unserer Seele auf ihre Einheit, auf ihren Zusammenklang und Zusammenhang, auf ihre Erlösung.

Mir jedenfalls ist es mit dem *Moby-Dick* so ergangen. Was für eine irrsinnige Welt, fragte ich mich intuitiv bei seiner ersten Lektüre, in der Menschen sich selbst und andere derartig quälen? Was aber heißt schon Irrsinn, wenn er in nichts anderem besteht als in dem Sinn für die tiefe Verletzbarkeit und Verletztheit leidender Menschen, als in der widerwilligen oder doch unfreiwilligen Bosheit der Kreaturen, die oft so ganz anders sind, als sie erscheinen? Und was vor allem treibt einen Menschen wie Ahab in einen solchen Wahn, durch Jagd und Tod, durch Krieg und Zerstörung dem Guten dienen zu können? Woher stammt, parallel dazu, die Bereitschaft der stets Willigen, daß sie immer von neuem wider alles bessere Wissen und Begreifen sich in diesen Mahlstrom aus Illusionen und Projektionen hineinziehen lassen?

Inzwischen glaube ich, daß, wer eine Person wie Ahab begreift, zugleich auch versteht, was Diktatur, was Massenhypnose, was Demagogie, was Destruktion, was innerer Zwang und was äußeres Verhängnis ist; und daß er desgleichen verstehen wird, wie weit gespannt, wie kontrastreich, wie nie nur »böse« und nie nur »gut« Menschen in Wirklichkeit sind; und daß er ein Höchstmaß an Sensibilität und Hilfsbedürftigkeit gerade hinter der Attitüde von Souveränität und Autarkie entdecken wird. Wer Ahab begreift, versteht, daß Haß und Revanche niemals etwas anderes sind als im Elmsfeuer umgepolte Kompaßnadeln, die einen hitzigen Süden verheißen, wo nur der sonnenlose Norden sich breitet (vgl. *Moby-Dick*, Kapitel CXXIV: *Die Nadel*). Die Psychologie eines Ahab enthält den Schlüssel zur Überwindung der ärgsten Übel der menschlichen Geschichte: der Perversion des »Guten« zum Zwecke einer rechthaberischen »Gerechtigkeit« und eines allmählich sich aufführenden Verlangens nach Geltung und Macht, des scheinbar unausrottbaren Strebens nach unangreifbarer Sicherheit und endgültigem Sieg sowie der verzweifelten Anstrengung nach dem Entwurf eines Menschseins gottgleicher Größe. Es sind all die Themen, denen ich vor 30 Jahren in den *Strukturen des Bösen* entlang den Texten der biblischen Urgeschichte mit ihren Erzählungen von Paradies und Sündenfall, von Brudermord und Sintflut, vom Turmbau zu Babel und von der Sprachverwirrung der Menschen nachgegangen bin[9]. Ich wollte als ein religiös suchender Mensch nicht länger hinnehmen, daß man diese unerhört einfühlsamen Erzählungen von den tragischen Verwicklungen und Verwirrungen des menschlichen Lebens im Getto der Angst inmitten einer gnadenlosen Welt im Sinne des Kirchendogmas von der »Erbsünde« dazu benutzte, Menschen mit Schuldgefühlen und Vorwürfen zu überziehen, statt ihre Ausgeliefertheit und Hilflosigkeit von innen her zu verstehen und durchzuarbeiten. Als Theologe und Tiefenpsychologe kenne ich bis heute neben diesen menschheitlichen Überlieferungen der Bibel – außer den Romanen DOSTOJEWSKIS – kein Buch, das in solche Tiefen loten würde, wie eben HERMAN MELVILLES *Moby-Dick*; und so ist es mir schwer vorstellbar, wie es für einen »christlichen« Theologen, der trotz allem an die »Erlösung« der Menschheit zu glauben versucht, eine größere und lohnendere Herausforderung geben könnte, als alles, was er als »Rettung aus Gnade« versteht (Röm 3,22–24), an einer Gestalt wie MELVILLES Kapitän Ahab und seiner Mannschaft an Bord der *Pequod* auf echt oder unecht durchzuprobieren.

Es ist jetzt genau 50 Jahre her, daß ich zum ersten Mal die Worte las: *Nennt mich Ismael* (I 33), und ich frage mich immer noch: Wer ist er eigentlich? Und: wie findet man diesen von Abraham und seiner Frau Sarah Verstoßenen wieder? Die Bibel erzählt, damals sei ein Engel des Herrn in der Wüste seiner Mutter Hagar erschienen und habe sie und ihr Kindlein gerettet (Gen 16,1–16). Genau das, glaube ich, müßte einer ganzen Menschheit und müßte jedem Einzelnen widerfahren: eine rettende Begegnung mit seinem »Engel« in der »Wüste«...

Im folgenden werde ich versuchen, zwei Ebenen in dem Handlungs- und Gedankengefüge des *Moby-Dick* voneinander zu unterscheiden, indem ich der *psychologischen* Darstellung einen »*weltanschaulichen*« Teil gegenüberstelle; natürlich sind beide Ebenen auf das engste miteinander verflochten –

sie durchdringen, bedingen und ergänzen einander –, und doch ist die Differenz zwischen ihnen deutlich genug: Ismael, Ahab, Starbuck und wie sie alle heißen, sind Personen mit eigenen Gedanken und Gefühlen, mit einer eigenen »Psychologie«, Moby Dick selber aber hat keine »Psyche«; er ist ein mythisches Symbol; er ist die verdichtete Form einer Weltsicht, der sie alle an Bord der *Pequod* schließlich verfallen, – einer gefährlichen, ruinösen Weltsicht, die ein eigenes Problem und Thema bildet. Erst wenn wir die Chiffrensprache MELVILLES auf beiden Ebenen in etwa verstanden haben, mögen wir, Autor wie Leser, gemeinsam überlegen, ob und wie es Wege geben könnte, um die Seele, die Gestimmtheit, das Erleben der »ismaelitischen« Menschen so weit zu ändern, daß sie auch die Wirklichkeit noch einmal anders zu sehen imstande sind, – unerachtet all der Monstrositäten und Grotesken, die MELVILLES »Erzähler« in seinem Roman mit äußerster Empfindsamkeit vollkommen richtig herausspürt und darstellt.

Fragen wir also als erstes:
    I. Was für Menschen?

Sodann:
    II. Was für eine Welt?

Und schließlich:
    III. Woher die Rettung?

Bei der Wahl des Titels stand HÖLDERLINS Übersetzung von SOPHOKLES: *Antigone*, 2. Akt, Pate:

Ungeheuer ist viel. Doch nichts
Ungeheuerer, als der Mensch.
Denn der, über die Nacht
Des Meers, wenn gegen den Winter wehet
Der Südwind, fähret er aus
In geflügelten sausenden Häusern.

(HÖLDERLIN: Werke, II 748)

I. Was für Menschen?

1. »Nennt mich Ismael« oder: Von Einsamkeit und Gemeinsamkeit

Alle Gestalten an Bord der *Pequod* auf ihrer Fahrt in die Katastrophe wachsen in ihren individuellen Zügen zu exemplarischer Größe auf; obwohl einzelne Personen, sind sie zugleich Typen bestimmter Charaktere und bestimmter prägender Merkmale des menschlichen Daseins. Bereits der erste Satz des *Moby-Dick* stellt diesen Willen zum Allgemeinen klar heraus: *Nennt mich Ismael.*

Mehrere Namen in MELVILLES Roman (die drei Kapitäne: Ahab, Peleg und Bildad, die beiden Schiffe: *Jeroboam* und *Rachel*) verweisen auf biblischen Hintergrund[1] und gewinnen schon dadurch ein überpersönliches Format: in ihrer eigenen Biographie erzählt sich zugleich eine ganz andere Geschichte, die von urlängst her sich in ihnen und an ihnen noch einmal aufführt und wiederholt. Namen sind dies, die zugleich die Rolle festlegen, welche die entsprechenden Personen oder Gerätschaften in dem (göttlichen?) Drama des Ganzen zu spielen haben. Freiheit, Entscheidung, Schicksal, Bestimmung? – *Was ist das – welch namenloses, unerforschliches, unirdisches Etwas,* wird Ahab in einem letzten entscheidenden Gespräch mit Starbuck sich fragen, *welch trügerischer, verborgener Herr und Gebieter, welch grausamer, erbarmungsloser Herrscher zwingt mich, daß ich mich gegen jede natürliche Regung von Liebe und Sehnsucht so unaufhörlich vorwärts treibe, vorwärts dränge, vorwärts stoße, mich ohne jede Rücksicht dazu bringe, das zu tun, was ich in meinem eignen, tiefsten Herzen noch nicht einmal zu denken wagte? Ist Ahab Ahab? Bin ich's, ist's Gott oder wer sonst, der diesen Arm erhebt? Wenn aber nicht einmal die große Sonne sich aus sich selbst bewegt, sondern als Botenjunge durch den Himmel läuft; wenn ohne eine unsichtbare Macht auch nicht ein einziger Stern sich drehen kann, wie kann dann dieses eine kleine Herz hier schlagen, dies eine kleine Hirn Gedanken hegen – es sei denn, Gott treibt diesen Herzschlag, denkt diese Gedanken, lebt dieses Leben, und nicht ich. Beim Himmel, Mann, wir werden um und um gedreht in dieser Welt wie jenes Gangspill dort; das Schicksal ist die Spake* (sc. die »Speiche«, der Stiel eines Steuerrades, d. V.). (CXXXII 822–823)

Auch nach dem *Moby-Dick* wird MELVILLE der »biblischen« Erzählweise bei der Darstellung mancher seiner Hauptgestalten treu bleiben – etwa, wenn er ein Jahr später in *Pierre* der trauerumflorten, todbringenden Halbschwester des ursprünglich in seine früh verwitwete Mutter verliebten Helden den Namen Isabel gibt – nach jener syrophönizischen Prinzessin, die, als Tochter Etbaals von Sidon, von König Ahab zur Ehe genommen wird und ihn – angeblich – zur »Sünde Jerobeams«: zum Götzendienst, verführt (1 Kön 16,31); und noch mehr 1855 in *Israel Potter*, der Geschichte eines unbekannten amerikanischen Freiheitskämpfers, der – wie das Volk Israel in Ägypten – bei seinen Feinden in England Dienst beim Ziegelbrennen tun muß: *Armer Israel* – heißt es dort ausdrücklich, *wie treffend war sein Name: Sklave im Ägypten Englands.* (XXIV 222)

Die Bedeutung eines solchen Verfahrens ist unverkennbar. In der Mitte des 19. Jhs. ist MELVILLE der erste – und einzige – Schriftsteller, der es darauf anlegt, daß sich biblische Geschichten (wieder)erzählen in den ganz gewöhnlichen Geschichten alltäglicher Menschen – in ihrem Suchen, Ringen und Scheitern, und so möchte er natürlich auch umgekehrt, daß man die Bibel nicht länger mehr liest als ein Buch von ehernen göttlichen Willensratschlüssen, sondern von Begebenheiten mit offenem Ausgang: Nach über 40 Jahren des Irrens wird etwa auch Israel Potter versuchen, sein Heimatland wiederzusehen, das Land seines Vaters in der Nähe von Boston, doch als er ankommt, findet er nicht das gelobte Land der Verheißung, im Gegenteil: alles dort hat sich geändert; gerade an der Stelle, da er einmal ein Kind war, wird er nun als ein Greis sich noch fremder fühlen als all die Jahre zuvor am anderen Ufer des Atlantiks. Die Bibel erzählt in ihren Gestalten von wirklichen Menschen, und wirkliche Menschen erzählen mit ihrem Schicksal die Bibel; jeder gute Roman steht in MELVILLE-schem Sinne daher in der Nachfolge biblischer Rede: als eine Spurensuche von Sinn inmitten all des offensichtlichen Unsinns, als ein Verlangen nach Würde im Kampf gegen die Zumutung einer entwürdigenden Umwelt, als eine verzweifelte Widerlegung der zynischen Frage, die Israel Potter sich beim Ziegelmachen stellt: *Was bedeutet es schon, wer wir sind, oder wo wir sind, oder was wir tun? Klatsch! Patsch! Könige und Clowns sind doch nur Käuze – wer ist nicht was? Klatsch! Alles ist eitel und Erde* (vgl. Pred 1,2; Gen 3,19). (XXIV 222)

Vornehmlich gilt diese religiös-menschliche Bedeutungsverleihung auch und gerade dem virtuellen Erzähler des *Moby-Dick*: Ismael. Seine biblische Prädestination ist schon entsprechend dem Namen, den er als zutreffend sich selber wählt, die eines Ausgestoßenen, eines zutiefst Verunsicherten, eines Entfremdeten. Man kann, was gemeint ist, nur wirklich verstehen, wenn man Menschen sich vorstellt oder Situationen im eigenen Leben sich in Erinnerung ruft, die von dem Gefühl einer tiefen Einsamkeit und Ausgesetztheit geprägt sind, auch von dem Empfinden eines fundamentalen Unrechts: – so wie das Leben sich ihnen darstellt, haben sie es nicht verdient! – und zugleich von der Unmöglichkeit, an dieser Lage noch etwas Wesentliches zu ändern. Man hat an das Leben keine Ansprüche zu stellen, man hat gegenüber den Menschen keine Rechte einzuklagen, man muß im Gegenteil froh sein, wenn man »mitgenommen« wird, wenn man in die Musterrolle sich einschreiben kann, wenn man »dabei sein« darf...

Denn *das* erzählt die biblische Geschichte von Ismael wirklich: Da war einmal eine ägyptische Frau, Hagar mit Namen, die der Stammvater Israels, der Patriarch des auserwählten Volkes, der Träger des göttlichen Segens für alle Völker (Gen 12,3), – die Abraham, ansässig in Kanaan seit nun schon zehn Jahren, zu sich nahm, um anstelle seiner unfruchtbaren Frau Sarai ein Kind mit ihr zu zeugen; die aber, eine Sklavin, fügte sich dem Willen ihrer Herrin wie ihres Herrn; ja, sie tat's, und sie tat's mit Erfolg. Ihr eigenes Kind, wohlgemerkt, sollte nicht ihr selber gehören, sie sollte nur Acker sein für eine Frucht, die nach neun Monden als ertragspflichtige Abgabe ihren Besitzern zu übereignen war. Und doch war sie stolz, Leben in sich zu tragen, und doch fühlte auch sie das Glück einer werdenden Mutter. Das aber mißgönnte ihr Sarai, sie duldete nicht eine Freude, deren sie selbst so ermangelte; sie drängte Abraham, die Magd zu verstoßen.

Zweimal in der Bibel wird diese Geschichte überliefert (Gen 16,1–16 und Gen 21,9–21)[2], nur daß beim zweiten Mal Hagar ihr Kind schon zur Welt gebracht hat und auch Sarai überraschenderweise (wie) durch ein göttliches Wunder mit ihrem Sohn Isaak niedergekommen ist; doch gerade in diesem Moment, da sie selber, als eine unverhofft Beschenkte, Großmut erweisen könnte, will Abrahams Frau an die Zeit ihres Gebrechens und ihrer Schmach nicht länger erinnert sein: diese Ägypterin mitsamt dem Kind ihres eigenen Mannes soll verschwinden aus ihren Augen, endgültig, bis in den Tod; sie hat ihren Dienst getan, sie wird nicht weiter benötigt. Es ist ein ungeheurer Kontrast, wenn in beiden Erzählungen die Bibel einen Engel Gottes bemüht, um der in der Wüste umherirrenden Hagar eine Wasserstelle zu zeigen und ihr mitsamt dem Kind das Leben zu retten. Mögen auch Menschen, soll das heißen, sich gegenüber ihresgleichen engstirnig, haßerfüllt, kleingeistig und revanchebesessen verhalten, so ist es Gott gegenüber den Menschen doch nicht; mag selbst die »Mutter« des Volkes Israel so (gewesen) sein, Israels Gott ist es (bei aller Parteilichkeit für »sein« Volk) nicht; vielmehr verheißt sein »Engel« bei der Quelle am Wege nach Schur der Verzweifelten, auch ihre Nachkommen würden sich mehren, ihr Sohn aber werde Ismael heißen, denn, so die hebräische Volksetymologie, »der Herr hat – mein Elend – erhört« (Gen 16,11); zudem werde dieses Kind »ein wilder Mensch sein; seine Hand wider jedermann und jedermanns Hand wider ihn, und er wird wohnen all seinen Brüdern zum Trotz« (Gen 16,12). Und wirklich, so kommt es: Als Bewohner der Wüste Pharan wird Ismael »ein guter Schütze« werden (Gen 21,20), – ein Jäger in Einsamkeit, ein Mann jenseits der zivilisierten Welt, ein durch göttliche Fügung unschuldig Schuldiger, der die Gesetze des Kulturlandes mit Füßen treten muß, um in ein eigenes Leben treten zu können.

Da haben wir also eine alte Völkerlegende, die bis heute im Raume der Politik eine ebenso überraschende und unheimliche wie traurige und tragische Aktualität besitzt, liegen doch die Kinder der Hagar, die *Araber*, als die verstoßenen Nachfolger Abrahams, im Kampf um eine verlorene Heimat immer noch (oder schon wieder) in blutigem Streit mit den Kindern Sarais, den Israelis. Uns jedoch stellt sich die Frage, wie ein Mensch *psychologisch* sich fühlen wird, der gerade diese Geschichte als seine eigene empfindet, indem er sich selber als »Ismael« sieht.

Sehr verhalten, gewiß, liegt in dieser Namengebung wohl auch die zögernde Bitte verborgen, irgendwo über allem möge ein hörsamer Gott sein, der sich der Not aller »Ismaeliten« erbarmt; im Vordergrund aber des MEVILLEschen Ismael steht durchaus nicht eine solche demütig-flehende Attitüde, ganz im Gegenteil; der fiktive Erzähler des *Moby-Dick*[3] gibt sich als erstes als ein Mann von Witz und Unternehmungslust zu erkennen: Er hat *kein Geld im Beutel*, es reizt *an Land* ihn *nichts Besonderes*, und so beschließt er, *ein wenig* herumzusegeln und sich *den wässerigen Teil der Welt* zu *besehen*. (I 33) Freilich, man muß nur ein paar Zeilen weiterlesen, und man merkt, daß hinter der Fassade all dieser heiteren Wohlgemutheit sich ganz andere, gegenläufige Gefühle verbergen – eine offenbar depressive Grundstimmung, die als *Milzsucht* und als zu niedriger *Blutdruck* körperlich und als ein *nasser, niesliger November* seelisch beschrieben wird, als eine sonderbare Affinität zu Tod und Beerdigung auch, als ein grimmiger Zug *um den Mund*,

und doch dabei auch als wachsende Lust, all die wohlgeordnet lebenden, gesittet sich gebenden Bürger durch beleidigende Scherze herauszufordern; eine hilflos ungerichtete Wut über sich selbst, über ein Ich-weiß-nicht-was, über alles und jedes macht sich da geltend, und sie erreicht für Ismael offenbar einen Grad, der lebensgefährlich zu werden beginnt. Kann es sein, daß jemand sich das Leben nimmt, einfach aus Überdruß an den Bedingungen des Daseins insgesamt? Der römische Cato tat es, die Stoiker empfahlen es[4]; doch Ismael ist kein Philosoph des Todes, er ist abenteuerlustig genug, es zumindest fürs erste mit einem tödlichen Leben zu versuchen. Wie er empfindet, hat MELVILLE zwei Jahre vor dem Erscheinen des *Moby-Dick* in der Erzählung von *Redburn* geschildert, einem jungen Mann, der voller Romantik und Begeisterung in New York auf einem Kauffahrer nach Liverpool anheuert, doch wenig später schon unter den üblen Scherzen der Mannschaft und den Schikanen von Kapitän Riga und seinem Obermaat gesteht, *daß ich mir schließlich auf dem Schiff* (sc. der Highlander, d.V.) *wie ein Ismael vorkam, ohne einen einzigen Freund und Gefährten, und ich fühlte in mir einen Haß gegen die ganze Mannschaft aufsteigen, so sehr, daß ich betete, er möge mein Herz nicht völlig überwältigen und einen Bösewicht aus mir machen.* (*Redburn*, XII 69)

Ismael, so betrachtet, ist bereits dem Namen nach der Repräsentant des Ausgegrenzten, des Einsamen, des durch das eigene Mißtrauen Gefährdeten, des von Verbitterung und Haß Bedrohten, des Menschen, der Güte und Mitleid auf Erden nicht glauben kann. *Sie sind ein Ismael, der mir meine Absichten mutwillig verdreht*, erklärt in *Maskeraden* der menschenfreundliche, kosmopolitisch gesonnene *Vertrauens-Mann* seinem misanthropischen Gesprächspartner. *Ich bin als Botschafter der menschlichen Rasse hergekommen, und mein Auftrag war es, Ihnen zu versichern, daß diese Ihren Mißmut nicht mit Groll erwidert … Sie aber sehen in mir nicht den aufrichtigen Sendboten, sondern ich weiß nicht was für einen argen Spion.* (*Maskeraden*, XXIV 295) Ein Ismael – das ist ein Menschenschlag aus Mißmut, Mißtrauen und Mißgeschick.

Solch ein nur erst spinnwebenfeines Garn müssen wir weiterverfolgen, denn es wird zu all den Trossen der Rigg geschlagen werden, unter denen die *Pequod* läuft. Noch stehen wir bei unserer Lektüre auf der ersten Seite des MELVILLEschen Romans, und doch beginnen wir schon zu ahnen, daß und warum der Erzähler dieser Geschichte tatsächlich dazu »vorherbestimmt« sein könnte, unter gerade einem solchen Kapitän wie Ahab Dienst zu tun; noch verstehen wir nicht wirklich, wie diese beiden, Ahab und Ismael, zusammenkommen, und doch scheint es bereits, als stünde die grausige Größe des irrsinnig gewordenen Herrschers der *Pequod* für den Schattenwurf einer unheimlichen Möglichkeit in diesem so keck und munter sich gebenden Bürschlein Ismael selbst, ja, als lebte sich seine tiefste Gefährdung in der ganzen weiteren Erzählung virtuell in dem grandios gräßlichen Alptraum jenes übermächtigen Anderen bis zur kathartischen Katastrophe hin aus. Doch Obacht! Noch können wir nicht wissen, ob es sich so verhält; noch sehen wir nur, wie das Garn gesponnen wird und aus welchem Material es genommen ist.

Ein wichtiges Moment in der Sprech- und Darstellungsweise Ismaels aber begreifen wir jetzt bereits gut genug: seine durchgängige Neigung zu ironischem Spott und schwarzgalligem Humor. *Der Schmerz kann fröhlicher sein als die Fröhlichkeit selbst,* erklärt MELVILLE in *Mardi* (CLXXXIII 961); *ein Kummer, der traurig ist, ist oberflächlich,* das heißt: er läßt sich immer noch enttäuschen durch falsche Erwartungen; er hat die grausige Absurdität in der Tiefe der Welt noch nicht begriffen. *Die Hyänen grinsen, die Schakale jaulen, laßt uns auch gellend lachen.* (962) Humor, Lachen, Spott, Ironie – das ist offenbar das Resultat eines vielschichtigen Kompromisses zwischen recht unterschiedlichen Tendenzen.

Unzweifelhaft liegt ein Stück *Aggression* in dem Ulk, den Ismael mit all den gelehrt tuenden Schöngeistern und Schönrednern seiner Zeit treibt: – mit ihrem Aberglauben, die dämonische Wildheit der Welt in einem System von wissenschaftlich eindeutigen Kategorien gefangen setzen zu können, mit der hochtrabenden Hohlheit und albernen Ernsthaftigkeit ihrer moralischen und juristischen Vorstellungen, mit ihrer offensichtlichen Heuchelei, – bei jeder sich bietenden Gelegenheit wird er irgendwelchen Leuten *die Hüte vom Kopf... hauen.* (*Moby-Dick,* I 33) Dabei gelingen ihm wahre Kabinettstückchen an Schalk und Sarkasmus, etwa wenn er schildert, wie Stubb – wer sonst! – dem duseligen Kapitän der *Rosenknospe* einen Wal, gefüllt mit kostbarstem Amber, abschwatzt (XCI), oder wenn er die Rechtssysteme der Welt tief genug durchpflügt, um im Untergrund von ihnen allen auf die absurd scheinende Theorie von Festfisch und Losfisch zu stoßen, wonach Besitz und Gewalt die eigentlichen Fundamente aller Justizgebäude der so stolz als zivilisiert sich preisenden Staatenwelt bilden... (LXXXIX)[5] Man muß laut lachen, wenn man das liest, einfach weil Lachen die klügste und einfachste Antwort auf alles Seltsame ist (XXXIX 284), dann aber bleibt einem das Lachen plötzlich im Halse stecken, denn worüber hat man da gerade sich amüsiert? Ohne Zweifel, lachend ist man »Ismael« wieder ein

Stück weiter in seine Wüste gefolgt, oder vielmehr es entdeckt sich nur, daß man schon immer darin gelebt hat... *Wenn sich in ungewöhnlich jammervoller Stunde,* heißt es in *Pierre* (XI 4; S. 324–325), *die Gelegenheit dazu bietet, finden manche Menschen ihre hysterische Erleichterung in einem wilden verdrehten Humor, der um so verlockender ist, da er dem Anlaß vollkommen entgegensteht... Die kühle Krittelei der bloßen Philosophen würde solches Betragen wohl mehr oder minder als vorübergehenden Wahnsinn bezeichnen, und vielleicht ist es das ja auch, da in den unerbittlichen und unmenschlichen Augen der schieren, unverdünnten Vernunft jeglicher Gram, sei's um uns selber, sei's um andere, nur blanke Unvernunft und Irrsinn ist.*

Das Lachen, der Humor Ismaels widerlegen daher nicht das Leid, sie bilden im Gegenteil die Reaktion auf die Ahnung der vollkommenen Absurdität einer Welt, die solche Qual zuläßt; der »Humor« eines Ismael enthält nicht die weise gewordene Rechtfertigung einer nur dem Anschein nach widersinnigen »Ordnung«, er ist eine gerade noch lebensfähige, mutige Rebellion gegen die offenbare Zumutung einer »Wirklichkeit«, die so nicht sein dürfte, wie sie ist, wollte oder sollte sie menschliche Züge tragen; das Lachen Ismaels ist im letzten die Antwort auf die grausige Grimasse der Welt, auf das *grinsende* Antlitz des »Wals«. Unbedingt werden wir gerade auch solchen Fragen zu gegebener Zeit ausführlich nachgehen müssen.

Hier vorerst dürfen wir unser Genügen bei der Feststellung finden, daß die Manier der humorigen Bissigkeit Ismael als Erzähler dazu verhilft, *unterhaltsam* zu wirken, nur daß diese seine »Erzählkunst« im wirklichen Leben bereits als seine wichtigste Kontaktform erscheinen muß, und auch sie ist ambivalent, Ursache wie Folge von allzu viel Einsamkeit. »Wenn schon nicht bei den Menschen, mit denen ich auf der Straße zu tun habe«, mag Ismael denken, »so kann ich zumindest doch bei meinen Lesern die Hoffnung hegen, mit meinen Späßen willkommen zu sein.« Das allerdings kann er.

Nicht zuletzt erzeugt das Stilmittel der ironisierenden Darstellung im Umgang mit Menschen eine gewisse *Schutzdistanz*; es macht weniger verletzbar und angreifbar, es verhindert die mögliche Enttäuschung leidenschaftlich investierter Gefühle, es scheint eine fast unbegrenzte Freiheit zu schenken, ja, es verschafft in gewissem Maße sogar die Illusion von überlegener Größe und geistiger Imposanz; es hält, mit einem Wort, die quälend nagenden Selbstwertzweifel nieder, es verringert das bedrückende Empfinden persönlicher Unbedeutendheit. Mag man sich auch unter den gewöhnlichen Menschen einsam und ausgesetzt fühlen, – vor sich selber erscheint man mit einem Witz auf den Lippen weder als kopfhängerischer Trauerkloß noch als ein belangloser Niemand, der die schmähliche Nichtbeachtung der anderen fast schon verdient hat; solange man sich über die anderen noch lustig machen kann, ist man zumindest selbst noch nicht ganz lächerlich, verrät man wenigstens ein bißchen »ungewöhnliches« Maß.

Doch für so viel vermeintlichen Vorteil hat jeder »Ismael« einen hohen Preis zu bezahlen: der persönliche Abstand zu den Menschen wächst, je erfolgreicher das Verfahren wirkt; die innere Isolation nimmt zu, auch und gerade indem sie schelmisch lächelt oder unverschämt grinst. Das Ringen um Anerkennung und Achtung verlagert sich in der Pose des künftigen Schriftstellers vom Persönlichen ins Literarische, vom Leben ins Lesen beziehungsweise ins Gelesenwerden, von der Existenz in der Gegenwart weg in die bloße Phantasie einer späteren Bedeutsamkeit als Autor. Als einen solchen stellt sich Ismael freilich nicht den Worten nach vor; er wird es in MELVILLES Roman ganz einfach durch das Ich des Erzählers.

An der Art, wie Ismael seine Erlebnisse, Eindrücke und Gedanken schildert, fällt allerdings nicht nur seine ausgesprochene Spottlust auf, sondern vor allem der häufige abrupte Wechsel zwischen einer sonderbaren Gefühlskälte und einer tiefen Intensität des Mitgefühls. So etwa wenn er den langsamen, qualvollen Tod eines blinden, verkrüppelten Wals schildert – es ist wie ein Schrei, der die Einrichtung der ganzen Welt verklagt –, doch im gleichen Atemzug amüsiert er sich über das Ungeschick des deutschen Kapitäns Derick[6] von der *Jungfrau*, der den *Unfaßbaren*: den Finnwalen, in *kühner, hoffnungsfroher Jagd* nachsetzt. (LXXXI 550–565) Wer so leicht, wie ein solcher Erzähler, zwischen Mitleid und Hohn hin und her zu wechseln vermag, erregt Verdacht, entweder gänzlich gefühllos zu sein oder aber, weit wahrscheinlicher, vor der Heftigkeit seiner eigenen Empfindungen auf der Hut zu sein. Gefühllos, gewiß, ist Ismael nicht; bei allem, was er sieht und berichtet, muß er sogar für einen ungemein empfindsamen Menschen gelten; wozu aber dann diese schizoid anmutende Verpanzerung? Was sind das für Gefühle, vor denen er Reißaus nimmt?

Statt einer Antwort darauf erfahren wir zunächst etwas von Ismaels Fluchtrichtung: hinaus auf das Meer! Sie freilich verrät uns mehr über diesen jungen Mann, als er für den Moment wohl selbst schon von sich sagen könnte; erst nach und nach, bei tieferem Nachdenken oder bei der Schilderung anderer Personen, wird ihm deutlicher vor Augen treten, mit was für Gefühlen die Sehnsucht nach dem Meer sich in seinem Erleben eigentlich verbindet. Immerhin erklärt Ismael gleich zu Beginn, daß sein Entschluß, Walfänger werden zu wollen, einer tiefen Todessehnsucht entstammt, einer periodisch auftretenden Melancholie, einer latenten Verzweiflung, die ihn ebenso abgründig wie grundlos heimzusuchen pflegt. (I 33) Nur – warum fühlt er so, so anders als noch Wellingborough Redburn, dessen kindliche *Träume und Sehnsüchte, sein Glück zur See zu versuchen*, sich am Anblick eines altmodischen Glasschiffes emporranken konnten, das sein Vater einmal aus Hamburg mitgebracht hatte? (*Redburn*, I 12)

Einen verstehbaren Grund, nach dem Meer zu verlangen wie nach einem riesigen Leichentuch, hat im Unterschied zu Ismael etwa jener unglückliche Schmied, dessen ganzes Leben *nur aus Mühsal* bestand und der sein einziges Glück: seine Frau, seine drei Kinder, an den *Geist aus der Flasche*, an den Alkohol, verlor, bis daß er, alt geworden, ohne Heim und Herd, *ein Vagabund im Trauerkleide, ohne Mitleid für sein Elend, sein graues Haupt ein Spott für blonde Locken*, davonwankt – zur See. (*Moby-Dick*, CXII 741–743) Ihm allerdings am meisten scheint Ismael in diesem Augenblick sich verwandt zu fühlen. Es ist die Gestalt dieses Schmieds, die er am innigsten in dem ganzen Roman schildert und gewissermaßen am innerlichsten auch in sich trägt. *Für die Todessehnsucht in den Augen jener Männer*, schreibt er, *welche tief im Innern immer noch den Selbstmord scheuen, breitet der Ozean, in den alles mündet und der alles aufnimmt, verlockend seine weite Fläche voll unvorstellbarer, erregender Schrecken und wundersamer, neu belebender Abenteuer aus, und aus den Herzen grenzenloser Stiller Ozeane, da singen jedem tausend Meerjungfrauen entgegen:* »*Komm her, du gebrochenes Herz! Hier wartet neues Leben statt der Schuld eines vorzeitigen Todes! Hier schaust du überirdische Wunder und mußt dafür nicht sterben. Komm her! Begrabe dich in einem Leben, das dich für deine alte Welt an Land – der du so sehr ein Greuel bist, wie's dir vor ihr jetzt greuelt – noch rascher ins Vergessen stürzet als dein Tod. Komm her! Stell nun auch* deinen *Grabstein auf den Kirchhof und komm mit uns, bis daß wir dich freien!*« (CXII 744)

In solchen Worten erscheint der Entschluß, zur See zu gehen, als Teil einer reinen Desperado-Philosophie, wie sie in der Geschichte der *Town-Ho* (LIV 395) auch anderen Fahrensleuten zugetraut wird. Ganz anders als etwa noch in *Redburns erste Reise*, zwei Jahre zuvor, ergibt sich die Verzweiflung am Leben im *Moby-Dick* nicht erst auf See – infolge des Spotts eines zynischen Kapitäns und der grausamen Verständnislosigkeit der Mannschaft –, umgekehrt: hier wird genau diese Welt aus Terror und Horror, aus Tod und Teufel munter gewählt, um wenigstens für einige Zeit der Unerträglichkeit des Lebens auf dem »Festland«, sagen wir: dem Dasein in den Schranken der bestehenden und feststehenden Ordnung, zu entrinnen. *Pottwalfang,* behauptet der *Tabu-Kanake, Omoo* (Vorwort, 297), sei *dazu angetan...*, *die tollkühnsten Seeleute aller Völker anzulocken* und *in ihnen den Geist höchster Freiheit zu fördern.* Und in einer ebenso sonderbaren wie charakteristischen Mischung aus Todessehnsucht und Unabhängigkeitsverlangen wird sogar MELVILLES Kriegsschiffsmatrose *Weißjacke* (XIX 669) im Rückblick auf seine Erfahrungen an Bord der Fregatte *Neversink* flehentlich bitten: *Oh, gebt mir noch einmal dieses Seefahrerleben wieder, diese Freude, diese Erregung, dieses Getriebe! Laß mich dich noch einmal fühlen, altes Meer!... Ich bin krank von diesen Festlandquälereien und Sorgen, krank vom Staub und den Qualen der Städte... Laß mich dich schnuppern, Seebrise, und jauchzen in deinem Gischt. Verhütet es, ihr Meergötter. Verwende dich für mich bei Neptun, o holde Amphitrite, daß keine dumpfe Scholle auf meinen Sarg falle. Mein sei das Grab, das Pharao verschlang und alle seine Heerscharen, laß mich liegen bei* (sc. dem Weltumsegler Francis, d. V.) *Drake, wo er schläft tief in der See.*

Es ist die alle Unterschiede, alle Gegensätze, alle Ungereimtheiten des Lebens in sich aufnehmende, also auch annehmende, also auch aufhebende Unendlichkeit der Weite des Meeres, die wie ein Trost in aller Zerrissenheit empfunden wird. Etwas wie *Magie* ist da *im Spiel*, die auf jedes empfindsame Gemüt ihre Verführungskraft ausübt. *Laßt den zerstreutesten Menschen in tiefste Träumereien verfallen – stellt diesen Menschen auf seine Füße, setzt ihn in Gang, und er wird euch unfehlbar ans Wasser führen.* (*Moby-Dick*, I 35) Das Meer, rechtfertigt Ismael seinen Entschluß, trägt in sich *das Bild des unbegreiflichen Phantoms des Lebens, und darin liegt der Schlüssel zu allem.* (I 36) Vier Jahre nach dem *Moby-Dick* wird MELVILLE in gleichem Sinne den Entschluß seines unglücklichen Helden Israel Potter, zur See zu gehen, mit den Worten kommentieren: *Die Einsiedelei im Wald ist die Zuflucht des engherzigen Menschenhassers; die Hängematte auf dem Ozean ist das Asyl für die Betrübten großmütigen Geistes. Der Ozean läuft über von natürlichen Tragödien und Unglück, und der Kummer eines Menschen ist nur ein einziger Tropfen in dieser Wasserunendlichkeit des Schrekkens.* (*Israel Potter*, II 22)

Es ist, anders ausgedrückt, die unendliche Sehnsucht, es ist die abgrundtiefe Melancholie, die, entsprechend dem MELVILLEschen Parallelismus von Seele und Welt, von Mensch und Natur, die Sphäre des ins Grenzenlose sich breitenden Ozeans zum tröstenden Äquivalent allen Schmerzes macht, den die Kreaturen, ob Mensch oder Tier, in dieser Welt zu erleiden gezwungen sind. So viel steht Ismael fest: Nicht nur er, als Einzelner, fühlt so, sondern: *Von Zeit zu Zeit hegen fast alle Menschen, ob sie's wissen oder nicht, in etwa dieselben Gefühle für das Weltmeer wie ich.* (*Moby-Dick*, I 33) *Ja, das weiß jeder: Auf ewig vereint sind Wasser und Tiefsinn.* (I 35)

Das Meer, so verstanden, ist in seiner Unendlichkeit und Unauslotbarkeit, in seiner Majestät und in seiner Ruhelosigkeit, in seiner ungeheuren Widersprüchlichkeit und in seiner alles versöhnenden Einheit der wahre metaphysische Ort der Welt; und parallel dazu: In gewisser Weise sind wir alle »Ismael«: Ausgesetzte, Zerbrochene, Vereinsamte und Verstoßene, die versuchen, sich mit einer guten Portion Galgenhumor durchs Leben zu schlagen, doch dabei nur um so sicherer sich selbst in die Falle gehen, indem sie mit ihrem Suchen nach Ruhe, nach Verschmelzung, nach Verständnis stets von neuem nur desto heftiger hineinverwoben werden in die große *Mattenweberei* des Daseins. (XLVII 351–354) Neurotisch? Krankhaft? Gewiß! Und doch: Nur ein Gleichnis auf die »Normalität«, vom Uferrand der »Wirklichkeit« aus betrachtet[7].

Selbst SIGMUND FREUD hätte Gefallen gefunden an Ismaels Weltsicht, wäre nicht MELVILLES großer Roman (wie all seine Werke just nach dem *Redburn* von 1849) im deutschen Sprachraum, ähnlich wie auch in Amerika, bis in die 20er Jahre des 20. Jhs. vollkommen unbeachtet, gar unbekannt geblieben[8]. FREUD vertrat in seiner (biologisch wie psychologisch höchst anfechtbaren) Theorie vom »Todestrieb« die Ansicht, alles menschliche Treiben sei im letzten der Ausdruck eines geheimen Verlangens zur Rückkehr ins Anorganische: nach nichts sehne des Menschen Seele sich so sehr als danach, endlich Ruhe zu finden und den Tumult des Daseins hinter sich lassen zu können; das aber sei nicht anders möglich als durch das Eintauchen in eben jenen Zustand, der allem Leben voranging: in das energetische Gleichgewicht einer Ordnung äußerster Einfachheit, in die Welt der Chemie, weit unterhalb aller Biologie. In gewissem Sinne liest sich die Triebtheorie des »Vaters« der Psychoanalyse wie eine Anwendung des Entropiegesetzes der Thermodynamik auf die menschliche Psychologie[9]. Die ganze Turbulenz des Lebens, meinte FREUD, rühre einzig daher, daß die Kreaturen bei ihrem Streben nach endgültiger Ruhe nur immer tiefer in die Widersprüchlichkeiten und Komplikationen des Daseins hineingezogen würden. In der Symbolsprache Ismaels: Da werden die Menschen dazu bestellt, den Ausguck zu stehen, und sie wiegen sich *im Masttopp* in tiefsinnigen Träumereien über die *köstliche Ereignislosigkeit* der Welt (XXXV 261), doch nur, um irgendwann wieder ihr: *Wal, da bläst er* auszusingen und immer von neuem auszuziehen in den nie endenden Kampf mit dem »Leviathan«.

Doch ist es wirklich das »Anorganische«, wohin die Menschen zurückkehren möchten? Es war der FREUD-Schüler und langjährige Mitarbeiter SÁNDOR FERENCZI, der die Metapher vom *Meer* ganz wörtlich nahm: Alles Streben landbewohnender Lebewesen, verkündete er in seiner Theorie vom »thalassalen Regressionszug«, gehe zurück zu dem Ursprung allen Lebens, zu den Weiten des Urozeans. Aller Fortschritt am Festland, argumentierte der ungarische Psychoanalytiker, sei vom Amniotenei der Reptilien bis hin zur Leibesfruchthöhle der Säugetiere gebunden an biologische Nachbildungen des Meeres, und immer von vorn müsse das Leben, um sich zu vollziehen, zurücktauchen in den Zustand seines Anfangs[10]. Nicht der Tod als Auflösung, eher Neubeginn, eher Wiedergeburt, eher ein NIETZSCHE-ähnliches *Wohlan, noch einmal*[11] bildete demnach die drängende Dynamik des Lebens.

Auch dieses psychologische Konzept, übersetzt man es in die Erlebniswelt eines romantischen Melancholikers, entspricht ganz und gar der Gefühlsseligkeit Ismaels. Das ist es, was er – unter anderem – sucht, als er zur See geht: Hoch droben im Bramstengentopp wird er stehen – *für den tiefsinnigen Träumer... eine wahre Wonne* (XXXV 261) – und in *eine opiatische Trägheit gelullt* werden, *in einem so leeren, allem entrückten Tagtraum versunken, daß er zuletzt sein Ich vergißt und die mystische See zu seinen Füßen für das sichtbare Abbild jener tiefen, blauen, unergründlichen Seele hält, die Menschheit und Natur durchdringt... In dieser zauberischen Stimmung sinkt dein Geist dorthin zurück, woher er kam, verströmet sich in Zeit und Raum... Kein Leben atmet mehr in dir als das, was dir das sanfte Rollen deines Schiffes spendet; dies borgt sie* (sc. es, d. V.) *von der See; die See von Gottes unerforschlichen Gezeiten.* (XXXV 266–267)

Eine solch universistische oder auch »pantheistische« Mystik des Erlebens, eine solch ozeanische Verschmelzung von Seele und See, von Mensch und Meer malt einen Zug in Ismaels Sehnsucht, der auch das Verlangen nach Rückkehr zum (Ur)Meer noch einmal in ein Symbol verwandelt. Ein anderer Schüler SIGMUND FREUDS hat diese Nuance in der Debatte um die »Regressionsneigung« der menschlichen Psyche besonders hervorgehoben: OTTO RANK. In seiner (empirisch ebenfalls nicht beweisbaren, aber als ein symbolisches Modell sehr ansprechenden) Theorie vom *Trauma der Geburt*[12] vertrat dieser erste große Literaturinterpret der psychoanalytischen Bewegung die Auffassung, daß die Sehnsucht eines jeden Menschen dahin dränge, einen Zustand der Geborgenheit wiederherzustellen, wie er vor der Geburt einmal in der Ureinheit mit der Mutter bestand. Alle kulturellen

Errungenschaften der Menschen: die Einrichtung von Wohnstätten, die Erzeugung von Nahrungsmitteln, die Herstellung von Kleidung, deutete RANK in diesem Sinne als Nachbildungen der Einheit mit der Mutter. Dieses kindliche Verlangen gerate subjektiv um so stärker, meinte er, je schmerzhafter die »Geburt«, die Abtrennung von der Mutter, erfahren worden sei. Inmitten der Ungeborgenheit der Welt verstärke sich der Wunsch nach Verschmelzung mit der Mutter, während diese selbst als verstoßende und aussetzende ihrerseits von dem Kind mit Angst belegt werde. Die meisten neurotischen Symptome interpretierte RANK als Ausdruck dieses Widerspruchs, aus Angst etwas zu ersehnen, das gleichzeitig Angst verbreite; insbesondere in den Opfer- und Strafvorstellungen der mythischen Überlieferungen der Religionen, wie in dem Bild des Kreuzes oder in dem Rad, auf welches der griechische Ixion gebunden wurde, erblickte RANK ausgeprägte Strafängste für den (»ödipalen«) Wunsch nach der Rückkehr (des Sohnes) in den Schoß der Mutter.

Im Sinne einer solchen Theorie kann es kaum als Zufall erscheinen, wenn Ismael in seinem *Epilog* in der Tat sich selbst bei dem Untergang der *Pequod*, als er in dem Strudel dahintreibt, der sich über dem versinkenden Schiff zu schließen beginnt, mit einem zweiten *Ixion* vergleicht, der *enger und enger um die knopfrunde schwarze Blase in der Achse dieses langsam rotierenden Rades* dahintreibt. (Epilog, 865) Ixion, wie zum Beleg von RANKs Intuitionen, war der Vater der Zentauren, jener Halbwesen mit menschlichem Oberkörper und mit dem Unterleib eines Pferdes, und er hatte Hera, die Mutter der Götter und die Gemahlin des Zeus, entführen wollen; es war die Strafe der olympischen Götter, ihn auf ein ewig kreisendes Feuerrad zu binden – ein Bild für den brennenden Schmerz einer Sehnsucht, die zwischen Verlockung und Flucht sich in einem Teufelskreis verfängt. In Ismaels Fall indessen geht es nicht um derartige Brautraubphantasien und ödipale Inzestwünsche; es genügt zum Verständnis seiner Gefühlslage vollkommen, wenn wir hinter seiner ozeanischen Sehnsucht zugleich das Verlangen nach einer alles einschließenden mütterlichen Welt herausspüren, die all die Klagegeschreie der Leidenden überwindet und vergessen macht. Und gerade solche Erfahrungen auch wird er in den Weiten des »Meers der Stille«, des Pazifiks, überreich machen.

Solche Zeiten, wird er schreiben, *da man unter einer linden Sonne den lieben langen Tag auf einer sanften Dünung treibt, die langsam steigt und wieder fällt, da man in seinem Boote sitzt, das leicht ist wie ein Birkenrindenkanu, und sich voller Behagen so unter die weichen Wellen mischt, daß diese wie Kamin-*

katzen gegen das Dollbord schnurren – das sind die Zeiten träumerischer Stille, *da man über der ruhigen Schönheit und Schimmerigkeit der Ozeanhaut das* *Tigerherz vergißt, das darunter schlägt, und sich nicht gern darauf besinnt, daß* *dieses Sammetpfötchen erbarmungslose Krallen birgt.* (CXIV 750) Ein – wenn auch noch so flüchtiger – Augenblick, da die Welt den Atem anhält, da die Sonne alles vergoldend in ihrem Glanze sich über die Fluten legt und die Wogen in der hölzernen Hülle des dünnwandigen Bootes wiegend einen Menschen umschließen wie die bergenden Arme der Mutter ihr Kind, hebt wie von selber den Blick hinweg von all dem Grausen der »Tiefe«. Eine solche im Grunde bergende, tragende, erträgliche Welt bildet den Kern der Sehnsucht nicht nur eines Ismael, sondern, wie er nicht zu Unrecht unterstellt, wohl insgeheim aller Menschen zur Mutter, – zum *Meer.*

Warum aber dann der unbedingte Entschluß, ausgerechnet auf einem *Walfänger* anzuheuern? Warum nicht, wie vormals Redburn, auf einem Kauffahrer? Nicht nur Kapitän Peleg wird so fragen. (XVI 135–136) Es bietet in unserem Zusammenhang keine Antwort, wollten wir an die üblen Erfahrungen erinnern, die MELVILLE selber zwischen 1841 und 1842 an Bord des Walfängers *Acushnet* machen mußte, von dem er auf den Marquesas schließlich desertierte und nach einer abenteuerlichen Flucht aus dem Gefängnis von Tahiti auf der *Charles and Henry* aus Nantucket sich verdingte; – in *Taipi*, *Omoo* sowie in seinem allegorischen Roman *Mardi*[13], einer Art Vorarbeit zum *Moby-Dick*, finden sich diese Erinnerungen ausführlich verarbeitet und dargestellt; in *Moby-Dick* aber erklärt Ismael sich zwar für einen vollkommenen Anfänger bei der Waljagd, doch was ihn dort erwartet, weiß er natürlich, und es müßte ihm von Peleg nicht erst warnend entgegengehalten werden. Ja, es liegt so etwas wie eine unausgesprochene Todessehnsucht in seinem Entschluß, als Walfänger zur See zu gehen, wenn er sich nicht einmal durch die fast schon aufdringlichen Vorzeichen des drohenden Unglücks abschrecken läßt: nicht durch das Bild im Gasthaus *Zum Walfänger,* das einen wutentbrannten Wal zeigt, *der versucht, glatt über das Schiff hinwegzuspringen* (III 48), nicht durch den Namen des Wirtes: *Coffin* – Sarg (II 44), nicht durch die Totentafeln in der Kirche von New Bedford (VII 82–83), nicht durch den Namen der *Pequod,* der an einen ausgestorbenen Indianerstamm aus Massachusetts gemahnt (XVI 132), nicht durch die sonderlichen Reden, mit denen Elias, in der Bibel der prophetische Widersacher von König Ahab (1 Kön 17–21), unheilschwanger noch am Morgen, als es an Bord geht, die Ausreise begleitet (XIX 167–171; XXI 176–177), – Ismaels Entschluß, auf Walfang zu gehen, ist so unerschütterlich, daß er zusätzlich zu der Sehnsucht nach Meer und Weite eine eigene Begründung erfordert; und es muß sich dabei, entsprechend dieser Vielzahl von tragischen Prodigien, um ein Motiv handeln, das den zwingenden Charakter einer schicksalhaften Bestimmung an sich trägt, – das, mit einem Wort, tief im Unbewußten verankert ist.

Zwei Gründe lassen sich denken, die Ismaels Drang, auf Walfang zu gehen, determinieren; beide hängen sie zusammen mit der Sehnsucht nach einer »mütterlichen« Welt, ja, beide ergeben sich paradoxerweise daraus.

Der erste und einfachste Grund folgt der RANKschen Psycho-Logik, wonach der Wunsch zur Rückkehr in den Mutterschoß zugleich mit Angst und Verbot belegt ist: Kein Junge möchte für ein Muttersöhnchen gelten; jeder spürt, daß der Weg ins Leben nicht nach rückwärts, nur nach vorn verlaufen kann; es ist also irgendwann unumgänglich, die Bindung an die Mutter aufzugeben und das Leben auf eigene Füße zu stellen. Doch gerade dieser Schritt fällt schwer, wenn das Vertrauen in die Mutter, wenn das Gefühl der Geborgenheit an ihrer Seite von vornherein nicht sehr groß sein konnte und wenn umgekehrt die Angst vor der Welt draußen um so stärker ausgeprägt war[14]. Es bildet in etwa den psychischen Erfahrungshintergrund, wenn in der ersten Nacht seiner Seereise Redburn in seinem *verzagenden Herzen...* *Abneigung, Abscheu und Haß* gegen die Männer an Bord der *Highlander* spürt. *Nie wollte ich ein Mann werden*, sagt er sich, *wenn schon ein Junge sein so ein elender Wicht sein heißt. Ich jammerte und weinte..., aber die ganze Zeit zeigte ich ihnen die Zähne.* (*Redburn*, X 58–59)

In einer solchen Lage wächst die innere Widersprüchlichkeit: Man sehnt sich einerseits um so inniger nach der *fehlenden* Mutter, während man andererseits um so energischer von ihr loszukommen sucht. Eben weil der erforderliche Schutz bei ihr nicht zu finden war, nötigt man sich dazu, unabhängig und »stark« zu sein. Man muß sich beweisen, auch ohne die Mutter auskommen zu können, man muß es wagen, den Herausforderungen und Gefahren der Welt auch ohne ihren Schutz gewachsen zu sein; und doch durchzieht all das zur Schau getragene Abenteurertum ein Zug von Einsamkeit und Traurigkeit.

Der Entschluß nun, zur See zu fahren, verbindet beide Komponenten auf vorzügliche Weise miteinander: die Suche nach der verlorenen Mutter und die Abwendung von ihr, Regression und Aufbruch, Haltsuche und Erlebnisdurst, Feinnervigkeit und Rauhbeinigkeit, latente Schwäche und überkompensierte Männlichkeit. Von »männlichem Protest« hätte denn auch ein anderer FREUDschüler, ALFRED ADLER, bei einer solchen Erlebniskonstellation gesprochen[15]. Gemeint ist dieses: Man hört auf, ein kleiner weinender

Junge zu sein, man zwingt sich dazu, jetzt endlich »erwachsen« und »groß«, ein ganzer Mann, ein richtiger Kerl zu sein.

Und schon ergibt sich gerade aus dieser Einstellung ein zweites; denn es liegt in dieser »Kompensationsleistung«, in diesem »Protest«, auch eine tiefe Enttäuschung darüber verborgen, daß die Welt nicht so ist, wie sie aus der Sicht eines Kindes benötigt würde; und diese Enttäuschung gebiert ein gerüttelt Maß an Ärger und Aggression. Gefühle dieser Art richten sich tunlichst allerdings nicht an die Mutter persönlich – es wäre nicht nur nutzlos, sondern wohl auch ungerecht, ihr Vorwürfe zu machen: Welch eine Mutter ließe freiwillig schon ihr Kind im Stich! Und doch gibt es da mit der Welt eine offene Rechnung zu begleichen: Sie ist nicht so, wie sie sein sollte. Der Konflikt, der einmal zwischen zwei Personen, zwischen Mutter und Kind, begann, generalisiert sich; die Welt, die das Kind einst erlebte, wird zur Welt überhaupt. Und aus Abrahams Sohn Ismael wird der Jäger, der Bogenschütze, der Wildling. Man kann gerade unter diesem Aspekt die biblische Erzählung nicht genau genug lesen.

Wir erinnern uns: die Rede ging da von einer Hagar, der Mutter, die es herzlich gut mit ihrem Kinde meinte, die sich freute über sein Dasein und die stolz war auf seine Existenz; aber neben ihr (oder in ihr?) gab es eine andere, eine von Gott Erwählte, wie sie vermeinte, eine zu Höherem Berufene, – eine aus eigenem Minderwertigkeitsgefühl und persönlicher Unfruchtbarkeit heraus nur um sich selbst Kreisende, müssen wir sagen, und diese andere brachte den Vater des Kindes dahin, sich von der »Magd« loszusagen und das Kind zu verstoßen. Und jetzt: Wie soll ein Kind auf eine solche Situation anders reagieren als mit Zorn und Erbitterung auf seinen Vater, der sich weigert, sein Vater zu sein, und auf jene andere, auf diese doppelte Mörderin: an einer hilflosen Mutter wie an ihrem unschuldigen Kind? Ein solches Kind wird auf die Suche gehen nach seiner »richtigen« Mutter, seine »Wildheit« aber, sein Jägertum wird sich gegen eine Welt richten, in der Menschen von Geburt an zu »Ausgestoßenen« gemacht werden. Melancholie und Aggression, Schwermut und Hochmut, Niedergedrücktheit und hochfahrendes Wesen mögen sich »logisch« schwer vereinbaren, doch psycho-logisch, vor solchem Hintergrund, gehen sie Hand in Hand. So mag man Ismaels Wille zur Waljagd verstehen; so knüpft Ismael in gewissem Sinn da an, wo Redburn endete.

Bis heute sagt man speziell den Amerikanern nach, sie suchten persönliche Schwierigkeiten mit Vorliebe dadurch zu lösen, daß sie »jagdbare« Tiere:

Löwen in der Serengeti, Lachse im Wildbach oder Barracudas vor Kuba zur Strecke brächten. Der »große« ERNEST HEMINGWAY konnte solchermaßen vor den Kameras der Welt seinen suicidalen Machismo zur Schau stellen, und seine berühmte Erzählung *Der alte Mann und das Meer* wirkt wie ein schwaches um 100 Jahre verzögertes Echo auf MELVILLES großen Roman[16]. Selbst der ehemalige amerikanische Präsident George Bush, der Vater des jetzigen Präsidenten G. W. Bush, fand es richtig, Ende 1990 seine Landsleute damit zu beeindrucken, wie »cool« er den Zweiten Golfkrieg vom Zaun brechen würde, der am Ende schätzungsweise mehr als 200 000 Menschen das Leben kostete: In der Bucht vor seiner Residenz in Kennebunkport ging er auf Fischjagd und präsentierte in den CNN-Nachrichten die Trophäen seiner Erfolge.

Es sei dahingestellt, inwieweit solche Posen der Mächtigen wirklich als sozialpsychologisch signifikantes Merkmal einer bestimmten Kultur gewertet werden können. Ismael ist nicht der Prototyp des Amerikaners; bei seinem Entschluß, auf Walfang zu gehen, müssen wir aber einen gewissen aggressiven beziehungsweise nekrophilen Faktor voraussetzen: die Tiere, die er töten wird, werden zu den Ersatzobjekten einer Aggression geraten, die im Grunde ganz anderen Personen und Themen gilt; in ihnen übt er Rache dafür, daß die Welt, seine Welt, nicht so ist, wie sie sein müßte, um einem Menschen wie ihm Heimat zu bieten.

Nur so begreift man, daß es bei aller lyrisch-romantischen Empfindsamkeit, im Kontrast dazu und in Folge davon, auch einen ganz anderen, streitbar kämpferischen Zug in Ismael gibt. Vor allem: wir beginnen, psychologisch die Anlage des ganzen Buches von *Moby-Dick* zu verstehen: Natürlich kann ein Wal nicht einfach mehr ein Wal sein, wenn er zum Bedeutungsträger ganz anderer Bedürfnisse und Zielsetzungen wird; natürlich wird er als Projektionsfigur der Revanchebedürfnisse eines ganzen zu kurz gekommenen Lebens selber ein mythisches Format gewinnen; und natürlich wird er im letzten unbesiegbar sein; Ismael mag so viele Wale töten, wie er will, es wird nie genug sein; was er an dem fetischähnlichen Ersatzobjekt seiner zerstörerischen Energie abarbeiten will, muß ihn am Ende selber verschleißen und verschlingen, und genau das wird sich zeigen, längst ehe der Weiße Wal die ausgesetzten Fangboote der *Pequod* ebenso wie die Dreimastbark selber zerschmettern wird. Walfang, wird Ismael merken, ist ein nicht endender Krieg. *Ach, meine Freunde*, wird er schreiben, *das ist doch mörderisch! Aber*, wird er hinzufügen, *so ist das Leben. Denn kaum haben wir Sterblichen in langer Plackerei dem Riesenleib der Welt sein weniges wertvolles Walrat*

abgerungen, haben uns danach mit letzter Kraft und Geduld von der Besude-
lung (sc. des Flensens und Trankochens, d. V.) ebenso wie von der Schuld der
Schlächterei *gereinigt und gelernt, uns hier im reinen Tabernakel unserer Seele*
einzurichten; kaum ist das getan, als – Da bläst er! – *der Geist ausgehaucht ist*
und wir von neuem aussegeln, um gegen eine andere Welt zu kämpfen und das
alte Einerlei des neuen Lebens wieder zu durchlaufen. (XCVIII 664) Diese Art
des Daseinsentwurfs: Leben im Zeichen des Walfangs, ist ein einziger uner-
löster Kreislauf der ewig gleichen Anstrengung und Schinderei, eine *Seelen-*
wanderung pythagoreischen Ausmaßes, nur gebannt in diese Welt und in
dieses Leben. Doch gerade dahin drängt Ismaels Schmerz.

Aber nicht nur das Ungeheuer des Weißen Wals erscheint jetzt schon am
Horizont unserer Deutung der Gestalt Ismaels, auch der ungeheure Kapitän
Ahab wartet bereits in seiner Seele auf seinen Auftritt. Man kann die eigentliche Bedeutung dieser Figur am besten verstehen, wenn man sie mit einer
einfachen Alternative vergleicht, die es wohl an sich gäbe, die es dann aber
offenbar doch nicht gibt. Denkbar wäre es durchaus, daß ein Ausgesetzter
wie Ismael, voller Sehnsucht nach Heimat und voller Zorn über die Wüste-
nei seines Lebens, dem aggressiven Impuls seiner Enttäuschungen ein edle-
res Ziel setzen würde als ausgerechnet die massenweise Tötung unschuldiger
Pottwale. Sehnsucht und Rebellion schließen ein Spannungsgefälle in sich,
das durchaus einen Katarakt sozial und kulturell verändernder Impulse
freisetzen könnte: Ein Prophet wie Jeremia etwa besaß diese Statur, wenn er,
ganz in der Art von Vater Mapples Predigt über Jona, der von einem Wal verschlungen wurde, weil er sich weigerte, dem großen Ninive den Untergang
anzusagen, den Mächtigen an Thron und Altar entgegentrat. *Freude*
gewinnt, lehrt Mapple, *wer den stolzen Göttern und Kommodores dieser Erde*
stets sein eigenes, unerbittliches Ich entgegenstellt ... Freude gewinnt, wer in
Fragen der Wahrheit kein Pardon gibt und alle Sünde tötet ..., selbst wenn er
sie unter den Roben und Talaren von Senatoren und Richtern hervorholen
müßte. Freude – Bramstengenfreude – gewinnt, wer weder Herren noch Gesetz
anerkennt, außer den Herrn, seinen Gott, und nur den Himmel sein Vaterland
nennt. (IX 101–102)

Auch eine solche »göttliche« Beauftragung findet sich im Gemüt eines
Ismael; in der Geschichte des 20. Jhs. hätte ein Mann wie er womöglich das
Zeug gehabt, eine Führergestalt auf dem Weg zu Gewaltlosigkeit und Freiheit zu werden wie MAHATMA GANDHI in Indien oder eine zentrale Figur der
amerikanischen Bürgerrechtsbewegung wie MARTIN LUTHER KING. Was in
ihm steckt an Protest gegen die Entwürdigung des Menschen unter der

Willkür herrschsüchtiger, im Grunde schwacher Vorgesetzter und vor allem im Protest gegen die endlosen Kriege der Mächtigen auf dem Rücken gepreßter, versklavter, ausgebeuteter Menschen, zeigt, ein Jahr vor dem *Moby-Dick*, der Seekriegsroman *Weißjacke*: ...*wie die ganze Kriegführung*, heißt es da, *etwas ist, was dem gesunden Menschenverstand und dem Christentum ins Gesicht schlägt, so ist alles, was damit zusammenhängt, äußerst verrückt, unchristlich, barbarisch und viehisch und riecht nach... Kannibalismus, nach Salpeter und dem Teufel.* (LXXIV 907) Und: *Soldat oder Matrose, der kämpfende Mensch ist nur ein Teufel... Sagt an, ... ihr für den Krieg stimmende Bischofssynode, daß Er, an den wir glauben, uns aufgefordert hat, die linke Wange hinzuhalten, wenn man uns auf die rechte geschlagen hat... dieser Vers wird noch mit Gottes Gnade die Welt verwandeln. Aber in einigen Dingen müssen wir erst Quäker werden.* (LXXV 912–913)

So zu sprechen hieße, die Sünde töten. Ismael aber *tötet* nicht die *Sünde*, er tötet Wale, er *will* und sucht mit allen Mitteln das *Schlächter- und Fleischer-Handwerk* (*Moby-Dick*, XXIV 190), das er mit großem Aufwand an ernsten und halbernsten Argumenten vor sich selbst und dem Leser zu rechtfertigen versucht. Ja, entsprechend der Auslegung des *Jona*-Büchleins in Vater Mapples Predigt erschiene es nicht einmal als zu weit gegriffen, wollten wir behaupten, Ismael *verdiene* es geradewegs, von dem Wal verschlungen zu werden wie Jona, geht er doch selbst nicht anders zur See als jener – ein Gottesflüchtling auch er, auch er ein unbewußt von Angst Getriebener.

In jedem Falle läßt sich Ismaels Entschluß als eine Art Probe aufs Exempel verstehen, wohin ein bestimmter (Flucht)Weg des Daseins wohl führen mag: Wie, wenn er die Rolle des »wilden Jägers« verinnert, die in seinem biblischen Vorbild angelegt ist? Wie, wenn er die Grausamkeit des Lebens nicht länger bedauert und betrauert, sondern klaglos und fraglos selbst in das eigene Verhalten übernimmt? Wie, wenn er das Leiden an der Grausamkeit der Welt für sich selbst nur durchbrechen könnte, indem er selber grausames Leid verbreitete? *Ist ein Mann lange aus den zivilisierten Ländern der Christenheit verbannt gewesen*, wird Ismael später sagen, so *versetzt ihn das unweigerlich in jenen Zustand zurück, in dem ihn Gott geschaffen hat, d. h. in das, was man den Stand des Wilden nennt. Euer echter Waljäger ist nicht weniger ein Wilder, als es ein Irokese ist. Ich selber bin ein Wilder, schulde ich doch niemandem Treue außer dem König der Kannibalen und bin ich doch allzeit bereit, gegen ihn aufzubegehren.* (LVII 436) Und gerade diese »Wildheit« sucht er im Walfang und wird er verkörpert finden in seinem Busenfreund Queequeg.

Wir müssen den Roman von *Moby-Dick* unter diesen Voraussetzungen offenbar lesen als einen virtuellen Selbstläuterungsprozeß, als die Darstellung eines gewaltigen existentiellen Experiments auf die Frage, ob es nicht möglich sei, die inwendig gespürte Aggressivität in voller Wut und Wucht auszuagieren, so wie der nachfolgende Roman *Pierre* ein »Experiment« auf die Liebe ist: Was wird aus einem Menschen, wenn er im Kampf gegen die gesamte Welt unter vollkommener Aufopferung seiner selbst auch nur einen einzigen anderen ihm geschwisterlich verbundenen Menschen zu *retten* sucht? Wird ein solcher *Himmelsstürmer* (*Pierre*, XXV 4; S. 591) als Engel enden oder als Teufel, als Heiliger oder als Verführer, als Gesegneter Gottes oder als Verfluchter der Menschen – oder unentwirrbar als beides zugleich, so daß nur Gott ein Urteil zusteht über das Leben eines Ismael, eines Ahab, eines Pierre?

Der ganze weitere Handlungsablauf wird unter einer solchen Perspektive verständlich; nichts erscheint mehr als überflüssig und willkürlich; wir begreifen vielmehr, warum Ismael sich unfehlbar, wie nach dem Willen von Queequegs »heidnischem« Götzen Jojo (*Moby-Dick*, XVI 131–132), unter allen Schiffen im Hafen von Nantucket ausgerechnet die *Pequod* aussuchen wird und warum gerade der einbeinige dämonische Ahab der rechte Mann sein muß, um ihm »die Welt« zu zeigen. Gerade die Gestalt dieses Monomanen der Rachsucht für eine Verletzung, die ihm von einem weißen Wal zugefügt wurde, lebt offensichtlich in Ismael selber, und sie verlangt danach, an Bord seines Lebens das Kommando zu übernehmen. Wir brauchen, um diese Entwicklung in die (läuternde?) Katastrophe zu verstehen, im folgenden nur die einzelnen Personen in der Crew der *Pequod* durchzugehen und sie psychologisch einander zuzuordnen; dabei dürfen wir freilich den Hintergrund, den wir uns jetzt schon erarbeitet haben, nie mehr vergessen: Die Ausreise Ismaels dient der Suche nach einem Vater, den es nie wirklich gab; sie gilt der Sehnsucht nach einem Gott, der »väterlich« sein müßte und der doch so schwer auffindbar ist; und sie gilt vor allem der unbeglichenen Rechnung für eine Welt, die das kindliche Vertrauen der Menschen *arglistig* hintergeht – immer wieder wird *dieses* Wort das Wesen Moby Dicks kennzeichnen. (XLI 303; C 682; CXXXIII 829; CXXXV 858)

Was wir vor uns haben, ist, mit einem Wort, nicht mehr und nicht weniger als der Versuch, sich selbst aus den Qualen des irdischen Lebens zu befreien, – ein prometheisches Unterfangen (CVIII 722), ein Titanenkampf.

Es verrät MELVILLES ganze Meisterschaft in der Verdichtung symbolischer Andeutungen, wenn er die *Pequod* ausgerechnet am Weihnachtsabend[17] auslaufen läßt. (XXII 181–187) Mit keinem Wort spricht Ismael davon, wie grad in diesen Stunden die frommen Quäker von Nantucket sich mit ihren Familien zum trauten Gottesdienst versammeln und daheim am Gabentisch ihre Kinder mit Naschwerk und Spielzeug erfreuen – in *Pierre* (XXII, 4; S. 522) wird die Rede davon sein, daß, während *die bunten Mokassins des fröhlichen Christfests… leise durch den Schnee* schreiten, der Titelheld in düster gequälter Stimmung versucht, einen Roman zu schreiben, der, als das reife Meisterwerk eines doch Unreifen, alle Zweifel und alle Verzweiflung der lesenden Welt in die Augen reiben soll: *Glocken, Dank, Christus… – all das ist nicht für Pierre. Inmitten all der Lustbarkeiten… hat Pierre sich mit dem Gram der Ewigkeit umringt.*

Dasselbe gilt auch für Ismael, doch denkt und dichtet dieser (noch) nicht, in ihm verdichtet sich nur erst der Verdacht auf die rätselhafte Ruhelosigkeit der menschlichen Seele und die abgründige Absurdität der Welt. Vor Pierre, dem scheiternden Helden der Selbstaufopferung, steht Ismael, bereit, sich in der Gestalt Ahabs dem Grauen der »Tiefe« auszusetzen. Die wortlose Verweigerung jedes Gedankens an die eigene Kindheit zeigt dabei, wovor er in diesem Augenblick eigentlich flieht: Alles, was einmal Kindheit war, was einmal Heimat hätte sein sollen, läßt er zurück, um nach der Pfeife von Kapitän Ahab sich als »Mann« zu bewähren. Da soll der Welt kein Kind als Erlöser geboren werden, da will jemand sich selbst von seiner Kindheit erlösen. Nur ein einziges Wort ist das, eine Terminangabe: Weihnachten; doch sie enthält ein ganzes Programm; sie enthält zugleich auch den Grund für das sichere Scheitern.

An entscheidender Stelle, in der Psychologie Ahabs selbst, werden wir diesem Motiv wiederbegegnen. Was Ismael und Ahab miteinander verbindet, erscheint von Anfang an als *Teil des grandiosen Spielplans der Vorsehung, der schon vor langer Zeit entworfen ward. (Moby-Dick,* I 39) Wann je hätte ein Mensch *ein wenig Einblick in die Triebfedern und Beweggründe* seines Handelns? (I 39) Ist es nicht stets ein *Irrglaube*, es sei *unsere* Entscheidung, wenn wir etwas tun? Und sind es nicht längst schon Ahabs Gedanken und Worte, wenn Ismael bei dem Entschluß zu seiner Ausreise bekennt, der Hauptbeweggrund, zur See zu gehen, sei die *überwältigende Vorstellung vom großen Wale selbst?* (I 40) Es ist der Kampf gegen das Böse an sich, der ihn motiviert; denn so führt er fort: *Solch ein unheilträchtiges und geheimnisvolles Ungetüm erregte meine ganze Neugier… ein ewiger Kitzel nach Entlegenem… Wenn ich das Gute auch nicht übersehe, habe ich doch ein waches Auge für das*

Grauen und könnte mich sogar damit anfreunden. (I 40) Ismael *könnte* nicht nur mit dem *Grauen* sich *anfreunden*, er ist wie süchtig danach. Wenn je es einen Menschen gab, der, wie in dem GRIMMschen Märchen (KHM 4), auszog, das Fürchten zu lernen, – hier ist er. Mag Ismael unbewußt auch geprägt sein von Heimweh, – das Fernweh, das er bewußt erlebt, fordert das Ungeheure, das in ihm liegt, geradewegs heraus.

2. Bulkington und Queequeg oder: Von Ich-Ideal und Schatten

Alles, was wir bisher über die Zwiespältigkeit in Ismaels Motivation, auf Walfang zu gehen, gesagt haben, findet den sprechendsten Ausdruck in einer Gestalt, die im *Moby-Dick* an nur zwei Stellen wie geisterhaft durch die Geschichte schwebt und die, rein literarisch betrachtet, ein klares Beispiel für die handwerklichen Mängel der Gesamtkomposition des Romans bildet[1]. Es geht um den rätselhaften Bulkington. Für uns, die wir MELVILLES Erzählung *nicht* »rein literarisch« beurteilen, sondern psychologisch und existentiell verstehen möchten, bedeutet der so flüchtige Auftritt dieser ominösen Persönlichkeit indessen nicht mehr und nicht weniger als die Offenbarung des Ideals, das Ismael von sich selber entwirft: So wie dieser Bulkington möchte auch er sein, müßte auch er sein, um ein »richtiger« Mann zu werden; diese Phantomfigur ist identisch mit der Phantasie seines »besseren« Ichs, sie ist in gewissem Sinne sogar der eigentliche Zielpunkt seiner Ausreise; sie verkörpert die Lichtgestalt seiner selbst; alles, was Ismael über »Bulkington« sagt, hat den Wert einer Selbstmitteilung über die geheimsten Erwartungen und Wünsche an sich selbst, und diese Erwartungen und Wünsche sind genau entgegengesetzt wie noch zwei Jahre zuvor in Redburn. Dieser sensible, neugierige, tapfere, zutiefst moralisch empfindende Junge begegnet bei seiner ersten Ausreise dem heruntergekommenen Dandy Harry Bolton als seinem *Alter ego*, einem mädchenhaften, verweichlichten AMann, dessen Nerven es nach allzu frühem und ausgedehntem Genuß von Mokka, Tee und Havannazigarren schlicht nicht vertragen, die Arbeit eines Seemanns im Rigg zu verrichten. (*Redburn*, I 267) Von Harry Bolton besagen die letzten Nachrichten, die Redburn über ihn erhält, es sei nicht ausgeschlossen, *daß seine Schwermut ihn so weit getrieben hat, sich auf einem Walfänger wegzuwerfen.* (*Redburn*, LXII 323) An genau diesem Punkt setzt Ismaels Entschluß an, auf der *Pequod* anzumustern; nur daß die Antriebsrichtung sich genau umgekehrt hat: nicht wehmütige Selbstvergessenheit, eher eine wilde Selbstversessenheit ist jetzt das Ziel, wenn auch die alte Gefühlskomponente untergründig sich fortsetzt. »Wer, wenn Du zur See fährst, möchtest Du werden, Ismael?«–»Ein ganz anderer als ich wirklich bin«, lautet in Bulkingtons Auftritt an Bord der *Pequod* die erste Antwort. Wer aber ist Bulkington in Ismaels Augen?

Eine gewisse Vorstellung davon gewinnt man, wenn man sich an *Weiß-jacke* erinnert und damit an den Toppvormann auf der *Neversink*, an Jack Chase; seinen *Lehnsherrn, Seebetreuer* und *Vater* wird der junge Kriegsschiff-matrose ihn nennen (*Weißjacke*, XCII 987), diesen Mann, der mit den *Lusia-den* des portugiesischen Dichters CAMÕES auf den Lippen Dienst tut (LXV 862–863; LXXIV 901) und mit SHAKESPEARE-Zitaten in der Bucht von Rio für die Mannschaft einen Tag Landgang erbittet (LI 806), ihn, den *Tribun* (LIV 818) und guten Geist der Mannschaft. Er ist Vorbild, das Ich-Ideal, des jungen Mannes, der an den moralischen Entwürdigungen seiner Kamera-den durch sinnlose Gehorsamsforderungen, durch ein absurdes und unmenschliches Seerecht und vor allem durch die willkürlichen Auspeit-schungen oft völlig Unschuldiger fast zu zerbrechen droht. Doch im Unter-schied zu Jack Chase, der als eine reale Person in Erscheinung tritt, bleibt Bulkington eine unberührbare Traumgestalt.

Auffällig ist bereits die Bewunderungsdistanz, mit welcher der Erzähler des *Moby-Dick* seinem Wunschbild zum ersten Mal begegnet. Soeben erst ist er im Gasthaus *Zum Walfänger* vor Anker gegangen, als die Leute von der *Grampus* nach vier Jahren auf See an den Schanktisch stürmen und ein rech-tes Saufgelage veranstalten; da bemerkt er, *daß einer von ihnen sich etwas abseits hielt und zwar bemüht schien, seinen Bordkameraden durch seine nüchterne Miene ihre Ausgelassenheit nicht zu verderben, insgesamt aber doch Abstand davon nahm, soviel Lärm wie die anderen zu machen.* Inmitten der Vulgarität seiner »Kameraden« zeichnet Bulkington also sich aus durch eli-täre Vornehmheit. Doch nicht nur das. Sichtlich beeindruckt ist Ismael auch von der physischen Erscheinung dieses Mannes, die er so fasziniert schildert, wie eine Frau sie wohl wahrnehmen würde[2]: seine prachtvollen Schultern, die *Brust wie ein Senkkasten*, muskelbepackt der Körper, die Haut tief son-nengebräunt, die Zähne blendend weiß, seine ganze Gestalt an einen der *ranken Bergbewohner aus den Alleghenies in Virginia* gemahnend, die Augen hingegen gefüllt von *Erinnerungen*, wie es vielsagend heißt, *die ihn offenbar alles andere als froh stimmten.* Dieser Bulkington, obwohl er sich dem ausgelassenen Treiben *seiner Genossen* nicht anschließt, wird doch sogleich von ihnen vermißt, als es ihm gelingt, unbemerkt zu entschlüpfen; sie stürzen ihm nach: *Bulkington! Wo ist Bulkington?* (*Moby-Dick*, III 52–53) Wenn man so wäre, darf man diese Wunschphantasie übersetzen: allseits beliebt, der geborene Führer, schön, stark und edel, in vornehmer Entfernung von allem Trubel und doch als Kamerad voll akzeptiert und integriert...!

Ismael wird Bulkington erst an Bord der *Pequod* wiedersehen; und erst recht wird er dort auf ihn blicken *mit sympathetischer Ehrfurcht und Scheu*, voller Bewunderung für einen Mann, der nach vier Jahren auf See mit allen Gefahren und Strapazen gleich schon wieder sich einschifft, um in einer *eiseskalten Winternacht*, just am Weihnachtstage, erneut auf große Fahrt zu gehen. Deutlich genug zeigt sich in Bulkingtons Unstete Ismaels eigene Unruhe, doch gewinnt sie jetzt eine geradezu unheimliche Begründung in dem brillanten Bild vom »*Land in Lee*«. Es verhält sich mit Menschen wie Ismael oder mit Bulkington, heißt es jetzt, ähnlich wie mit einem Schiff in sturmgepeitschter See: *Gern würd der Hafen ihm Zuflucht gewähren; der Hafen hat Mitleid; ja, dort warten Sicherheit, Behaglichkeit, der heimische Herd, ein Abendmahl, auch warme Decken, Freunde, alles, was uns Sterblichen zum Wohl gereicht. Doch in dem Sturm, da ist der Hafen, ist das Land, des Schiffes größter Feind; ja, aller Gastfreundschaft muß es entfliehen; einmal nur das Land berührt, und streifte bloß der Kiel ganz sanft darüber, und das Schiff würd bis ins Mark erzittern. Mit aller Kraft, mit vollem Zeug, steht es vom Lande weg und kämpft so wider ebenjene Winde, die heim es in den Hafen treiben wollen, und sucht erneut die landlos leere, aufgepeitschte See, stürzt sich der Zuflucht halber einsam in Gefahr, sein einz'ger Freund sein schlimmster Feind! – Kennt ihr nun Bulkington?* (XXIII 188–189)

Allerdings! Denn ein eindringlicheres Portrait nicht endender Angstflucht, ein packenderes Bild für die vollkommen Umkehrung der »normalen« Antriebsrichtung, eine genauere Beschreibung des steten Kampfs gegen sich selbst aus heimlicher *Furcht* vor heimatlicher Geborgenheit ist schwer erfindbar. OTTO RANKS Lehre vom *Trauma der Geburt*, von der Verletzung, die einem Kind bereits dadurch zugefügt werden kann, daß es von seiner Mutter sich ausgestoßen fühlt, wird an dieser Stelle nicht nur zum Schlüssel von Ismaels Selbsterkenntnis, – in der Traumgestalt Bulkingtons wird die kindliche Kränkung von seiten der Mutter, die rätselhaft traurige *Erinnerung*, die in seinen Augen geschrieben steht, geradewegs zum Ideal verklärt. Auch ein Ismael, auch ein Bulkington sucht nach Wärme, Mitleid und Mütterlichkeit, doch muß er unter dem Sturm der Psychodynamik der Angst den Ort einer möglichen Erfüllung geradewegs meiden wie eine tödliche Gefahr. – Als vor Jahren Bioneurologen die Transmittersubstanz der Dunkelangst (Skotophobin) isolieren und charakterisieren wollten, versetzten sie Mäuse in einen Käfig, dessen Metallboden in den Dunkelzonen unter einer schmerzerzeugenden elektrischen Spannung gehalten wurde. Mäuse betrachten instinktiv Dunkelheit als ihren Sicherungsraum, – in ihren Köpfen existiert von Haus aus ganz sicher kein Neuropeptid namens Skotophobin. Jetzt aber mußten sie genau diesen Stoff in ihren Köpfen bilden, jetzt lernten sie, ins Helle zu fliehen, an die Stelle der objektiv höchsten Gefahr, umgekehrt aber die Bereiche ihrer Ruhe und Sicherheit zu meiden wie den Tod. Ihr gesamtes Signalsystem war pervertiert worden[3].

Nicht anders ergeht es den Ismaels und den Bulkingtons dieser Erde, freilich mit einem bezeichnenden Unterschied! Ein Mensch wird, anders als ein Tier, versuchen, auch und gerade die (neurotischen) Schädigungen seiner Kindheit im Laufe der Zeit ichgerecht zu machen; ein Mensch muß sich bewußt mit seiner Vergangenheit auseinandersetzen, und so kommt es dahin, daß er seine Angstflucht vor sich selbst und anderen eines Tages womöglich als eine besondere Form von Mut und Heroismus, ja, von gottgleicher Erwählung erscheinen läßt. *So wie nur fern von jedem Land*, erkennt Ismael, *die höchste Wahrheit wohnt, die uferlos und unbegrenzt wie Gott, so ist es besser auch, in jener heulenden Unendlichkeit zu sterben, als bar des Ruhms an Leegestaden zu zerschellen, und wär dies auch die sichre Rettung! Denn wer, o wer wohl, würde wie ein Wurm kratzfüßig krumm ans Ufer kriechen wollen! Schrecken des Schrecklichen! Ist all die Not und Pein denn ganz umsonst?* (XXIII 189) Da ist die Umwandlung der ursprünglichen Angst (vor der Mutter) sowie der ursprünglichen Sehnsucht (nach der Mutter) in ein ruhmreiches und vorbildliches Ideal für jedermann vollendet, und es bleibt nur noch, »Bulkington« zum Durchhalten aufzufordern: *Faß dir ein Herz, o Bulkington, faß dir ein Herz! Bewahr dir deinen Trotz, du Halbgott! Hinauf aus dem Geschäum, wo du im Meer versunken, schwingt deine gottgewordene Gestalt sich geradewegs empor!* (XXIII 189) Gerade im Untergang also, gerade im Scheitern, zeigt sich die Größe und Erhabenheit eines Menschen. »Ich will nicht mein Glück, ich will mein Werk«, konnte, in ähnlicher Gefühlslage, FRIEDRICH NIETZSCHE einmal sagen. »Ich will mich selbst in einer Größe, welche die Furcht widerlegt, das kleine Kind einer Mutter zu bleiben, die in Wahrheit doch nie wirklich für mich da war«, müßte ein Ismael sagen. Selbst das drohende Unglück, selbst das offenbar Pathologische einer solchen

Gemütslage entgeht nunmehr nicht länger der Selbstheroisierung. *Denn alle tragischen Männer, heißt es fortan, gewinnen ihre Größe durch etwas Krankhaftes in ihnen. O du jugendlicher Ehrgeiz, sei eines versichert: Alle irdische Größe ist nur Krankheit, sonst nichts.* (XVI 140)

Ja, plötzlich fühlt Ismael sich auch in seiner Einsamkeit nicht mehr allein; er fühlt sich vielmehr umgeben von einer Schar potentieller Kameraden und ideell Gleichgesinnter. Denn, so verkündet er: jeder Nantucketer ist so! Aus einem psychologischen Problem wird in wenigen Worten eine Art anthropologisches Ideal, eine kulturelle Gegebenheit oder auch eine biologisch festgelegte Grundausstattung; denn vom »Nantucketer« gilt: er *lebt und webt auf den Wassern, allein er fährt, in den Worten der Bibel* (sc. Ps 107,23; vgl. 104,26, d. V.), *mit Schiffen auf dem Meer und durchpflügt es hin und her wie seine ureigene Plantage.* Dort *liegt seine Heimat,* dort *sein Handwerk... Er lebt auf dem Meere wie der Steppenhahn in der Prärie, er versteckt sich zwischen den Wellen, er erklimmt sie, wie Gemsenjäger die Alpen erklimmen. Jahrelang sieht er kein Land, so daß es für ihn, wenn er es endlich erreicht, wie eine andere Welt riecht, seltsamer als der Mond für einen Erdenbewohner. So wie die landlose Möwe bei Sonnenuntergang ihre Flügel einfaltet und inmitten der Wogen in den Schlaf gewiegt wird, so holt bei Einbruch der Nacht der Nantucketer weit draußen auf See seine Segel ein und legt sich zur Ruh, derweil gerad unter seinem Kissen Herden von Walen und Walrossen ihres Weges ziehen.* (XIV 125) Ismael – der Nantucketer, Ismael – eine heimatlose Möwe, Ismael – als Bulkington: – das ist Männlichkeit, das ist Größe, das ist Gottähnlichkeit, – das streift von fern bereits Ahabs Format, und man versteht noch einmal, warum Ismael gerade unter einem solchen Kapitän anheuern *muß.*

Doch nun kommt etwas Entscheidendes. Ursprünglich war der Roman wohl darauf angelegt, Bulkington nach Art von Jack Chase als ständigen Seelengefährten und guten Engel Ismael mit auf den Weg zu geben. Dann aber muß MELVILLE erkannt haben, daß eine solche Anlage seines Romans zwei große Schwächen aufgewiesen haben würde: Zum einen wäre das ganze heroische Pathos diskreditiert, wollte man Ismael die Gestalt eines Ritters ohne Furcht und Tadel beigesellen und ihn damit zum bloßen Knappen seines *Lehnsherrn* entwerten; ein solcher Bulkington würde genau die mütterliche Obhut wieder eingeführt haben, der Ismael gerade zu entlaufen sucht. Und ein zweites, wichtigeres noch: Eine Idealgestalt wie Bulkington läßt sich zwar darstellen, aber nicht entwickeln; sie müßte, wie viele in Öffentlichkeit Wirkende, dazu verurteilt bleiben, in den Augen aller als ein fertiges und vollendetes Wesen zu posieren, und eine derartige Karikatur wirklichen

Menschseins wäre nichts für einen Ismael mit seinem notorischen Spott und mit seiner prophetischen Kritik an der »Sünde« und Lüge im Rock von Richtern und Senatoren. Ismael selber kann nicht – auch nicht in einer idealisierten Parallelgestalt – Bulkington *sein*; er kann nur seinem Ich-Ideal entsprechend *werden*. Dazu aber ist ein ganz anderes erforderlich als die Verklärung »Bulkingtons«; dazu bedarf es der Integration des genauen Gegenteils: des dunklen »Schattens« in Ismaels Seele[4], der Verbündung und Verbrüderung mit dem halbwilden Harpunier Queequeg.

Man kann nicht, wie es manchmal geschieht, einfach behaupten, daß Bulkington von Queequeg abgelöst werde oder durch ihn schlicht »überflüssig« geworden sei; verhielte es sich so, hätte MELVILLE leichthin das Kapitel XXIII streichen können; er hat es aber, vollkommen zu Recht, stehenlassen, inklusive des Auftritts Bulkingtons im Gasthaus *Zum Walfänger* (III 52–53), offenbar um zu sagen, daß es für seinen Ismael nur *einen* Weg der Annäherung an »Bulkington« gibt: er muß in eine Art Heiliger Hochzeit mit dem vollkommenen Gegensatz seiner »christlich« zivilisierten Bewußtseinseinstellung willigen: eben mit diesem sonderbaren Königssohn von der Südseeinsel »Kokovoko« (XII 112), genannt Queequeg, in dessen Haut *eine komplette Theorie vom Universum* tätowiert ist. (CX 738)

Der Wechsel von »Bulkington« zu »Queequeg« setzt in der psychologischen Symbolsprache im Grunde eine Erzählstruktur fort, die MELVILLE bereits zwei Jahre zuvor seinem Roman *Mardi und eine Reise dorthin* unterlegt hat, nur: wie konträr ist das Ziel der Erzählung hier!

Während Ismael im *Moby-Dick* nicht davon abzubringen ist, auf einem Walfänger anzuheuern, flieht in *Mardi* gleich zu Anfang der junge romantisch gesonnene Taji von Bord seines Schiffes; er trifft auf die schöne Yillah, die in seinen Augen *Unschuld*, die *Krone der Glückseligkeit*, ja, den *Himmel auf Erden* verkörpert. (CXCI 1009) Zwar gelingt es ihm, die Geliebte aus der Hand eines Priesters zu befreien, indem er diesen Vertreter einer unmenschlichen Religion umbringt; doch bald danach ist Yillah auf rätselhafte Weise verschwunden. Die Suche nach ihr führt Taji zu einer Reihe von Inseln, bis hin zu der Landung auf Serenia, wo die Menschen den Lehren des gütigen und weisen Alma folgen, der, als ein eigentlicher »Christus« der Südsee und wahrer Erlöser des menschlichen Herzens, Gesetze erlassen hat, die *nicht der Rache, sondern der Liebe* entspringen[5]. (CLXXXVII 985) Einzig auf dieser Insel der Menschlichkeit müßte Yillah zu finden sein. (CXCIII 1020) Doch verliert sich Taji auf der Insel Flozella an die dämonisch verführerische Hexe Hautia, die ihm *Gesundheit, Reichtum, langes Leben und die letzte verlorene Hoffnung des*

Menschen zu schenken verspricht (CXCIV 1022) sowie die Fähigkeit, im Vergessen der Vergangenheit *die Lebenden zu lieben und nicht die Toten.* (CXCIV 1023) Hautia, die sich selbst zu einem *Strudel* erklärt, der alles in sich zieht (CXCIV 1021), berichtet, Yillah sei in einem Mahlstrom ertrunken. Auch Taji, der dem Bild seiner Geliebten in den Tiefen des Wirbels ansichtig zu werden glaubt und ihm nachtaucht, wird darin umkommen. (CXCV 1025) Am Strande finden ihn seine Gefährten schließlich nur noch als eine Art Gespenst, als *das Phantom des Phantoms seines Geistes.* (CXCV 1026)

Mardi, der Vorläufer-Roman des *Moby-Dick*, dieser seelisch-geistigen Odyssee ohnegleichen, soll dieser Konzeption nach von einem Besessenen erzählt worden sein, der in all seinem Streben selbst zu einem Phantom wird. Was er sucht, ist Station für Station, ist Insel für Insel die Verschmelzung aller Gegensätze: von Gut und Böse, von Unschuld und Sünde, von Himmel und Erde, von Gott und Mensch, von Freiheit und Ordnung, von Unendlichkeit und Endlichkeit, von Glück und Leid, von Leben und Tod, doch diese Einheit ist unerreichbar[6]; auch die »reine« Yillah ist nur im Tode zu finden, während sie als Lebende auf Erden wie verstorben erscheint hinter der strahlenden Gestalt Hautias mit ihrer Einladung: *Laß uns sündigen und fröhlich sein.* (CXCIV 1021) Selbst in dem, was man Tod nennt, wird indessen die Jagd nach dem Unerreichten in alle Ewigkeit quer durch die Schattenreiche *über eine endlose See* weitergehen. (CXCV 1029) Denn niemals werden die beiden Seiten des Weiblichen: Yillah und Hautia, niemals werden die Gegensätze der menschlichen Seele wie des menschlichen Daseins zu einer Einheit sich fügen.

In der Abfolge der Werke MELVILLES hat es den Anschein, als wenn erst das Scheitern eines solchen Verlangens nach einer universellen Harmonie in *Mardi und eine Reise dorthin* das eigentliche Thema des *Moby-Dick* nahelegen würde: Wenn schon die Verschmelzung der schmerzlichen Widersprüche im Leben zu einer unendlichen Anstrengung beziehungsweise zu einer Illusion gerät, ist es dann nicht unvermeidbar, in einer leidenschaftlichen Empörung über diese unheilvolle Welt den umgekehrten Weg zu versuchen und das Negative: den Tod, die Grausamkeit, die »Arglist« zu jagen und zu vernichten? Ismael sucht nicht mit dem Weiblichen in seiner Gegensätzlichkeit zu verschmelzen, wie Taji es anstrebt; unter Ahabs Kommando unternimmt er im Gegenteil den Versuch, das »Böse«, was immer das sei, durch ein Maximum an mörderischer Aggression zu vernichten. Nicht die Einheit des »Weiblichen« in »Reinheit« und »Sünde« wird hier erstrebt, vielmehr muß Ismael, um dem Gegenprogramm jenes Taji zu folgen, sich auf seinen dunklen Wesensverwandten und Widerpart Queequeg einlassen[7]; erst *Pierre* wird die Suche nach der Verschmelzung der »weiblichen« Gegensätze von Glück und Unglück, von Selbstliebe und Selbstopfer in den Gestalten der Lucy und der Isabel wieder aufgreifen.

Uns aber stellt sich dabei die Frage: Was wird aus einem Menschen, der vordergründig nicht länger nach Liebe sucht, sondern, besessen von Verzweiflung, probeweise dem einsamen Idealbild männlicher Selbstverwirklichung nachjagt? In *Mardi* wird Taji verfolgt werden von den drei Söhnen des Priesters, den er (als eine ödipale Vaterfigur) töten mußte, um die (mütterlich idealisierte) Geliebte aus seinen Händen zu befreien. (*Mardi*, CXCV 1028–1029) Im *Moby-Dick* hingegen wird Ismael an Ahabs Seite selber zum Verfolger, zum Gefährten des »Harpuniers«, zum Freund des polynesischen Halbwilden Queequeg.

Bereits die Vorgeschichte der Geschichte der Begegnung Ismaels mit Queequeg bietet das humorvoll-schaurige Kabinettstück einer symbolhaltigen Einführung ins Unbekannte, Fremde, Wilde: Der Harpunier, mit dem Ismael seine erste Nacht in New Bedford verbringen soll, ist – ausgerechnet in der Nacht zum Sonntag – mit einem gespaltenen Kopf hausieren gegangen und kann ihn offenbar nicht losschlagen. Was, fragt entsetzt Ismael den Wirt, soll er von einem Mann halten, der *einem solch kannibalischen Geschäfte nachgeht wie dem Verkaufen von Köpfen toter Götzenanbeter?* (*Moby-Dick*, III 58) Die Antwort auf diese Frage hat MELVILLE bereits in *Mardi* (CXXXVIII 683–685) gegeben: *In dieser zerspaltenen und angeknacksten Sphäre, in der wir leben*, heißt es da, *scheinen zerspaltene und angeknackste Schädel das unausweichliche Los vieler zu sein. Und deren Zerschmettern wird auch nicht endigen, bis dieses kämpferische Lebewesen, von dem wir handeln, seiner natürlichen Schlagkeulen beraubt ist, will sagen, seiner Arme. Und sehr wohl frommt es dem Menschen, alle Hinterhäupter in seinem Umkreis zu zerdreschen . . . – Er folgt nur seinen Instinkten und ist nur Teil einer kämpfenden Welt . . . So kommt denn, Plagen, Krieg, Hungersnot und Weibsteufel! . . . Und ganz besonders, du Krieg, marschiere mit deinem Knüppel voran. Einen Sprung haben unsere Schädel von Natur aus, und durch harte Schläge sollen sie hinfort auf immer zerspalten und zersprungen sein.*

In einer Welt voller Gewalt erscheint, mit anderen Worten, die »Zivilisation« als eine bloße Heuchelei, deren Werte und Normen für jemanden, der die Wahrheit finden will, nicht länger in Gültigkeit bleiben können. Wir alle haben offenbar einen *Sprung in der Schüssel. (Mardi* CXXXVIII 685)

Was unter solchen Umständen allenfalls bleibt, sind anscheinend bloße Symptomkuren, etwa die Amputation der Arme all dieser Schlagetots, die wir selbst sind; – die so oft geforderte vollständige Abrüstung der Staaten etwa erweist sich bei dieser Betrachtung als ein bloßes Projekt im Unmöglichen. Geändert werden müßte als erstes das menschliche Denken, das menschliche Herz; dazu aber ist es unerläßlich, die Menschen erst einmal so zu nehmen, wie sie sind, und eben das versucht Ismael. Statt des Dünkels von einem »christlichen« Abendland, dessen Schiffe unter göttlichem Segen ausschwärmen, eine Welt kannibalischer Wilder zur »Menschlichkeit« zu bekehren, zeigt sich bei auch nur einem bißchen Ehrlichkeit, daß wir als Menschen all das Wilde und Kannibalische selbst in uns tragen. Wir müssen uns also darauf einlassen. Wir müssen damit »ins Bett gehen« und sehen, wie die Geschichte sich entwickelt. Ein Ismael jedenfalls steht der »zivilisierten Welt« – nach all den Erfahrungen aus *Taipi* und *Omoo* – viel zu distanziert und zu skeptisch gegenüber, um nicht auf die Begegnung mit dieser anderen unheimlichen Seite seiner selbst und in uns selbst wohlvorbereitet zu sein.

Was er im folgenden freilich erlebt, stellt in gewisser Weise eine freudige Überraschung dar, die in atemberaubend kurzer Zeit sogar zu einer wahren Kaskade neuer Erfahrungen und Einsichten führt. Da tritt, kaum daß Ismael *auf der Überfahrt nach Schlummerland... beinahe die hohe See gewonnen*, jener *höllische Köpfehökerer* ins Zimmer (*Moby-Dick*, III 61), und die Kerze läßt sein Gesicht erkennen, das anscheinend durch eine wüste Prügelei entstellt ist; dann aber wird klar, daß Queequegs ganzer Körper mit Tätowierungen überzogen ist. MELVILLE selbst, nebenbei gesagt, erzählt in seinem Südseeroman *Taipi*, der auf den Marquesas spielt (vor zum Teil autobiographischem Hintergrund), von seiner ausgeprägten Abneigung gegenüber dem Tätowiertwerden, das er als eine Art »heidnischer« Bekehrung interpretiert. (XXX 295) Bei der Begegnung mit Queequeg jedoch muß sein Ismael sich als erstes eingestehen, daß seine *Heidenangst* vor diesem *Fremden, als wäre der Leibhaftige höchstselbst mitten in der Nacht so in* sein *Zimmer eingebrochen*, aus reiner *Unwissenheit* stammt. (*Moby-Dick*, III 63) Auch *der kleine Teufel*, zu dem Queequeg vor dem Zu-Bett-Gehen betet, sein hölzerner Gott Jojo, könnte, wie Queequeg selbst, von den Marquesas stammen – Moa Artua heißt er in *Taipi* (XXIV 237) –, und er ist ersichtlich von harmloser Kindlichkeit; ja, selbst als Queequeg seinen Tomahawk als Pfeife benutzt und im Bett zu rauchen beginnt, genügt der beruhigende Auftritt des Wirtes, um Ismael erkennen zu lassen: *der Mann ist ein Mensch, gerade so wie ich: Er hat gerade soviel Grund, mich zu fürchten, wie ich, vor ihm Angst zu haben.* Und wie er sich erst einmal neben Queequeg hingelegt hat, schläft er mit diesem *nüchternen Kannibalen . . . so gut wie nie zuvor in* seinem *Leben.* (*Moby-Dick*, III 67) Ja, was er in dieser Nacht unbewußt erlebt, scheint wie die Einlösung oder wie die Auflösung eines alten Alptraums zu sein[8].

Ismael nämlich, so erfahren wir jetzt, ist bei einer *Stiefmutter* aufgewachsen, welche *die beste und gewissenhafteste Stiefmutter von allen* war, – indem sie den Jungen bei jedem noch so nichtigen Anlaß schlug oder ohne Abendessen zu Bett schickte! Einmal nun hatte Ismael es dem Vorbild eines Schornsteinfegers gleichtun wollen, – er hatte versucht, in den Rauchabzug über dem Herd emporzuklettern; die Stiefmutter aber hatte ihn im Kamin entdeckt und zur Strafe bereits mittags für den ganzen Tag ins Bett befohlen. Umsonst, daß er sie bat, ihn lieber zu verprügeln, – er hatte im Bett zu bleiben. Schließlich, im Dunkeln, nach wirren Träumen, glaubt er, eine unirdische Hand in der seinen zu spüren und eine schweigende Gestalt, ein Phantom, an seiner Seite sitzen zu sehen; aus lauter Angst wagt er es nicht, die Hand wegzuziehen, obwohl er ahnt, daß der Bann sofort gebrochen wäre, wenn er es tun würde. Erst als der Morgen graut und er wach wird, erinnert er sich voll Schauder an dieses Erlebnis, von dem er niemals wird sagen können, ob es Traum oder Wirklichkeit war. (IV 68–70)

Diese Kindheitserinnerung, wohlgemerkt, ist die einzige, die Ismael uns anvertraut; um so eindringlicher aber erklärt sie uns das paradoxe Bild von *Land in Lee,* einer Erlebniswelt, in welcher der Ort von Halt und Geborgenheit sich zu dem Fluchtpunkt größter Gefahr verkehrt; – man muß die Bildsprache dieses Traumes nur so lesen, wie man psychoanalytisch auch sonst einen Traum deuten würde.

Dann ist zu fragen, was um Himmels willen ein Kind dahin treibt, dem berüchtigten »Schwarzen Mann« in den Schornstein hinauf folgen zu wollen; die Antwort liegt offensichtlich in Ismaels biographischem Umfeld. Da ist ein Kind ganz wie der biblische Ismael: ein Junge ohne Vater, an der Seite einer Mutter, die froh sein muß, ihren Sohn notdürftig durchzubringen; ein solcher Junge steht sogar in der Pflicht, diese seine »Stiefmutter« respektvoll zu loben für die Strenge der Strafen und ständigen Schikanen, die seinen Alltag bilden. Kommt nun ein Mann in ein solches Haus, der, als Schornsteinfeger, höchst unerwünscht ist für jede Hausfrau – schon weil diese hernach den Ruß von Möbeln und Boden fegen und die verschmutzten Wäschestücke mühsam wieder reinigen muß –, so mag er einem Kinde in einer derartigen Lage durchaus als jemand erscheinen, der notfalls auch gegen den Dreinspruch der »Stiefmutter« nach dem Rechten zu sehen imstande wäre. Ein Stück vorbildlicher Autorität, die Ahnung von möglicher Freiheit und von unwidersprechlichem »Aufstieg« und »Aufruhr« gegen die »Stiefmutter« tritt mit einem derartigen »Schornsteinfeger« vor die kindliche Phantasie, und so dürfen wir uns nicht wundern, daß einem kleinen Ismael das Tun dieses Mannes überaus nachahmenswert vorkommen mag. Doch der »Kamin« bietet auch ein Symbol für die Sehnsucht nach einer selbstgewählten Rückkehr in den Mutterschoß in RANKschem Sinne. Allerdings ist der Kontrast um so bemerkenswerter: statt das *Trauma der Geburt* durch eigene Anstrengung revidieren zu können, muß Ismael erleben, daß er von der Stiefmutter strafweise in gerade die Situation zurückversetzt wird, die eigentlich der Zielrichtung seiner Sehnsucht entspräche: Ausgerechnet das Bett, diese exquisite Stätte des Ausruhens, dieser deutlichste Ersatz für die verlorene Geborgenheit im Schoße der Mutter, verwandelt sich unter den Händen dieser Frau in ein Folterwerkzeug zu erzieherischen Zwecken. Nichts wird ein Ismael, der unter solchen Umständen aufwachsen muß, sich im späteren Leben wohl mehr wünschen, als einem derartigen *Hafen* stets nur scheinbarer Rettung auf immer zu entkommen. Und genau dieser Wunsch scheint es zu sein, der im Halbschlaf zwischen Traum und Tag Ismael »die Hand reicht«.

In dem schattenhaften, unirdischen *Phantom* meldet sich offenbar noch einmal der »Dunkle Mann«, der »Schornsteinfeger«, zurück, in dem die verdrängten Anteile der Seele schon eines Kindes Gestalt gewinnen können, und diese Anteile werden vorwiegend aggressiver Natur sein. Denn wie wird ein Junge gegenüber seiner (Stief)Mutter fühlen, die er lieber um Prügel anbettelt, als sich noch länger in die Langeweile seines Bettes einsperren zu lassen? Zweifellos werden verzweifelte Phantasien von Revanche und Rache ihm durch den *Kopf* gehen und sein Leben *aufspalten* zwischen Unterwerfung und Auflehnung, zwischen Resignation und Aggression, und eben dieser abgespaltene Anteil von Aufruhr und Rebellion gewinnt seine Kontur in der unbewußten Schattengestalt, die sich mit ihm in jener Nacht verbindet. Durch die Risse im eigenen Gehirn, heißt es in *Mardi* (CXXXVIII 685), drängt *das bißchen Licht,* das das *Hirn* erhellt . . .

Es dürfte zweifellos schwerfallen, in dem Schrifttum MELVILLES eine Textstelle zu finden, die so authentisch den *Bann* zu erklären vermöchte, unter den sein eigenes Leben und literarisches Schaffen gestellt war, wie der Traum, an den Ismael sich erinnert, als er neben Queequeg aufwacht. Entscheidend für unseren Zusammenhang aber ist nicht die persönliche Psychologie MELVILLES; wichtig für uns ist die Verschmelzung der Kindheitserinnerung Ismaels mit den Empfindungen, die ihn überkommen, als er sich im Bett von *Queequegs Arm auf das liebevollste und zärtlichste umschlungen* fühlt (*Moby-Dick*, IV 68), umfangen von einem *Bräutigamsgriff* (IV 70), der, nach Abzug des Gefühls der Angst, zur Überraschung Ismaels selbst offenbar die gleiche Bedeutung besitzt wie jene halbtraumartige und alptraumartige Szene in seiner Kindheit; ja, es scheint im Rückblick gerade diese Erinnerung zu sein, welche im Unbewußten auch die Begegnung mit Queequeg jetzt schicksalhaft, wie eine alles weitere festlegende Weichenstellung, bereits in Kindertagen vorherbestimmt hat.

Bei der Intimität, mit der Ismael die Begegnung mit seinem *Busenfreund* Queequeg (X 103–108; CX 731) schildert, wie als wären sie beide *ein trautes Liebespaar* (X 108), fehlt es naturgemäß nicht an Interpreten, welche, wenngleich in dezenter Sprache, Ismael oder gar MELVILLE selber für homosexuell erklären. Die Szene schließt sich indessen an eine Erfahrung an, die sich laut *Omoo* insgesamt mit dem Abschluß von Freundschaften bei Polynesiern machen läßt: ihre *wirklich merkwürdige Art, ... in möglichst kurzer Zeit Busenfreundschaften zu schließen.* (*Omoo*, XXXIX 439) Insofern ist Queequeg ein ganz »normaler« Polynesier. Gleichwohl hat MELVILLE im puritanischen Amerika seiner (und unserer) Tage mit seiner Darstellung ein bestimmtes Verständnis wohl nicht nur in Kauf genommen, sondern geradewegs provoziert, allerdings ein Mißverständnis; denn was er sagen will, ist symbolisch, nicht »realistisch« zu deuten. Die Beziehung zwischen Ismael und Queequeg ist, wenn man so sagen will, nicht mit Hilfe von FREUDS Sexualtheorie, sondern, wenn schon, mit den Mitteln von C. G. JUNGS komplexer Psychologie zu verstehen: Nicht ein triebhaftes Verlangen, sondern ein Bedürfnis nach seelischer Ergänzung macht das Nachtlager im Wirtshaus *Zum Walfänger* zu dem Brautbett einer Heiligen Hochzeit von Bewußtsein und Schatten, von Ich und Es[9], – eines Jungen mit seinem nie gekannten, unheimlichen und doch ersehnten »Vater«, dessen Bild ihn hinüberführt in eine Gegenwelt zu dem Kerker seiner (Stief)Mutter.

Im Bett mit Queequeg gewinnt, so verstanden, all das Gestalt, was bereits auf dem häuslichen Straflager an Ängsten, Sehnsüchten und Wünschen ausgeformt wurde. Anders gesagt: Im Erleben des erwachsenen Ismael tritt der tätowierte Wilde nach einer kurzen Phase von Abwehr und Scheu mit magischer Faszination an die Stelle eben jener Person des verrußten, schwarzen

Mannes, die ihn als Jungen bereits beeindruckte; und wir verstehen jetzt auch, warum: In dieser Gestalt allein liegt der Zugang und der Übergang zu dem männlichen Selbstentwurf eines Bulkington, zu der Flucht in eine Unabhängigkeit und Selbständigkeit, die es erlaubt, der drohenden Gefahr, im *Hafen* zu zerschellen, ein für allemal zu entkommen – gleich wohin, wenn nur in wildem, barbarischem Protest. Es ist wichtig, diese Feststellung zu treffen: Queequeg ist Ismaels *Busenfreund* nicht als Objekt seiner Libido, sondern als sein Erlöser, als sein Retter, als Garant einer anderen Welt, die jenseits der Zwänge der Zivilisation in diesem wilden Harpunier – *im Übergang von einem Zustand in den nächsten – weder Raupe noch Schmetterling* (*Moby-Dick*, IV 72) – am ehesten erreichbar scheint.

Von daher erweist es sich denn auch nicht länger als zufällig, daß Queequeg zweimal als Lebensretter und zweimal sogar als Retter eines ganzen Schiffes auftritt, so literarisch überbürdet diese Rolle durch eine derartige Häufung ein und desselben Motivs auch wird[10] – und so unrealistisch diese in der »Wirklichkeit« auch anmutet; er setzt dabei in etwa die Gestalt des Tollen Jack in *Weißjacke* fort, der Schattenfigur des edlen Jack Chase; obwohl dieser Mann zum Alkohol neigt, ist auch er bei allen beliebt (VIII 626), und er wird es sein, der vor Kap Hoorn gegen den zaudernden Befehl von Kapitän Claret das Kommando *Ruder hart nach Lee* geben wird, um die *Neversink* mitten im Orkan direkt in den Sturm zu drehen. (XXVI 698) Das hat etwas von der wilden Entschlußkraft und Stärke auch eines Queequeg. Wozu dieser, bei hinreichender Mißachtung, wohl auch imstande wäre, zeigt in *Omoo* der Maori Bembo, der als Harpunier auf der *Julia* körperlich wie seelisch durchaus an seinen polynesischen Kollegen auf der *Pequod* heranreicht (*Omoo*, XIX 362), aber sehr unbeliebt bei der Mannschaft ist und schließlich vor der Küste von Tahiti das Schiff, um sich nach einer Schlägerei zu rächen, mutwillig auf ein Korallenriff steuert. (XXIII 381) Diesbezüglich ist Queequeg ähnlich kraftvoll, doch, Gott Lob, von ganz anderer Art.

Bereits bei der Überfahrt von New Bedford nach Nantucket gerät die kleine *Moss* in einen steifen Wind, der das Luvschot am Großsegel losreißt und den Großbaum quer über das Achterdeck hin und her fegt. Ausgerechnet ein junger Bursche, der es gerade zuvor noch für nötig befunden hatte, Queequeg zu verspotten, und von diesem eine handfeste Lektion dafür bezogen hatte, wird über Bord geschleudert; alle stehen von Panik gelähmt da und schauen entsetzt den Schlägen des Baumes zu, der jeden Moment in tausend Stücke zu splittern droht. Was aber tut da ein Queequeg? Er nimmt ein Tau, belegt ein Ende am Schanzkleid und schleudert es dann wie ein Lasso um den Baum, der beim nächsten Ruck gefangen ist. Der Schoner wird in den Wind gelegt, die Mannschaft macht das Heckboot klar, – und Queequeg, halbnackt, springt in weitem Bogen über Bord; drei Minuten lang paddelt er wie ein Hund in dem eiskalten Wasser umher, dann taucht er hinab, um nach einigen weiteren Minuten die noch wie leblose Gestalt des Geretteten mit einem Arm im Schlepp zum Boot zu ziehen. Wie gebannt verfolgt Ismael die Szene und schaut fasziniert *auf den großartigen, glorreichen Burschen.* Von jener Stunde an wird er *wie eine Entenmuschel am Schiffsrumpf* seinem Freunde Queequeg anhangen. (*Moby-Dick*, XIII 121) – Kann man, noch einmal, deutlicher zeigen, daß die homoerotisch wirkende Bewunderung Ismaels für den »edlen Wilden« *nicht* sexuell motiviert ist, sondern der Ergänzung des eigenen Ich-Ideals in Gestalt des Heroen, des Retters gilt, der nicht wie Ismael selber aus Angstflucht, sondern aus naturhafter Kraft seine überragenden Taten vollbringt? *Hat man je solche Selbstlosigkeit gesehen?* fragt sich Ismael jetzt und hält es für möglich, daß Queequeg, der in trockener Kleidung, an die Reling gelehnt, schon wieder seine Pfeife raucht, durchaus philanthropischen Gedanken nachhängt: *Die Welt,* mag er sich sagen, *ist eine Gesellschaft auf Gegenseitigkeit mit unbeschränkter Haftung und zwar in allen Breiten. Wir Menschenfresser müssen diesen Christenmenschen beistehen.* (XIII 122)

Die Symbolsprache des *Moby-Dick* wird in diesem Zusammenhang noch dichter, wenn Queequeg später sogar zu einer Art Geburtshelfer wird. Ein anderer der drei Harpuniere an Bord der *Pequod,* der Indianer Tashtego, nämlich ist beim Ausschöpfen des Spermazets aus dem Kopf eines Pottwals in das »Heidelburgher Faß«, in das Innere des Kopfes, abgestürzt und *mit einem grausigen öligen Gurgeln* spurlos vor den Augen der Mannschaft verschwunden; gerade in diesem Moment reißt zudem einer der beiden riesigen Haken aus, die den Kopf des Wals halten, so daß der Pott (wie man den stark ölhaltigen Teil des Pottwalkopfes nennt) mitsamt dem Indianer klatschend ins Meer fällt. Niemand mehr wagt, an das Überleben Tashtegos zu glauben, als wiederum Queequeg sich in die gischtende See wirft, mit seinem Säbel ein Loch in den sinkenden Walkopf schneidet und dann den Indianer, mit dem Kopf voran, herauszieht. *So war durch Queequegs Mut und sein geburtshelferisches Können Tashtegos Erlösung, oder vielmehr Entbindung, erfolgreich bewerkstelligt worden,* eine Art *Kaiserschnitt,* eine *schneidige Geburt.* (*Mobby-Dick,* LXXVIII 540–541) – Es scheint nicht zuviel gesagt, wenn wir Queequeg in dieser seiner Hebammenrolle als eine Wunschgestalt Ismaels selber bezeichnen, in welcher sich die Sehnsucht auf Rettung vor dem eigenen Versinken im Mutterschoß konkretisiert.

Wenig später gerät sogar die *Pequod* selbst in Gefahr. Auf Starbucks Befehl ist ein stark abgemagerter Wal (mit einem spezifischen Gewicht schwerer als Wasser), damit er nicht untergeht, *längsseits an die Bordwand verbracht* worden *und dort mit den dicksten Flukenketten sicher vertäut worden*, als der Kadaver *mächtig in die Tiefe* zieht *und das Schiff dadurch mächtig weit* überholt; die *Pequod* wäre sicher gekentert, hätte nicht wiederum Queequeg mit einem Zimmermannsbeil die Flukenketten gesprengt: *Es krachte fürchterlich, sämtliche Beleghölzer brachen weg, das Schiff richtete sich wieder auf, der Kadaver versank.* (LXXXI 561–563)

All diese Ereignisse genügen allein schon, um Queequeg als eine heroische Idealgestalt zu kennzeichnen. Doch keinesfalls nur durch seine männliche Kraft und durch seine mutige Geistesgegenwart gewinnt dieser Königssohn aus der Südsee die Qualität eines Retters aus jeder Gefahr; es ist nicht zuletzt sein geheimnisvolles Wissen um die Nähe des Todes selbst, das ihn sogar noch nach dem Untergang des Schiffes speziell für Ismael zu einem Lebensretter machen wird[11].

Beim Suchen nach leckenden Ölfässern in der Last hat Queequeg, schwitzend in der schmierigen Nässe, sich gefährlich erkältet; mit großen fiebergeweiteten Augen liegt er in der Hängematte, und es ist, als wollte *die wogende See ihn sachte zur letzten Ruhe... wiegen.* (CX 733) Da bittet, den Tod so dicht vor Augen, Queequeg den Schiffszimmermann, nach seinen Maßen ein Sargkanu herzustellen. – Bereits in *Taipi* (XXIV 232–233) hatte MELVILLE davon berichtet, daß die Eingeborenen auf den Marquesas ihre Häuptlinge sitzend in kunstvoll geschnitzten Kanus zu bestatten pflegen, und hinzugefügt: *Dem körperlichen Auge scheinst du* (sc. o Häuptling, d. V.) *nur wenig voranzukommen, aber mit den Augen des Glaubens sehe ich dein Kanu die glänzenden Wogen durchschneiden, die an den verschwommen auftauchenden Gestaden des Paradieses verebben. – Dieser seltsame Aberglaube,* hatte er damals festgestellt, *beweist erneut, daß der Mensch, wie unwissend er auch sein mag, dennoch eine unsterbliche Seele in sich fühlt, die sich nach der unbekannten Zukunft sehnt.* (XXIV 235)

Auch Queequegs Seele sehnt sich danach, in einem Kanu *zu den Inselwelten der Sterne* zu treiben, in dem Glauben, *daß die Sterne Inseln sind..., daß weit hinter dem sichtbaren Horizont ihre sanfte, von keinem Kontinent gesäumte See mit den blauen Himmeln zusammenfließt und die weißschäumende Brandung der Milchstraße bildet.* (*Moby-Dick*, CX 733–734) Doch wohl hat Queequeg sich in seinem Sargkanu bereits zur letzten Ruhe gebettet, als er überraschend noch einmal zu Kräften kommt; er könne jetzt noch nicht sterben, verkündet er, da er an Land noch eine Kleinigkeit zu erledigen habe; ganz so, als stünde die Entscheidung über Tod oder Leben völlig in seinem persönlichen Belieben.

Und wirklich ist dieser »Wilde« der Meinung, *daß eine bloße Krankheit einen Menschen, der zum Leben entschlossen sei, nicht umbringen könne – nichts könne das, außer ein Wal oder ein Sturm oder eine zerstörerische Macht ähnlicher Art, gewalttätig, unbeherrschbar, vernunftlos.* (CX 737) In der Tat: an einer solchen Macht wird Queequeg und mit ihm die ganze Mannschaft der *Pequod* bald schon zugrunde gehen, – sie alle wird der Weiße Wal in den Abgrund reißen. Doch als Ismael beim Untergang des Schiffes, wir hörten schon: wie ein zweiter *Ixion*, um das dunkle knopfrunde Zentrum des Strudels gedreht wird, birst mit einem Mal *die schwarze Blase* auf, *und der... Sarg, befreit durch seine sinnreiche Schnappfeder*, schießt *mit mächtigem Auftrieb hochkant aus dem Wasser*, fällt *auf die Seite und* liegt neben ihm in der See; auf diesem Sarg treibt Ismael *beinah einen Tag und eine Nacht dahin, auf einem weichen Meer, so lind wie eine leise Totenklage.* (Epilog, 865) Ein letztes Mal, sterbend noch, ist Queequeg somit zum Lebensretter seines Freundes geworden. Die dunkle Gestalt dieses »Wilden« ist es, die Ismael ebenso ins Leben führt wie sie ihn am Leben erhält.

Wenn aber dies sich so begibt, verändern sich alle Maßstäbe: Kann man jemanden wirklich einen »Wilden« nennen, der in seiner naturhaften Ursprünglichkeit und Unverdorbenheit den vermeintlich »Zivilisierten« zu ihrem eigenen Erhalt von solchem Nutzen ist? Statt sich vor einem derartigen »Kannibalen« noch weiter zu fürchten, erkennt Ismael sehr bald schon das ausgesprochene *Feingefühl* und die vornehme Höflichkeit seines neuen Freundes. (IV 71)

Bereits auf den Marquesas hatte MELVILLE bemerkt, daß die »Zivilisation« sich keinesfalls im Besitze aller Tugenden und ganz gewiß nicht als deren Quelle wähnen darf. *Wenn Wahrheit und Gerechtigkeit und die besseren Seiten unserer Natur nicht bestehen können, solange sie nicht durch das Gesetzbuch erzwungen werden, wie sollen wir dann den Gesellschaftszustand der Taipis erklären?* fragte er sich verwundert. (*Taipi*, XXVII 273) Zahlreich demgegenüber erschienen ihm die Beispiele *zivilisierter Barbarei* vor allem im sogenannten Rechtssystem – das *teuflische Geschick, das wir bei der Erfindung der verschiedensten todbringenden Maschinen entwickeln, die Rachgier, mit der wir unsere Kriege führen, und das Elend und die Verzweiflung, die sie*

61

mit sich bringen. (XVII 173; 172) All das schrieb MELVILLE wohlgemerkt bereits im Jahre 1846, und es hat seine Gültigkeit bis heute offenbar auf eine geradewegs grausige Weise bewahrt. – Ismaels Freund Queequeg jedenfalls hat als Königssohn des auf keiner Seekarte verzeichneten »Kokovoko«, als *Prinz von Wales der hohen See (Moby-Dick,* XII 113), den ehrlichen, ja, sehnsuchtsvollen Versuch unternommen, die Kultur der Weißen kennenzulernen, indem er wie ein Schiffbrüchiger sich von einem Walfänger an Bord holen ließ. *Aber ach, die Sitten und Bräuche der Walfänger überzeugten ihn bald davon, daß selbst Christenmenschen so jämmerlich wie böse sein konnten, und dies unendlich viel mehr, als alle Heiden seines Vaters zusammengenommen.* Und so dachte Queequeg sehr bald schon: *Die Welt ist böse, und zwar in allen Breiten. Ich will als Heide sterben.* – *Und so blieb er im Herzen weiterhin ein Götzenanbeter, lebte aber dennoch unter den Christen.* (XII 113–114)

Bezeichnenderweise ist es offenbar gerade diese nur »halbzivilisierte«, diese im Inneren »heidnische« Seite, die Queequeg zum geeigneten Seelengefährten, zum *Busenfreund* Ismaels macht. Wir werden noch sehen, zu welchen Infragestellungen des »christlichen« Gottesbildes der Gottsucher Ismael imstande ist – zu welchen Abgründen der Verzweiflung, zu welchem Fatalismus gegenüber einem unbegreifbaren Schicksal, zu welcher Bereitschaft, sich dem verführerischen Diktat eines erkennbar Besessenen wie Ahab willenlos zu fügen. Vorerst aber findet Ismael nicht nur zu einer für ihn neuen Form der Toleranz gegenüber Queequegs Glauben an seinen hölzernen Jojo (X 107–108); indem er den »Wilden« und »Heiden« an seiner Seite als seinen Freund, ja, Retter akzeptiert, integriert er in sich selbst all die so fremden kulturell unterdrückten Anteile seiner eigenen Psyche[12]; und das Ergebnis dieser Synthese ist für ihn selber erstaunlich. Denn *wie nun die abendlichen Schatten und Phantome sich vor den Fenstern versammelten und uns zwei… beäugten; wie nun der Sturm draußen brauste, feierlich an- und abschwellend, da spürte ich, wie wundersame Gefühle in mir erwachten. Etwas in mir schmolz dahin. Nicht länger wütete mein arg zerspelltes Herz und meine rasende Hand wider die wölfische Welt. Der sanfte Wilde hatte sie erlöst. Dort saß er… Wild war er und ein Anblick ohnegleichen, und doch fühlte ich mich geheimnisvoll zu ihm hingezogen. Ebendas, was die meisten anderen abgestoßen hätte, ebendas war bei ihm der Magnet, der mich so anzog.* (X 105)

Diese »geheimnisvolle« Faszination, die Queequeg auf Ismaels Seele ausübt, läßt sich psychologisch kaum anders verstehen denn als Annahme des eigenen *Schattens.* In Queequeg werden diejenigen Erlebnisinhalte akzeptabel, ja, unentbehrlich, die in Ismael selber unter den Bedingungen des

»Festlandes« niemals hätten zugelassen werden dürfen. Der ehedem Ausgestoßene, Ismael, findet in seinem *Alter ego* Queequeg sich selbst, und indem
er seine Einstellung zu diesem »Wilden« korrigiert, muß er auch bei sich
selber nicht länger vermeiden oder verachten, was er als *wölfisch* sonst ein-
zusperren und anzuketten die Pflicht hätte ... *wie geschmeidig unsere steifen
Vorurteile werden, kommt erst einmal die Liebe, um sie zu beugen,* stellt Ismael
mit nicht geringer Verwunderung fest. (XI 110) Wir aber dürfen bei so viel
neu gewonnener innerer Einheit, Harmonie und Versöhnung nicht vergessen, daß die Voraussetzung dafür eine neue Form »erlaubter« Aggression
darstellt: Ismael und Queequeg finden nur deshalb zusammen, weil sie
gemeinsam auf der *Pequod* anmustern; dabei ist es nach Jojos Wille Ismael,
der das rechte Schiff für die Ausfahrt auswählen soll. Sagen wir es in tiefen-
psychologischen Begriffen: es ist das Unbewußte, welches das Ich nötigt,
unter Kapitän Ahab Dienst zu tun[13]. Ehe es dahin kommt, muß zuvor
freilich noch ein anderer geistiger Widerspruch, eine kulturell bedingte
Schizophrenie im Überich, aufgezeigt und abgearbeitet werden.

3. Peleg und Bildad oder:
Zwischen Geld und Gott

*... wir Amerikaner sind das besonders auserwählte Volk, das Israel unserer
Zeit. Wir tragen die Bundeslade der Freiheiten dieser Welt ... Gott hat unserem
Geschlecht, wie es die Menschheit erwartet, Großes vorherbestimmt ... Wir
sind die Pioniere der Erde, die Vorhut, die durch die Wildnis unerforschter Dinge ausgesandt ist, einen Pfad zu bahnen in die Neue Welt, die unser ist ... In
unserer Jugend liegt unsere Stärke, in unserer Unerfahrenheit unsere Klugheit ... Lange genug waren wir uns über uns selbst im unklaren und haben
wirklich daran gezweifelt, ob der politische Messias wirklich gekommen ist.
Aber in uns ist er gekommen, wenn wir nur seinen Eingebungen Worte verleihen wollten.* (*Weißjacke*, XXXVI 743) MELVILLE, wie diese Worte zeigen, war
alles andere als immun gegenüber messianisch-religiösen Vorstellungen, die
bis heute die nationalistische Rhetorik sogar und gerade von US-Präsidenten mit dem Anspruch auf Siegesgewißheit und Unfehlbarkeit wie ein roter
Faden durchziehen[1]. *God bless America ...* Allerdings konnte MELVILLE auch
an gleicher Stelle den Maßstab der »Erwähltheit« Amerikas festlegen und
fortfahren: *... wir wollen stets daran denken, daß beinahe zum erstenmal in
der Weltgeschichte bei uns nationaler Eigennutz zu uneingeschränkter Men-*

schenliebe wird, denn wir können Amerika nichts Gutes tun, ohne daß wir der Welt eine Wohltat erweisen. Fundamentalistisch und chauvinistisch verblendet war MELVILLE keinesfalls; im Gegenteil, seine Romanfiguren verraten eine geradezu neuralgische Sensibilität gegenüber der Heuchelei und Verlogenheit der westlichen Kultur, und man kann, neben der psychologischen Scharfsinnigkeit bei der Zeichnung seiner Gestalten, im Rückblick sich nur wundern über die souveräne Ironie und beißende Kritik, mit der insbesondere sein Ismael den Finger in die Wunde des typisch amerikanischen Amalgams von Bigotterie und Geldgier legt. Die Protagonisten für dieses Dilemma sind im *Moby-Dick* die Ex-Kapitäne und Teileigner der *Pequod*: Peleg und Bildad.

Bildad ist in der Bibel einer der drei »Freunde«, die (Hi 2,11) den unglücklichen Hiob in seinem Elend mit tradierten Theologenauskünften traktieren. »Frage die früheren Geschlechter und merke auf das, was ihre Väter erforscht haben... Sie werden dich's lehren und dir sagen.« (Hi 8,8.10) – »Wie gibst du Rat dem, der keine Weisheit hat, und lehrst ihm Einsicht in Fülle!« repliziert sarkastisch Hiob das mahnende Dreinreden dieses Mannes (Hi 26,2). Schon mit seinem Namen steht »Bildad« demnach als ein bibelfrommer Quälgeist vor uns; tatsächlich wird er wenig später sich denn auch in diesem Sinne betätigen.

Der Name Peleg ist ebenfalls alttestamentlich belegt: in Gen 10,25 zeugt Eber, ein Nachkomme des Noah-Sohnes Sem, einen Sohn, den er »Peleg« (Zwiespalt) nennt, »weil zu seiner Zeit die Erde zerteilt wurde«. Das ist eine deutliche Anspielung auf die Geschichte vom Turmbau zu Babel (Gen 11,1– 9) und von dem Desaster, das das Streben von Menschen nach gottgleicher Größe sich selber bereitet: Diesem Namen entsprechend erscheint die Ahab-Tragödie als eine Katastrophe babylonischer Prägung und Kapitän Peleg als ihre wegweisende Begleitfigur. Gleichwohl sind MELVILLES Namengebungen, wie schon gesagt, ein fein gesponnenes Garn, das man nicht durch allzu schwergewichtige Deutungen überbelasten darf; vergessen jedenfalls sollte man nicht die Gewohnheit, mit welcher noch in der Mitte des 19. Jhs. Kinder in neuenglischen Landen auf biblische Namen getauft wurden; Peleg und Bildad aber – das ist und bleibt denn noch vielsagend ungewöhnlich.

Genauer betrachtet steht Kapitän Peleg für den Typ eines ausgesprochen geschäftstüchtigen Pragmatikers. Wie wir hörten, heuert Ismael auf der *Pequod* an nicht zuletzt seiner leeren Taschen wegen. Noch auf der Herbergssuche in New Bedford, während jener eiskalten Winternacht, wird er in geradewegs dramatischer Weise der schicksalhaften Gleichgültigkeit des

Weltenlaufs inne und erlebt seinen Körper wie ein Haus, dessen Fugen und Ritzen schlecht verstopft sind. *Doch, fällt er selbst sich ins Wort, ist es zu spät, jetzt noch irgendwelche Verbesserungen vorzunehmen. Das Universum ist fertig, der Schlußstein gesetzt, und die Späne und Splitter wurden vor einer Million Jahren weggekarrt. Der arme Lazarus da, dessen Zähne gegen den Kantstein klappern, welcher ihm als Kissen dient, und der dabei schlotternd seine Lumpen abschüttelt: Er könnte beide Ohren mit Hadern verstopfen und sich einen Maiskolben in den Mund stecken, und doch würde das ihm den stürmischen Euroklydon* (sc. der Sturm, der in Apg 27,14 Paulus auf Malta stranden läßt, d. V.) *nicht vom Leibe halten. Euroklydon? spricht der reiche alte Dives* (sc. der Reiche in dem Gleichnis Jesu vom reichen Manne und dem armen Lazarus, Lk 16,19–31, d. V.) *... Welch schöne, frostige Nacht! Wie der Orion glitzert! Was für prächtige Nordlichter!... – Was aber hält Lazarus davon? Kann er seine frostblauen Hände wärmen, indem er sie zu den großartigen Nordlichtern emporreckt?... Würde er sich nicht weitaus lieber der Länge nach auf dem Äquator ausstrecken, ja wahrlich, ihr Götter, sogar in den Feuerpfuhl selbst hinabsteigen, nur um sich diesen Frost vom Leibe zu halten?* Da sollen die »Götter« begreifen, was der in den Deismus verkrochene Christengott, dieser oberste »Uhrmacher« und Weltenbaumeister der abendländischen Philosophie, offenbar nicht zu begreifen vermag[2]: daß Menschen in ihrer Armut sich inmitten der Kälte der Welt längst wie in der Hölle fühlen, ja, sich nach deren »Hitze« förmlich sehnen. *Nur, wäre wirklich die Welt solch ein Eispalast, würden in ihr die Reichen selber nicht hausen wie Herrscher in einem Reich aus gefrorenen Seufzern?* (*Moby Dick,* II 45) Geldgier und Genußfähigkeit scheinen schwer miteinander vereinbar. Ja, eine bestimmte Form von Geschäftstüchtigkeit besteht offenbar gerade darin, alle persönlichen Rücksichtnahmen hinter dem einzig wesentlichen Interesse: der Vermehrung des vorgeschossenen Kapitals, zurückzustellen. Alles jedenfalls, was Kapitän Peleg sagt und tut, dient dieser Zielsetzung.

Dementsprechend prüft er Ismael als erstes auf Seetauglichkeit, Leistungsbereitschaft und Unerschrockenheit, ganz so, als wolle er sein eigenes Wesen in den Mitgliedern seiner künftigen Mannschaft vervielfachen. Er selber gilt als ein Mann *von überragender, urwüchsiger Kraft, mit welthaltigem Hirn und ehernem Herzen,* der *durch die Stille und Abgeschiedenheit vieler langer Nachtwachen in den fernsten Gewässern und unter Sternbildern, deren man hier im Norden nie gewahr wird, zum ungewöhnlichen und unabhängigen Denken gelangt ist.* Doch kümmert dieses sein »unabhängiges Denken« sich niemals um *die sogenannten ernsten Dinge des Lebens* – alle

»metaphysischen« und letzten Fragen des Daseins sind ihm bloße *Lappalien* (XVI 139–140); er ist ein Pragmatiker, dessen Aufmerksamkeit sich auf die gewissermaßen handwerkliche Seite des Walfangs beschränkt. Soll ein »Heide« wie Queequeg an Bord eines »christlichen« Schiffes anheuern dürfen? Für Peleg genügt es zu sehen, wie dieser Mann die Harpune wirft, um ihn augenblicklich in die Musterrolle einzuschreiben, und dies sogar für den 90. Anteil am Reingewinn der Fahrt. (XVIII 163) Doch in eben diesem fast schon »gerecht« und »menschenfreundlich« zu nennenden Zug seines »Pragmatismus« unterscheidet sich Peleg deutlich von jener eigentümlichen Mischung aus Gottgläubigkeit und Gewinngier, die sich in dem prinzipien-strengen Bildad verkörpert.

Es wäre ein Mißverständnis, wollte man den Geschäftsgeist des Ostkü-sten-Yankees, wie MELVILLE ihn in den Quäkern von Nantucket erlebt und portraitiert hat, auf persönlichen Egoismus zurückführen. Vor allem die Kapitalismuskritik des 19. Jhs. liebte es in ihrer Propaganda, den »Eigner« und »Unternehmer«, den »Geldbaron« und »Bonzen« als einen dickbäuchi-gen, zigarrenrauchenden Nimmersatt darzustellen, der in maßloser Eitelkeit und Selbstverliebtheit auf nichts anderes zu sehen vermochte als auf die Ausweitung seines ebenso verschwenderischen wie ausbeuterischen Luxus-lebens. Wohl, es mag solche Charaktere geben und gegeben haben, doch ein Bildad gehört ganz sicher nicht zu ihnen. Zwar steht Bildad, obgleich ein *wohlhabender Walfänger im Ruhestand* (XVI 140), *in dem Ruf eines unverbes-serlichen alten Knausers* (XVI 141); aber man muß nur hören, was von ihm erzählt wird, und sich ansehen, wie er dasteht, um sein Wesen tiefer zu begreifen. Als Kapitän, so wird erzählt, konnte er sein Schiff auf eine Weise führen, daß bei der Rückkehr *der größte Teil seiner Mannschaft ins Kranken-haus an Land getragen werden mußte, so zu Tode erschöpft und ausgelaugt waren sie.* (XVI 141–142) Durch die Art bereits, wie er die Männer an-schaute, vermochte er jede Art von Trägheit und Müßiggang aus ihnen zu vertreiben, und seine hagere Gestalt, die nichts Überflüssiges an sich zuläßt, verstärkt noch diesen Eindruck. Mit einem Wort: Es ist gerade nicht genüß-liche Selbstsucht, die einen Mann wie Kapitän Bildad dahin treibt, für einen möglichst niedrigen Lohn möglichst viel an gewinnbringender Leistung aus seinen Männern herauszupressen, es ist vielmehr die rigorose Konsum-feindlichkeit seiner Askese, die er sich selber und allen anderen, die ihm unterstellt sind, bedingungslos abverlangt. Psychoanalytisch gesehen, ent-stammt seine Gewinnsucht nicht dem Hang seines Ichs, sondern dem Zwang seines Überichs. Es ist das *Prinzip* des Utilitarismus, das er als moralische Maxime verinnerlicht hat und das sich in ihm verkörpert. In gewissem Sinne geht es einer Persönlichkeit wie Bildad nicht einmal darum, Geld zu verdienen, es geht ihr darum, die Pflicht zu erfüllen und Geld »richtig«, das heißt: zu seiner Selbstvermehrung einzusetzen.

Der zweifellos zwanghaft zu nennende Charakter dieses Mannes[3] wird noch unterstrichen durch seine subjektive Bescheidenheit und pedantische Sparsamkeit: Schon im *abgenutzten Filz seines breitkrempigen Hutes* zeigt sich, wie wenig Wert er auf ein vornehmes Äußeres legt, das seinem wirtschaftlichen Vermögen und seinem gesellschaftlichen Stande einen gebührenden Ausdruck verleihen könnte: alle Kleidung an seinem Körper ist aufzutragen, sie hat schließlich einmal Geld gekostet, und um zu verhindern, daß etwa die Rockschöße sich zu schnell abnutzen, wird ein Bildad beim Sitzen sich niemals anlehnen, sondern sich stets kerzengerade aufrecht halten. In jeder Minute, bei jeder Gebärde ist dieses Dressat wirksam: »Laß dich nicht gehen. Nimm nur das Nötigste. Hüte dich vor Verschwendung. Ein guter Mensch gönnt sich nichts.« Ismael hat recht: Bildad ist wirklich *die vollkommene Verkörperung... utilitaristischen Wesens* (XVI 142); er ist die konkret gewordene Gestalt eines gesellschafts- und wirtschaftstheoretischen Axioms, wie es von ADAM SMITH in seiner berühmten *Untersuchung über Natur und Wesen des Volkswohlstandes* (1776) entwickelt wurde[4]: nach dieser famosen Konzeption des Wirtschaftsliberalismus fördert nichts das Gemeinwohl so sehr wie die Maximierung des Eigennutzes; denn, so der einfache Grundgedanke, wenn jeder einzelne für sich selber Wohlstand erwirbt, so ist es mathematisch unvermeidbar, daß es schließlich allen gutgeht, so als sei das Gemeinwohl mit Hilfe eines einfachen Additionstheorems zu berechnen, bei dem man die Verluste der Verlierer im freien Wettbewerb einfach ignorieren dürfte. Individueller Wirtschaftsegoismus erscheint somit als eine soziale Pflicht, keinesfalls als eine private Maßlosigkeit oder als eine rein charakterbedingte Attitüde Einzelner.

MELVILLE selber hat für diese Denkungsart nichts als Hohn und Verachtung übrig gehabt. Sein *Redburn* entdeckt SMITHS Schlüsselwerk des Raubtierkapitalismus als Schiffslektüre an Bord der *Highlander* und findet es trocken *wie Zwieback und Käse..., ohne... irgendeinen Nutzen... Sogar die Blätter des Buches schmeckten nach Sägemehl. (Redburn,* XVIII 94–95) Gelangweilt zeichnet er – mit symbolischem Vorbedacht – eine Kompaßrose auf eine leere Seite dieses Buches. (XXV 124) Steuern, mit einem Wort, läßt sich mit diesem Buch allenfalls entsprechend dem, was es nicht sagt. Angesichts des unbeschreiblichen Elends, das Redburn an den Docks, in den

Straßen und in den Hinterhöfen von Liverpool erlebt, fragt er sich, zutiefst erschüttert von der Gleichgültigkeit der britischen»Ordnungskräfte« und seiner eigenen Hilflosigkeit: *wer auf der weiten Welt hat ein Recht zu lachen und fröhlich zu sein, wenn man etwas dergleichen zu sehen bekommt?* (XXXVII 190) *Ach, klagt er, was sind unsere Glaubensartikel, und wie können wir hoffen, erlöst zu werden? Erzähle mir, du Heilige Schrift, noch einmal die Geschichte vom armen Lazarus, damit ich Trost finde in meinem Herzen für die Armen und Verlassenen. Sind wir nicht umgeben von den Nöten und dem Elend unserer Mitmenschen und überlassen uns doch unseren eigenen Freuden, ohne an ihre Schmerzen zu denken, und gleichen wir so nicht Menschen, die mit einem Leichnam zu Tisch sitzen und es sich wohl sein lassen im Hause der Toten?* (XXXVII 194–195) Da drängt sich an Bord der *Highlander* die Not der Auswanderer auf, die den letzten Rest ihrer Habe aufgewandt haben, um dem wirtschaftlichen Nichts zu entkommen, doch immer wird es Leute geben, die ihren Profit daraus zu ziehen gedenken. *Wie schön... für das Selbstgefühl mancher Emporkömmlinge, sinniert Redburn, die ihre Seele bei ihrer Bank abgegeben haben und deren Leib nur dazu dient, ihre aus den Herzfasern der Armen gestrickte Börse umherzutragen... Aber ich... bin ein armer Kerl, der kaum jemals gewußt hat, was es bedeutet, fünf Silberdollar auf einmal in der Tasche zu haben. So hat dieser Umstand zweifellos mit meiner geringfügigen und harmlosen Entrüstung über diese Dinge zu tun.* (*Redburn*, XLVIII 254)

Doch um so zu denken, müßte man seinem Gefühl folgen, statt sich von der»objektiven Vernunft« der verordneten Wirtschaftstheorie blenden zu lassen. Nur, was soll jemand tun, der als Unternehmer oder als Aktionär, wie Bildad, dem kapitalistischen Wirtschaftssystem auf Gedeih und Verderb zugehörig, ja, ausgeliefert ist? Philosophie hin, Wirtschaftstheorie her – ein Mann wie Bildad glaubt nicht nur, der Gesellschaft, er glaubt gar, Gott selbst zu dienen, wenn er dem Mammon dient.

Nicht zufällig trifft Ismael diesen *absonderlichsten alten Quäker*, den er je gesehen hat (XVI 143), unter Deck in der Kajüte denn auch damit beschäftigt, die Bibel zu lesen. Er hält in dem heiligen Buch soeben an der Stelle der Bergpredigt inne, an welcher es heißt:»*Ihr sollt euch nicht* Schätze *sammeln auf Erden, da sie die Motten fressen*« (Mt 6,19), als Peleg ihm den neuen Matrosen vorstellt, um die Lay für ihn auszuhandeln, – etwa der 275. Teil vom Profit scheint Ismael angemessen; Bildad aber, nach kurzem Aufschauen, murmelt etwas vom 777.»Schätzteil«, um in seiner frommen Lektüre fortzufahren:»*Sammelt euch aber Schätze im Himmel..., denn wo euer Schatz ist, da ist auch euer Herz.*« (XVI 145)

Wie ist es möglich, diese Worte im Ohr, einem Matrosen, der auf einem Walfänger jener Tage sogar die Kosten für neue Kleidung an Bord selber zu tragen hatte, einen Lohn in Aussicht zu stellen, der ihn am Ende vermutlich noch nötigt, nach mehr als zweijähriger Arbeit unter härtesten Entbehrungen und größter Lebensgefahr gewisse Schulden an die Schiffseigner zu begleichen[5]? Selbst Peleg hält einen solchen Tarif für reinen Betrug, mit dem er, wie offenbar schon in vielen Fällen zuvor, sein Gewissen nicht belasten möchte. Doch Bildad verweist, wie alle Bankiers und Unternehmer noch heute, auf die höhere soziale Verantwortung, die er zu vertreten hat und die es nicht gestattet, *ein großes Herz* zu haben (XVI 146): – man denke nur an die vielen »Witwen und Waisen«, die gewissermaßen als Aktionäre des Unternehmens *Pequod* von der Ausschüttung der Dividende leben...

»Witwen und Waisen« bilden in der Bibel die klassische Gruppe schutzloser, sozial Entrechteter, und gerade sie werden in der Kritik der Propheten zu dem entscheidenden Prüfstein wahrer Frömmigkeit. Bildad indessen bringt das Kunststück fertig, den Appell eines *Jesaja* (1,17) und *Jeremia* (5,28; 7,6) zu Mitleid und Menschlichkeit in eine Pflicht zu Engherzigkeit und Ausbeutung umzufunktionieren und diese seine untadelige Herzensreinheit gar noch in Vergleich zu setzen zu der höllischen Sündhaftigkeit des »leckgeschlagenen« Gewissens seines Kollegen Peleg. Man kann verstehen, daß dieser nun wirklich bocksteufelswild wird und ihn beschimpft als *du scheinheiliger, mausgrauer, stocksteifer Holzbock.* (XVI 146) Doch der Streit geht nicht »theologisch« weiter – wie man die Bibel versteht oder verfälscht; Bildad scheint längst *zu dem weisen und verständigen Schlusse gelangt, daß,* wie Ismael spöttisch bemerkt, *eines Mannes Religion das eine ist und diese wirkliche Welt etwas ganz anderes.* (XVI 141) Wenn das Geschäftemachen selbst die Religion geworden ist, dann sollte kein noch so frommer Bibelvers am Geschäftemachen ernstlich hindern, im Gegenteil, dann ist es gotteslästerlich, sich aus Weit- und Weichherzigkeit eine profitable Einnahmequelle entgehen zu lassen. Am Ende wird aber auch Bildad Ruhe geben, wenn Ismael auf die 300. Lay angeheuert wird.

Die Moralität und Religiosität eines »echten Quäkers« wie Bildad faßt sich selber beispielgebend zusammen in den Ermahnungen, die er beim Auslaufen der *Pequod* vor allem den Steuerleuten angedeihen läßt. Nur sehr ungern nimmt der *alte* (über sechzigjährige) Mann Abschied von seinem Schiff, *das eine so lange und gefahrvolle Reise in Gewässer jenseits der sturmumtosten Kaps vor sich hatte* und *in das er etliche Tausende seiner schwerver-*

dienten Dollars gesteckt hatte und *auf dem* mit Ahab *ein alter Bordkamerad als Kapitän segelte, ein Mann, bald so alt wie er selbst, der sich aufs neue aufmachte, es mit den Schrecken des erbarmungslosen Schlundes aufzunehmen* (XXII 185); in solcher Situation kann er es nicht damit bewenden lassen, wie Peleg der Mannschaft *viel Glück* zu wünschen; vielmehr drängt es ihn, sie im Namen Gottes zu segnen und vor allem die Steuerleute entsprechend ihren Eigenheiten moralisch zu Achtsamkeit und Bedachtsamkeit zu vermahnen: *Vergeßt mir... das Beten nicht. Mr. Starbuck, achtet darauf, daß der Böttcher nicht die Ersatzdauben verschwendet... Geht mir an den Tagen des Herrn nicht zu sehr auf den Wal aus, Männer, aber laßt auch keine günstige Gelegenheit verstreichen, denn das hieße, des Herrn gute Gaben zu verschmähen. Habet ein Auge auf das Melassefäßchen, Mr. Stubb, es schien mir ein bißchen zu lecken. Wenn Ihr die Inseln anlauft, Mr. Flask, so hütet euch vor aller Unzucht. Lebet wohl, lebet wohl! Lagert den Käse da nicht zu lange unten in der Last, Mr. Starbuck, der verdirbt sonst. Geht achtsam mit der Butter um – zwanzig Cents das Pfund hat sie gekostet – und...*so könnte es endlos weitergehen, wäre nicht der Kutter, der die *Pequod* begleitete, bereits längsseits gekommen, um die beiden alten Kapitäne überzuholen und sie danach unter einem kalten, klammen Nachtwind von der *Pequod* zu trennen, die sich nunmehr *blind wie das Schicksal in den einsamen Atlantik* stürzen wird. (XXII 186–187)

Man spürt das Mitgefühl, das Ismael beim Anblick des alten Bildad an dieser Stelle überkommt, der so ganz und gar durch unermüdlichen Fleiß und pedantische Sorgfalt sich zum Kapitän und Anteilseigner eines Walfängers hochgearbeitet hat. Später, in den Weiten des Pazifiks, wird die *Pequod* der *Samuel Enderby* begegnen, die nach einem Londoner Kaufmann und Walfangreeder benannt ist, dessen Schiffe von 1788 an als erste die Pottwalfanggründe des Stillen Ozeans zu erschließen begannen. (CI 684–685) Von der Reederei Enderby und Söhne behauptet Ismael anerkennend, daß sie *in puncto wahrer geschichtlicher Bedeutung* es durchaus mit *den vereinten Königshäusern der Tudors und der Bourbonen* aufnehmen könne (CI 684); doch das ist eine andere Geschichte, in welcher Geld und Macht sich auf eine Weise erfolgreich miteinander verschränkt haben, die man bewundern mag oder auch nicht, die aber schon ihrer gewissermaßen stilvollen Größe und Noblesse wegen sich deutlich unterscheidet von der kärglichen Bescheidenheit und der zielstrebigen Rücksichtslosigkeit Nantucketer Kapitäne vom Schlage Pelegs und Bildads – und Ahabs, denen Ismaels ausgesprochene Sympathie und Hochachtung gehört.

Und vergessen wir nicht: auch wenn Ismael sich über die verkauzte Frömmelei Bildads lustig macht, so bleibt es doch generell die Frage, ob zwischen Geldgewinn und Gottesdienst sich überhaupt jemals ein ehrliches Verhältnis im Sinne der Bergpredigt herstellen läßt.

Sechs Jahre nach seinem *Moby-Dick* hat MELVILLE in seinem letzten großen Roman *Maskeraden* (The Confidence Man) sich gerade diesem Thema noch einmal in ausführlicher Form gewidmet: Ein kosmopolitischer Mr.»Gutmensch« (Francis Goodman) kommt da auf einem Mississippidampfer ins Gespräch mit einem Mr.»Vornehm« (Charles Arnold Noble), der in Theorie und Praxis sich den Ideen des Philosophen »Kommzuwas« (Mark Winsome) verpflichtet gibt. Der Diskurs dreht sich um das Problem, ob sich ein Leben aus Vertrauen, wie es das Evangelium möchte, überhaupt führen läßt, oder ob nicht Mißtrauen, Vorsicht und Sorge geradewegs unentbehrlich sind im Kampf ums Überleben. Wollte wirklich jemand wie der »Vertrauens-Mann« auf einem Schild die Worte des Apostels Paulus aus dem 1. Korintherbrief (13,7.8) vor sich hertragen: *Die Liebe duldet alles. Die Liebe glaubet alles. Die Liebe höret nimmer auf,* würde die Reaktion der Menge dann nicht gerade so widersprüchlich: höhnisch, bedauernd und ablehnend ausfallen wie an Bord der *Fidèle*[6] (II 17)? Hingegen ein Warnschild wie das des Schiffsbarbiers, er gewähre bei der Bezahlung keinen Kredit: *Kein Treu und Glauben* (I 14), paßt augenscheinlich in diese »Welt«; jedenfalls gilt es als Ausdruck einer vernünftig-realistischen Einstellung.

Was, um die Probe aufs Exempel zu machen, würde zum Beispiel passieren, wenn unter all den »Christenmenschen« jemand, in finanzielle Not geraten, einen alten Freund um ein Darlehen bäte? Ein wahrer Schüler der Doktrin von Mr.»Kommzuwas« wird es ablehnen, einem («wahren«) Freund Geld zu leihen, denn, so die »vornehme« Begründung von Mr. Noble, ein *Freund ist ein Freund auf gesellschaftlicher und geistiger Ebene; und die gesellschaftliche und die geistige Freundschaft sind... zu teuer, um sie zum pekuniären Notnagel abzuwerten... Ein Darlehn ist ein unfreundliches Entgegenkommen, das man von einem seelenlosen Institut wie einer Bank bekommt, wenn man die festgelegten Sicherheiten bietet.* (XXXIX 430) Mit einem Wort: so wenig wie Peleg mit seinem »großen Herzen« begriffen zu haben scheint, was wahres Christentum ist, so wenig offenbar kann ein derartiger Herr »Gutmensch« begreifen, was wahre Freundschaft ist. Eine *noble, vornehme Freundschaft* verträgt es nicht, daß ein guter alter Bekannter *als erwachsener Mann* plötzlich in einer Regennacht auftaucht und *um ein kleines*

Darlehn von fünf Dollar nachsucht. (XXXIX 437) Denn: *So ein armer Teufel ist der Mensch nicht, ... er ist nicht dieses jämmerlich dahintreibende Seegras des Universums. Der Mensch hat eine Seele, die ihn, so er will, Fortunas Griff entreißt und ihn hinwegträgt über die Widrigkeiten der Zukunft.* (XXXIX 438)

Ein jeder ist demnach seines Glückes Schmied und zuständig insbesondere für sein ganz persönliches Unglück. Die Frage freilich drängt sich auf, wie denn die »Unglücklichen« leben sollen mit einer Philosophie, welche Hilfsbereitschaft und Menschlichkeit als etwas geradezu sozial Unverantwortliches aus der Welt verbannen will. Selbst der Barbier wird am Ende erklären: *Sir, Sie müssen entschuldigen, aber ich hab Familie.* (XLII 489)

Worauf also vertrauen Menschen, wenn's ernst wird: auf Gott oder den Mammon? Gewiß, sie sollten *der Vorsehung ebenso sehr vertrauen wie den Menschen* (XLV 535); doch was, wenn die Religion selbst korrumpiert ist durchs Geld? Wenn ihr Sprechen von »Gott« nur schlecht kaschiert den Erfolg der »Fittesten« preist[7]? Ist es überhaupt möglich, der Friedfertigkeit, die der christliche Glaube predigt, zu folgen, wie zum Beispiel die Quäker es vorgeben? Die Welt ist voller Grausamkeit; wie soll man da überleben, ohne selber grausam zu werden? Und was wäre insbesondere das »Geldverdienen« letztendlich anderes als der Versuch, sich die größten Stücke aus den Kadavern erlegter Beuteopfer herauszuschneiden? Die Quäker sind die einzige christliche Gruppierung Amerikas, die konsequent jeden Krieg und jede Beteiligung an staatlich verordneter Gewalt ablehnt; – noch im Jahre 2003 fand sich bei der Abstimmung im amerikanischen Kongreß über den Angriffskrieg der USA gegen den Irak nur *eine* Gegenstimme, abgegeben von einer Quäkerin. Doch speziell ein Quäker wie Kapitän Bildad, *obgleich selbst ein eingeschworener Gegner menschlichen Blutvergießens, hatte..., ohne den Gehrock abzulegen, den Lebenssaft des Leviathan fässerweise vergossen.* (Moby-Dick, XVI 141) Kann man erfolgreich sein wollen in einer Welt, in welcher nur überleben kann, wer einen anderen tötet? Gehört nicht zu einer Religion, die, wie die christliche, aus dem Konkurrenzkampf zwischen den Kulturen und Überzeugungen »siegreich« hervorgehen möchte, die Ignoranz und Arroganz der Selbstdurchsetzung mit allen Mitteln? Doch dann auch wieder: ist sie, wenn sie sich derart gebärdet, noch eine wahre Religion?

Die »Wahrheit« der Religion zeigt sich für Bildad in dem »christlichen Bekenntnis«, wie er es gelernt hat. Nach dieser Lehre ist es inakzeptabel, daß ein *Sohn der Finsternis*, wie Queequeg, der nicht *zum wahren Glauben*

bekehrt ist, ein *Kannibale* womöglich, der *gegenwärtig einer christlichen Kir-*
che nicht anhanget, an Bord eines »christlichen« Walfängers anmustert.
(XVIII 161) Auch für Ismael, wohlgemerkt, gibt es Grenzen der religiösen
Toleranz, doch verlaufen diese nicht entlang den Demarkationslinien des
dogmatischen Denkens, sondern sie folgen den Vorstellungen des »gesunden« Menschenverstandes: abzulehnen ist, was geeignet ist, geistig oder körperlich Menschen zu schädigen. (XVIII 158)

Seine »presbyterianischen« Grundsätze hatte Ismael bereits fahren lassen
müssen, als er den »heidnischen« Harpunier Queequeg als seinen »Busenfreund«, als sich selber zuinnerst zugehörig, annahm. Das geschah, als er am
Abend nach Vater Mapples Predigt von Queequeg zum gemeinsamen Gebet
zu dessen hölzernen Gott Jojo eingeladen ward; einen Moment lang hatte er
überlegen müssen, ob es ihm wohl verstattet sei, mit diesem »Wilden«
gemeinsam an einem durch und durch »unchristlichen« Ritual teilzuneh-
men, doch war er dabei zu folgenden Gedanken gelangt: *Ich war ein guter*
Christ, geboren und genährt am Busen der unfehlbaren Presbyterianischen
Kirche. Wie konnte ich mich da diesem wilden Götzendiener anschließen, wenn
er sein Stück Holz anbetete? Was aber ist Gottesdienst? dachte ich bei mir.
Glaubst du denn, Ismael, daß der großmütige Gott des Himmels und der Erden
(was Heiden und alles andere einschließt) tatsächlich auf ein unbedeutendes,
schwarzes Stückchen Holz eifersüchtig sein könnte? Unmöglich! Was aber ist
Gottesdienst? Den Willen Gottes zu erfüllen – das ist Gottesdienst. Und was ist
Gottes Wille? Meinem Mitmenschen das zu tun, was ich will, daß er mir tut.
Nun, Queequeg ist mein Mitmensch. Und was will ich, daß dieser Queequeg
mir tut? Nun, daß er sich mir bei meiner ganz eigenen presbyterianischen Form
des Gottesdienstes anschließt. Folglich muß ich mich ihm dann bei der seinen
anschließen. Ergo, ich muß zum Götzendiener werden. Also zündete ich die
Späne an, half den unschuldigen kleinen Götzen aufstellen, brachte ihm
gemeinsam mit Queequeg gerösteten Schiffszwieback dar, warf mich muselma-
nisch ein paarmal vor ihm zu Boden und küßte seine Nase. Als dies getan, ent-
kleideten wir uns und gingen zu Bett, im Frieden mit dem eigenen Gewissen
und mit der ganzen Welt. (X 107–108)

In dieser Betrachtung ist die Voraussetzung entscheidend, die ihr zu
Grunde liegt: die Selbstverständlichkeit, mit der die Frage nach der Wahrheit einer Religion auf den *Willen Gottes* zurückgeführt wird; was Gott will,
richtet sich nicht länger nach den Vorgaben der jeweiligen Religion, umgekehrt: die Religionen stehen fortan selber unter der Pflicht, sich nach dem
Willen Gottes zu richten, und was das ist, könnte jeder Mensch in jeder

Kultur und Religion wissen: – die goldene Regel, dem anderen das zu tun, was man selber von ihm gern getan sähe (Mt 7,12).

Es ist, als wäre Ismael innerlich mit dieser Einsicht aus dem Schattendunkel der Doktrin seiner Kirche und aller Kirchen ein für allemal herausgetreten ins Freie und Helle[8]: Nicht die Religionen sind das Absolute; absolut ist Gott, der den Menschen die Liebe zueinander gebietet. Gemessen daran ist alles Kirchliche rein relativ; es vermißt sich, wenn es vorgibt, selbst göttlich zu sein. Ja, es spielt mit einem Mal offenbar schon keine sehr große Rolle mehr, wie man eine Religion bezeichnet oder wie man sich ihr gegenüber bezeigt. Queequeg etwa und seinen »Götzendienst« »muselmanisch« zu nennen, wie es Ismael unterläuft, kann jeden »ordentlichen« Muslim nur erzürnen; doch jeder noch so korrekte Muslim (oder Jude) steht im Prinzip vor derselben Frage wie der Christ Ismael auch: relativiert er seine Religion zugunsten Gottes und einer universell zu setzenden Menschlichkeit oder relativiert er Gott zugunsten einer absolut gesetzten Religion oder Konfession; in letzterem Falle ist er im wahrsten Sinne ein »Götzendiener«, mit welchen Namen er auch im Rahmen seiner Religion die Gottheit anrufen mag. MELVILLE jedenfalls liebte es immer wieder, die Gleichheit aller Religionen dadurch zu betonen, daß er vergleichbare Einrichtungen oder Überzeugungen, nicht ohne eine gewisse provozierende Ironie, mit gleichen Worten bezeichnete, etwa wenn er eine christliche Kirche eine Synagoge nennt (*Omoo*, XL 444) oder den Sonntag Sabbat.

Von einem mutwilligen »muslimischen Mißverständnis« jedenfalls darf man ebenfalls ausgehen, wenn Ismael die Fastenpraxis seines neuen Freundes Queequeg auf den islamischen Fastenmonat Ramadan zurückführt; kein Muslim wird sich im Ramadan verhalten wie dieser Harpunier aus der Südsee – der 24 Stunden lang in seinem Zimmer sich einsperrt, um unter Gebet und vollständiger Enthaltsamkeit von aller Nahrung sich auf seine Gottheit zu konzentrieren. Ismael tut so, als seien derlei Praktiken ihm vollkommen fremd; sie wirken einfach exotisch auf ihn, ja, es erscheint ihm *völlig sinnlos und geisttötend, den ganzen Tag und die halbe Nacht in einer kalten Kammer auf den Hacken zu hocken und ein Stückchen Holz auf dem Kopfe zu balancieren.* (*Moby-Dick*, XVII 157) Und wenn selbst *das* ihm noch egal sein könnte, – der Zeitpunkt kommt, an dem er sich ernsthaft Sorgen um seinen Freund machen zu müssen glaubt ... *wie zuvor bereits angedeutet,* erklärt er, *habe ich gegen keines Menschen Religion etwas einzuwenden, gleich welcher Art sie sei, solange dieser Mensch keinen anderen umbringt oder beleidigt, weil dieser andere nicht ebenfalls daran glaubt.* Alle Toleranz aber findet ihre Grenze an der asketisch, fanatischen Intoleranz. *Wenn* ..., *fährt* Ismael fort, *der Glaube eines Menschen wahrhaft in Wahnwitz umschlägt, wenn er ihm zu einer wirklichen Tortur wird und endlich diese unsere Erde in eine trostlose Absteige verwandelt, dann halte ich es für hoch an der Zeit, diese Person beiseite zu nehmen und ihr meine Meinung darzulegen.* (XVII 158) Noch in *Pierre* (XXII 1; S. 515–516) wird MELVILLE gegen die *Magerteufel* mit ihrer *Badebürstenphilosophie* und ihrer *Apfelschnitzdialektik* zu Felde ziehen.

Es gibt für Ismael darüber hinaus noch einen anderen Punkt, an welchem seine Geduld in religiöser Hinsicht an ihr Ende gelangt: das ist die Entwertung des irdischen Lebens insgesamt; eine Vorstellung von Gott, die sich in Widerspruch zu der Welt setzt, die er geschaffen hat, widerspricht dem Wesen der Religion selbst, und sie tut dem Menschen unrecht, dessen Glück sie im Namen einer weltjenseitigen Seligkeit hienieden zerstört[9]. Doch wem sagt man das: Queequeg oder Bildad? Ein »wahrer« Gebrauch der Religion jedenfalls läge darin, überall auf Erden, in allen Kulturen und Religionen, auf allen Längen- und Breitengraden des Globus, nichts anderes zu sehen als Menschen auf der Suche nach sich selbst, also nach ihrer je eigenen Identität. Dementsprechend wartet selbst auf Ismael noch die Erfahrung, daß nicht einmal seine Vorstellungen von dem, was menschlich »gesund« und »vernünftig« ist, auch nur bei einem so einfach erscheinenden Problem wie der Fastenfrage ohne weiteres für gültig gelten können; sein Freund Queequeg zum Beispiel ist es beizeiten *leid, sich etwas über diese wichtige Frage zu Gemüte zu führen, wenn sie nicht von seinem eigenen Standpunkt aus betrachtet* wird. (XVII 159) Selbst derartige Fragen wie Gebet und Fasten gehören also noch zu dem, was WILHELM DILTHEY gegen Ende des 19. Jhs. als »Gruppenrelativismus« beschrieben hat[10].

Um so weniger »relativ« bleibt Ismaels Grundeinsicht in die Kernaussage des Religiösen. Als er mit Queequeg, die Harpune in der Hand, auf die *Pequod* am Ende des Kais zugeht und Kapitän Peleg ihm entgegenhält, er habe nicht vermutet, daß sein Freund ein Kannibale sei, – *er lasse keine Kannibalen an Bord dieses Schiffes*, ja, als Bildad zudem noch die Frage aufwirft, ob *dieser Philister regelmäßig an den Betstunden des Presbyters Deuteronomius* teilnehme, legt Ismael, hart bedrängt, sein wahres religiöses Bekenntnis vor den alten Kapitänen ab: sein Freund sei Mitglied der Ersten Freikirche; denn das sei die *nämliche alte Eine und Allumfassende Kirche, Sir, welcher Ihr und ich und Kapitän Peleg dort und Queequeg hier und wir allesamt und jeder Mutter Sohn und jede Seele von uns angehören – die große und immerwährende Erste Freikirche dieser ganzen gottesfürchtigen Welt. Der gehören wir alle an, nur pflegen einige von uns manch wunderliche Grillen, die in keiner Weise den Glauben im großen berühren. Was den angeht, stehen wir Hand in Hand.* – »Spleißen wir Hand in Hand«, verbessert Peleg, dem diese Rede sofort einleuchtet. *Junger Mann, erklärt er anerkennend, du solltest lieber als Missionar anheuern denn als Matrose vorm Mast, nie hab ich eine bessere Predigt gehört. Dekan Deuteronomius – ach was, Vater Mapple höchstpersönlich könnte es nicht besser machen, und der gilt schon etwas.«* (XVIII 161–163) Alles weitere sind scheinbar bloß noch rein praktische Fragen: was ist das nur für eine Harpune, die Queequeg mit sich führt, und wie kann er damit umgehen?

Doch Vorsicht: ganz ohne Gefahr ist die Pelegsche Reduktion von Religion auf pragmatischen Realismus keinesfalls. Denn was Ismael nicht sieht, nicht sehen darf, um sich auf das Experiment *Pequod* einzulassen, hat MEL-VILLE selbst in der Südsee sattsam erlebt und in seinem Erstlingsroman *Taipi* ausführlich geschildert: die wirtschaftliche Ausbeutung der »eingeborenen Heiden« unter dem Vorwand ihrer christlichen Bekehrung[11]. Diese Menschen, erkennt er, sind schon deshalb religiös tolerant, weil sie *entweder zu faul oder zu vernünftig* sind, *sich über abstrakte Fragen des Glaubens den Kopf zu zerbrechen;* und so halten sie keine *Synoden oder Konzile ab, um ihr Bekenntnis dadurch festzulegen, daß sie Glaubensfragen zur Diskussion* stellen. (*Taipi*, XXIV 231) Von diesen heiteren Menschen erklärt er, daß *die Strafe des Sündenfalls... nicht schwer* auf ihnen laste, müßten sie doch bei der natürlichen Fruchtbarkeit des Landes kaum eine schweißtreibende Arbeit verrichten. Doch genau dieses Paradies der Natur steht (um 1845) in Gefahr, von der westlichen Lebensart verwüstet zu werden. Und dann: *Wenn erst die schlimmsten Laster und übelsten Begleiterscheinungen der Zivilisation Frieden und Glück... vertrieben haben, werden wahrscheinlich die großmütigen Franzosen der Welt verkünden, daß die Marquesas-Inseln zum Christentum bekehrt worden sind. Und das wird die katholische Welt zweifellos für ein glorreiches Ereignis halten. Der Himmel sei den ›Inseln der See‹ gnädig! – Die Anteilnahme, die ihnen das Christentum entgegenbringt, hat sich – leider! – in zu vielen Fällen als ihr tödliches Verderben erwiesen.* (XXVI 263)

Dabei geht es in Polynesien nicht viel anders zu als in Nordamerika, wo die angelsächsischen Einwanderer mit ihrem Missionseifer das Heidentum ausrotteten zugleich mit den *scheuen Gestalten seiner unglücklichen Anhänger. – Kaum sind auf den Polynesischen Inseln die Götzenbilder umgestürzt, die Tempel zerstört und die Götzenanbeter dem Namen nach zum Christentum bekehrt, erscheinen auch schon Krankheit, Laster und vorzeitiger Tod. Das entvölkerte Land wird dann von den räuberischen Horden aufgeklärter Personen*

neu besiedelt, die lärmend den Sieg der ›Wahrheit‹ verkünden. Prächtige
Villen, schmucke Gärten, gepflegte Rasenflächen, Kirchtürme und Kuppeln
entstehen, während der arme Wilde sich bald als Eindringling im Land seiner
Väter fühlt, und noch dazu auf dem Grund und Boden der Hütte, in der er
geboren wurde. Die wildwachsenden Früchte der Erde, die Gott in seiner Weis-
heit zum Lebensunterhalt für die trägen Eingeborenen bestimmt hat, eignet
sich der Fremde erbarmungslos an, verzehrt sie vor den Augen der hungernden
Insulaner oder bringt sie an Bord der vielen Schiffe, die jetzt ihre Küsten an-
laufen. (XXVI 264)

Nun wirklich, nachdem man ihnen im Namen Gottes und des Geschäftes
alles genommen hat, was sie religiös wie wirtschaftlich besaßen, müssen die
Ureinwohner nicht für sich selbst, wohl aber für ihre *Wohltäter* arbeiten, um
aus deren Händen die Gnade des Überlebens in Form von Mindestlöhnen
für ihre erzwungenen Sklavendienste zu empfangen. *Aber was schadet das*
schon? fährt mit grimmiger Ironie MELVILLE fort. – *Betrachtet das glorreiche*
Ergebnis! – Die Greuel des Heidentums sind dem lauteren Ritus des christ-
lichen Gottesdienstes gewichen, und der unwissende Wilde ist durch den gebil-
deten Europäer ersetzt worden! Seht euch nur Honolulu an, die Hauptstadt der
Sandwichinseln! – Eine Gemeinde uneigennütziger Kaufleute und freiwillig ins
Exil gegangener frommer Herolde des Christentums steht jetzt an dem Ort, der
noch vor zwanzig Jahren vom Götzendienst entweiht war. Was für ein Thema
für den wortgewandten Redner einer Bibelstunde! Und man hat sich eine
solche Gelegenheit, Missionsberedsamkeit zu entfalten, auch nicht entgehen
lassen! – Aber wenn uns diese Menschenfreunde so begeisternde Berichte
über die eine Seite ihrer Arbeit schicken, warum verbietet es ihnen dann die
Bescheidenheit, die andere Seite ihrer guten Taten in der Öffentlichkeit
bekanntzumachen? – Ehe ich Honolulu besuchte, wußte ich nichts davon, daß
der kleine Rest der Eingeborenen zu Zugpferden zivilisiert und zu Lasttieren
christianisiert worden war. Es ist wirklich so. Man hat sie buchstäblich wie die
Tiere (sc. als Riksha-Kulis, d. V.) *vor die Fahrzeuge ihrer geistlichen Lehrer*
geschirrt! (XXVI 265)

Tatsache bleibt, daß unter den Eingeborenen *eine Eintracht und Friedfer-*
tigkeit herrschten, wie sie in den erlesensten, gebildetsten und frömmsten
Gemeinschaften von Sterblichen der Christenheit nicht ihresgleichen haben.
Wie soll man dieses Rätsel lösen? Die Insulaner waren Heiden! Wilde! Ja –
Kannibalen! Wie konnten sie ohne Hilfe des Gesetzes in so hohem Maße jene
soziale Ordnung entwickeln, die der größte Segen und der höchste Stolz der
menschlichen Gesellschaft überhaupt ist? . . . – Sie müssen von Natur ehrlich

und nachsichtig gegeneinander gewesen sein, schienen sie doch durch still-
schweigendes Übereinkommen von dem Gesetz des gesunden Menschenver-
standes regiert zu werden, dessen Gebote fest in jede Brust gepflanzt sind, soviel
man auch über die angeborene Gesetzlosigkeit der menschlichen Rasse redet.
. . . Diesem allgemein verbreiteten Gefühl für das Gute und Edle muß die Lau-
terkeit der Marquesaner in ihrem Verkehr miteinander zugeschrieben werden.
In den dunkelsten Nächten schliefen sie so sicher inmitten all ihrer irdischen
Reichtümer in Häusern, deren Türen nie verschlossen wurden. Kein Gedanke
an Diebstahl oder Meuchelmord beunruhigte sie. (XXVII 270)

Was also ist unter diesen Umständen »wahres« Christentum?

In *Redburn* bereits hatte der junge Matrose Wellingborough insbesondere
beim Anblick des trostlosen Elends der Auswanderer an Bord der *High-*
lander geschrieben: *Wir sprechen von Türken und verabscheuen die Kanni-*
balen. Aber können nicht manche von ihnen eher ins Himmelreich eingehen als
viele von uns? Wir haben vielleicht zivilisierte Körper und barbarische Seelen.
Wir sind blind gegenüber dem wirklichen Anblick dieser Welt, taub gegenüber
ihren Stimmen und tot gegenüber ihrem Tod! Und ehe wir nicht wissen, daß
ein Schmerz zehntausend Freuden aufwiegt, werden wir nicht das sein, wozu
das Christentum uns zu machen bestrebt ist. (*Redburn*, LVIII 304) Mitleid also
ohne Grenzen, eine Menschlichkeit, die nicht erst auf gesetzliche Verord-
nungen wartet, um sich hervorzutrauen, der Mut, die Welt zu betrachten
aus der Perspektive der Notleidenden, – das wäre »Christentum«.

Diese Worte muß man im Ohr haben, wenn man im *Moby-Dick* die »Pre-
digt« Ismaels an die Kapitäne Peleg und Bildad von der einen und einzigen
»Freikirche« Gottes vernimmt. Dann erst begreift man die psychologische
Situation, in welcher Ismael sich befindet, als er auf der *Pequod* anmustert.
Seine Anhänglichkeit an Queequeg mutet an wie die gestaltgewordene
Sehnsucht nach jener heiteren Unschuld und vitalen Ursprünglichkeit, die
in *Taipi* besungen wurde; ja, sein unbedingter Wille, zur See zu fahren,
ergibt sich geradewegs aus diesem Verlangen nach der Integration des Anderen, des »Wilden« in ihm, das, ließe man es in seiner Natürlichkeit leben,
durchaus nichts Ungesetzliches und Zerstörerisches besäße. Dieses »weiche«, »weite« Herz, das Bildad seinem Kameraden Peleg soeben noch vorgeworfen hat, ermöglicht es allererst, daß zwei Menschen wie Ismael und
Queequeg gemeinsam an Bord der *Pequod* willkommen sind: der eine seiner
geistigen Einstellung, der andere seiner handwerklichen Befähigung wegen.
Mit dem Gang auf dieses Schiff ist ein entscheidender Schritt getan. Denn in

der persönlichen Entwicklung Ismaels bedeutet sein »Bekenntnis« nicht nur eine Aussöhnung mit den religiös-kulturellen Inhalten seines Überichs; es gelingt ihm vielmehr zugleich, diese Inhalte aus persönlicher Erfahrung und Einsicht neu zu formen und ichgerecht zu gestalten, ja, er vermag es, seine Neudefinition des »Christlichen« jetzt sogar offensiv gegenüber den zwanghaft verinnerlichten Vorstellungen von »Musterchristen« wie Bildad und Peleg zu verteidigen.

Allerdings, indem er sich in deren Dienst begibt, steht er *nolens volens* vor genau dem Problem, das er »ideologisch« gerade bereinigt haben möchte: er wird zum Handlanger eines Profitdenkens, das bereitsteht, die ganze Welt zu verwüsten, und dabei die heuchlerischsten Phrasen im Munde führt. Als einziger »Trost« läßt sich nur sagen, daß die Ex-Kapitäne der *Pequod* ganz sicher nicht die Leute sind, die sich in Sänften und Rikshas durch die Straßen fremder Städte haben tragen und ziehen lassen; was sie von anderen erwarten und verlangen, haben sie als erstes sich selber abverlangt und mehr als gewöhnlich erfüllt. Die innere Arbeit aber muß weitergehen, um die Religion so zu interpretieren, daß sie die unbedingte Würde eines jeden Menschen bestätigt und bestärkt.

Ismael trägt im weiteren kein Bedenken, die politischen wie die psychologischen Konsequenzen aus seiner Deutung der rechten Religion zu ziehen. Wenn jeder Mensch seinen unveräußerlichen Wert und seine oft nur noch nicht vollständig wahrgenommene Größe besitzt, so gilt es, inmitten gerade der vermeintlichen Düsternisse und Abgründe des Lebens das Ringen um Licht und das Suchen nach Halt zu sehen und sichtbar zu machen; denn so viel steht fest: im wesentlichen sind die Unterschiede zwischen den Menschen unerheblich angesichts der einzig wichtigen Tatsache ihrer Zusammengehörigkeit und Einheit. Freilich, um diese Sichtweise einzunehmen, muß man den sozialen Dünkel der Bessergestellten und Besserverdienenden beiseite setzen. *Diese erhabene Würde* (sc. des Menschen, d. V.) *aber, von der ich hier handle*, erklärt Ismael, *ist nicht die Würde von Königen und Roben, sondern jene im Überfluß vorhandene Würde, welche nicht in Robe und Talar gewandet daherkommt. Du wirst ihren Glanz in dem Arme erblicken, der eine Hacke schwingt oder einen Nagel einschlägt: jene demokratische Würde, die ohne Unterlaß von Gott auf alle abstrahlt! Die selbst der große und allmächtige Gott ist! Die Mitte und der Umkreis aller Volksherrschaft! Seine Allgegenwart, unsere göttliche Gleichheit!* (Moby-Dick, XXVI 202–203)

Der ganze Stolz eines US-Amerikaners, der da redet im Geiste Thomas Jeffersons (1743–1826), spricht aus diesen Worten. Doch eines ist die

Deklamation der Demokratie als eines wahren Gottesrechtes[12], ein anderes ist es, die psychologischen Folgerungen aus diesem Ansatz durchzuarbeiten. *Wenn ich mich* ... *hernach nicht scheue, auch gemeinen Seeleuten und Abtrünnigen und Verstoßenen edle, wenn auch dunkle Eigenschaften zuzuschreiben; wenn ich tragische Züge um sie webe; wenn sogar der Erbärmlichste, ja gar der Allergeringste von ihnen sich bisweilen zu den höchsten Höhen aufschwingt; wenn ich den Arm dieses Arbeiters in ein ätherisches Licht tauche; wenn ich einen Regenbogen über die sinkende Sonne seines Untergangs spanne, dann stehe Du mir bei gegen all die sterblichen Kritikaster, Du gerechter Geist der Gleichheit, der Du den ungeteilten Königsmantel des Menschentums über mein ganzes Geschlecht gebreitet hast! Ach, steh mir bei, Du großer demokratischer Gott.* (XXVI 203)

Diese Worte sind wie ein Gebet für den Erzähler Ismael, es möge ihm vergönnt sein, alle Menschen an Bord der *Pequod* so zu schildern, daß selbst das Ungeheuerlichste ihres Wesens sich in den Bereich des Menschlichen zurückholen läßt. Es ist klar: wenn dies gelingen könnte, so besäße es Geltung nicht nur für die Crew eines Walfangschiffes aus Nantucket in der Mitte des 19. Jhs.; in den Männern der *Pequod* zeigt sich auf engstem Raum, wie unter einem Vergrößerungsglas, lediglich, was für uns Menschen insgesamt gilt. Wie aber kommt es von Ismael zu Ahab? Die unheimlichste aller menschlichen Möglichkeiten ist die Bosheit, die einen Menschen erfaßt im Kampf gegen das Böse. Welch eine magische Faszination geht von dem Kapitän der *Pequod* auf die gesamte Mannschaft über, Ismael inbegriffen, und was ist mit den einzelnen Personen, die sich darstellen wie unterschiedliche, ja, gegensätzliche Facetten ein und derselben Persönlichkeit, die in *Moby-Dick* Ahabs Namen trägt? Wie kommt es zu dem hypnotischen Bann, der von dem Weißen Wal her sich auf verhängnisvolle Weise und doch wie unausweichlich um sie alle legen wird?

4. Ahab oder: Erbost auf das Böse

*a) Die Dünung oder: Schaumkronen auf einer Welle
    zweier Möglichkeiten*

Eine Gestalt wie den Kapitän der *Pequod* zu schildern war selbst einem so großen Schriftsteller wie HERMAN MELVILLE nur möglich als Aufgipfelung einer Welle, die unter dem starken Wind von Leidenschaft und Gefühl gewissermaßen über den halben Erdball hin Anlauf nimmt, ehe sie an einer bestimmten Stelle mit vernichtender Kraft zurückgebrochen wird, zur Sturzsee aufschäumt, um dann in weitem Bogen talwärts auszurollen.

Wie um sich selbst in das Sujet seines Ahab hineinzusteigern (oder sich darein zu vertiefen), hat MELVILLE, zwei Jahre vor dem *Moby-Dick*, in seiner Geschichte von *Redburn* die düstere Vorausfigur des bitter und zynisch gewordenen Jackson entworfen, eines Mannes, der als *ein schrecklicher Desperado... Amok (lief) gegen Himmel und Erde... ein Kain auf Seefahrt, auf seiner gelben Stirn gebrandmarkt mit einem unergründlichen Fluch, und (er) ging umher, um jedes Herz zu verderben und zu versengen, das ihm zu nahe kam.* (*Redburn*, XXII 112) Das Mal auf der Stirn teilt er nicht nur mit dem biblischen Kain, dem Gott ein Schutzzeichen machte, *daß ihn niemand erschlüge, der ihn fände* (Gen 4,15), sondern auch mit Ahab, dessen Gesicht *mit einer Kreuzigung* geschlagen ist, *in all der unsagbaren, königlichen, hochfahrenden Würde, welche großes Leid verleiht.* (*Moby-Dick*, XXVIII 214)

Von einer solchen »Königswürde« kann bei einem Jackson freilich durchaus keine Rede sein; im Gegenteil, seine Gestalt liefert eher einen Beweis dafür, daß schweres Leid nicht nur imstande ist, einen Menschen immer tiefer in den Abgrund zu ziehen, sondern ihn auch dazu veranlaßt, alle Menschen an seiner Seite in das Inferno seiner Gemeinheiten hineinzulocken. Auf eine unheimliche Weise beherrscht die düstere Magie dieses Mannes Ahab-ähnlich die gesamte Mannschaft. Die Matrosen lachen, wenn er lacht, ja, sie warten auf das Zeichen, das ihnen das Lachen über seine makabren Scherze erlaubt, und sie lachen sogar noch, wenn er wutschäumend sie offenhin höhnt und schmäht. *Er schien*, sagt Redburn, *voller Haß und Galle gegen alles und jeden auf Erden, als sei die ganze Welt eine Person, die ihm irgend etwas angetan hätte, das in seinem Herzen brannte und schwärte.* (*Redburn*, XII 68) Allem, was sich ereignet, weiß Jackson mit Sicherheit die bösartigste und bissigste Deutung zu geben, und das nicht nur beim Anblick eines zum Wrack geschlagenen Totenschiffs (XXII 109–111), sondern in Anbetracht des gesamten Daseins. Für diesen Mann gibt es *nichts zu glauben, nichts zu lieben, und nichts in der weiten Welt, für das es sich zu leben lohnte, aber alles, das wert wäre, daß man es hasse.* (XXII 112) *Meinst du*, erklärt er einem Matrosen, *für dich gibt's 'nen Himmel?... Wenn dich eines Tages ein Hai runterschluckt durch sein Luk, wirst du sehen, daß du mit dem Sterben nur aus einer Bö in die anderen kommst. Merk du das... Ja, runtergeschluckt wirst du wie eine der Pillen, und ich möchte es sehen, wie das ganze*

Schiff runtergeschluckt wird im norwegischen Maelstrom wie 'ne Schachtel Pillen. (XXII 111)

Genau diese haßdurchtränkte Wunschphantasie Jacksons von der totalen Katastrophe wird unter dem mit ihm seelenverwandten Kapitän Ahab auch die *Pequod* ereilen, und wie Ahab wird auch der lungenkranke Jackson *mit einem gotteslästerlichen Fluch auf den Lippen in den Abgrund des Meeres versinken*[1]: Beim Reffen der Segel an der Großmarsrah, während das Schiff weit nach Luv überholt, wird er ins Wasser stürzen, und es wird der Mannschaft *töricht* scheinen, auch nur einen Versuch noch zu seiner Rettung zu wagen. (LIX 306–307) Ahab seinerseits wird die ganze Mannschaft in den Untergang mitnehmen. Die Person eines Jackson ragt weder in Konstitution noch Konsequenz an das Format dieses Mannes heran; wie aber soll man auch nur erst eine Persönlichkeit wie Jackson verstehen? *Mir schien mehr Leid als Verruchtheit an diesem Menschen*, resümiert Redburn, *und es war, als ob seine Verruchtheit in seinem Leid begründet wäre. Bei all seiner Häßlichkeit lag in seinem Blick bisweilen etwas unverkennbar Bemitleidenswertes und Rührendes, und wenn es auch Augenblicke gab, in denen ich Jackson beinahe haßte, so hat mir kein Mensch je so leid getan wie er.* (*Redburn*, XXII 112) Das zweifellos ist ein erster wichtiger Hinweis zum Verständnis auch des Kapitäns der *Pequod*.

Es bildet, genauer gesagt, den Kern der gesamten MELVILLEschen Weltbetrachtung dar, die Aberrationen der menschlichen Seele nicht einfach an den Pranger der moralischen Ver- und Aburteilung zu stellen, sondern je ungeheuerlicher die Taten eines Menschen sind, desto intensiver nach einem Grund für die Abgründe seines Herzens zu suchen. Was treibt einen Menschen von der Art eines Jackson in den Zustand eines derart quälend-gequälten Zynismus? Findet nicht all die Bosheit der Menschen ihren Grund in einem Bösen, das sie leidvoll erfahren haben und von dem sie leidend nicht loskommen? Was aber, wenn diese Annahme denn wirklich zutrifft, verdienen derart leidende Menschen schon anderes als ein Mitleid, das noch tiefer lotet als die Gründe ihres Grams[2]?

Bis zu diesem Impuls reicht vor der Hand der menschlich-moralische Antrieb der MELVILLEschen Romane und Erzählungen; weiter aber, entschieden viel weiter reicht deren psychologische Intuition. Gewiß, man würde die Einsichtsfähigkeit des psychologischen Romans in der Mitte des 19. Jhs. in Europa – etwa bei STENDHAL, FLAUBERT oder MAUPASSANT in Frankreich, bei GOGOL, TURGENJEW oder DOSTOJEWSKI in Rußland – einfachhin überfordern, wollte man, etliche Jahrzehnte vor der Entwicklung der Psychoanalyse, bereits ein reflexes Bewußtsein von den Ursachen seelischer Erkrankungen in der frühen Kindheit erwarten. Doch um so mehr bedeutet es einen enormen kulturellen Fortschritt, daß überhaupt das Interesse erwacht, das Verhalten bestimmter Personen exemplarisch mit den Konstellationen in Verbindung zu setzen, unter denen sie antreten müssen, und die Haltungen zu schildern, die sich wie schicksalhaft daraus ergeben. Was auf diese Weise entsteht, sind typologische Entwürfe beziehungsweise charakterologische Studien von äußerster Eindringlichkeit, sind Experimente einer Seelenkunde, deren Stärke in der Beschreibung der Gefühle und Gedanken der betreffenden Personen liegt, wenn sie auch die Frage nach den Ursachen einer bestimmten Psychodynamik noch nicht oder nur erst ahnungsweise zu beantworten vermögen. So erfahren wir über die Hintergründe der Leiden, die einen Jackson hervorbringen, durchaus gar nichts, nichts als eine vage Andeutung auf die Unerträglichkeit seines Leids überhaupt; andererseits hat MELVILLE selbst offenbar gewußt, daß hier ein Rätsel besteht, das es weiter zu untersuchen gilt; sein Ahab ebenso wie, gleich daran anschließend, sein *Pierre* werden in gewissem Sinne alternative Wege – oder Abwege – aus der Qual weisen.

Wenden wir uns in MELVILLES Werk nur erst vordergründig dem »Abschwung« zu, den seine Ahab-Welle in ihrem Schaumkronengipfelpunkt nimmt, so finden wir in dem parabelartigen Roman *Maskeraden* zwei Gestalten, die das Motiv des bis zur Krankheit Gekränkten auf ihre eigene wenn auch passagere Weise weiterführen.

Da tritt auf dem Mississippi-Dampfer *Fidèle* ein stelzenfüßiger Krüppel auf, der sich mit seinem Mißmut und seinem Mißtrauen jeder Regung mildtätiger Menschlichkeit in den Weg stellt. Darf man zum Beispiel glauben, daß jener almosensammelnde Neger wirklich ein Mensch ist, der Hilfe benötigt, oder ist es ein Gebot der gesunden Vernunft und der praktischen Lebenserfahrung, in ihm einen betrügerischen Lumpen und Roßtäuscher zu erkennen? *Eure Nächstenliebe*, kläfft der Stelzfüßige, *soll da bleiben, wo sie hingehört. In den Himmel mit ihr ... auf Erden muß wahre Nächstenliebe verrecken, und falsche Nächstenliebe darf hecken. Wenn einer einen Narren mit einem Kuß verrät, dann glaubt der liebreiche Narr aus lauter Nächstenliebe, der Kerl liebt ihn, während der liebreiche Spitzbube aus lauter Nächstenliebe im Zeugenstand für seinen Kumpan aussagt.* (III 32) Wie soll, mit anderen Worten, das Vorbild des Nazareners Gültigkeit beanspruchen können, wenn dieser göttliche Künder der Nächstenliebe selber in seinen Jüngern sich derart irren konnte, wie in Judas, seinem Verräter (Mk 14,44–45)? Tatsächlich besitzt dieser *mürrisch und ernst . . . wie ein Strafrichter* dreinschauende verkrüppelte Mensch (VI 68) eine derart *böse Macht . . . , daß ein einziges bitteres Wort von ihm die vorher nahezu honigsüßen, milden Regungen einer zahlreichen Gesellschaft verderben und mit ebensolcher Bitterkeit erfüllen* kann. (VI 75) Es ist der Geist eines grundsätzlichen Mißtrauens, das wie ein Gift die Herzen der anderen lähmt. Der ehedem Verletzte wird selber verletzend; der von der Welt Gezeichnete wird geneigt, die Welt insgesamt im Zeichen von Gefahr und Bedrohung wahrzunehmen; der zutiefst Verwundete wird sich verwundern, wie es noch Menschen geben kann, die dieser Welt Vertrauen entgegenzubringen vermögen. Wir werden diesen Zusammenhang zwischen körperlicher Verkrüppelung und seelisch mangelndem Vertrauen sogleich in der Person Ahabs selber, dort allerdings gesteigert bis zur Paranoia, kennenlernen.

Eine zweite Geschichte von Leid und Bosheit verknüpft sich in *Maskeraden* mit der triumphierenden Rachsucht des Colonels John Moredock. Dessen Mutter war *dreimal durch einen Tomahawk zur Witwe gemacht worden* (XXVII 325–326), und schließlich kam auch sie selbst mitsamt ihren Kindern bei einem Indianerüberfall ums Leben; allein der Sohn John blieb übrig, doch nur, um all seine stumme Trauer fortan in ein uferloses Bedürfnis nach Rache umzuarbeiten. Akribisch macht er den Haufen der Missetäter ausfindig und bringt sie unbarmherzig einen nach dem anderen zur Strecke; doch nicht nur dies – sein Haß dehnt sich auf alle Rothäute aus. *Begegnete ihm ein einsamer Indianer, so war er des Todes,* so daß bald *jedermann überzeugt* war, *daß John Moredock sich keine Gelegenheit entgehen ließ, um einem Indianer das Licht auszublasen.* (XXVII 329) Und doch, die Energie seines Hasses entstammt einem äußersten Widerspruch, ähnlich einem Katarakt, dessen Wasser um so tosender und zerstörender niedergehen, je weiter gespannt sich der Abgrund zwischen Höhe und Tiefe erstreckt. Ein Mann wie Moredock ist keineswegs *von Natur aus grausam*, vielmehr hat er wie *beinahe alle Indianerhasser im Grunde ein gütiges Herz. Er war keineswegs ein kalter Gatte und noch kälterer Vater*; er *behielt . . . die Bedürfnisse seiner Lieben stets im Auge und sorgte für sie*, selbst wenn *er oft und lange von daheim fort war* (XXVII 330) – eine Feststellung, die wir genauso auch bei Ahab werden treffen müssen.

Freilich trennen die beiden Männer gemütsmäßig Welten, so, wenn es von Moredock heißt: *Er konnte sehr gesellig sein . . . Er war gastfreundlich,*

*stand nie zurück, wenn es galt, einem Nachbarn zu helfen, war nach außen hin
so wohltätig wie in seinem Innersten rachsüchtig.* (XXVII 330) In dieser Hinsicht verhält der Kapitän der *Pequod* sich vollkommen anders, und das aus
verstehbarem Grunde. Beide, Ahab wie Moredock, leiden an einem
Schmerz, der nicht mehr von ihnen weichen will, beide sind von einem
niedergeschlagenen, tragischen und düsteren Gemüt (XXVII 330); Moredock
aber gelingt es, sein »nur« seelisches, inwendig verborgenes Leid nach außen
hin mit höflicher Freundlichkeit zu umkleiden, während die körperliche
Versehrtheit Ahabs viel zu offensichtlich ist, als daß sie sich verbergen ließe,
und sie verheert ihn so sehr, daß sie jedes Interesse an anderen Menschen in
ihm nach und nach aufzehrt. Bezeichnenderweise gilt denn auch der Haß
und die Rachsucht eines Moredock immerhin noch Menschen, die es bei
aller einseitig verengten Wahrnehmung »wirklich« gibt, während Ahabs
Bedürfnis nach Vergeltung sich ins Mythisch-Tierhafte ausdehnt und universalisiert.

Ein letzter Anklang an die Figur des rächenden Kapitäns erscheint in
MELVILLES Werk, wie der verwehende Schaum einer riesigen Brandungswo-
ge, in der Person des legendären Kapitäns Paul Jones, der, als eine historische
Gestalt, mit knapp 30 Jahren in den Dienst der amerikanischen Unabhän-
gigkeitsbewegung trat und 1775 durch seine Kaper-Fahrten und Gefechte
auf der *Providence* den Engländern schwere Verluste zufügte. Dieser *heitere
Wilde*, dem MELVILLES Romanheld Israel Potter *inmitten der Metropole der
modernen Zivilisation*, in Paris, zum ersten Mal begegnet, und das auch noch
im Beisein von Benjamin Franklin, wirkt in seiner Person wie eine vorweg-
genommene Personifikation der *tragischen Begebenheiten der Französischen
Revolution..., die die erlesene Überfeinerung von Paris mit der blutdurstigen
Wildheit Borneos gleichsetzte.* Dieser Jones ist wie ein Beweis, *daß Broschen
und Fingerringe nicht weniger* als *Nasenreifen und Tätowierungen Zeichen
eines rohen Barbarentums sind, das ewig im Menschengeschlecht schlummert,
sei es zivilisiert oder nicht.* (*Israel Potter*, XI 93) Wie Ismael mit dem halbzivi-
lisierten Queequeg, wird auch Israel mit Paul Jones am ersten Abend (beinahe) das Nachtlager teilen müssen (XI 91); es wird aber später der Kapitän
sein, der seinen Haß auf die Engländer und insbesondere auf die englische
Justiz mit dem jungen Israel verbinden wird, indem er bei seinen Raubzügen
auf der *Ranger* in der britischen See zwischen Irland und Schottland *den
erbitterten Rachdurst und scharfen Ehrgeiz eines beleidigten Helden mit der
gewissenlosen Tollheit eines Überläufers in seiner Brust vereint.* (XV 137)
Denn auch Jones ist ein zutiefst verletzter Mensch. Er wurde – fälschlich? –

beschuldigt, den Aufrührer einer Meuterei totgepeitscht zu haben – ein Vorwurf, den er als eine ehrenrührige Kränkung empfindet. (XIV 133) Selbst während seiner Plünderungen versucht er, ein ritterlicher Pirat zu sein (XVII 157–159), und in jedem Falle vermag er in seinem Zorn auf die Briten und in seiner Affinität zur amerikanischen Rebellion gegen das England Georgs III. zwischen Sachen und Menschen, zwischen Bürgern und Soldaten, zwischen Edelleuten und Schurken zu unterscheiden. Und eben darin wiederum liegt ein wichtiger Unterschied zu dem Kapitän der *Pequod*. Bei Ahab fließen alle Gefühlsregungen in ein salziges Meer aus Bitterkeit und Verbitterung zusammen, das wahllos gegen alle Küsten brandet. Was also, muß man fragen, ist es um diesen Kapitän, daß er die Verletzung seiner Jugend wie einen schicksalhaften Auftrag empfindet, ewige Rache zu üben an dem, was ihn verletzt hat?

b) Ahab, der Krüppel oder: Von Krankheit und Kränkung

Was Ahab von einem Mann wie Jackson unterscheidet, ist, wie gesagt, sein Leiden an einer Urtatsache, die jeder sehen kann: er ist physisch ein Krüppel; die Art seines Rachebedürfnisses äußert sich deshalb auch anders als bei dem Indianerhasser Moredock oder bei dem in seiner Ehre gekränkten Paul Jones. Auch Ahab ist seelisch gekränkt, doch auf Grund einer körperlichen Schädigung, die er wie eine Krankheit erlebt und für die es eine Heilung nicht gibt, nicht geben *soll*! Der untere Teil seines Beins, das der Weiße Wal zwischen seinen Zähnen zermalmte, erscheint ihm wie ein Loch, das vor seinen Füßen immer tiefer und immer gähnender aufreißt, je länger er in diesen Abgrund der Welt hineinstarrt; um diesen einen Punkt seiner Nicht-Existenz kreist all sein Dasein; an dieser Stelle seines körperlichen Mangels[3] erfährt er die Lückenhaftigkeit, die Verwundbarkeit, die Verbogenheit und Verlogenheit aller Dinge. Mag die Oberfläche der Welt noch so glatt und noch so glänzend schimmern – wie die rötliche Haut eines Apfels –, ein einziger für andere vielleicht kaum sichtbarer dunkler Fleck verrät doch dem genauer Hinsehenden, wie wurmstichig zersetzt, wie von innen verfault, wie ungenießbar die ganze Frucht ist. Innerlich weit mehr als äußerlich ist in Ahab etwas geschehen, das niemals hätte geschehen dürfen.

Von einem *König der Krüppel* ist in MELVILLES Romanen bereits in *Mardi* (CLXXIV 886) die Rede; doch um diesen Widerspruchsbegriff zu verstehen, muß man in die Seele so vieler Verletzter, Gezeichneter und Behinderter hineinschauen. Die Psychologie ALFRED ADLERs mit ihrem Konzept von der

»Organminderwertigkeit«, dem daraus folgenden »Minderwertigkeitskomplex« und dem Versuch reaktiver »Überkompensation« hat schon um 1915 ein solches Erleben im Hindergrund jeder seelischen Erkrankung anzutreffen gemeint[4]: Wenn ein Mensch nicht glaubt, dem Konkurrenzkampf der anderen im Ringen um Liebe und Macht gewachsen zu sein, weil er das »Organ« nicht besitzt, das seine »Potenz« unter Beweis zu stellen vermöchte, wird er geneigt sein, sich für seinen vermeintlichen oder wirklichen Mangel zu schämen und zu verachten, ja, zu hassen und abzulehnen. »Ich bin«, wird er denken, »erst dann ein akzeptabler Teil der Menschheit, wenn es mir gelingt, meine Schwäche in Stärke umzuwandeln; ich muß, um nicht als unfähig und ohnmächtig dazustehen, die anderen im Übermaß mit dem überraschen, übertreffen, überwältigen, was mir an restlichen Qualitäten verblieben ist.« Um als »normal« zu erscheinen, muß ein Verkrüppelter sich mithin ganz und gar unnormalen Anstrengungen unterziehen, die ihm nicht nur enorme Energien abverlangen, sondern selbst im günstigsten Falle nur eine Art Fassade des Selbstschutzes beziehungsweise eine Reklametafel der Persönlichkeitsvermarktung vor der Spott- und Kritiklust der anderen errichten können; die Gefahr ist groß, daß bereits das Überwertige in derlei Versuchen dem eigentlichen Ziel, trotz allem geliebt zu werden, im Wege steht: Wie sollen andere jemanden anerkennen, der sich selber so offensichtlich nicht leiden kann für all sein Leid? Und was erst, wenn die Sinnlosigkeit und Vergeblichkeit der alltäglichen Überanstrengungen sich nicht länger leugnen läßt? Ist eine Welt nicht hassenswert, um deren Liebe man ein Leben lang vergeblich gebettelt und gekämpft hat? Mißtrauen, Mißgunst, Mißmut und Misanthropie lauern wie Schattengespenster an den Hohlwegen solcher Gehversuche zwischen Ohnmacht und Allmacht, zwischen Nichtigkeit und Vernichtung, zwischen Wut und Wehmut.

Wie aber, wenn die »Organminderwertigkeit« nicht, im Sinne ADLERS, einem allgemein menschlichen Selbstzweifel entstammt, der als generalisierte Erklärung jedes schweren seelischen Leids dienen mag, sondern wenn sie sich aus einem einmaligen Erleben: einer Verwundung, einem *Trauma* im wörtlichen Sinne ergibt? Seelische Reaktionsbereitschaften, die eigentlich der Leidvermeidung dienen sollten, können dann zu Quellen endloser Pein werden.

Aller *Schmerz* hat die Aufgabe, unsere Aufmerksamkeit auf die Stelle unseres Körpers zu lenken, an der es weh tut: – wir sollen der Ursache nachgehen, die zu dem Schaden geführt hat, um sie nach Möglichkeit zu beseitigen. Von der Verkrüppelung Ahabs indessen gilt, daß ihr Schmerz niemals mehr aufhören wird: – *siehst du*, erklärt er dem Schiffszimmermann, der ihm ein neues Bein anfertigen soll, *wo einst mein Bein gewesen, – so, siehst du, jetzt steht da fürs Auge nur ein Bein, doch für die Seele stehn da zwei... Ein Rätsel, oder nicht?* (*Moby-Dick*, CVIII 724) Immer wieder peinigen Phantomschmerzen den gewaltsam Amputierten, so als wollten sie den erlittenen Verlust des Körpergliedes obendrein noch verhöhnen durch das Gefühl eines nach wie vor vorhandenen Organs; die erlittene Verletzung verewigt sich in der Permanenz eines Empfindens, das den Verlust des Organs sowohl repräsentiert wie verleugnet. HANS SELYE, der mit dem Begriff *Streß* zu einem wichtigen Wegbereiter der psychosomatischen Medizin geworden ist[5], wies schon 1950 darauf hin, daß natürlich aus Streß Krankheit entstehen kann, daß aber eine einmal entstandene Krankheit selbst streßverursachend wirkt[6]. Ein Leben nicht endenden Schmerzes bedeutet allemal, in einem unaufhörlichen Alarmzustand zu leben, wie unter den pausenlos heulenden Warnsirenen vor einem Angriff, der längst erfolgt ist. Im Grunde sprechen wir also von dem körperlichen Wahrnehmen eines Schmerzes, der seelisch seine Entsprechung in einer ständigen *Angstgewärtigung* hat.

Auch von der *Angst* gilt, daß sie ursprünglich ein biologisch sinnvolles Signal darstellt, das vor drohenden Gefahren warnen möchte. Wenn aber eine bestimmte Gefahr sich nicht hat vermeiden lassen, sondern wie über einen Wehrlosen unvermeidbar hereingebrochen ist, so beginnt eine neue Form von Angst, die sich, statt in die Zukunft, in die Vergangenheit richtet: Die Frage, die sich immer von neuem stellt, lautet: Wie war es möglich, daß ein bestimmter Schicksalsschlag, ein Unglück, ein Überfall, eine schwere Schädigung, sich hat ereignen können? Was hätte man tun müssen, um das Eingetretene abzuwenden? Immer wieder wird in der Vorstellung die traumatische Situation nachgestellt und auf mögliche Auswege hin reinszeniert; doch da es eine endgültige Lösung nicht gibt, wächst eine chronische Angstbereitschaft heran, eine latente Vorsicht, ein frei flottierendes Mißtrauen: – wann und wo lauert der nächste Schlag? Es empfiehlt sich, generell, zu Dingen wie zu Menschen, ein Stück weit auf Schutzdistanz sich zu halten.

Paradoxerweise aber beginnt man gerade damit womöglich, sich selbst und den Menschen an seiner Seite Unrecht zu tun. Was, zum Beispiel, wenn die anderen sich durchaus nicht abweisend, sondern eher hilfsbereitfreundlich zu geben suchen? Für einen Menschen, der mit einer Behinderung leben muß, ist es in aller Regel kein leichtes, sich von den »Gesunden« helfen zu lassen. So gut eine solche Geste im Einzelfalle auch immer gemeint sein mag, – jede gewährte Hilfe ist, ob gewollt oder nicht, eine Erinnerung an die offensichtliche Hilfsbedürftigkeit, und es ist schwer, damit umzugehen. Allein schon die Feststellung, auf den Beistand anderer angewiesen zu sein, kann erlebt werden wie eine Schmach: Wer möchte schon gern abhängig sein? wer gern mit der eigenen Behinderung anderen hinderlich werden? wer gern mit eigenem Leid fremdem Mitleid sich anheimgeben müssen? Man kann nicht recht danken für eine Unterstützung, die man letztlich als demütigend empfindet. Triumphieren die anderen nicht längst insgeheim, wenn sie den Behinderten, den Verkrüppelten, den von fremder Hilfe Abhängigen kontrollieren und gefügig halten können? Im Kampf um Einfluß und Macht jedenfalls stellt ein Kranker, ein Krüppel, keine ernsthafte Konkurrenz mehr dar; man kann seine Schwäche erkennen und ihre Folgen kalkulieren; und selbst wenn man einem so Gezeichneten einen gewissen Respekt zollt, weiß man genau, daß er der eigenen »Größe« nichts anzuhaben vermag...

Je stolzer ein Mensch seinem ganzen Wesen nach ist, desto kränkender wird er seine Krankheit erleben. Aus der körperlich bereits schwer zu ertragenden Pein wird ein unerträglicher seelischer Schmerz, der von einem bestimmten Grad der Gekränktheit an den Willen freisetzt, den Kampf von neuem aufzunehmen, und zwar nicht mehr nur gegen die eine erlittene Schädigung, sondern gegen die gesamte leidvolle Welt. So Ahab. Vernichtet als Mensch, beschließt er, ein Gott zu sein, das heißt: ein Titan[7], der mit unersättlichem Gram und Grimm die Götter von ihrem Thron zu stürzen trachtet, haben sie doch das Unrecht erlittenen Ungemachs zumindest geduldet, wo nicht sogar verschuldet, sind sie doch selbst die Repräsentanten und Hüter einer »Ordnung«, die auf eine unheimliche Weise nichts weiter darstellt als das Diktat eines hohlen, höhnischen Machtanspruchs[8]. Ahab, der Krüppel – Ahab, der Gigant! Das eröffnet den ersten und wohl auch besten Zugangsweg zum Verständnis des zerrissenen, verbissenen, besessenen Wesens des Kapitäns der *Pequod* in seinem das Mythische streifenden tragischen Übermaß. Die Umprägung der schmählichen Niederlage in die Apotheose beginnt schon beim ersten indirekten Kontakt Ismaels mit diesem Mann.

Was ist Walfang? Als Kapitän Peleg es Ismael, wie zur Abschreckung, erklären will, weiß er keinen eindrucksvolleren Hinweis zu geben als: *Wirf einen Blick auf Kapitän Ahab..., und du wirst feststellen, daß er nur ein Bein hat... verschlungen, zerbissen, zermalmt... vom ungeheuerlichsten Pottfisch, der jemals ein Boot zerschlagen hat.* (Moby-Dick, XVI 136–137) Nur ein Mon-

strum von einem Wal, soll man denken, konnte einem Mann von der Größe
eines Ahab einen solchen Tort antun. Doch verhält es sich tatsächlich so?
Vielleicht war es ursprünglich grad umgekehrt; vielleicht ereignete sich
in Wirklichkeit gar nichts Ungeheuerliches! Ja, so verhielt es sich wohl
bei nüchterner Betrachtung: Walfänger, darunter der Kapitän, griffen auf
offener See einen Zahnwal an, der, als Flucht nicht mehr half, gequält von
den Eisen, die sie in seinen Körper gejagt hatten, selber zum Angriff über-
ging und mit seiner riesigen Fluke wild um sich peitschte. Nur der ungeheure vor allem seelische Schmerz einer an sich »berufsbedingten Verletzung«
vermochte das Erlittene in Ahabs Seele zu einer maßlosen Kränkung und
Schmähung zu erheben, die dann freilich selbst nur von einem unmäßigen
Monstrum, von einem *schrecklichen Untier*, verursacht sein konnte. Fortan
muß Moby-Dick aufhören, ein bloßes Tier zu sein, fortan muß er ein Teufel
werden, um die höllischen Qualen erklären zu können, die Ahabs Seele seither umschatten[9]. Lange werden wir warten müssen, ehe der Einbeinige vor
den Augen seiner Mannschaft auf dem Achterdeck der *Pequod* erscheint,
und noch länger werden wir warten müssen, bis Ismael uns sein nach und
nach eingeholtes Wissen um den »Jagdunfall« seines Kapitäns mitteilt: *Einmal hatte*, wie es im Stil einer Sage berichtet wird, *ein Kapitän, als seine drei
Boote zerschmettert um ihn herumtrieben und Riemen wie Ruderer gleichermaßen in den Strudeln herumwirbelten, das Kappmesser aus seinem zer-
schlagenen Bug gerissen und sich auf den Wal gestürzt, wie in einem Duell;
blindlings hatte er versucht, mit einer sechs Zoll langen Klinge den tief verborgenen Lebensnerv des Wales zu treffen. Dieser Kapitän war Ahab. Und dann
geschah es, daß Moby Dick mit einem Mal die Sichel seines Unterkiefers unter
ihm durchzog und Ahabs Bein durchtrennte wie ein Schnitter einen Grashalm auf dem Felde. Kein gift'ger Türk im hohen Turban, kein gedungener
Venetianer oder Malaie hätte ihn vermeintlich arglistiger treffen können. Es
gab daher wenig Grund zu bezweifeln, daß Ahab seit diesem beinahe tödlichen
Treffen stets eine wilde Rachsucht gegen den Wal gehegt hatte, die um so maßloser wurde, als er in seinem rasenden, krankhaften Wahn endlich soweit ging,
nicht nur seine sämtlichen körperlichen Leiden, sondern seine ganze geistige
und seelische Verbitterung ihm zuzurechnen. Der Weiße Wal schwamm vor
ihm als monomanische Verkörperung all jener arglistigen Wirkkräfte, welche
manch tiefsinnenden Mann verzehren, bis ihm zum Weiterleben nur noch das
halbe Herz und die halbe Lunge bleibt.* (XLI 303–304)
    Im allgemeinen mag der Erfahrungssatz gelten, daß eine Verwundung,
ein Schmerz im Bewußtsein nachläßt, je länger er zurückliegt. Zeit heilt alle

Wunden, sagt man. Selbst über verbrannte Erde wächst neues Grün, ja, bevorzugt sogar aus der Asche gewinnen die Gräser neue Nahrung, so als wollte die Natur den Sieg des Lebens über das Werk der Zerstörung nur um so dringlicher und um so eindrücklicher unter Beweis stellen. Anders wieder bei Ahab. Die Fixierung all seiner Gedanken auf die erlittene Verletzung, die monomane Zentrierung all seiner psychischen Aktivitäten auf den Weißen Wal, begann nicht unmittelbar im Moment des Geschehens selbst; damals, *als er sich mit dem Messer in der Hand auf das Ungeheuer* stürzte, hatte er *lediglich einem jähen leidenschaftlichen, fast körperlichen Haß die Zügel schießen lassen; und als er den Schlag empfing, der ihn zerriß, empfand er wohl nur den quälenden leiblichen Wundschmerz, sonst aber nichts.* (XLI 305)

Wie also, muß man fragen, kommt es zu dem exzessiven Jagd- und Kampfeseifer Ahabs? Ist er nicht schon ein Wahnsinniger, als er versucht, den äußerst gefährlichen Wal mit einem völlig untauglichen Mittel, mit einem kurzklingigen Messer zum Durchtrennen der Harpunenleine, anzugreifen, in rasender Wut offenbar über die vernichtende Gewalt eines Tieres, dessen Überlegenheit er selbst nicht erträgt? Auf grausame Weise ist er für seinen Über-Mut bestraft worden, – objektiv gesehen eher zufällig als »hinterhältig« oder »arglistig«. Doch eben: bei einer solchen vergleichsweise »objektiven« Einschätzung des Unfallhergangs bleibt es in Ahabs Nacharbeitung absolut nicht stehen, und zwar zunächst erneut aus physischen Gründen: Die Verletzung zwingt ihn, die Fangfahrt abzubrechen und *in die Heimat* zurückzukehren; *monatelang* teilt er *mit seiner Seelenpein ... die Hängematte; und als er mitten im Winter das trostlose, sturmheulende Kap von Patagonien umschiffte; da geschah es, daß sein zerrissener Leib und seine klaffende Seele ineinanderbluteten, miteinander verschmolzen und ihn irre werden ließen.* (XLI 305)

Auf ebenso unheilvolle wie unheilbare Weise weitet sich der ehedem physische Schmerz in der Folgezeit Stunde um Stunde, Tag um Tag ins Psychische aus und durchtränkt wie mit Gift die Seele des Leidenden. Wie jemand, den ein wurzelkranker Mahlzahn peinigt und der immer wieder, um seinen Schmerz zu betäuben, darauf herumbeißt, im Wahn, seine Qualen damit zu lindern, während er sie in Wahrheit nur immer weiter vermehrt, so beißt Ahab, während die heulenden Stürme auf der Höhe von Kap Hoorn seinen inneren Zustand wütend akkordieren, sich an seinem zerbissenen Bein fest; in seinen Augen bildet die Verstümmelung seines Beines das schlechterdings Inakzeptable, und er mag nicht begreifen, daß all sein Widerstand und Widerwille gegen das wider Willen ihm Zugefügte, je mehr er dagegen wütet, es gleich einem schmerzenden Dorn auf seinen Gegendruck hin nur immer tiefer in sein Fleisch bohren wird. Unleugbar bildet die Verletzung fortan einen Teil seiner selbst; doch da sie als solche nicht existieren darf, da sie sich niemals hätte ereignen dürfen, hat Ahab vor sich selber kein Recht zu existieren – nicht als ein Krüppel, nicht als ein verletzter, verletzbarer Mensch.

Und so haßt er sich selbst. Noch während der Rückfahrt nach Nantucket gebärdet er sich gleich einem Wahnsinnigen: *obgleich... eines Beines beraubt,* tobt er derartig, getrieben von Wundbrand und *Fieberwahn, daß seine Steuerleute sich gezwungen* sehen, *ihn festzubinden* und in eine *Zwangsjacke* zu schnüren. (XLI 305) Nur scheinbar beruhigt sich mit dem Abflauen der Stürme am Kap, als der Gemarterte endlich aus der Höhle seiner Kajüte wieder hinaustritt ans Licht, auch sein Gemütszustand wieder; in Wirklichkeit gräbt er sich in seinen Schmerz ein auf ewig. In der Gluthitze seiner Gefühle wird Ahabs Wille umgeschmiedet in die Harpunenspitze unersättlicher Rache: um dem seelischen Leid seines Lebens ein Ende zu setzen, muß er und will er endgültig zerstören, was ihn zerstörte, erniedrigen, was ihn erniedrigte, triumphieren über das, was zu seiner unerträglichen Schande und Schmach über ihn triumphierte.

Zu den Eigenarten, mit denen die Umgebung für gewöhnlich auf die Verletzung eines zum *Krüppel* Gewordenen reagiert, gehört die Unsicherheit und die Zwiespältigkeit, das stete Schwanken zwischen Achtung und Ächtung. Was auch soll man von einem Menschen halten, der von sich selbst nichts mehr hält, es sei denn, er träte vor die Augen der anderen hin als ein Mann, der durch seine Erniedrigung nur um so größer geworden ist – nicht weniger leistungsfähig, sondern weit stärker noch als zuvor, und der zu diesem Zweck bis zum Aberwitzigen seine Behinderung überspielen, verleugnen, verdrängen muß, nur um immer wieder desto schmerzhafter in der Wirklichkeit darauf zurückgeworfen zu werden? Soll man ihn bewundern für seinen ungebrochenen Mut, für seine unbesiegbare Tapferkeit, für jene Tollkühnheit, einen Pottwal nur mit bloßen Händen anzugreifen? Oder soll man beginnen, ihn, den Rasenden, als eine Gefahr für sich selbst zu betrachten, als jemanden, dem man auf gar keinen Fall mehr eine Mannschaft anvertrauen darf?

Nicht einmal Männer wie Kapitän Peleg und Bildad verhalten in diesem Punkte sich eindeutig.

Schon generell mag man sich fragen, *ob es in Anbetracht der überragenden Bedeutung, welche dem Kapitän eines Walfängers für den Erfolg der Fangfahrt zukommt,* für sinnvoll gelten kann, daß dieser selbst, gleich seinen Steuerleuten, ein Fangboot besteigt. Und doch war diese Praxis verständlicherweise üblich. Wie ein guter Offizier in der Schlacht führt ein Kapitän seine Mannschaft nicht allein durch sein Wort, sondern vor allem durch sein Beispiel; er teilt die gemeinsame Gefahr. *Doch bei Ahab*, vermerkt Ismael, *stellte sich die Frage unter einem anderen Gesichtspunkt. Wenn man bedenkt, daß der Mensch auch auf zwei Beinen in Zeiten der Gefahr stets nur ein armseliger, humpelnder Wicht ist; wenn man bedenkt, daß die Waljagd unweigerlich mit außerordentlichen Schwierigkeiten verbunden ist; daß tatsächlich jeder einzelne Augenblick eine tödliche Gefahr birgt – ist es dann klug von einem Krüppel, ein Boot zur Waljagd zu besteigen?* (L 374–375) Im Grunde müßten die Schiffseigner, wenn sie schon Ahab das Kommando über die *Pequod* übertragen, strikt darauf halten, daß er beim Aussetzen der Boote bei den »Schiffswächtern« an Bord bleibt; doch wie sollen sie ein solches Gebot aussprechen, voller Bewunderung für den ungebrochenen Mut und die alles überragende Größe dieses Mannes? Sie ahnen nicht, daß Ahab insgeheim sogar eine eigene Mannschaft angeheuert hat, um in seinem Quarterboot mit eigener Hand den Weißen Wal ein zweites Mal zu stellen und ihm mit der tödlichen Kraft eines unermeßlichen Hasses seine Harpune in den Leib zu schleudern. Einem Krüppel wie Ahab müßte es prinzipiell untersagt sein, in irgend ein Fangboot zu steigen; Ahab aber, eben weil er ein Krüppel ist, brennt geradezu darauf.

Dabei kann der Kontrast von Mögen und Vermögen, von Erbitterung und Erbärmlichkeit sich nur immer von neuem zu einer Kette von ebenso peinlichen wie peinigenden Demütigungen auswachsen. Kaum hört zum Beispiel Ahab von dem Kapitän der *Samuel Enderby*, er habe den Weißen Wal nicht nur gesehen, sondern er sei sogar von ihm angegriffen worden[10], da ruft er, begierig, von dem fremden Kapitän noch genaueres zu hören, bereits im eigenen Fangboot stehend, ungestüm die Bootsgasten herbei und gibt das Kommando zum Wegfieren; kaum aber ist das Boot zu einem Gam an der *Enderby* längsseits gegangen, da sieht er sich *einem kuriosen Problem gegenüber: In seiner Aufregung hatte er ganz vergessen, daß er auf hoher See seit dem Verlust seines Beins nie mehr die Bordwand eines fremden Schiffes erklommen hatte*; als einbeiniger Krüppel ist er nicht imstande, in der Dünung, wenn das Boot hinauf bis zum Schanzkleid schwingt und dann wieder auf etwa die halbe Höhe über dem Kiel herabfällt, an den Treppklampen der Bordleiter aufzuentern. An der *Pequod* war deshalb eine spezielle Hebevorrichtung angebracht worden, die es bei der *Samuel Enderby* natürlich nicht gibt, und so findet sich Ahab mit einem Mal *in der schmählichen*

93

Lage einer unbeholfenen Landratte wieder und blickt *ohne viel Hoffnung auf die hohe Wand, die sich hob und senkte und ihm unüberwindbar schien.* (C 674–675) Er, der sich ohnedies über alles Ungemach, das von seiner Behinderung herrührt, maßlos erregt und erbittert, wird noch ungehaltener, als die beiden Offiziere der *Enderby* ihm, seiner Verkrüppelung nicht sogleich Rechnung tragend, ein Paar Manntaue zuwerfen, damit er sich daran besser festhalten kann. Es ist ein beschämender Augenblick, in dem Ahabs Gebrechen um so krasser sichtbar wird, als er selbst vor lauter Übereifer seinen Zustand einen Moment lang vergessen hatte. Man versteht, wie das Auf und Ab von schäumendem Mut und beschämender Wut Ahabs Ungehaltenheit in immer höheren Amplituden ausschlagen läßt...

Dabei böte ihm gerade der Besuch an Bord der *Enderby* die Gelegenheit zu einer Kurskorrektur im ganzen: Denn auch deren Kapitän Boomer ist von Moby Dick zum Krüppel geschlagen worden. Auch er war, wie Ahab, von dem Wal außenbords in die offene See geworfen worden, doch hatte er, in charakteristischem Unterschied, nicht versucht, mit bloßer Hand das übermächtige Tier zu erlegen, vielmehr hatte er, um dem schrecklichen Dreschflegel der peitschenden Fluke des Wals zu entkommen, in der Nähe des Tieres Zuflucht gesucht, indem er sich an dem Schaft der Harpune, mit der er den Wal angeworfen hatte, festklammerte; dann aber hatte eine Sturzsee ihn fortgerissen, und als unmittelbar danach Moby Dick abtauchte, hatte sich das herausstehende Eisen einer anderen Harpune (die Ahab selber geworfen haben könnte) in seinen Arm gebohrt und hätte ihn gänzlich in die Tiefe gerissen, wäre es nicht den Knochen entlang bis zum Austritt an der Hand durch das Fleisch gezerrt worden. Boomer kam dadurch frei und tauchte wieder auf; doch seine Wunde war gräßlich. Sein Arm wurde schwarz, – er mußte amputiert werden, und eine Prothese aus Pottwalbein ersetzte fortan das verlorene Körperglied. Auch Boomer ist, wie Ahab, etwa 60 Jahre alt; auch er ist von dem Weißen Wal gezeichnet; ja, es bedeutet der Verlust des rechten Armes und der rechten Hand für ihn eigentlich sogar eine noch weit schmerzlichere Einbuße als die Abtrennung eines Beins und eines Fußes für Ahab. Wie anders aber antwortet dieser Kapitän auf seine Verletzung! Auch er hat unerträgliche Qualen erlitten; auch er ist im Kampf mit Moby Dick zum Krüppel geschlagen worden. Doch wollte er dieses Tier von vornherein nur jagen und töten, weil dies, wie er mit Hochachtung sagt, *der prächtigste und größte Wal* war, den er je zu Gesicht bekommen hatte (C 677); er wollte Moby Dick nicht als Symbol aller Bosheit vernichten; niemals war ihm an einem haßerfüllten Vergleichskampf mit diesem Ungeheuer der Meere gelegen. Und so hat er denn auch aus dem verlustreichen Kampf mit dem Leviathan die einzig vernünftige Lehre gezogen: sich kein zweites Mal mehr mit ihm anzulegen. Boomer vor allem hat gelernt, sich seine Gutmütigkeit zu bewahren und selbst aus seiner Verletzung das Beste zu machen, indem er sie als eine unveränderbare Tatsache seines Lebens hinnimmt. *Laß uns Knochen schütteln*, begrüßt ihn sogar gut gelaunt Kapitän Ahab – *ein Arm und ein Bein! Ein Arm, der nie zurückzuckt, und ein Bein, das niemals wegläuft.* (C 676)

Von der vermeintlichen Bosheit und Arglist des Weißen Wals kann an Bord der *Samuel Enderby* nicht die Rede sein: Ein Pottwal, erklärt der Schiffsarzt, vermag den Arm eines Menschen überhaupt nicht vollständig zu verdauen, und so trägt er durchaus nicht die Absicht, ein einzelnes Glied zu verschlingen; alles, was er tut, dient mehr der Einschüchterung seiner Verfolger als deren Vernichtung (C 682); im Grunde möchte auch ein solcher Wal nur in Ruhe gelassen werden, und das zu tun ist Boomer, jedenfalls bei Moby Dick, in alle Zukunft fest entschlossen. Doch genau umgekehrt fühlt und denkt Ahab: *Was man am besten in Frieden läßt*, sinniert er düster vor sich hin, *was verflucht ist, das verlockt uns am meisten. Magnetisch ist er*, der Weiße Wal. *Wann hast du ihn zuletzt gesichtet? Mit welchem Kurs?* fragt er Boomer. (C 683) Er muß ihm nach, überstürzt, auf der Stelle, derart, daß er mit seinem Bein auf der Ducht seines Bootes zu hart aufsetzt und sich bei dem Zimmermann eine neue Prothese anfertigen lassen muß: noch kompakter, noch widerstandsfähiger, noch unverschleißbarer muß er werden, will er es mit dem Weißen Wal aufnehmen; am liebsten würde er sich beim Schmied einen ganz neuen Menschen als Hilfsich, als *Alter ego*, bestellen: *fünfzig Fuß groß ohne Schuh; dann, eine Brust wie der Themsetunnel; dann, Beine mit Wurzeln dran, daß er mir nicht wegläuft; dann, Arme drei Fuß dick am Handgelenk; ein Herz lieber gar nicht, eine eherne Stirn und rund einen Viertelmorgen bestes Hirn und, laß mich nachdenken – will ich Augen, daß er nach draußen sehen kann? Nein, aber ein Oberlicht auf seinem Kopf, daß er innen erleuchtet wird.* (CVIII 723) Aus einem solchen gußeisernen prometheischen Menschen, aus einer solchen roboterhaften Kampfmaschine müßte der alte Adam mit all seinen Empfindungen und Gefühlen gründlich ausgetrieben werden. Doch dann wieder zermartert bei seiner phantastischen Auftragsvergabe Ahab bereits der bloße Gedanke der Angewiesenheit auf seinen einfachen Schiffshandwerker. In *Schuld* zu geraten *ob eines Knochenbeins* – das ist das gerade Gegenteil der von ihm erstrebten Autarkie. *Verflucht sei diese Erde*, entfährt es ihm noch im Fortgehen, *die den Menschen* dem Menschen verpflichtet und auf das Schuldbuch nie verzichten wird! Frei wie die Luft, so will ich sein, und steh doch bei der ganzen Welt im Soll... Himmel und Hölle! Ich hol mir einen Tiegel, steig hinein und schmelz mich ein zu einem kleinen dichten Knochenklumpen. Schluß. (CVIII 725)

Der Titan und das Nichts, Zerstören oder Zerstörtwerden – Ahabs Selbstbehauptungswille kann in diesem Zwiespalt nur *eine* Form annehmen: die Schmach zu tilgen, die der Weiße Wal ihm zugefügt hat, die Welt zu befreien von einem Ungeheuer wie Moby Dick, sich und die Menschheit zu retten vor dieser Inkarnation des Bösen. Einbeinig also steht er da, auf dem Achterdeck der *Pequod*, die Hand in die Besanwanten gelegt, unverwandt hinausschauend auf den Punkt des ersehnten zweiten und endgültigen Treffens mit Moby Dick: Kapitän Ahab.

c) Ahab, der Rächer oder: Pip und Prometheus

Wie sieht es aus in einem Menschen, der sich derart verneint fühlt, daß auch er selbst nur noch verneinen kann? in einem Ich, das mit seiner eigenen Krankheit so sehr verschmolzen ist, daß es seine Kränkung nur rückzuentäußern vermag durch die Vernichtung dessen, was ihm seine Nichtigkeit zugefügt hat? Nirgendwo in der Weltliteratur ist das Portrait der negierten Negiertheit, der Rettung durch Rache in einer solchen Dynamik und Dramatik beschrieben worden wie in der Person Kapitän Ahabs.

Braucht er wirklich den Schmied Perth als »Prometheus«, um sich ein gepanzertes Ersatz-Ich erstellen zu lassen?

In Wahrheit hat Ahab längst in sich selbst jenen anderen herzlosen, stählernen Rachegiganten erschaffen, der seither seine eigene Existenz zu einer gespenstischen Hülle entleert. Wie ein Adler die Leber des von den Göttern an den Kaukasus geschmiedeten Titans zernagt[11], so zerfrißt der Haß auf den Wal und der Wunsch nach Rache bei Tag und bei Nacht das Herz des rasenden Kapitäns. (XLIV 333) *Oh, einsamer Tod nach einsamem Leben! Oh, nun fühl ich's,* ruft Ahab aus: *Meine höchste Größe liegt in meinem tiefsten Gram. Ho, ho! Wallt nur heran aus euren fernsten Weiten, ihr wilden Wogen meines ganzen früheren Lebens, und türmt euch hoch auf diese Sturzsee meines Todes! Schlingernd halt ich auf dich zu, o Wal, der du alles vernichtest und doch nichts besiegst; bis zum Letzten ring ich mit dir, aus dem Herzen der Hölle stech ich nach dir, dem Haß zuliebe spei ich meinen letzten Hauch nach dir... so schleif mich denn zu Tode, während ich dich weiter jage, und bin ich auch an dich gefesselt, du verdammter Wal! (CXXXV 863)*

Unmittelbar nach diesen Worten wird Ahab, die Harpunenleine um den Hals wie ein zum Tode durch den Strang Verurteilter, von Moby Dick in die Tiefe gezogen. Alles spricht dafür, daß hier im Grunde ein irrsinniger Haß an sich selber zu Grunde geht. Doch warum ist das so? Das liegt an dem Teufelskreis von Minderwertigkeitsgefühl und Überkompensation, – so sagten wir bisher; doch genügt dieses Schema der Individualpsychologie ALFRED ADLERS keinesfalls zur Erklärung. Nie ist ein Mensch nur die Reaktion auf ein einzelnes Ereignis oder Grundgefühl in seinem Leben; zu beachten gilt es stets nicht minder die Brechungen, die seiner Haupteinstellung in ihm selber seelisch zu Grunde liegen oder von dieser erzeugt werden.

Ahab zu verstehen ist paradoxerweise nicht anders möglich, als in ihm, dem Rasenden, dem Tobenden, dem maßlos Wütenden, gleichermaßen und gleichzeitig einen Menschen zu sehen, der sich, ermüdet und erschöpft, hinübersehnt in eine Welt der Stille und der Ruhe; und erkennen muß man in dem so furchtlos wirkenden prometheischen Titan zugleich auch die sorgsam verborgene andere Seite: einen kleinen verängstigten Jungen, der, einmal geboren zur Freude, seinen Verstand verlor über den Schrecken der Tiefe. Sprechen müssen wir von der lyrischen Melancholie, die sich über Ahabs Seele breitet im Bild eines *Sonnenuntergangs* (Kapitel XXXVII) und die ihn umfängt wie die *Symphonie* der linden Luft über dem sich endlos dehnenden Stillen Ozean (Kapitel CXXXII); und sprechen müssen wir von der Geschichte des Schiffsjungen Pip[12].

Am Heckfenster seiner Kajüte sitzt Ahab und schaut hinaus auf die Wogen, die sich im Schimmer der sinkenden Sonne röten wie Kelche von Wein ... *sie geht unter,* sinniert er, *– doch meine Seele steigt empor ... Oh, einst gab es eine Zeit, da so, wie mich der Sonne Aufgang zu edlen Taten trieb, ihr Untergang mich milde stimmte. Das war einmal. Dies liebliche Licht, mir leuchtet es nicht; das Liebliche, es ist mir Pein, denn ich kann's nimmermehr genießen. Mit hoher Geisteskraft begabt, fehlt's mir am niederen Vermögen zu genießen – ich bin verdammt, auf abgefeimteste und bösartigste Weise – verdammt, mitten im Paradies.* (XXXVII 279–280)

In extremer Steigerung stoßen wir in einer solchen Selbstbetrachtung des Kapitäns der *Pequod* erneut auf das von Anfang an tragende Ismael-Motiv: auf die Situation des Ausgeschlossenen und Ausgestoßenen, nur jetzt nicht mehr in Form eines Widerspruchs von Sehnsucht und Wirklichkeit, sondern in einem reinen Kontrast zweier einander widerstreitender Strebungen: des Verlangens nach Stille und Ruhe und des Unvermögens, sie zu ertragen. Das weinfarbene Meer, wie HOMER bereits sang (*Odyssee*, V 133 und öfter), wirkt wie eine Einladung zur Befriedung der Seele, und Ahab leidet zutiefst darunter, sich dieser sanften Gestimmtheit nicht hingeben zu können, und zwar nicht, weil er selber sich weigerte, vielmehr arbeitet in ihm eine unerbittliche, ichfremde, unbegreifbare Mechanik, der er sich nicht zu entziehen vermag; er selbst empfindet sich als Zahnrad in einem Getriebe, das er ebenso in Gang setzt, wie er davon in Gang gehalten wird, oder als ein Zündholz, das, indem es sich in der eigenen Flamme verzehrt, all das angesammelte Schießpulver ringsum zur Explosion bringt. Es ist Ahabs eigenes Ich, das aus persönlicher Gekränktheit darauf brennt, an Moby Dick Rache zu nehmen, doch das Reaktionsschema selbst, mit dem er auf seine Verletztheit antwortet, ist etwas Vorgegebenes, das er sich nicht ausgesucht hat, sondern das seinen Willen beherrscht wie ein schicksalhaftes Verhängnis. *Ein Mensch kann zwar tun, was er will, aber nicht wollen, was er will, –* dieser Satz ARTHUR SCHOPENHAUERS kennzeichnet Ahabs Lage auf das genaueste[13].

War er wirklich Herr seiner selbst, als er den Wal mit einem Messer zu töten suchte?

Fest steht nur, daß Ahab seit diesem Augenblick keine Wahl mehr besitzt, er kann nur so weitermachen, wie er begonnen hat. *Was ich gewagt, hab ich gewollt*, erklärt er; *was ich gewollt, das werd ich tun!* Es ist ein Wollen, das verzweifelt sich selbst will, das aber ebenso verzweifelt sich selbst nicht will, ein als Zwang verinnerlichtes, sich selbst unheimliches Wollen, das einem Ziel entgegengiert, das ein »vernünftiger« Mensch von Natur aus niemals wollen könnte. *Sie halten mich für irre*, fährt denn auch Ahab fort, *ich aber bin ein Dämon –* »besessen von einem Geist, der nicht mein eigener ist und der doch in mir denkt, plant, befiehlt«, kann man auch sagen –, ich *bin der irr gewordne Irrsinn selbst –*»ich bin mir bewußt, daß das, was da in mir gewollt wird, eigentlich irrsinnig ist, und doch betrachte ich es als das einzig anstrebenswerte Ziel, als den Inbegriff aller lohnenswerten Aktivitäten!« Ein solcher »Irrsinn« kann *nur dann beruhigt* werden, *wenn er sich selbst begreifen will*. (XXVII 280)

Gerade eine solche Einsicht in die unbewußten Hintergründe seiner Getriebenheit aber ist einem Mann wie Ahab nicht vergönnt. Wohl haben wir bereits einen Hintergrund solchen Widerspruchserlebens in dem Ismael-Bulkington-Motiv vom *Land in Lee* kennengelernt, in der Angstflucht eines Kindes vor der eigenen Mutter und der Suche nach einem verlorenen Vater, in dem Zwang, ein rechter Mann zu sein, nur um nicht länger als unreifes Kind zu erscheinen, sowie in dem Verlangen nach einer träumerischen Ruhe, das doch nur immer weiter hinausdrängt in die Weite der *ruhe-los wogenden Salzflut*, wie wieder HOMER es schon schilderte (*Odyssee*, V 52 und öfter); doch alles, was wir bisher psychologisch über den Zusammenhang von Geborgenheitssuche und Angst, von Minderwertigkeitsgefühl und Überkompensation, von Verletztheit und Revanchebedürfnis gesagt haben, wirkt in Format und Proportion nur erst wie eine miniaturisierte Modellausgabe der riesigen Dimensionen, die diese Themen in der Gestalt Ahabs gewinnen. Was soeben noch bei Ismael als ein persönliches Problem erscheinen konnte, zeigt jetzt die Züge eines alles verheerenden Schicksals. *Man prophezeite mir, ich sollt verstümmelt werden*, erinnert Ahab sich, – *und, aye, ich habe dieses Bein verloren. Nun prophezeie ich, daß ich verstümmeln werde, wer mich verstümmelt hat. So sei denn der Prophet nun eins mit dem Vollstrecker.* (XXXVII 280) Es ist gewissermaßen Ahabs Beitrag, das Schicksal zu vollenden, indem er selbst es sich zu eigen macht. Einzig ein solcher Entschluß, vermeintlich, macht ihn vom Objekt zum Subjekt, vom Opfer zum Heros, vom Menschen zum Gott. Nur: wieviel an Leid steckt darin, wieviel an unauflöslicher Verwobenheit und Verworrenheit, wieviel an einer fast mutwillig erscheinenden Blindheit und Verblendung bei einem gleichzeitig bohrend-grüblerischen Suchen nach rückhaltloser Ehrlichkeit!

Auch in Ahabs Gemüt hinterläßt an manchen Tagen der majestätische Anblick des Meeres *eine Art kindliches, trauliches Heimatgefühl* (CXIV 750), doch bleiben die Wirkungen solcher besänftigenden Szenen nur flüchtig. *Ach Gott*, klagt er, *wenn diese segensreiche Stille dauern könnte! Doch die vermischten Fäden des Lebens werden verwoben in Kette und Schuß. Es kreuzen sich Stille und Sturm, ein Sturm für jede Stille. In diesem Leben gibt es keinen steten Fortschritt; wir schreiten nicht empor auf festen Stufen und halten auf der letzten inne: der Kindheit unbewußter Zauber, des Knaben gedankenloser Glaube, die Zweifel unserer Reifezeit (das übliche Verhängnis), dann Skepsis, dann Unglauben, die Rast des Mannesalters im Grübeln über das große ›Wenn‹. Nein, ist dieser Kreis einmal durchwandert, beginnen wir die Runde aufs neue und sind auf ewig Kinder, Knaben, Männer und ›Wenns‹. Wo liegt der letzte Hafen, von dem wir nie mehr ablegen? In welch entrücktem Äther treibt die Welt, der auch der Müdeste nie müde wird? Wo hält des Findlings Vater sich verborgen? Unsere Seelen gleichen jenen Waisen, bei deren Geburt ihre ledigen Mütter das Leben lassen; wer unser Vater war, bleibt ihr Geheimnis noch im Grabe, und dorthin müssen wir, es zu ergründen.* (CXIV 751–752) Da wächst das Ismael-Motiv der Ausgesetztheit und Verstoßenheit sich aus zu einem generellen Waisenkind-Gefühl inmitten einer Welt, die schon auf Grund der herben Enttäuschung, die sie jedem unverstellt Hoffenden bereitet, sowie der fundamentalen Fragwürdigkeit, die sie in sich birgt, die Geborgenheitserwartungen der Kindheit als reine Illusion erscheinen läßt[14]; ein wenig Nachdenken – und es beginnt die erbarmungslose »Durchkreuzung« jeglicher Ruhe und Stille. Es ist die rätselvolle Widersprüchlichkeit der Wirklichkeit selbst, die sich einer letzten Antwort verweigert und den Menschen zu einem mutterlosen Kind stempelt, dessen »Vater« sich verbirgt – die Hagar-Legende als Schlüssel zum Verständnis der absoluten Unerfüllbarkeit der ewigen Sehnsucht und des ewigen Suchens des menschlichen Daseins[15]! Wohl gibt es Momente im Leben, weil die reine, zarte Luft des Himmels, *dem Antlitz eines Weibes* gleich, über dem »männlichen« Ozean liegt, *der in einer langen, starken Dünung* wogt, *wie Simsons breite Brust, da er schlief*; doch diese Hochzeit von Himmel und Meer, als deren Brautführer die Sonne selber *wie ein großmächtiger König* am Himmel erstrahlt, befriedigt nur den oberflächlichen Anblick; wer tiefer hinschaut, wird mit Schaudern und Schrecken gewahr, wie *weit unten im grundlosen Blau… die riesigen Leviathane* dahinziehen, *der Hai und der Schwertfisch… – die mächtigen, nimmermüden Mordgedanken des… Meeres.* (CXXXII 818)

Da tritt eines Morgens, in *Wirrsal verstrickt, knorrig und knotig zerfurcht, hager, fest und unbeugsam, die Augen wie glühende Kohlen, die noch in der Asche des Untergangs leuchten,* Kapitän *Ahab festen Schrittes in die Klarheit* dieser linden Luft und hebt *den zersplitterten Helm seines Hauptes empor zur schönen Mädchenstirn des Himmels.* (CXXXII 818–819) Doch was ahnt schon dieses *azurblaue Abbild* der Unschuld und Kindheit von all dem Leid, das sich um das Herz eines Menschen wie Ahab gelegt hat! Wohl, für einen Augenblick gelingt es den lieblichen Düften dieser verzauberten Luft, die Krebsgeschwulst in Ahabs Seele vergessen zu machen; da wirft sogar diese *Welt, jene lange so grausame, abweisende Stiefmutter, zärtliche Arme um* den störrischen *Hals* dieses Mannes, in dessen Schicksal Ismaels Kindheit bei *seiner* »Stiefmutter« sich zu einem metaphysischen Daseinsempfinden ausdehnt; ja, es ist, als schluchzte sie *vor Freude über einen, den sie, wie mutwillig und sündhaft er auch war, dennoch von Herzen segnen und bewahren wollte.* In diesem Moment vergießt sogar Ahab, den *Hut tief in die Stirn gezogen,* eine Träne der Rührung, und der *ganze Stille Ozean* wird *keinen solchen Schatz* bergen wie diesen winzigen Tropfen. (CXXXII 819) Was war, was ist sein Leben? muß er sich im Spiegel dieses Himmels, dieses Meeres fragen. Wie wird es seiner Frau und seinem kleinen Kind in gerade diesem Augenblick ergehen? Und doch! Wohl: *Allzeit lächelt jener Himmel, wogt dieses unergründliche Meer!* Aber: *Schau –*, spricht Ahab zu seinem Ersten Steuermann Starbuck, *nimm diesen Thunfisch! Wer gab's ihm ein, dort jenen fliegenden Fisch zu jagen und zu fangen? Was geschieht mit Mördern, Mann? Wer soll denn richten, wenn man sogar den Richter vor die Schranken zerrt?* (CXXXII 823)[16]

Wie soll ein Mensch einen Maßstab für sein Handeln gewinnen, wie soll es irgend eine menschliche Orientierung geben, wenn der Schöpfer selbst die Kreaturen seiner Welt mit solcher Grausamkeit begabt oder geschlagen hat? Wenn er ihnen das mitleidlose Gesetz des Mordens selber in ewiger Knechtschaft durch die elementaren Regungen von Angst und Schmerz in die Seele gelegt hat? Zu töten, was tötet, – welch eine andere Anleitung, ja, Anweisung hätte die Natur je dem Menschen auf den Lebensweg gegeben? Nur, wenn es so ist, – wie überwindet ein Mensch dann die Bitterkeit und die Schwermut, wie die tiefe Verletzung, die eine solche Erkenntnis jedem fühlenden Wesen zufügt? Selbst der linde Wind, der vom südamerikanischen Festland herüberweht, vermittelt mit seinem Duft eine ganz andere Erfahrung als die von Trost und Geborgenheit: *an den Andenhängen haben sie gemäht*, meditiert Ahab vor sich hin, *und die Schnitter schlafen in dem frisch gemähten Gras. Schlafen? Aye, wie sehr wir uns auch mühen, am Ende werden wir alle auf dem Felde schlafen. Schlafen? Aye, und verrotten in all dem üppigen Grün, wie die Sensen vom letzten Jahr verrosten, hingeworfen und vergessen in den halbgemähten Schwaden.* (CXXXII 823)

Der Klang einer *Symphonie* der Welt ist, so vernommen, nichts als ein kurzzeitiger Sinnentrug, als eine gleißende Verblendung, die den dunklen Schatten des sicheren Todes nur eine Weile lang zu überlagern vermag, nichts als ein süß duftendes Narkotikum, das doch nicht vergessen machen kann, wie der Schnitter Tod unterschiedslos, ohne Gefühl und ohne Gedächtnis, gleichgültig und gnadenlos, über die Lebewesen hinweggehen wird. Wie soll man eine Weltordnung *nicht* bekämpfen, die in einem Ungeheuer wie Moby Dick zur Erscheinung kommt[17]?

Es ist in der Szene der *Symphonie* das letzte Mal, daß Kapitän Ahab eine Chance zur Umkehr erhalten könnte; doch nicht nur das Schicksal, auch seine *Einsicht*, auch sein *Empfinden* bestätigen ihn in seinem Haß auf den Weißen Wal. Die tödliche Jagd auf den überlegenen Gegner tritt in ihre letzte Phase und hebt an mit nur noch wilderer Entschlossenheit. Warum?

Für alle an Bord der *Pequod* war es wie eine göttliche Offenbarung, wie eine Manifestation reinen Lichts, als mitten im Taifun die Masten des Schiffes ebenso wie Ahabs Harpune in dem kalten elektrischen Leuchten des

Elmsfeuers aufzulodern begannen; Ahab selbst die tiefe Narbe, die ein Blitz ihm ins Gesicht schnitt, grell angestrahlt, hatte *in stolzer Haltung vor der erhabenen, dreigezackt flammenden Dreieinigkeit* hingestanden und die Majestät des Feuers an nach Art des Parsen Fedallah angebetet: *Die weiße Flamme leuchtet uns den Weg zum Weißen Wal,* hatte er erklärt: *Reicht mir die Kette vom Großmast herüber. Ich will diesen Pulsschlag spüren und den meinen dagegenhalten – Blut gegen Feuer! So geht's!... – Oh, du reiner Geist von reinem Feuer... jetzt erkenne ich: Nur wer dir trotzt, verehrt dich recht. Denn dich versöhnt nicht Liebe und nicht Anbetung; sogar für Haß kannst du nur töten, und alle müssen sterben. Hier tritt kein tapferer Tor dir dreist entgegen. Ich weiß um deine stumme, unbegrenzte Macht, doch werd ich ihre unbedingte, ungebrochne Herrschaft anfechten bis zum letzten Atemzuge meines Erdbebenlebens. Mitten im verkörperten Unpersönlichen stehe ich hier, eine Persönlichkeit. Wohl bin ich kaum mehr als ein Punkt im All, woher ich auch komme, wohin ich auch gehe; doch während ich hienieden weile, lebt auch diese königliche Persönlichkeit in mir und weiß um ihre königlichen Rechte. Doch Krieg ist Qual, und Haß ist Leid. Zeigst du dich in der Liebe niedrigster Gestalt, so will ich vor dir knien und dich küssen.* (CXIX 770–771)

Mit diesen Worten berühren wir den geradewegs metaphysischen Kern des ganzen Problems[18]. Ahab würde nicht kämpfen noch hassen, wiese die göttliche Macht der Natur in irgendeiner Weise personhafte Züge auf: etwas wie Menschlichkeit, etwas wie Liebe, etwas wie Güte. Gerade das aber ist nicht der Fall! Die Flamme der Erkenntnis, die der Titan Prometheus den Göttern von der Achse des Sonnenwagens raubte, um sie den Menschen zu schenken, zeigt nur eine *höchste Himmelsmacht*; sie läßt den Menschen im Innersten *ungerührt*, ja, sie enttäuscht schnöde das Beste in ihm: sein Verlangen nach Güte, sein Bedürfnis nach Liebe, sein Suchen nach Mitleid. Es ist der Geist des Menschen selber, der sich gegen die Gesetze der Welt, wie sie sind, empören und auflehnen muß. *Bist du auch Licht,* spricht deshalb Ahab, *entspringst du doch der Finsternis; ich aber bin die Finsternis, die aus dem Lichte sprang – die dir entsprang!* (CXIX 771–772) Es ist die Vernunft selber, die in Verzweiflung gerät über das, was da im Raume der Natur in unpersönlicher Klarheit und Starrheit »Vernunft« heißt. Es ist eine sich selbst unbewußte Flamme, die da brennt, die ihren eigenen Ursprung nicht kennt, eine *Schöpferkraft*, die in ihrer finsteren Grausamkeit und sinistren Gleichgültigkeit nur *mechanisch* tätig ist; dem Menschen jedenfalls erzeigt sie sich einzig als *feuriger Vater*, eben nicht als *sanfte Mutter*, und so bleibt es beharrlich des Waisenkinds Ahab zentrale

Frage: *Was hast du, Grausamer, ihr* (sc. der sanften Mutter, d.V.) *angetan?* (CXIX 772)[19]

Diese Frage auch nur stellen zu können, ist Ahabs *Geheimnis*, der Ausweis seiner eigentlichen Größe, der Stolz, der ihn zum Menschen macht. Es ist seine gültige Erkenntnis, daß in der Weltordnung selbst etwas fehlt und daß dieser Fehler erscheinen muß wie ein Akt der Gewalt, der auf dumpfe Art Gewalt provoziert. Prometheus kann nicht anders. Er muß sich erheben gegen die Götter, im Namen der Menschen; es *muß* Größeres, Höheres geben als sie…

Und doch weiß Ahab im gleichen Moment nur desto mehr um seine Gebrochenheit; und doch fällt er mit dem Sturm seiner Gedanken nur um so tiefer zurück in die Abgründe seiner Depressionen. Er selber fühlt sich *überspannt und halb zerrissen, so wie die Trossen, welche sturmentmastete Fregatten ziehen.* (CXXXIV 847) Allerdings, nachgeben – das wird er nicht. Zerbrechen, ja; vernichtet werden, ja; doch nicht kapitulieren, nicht besiegt werden. Dabei, je länger die Jagd auf den Weißen Wal währt, wird die Wehmut nach einem anderen, heilen, harmonischen Leben in ihm nur um so drängender, und seine Düsternis dehnt sich immer weiter noch aus.

Da kommt zum Beispiel Starbuck in die Kapitänskajüte und meldet, daß in der Last etliche Tranfässer lecken; man müsse Löschtakel aufbringen, sagt er, und sie an Deck schaffen. Wie aber antwortet Ahab auf diesen zwar unangenehmen, doch einzig vernünftigen Vorschlag? *Hinaus,* schreit er seinen Ersten Steuermann an. *Sollen sie doch lecken, die Fässer! Ich bin selbst ganz leckgeschlagen… Und doch dreh ich nicht bei, mein Leck zu stopfen, denn wer kann es finden im tiefen, beladenen Rumpf, und wenn er's denn findet, wie will er es stopfen im heulenden Sturm dieses Lebens? Starbuck, die Löschtakel werden nicht gerigt, verstanden?* (CIX 728) Natürlich werden die Fässer schließlich doch gelöscht und geflickt, aber die kleine Szene zeigt, wie in jedes beliebige Loch der Welt Ahabs Leid eindringt wie Wasser durch die Fugen zwischen den Spanten eines schlecht kalfaterten Bootes; alles wird ihm zum Bild seiner selbst, zum Symbol seines Schmerzes, – der Anblick des Unheilvollen und Unheilen totalisiert sich. Eine Hoffnung auf Änderung, Umkehr und Rettung existiert durchaus nicht, – vielmehr empört es Ahab, daß er etwa in dem überall vom Feuer der Esse versehrten Schmied Perth einen Menschen erkennen muß, der mit seiner dünnen *Leidensstimme* allzu *ruhig und verständig* auf sein Elend reagiert; er mag *anderer Männer Elend, das sie nicht irremacht, kaum noch ertragen… Haßt dich der Himmel immer noch,* fragt er provozierend den durch Arbeit und Schicksal Gebeugten, *daß du nicht irre werden kannst?* – als wäre Ahabs Fluch, sein Dasein zu verfluchen, geradewegs ein Segen an Einsicht und Erleichterung: endlich ungehemmt hassen zu dürfen, hassen zu müssen...! Die eiternde Wunde platzt auf. Und doch, eigentlich wünscht Ahab sich's anders. ...*du kannst wohl fast alle Risse und Dellen glätten, ganz gleich, wie hart das Eisen ist,* lobt er anerkennend den Schmied, dem er Kuppnägel für Hufeisen überreicht, um aus diesem härtesten Material seine Harpune schmieden zu lassen. ›*Sieh her – hier – kannst du so einen Riß glätten?*‹ fragt er und fährt sich dabei *mit einer Hand über seine gefurchte Stirn.* ›*Wenn du das könntest, Schmied, wie gern würd ich den Kopf auf deinen Amboß legen und deine schwersten Hämmer zwischen meinen Augen spüren.*‹ (CXIII 745–746) Aber natürlich weiß Ahab: »Handwerkskunst« wird nicht auslangen, den Riß in seiner Seele zu heilen – den Zwiespalt, der sich ergibt aus dem rasenden Protest des Leidens inmitten einer mitleidlosen Welt.

Bei all dem möchte man immer noch meinen, daß der einbeinige Ahab wirklich ein solcher *Tausendfüßler* sei (CXXXIV 847), als den er sich darstellt, ein Mann, der voller Tapferkeit und Tatkraft durch nichts totzukriegen ist; doch besitzt das Ismael-Motiv, das Findelkind-Gefühl eines Menschen, dessen Mutter bei der Geburt »starb« und dessen Vater verstoßende Züge trägt, noch eine andere innerpsychische Brechung, die den riesenhaften Ahab, je näher er Moby Dick kommt, als verwandt mit dem zwergenhaften Schiffsjungen Pip zeigt; beide, verknotet miteinander durch den Kreuzschlag eines vergleichbaren Traumas, verhalten sich zueinander wie spiegelbildliche Gestalten desselben »Irrsinns«: der *eine dumm vor Stärke, der andre dumm vor Schwäche* (CXXV 793); man ahnt, je länger die Erzählung geht, immer deutlicher die verborgene Wahrheit dieser nicht-euklidischen Geometrie zweier Seelen, die sich parallel zueinander entwickeln, bis daß ein gemeinsamer Schmerz ihre Lebenslinien zum Schnittpunkt eines gemeinsamen Sterbens im Zeichen des Wales zusammenführt. Ahab – das ist auch und wesentlich der kleine verängstigte Pip, und in Pip lebt wesentlich auch der ins Gigantische überfordernde Maßstab eines Ahabs[20]. Wer also ist Pip?

Pip nennt man auf der *Pequod* einen kleinen Negerjungen mit Spitznamen: Pippin, kurz: Pip, *ein helles Köpfchen* ursprünglich, ein Kind, welches das Leben liebte, *das friedliche, sichere Leben,* das aber unbegreiflicherweise in *das schreckensschwangere Gewerbe* des Walfangs hineingeraten war. Vormals, in Connecticut, hatte dieser Pip in so mancher Abendstunde *die Welt ringsum mit seinem lustigen Lachen in ein übergroßes Tamburin verwandelt, an dem die Sterne wie Schellen hingen.* (XCIII 641) Und so hätte es bleiben können. Normalerweise, wenn die Fangboote weggefiert wurden und die

Bootsgasten wie wild hinter einem ausgesungenen Wal herpullten, blieb Piep bei den Schiffswächtern an Bord, doch dann hatte unglückseligerweise der Heckriemengast in Stubbs Boot sich seine Hand verstaucht, und als Ersatz für ihn hatte der kleine Negerjunge einspringen müssen. Beim ersten Mal war auch alles gut gegangen – gut für Pip, denn Stubbs indianischer Harpunier Tashtego war gar nicht erst dazu gekommen, den Wal anzuwerfen; beim zweiten Mal aber hatte das Untier, als das Eisen in seinen Körper drang, mit seiner Fluke gegen den Rumpf des Bootes, *genau unter Pips Sitz*, geschlagen, und vor lauter Entsetzen war der Kleine mit dem Paddel in der Hand über Bord gesprungen; dabei hatte er mit der Brust die schlaffe Walleine mitgenommen, in die er sich sogleich verstrickte; als dann der Wal ungestüm drauflosstürmte und die Leine sich ruckhaft straffte, wurde Pip nach vorn gerissen und trieb, stranguliert von der Leine, hilflos neben den Bootsklampen, – er geriet damit genau in die gleiche Situation, in die später Ahab geraten wird, als Moby Dick ihn mit seiner eigenen Harpunenleine erdrosselt. Tashtego aber, obwohl er Pip als Feigling verachtet und obwohl er vor Jagdfieber glüht, kappt mit dem Bootsmesser die Leine: *Der Wal war verloren; Pip war gerettet.* (XCIII 642)

Doch eben darüber erbost sich Stubb und gibt dem Negerjungen, nach einer Kaskade von Flüchen, die drohende Mahnung: ›*Bleib im Boot, Pip, oder bei Gott, ich fisch dich nie wieder raus... Wir können's uns nicht leisten, ganze Wale durch Knirpse wie dich zu verlieren, und ein Wal bringt dreißigmal mehr Geld wie du in Alabama.*‹ ... *Womit Stubb vielleicht um zwei Ecken andeuten wollte, daß der Mensch, auch wenn er seinen Nächsten liebt, ein gieriges Getier ist, das zum Golde drängt, und daß diese Geldgier seinem guten Willen oft im Wege steht.* Doch wie es das Schicksal wollte: Pip sprang zum zweiten Male, und Stubb stand *nur allzufest zu seinem Wort. Es war ein strahlend schöner Tag, der Himmel wölbte sich wolkenlos blau, die glitzernde See war still und kühl und glatt; sie dehnte sich ringsum bis an die Kimm wie das hauchdünn ausgehämmerte Blattgold eines Goldschlägers.* Und achteraus trieb Pips *Ebenholzkopf* tanzend *wie eine schwarze Nelkenknolle auf dem Wasser... Nach drei Minuten lag eine volle Meile uferlosen Ozeans zwischen Pip und Stubb. Aus der Mitte des Meeres wandte Pip seinen krausen schwarzen Lockenkopf der Sonne zu – auch sie eine einsame Verstoßene, wenn auch die höchste und hellste.* (XCIII 642–644)

An sich, wohlgemerkt, kann ein guter Schwimmer bei ruhiger See, wenn das Wasser nicht allzu kalt ist, eine ganze Weile ohne größere Anstrengung im offenen Meer treiben; doch die grenzenlose Einsamkeit, der Eindruck einer unrettbaren Ausgesetztheit überfiel Pip mit einer solchen Wucht, daß fortan auch er das Ismael-Zeichen des *Verstoßenen* in seiner Seele trug; in diesen Stunden wurde er zu einem Menschen, der, wie Ahab, die Sonne nur noch in ihrem gleißend-glänzenden, betörend-verstörenden Licht als einen unbegreifbar fernen Gefährten erkennen konnte. Wohl, zufällig vermochte die *Pequod* den kleinen Pip noch zu finden, doch sein Geist war seitdem wie in die Tiefen versunken, vor denen ihm derart gegraut hatte. *Die See,* schreibt Ismael, *hatte seinen endlichen Leib wie zum Hohne verschont, das Unendliche seiner Seele aber war in ihr untergegangen.* Doch wie in der griechischen Tragödie die »Irren«, die »Verrückten«, als Kinder göttlicher Wahrheiten gelten, so auch bei Pip: Seine Seele war *nicht ganz untergegangen, sondern lebend hinabgeholt in wundersame Tiefen,* wo *seltsame Schemen aus der noch ungeformten Urwelt vor seinen blicklosen Augen für und wider glitten und ihm der geizige Meergeist, die Weisheit, seinen angehäuften Hort offenbarte... Er sah, wie Gottes Fuß den Webstuhl trieb, und sprach davon, und deshalb nannten ihn die Kameraden toll. So ist des Menschen Wahn des Himmels Sinn, und jenseits aller irdischen Vernunft gelangt der Mensch zuletzt zu jenem himmlischen Gedanken, welcher der Vernunft als wirrer Wahn erscheint, und fühlt sich unberührt von Lust und Leid, gleichmütig wie sein Gott.* (XCIII 645)

Dichter läßt sich das Versinken des Bewußtseins im Unbewußten und zugleich auch die Schutzfunktion einer seelischen Erkrankung dieser Art nicht beschreiben: In der Sprache heutiger Psychiatrie leidet Pip an einem posttraumatischen Schock; doch was Ismael in seiner Darstellung erfaßt, ist der Sinn, der in Pips Wahnsinn liegt: sein Bewußtsein, sein Ich als die eigentliche Stätte der Angst ist unter dem Überdruck des Erlebens zersprungen wie ein Glas, in das man kochendes Wasser gefüllt hat; die gläsernen Bruchstükke sind ins Meer gefallen und werden seitdem von allen Fluten der »Tiefsee« umspült; es ist ein unheimlicher Zustand – diese Ich-Verlorenheit, dieser Persönlichkeits-Verlust, doch bietet er den Vorteil, keine Angst mehr erleben zu müssen, versunken zu sein in einen gewissermaßen göttlichen Gleichmut, wie willenlos, dem Plankton gleich, umhergetrieben, wenn auch »preisgegeben«, um Stubbs wirtschaftliche Kalkulation für Pip auf einem Sklavenmarkt in den Südstaaten aufzugreifen.

Andererseits gibt es natürlich auch in der Psyche des Menschen nichts gänzlich gratis: Eine dumpfe Erinnerung erhält sich in Pip, unmännlich und feige gehandelt zu haben; die Kapitulation seines Ichs angesichts der vernichtenden Fluke und des verschlingenden Maules des Pottwals hat zwar sein physisches Überleben gerettet, ihn aber psychisch zugrunde gerichtet.

Das heißt, genauer gesprochen: Pip hat nicht nur sein Selbst verloren, er hat vor allem seine Selbst*achtung* verloren, er schämt sich für sein »Versagen«. Die Flucht vor der unerträglichen (Selbst)Verurteilung ist sein »Wahnsinn«. Auch Pip kann, so wenig wie Ahab, ungeschehen machen, was geschehen ist, doch kann er verleugnen, die Person zu sein, der das Geschehene zugestoßen ist; er kann auf psychotische Weise erklären, nicht »ich« zu sein; er kann sich selbst für »gestorben« erklären, um als ein anderer, als er ist, weiterleben zu können. Übrig bleibt für die anderen an Bord der *Pequod* der kindlich-fröhliche Pip, der Spaßmacher Pip, den niemand mehr so ernst nimmt, daß er ihm Vorwürfe machen könnte. Sein für jeden erkennbares Narrentum bewahrt den sich selber Verachtenden vor der Ächtung der anderen; und die Angst vor dieser »Strafe« mag fast ebenso groß sein wie die Angst vor dem Wal.

Wie Feigheit üblicherweise unter Seeleuten geahndet wird, bekommt in *Omoo* an Bord der *Julia* ein armer Teufel zu spüren, der auf den Spitznamen Kabelgarn hört. Dieser Mann kann in seiner Ängstlichkeit anfassen, was er will, – es mißlingt ihm. Nun aber verachtet man auf See *wohl niemanden so sehr wie eine hasenherzige, schläfrige, zu nichts brauchbare Landratte. Für einen solchen Menschen hat ein Matrose nicht eine Spur von Mitleid. Wenn ein solcher in vielen Beziehungen unnütz ist, so ist eine Schiffsmannschaft unter keinen Umständen geneigt, ihm aus seiner Unzulänglichkeit einen Vorteil zukommen zu lassen. Man betrachtet ihn als eine mechanische Kraft, und wenn irgendeine einfache schwere Arbeit zu tun ist, so wird er drangesetzt wie ein Hebelbalken.* (*Omoo*, XIV 346) Auf schlimmste Weise unterliegt ein solcher Mensch der Mobbing-Aggressivität der gesamten Mannschaft; er ist der geborene Sündenbock, das Omega in der Hackordnung, die Spottfigur zur allgemeinen Belustigung, kurz: er ist *der ärmste Wicht auf dem ganzen weiten Weltmeer* (347). Wie aber kam er dazu? Eigentlich war Kabelgarn Bäcker gewesen, doch als seine Frau mit einem Liebhaber und mit seiner Geschäftskasse durchbrannte, hatte er auf dem Walfänger *Julia* angemustert, getrieben von Verzweiflung und vollkommen blind für die Folgen dieses desperaten Entschlusses.

Ganz ähnlich Pip. Auch er muß einmal gewußt haben, daß er auf der *Pequod* nur geduldet werden würde, wenn er sich nicht als Angsthase zeigte, – spätestens Stubbs Vorhaltungen werden es ihm unmißverständlich klargemacht haben; von daher versteht man, daß er selbst seine eigene Verächtlichkeit demonstrativ zur Schau stellt, um damit dem Spott der anderen gewissermaßen zuvorzukommen; ja, er »spielt« sein eigenes Gestorbensein, – ein lebendig Toter auf der Suche nach seinem verlorenen Ich.

Einen besonders erschütternden Ausdruck findet Pips Seelenzustand in jener Szene, da Queequeg, der beim Löschen der leckgeschlagenen Tranfässer in der Last schwer erkrankt ist, sich in den Sarg gelegt hat, den der Schiffszimmermann eigens für ihn gefertigt hat, und fest entschlossen ist, darin zu sterben. In diesem Augenblick tritt Pip herzu und fleht den Harpunier an: *Armer Wanderer! Wirst du immer weiter wandern und nie zur Ruhe kommen? Wohin ziehst du nun?... Gehe hin und suche einen Pip, der lange schon verschollen ist – ich glaub, auf jenen fernen Inseln wird er sein. Wenn du ihn findest, tröste ihn: Er muß sehr traurig sein, denn siehe! Er hat sein Tamburin vergessen – und ich hab es gefunden. Tingeling, tingeling! So stirb nun, Queequeg, ich schlag für dich den Trauermarsch*[21]. Für den mystisch gesonnenen Starbuck sind diese Worte wie ein *himmlisches Zeugnis von unserer himmlischen Heimat;* doch spricht sich in Pips Wahn vor allem der Wunsch aus, wieder der unbeschwerte Junge aus Connecticut sein zu dürfen, den es einmal gab, bevor er auf Walfang gehen mußte; andererseits aber hat er offenbar selbst den Anspruch verinnerlicht, ein furchtloser Walfänger zu sein; und so drängt sein »Beerdigungsspiel« dahin, als Tamburin spielender Herold Queequeg zum *General* auszurufen; denn so singt er: *Queequeg stirbt tapfer! Merkt euch das: Queequeg stirbt tapfer... Der jämmerliche kleine Pip dagegen, der starb feige, der zitterte wie Espenlaub, als er starb – Schande über Pip! Hört alle her! Wenn ihr Pip findet, so verkündet auf den ganzen Antillen, daß er Reißaus genommen hat – daß er ein Feigling ist... Erzählt ihnen, daß er aus dem Boot gesprungen ist!... Niemals würd ich mein Tamburin über dem jämmerlichen Pip schlagen und ihn zum General ausrufen, wenn er hier unten ein weiteres Mal stürbe. Nein, nein, Schmach und Schande über alle Feiglinge – sie sollen sich was schämen! Sollen sie ersaufen, so wie Pip, der aus dem Boot gesprungen. Schande! Schande!* (*Moby-Dick*, CX 736–737)

Entscheidend zum Verständnis der Psychologie eines Menschen wie Ahab ist nun die Feststellung, daß der Kapitän der *Pequod* sich ausgerechnet in diesem Kontrast von Heldenideal und Selbstverachtung in der Seele seines Schiffsjungen wie in einem umgekehrt symmetrischen Spiegelbild wiedererkennt. Beide: Ahab wie Pip antworten auf ein vergleichbares traumatisches Erleben von Ausgesetztheit und Angst, und beide werden in ihrer Reaktion in eine äußerste seelische Konsequenz, in den »Irrsinn« getrieben: der eine, Ahab, indem er seine latente Selbstverachtung als Krüppel und Schwächling demonstrativ durch ein Maximum an Tapferkeit: an Angriffsmut und an Angriffswut auszugleichen sucht; der andere, Pip, indem er die demonstrative Selbstverachtung für seine »Feigheit« verknüpft mit der

Bewunderung für den tapferen Wilden, für Queequeg. Ahab ist Ahab, um nicht Pip zu werden, – Pip ist Pip, weil er eigentlich werden müßte und möchte wie Ahab; beide formen sie wechselseitig das Wesen des anderen wie Vordergrund und Hintergrund in einem Vexierbild. In Ahab lebt jenes zutiefst verschreckte, verängstigte Kind, das er niemals anerkennen durfte, um ein starker, tapferer Walfänger zu werden; in Pip lebt der fertige Anspruch, ein großer, heldenhaft sich bewährender Mann zu sein, an dem sich messend und an dem zerbrechend er niemals erwachsen zu werden vermag. Ahab erklärt Pip und Pip erklärt Ahab. Beide sind eins. Der schwermütige Irrsinn des Kapitäns und die irre Lustigkeit des Schiffsjungen, die stolze Unnahbarkeit und die selbstverachtende Leutseligkeit, die bittere Rachsucht und die süße Resignation, der bohrende Scharfsinn und der blinde Schwachsinn – beide entsprechen einander wie die rechte und die linke Hand. Beide sind das Ergebnis ein und derselben Dynamik der Angst, die bei Ahab zu einer Explosion, bei Pip zu einer Implosion des Ichs führt, bei dem ersten zu einer weltverachtenden Revolution, bei dem zweiten zu einer weltentrückten Involution, bei dem einen zu einer dringenden Anklage gegen die Ordnung der Welt, bei dem anderen zu einer singenden Infragestellung seiner selbst in vollkommener Einordnung in den Lauf der Welt.

Als Ahab zum ersten Mal den kleinen Pip neben sich (oder richtiger jetzt: in sich) gewahrt, erschrickt er zutiefst. Eben noch hat der Negerjunge die Haltung und Handlungsweise Stubbs parodiert: *Wen nennst du Pip? Pip ist aus dem Boot gesprungen. Pip ist verlorengegangen.* Man hat einen Menschen wie ihn durch Geldgier und Gleichgültigkeit zum Tode verurteilt, das ist das Wesentliche; daß er noch lebt, das Zufällige; die Einstellung des Zweiten Steuermanns, die menschlich ein Irrsinn ist, muß der irrsinnig Gewordene repetieren, um sie sich als vernünftig einzureden, und so wie jemand, der den anklagenden Ahab hört, zu mitleidiger Klage über das Leid der Welt verleitet wird, so wird, wer den klagenden Pip hört, zur Anklage gegen die Mitleidlosigkeit der Welt getrieben. *Feiglinge holen wir nicht ein. Oho! Sein Arm taucht auf, bricht durch das Wasser! Ein Beil, ein Beil! Kappt die Leine – Feiglinge holen wir nicht ein.* (CXXV 791) Doch während andere von der Mannschaft Pip den Mund verbieten wollen, seiner unauslöschlichen Erinnerungen wegen, die wie unerträgliche Vorwürfe sind, verfügt Ahab: *Hände weg von diesem Heiligen!* Und fragt ihn erstaunt: *Junge, wo soll Pip gewesen sein? Doch wie leer sind die Augen des Jungen! Ich sehe keinen Widerschein von mir im Spiegel deiner leeren Augen,* bemerkt Ahab und fährt erschrocken fort: *Ist denn der Mensch nichts als ein Sieb, durch das die unsterbliche Seele rinnt?* Es ist als wehte ihn angesichts des vor lauter Leid wahnsinnig gewordenen Knaben die Kälte der ganzen Welt an; wehmütig seufzt er auf: *Wo am Berg der Schnee beginnt, da schlagen keine Herzen mehr. Ach, ihr eisgefrorenen Himmel, schaut herab! Ihr habt dieses Unglückskind in die Welt gesetzt, ihr habt ihn dort sich selber überlassen, ihr schurkischen Schöpfer.* (CXXV 792) Was kann Ahab tun inmitten einer »Schöpfung«, deren »Ordnung« durch kalte Gleichgültigkeit geprägt ist? In Pip erkennt Ahab etwas von sich selbst, von seinem eigenen Schicksal wieder, und er bietet ihm die Kapitänskajüte als sein Zuhause an, und zwar *solange Ahab lebt. Du rührst mein Innerstes,* begründet er seinen Entschluß, *bist durch Bande fest an mich gefesselt, gewoben aus den Fasern meines Herzens.* Und als Pip die Hand seines Kapitäns spürt, die ihm so weich erscheint wie Samt, wird auch ihm selber deutlich, daß er vermutlich nicht verloren wäre, hätte er diesen zärtlichen Halt früher ergreifen dürfen. Nie mehr möchte er diese Hand loslassen, und auch Ahab verspricht, ihn nie zu verlassen. – Mit dieser Geste geschieht etwas, das die Bewertungsschablonen der bürgerlichen und kirchlichen Moral und Justiz vollkommen durcheinanderbringen muß: *Schaut her,* ruft Ahab, *die ihr an gänzlich gute Götter glaubt und an den gänzlich schlechten Menschen, schaut her! Seht die allwissenden Götter, wie sie des leidenden Menschen nicht achten, und dann den Menschen, der wohl irre ist und nicht mehr weiß, was er hier tut, doch voll der Süße ist von Liebe und von Dankbarkeit. Komm! Ich fühl mehr Stolz, wenn ich an deiner schwarzen Hand dich leite, als wenn ich eines Kaisers Hand in meiner hielte!* (CXXV 792–793) Da konvertiert Ahabs Zorn zu Mitleid oder vielmehr: er manifestiert sich darin, und umgekehrt: da wird sein Mitleid zum Zorn gegen eine Gottheit, die allwissend und gütig sein sollte und die doch gänzlich ohne Güte ist – ein fühlloses Gedankending, eine Macht ohne Menschlichkeit, eine Kraft, die nicht einmal auf Kinder Rücksicht nimmt[22]. Doch wenn in ein und demselben Menschen Härte und Herzlichkeit schon in einem Händedruck miteinander verschmolzen sein können, wenn mit dem einen sich stets auch das andere verbindet, was sollen dann die vermeintlich so eindeutigen Einteilungen der Menschen nach Gut und Böse und Richtig und Falsch und Verdienstvoll und Verbrecherisch? Wer will da richten, wo Menschen so weit – und so widersprüchlich sind: der zornige Ahab zärtlich, der fröhliche Pip voller Trauer...?

Fest steht nur, daß die Gegensätze in der Seele eines Menschen zusammenkommen müßten, wenn es je eine Erlösung von den Qualen seiner Krankheit geben sollte. Tatsächlich bedeutete es einen sehr wichtigen Weg zur Rettung, wenn Ahab den kleinen Jungen wirklich bei sich aufnähme und wenn Pip aus seiner Verlorenheit zurückfände in eine heimatlichere Welt an Ahabs Seite. Unter dieser Voraussetzung wäre es durchaus möglich, daß beide wechselseitig aneinander genesen würden; doch genau dahin soll es durchaus nicht kommen! Für Ahab ist die mögliche Gesundung seiner Seele nichts weiter als ein irrealer Traum, der irgendwo in der Vergangenheit spielt: nur wenn die Weichenstellung seines Lebens vor vielen Jahren anders erfolgt wäre, stünde er heute nicht an der Stelle, an der er sich befindet; jetzt, in seiner gegenwärtigen Position, sind alle Entscheidungen seit langem unwiderruflich gefallen, – er will, er muß den Weißen Wal töten, und so muß er vermeiden, daß Pip, dessen Nähe er wehmütig genießt, einen zu großen, gewissermaßen homöopathischen Einfluß auf ihn gewinnt.

Es kommt die Stunde, erklärt deshalb Ahab dem Jungen in biblischen Worten, wie Christus seinen Jüngern in den Abschiedsreden (Joh 13,1; vgl. 7,30; 17,1), *da wird dich Ahab nicht verscheuchen und dennoch dich nicht um sich haben wollen. Mein armer Junge, du hast da etwas in dir, das mir zu heilsam für mein Leiden scheint. Gleiches heilt Gleiches, jedoch für diese Jagd ist mir mein Leiden höchst begehrtes Heil.* (CXXIX 807) Ahab braucht seinen Schmerz, um daraus das nötige Gift seiner Rache zu destillieren. Unmittelbar zuvor noch hat ihn der Nantucketer Kapitän Gardiner von der *Rachel* inständig gebeten, gemeinsam mit ihm auf die Suche nach seinem Jungen zu gehen, den er zwölfjährig mit auf die Jagd ausgerechnet nach Moby Dick genommen hatte und der nach einer unglücklichen Fangfahrt vermißt wurde; für 48 Stunden nur möchte Gardiner den Kapitän der *Pequod* für die gemeinsame Suche nach dem verschollenen Boot anheuern, – die verlorene Zeit würde er ihm sogar bezahlen; doch zwei Tage Verzögerung, wo der Weiße Wal offenbar so nah ist, sind unbezahlbar für Kapitän Ahab. Er muß, symbolisch genug, den Jungen verlorengeben, um Moby Dick töten zu können (wie in der griechischen Sage Agamemnon seine Tochter opfern muß, um eine Windstille abzuwehren und in den Krieg gegen Troja segeln zu können, oder wie in der Bibel der Richter Jephta seine Tochter als Opfer verspreechen muß, um die Ammoniter besiegen zu können, Ri 11,30–31.34–40); er muß den biblischen Namen der Stammutter Israels in der Trauer um ihre getöteten Kinder (Mt 2,17–18, nach Jer 31,15) überhören, um seiner mörderischen Obsession folgen zu können. (CXXVIII 806)

Dementsprechend wird er auch die Mahnungen Pips in seiner eigenen Kajüte buchstäblich »übergehen« müssen, um allen Warnungen, Klagen, Vorzeichen und Auswegen zum Trotz unbeirrt Kurs zu halten auf den verhaßten Wal. Um von der Seite des Kapitäns nicht getrennt zu werden, bittet Pip darum, doch wenigstens ihn stützen und gewissermaßen als Ersatz für das verlorene Bein dienen zu dürfen, und tatsächlich ist Ahab tief berührt durch dieses flehentliche Angebot, – trotz *der Millionen von Halunken* droht er durch die Zuneigung dieses Seelenverwandten noch zu einem philanthropischen *Frömmler* zu werden, *der auf das ewig treue Menschenherz vertraut.* Es ist deutlich: würde Ahab erst einmal beginnen, auch nur einen einzigen Menschen zu lieben, so würde er auch aufhören, sich selber zu hassen, dann aber würde auch sein *Vorsatz* (sc. den Wal zu töten, d. V.) *noch kieloben gehen.* Daher muß er sich der Gemeinschaft mit Pip verweigern: *Ich bring dich um, wenn du so weinst!* schreit er den Jungen an. *Gib acht, auch Ahab ist verrückt.* Dann aber sucht er, den Kummer des Verängstigten trotz allem durch ein Zeichen seiner Gegenwart zu beruhigen: *du wirst meinen Knochenfuß noch oft an Deck vernehmen und dann wissen, ich bin da. Nun muß ich gehen. Gib mir die Hand! So ist es gut. Du bist mir treu, mein Junge, wie seinem Mittelpunkt der Kreis. Darum: Gott segne dich auf ewig. Und wenn es dazu kommt – soll Gott auf ewig dich bewahren, geschehe, was da wolle.* (CXXIX 807–808)

Ahab, mit einem Wort, wird sich, muß sich von Pip ein für allemal lösen, er muß dem in der Kajüte zu seinem Schutz Eingeschlossenen an Deck »auf den Kopf steigen«, um, so oder so, seinen Kampf auf Sein oder Nichtsein mit Moby Dick beenden zu können. Da hockt ein Teil von Ahab selbst, abgespalten, alleingelassen, in der Kommandozentrale des »Kapitäns«, während dieser selbst ausspäht nach seinem mörderischen Ziel; Pip aber wird zurückfallen in das phantasierte Possenspiel eines Kapitäns oder Leutnants, der pokuliert im Kreis von lauter Epaulettenträgern und der gleichzeitig mit ihnen auf die Suche geht nach einem kleinen Negerjungen: *fünf Fuß groß, Armesündermiene und ein Feigling... Na dann, die Gläser aufgefüllt, meine Herren Kapitäne, wir wollen anstoßen: Schande über alle Feiglinge!... Psst! Da oben hör ich Elfenbein! – oh, mein Gebieter! Ihr schreitet über mich hinweg, und mir, mir sinkt das Herz! Jedoch bleib ich hier unten, und wenn dies Heck auf Felsen schlägt und sie das Holz durchstoßen und Austern sich zu mir gesellen.* (CXXIX 808–809)

Wieder bedingen der starre Durchhaltewille Pips und das wütende Drängen Ahabs sich wechselseitig; doch dürfen beide einander nicht austauschen, nicht miteinander verschmelzen; sie bleiben vielmehr dazu verurteilt, als getrennte Pole das Kraftfeld der vorsätzlichen Rache aufzubauen. Denn nur weil und wenn sie *nicht* zusammenkommen, das Kind und der Krüppel, der Junge und der Alte, der Schutzflehende und der Starke, kann Ahab Jagd machen auf den Leviathan und sich einzureihen versuchen in die lange Liste der Helden des Walfangs. (LXXXII 566–570)

Doch alles andere ist und bleibt Ahab als ein strahlender Perseus, als ein unbezwingbarer Herkules oder als ein göttlicher Wischnu[23]. *O Gott,* schrieb Ismael lange zuvor schon, *welche Marter muß ein Mann ertragen, den eine einzige, ungestillte Rachsucht verzehrt! Er schläft mit fest geballten Fäusten und erwacht mit blutigen Nägeln im eigenen Fleisch.* (XLIV 331) Die lebendige Seele und der hitzige Geist haben in Ahab sich im Kessel des Schmerzes voneinander getrennt und wurden dann gemeinsam verkocht von einem einzigen Vorsatz. *Dieser Vorsatz zwang sich gegen Götter und Teufel und nur kraft seines eingefleischten Willens in die Form eines selbsterschaffenen, unabhängigen Eigenwesens – ja, er konnte grimmig leben und lodern, während die gemeine Lebenskraft, die zuvor mit ihm verkoppelt war, von Grauen geschüttelt der ungebetenen und ungezeugten Ausgeburt entfloh. Deshalb war das zermarterte Gespenst, das aus flackernden Menschenaugen in die Welt starrte, wenn das, was wohl Ahab war, aus seiner Kammer stürzte, vorerst nichts als eine entleerte Hülle, ein gestaltloses, nachtwandlerisches Wesen – ein Strahl lebendigen Lichtes, das gewiß, doch ohne einen Gegenstand, dem es Farbe verleihen könnte, und darum selber eine blanke Leere … alter Mann! Dein Sinn hat in dir ein Geschöpf erschaffen, und wer durch starkes Sinnen sich solchermaßen zum Prometheus macht, dem frißt in Ewigkeit ein Geier an dem Herzen – das nämliche Geschöpf, das er erschafft.* (XLIV 332–333) Nie ist das, was in der Psychiatrie des 19. Jhs. eine *idée fixe* genannt wurde, in Entstehung und Wirkung eindringlicher beschrieben worden als in diesen Worten Ismaels. Wie ein Bildhauer ein beinahe vollkommenes Werk, wenn es mutwillig geschändet wurde, voller Zorn mit dem eigenen Meißel zertrümmert, um die Vorstellung möglicher Vollendung sich wenigstens im Protest zu bewahren, so hat Ahabs Wille zu einem »richtigen« Leben sich durch das Trauma des Weißen Wals in einen rasenden Zerstörungswillen gewandelt, der seine Größe im Gram, sein Glück im Groll, seinen Glanz in der Glut eines ewig lodernden Hasses sucht, – das vampirische Dasein eines Untoten.

Würde Ahab, kann man sich fragen, wirklich zu leben beginnen, wenn Moby Dick getötet wäre? Könnte er den Sieg über den Leviathan feiern wie in der antiken oder auch christlichen Mythologie die Helden ihre Triumphe über Tod und Teufel? Zu wem eigentlich ist im Wahn dieses Mannes der Weiße Wal gediehen, daß seine Vernichtung die Dimension einer Rettung

der Welt von allem Bösen erreicht? Und wie steht es insgesamt um die Vorstellung, durch Kampf und Krieg, durch Haß und Zerstörung, durch Stärke
und Tapferkeit alle Übel der Welt bis in die Tiefe hinein aufspüren und aus-
rotten zu können? Wem diese Frage nicht schon rein psychologisch auf den
Nägeln brennt, der wird zumindest ihre tagespolitische Aktualität spätestens
beim Lesen der Nachrichten heute, 150 Jahre nach der Abfassung des *Moby-
Dick*, nur allzu gut begreifen.

d) Der Wal oder: Das Geheimnis des Hasses

Was eigentlich haßt Ahab? Den Wal, wohl wahr. Sich selbst, auch wahr. Die
ganze Welt, nur allzu wahr. Aber warum? Seiner Verletzung wegen, das wissen wir. Doch was wissen wir wirklich von Ahabs Motiven? Auf einen einfachen Jagdunfall, selbst wenn er furchtbare Spuren hinterlassen hat, kann
man auch anders antworten als Ahab – der einarmige Boomer zum Beispiel
beweist es. Warum verhält Ahab sich nach seiner Begegnung mit dem Wal so
vollkommen anders als der fröhliche Kapitän der *Samuel Enderby*? Was ist
der »Wal« eigentlich, und was bedeutet er speziell für Ahab?

Gehen wir diesen beiden Fragen nach, so müssen wir vor allem eine
Tatsache beachten, die als eigenartig uns bereits aufgefallen ist: Ahabs
Angriff auf Moby Dick, der zu seinem traumatischen Erlebnis führte, war
von Anfang an geprägt durch eine wilde Wut; sein Haß auf dieses Tier oder
Untier geht erkennbar nicht einfach auf die erlittene Verletzung zurück, er
geht ihr voraus! Doch wieder: Warum? Was macht die Psychologie eines
Ahab so anders als die eines Boomer oder auch als die eines Gardiner?
Und was ist es insbesondere mit den ominös-dunklen Andeutungen und
Anspielungen auf eine schicksalhafte Vorherbestimmung zu gerade dieser
(selbst)zerstörerischen Auseinandersetzung? Wie bis zu diesem Zeitpunkt
hat Ahab gelebt und wie kommt es zu diesem »Auftrag«, der sein Leben ist
und der ihn zugleich das Leben kosten wird? Mit Worten wie wahnsinnig,
wütend, wehmütig, wild... können wir Ahabs Wesen beschreiben, doch
keinesfalls wirklich verstehen; wir müssen sie aber verstehen, die Ahabs
dieser Welt; es gibt zu viele *Pequods*, auf denen sie Dienst tun, nur um sie
in ihrem vermeintlich heroischen Kampf gegen das Böse in die Katastrophe zu treiben. Also: Woran leidet Ahab, ehe er an Moby Dick zu leiden
beginnt und ihm im Zeichen des Wals die ganze Welt als eine heillose
Hölle erscheint?

α) Ein Tier und sein Mythos

Ein unübertreffliches Meisterwerk ist MELVILLES *Moby-Dick* vor allem durch seinen symbolischen Realismus beziehungsweise, je nach Akzent, durch seinen realistischen Symbolismus[24], mit dem er den Weißen Wal stets ineins als ein Ungeheuer der See ebenso wie der menschlichen Seele beschreibt: Meer und Mensch, Draußen und Drinnen, Welt und Wesen bedingen, durchdringen, bezwingen einander in einem steten kompromißlosen Kampf, der auch nur den Eindruck möglicher Harmonie zu einer kurzzeitigen Illusion entwertet. Die Jagd auf den Wal ist in *Moby-Dick* nicht ein Motiv am Rande der Wirklichkeit, sie ist der gestaltende Grund der Wirklichkeit, ähnlich wie in der germanischen Mythologie die urzeitliche Erzählung von dem gescheiterten (mithin ewig scheiternden!) Versuch des Gottes Thor, die Mitgardschlange zu töten; wenn auch Ismael in seiner Darstellung von *Ruhm und Ehre des Walfangs* (Kap. LXXXII) auf dieses grandiose Vorbild nicht zurückgreift, so greift doch sein Nachbild in gleiche Dimensionen der Sinndeutung des Daseins; denn als es endlich beim Ragnarök, am Ende der Welt, Thor doch noch gelingt, die Mitgardschlange zu töten, wird er selber an ihrem Gift sterben. Gern spielt dabei die nordische *Edda* auch mit dem Motiv der Verletzung des göttlichen Helden: bei der berühmten Fesselung des Fenriswolfes zum Beispiel muß der kühne Schlachtengott Tyr seine Hand in den Rachen des Untieres halten; sie wird ihm abgebissen, weil er sie aus Treue zu seinem Versprechen nicht früh genug herauszieht; seither *ist er einhändig und gilt nicht als Friedensstifter unter den Menschen.* (*Die jüngere Edda*, XXVI 74; XXXIV 76–80)

Es ist, wohlgemerkt, möglich, von Moby Dick eine ganz und gar »realistische« Darstellung zu geben; er ist als erstes »wirklich« ein Pottwal – und eben nicht die »Mitgardschlange« oder der Fenriswolf. Auch Wale kann man biologisch klassifizieren und sie dabei so nüchtern beschreiben wie jede andere Tiergattung sonst. Doch gerade mit dieser Betrachtungsweise tut sich Ismael schwer, und man weiß nicht: versteht er wirklich nicht die Argumente, die dafür sprechen, den Wal taxonomisch als ein Säugetier, nicht als einen Fisch zu bezeichnen, oder möchte er nur der naturwissenschaftlichen Nüchternheit ein Schnippchen schlagen, wenn er mit Berufung *auf den heiligen Jona als Rückendeckung* darauf beharrt, *daß der Wal ein Fisch sei*, und definiert: *Ein Wal ist ein blasender Fisch mit einem waagerechten Schwanz.* (XXXII 230) Schon der waagerechte Schwanz sowie die Aufzucht ihrer Jungen könnte Ismael zeigen, daß die Vorfahren der Wale einmal landbewohnende Säugetiere waren, die von ihrer Bewegungsweise auf vier Beinen auch im Meer noch so viel beibehielten haben, daß ihr Rückgrat bei jeder Bewegung in der Längsrichtung schwang; deshalb die quergestellte Fluke als Antrieb beim »Delphinschwimmen«; Fische hingegen bewegen sich durch Schwingen in Querrichtung, ihr Schwanz ist deshalb immer senkrecht gestellt.

Doch geht es Ismael überhaupt um Biologie? Wohl, seine »Cetologie« bemüht sich um eine »systematische« Übersicht über die verschiedenen Walarten, doch ist seine Einstellung zu den Naturwissenschaften insgesamt »symbolischer« Art. – So kann er etwa, um die Einsamkeit des Menschen im Weltall zu schildern, die Grundlegung des Universums auf eine Million Jahre datieren (II 45) – ein Zeitmaß, das schon von CHARLES LYELL (1797–1875), dem Lehrer CHARLES DARWINS, aus geologischen Gründen als viel zu niedrig kritisiert wurde, das aber zumindest in der Größenordnung damals noch für nicht ganz daneben gegriffen gelten konnte; als Ismael aber den Untergang der *Pequod* beschreibt, spricht er von dem großen *Leichentuch des Meeres*, das da *wogte... wie vor fünf Jahrtausenden.* (CXXXV 864) An dieser Stelle verwendet er bewußt die biblische Zeitrechnung, offenbar um das mythische Format des Geschehens hervorzuheben.

Je nach dem, was er zum Ausdruck bringen möchte, bewohnt auch Moby Dick für Ismael ein Zwischenreich aus Biologie und Mythologie.

Als Pottwal ist er (nach Ismaels nur begrenzt richtiger Schätzung, der Blauwal ist tatsächlich größer) *zweifelsohne der größte Bewohner des Globus, von allen Walen der mächtigste Gegner im Kampf, majestätischer als alle anderen im Aussehen und schließlich der weitaus wertvollste Wal für den Handel, ist er doch das einzige Lebewesen, aus dem jener wertvolle Stoff, das Walrat, gewonnen wird.* (XXXII 232) Als ein fühlendes Tier verdient er auch und gerade aus der Sicht des Jägers und Schlächters Ismael Respekt und Mitleid. Gibt es überhaupt eine Rechtfertigung für das Töten dieser majestätischen Könige der Meere? Das ist eine wichtige und ehrliche Frage.

In *Omoo* (LVII 503–504) bereits hat MELVILLE auf ergreifende Weise geschildert, wie in den Bergen von Tahiti bei einer ebenso sinnlosen wie grausamen Jagd eine Rinderfamilie abgeschlachtet wird; unweigerlich stellt sich bei dieser Szene die Frage, ob es ein gutes Recht geben kann, Tiere zu töten, die so deutlich Gefühle der Fürsorge, der Zusammengehörigkeit, ja, der Mütterlichkeit und der Verantwortlichkeit füreinander zu zeigen vermögen. In den *Encantadas* (VIII 298–300) beschreibt er, wie die Indianerin Hunilla, als sie die Galapagos-Insel Norfolk verläßt, einige ihrer Hunde dem Schicksal der vollkommenen Ödnis des Eilands übergeben muß; heulend laufen die Tiere am Strand entlang. *Wären es Menschen gewesen, so hätten sie den Geist der Verzweiflung kaum lebhafter ausdrücken können*, notiert der Erzähler. In *Moby-Dick* (LXI 457–458) ist es Stubbs Harpunier Tashtego, der nach einer wilden Verfolgungsjagd erfolgreich einen Wal anwirft, und Stubb, der, wie üblich für einen Steuermann, *Speer auf Speer in den fliehenden, fliegenden Fisch* hineinjagt. Doch was für ein Schauspiel provozieren die beiden damit! Bäche von Blut ergießen sich über *die Flanken des Untiers*, dessen *zermarter-ter Körper* sich schon nicht mehr in Salzwasser wälzt, sondern in einer roten kochenden Flut. Endlich bohrt *Stubb gemächlich seine lange scharfe Lanze in den Fisch...*, *so als suche er sorgfältig nach einer goldenen Uhr, die der Wal verschluckt haben könnte... Und... das Untier erwacht aus seiner Starre zu dem unsäglichen Todeskampf, den man sein ›Zucken‹ nennt, wälzt sich grausig in seinem Blute.* In einem furchtbaren Todeskampf verendet allmählich der Wal. *Er hob und senkte sich; krampfhaft öffnete und schloß sich sein Blasloch, während er scharf keuchend und qualvoll Luft holte. Zuletzt schoß Schwall auf Schwall klumpigen roten Blutes in die entsetzte Luft, als wär's des Weines pur-purne Neige, fiel wieder herab und rann, Tropfen für Tropfen,* über seine reglo-sen Flanken in die *See. Sein Herz war geborsten!* (LXI 548)

Ist da wirklich nur die *Luft* »entsetzt« über den grausamen Tod eines unschuldigen Tieres, nicht auch die Leser, nicht auch die Täter? Selbst Stubb betrachtet *nachdenklich den riesigen Leichnam, das Werk seiner Hände.* (LXI 458) Diese letzten Worte sind eine Anspielung auf den allen Bibellesern ver-trauten Psalm 8: *Seh ich die Himmel, das Werk deiner Finger, den Mond und die Sterne, die du gebildet, – was ist der Mensch, daß du seiner gedenkst, das Menschenkind, daß du seiner dich annimmst... Du hast ihn zum Herrn gemacht über deiner Hände Werke, alles hast du unter seine Füße getan: Schafe und Rinder allzumal, dazu auch die wilden Tiere, die Vögel unter dem Himmel und die Fische im Meer, und alles, was die Meere durchzieht.* (Ps 8,4–5.7–9) Mit Texten wie diesem wurde im »christlichen« Abendland stets die Praxis des Abschlachtens von Tieren zum Nutzen von Menschen gerechtfertigt; doch setzt wirklich *das Werk* Gottes sich derart fort in Menschen-Werk? Wenn Gott Leben wirkt, darf dann der Mensch Tod wirken? Wie die Theolo-gen zitiert auch Ismael die Bibel, doch welch eine Infragestellung der ver-trauten Denkweise geht daraus hervor!

Die Zweifel wachsen noch bei der Tötung eines kranken Wals, um den die Harpuniere der *Pequod* mit denen der *Jungfrau* konkurrieren. *Es war ein Schauspiel zum Gotterbarmen, erschreckend und aufwühlend zugleich,* schreibt Ismael. *Der Wal schwamm ... mit hochgerecktem Haupt und sandte wieder und wieder seinen gemarterten Spaut voraus, während seine eine armselige Flosse in qualvoller Panik seine Flanke peitschte. Auf seiner taumelnden Flucht gierte er bald linker Hand, bald rechter Hand, und bei jeder Welle, die er teilte, sank er zuckend unter Wasser oder rollte auf die Seite und streckte seine einzige, wild rudernde Flosse gen Himmel. Einen Vogel mit gestutztem Flügel hab ich so gesehen, wie er panisch durch die Luft flatterte und sich vergebens mühte, den räuberischen Habichten zu entkommen. Aber der Vogel hat eine Stimme und kann klagend der Welt von seiner Angst künden, wogegen die Angst dieses gewaltigen, stummen Meeresuntiers in Ketten gebannt in ihm lag. Der Wal hatte keine Stimme, von jenem erstickten Röcheln durch sein Blasloch einmal abgesehen, und es brach einem schlicht das Herz, ihn so zu sehen.* (LXXXI 555–556) Während der zu Tode erschöpfte Wal aus allen Wunden blutet, holen die Boote ihn ein, so daß die Bootsgasten seine Augen sehen: sie sind blind! Sie muten an *wie seltsame Mißwüchse in den Astlöchern der edelsten Eichen ... ein grausiger und erbarmungswürdiger Anblick. Doch Erbarmen gab es nicht. Trotz seines hohen Alters und seines verlorenen Armes und seiner blinden Augen mußte er sterben und hingemordet werden, um die fröhlichen Hochzeiten und anderen Lustbarkeiten der Menschen zu beleuchten und die feierlichen Kirchen zu erhellen, welche die bedingungslose Friedfertigkeit aller gegen alle predigen. Er wälzte sich weiter in seinem Blut und offenbarte schließlich tief unten an seiner Flanke, noch halb verborgen im Wasser, eine seltsam verfärbte Beule oder Geschwulst, so groß wie ein Scheffel.* Doch genau in diesen »schönen Pickel« wird Flask *reinpiksen, daß ein Eiterstrahl aus der grausamen Wunde* schießt und der Wal, *getrieben von unerträglicher Pein, ... rasend vor Wut,* Blut blasend, blindlings auf die Boote losstürzt und Flasks Boot am Bug zerschmettert. Doch damit verbraucht er seine letzte Kraft. Röchelnd dreht er sich zur Seite und verendet *wie ein sterbender Stern ... Sein letzter, ausgehauchter Spaut brach einem das Herz. Wie wenn einem mächtigen Springbrunnen von unsichtbarer Hand nach und nach das Wasser abgedreht wird und die Fontäne mit halberstucktem, schwermütigem Gurgeln langsam in sich zusammenfällt – nicht anders war's mit des Wales letztem langen ersterbenden Atemstrahl.* (LXXXI 560–561)

Gibt es für dieses mutwillig an den Walen verübte Grauen irgendeinen rechtfertigenden Grund?

Ismael ist voller Hochachtung vor diesen großen, großartigen Tieren. Man muß, so schlägt er vor, nur den majestätischen Spaut eines Wales betrachten, und es ist wie *eine Gottesahnung – ein Himmelsstrahl* (LXXXV 585);

oder: man erschaue nur die schaurige Schönheit seines Schwanzes, deren Harmonie durch seine Kraft *niemals gemindert,* sondern *erst geschaffen* wird (LXXXVI 587), und man rührt an etwas Unbegreifbares; und wer gar einmal den Kopf eines Pottwals sich genauer besieht (LXXIV 518–523), wird feststellen, daß der Wal ihm sein Gesicht so wenig zeigt wie der Gott am Sinai dem Moses (LXXXVI 592; vgl. Ex 33,20). Doch darin liegt das Problem. Eben weil der Wal ein so wunderbares Wesen ist, erscheint es als um so schändlicher, ihn zu jagen und zu Tode zu quälen. Da irrt sich selbst die Bibel sehr, wenn sie rhetorisch fragt: *Kannst du mit Spießen spieken die Haut des Leviathan und mit Fischerhaken seinen Kopf?... wer darf es wagen, ihm zwischen die Zähne zu greifen?... Sein Herz ist so hart wie ein Stein und so fest wie ein Mühlstein... Er achtet Eisen wie Stroh und Erz wie faules Holz.* (Hi 40, 30; 41,5.16.19) *Dies Wesen soll er sein?* fragt erstaunt Ismael. *Dieser Er? Ach, daß selbst der Propheten Worte nicht erfüllet werden!* (LXXXI 558–559) Wie viel Pein empfindet ein verendender Wal! Wenn aber schon die Bibel ahnungslos der Qual der Tiere gegenübersteht, ist es wohl an den Walfängern, die Menschheit eines Richtigeren zu belehren. Warum dann aber überhaupt noch auf Walfang gehen?

Die rechtfertigenden Argumente, die üblicherweise angeführt werden, wirken kleinlich und nichtig. Zugegeben, der Wal hat einiges zu bieten als Speisefisch (Kapitel LXV) – noch heute findet man auf dem Markt von Bergen in Norwegen Walfleisch im Angebot. Doch halten solche Küchenbegründungen stand, wenn man neben dem physischen Leid der zu Tode malträtierten Tiere sich noch obendrein ihren seelischen Schmerz vor Augen stellt? Fügt nicht ein Mensch, der *ein frisch gemordetes Meerestier* verspeist und dabei eine Festbeleuchtung an dessen eigenem Tran anzündet, der Grausamkeit noch den Spott hinzu? Fest steht: hätten Tiere eigene Rechte und Gerichte, so müßten die meisten Menschen am Galgen enden. *Geht an einem Samstagabend auf den Fleischmarkt,* regt Ismael an, *und schaut euch das Gewimmel lebender Zweifüßer an, die zu den langen Reihen toter Vierfüßer hinaufstarren. Zieht nicht dieser Anblick dem Kannibalen einen Zahn? Kannibalen – wer ist denn kein Kannibale? Ich sag's euch, besser wird's dem Fidschianer ergehen, der einen mageren Missionar in seinem Keller einpökelt, um für eine mögliche Hungersnot vorzusorgen – besser wird's, so sage ich, am Tage des Jüngsten Gerichts diesem vorausschauenden Fidschianer ergehen als dir, du zivilisierter und aufgeklärter Gourmand, der du Gänse anpflöckest und von ihren aufgeschwollenen Lebern prasset mit deiner Paté de foie gras.* (LXV 477–478)

Wenn irgend das Christentum eine Predigt des Mitleids wäre, so müßte es Mitleid predigen auch mit den Kreaturen; doch gerade das tut es nicht; statt dessen belehrt und bekehrt es die »Wilden«, welche doch Tiere und Menschen – die religiösen Opferriten ausgenommen – wenigstens nur töten aus Hunger. Sollte es wirklich wahr sein, daß Tiere in rechtlosen Räumen existierten und nur die Menschen so etwas wie eine gesellschaftliche Moral besäßen? Wenn laut THOMAS HOBBES' Hauptschrift *Der Leviathan* das Zusammenleben der Menschen auf einem vertraglichen Reglement basiert[25], kommt einem dann beim Anblick der großen Herden der wirklichen »Leviathane« nicht ganz wie von selbst der Eindruck, diese *Walvölker hätten in großer Zahl einen feierlichen Bund geschlossen, einen Schutz- und Trutzbund auf Gegenseitigkeit?* (LXXXVII 596) Unübersehbar ist die soziale Organisation der Tiere, wenn sie etwa in panischer Angst gemeinsam davonfliehen (LXXXVII 599) oder ihre Jungtiere zu schützen suchen; und kann man überhaupt die Walkälber und -kühe betrachten, ohne auf das lebhafteste an die Fürsorge von Menschenmüttern zu ihren Kindern gemahnt zu werden? Die *Jungen dieser Walkühe,* erinnert sich Ismael, *schauten . . . zu uns hinauf, gerad wie Menschenkinder beim Säugen still und starr etwas anderes betrachten als die Mutterbrust, als führten sie zwei Leben zu einer Zeit und als schwelge ihre Seele noch in überirdischen Erinnerungen, während ihr Leib irdische Nahrung aufnimmt.* (LXXXVII 604) Ja, könnte es, diese Bilder vor Augen, nicht sein, daß auch Wale eine unsterbliche Seele besäßen, die als eine Art Leihgabe der Ewigkeit an die Zeit vom Himmel der See geschenkt worden wäre? Unwiderlegbar jedenfalls scheint der Schluß, daß die Wale, wenn sie beim Säugen ihrer Jungtiere überfließen *vor gegenseitiger Wertschätzung,* einander *huldigen . . . more hominum* – nach Menschensitte und Menschensittlichkeit. (LXXXVII 606) Ja, das friedfertige Trachten der Wale inmitten von Sturm und Wellen könnte dem Menschen durchaus ein majestätisches Mahnbild zur Mäßigung seines eigenen Mutwillens bieten. Nicht anders, erkennt Ismael, *freue auch ich mich, mitten im sturmumtosten Atlantik meines Daseins, auf ewig meiner stillen, inneren Ruhe, und während mich gewaltige Gestirne unverwandten Leids umkreisen, bade ich tief unten, tief in mir, in ewig linder Wonne.* (LXXXVII 606) Da besitzt Ismael selbst mit seiner Suche nach Tiefe und Weisheit eine walartige Seele.

Wenn MELVILLE sich dennoch zum *Anwalt* des Walfangs macht, so muß man bedenken, wie weit jene Zeit noch entfernt ist von der industriellen Abschlachtung der Wale im 20. Jh.[26] Für Ismael ist es noch unvorstellbar, daß diese Könige der Meere vom Menschen jemals ausgerottet werden könnten, obwohl bereits damals allein die Amerikaner vor ihrer Nordwest-küste pro Jahr *nicht weniger als 13 000 Bartenwale* erlegten. Doch, macht Ismael geltend, blieben gerade den Bartenwalen die unerreichbaren Rück-zugsgebiete *in ihren Polarzitadellen, im Bannkreis eines ewigen Dezembers,* und insgesamt stünden den Walen allein im Pazifik Gebiete zur Verfügung, weit größer als die Landmassen Asiens. (CV 711) Und doch, trotz alledem!

Selbst wenn der Tran, der aus Walen gewonnen wird, zur *Krönung von Köni-gen und Königinnen* dient (XXV 197), selbst wenn das Bild eines Walfisches als Sternbild am Himmel die wahre Würde des Walfangs bezeugt (XXIV 196), – um so mehr doch nur sollte es Skrupel erwecken, ein derart edles Tier so grausam in den Tod zu treiben. Das weiß auch Ismael. Unverblümt deshalb erklärt er: Walfänger sind Schlächter; ihr Beruf ist das Metzgerhand-werk. Freilich, wendet er ein, verurteilen könnte man diese bedauerliche Tatsache nur, wenn man das Abschlachten von Lebewesen insgesamt ab-lehnen wollte. Und gerade davon kann keine Rede sein, am wenigsten in der sogenannten zivilisierten Welt. *Schlächter,* schreibt Ismael, *und zwar Schlächter der blutigsten Sorte, sind auch alle Heerführer im Kriege gewesen, welche die Welt ausnahmslos hochzuschätzen beliebt.* Von *dem unsagbaren Aas auf jenen Schlachtfeldern* kehren *so viele Soldaten zurück..., um im Applaus der gesamten Damenwelt zu baden.* (XXIV 190–191) Dabei erfordert das Schlächterhandwerk des Walfangs in aller Regel weit mehr an Mut und Einsatzbereitschaft als das mechanische Töten beim Militär. Was also ver-diente eher Anerkennung und Lob, wollte wirklich Tapferkeit den Maßstab bilden? *Denn alle sind wir Mörder,* resümiert Ismael, *zu Lande wie zur See, die Bonapartes und Haifische eingeschlossen.* (XXXII 241)

Und doch bedarf Ismael bei seinem Gang auf die *Pequod,* bei seiner Flucht in die Aggression, wie zur Selbstberuhigung, schließlich des geradewegs meta-physischen Trostes, daß er bei all den Morden der Gattung der Wale als ganzer keinen endgültigen Schaden zufügen kann, sei doch der Wal *in seinen ver-schiedenen Arten... unsterblich, wie vergänglich er als einzelnes Wesen auch sein möge. Er* (sc. der Wal, d. V.) *schwamm,* sagt sich Ismael, *schon durch die Meere, bevor die Kontinente aus den Wassern ragten... Als Noahs Flut die Erde bedeckte, verschmähte er Noahs Arche, und sollte die Welt je wieder überflutet werden, so wie die Niederlande zur Vertilgung der Ratten, dann wird der Wal dennoch ewig weiterleben, wird auf dem höchsten Wellenkamm der Fluten des Äquators seinen Leib aufbäumen und seinen gischt'gen Trotz gen Himmel speien.* (CV 712)

Spätestens bei Betrachtungen dieser Art hört der Wal auf, ein bloßes Tier zu sein; er wird zu einem Urwesen oder genauer: zu einem Urbild für das

Wesen der Welt, in sonderbarer Verwandtschaft dabei zu Ahabs aufrührerischer Seele, so als wären beide, der Jäger wie der Gejagte, im Grunde zwei Glieder ein und derselben Gesinnung und ein und desselben Gesetzes. Freilich sind noch einige Schwellen zu überschreiten, um den Weg vom Wal zum Leviathan, vom Tier zum Untier, vom Seeungeheuer zur Sage und schließlich zum Mythos zurückzulegen.

Beginnen wir mit einer Erinnerungsszene in *Moby-Dick*. Auf der Insel Tranque (= Stille), die Ismael in seiner Erinnerung fälschlich den Arsakiden (im Süden der Salomoninseln) zuschreibt (während sie in Wahrheit vor Chile liegt), hat man in einem Hain um das Gerippe eines gestrandeten Pottwals ein Heiligtum errichtet, umgeben von Palmen, in deren Blattwerk die Sonne wie ein Weber ihre geheime Botschaft flocht, die da lautete: *Leben umhüllte den Tod, Tod war des Lebens Gerüst, der grimmige Gott nahm sich jugendlich kraftvolles Leben zum Weibe und zeugte sich lockige, prangende Pracht.* (CII 694) Ganz im Sinne der fortschreitenden, sich fortschreibenden Mythologisierung des »Leviathans« referiert Ismael im weiteren die neueren Funde der fossilen Skelettreste von Walen, die er richtig dem geologischen Zeitalter des Tertiär zuordnet, doch nur um sie als Bindeglieder zur »Sintflut« zu interpretieren, so als werde er beim Anblick der versteinerten Walreste *von einer Flutwelle in jene wundersame Zeit zurückgetragen, als die Zeit eigentlich noch gar nicht begonnen hatte – denn Zeit,* wie er philosophisch erläutert, *begann erst mit dem Menschen.* Und daraus folgt für ihn, daß auch der Kapitän der *Pequod* eine mythisch-urzeitliche Größe gewinnt: *Ahabs Harpune,* heißt es, *hatte Blut vergossen, das älter war als das der Pharaonen. Methusalem scheint gegen ihn ein Schuljunge. Ich blicke suchend um mich, dem Sem die Hand zu schütteln. Grauen greift nach mir im Angesicht der unsagbaren Schrecken, älter noch als Moses, ohne Quell und Ursprung, welche dieser Wal verbreitet, der vor dem Anbeginn der Zeiten in der Welt war und noch dasein wird, wenn alle Menschenalter längst vergangen.* (CIV 704–705)

Doch nicht allein der Eindruck zeitenthobener Ewigkeit verleiht dem Wal in Ismaels Augen eine Aura von Größe und Grauen, es ist schlicht schon der Unterschied zwischen »wissenschaftlicher« Objektivierung und subjektivem Erleben, es ist bereits der Übergang von bloßer Anatomie zu dem lebendigen Anblick des Wals, der die magische Majestät dieses »Urweltwesens« erkennen läßt. *Wie ist es also doch eitel und töricht,* räsoniert Ismael in jenem Arsakiden-Hain, *wenn der zagende Zauderer, der nie das sichere Land verlassen, diesen wundersamen Wal dadurch recht begreifen will, daß er nur*

sein lebloses, ausgemergeltes Geripppe studiert . . . Nein, so nicht! Nur mitten im
Getümmel tödlicher Gefahr, nur in den Wirbeln seiner wütenden Fluken, nur
über der Tiefe der grundlosen, grenzenlosen See kann der Wal in seiner Hülle
und Fülle leibhaftig und wirklich erkannt werden. (CIII 699)

Freilich, was da die Matrosen in der *grenzenlosen See* bei der Jagd auf den
Wal zu erkennen bekommen, grenzt wie von selbst ans Sagenhafte. Als eine
der »Quellen« des *Moby-Dick* gilt eine Darstellung, die JEREMIAH N. REY-
NOLDS in seinem Beitrag *Mocha Dick: or the White Whale of the Pacific* im
Mai 1839 im New Yorker *Knickerbocker Magazine* gegeben hat[27]: Im Jahre
1810 war bei der Mocha-Insel vor der chilenischen Küste ein Albino-Pott-
wal gesichtet worden, der in den beiden folgenden Jahrzehnten rund ein
Dutzend Walboote zerschmettert, einen Holzfrachter gerammt und ein
französisches sowie ein australisches Handelsschiff versenkt haben soll;
30 Matrosen waren dabei umgekommen. Obwohl sich das Auftauchen dieses Wals inzwischen von der Küste Chiles weg in die japanischen Fanggründe verlagert hatte (dorthin, wo auch Ahab seinen Todfeind zu stellen
gedenkt), gaben die Seeleute sich sicher, es stets mit ein und demselben Wal
zu tun zu haben, und natürlich fügten sie bei jeder Begegnung mit dem
gefürchteten Ungeheuer seiner Gestalt noch ein weiteres Detail hinzu. Bis
hierhin trägt dieser Mocha Dick bereits alle Züge von Ismaels Seeungeheuer.
Doch um so rätselhafter bleibt es, warum MELVILLE seinen Namen in Moby
Dick geändert hat; zweifellos wollte er an die bei allen Walfängern jener Tage
geläufige Geschichte anknüpfen, vermutlich aber wollte er sie, wenn irgend
möglich, noch ausdehnen und steigern. Denn Mocha Dick blieb immerhin
identifizierbar – bereits auf der *Acushnet* hatte MELVILLE von ihm gehört.
Doch da gab es noch andere Geschichten von Pottwalen wie die vom Untergang der *Essex:* Auf daß man seinen Moby Dick nicht einfach als ein ungeheuerliches Fabelwesen abtue, greift Ismael auf diese historische Tragödie
aus dem Jahre 1820 ausführlich zurück, die ihm aus dem Bericht des Ersten
Steuermanns Owen Chase bekannt geworden war[28].

Im offenen Pazifik war der Nantucketer Kapitän George Pollard auf eine
Schule Pottwale getroffen und hatte alle Boote wegfieren lassen, um die Jagd
aufzunehmen, als eines der Tiere die Bark selbst attackierte und mit der
Stirn den Rumpf derart rammte, daß das Schiff innerhalb von zehn Minuten
versank. Glücklicherweise gelang es noch, etwas Nahrung und die wichtigsten nautischen Geräte und Unterlagen von Bord zu holen; doch die Entscheidung, die Chase gegen seinen Kapitän durchsetzte: aus Angst vor dem

vermeintlichen Kannibalismus ihrer Bewohner nicht die polynesischen Inseln anzusteuern, sondern Kurs auf die südamerikanische Küste zu nehmen, erwies sich als fatal; die wenigen Überlebenden der *Essex*, die schließlich gerettet wurden, waren selbst unter den entsetzlichsten Entbehrungen und Strapazen zu Kannibalen geworden. Nach der Darstellung, die Chase bereits gab und die Ismael zitiert, bewies der grausige Pottwal bei seinem Verhalten *tiefen Groll und rasende Wut*, beging er doch seine *Untat absichtlich und berechnend*. (XLV 340) Doch sollte man auch einem Tier Gerechtigkeit widerfahren lassen und folglich eine ganz andere Erklärung zumindest in Erwägung ziehen. Wie nebenbei erfahren wir, daß zum Zeitpunkt des Unglücks an Bord der *Essex* der Schiffszimmermann arbeitete, und so scheint es möglich, daß der Wal die Schlaggeräusche mit den Knacklauten verwechselte, die zur Revierbeanspruchung von Walbullen abgegeben werden; aller Wahrscheinlichkeit nach wollte der Wal nicht ein Schiff versenken, sondern nur einen unbelehrbaren Rivalen mit aller Kraft aus seiner Domäne vertreiben[29]; – auch die *Pequod* wird von Moby Dick attackiert werden, während der Indianer Tashtego eine neue Windfahne mit lauten Hammerschlägen am Großtopp anzubringen sucht. (CXXXV 858; 862; 864)

Aber gleichviel, Seeleute sind bekanntlich aller Art von Aberglauben zugeneigt; der älteste Mann an Bord der *Pequod* zum Beispiel, der graue Manxmann, hält bestimmte geheimnisvoll wehklagende Laute, die des Nachts hörbar werden, für die *Stimmen von Ertrunkenen*, während der *christliche oder zivilisierte Teil der Mannschaft* darinnen *Meerjungfrauen* zu vernehmen meint; erst Ahab erklärt die wehmütigen Geräusche für die Rufe der Muttertiere und Jungen von Seehunden, die einander verloren haben. (CXXVI 794–795) Bei Leuten, die bei jeder Gelegenheit zu solchermaßen phantastischen Deutungen tendieren, kann natürlich das Erleben der Größe und Kraft eines Pottwals nur zu den ungeheuerlichsten Vorstellungen über das Meeresungeheuer führen. MELVILLE jedenfalls möchte in die Gestalt seines Moby Dick ganz offenbar gerade diese Alpträume verängstigter Seeleute aufnehmen, um in seinem Wal das ewige Thema des menschlichen Daseins sich aufführen zu lassen; und so versteht man seine Namensänderung. Jener Mocha Dick wird eines Tages, wie alles Endliche, zugrunde gehen; im Jahre 1859 wird ein schwedisches Fangschiff einen riesigen Wal harpunieren, den alle für Mocha Dick halten – ein altes Tier, auf einem Auge erblindet, die Haut mit Narben übersät, mit 19 Harpunenspitzen in seinem Leib, kaum noch imstande zur Gegenwehr; MELVILLES Moby Dick aber wird in alle Zeiten unsterblich sein. Übrigens weist er einen bemerkenswerten Unterschied zu seinem Namensvetter auf: Von Mocha Dick heißt es, daß er schlau genug war, nach Luv aus zu schwimmen, wohl wissend anscheinend, daß ein Segelschiff ihm in dieser Richtung nicht zu folgen vermag[30]. Ganz anders Moby Dick; er zieht immerzu leewärts; immer bleibt er verlockend und stets unerreichbar, immer dämonisch und von rätselhafter Arglist. Selbst Ismael unterstellt, daß ein *Pottwal … weniger aus blinder Wut heraus handelt, sondern vielmehr mit dem gezielten, überlegten Vorsatz zur Vernichtung seiner Verfolger,* und insbesondere beharrt er darauf, daß alles, was er speziell von Moby Dick zu erzählen weiß, nur wiedergibt, was *sich seit Anbeginn der Zeit ständig* wiederholt, *so daß wir zum millionensten Male Amen sagen zu Salomos Worten: Wahrlich, es geschieht nichts Neues unter der Sonne.* (XLV 344–345; *Prediger* 1,9)

Doch nicht nur in der Zeit, auch im Raum ist in den Augen der Seeleute Moby Dick omnipräsent. *Walfänger,* erklärt Ismael einschränkend, *hängen … nicht nur samt und sonders dem Unwissen und Aberglauben an, die allen Seeleuten in die Wiege gelegt sind, sondern sie kommen von allen Seeleuten am engsten mit allem in Berührung, was am Meer Staunen und Schauder erregt.* (XLI 298) So verwundert es nicht, daß zu den *Hirngespinsten,* die sich in den Köpfen der Matrosen festgesetzt haben, auch *die absonderliche Vorstellung* gehört, *daß Moby Dick allgegenwärtig sei, daß er tatsächlich zur selben Zeit an entgegengesetzten Enden der Erdkugel gesichtet worden sei.* (XLI 300–301) Beide Attribute: die Allgegenwart und die Unsterblichkeit gehören ja untrennbar zusammen; und daraus ergibt sich, daß man einen Wal wie Moby Dick ruhig an einer Stelle dazu bringen könnte, *dickes Blut zu blasen,* es wäre doch dieser *Anblick nur ein gräßliches Trugbild, weil man seinen unbefleckten Spaut viele hundert Seemeilen entfernt wiederum ausmachen* würde, *in vom Blute ungetrübten Wogen.* (XLI 302)

Doch selbst wenn Moby Dick an einer exakt bestimmbaren Stelle auftaucht, bleibt er den Männern an Bord der *Pequod* ein übernatürlich scheinendes Phänomen oder Phantom. Da ertönt in einer mondhellen Nacht, während die *Pequod* südlich von St. Helena *in der grenzenlosen Wasserwüste des Carroll-Grundes* dahingleitet, des Parsen Fedallah *unirdische Stimme* aus dem Großtopp: *Da bläst er.* Alle Seeleute schrecken hoch, *als hätte ein geflügelter Geist sich in das Rigg gesetzt*; augenblicklich läßt Ahab alle Toppen bemannen und Bramsegel und Royals setzen, so daß die Bark unter Vollzeug vorm Wind rollt, während er selber das Deck entlangschreitet, so daß *jeder Stoß* seines *toten Beins wie Klopfen auf dem Sarg* klingt. Dennoch wird der Geisterspaut *in jener Nacht nicht mehr gesehen. Jeder Seemann schwor, er habe einmal ihn erblickt, jedoch kein zweites Mal.* (LI 379) Dieser mitter-nächtliche Spaut narrt die Männer in der Folgezeit immer wieder[31]; alle sind überzeugt, daß jener Wal Moby Dick ist, doch mischt in die Begeiste-rung ihres Jagdfiebers sich zugleich ein gewisses Grausen vor diesen *offenbar übernatürlichen Erscheinungen*, macht es doch den Eindruck, als locke der Weiße Wal die Männer *heimtückisch immer weiter fort*, um am Ende kehrt-zumachen und sich *in den entlegensten und wildesten Wassern* auf sie zu werfen. (LI 380) Und die Angst wächst. Denn nicht nur der silbrige Blas des Wals wirkt unheimlich, das ganze Schiff wird sich selber gespenstisch: Seeraben umkreisen es wie *ein Geisterschiff, das unbemannt* dahintreibt, *der rechte Ruheplatz für ihre heimatlosen Seelen. Und die schwarze See wogte und wallte und wogte immer noch ruhelos weiter, als wären ihre unermeßlichen Fluten ein Gewissen und als litte die große Weltseele Schmerz und bereute die Sünden und das lange Leiden, die sie in die Welt gebracht.* (LI 381)

Mehr und mehr wandelt sich der Weiße Wal auf diese Weise zu einer Ver-körperung von allem Ängstigenden, Unheimlichen, Tödlichen, Bösen, Dämonischen – und magisch Faszinierenden. Rund um das Kap der Guten Hoffnung lockt sein einsamer *Strahl, still, schneeweiß und stetig, ... immer noch weiter und weiter* die *Pequod* durch *die Schwärze der Elemente*, während Ahab ruhelos trotz Sturm und Wetter *den Blick* nicht von seinem *Vorsatz* läßt. (LI 381–383)

Doch ist es nicht nur die rätselhaft-unheimliche Erscheinung des Wals, es ist zugleich sein Verhalten, das den Männern allen, außer Ahab, Angst ein-jagt. Insbesondere die *beispiellose, vernunftbegabte Arglist* läßt den Weißen Wal als unvergleichlich erscheinen. (XLI 303) In gewisser Weise ist auch die-se Eigenschaft Moby Dicks nichts als eine Projektion der Angst (C 682), und doch, wie anders soll man es verstehen, wenn man miterlebt, wie der buckli-ge Albino-Wal *vor seinen triumphierenden Verfolgern* einherschwimmt und dabei sogar *alle Anzeichen für Furcht* zu erkennen gibt, nur um in vorbe-dachter Wildheit plötzlich zu wenden und die Fangboote zu zerschmettern? (XLI 303) Und dann sein Äußeres – sein *leichentuchfarben* gestreifter Kör-per, der *blendendweiß durch die dunkelblaue See* gleitet, *sein Kielwasser eine Milchstraße aus sahnig weißem Schaum und golden funkelnder Gischt.* (XLI 302–303)

Die Farbe Weiß vor allem besitzt für Ismael eine drohende Vorbedeutung, verbreitet sie doch vor seinen Augen *ein vages, namenloses Grauen*, indem sie *weit mehr als alles andere in Angst und Schrecken* versetzt. (XLII 310) Gewiß kann Weiß, wie GOETHE in seiner *Farbenlehre* überzeugt war, als etwas quasi Göttliches verstanden werden, – als Bild der Reinheit und Unschuld zum Beispiel. Ismael hingegen sieht in der Albino-Färbung eines Tieres an sich bereits etwas Befremdliches, Scheußliches, das Zeichen einer *Mißgeburt*; und dieser Eindruck wird noch verstärkt, wenn er an das Unheimliche denkt, das sich mit dieser Farbe assoziiert: an die Blässe eines Leichnams oder an den milchig weißen Nebel, dem Gespenster auf Friedhöfen und aus Grüften zu entsteigen pflegen (XLII 316–317); vollends aber, so insistiert er, wird der Anblick der weiß gischtenden See in sturmgepeitschter Brandung einen jeden Fahrensmann in ein *stummes, abergläubisches Entsetzen* treiben: – *ihm graut vor dem leichentuchverhüllten Phantom des weißen Wassers genau wie vor einem wirklichen Gespenst.* (XLII 319–320) Tödliche Gefahr signalisiert desgleichen das starrende Weiß des südlichen Eismeeres, und all diese Eindrücke verschmelzen in der Farbe Weiß zu einem instinktiven Wissen um die Macht des *Dämonischen in dieser Welt.* (XLII 321) *Ist es so,* fragt sich Ismael schließlich, *daß das Weiß durch seine Unbestimmtheit die herzlose Leere und unermeßliche Weite des Weltalls andeutet und uns so den Gedanken an Vernichtung wie einen Dolch in den Rücken stößt, wenn wir in die weißen Tiefen der Milchstraße blicken? Oder ist es so, daß das Weiß seinem Wesen nach nicht so sehr eine Farbe ist als vielmehr die sichtbare Abwesenheit von Farbe und zugleich die Summe aller Farben,* so daß all die anmutigen Farben und lieblichen Tönungen der Natur nur als *arglistige Täuschungen* erscheinen, als ob *die ganze vergötterte Natur sich in Wahrheit* anmalte wie eine *Hure, deren verlockende Reize nur das Leichenhaus in ihr verdecken?* Dann wäre das Licht selbst *das geheimnisvolle Kosmetikum, das alle ... Farben erzeugt* und *selbst für immer weiß und farblos bleibt,* und *wenn wir das alles erwägen,* resümiert Ismael, *so liegt das gichtbrüchige Universum vor uns wie ein Aussätziger ... Und für all dies war der Albinowal das Symbol. Wundert euch nun noch die feurige Jagd* auf Moby Dick? (XLII 322–323)

β) *Ahabs Leben und Leiden*

Wenn der Weiße Wal sich somit bereits durch seine Färbung und Formung und zudem noch durch sein verderbenbringendes Verhalten zum Kondensationspunkt aller möglichen realen wie eingebildeten Gefahren eignet, ja, wenn er nach und nach zu dem Sinnbild des metaphysischen Grauens vor einer unheimlichen und abgründigen Welt aufwächst, so klafft doch immer noch eine erklärungsbedürftige Lücke zwischen all diesen Komponenten der Angst im Erleben abergläubischer Seeleute und jenem aggressiven Haß und Vernichtungswillen eines Kapitäns Ahab. Warum zum Beispiel hört dieser Mann nicht doch noch auf die Warnung, die ihm in dem letzten Schiff, das ihm begegnet, in der *Delight*, zuteil wird, die ihrem Namen (Aufhellung, Freude) so üble Ehre macht[32]; ihre Fangboote sind zerschmettert, ihre Harpunen verbogen, ihr Kapitän, hohlwangig und resigniert, ist soeben damit beschäftigt, einem der fünf Toten aus der Schlacht mit Moby Dick ein Seemannsgrab zu bereiten. Doch kaum vernimmt Ahab die Gebetsworte der Beisetzungszeremonie von Auferstehung und Leben, da schreit er schon den Befehl heraus: *Vollbrassen! Luvruder!* und sucht den aufspritzenden Tropfen des ins Wasser platschenden Leichnams zu entkommen wie der Teufel dem Weihwasser. *In dieser Hand hier halt ich seinen Tod,* hatte er, seine Harpune als Drohgebärde für Moby Dick vorstreckend, hinübergerufen, in *Blut und Blitz ward dieser Stahl gehärtet, und ich schwör, ihn noch ein drittes Mal zu härten, in jenem heißen Fleck an seiner Flosse, dort wo der Weiße Wal am stärksten sein verfluchtes Leben spürt.* Es sind die letzten Worte, die von Fremden über die *Pequod* gesprochen werden, wenn eine Stimme von der *Delight* der davoneilenden Bark hinterherruft: *Es ist eitel, ... vor dieser Bestattung zu fliehen. Ihr kehrt uns das Heck, doch wir sehen euren Sarg!* (CXXXI 817)

Woher, noch einmal gefragt, stammt der unbelehrbare, fanatische Haß, mit dem Ahab Moby Dick nachstellt? Er müßte dem Wal lediglich ausweichen wie andere Schiffe, und er könnte sein und seiner Mannschaft Leben retten; gewiß, er tut eben das nicht, um sich für seine erlittene Verletzung zu rächen, doch diese Verletzung, so sahen wir schon, zog er sich zu infolge seiner rasenden Wut, die seinem ungestümen Angriff auf das Tier vorherging. Was Ahab in Moby Dick verkörpert sieht, muß daher noch etwas anderes sein als alles bisher Gesagte, etwas durch und durch Persönliches, das die gesamte Fangfahrt der *Pequod* in einen rein privaten Rachefeldzug verwandelt. Was aber in Ahabs Leben und Erleben vermag ein solches zusätzliches sein ganzes Verhalten erklärendes Motiv zu bilden?

Die Biographie Ahabs ist auf weiten Strecken nicht unüblich, ja, typisch für einen Nantucketer Jungen in der Mitte des 19. Jhs.: Wie der Sohn Kapitän Gardiners von der *Rachel* bereits mit zwölf Jahren auf Fangfahrt mitgenommen wurde, so war es damals allgemeiner Brauch. (CXXVIII 805) Mit 18 Jahren bereits war auch Ahab zum Harpunier geworden (CXXXII 820); und wie alle Nantucketer Seefahrer hatte er seitdem *zu allen Jahreszeiten und auf allen Weltmeeren der mächtigsten Masse Leben, welche die Sintflut überlebt hat, den ewigen Krieg* erklärt. (XIV 124) Das Leben als Kampf – selbst

MELVILLE, der alles, was den Krieg anging, für eine unmenschliche Verrücktheit hielt, schildert den Walfang in militärischen Begriffen, und so läßt er seinen Ismael von *der großen Schlachtordnung* sprechen, *in der Kapitän Ahab seine Streitkräfte... aufstellen* wird, *um über die Wale herzufallen.* (XXVII 206) Eine erschütternde Bilanz dieser Einstellung bietet jener Tag einer milden »Symphonie«, unmittelbar vor der Eröffnung des letzten Ringens mit Moby Dick, als ein *linder, linder Wind* geht unter einem lind leuchtenden Himmel; da läßt Ahab im Gespräch mit Starbuck sein Leben noch einmal Revue passieren und gedenkt dabei jenes anderen Tages, als er, achtzehnjährig, als Harpunier bei einem ganz genauso freundlichen Wetter seinen ersten Wal erlegte. Vierzig Jahre ist das her; und was, fragt er sich, liegt dazwischen? *Vierzig Jahre Entbehrungen, Sturm und Gefahr! Vierzig Jahre auf dem erbarmungslosen Meer! Vierzig Jahre lang,* spricht er zu sich selber, *hat Ahab das friedliche Land gemieden, um vierzig Jahre Krieg zu führen gegen die Grauen der Tiefe! Aye, Starbuck, und von diesen vierzig Jahren hab ich nicht drei an Land verbracht. Wenn ich jetzt an das Leben denke, welches ich geführt, an seine wüste Einsamkeit, an die mauerumringte Festung des abgeschiedenen Kapitänslebens, die der Anteilnahme vom grünen Lande draußen nur eine kleine Pforte öffnet – ach, welche Mühsal, welche schwere Last! O Sklavendienst des einsamen Befehlshabers! Wenn ich all das bedenke, was ich bis heute nur geahnt, doch nie so klar erkannt hab – wie ich mich vierzig Jahre lang von trockener Salzkost ernährt – ein rechtes Sinnbild für die Trockennahrung meiner Seele –, wo doch an Land auch noch der ärmste Mann sich täglich frische Früchte pflückt, das frische Brot der Erde bricht statt meiner Schimmelkrusten – fern, ozeanenfern von jenem mädchenhaften Weib, das ich mit über fünfzig Jahren freite, um dann am nächsten Tage nach dem Kap Hoorn zu segeln, kaum daß ich eine Mulde hinterließ auf meinem Hochzeitskissen – Weib? Sagte ich Weib? Doch besser eine Witwe, deren Mann noch lebt! Aye, ich habe jenes arme Mädchen zur Witwe gemacht, als ich sie freite, Starbuck. Und dann der Wahn, die Raserei, das kochende Blut und die qualmende Stirn: So hat der alte Ahab wohl tausendmal die Boote weggefiert und schäumend vor Wut seine Beute gehetzt – mehr ein Dämon als ein Mensch! Aye, aye, was für ein Narr... Wozu diese Mühsal der Jagd? Wozu... den Arm ermüdet und erlahmt, an Riemen und Eisen und Lanze? Um wieviel ist Ahab jetzt reicher oder besser als zuvor? ... Ist es nicht hart, daß mir bei all der Mühsal und der Last, die ich ertragen, auch noch mein armes Bein hinweggerissen ward?... mir ist, als weinte ich... Ich fühl mich schwach bis auf den Tod, gebeugt und bucklig, als wär ich Adam und wankte unter den Jahrhunderten, die seit dem*

*Paradiese sich auf meinen Schultern türmen. Gott! Gott! Gott! – Zerspreng
mein Herz! Durchstoß mein Hirn! – Hohn! Hohn! Bitterer, beißender Hohn
der grauen Haare! Hab ich denn soviel Freude schon erlebt, daß ich ein greises
Haupt verdiene?* (CXXXII 820–821)

In diesem Augenblick ist es Ahab danach, nicht länger mehr *auf die See
oder* in *den Himmel zu starren,* mithin *Gott anzustarren,* er möchte seinem
Ersten Steuermann Starbuck in die Augen schauen, er möchte eines Menschen Auge sehen als den wahren *Zauberspiegel* und darinnen erblicken seine Frau und sein Kind; wehmütig erinnert er sich, wie das Kleine an einem
ebenso linden, himmelblauen Tage sich grad zu der nämlichen Stunde wie
jetzt in seinem Bettchen in Nantucket aufsetzt, und er malt sich aus, wie die
Mutter ihm erzählt von Ahab, *dem alten Menschenfresser,* der *weit fort auf
hoher See* ist und *doch wiederkommen* wird, um den Jungen auf seinem
Schoße hüpfen zu lassen. (CXXXII 821–822) Wie konträr sind solche Erinnerungen und Vorstellungen zu dem grausen, grausamen Werk der Zerstörung,
das Ahab sich vorgesetzt hat! Es wäre das allerletzte Mal, daß der Kapitän der
Pequod die Jagd auf Moby Dick abblasen und Kurs auf die Heimat nehmen
könnte. Es ist durchaus nicht so, daß Ahab nicht selbst daran dächte. Schon
als Peleg bei der Anmusterung Ismaels den Kapitän des elfenbeingesäumten
Walfangschiffes als einen großen, gottlosen, gottgleichen Mann vorstellt, der
über dem gemeinen Mann stehe und *Wunder* geschaut habe, *tiefer… als
Meereswogen,* verwahrt er sich ausdrücklich gegen den Vorwurf, dieser Mann,
unter dem er selber *vor Jahren als Steuermann… gesegelt,* trage etwa *eine tödliche, heillose Gefahr in sich*; er habe, erklärt er beschwichtigend, damals lediglich *auf der Heimfahrt für eine Weile seinen Verstand ein bißchen verloren,*
doch nur infolge der Schmerzen, die ihn nach dem Unfall mit dem Wal heimgesucht hätten; freilich, erkennt auch Peleg, habe Ahab sich seither verändert;
wohl sei er auch zuvor *niemals sonderlich lustig* gewesen, doch von diesem
Zeitpunkt an sei er *gewissermaßen schwermütig… – hoffnungslos schwermütig*
geworden; aber es sei nun doch allemal *besser, unter einem schwermütigen
guten Kapitän zu segeln als unter einem scherzenden schlechten;* man dürfe in
jedem Falle nicht schlecht denken von Ahab, denn, macht er geltend, Ahab
*hat… ein Weib… – keine drei Fahrten sind sie verheiratet –, ein süßes, ihm treu
ergebenes Mädchen…* und *von diesem süßen Mädchen hat dieser alte Mann
ein Kind.* (XVI 149–150)

Allein die Tatsache seiner Verheiratung und Vaterschaft spräche »normalerweise« gewiß für einen sozusagen bürgerlichen Zug in Ahabs Wesen[33];
doch offenbar weiß Peleg nicht, daß Ahab das Vertrauen der Schiffseigner in

sein neues Kommando längst in ein Instrument seiner eigenen monomanen Rachsucht an dem Weißen Wal umfunktioniert hat. So wie unter der friedlichen Oberfläche des sanft wogenden Ozeans der Abgrund ewigen Unheils lauert, so verbirgt sich hinter dem treusorgenden Ehemann und Familienvater Ahab ein gänzlich Anderer, Unheimlicher, Getriebener, der lange schon nicht mehr sich selbst gehört und gehorcht, sondern der vom Sturm seines gequälten Herzens vorangepeitscht wird, nicht anders als Wolken und Wellen in einem Taifun. Doch woher kommt dieser »Taifun«, woher das kalte Licht des »Elmsfeuers«, woher dieser schicksalhaft düstere Fluch in Ahabs Sinnen und Trachten, alles bereits erreichte Glück zerstören zu müssen? Die Fangfahrt der *Pequod* könnte Ahabs letzte Ausfahrt sein; genügend Fässer, gefüllt mit kostbarem Tran, sind in die Last gestrichen worden; zurückgekehrt in Nantucket, könnte Ahab, 58jährig, nach Pelegs und Bildads Vorbild, in den verdienten Ruhestand gehen; das verbliebene Geld könnte er sinnvoll in neuen Unternehmungen anlegen und getrost sein Leben genießen; doch genau das wird er keinesfalls tun, und wenn es noch so »vernünftig« wäre. Woher dieses Ritual der »Unvernunft«? Was ist es um Ahab, was war mit Ahab, noch ehe er seinem Haßobjekt »Wal« begegnete?

Von Ahabs Kindheit erfahren wir nur, daß seine bereits verwitwete Mutter starb, als er erst ein Jahr alt war. (XVI 149) Auch er ist ein »Ismael«, ein Waisenkind, ja, ein »geborener Kain«, wie sein Anblick verrät: *Ein gertenschlankes Mal, weißlich und leichenfahl*, erinnert sich Ismael, *stach aus seinem grauen Haar hervor und lief seitlich über sein lohbraun verbranntes Gesicht und seinen Hals hinab, bis es in seiner Kleidung verschwand. Es glich dem senkrechten Riß, wie er bisweilen im geraden, hoch aufragenden Stamm eines großen Baumes entsteht, wenn der Blitz von oben bis unten an ihm entlangfährt, ohne einen einzigen Zweig abzureißen, und eine Rille in die Borke vom Wipfel bis zum Boden fräst, ehe er in die Erde schießt und den Baum gezeichnet, aber immer noch gesund und grün zurückläßt.* (XXVIII 212) Die Frage bleibt offen, ob dieses Mal *die Narbe einer gräßlichen Wunde war* oder ob es von Geburt an bestand. Erzählt wird, Ahab sei so gezeichnet worden *nicht in einem erbitterten Kampf mit sterblichen Wesen..., sondern in einem elementaren Ringen auf hoher See*; der alte Manxmann aber behauptet, dieses Zeichen sei ein Muttermal, das *vom Scheitel bis zur Sohle reiche.* (XXVIII 212–213) Beide Aussagen widersprechen sich sachlich, sie ergänzen sich aber, wenn man sie psychologisch betrachtet. In jenem Augenblick, da die drei Masten der *Pequod* im Elmsfeuer wie *Kerzen* lodern, erklärt Ahab, er habe den reinen *Geist von reinem Feuer... auf diesen Meeren einstmals wie ein Perser angebetet, – bis du in diesem heiligen Akt mich so versehrtest, daß ich bis heute diese Narbe trage.* (CXIX 771) Nach diesen Worten hat offenbar Ahab vorzeiten einmal genau so kühn und unerschrocken in die Flamme des Elmsfeuers gegriffen wie in dieser Szene an Bord der *Pequod*, und eben dabei wurde er mit jenem Brandmal gezeichnet. Alles also soll sich wiederholen. Genau so, wie Ahab die Verletzung durch Moby Dick rächen muß, so ergreift er auch jetzt die Gelegenheit, sich als stärker denn die elektrische Glut des Gewitters zu erweisen.

Da gibt es also *zwei* Verletzungen, die Ahab beide, je für sich, aber doch auch in Einheit zueinander, abarbeiten muß: die eine verursacht durch eine elementare Macht der Natur, die andere durch ein Wesen, in welchem diese Macht selbst ihr Symbol gefunden hat; beide, Blitz und Wal, verhalten sich dabei zueinander wie Geist und Gestalt, wie Wesen und Wirklichkeit, wie Idee und Inkarnation; und beide unterliegen sie offenbar dem Gesetz der »ewigen Wiederkehr« (mit FRIEDRICH NIETZSCHE philosophisch gesprochen[34]), dem *Wiederholungszwang* (mit SIGMUND FREUD psychologisch gesprochen[35]). Ahab *muß* sich, seelisch gesprochen, im Griff nach dem Elmsfeuer ein zweites Mal der geheimnisvollen, göttlichen Flamme aussetzen, um seine eigene Angst ebenso zu besiegen wie die Furcht der abergläubigen Matrosen, und es wird ihm gelingen. Selbst für einen Mann wie Stubb bietet das lodernde Feuer auf den Rahnocken der *Pequod* einen Anblick, der ihn nötigt, den Himmel um Erbarmen anzuflehen, während Ismael auf den drei lodernden Mastspitzen Gottes Mahnzeichen im Palast des Belsazars niedergeschrieben sieht: *Mene, Mene Tekel Upharsin* – gezählt, gewogen und geteilt. (CXIX 769; Dan 5,25–28) Ahab aber, indem er *Blut gegen Feuer* setzt, indem er *seinen* Geist gegen den *reinen* Geist stellt und vor den Augen aller mit eigener Hand die weiße Flamme zum Verlöschen bringt, darf sich als prometheischer Sieger fühlen nicht allein über das Feuer, sondern desgleichen in der kommenden Schlacht gegen den Weißen Wal.

Auch und gerade in dem besessenen Kampf gegen Moby Dick handelt es sich um die zwanghaft gesetzliche *Wiederholung* einer einst erlittenen Verletzung. Vor sich in der Kajüte ausgebreitet hat Ahab seine Seekarte, in die er die unveränderlichen Wanderwege der Pottwale eingetragen hat, die, gehorsam *einer geheimen Weisung der Gottheit,* ihre Bahnen in den Weltmeeren so regelmäßig kreisend ziehen, wie das Blut in den Adern durch Ahabs Körper rollt, vorhersagbar also wie die Stellung der *Sonne auf ihrer jährlichen Umlaufbahn... in jedem Tierkreiszeichen.* (XLIV 328; 330)

Ort und Zeit also lassen sich bestimmen, da Moby Dick zu stellen sein wird, – es kann nur die übernächste Fangzeit sein. Statt, wie üblich für Nantucketer Walfänger, Kap Hoorn zu umrunden und direkt die Fanggründe im Pazifik anzusteuern[36], wird Ahab deshalb ein ganzes Jahr verstreichen lassen, indem er erstmal das Kap der Guten Hoffnung anfahren wird, um von dort gemächlich durch den ganzen Indischen Ozean und die Südsee sich dem Japanischen Meer zu nähern; da, wo der *gottgleich unergründliche Pazifik den weiten Leib der Welt* gürtet und *alle Küsten sich zu einer einzigen Bucht* macht, in diesem Herzen *der Erde, das in Gezeiten pocht,* gewiegt *von einer ewig gleichen Dünung,* dort, in dem ewigen Tempel des Pan, wird zu gegebener Zeit mit aller Sicherheit *der verhaßte Weiße Wal* dahinziehen, und dort wird er zu stellen sein. (CXI 740) Als dann Ahab *nach einer langen, ausgedehnten Fahrt, die nur der Vorlauf war, da* er *seinen Feind zur rechten Zeit, am rechten Ort . . . in eine Hürde auf dem Meer gejagt zu haben glaubte, um ihn dort um so sicherer zu töten,* befindet *er sich fast auf derselben Länge und Breite . . ., wo ihm der Wal einst seine Marterwunde schlug.* (CXXX 810) In Raum und Zeit, in beiden Fixpunkten des Schicksals, also legt Ahab es darauf an oder, richtiger, ist Ahab darauf festgelegt, die Wiederbegegnung mit Moby Dick zu einer einzigartigen Reinszenierung seines erlittenen Traumas auszugestalten: Alles offenbar *muß* genau so sein, wie es damals war, als er zum ersten Male Moby Dick zu töten suchte und von ihm verletzt wurde, alles *muß* sich wiederholen, um es endlich, wie Segel im Sturm, »verholen« zu können. Nach wie vor aber bleibt es deshalb die Frage, was eigentlich damals sich derart traumatisch ereignet hat.

Stets, wenn eine bestimmte Begebenheit sich mehr als normal der Seele eines Menschen eingräbt, wenn sie sich wie ein Banyanbaum in ihm auswächst und alles übrige Leben unter ihrem Schatten begräbt, wenn sie wirkt wie ein Zahnrad, das, einmal gedreht, einen fertig bereitgestellten Motor anspringen läßt, wird es psychoanalytisch die Frage sein, welche »prämorbiden Persönlichkeitsstrukturen« von jener Begebenheit als »Auslöser« aktiviert wurden. Bei genauerem Hinsehen wurde Ahabs »Krankheit«, sein »Irrsinn«, seine »Dämonie«, zwar von Moby Dick wachgerufen, doch nicht wirklich begründet; freilich, gerade dieser Unterschied ist nicht Teil der Selbstreflexion Ahabs. Schon allein deshalb bewegt er sich erkennbar in einem Teufelskreis, den er als ein von Anfang an über ihn verhängtes unheilvolles Schicksal erlebt und aus dem es für ihn kein Entrinnen gibt, – es sei denn, er versuchte das Unmögliche und löschte mit dem Symptom die Krankheit aus: er tötete Moby Dick! *Hör nochmals her,* erklärt er Starbuck, der es *Wahnsinn* und *Gotteslästerung* nennt, *an einem stummen Tier, das nur aus blindem Trieb* gehandelt hat, wütende Rache nehmen zu wollen, – *wir müssen tiefer schürfen. Mann, alles, was du siehst, gleicht einer Pappenmaske. In allem . . ., was geschieht – im echten Handeln, in der bedenkenlosen Tat –, scheint das Gebilde eines unbekannten, jedoch vernunftbegabten Dings hinter der vernunftlosen Maske auf. Wenn der Mensch schlagen will, so schlag er durch die Maske! Wie kann der Häftling denn ins Freie, wenn er die Mauer nicht durchbricht? Für mich ist dieser weiße Wal die Mauer, dicht vor mich hingestellt. Dahinter, denk ich manchmal, ist nichts mehr. Gleichviel, genug damit. Er fordert mich heraus, er überhäufet mich; ich sehe in ihm frevelhafte Kraft, von sehniger und unfaßbarer Arglist angetrieben. Dies unfaßbare Ding ist es vor allem, was ich hasse; und ob der weiße Wal nun Werkzeug oder ob der weiße Wal der Urheber von allem ist, ich werd mit diesem Haß ihn überziehen. Sprich du mir nicht von Gotteslästerung, Mann; ich würde selbst die Sonne schlagen, wenn sie mich beleidigt!* (XXXVI 273–274)

Deutlicher kann selbst Ahab seinem Ersten Steuermann und sich selbst nicht erklären, daß der Weiße Wal, mithin auch die Verletzung, die dieser ihm zufügte, nur die Außenseite einer ganz anderen Wirklichkeit darstellt, die sich hinter dem Untier verbirgt: Moby Dick ist nur das symbolische Objekt eines Hasses, der etwas ganz Anderem, »Vernunftbegabtem« in dem »unvernünftigen« Ungeheuer gilt; die maßlose Aggression des Kapitäns der *Pequod* richtet sich gegen ein Etwas hinter der *Mauer,* die Moby Dick ist, doch weiß Ahab selbst nicht, was »eigentlich« sich hinter dieser seiner Projektionsgestalt verbirgt. Nur so viel ist auch ihm klar: es geht nicht allein um den physischen Schmerz der Verletzung, nicht einmal bloß um die seelische Pein der Verkrüppelung, es geht seinen eigenen Worten nach um eine zentrale *Beleidigung,* für welche die Begegnung mit Moby Dick nur ein *déjà vu* darstellt.

Mit anderen Worten: Ahabs physischer Krankheit ging eine seelische Kränkung voraus, und es ist seine seelische Kränkbarkeit, die mit schicksalhafter Gewalt aus der körperlichen Versehrtheit als ein verzehrender, alles verheerender Wahn wieder aufersteht.

Was haben wir mit dieser Feststellung gewonnen? Entscheidend ist es allein schon, mit einer Möglichkeit zu rechnen, die an sich widersinnig anmutet, im Falle Ahab aber repräsentativ ist: Menschen konzentrieren alle Energie ihres Lebens an eine Aufgabe, sie setzen ihr Leben selbst an ein Vorhaben, von dem sie doch genau wissen, daß es sich nur um ein vorgeschobenes, ersatzweises Ziel handelt, und sie *müssen* so tun, weil und solange sie wirklich nicht wissen, wogegen sie eigentlich kämpfen. All ihren Haß und ihre Wut richten sie auf etwas, das »vernünftigerweise« derartige Gefühle durchaus nicht verdient; ja, sie verstehen sogar, daß sie hinter dem Objekt ihres Zerstörungswillens im Grunde etwas ganz anderes treffen möchten, und doch sind sie eben darin »verrückt«, als sie ihre Gefühle nicht mehr mit den Themen verbinden können, auf welche das Übermaß ihrer Emotionen sich einmal ursächlich bezog.

Die Folgerungen aus dieser Möglichkeit sind äußerst weitreichend. Kann es sein, daß Menschen Kriege führen, um weltweit das »Böse« zu bekämpfen, ohne auch nur entfernt zu ahnen, was oder wer ihnen eigentlich bis in den Kern ihres Selbstwertgefühls hinein »Böses« zugefügt hat? Kann es sein, daß die Phantasmagorien einer maßlosen Rachegerechtigkeit immer einer basalen *Beleidigung* entstammen, deren Urheber biographisch ausgetauscht wurde durch menschliche oder tierische Ersatzgestalten, an denen sich die unbewußt gewordene, die verdrängte Urszene beziehungsweise Ausgangsthematik mit der Macht eines Flusses aufstaut, der, aus dem Gebirge kommend, die ganze Wucht seiner Strömung gegen eine wegversperrende Staumauer wirft? Dann müßten wir Kapitän Ahab geradewegs preisen zumindest seines bohrenden Ringens und Suchens und Sich-selber-in-Frage-Stellens wegen, verglichen etwa mit all den Propagandisten moderner »Stellvertreterkriege« im Raum des Politischen, die, ob siegreich oder unterlegen, immer von neuem unsägliches Leid über Menschen wie Tiere gebracht haben und bringen werden, solange es nicht gelingt, hinter ihre *Mauer* zu sehen – ihnen damit ins Herz (und dann auch wohl auf die Finger). Da ist ein *Irrsinn*, von dem Ahab selber sagt, daß er *sich nur dann beruhigt, wenn er sich selbst begreifen will*; anders aber läuft der *Weg zu* seinem *festgefügten Vorsatz* wie *auf Eisenschienen, den Gleisen* seiner *Seele*. (XXXVII 280–281) Nichts Geringeres als die »Beruhigung« solchen »Begreifens« ist unsere Aufgabe. Nur – was werden wir finden, wenn selbst »Moby Dick« nur ein Vorwand ist? Was befindet sich hinter der »Wand«? Was, anders gefragt, gilt es dem Unbewußten zu entreißen, um den unheilvollen Riß in Ahabs Seele und auf Ahabs Antlitz zu heilen[37]?

Man prophezeite mir, erinnert sich dieser schicksalgeschlagene Mann, *ich sollt verstümmelt werden – und, aye, ich habe dieses Bein verloren.* (XXXVII 280) Über alle Bisherigen liegt mithin die Last eines Fatums. Auch alles Weitere wird dahingehen in Erfüllung düsterer Prophezeiungen, wie sie der sonderbare Mahner Elias ausstößt, bevor die *Pequod* in See sticht (XIX 167–171), und entsprechend den Orakelreden des Parsen Fedallah, den Ahab gewissermaßen als den seherischen Vollstreckungsgehilfen seiner verborgenen Planungen eigens an Bord genommen hat (CXVII 759–760); hier aber geht – vollkommen singulär und um so bedeutsamer – die Rede von einer anonymen, dem gesamten Dasein zugrundeliegenden Vorhersage, die sich mit Ahabs Angriff auf den Wal in bitterer Weise erfüllt.

Wieder »begreifen« wir ein Stück weit besser: Die verbissene Wut, mit welcher sich Ahab, das Kappmesser in der Hand, auf den Weißen Wal stürzte, stand offenbar selber unter der Angst vor einem Verhängnis, das all die Zeit über vor seinem inneren Auge stand; sie galt der Vermeidung einer Gefahr, die doch nur um so sicherer nach ihm griff, als er sie mit allen Mitteln abwehren wollte – eine sich selbst erfüllende Prophezeiung im wahrsten Sinne des Wortes[38].

Erst von daher verstehen wir die eigenartige Paradoxie in Ahabs Verhalten. Wenn es ihm nur darum zu tun wäre, einer angedrohten Verstümmelung durch einen Wal auszuweichen, so hätte er lediglich machen müssen, wozu er als Kapitän in gewissem Sinne sogar verpflichtet gewesen wäre: unter den Schiffswächtern an Bord zu bleiben und das Erlegen der Wale den Harpunieren in den Booten seiner Steuerleute zu überlassen. Das eigentliche Thema aber ist, wie wir jetzt ganz klar sehen, nicht Moby Dick, es ist vielmehr eine zum Fluch gewordene Aggression, die der Wal bis zum Katastrophischen katalysiert. Dieser Aggression gegenüber verhält sich Ahab wie König Ödipus gegenüber dem Spruch des delphischen Orakels[39]: Gewarnt, er werde seinen eigenen Vater erschlagen und seine Mutter heiraten, unternahm der spätere Herrscher von Theben alles, um dem Fluch der Götter zu entgehen, und doch ging er mit jedem Schritt, den er tat, nur um so sicherer seinem Untergang entgegen. Ganz entsprechend will Ahab den »Wal« töten, um von ihm *nicht* verletzt zu werden, doch um so unausweichlicher wird er schließlich von ihm nicht nur versehrt, sondern vernichtet werden. Es geht bei Ahabs Haß auf Moby Dick um die Rache für eine Verletzung, die aus Angst vor dieser Verletzung selber zustande kam; eben darin besteht der offensichtliche Teufelskreis, in dem dieser Mann gefangen ist; doch die Angst vor der Verletzung geht selber auf eine Verletztheit und Verletzbarkeit zurück, die als Erfahrung viel tiefer liegt und die ihrerseits als ein Bedürfnis nach Rache sich aus einem weit ursprünglicheren Zusammenhang auf den Wal lediglich verschiebt. Und diese Erfahrung, so viel läßt sich hier bereits sagen, muß mit einer erlittenen Aggression zu tun haben, die als »Kränkung« und *Beleidigung* erlebt wurde.

In Spiegelung des offensichtlichen stoßen wir mithin auf einen zweiten, verborgenen Teufelskreis, der sich in jener schicksalhaften»Prophezeiung« von Ahabs Verletzung ausspricht und dessen Ablaufreihe sich so darstellen läßt:

erlittene Aggression	→ eigene Aggression	→ Angriff auf ein Ersatzobjekt
(Kränkung, Beleidigung)	(Rachebedürfnis, Wut)	(erlittene Verletzung, erfüllte Prophezeiung)

Betrachtet man diese Abfolge, so läßt sich die Leine ein Stück weit klarieren, in die Ahab sich seelisch auf tödliche Weise verfangen hat; denn es zeigt sich, daß die»Dämonie«, der»Irrsinn«, der Wiederholungszwang, denen er unterliegt, sich aus der *Verdrängung* eines zugrundeliegenden *aggressiven* Konfliktes ergeben, der offenbar die ganze weitere Persönlichkeitsentwicklung bestimmt hat. Ja, wenn wir die Verschiebung des»eigentlichen« Konfliktes hinter der *Wand* auf den Weißen Wal psychodynamisch deuten, so können wir auch sagen: Moby Dick anzugreifen ist für Ahab allem Anschein nach immer noch weit weniger gefährlich, als seinen ursprünglichen Zorn auf diejenige Person zu richten, welche die *Arglist*, die *Umkehrung*, die *Beleidigung* zu Beginn seines ganzen Lebens verursacht haben muß.

Wenn es so steht, können wir jetzt in der Tat die Kernfrage der gesamten Ahab-Tragödie stellen; sie lautet: Was sind die Gründe für *die Verdrängung* des»eigentlichen« Konfliktes? Was für einen paradoxen Vorteil soll es bieten, das ursprüngliche Gegenüber extremer Haß- und Rachegelüste projektiv gegen einen»unvernünftigen« Wal auszutauschen und diesen mit allen Attributen dämonischer Arglist zu überziehen? Die Lösung des Problems scheint darin zu liegen, daß es unter gewissen Umständen immer noch»besser« (in wörtlichem, moralischem Sinne) sein kann, ein monströses Tier anzugreifen als einen Menschen, der, in Kindertagen bereits recht eigentlich als ein Monstrum empfunden wurde; es erspart Schuldgefühle für mörderische Impulse, die in alle Zeiten dem Bewußtsein besser verborgen bleiben; würde man sich zur Rache für ein erlittenes Unrecht mit mörderischer Wut auf einen Menschen stürzen, so müßte man selber in Kauf nehmen, als Rechtsbrecher zu gelten; fällt man hingegen, wie Ahab, mit gezücktem Dolch über einen Wal her, so haftet einer solchen Tat in den Augen der anderen sogar etwas Heroisches an. Aus dem Verurteilenswerten wird das

Bewundernswerte, aus einem Verhalten kindlicher Ohnmacht die Leistung eines großen Mannes, aus etwas Verbrecherischem etwas Verdienstvolles.

Der »Sinn« ebenso wie der Mechanismus der Aggressionsverschiebung erscheint selbst wie ein Zwang der Psyche.

Und noch etwas verstehen wir jetzt: das ist die objektive *Sinnlosigkeit* des Angriffs, bei dem Ahab sein Bein durch den Weißen Wal verliert. Bisher haben wir das Ungestüm dieser wilden Attacke als eine einfache überschießende Aggression, als eine tobsüchtige Affekthandlung gedeutet; das ist sie wohl auch; doch aus was für Gründen? An dieser Stelle sehen wir klarer, wenn wir die körperliche Wucht Moby Dicks als Auslöser der lebenslänglichen Wut Ahabs gebührend in Rechnung stellen. Die physische Überlegenheit des angreifenden Weißen Wales muß in Ahab auf der einen Seite all den Zorn wiedererweckt haben, der einmal in einer vergleichbaren Situation der Unterlegenheit gegenüber einem Übermächtigen angelegt war; auf der anderen Seite aber dürfen wir die mutwillige *Vergleichgültigung* der eigenen Gefahr bei Ahabs Angriff auf den Wal nicht übersehen: Es ist keinesfalls nur die hinterhältige Bissigkeit Moby Dicks, die Ahab das Bein kostet, es ist wesentlich dessen eigenes Betragen, das zur Erfüllung jener dunklen »Prophezeiung« führt. Wie mutwillig provoziert Ahab bei seinem Angriff auf den Wal geradewegs seine Verletzung, und es ist, als suchte er sie wie eine *Strafe* zu erlangen, die auf seine eigenen verdrängten, projizierten und dann stellvertretend ausagierten Aggressionen stünde.

All dies läßt sich aus den »Prophezeiungen« der Verletzung und des Untergangs Ahabs schließen sowie aus dem fatalen Teufelskreis von Beleidigung und Rache. Etwas in früher Kindheit muß sich ereignet haben, das einem ganzen Menschenleben zum tragischen Schicksal wurde. Nur: was ist da passiert? Oder anders gefragt: Gegen wen richteten sich ursprünglich Ahabs Aggressionen, daß sie als strafenswürdig erscheinen konnten? Und wieso überhaupt sollten sie strafenswert sein, wenn sie, wie wir versichert sind, auf ein erlittenes Unrecht, auf eine zugefügte *Beleidigung*, auf eine *arglistige* Attacke antworteten?

Eingangs bereits haben wir die Vermutung geäußert, daß Ismael wie schicksalhaft gerade deshalb an der Seite des »wilden« Polynesiers Queequeg auf der *Pequod* anmustere, weil sein eigener Wunsch nach Bekämpfung von Gewalt und Unrecht in einer Person wie Ahab die bestmögliche Ausdrucksform zu erlangen vermöge. Doch dann haben wir die Flucht vor der »Stiefmutter«, den Wunsch, ein ganzer Mann zu werden, den Kampf gegen die verborgene Sehnsucht nach Rückkehr in die mütterliche Geborgenheit in dem packenden Bilde von *Land in Lee* (Kapitel XXIII) kennengelernt; jetzt scheint es an der Zeit, noch einen weiteren Zug des biblischen Ismael-Motivs auszumalen: die Gestalt *Abrahams* – den Einfluß eines verstoßenden Vaters auf die Seele seines Kindes und die Wirkung des Spruchs einer »göttlichen« Stimme, eines »Engels«, der, zum Segen oder zum Fluch, einer abgewiesenen Mutter das weitere Schicksal ihres Sohnes ansagt.

Stellen wir uns nur einmal ein Kind vor, das eines Tages erfährt, sein Vater habe gehandelt wie jener Stammvater Israels: – er habe die Mutter mitsamt ihrem Kinde fortgejagt und sie ihrem Schicksal überlassen; wird nicht ein solches Kind späterhin seinen Vater mit aller Kraft seines Herzens hassen und verwünschen? Denn gleich doppelt sind ihm die Gründe: Es war, wie es eines Tags wird erkennen müssen, dieser »Vater«, der es vorzog, rein biologisch seine Zeugungskraft zu erweisen, nur um in Kaltherzigkeit und Gedankenlosigkeit die Mutter seines Kindes abzuweisen, bis sie in eine so große Not und Wüsteneinsamkeit geriet, daß sie ihrem Sohn die benötigte Mutter kaum mehr zu sein vermochte; ihre »Stiefmütterlichkeit«, mit einem Wort, erscheint rückblickend ganz und gar als das Werk dieses »Vaters«, der, aus was für Gründen auch immer, sich weigerte, zu seiner Frau und seinem Kinde zu stehen.

Und darin liegt schon der weitere Grund ewiger Anklage: Dieser »Vater« hat durch sein Betragen wirklich die Mutter und damit auch ihren Jungen hinterhältig und *arglistig* (hier passen diese Vokabeln!) für das ganze Leben gedemütigt und *beleidigt*. Und das gilt es zu rächen! Darauf zuerst richtet sich alle moralische Wut und Empörung. Einen solchen Vater müßte und muß man suchen, um Gerechtigkeit zu erlangen – gegen ihn!

Doch: darf ein Kind, kann ein Junge seinen eigenen Vater hassen, ohne selbst mörderische Schuldgefühle dabei zu empfinden? Ist es nicht ein schlechtes Kind, wenn es seinen Vater als schlecht verklagt? Nennt es sich nicht selbst den Sohn eines Schuldigen, wenn es den eigenen Vater schuldig spricht? Und wie gar, wenn man genötigt ist, diesen »Vater« nach biblischem Zeugnis für einen ehrwürdigen Patriarchen, für einen Erwählten und Gottesliebling, zu halten?

Es genügt, den Konstellationen der Ismael-Situation psychologisch nachzugehen, um den Hintergrund der Gefühle und Motive auch eines Ahab zu begreifen! Wirklich ist Ismael in Ahab enthalten, so wie umgekehrt Ahab in Ismael.

Allerdings müssen wir wieder davor auf der Hut sein, das feine Garn MEL-VILLEscher Namengebungen interpretativ überzubelasten. Es ist von daher nicht nur wünschenswert, sondern geradezu unerläßlich, daß wir uns an dieser Stelle einmal umschauen und uns der Frage zuwenden, wie denn sonst das Thema Aggression und Gewalt, Rache und Haß in MELVILLES Werk Gestalt gewinnt. Vier Stellen lassen sich dabei zum Vergleich heranziehen, zwei außerhalb, zwei innerhalb des *Moby-Dick*, die alle miteinander eines gemein haben: sie erzählen von Mordphantasien gegenüber der Willkür einer überlegenen (Vater)Autorität; alle vier können deshalb ein Stück dazu beitragen, etwas vom Wesen und vom Charakter auch und besonders eines »Ahab« zu verstehen.

γ) *Vier Phantasien von Mord und Vergeltung*
Ein Jahr vor Abfassung des *Moby-Dick*, im Jahre 1849, berichtete MELVILLE davon, wie an Bord der Fregatte *Neversink* sein Ich-Erzähler »Weißjacke« vollkommen unschuldig, wegen Nichterfüllung eines für ihn unverständlichen Befehls, zur Strafe der Auspeitschung verurteilt wird, – ein furchtbares Tribunal, dessen menschenrechtswidrige, sadistische Praxis er bereits mehrfach geschildert und auf das schärfste verurteilt hatte. (*Weißjacke*, XXXIV–XXXVI 730–743) An dieser Stelle des Romans hat Kapitän Claret bereits die Gratings herrichten lassen – die lattenrostförmigen Abdeckungen der Luken, an welche man einen Sträfling mit gespreizten Gliedern vor dem Auspeitschen zu binden pflegte –, und Weißjacke muß einsehen, daß sein *Fall hoffnungslos* ist. Wohl fühlt er sich vollkommen unschuldig, aber, schreibt er, *das alles war so gut wie nichts*... *der Bootsmann stand bereit und zog schon seine gekrümmten Finger durch die Schnüre der ›Katze‹* (sc. der Peitsche, d. V.). *Es gibt Augenblicke*, notiert er weiter, *in denen dem Menschen wilde Gedanken durchs Herz ziehen, in denen er fast unverantwortlich scheint für sein Tun und Handeln.* So jetzt. Vor ihm steht der Kapitän, *auf der Wetterseite des Decks*, und schräg hinter ihm befindet sich *die Öffnung der Leefallreeps*, an welcher *nur ein kleines Stück Kabelgarngeflecht* als Reling dient; das Deck des unter dem Wind liegenden Schiffes ist leewärts geneigt, und so würde ein einziger gezielt geführter Stoß den Kapitän über Bord schleudern, selbst wenn der Stoßende dabei mit in die See geworfen werden würde. *Ich vermag nicht zu sagen*, erinnert sich Weißjacke, *was ich in meinem Herzen empfand, aber in diesem Augenblick stockte es in mir. Was mich aber zu meiner Absicht trieb, war gar nicht der Gedanke, daß Kapitän Claret dabei war, mich zu entwürdigen, und ich hätte meinem Innern einen Eid geleistet, daß er dies nicht dürfe. Nein, ich fühlte mein Menschentum so abgrundtief in mir, daß kein Wort, kein Schlag, keine Peitsche Kapitän Clarets mich deshalb tief genug*

treffen konnte. Ich gab nur einem Instinkt in mir nach, dem Instinkt, der glei-
chermaßen in der ganzen belebten Natur vorhanden ist, derselbe, der einen
Wurm veranlaßt, sich unter dem Absatz zu krümmen. Indem ich unsere Seelen
aneinanderfesselte, beabsichtigte ich, Kapitän Claret von seinem irdischen
Richterstuhl herab und vor den Jehovas zu reißen, um Ihn zwischen uns ent-
scheiden zu lassen. Auf keine andere Weise konnte ich der Peitsche entgehen....
Das eingeborene und unveräußerliche Vorrecht, das jeder Mensch besitzt, sich
selbst zu töten und anderen den Tod zuzufügen, wurde uns nicht ohne Absicht
gegeben. Das ist die letzte Rettung für ein beleidigtes und unerträgliches
Dasein. (*Weißjacke*, LXVII 872–873)

Eine verzweifelte, mörderische Wut braut sich da zusammen angesichts einer Form von Gewalt, die als ein schlimmes Unrecht empfunden wird und die überhaupt nur ausgeübt werden kann, weil eine absolut sich gebende Autorität die oberste Rechtsinstanz selbst zu sein beansprucht; mit dieser Instanz ist nicht zu reden – in *Omoo* (XXI 371–372) hat MELVILLE einmal sarkastisch eine Befragungsmethode ironisiert, die, wie vor amerikanischen Gerichten üblich, nur Antworten mit Ja oder Nein zuläßt und kein »aber« erlaubt, mit dem gewünschten Effekt, daß jede Erklärung der gegebenen Umstände einer Situation unmöglich wird. Wie soll Gerechtigkeit geübt werden können, wenn man über einen Menschen als »Täter« zu Gericht sitzt, von dem man im Grunde gänzlich abstrahiert, indem man überhaupt von ihm nur wissen will, was er getan hat, nicht aber, wer er ist, wie er zu seiner Tat kam, was in ihm vor sich ging ...?

Weißjacke befindet sich in einer Situation, in welcher ihm jegliches Recht abgesprochen wird, obwohl er subjektiv sich vollkommen im Recht weiß – er hat durchaus nichts Strafwürdiges getan; und doch ist er im Namen von Recht und Gesetz zu einer drakonischen Strafe verurteilt worden. Nicht die physische Tortur, die in der Auspeitschung als Strafform liegt, nicht die demonstrative Entehrung vor den Augen der Schiffsmannschaft, die mit derartigen Mitteln in Schach gehalten werden soll, nicht der stupide Gehorsam, mit dem die angeordnete Züchtigung ausgeführt wird, macht das aus, was Weißjacke zum äußersten treibt; sein innerer Aufruhr richtet sich gegen die prinzipielle Rechtlosigkeit, die entsteht, wenn die herrschende Macht selber das Recht zu sein beansprucht beziehungsweise wenn der Formalismus des Gesetzes überhaupt nur den Zweck verfolgt, die bestehenden Herrschaftsverhältnisse für sakrosankt zu erklären[40]. Wird die Macht, das heißt der Machthaber, der Vorsteher, die Autorität, zur Quelle des Rechts, so verwandelt sich der Mensch in ein rechtloses Subjekt, dann hört er auf zu existieren, denn fortan existiert nur noch die Dienstvorschrift, die Pflicht, die Institution – der Staat, das Militär, die Behörde, die Verwaltung... In einer Welt, die so gestellt ist, ist nicht *etwas* falsch, sondern *alles*; eine solche Welt ist die Falschheit im ganzen; in ihr kann man nicht leben, wenn man ein Mensch bleiben will. Für Weißjacke wird die unrechtmäßige Auspeitschung, die gleichwohl als rechtens angeordnet wird, zu einer Frage auf Sein oder Nichtsein, auf Mord oder Selbstmord, zu einem letzten Ausweis menschenwürdiger Existenz.

Dabei haben wir es in *Weißjacke* nur mit einer einzigen, allerdings extremen Szene zu tun; in Ahabs Fall hingegen müssen wir uns das Gefühl von Auflehnung und Empörung, das den Matrosen am Fallreep überkommt, auf Dauer gestellt denken: Was den Kapitän der *Pequod* antreibt, ist keine Augenblicksreaktion auf ein momentanes Unrecht, sondern ein Lebensgefühl gegenüber dem gewalttätig verfügten Unrecht der Einrichtung der ganzen Welt. Es ist, wie wenn Weißjacke auf Grund eines einzigen Vorfalls zu einer grundsätzlichen, alles in Frage stellenden, verheerenden Einsicht getrieben worden wäre: Es stimmt im Leben, wenn so etwas möglich ist, absolut nichts mehr – beginnend beim Kriegsrecht der amerikanischen Marine, sich fortsetzend über den Zustand der Staaten, die allüberall auf Erden Kriege führen oder vorbereiten, bis hinauf zur Ordnung der gesamten Natur, die voll ist von Grausamkeit und Schmerz, gipfelnd in der Konsequenz, daß der Schöpfer selbst vor Gericht gehört, wie Ahab sich ausdrückt. (*Moby-Dick*, CXXXII 823) Bezeichnenderweise spielt es dabei keine Rolle, daß Weißjacke an Bord der *Neversink* nicht ein einziger Peitschenhieb verabreicht wird, – glücklicherweise wird er durch die Intervention zweier Kameraden, darunter seines Freundes Jack Chase, von der vorgesehenen Strafe im letzten Moment noch befreit, so daß er weder zu Mord noch zu Selbstmord gedrängt wird; wesentlich ist das seelische Erleben einer kränkenden Ohnmacht, ist die bittere Erfahrung des Verlusts jeglichen Eigenwerts, ist die Behauptung des verbleibenden Rests von Menschlichkeit allein in Rebellion und Rache. Dieses Thema hat MELVILLE in seinen Werken immer wieder berührt.

Noch die 1888 geschriebene (1924 veröffentlichte) Novelle *Billy Budd*, die im übrigen jenem englischen Seemann Jack Chase gewidmet ist, der 1843 auf der Fregatte *United States* zusammen mit MELVILLE Dienst tat, beschreibt einen wirklichen Übergriff auf einen Vorgesetzten, den sich der Vortoppmann auf dem Kriegsschiff *Indomitable* hat zu Schulden kommen lassen. Auch Billy Budd ist eine Art »Ismael«, ein Findelkind von nicht un-edler Herkunft, vaterlos, ohne Selbstgefühl, wie ein Hund lebend – gutmütig, instinktiv, treu, *ein richtiger Barbar … wie Adam, ehe die vielgewandte Schlange sich in seine Gesellschaft schmeichelte.* (II 15–16) Diese »Schlange« erscheint in Gestalt des Waffenmeisters John Claggart, dessen Vorgeschichte ebenfalls unbekannt bleibt, so daß man nicht begreift, warum er ausgerech-net *auf den hübschen Matrosen* Billy ein Auge geworfen hat. (X 38) Auch Claggart will, wie Ahab, etwas vernichten, doch nicht das Böse; was er aus-rotten möchte, ist die Schönheit, die Unschuld, die Sympathie, die er in dem allseits beliebten Billy Budd realisiert sieht; und obwohl es heißt, daß der *Wahnsinn einer solchen bösen Natur,* wie sie Claggart eigen ist, *angeboren von Kindheit an* gewesen sein müsse als *eine Verdorbenheit, die aus der Natur ent-springt* (X 40), bietet MELVILLE über diese »calvinistische« Deutung des Bösen hinaus eine Reihe von Hinweisen, die helfen können, selbst das Betra-gen eines solchen Erzschurken wie dieses Waffenmeisters zu begreifen[41].

Denn denken darf man, daß Billys *hübsches Gesicht* und seine *auffallende Schönheit* (XI 41) auf Claggart, nicht anders als auf die gesamte Mannschaft, ursprünglich einen gewissen liebreizenden Eindruck hinterlassen haben wird. Doch nun kommt es, wie bereits SIGMUND FREUD in seiner ersten Studie über eine verdrängte Form von Homosexualität dargelegt hat[42]: Statt den an Bord der *Indomitable* gepreßten Matrosen auf kameradschaftliche Weise zu mögen, wird Claggarts Aufmerksamkeit von ihm gänzlich in den Bann gezogen; positiv besetzt, würde er sich in den jungen Mann wohl ver-liebt haben; doch das Gegenteil tritt ein: er haßt Billy Budd. MELVILLE nennt als Grund dafür zwei Haltungen, die sich eigentlich widersprechen müßten, die aber, nach seinen Worten, *wie siamesische Zwillinge in dem gleichen Herzen zur Welt kommen:* Neid und Abneigung. (XI 41) In der Tat: Claggart bewundert insgeheim Billy Budd; er vergleicht sich mit ihm, und er möchte sein wie er, doch nur um festzustellen, wie anders er – nicht zuletzt durch die unvorteilhafte Form seines Kinns – in den Augen anderer erscheinen muß. Es ist unter diesen Umständen nicht zuviel gesagt, wenn man behauptet, daß Claggart in Billy den Menschen haßt, der er selber gern wäre, aber nicht ist und auch niemals sein wird. Da aber der Gedanke an den Vortoppmann ihn nicht losläßt, beginnt er sich von ihm verfolgt zu fühlen. In MELVILLES Dar-stellung erscheint es als Beweis der abgrundtiefen Hinterhältigkeit und Bos-heit des Waffenmeisters, wenn dieser den völlig unschuldigen Matrosen in einer entscheidenden Szene vor Kapitän Vere auf Anstiftung und Beteili-gung an einer Meuterei verklagt; psychoanalytisch indessen spricht vieles dafür, daß Claggart sich in eine paranoische Gestimmtheit des Erlebens hineinsteigert. Ich liebe ihn – ich darf ihn nicht lieben – ich möchte (wie) er sein – ich kann nicht (wie) er sein – ich verfolge ihn – ich hasse ihn – er haßt mich – er verfolgt mich: über solche Zwischenschritte läßt sich der Weg Claggarts in den Beziehungs- und Verfolgungswahn nachzeichnen. Doch wenn selbst ein Autor wie MELVILLE davor kapituliert, das Rätsel des »Bösen« im Herzen Claggarts zu lösen, wie soll dann ein so schlichtes Gemüt wie Billy Budd darauf eine angemessene Antwort finden?

Als der junge Matrose die absolut unbegründete Anschuldigung des Waffenmeisters anhört, staut sich in ihm eine ungeheuere Erregung; er möchte etwas sagen, doch er ist ein Stotterer[43], – die Sprache versagt ihm, *bis er ... sehr bald völlig erlahmte mit dem Ausdruck eines Gekreuzigten. Gleich darauf und schnell wie der Feuerschein einer bei Nacht abgefeuerten Kanone fuhr sein rechter Arm in die Höhe, und Claggart stürzte zu Boden, wie eine schwere Planke der Länge nach ... Er röchelte ein- oder zweimal und rührte sich nicht mehr.* (XVII 65). – Nein, es gab keine Feindschaft zwischen uns, wird Billy Budd wenig später vor dem unverzüglich einberufenen Kriegsgericht sagen, *ich habe nichts gegen den Waffenmeister gehabt. Es tut mir leid, daß er tot ist. Ich wollte ihn nicht töten. Hätte ich reden können, so hätte ich nicht zugeschlagen. Aber er log mir gemein ins Gesicht vor meinem Kapitän, und ich mußte etwas erwidern und konnte es nur durch einen Schlag tun. Gott helfe mir.* (XVIII 72) Billy Budd, obwohl selbst der gebildete und feinsinnige Kapitän Vere ihn für *unschuldig ... vor Gott* hält (XVIII 77), wird nach dem Wortlaut des mitleidlosen, nur die »Straftat« berücksichtigenden Kriegsrechts hingerichtet[44], und sein Tod, der wie das Opfer Abrahams im Gehorsam gegenüber einem grausamen Dämon von Gott wirkt (XIX 82), vollzieht sich, während *die Sonne das tief im Osten ausgebreitete Wolkenvlies* durchbricht und *in sanfter Glorie* aufscheinen läßt, so daß der an der Rahe des Großmastes aufgehängte Körper Billy Budds erscheint wie *in mystischer Vision das Lamm Gottes am Himmel.* (XXII 91)

Wir werden auf diese verhaltene Kritik MELVILLES an einem Rechtssystem, dessen Formalismus den Menschen buchstäblich eliminiert, noch ausführlich bei der Frage nach der Möglichkeit einer verinnerlichten Form von Religion zu sprechen kommen; in unserem Zusammenhang jetzt ist von Belang nur die bebende Erregung, der mörderische Aufruhr, die ohnmächtige Wut und die zur Gewalttat drängende Befreiung, in denen Billy Budds Verhalten gegenüber dem bösartigen Claggart auf das deutlichste der Haltung Kapitän Ahabs gegenüber dem Weißen Wal entspricht. Beide haben es mit einer überlegenen Macht zu tun, die ihnen Unrecht zufügt, und beide versuchen nichts anderes, als sich zu wehren zur Wiederherstellung ihrer Menschenwürde, nur daß, wie bei Weißjacke, das Erleben Billy Budds sich auf einen einzigen Augenblick konzentriert, während ein einziger Augenblick im Falle von Ahab das ganze Erleben bestimmt.

Ein drittes Mal erzählt MELVILLE von dem Zusammenhang zwischen erlittenem Unrecht und Rache an einer Stelle des *Moby-Dick* in der deutlichen Absicht, mit einer Hintergrundgeschichte sich dem unheimlichen und unheilvollen Wesen des Kapitäns der *Pequod* selbst anzunähern. Einer der ersten Walfänger, dem sein Schiff auf offener See begegnet, ist die vorwiegend mit Polynesiern besetzte *Town-Ho*, von deren Leuten Ismael beim Gam die folgende Geschichte in Erfahrung bringt; es handelt sich, wie hervorgehoben wird, um eine *zuverlässige Nachricht von Moby Dick*, welche der Neugier der Mannschaft auf den Wal noch den Eindruck eines dunklen Vorzeichens hinzufügt, die aber *das Ohr Kapitän Ahabs oder seiner Steuerleute* niemals erreichen wird; unter diesen Umständen enthält die Erzählung so etwas wie eine vorgreifende Begründung der kommenden Tragödie der *Pequod* durch die Darstellung einer seelischen Dynamik, die man nur in den »tieferen« Schichten des »Unbewußten« zu erkennen vermag und von der deshalb auch nur unter den Backsgasten, unter den niedrigstgestellten Matrosen, etwas zu erfahren ist; Ismael trägt diese Begebenheit später als eine in sich geschlossene Geschichte am Goldenen Hofe in Lima vor[45] – als eine Begebenheit, die er unter einem heiligen Schwur auf ein Evangeliar als *wahr im Kern und in den wesentlichen Zügen* erklärt[46] und für die er sich mit seiner persönlichen Erfahrung verbürgt, wie um ihre verborgene Bedeutung auch in bezug zu seiner eigenen Person zu unterstreichen. (*Moby-Dick*, LIV 393; 422)

Die Geschichte beginnt damit, daß die *Town-Ho* in den Fanggründen des Pazifischen Ozeans unten in der Last, wie man beim morgendlichen Lenzen feststellt, mehr Wasser macht als normal; um das Schiff kielholen zu lassen, befiehlt der Kapitän, Vollzeug zu setzen und Kurs auf den nächstgelegenen Hafen zu nehmen; alles wäre gutgegangen, wenn es da nicht den *brutalen und hoffärtigen* Radney, ein Steuermann aus Nantucket gegeben hätte, der es auf Steelkilt abgesehen hat, einen Desperado und Seenfahrer aus Buffalo, *den er für deutlich stolzer und mannhafter* hält *als sich selbst* und demgegenüber er eben deshalb *eine unüberwindbare, tief verbitterte Abneigung empfindet*. Wie Billy Budd ist auch Steelkilt *ein edles Geschöpf, großgewach-*

sen, mit einem römischen Haupte und einem wallenden goldenen Barte, wohingegen Radney *häßlich* ist *wie ein Maultier und ebenso zäh, störrisch und arglistig.* (LIV 395; 399) Dementsprechend fallen denn auch die Scherze aus, die man beim Lenzen über den Steuermann macht; der wiederum, um sich zu revanchieren, will Steelkilt, den er für den Rädelsführer des Spottes hält, zusätzlich zum Deckschrubben beordern. Als dieser aber verständlicherweise sich weigert, bedroht Radney ihn mit einem Hammer und mißachtet die wütenden Drohungen, die sein Gegner mit geballten Fäusten gegen ihn ausstößt, *er werde ihn umbringen, sollte der Hammer seine Wange auch nur streifen.* Indes die *Götter, Gentlemen,* erzählt Ismael, *hatten den Toren gebrandmarkt und für die Schlachtbank bestimmt;* denn als dieser trotz allem zum Schlage ausholt, zerschmettert Steelkilt den Unterkiefer des Unbelehrbaren. (LIV 403) Augenblicklich kommt es zu einem wüsten Handgemenge zwischen den Leuten des Kapitäns und neun Anhängern Steelkilts, die sich hinter einer Barrikade aus vier Fässern neben dem Gangspill verschanzen und in Verhandlungen über Straffreiheit für ihr Gebaren eintreten möchten; ohne etwas zu versprechen, nötigt der Kapitän sie, sich unter Deck zu begeben, und als es soweit ist, sperrt er sie in der Last ein. Nach und nach aber kapitulieren die Gefährten, und so sieht sich nach Tagen des Widerstands Steelkilt in den Besanwanten angebunden; doch als der Kapitän ihn, wie andere seiner Kameraden zuvor schon, mit einem Tampen verhauen will, um der Gerechtigkeit Genüge zu tun, zischt Steelkilt etwas, das außer dem Kapitän niemand zu hören vermag, das diesen aber erschrocken und hastig bestimmt, zurückzuweichen und auf den Vollzug der Strafe zu verzichten; und auch Radney, der schon begeistert bereitsteht, den Kapitän bei der Auspeitschung seines Widersachers zu ersetzen, zuckt vor einem zweiten Zischen Steelkilts zurück.

Im weiteren plant der Aufsässige Rache an seinem Quälgeist zu nehmen, indem er ihn, der auf dem Schanzkleid achtern, auf das Dollbord des Fangbootes gelehnt, vor sich hinzuschlafen pflegt, bei passender Gelegenheit umzubringen gedenkt. Doch in *einer geheimnisvollen Fügung des Schicksals schien ... der Himmel höchstselbst einzugreifen, um aus seinen Händen in die eigenen zu nehmen, was er sonst getan und was ihn sonst verdammt hätte.* Denn plötzlich, *zwischen Tagesanbruch und Sonnenaufgang,* just am Morgen vor der Ausführung von Steelkilts Mordplan, wird ein ungeheurer Wal ausgerufen – Moby Dick, ein *überaus weißes und höchst berühmtes und tödlich gefährliches, unsterbliches Ungeheuer,* wie Ismael seinen Zuhörern in Lima erklärt; ja, Gentlemen, ergänzt er, *eine seltsame Schicksalsfügung waltet über den Lauf dieser Ereignisse, so als sei ihr Kurs abgesteckt worden, bevor die Karte der Welt gezeichnet war.* (LIV 416–417) Denn als der Harpunier das Fangboot Radneys an dem Wal festgemacht hat und dieser selbst, wie für einen Steuermann üblich, mit der Lanze in der Hand sich zum Bug begeben hat, will er sich auf dem Rücken des Wals absetzen lassen, um ihm gezielter den Todesstoß geben zu können; in einem Wirbel aus Gischt aber läuft das Boot auf den Wal auf, holt plötzlich stark über, und so wird der Steuermann außenbords in die See geschleudert, jenseits des Wals; während das Boot zurückfällt, bietet sich Steelkilt der Anblick, wie Moby Dick sich jäh herumwirft und, *einem Mahlstrome gleich, ... den Schwimmer mit seinen Kiefern* packt, sich hoch mit ihm aufbäumt, wieder aufs Wasser schlägt und mit seinem Opfer hinabfährt. Augenblicklich kappt Steelkilt die auslaufende Harpunenleine; noch einmal hebt Moby Dick sich aus dem Wasser, die Fetzen von Radneys rotem Wollhemd zwischen den Zähnen, zieht davon *und ward nicht mehr gesehen.*[47] (LIV 418)

Als dann die *Town-Ho* fernab der Zivilisation einen Hafen erreicht, desertieren Steelkilt und mit ihm nahezu sämtliche Backsgasten. Um die Mannschaft wieder aufzufüllen, versucht der Kapitän in einem Fangboot Tahiti zu erreichen, wird aber vor einer Koralleninsel von Steelkilt aufgebracht und gezwungen, sechs Tage lang auf dem Eiland zu bleiben, während dieser selber Tahiti ansteuert und mit seinen Leuten auf zwei Schiffen anmustert, die nach Frankreich auslaufen. Auf diese Weise bleiben die Desperados *ihrem früheren Kapitän... stets voraus, so dieser überhaupt daran dachte, sie mit der Rache des Rechts zu überziehen.* (LIV 420) Die *Town-Ho* aber muß froh sein, mit einer Gruppe halbzivilisierter Polynesier wieder auf Fahrt gehen zu können.

Was an dieser Geschichte, muß man sich fragen, soll derart geheimnisvoll sein, daß sie nur in der Back erzählt werden darf, und wozu die feierliche Beschwörung ihrer Wahrheit? Offensichtlich nimmt Radney mit seinem ungestümen Angriff auf den Wal bereits das Schicksal Ahabs vorweg[48]; die Erzählung besitzt in der Tat »prophetische« Bedeutung und reiht sich ein in die Vielzahl all der anderen unheilverheißenden Vorzeichen. Wichtiger noch als diese Parallele eines schicksalhaften Endes aber ist die Rolle, die Moby Dick in dieser Erzählung ausübt, verkörpert er doch die Straf- und Rachephantasien, mit denen der Haudegen Steelkilt seinen Vorgesetzten überzieht. Mit anderen Worten: die verborgene Wahrheit dieser Geschichte scheint darin zu liegen, daß Moby Dick (unter anderem auch, aber wesentlich) die Aggressionen symbolisiert, die sich, wie bei Weißjacke, wie bei

Billy Budd, so jetzt auch bei Steelkilt, auf die entwürdigende Behandlung von seiten einer unangreifbaren Autorität richten.

Der Weiße Wal steht mithin für beides: für die überlegene Macht (der Vaterautorität, des übergeordneten Dienstgrades, des Gesetzes, der Naturordnung) und für den Zorn, den diese im Herzen des Unterlegenen durch ihre erniedrigende und beleidigende Vorgehensweise erregt. Alle Ungebärdigkeit und Ungesetzlichkeit, alle schäumende Wut und Wildheit, alles Verlangen nach Vergeltung und Rache gewinnt seine Gestalt in dem Weißen Wal; doch gleichzeitig verkörpert dieser auch die Strafe für solches Streben. Wie Steelkilt samt seinen Seelenverwandten weidet auch Ahab sich an den Phantasien maßloser Vergeltung für das, was ihm seine Integrität als Mensch geraubt hat oder zu rauben droht, und doch zeigt der Angriff Radneys auf den Weißen Wal, wie tragisch seine Rache enden wird. Innerhalb des ewigen Kreislaufes von erlittener Gewalt und zugefügter Gewalt wird es nur einen endgültigen Sieger geben: die Gewalt selber – Moby Dick[49].

Was aber wäre die Konsequenz aus einer solchen Erkenntnis? Dazu eine vierte Episode.

In gewisser Weise ist es der stets um gute Laune bemühte Zweite Steuermann Stubb, der auf seine höchst unkomplizierte Art für sich selbst eine pragmatische Lösung für die Frage bereithält, wie man mit einer beleidigenden Behandlung durch einen Vorgesetzten, durch den verstoßenden Vater im Kontext des Ismael-Themas, umgeht. Gelegenheit dazu bietet ihm Ahab selbst; denn als dieser mit seiner Walbeinprothese polternd des Nachts über das Deck stampft, auf der Flucht vor seiner Kajüte, als sei sie sein Grab, weckt er seine *knochenmüden Steuerleute* aus dem wohlverdienten Schlaf, und so steigt Stubb an Deck mit dem Vorschlag, doch vielleicht Tauwerk um den Stumpen zu wickeln. Ahab begreift natürlich, daß Stubb vollkommen recht hat, und doch muß er ihn als erstes zurückweisen: er sei keine Kanonenkugel, der man einen Wergpfropfen hinzufügen müsse; dann gibt er freilich zu, nur nicht daran gedacht zu haben; und doch erregt ihn der eigene Fehler derart, daß er sogleich wieder nur um so mehr auftrumpft: *Hinab mit dir*, fährt er Stubb an, *ins nächtliche Grab, wo deinesgleichen zwischen Leichentüchern schläft, auf daß ihr euch daran gewöhnen mögt, an eurem Ende eins zu füllen.* Worte wie diese offenbaren wohl nicht nur Ahabs eigene Angst vor dem Schlaf als dem Bruder des Todes, sie sprechen unverhohlen auch den Todeswunsch des Kapitäns für seinen Steuermann aus, weil dieser es gewagt hat, ihn auf ein Versäumnis hinzuweisen! In einem vierten Schritt findet Ahab es dann sogar richtig, auf seine uneingeschränkte Machtbefugnis zu pochen: Ein Mann wie er kann machen, was er will; ein Mann wie er braucht sich, ja, hat sich nichts sagen zu lassen; ein Mann wie er hat selbst das Sagen … *Kusch dich, du Hund, ab in die Hütte.* Und als Stubb protestiert, er sei es nicht gewohnt, sich derart beleidigen zu lassen, setzt Ahab ihm noch weiter zu und schleudert ihm mit zusammengebissenen Zähnen Worte wie *Esel* und *Maultier* entgegen: *Schafskopf, und ab mit dir, oder ich sorge dafür, daß du vom Erdboden verschwindest.* (XXIX 217–218) Ahab muß recht haben bis zum äußersten, selbst dann und gerade dann, wenn er weiß, daß er unrecht hat, denn unrecht zu haben, nicht fehlerfrei und perfekt zu sein – das bedeutet das Todesurteil über ihn selbst –, das stellt für ihn sogleich die Frage auf Sein oder Nichtsein. Wie aber reagiert Stubb darauf? Natürlich »kuscht« er. *Du sollst nicht denken, das ist mein elftes Gebot,* schärft er sich selbst ein, *und du sollst schlafen, wenn du schlafen kannst, das ist mein zwölftes.* (XXIX 219)

Aber in dieser Nacht wird Stubb schlecht schlafen, denn er wird einen sonderbaren Traum haben, den er am anderen Morgen Flask erzählt: Er sieht, wie der Alte mit seinem Knochenbein nach ihm tritt, und als auch er ihm einen Tritt verpassen will, hat er sich selber das Bein abgetreten. – Bereits in dieser kurzen Traumszene steckt nicht nur eine Warnung an Stubb, Gleiches mit Gleichem, Aggression mit Aggression vergelten zu wollen, es ist darin auch eine vollständige Erklärung für die Einbeinigkeit Ahabs enthalten: Seine ungehemmte Bereitschaft, eine zugefügte Kränkung mit Wut und Zerstörung zu beantworten, führt allererst zu der Krankheit, die er dann wieder als Kränkung erlebt. – Und mehr noch, gleich in der nächsten Bildsequenz verwandelt sich Ahab vor Stubbs Augen in eine Pyramide, gegen die er sinnloserweise nur immer weiter tritt. Er selber gerät damit in die Gefahr, auf Ahab zu antworten wie Ahab selber im Umgang mit Moby Dick. Doch dann zeigt der Traum einen Ausweg, wie er gerade für Stubb charakteristisch ist: Er bagatellisiert die Kränkung, die Ahab ihm zugefügt hat, – mit einem Walbein oder mit einem Stock geschlagen zu werden sei immer noch besser, erklärt er, als mit einer lebendigen Hand verprügelt zu werden. Wie um ihm eine Nachhilfe zu seiner Erkenntnis zu geben, erscheint zudem plötzlich ein *alter, buckeliger Meergreis,* der ihn fragt, was er da mache; und als er dem Alten bedeutet, er solle sich aus der Sache heraushalten, und droht, ob auch er einen Fußtritt haben wolle, dreht dieser sich um und zeigt ihm sein Achterteil, das voller Marlspieker steckt (den spitzen Metalldornen zum Umnähen von Segeln oder zum Spleißen von Tauen). *Ich werd Euch keinen Fußtritt verpassen* ist alles, was Stubb auf diesen Anblick hin sagen kann, und so verkündet er Flask als die Summe seiner Einsicht: *Das beste ist, man läßt den Alten in Ruhe und gibt keine Widerworte.* (XXXI 224–225)

Eine solche Einstellung resignierter Unterwerfung mag gewiß »weiser« erscheinen als die endlose Raserei Ahabs, doch birgt sie gerade in der Nähe einer Persönlichkeit wie der des Kapitäns der *Pequod* tödliche Gefahren: man *müßte* Ahab widersprechen, wären Weisheit und Mut miteinander verpaart; man müßte ihm die Marlspieker, die wohl auch ihn selber ruhelos peinigen, Stück für Stück aus dem Gesäß ziehen. Doch nicht einmal Starbuck wird das in jener entscheidenden Situation zu tun wagen, als Ahab den Ersten Steuermann mit der Muskete in der Hand aus seiner Kajüte hinauswirft (CIX 727–730) – wir werden auf diese Szene sogleich zurückkommen, wenn wir Ahabs gottgleiche Stellung an Bord der *Pequod* zu verstehen suchen.

Was aber das Verhältnis von Ahab zu dem Weißen Wal angeht, so zeigen die Parallelstellen zum Thema Zorn und Empörung im Werke MELVILLES, was hinter der Kränkung durch den Weißen Wal eigentlich steckt: eine Beleidigung und Zurückweisung, ein Bestraft- und Verstoßenwerden von seiten einer väterlichen Autorität, die sich im Besitz göttlicher Rechte wähnt, während sie auf teuflische Weise Unrecht verübt. Wenn wir Ismael und Ahab eingangs nur auf der Ebene von Freiheit und Flucht, Wildheit und Aggression einander zugeordnet haben, so begreifen wir jetzt, daß wir es dabei nur erst mit der Ebene reiner »Symptome« zu tun hatten; in Wirklichkeit benennt der Name »Ismael« als Chiffre einen Komplex seelischer Ursachen, die eine Persönlichkeit wie Ahab hervorbringen: die Gestalt eines Menschen, der auf Leben und Tod um seine Würde, um seine Wertschätzung, um seine Anerkennung kämpft und dabei auf furchtbare Weise scheitert, – eines Kains, der als Vertriebener mit Gewalt die Engel zu bekämpfen sucht, die ihm mit dem Flammenschwert in der Hand die Rückkehr in das verlorene Paradies seiner elterlichen Heimat versperren. (Gen 3,24)

e) Ahab und Fedallah oder: Sonnenanbeter im Widerspruch

Immer wieder beeindruckend ist dabei das biblische Format, das die Ahab-Tragödie besitzt. Ismael, Kain – wie ist es möglich, daß ein gotterwählter, gar ein göttlicher Vater seine »Kinder« verstößt?

MELVILLES *Moby-Dick*, so viel wissen wir jetzt, beschreibt die Seele eines zutiefst Gekränkten, eines Verstoßenen, der sich rächt für seinen Zustand –

projektiv und symbolisch an einem Ungeheuer von Tier, in Wirklichkeit aber, wie wir jetzt sehen, an einem Ungeheuer von Mensch beziehungsweise an einem ungeheuerlichen Gott. Wie lauteten doch Ahabs Worte im Angesicht der züngelnden Flammen auf den Masten seines Schiffes? *...du bist nur mein feuriger Vater,* rief er in das Elmsfeuer hinein, *die sanfte Mutter kenn ich nicht. Was hast du, Grausamer, ihr angetan?* Diese Worte sprechen von Gott, was aber sagt damit Ahab über Ahab? (CXIX 772)

In einer psychoanalytischen Betrachtung dürften Sätze wie diese als ein klarer Beweis für den ödipalen Grundkonflikt in der Psychologie des Kapitäns der *Pequod* gelten: Es ist die gnadenlose, mutterlose Welt, die Ahab derartig erbost und die er seinem »Vater« zum Vorwurf macht. Insbesondere wenn er vor seiner Mannschaft davon spricht, daß es Moby Dick gewesen sei, der ihn *entmastet* und zu einem *erbärmlichen, humpelnden Krüppel gemacht* habe (XXXVI 272), drängt sich der Gedanke förmlich auf, die Verkrüppelung dieses gequälten Mannes als *Kastration* durch den Vater zur Strafe für seinen Zorn auf den Vater zu deuten – ganz so, wie Stubb in seinem Traum sein Bein verliert, als er in Vergeltung für den erlittenen Tritt seinen Kapitän zu treten sucht. (XXXI 223)

Diese klassische These der psychoanalytischen Literaturinterpretation bestätigt sich, wenn Ahab in einem Wortspiel den alten Manxmann von der Insel Man einen Man entwöhnten und entmannten Mann nennt (CXXV 790); da wird die Trennung von der mütterlichen Heimaterde mit »Entmannung«, mit der strafweisen Kastration durch den Vater, gleichgesetzt. Es wird sich vor diesem Hintergrund kaum leugnen lassen, daß Ahabs Psyche: seine Rachephantasien, sein Verletzungstrauma, der Wiederholungszwang, die Verdrängung der ursprünglichen Themen und Gefühle, alle Anzeichen eines ödipalen Grundkonfliktes in sich trägt.

In der Tat könnte und müßte man sich psychoanalytisch mit einer solchen Feststellung denn auch zufriedengeben; allerdings hätte man damit die Vielschichtigkeit des MELVILLESchen Romans kaum erfaßt – und ebensowenig die menschliche Wirklichkeit, die sich darin abbildet. Denn zweifellos ist es sehr wichtig, die Gefühle und Affekte einer Person zu verstehen, doch sollte die oft erhebliche Arbeit, die dazu meist erfordert ist, in keinem Fall vergessen machen, daß es in der Seele wohl niemals Gefühle gibt, die nicht von Gedanken begleitet würden, so wie Gedanken erst durch die mit ihnen korrespondierenden Gefühle ihre wahre Bedeutung erweisen. In gewissem Sinne ist es daher bedauerlich, daß wir bisher – aus Gründen bloß der Übersichtlichkeit – Ahab lediglich bei seiner monomanen Jagd auf Moby Dick zugeschaut haben, so als gäbe es nicht auch eine ganz andere, geistige, nach-denklich-religiöse Seite in ihm, die all sein Trachten nach Rache rechtfertigt und mitmotiviert. Es ist wahr: Als der Morgen des dritten Tages der Jagd klar und heiter heraufdämmert, fragt Ahab sich selbst: *Was ist das wieder für ein wunderschöner Tag! Wär diese Welt grad neu erschaffen, als Sommerhaus für alle Engel, und dieser Morgen wär der erste, da es für sie die Türen öffnet, kein schönerer Morgen könnte ihr wohl dämmern. Das bietet Stoff zum Denken, hätt Ahab Zeit dazu, doch Ahab denket nie, er fühlt, fühlt, fühlt nur – das krib-belt stark genug für einen Sterblichen. Zu denken ist vermessen. Nur Gott steht dieses Recht und Vorrecht zu. Denken heißt Kühle und Ruhe, oder sollte es hei-ßen, und unsere armen Herzen und Hirne, sie pochen viel zu stark dafür. Den-noch dünkte mich oft, mein Hirn sei völlig still – zu Eis erstarrt, denn dieser alte Schädel knackt und knistert wie ein Glas mit Wasser, das zu Eis gefriert und es zerspringen läßt.* (CXXXV 849) Ahabs heißes fühlendes Herz schlägt unter einem erkalteten Kopf, und gerade dieser »Temperatur«gegensatz entfacht den seelischen Sturm im Leben dieses Mannes.

Eben deshalb aber ist es von entscheidender Bedeutung, nicht nur Ahabs fieberhaft erhitztes, leicht erregbares Gemüt zu betrachten, sondern auch der Art seines Denkens, seiner Geistigkeit, die nötige Aufmerksamkeit zu schenken. Wer das Meer begreifen will, der muß den ziehenden Wolken fol-gen – erst wenn sie abregnen an den Bergen und strömen zurück in den Flüssen, füllen sich die Ozeane; nur die Wärme der Sonne aber über den großen Wasserflächen läßt die Wolken steigen; erst Meer und Wolken gemeinsam bilden den Kreislauf des Wassers. Nicht anders zwischen Geist und Gefühl – bei Ahab wie bei jedermann.

Bezeichnenderweise gibt es keine Szene, in welcher Ahab sein geistiges Suchen, sein religiöses Ringen, so intensiv äußert wie in dem Moment, da das kalte Licht des Sankt Elmsfeuers auf den Rahnocken, Mastspitzen und Harpunen der *Pequod* erstrahlt. Es ist der Kontrast zwischen Heiß und Kalt in der Natur, es ist das Übermaß vereinigter Kraft, das, ganz wie in Ahabs Seele, das elektrische Feuer entzündet. Denn, erklärt Ismael, die *wärmsten Gefilde nähren die grausamsten Krallen: Der bengalische Tiger kauert in wür-zigen Wäldern aus endlosem Grün. Lichtschimmernde Himmel bergen den tödlichsten Donner: Das üppige Kuba kennt Tornados, die niemals über zahme, nördliche Länder fegten. Und so kommt es, daß dem Seemann in diesen fun-kelnden Gewässern um Japan der schrecklichste aller Stürme begegnet – der Taifun. Bisweilen bricht er aus jenem wolkenlosen Himmel herein wie eine berstende Granate über ein dösendes, verschlafenes Städtchen.* (CXIX 765) Ein solches war bisher, trotz allem, die *Pequod*, ehe sie ihren Kapitän mitten im Elmsfeuer oder, richtiger wohl: als dessen Verkörperung zu sehen bekam. Ein kaltes Licht, ein erkaltetes Feuer – *das* ist die Geistesart eines Ahab. Aber warum?

Es war einmal eine Zeit, als dieser Mann ehrfürchtig aufschaute zur Sonne mit ihrem linden Licht und seinen Blick erhob zu ihrem wärmenden Wandel am Himmel; so tut er selbst jetzt noch, in den letzten Stunden der *Symphonie*, dicht vor der alles entscheidenden Jagd auf den Wal, da ihm die Sonne erscheint *wie ein großmächtiger König oder Zar*, welcher *die sanfte Luft* als Braut *dem stolz wogenden Meere* als Bräutigam zuführt: *Ein zartes Zittern über dem Gürtel des weiten Horizonts, wie man es oft hier auf der Linie* (sc. dem Äquator, d. V.) *sieht, zeigte das liebliche, bebende Vertrauen, die süße Furchtsamkeit, mit der die arme Braut* (sc. der ätherische Wind, d. V.) *ihm* (sc. der Weite des Ozeans, d. V.) *ihre Brust darbot.* (CXXXII 818) Doch nur in solch kurzen Momenten malt sich die Sonne als Stifter einer alles vermählenden, alles verschmelzenden Harmonie. Die Sehnsucht danach freilich durchzieht Ahabs – wie Ismaels – Seele und bildet dort die Stelle ihrer tiefsten Enttäuschbarkeit; aber sie bildet zugleich das innerste Streben aller Lebewesen, und das Zeichen dafür wieder ist der Wal.

Soeben zum Beispiel ist die *Pequod* der fröhlichen *Bachelor* begegnet, die, über und über gefüllt mit Tran, wieder Kurs auf Nantucket genommen hat. Ahab aber, *in düsterem Starrsinn*, verweigert ihrem Kapitän, den er *zu verflucht fröhlich* nennt, ein Gam, der aufdringlichen Lustigkeit seiner Mannschaft wegen (CXV 755); da zeigt sich indessen das Glück günstig auch den Walfängern unter ihrem schwermütigen Kapitän: sie erlegen vier Wale, einen davon Ahab selbst; als dann *die scharlachrote Schlacht der Speere beendet* ist, geht auch der Tag *schon zur Neige*; Sonne wie Wal treiben im *Abendrot der See und des Himmels* dahin, beide auf ihre Weise langsam verlöschend; Ahab ist zu dieser Stunde bereits *wieder besänftigt, doch nur zu noch tieferer Schwermut. Er hatte vom Wale abgelegt, saß in seinem ruhig treibenden Boote und betrachtete gespannt, wie es mit ihm* (sc. dem Wal, d. V.) *zu Ende ging. Jenes seltsame Schauspiel, das man bei allen sterbenden Pottwalen beobachten kann – wie sie ihr Haupt zur Sonne wenden und dann ihr Leben aushauchen –, erschien ihm an diesem milden Abend ... wundersamer als je zuvor.* Und er gerät darüber ins Grübeln*: Da dreht und dreht er sich ihr zu – wie langsam, doch beharrlich er im Tod sein Haupt mit letzter Kraft zur Huldigung und Anbetung hinwendet! Auch er verehrt das Feuer – ein gläubiger, mächtiger, stolzer Vasall der Sonne! Ach, daß diesen allzu gewogenen Augen dieser allzu*

gewinnende Anblick vergönnt ist! Sieh nur! Hier, ringsum von Wasser umge-
ben, weit weg vom Getriebe, vom Wohl und Weh der Menschen, in diesen Mee-
ren, die so offen und so unparteiisch, die ihre Überlieferung nicht auf Steinta-
feln bannen, wo seit chinesischen Äonen die Wellen wortlos weiterwogten und
nie ein Wort vernahmen... – auch hier erstirbt das Leben sonnenwärts, in
festem Glauben. (CXVI 757–758)

Alle Kreatur scheint in der Evidenz dieses Bildes auf eine Weise zu sterben, als sei ihr Tod eine Hochzeit des Lichts, eine Verschmelzung mit dem
reinen Glanz von Helligkeit und Heiterkeit, das Ende eines Daseins voller
Mühsal und Schmerz, und eben diese kreatürliche Hoffnung lebt auch in
Ahab; ja, sie verkörpert sich in ihm auf absolute Weise. Es ist die natürliche
Religion fast aller Pflanzen und der meisten Tiere, »heliotrop«, der Sonne
und dem Lichte zugewandt, zu existieren, und nicht zufällig ist die Religionsgeschichte der Völker voll von Beispielen für den Kult des Lichtes
und des Feuers, für die Verehrung der Sonne als des Urbilds des Lebens[50], als
des Herzens des Himmels, als des Anfangs und Endes aller Dinge; selbst
Queequeg – wir sahen es schon – versteht unter Sterben ein Übersetzen zur
Heimat der Sterne. Instinktiv liegt diese Erwartung offenbar in allem, was
lebt; wie aber hält sie stand angesichts der Tatsache des Todes? Mag auch das
Sterben sich vollziehen wie ein Akt kreatürlichen Glaubens, – wozu denn
lächelt die Sonne vom Himmel herab, wenn sie niemanden der Sterblichen
zu retten willens ist? Ja, wird ihr Glanz nicht zu gleißendem Irrlicht, verwandelt sich ihr heiteres Lächeln nicht in ein hohnlachendes Grinsen ob des
grausamen Schicksals aller Lebewesen im Tode?

... sieh! fährt Ahab in seinen düsteren Überlegungen fort, während er
dem sterbenden Wal zuschaut: *Kaum ist's beendet, kommt der Tod und dreht*
den Leichnam um, bis er in eine andre Richtung weist. – Oh, dunkle Hindu-
hälfte der Natur, sinniert er weiter, *der du aus den Gebeinen der Ertrunknen*
dir deinen eignen Thron errichtet hast, verborgen tief im Herzen dieser dunklen
Meere! Du glaubst an nichts, o Königin, und nur zu wahr sprichst du zu mir im
alles tötenden Taifun – wie in der Grabesstille, die ihm folgt. Dein Wal hat son-
nenwärts sein sterbend Haupt gewandt, doch sich dann umgedreht; das ist mir
eine Lehre. – O du mächtige Flanke, dreifach umringt und umschmiedet (sc.
von den Harpunenleinen und Lanzen, d. V.)! *O du Regenbogenstrahl* (sc. des
Walspauts, d. V.), *der hoch hinaufstrebt! – Jene müht sich, dieser hebt sich ganz*
vergeblich! O Wal, vergeblich drehst du dich zur alles beseelenden Sonne; sie
spendet Leben nur, doch gibt sie es nicht wieder. Du aber, dunklere Hälfte, du
hüllst mich in stolzeren Glauben, wenn er auch dunkler ist. All das, was sich in

dir unsagbar mischt und mengt, seh ich hier unter mir strömen; es trägt mich der Odem einst lebender Wesen, als Luft ausgehaucht, nun zu Wasser geworden. (CXVI 758)

Man kann diese *Lehre*, die Ahab da zuteil wird, gar nicht »leidenschaftlich« (in wörtlichem Sinne) genug nehmen. Es genügt, einen Wal sterben zu sehen – und die Sonne stirbt mit ihm! Es genügt, den Blicken eines Sterbenden zu folgen, und das Lichtgestirn selber erlischt in nicht endender Nacht! Es genügt, den glutroten, blutroten Feuerball beim Untergang zu begleiten, und es legt sich die Nacht wie ein schwarzes Leichentuch über ein Leben, das sich mitnichten so sonnenhaft darstellt, daß es allmorgendlich neu dem Dunkel entstiege. Alles Lebendige richtet sich aus zum Licht, richtet sich nach dem Licht, möchte sein wie das Licht, ja, es vermeint sogar, zu sterben in Licht; und alle Religion ist wie ein Versprechen der Wahrheit dieser Erwartung. Trügt diese Hoffnung, – was ist dann kein Trug? Wenn aber die Weltordnung selber als arglistige Irreführung zu just dieser Verheißung erscheint, als eine betrügerische Täuschung der Sehnsucht nach Sinn, nach ewigem Leben der Seele, wie soll dann nicht die Sonne selbst sich verdunkeln im eigenen Schattenwurf?

Gerade so erlebt es Ahab, stellvertretend für alle, deren kindliches Vertrauen in diese Welt von dem Weltenbaumeister persönlich, von der Art seiner »Ordnung« enttäuscht ward. Da geht es nicht mehr um »Psychologie«, sondern weit eher um »Theologie«.

Bisher durften wir Ahabs Empfinden, vom Leben betrogen worden zu sein, mit seiner Verwundung durch den »Wal« in Verbindung bringen; all die Gefühle von Schmerz und Kränkung, von Demütigung und Erniedrigung, von Rebellion und Rache blieben dabei verständlich unter den Voraussetzungen seiner Biographie, seines Charakters, seiner Konfliktstellungen wie der Art seiner Konfliktverarbeitung; eine solche Betrachtungsweise war und ist zweifellos berechtigt und nützlich – sie kann helfen, unzählige Menschen besser zu begreifen, die unter vergleichbaren Belastungen physischer Krankheit und psychischer Kränkung ihr Leben verbringen müssen, – und doch langt sie offenbar bei weitem nicht aus, um einen Menschen wie Ahab zu verstehen. Wohl sahen wir auch bisher schon die Grundgefühle in Ahabs Erleben sich im Zeichen des »Wales« ausweiten zu einem Weltschmerz mit einem gewissermaßen metaphysischen Anspruch; jetzt aber dreht sich die Blickrichtung insgesamt um, und wir werden zu Zeugen einer Art von Kränkung und Erkrankung der Psyche aus einer elementaren Enttäuschung im Geiste. Die Psychologie bedarf hier der Theologie, um sich selbst zu erkennen. Gewiß, nur jemand, der in bestimmter Weise fühlt, wird gewisse Gedanken als Wahrheit begreifen; doch das Umgekehrte gilt auch: nur bestimmte Gedanken erlauben es, sich gewissen Gefühlen von Schmerz und Vergeltung ungehemmt hinzugeben. Der Kummer Ahabs aber, die Welt nicht so vorzufinden, wie sie »eigentlich« eingerichtet sein müßte, macht aus seinem Rachefeldzug gegen Moby Dick einen metaphysischen Protest mitten im Zentrum von allem[51].

Was liebt und ersehnt ein Mann wie Ahab? Erst wenn wir erfassen, was er am meisten verehrt, begreifen wir auch, was ihn am tiefsten versehrt. Die Antwort auf diese Frage aber gewinnt Gestalt erneut in einer Person, die wie verselbständigt neben ihm, mit ihm und in ihm lebt: in dem Parsen Fedallah.

Hat Ahab Fedallah erwählt – als Anführer einer erlesenen Mannschaft im eigenen Fangboot, als Helfershelfer seiner persönlichen Rache – oder wurde Ahab erwählt von Fedallah – als Schachfigur des Schicksals, als Nachgestalt der Idee eines längst beschlossenen Untergangs? Solange es kein Messer gibt, scharf genug, die Webeleinen zwischen Wahl und Wahn, Freiheit und Fluch, Entscheidung und Bestimmung zu durchtrennen, bleibt diese Frage unbeantwortbar. Ist Fedallah Ahabs Gefährte oder Gespenst, ist er sein Diener oder sein Dämon, ist er ein Mensch oder ein Geist[52]? Fest steht nur: wo immer er auftaucht, heimlich meist, unheimlich stets, erzwingt seine Erscheinung gleichermaßen Bewunderung wie Bestürzung. *Er war ein Geschöpf*, schreibt Ismael, *wie es zivilisierte, seßhafte Menschen in den gemäßigten Breiten nur in ihren Träumen zu Gesicht bekommen, und auch dann nur verschwommen.* Es ist, als sei in Fedallah *noch viel von der gespenstischen Ursprünglichkeit der ersten Geschlechter auf Erden gegenwärtig, als die Erinnerung an den ersten Menschen noch lebendig war und alle Menschen von ihm abstammten, ohne zu wissen, woher er gekommen – als sie einander wie leibhaftige Phantome begafften und die Sonne und den Mond fragten, warum sie geschaffen wurden und wozu; als zwar die Engel... wahrhaftig mit den Töchtern der Menschen verkehrten* (sc. nach Gen 6,1–4, d. V.), *aber auch die Teufel... irdischen Liebschaften frönten.* (L 377)

Es wird kaum eine literaturwissenschaftliche Arbeit über MELVILLES *Moby-Dick* geben, die an dieser Stelle nicht auf den Einfluß von JOHN MILTONS *Paradise Lost* (1667; 1674; dt.: Das verlorene Paradies, Berlin 1855) hinweisen würde – insbesondere auf die Gestalt des Satans, der als ein gefallener Engel die Welt durchschweift[53]; zudem erzählen die persischen Märchen von einem tugendhaften König Fadlallah; MELVILLE hat diesen Namen allem Anschein nach in arabischer Form auf einen anonymen Derwisch übertragen, der jenen König und seine Gemahlin hinterging und verzauberte[54]. Doch was eigentlich gewinnt man, wenn man um solche literarischen Zusammenhänge weiß? Was meinte MILTON, wenn er den Satan nach seinem Sturz aus dem Himmel sagen ließ:

> *... Verloren ist die Schlacht;*
> *Doch alles ist nicht hin! Es blieb der Wille,*
> *Der unbezwingliche, der Rachedurst,*
> *Der Haß, der nimmer stirbt, der Mut, der nie*
> *Zurückweicht, nie sich unterwirft.* Den *Ruhm*
> *Soll seine Macht, sein Zorn mir nicht entwinden!*
> (1. Buch, Vers 105–110, S. 9)

Für den englischen Dichter besitzt der Mensch einen freien Willen, auch wenn er sich vom Satan verführen läßt, und erst recht muß der Teufel bei MILTON sich selber verwünschen, weil er dem Ehrgeiz folgte statt der Dankbarkeit:

> *Nein, ich, ich sei verflucht; mein Wille hat,*
> *Was ich jetzt schwer bereue, frei erwählt.*
> (4. Buch, Vers 71–72, S. 89)

Für MELVILLE hingegen, der keinen »Teufel« mehr benötigt, um das »Böse« im Menschen zu verstehen, wird eben diese Lehrmeinung von der »Willensfreiheit« höchst zweifelhaft; die Fragen ergeben sich wie ganz von selbst: Wie kann der Oberste der Engel, der Lichtträger (Lucifer) am Throne Gottes, degenerieren zum Fürsten der Finsternis? Was ist geschehen mit Adam, als er durch die Kraft der Erkenntnis aus dem Zustand gottseligen Glücks herausgeschleudert wurde – ein auf ewig Verstoßener seither, ein Gejagter von Schuldgefühlen, ein Geplagter von Pein? An all diesen Stellen hilft es nicht länger weiter, MILTON zu rezitieren. Es gilt, nichts Geringeres als den urzeitlichen Mythos vom Sündenfall insgesamt als etwas Urtümliches in einem jeden Menschen nachzuzeichnen, um sie beide: Adam und Satan, Ahab und Fedallah zu verstehen: – um in ihnen uns selbst zu verstehen!

Es ist möglich, einen Mann wie Fedallah, *dieses schwefelgelbe Gespenst,* schon seiner geheimnisumwitterten Eigenart wegen für *nicht geheuer,* ja, für einen *Teufel in Menschengestalt*, für den Leibhaftigen selber zu halten, der seinen *Schwanz... wohl aufgeschossen in der Hosentasche* trägt, wie der immer witzige Stubb gegenüber dem Dritten Steuermann Flask bemerkt. (LXXIII 512–513) Dann freilich müßte Fedallah so alt, so unsterblich, so *ewig* sein, wie der Satan selbst, der als reiner Geist niemals stirbt. (LXXIII 514) Und gerade so: als Prinzip in sich selbst, hat Ahab ihn offenbar angeheuert, als das passende Werkzeug seiner Rache, als den Blitzstrahl in Jupiters strafender Hand; Ahab glaubt, Fedallah benutzen zu können, und ist doch selbst dessen Spielzeug. *Der Alte*, denkt Stubb, ist *ganz wild* auf den Weißen Wal, und Fedallah als *Teufel will ihn beschwatzen, damit er seine silberne Uhr oder seine Seele oder sonstwas in der Art weggibt. Dafür liefert er ihm dann Moby Dick.* (LXXIII 513) In diesem berühmten Motiv vom Pakt mit dem Teufel wird der biblische Mythos vom Sündenfall auf die Ebene des Humors und der Weisheit der Märchen versetzt; aber Stubbs Wahrnehmung selber scheint nicht zu trügen: im Grunde sind Ahab und Fedallah miteinander verschmolzen zu *einer* Person, so wie Ahabs Schatten in einer bestimmten Szene den des Parsen, *sofern überhaupt vorhanden*, völlig verdeckt, während des Parsen Schatten den seinigen *zu verlängern* scheint. (LXXIII 517)

Das Geheimnis, das beide miteinander teilen, ist allerdings nicht etwa nur die Jagd auf den Wal; was sie zusammenschweißt, ist vielmehr das Motiv, das den Kampf gegen Moby Dick begründet; und das ist, wie wir nach und nach erfahren, der gemeinsame Kult des Lichtes, die Anbetung der Sonne, die Verehrung des Feuers im altpersischen Sinne; denn paradoxerweise (oder nur konsequenterweise) gehört zur vollkommenen Hingabe an die Reinheit des Lichts wesensnotwendig die Tötung des »Wals«. Ganz wie in der persisch-römischen Religion des Mithras ein Stier als Symbol des Mondes der Sonne geopfert werden mußte[55], so bringt die »Feueranbetung« Fedallahs und Ahabs das urzeitliche Menschheitsthema vermeintlich aller Religion zum Ausdruck: Wer dem Licht dienen will, der muß scheinbar das Dunkel bekämpfen, wer das Gute will, muß das Böse ausrotten, so wie allmorgendlich der Tag die Nacht besiegt und die Sonne den Mond... War es nicht sogar Vater Mapples Mahnung an die Männer vor ihrer Ausfahrt zur See, sie sollten *in Fragen der Wahrheit kein Pardon* geben und *alle Sünde* töten, niederbrennen und vernichten? (IX 101) Ist dann nicht auch das Christentum, alttestamentlich verstanden, im letzten nur eine Neuaufführung dieses ewigen Kampfes des Guten gegen das Böse? Doch eben darin liegt das Problem! Gerade Fedallah, der die gelbliche Farbe der Sonne auf seiner Haut trägt, als ihr Priester und Magier, dieser verzauberte Zauberer des Lichts, gerade er erscheint als ein teuflischer Versucher. Was ist es um diese Dialektik des ewigen Kampfs des Guten gegen das Böse[56]?

Selbst zu Beginn des 21. Jhs. sind uns im Munde vor allem amerikanischer Neokonservativer in höchsten Ämtern die Worte vom »Kampf gegen das Böse« oder vom »Kreuzzug gegen den Terrorismus« so wohlvertraut, daß es keines weiteren Kommentars bedarf: die Frage, die wir hier berühren, entscheidet nicht nur über das Begreifen der gegenwärtigen Welt, sondern in gewissem Sinne womöglich über ihr gesamtes Schicksal. Was sich *en miniature* auf der *Pequod* abspielt, ist nicht mehr und nicht weniger als die Verdichtung der Kernfrage menschlichen Daseins überhaupt: Wie ist es möglich, des Bösen Herr zu werden?

Als zum Beispiel im Januar 1991 der Vater des derzeitigen US-Präsidenten, George Bush sen., den Zweiten Golfkrieg eröffnete, bei dem schätzungsweise 200 000 irakische Männer, Frauen und Kinder zersprengt, verbrannt, erschossen wurden, erklärte er: »Dies ist ein Krieg, der nicht geführt wird zwischen Christen und Muslimen, sondern der geführt wird um das, was aller Religion zugrunde liegt: um den ewigen Kampf zwischen Gut und Böse. Und ich sage: Der Ausgang dieses Krieges kann nur der Sieg des Guten sein.« Es gab damals keinen namhaften Vertreter der christlichen Kirchen, der gegen dieses scheinbar uramerikanische Verständnis von Religion protestiert hätte. Auch MELVILLE, der wichtigste Vertreter der amerikanischen Literatur des 19. Jhs. (und womöglich der amerikanischen Literatur überhaupt), kennt es und hat es verinnerlicht; und doch wagt er es, in der tragischen Gestalt seines Ahab genau diese Denkweise in Frage zu stellen – *Moby-Dick* zeigt es: Sie führt in den Untergang! Und genauer noch! Das Bündnis mit Fedallah zeigt: Wer das Böse bekämpfen will der Qual und des Schmerzes wegen, das es verbreitet, indem er selber, getrieben von Rachsucht, Qual und Schmerz zu verbreiten sucht, der muß, ob er will oder nicht, mit dem »Teufel« »paktieren«, der muß sich ihm angleichen; der tritt selbst ununterscheidbar eines Tages in den *Schatten* des Bösen. Und niemals wird die Magie des Bösen mächtiger wirken, als wenn jemand glaubt, das Böse besiegen zu können mit den Instrumenten des Bösen... Der Weg dahin, einmal begonnen, scheint ohne Umkehr.

Alles beginnt bereits mit der verwirrenden Entdeckung, daß Gut und Böse in ihren Extremen sich anzunähern beginnen und schließlich gleichförmig werden. Wie, wenn das reine Gute dieselbe »Farbe« annähme wie das vermeintlich Böse? In Ismaels Bildersprache kann *das Weiß* des Wales tatsächlich die *Unschuld der Braut* und die *Milde des Alters*, ein *Sinnbild göttlicher Macht und Makellosigkeit* sein; – *die persischen Feueranbeter*, heißt es ausdrücklich, *verehrten die weißzüngelnde Flamme als Heiligstes auf dem Altar* (XLII 311); aber: der *Zauber* des Weiß, dieses *bedeutungsvollste Sinnbild des Geistigen*, dieser *Schleier der Christengottheit* kann *auch die Kraft* sein, *die alles noch verstärkt, was die Menschheit am meisten erschauern läßt*. (XLII 321–322) Und wohlgemerkt: es ist und bleibt ein und dieselbe Farbe.

Wir hörten schon, daß das Licht selber zwar alle Farben erzeugt, selbst aber für immer weiß und farblos bleibt. Selbst Sonne und Wal können so die gleiche Färbung besitzen und in die gleiche Form übergehen. Als zum Beispiel der Sonnenanbeter Fedallah *in aller Ruhe das Haupt* eines Pottwals betrachtet, das man an der »kopflastigen« *Pequod* festgemacht hat, wirft er *hin und wieder einen Blick von des Wales tiefen Furchen auf die Linien seiner Hand* (LXXIII 517) und stellt ihre Ähnlichkeit fest. Selbst die goldene Dublone, die Ahab als Prämie demjenigen bestimmt hat, der als erster den Weißen Wal aussingt, trägt die Farbe der Sonne; es muß schon ein Feueranbeter sein, wer sich vor ihr verneigt, diesem Zeichen des Lichtes, das den Tod des Wals ankünden soll. (XCIX 672) Der Sinn dieser Verschmelzungen, dieser symbolischen Idiosynkrasien, ist klar: Jagt nicht ein Mensch im Grunde sich selbst, wenn er Jagd zu machen beginnt auf das Böse? *Der Parse*, bemerkt der Schmied Perth, als Fedallah in die Nähe seiner Esse kommt, *riecht das Feuer wie die Lunte und riecht auch selber so, grad wie die heiße Pulverpfanne einer Muskete*. (CXIII 747) Es ist offenbar todgefährlich, der Sonne zu dienen.

Was aber an der Anbetung des Feuers erzeugt diese Feuergefährlichkeit? Was an dem Kult der Sonne, die doch das Leben schenkt, bewirkt so schicksalhaft den Tod? Wie kommt es von dem Lichtgestirn am Himmel zu seinem Widerschein und Gegenbild in der Gestalt von MILTONS Satan, von MELVILLES Weißem Wal?

Begriffe wie Gut und Böse haben wir bisher rein moralisch verwandt, und diese Bedeutung bleibt ihnen natürlich. Jetzt aber müssen wir erkennen, daß das Schicksal Lucifers, des »Lichtträgers«, des Ur- und Vorbildes aller »Feueranbeter«, eines höchsten Geistes, der von einem Engel zu einem Teufel ward, sich selbst ergibt aus einer bestimmten Form von Moral und eben deshalb mit den Mitteln der Moral nicht mehr zu lösen ist. Anders gesagt: Die Tragödie Ahabs ist die Folge einer Weltbetrachtung, der die Welt, wahrgenommen mit den Augen von Sonnenanbetern, gemessen an einem idealen moralischen Maßstab, nicht standhält. – Das weiße Licht selbst ist zerstörerisch für eine Welt gebrochener Töne. Was würde aus ihrer schillernden Farbigkeit werden, tauchte man sie in reine Helligkeit? Die *farblose Allfarbe der Gottlosigkeit*, erkennt Ismael, würde sich über sie legen (XLII 322); der Schöpfungsvorgang selbst würde revidiert; in reinem Lichte verginge der Gott, der als Schöpfer diese Welt in verwirrend glitzernde Farben tauchte. Oder moralischer formuliert: Niemand, der die Reinheit des Lichts verehrt, kann jemals einverstanden sein mit der Weltwirklichkeit, wie sie sich darbietet; im Namen des Schöpfers muß er sich auflehnen gegen den Schöpfer. Aus dem Engel des Lichts wird unvermeidbar der Teufel: – der dient Gott, indem er ihn bekämpft; der spricht wie Ahab zum Elmsfeuer: *Nur wer dir trotzt, verehrt dich recht.* (CXIX 771) Es ist die *dunkle Hinduhälfte* der Wirklichkeit (CXVI 758), die es unmöglich macht, eine Welt zu ertragen, die vom Licht nur beleuchtet wird, ohne selbst Licht zu sein; wer aber die Erde einzig als Himmel verträgt, mit Menschen als Engeln, wird der sie nicht unweigerlich in eine Hölle verwandeln, gefüllt mit Dämonen?

Ismael selber beschreibt einmal, gewissermaßen zur eigenen Warnung, wie ihm die *Pequod* beim nächtlichen Lodern der Tranöfen zwischen Fockmast und Großmast als ein *Höllenpfuhl* vorkommt, durchweht von einem *unbeschreiblich wilden Hindugeruch*; auch die Männer, die sich im Scheine der Feuer *ihre verruchten Abenteuer* erzählen, *Geschichten des Grauens, in launige Worte gefaßt,* während *ihr rohes Lachen aus ihnen* emporzüngelt *wie die Flammen aus den Öfen,* scheinen wie geschaffen für dieses brennende Schiff, das durch die Finsternis dahinstürmt, *als wär es unaufhaltsam unterwegs zu reueloser Rachetat*; die *Pequod* selbst, während sie ihre *rote Hölle weiter und weiter in die Schwärze der See und der Nacht* trägt, erscheint mit dem getöteten Wal als *einem brennenden Leichnam an Bord ... wie das stoffliche Abbild der Seele ihres besessenen Führers.* (XCVI 655–656)

Gerade in dieser Nacht hat Ismael *ein seltsames, ihm bis heute unbegreifliches Erlebnis*: Gelehnt an die Kieferknochenpinne des Schiffes ist er im Stehen kurz eingenickt, als er durch einen Schlag des Ruders wieder hochgerissen wird; in diesem Moment glaubt er seine Augen geöffnet, aber er sieht keinen Kompaß, nach dem er steuern könnte; ja, es ist ihm, als befände sich das Schiff nicht auf einer Fahrt zu einem Hafen, sondern auf der Flucht vor allen Häfen, und eine *starke Beklemmung* ergreift ihn *wie eine Todesahnung.* (XCVI 657) Gerade noch rechtzeitig merkt er, daß er in seinem kurzen Schlaf an der Ruderpinne sich zum Heck hin gewandt haben muß und daher mit dem Rücken zu Bug und Kompaß steht; doch die Einsicht, die er aus diesem schreckhaften Geschehen für sich und den Leser gewinnt, gerät zu einer dringlichen Mahnung, nicht zu viel ins Feuer zu starren: *O Mensch, schau nicht zu lang ins Angesicht des Feuers . . . glaube nicht dem künstlichen Flammenscheine, wenn seine rote Glut alles grausig macht. Morgen, im natürlichen Lichte der Sonne, werden die Himmel hell und klar sein; die wie Teufel in den züngelnden Flammen glommen, wird der Morgen dir in gänzlich anderem, mindestens milderem Lichte zeigen; die prächtige, heitere, güldene Sonne ist die einzig wahre Lampe – alle anderen lügen!* (XCVI 658)

Zweifellos offenbart dieser Aspekt eine wichtige Bedeutung der *Sonne*: sie ist die Retterin aus Dunkelheit und Aussichtslosigkeit. Alle Sehnsucht inmitten der alptraumartigen Nachtseite des Lebens drängt ungeduldig dem Anbruch des Tages entgegen; allen Seelenumdüsterten erscheint die Sonne als Trost, Orientierung und Schutz; die Ruderpinne selber[57] gibt Ismael den entscheidenden »Wink mit dem Zaunpfahl«, über den Blick in das »Höllenfeuer« des Lebens nicht »einzuschlafen«, nicht bewußtlos zu werden beim Anblick all des Grauenhaften der »Wirklichkeit«, wie es in Ahabs Seele sich spiegelt, und darüber womöglich vollends Kurs und Kompaß aus den Augen zu verlieren.

Es ist eine Entdeckung, die Ismael kritisch macht auch gegenüber seinen früheren »Idealen«. Hat er nicht auf der *Pequod* überhaupt nur angeheuert, um allen »Häfen« Lebewohl zu sagen? Lehrte ihn nicht der allseits bewunderte Bulkington, gleich einem Schiff im Sturm das *Land in Lee* geradewegs zu fliehen? Mit eben dieser Rastlosigkeit *mußte* er sich Ahab verdingen; doch spätestens jetzt legt sich ihm zum ersten Mal der Gedanke an Umkehr nahe, und es wird ihm, was Wunsch war, zur Warnung: So geht es nicht weiter! das spürt er deutlich. Es gilt, endlich »aufzuwachen«, wieder die »richtige« Stellung zum Binnackel (dem Kompaßhäuschen) einzunehmen und Hand an die Ruderpinne zu legen. Einzig eine verständige Klarheit des Kopfes und eine sonnenhelle Heiterkeit des Himmels vermögen dem Höllenspuk auf Ahabs »Seelenschiff« ein Ende zu bereiten . . .

Oder auch nicht!

Wieder begreift man Ahab nicht, wenn man seine Liebe zum Licht als ein bloß »natürliches« Verlangen auffaßt, über das er frei regulierend verfügen könnte.[58] So wenig wie sein Haß auf Moby Dick nur eine »normale« Reaktion auf die Verletzung darstellt, die der Wal ihm zugefügt hat, sondern sich aus einer weit ursprünglicheren Kränkung ergibt, so wenig ist seine Sehnsucht zur Sonne rein »kreatürlich« bedingt; auch sie ist reaktiv übersteigert. Ahab *braucht* die Sonne, das reine Licht, die ungetrübte Helligkeit wie jemand, der allzu lang als Strafgefangener in Dunkelheit gehalten wurde und dem in der Finsternis seines Verlieses die eigenen Ängste sich zu Gespenstern verselbständigt haben. Ein solcher bedarf eines ewigen Tages schon der schier unaufhörlichen Dauer durchlittener Nächte wegen. Doch eben diese nur allzu verständliche Bedingungslosigkeit, mit welcher Ahab die Sonne anbetet, braut sich zu seiner schlimmsten Gefährdung zusammen, ja, sie wird zunehmend zur eigentlichen Erklärung seines rasenden Wahns. Denn wie wird, wie muß einem Menschen die Welt erscheinen, der sie nur wahrzunehmen gewillt ist in der grellen Beleuchtung des Sonnenhöchststandes – mit dem Anspruch reiner Helligkeit?

Die Sonne, verdeutlicht sich Ismael, während er mit der elfenbeinernen Ruderpinne in der Hand noch gerade rechtzeitig verhindert, daß die *Pequod* in den Wind schießt und querschlägt, auch die Sonne verhüllt nicht die gräßlichen Züge der Wirklichkeit, sie macht sie vielmehr mit ihrem gleißenden Glanze allererst schonungslos sichtbar. Die Sonne, sagt er sich, verhüllt nicht *Roms verfluchte Campagna, noch die endlose Sahara, noch all die Millionen von Meilen von Wüsten und Kümmernissen hier auf Erden. Die Sonne verhüllt nicht den Ozean, die dunkle Seite dieser Erde, der doch zwei Drittel des Erdballs bedeckt. Deshalb kann jener Sterbliche, der mehr Freude als Schmerzen in sich spürt, nicht wahrhaftig sein – nicht wahrhaftig und unvollkommen.* Als die wahrhaftigste Einsicht erscheint ihm unter diesen Umständen der Satz aus dem Buche des *Predigers: Es ist alles ganz eitel.* (Pred 1,2) Doch wer kann mit der enthüllenden Luzidität einer solchen Einsicht leben? Bedarf es nicht einer Art natürlichen Selbstschutzes auch und gerade gegen ein Übermaß an Erkenntnis, um nicht die Fähigkeit, ja, die Bereitschaft zum Leben vollends zerrüttet zu finden? *Darum*, anempfiehlt Ismael seinem Leser, *ergib dich nicht dem Feuer, auf daß es dich nicht verkehrt und betäubt, wie es mit mir in jener Nacht geschah. Es gibt eine Weisheit, die führt ins Leid; doch es gibt auch ein Leid, das führt in den Wahn.* (XCVI 658–659) Wie aber, möchte man den wohlmeinenden Ismael an dieser Stelle fragen, soll solche Zügelung der Wahrheitsliebe gelingen? *Ergib dich nicht dem Feuer?* Wer sich einer Erkenntnis verschließt, nur weil sie ihm brandgefährlich erscheint – zu neu, zu revolutionär –, der steht sogleich unter dem Zwang, Konventionen und Traditionen an die Stelle von Konzeptionen und Visionen zu rücken, der muß mit Kompromissen sein Gewissen beruhigen, dem bleibt nichts anderes, als den Konsens der Menge zur Konsequenz seiner Meinung zu erklären, – in allem ein Sklave, in allem gefesselt von der Logik der Angst. Sollte wirklich Ismael sich auf Ahab eingelassen haben, nur um in solch seichten Gewässern auf Grund zu laufen? Und glaubt er ernstlich, es lasse die Freiheit des Denkens sich hübsch diätetisch begrenzen oder in homöopathischen Dosen verabreichen? Als ob nicht jede Erkenntnis ein neues Rätsel nach sich zöge und eine jede Antwort eine neue Frage! Wer einmal den schützenden Zaun der Unwissenheit niedergerissen hat, wird für immer vergebens sich nach der gesicherten Ruhe des Nicht-denken-Müssens zurücksehnen. Der Geist selbst ist »feuergefährlich«.

Und trotzdem tut Ismael gut daran, sich selbst zu warnen vor der Art der Geistigkeit seines Kapitäns. Ein Wahn, geboren aus »Weisheit« und »Leid«, – diese Diagnose, zweifellos, trifft in vollem Umfang auf Ahab zu. Doch liegt dessen geistige Erkrankung nicht im Intellekt begründet, sondern in der Qual, die ihm seine überscharfe Erkenntnis der Welt bereitet. Es sind die ihr eigenen Gesetze, es ist ihre schicksalhafte Festlegung, die es Ahab unmöglich macht, in dieser Welt mit dieser Welt zu leben. Alles nimmt dieser Mann unter der Lupe seines Leids vergrößert wahr, so wie jemand, dessen »Lesebrille« eine zu große Dioptrie aufweist: Eine Sehschärfe, die erfordert ist, klein gedruckte Buchstaben zu erfassen, berührt peinlich, wenn sie zum Beispiel den Lidschatten oder den Schminkstrich an den Augen und auf den Lippen einer bewunderten Schönen zu nah und zu deutlich heranrückt. Aller Eindruck von Liebreiz und Harmonie basiert auf angemessenem Abstand; wer die Scheu überwindet und zu genau hinsieht, den wird bald Abscheu ergreifen und Siechtum des Geistes. Ahab aber kann gar nicht anders, als übergenau wahrzunehmen. Schon seine Versehrtheit lehrt ihn, scharf zu beobachten, ständig zu sichern und ununterbrochen wachsam zu bleiben. Nicht ob etwas schön, – ob es gefährlich ist, muß er sich fragen. Im Kampf um Selbstbehauptung und Überleben bleibt ihm kein Spielraum für selbstvergessene Lust am Dasein. Noch einmal hören wir ihn davon sprechen, wie er, begabt mit hohen Geisteskräften, unfähig zum Genießen sei, und wir verstehen seine »Weltsicht« . . .

Da liegt das Meer – breit und zuhanden, darinnen Tiere ohne Zahl, wie der Psalmist in der Bibel es rühmt; *darüber ziehen die Schiffe dahin, und in der Tiefe der Leviathan, den du gemacht hast, mit ihm zu spielen . . .* (Ps 104,25.26) Halten die Bilder einer solch idyllischen Frömmigkeit einer genaueren Betrachtung stand? Selbst Ismael, geschweige denn Ahab, weiß, *daß ganz gleich, wie sehr das kleine Menschlein sich seines Wissens und Könnens auch rühmen mag . . . – das Meer . . . ihn* (sc. es, d. V.) *doch auf immer und ewig, bis zum Tag des Gerichts, schmähen und morden* wird. Und was noch weit schwerer wiegt: *Die See ist . . . nicht nur der Erbfeind des Menschen, des Fremden in ihrem Reiche, sondern auch der teufliche Feind ihrer eigenen Brut: Schlimmer als der persische Gastgeber, der seine eigenen Gäste meuchelte* (sc. der Statthalter Oroites, der den Tyrannen von Samos nach Lydien einlud und dann ermordete, d. V.), *verschont sie nicht einmal die Wesen, die sie selbst geboren. Wie eine wilde Tigerin, die sich im Dschungel auf dem Lager wälzt und ihren eigenen Wurf erdrückt, so wirft die See sogar die größten Wale auf die Felsen und läßt sie an der Seite der zerborstnen Schiffswracks liegen. Gnade kennt sie nicht und keine fremde Macht, die sie beherrschen könnte. Schnaubend und schäumend wie ein zügelloses Schlachtroß, das seinen Reiter abgeworfen, überrennt der herrenlose Ozean den Erdenball. – Bedenke die List der See – wie ihre schrecklichsten Geschöpfe unter Wasser dahingleiten, zum größten Teile unsichtbar, heimtückisch verborgen unter dem schönsten Azur. Bedenke auch den teuflisch schönen Glanz, der viele seiner* (sc. ihrer, d.v.) *gnadenlosesten Geschlechter schmückt, wie bei der schlanken Wohlgestalt vieler Haifischarten. Bedenke einmal mehr den universalen Kannibalismus der See, wo ein Geschöpf das andre frißt und Krieg herrscht bis in Ewigkeit, seit Anbeginn der Welt.* (LVIII 440–442)

Wie soll es möglich sein, angesichts einer so gearteten Weltwirklichkeit von einer Schöpfung Gottes zu sprechen[59]? Hinter der optimistischen Weltsicht des jüdisch-christlichen Schöpfungsmythos sieht Ismael die uralte wilde »heidnische« Weltauffassung wieder heraufziehen; der Vorhang der beschwichtigenden Lügen reißt, und zum Vorschein kommt für den, der hinzuschauen wagt, eine schauerliche Welt, ein gigantisches schlingendes Ungeheuer, ausgestattet mit einem riesigen Maul und einem riesigen Magen – die Welt selbst als Leviathan –, und es frißt und verdaut, um zu jagen und zu morden, denn das ist sein Leben, und alles, was es zeugt und hervorbringt, dient nur zum Zeug seines gewaltsamen Selbsterhalts. Selbst die Griechen, die Römer, die Germanen, wenn sie von Göttern sprachen, die mit ihren höchst menschlichen Zuneigungen und Abneigungen in das Getriebe der Welt »einzugreifen« beliebten, glaubten im letzten doch an ein Weltgesetz blinder Notwendigkeit, gesponnen und gewebt von den ewig emsigen Händen der Erinnyen oder der Nornen, die Schlag um Schlag das Schicksal erschufen. ARTHUR SCHOPENHAUER hat eine solche Welt philosophisch erklärt und zur Resignation aufgerufen[60]; FRIEDRICH NIETZSCHE hat dieselbe Welt poetisch verklärt und zu trotziger Rebellion aufgerufen[61]. Ismael seinerseits schaudert vor ihr zurück.

Jeder Mensch trägt in seiner Seele, so denkt er, eine Insel von Frieden und Glück, umbraust *vom ganzen Grauen unseres kaum gekannten Lebens,* so wie der große Pazifik das liebreiche Tahiti umbrandet – doch welch eine Torheit dann, vor diesem Eiland abzulegen –, *du kannst nie zurück* (LVIII 442), so warnt er und mahnt er. Aber zu spät! Immer erst »rückwärtsgewandt«, wie Ismael selbst an der Ruderpinne der *Pequod*, erkennt der Mensch es als Fehler, sich auf diese Welt überhaupt eingelassen zu haben; dann aber steht er längst schon in Diensten bei »Ahab« und muß leben mit einer Erkenntnis, die ihn »schwermütig« – traurig wie SCHOPENHAUER, wütend wie NIETZSCHE – zurückläßt. Das kalte Licht des Verstandes durchscheint eine Welt ohne Mitleid, ohne Güte, ohne Liebe; in ihr ist der Mensch auf immer ein Vertriebener wie Ismael, ein Getriebener wie Ahab, – ein *Verlorener* an der Seite Fedallahs.

Denn dessen vorzeitliche Lichtreligion, die als Sehnsucht auf dem Grunde jeder Menschenseele liegt, weckt immer wieder die Erwartung einer reinen, hellen Welt, nur um in fast manichäischer Weise am Widerspruch der Wirklichkeit enttäuscht zu werden[62]; und die Erbitterung, die Verbitterung über so viele Träume, die sich in Tränen verwandelten, über so viel Vertrauen, das sich als trügerisch zeigte, über so viele Hoffnungen, die sich als hohl erwiesen, sammelt sich immer mehr und steigt immer höher, je länger es währt und je enger die Angst und der Schmerz die Seele eines Menschen verpreßt halten. Grad an der Stelle, wo Ismaels *Insel* des Friedens sich befinden sollte, erhebt sich der Schatten des Parsen. Und solange Fedallah an der Reling lehnt, wird und muß Ahab damit »fortfahren«, weiter nach Art des altpersischen Dualismus die Welt einzuteilen in Gut und Böse, Hell und Dunkel, *Insel* und *Meer*, und wird er weiter auf die Jagd gehen, die »Sünde« »auszurotten«, wo immer er sie findet. Ein Ende, eine Umkehr scheint nur durch die Katastrophe möglich. Nur nachträglich, nur von außen läßt sich einsehen, was Ahab mit Fedallahs Augen schon längst nicht mehr sieht: daß die gesamte moralische Zweiteilung der Welt nach den absoluten Kategorien eines reinen Lichter- und Ideenmaßstabs in den Wahnsinn treiben muß.

Wir aber müssen uns hier bereits fragen, ob es nicht eben dieser Religionstyp der Feueranbetung selber ist, der immer wieder neue »Ahabs« hervorbringen wird, gleich ob als Päpste, Politiker, Präsidenten oder Polizeichefs. Ausgezogen, das Böse zu bekämpfen, werden sie selber bösartig, indem sie nach und nach die einfache Wahrheit nicht mehr kennen dürfen, daß alles Gute nur kommen kann aus Güte.

Ahabs bitterste Erfahrung freilich besteht darin, daß es im ganzen Weltall eine solche Güte nicht gibt, und der Schmerz darüber macht seine eigentliche »Geisteskrankheit«, seine Schizophrenie, aus. Selbst ein »milder

Morgen« offenbart ihm keine Milde, die zu Mitleid würde über dem Leid der Lebewesen; selbst *die große Sonne* bescheint nur ebenso gleichmäßig wie gleichgültig Glück und Unglück der Erdenbewohner, – auch sie ohne eigenen Willen, auch sie ohne eigene Kraft; *als Botenjunge* toter Gesetze durchläuft sie den Himmel. (CXXXII 822–823) Wie sollen Menschen, welche zur Sonne aufschauen, um zu erfahren, wer sie selbst sind, am Ende nicht immer fühlloser werden, – um so eiseskälter im Kopf, desto heißer das Herz ihnen glüht? Das fühlende Herz – das ist Ahab, doch der stets kühle Kopf, sein Kontrahent, ist Fedallah, – der Parse sein Komparse, Feueranbeter sie beide, einig im Zwiespalt desselben Konflikts, untrennbar zusammengehörig in der gleichen Mechanik einer willenlosen Seele ebenso wie jenes seelenlos gewordenen Willens, der nach und nach die ganze Mannschaft der *Pequod* ergreift. Alles Lachen an Bord erstirbt – *Freude und Kummer, Hoffnung und Furcht, alles schien vorerst im schweren Mörser von Ahabs Eisenseele zu feinstem Staub zermahlen. Maschinen gleich,* notiert Ismael, *bewegten sich die Männer stumm an Deck und fühlten allezeit das despotische Auge des Alten auf sich ruhen.* Ahabs Blick bannt die Mannschaft in Furcht; doch ärger noch: er selber fürchtet *den Blick des unergründlichen Parsen.* (CXXX 810–811) Es ist der »dämonische« Teil in Ahabs eigener Seele, der ihn derart verfolgt, sein »anderes Ich«, sein Nicht-Ich, sein Anderssein, er selbst als Fremder, als sich entfremdet ...

Entsprechend unheimlich wirkt Fedallah mit seinem *ausgemergelten, schlangenhaft schleichenden* Äußeren nicht eigentlich als Mensch, eher als Phantom. Schauder, heißt es, schienen ihn durchzuschütteln, *so daß die Männer ihn zweifelnd musterten, als seien sie nicht sicher, ob er aus sterblichem Stoffe sei oder bloß ein bebender Schatten, von einem unsichtbaren Wesen auf das Deck geworfen. Ständig schwebte dieser Schatten über ihnen; niemand hatte je gesehen, daß Fedallah schlummerte, und sei es nur des Nachts, oder sich unter Deck begab. Stundenlang stand er regungslos da, ohne sich zu setzen oder anzulehnen, und in seinen fahlen rätselhaften Augen las man klar und deutlich: Wir beiden Wächter ruhen nie.* (CXXX 811)

Genau wie er verhält sich Ahab, ja, seine Annäherung an Fedallah wächst mit der Annäherung an Moby Dick. Er ißt nur noch an Deck, er rasiert sich nicht mehr. *Sein Leben war nun eine einzige Deckswache,* schreibt Ismael, *und ohne Unterlaß hielt auch der Parse seine rätselhafte Wacht, dennoch sah man sie nur selten miteinander sprechen, und dann nur über jene Kleinigkeiten, die unvermeidlich waren. Ein mächtiger, geheimer Bann schien beide zu verbinden, doch für die scheue Mannschaft waren sie einander fern wie die zwei Pole.*

Bei Tage fiel gelegentlich ein Wort, bei Nacht hingegen blieben beide stumm und wechselten nicht eine Silbe. Bisweilen standen sie für endlos lange Stunden ohne einen Gruß im Sternenlichte, weit entfernt, Ahab am Achterluk, der Parse dicht am Großmast, und ließen doch einander niemals aus den Augen, als sehe Ahab in dem Parsen den eigenen vorausgeworfenen Schatten und der Parse in Ahab seine aufgegebene stoffliche Hülle. – Dennoch schien Ahab als ureigenes Selbst..., der Parse aber bloß sein Sklave. Freilich schien es so, als wären beide Seit an Seite in ein Joch gespannt und würden von einem unsichtbaren Tyrannen getrieben: ein hagerer Schatten neben einem festen Körper. (CXXX 812)

Beide, Fedallah und Ahab, sind dieser Darstellung zufolge zwei ineinandergreifende Räder im Getriebe desselben Schicksals, an das sie gemeinsam glauben – die Gefangenen ein und derselben Weltsicht, die Anhänger ein und derselben Sehnsucht, die Opfer ein und derselben Obsession; beide verstehen einander unbewußt, wortlos, – gleichwohl ist ihr »Standpunkt« so weit voneinander entfernt wie die beiden Brennpunkte einer Ellipse. Sagen wir so: Fedallah verkörpert den Inhalt eben jener Erkenntnis, unter welcher Ahab leidet, oder, vielmehr er »verkörpert« sie nicht, diese Erkenntnis hat in ihm ihre gespenstische Gestalt gewonnen; ja, sie hat begonnen, ein geistiges Eigenleben in und neben Ahab zu entfalten; sie ist sein Doppelgänger, sein Antrieb, sein Aufseher, sein zwanghaftes Überich geworden. Und auch umgekehrt: Alles, woran Ahab leidet, hat sich geistig in Fedallah kristallisiert: Der Parse denkt, was sein Kapitän fühlt, er sieht voraus, was auf diesen noch zukommt, ja, er geht ihm voran als dessen schicksalhafter Wegbereiter. In seinem ganzen Wesen ist Fedallah der fühllos gewordene, nur noch erkennende, in unabänderlichen Gesetzen gefangene schizoide Anteil in Ahabs gespaltenem Bewußtsein; dieser selbst aber, der von sich sagt, er denke nie, er fühle, fühle, fühle nur (CXXXV 849), verkörpert ganz und gar die verzweifelte Reaktion eines Menschen auf eine Welt, in welcher sich alles vollzieht nach gußeisernen Gesetzen, doch eben deshalb ohne Menschlichkeit. Die Bahn der Sonne am Himmel, die Bahn der Wale im Meer, die Bahn des Bluts in den Adern, – alles geschieht seit unvordenklichen Zeiten so, wie es muß. Der Verstand des Menschen ist fähig, es zu erkennen, doch damit einverstanden zu sein vermag er nicht. Lediglich der Fedallah-Anteil in Ahab ist imstande zu begreifen, daß kein Mensch je danach gefragt werden wird, was er akzeptiert oder nicht akzeptiert[63]. Eben daß es auf das Subjekt, auf die Person eines Menschen, auf ihr Fühlen, ihr Wollen, ihr Mögen, ihr Vermögen überhaupt nicht ankommt in einer Natur, die sich in fragloser Selbstverständlichkeit aufführt, war ja Ahabs »Erleuchtung« in den Flammen des

Elmsfeuers: *Mitten im verkörperten Unpersönlichen stehe ich hier, eine Persönlichkeit.* (CXIX 771)

Es ist im letzten dieser Riß zwischen Mensch und Natur, zwischen Menschlichkeit und Naturnotwendigkeit, zwischen Güte und Gesetz, zwischen Moral und Macht, zwischen Mildheit und Wildheit, – es ist der uralte Kampf: mythologisch zwischen »Festland« und »Meer«, psychologisch zwischen Bewußtsein und Unbewußtem, theologisch zwischen Geschöpf und Schöpfer, der zwischen den beiden Polen in Ahab tobt und seine »Schizophrenie« in wörtlichem Sinne bestimmt.

Klar voraus sieht die Fedallah-Hälfte in Ahab den eigenen Untergang; schon vorweg kennt sie alle Einzelheiten der Aufführung, – der parsische Priester der Sonne erweist sich zugleich als Prophet auch des Schicksals, das seit eh und je mit dem Sonnenlauf verknüpft ist; und er kann dieses Vorwissen tragen in der Haltung einer unirdischen Neutralität der Wahrnehmung. Wie die Sonne am Himmel all dem Treiben der Dinge im Getriebe der Welt, dessen sie selber der wichtigste Teil ist, teilnahmslos zusieht, so auch Fedallah. Ungerührt schaute die Sonne herab auf den kleinen Pip, wie er *verstoßen* im Meer schwamm, als die *äußerste Verdichtung des Ichs inmitten dieser herzlosen, unermeßlichen Weite* (XCIII 644); und genauso wird Fedallah *mit sanfter Gleichmut vom zertrümmerten Heckteil aus* dem hilflosen Ahab zuschauen, dessen Kopf unter den Schlägen Moby Dicks in den Wogen auf und ab tanzt wie *eine Blase, die beim kleinsten Stoß platzen kann.* (CXXXII 831–832) Doch diese Gleichmütigkeit und Schicksalsergebenheit bilden eben nur die eine Seite der archaischen Naturreligion von »Feuer« und »Sonne«, personifiziert in Fedallah. Ressentiment und Rebellion bilden ihre komplementäre Kehrseite in der Person Ahabs.

Auch Ahab unterliegt mit all seinem Widerspruch der gleichen Naturnotwendigkeit; er ändert nicht den Gang der Welt, er stellt letztlich nur eine subjektive Paraphrase der Verweigerung dar. Wissend und willig nimmt Fedallah den Tod schon vorweg, gegen den Ahab noch ankämpft. Wie in NEWTONS Physik Kraft und Gegenkraft einander entsprechen, indem sie demselben Gesetz der Mechanik gehorchen, so ist Ahabs Untergang berechenbar und voraussagbar, ganz so wie das Ende, das sich Fedallah selbst in kryptischen Worten in Aussicht stellt. (CXVII 759–760) Zwar wird Ahab die Vieldeutigkeit seiner Orakelrede erst durch das Geschehen selbst recht zu verstehen vermögen, doch auch ein früheres Begreifen wäre nicht imstande, die künftige Katastrophe abzuwenden. Alles kommt hier zusammen: So wie die Sonne sich vorherbestimmt und unaufhaltsam durch die Tierkreiszeichen bewegt, so wie Moby Dick entsprechend Ahabs Karte seinen Weg durch die fünf Weltmeere zieht, so sicher werden der wahnsinnig gewordene Kapitän und der Wal ein letztes Mal aufeinandertreffen (XLIV 330); es ist das Gesetz in Ahabs eigenem Herzen, es ist sein Haß in Antwort auf seinen Schmerz, es ist sein Fühlen in Wechselwirkung zu seinem Denken, das ihn unfehlbar in den Untergang treibt.

Vor allem diese vollkommene Schicksalseinheit von Himmel, Meer und Mensch, von Welt, Wahn und Willen läßt das menschliche Dasein als eine unentrinnbare Tragödie erscheinen; und wenig nutzt es, eine solche Sicht auf die Wirklichkeit etwa als »zu pessimistisch« zurückzuweisen. Geht es denn hier um Fragen von Geschmack und Temperament? Bedenken muß man, daß MELVILLE, als er seinen *Moby-Dick* schrieb, das wohl wichtigste Werk der Naturwissenschaften des 19. Jhs. noch nicht gelesen haben konnte: CHARLES DARWINS Buch über *Die Entstehung der Arten durch natürliche Zuchtwahl* von 1859. Wenn sein Ahab sich an den Formen antiker Naturreligion orientiert, um seine Verzweiflung über die Welt im ganzen zu artikulieren, so zeichnet die tragische Konsequenz seines Weltbildes, aus heutiger Sicht betrachtet, mit wirklich prophetischer Kraft eine Aporie von erschreckender Aktualität auf. Der Kapitän der *Pequod* litt zumindest noch unter einer Welt, die sein Verstand voller Entsetzen und Abscheu als unentrinnbar grausig und grausam zu begreifen den Mut hatte. Folgt man der Fahrt der *Pequod rund um die Welt* (LII 386), so ist sie bei jedem Schiff, das ihr begegnet, und bei jedem Ereignis, das auf ihr geschieht, immerhin noch von einer Vielzahl warnender Vorzeichen begleitet. Fedallahs »Naturreligion« ist »aufgeklärt« genug, den sinnstiftenden Symbolismus ihrer eigenen Überlieferungen ersatzlos zu tilgen; doch um so eindringlicher redet in ihr die sinnlos gewordene Welt in unheilvollen Chiffren zum Menschen. In unseren Tagen aber hat die Eiseskälte, die Fedallah verkörpert, sich alternativelos als selbstverständlich gesetzt. In den Naturwissenschaften der Gegenwart ist Ahabs Leiden »undenkbar« geworden; Ahab selbst ist verschwunden. Es existiert, um in MELVILLES Bildersprache zu bleiben, nur noch »Fedallah« – ein sonnengleiches Auge, ein unfühlsames, subjektloses, reines Bewußtsein, ein Wille zu wertfreiem Wissen, gemischt aus Wahrheitsliebe und Neugier. Die »Schizophrenie« von einst hat sich damit aufgelöst; doch um welch einen Preis!

»Die Natur muß mitleidlos sein, weil nur durch die Ausrottung der Schwachen und Kranken das biologisch funktionstüchtigste Erbmaterial ausgewählt und vermehrt weitergegeben werden kann.« »Der Kampf ums

Dasein muß rücksichtslos sein, weil nur das Prinzip der Konkurrenz die Funktionstüchtigkeit der Fittesten optimiert...« So ist die Welt, erklären wir heute bereits unseren Kindern, und es ist sinnlos, sich eine andere auch nur vorzustellen oder gar zu wünschen. Man muß realistisch sein, wenn man mithalten will, man muß flexibel sein, wenn man glücklich werden will... Ein Mensch wie Ahab aber will nicht »mithalten«; vor lauter Empörung will er »draufhalten« oder »draufgehen«. Ausschlaggebend ist für ihn nicht einmal die soziale Konsequenz uneingeschränkter »Piraterie«, die sich augenblicklich aus einer Übertragung der naturwissenschaftlichen Weltsicht auf den Menschen ergeben muß; es ist das *Prinzip* von Jäger und Gejagtem selbst, nach dem das Leben angetreten ist, gegen das Ahab am Kap Cockatoo vor Sumatra seine knochige zerfurchte Stirn stellt, die ist *wie der schwarze Sandstrand, wenn eine Sturmflut an ihm genagt hat, ohne doch den felsigen Grund hinwegreißen zu können.* (LXXXVII 598)

Wie aber länger noch ein Meer befahren, das einem fühlenden Menschen erscheinen muß als der *Odem einst lebender Wesen, als Luft ausgehaucht, nun zu Wasser geworden?* (CXVI 758) Was tun gegen *den universalen Kannibalismus* des Lebens insgesamt? (LIX 442) Lächerlich mutet der »Trost« an, den die überkommene Religion zu bieten vorgibt, indem sie das Böse der Welt und die Bosheit seiner Bewohner wegzupredigen sucht[64]. Es mag, symbolisch gelesen, eine weise Legende sein, wenn von dem heiligen Franziskus erzählt wird, er habe den Fischen das Evangelium verkündet; wie aber, wenn der allzeit zu zynischen Späßen aufgelegte Stubb den Smutje »Krauskopp« dazu bestimmt, den Haifischen ins Gewissen zu reden? Wie Geier ein Aas, wie Ratten ein Schlachtfeld, umlauern die Haie einen verblutenden Wal; tausende sammeln sich gierig, um Beute zu machen; und wem *der* Anblick nicht auslangt, mag sich vorstellen, wie *sehnsüchtig* sie etwa nach dem *teuflischen* Gemetzel einer *Seeschlacht... zu den Decks der Schiffe hinaufstarren, wie hungrige Hunde um eine Tafel, wenn blutiges Fleisch aufgeschnitten wird, bereit, jeden Toten zu verschlingen, der ihnen vorgeworfen wird.* Doch sind nicht gerade die Haifische wahrhaft menschenähnlich zu nennen, so wie diese haifischähnlich? Unterscheidet sich das gegenseitige Abschlachten mit goldverzierten Säbeln und Messern an Deck eines Schlachtschiffs auch nur um einen Deut von dem Schlingen und Würgen, das sich außenbords fortsetzt? (LXIV 467) Ja, stellt sich beim Anschauen einer derart schaurigen Wirklichkeit nicht wie von selbst die Frage, ob es nicht besser sei, statt Gott, *den Teufel anzubeten* oder ihn wenigstens in seinem Wüten beschwichtigen zu wollen? (LXIV 468) Der Smutje »Krauskopp« jedenfalls wird versuchen, sich aufs Beschwichtigen zu verlegen, indem er die blutschmutzenden, schmatzenden Haie in ihrer *Verfressenheit* als *Brüder im Geiste* anredet und ihnen durchaus zubilligt, daß sie für ihre Natur nichts können; aber, ermahnt er sie, *die böse Natur in Zaun halten, das isses! Klar, ihr seid Haie, spricht er, aber wenn ihr den Hai in euch in Zaun haltet, tja, dann seid ihr Engel, weil ein Engel is nix andres wie'n Haifisch, wo sich in Zaun hält. Hört mal, Brüder, könnt ihr euch nich mal benehmen, wenn ihr euch an dem Wal da bedient? Reißt eurem Nächsten nich das Stück Speck aussem Maul, sag ich. Hat nich ein Hai so viel Recht auf diesem Wal wie der andre? Und bei Gott, eigentlich hat keiner von euch ein Recht auf ihm, weil der Wal, der gehört wem anders. Ich weiß, ein paar von euch ham ein ganz großes Maul, größer wie andre, aber oft ham die großen Mäuler kleine Mägen, also is ein großes Maul nich zum Runterschlingen da, sondern zum Abbeißen vom Speck für die kleinen Haifischbrüder, wo sich nich um dem Wal rumdrängen und was rausbeißen können.* (LXIV 470)

In einer Welt, in welcher niemandem irgend etwas »rechtmäßig« zusteht, gibt es offenbar nur zwei Möglichkeiten: entweder nach Haifischart dem jeweils Stärkeren, Wilderen, Beißwütigeren und Ungehemmteren das »Recht« einzuräumen, an sich zu reißen, was immer er will, oder die »christliche« Lösung: das Leben als eine unverdiente Gnade zu empfangen und geschwisterlich miteinander umzugehen, als Verbündete, als Verbrüderte, ganz sicher nicht als Konkurrenten und »Kannibalen«. Was aber folgt für einen denkenden Menschen wie Ahab, sobald der »Spaß« der Smutje-Predigt vorbei ist und der alte »Krauskopp« feststellen muß, daß es keinen Zweck hat, den Haien eine Predigt zu halten, *wenn denen ihre Bäuche noch nich voll sind* (LXIV 471)? Selbst Queequeg gesteht, daß es ihm ganz gleich sei, *was für Gott gemacht Hai..., ob Fidschigott oder Nantucketgott. Aber Gott wo gemacht Hai, muß sein gottvadammte Rothaut.* (LXVI 481) Ahab aber wird bei derartigen »Feststellungen« nicht stehenbleiben. Mit der Energie von MILTONS Lucifer will er und wird er dieser Welt, der ganzen Weltordnung, den Kampf ansagen. Er weigert sich, der Gefangene ihrer Gesetze zu sein; er durchschneidet die letzte Fessel – den Willen zum Leben, das Verlangen nach Glück. Seine trostlose Trauer verlangt nach Tod, seinem eigenen wie dem des »Wals«.

»Die Welt muß so sein«? »Die Sonne geht ihren Gang«?

Ein Ahab wird solche Aussagen schier unsäglich finden. An einem der milden *Sommertage in den Gewässern um Japan,* als *die Kimm flimmert, und der nackte, unverschleierte, strahlende Schein... der unerträglichen Herrlich-*

keit von Gottes Thron gleichkommt, wird Ahab, zur Mittagszeit, als er, wie üblich die Sonne zu schießen sich anschickt, voller Wut seinen Quadranten als albernen *Tand* und *Kleinkinderspielzeug* unter den Füßen zertrampeln, da er ihm nur angeben kann, wo er jetzt ist, nicht aber, wo er sein wird. Was…, grübelt er, *kannst du schon anderes tun, als den armen, erbärmlichen Punkt anzuzeigen, an dem du dich selbst gerade befindest auf diesem weiten Planeten… Du kannst nicht sagen, wo ein Tröpfchen Wasser oder ein Körnchen Sand morgen mittag sein werden, und ungeachtet deiner Ohnmacht beleidigst du die Sonne! Wissenschaft, pah! Fluch über dich,… und Fluch auch über alles, was des Menschen Auge hoch zu einem Himmel lenkt, der ihn mit seinem Gleißen nur versengt, grad so wie meine alten Augen.* (CXVIII 761–762)

Der Mensch, findet Ahab, sei von Gott nicht dazu gemacht, *Sein Firmament zu begaffen*, es genüge, den Blick wasserpaß (waagerecht) auf den Horizont zu richten und mit Log und Leine zu steuern. Doch während der *alte Mann der Meere* rasend vor Zorn diese Worte spricht und den Quadranten mit seinem lebenden wie mit seinem toten Fuße zermalmt, hockt da erneut der Parse Fedallah, über dessen stummes, regloses Antlitz ein Ausdruck hämischen Triumphs über Ahab und zugleich ein Ausdruck hoffnungsloser Ergebenheit in sein eigenes Schicksal huscht. (CXVIII 763)

Was Ahabs ebenso desperate wie desaströse Jagd auf den Wal im letzten bedeutet, wird am dritten und letzten Tag seines erbitterten Kampfes zusammenfassend deutlich: es geht um nicht mehr und nicht weniger als um ein »Atemanhalten«, um einen »Streik in der Noosphäre«. So nannte es in den 50er Jahren des 20. Jhs. der Priester und Paläontologe TEILHARD DE CHARDIN[65]. Er wollte verhindern, daß Menschen, gestützt auf die Naturwissenschaften, angesichts der monströsen Sinnlosigkeit des Alls, vereinsamt in den unermeßlichen Räumen des Universums und zernichtet in den unauslotbaren Dimensionen der Zeit, am Geiste erkrankten, indem sie sich einfachhin weigerten, im Kreistanz des Lebens als ungebetene und überflüssige Gäste im Rahmen einer disharmonischen Choreographie weiter mitzuhüpfen. TEILHARD wollte gegen den drohenden kollektiven Nihilismus der Zeit die Mystik des Glaubens an einen kosmischen Christus setzen; die katholische Kirche nahm ihm schon das Problem übel, das er auf diese Weise ein Jahrhundert nach MELVILLE zu lösen versuchte: sie verbot ihm ganz einfach zu Lebzeiten, seine Bücher zu veröffentlichen; und als gehorsamer Jesuit hielt sich der Pater an die Zensur des Vatikans. Doch auch was dann postum von ihm erschien, dürfte kaum auslangen, Heimatlose wie Ismael oder Ahab zum Einverständnis mit dieser Welt zu bekehren. Der Grund liegt auf der Hand: Es ist nicht möglich, »Meer« und »Mensch«, Wind und Willen, Gesetz und Geist in einem einzigen göttlichen »Atem« zusammenzufassen.

Ein widerwärtiger, *abgefeimter Wind*, findet Ahab noch wenige Stunden vor seinem Ende, ist es, der die windzerfetzten Segel im Rigg zerpeitscht; ganz gewiß, denkt er, hat derselbe Wind durch *Gefängnisgänge und Zuchthauszellen geweht und Krankensälen frische Luft gebracht*, nur um jetzt *lammfromm dahergesäuselt* zu kommen. *Verflucht!* ruft er. *Ein Pesthauch ist er. Wäre ich der Wind, ich würde nicht mehr wehen über eine Welt, welche so böse und so elend ist. Ich würde irgendwo in eine Höhle kriechen und darinnen bleiben.* (CXXXV 850)

In Worten wie diesen spricht sich eine metaphysische Verweigerung aus, die dem Grundvorgang allen höheren Lebens: der Energiegewinnung durch Zerlegung aufgenommener Stoffe vermittels Atmung, ein für allemal sich versagt. Wenn es früher schon hieß, daß alle Menschen *in Walleinen verstrickt* seien, ja, daß *sie mit dem Strick um den Hals geboren* würden (LX 451), ist es nur folgerichtig, daß Ahab sich bei seinem letzten Versuch, den Wal zu töten, in der eigenen Leine verfängt und von ihr stranguliert wird. (CXXXV 863) Wie zur Strafe für seine Anklage gegen Schöpfung und Schöpfer wird Ahab erhängt werden durch sein eigenes Tun; zugleich aber ist sein Untergang auch so etwas wie ein sich erfüllender Wunsch: Der Atemwind über der Welt möge sich legen und nur das endlose Meer weiterwogen als Sammelbecken der Wasser des letzten Strahles, in dem die Sterbenden ihr Leben verhauchen (CXVI 758), als das *große Leichentuch*, das gleichmäßig in Jahrtausenden über alles sich breitet. (CXXXV 864)

Bis hin zu dieser erlösenden Ruhe, die einzig der Tod zu schenken vermag, wird allerdings Ahab, wiedergeboren in allen, die ihn begreifen, immer von vorn auf die Jagd gehen nach Moby Dick. Es ist das ganze Leben dieses Mannes, es ist das Ungeheuere dieser Art des Menschseins, sich der ungeheuerlichen Zumutung des Lebens zu verweigern. *Der Weiße Wal*, schreibt Ismael, *schwamm vor ihm als monomanische Verkörperung all jener arglistigen Wirkkräfte, welche manch tiefsinnenden Mann verzehren, bis ihm zum Weiterleben nur noch das halbe Herz und die halbe Lunge bleibt. Jene unfaßbare Arglist, welche von Anbeginn aller Zeiten in der Welt gewesen; welcher selbst die Christen der heutigen Zeit die Herrschaft über eine Hälfte der Welt zubilligen; welche die Ophiten* (sc. eine gnostische Sekte des 2. Jhs., d. V.) *des alten Orients in ihren Teufelsstatuen verehrten – Ahab fiel nicht vor ihr auf die Knie und betete sie an, wie jene es taten, doch indem er die Vorstellung davon wahn-*

haft auf den verhaßten Weißen Wal übertrug, warf er sich ihr entgegen, ver-
stümmelt wie er war. Alles, was uns am stärksten quält und in den Wahnsinn
treibt; alles, was im Bodensatz des Lebens rührt; alle Wahrheit, die Arglist ein-
schließt; alles, was die Sehnen zerreißt und das Hirn verhärtet; all das kaum
merklich Dämonische am Leben und Denken; alles Böse schien dem irrsinnigen
Ahab in Moby Dick sichtbar verkörpert und leibhaftig angreifbar. Er türmte
auf des Wales weißen Buckel den angehäuften Zorn und Haß, den sein
Geschlecht seit Adam je verspürt, und ließ, als wäre seine Brust ein Mörser, sein
heißes Herz, das feurige Geschoß, an ihm zerbersten. (XLI 304–305)

Um »Ahab« zu erlösen, müßte man in der Gestalt von Moby Dick eine
ganze Welt erlösen. Nicht nur den Schmerz seiner zermarterten Glieder gilt
es zu lindern, weit schwerer fallen die Qualen seines zergrübelten Hirns in
Gestalt von »Fedallah« und seines eigenen zerstoßenen Herzens im Schatten
des »Parsen«. Nicht so sehr die Verletzung des Körpers als vielmehr die tiefe
Verletztheit seiner leidenschaftlich suchenden Seele – die ungeweinten Tränen seiner vereisten Gedanken, die verzweifelte Weltsicht eines Verstoßenen,
der seine Würde dareinsetzt, zu widersprechen dem, was ihn verneint –,
dieses Ismael-Thema, aufgipfelnd in Ahab, sekundiert von Fedallah, er-
brütet über den Weiten des Stillen Ozeans die Temperaturen, denen Taifune
entsteigen.

Immer noch freilich verstehen wir »Ahab« nicht gut genug, um die Sugge-
stivkraft zu begreifen, die von ihm ausgeht. Wer ist er als Kapitän? Wie kann
er mit seinem Wahn eine ganze Mannschaft verhexen und in den Untergang
reißen? Wie dehnt die individuelle Psychologie dieses Einen sich aus zur
Massenpsychologie aller? Erst die soziale Seite der Gestalt Ahabs erlaubt
uns, die ganze destruktive Stärke des »Taifuns«, der er ist, zu erfassen – und
damit das wahre Ausmaß seines Problems.

Auf dem Weg dahin sollten wir freilich eine Verstehensbarriere beiseite
räumen, die sich mit dem Begriff der »Verletztheit« beziehungsweise der
»Kränkung« ergeben kann. Ahabs Verkrüppelung steht von Anfang an so
sehr als eine *äußere* Tatsache im Vordergrund, daß man geneigt sein könnte,
die Problemstellung des *Moby-Dick* allzu eng auf die Erlebnis- und Sichtweise von körperlich Behinderten festzulegen; dann aber wäre es kaum
möglich, die Allgemeingültigkeit ihres Anspruchs zu begreifen. So als hätte
Melville diese Schwierigkeit selber gesehen, hat er den Stoff des *Moby-Dick*
in dem nur ein Jahr danach erschienenen Roman *Pierre oder Die Doppeldeutigkeiten* noch einmal, jetzt aber von einer anderen Seite aufgegriffen:

durch die Schilderung einer rein seelischen Verwundung, einer traumatischen Erkenntnis, die eine ganz ähnliche psychische und geistige Entwicklung herbeiführt, wie sie die Tragödie Ahabs bestimmt. Die Hauptvergleichspunkte beider Romane kommentieren sich dabei wechselseitig, so daß gerade Pierres tragisches Ringen um Liebe wie nichts sonst geeignet ist, Licht auch auf Ahabs fatales Bedürfnis nach Rache zu werfen.

EXKURS: Pierre oder: Die unnachsichtige Einsicht

Kann es eine Erkenntnis geben, die jegliche Hoffnung vernichtet? Ist eine einzige Entdeckung imstande, ein ganzes Menschenleben vollständig zu ruinieren und alle Beteiligten in den Strudel des Untergangs mit hineinzuziehen? Ist es möglich, daß aller guter Wille auf schreckliche Weise scheitert an der Unvollkommenheit und Enge der Welt?

In gewissem Sinne stellt und bejaht MELVILLES *Pierre* all diese Fragen noch weit radikaler, als es bereits in der Gestalt von Kapitän Ahab geschah. Beide Romane, *Moby-Dick* und *Pierre*, kreisen psychoanalytisch um eine traumatische Verletzung, die sich zu einer narzißtischen Kränkung auswächst: Ahabs Verstümmelung durch den Weißen Wal öffnet dem Kapitän der *Pequod* den Blick für die Abgründigkeit der Welt; Pierre indessen macht eine Entdeckung, die ihm das Bild seines Vaters in verwirrende Zwielichtigkeit rückt. Auch hinter Ahabs wütenden Aggressionen und Rachephantasien taucht das Bild einer väterlichen Autorität auf, die allerdings im Status vermeintlicher Überlegenheit, demütigend und arglistig, Gewalt und Unrecht verübt – eine Schicksalsmacht, die in den Tiefen des Unbewußten zu Rebellion und Widerstand nötigt, zu gottgleichem Selbstentwurf und titanenhaftem Trotz; Pierre hingegen geht zugrunde und richtet sich zugrunde in dem erklärten Widerspruch zu einem Vater, der von einem bestimmten Zeitpunkt an sich so anders darstellt, als die Mutter ihn mochte und malte. Auch Pierre verliert in gewissem Sinne seine Mutter durch das Verhalten, will sagen: durch ein Verhältnis seines ihm zunächst nur unbekannten, dann aber fortschreitend unerkennbaren Vaters; doch ein Unterschied bleibt: Pierre ist kein von vornherein verstoßenes Abrahams-Kind, er ist kein geborener Ismael; ganz im Gegenteil, er ist, wie schon sein Name sagt: Pierre – Petrus, der *Fels*.

1. Der Liebling der Mutter und Lucys Verlobter

Wie auch sonst in MELVILLES Werken besitzen (fast) alle Namen eine besondere, zumeist der Bibel entlehnte Bedeutung, die man gewiß nicht überbewerten, aber auch nicht übersehen darf. Der neunzehnjährige »Pierre« Glendinning soll sein und verspricht in der Tat zu werden der »Fels«: Held und Halt seiner früh verwitweten Mutter, die, obschon sie *in reifem Alter war, ... wunderbarerweise ... noch immer weitaus jugendlichere Reize in den Schatten stellte und, wenn sie es darauf hätte ankommen lassen, ein Gefolge von vernarrten Freiern in ihrem Schlepptau gehabt hätte, die ihrem Sohn Pierre an Jahren kaum voraus waren. – Doch ein ehrfürchtiger und hingebungsvoller Sohn schien dieser Witwenblüte als Liebhaber zu genügen.* Tatsächlich umgibt Pierre mit einem *namenlosen Verdruß und mitunter gar in ... Eifersucht* seine Mutter, um sie gegen jeden, *ob Graubart oder Milchgesicht,* zu verteidigen, der es wagen sollte, ihr *die Ehe anzutragen*; ja, er hatte *mehr als einmal mit gespieltem Haß geschworen,* ein solcher Mann werde *durch eine unausweichliche, geheimnisvolle Kraft im selben Augenblick vom Erdboden verschwinden.* (I 2; S. 13–14)

Diese »geheimnisvolle Kraft« wird man nicht anders verstehen können als den unbewußten Wunsch des jungen Mannes, der einzig Geliebte und der einzig wahrhaft Liebende seiner Mutter zu sein und zu bleiben. Überhöht wird dieses Verlangen von der Intensität religiöser Gefühle, die, entsprechend den Vorstellungen seines Vaters, den blanken *Stahl vornehmer Männlichkeit ... mit der seidenen Schärpe der Religion* zu umgürten trachten. Gemeinsam mit seiner Mutter hat Pierre deshalb mit sechzehn Jahren die heiligen Sakramente empfangen, um *den sanftmütigen und dennoch königlichen Titel Christ* zu erwerben. (I 2; S. 17) Und noch ein weiteres Motiv verbindet Pierre mit seiner Mutter. Ehe *er in die zarteren Bande eines Liebenden geriet*, hatte er sehnlichst sich eine Schwester gewünscht, die er *lieben und beschützen und für die* er notfalls *kämpfen könnte* (I 2; S. 18); doch da ihm das Schicksal die Geburt einer geschwisterlichen Gefährtin versagt hatte, entwickelte sich zwischen ihm und seiner Mutter ein gerade solches Verhältnis wie zwischen Bruder und Schwester[1]. *Schwester Mary* nennt Pierre denn auch für gewöhnlich seine Mutter, und auch diese spricht mit ihm als mit ihrem »Bruder Pierre«; redet sie ihn mit *Mein Sohn!* an (III 1; S. 87–88), so drückt sich darin Irritation, Bestürzung, Vorwurf, ja, Zorn aus.

Nach dem Wunsch von Mrs. Glendinning soll das Bild des Vaters, das Vorbild des Vaters – *Dein Vater hat das auch nie getan* – das Wesen und den

Charakter ihres Jungen formen. (I 6; S. 39) Mit der Liebe einer Mutter und mit der Zärtlichkeit einer Frau wünscht sie sich ihn *sanftmütig fügsam,* doch auch *ein entschlossener Held,* würdig des Marschallstabs, schwebt ihr vor, – ein Kriegsheroe ohne Krieg, ein starker Mann, dem *ein günstiges Geschick* es vergönnt, *sein Heldentum auf eine milde Art* zu *beweisen,* und *ihm nicht bestimmt* ... *einer finsteren, vergeblichen Hoffnung Held zu sein – einer finsteren, vergeblichen Hoffnung, die grausam einen Mann zum Wilden macht. Gib ihm, oh großer Gott,* betet sie, *gelinde Stürme! Umwehe ihn mit einem Glück, das nimmer wankt! Auf daß er gegen mich stets fügsam bleibe und sich zugleich gegen die Welt als stolzer Held beweist!* (I 6; S. 41–42) Frau Glendinning ahnt nicht, in welch einem Ausmaß ihr Sohn gerade in »finsterer, vergeblicher Hoffnung« »grausam« und »wild« werden und welch einen Beitrag sie selbst zu dieser Entwicklung leisten wird; und auch Pierre, *der einzige noch lebende Glendinning männlichen Geschlechts,* hegt *in seiner frischen, stürmischen, hochmögenden Jünglingsseele* ... *die törichte Hoffnung, ... die Säule des Ruhmes glanzvoll zu krönen, deren hohen Schaft seine edlen Vorfahren errichtet hatten.* (I 2; S. 19)

Die Rolle des »Pierre« ist mithin als erstes die verinnerlichte Erwartung seiner Mutter, die in ihm eine Wiederverkörperung ihres verstorbenen Mannes und hochverehrten Schwiegervaters erblickt; doch bekanntlich ist »Petrus« auch der Name dessen, der als erster der Jünger die Botschaft des »Christus« mittrug, und diese beiden Zielsetzungen sind es, die sich von einem bestimmten Zeitpunkt an als ein zerreißender Widerspruch erweisen werden. Noch aber wartet das Schicksal.

Denn auf lange Zeit hin bezeigt Pierre seiner Mutter eine solche *namenlose und unendlich köstliche Würze unaussprechlicher Zartheit und Aufmerksamkeit,* daß diese, umwoben und umworben von der steten *Bewunderung* ihres Sohnes, *die der eines Geliebten glich,* obwohl sie doch *dem Gipfel ihrer Wechseljahre nicht mehr allzufern war, ... wie durch ein Wunder noch einmal* auflebte. Alles spricht unter diesen Umständen dafür, *daß es möglich sei, das göttlichste aller Gefühle, welche die Liebe in ihrem holdesten Frühling beseelen, unbeschränkt auf die weniger bedeutungsvollen Verhältnisse unseres buntgescheckten Daseins auszudehnen.* Gerade weil *die heiligste Leidenschaft des Menschen* in der liebevollen Beziehung Pierres zu seiner Mutter sich ganz und gar *vergeistigt* zeigt, *befreit von allem Unrat und Makel,* ruht darauf die Verheißung eines niemals endenden Paradieses. (I 5; S. 34–35)

Im Bilde einer solch entsinnlicht-romantischen Verklärung betrachtet Pierre auch seine sechzehnjährige Verlobte Lucy Tartan, die er liebt, wie um das Glück seiner Mutter vollständig zu machen. *Die Liebe, weiß er, fühlt er, ward gezeugt von Freude und der Friede im Garten Eden, als die Welt noch jung war. Der Mensch, den Sorgen niederdrücken, kann nicht lieben; der Trübsinnige kann Gott nicht finden. Und weil die Jugend meistens keine Sorgen hat und keinen Trübsinn kennt, darum gehört die Liebe seit dem Anbeginn der Jugend. Die Liebe mag in Leid und Alter und Schmerz und Not und jeder anderen Art menschlichen Kummers enden, doch sie beginnt in Freude. Nie stößt die Liebe ihren ersten Seufzer aus, eh nicht die Liebe lachte. Die Liebe lacht zuerst und seufzt hernach. Die Liebe hat nicht Hände, sondern Schellen; der Mund der Liebe gleicht dem Trichter eines Jagdhorns, und ihr Lebensodem atmet Jubeltöne reiner Freude!* Mit *ihrem wunderschönen Gesicht, ihren blauen Augen und dem goldenen Haar* scheint Lucy in Pierres Augen den Himmel selber zu verkörpern. (II 4; S. 63) Alle Blumen fächeln ihm ihren Duft entgegen, und ihre Augen sind für ihn *der Liebe Zauberspiegel* selbst. Erfüllt *mit ewig unaussprechlichem Schaudern*, ahnt Pierre, *daß die Liebe die höchste Gottheit ist… des Schöpfers und des Erlösers frohe Botschaft an die Menschheit.* (II 4; S. 64) Ja, die *Liebe*, so spürt er, *ist der große Erlöser und Reformer dieser Welt; und weil alle schönen Frauen ihre erlesensten Botschafter sind,* so folgert er, *darum hat die Liebe sie mit jener fesselnden Überredungskunst begabt, der kein Jüngling widerstehen kann. Die eigene Herzenswahl erscheint dem Jüngling wie ein unerforschlicher Zauber, der ihn mit zehntausend Bannsprüchen und Beschwörungsformeln umfängt und ihn umschwebt, wohin er sich auch wendet, und Dinge murmelt, deren Sinn kein irdischer ist, und all die unterirdischen Geister und Gnome vor ihm erscheinen läßt und alle Seejungfrauen aus dem Meer herbeiruft, damit sie schwimmend ihn umkreisen; so haucht die Liebe ihre Geheimnisse gleich Dunstgebilden aus, – was Wunder also, daß die Liebe seit eh und je eine Mystikerin ist?* (II 4; S. 66)

Der allbeseligende Zauber reiner Zuneigung eint somit die verliebt Verlobten; und doch: was macht die Liebe zu einem solchen »Mysterium«, außer daß sich in ihr die hehrsten Absichten mit den dunkelsten Motiven mischen? Gerade weil die Liebe *alle* Schichten des Erlebens umgreift, wirkt sie wie ein Sturmwind, der das Meer der Seele aufwühlt bis zum Grunde. *Schaurig,* wird Pierre nicht sehr viel später schon sagen, *ist die Seele des Menschen! Es ist besser, in die stofflichen Räume jenseits der äußersten Bahn der Sonne verstoßen zu werden, als einmal ohne Halt durchs eigene Ich zu treiben!* Und dabei hatte er *seine Angel* noch *nicht im Brunnen seiner Kindheit ausgeworfen, um zu erkunden, was dort für Fische sind.* (XXI 1; S. 489)

Pierre kann nicht sehen, daß die ekstatischen Glücksgefühle, welche die Liebe ihm schenkt, auf das engste gebunden sind an die Beziehung, die er zu seiner Mutter unterhält; selbst eine so wunderbare Frau wie Lucy würde ihm nicht als ein derart überirdisches Wesen erscheinen, erschaute er sie nicht in eben der Aura, in welcher ein Kind seine Mutter wahrnimmt. Doch gerade darin liegt das Problem; denn nicht nur die Gefühle seliger Geborgenheit, sondern auch die längst vergessenen Ängste der Kindertage melden sich in den Regungen der Liebe zu Wort, und zwar um so stärker, je inniger die Beziehungen sich gestalten. Jede große Liebe umschließt einen Menschen ganz, mit seiner Vergangenheit und mit seiner Gegenwart, mit seinen Erinnerungen und mit seinen Erwartungen, mit seinen Hoffnungen und mit seinen Befürchtungen; unversehens können dabei die Stimmungen wechseln, so wie im kindlichen Erleben Lachen und Weinen übergangslos aneinandergrenzen; die Plötzlichkeit und die Heftigkeit des Umsturzes von Freude in Furcht kann selbst bereits als Indiz für den Einbruch alter Erinnerungsreste der Kindheit gewertet werden; doch wer kennt sich schon hinlänglich aus in den dunklen Schichten der eigenen Seele? Wenn selbst die Liebe in ihren innigsten Empfindungen Angst zu entbinden statt sie zu lindern vermag, was im menschlichen Dasein soll dann noch Vertrauen verdienen?

Gerade das ist die Frage, die eine Gestalt wie Pierre aufwirft. *In ihren feinsten Linien und tiefsten Ursachen*, heißt es in MELVILLES Roman, *trotzen die stärksten und glühendsten Gefühle des Lebens jeder analytischen Erkenntnis. Wir sehen die Wolke und fühlen den Blitz; doch die Meteorologie bemüht sich vergebens, kritisch zu untersuchen, wie es zur Aufladung der Wolke kam und weshalb der Blitzschlag so betäubt. Die metaphysischen Schriftsteller geben zu, daß das beeindruckendste, plötzlichste und überwältigendste Ereignis – ebenso wie das winzigste – nur das Ergebnis einer unendlichen Folge unendlich verwickelter und unerforschlicher früherer Begebenheiten ist. Das gilt genauso für jede Herzensregung. Warum glüht diese Wange von edler Inbrunst; warum kräuselt sich jene Lippe spöttisch; das sind Dinge, die in Gänze nicht ihrer unmittelbar ins Auge springenden Ursache zugeschrieben werden dürfen, welche nur ein Glied in der Kette ist, sondern zurückgehen auf eine lange Reihe von Zusammenhängen, deren äußerstes Ende sich in den Zwischenreichen der ungreifbaren Luft verliert.* (IV 1; S. 121)

In der menschlichen Seele hängt offenbar alles mit allem zusammen, doch diese Zusammenhänge liegen nicht offen zutage, sie lassen sich nicht von außen beobachten, ja, sie sind selbst der bewußten Eigenwahrnehmung entzogen; allzumeist wurzeln sie in Eindrücken der (frühen) Kindheit und sind im Wachzustande kaum erinnerlich; um so mächtiger freilich macht sich ihr Einfluß auf die Gestaltung des gegenwärtigen Erlebens geltend: Gerade daß die scheinbar kleinsten Anlässe mit einem Male die umstürzendsten Wirkungen zeitigen können, verweist auf solche Verknüpfungen im »Zwischenreich« der »Lüfte« – im Unbewußten der Psyche. Ein halbes Jahrhundert vor den Entdeckungen der Psychoanalyse[2] *weiß* der Dichter MELVILLE um die abgründige Seite insbesondere der Liebe: um ihre fatale Komplexverhaftetheit, um ihre »Wiederholungszwänge« aus dem kindlichen Erleben, um ihre »Übertragung« von der Mutterbindung auf die Beziehung zu einem anderen Partner, und ohne je etwas von einem »Ödipuskomplex« gehört zu haben, beschreibt er auf unvergleichliche Weise in *Pierre* nicht nur die schicksalhafte Dynamik und Ambivalenz der Mutterbindung, sondern auch, entsprechend dem Vorbild der griechischen Tragödie, die Folge einer »Erkenntnis«, die den, der sie macht, unweigerlich in den Abgrund treibt: ein DANTEscher *Blick auf die endlosen Klippen und Abgründe des Rätsels Mensch und seines Elends.* (III 3; S. 100)

2. Isabel, die Seelenverwandte oder: Die Magie der Liebe

Das Verhängnis nimmt seinen Anfang, als Pierre anläßlich eines Besuchs bei den tauben »Christusdienerinnen« einem Mädchen begegnet, dessen *wundersames Antlitz... mit unerklärlichem Flehen* und vollkommener *Einsamkeit* zu ihm emporschaut, eine *unheimliche* Einheit aus *Herzensnot und Schönheit.* (III 1; S. 86) Obwohl er die Mutter, die von der kleinen Szene aufs höchste alarmiert ist, mit der Erklärung zu beruhigen sucht, er sei lediglich beim Anblick des hübschen Mädchens wie *traumverloren* gewesen (III 1; S. 88), verfolgt dieses Antlitz ihn dennoch weiter, *wie das flehende, schöne, leidenschaftliche und unwirkliche Antlitz einer Madonna den sehnsuchtskranken, von Inbrunst erfüllten, doch ewig an seiner Aufgabe verzweifelnden Künstler verfolgt.* Es ist, als ginge von diesem Antlitz ein langgezogener Schrei aus, *der nicht von dieser Welt ist,* und *gellte bis auf den Grund seiner Seele.* (III 2; S. 89)

Wie manche Märchen davon erzählen, daß ein Königssohn das Bild einer wunderschönen, verzaubert-zauberischen Prinzessin erblickt und von ihr vollständig in den Bann gezogen wird – er muß sie suchen, um sich selber zu finden –, so wird in der Gestalt dieses unbekannten Mädchens in Pierres

Seele etwas angesprochen, dem er nachgehen muß wie einem Schicksalsspruch des delphischen Orakels. Von einer *anima*-Gestalt sprechen deshalb manche Interpreten des MELVILLEschen Romans[3]; doch dieser Ausdruck der Tiefenpsychologie C. G. JUNGS bezieht sich eigentlich auf das kollektive Unbewußte; passender scheint es, für jenes Gegenüber einer unbewußten »Sehnsuchtskrankheit« den JUNGschen Ausdruck »Imago« aufzugreifen und damit das deutsche Wort »Seelenbild« mit seinem lateinischen Äquivalent wiederzugeben. Gemeint mit dem Begriff »Imago« ist das Erinnerungsnachbild der eigenen Eltern: des Vaters oder der Mutter[4]; zu erwarten steht, daß die Partnerwahl eines erwachsenen Mannes etwas mit seiner »Mutterimago« zu tun haben wird, und so ist es in der Beziehung von Pierre und Lucy offenbar der Fall: Fräulein Tartan entspricht voll und ganz dem Wunsch von Frau Glendinning; ihr positives Bild setzt sich ganz einfach in der Gestalt des jungen Mädchens fort. Wieso aber trägt dann Pierre auch dieses so ganz andere, gegensätzliche, gefährliche, erschütternde Traumbild in sich, das in jener unbekannten Näherin seine lebendige Gestalt gewinnt?

Pierre *spürte*, schreibt MELVILLE, *daß ihn jener Schemen in einen Gemütszustand versetzte, der überaus qualvoll war und seinem natürlichen, gewohnten Wesen in keiner Weise entsprach. Es war ein Zustand, der sozusagen etwas Ungesundes an sich hatte, er wußte nicht genau, was es war...; jener Zustand schien einen Keim in sich zu tragen, der, wenn er nicht schnell ausgerissen würde, heimtückisch sein ganzes Leben vergiften und verbittern konnte – dieses erlesene, köstliche Leben, das er Lucy als reines und allumfassendes Unterpfand anvertraut hatte – was ihm Opfer und Wonne zugleich war. (III 2; S. 98)*

In dieser Fremden scheint mithin etwas verkörpert, das sich dem »positiven«, »tugendhaften«, gesellschaftlich akzeptierten Bild von einer Frau, wie es in Pierres Mutter repräsentiert ist und sich in der jungen Lucy fortsetzt, vollkommen entgegensetzt. Abgespalten von der strahlenden Lichtgestalt einer engelgleichen Frau lebt in Pierres Seele, als deren Schattenwurf, zugleich auch die negative Imago seiner Mutter, und eben diese wartet geradezu darauf, (wieder)entdeckt und: *gerettet* zu werden. Die bloße Erinnerung an das Gesicht der Unbekannten genügt, um ihn mit rätselhafter, doch unwiderstehlicher Eindringlichkeit in die Zone seiner ständigen Aufmerksamkeit zu drängen: *Bisweilen überkam ihn... die alte ursprüngliche tyrannische Macht des Geheimnisses; dann fielen die langen, dunklen, traurigen Haarlocken auf seine Seele und mit ihnen ihre ganze wundersame Schwermut; die zwei großen, ruhigen, tränenschweren Augen voll Liebreiz und*

Herzensnot bündelten ihre magischen Strahlen und lenkten sie auf sein Herz,
bis er fühlte, daß sie darin, er wußte selbst nicht, wie, ein geheimnisvolles Feuer
entfachten. – Wenn dieses Gefühl ihn ganz und gar in der Gewalt hatte, wurde
es gefährlich für Pierre. Denn so übernatürlich es auch war und so sehr es alles
aufwühlte, was in den tiefsten Gründen seiner Seele verborgen lag, so erfüllte es
ihn doch mit köstlicher Traurigkeit. Ein feenhaftes Dunstgebilde schwebte über
ihm im himmlischen Äther und ergoß die süßesten Perlen der Gedankenschwe-
re auf sein Haupt. (III 2; S. 99)

Nichts, was von außen kommt, heißt es einmal, *vermag in uns Wunder*
hervorzubringen, wenn es nicht auf ein inneres Wunder trifft, das ihm ent-
spricht... So ... erging es im Grunde auch Pierre. Erkläre du mir dieses
sonderbare Gefühl, das mein ganzes Wesen erfüllt, sprach er in Gedanken zu
dem eingebildeten Antlitz, so will ich allen anderen Wundern entsagen, um
staunend meinen Blick auf dich zu richten. Doch du hast einen tieferen Zau-
ber in mir bewirkt als deinen eignen Zauber, du Antlitz! Du hast mir das
eine namenlose, stumme, flehende Gesicht des Geheimnisvollen offenbart, das
unter der Oberfläche alles Äußerlichen, alles Sichtbaren in Zeit und Raum
liegt. (III 2; S. 94; 95)

Deutlich wird in diesen Worten nicht nur die Neigung des jungen Glendinning, die Gefühle, die das fremde Mädchen in ihm geweckt hat, ins
Grundsätzliche, ins Metaphysische zu treiben; augenfällig ist vor allem, daß
in ihm selber etwas lebt, das mit der unbegreifbaren Traurigkeit und Unerlöstheit in den Augen jener Unbekannten wesentlich übereinstimmt, so daß
die Sehnsucht dieser anderen in Pierres Seele verschmilzt mit der Suche
nach sich selbst. Sogar die stumme Angst, die ihn vor dieser dunklen Zau-
bergestalt überkommt, ist im Grunde eine Angst vor dem Unheimlichen
und Unbekannten der eigenen Seele, und dieses »Geheimnis« *muß* er auf-
klären, um sich über sich selbst klar zu werden. Nur: was sollte einen so
wohlerzogenen, einen so wohlbegüterten, einen so wohlbehüteten, einen
mit aller Zuwendung und mit allen Zuwendungen derart überhäuften
jungen Mann, statt ihn mit schierem Glück und reinem Optimismus auszustatten, mit geheimer Schwermut und mit unbegreifbarer Traurigkeit
erfüllen?

Man versteht das (unbewußte!) Dilemma, in dem Pierre aufwächst, im
Grunde nur, wenn man den Preis berechnet, den er für all die Vorzüge seiner
lichtumstrahlten Jugend zu zahlen hat. An der Seite seiner verwitweten Mutter hat er als Heranwachsender niemals ein väterliches Vorbild besessen, an
dem er seine eigene Rolle als Mann hätte erproben und erwerben können.

Wer er als Mann – nicht ist, sondern: zu sein hat, sagten ihm bisher die Wunschträume seiner Mutter, die in ihm ihren reinen Ritter, den galanten Schirmherrn einer alleinstehenden Frau erblickten. Wie sollte Pierre da nicht auch jener alleingelassenen Unbekannten die entsprechenden Gefühle von Hilfsbereitschaft und Fürsorge entgegenbringen? Doch derlei (anerzogene) Haltungen allein könnten niemals sein Leben in solchem Umfang durcheinanderwerfen, – unmöglich, damit die Faszination zu erklären, die von der flehenden Traurigkeit dieser Frau ausgeht. Die latente »Unerlöstheit« in Pierres Seele, seine Seelenverwandtschaft mit jener anderen ergibt sich tragischerweise aus der übergroßen Nähe zu seiner Mutter selbst, näherhin aus dem Widerspruchsideal des »fügsamen Ritters« und des »sanftmütigen Retters«. Ein solches Höchstmaß an Verpflichtungsgefühlen, ein derart enormer Erwartungsdruck in Richtung von Sensibilität, Harmonie, Rücksichtnahme und Einfühlung muß von vornherein zu erheblichen Abspaltungen aller anderen Gefühle führen, insbesondere möglicher aggressiver Gefühlsregungen; alles, was Widerstand, was Selbststand signalisieren könnte, muß unter derartigen mütterlichen Ansprüchen augenblicklich als ungehörig verdrängt werden.

Mehr noch: die »geschwisterliche« Liebe, zu welcher Mary Glendinning mit all der weiblichen Verführungskraft ihrer zeitlos jugendlichen Attraktivität ihren Sohn verlockt, setzt die vollständige »Sublimation« aller sexuellen Gefühlsregungen voraus, und so steht des weiteren zu vermuten, daß sich das »ritterliche« »Reinheitsideal« eines unberührbaren »Burgfräuleins« auch in Pierres Liebe zu der eher blassen Lucy fortsetzen wird: Daß sie ihm als ein engelgleiches Wesen erscheint, dürfte der Asexualität seiner Mutter-Beziehung entstammen, so wie umgekehrt die (noch) unentwickelte Weiblichkeit des Mädchens es Pierre allererst ermöglicht haben wird, ein Verhältnis zu ihr aufzunehmen.

Im ganzen besteht der »Schatten« von Mary Glendinning, die »negative Mutterimago«, die ihr Bild in der Seele ihres Jungen hinterläßt, mithin aus solchen verdrängten und abgespaltenen Triebregungen der Aggressivität und der Sexualität. Die christlichen Ideale seien allesamt unmännlich und eher von Frauen für Frauen gemacht, heißt es sinngemäß einmal in *Moby-Dick* (LXXXVI 587–588); Pierre aber, der an der Seite seiner Mutter zu einem »Christen« wurde, muß versuchen, unter der Verdrängungsdecke eben dieser »weiblichen« Idealbildungen sich selbst als Mann zu entdecken. Was ihn an dieser dunkeläugigen, vollbusigen (*Pierre*, XXIV 1; S. 552), liebreizend schönen, doch zugleich trauervoll Einsamen derart ergreift, ist offenbar die Magie des abgespaltenen Anderen seiner eigenen Mutter, ist die magnetische Anziehungskraft des verleugneten Eigenen im Fremden. Doch wie soll es jetzt weitergehen?

Alle Männer, die derart eng an ihre Mutter gebunden sind wie Pierre Glendinning an seine »Schwester Mary«, werden sich vermutlich schwertun, der Frau, die sie von Herzen lieben, als Männer etwas »anzutun«, das in der Beziehung zu ihrer Mutter auch nur zu denken, die schwersten Schuldgefühle hervorgerufen haben würde; sie werden von selber geneigt sein, sich zu ihrer »offiziell« Geliebten zu verhalten wie ein Bruder zu seiner Schwester, und damit (unbewußt!) die entsexualisierte Inzestbindung an die Mutter fortsetzen. Doch irgendwann – ein »Auslöser« findet sich sicher – werden die so anderen Gefühlsregungen aus dem Schatten der »negativen Mutterimago« hervortreten, und was dann?

Theoretisch gibt es zwei Möglichkeiten. Die erste versucht Pierre eine Weile lang durchzuhalten: er meidet jeden äußeren Kontakt zu der »Gefahr«, die jenes unbekannte Mädchen für ihn bedeutet. Doch eine Gefahr, die mehr im eigenen Inneren wohnt als »gegenständlich« in Raum und Zeit, läßt sich nicht durch äußere Vorsichtsmaßnahmen »vermeiden«. – Die zweite Möglichkeit besteht darin, die inneren Abspaltungen in einer zwiespältigen Lebensform nach außen zu setzen: die Idealbildungen, die aus der Bindung an die Mutter auf die Geliebte und Gattin übertragen wurden, formen einen eigenen sozial anerkannten Lebensbereich, während die so ganz anderen Bedürfnisse einer nie gelebten Männlichkeit sich im »Dunklen« verselbständigen und ein Ersatzleben in Form »illegaler« Beziehungen aufbauen. Wird dieses »Doppelleben« etwa eines Sektenpredigers, eines Pastors oder eines Präsidentschaftskandidaten in den US-Medien ruchbar, so überschlägt sich im puritanischen Amerika regelmäßig noch heute die moralische Entrüstung all der »guten« und »anständigen« »Glendinnings«, die zumeist nicht merken wollen oder können, daß sie mit ihren selbstzufriedenen Oberflächenwertungen all die Brechungen und Verdrängungen überhaupt erst schaffen, die sie dann als »Heuchelei«, »Verlogenheit« und »Sittenlosigkeit« zu brandmarken pflegen. Klar ist, daß für einen Pierre der Gedanke auch nur an ein »Doppelleben« auf Grund seiner sittlichen Strenge von vornherein ausscheidet. Insofern aber sind die beiden einzigen Auswege, die »an sich« offenstünden, blockiert, und dementsprechend tritt Pierres Geschichte denn auch eine ganze Weile lang auf der Stelle, – Grund genug, kurz zu überlegen, wohin wir an der Seite dieser merkwürdigen Romangestalt MELVILLES eigentlich gelangt sind.

Das Überraschende ist zweifellos, daß bei genauerem Hinsehen auch in dem so völlig anders gearteten Pierre das Ismael-Motiv aus *Moby-Dick* wiedererscheint. An der Oberfläche weist eine Frau wie Mrs. Glendinning nicht die geringste Ähnlichkeit mit Ismaels »Stiefmutter« auf – schon daß von ihr auf vielen Seiten die Rede geht, während Ismaels Mutter nur anläßlich einer Traumerinnerung wie nebenbei erwähnt wird, macht den ganzen Unterschied deutlich. Und doch ist auch Pierre in gewissem Sinne ein »Ismael«: Auch er lebt mit einer Mutter ohne Vater, und obwohl »seine« »Hagar« sich um ihn in jeder nur erdenklichen Weise kümmert, formt sich im Hintergrund, in den Schluchten des Unbewußten, auch in Pierre eine ganz ähnliche Traurigkeit, wie sie am Anfang der »Ausreise« Ismaels in *Moby-Dick* zu beobachten stand. Psychologisch verhalten sich beide, Ismael und Pierre, zueinander wie Vordergrund und Hintergrund, wie Bewußtsein und Unbewußtes; die Depressionen, die Ismael dahin treiben, zur See zu fahren, lauern an dieser Stelle bereits in den Tiefen des Erlebens auch eines Pierre, und schon hier spricht alles dafür, daß auch in ihm sich eine Reise ins Land der »Wildheit« – der Ungesichertheit, der Haltlosigkeit, der radikalen Andersartigkeit zu allen Normen am »Festland«, vorbereitet; so ist es sein Weg, der auch die Ausreise Ismaels an Bord der *Pequod* noch einmal zu kommentieren vermag.

3. Isabels Geschichte oder: Der Einsturz einer ganzen Welt

Daß MELVILLE einen solchen Vergleich zwischen den beiden Romanen des *Moby-Dick* und des *Pierre* selber nahelegen wollte, zeigt sich an dem Namen, den er Pierres gestaltgewordener Mutterimago verleiht. Wenig später nach seiner Begegnung mit jener Geheimnisvollen erhält er von ihr einen Brief, unterzeichnet mit *Deine Schwester Isabel.* (*Pierre*, III 5; S. 117) In diesen drei Worten besitzt ein jedes seine eigene Brisanz.

Isabel heißt – wir erinnern uns – in der Bibel die syrophönizische Prinzessin, die den König der Dynastie Omri im Nordreich, Ahab, heiratete. Schon die Tatsache dieser Heirat selbst betrachteten die theologisch-rassistisch denkenden Verfasser der Königsbücher als skandalös (1 Kön 16,31); und auch in allem weiteren erklärten sie Isabel, die Tochter des sidonischen Königs Etbaal, als die eigentlich Schuldige an den »Fehlentscheidungen« Ahabs: Isabel ist es, die den Propheten Elias verfolgen läßt (1 Kön 19,2); Isabel ist es, die das Königsrecht auf Landbesitz gegen das Erbrecht des

Weinbergbesitzers Nabot durchsetzt (1 Kön 21,7.15); und so ist sie es schließlich, die auf Weisung des religiös motivierten Revolutionärs Jehu geschminkt und geschmückt aus dem Palastfenster gestürzt wird, *so daß die Wand und die Rosse mit ihrem Blut besprengt wurden* und *der Leichnam Isabels ward wie Mist auf dem Felde*... *im Gefilde von Israel, daß man nicht sagen könne: Das ist Isabel.* (2 Kön 9,33.37) Ginge es nach dem Willen der biblischen Autoren, so wäre es offenbar besser gewesen, wenn es eine Isabel niemals gegeben hätte; wohl ist sie, wie der Omri-Sohn Ahab, von königlichem Geblüt, doch alles, was sie sagt und tut, bedeutet eine Verführung des ihr gegenüber schwächlich wirkenden Königs zu Gottesverrat und selbstherrlicher Anmaßung. Wenn in *Moby-Dick* der junge Ismael sich unter den Befehl Ahabs begibt, um seiner manifesten Verzweiflung zu entgehen, so folgt Pierre der Verzweiflung Isabels, um den latenten Gründen seiner Nicht-Existenz auf die Spur zu kommen. Ahab wie Isabel verkörpern, so besehen, zwei Fluchtwege von Hagar-Kindern auf der Suche nach ihrem verlorenen Vater, wobei das Ahab-Motiv die ruinösen Folgen exzessiver Rache- und Gewaltphantasien vor Augen stellt, während das Isabel-Motiv die Fluchtlinien einer ins Grenzenlose ausgreifenden Liebe bis zum äußersten auszieht.

Das zweite entscheidende Wort in Isabels Brief ist *Dein.* Das ganze Schreiben der jungen Frau ist ein einziges Flehen um Hilfe, ja, Rettung. All die Wünsche, die unausgesprochen Mrs. Glendinning an ihren Sohn richtete, stehen in qualvoller Eindringlichkeit in Isabels Brief, offen ausgesprochen, alternativelos, die eigene Not als Handlungsnotwendigkeit beteuernd: *Wenn es Dich richtig dünkt,* schreibt diese Frau nach vielen vergeblichen Versuchen, sich Pierre mitzuteilen, *verbrenne diesen Brief; so entgehst Du der Gewißheit einer Erkenntnis, die Dir, wenn Du heute kalt und selbstsüchtig bist, hernach, in einer reiferen, reuevollen und hilflosen Stunde, zu einem quälenden Vorwurf werden wird. Nein, ich werde nicht, ich will nicht zu Dir flehen. – Oh, mein Bruder, mein lieber, lieber Pierre, – hilf mir, eile zu mir, sieh doch, ich muß zugrunde gehen ohne Dich; – Erbarmen, Erbarmen – ach, ich erfriere in der weiten, weiten Welt; – keinen Vater, keine Mutter, keine Schwester, keinen Bruder, kein lebendes Geschöpf in schöner menschlicher Gestalt, das mich lieb hat. Nicht länger, oh nicht länger mehr, lieber Pierre, ertrag ich es, eine Ausgestoßene zu sein in dieser Welt, für die der liebe Heiland starb. Eile zu mir, Pierre.* (III 5; S. 116)

Was dieser Brief mit den Worten »mein Pierre« und »Deine Isabel« verlangt, ist keine »therapeutische Intervention«, kein vorübergehendes »soziales Engagement«, sondern nicht mehr und nicht weniger als das Opfer des eigenen Lebens: – so wie Christus starb für die Welt, so müßte der »Christ« Pierre sein persönliches Glück, seine gesellschaftliche Stellung, seine erfolgversprechende Zukunft aufs Spiel setzen, um jene trauerumflorte Schöne aus der Kälte-Hölle ihrer Einsamkeit zu erretten. Und tatsächlich: so wenig Pierre »seine« Isabel bisher kennt, so unbedingt ist er bereit, auf ihren Hilferuf einzugehen. Wir ahnen bereits, warum; wir können aber auch vermuten, welch eine Schwierigkeit sich daraus ergeben wird. Stets ist das Rettermotiv der Liebe, von dem die Märchen der Völker voll sind, verknüpft mit dem Versuch, die verlorenen Teile der eigenen Seele wiederzufinden; eine solche Hinwendung zu den Schattenanteilen der eigenen Mutter geht so gut wie immer einher mit einem zumindest zeitweiligen Bruch mit der Mutter, die es in der Wirklichkeit gibt: alles, was sie darstellt und verlangt, ist in etwa das Gegenteil von dem, was jene Negativ-Imago verkörpert. In den Augen einer Mutter von der Art einer Mrs. Glendinning kann eine Isabel stets nur als eine unwürdige und unheilvolle, als eine verachtete und verächtliche erscheinen, vor der es unter allen Umständen zu warnen und gegen die es mit allen Mitteln vorzugehen gilt. Insofern läßt sich verstehen, daß Pierres Hinwendung zu der sonderbaren Briefeschreiberin auch deshalb so verlockend sein kann, weil in ihr der Beginn einer Abwendung von seiner eigenen Mutter liegt. Doch eben daraus ergibt sich ein neues schweres Problem.

Fragt man, warum manche Männer, manche Frauen ihr Leben lang den Händen ihrer Mutter nicht zu entrinnen vermögen, so erweist es sich fast regelmäßig als falsch, Motive wie Angst und Abhängigkeit dafür namhaft zu machen und mit psychologischer Herablassung von »Dauerinfantilismus« oder »Muttersöhnchenbetragen« zu sprechen. In Wirklichkeit geht es zumeist um einen moralischen Konflikt, der eine offene Lösung nicht zuläßt. Was am stärksten ein heranwachsendes Kind an seine Mutter zu binden vermag, sind Schuldgefühle für die Absicht, die Mutter im Stich zu lassen; und je mehr eine Mutter, wie im Fall der Glendinnings, sich selbst als Inbegriff untadeligen Wohlverhaltens und moralischer Vorbildlichkeit setzt, desto schwerer, ja, geradezu unmöglich muß es einem Kinde fallen, sich von ihr loszusagen. Eine hilfsbedürftige Frau retten zu wollen ist etwas, das Pierre gerade im Kontakt mit seiner Mutter zur Pflicht übernehmen mußte. Diese moralische Forderung ihr gegenüber zu verletzen ist nicht möglich ohne eine höhere Notwendigkeit, die einem solchen Schritt eine Rechtfertigung verleihen würde. Doch günstig nun: Isabel ist eine solche Rechtfertigung! In ihr setzt sich die Hilfsbereitschaft Pierres gegenüber seiner Mutter fort und richtet sich doch zugleich gegen seine Mutter. In Isabel scheint Pierre erlaubt, ja, geboten, was ihm sonst schier verboten bleiben müßte: sich von seiner Mutter zu lösen. Nach außen hin werden damit die Fesseln des »Ödipuskomplexes« gesprengt, während sie sich in Wahrheit nur sozial erweitern.

Vor allem das dritte Wort in der Unterschrift von Isabels Brief hat es in sich: Deine *Schwester*. Derselbe Pierre, der sich immer schon eine Schwester gewünscht hatte, um sie ritterlich umsorgen und beschützen zu können – wie bisher seine Mutter –, muß von solchen Worten sich zutiefst angesprochen fühlen. Man könnte verstehen, daß Pierre einer Frau wie Isabel, um sie zu retten (und um sich selber in ihr zu finden), bis zum Ende der Welt folgen würde: Er würde Lucy verlassen, er würde sich von seiner Mutter lossagen, er würde Isabel heiraten oder ihr doch sein Leben verschreiben, – alles das bedeutete bereits eine ganze Kaskade abenteuerlicher Entscheidungen, aber es behielte noch eine relative Geradlinigkeit und auch eine gewisse Chance für Glück und Gelingen. Jedoch: wir haben es bis dahin nur mit der einen Hälfte des »Ödipuskomplexes« – mit der Mutterbindung – zu tun. Was den Inhalt des Wortes *Schwester* explosiv auflädt, ergibt sich indessen aus den Konsequenzen, die es für das Bild des Vaters in sich birgt. *Pierre Glendinning*, hebt Isabels Brief nach einer kurzen Einleitung an, *Du bist nicht Deines Vaters einziges Kind; im Angesicht der Sonne – die Hand, die dieses schreibt, gehört Deiner Schwester... Liebster Pierre, mein Bruder, meines eigenen Vaters Kind! Bist Du ein Engel, daß Du Dich erheben könntest über all die herzlosen Sitten und Bräuche einer verbündeten Welt, die sagen wird, Du seist ein Narr, ein Narr, ein Narr! Und die Dich verdammen wird, wenn Du dem göttlichen Drang nachgibst, der allein Dich dazu bringen kann, auf die Sehnsucht meines berstenden Herzens zu antworten, die mich seit langem martert... – ... Laß nicht zu, daß mein Unglück die Vornehmheit in mir erstickt, die ebenso mein Erbteil ist wie Deines.* (III 5; S. 115–116)

Pierre hat eine Schwester, eine Halbschwester; das ist die eine beseligend-verwirrende Botschaft des Briefs der verzweifelten Isabel. Aber die Kehrseite auch: der eigene von der Mutter so verehrte Vater unterhielt insgeheim eine voreheliche Beziehung! Er verschwieg sie seiner späteren Frau, Pierres Mutter, und allem Anschein nach hatte er Grund dazu: Wie verhielt er sich zu Isabels Mutter vor und nach der Geburt ihres Kindes? Es ist unmöglich, diese Frage, die wie von selber sich aufdrängt, nicht weiter zu verfolgen. *Ja, Pierre*, notiert MELVILLE, *nun trägst du wahrlich eine Wunde, die nie ganz heilen wird, außer im Himmel; die einstmals unbeargwöhnte sittliche Schönheit der Welt ist ein für allemal dahin für dich; dein Vater, der dir heilig war, ist nun für dich kein Heiliger mehr; aller Glanz ist von deinen Bergen gewichen, aller*

Friede von den Ebenen, und jetzt, jetzt rollt zum ersten Mal, Pierre, die Wahrheit eine schwarze Woge durch deine Seele! Oh, du Elender, dem die Wahrheit bei ihrer ersten Sturmflut nichts als Trümmer bringt! (III 6; S. 117–118) Es ist von dieser Stunde an, daß Pierres Leben mit festgestelltem Ruder auf einen Ahab-Kurs in die Katastrophe hineingesteuert wird. Sein Trauma ist Isabels Brief – die Nachricht eines väterlichen Fehltritts. *Fortan,* beschließt er, *will ich nichts mehr wissen als die Wahrheit; . . . ich will wissen, was* ist, *und tun, was mein innerster Engel mir gebietet. – Der Brief! – Isabel – Schwester – Bruder – ich,* ich – *mein Vater, der mir heilig war! – Ein verfluchter Traum ist das!* (III 6; S. 118) Einen Moment lang überlegt er, ob der Brief nicht einfach eine plumpe Fälschung sei. Doch nein! *Der Brief ist keine Fälschung,* erklärt er. *Oh! du bist meine Schwester, Isabel, und lieben und beschützen will ich dich, ja, mich zu dir bekennen, was immer auch geschieht.* (III 6; S. 119) Zwischen Zweifel und Zusage, die hier so dicht aufeinander folgen, liegt ein Zornesausbruch, der wie ein Gewitter die schwülheißen Wolken am Himmel zerreißt. *Wenn diese Nacht,* spricht Pierre, *die meine Seele jetzt umgibt, so wirklich ist wie jene, die diese Hälfte unsrer Erde jetzt umgibt, dann, Schicksal, hab ich einen raren Zwist mit dir. Du bist ein Lump und ein Betrüger . . . Ich will ein Rasender sein, und niemand soll mich aufhalten! Ich will meine Hand in wilder Wut erheben, denn ward ich nicht geschlagen? Mein Atem soll mir bitter sein, denn ist nicht dieser Kelch voll Galle? Du, Schwarzer Ritter, der du mir so mit herabgelassenem Visier entgegentrittst und mich verhöhnst; da! Ich schlag durch deinen Helm und will dir ins Gesicht sehen, und wär's auch das der Gorgo!* (sc. deren Anblick für den Betrachter tödlich war, d. V.) – *Fort, ihr törichten Gefühle; hinweg mit dir, du Frömmigkeit; – ich will nicht mehr fromm sein, denn die Frömmigkeit und Pietät hat mich getäuscht und lehrte mich, Ehrfurcht zu haben, wo ich schmähen sollte. Ich reiße alle Schleier weg von allen Götzen; von nun an will ich das Verborgene schauen und nur aus meinem, dem verborgnen Leben leben!* (III 6; S. 119)

Da haben wir das gleiche wild um sich schlagende, das Schicksal verklagende Gefühl eines zutiefst Verletzten, der das, was ihm angetan wurde, als den Zusammenbruch der ganzen – *seiner* – Welt erlebt. Wie Ahab sagt auch Pierre in diesen Worten sich los von allen »Festlandgefühlen«; fortan gilt es, in die Wildheit der Welt, in das Heulen der Hölle, in das Grinsen des Grausens bewußt hineinzutreten und ihm, rücksichtslos gegenüber dem eigenen Glück, so gut als möglich, standzuhalten; fortan wird Pierre wie Ahab ein Schicksal bekämpfen, das ihn »arglistig« anspringt, indem es, unbegreifbar und unabwendbar, in die Sphäre der Ordnung einbricht und schonungslos alles verwüstet; doch während die Macht des Bösen sich für Ahab in Moby Dick verdichtet, hinter dem, eher anonym, die Gestalt einer väterlichen Autorität gerade eben noch zu erahnen ist, besitzt für Pierre die Person seines Vaters, wie sich jetzt zeigt, mit dem offenbar Bösen, das er begangen, in sich selbst eine schicksalhafte Gewalt; fortan wird Pierre dieses Bild seines Vaters bekämpfen mit einer eben solchen Geradlinigkeit wie Ahab den Wal. Ein Unterschied zwischen beiden besteht nur in dem Triebgebiet, da ihr im Grunde gemeinsamer Kampf ausgetragen wird. Ahab hat »das Böse« in Form aggressiver Gewalt erfahren, und setzt dagegen, erbost, wie er ist, die eigene Aggressivität; auch Pierre ist erbost über die Bosheit seines Vaters, doch bestand diese in einem »Fehltritt« der Liebe, und so stellt ihm sich die Frage, wie es möglich sein soll, die Liebe auf eine Weise zu leben, die den Vater zugleich überwindet und widerlegt. Wie Ahab durch *die Mauer* nach dem *grinsenden* Wal zu schlagen sucht, so will Pierre, ein Don Quijote auch er, dem »Schwarzen Ritter« mit seinem höhnischen Gesicht den Helm zertrümmern. Wie aber läßt der Medusen-Anblick einer Welt sich ertragen, die alles Edle, Hochherzige, Aufrichtige und Aufrechte wie mutwillig verachtet und vernichtet? Beide, Ahab wie Pierre, richten sich zugrunde, indem sie dieser abgründigen Welt auf den Grund kommen wollen, und je auf ihre Weise sterben beide an den »Verwicklungen« der eigenen Fangleinen, in die sie bei dem Versuch geraten, das »Böse« einzuholen.

Die erste Verwicklung in Pierres Seele beginnt unter dem Einbruch plötzlicher Erinnerungsreste; – so wie es für den Haß Ahabs auf den Wal eine Vorgeschichte erlittener physischer Aggression und seelischer Kränkung gegeben haben wird, so gab es in Pierres Kindheit zumindest *eine* Szene, die schon sehr früh die bebende Angst über die mögliche Untreue des Vaters offenbarte. Als der Vater verstarb, erinnert sich Pierre mit einem Mal wieder, lag er in hohem Fieber, das seinen *Geist, als es auf das Ende zuging, immer wieder auf abgründige Abwege führte.* Die *treue Dienerschaft des Hauses* hatte es verstanden, *seine Gattin mit behutsam diskreter Schläue* während der Anfälle *von seinem Lager fernzuhalten;* doch auf den *kleinen Pierre ... hatte niemand geachtet:* die *zärtliche Sohnesliebe* hatte *den unschuldigen* Jungen immer wieder zu dem Bett seines Vaters hingezogen, und so hatte er *eine seltsame, klagende, unendlich jammervolle, leise Stimme* sagen hören: *Meine Tochter! meine Tochter!* Die Pflegerin erklärte diese Worte damit, der Vater rede irre – infolge des Fiebers offenbar. Pierre aber hatte schluchzend den Vater bestürmt: *Lieber, lieber Vater, ... eine Tochter hast du nicht, aber du hast*

mich, deinen einzigen kleinen Pierre! Ja, als der Junge *nach der Hand des Ster-*
benden griff, hatte er miterleben müssen, daß zwar der Vater seinen *Hände-*
druck schwach *erwiderte,* dann aber *die zweite, leere, Hand* ausstreckte, *als*
faßte sie gleichfalls nach eines Kindes Fingern. (IV 2; S. 126–127)

Gewiß, all das sind Erinnerungsspuren aus Kindertagen, und es sind die
Erinnerungen an einen Mann, der möglicherweise wirklich fieberverwirrt
konfabulierte; welch ein Beweiswert soll ihnen schon zukommen? Und
doch: in Pierres Erleben ist es, als hätte Isabels Brief die brennende Lunte in
eine Waffenkammer geworfen, deren Brisanzmaterial bereits damals, in
früher Kindheit, aufgehäuft und gelagert wurde. *Ach, ihr Eltern überall auf*
dieser Welt, klingt es klagend in Pierre, *gebt acht . . .! Mag sein, daß euer Kind*
bislang den Sinn der Worte und der Zeichen noch nicht versteht, mit denen ihr
in seiner unschuldigen Gegenwart das Düstere zu verhehlen wähnt, auf das ihr
anspielt . . .; doch wenn das Schicksal ihm in seinem späteren Leben das Pulver
in die Hand gibt, die Geheimschrift zu entschlüsseln, wie rasch und wundersam
entziffert's dann die dunkelsten, unleserlichsten Eintragungen, die es in seinem
Gedächtnis findet; ja, und es kehrt seine ganze Seele um und um nach weiteren
verborgenen Schriften, die es lesen kann. Oh, die dunkelsten Lektionen des
Lebens werden so entschlüsselt, aller Glaube an die Tugend umgebracht, und
der Jüngling versteigt sich zu gottlosem Hohn. (IV 2; S. 126)

Mit einem Wort: Isabels Brief würde niemals eine derart zerstörerische
Macht entfalten, wäre Pierre in einer anderen als der »Glendinningschen«
Welt aufgewachsen. Die »Schicksalsmacht«, von der bereits Ahab so unheil-
voll sprach, weil sie allen Glauben an Freiheit und Selbstbestimmung als
Illusion entlarvt, breitet sich auch über Pierres Leben in der Konsequenz
der (früh)kindlichen Erfahrungen mit seinen Eltern aus. In der Sprache der
Psychoanalyse schafft Isabels Mitteilung die »auslösende Situation« für den
Ausbruch einer Neurose, die all die Zeit zuvor bereits strukturell in Form
bestimmter unbewußter (verdrängter) Konfliktstellungen angelegt war[5].
Dabei erweist sich jetzt das Zusammenspiel beider Elternteile als die entscheidende »Pulverfabrikation«. Denn warum, muß man fragen, sollte es
Pierres Vater seinerzeit unmöglich gewesen sein, vor den Augen seiner späteren Gattin offen und ehrlich seine – voreheliche – Vergangenheit aufzu-
decken? Der Grund dafür kann eigentlich nur darin gelegen haben, daß
Mary Glendinning niemals einen Mann akzeptiert hätte, der eine uneheliche Tochter besitzt; und diese Einstellung wiederum paßt ganz und gar in
das Erscheinungsbild, das sie bisher als Frau ihrer Umgebung vermittelte: so
wie sie ihren Sohn problemlos in ein Bruder-Schwester-Verhältnis hinein-

führte und dabei die komplette »Sublimation« aller sexuellen Erlebnisinhalte zur Voraussetzung der Beziehung erhob, so wird sie auch ihrem Mann begegnet sein – als eine Frau, die allseits bewundert sein möchte und die doch fürchtet, sich an die »Niederungen« der Liebe zu verlieren. Ein Kind – ja! Ihr Kind! Ihr einziges Kind! Doch dann ist es auch gut. Danach ist ein Mann in *dem* Sinne eigentlich nicht mehr nötig, ja, im Grunde eine Zumutung für eine Frau der Gesellschaft und der Salons. Nur unter dieser Voraussetzung läßt sich die Leichtigkeit verstehen, mit welcher Mrs. Glendinning ihren Mann nach dessen Tod gegen ihren Sohn eintauschte, und nur so auch versteht man den flehentlichen Wunsch des kleinen Pierre am Bett seines sterbenden Vaters, nur ja keine andere Tochter zu haben; der Vater selbst wäre dem Kinde schon damals »gestorben«, wenn diese Möglichkeit sich bestätigt hätte; ja, es scheint psychologisch nicht übertrieben zu sagen: Pierres Vater mußte sterben, damit diese hintergründige Seite in seinem Wesen dem Sohne nicht sichtbar würde. Lieber ein toter Vater als solch ein Vater! In all dem ästhetischen Liebreiz, mit dem Frau Glendinning ihre Familienehre ummäntelt, lauert die tödlich verurteilende Strenge des moralischen Verdikts gegenüber der »Schande« einer jeden sexuellen Affäre. Wenn Ahab sprechen konnte von den Tigerkrallen, die in einem Fell, so weich wie Samt, eingebettet liegen und jederzeit bei sich bietender Gelegenheit dolchartig hervorzucken können, so gewinnt dieses Bild (*Moby-Dick*, CXIV 750) jetzt eine neue unheimliche Prägnanz.

Denn in der Tat hat Pierre offenbar sein Leben lang darum gekämpft, das Bild seines Vaters (entsprechend den mütterlichen Übermalungen!) »rein« in seinem Herzen zu bewahren. Und dieser Kampf um das rechte *Bild*, ganz wörtlich, tritt nun in ein neues Stadium. Eine Tante nämlich, Dorothea mit Namen, die altjüngferliche ältere Schwester von Pierres Vater, verfügte über ein Portrait ihres noch jugendlichen Bruders, an dem der Vetter Ralph jeweils gemalt hatte, wenn der junge Glendinning *von seinen ausgedehnten Spaziergängen zufällig hereinschaute* (*Pierre*, IV 4; S. 135); jenes Bild hatte die Tante Pierre geschenkt, als dieser 15 Jahre alt war; – als er, wird man auch sagen dürfen, ein Alter erreicht hatte, in welchem er fähig wurde, die andere Seite in dem »Bild« seines Vaters zu vermissen und aus beginnendem eigenem Erleben zu ergänzen. Dieses andere Bild Tante Dorotheas, das sogleich auf die entschiedene Ablehnung der Mutter trifft, zeigt den Vater auffallend verschieden von dem »offiziellen« Portrait, das Mrs. Glendinning gern den Besuchern ihres Hauses vor Augen stellt: – in einer heiteren, entspannten Stimmung, mit einem unternehmungslustigen, geradezu verwegenen Ausdruck; und wirklich, weiß Tante Dorothea, entstand dieses Bild, als der Vater in den Tagen der Französischen Revolution in einer Gruppe vornehmer, notleidender Emigranten aus Frankreich *ein schönes junges Mädchen* kennengelernt hatte, *um dessen trauriges Schicksal es nachher in der Stadt viel Gerede und viele Tränen* gegeben haben soll; später freilich habe man nie wieder etwas von dieser Person gehört. (IV 4; S. 136)

Das alles, so wirr es auch anmuten mag, paßt auf das seltsamste zu den eigenartigen Erinnerungsfragmenten, aus denen auch Isabel ihre Lebensgeschichte zusammensetzt. *Ich habe nie eine irdische Mutter gekannt* – mit diesen Worten beginnt das Mädchen seine Erzählung: *Pierre, die Lippen, die jetzt zu dir sprechen, berührten nie die Brüste einer Frau; es scheint, als sei ich nicht von einer Frau geboren.* Die ersten Eindrücke Isabels gelten einem verfallenen Holzhaus, das zwischen *gespenstischen Kiefern* irgendwo im Gebirge in der Nähe von Wasserfällen in gänzlicher Abgelegenheit stand und, im Vergleich mit französischen Stichen, eine gewisse Ähnlichkeit mit Häusern in Europa aufwies; – vielleicht stand es wirklich in Frankreich. (VI 3; S. 203; VI 4; S. 210) Zwei uralte einsilbige Leute zogen das Kind in völliger Einsamkeit und in nahezu vollständiger Sprachlosigkeit auf; über lange Zeitspannen breiten sich in Isabels Erinnerung womöglich durch Fieber bedingte Gedächtnislücken aus; diffus scheint es ihr, als sei sie ursprünglich zweisprachig aufgewachsen und als sei ihr jene andere *hübsche Sprache*, die sie *so flirrend fröhlich* dünkt (das Französische, darf man vermuten), nach und nach abhanden gekommen. Ja, es deuten manche verschwommenen Bilder gar auf eine Seereise hin. *Doch,* gesteht Isabel, *ich erblicke all das nur in einem Nebel, nichts ist deutlich. Kaum weiß ich, ob ich dir in einem bestimmten Augenblick von etwas Wirklichem erzähle oder nur von den unwirklichsten Träumen. Immer zerfließen in mir die handfestesten Dinge zu Träumen, und Träume gerinnen zu handfesten Dingen.* (VI 3; S. 209)

Klarer schon gestalten sich Isabels Erinnerungen an ein zweites (oder drittes) Haus, in dem sie fünf oder sieben Jahre ihrer Kindheit verbrachte – ein großes Haus, in dem Leute allen Alters untergebracht waren, deren Trübsal, Ausgelassenheit und Wildheit sie erschreckte. Fühlte sie dort einmal Glück? Wohl kaum; denn noch jetzt, erklärt sie, *empfinde ich keine Sehnsucht danach, ganz so, als hätte ich es nie besessen; mein Geist verlangt nach anderer Nahrung als nach Glück ... Ich habe unter meinem Elend gelitten, doch nicht, weil das Glück mir fehlte, und ohne um Glück zu beten. Ich bete um Frieden – um Reglosigkeit – darum, daß ich mich fühlen kann wie eine Pflanze, die das Leben in sich aufnimmt, ohne es zu suchen, die da ist, ohne sich selbst zu empfinden. Ich fühle, daß kein vollkommener Friede möglich ist, solange man sich selber spürt. Darum hoffe ich, eines Tages eins zu werden mit dem alles durchdringenden Geist, der jegliches Ding beseelt. Ich fühle, daß ich hier eine Verbannte bin.* (VI 4; S. 211)

Ein Gutteil in Isabels Erinnerungslücken findet seine Erklärung offenbar darin, daß dieses als Waisenkind umhergestoßene Wesen ohne feste Bezugspersonen im Grunde kein Ich entwickeln konnte, das die Eindrücke seiner Umgebung in ein eigenes Lebenskonzept hätte einfügen und damit dem Langzeitgedächtnis einprägen können. Isabel mußte froh sein, von Augenblick zu Augenblick, getrieben von Angst, durch äußerste Anpassung und Bedürfnislosigkeit ihr Überleben zu sichern; zu vegetieren statt zu existieren – dieses ihr frühes von außen auferlegtes Schicksal hat sich längst schon in ihr eigenes, ja, eigentliches inneres Bedürfnis verwandelt. Selbstauflösung statt Selbstbehauptung, Verschmelzung statt Abgrenzung – die quasi buddhistischen Formeln[6], mit denen Isabel ihre bewußte Lebenseinstellung beschreibt, machen fast vergessen, wie sehr sie sich andererseits doch auch danach sehnt, wenigstens *ein* Mensch – Pierre – möge sie lieben und sich gegen den Rest der Welt zu ihr bekennen.

Damals in jenem Haus scheinen die Bewohner gegen eine Belegschaft von psychiatrisch Kranken ausgetauscht worden zu sein: Isabel, so sehr sie das Wort vermeidet, wuchs allem Anschein nach in einem »Irrenhaus« auf, bis sie im Alter von zehn Jahren eines Tages von *einer freundlich dreinblickenden Frau* abgeholt und in ein *zwei Tagereisen* weit entferntes Farmhaus verbracht wurde, wo es auch *ein schönes kleines Kind* gab und Isabel zum ersten Mal spürte, wie sie sagt, *daß ich etwas anderes war als Steine, Bäume, Katzen.* (VI 4; S. 216) Seither begann sie, obgleich ohne jegliche Bildung, im Fortschritt der eigenen Vermenschlichung mehr und mehr zu spüren, *daß alle guten, harmlosen Männer und Frauen menschliche Wesen waren, die einander wie aus Versehen bekämpften in einer Welt ... voll grauenhafter und unerforschlicher Unmenschlichkeiten.* (VI 5; S. 218)

Schon ist Isabel erwachsen genug, daß man ihre Haare als »schön« zu loben wagt, da taucht ein fremder, vornehmer Gentleman auf, der sie überraschenderweise küßt und *voll Zärtlichkeit und Gram* anschaut. *Vater,* flüstert dieser Mann ihr ins Ohr. Eine Weile lang kommt er sie besuchen; dann aber bleibt er aus; er sei *tot,* sagt man dem Mädchen, das, als eine selbst kaum Lebende, nicht recht begreift, was ein solches Wort besagen will. Doch das Geld, das dieser Mann für Isabels Unterbringung entrichtet hatte, fehlt fortan, und so muß sie mit eigener Arbeit sich den Unterhalt in einem anderen

Haus verdienen. Die größte Freude wird ihr zuteil, als sie von einem Hausierer eine alte, doch schöne Gitarre ersteht, der sie *ganz leise, ganz sanft,* unhörbar fast für sich selbst, etwas vorsummt und -singt, bis der hölzerne Körper *unsäglich süß und leise* ihr antwortet. *Die Gitarre,* fühlt Isabel, *war menschlich... Sie,* sagt sie zu Pierre, *wurde meine zärtlich geliebte Freundin, meine Herzensfreundin.* (VI 5; S. 222–223) Und als sie auf ihrer Gitarre Pierre »ihr« Lied vorspielt: *Geheimnisvoll! Geheimnisvoll!*

Geheimnisvoll ist Isabel! (VI 6; S. 224),

ist es, als wolle diese »Mignon« sich ihrem endlich gefundenen Bruder so innig ans Herz legen, wie sie das geliebte Klanginstrument ihrer Seele an sich drückt.

Doch was eigentlich ist bis dahin »bewiesen«? Ein Gemälde, das man, je nachdem, so oder so betrachten kann, eine kindliche Erinnerung an die Sterbensworte eines Fieberkranken, die dunklen Andeutungen einer allzu prüden Tante über ein gewisses Engagement ihres Bruders – das sind die »Informationsquellen« Pierres. Kann es nicht sein, daß das Seelenbild, das sich im Schatten der Mutter in seiner Seele geformt und in Isabel seine lebendige Gestalt gewonnen hat, ihm das »geheimnisvolle« Mädchen unter dem Sog eigener starker Gefühle mit hypnotischer Macht als »Schwester« allererst erscheinen läßt, – eine verständliche, doch subjektiv bedingte (Selbst)Täuschung also? Und was, bitte schön, soll das Resultat von Isabels bisherigen »Erinnerungen« sein? Ein fernes Haus im Irgendwo, eine verlorene Zweitsprache, eine mehr vermutete als erinnerte Seefahrt, nach langem Hin und Her ein »Vater«, der allzu spät auftaucht und alsbald verstirbt, – das alles, gewiß, malt ein menschlich ergreifendes Schicksal, doch was kann es besagen in Richtung auf Pierres Vater? Alle Kinder, die unglücklich aufwachsen, tendieren dahin, sich einen »Familienroman« zusammenzuphantasieren, in dem sie ihren »wirklichen« Vater durch einen anderen, höhergestellten, vornehmeren, liebenswürdigeren und liebenswerteren ersetzen[7]. Wer wollte in Isabels Erzählungen trennen zwischen Wahrheit und Dichtung? Kann man aus seelisch so hochgradig determinierten Bewußtseinsinhalten überhaupt etwas anderes erschließen als die psychische, nicht aber die historische Realität der Kindheit eines Menschen?

Doch Isabels Geschichte geht noch weiter, und wenn man sie nicht einfach für eine Betrügerin oder für eine Tagträumerin halten will, die selber nicht mehr zwischen Erinnerung und Einbildung zu unterscheiden vermag, so scheint es jetzt unmöglich, den Wahrheitswert ihrer Mitteilungen anzuzweifeln. *Ich fühle, mein Bruder,* fährt ohnedies Isabel in ihrer Darstellung fort, *daß du die Merkwürdigkeit und das Geheimnisvolle meines Lebens und meiner selbst achtest, und deshalb habe ich keine Angst, daß du etwa irgendeine meiner Handlungen mißdeuten könntest. Nur wenn Menschen es ablehnen, das Ungewöhnliche an anderen Menschen anzuerkennen und an den Verhältnissen, in denen sie sich befinden, nur dann werden sie falsche Vorstellungen über jene anderen nähren und ihnen Kränkungen zufügen.* (VIII 1; S. 254) – *Ich fühle* . . ., versichert im voraus umgekehrt Pierre, *daß ich den Kern von allem längst schon weiß, daß mein Gefühl für dich schon jetzt über alle Grenzen geht und daß es, ganz gleich, was du mir noch zu sagen hast, nur immer stärker werden und sich bestätigen kann.* (VIII 1; S. 256)

Als »Bestätigung« aller Befürchtungen ebenso wie aller Hoffnungen muß es denn wirklich erscheinen, wenn Isabel berichtet, daß sie vor drei Monaten, als die Leute in dem Farmhaus, in dem sie sich verdingte, ihren Hausstand auflösten, eine Anstellung als häusliche Hilfe in der Nähe der Glendinnings gefunden habe, – an Stelle eines unglückseligen Mädchens, Delly Ulver, das unehelich ein Kind zur Welt gebracht hatte und dafür von allen, auch von Mrs. Glendinning, auf das unnachsichtigste verurteilt und verstoßen worden war: *Soll das legitime Kind das illegitime verabscheuen, wo . . . sie doch beide ein und denselben Vater haben?* hatte damals schon Pierre absichtsvoll in Gegenwart des »Geistlichen«, Reverend Falsgrave, seine Mutter gefragt. (V 4; S. 181) Jetzt aber erfährt er von Isabel, daß jener Gentleman, der zum ersten Mal das Wort *Vater* in des Kindes Ohr flüsterte, bei seinem letzten Besuch versehentlich auf der Diele ein Schnupftuch mit eingestickten Buchstaben zurückließ; um die Inschrift entziffern zu können, hatte Isabel lesen gelernt, und sie hatte gelesen: *Glendinning.* Ja, merkwürdiger noch, jetzt bittet sie Pierre heran, den Innenboden der Gitarre zu betrachten. In Mattgoldlettern ist dort der Name *Isabel* eingraviert. Die Gitarre also muß gefertigt worden sein für eine, die Isabel hieß – für ihre eigene Mutter anscheinend, deren Seele in dem Gesang ihres Kindes, das man, offenbar nach ihr, abgekürzt Bell (englisch: die Glocke, doch hörbar als La Belle, französisch: die Schöne) nannte, immer neu das Wort *Mutter* nachklingen läßt; Isabel selbst bittet kniefällig die Gitarre, das Geheimnis ihrer Mutter kundzutun. Dabei hat dieses einzige Besitzstück des Kindes seine rätselhafte Herkunft längst schon enthüllt. Denn der Hausierer, von dem Isabel das Musikinstrument erwarb, hatte es selber bekommen aus dem Gutshaus von Saddle-Meadows, dem Stammhaus der Glendinnings . . .

Liebes göttliches Mädchen, meine einzige, erhabene Isabel, antwortet Pierre, als die lange verwirrende Geschichte endlich ihre Aufklärung findet;

mit unbezwingbarer Rührung ergreift er ihre Hand, die – wie die Hand Ahabs! – *eine eigentümliche Härte mit noch eigentümlicherer Zartheit verbindet;* und vor ihr stehend *in so glühender, göttergleich erhabener Liebe…, daß das Mädchen zu ihm aufblickte wie zu dem einen gütigen Stern in ihrer unendlichen Nacht,* teilt er Isabel seinen Entschluß mit, der zugleich eine Aufforderung an sie als eben die Frau ist, die er als seine (Halb)Schwester längst schon im Herzen trug, ehe er sie in sein Herz schließen konnte: Durch ihre gemeinsame Liebe will er mit ihr die Schuld sühnen, die ihre Eltern auf sich luden. *Isabel!* ruft er aus, *ich nehme die süße Buße an meines Vaters Statt auf mich, du an deiner Mutter Stelle. Laß uns mit unserem irdischen Tun ihrer beider ewiges Schicksal erlösend segnen; laß uns einander mit der reinen, vollkommenen Liebe lieben, mit der ein Engel einen Engel liebt. Wenn ich je von dir abfallen sollte, liebe Isabel, dann soll Pierre von sich selbst abfallen; soll auf ewig zurückfallen in leeres Nichts und Nacht!* (VIII 4; S. 271–272)

4. Der Entschluß oder: Von Rettung und Zerstörung

Edler, soll man denken, hochherziger und idealistischer kann ein Mensch nicht handeln, als Pierre es hier tut; wenn irgend in der Weltliteratur jemals das Bild eines reinen Ritters und Retters gemalt wurde – hier steht es vor uns, strahlender noch und leuchtender als etwa DOSTOJEWSKI seine Christusfiguren zu zeichnen wagte: den Fürsten Myschkin in *Der Idiot,* den Mönch Aljoscha in *Die Brüder Karamasow.* Pierre selbst erscheint sein fest gefaßter Vorsatz als eine Weisung des Himmels, ist er doch bereit, *all das, was ihm am liebsten war* (sc. Lucy, seine Mutter, ein »geordnetes« Leben, d. V.), *zu opfern und sich seine letzten Hoffnungen auf das, was man gemeinhin Glück zu nennen pflegt, aus dem Kopf zu schlagen, falls sie seinem großen, enthusiastischen Entschluß im Wege stünden… – So wird in dem Enthusiasten der Pflicht der vom heiligen Geiste gezeugte Christus geboren und wird hienieden weder Vater noch Mutter kennen und wird verschmähen alle vergänglichen Bande und sie zerreißen*[8]. (V 5; S. 189–190) Indem Pierre unter Einsatz seines Lebens versuchen wird, Isabel zu retten, wird er, und wenn auch nur an einem einzigen Menschen, nichts Geringeres tun, als im Rahmen seiner Möglichkeiten die Erlösungstat Christi nachzubilden. Selbst als Isabel Angst überfällt vor dem möglichen Unglück, das sie über ihren geliebten Bruder zu bringen droht, antwortet beruhigend ihr Pierre: *Ist Liebe denn ein Unheil? Kann Wahrheit sich in Pein verkehren? Süße Isabel, wie sollte Unheil kommen auf dem Weg zu Gott?* (VIII 5; S. 281)

Dabei ist Pierre bei seinem Entschluß freilich ganz auf sich allein: auf Gott und sein Gewissen, gestellt. Keinesfalls kann er sich auf die »geistliche« Unterstützung eines »Gottesmannes« wie Reverend Falsgrave berufen, der es nicht einmal gewagt hat, Mrs. Glendinning entschieden zu widersprechen, als sie mit ihrem so ausgeprägten Gefühl für Anstand und Sitte die unglückliche Delly Ulver in Grund und Boden verurteilte (V 4; S. 181); *nun gibt mir ein Wink des Himmels die Gewißheit,* wird Pierre ihm ins Gesicht sagen, *daß du nicht der Mann bist, mir ernsthaft zu raten, ohne Rücksicht darauf, was die übrige Welt dazu sagen mag. So muß ich bei Gott selber Rat mir suchen, der, wie ich nunmehr weiß, nie seine heiligsten Gebote durch andere verkünden läßt. Jedoch: ich mache keinen Vorwurf dir; ich glaube, ich erkenne nach und nach, daß dein Beruf unweigerlich verstrickt mit allen Bünden ist des Fleisches und sich in einer Welt der Pfründen nicht göttlich frei bewegen kann. Ich bin viel eher traurig denn empört.* (VIII 7; S. 288)

Pierre wird sich beispielhaft auch Delly Ulvers annehmen, deren Schicksal so auffällig an das Los von Isabels Mutter gemahnt. Christentum und Mitgefühl, Religiosität und Humanität, Warmherzigkeit und Güte reichen in seinem Herzen einander die Hände, und jeder »aufgeklärte« Leser müßte einem so unabhängig gewordenen, einem so gutwilligen jungen Mann für sein weiteres Leben nur Glück und Gelingen wünschen. Wohl schwant Pierre bereits dunkel, daß ein steiler steiniger Weg ihm bevorsteht: – die Menschen, mit denen er im Umkreis seiner Mutter bislang zu tun hatte, werden ihn nicht verstehen. Doch weit glückseliger, weit unheimlicher macht in seinem eigenen Herzen eine Kraft sich geltend, die nach Ahabschem Vorbild mit dem Willen zum Unbedingten alles dem Orkus entgegentreibt. Nirgendwo in der Weltliteratur ist jemals zuvor oder jemals danach eine Gestalt geschildert worden, die so engelgleich das Heilige streift und mit solchem Unheil gestraft wird. Ist das »christusförmig«? Ist das »wahnsinnig«? Was ist es?

DOSTOJEWSKI, in etwa zeitgleich zu MELVILLE, ahnte im zaristischen Rußland auf seine Weise, daß die Erlösungsgestalt seines Fürsten Myschkin ihren zugehörigen Widerpart in Parfen Rogoshin finden *müsse*: der Weise des Mitleids und der Wüstling der Wollust – beide gehörten zusammen[9], so wie in manchen Kirchenfenstern König David, der Gottgesegnete, sich erhebt über Saul, dem Gottverfluchten. In Pierre aber verteilt sich das Gefüge des Scheiterns nicht auf den (komplementären) Kontrast zweier Personen; in ihm selbst liegen schicksalhaft all die Widersprüche verborgen, die ihn Zug um Zug weit enger noch umschlingen werden, als die Harpunenleine sich am Ende um Kapitän Ahab legt.

Nur vorweg schon gefragt: Wenn es möglich ist, daß die besten und lautersten Absichten trügerisch, ja, selbstbetrügerisch sein können, was für ein Abgrund ist dann der Mensch? Wo soll er Halt finden, wenn nicht bei sich selbst, wenn nicht bei seinen Freunden, wenn nicht in den Geboten der Gesellschaft...? Gerade dieser Weisungen aber ist Pierre am meisten überdrüssig; sie alle erscheinen in seinen Augen als das rechte Produkt sklavischer Katzbuckelei, hohler Eitelkeit und bornierter Engstirnigkeit. Für die Evidenz seines Urteils besitzt er ein vermeintlich unerschütterliches Kreditiv: die Gestalt Isabels, seine Liebe zu ihr, sein Wissen um die vollkommene Unschuld ihres Wesens und, in Antwort darauf, die Eindeutigkeit des Spruchs seines Gewissens. Doch eben hieraus ergeben sich alle Verwicklungen!

Die Erschütterung, die keinen Leser des *Pierre* jemals verschonen und jemals wieder loslassen wird, tritt unfehlbar ein bei dem Anblick des monumentalen Einsturzes des gesamten idealistischen Lebenskonzepts, das sich soeben erst für Pierre selbst als so überaus überzeugend darbieten mochte. Wenn für Ahabs Seelenzustand bereits MILTONS Versepos von dem Sturz Lucifers als Entsprechung dienen konnte, so für Pierre erst recht, der für Isabel und mit Isabel den Himmel bereiten mag, – ein DANTE, der Fegefeuer und Hölle zu durchschreiten gewillt ist, um seine geliebte Beatrice wiederzufinden (IX 2; 3; S. 293–295); er fällt aus dem scheinbaren Paradies seiner Kindheit heraus in eine Welt, die wie ein höllischer Spuk ihn umklammert. Und wohlgemerkt: zwar sind es die Stellungnahmen und Handlungsweisen der bürgerlich »gesitteten« Welt, die Pierre zum Verhängnis werden, doch allesamt sind sie nur Rädchen in einem Uhrwerk, dessen Triebfeder und Unruh seine eigene Seele bildet. Sein heroischer Entschluß selber ist determiniert von Motiven und Mechanismen, die tief in seinem Unbewußten verborgen liegen und auf die er so gut wie keinen Einfluß besitzt.

Spricht es eigentlich gegen Pierres hehre Zielsetzungen, daß Isabels *Antlitz – wenn auch stumm und trauervoll – schön und bezaubernd* ist? *In jene verzauberten Tiefen stürzten und tauchten Leid und Schönheit gemeinsam ein. So schön, so geheimnisvoll, so verwirrend verlockend, sprachen sie von einer Trauer, die unendlich viel süßer und bezaubernder war als alle Fröhlichkeit.* Natürlich ist Pierre sich dessen *gewiß, daß* in Isabel *ein Übermaß an weiblicher Schönheit und nicht weibliche Häßlichkeit ihn einlud, für das Recht einzutreten.* Aber: würde er sich für dieses Mädchen auch so innig entschieden haben, *wenn sich ihm in einer schmutzigen Gasse ein bucklichtes, verkrüppeltes, abstoßend häßliches Mädchen genaht und ihn beim Saume seines Kleides ergriffen hätte* mit der flehenden Bitte um Hilfe und mit der Erklärung, es sei seine Schwester? Aller Wahrscheinlichkeit nach hätte er das nicht getan. Doch was folgt daraus?

Ach, heißt es weiter, wenn der Mensch ganz im Himmel gemacht wäre, warum denn tun wir Blicke in die Hölle?... Von Natur aus sind wir Gott sehr nahe, und wenn auch weiter unten der Strom verunreinigt werden kann von den Ufern, zwischen denen er fließt, so verrät er doch am Rand der Quelle, an dem die Menschheit steht, unfehlbar seinen Ursprung. – Darum soll der tadelsüchtigen Welt hier keine Handhabe gegeben werden gegen Pierre, den Sterblichen. (V 7; S. 192–193)

Doch die Tragik einer Gestalt wie Pierre besteht nicht in seiner »Hölle«, sie besteht paradoxerweise in seinem »Himmel«!

Daß Isabel mit ihrer Schönheit ihn zu sich hinzieht, mehr als die wie ätherisch wirkende Lucy, könnte für eine an sich »normale« und für jedermann gut zu verstehende Tatsache gelten; für einen jungen Mann wie Pierre indessen liegen die Verhältnisse anders: Er muß fliehen, was ihn verlockt, und doch kann er nur fliehen in das, was ihn anzieht. Wenn er an der Seite seiner Mutter *eines* gelernt hat, so ist es, sich ihr als heranreifender Mann zu opfern, um ihr »Bruder« zu werden und damit ihr Kind zu bleiben. Wohl wäre es ihm unter solchen Umständen vergönnt, in angemessener Weise in die Familie der Tartans einzuheiraten und in bürgerlichem Sinne seine Erfüllung zu finden, indem er selber mit Lucy eine Familie gründete; doch dürfte er nie sich vermessen, den engen moralischen Kordon, den Mrs. Glendinning als für alle verbindlichen Maßstab um sich selber als Frau gelegt hat, zu durchbrechen; zumindest könnte das Glück eines erwachenden Ehelebens sich nur langsam entfalten, wie unbemerkt von den Eltern, in stillschweigender Duldung am Ende – vielleicht. Gerade zu solch einer allmählichen Entwicklung zu sich selber als Mann aber erhält Pierre gar nicht erst die Gelegenheit. Denn über die Mandelblüten seiner ersten Liebe fällt jäh die Schneekälte seiner Entdeckung vom »Fehltritt« des Vaters. Mußte er all die Zeit bereits insgeheim lernen, eine bestimmte Seite an seinem Vater (und desgleichen an seiner Mutter als Ehefrau) gar nicht erst wahrzunehmen oder sie auszublenden, um als ein »guter« Junge an Mutters Seite die Rolle des fügsamen Helden zu übernehmen, so bedeutet es jetzt einen Schock ohnegleichen, daß dieses verborgene Bild des Vaters plötzlich aus der eigenen Erinnerung ebenso wie aus Isabels Vergangenheit hervortritt.

Es ist wie ein zusätzlicher Kommentar zu der psychischen Bedeutung des »Elmsfeuers« auf den Mastspitzen und Rahnocken der *Pequod*, wenn jetzt in bezug zu Pierres Erleben die Rede von *der magischen Wirkung* geht, *die eintritt, wenn der Mensch einem nie zuvor erfahrenen und vollkommen unerklärlichen Elemente Zutritt zum Innersten seiner Seele gewährt, welches wie Elektrizität, die plötzlich in die schwüle Atmosphäre einer finsteren Nacht eindringt, sich nach allen Richtungen in scharfe Speere reinigenden Lichtes spaltet, ...so daß Dinge, die zuvor in der Ungewißheit der Finsternis schattige und romantische Umrisse annahmen, jetzt in ihrer wesenhaften Realität aufleuchten und wir in diesen grellen Enthüllungen, die das wundersame Feuer des Grams vollbringt, alle Dinge so sehen, wie sie sind.* (V 1; S. 157–158)

Gram, der zur Erkenntnis wird – so läßt sich die Tragödie Ahabs beschreiben, Erkenntnis, die zu Gram wird – das ist die Lebensgeschichte Pierres. Was er erfährt, ist eine Art von »Bewußtwerdung«, – ein Vorgang, der durchaus eine »therapeutische«, menschlich bereichernde Wirkung zeitigen könnte; doch in diesem Falle müßte die Wahrheit um den Vater innerhalb eines Raums von Zuwendung vermittelt werden: – etwa indem Mrs. Glendinning oder zumindest Tante Dorothea oder gar Lucy mit ihrer Liebe Pierre das Vertrauen schenken würden, ein Mann könne sehr wohl Fehler begehen, ohne deshalb als ein im ganzen schlechter Mensch verdammt werden zu müssen, und ein »Fehltritt« gar, der ein Wesen hervorbringt wie Isabel, verdiene im letzten womöglich sogar gesegnet zu werden. Eine Einsicht dieser Art gliche der Knospe einer Rose, die unter den Strahlenhänden der Sonne sich wie von selber zum Licht hin öffnet. Pierres Seele hingegen wird wie von Fingern aus Eis zur Unzeit aufgebrochen zu einer Erkenntnis, die in ihm allen Glauben an das Gute und Große zerstören muß. Jetzt ist er wirklich dabei, *die dunkelsten Lektionen des Lebens* zu entschlüsseln; jetzt droht ihm wirklich die Gefahr, daß er aus lauter Enttäuschung *zu gottlosem Hohn* getrieben wird. *Was*, muß man die *drei Zauberschwestern* (die Nornen) fragen, *waren das für Fäden, die ihr den früheren Jahren habt verwoben, daß Pierre jetzt so durchzuckt wird von elektrischen Ahnungen und hält...seinen Vater nicht mehr für einen Heiligen...?* (IV 2; S. 126)

An sich, ohne die Webekünste der Schicksalsgöttinnen, wäre zweierlei denkbar: Zu erwarten stünde unter »gewöhnlichen« Voraussetzungen, daß ein Sohn, dem ein vorehelicher »Skandal« seines Vaters zu Ohren kommt, seine Mutter fragt, ob und was an der Sache eigentlich dran ist; sollte auch die Mutter sich überrascht geben, so läge es nahe, daß sie und ihr Sohn, gerade wenn sie bisher sich sehr gut verstanden haben, zu einer Protestgemeinschaft sich zusammenschlössen und in ihrer moralischen Empörung über das »unglaubliche« Verhalten jenes Herrn Glendinning sich wechselseitig bestätigten. Notfalls auch könnten sie sich darüber verständigen, das »Unerhörte« gar nicht erst »gehört« zu haben: Mögen bestimmte Leute auch immer mal wieder gewisse Behauptungen aufstellen, so spricht aus ihnen doch ganz offensichtlich nichts als böswilliger Neid und der Wille zu übler Verleumdung. Gemeinsamer Zorn oder die Rückkehr zu den Spielregeln gemeinsamer Verleugnung böten sich als die einfachsten Formen der Lösung eines solchen Konflikts an.

Und ein zweites sollte, ja, müßte damit einhergehen: Pierre müßte seine eigene Person für sich selbst und für alle anderen auf das deutlichste unterscheiden von der seines Vaters. Er ist nicht sein Vater. Er kann nichts für das Tun seines Vaters. Was immer sein Vater getan haben mag, – keinerlei Schuld oder Vorwurf für Pierre kann damit verbunden sein.

Beide Reaktionen wären das gewöhnliche. Pierre aber reagiert ganz anders als gewöhnlich. Mit keinem einzigen Wort erhebt er offene Anklage gegen seinen Vater, keinesfalls inszeniert er vor den Augen seiner Mutter ein Selbsterkenntnisdrama, wie Hamlet vor seinem Onkel, womöglich mit Isabel als Actrice; die ganze Ahabsche Wut, das ganze metaphysische Rasen fällt scheinbar in sich selber zusammen, – das heißt, es richtet sich nicht nach außen, sondern nach innen, gegen die eigene Person. Pierre selbst fühlt sich schuldig für die Schuld seines Vaters. Alle Vorwürfe verschieben sich von dem fremden auf das eigene Ich. Nur so läßt sich Pierres unbedingter Wille zur *Sühne* verstehen. Er muß die Tat seines Vaters ungeschehen machen durch besseres eigenes Tun, um nicht entlarvt zu werden als einer, der nicht anders ist als jener auch. Diese virtuelle Austauschbarkeit von Vater und Sohn, die es in der Wirklichkeit unter allen Umständen zu verhindern gilt, erklärt bereits einen wichtigen Teil in Pierres sonderbarem Betragen.

Was die »Nornen« an dieser Verstrickung bisher gewoben hatten, ließ sich vorhin schon ein Stück weit entwirren: Es war Pierres Mutter, die ihren Sohn zu einem »idealen Gattensubstitut« erwählt hatte[10] und, zur Vermeidung einer inzestuösen Beziehung, die gesamte Sexualentwicklung des heranwachsenden jungen Mannes ins »Geschwisterliche«, Asexuelle, abdrängen mußte. Um so unbegreiflicher muß ihm »eigentlich« erscheinen, was sein Vater getan hat. Und doch braucht Pierre die dunkle Schönheit Isabels nur ein einziges Mal zu erschauen, und er ist von ihr ins Herz getroffen. Mehr noch: deutlich glaubt er in ihr die Züge seines Vaters wiederzuerkennen; kurz: es drängt alles danach, daß er von Isabel auf die gleiche Weise in den Bann geschlagen wird, wie seinerzeit sein Vater von deren Mutter – Isabel Banford soll ihr Name gelautet haben. Folgte Pierre seinen wahren Gefühlen, »moralisch« gesprochen: seinen »niederen Instinkten«, so wäre er einem schicksalhaften Wiederholungszwang ausgesetzt, so wäre er in der Tat (ganz wie) sein Vater. Und *das* will er um keinen Preis! Der Widerstand gegen den Vater, den es einmal gab, ist zugleich ein Widerspruch gegen den Vater, der in ihm selber steckt. *Das* ist der Grund, weswegen Pierre von dem Tun seines Vaters zutiefst getroffen und betroffen ist, weswegen er in keine neutrale Distanz zu dem Geschehenen zu treten vermag, weswegen das, was war, seine Vergangenheit, festlegt, wer er ist, seine Gegenwart, und sogar, wer er sein muß, seine Zukunft.

Psychoanalytisch ausgedrückt, ist Pierres Überich unter dem Einfluß seiner Mutter nach einem Ideal geformt worden, das dem Vorbild seines Vaters zu entsprechen vorgab, während es in Wahrheit danach verlangte, niemals so zu werden, wie der Vater tatsächlich war; der Bruch zwischen Anschein und Anspruch, die Kluft zwischen angemahnter Idealität und erahnter Realität muß bereits im Erleben des kleinen Pierre zu der angstvollen Bitte geführt haben, der Vater möchte doch so sein, wie er sein müßte, um als der Mann seiner Mutter für moralisch integer befunden zu werden, und um so stärker muß der heranwachsende Junge das innere Bild seines Vaters gegen alle äußeren wie inneren Zweifel verteidigt haben. Jetzt, wo die gesamte väterliche Idealität sich als trügerisch erweist, drohen die Inhalte des Überichs an der Wirklichkeit selbst sich zu widerlegen; theoretisch könnte Pierre durchaus sogar eine Rechtfertigung für sich selber ableiten, alle Sittlichkeit fahren zu lassen und es ärger zu treiben, als es der Vater je tat. Die Gefahr eines solchen Triebdurchbruchs, einer vulkanischen Eruption der niedergehaltenen Triebwünsche durch die rissig gewordene Verdrängungsdecke, besteht durchaus, und es ist offenbar diese Angst, die in Pierre einen neuerlichen und um so heftigeren Verdrängungsschub auslöst: Niemals will er sein wie sein Vater; also wird er sich reinigen von seinem Vater; also wird er Sühne leisten für seinen Vater. Es ist die Strenge des eigenen Überichs, die bereits die bloße Möglichkeit von Triebwünschen nach der Art des alten Glendinning schuldig spricht und Wiedergutmachung fordert. In alle Zukunft muß Pierre väterlicher sein als sein Vater, muß er moralischer werden als sein moralisches Vorbild, steht er doch vor der Pflicht, sich selbst zu beweisen, daß es trotz allem möglich ist zu leben und zu handeln, wie sein Vater hätte leben und handeln sollen. Die Energie des Zorns und der Wut, der Enttäuschung und der Empörung tobt sich nicht an dem Gegenüber des Vaters aus, sondern sie führt im Gegenteil dazu, die Idealvorstellungen, die in seinem Namen errichtet wurden, nur um so fiebriger anzuheizen. Die endgültige Widerlegung des Vaters ist die moralische Überbietung des Vaters.

Entscheidend dabei ist, daß dieser »Entschluß« Pierres unbewußt erfolgt, wie unter göttlichem Befehl, vollzogen mit schicksalhafter Macht. Möglich, daß damals bereits, als der Vater fieberkrank starb, Schuldgefühle den Sohn heimgesucht haben über den frühen Tod seines Idols; jetzt jedenfalls, da der Vater ihm innerlich stirbt, erneuert sich in Pierre der Vorgang von damals: Den Vater zu überleben – das hieß einmal, zu leben, wie er von der Mutter geschildert wurde; das heißt jetzt, anders zu leben, als er in Wahrheit gelebt hat. Die tödliche Strenge der Selbstbestrafung, deren Heftigkeit ursprünglich dem Vater für seinen Fehltritt galt, müßte, uneingeschränkt nun Pierre selber treffen, im Falle er nicht zu Isabel stünde. Anfangs war dieses Mädchen Pierres Leben, weil ein ganzer Teil seiner unterdrückten Seele in ihm lebendig wurde; jetzt ist sie sein Leben, weil er sich selbst ohne sie als grad so entwertet, so nichtig, so unwürdig erscheinen müßte wie der Vater wirklich war, als er Isabels Mutter im Stich ließ. Sich selbst müßte er unter diesen Umständen mit jener *rückwärtsgerichteten Angriffslust* überziehen, die er fortan gegen die gesamte Gesellschaft zu richten geneigt ist. (IX 1; S. 291)

Anders ausgedrückt: Wäre Pierre nicht zentral an das Idealbild seines Vaters gebunden, so könnte er diesen Mann getrost »gestorben« sein lassen; er könnte veranlassen, daß die Glendinnings eine Art sozialer Haftung für seinen »Fehltritt« übernähmen, indem sie Isabel aus ihrer armseligen Lage befreiten; doch weder Pierre noch Isabel sind zu einem solchen Arrangement imstande. Für Pierre stand der Vater da als die Verkörperung seines eigenen Ideal-Ichs; mit dessen Zerstörung ist er selbst wie zerstört, und so kann er sich nicht beruhigen mit Gedanken, wie er sie sich nahezulegen sucht: *Im reifen Leben,* läßt er erklärend seinen Vater zu sich sagen, *übermalt und firnißt uns die Welt...; da mischen sich die tausend Anstandsdinge und geschniegelten Finessen und Grimassen ein...; wir sagen gleichsam unserem Ich Lebwohl und nehmen ein anderes an...; in der Jugend* sind wir,... *im Alter aber* scheinen wir. (IV 5; S. 149) Pierre muß, um selber zu leben, den »richtigen«, den »eigentlichen« Vater, so wie die Mutter ihn wollte, in sich selbst wiedererwecken beziehungsweise ihn im »eigentlichen« Sinne überhaupt erst zum Leben bringen. Und auch Isabel wendet sich an Pierre mit dem nämlichen Flehen um eine Liebe, wie sie ihre Mutter gewiß bei seinem Vater gesucht hat; auch sie drängt auf eine sühnende Umkehr des väterlichen »Fehltritts« durch dessen Sohn, – und auch sie möchte nicht nur versorgt, sie möchte geliebt sein – eben von Pierre. Beide stehen mithin unter demselben Wiederholungszwang. Und so kommt es dahin, daß Pierre seiner Schwester gerade die Heirat verspricht, die sein Vater Isabels Mutter verweigerte.

Allerdings ist das nur die eine, die auf den Vater bezogene Seite von Pierres Entscheidung; die andere bezieht sich auf Pierres Einstellung zu seiner Mutter; auch sie setzt sich in seiner Beziehung zu Isabel im Grunde unverändert fort. Denn Pierre, der als Junge schon lernte, seine Mutter als »Schwester« zu betrachten, wird nun, zum Manne geworden, seine Schwester zur Frau nehmen. Das Tabu der Sexualität bleibt somit weiter bestehen, und damit zugleich setzt sich auch die Rolle des »reinen« Ritters und Retters unverwandt fort. Pierre kann und Pierre muß sein Leben lang so bleiben, wie seine Mutter es sich von ihm erwünschte und wie er es als Kind schon seiner Mutter versprach. Indem Pierre Isabel die Ehe zusagt, hält er recht eigentlich Mrs. Glendinning die Treue; er verrät niemals ihr Ideal, das sich im Vater enttäuschte, doch im Sohne erfüllt[11].

Dementsprechend liebt Mrs. Glendinnings Sohn Isabel, seine Schwester, in einer eigentümlichen Mischung aus Faszination und Gehemmtheit. *Wenn Pierre,* heißt es, *sich im voraus überlegt hatte, wie er sich ... verhalten sollte, so hatte er die Absicht gehabt, der Schwester* (sc. Isabel, d. V.) *seine übergroße Zuneigung durch irgendein äußeres Zeichen zu beweisen; ihr entrücktes Schweigen aber und jene unirdische Aura, die sie umgab, ließen ihn nun auf seinem Platz erstarren; seine Arme wollten sich nicht öffnen, seine Lippen nicht den ihren zum brüderlichen Kusse begegnen, während sein Herz die ganze Zeit überströmte von tiefster Liebe und er sich durchaus bewußt war, daß seine Gegenwart dem Mädchen unsagbar wohltat. Nie wirkten Liebe und Ehrfurcht so innig zusammen, durchdrangen einander so sehr; nie verband sich Mitleid so mit Staunen, um gleichsam einen Zauberbann über die Regungen seines Körpers zu werfen.* (VIII 1; S. 253) Einzig durch diesen Kompromiß zwischen Es und Überich zugunsten einer Entsexualisierung der gesamten (inzestuösen) Beziehung vermag Pierre in der Hinwendung zu Isabel sowohl seinen Vater zu widerlegen als auch seiner Mutter innerlich weiter zu folgen. *Aber!* Aber!

Der Einwand, der nun folgt, währt so lang wie Pierres gesamtes weiteres Leben. All seine Erziehung bisher glich einer aufgeschossenen Leine, die, wohlverwahrt in der Balje, nur darauf wartet, in gerader Linie auszulaufen. Doch genau dahin wird es nicht kommen. Alles gerät vielmehr in »Verwicklungen«, in *Doppeldeutigkeiten,* ins Zwielicht. Für Pierre, wohlgemerkt, bedeutet seine Entscheidung zur Heirat mit Isabel ein Höchstmaß an unzweideutiger Klarheit, eine kristallene Art der Selbstkonsistenz, die reinste Weise der Einheit des Seins. Indem von vornherein feststeht, daß er Isabel trotz all ihrer Schönheit niemals als Mann betrachten oder belästigen wird, erspart er sich und ihr vor allem die väterliche Aufspaltung der Frauenrolle zwischen Mutter und Maitresse, zwischen Heiliger und Hure, zwischen Madonna und Mädchen. Doch es ist zugleich klar, daß er zwischen Lucy und Isabel wählen muß: um seine über alles geliebte Schwester zu heiraten, muß er seine vormals geliebte Verlobte *opfern*; und spätestens von hier an wird deutlich, welch einen Preis Pierres »Reinheit« ihn selber und alle Beteiligten kosten wird.

Als erstes: Er wird seine Entdeckung niemals seiner Mutter mitteilen können. Mrs. Glendinning darf die Wahrheit über ihren Gatten unter keinen Umständen erfahren, – sie würde sie nicht ertragen. Aus Rücksicht auf seine Mutter muß Pierre, der für sich selber die Wahrheit Suchende, mithin die Wahrheit nach außen vertuschen; um seine Mutter zu schützen, muß er einen unübersteigbaren Wall aus Lügen vor ihr errichten. Doch wie soll das geschehen? Für Mrs. Glendinning genügt ein Tag, an dem ihr Sohn und Lucy einander nicht wie gewohnt begegnen, und sie fühlt sich tödlich ins Herz getroffen. (VII 3; S. 230) Gewiß plant »ihr« törichter Pierre etwas Finsteres, vermutlich mit jener Unheimlichen: *Auf Unkrautstengeln wachsen keine Lilien*, erklärt sie im Selbstgespräch vor dem Gemälde ihres Sohnes. *Sie muß arm sein und zugleich verrucht – der Ableger irgendeines hübschen, nichtswürdigen Wüstlings, dazu verdammt, ihr ansteckendes Erbe zu beiden Teilen zu empfangen – die Verruchtheit und die Schönheit.* (VII 3; S. 231) Wie kann man einer Frau, die man verehrt und liebt, die Wahrheit zumuten, wenn man doch weiß, daß sie daran zerbrechen wird? Doch auch anders betrachtet: Wie verkommen eigentlich muß eine Welt sein, welche die Wahrheit nicht verträgt? Und ist Mrs. Glendinning nicht immerhin die edelste Repräsentantin dieser Scheinwelt?

Im Verhalten Pierres handelt es sich nicht um jenen pragmatischen Zynismus der Alten Römer, die von dem *mundus, qui vult decipi* erzählten, von der Welt, die will, daß sie betrogen wird. Pierre will nicht in der Welt zurechtkommen, er möchte es lediglich vermeiden, den Resten seiner zerbrochenen Welt den Rest zu geben. Er haßt diese Welt, in welcher sich das Edelste in das glänzende Gewand der Lüge kleidet; und doch, indem ihm wider Willen die Augen geöffnet wurden für die gleißende Glut der Wahrheit, mischt sich in all seine Rücksichtnahme fortan auch Bitterkeit, Trotz und Verachtung. *Kann denn etwas gut und tugendhaft sein, Pierre, das der Mutter Wissen scheut?* fragt Mrs. Glendinning ihren Sohn. (V 4; S. 171) Doch genau das muß der Fall sein, wenn das Gute und das Tugendhafte selber sich nur um den Preis massiver Wirklichkeitsverleugnungen und Selbsttäuschungen behaupten können. Wie soll *ein vornehmes Geschöpf, wie Pierres Mutter, das hauptsächlich für die vergoldeten Annehmlichkeiten des Lebens gemacht* ist, dem *Schock seiner* eigenen *unerhörten Bedrängnis* standhalten? (V 1; S. 159) Ist es da nicht letztendlich doch besser, die Mutter am Ende *in ihrem ganzen Hochmut,* erfüllt von *gleichgültigem, unstillbarem Gram und voller Verachtung,* dahin zu bringen, zornig, aber mit sich selbst im Einklang, ihren Sohn zu verstoßen? (XI 3; S. 322) *Ich bin jetzt* ein *rasendes, von Stolz vergiftetes Weib,* wird Mrs. Glendinning Reverend Falsgrave entgegenschleudern, – hat sich doch ihr *Sohn, der Lucy Tartan öffentlich anverlobt ist, . . . heimlich mit einem anderen Mädchen vermählt – mit irgendeiner Schlampe!* (XII 2; S. 337) Die Schande, die ihr selber damit angetan wird, ist für sie unfaßbar; ihr selbst aber wird einzig so ermöglicht, die mondäne Mimikry ihrer Anstandsfaçon zu wahren.

In der Tat: Pierres Mutter wird sich um ihren Pierre zu Tode grämen, und bis zum Ende wird sie nicht merken, daß sie und ihr Sohn schon deshalb zu einem offenen Gespräch außerstande sind, weil sie beide miteinander in derselben Überichbindung verbunden sind: Für Mrs. Glendinning *muß* ihr Mann, *muß* ihr Sohn absolut identisch sein mit ihrer Vorstellung von einem idealen Gatten, von einem idealen Kind; diese vornehme Frau lebt so verschmolzen mit ihrem Ich-Ideal, daß sie nicht die geringste Abweichung davon hinnehmen kann, ohne sich selber dadurch total in Frage gestellt, ja, vernichtet zu fühlen. Und unter der Rigidität dieser mütterlichen Moral steht auch Pierre. Auf seine Weise muß er die ideale Welt seiner Mutter gegen deren Zerbruch wiederherstellen, und so wie er mit seiner »Sühne« die »Sünde« des Vaters wiedergutzumachen sucht, so muß er mit einer eigenen Lüge die Lüge der mütterlichen Welt aufrechterhalten. Es ist gewissermaßen der letzte Rest von Respekt, den er der Mutter entgegenbringt, indem er seine Wahrheit vor ihr verschweigt. Nur: einmal so begonnen, wird es so weitergehen!

Denn auch Lucy, in der sich das positive Wunschbild der Mutter fortsetzt, kann Pierre die Wahrheit seines Vaters (und seiner selbst) nicht anvertrauen. Was er ihr antut, indem er sie unter dem Vorwand verläßt, Isabel in die Ehe zu führen, ist allerdings *geradezu mörderisch* (XXIII 2; S. 529), so daß die *von Entsetzen gepackte Magd* ihn als *Ungeheuer* und *Satan* beschimpft.

(XI 2; S. 321) Auch Pierre wird sich fragen: *Wo ich geh und steh, lasse ich Leichen zurück!... Wie kann ich also auf dem rechten Wege sein?... Bei allem, was ich tue, scheine ich in Gefahr, eine widernatürliche und verfluchte Sünde zu begehen, so widernatürlich, daß es sehr wohl die sein mag, von der die Heilige Schrift sagt, daß sie nie Vergebung findet.* (XIV 1; S. 356; nach Mt 12,31–32) Zur Orientierung verfügt er jetzt nicht einmal mehr über das *unvergängliche Denkmal seiner heiligen, allgemeinen Kirche,* nicht einmal mehr über *die unvergängliche Botschaft seiner heiligen Bibel,* nicht einmal mehr über *das unvergängliche instinktive Wissen um die eingeborene Wahrheit des Christentums.* (XIV 1; S. 354–355) Es ergeht ihm vielmehr wie einem Nordpolforscher, der erlebt, daß nach einem langen und entbehrungsreichen Marsch durch die Ödnis *die Nadel... gleichgültig auf jeden Punkt des Horizonts* zeigt. (IX 1; S. 289)

Und das eigene Herz, das sich vormals der göttlichen Eingebung so sicher wußte? Pierre liebt Isabel, ohne Zweifel, – doch verlangt er von sich, sie in der Weise zu lieben, wie der Vater ihre Mutter hätte lieben sollen; – muß nicht allein die erzwungene Künstlichkeit dieser ehelich-nichtehelichen Beziehung jedes spontane Gefühl zerfasern? Das einzige, worauf die weltunerfahrene Isabel all ihre Zuversicht setzt, ist die Offenheit und Ehrlichkeit ihres Geliebten und Retters. ... *verflucht sei der Tag,* beschwört sie angstvoll Pierre, *da mein sehnsüchtiges Herz dich zu mir rief, wenn du jetzt, im Frühling unserer verwandtschaftlichen Liebe, gesinnt bist, mich zu täuschen, und meintest du auch, es sei zu meinem Besten.* Doch Pierres Bekenntnis zu Isabel läuft von Anfang an auf eine Notgemeinschaft inmitten einer wahrheitswidrigen Welt hinaus. *Wenn du... sicher wärest, süße Isabel,* fragt er deshalb zurück, *daß ich dich niemals – nie und nimmer – mit Absicht täuschen würde, wärst du dann bereit, für dich und mich die anderen fromm zu täuschen, zu ihrem eigenen und zu unserem Besten?* (XII 1; S. 329–330)

Der Tag wird kommen, an dem Pierre auch Isabel zu ihrem Schutze, wie er meint, die Unwahrheit wird sagen müssen: Lucy, die ahnt, daß Pierre keinesfalls aus Treulosigkeit, sondern *nur wie Engel es tun,* selbstlos, gehandelt haben kann, als er sie verließ (XXIII 2; S. 529), reist ihnen nach und findet sie in einer armseligen Künstlerunterkunft in New York wieder. Auch sie ist ganz und gar getragen von edlen Gedanken; durchaus will sie das Verhältnis von Pierre und Isabel nicht in Frage stellen; vielmehr möchte sie mit ihm, geläutert und rein, eine Liebe völliger Hingabe ohne jeglichen Eigennutz leben; es ist unmöglich für Pierre, sie zurückzuweisen; und doch, ihr Auftauchen nötigt ihn, sie vor Isabel als seine Cousine auszugeben: – Isabel soll von dem Bruch der Verlobung, dessen Veranlassung sie selber war, nichts erfahren, um weder sich selber Vorwürfe machen zu müssen, noch in Eifersucht zu dieser anderen, stets noch Geliebten zu geraten; so macht Pierre die zwar einfältige, aber rechtlich denkende Delly Ulver zur *Magd einer noch größeren Sünde* (XXIII 4; S. 550), indem er sie Isabel gegenüber die Lüge mittragen läßt, Lucy sei »nur« seine Base.

Beginnend mit seiner Mutter, lebt Pierre mithin in einer Welt, in der es schlechthin für unverantwortlich gelten muß, einer Frau die Wahrheit zu sagen, die darin besteht, daß Menschen ganz offenbar Menschen und keine Engel sind.

Doch fängt Pierre nicht auch an, sich selbst zu belügen? Er hatte gehofft, Isabel ein würdiges und geordnetes Leben bieten zu können, doch schon die Suche nach einer Unterkunft in dem Moloch New York endet schmachvoll in einer Künstler-Absteige, »Bei den Aposteln« geheißen; die Erwartung, als Schriftsteller seinen Unterhalt verdienen zu können, erweist sich zunehmend als Illusion: es ist nicht möglich, bei geistiger Unreife ein reifes Werk zu schaffen; die schon geschriebenen Bögen diktieren unter dem Zwang von Lieferfristen den Fortgang seines Buches, und schon zeigen sich endgültig *die Schrecken der Armut für die hohe Kunst der Schriftstellerei*, wo doch *die Verfasser der meisten großen Werke der Menschheit nicht Wochen und Monate, nicht Jahr um Jahr, sondern ihr ganzes Leben aufgeopfert und dargebracht hatten.* (XXV 3; S. 577)

Allzu zuversichtlich vertraut hat Pierre auch auf die materielle Unterstützung seines Vetters Glen Stanly, mit dem er als Junge auf das innigste zusammen war und an dessen Seite er einmal *für eine Zeit im Reiche einer Liebe* geschwelgt hatte, *die nur um einen Grad zurückbleibt hinter den süßesten Gefühlen, welche zwischen den Geschlechtern herrschen.*[12] (XV 1; S. 374) Doch eben dieser Glen stimmt vollkommen ein in die moralische Verurteilung, mit welcher Mrs. Glendinning ihren vermeintlich herzlosen Schurken von Sohn überzieht, und das um so mehr, als er selber sich als Liebhaber von Lucy *verschmäht* fühlt; zusammen mit deren Bruder Frederic, der das Leid seiner Mutter an dem *verdammten Verführer* rächen will, stellt er Pierre nach (XXV 2; S. 574), statt ihm zu helfen oder das wahrhaft Gute in dessen Absichten auch nur für möglich zu halten.

Das am meisten Bekümmernde freilich ist das langsame Erkalten der Liebe selbst, symbolisch dargestellt in der Kälte, bei der, blaugefroren, Pierre in seinem Zimmer sitzt und mit ermattenden Kräften an seinem Buche schreibt, während ihm die einzige Wärme nur über eine lange Rohrleitung, die durch Isabels Zimmer geht, zugeführt wird. (XXII 1; S. 509–510) Es zehrt an seinen Kräften, die drei Frauen, die ihr ganzes Leben auf ihn als ihren »Felsen« gegründet haben, schon rein äußerlich in aussichtsloses Elend geführt zu haben; und auch Isabel beginnt sich, angesichts von Pierres anscheinend »nonnenhafter Base« Lucy (XXIII 3; S. 536) zu fragen, ob nicht jene andere Blondhaarige, Blauäugige eben der *gute Engel* sei, der *über jeder Menschenseele schwebt,* während sie mit ihren *ebenholzfarbenen Locken* doch wohl eher einer *Totenbahre* gleicht. (XXIII 3; S. 538) Vor allem darf Pierre seiner Schwester Isabel nicht zeigen, wie sehr er unter der Trübsal und Enge der Verhältnisse leidet, ist er all das doch einzig eingegangen um ihretwillen.

Und so kommt es zu einem paradoxen Zustand: *An jeder Hand umklammert von einem Mädchen, das ihr Leben für ihn gegeben hätte, entbehrte Pierre dennoch in seinen tiefsten Tiefen, seinen höchsten Höhen gänzlich der Sympathie jedes göttlichen, menschlichen, tierischen oder pflanzlichen Wesens. In einer Stadt, in der Hunderttausende von Menschen lebten, war Pierre so einsam wie am Pol.* (XXV 3; S. 577–578)

Und noch schlimmer wirkt die Einsamkeit der beiden Mädchen selbst auf Pierre zurück. Wohl erfüllt allein schon *Lucys äußere Gestalt* ihn *mit den heftigsten und ungewohntesten Gefühlen,* und auch Isabel ist *durch Lucys süße überirdische Erscheinung auf das seltsamste angerührt* (XXIV 4; S. 560); und noch stärker muß auf beide das »Heldentum« wirken, mit dem sie kurz entschlossen ihrer eigenen nachgereisten Mutter die Entscheidung, *bei Mr. und Mrs. Pierre Glendinning zu wohnen,* schriftlich mitteilt, nur um endgültig deren *Abschiedsfluch* über diese *unglaubliche Tollheit und Verworfenheit* herauszufordern. (XXIV 4; S. 561–562) Niemals aber darf Pierre seine alten Gefühle für Lucy entfachen, ohne fürchten zu müssen, daß Isabel merkt, was sie ohnedies vom ersten Augenblick an ahnt: Lucy sei mehr als Pierres Base; dann wieder läßt auch Isabels leidenschaftliche Liebe Pierre zurückweichen, aus Sorge, von Lucy entdeckt zu werden. (XXV 1; S. 568–569)

Alles also verwandelt sich in diesem Getto endloser Lügen in unerträglichen Krampf und sinnlose Überanstrengung; ja, Pierre beginnt nach und nach sogar daran zu zweifeln, ob *im schonungslosen Lichte der echten, nüchternen Vernunft betrachtet,* Isabel wirklich seine Schwester ist. (XXVI 602) Kann irgend jemand denn so leben?

Wie der verstoßene Ismael in *Moby-Dick* sehnt sich auch Isabel wie eine Todessüchtige, anläßlich einer Ausflugsfahrt zu Schiff, hinaus auf das Meer, weit fort, dorthin, wo *das eine Blau das andere trifft und beide zu nichts werden – dorthin muß Bell!* klagt sie wie eine Besessene. Denn, fragt sie weiter, *was für Freunde habe ich hier?* – ... *Wünschst* du *mir Gutes im Grunde deines Herzens?* wendet sie sich an Lucy. *Und du, Pierre, fährt sie fort, was bin ich für dich anderes als ein lästiger Klotz am Bein, der dich zurückzerrt von all deinem Glück?* (XXVI 3; S. 606) Sich ins Meer zu stürzen erscheint ihr unter solchen Umständen als der einzige Ausweg.

Den letzten Stoß empfängt Pierre in Form zweier Briefe: In dem einen teilt sein Verleger ihm mit, daß er sich getäuscht fühle und die Druckkosten und Vorschüsse zurückverlange – statt des versprochenen *populären* Romans habe Pierre *seitenweise gotteslästerliches Gestammel durch* die *Druckerpresse laufen lassen* (XXVI 4; 608); in dem anderen schütten Glen und Frederic all ihren Haß auf Pierre in das Papier und stempeln ihn zum *Inbegriff aller Niedertracht.* (XXVI 4; 609)

Beide Briefe an sich würden in anderer Lage dem jungen Glendinning nicht viel bedeutet haben; jetzt aber bilden sie den letzten Schub, den es noch braucht, den»Felsen« Pierre von der Klippe des Hangs in den Abgrund zu stürzen. *Ich,* spricht er, wie befreit fast, *trete hinaus vor die künstlichen Fassaden der Welt, hinaus ins freieste Feld, und fordere alle und jeden zum Kampf! Oh, Glen! Oh, Fred! Ganz brüderlich will ich mich in eure rippenbrecherische Umarmung werfen! Oh, wie liebe ich euch zwei dafür, daß ihr mich lebhaft hassen lehrt in einer Welt, die sonst nur starren Hohn verdient!* (XXVI 4; S. 609) Sein Buch – das Werk eines Falschmünzers und Schwindlers: er selber speit darauf! Wie in einem Fiebertraum nimmt er Abschied von der kraftlos und erstarrt dasitzenden Isabel, von der wie in Trance vor ihrer Staffelei hockenden Lucy und stopft hernach mit Glens und Frederics Brief bedachtsam zwei Pistolen, die er in seinen Mantel steckt. Dann tritt er hinaus auf die Straße, und es kommt, wie es kommen muß, wie es kommen soll: Wütend springt Glen, kaum daß er Pierres ansichtig wird, auf ihn los, schlägt mit der Reitpeitsche auf ihn ein, bis daß Pierre, *nach rechts und links den jähen Griff zweier bleicher Mädchen abschüttelnd, die herangestürzt waren,* die beiden Pistolen herausreißt und gegen den *einen Hieb ... zwei Tode* setzt, damit *den einzig ungeächteten Menschen des Namens Glendinning hinschlachtend.* (XXVI 5; S. 613–614)

Was Pierre nach dieser Tat noch bleibt, ist ganz allein der Wille zum Untergang. Er, den alle Vertreter des Anstands verfluchten, verflucht nun sich selbst. Mitten im Leben ist sein Leben zu Ende, wie ein Buch, das ohne seinen Verfasser keine Fortsetzung findet und so auch zu keiner Klärung gelangt ist. Alles bleibt zweideutig. *Ja, wäre ich herzlos gewesen,* sagt sich Pierre, mit dem Kainsmal gezeichnet, im Gefängnis, *hätte* (sc. ich, d. V.) *das*

Mädchen in Saddle-Meadows verleugnet und verächtlich abgewiesen, dann wäre ich ein langes Leben lang auf Erden und wohl auch eine lange Ewigkeit im Himmel glücklich gewesen! Nun aber ist es nur die Hölle beider Welten. Alsdann, sei es die Hölle. Aus diesen Flammen forme ich mir eine Posaune und fauch mit meinem Flammenatem meinen Trotz zurück! Doch vorher gebt mir einen andern Leib! Wie sehne, sehne ich mich nach dem Tod, um diese so entehrte Wange loszusein... Oh, nunmehr ist zu leben Tod, und Sterben ist jetzt Leben. (XXVI 6; S. 614–615)

Doch statt des Henkers betreten Lucy und Isabel seine steinerne Zelle wie der gute und der böse Engel, die *beide,* wär' es *die andere Welt,* gewißlich *nicht willkommen* wären. Doch ist es nicht bereits ein Fehler, *Partei* zu nehmen? *Nicht du bist der Mörder, sondern deine Schwester hat dich umgebracht, mein Bruder, oh mein Bruder,* sucht Isabel die ganze Schuld für die Tragödie auf sich zu nehmen, während Lucy, als sie diese Worte vernimmt, zusammenschrumpft *wie eine Schriftrolle und... lautlos zu Pierres Füßen* niedersinkt. Sie ist tot, muß Pierre feststellen, als er ihr Herz berührt. *Mädchen! Weib oder Schwester, Heilige oder Teufelin!* schließt er Isabel in die Arme, *nicht Leben für die Kinder wohnt in deinen Brüsten, nur Todesmilch für dich und mich! Das Gift,* das sie in einem geheimen Fläschchen in ihrem Busen trägt, – er nimmt's von ihr als letzte Liebesgabe. (XXVI 6; S. 615)

Als in der Nacht Pierres Jugendfreund und Schulgenosse Millthorpe und Lucys Bruder Fred, stolpernd und sich wechselseitig behindernd, den Kerker aufsuchen, findet Fred seine Schwester tot am Boden liegen; voller Gram verflucht er den *Auswurf der Hölle,* Pierre, der *diesen himmlischen Vogel* mit seiner *Schwindlerflinte... zur Strecke gebracht* hat. (XXVI 7; S. 617) Millthorpe aber entdeckt die *höhnische Unschuld* auf den Lippen seines alten Freundes und die weiblich-sanfte Haut, nun *versengt vom Mörderpulver... – Es ist vorbei, und ihr kennt ihn nicht!* kommt es keuchend von der Wand, an welcher sterbend Isabel lehnt; ihren Fingern entgleitet, *wie eine abgelaufene Sanduhr,* die *leere Phiole;* ihr Körper sinkt seitwärts nieder *auf Pierres Herz, und ihr langes Haar ergoß sich über ihn und umwucherte ihn mit ebenholzschwarzen Ranken.* (XXVI 7; S. 618)

Der Tod der Liebenden, von allen verurteilt, im Kerker, – wie Radames und Aida; das Grab als Brautbett zum Zeugnis einer Liebe, welche im Leben zueinander nicht finden konnte, – wie Romeo und Julia; doch was woanders romantischer Traum, enthält für MELVILLE erneut jene herzzerreißende Frage und Klage bezüglich der Welt – ihres Schöpfers und ihres Schicksals, ihrer Menschen und ihrer Moral –, die bereits in Ahabs Herz und auf Ahabs Lippen erklang: Wie noch leben, wenn das Beste zum Schlimmsten mißrät; wenn herzinnigst Liebende einander, im Glauben an göttliche Fügung und Rettung, zu Sendboten von Tod und Verdammnis zu werden bestimmt sind; wenn aller guter Wille nur wirkt wie ein Stein am Vorsprung eines Felsens, der unter dem Sog der Schwerkraft nur um so zermalmender niederstürzen wird, mit je mehr Anstrengung er den Gipfel emporgeschleppt wurde?

5. Das Schaurige in der Seele des Menschen oder: Der Mythos von Enceladus

Ein Mann sucht eine Frau, die er liebt, doch diese teilt sich in zwei Personen, und er selbst versinkt im Strudel der »Tiefe« – das war schon das Ende von *Mardi*. Doch *Mardi* – das war trotz aller Südsee-Realismen ein symbolistischer Ideenzyklus. *Pierre* – das ist ein Psychodrama ohnegleichen. An BYRONS Liebe zu seiner Halbschwester Augusta hat man erinnert[13]; an GOETHE, den Pierre seiner pantheistischen Weltliebe wegen als einen Selbstbetrüger von Grund auf verachtet (XIV 2; S. 360), mag man denken mit seinem Drama *Stella*, das einen Mann zwischen zwei Frauen zeigt, – zumindest in der überarbeiteten Fassung von 1805 enden auch dort die Liebenden auf gewaltsame Weise durch Kugel und Gift[14]. Nirgendwo aber gestaltet sich die Suche nach den Ursachen des Verhängnisses derart schonungslos wie in MELVILLES Roman, nirgendwo wird der Zweifel, ja, die Verzweiflung an Welt, Mensch und Schicksal so sorgsam gesät, nirgendwo greifen persönliche Verletztheit und Ringen um Wahrheit so eng ineinander wie hier. Wenn irgend es einen Kommentar zu den Themen und Aussagen des *Moby-Dick* gibt, – hier liegt er vor.

Erschütternd vor allem an *Pierre* ist der ungeheuerliche Kontrast zwischen dem ursprünglich einmal Gewollten und dem schließlich Erreichten. Was wird aus Lucy, wenn sie sich Pierre und Isabel mit dem Versprechen rückhaltlosen Selbstverzichts anschließt? *Ich will nichts von Dir fordern, Pierre... – ... wenn ich auf ewig, in all meinem äußeren Handeln, genau wie Du, die besondere Stellung jenes höchst geheimnisvollen und ewig heiligen Wesens* (sc. Isabel, d. V.) *anerkenne, – darf ich dann nicht kommen und mit Dir leben?* schreibt sie. *Ich werde Dir nicht zur Last fallen. Ich weiß ja, wo du bist und wie du lebst, und nur dort, Pierre, und nur so ist mir ein Weiterleben erträglich und möglich. Sie* (sc. Isabel, d. V.) *soll nie erfahren..., was ich einst für Dich war. ... Gib mir nicht mehr – nimmermehr gib mir ein sichtbares, bewußtes Zeichen der Liebe. Auch will ich Dir nimmermehr eines geben. Unser sterbliches Dasein, oh, mein himmlischer Pierre, sei fortan ein einziges schweigendes Umeinanderwerben; ohne Erklärung, ohne Hochzeit; bis wir uns im Reich der Reinheit wiedertreffen, wo Gottes Segen uns umfängt; – bis wir uns dort wiedertreffen, wohin die alles zerstörende, alles verderbende Welt nicht kommen kann und wird, wo all Deine verborgene, ehrenvolle Selbstlosigkeit herrlich im vollen Glanze jenes himmlischen Lichts zutage treten soll; wo, nicht länger mehr zu dieser grausamsten Verstellung gezwungen, sie, auch sie ihren eigenen ehrenvollen Platz einnehmen und sich nicht gekränkt, sondern noch mehr gesegnet fühlen soll, wenn dort Dein süßes Herz offen und rückhaltlos mir gehören wird.* (XXIII 2; S. 530–531)

Aufopfernder, reiner, glühender, unbedingter kann ein Mensch nicht lieben, als Lucy es tut, – unirdisch, himmlisch, ewig. Doch das bittere Ende im Kerker widerlegt allzu grausam die Hoffnung auf jene andere Sphäre wahrer und universeller Liebe, die Lucy sich und allen erhofft. Und schlimmer eigentlich noch: hat nicht längst zuvor schon die Glut ihrer Liebe sich in Asche und Staub verwandelt, wie der Abrieb ihrer Kohlestifte beim Zeichnen verschönernder Portraits? (XXV 1; S. 564–565; XXVI 4; S. 610) Von Isabel ebenso wie von Pierre kann man sagen, daß sie von Lucys Wesen *nicht durch gewöhnliche Herzensregung, ... vielmehr durch das himmlische Siegel selber* bezwungen werden, ja, daß in allem, was sie tun, *eher schiere Unwillkürlichkeit als mitfühlende Freiwilligkeit liegt, und daß sie handeln gleichsam ohne ein Anzeichen von freiem Willen.* (XXIV 4; S. 560–561) Doch wenn es möglich ist, wenn es sogar entsprechend einer schicksalhaften Laune notwendig scheint, daß selbst eine solche Hochherzigkeit, wie Lucy sie erzeigt, an tumben Niedrigkeiten und Gemeinheiten zugrunde geht, was, jenseits solchen Glaubens, soll dann auf Erden noch glaubwürdig, was, jenseits solchen Liebens, noch liebenswert erscheinen?

Je länger Pierre über den Seiten seines Buches grübelt, in dem er dem Inferno der Welt den Spiegel vorzuhalten gedenkt, spürt er *die Dolche, welche ihn durchbohrten, ... bespöttelt von dem Schwachsinn, der Unwissenheit, der Engstirnigkeit, der Selbstgefälligkeit und der allgemeinen Blödheit und Torheit um ihn herum. Er fühlte mehr und mehr, wie tief in seinem Innern die Schicksalsschere vor der Zeit die Muskelfasern des Titanen stutzte. ... Alles, was denkt, sich bewegt oder stilleliegt, all das schien nur geschaffen, ihn zu verspotten und zu martern. Es war, als wäre ihm die Gabe zu Höherem nur geschenkt, damit sie herabgezogen werde in den Schmutz. Und doch, der Eigensinn tief in ihm wollte nicht aufgeben. Dem brechenden Herzen und dem ber-*

stenden Kopfe zum Trotz, all der elenden Mattigkeit, der Todesschwäche und der Todesmüdigkeit zum Trotz, in all dem Strudel, all dem Wahnsinn hielt er sich aufrecht wie ein Halbgott. Das Schiff seiner Seele sah die unausweichlichen Klippen voraus und war doch entschlossen, weiterzusegeln und tapfer zu scheitern... Mit der Seele eines Gottlosen schrieb er die göttlichsten Dinge nieder; in sich das Gefühl von Elend und Tod, schuf er Gestalten von Freude und Leben. Für die Qualen seines Herzens brachte er höhnisches Gelächter zu Papier. Und alles andere verbarg er unter dem behaglichen, stets passenden Mantel der unendlich dehnbaren Philosophie. Denn je mehr und mehr er schrieb und je tiefer und tiefer er tauchte, um so klarer erkannte Pierre die ewige Ungreifbarkeit der Wahrheit, die überall lauernde Unaufrichtigkeit, selbst in den größten und mit reinstem Gewissen niedergeschriebenen Gedanken. Wie Gaunerkarten waren die Blätter aller großen Bücher insgeheim zu einem betrügerischen Stapel gemischt. Er mischte den Stapel nur neu. (XXV 3; S. 578–579) Und so wächst bei allem Streben nach Ruhm und Größe in ihm die Verachtung über die eigene Nichtigkeit und Unwahrhaftigkeit; der Teufelskreis schließt sich endgültig.

Begonnen hatte Pierres »Sendung« gerade mit der erschütternden Entdeckung der Nichtigkeit und Unwahrhaftigkeit seines Vaters – eines aus dem Haus der Glendinnings; dieses Götterbild war zerborsten und hatte sich in eine Reihe widersprüchlicher Teile zerlegt; – es in der lauteren Liebe zu Isabel für sich selbst, in der eigenen Person, wieder zusammenzufügen, hatte seitdem Pierres unausgesprochenes Ziel gebildet; doch unaufhaltsam wuchs seither um ihn das Netzwerk der Verstellungen und Lügen. Wie Ahab an Bord der *Pequod* seiner Mission nur nachkommen konnte, indem er seine wahren Ziele von Anfang an vor seinen Auftraggebern an »Land« verbarg, so läßt auch Pierre die ihm vertraute Welt hinter sich, indem er die Wunschphantasien ihrer Selbsttäuschungen äußerlich aufrechterhält. Doch mit seiner Unfähigkeit zur Wahrheit verwandelt sich sein ganzes Leben in ein Spiel von Unaufrichtigkeiten, und wenn diese auch nicht, wie bei Ahab, von Rachsucht und Rücksichtslosigkeit getragen sind, sondern im Gegenteil vor allem der Rücksichtnahme auf seine Mutter und dann der Rücksicht auf alle Frauen an seiner Seite entstammen, so fällt ihre Wirkung am Ende doch gerade so aus, wie die rabiateste Rachsucht sie schlimmer nicht hätte herbeiführen können.

Alles unterliegt mithin einer unheimlichen Gegenfinalität, wie sie konsequenter, psychologisch virtuoser und vielschichtiger kaum je geschildert wurde. Wie Ahab, fühlt sich auch Pierre, fixiert auf sein Trauma, immer stärker von der »Bösartigkeit« der Welt: von ihrer Verlogenheit, von ihrer Abgründigkeit, von ihrem empörenden »Grinsen«, angezogen. Ist nicht alles, was Staat, Kirche und Gesellschaft treiben, arglistiger Trug? Doch wenn es so ist, wie leben mit der unausweichlichen Enttäuschung? *Früher oder später in diesem Leben,* heißt es anläßlich des *Pamphlets* eines gewissen Plotinus Plinlimmon, das Pierre wie zufällig auf seiner Reise nach New York, in die »große Welt« hinein, findet, *stößt der ernsthaft oder enthusiastisch veranlagte junge Mensch mehr oder minder dankbar auf die folgende verblüffende Widersinnigkeit: – Während doch das Christentum von allen Menschen als die eine große Vorbedingung, um von Gott angenommen zu werden, verlangt, auf diese Welt zu verzichten, sind seltsamerweise diejenigen Teile der Welt, in denen man dem Mammon am fleißigsten huldigt – nämlich Europa und Amerika – ausschließlich im Besitze erklärtermaßen christlicher Völker, welche sich dieses Besitzes rühmen und dafür einigen Grund zu haben scheinen. – Sobald diese Widersinnigkeit einmal lebhaft und praktisch offenbar geworden ist, folgt die gestrenge abermalige Prüfung der Evangelien: das tiefe Sichversenken in jenes größte wirkliche Wunder aller Religionen, die Bergpredigt. Von diesem göttlichen Berge fließt allen ernstlich liebenden jungen Menschen ein unversiegbarer, seelenschmelzender Strom von Zärtlichkeit und Liebesgüte zu ... Sätze, die alle Liebe der Vergangenheit verkörpern und alle Liebe, die in jeder nur denkbaren Zukunft vorstellbar ist ... Das kommt von Gott! ruft das Herz aus, und in diesem Ausruf endet jedes weitere Nachforschen. Die just gelesene Predigt in seinem enthusiastischen Herzen, schaut sich der junge Mensch nun abermals um in der Welt. Und augenblicklich befällt ihn das übermächtige Gefühl, daß die Welt ja geradezu und durch und durch verlogen ist, und verstärkt die anfängliche Widersinnigkeit; mit Lügen vollgesogen und von Lügen triefend scheint die Welt vor ihm zu liegen ... – Hierauf prallen nun in der Seele des jungen Enthusiasten zwei Heere aufeinander; und wenn er sich nicht als feige erweist und wenn er sich nicht als leichtgläubig erweist oder wenn er den geheimen Talisman nicht finden kann, um diese Welt mit seiner eigenen Seele zu versöhnen, dann gibt's für ihn in diesem Leben keinen Frieden und nicht den kleinsten Waffenstillstand.* (XIV 2; S. 358–360)

Worte wie diese gemahnen noch einmal an Vater Mapples Predigt in New Bedford, nur, daß dieser die Bibel als ein unzweideutiges Zeugnis Gottes vor sich auf der Kanzel liegen hatte; Pierre indessen sieht angesichts des »Widersinns« von Welt und Wahrheit, von Wissen und Gewissen, von Enthusiasmus und Enttäuschung keinerlei Trost mehr in den Worten und Werken der Frömmigkeit. Trügerisch ist, was er fühlt, was er denkt, was er sieht, was er ist. Doch wer ist er? War nicht Isabels Verhalten sogar am Anfang bereits irritierend? Wie *durchglüht war* ihr *Brief . . . von dem geheiligten Verlangen . . ., ihren Bruder in die Arme zu schließen!* Dann aber, bei ihrer ersten Begegnung, *hatte sie ihn kein einziges Mal geküßt; ebenso wenig wie er sie geküßt hatte.* In diesem Moment bereits hatte Pierre empfunden, *daß er niemals, niemals fähig wäre, Isabel mit nur brüderlicher Zärtlichkeit in seine Arme zu schließen, und zugleich war seine unverdorbene Seele gänzlich frei von jedem Gedanken an eine andere Art von Zärtlichkeit, wie sie im vertraulicheren häuslichen Umgang aufzukommen pflegt.* Deshalb *also* schwebte *Isabel für Pierre ganz und gar über dem Reiche der Sterblichen und verklärte sich ihm zu einem Wesen aus dem höchsten Himmel unbefleckter Liebe.* (VII 8; S. 250–252)

Wenn demnach selbst die »himmlische« Liebe aufsteigt, wie Wolken sich bilden über Sümpfen – über Sexualwünschen, die durch das Inzesttabu verdrängt und ins Unerfüllbare »erhoben« werden –, ist es dann nicht klar, *daß das angeblich festeste Prinzip der menschlichen Gemeinschaft* (sc. daß Schwester und Bruder einander nicht lieben können, d. V.) *nichts als Einbildung war?* (VII 8; S. 251) Tatsächlich sind beide, Pierre wie Isabel, sehr wohl imstande, einander zu lieben wie Mann und Frau. Beide wissen, daß sie fortan ohne einander *niedersinken und sterben* müßten; und kaum bietet Pierre seiner Schwester eine *beständige häusliche Vertrautheit* an, um gemeinsam hinaufzugelangen zu ihrem *glorreichen Ideal,* da lehnt sich Isabel *enger an ihn, erfüllt von dem unaussprechlich seltsamen Gefühl einer heftigen Liebe, die neu und unerklärlich war. Über Pierres Züge* (sc. aber, d. V.) *glitt jäh eine schreckliche Selbsterkenntnis; wieder und wieder bedeckte er sie* (sc. Isabel, d. V.) *mit brennenden Küssen, drückte fest ihre Hand, wollte nicht lassen von ihrer süßen und furchtbaren Reglosigkeit. – Dann wurden sie verwandelt; eines umschlang das andere, sie standen stumm, verstrickt.* (XII 1; S. 334–335)

Können das Erleben und das Wollen eines Menschen widersprüchlicher sein? Pierre muß seine Schwester lieben, und er möchte sie lieben, weil sie wunderschön ist, weil sie so schwermütig ist, weil sie ein Teil seiner Seele ist, weil sie das Kind seines Vaters ist, weil es eine Schuld gibt, die gesühnt werden will, weil er an der Seite seiner Mutter gelernt hat, wie Bruder und Schwester zu leben, weil er an der Stelle seines Vaters Verantwortung zu übernehmen gewohnt ist, – weil ein Mann ist; doch gerade als ein solcher darf er die Schwester nicht lieben; und so muß er sie in einen unberührbaren Engel verwandeln, um mit ihr im Himmel zu ersehnen, was auf Erden zu leben als verbrecherisch gelten müßte. Wie soll ein Mensch sich auskennen in solchen Widersprüchen? *Wenn ich dich jemals wissentlich getäuscht hab, Isabel, wird er bald schon sagen, dann mögen... die hohen Götter... überlaufen zu den Teufeln als Verstärkung gegen mich. Aber mich selber und dich unwissentlich getäuscht zu haben, Isabel, das ist etwas ganz anderes. Oh, was für ein ruchloser Gaukler und Betrüger ist doch der Mensch!* (XIX 2; S. 468) Ist es nicht überhaupt *Narrheit*, was er treibt? *Kann es nicht sein, daß er, indem* er *der Tugend* folgt *bis an ihre äußerste Grenze, so weit, wie gewöhnliche Sterbliche niemals gehen,* gerade *damit auf die Hölle* zuhält, ja, daß *die äußerste Tugend sich nach allem* nur *als eine verräterische Kupplerin im Dienste des ungeheuerlichsten Lasters erweist?* Wie, wenn Isabel und Pierre nichts weiter wären als gewöhnliche Menschen und *Bruder und Schwester... nur im weitesten Sinne* des *gemeinsamen Menschseins?* Sollten nicht *die Götter selbst auf ihren eigenen Zündstoff achtgeben, den sie dem Menschen ins Herz gelegt haben? Ah! Jetzt geht's mir auf, und mir will scheinen,* gesteht Pierre, *als sei der Mensch weit entfernt vom Ziel des höchsten Ideals sittlicher Vollkommenheit. Die Halbgötter trampeln auf Plunder, und Tugend und Laster sind Plunder!... von diesen Dingen werde ich schreiben – ich werde der Welt ein neues Evangelium verkünden und den Menschen Geheimnisse zeigen, die tiefer sind als die der Offenbarung!* (XIX 2; S. 469–470)

Kaum eine Erklärung deutet Pierres latente Verzweiflung: die Vergeblichkeit seiner Halt- und Sinnsuche, die Enttäuschbarkeit seiner Ideale, sein ständiges Pendeln zwischen Himmel und Hölle, so tief wie diese Feststellung der völligen Unbrauchbarkeit sogar der heiligen Worte der »Offenbarung« zum Verstehen der psychischen Qualen von Menschen[15]. Es ist mit den Lehren der Bibel nicht möglich, die Abgründe des menschlichen Herzens zu erleuchten; wie aber soll dann die Bibel eine hilfreiche Orientierung zu bieten vermögen inmitten dieser Welt? *Schau,* sagt Pierre zu Isabel, *ein Nichts ist die Substanz, es wirft einen Schatten in die eine Richtung und einen in die andere Richtung, und diese beiden Schatten stammen von ein und demselben Nichts; dies, scheint mir, sind Tugend und Laster. –... Alles ist Traum – wir träumen, daß wir träumen, wir träumten.* (XIX 2; S. 471)

Am meisten leidet Pierre in all dem an seiner inneren Isolation. Wohl, Isabel ist bereit, mit ihm jede Art von Ungewißheit und *Herzensnot* zu teilen (XIX 2; S. 471); doch diese wunderbare, wunderliche Frau sucht in seiner Nähe gerade eine Überwindung ihrer eigenen Einsamkeit, nicht deren endgültige Verfestigung. Andererseits gehört gerade die Aura der Einsamkeit wesensnotwendig zu der Ahab-Pierreschen Lebenseinstellung: sie ist absolut autark und absolut prometheisch. So sehr auch Pierre sein Leben in Fühlen und Wollen mit Isabel verwoben hat, so ist doch die ganze »Verantwortung«, der Rettungsplan und seine Ausführung, allein in seine Hände gelegt, und sogar mit der aufopferungsvollen Liebe Lucys weiß er im Grunde für sich nichts Rechtes anzufangen. Statt dessen entwirft er sich, fasziniert von dem *Gaukelbild des Titanensteins, eines eigentümlichen Gipfels* in der Nähe seines Vaterhauses (XXV 4; S. 584), nach der Gestalt des Enceladus: eines Titans, der, wie Prometheus, gegen die olympischen Götter aufbegehrte. Dessen Geschichte geht so: Saturn (Kronos), das Kind von Erde (Terra, Gaia) und Himmel (Caelum, Uranos), hatte seinen Vater, weil er die eigenen Kinder (die Sterne) fraß, mit der Sichel der Mutter entmannt und war zur Strafe von Jupiter (Zeus) gestürzt worden; um Rache zu nehmen, hatte er mit der Erde, seiner Mutter, Enceladus gezeugt, einen verstümmelten Riesen, der mit anderen Titanen die Berge Pelion und Ossa aufeinandertürmte, um den Götterhimmel zu stürmen; die Götter aber schlugen zurück und wälzten auf Enceladus den Ätna, *seinen durch nichts zu vertreibenden Alp ..., der ihn wie zum Hohn dort stehen und sein vergebliches Geheul ausstoßen läßt.* (XXV 4; S. 589) Gerade dieser Enceladus, diese *dämonische Mißgeburt der Natur,* dieses Kind aus Inzest, Vatermord und Götterfeindschaft und -fluch, verfolgt Pierre im Traum, ja, er wirft *das vergrößerte Abbild seines eigenen Antlitzes* zurück, – er selbst ist einer aus der Schar jener abgewiesenen *Himmelsstürmer,* der, um *seinem unbändigen Haß Luft zu machen,* wie ein Vulkan in alle Ewigkeit schwefligen Giftdampf und feurige Lava ausspeien wird. (XXV 4; S. 589; 591) Schon als Kind hatten Pierre die tiefe *Trostlosigkeit,* die *gnadenlose, unaufhörliche Zerstörung,* die *Eiseskälte und Düsternis* der heimatlichen Landschaftsformation angezogen, die von der Veranda des Gutshauses aus gesehen hinter einem *trügerischen Purpurvorhang* verborgen lag. (XXV 4; S. 588) Jetzt aber zeigt sich dieses dunkle Titanenbild als Chiffre seines ganzen unglückseligen Daseins – eines Rebellen gegen die gesamte Welteinrichtung, der doch zugleich weiß, daß er zum Scheitern verurteilt ist, und der trotzdem nicht aufgibt.

Längst hat Pierre etwa in seiner Rolle als Schriftsteller erfahren müssen, *daß die Welt zwar Mittelmaß und Gewöhnlichkeit anbetet, aber aller zeitgenössischen Größe mit Feuer und Schwert begegnet; daß sie zwar beteuert, gegen alle Heuchelei grimmig vorzugehen, aber für Ernsthaftigkeit nicht immer ein Ohr hat.* (XVIII 2; S. 455) Das alles weiß Pierre, und er weiß, daß er daran zugrunde gehen wird, und trotzdem wird er nicht nachgeben, – und gerade darin wird etwas vom Besten seines Wesens aufscheinen.

221

Nicht umsonst sind die Glendinnings eine Familie von Kriegern gewesen. *Auch Pierre ist ein Krieger, das Leben ist seine Schlacht, und drei wilde Verbündete, Leid, Schmach und Not, sind seine Feinde. Die ganze Welt hat sich gegen ihn zusammengerottet; denn seht! Er hält das Banner der Gerechtigkeit hoch und schwört beim Ewigen und Wahrhaftigen!* (XIX 2; S. 465) Allerdings: für weit *ehrenvoller* gilt es gemeinhin, *den tapferen Feind niederzustrecken im echten, zeltumsäumten Felde, als im Scharmützel einer edlen Seele mit der feigen Welt zu jagen den verruchten Feind, der nimmermehr sein Antlitz zeigen will.* (XIX 2; S. 466) Das Paradox ist nur, daß sich Pierre das Bild des »Feindes« längst gezeigt hat in der Gestalt seines eigenen Vaters! Ihn jagt er mit Ahabschem Zorn unter den hehren Idealen der Liebe, ihn sucht er mit seinem Enceladus-Kampf aus dem Himmel seiner angemaßten Wertschätzung zu stürzen, und *seine* Welt aus Verlogenheit und Spott ist es, die er bekämpft. Wie Ahab seine Harpune in das »grinsende Gesicht« des Wals zu schleudern sucht, so fühlt Pierre sich von einem *arglistig* grinsenden Gesicht verfolgt, das ihm ständig zuraunt: *Narr!* und: *Esel!* und: *Gib auf!* (XXI 3; S. 504) Es war Ahabs rätselhafter Vorwurf gegen den väterlichen Himmel gewesen, daß er die Mutter entwendet habe (*Moby-Dick*, CXIX 772); Pierre aber hat zu beklagen, daß das Tun seines Vaters ihm auch die Liebe seiner Mutter entfremdete; auch in Pierre lebt dieser Ismael-Aufruhr gegen einen »Abraham«, dessen Heiligenbild ihm so gründlich zerstört ward, daß seither eine immer tiefere Verbitterung in seiner Seele sich ausbreitet. *Jene Stunde im Leben eines Menschen,* heißt es, *wenn er zum ersten Mal der Hilfe der Menschheit entbehrt und lernt, daß die Menschheit ihn, unbedeutend und bedürftig, wie er ist, für einen Hund hält und nicht für einen Menschen, jene Stunde ist hart, aber es ist noch nicht die härteste. Es wird noch eine andere Stunde folgen, da er lernt, daß auch die Götter ihn, so unendlich winzig und verächtlich, wie er im Vergleich zu ihnen ist, im Stich lassen und ihn nicht als ihrem Stamme zugehörig ansehen. Dann sind sich Gottheit und Menschheit darin einig, daß er auf der Straße verhungern soll, wenn es nach ihnen geht. Nun haben Vater und Mutter grausam seine Hand losgelassen, und nun sollst du hören, wie die Seele, dies kleine Krabbelkind, kreischt, jammert und gar häufig stürzt.* (*Pierre*, XXII 1; S. 509)

Freilich, so wenig wie Ahab, neigt Pierre zum Jammern; im Gegenteil, seine Schwermut wirkt als Beschwerde, seine Klagen sind Anklagen, seine Fragen Infragestellungen, und *die* sucht er zu Papier zu bringen. *Eine bodenlose, unaussprechliche Trauer ist in mir,* gesteht er in Anlehnung fast an die düsteren Ahnungen Ahabs. *Nun lasse ich alle launigen oder gleichgültigen Verklei-*

dungen fallen und alle philosophische Anmaßung. Ich bekenne mich als ...
Kind der Urfinsternis. Hoffnungslosigkeit und Verzweiflung liegen auf mir wie
Leichentuch auf Leichentuch. Hinweg, ihr plappernden Affen, Spinoza (sc. mit
seinem Pantheismus, d. V.) *und Plato* (sc. mit seinem Idealismus, d. V.) *...,*
die ihr mir einst beinahe weisgemacht hättet, Nacht sei Tag und Schmerz sei
nur ein Kitzel. Dieses Dunkel erklären, diesen Teufel austreiben könnt ihr
nicht ... – Oh Gott, daß der Mensch auf dem Halm verderben und verrotten
soll und verwelkt und leergedroschen ist, eh noch die Ernte kommt! Und, oh
Gott, daß die Menschen, die sich Menschen nennen, noch immer lachen wol-
len! Ich hasse die Welt und möchte die Lungen der ganzen Menschheit zertreten
wie Trauben und ihnen den Atem ausstampfen bei dem Gedanken an Elend
und Heuchelei – bei dem Gedanken an Wahrheit und Lüge! Oh! gepriesen sei
der einundzwanzigste Tag des Dezember (sc. da die Nacht am längsten ist,
d. V.), *und verdammt sei der einundzwanzigste Tag des Juni* (sc. da der Tag am
längsten währt, d. V.)! (XXII 3; S. 519–521)

Worte wie diese sind kein Gebet mehr an einen Gott, der sich des Menschen erbarmen würde; sie offenbaren in ihrer Hoffnungslosigkeit nur noch,
daß ein solcher Gott nicht ist. Ahab-Gefühle reden daraus, und dies bei
einem Manne, der vor gar nicht langer Zeit auszog, Gott auf den gebahnten
Gleisen der Güte zu begegnen. So wenig wie Ahab von der Wunde des Wals,
kann Pierre loskommen von der Kränkung, die der Vater ihm zufügte,
indem er seinem eigenen, das heißt dem mütterlichen (!) Anspruch nicht
genügte. Beide, Ahab wie Pierre, sind narzißtisch Gekränkte, die versuchen,
mit aller Anstrengung ihre zerborstene Welt wiederherzustellen, und dabei
in unauflösbaren Widerspruch zu der Welt geraten, die ihnen eine solche
Kränkung zufügen konnte.

Und dieser Narzißmus gilt für alle. Sogar die Selbstlosigkeit Isabels oder
Lucys vollzieht sich im Schatten des Narzißmus der Glendinnings oder der
Tartans. All der Idealismus von Pierres Mutter dient der Erfüllung der Forderungen eines unveränderlich starren Überichs; nicht ihr Ich, nicht ihre
Person – ihr Anspruch auf Anstand, auf Ehre, auf Pflichterfüllung, auf Vollkommenheit bestimmt ihr Sein. Auch ihre Liebe zu Pierre verschmolz diesen mit der Faszination derartiger idealer Bilder und deren Brechungen; und
solange dieser Zustand währt, kann es nicht anders sein, als daß es im Rahmen einer solchen Dramaturgie nur immer neue Drehungen und Wendun-
gen, nie aber ein Entrinnen gibt. *Wie eine Statue auf einem sich drehenden*
Sockel, heißt es über Pierre, *bald dieses, bald jenes Glied, bald ihre Vorderan-*
sicht, bald den Rücken, bald die Seite zeigt und ihr allgemeines Profil gleichfalls

fortwährend verändert, so verhält es sich auch mit der drehbaren Statue der menschlichen Seele, wenn die Wahrheit Hand an sie legt. Beständig ist allein die Lüge. (XXV 3; S. 575)

So zerbrochen in eine Vielzahl reflektierender Splitter liegt die Seele dieses jungen Mannes am Boden, und wenn schon Ahabs beziehungsweise Ismaels Seele sich aufzulösen schien in eine Serie einander ergänzender und bekämpfender Gestalten aus komplementären Kontrasten, so rinnt Pierres Person zunehmend jetzt auseinander wie ein Fluß, der im Mündungsgebiet mit ermattender Strömung in eine Reihe von Deltaarmen sich teilt. Das Geheimnis seiner Tragödie ist es, daß er, der so sehr darum ringt, ein eigenes Ich zu entfalten, eben darunter leidet, kein eigenes Ich zu besitzen. *Ichbezogenheit ist das eine und Selbstsucht das andere,* heißt es einmal. (XX 2; S. 482) In Pierre aber verhält es sich so, daß das Verbot jeglicher Selbstsucht die »Ichbezogenheit« in ihm geradewegs unvermeidbar macht. Die Frage: »Bin ich gut genug in den Augen meiner Mutter?« oder, nach dem Zerwürfnis mit ihr: »Bin ich gut genug zumindest entsprechend dem Ideal, das mir eingepflanzt wurde?« bestimmt ganz und gar seine Gedanken und Gefühle; sie macht die Übereinstimmung mit der verinnerlichten Mutter, mit dem eigenen Überich, die Verschmelzung mit dem projizierten Ideal in den »Engeln« des Lichts wie des Dunkels, in Lucy wie Isabel, zur unbedingten Bedingung seines Lebens; und eben deshalb gelangt er niemals dahin, selber zu sein.

Eine Rettung aus diesem Kreislauf der Nichtexistenz ist mit eigenen Mitteln absolut unmöglich. Im Grunde versucht ja Pierre, sich zu retten, indem er Isabel als seine Schwester zu erlösen trachtet. Doch gerade mit diesem Entschluß verschiebt sich die eigentliche Aufgabe seines Lebens ins vollends Unlösbare: Eine Frau wie Isabel könnte er – vielleicht – retten, wenn er sie nicht als seine (Halb)Schwester, als das *Alter ego* seiner selbst, betrachten müßte und möchte, – wenn er imstande wäre, sie »objektiv« in ihrer Not, statt in den Verwirrungen wechselseitiger Übertragungen wahrzunehmen; doch dann müßte er ein Mann sein, der in etwa sich selber gefunden hätte. Dazu aber bedürfte er ganz offensichtlich selbst einer Frau, die als eine eigenständige Person die Stelle seiner Mutter übernehmen würde, in der Absicht, ihm zu zeigen, daß er *mehr* ist als das Wunschbild von Mrs. Glendinning und daß auch Frauen noch *anders* sind als Wesen im Absoluten: weder Engel noch Teufelinnen – der lebende Tod allzumal –, sondern einfach nur irdische Wesen, verlangend nach Liebe, bangend aus Liebe, verzagend ohne Liebe, ganz wie er selbst. Nur eine Frau – eine solche müßte es sein –, die ihn mit ihrer Liebe aus dem Schoß seines Überichs noch einmal zur Welt brächte, vielleicht nicht mehr als »Pierre«, eher als »Thomas«, als einen, dem das Suchen und Zweifeln erlaubt ist als richtiger gar denn das »Fertigsein« in der Pose eines Titans, könnte das »krabbelnde Kind«, seine Seele, hinübergeleiten zu wirklichem Mannsein, jenseits der Rolle des Retters und Ritters, des Kämpfers und Kriegers, des Helden und Heiligen. Lucy ist keine solche Person, trotz all ihrer Opfer, Isabel wird keine solche Person, trotz all ihres aufgesammelten Wissens aus Wehmut und Einsamkeit; beide drum sind sie Verlorene – Planeten, die eine erloschene Sonne umkreisen.

Es gibt Rezensenten, die *Pierre* vorwerfen, der Roman strotze vor »Klischees«, in Wahrheit aber besitzt er gerade in der tragischen Verwicklung, die er beschreibt, eine unvergleichliche Originalität; seine bleibende Aktualität liegt in der Darstellung der Unbedingtheit eines zutiefst Verwundeten, die einen Hochgesinnten in einen Wahnsinnigen verwandelt und allen Willen zum Leben in Tod und sogar den Wunsch zu trösten in ein rasendes Verlangen zu töten. Wie Ahab müßte man am Ende auch zu Pierre sagen: *Sei auf der Hut* – vor dir selbst; denn wie in Ahab ist auch in Pierre *der Sturm der Leidenschaft... durch den Entschluß seiner denkbar kaltblütigsten Stunde durchaus nicht besänftigt.* (XXV 2; S. 574–575) Doch so wenig wie Starbucks Warnung an seinen Kapitän (*Moby-Dick*, CIX 729), so wenig hilfreich sind die flüsternden Stimmen aus *Sturm und Windstille* für Pierre. *Morde*, so erklärt sich sein Verlangen, die beiden ehemaligen Freunde Glen und Frederic wie zum Duell zu stellen, *Morde werden von Wahnsinnigen begangen, die ernsthaftesten Mordgedanken aber hegen Desperados in kühler Überlegung. So einer war Pierre nun; das Schicksal, oder was auch immer, hatte ihn dazu gemacht. ...Und als ihm diese Dinge nun vor Augen schwammen, als er an all die Doppeldeutigkeiten dachte, die ihn einkesselten, an die steinernen Wände ringsherum, die er nicht überspringen konnte, die Millionen Dinge, die sein überaus arges Los erschwerten, die letzte schwankende Hoffnung auf Glück, die ihm wie von Feuerzungen fortgeleckt worden, und keine andere Aussicht als ein schwarzer, bodenloser Abgrund von Schuld, an dessen Rand er jede Stunde bedrohlich entlangtaumelte – da hieß er den äußersten Haß von Glen und Frederic jubelnd willkommen; und Mord, begangen zur Abwehr ihres ihn öffentlich entehrenden Schlages, schien die einzige angemessene Folge einer so verzweifelten Entwicklung. (Pierre, XXV 2; S. 575)*
Noch einmal kommt in diesen Zeilen alles zusammen, was helfen mag, Ahabs Haß zu verstehen: die Desperado-Wut eines Steelkilt, die Verzweif-

lung von Weißjacke an den Gratings, die Empörung Billy Budds über ein entehrendes Unrecht – das Scheitern aller edlen Absichten, die Perversion des Besten im Menschen, das Schicksal Lucifers, die Widerlegung DANTES! Auch Pierre durchschreitet die Hölle, um seine Geliebte wiederzufinden, wie im Traume der florentinische Dichter auf der Suche nach seiner Beatrice; doch was in der *Göttlichen Komödie* ein Drama der Läuterung, wird in *Pierre* zu dem Drama einer gegenläufigen Wandlung: von einem Fackelträger des Lichts zu einem Seelenumdüsterten, von einem Freund des heiteren Himmels zu einem Vertrauten der Finsternis, von einem jungen Mann voller Selbstvertrauen und Leidenschaft zu einem am Leiden der Welt Erkalteten – Selbstverlorenen – Verzweifelten.

Irritierenderes, Irisierenderes als der Roman *Pierre* ist niemals geschrieben worden, – nicht in dieser psychologischen Einsichtigkeit, nicht in dieser metaphysischen Eindringlichkeit. Buchstäblich alles steht hier in Frage: Moral und Mensch, Sittlichkeit und Sinnhaftigkeit, Wahrheit und Welt, Liebe und Leben. Zerstörender und verstörender, aufrührender und anrührender kann eine Roman-Gestalt nicht sein als Pierre. Oder anders gesagt: um einen Mann wie ihn zu retten, müßte *alles* anders sein – ein Neuanfang wie nach dem Untergang der *Pequod*, auf einem anderen Schiff, in einem anderen Lande, – wo?

f) Ahab, der Kapitän oder: Gottes Stellvertreter

Auch Ahab verkörpert zutiefst diese Irritation aller Maßstäbe. Wäre es nicht so, vermöchte Ismaels Geschichte sich gar nicht erst aufzuführen. Ahab – der Wahnsinnige, Ahab – der Teufel, Ahab – der Unhold (im wörtlichem Sinne!), – wäre er nur dies, würden Peleg und Bildad ihm niemals ihr Schiff anvertraut haben; erschiene er nur so, fände sich keine Crew bereit, unter seinem Kommando Dienst zu tun.

Eines der Rätsel, das die Psychologie eines Ahab zur Lösung aufgibt, besteht in dem Problem der Beglaubigung eines solchen Mannes als Führer und in der bereitwilligen Gefolgschaft seiner Mannschaft. Wahnsinn oder Genie, Dämonie oder Göttlichkeit, Verführung oder Berufung: stets stellt sich in Ahab diese Alternative absolut, ohne Zwischentöne, unbedingt, – und schon darin könnte, ja, müßte die erste und wichtigste Warnung zu Vorsicht und kritischer Prüfung seiner Person liegen. Doch eben sie wird nicht zugelassen. Ahab ist Ahab, – jede Infragestellung seiner Person Majestätsbeleidigung, ihm sich zu unterwerfen kollektive Pflicht. Und doch: sollte es wirklich immer wieder so sein, daß erst im nachhinein, im Rückblick auf die Katastrophe, sich klärt, wer »Ahab« wirklich war? Geahnt, gewiß, hat man's ja immer schon, aber gewußt und zu sagen gewagt stets erst, wenn's zu spät ist …? Und sollte tatsächlich erst der Erfolg oder Mißerfolg eines Menschen über sein Wesen und seine Wahrheit entscheiden? In den Geschichtsbüchern schon, in der Politik wohl auch, in der Rechtsprechung meistens; wie aber, wenn man einem Menschen wirklich »gerecht« werden will? Wie, wenn man ihn betrachtet in all seinen Widersprüchen und zu begreifen beginnt, daß nur Gott eines Menschen »Richter« sein kann?

Eben darin aber besteht das Paradox der Rolle eines Kapitäns wie Ahab, – der Rolle *jedes* Kapitäns: daß er, selbst nur ein Mensch, über andere Menschen auf Monate und Jahre hin entscheiden und verfügen soll. Als Mensch kann er irren, – so, wenn Kapitän Claret völlig zu Unrecht Befehl gibt, Weißjacke auszupeitschen; er kann unsicher sein, ob sein Richtspruch überhaupt richtig ist, und doch soll er über einen anderen Menschen auf Leben und Tod zu Gericht sitzen wie Kapitän Vere, als er Billy Budds Hinrichtung verfügt. Man darf durchaus Zweifel hegen an der Befähigung von Kapitänen, wie zum Beispiel »Omoo«, der »Südseevagabund«, sie serienweise erleben muß; unübersehbar besteht eine erhebliche Diskrepanz zwischen der Position und der Disposition eines Kapitäns; doch eben dieser Tatbestand muß durch eigens geschaffene Rechtsfiktionen kaschiert werden. So angreifbar als Person auch immer, so unangreifbar hat ein Kapitän als Amtsperson gestellt zu werden. Dutzende von Gesetzen des amerikanischen Seerechts um 1850 besagen im Grunde alle dasselbe: ein Kapitän untersteht keinen Vorschriften, er *ist* Vorsteher und Vorschrift ineins; für ihn gibt es kein Recht, er *ist* das Recht.

Insbesondere das Kriegsrecht der amerikanischen *Marine* erscheint einem überzeugten Demokraten wie Weißjacke als derart konservativ und reaktionär, daß er es seitenweise zitiert, nur um die absurde Stereotypie bewußtzumachen, mit der den Matrosen an Bord immer wieder eingeschärft wird, daß ihr Kapitän, wie ein absolutistischer Monarch, im Namen des Gesetzes zu betrachten ist als Herr über Leben und Tod. Er kann, wenn er will, ja, er soll, wenn erfordert, mit einschüchternder Grausamkeit seines Amtes walten. Ein unkorrekt ausgeführter Befehl – Auspeitschung! Eine Anzeige auf Meuterei – Hinrichtung! Gehorsam bildet die einzige Form der Beziehung der Untergebenen zu ihrem Kommandanten. So ist es üblich bereits in der Handelsschiffahrt. Auf den Fregatten verschlimmert der Militarismus des Denkens zusätzlich die Funktionalisierung des Menschen; die Degradierung der Person zum bloßen Befehlsempfänger, zum ausführenden Organ nicht zu befragender Anweisungen ist an sich schon mit der Rangordnung in der Marine aller seefahrenden Nationen vorgezeichnet[1].

Ein Kapitän an Bord ist unter diesen Umständen verantwortlich allenfalls gegenüber seinen eigenen Vorgesetzten, sonst niemandem. Gegenüber seinen Untergebenen hat er immer recht, solange der Erfolg ihm recht gibt.

Insofern rückt ein Kapitän wie Ahab allein durch sein Amt in die Stellung eines königlichen Souveräns ein. Und doch gründet Ahabs Ansehen tiefer. Er ist nicht der Mann, der sich seine Autorität erst durch die Machtverteilungspyramide der Ämterhierarchie an Bord, gestützt auf die geschriebenen Paragraphen des Seerechts, zuerteilen lassen müßte. Allein sein Name schon: Ahab! *Ahab*, erklärt Kapitän Peleg gleich bei der Anmusterung dem ahnungslosen Ismael, ist ein *großer gottloser, gottgleicher Mann... Ahab steht über dem gemeinen Mann, er war auf Universitäten grad so als wie unter Kannibalen, er hat Wunder geschaut, die tiefer sind als Meereswogen, er hat seine feurige Lanze auf Feinde geschleudert, die mächtiger und seltsamer sind als Wale. Seine Lanze! Aye, die schärfste und treffsicherste auf unserer ganzen Insel! O nein, er ist nicht Kapitän Bildad und auch nicht Kapitän Peleg. Er ist Ahab, Junge, und Ahab war... einstmals ein gekrönter König!* (XVI 149)

Was immer diese pythischen Worte sagen wollen, – sie besagen unzweideutig die elitäre Ausnahmestellung, die der Kapitän der *Pequod* innehat.

Freilich, schon daß seine »akademische Bildung« mit den Erfahrungen beim Umgang mit Kannibalen gleichgestellt wird, muß stutzig machen; und vollends gar, daß seine »feurige« Lanze gerichtet sei auf Feinde, mächtiger als Wale, bezeugt, daß selbst der bislang so pragmatisch auftretende Peleg offenbar von Anfang an über ein unbewußtes Wissen darüber verfügt, wie Ahab das Eisen *seiner* Harpune *in Blut und Blitz* härten wird (CXXXI 817) – im Elmsfeuer (CXIX 773) und im Blut der Harpuniere (CXIII 748) – und daß seine Ausfahrt ganz sicher nicht gewöhnlichem Walfang dienen wird; Ahab gilt als ein Mann, der in Abgründe geschaut hat, die Menschen ansonsten verborgen bleiben, deren Kenntnis aber ihn selber zu einem Mystagogen des Schreckens befähigt. Und wem all das noch nicht auslangt: *Nomen est omen* – bereits Ahabs Name besitzt biblisches Format und adelt ihn als einen König von Geburt.

Gerade die Erwähnung dieses Namens indessen muß einen bibelfesten Mann wie Ismael hellhörig machen: Ahab – war das nicht jener *böse König, der erschlagen ward, und haben nicht Hunde sein Blut geleckt?* (XVI 149) Tatsächlich berichtet die Bibel (aus theologischen Gründen, denen ein historisch gerechtes Urteil fern liegt), daß Ahab *tat, was dem Herrn mißfiel, mehr als alle, die vor ihm gewesen waren.* (1 Kön 16,30) Als Hauptgrund nennt sie, daß der König des Nordreichs Isabel, die Tochter des Königs von Sidon, zur Frau nahm und sich von ihr zum Götzendienst verführen ließ (1 Kön 21,25.26); als sein Widersacher aber trat ihm der Prophet Elias entgegen und weissagte ihm, seiner Frau und seiner ganzen männlichen Nachkommenschaft den Untergang (1 Kön 21,19–24), der dann auch wortgetreu sich ereignete: an Ahab (1 Kön 22,38), an Isabel (2 Kön 9,10.37) und an ihren Söhnen (2 Kön 10,1.11).

In dieses düstere Bild seines biblischen Vorgängers also tritt der Kapitän der *Pequod* bereits mit seinem Namen ein. Damit taucht hinter ihm freilich sogleich ein ungelöstes Problem der biblischen »Theologie« insgesamt auf: Wenn es möglich ist, das Schicksal eines Menschen anzukündigen als eine von Gott verhängte Strafe, als einen sich erfüllenden göttlichen Fluch, wie sollte ein Mensch dann seiner tragischen Bestimmung entgehen können? Welch ein Entscheidungsspielraum verbliebe ihm und wie könnte unter solchen Umständen jemals noch ein Mensch einem anderen sein Tun vorwerfen, wenn wirklich Gottes Entwurf und Entscheidung sein Handeln bestimmte? Und weiter: Was für ein Gott sollte es sein, der über Menschen, Königshäuser und ganze Geschlechter schändlichen Tod und schmähliche Vernichtung verhängte? Das alles geschehe zur Strafe für gottwidriges Verhalten, lautet die übliche theologische Auskunft; doch wenn das Tun von Menschen ab einem bestimmten Zeitpunkt »Gott in die Hand gegeben« ist, wann je zuvor sollte es dann wohl sich selber gehört haben? Ist, recht betrachtet, die Rede von Gott vielleicht eine bloße Umschreibung für einen schicksalhaften Zwang in der Seele der Menschen, der subjektiv als solcher freilich erst bewußt wird, wenn die Bahn des Lebens deutlich ins Unheil hineinführt, – so wie eine starke Strömung oft erst bei Richtungsänderung als Gegenkraft spürbar wird?

Im Falle des Kapitäns der *Pequod* bestätigt sich das biblische Weltbild und widerlegt sich zugleich: Ahab ist nicht schuldig geworden, indem er, wie Pierre, eine »Isabel« geliebt hätte; er hat nichts getan, für das ihn das Schicksal unrettbar heimsuchen müßte; doch wenn Peleg, wie nebenbei, ihn einen »großen, gottlosen, gottgleichen Mann« nennt, so greifen diese Worte allerdings einen Vorwurf auf, den die Bibel gegen König Ahab zentral erhebt: Er *diente* (dem phönizischen Gott) *Baal und betete ihn an und richtete ihm einen Altar auf im Tempel Baals, den er ihm zu Samaria baute.* (1 Kön 16,31.32) Kapitän Ahab betet nicht »Baal« an, doch der Absolutheitsanspruch, den er erhebt, rückt ihn selbst an die Stelle Gottes. Wohl, es handelt sich, wie wir gerade sahen, um eine tragische, notgedrungene, aus tiefen Minderwertigkeitsgefühlen geborene »Gottähnlichkeit«, die es Ahab unmöglich macht, sich als gewöhnlichen Menschen zu akzeptieren; doch das ändert zwar die moralische Bewertung, nicht aber die Tragik selbst. Zuvor geht es jetzt nicht mehr um äußere kultische Zuordnungen, um religionsgeschichtliche Zusammenhänge oder um theologische Lehrsätze, dafür aber wird alles in die Seele des Menschen zurückgelegt; an der Determination als solcher ändert das gar nichts[2]. Die innere Festgelegtheit, der vermeintliche Eigenentwurf eines Menschen selbst erscheint nun als sein Schicksal, – nicht ein Gott muß da noch geglaubt werden, der einen Menschen haßt und verfolgt; es ist vielmehr der Mensch Ahab selbst, der mit seinem Haß auf Moby Dick und mit seinem Willen, ihn bis zum Ende zu jagen, seinen eigenen Untergang herbeiführt. Die alten Rätsel der Religion werden damit nicht kleiner, doch stellen sie sich nunmehr in Form von Problemen der Psychologie dar: Was bedeutet es, aus lauter Furcht, ein Nichts zu sein, sich selbst in ein gottgleiches Wesen verwandeln zu wollen und aus Verachtung für die Gebrechlichkeit und Zerbrochenheit der eigenen Existenz fanatisch das eigene Dasein als etwas Unangreifbares aus sich hervorpressen zu müssen?

Die entscheidende Verschiebung von »Bibeltheologie« in »Anthropologie«, von Gotteskunde in Seelenkunde, verbindet sich im *Moby-Dick* mit zwei Personen, die einander sowohl ergänzen wie ablösen. Rein literarisch macht es erneut einen »unfertigen« Eindruck, wenn unmittelbar nach dem Einschreiben Ismaels und Queequegs in die Musterrolle ein »zerlumpter alter Seemann« auftritt, der sich *Elias* nennt und sich in einer Rede *voller Anspielungen* und unheilvoller Hinweise über das künftige Schicksal der *Pequod* ausläßt (XIX 170–171), nur damit später an Bord des Schiffes die Rolle des Schicksalkünders von Fedallah während der *Walwache* übernommen wird[3]. (CXVII 759–760) Mit einem einzigen Federstrich hätte MELVILLE die offensichtliche Dublette des Propheten-Motivs austilgen können; er hat sie aber stehenlassen, und tatsächlich entspricht sie dem Fortgang der Geschichte psychologisch auf bestmögliche Weise: Um Ahab als Nachfolgegestalt seines biblischen Vorbildes zu zeichnen, bedarf es eines Elias als Gegenspielers, der ihm in göttlichem Wissen den Untergang ansagt; der Widerspruch zwischen »König« und »Prophet« ist hier ebenso unabänderlich wie äußerlich – ein göttlicher Willensratschluß, theologisch ein Akt der Prädestination (der Vorherbestimmung) beziehungsweise der Reprobation (der Vorherbestimmung zum Verderben). Mit dieser biblischen Vorstellung der Determiniertheit des menschlichen Daseins beginnt die Erzählung, dann aber, je weiter sie voranschreitet, wird die Fixierung des erlittenen Traumas in Ahab, die Monomanie seines Verlangens nach Rache, die Festgelegtheit seines Handelns in Wiederholungszwängen zunehmend psychologisch zum Thema, und parallel dazu wird auch die Gestalt des Parsen Fedallah als innerlich zugehörig zu Ahab erkennbar. Elias, der von Ismael für einen bloßen *Aufschneider und Wichtigtuer* gehalten wird (XIX 171), weiß über den Kapitän der *Pequod* nur zu reden als über *den Alten Donnerer*, dessen *Losung* laute: *Springen und Laufen mit Murren und Knurren* (XIX 168); wohl trägt *das teuflisch ungereimte Gerede* (XXVIII 210) dazu bei, die Person des Kapitäns ins Unheimliche zu rücken, doch bildet es keine Stimme, die aus Ahab selber spräche; einzig daß der linke Arm dieses sonderbaren »Propheten« nicht *in Ordnung* ist (XIX 168), weist eine gewisse äußere Entsprechung zu Ahabs verletztem Bein auf. Fedallah hingegen befindet sich mit seinen unablässig beobachtenden Augen, mit seinem geheimen Vorauswissen und vor allem mit seiner Zugehörigkeit zu dem menschheitlich archaischen Kult von Feuer und Sonne in ständiger innerer Korrespondenz zu Ahabs eigenem Bewußtsein. Elias, bildlich ausgedrückt, ist wie eine Boje, die den Weg markiert, den die *Pequod* nehmen wird, Fedallah hingegen ist so viel wie ihr Kompaß im Binnackel auf dem Achterdeck. Elias spricht über Ahab, Fedallah aber spricht aus ihm. Aus der Schicksalsverfügung des biblischen Gottes über den Menschen wird eine Schicksalsbestimmung, die im menschlichen Herzen selbst liegt; und sie hat im Falle Ahab zentral zu tun mit seiner Art von »Gottgleichheit«, mit seiner Art, »Kapitän« zu sein.

Noch bevor die *Pequod* in See sticht, versucht Ismael *den Verdacht... vor sich selbst zu verbergen..., daß etwas nicht stimmt;* er ist verunsichert darüber, *zu solch einer langen Reise verpflichtet zu sein, ohne zuvor auch nur einen einzigen Blick auf den Mann geworfen zu haben, der des Schiffes unumschränkter Diktator sein sollte, sobald es auf offener See stand.* (XX 174–175) Seine Unruhe verstärkt sich eher noch, als die *Pequod* sich bereits mehrere Tage auf See befindet, *ihr oberster Herr und Diktator* aber, wie es erneut heißt, seine Kajüte, die zu einem *nunmehr sakrosankten Refugium* geworden ist, nicht verläßt; als dann plötzlich Ahab auf dem Achterdeck erscheint, übertrifft die *Wirklichkeit... jede Befürchtung.* (XXVIII 210–211) *Unendliche, unerschütterliche Kraft,* fühlt Ismael, *und ein entschlossener, unbeugsamer Wille lagen in der starren und furchtlosen, vorwärtszielenden Unbedingtheit seines Blicks.* (XXVIII 213) Selbst seine Gewohnheit, auf einem dreibeinigen Walbeinschemel Platz zu nehmen und eine Pfeife zu rauchen, verleiht ihm die Züge eines alten Wikingerkönigs, deren Throne aus den Stoßzähnen des Narwals gefertigt waren. *Wie konnte man dann Ahab betrachten, wie er auf diesem beinernen Dreibein hockte, ohne darin ein Sinnbild der Königswürde zu sehen? Denn das war Ahab, ein Khan der Planken und ein König der See und ein großer Gebieter über die Leviathane.* (XXX 221)

Für gewöhnliche Charaktere gilt, daß sie ein Amt »bekleiden«, in dessen Format sie erst nach und nach hineinwachsen müssen – wenn überhaupt! Anders Ahab. Er *ist* Kapitän, er wird nicht dazu gemacht. Er braucht nicht das Amt, um sich selber zu definieren, umgekehrt: er definiert durch seine Person, was das Amt eines Kapitäns wert ist. Für kleinere Charaktere mag es eine Versuchung darstellen, Hut und Epauletten einer Kapitäns-Uniform zur Vergrößerung ihrer zu klein gebliebenen Statur zu verwenden; Ahab indessen verträgt nicht diese Flucht in das Offizielle und Behördliche. Er leidet an sich selbst, – an seiner Verletzung physisch, an seiner Enttäuschung geistig; auf die Kränkung seiner eigenen Person kann er nur mit der Darstellung seiner eigenen Person, nicht mit etwas Unpersönlichem, antworten. Andere Nantucketer Kapitäne mögen *mit einer majestätischen Erhabenheit auf* dem *Achterdeck paradieren ..., höfische Huldigung* heischend; *der schwermütige Kapitän der Pequod* aber wird *sich solch billigster Machtanmaßung am allerwenigsten* hingeben; *die einzige Huldigung, die er* einfordert, liegt *im sofortigen, selbstverständlichen Gehorsam.* (XXXIII 248)

Selbst in späterer Erinnerung wird Ismael seinen Kapitän von allen Kaisern und Königen wohl unterscheiden. *O Ahab!* wird er notieren. *Was groß an dir sein soll, muß man aus den Himmeln pflücken; in der Tiefe muß man danach tauchen und es in der körperlosen Luft gestalten!* (XXXIII 249) Ahab, mit einem Wort, bleibt ein geistiges Geheimnis; seiner unheimlichen Abgründigkeit wie seiner überragenden Größe haftet etwas Gespenstisches an; doch gerade deshalb fordert es Respekt und Unterwürfigkeit ein.

Dabei versteht es Ahab durchaus geschickt, sich der *wichtigsten seemännischen Gebräuche und Gepflogenheiten* zu bedienen, um sich damit gewissermaßen zu »maskieren«, – um seiner Mannschaft die Rolle eines gewöhnlichen Kapitäns vorzugaukeln, während er doch längst dabei ist, sie als Mittel für seinen durch und durch persönlichen Rachefeldzug einzusetzen. Es ist Ahabs *Sultanismus*, der *kraft dieser Gebräuche* Körper und Gestalt annimmt. (XXXIII 248)

Zu Recht bemerkt Ismael, daß ein solcher Rückgriff auf überlieferte Sitten selbst für starke Führernaturen wohl unvermeidlich ist, um jeden Widerstand bei ihren Untergebenen schon im Ansatz zu zerbrechen, doch bemerkt er eindringlich auch die Gefahr, ja, die Widergöttlichkeit, die in derlei Praktiken liegt: *Wie groß nämlich*, schreibt er, *die geistige Überlegenheit eines Menschen auch sein mag, kann sie doch niemals wirkliche, wirksame Herrschaft über andere Menschen erlangen, ohne Zuflucht zu den in Bräuche gegossenen Formen äußerer Machtausübung zu nehmen, die stets in sich selbst mehr oder minder gemein und erbärmlich sind. Das ist es, was die wahren Fürsten in Gottes Reich auf ewig von den Tribünen dieser Welt fernhält und die höchsten Ehren, die diese Erde zu vergeben hat, jenen Menschen überläßt, welche sich Ruhm mehr dank ihrer unendlichen Unterlegenheit gegenüber der erlauchten heimlichen Handvoll der Göttlichen Untätigen erwerben als durch ihre unangefochtene Überlegenheit über die dumpfe Masse unter ihnen. Diesen Kleinigkeiten wohnt im Verborgenen eine so große Macht inne, wenn politischer Wahn und Aberglaube sich ihrer bedienen, daß sie in manchen Monarchien selbst dem geistlosesten Schwachsinn höchste Macht verliehen haben. Wenn aber der Kronreif eines irdischen Reiches ein wahrhaft kaiserliches Hirn umschließt, … dann kauern die plebejischen Herden vor der ungeheuren Macht im Staube, die in diesem Einen vereint ist. Auch der Tragödienschreiber, der menschliche Unbezwingbarkeit in ihrer ganzen düsteren Machtfülle darstellen will, wird einen Hinweis wie diesen … niemals außer acht lassen.* (XXXIII 248–249)

Die enorme Versuchung jedes schwachen Führers, ja, eine unvermeidbare Vorbedingung jeglicher Machtausübung besteht demnach in der Indienststellung archaischer Symbole und Rituale, indem diese, wie SIGMUND FREUD es in seiner *Massenpsychologie* beschrieben hat, die Menge zur kollektiven Unterwerfung unter den Führer nötigen; nicht Personalität, Überzeugung, Freiheit und Verantwortung bestimmen im Schatten bestimmter Riten das Verhalten der Einzelnen; vielmehr ducken diese sich, geleitet durch die gleichen Gebärden und Verhaltensmuster, in vollkommener Angleichung aneinander unter das Diktat ihres Anführers; sie *wollen* als Kollektiv überhaupt nichts anderes sein als verschmolzen mit seinem Willen, als die ausführenden Organe seiner Macht, als die gefügigen Glieder seiner Gewalt[4]. Je mehr jemand herrschen will, desto mehr wird er folglich auf diese bereits in der Sozialpsychologie von Primaten angelegten Mechanismen zurückgreifen; desto mehr aber wird er auf die eigentlich humanen Ziele menschlichen Zusammenseins: auf die Wertschätzung und Entfaltung der Person des Einzelnen, »Verzicht« tun müssen. IMMANUEL KANT konnte es zum Grundprinzip aller Sittlichkeit erheben, daß ein Mensch stets als Zweck an sich selbst, niemals als Mittel zum Zweck betrachtet werde[5]. Doch gerade gegen dieses »Prinzip« müssen alle verstoßen, die Herrschaft über andere ausüben wollen; man muß wählen, meint Ismael, offenbar völlig zu Recht, zwischen dem Königtum des Geistes und dem »Königtum« der Gewalt.

Allenfalls in der Meinung, daß die Instrumentalisierung tradierter Rituale und verfeierlichter Gebärden nur in Monarchien und Diktaturen ihren verderblichen Einfluß entfalten könne, irrte der Autor des *Moby-Dick* groß: um 1850 vermochte der überzeugte Demokrat MELVILLE nicht entfernt auch nur zu ahnen, wie gerade die modernen »Demokratien« (so sie diesen Namen noch verdienen) die Insignien der Herrschaft über die Medien propagandistisch einsetzen, – wie sie von ihren eigentlichen Zielsetzungen durch »Events« und Massenspektakel abzulenken pflegen, – wie sie die Charakterlosesten, also die am meisten Formbaren, »sponsern« und »stylen«, um sie als aufblasbare Vorzeigemarionetten und Sprechpuppen, ausgestattet mit den Attrappen und Attitüden der Macht, auf die Menge loszulassen, – wie sie mit Erfolgversprechungen und Angstverbreitung sich die Gunst der Untertanen geneigt zu halten suchen ...[6] Uns allerdings macht dieser »Irrtum« MELVILLES die Betrachtungen seines Ismael zu dem Auftreten Ahabs nur um so aktueller.

Im Grunde ist der Kapitän der *Pequod* allen Schablonen und Etiketten der Macht vollkommen abhold, – er ist kein Mann persönlicher Eitelkeiten; das hindert nicht, daß Ahab bedingungslos Macht will und braucht. Auf Eitelkeiten und Allüren angewiesen wäre er, so er seine Minderwertigkeitsgefühle durch soziale Wertschätzung und allgemeine Anerkennung überwinden wollte; in diesem Falle aber bedürfte er der persönlichen Zuneigung anderer, und auch ihm selbst müßte eine gewisse Wertschätzung einzelner Personen eigen sein. Statt dessen ist Ahab absolut egozentrisch allein auf seine Rache an Moby Dick ausgerichtet. Selbst das Wohl und Wehe seiner Mannschaft ist ihm egal, solange er nur, wie ein Süchtiger, dieses eine Ziel zu erreichen vermag. Insofern »genießt« Ahab nicht seine Überlegenheit über andere. Freilich ermöglicht es ihm seine Stellung, Untergebene, wie Stubb, zu beleidigen und herabzuwürdigen, doch geschieht dergleichen bei ihm nicht mit sadistischer Schadenfreude, – es entlädt sich lediglich bei diesem »Donnerer« die ungeheuere Anspannung, die permanent auf sein eines und einziges Ziel gerichtet ist; allerdings äußert sich darin auch dieselbe Menschenverachtung und rücksichtslose Gleichgültigkeit, mit der Ahab sich selber begegnet. Dieser Mann liebt niemanden – von der fernen Erinnerung an seine Frau und sein Kind abgesehen –, und er will von niemandem geliebt werden; der Unterschied etwa zu dem Waffenmeister der *Indomitable* in *Billy Budd* könnte nicht auffälliger sein. »Ahabs ganze Größe ist sein Gram« – sie ist sein Geheimnis, sein Genie, seine Gefahr.

Entsprechend den Gepflogenheiten sieht man zum Beispiel Ahab mit den Steuerleuten in der Kajüte sitzen, um mit ihnen zu speisen. Auch hier handelt es sich um ein archaisches Ritual, das bereits in der Nahrungsverteilung entlang der Rangpyramide von Primatenhorden vorgebildet ist[7], und so läßt sich im allgemeinen beobachten, daß selbst Offiziere, die sich *an Deck, an der frischen Luft, . . . durchaus kühn und trotzig geben* können, bei Tisch mit ihrem Kapitän ein *harmloses, um nicht zu sagen demütiges und unterwürfiges Gesicht zeigen*; im Angesicht *Ahabs* aber verhalten sich die Steuerleute der *Pequod* geradewegs *wie kleine Kinder, und dabei schien Ahab in geselliger Runde von jeder Hoffart frei.* (XXXIV 251–252) Wieder freilich bedeutet dieses Fehlen jeglicher persönlicher Ehrsucht nicht etwa einen Verzicht, den Ahab leisten müßte, es folgt lediglich aus seiner gänzlichen Gleichgültigkeit gegenüber dem Urteil anderer. *Ahab*, kommentiert Ismael, *war gegen andere Menschen verschlossen. Obschon er nominell zur Christenheit zählte, blieb er ein Fremder in ihr. Er lebte in der Welt wie der letzte Grizzly im dichtbesiedelten Missouri. Und wie dieser . . ., wenn Frühling und Sommer dahin waren, sich in einem hohlen Baum verbarg, um dort an seinen Tatzen saugend zu überwintern, so schloß sich in Ahabs unwirtlich heulendem Alter auch seine*

Seele im hohlen Stamm seines Leibes ein und nagte an den dunklen Tatzen seines Trübsinns. (XXXIV 257)

Wohlgemerkt stellt die »Unchristlichkeit« Ahabs nicht einfach ein Resultat seiner »Wildheit«, »Fremdheit« und »Verschlossenheit« gegenüber den Menschen dar; eher müßte man »unchristlich« mit »asozial« wiedergeben und »wild« mit »unzivilisiert«, – und wieder werden wir daran erinnert, daß Ahabs revanchebesessene Grundeinstellung sich keinesfalls erst mit der Verletzung durch Moby Dick gebildet haben kann, sondern daß sie sich in dieser allenfalls auswirkt, ja, sie mitverursacht hat.

Andererseits führt die »Unchristlichkeit« von Kapitän Ahab zu dem biblischen Vorwurf zurück, der bereits seinem israelitischen Namensvorbild gemacht wurde: daß er »fremden Göttern« nachging – mithin seinen Auftrag als König veruntreute. Mit dem Kommando über die *Pequod* wurde Ahab betraut zu keinem anderen Zweck, als Wale zu fangen und mit gefüllten Tranfässern in der Last zurückzukehren; auch die Mannschaft hat angeheuert einzig in der Absicht, auf gerade diese Weise an einem angemessenen Gewinn beteiligt zu werden. Ahab aber setzt dieses Ziel mit seiner Jagd auf Moby Dick nicht nur aufs Spiel, er setzt es als nebensächlich im Bedarfsfall gänzlich außer Kraft. Da ist seine Geheimmannschaft mit Fedallah an der Spitze (L 374–377); da ist die Wahl des Kurses um das Kap der Guten Hoffnung in den Indischen Ozean und nicht wie üblich um Kap Hoorn herum den Pazifik anzusteuern; und dann kommt es zu jener Szene mit Starbuck: Der Erste Steuermann betritt Ahabs Kajüte und meldet, daß in der Last einige Fässer lecken – man muß sie löschen, um den Schaden zu begrenzen; das aber bedeutet nicht nur eine Menge Arbeit, sondern auch Zeitverlust bei der Verfolgung des Wals: Ich *denke ganz und gar nicht daran,* faucht Ahab seinen wichtigsten Mitarbeiter an. *Sollen sie doch lecken, die Fässer! Ich bin selbst ganz leckgeschlagen... diese lecken Fässer stecken in einem lecken Schiff, das ist viel schlimmer als das Los der* Pequod, *Mann. Und doch dreh ich nicht bei, mein Leck zu stopfen, denn wer kann es finden im tiefen, beladenen Rumpf, und wenn er's denn findet, wie will er es stopfen im heulenden Sturm dieses Lebens? Starbuck, die Löschtakel werden nicht gerigt, verstanden?* (CIX 728)

Bei Worten wie diesen müssen berechtigte Zweifel sich melden, ob Ahab überhaupt noch an etwas anderes denken kann als an sich selbst. In einem Akt geistiger Willkür setzt er das Leck der Fässer mit seiner eigenen Verletzung gleich, um dann aus dieser rein symbolischen Gleichung sehr reale Konsequenzen zu ziehen: Da sein innerer wie äußerer Schmerz nicht zu

»verstopfen« sei, brauche man auch die Fässer nicht an Deck zu holen und zu reparieren. In einem solchen Denken findet sich nicht nur der typische (Fehl)Schluß von der eigenen Person auf andere(s), es soll damit auch so etwas erreicht werden wie die moralische Rechtfertigung für ein Verhalten, das objektiv als grobe Pflichtverletzung gewertet werden muß: Ahabs persönliches Leid, soll das besagen, ist so groß, daß sein Wille zur Rache absoluten Vorrang vor allen anderen Zielsetzungen besitzt. Freilich, diese »Rechtfertigung« mag schon ihrer Hilflosigkeit wegen zu Mitleid rühren, sie bleibt gleichwohl derart ichbezogen, daß sie nur noch als Symptom schwerer geistiger Verwirrung betrachtet werden kann. Ein Mensch, der die Fähigkeit verliert, sachlich zu denken, dessen Ich vielmehr projektiv die ganze Wirklichkeit mit seiner eigenen Problematik überzieht und verwechselt, steht deutlich am Rande einer Psychose. Allerdings gehört gerade zu dieser seelischen Erkrankung das komplette Unvermögen eigener Einsicht. Ahab selbst glaubt sich sein Recht, und er vertritt es gegen jedermann ohne irgendeinen Widerspruch zu dulden. Starbuck braucht nur an die Interessen der Schiffseigner zu erinnern, um Ahab völlig in Rage zu bringen. *Eigner! Eigner!* tobt er. *Immerzu kommst du mir mit diesen elenden Eignern, Starbuck, grad als wären die Eigner mein Gewissen. Aber ich sage dir, der einzige wirkliche Eigner einer Sache ist ihr Kommandant, und mein Gewissen ruht im Kielholz dieses Schiffes.* (CIX 728)

Das Gewissen! Mit Recht beruft Ahab sich auf diesen persönlichen Kern aller Sittlichkeit, und richtig auch: das Gewissen sollte sich nicht von Geldrücksichten und Eigentumsfragen korrumpieren lassen; und so würde Ahabs Wort gelten, stünde er selbst in Gefahr, seine moralische Gesinnung an Gewinnstreben und Profitgier zu verraten; eine gewisse Berechtigung besäße es auch, bezöge es sich auf Kapitän Bildad und seine Identifizierung von Gott und Geschäft beziehungsweise von Moral und Mehrwert, – es gibt, weiß Gott, noch größere Ziele, um die gefährlichsten Abenteuer zu bestehen, als das Geldverdienen; doch derselbe Satz ist natürlich absurd, angewandt auf das Rechtsverhältnis, das sich aus dem Anstellungsvertrag zwischen Ahab als Kapitän der *Pequod* und den Schiffeignern ergibt. Das Gewissen kann nur persönlich sein; Ahab aber kehrt diesen Satz um: Er macht das Persönliche, sich als Person, zum Grund der Sittlichkeit, und übrig behält er nichts als die blanke Macht seiner Stellung; doch da auch diese noch mit sozialen Verbindlichkeiten einhergeht, muß er die funktionale Verfügungsgewalt, die sein Amt ihm verleiht, in die absolute Vollmacht seines eigenen Willens umprägen: Weil er das Schiff befehligen soll, wie es ihm richtig scheint, hat richtig zu sein, was er befiehlt, – hat etwas richtig zu sein, *weil* er es befiehlt! Er selbst, Ahab, seine Person, wird damit zum Maßstab, zur Quelle der Sittlichkeit. – Doch vergessen wir nicht: Es ist die Größe seines Grams, die ihn zur Größe Gottes zwingt. Starbuck begreift diesen Zusammenhang durchaus, wenn er die kränkende Anmaßung seines kranken Kapitäns mit der Bemerkung kommentiert: *Einem jüngeren Mann...* *würd ich das nicht verzeihen... – aye, und einem glücklicheren auch nicht.* Doch Ahab antwortet selbst auf dieses versöhnliche Angebot seines Ersten Steuermanns nicht anders als damals in der Auseinandersetzung mit seinem Zweiten Steuermann, als Stubb sich über den geräuschvollen Gang seines Kapitäns an Deck beschwerte. Auch jetzt begreift Ahab, daß er sich im Unrecht befindet, doch gerade deshalb muß er seinen Anspruch endgültig ins Absolute steigern: *Es gibt einen Gott,* ruft er aus, *welcher ist Herr über die Erde, und es gibt einen Kapitän, welcher ist Herr über die* Pequod. (CIX 729)

Diese Entsprechung von Gottes Allmacht im Himmel und der Vollmacht eines von ihm auserwählten Menschen auf Erden bildete einst die zentrale Überzeugung im Alten Orient wie im Denken der Bibel, um die Rolle und den Auftrag eines Königs zu umschreiben und zu legitimieren: Der König regierte als uneingeschränkter Herrscher, er war auf Erden wie die Sonne am Himmel (so die Formel im Alten Ägypten)[8], er war der Repräsentant und Stellvertreter Gottes unter den Menschen; wer den König sah, erschaute in ihm den Gott. Genau diese absolutistische Denkweise, die man vor allem in Amerika mit der Erklärung der Menschenrechte ein für allemal als überwunden betrachten durfte, erfindet an dieser Stelle Ahab für sich selber neu. Dabei will er nicht sagen, was zumindest den Worten nach im Alten Orient immer wieder betont wurde: daß der König, indem er in der Rolle des Gottkönigs ist wie Gott, auch handeln muß wie Gott, der als verpflichtendes Vorbild vor ihm oder über ihm steht; was Ahab sagen will, ist eindeutig: an Bord der *Pequod* will er respektiert werden wie Gott, *als* Gott – wahrlich: »ein gottgleicher Mann«, wie bereits Kapitän Peleg sagte; doch um welch einen Preis! *Ahab sollte sich vor Ahab hüten* – mit diesen warnenden Worten verläßt Starbuck die Kajüte. *Da ist was dran!* stimmt sogar Ahab selber zu. (CIX 729) Doch auch das gehört zu dem Bild seiner seelischen Erkrankung: daß er sehr wohl sehen kann, wie ruinös seine Einstellung wirken muß, daß er sie aber trotzdem nicht aufgeben wird. Wie einen Süchtigen die Einsicht in das Schädigende seiner Abhängigkeit durchaus nicht dazu bestimmen wird, seinem »Laster« abzuschwören, wird auch Ahab nicht von seinem zerstörerischen Haß auf Moby Dick ablassen. Um dieses Hasses willen muß der

Wal ein Teufel, muß Ahab ein Gott sein (oder werden). Eine wahnhafte Psychologie schafft sich hier ihre eigenen religiösen Züge, so wie umgekehrt die Religion voller Ideen stecken kann, die eine wahnhafte Psychologie bedingen. Wie aber soll ein Mensch, der »gottlos« wird vor Grauen, nicht »gottgleich« werden müssen, wenn er auf dieser Erde weiterleben will?

Der Zusammenhang zwischen dem Leiden an der Welt und dem Streben nach Gottgleichheit wird in Ahabs Monolog klar, als man den Kopf eines getöteten Pottwals an der Bordwand des stark krängenden Schiffes hochgehievt hat: – *dort hing das Haupt bluttriefend neben der Kuhl der* Pequod, *gerad wie das Haupt des gewaltigen Holofernes an Judiths Gürtel*; doch gerade dieses Haupt zieht Ahabs Blick auf sich, und er gerät dabei ins Grübeln: *Dies Haupt, auf dem hier oben nun die Sonnenstrahlen glänzen, schwebte einst über dem Grund der Welt. Wo Männer neben Schiffen faulen, deren Namen keiner kennt, wo Hoffnungen verrotten neben Ankern, von denen niemand je gehört, wo die Fregatte dieser Welt in ihrer mörderischen Last als Ballast Knochen von Millionen Wassertoten birgt – in diesem fürchterlichen Wasserland war dein dir wohlvertrautes Heim ... Du sahst die engumschlungnen Liebenden vom lichterloh entbrannten Schiffe springen und Herz an Herz im höhnischen Gewoge untergehn, einander treu, wo doch der Himmel voller Falsch. Du sahst den Steuermann, wie er, gemeuchelt von Piraten, in tiefer Nacht ins Meer gestoßen ward – er sank noch stundenlang hinunter in die tiefre Nacht des nimmersatten Schlundes, und seine Mörder fuhren trotzdem ihres Weges ... O Haupt! Genug hast du gesehn, Planeten zu zerspalten und Abraham zum Gottlosen zu machen, und sprichst doch keine Silbe.* (LXX 493–494)

All diese Gedanken kommen Ahab beim Anblick des stummen Walhauptes; doch sind sie deshalb nur »subjektiv«? Es ist Ahabs feste Überzeugung, daß das Innerste des Herzens identisch ist mit dem Tiefsten der Welt. *O du Natur, spricht er, und o du Menschenseele! Wie unaussprechlich tief sind die Entsprechungen bei euch verkettet! Es lebt und webt ja kein Atom in der Materie, und sei es noch so klein, das nicht sein abgefeimtes Duplikat im Geist besitzt.* (LXX 495) Alles Grauen, das Ahab fühlt, gilt für ihn deshalb als Beweis, daß die Welt selber grausig *ist*[9]; wenn aber Falschheit, Treulosigkeit, Ungerechtigkeit und Gleichgültigkeit ihre konstanten Charaktermerkmale bilden, wie soll dann ein Gott sich finden lassen, der sie in Macht und Güte geschaffen hätte und in seiner Weisheit in Händen hielte? Wie, wenn das Antlitz eines solchen Gottes sich im Spiegel dieser Welt nicht zu erkennen gibt, soll ein »König« Recht und Richtung für sein Handeln in einem solchen unsichtbaren, unsicher gewordenen Gott zu entdecken vermögen? Die gesamte Herrschaftsbegründung der Bibel bricht zusammen beim Anblick auch nur eines einzigen enthaupteten Pottwals; und sieht man gar mit den Augen eines solchen Wesens tief genug hinein in den Abgrund der Welt, so bricht die gesamte Wirklichkeit auseinander, zersprengt von ihren Widersprüchlichkeiten. Wie aber sollen dann das Herz und das Hirn eines Menschen nicht gleichermaßen zerrissen zurückbleiben? Wenn selbst ein Abraham, der »Vater des Glaubens« (Hebr 11,8–19), irre an seinem Gott werden müßte, konfrontierte man ihn mit der »Pottwal-Welt«, wie soll dann der Kapitän eines Pottwalfängers nicht selbst an die Stelle des fehlenden Gottes treten?

Doch kaum wagt Ahab sich in solche Gedanken hinein, da begegnet die *Pequod*, vielsagend genug, einem anderen Walfänger, der *Jerobeam* aus Nantucket[10], an deren Bord *eine bösartige Seuche* umgeht. (LXXI 496) Schon der Name dieses Schiffes ist ein bibelschweres Deutewort über Ahab selbst, heißt es doch gleich bei der Einführung dieses von Gott verfluchten israelitischen Königs, *daß er wandelte in der Sünde Jerobeams* (1 Kön 16,31). Die »Sünde« Jerobeams bestand in den Augen des biblischen Erzählers darin, daß er den seit David und Salomo hart unterdrückten Norden von dem Königtum in Judäa abtrennte und die Bilder zweier goldener Kälber in Bethel und Dan aufstellen ließ, um Jerusalem als Kult- und Regierungszentrum abzulösen. (1 Kön 12,3–4.12–14.19–20.28–29) Usurpation der Königswürde und Götzendienst also verbinden sich mit dem Namen Jerobeam. Ganz entsprechend ist auch die Geschichte der *Jerobeam* aus Nantucket eine prophetische Parabel auf das Schicksal der *Pequod*. Wie die »geheimgehaltene« Geschichte von der *Town-Ho* (LIV 393–422) die unbewußte affektive Seite Ahabs beleuchtet, so dient die Begegnung mit der *Jerobeam* jetzt der Konfrontation mit der geistigen Einstellung des »gottlosen, gottgleichen« Kapitäns. Beide Geschichten sind bewußt miteinander verknüpft; denn von der Besatzung der *Town-Ho* bereits hatte man offenbar etwas erfahren von einem gewissen Skaramuz, der *eine wundersame Macht über fast alle an Bord der* Jerobeam *gewonnen* hat (LXXI 497–498); – das psychische Leid Ahabs, das in der Geschichte von der *Town-Ho* seine tiefere Begründung fand, zeigt sich mithin als Vorbote seiner geistigen Erkrankung.

Denn was sich auf der *Jerobeam* abspielt, mutet erneut an wie eine spiegelbildliche Umkehrung der Situation auf der *Pequod*. Skaramuz, der *in der verrückten Vereinigung der Neskyeuna-Shaker aufgewachsen* war (einer Sekte, die im 18. Jh. im Norden von Albany in Niskayuna entstanden war), hatte aus ihren Geheimsitzungen die Überzeugung mitgenommen, daß Gott bereitstehe, die Siebente Schale des Zorns über die Welt auszugießen (wie verkündet in Apk 16,17). Als er, *äußerlich gesetzt und vernünftig, als ungefahrene Landratte* auf der *Jerobeam* anmusterte, gelang es ihm bald mit dem Geschick eines Tartuffe, in der Rolle des Erzengels Gabriel, für den er sich ausgab, die Besatzung mit seinem Wahnsinn zu überziehen, der *wie eine Springflut über das Schiff* hereinbrach. *Der unbedingte Ernst seiner Erklärungen, das dunkle, verwegene Spiel seiner nimmermüden, überhitzten Vorstellungskraft und der übernatürliche Schrecken seines wirklichen Wahns wirkten zusammen, um diesen Gabriel in den Köpfen der meisten ungebildeten Männer an Bord mit einem Heiligenschein zu versehen.* Obwohl Kapitän Mayhew ihn bei der nächsten Gelegenheit loswerden mochte, genoß dieser»Erzengel«an Bord *völlige Narrenfreiheit,* da die *Seeleute, arme Teufel zumeist,* ... *vor ihm zu Kreuze* krochen, *wobei sie ihn, getreu seinen Weisungen, bisweilen wie einen Gott verehrten.* (LXXI 498–499)

Zu *einem unsagbaren Schrecken für das Schiff* aber ward»Gabriel«durch den seltsamen Tod des Steuermanns Macey. Auch an Bord der *Jerobeam* nämlich war die Kunde von Moby Dicks Schreckenstaten gelangt, und Gabriel hatte den Kapitän davor gewarnt, den Wal anzugreifen. *Laut seines gestammelten Wahnsinns war der Weiße Wal nichts weniger als der fleischgewordene Gott der Shaker (so legen die Shaker die Bibel aus).* (LXXI 502; 500) Als dann der Steuermann Macey, den Verfluchungen Gabriels zum Trotz, den Angriff dennoch riskierte, ward er von Moby Dick mit einem einzigen Flukenschlag weit ins Meer geschleudert und kam als einziger von der Mannschaft um – für die leichtgläubigen Seeleute ein klarer Beweis für die prophetische Kraft ihres»Erzengels«. Als nunmehr Ahab erklärt, daß auch er den Wal zu jagen gedenke, dringt Gabriel gegen ihn mit beschwörenden Gesten vor und mahnt: *Gedenke, o gedenke des Gotteslästerers – tot und tief drunten!* (LXXI 502) Ja, er weiß sogar die Übergabe eines Briefes zu verhindern, den Maceys Frau der *Pequod* an ihren Mann mitgegeben hatte; da er ohnedies an einen Toten gerichtet ist, soll Ahab den Brief behalten – zum Vorzeichen für sein eigenes Schicksal.

Diese ganze *aberwitzige Geschichte,* wie Ismael sie nennt (LXXI 503), erscheint in der Tat als ein paradoxes Umkehrbild des Zustands, in dem mittlerweile auch die *Pequod* sich befindet. Auch ihre Mannschaft ist von einem Wahn befallen, den ein einzelner über sie geworfen hat, und hier wie dort bildet den Kristallisationspunkt des Wahns Moby Dick; auf der *Jerobeam* wie auf der *Pequod* gibt man sich überzeugt, daß es sich bei dem Weißen Wal um ein Wesen handelt, das sich nur in mythisch-religiösen Vorstellungen beschreiben läßt: für Gabriel ist Moby Dick der inkarnierte Gott seiner Sekte, die Verkörperung aller apokalyptischen Schrecknisse, für Ahab bedeutet Moby Dick die Inkarnation alles Bösen[11]. Beide erblicken in diesem Ungeheuer eine Ausgeburt des Schreckens, nur daß beide jeweils die umgekehrte Folgerung daraus ziehen: Während »Gabriel« im Angesicht der Schrecknisse der Welt die Angst und den Aberglauben im Zeichen des Wals mit Gott gleichsetzt und selbst als dessen Verkünder auftritt, versucht Ahab im Bannkreis derselben Faszination angstfrei und mit rein rationalen Mitteln Moby Dick zu vernichten. Und doch macht die »Begegnung« mit dem »Erzengel« Gabriel, dem »göttlichen« Gesandten des Weißen Wals, deutlich, daß die eigentliche Rolle Ahabs nicht die eines Gottesleugners und Gotteslästerers ist, sondern eher die des Erzengels Michael, der in der Apokalypse den Satan mit dem Schlachtruf seines eigenen Namens: »*Wer ist wie Gott?*« aus dem Himmel stürzt. (Apk 12,7–9)[12] Nur: Ahab ist nicht Sankt Michael! Wohl führt er dessen Kampf, aber nicht im Himmel, sondern mitten in dieser Welt – und mitten in seinem eigenen Herzen; selbst weder Gott noch Engel, ist und bleibt er ein Mensch in seinem Widerspruch. Und so trägt er, der aller Angst und allem Aberglauben abholde Kapitän der *Pequod*, zugleich auch diesen an der Religion verrückt gewordenen Gabriel an Bord der *Jerobeam* in sich – ganz so, wie er in seinem Streben, ein starker erwachsener Mann zu sein, den vor lauter Angst irrsinnig gewordenen Schiffsjungen Pip in sich trägt; so wie er in seinem heißen Gefühl den kalt beobachtenden Fedallah in sich trägt –, so wie er »wahnsinnig« ist und »vernünftig« zugleich, gepeinigt von Zwängen und Obsessionen und dabei doch absolut rational auf lange Zeit hin planend und handelnd, getrieben von grimmiger Entschlossenheit und Unbedingtheit und zugleich durchsetzt von bohrenden Zweifeln und grüblerischen Infragestellungen der eigenen Person wie des Lebens insgesamt. Einen Menschen wie Ahab zu verstehen bedeutet mithin, ihn mit all seinen Widersprüchen und aus all seinen Widersprüchen heraus zu verstehen. Was sich dann ergibt, verändert freilich die gesamte Weltsicht.

Immer noch hält sich – merkwürdigerweise gerade in der Rechtsprechung der Vereinigten Staaten von Amerika – die Vorstellung, ein Mensch sei als »frei« und »verantwortlich« zu betrachten, wenn er Gut und Böse voneinander zu unterscheiden und seine Handlungen zielgerichtet zu koordinieren vermöge[13]. Jemand hat ein Verbrechen begangen – also gehört er bestraft; er hat einen Menschen ermordet – also verdient er selber durch Gas, Gift, Gewehr oder Galgen hingerichtet zu werden. Doch jetzt: gerade eine solche Auffassung vom Menschen findet ihre klare Widerlegung in einer Person wie Kapitän Ahab. Zielgerichtet handeln: – auf Jahre hin hat Ahab sich auf sein endgültiges Treffen mit Moby Dick vorbereitet; von der Anlage seiner Seekarte mit den Zügen der Pottwale durch die Weltmeere bis hin zur Härtung und Schärfung seiner Harpune hat er alles und jedes genauestens geplant. Das Wissen um Gut und Böse: – darüber verfügt Ahab nicht nur, darunter leidet er in solchem Maße, daß es ihn dahin drängt, in gottgleicher Macht selbst zu verfügen, was gut sei, was böse. Und das praktische Tun: – sein Wissen, wie man eine Dreimast-Bark steuert, hat er nicht verloren, seit der Weiße Wal mit dem Unterkiefer seinen Körper zerriß und damit zugleich seine Seele; im Gegenteil: selbst im Taifun wird sich Ahab weigern, irgend etwas im Rigg zu fieren oder zu verholen. *Hoch um die Skystengen*, so seine Devise, *da wehen die wildesten Winde, und mein Skystengenhirn ragt jetzt in die Wolkenfetzen. Soll ich das etwa streichen? Pah, nur ein Feigling holt solche Stengen ein, wenn ein Sturm aufzieht.* Immerhin erkennt er, daß seine Vorliebe für das *Brausen und Rauschen da droben* nur dem kolikartigen Grimmen seiner »lärmenden Krankheit« entspringt. *Ach, nimm doch eine Arzenei...!* empfiehlt er sich selbst, ohne daß freilich von Ausführung und Erfolg seines Ratschlags etwas zu berichten bliebe... (CXX 774)

In jedem Falle wäre es völlig verfehlt zu glauben, daß Ahabs geistige wie körperliche Krankheit seine Fähigkeiten als Kapitän, Seemann oder Bootsführer in irgendeiner Hinsicht beeinträchtigt hätte. Mit Respekt betrachtet Ismael, wie dieser Mann in seinem Fangboot steht, *den einen Arm gleich einem Fechter halb nach hinten geworfen, wie um das Gleichgewicht zu halten,* und es steht ihm fest: *dieser Ahab führte sein Steuerruder ebenso sicher wie bei den tausend Malen in den weggefierten Booten, bevor ihn der Weiße Wal zerfetzte.* (XLVIII 360)

Wahr ist, daß Ahab seither gelernt hat, hat lernen müssen, in zwei Welten zu leben: in *seinem verborgenen Ich* wüten weiter der Wahn und die Wehmut, die in Moby Dick konditioniert und konzentriert sind, nach außen hin aber hat er beflissentlich den Eindruck zu erwecken, er sei ganz wieder »der alte« und funktioniere grad wie zuvor. *Menschlicher Wahnsinn,* erklärt sich Ismael dieses Leben auf zwei verschiedenen Ebenen, *hat oft etwas katzenhaft Verschlagenes. Glaubt man ihn entschwunden, hat er sich vielleicht nur in eine unauffälligere Form verwandelt.* (XLI 306) Von arglistiger Täuschung und hinterhältiger Bosheit würden unter dieser Annahme zweifellos denn auch die Staatsanwälte aller Welt vor Gericht zu sprechen geneigt sein und deshalb auf Strafverschärfung plädieren. Doch in Wahrheit verhält es sich in der Seele eines Menschen wie Ahab gerade nicht wie mit einer Katze, die ihre dolchscharfen Krallen in Samtpfoten verbirgt, sensibel genug, jede noch so mausfeine Erschütterung im Erdboden zu erspüren, so daß beide gemeinsam: Krallen wie Fußballen, ihren Jagderfolg zu sichern helfen. Die Psychologie solcher »Wahnsinniger im verborgenen« versteht man im Grunde nur aus der Verbogenheit ihres Wesens. Um den Vergleich mit der Konstruktion einer Ellipse noch einmal zu bemühen: Es ist, als sei ein kugelförmiger Körper mit einem einzigen definierten Mittelpunkt unter schwerem Druck verformt und »exzentrisch« geworden, so daß man jetzt zwei Punkte benötigt, um seine neue Gestalt zu beschreiben; diese beiden »Brennpunkte« liegen in der Seele eines bis zum Wahn hin exzentrischen Menschen aber nicht einfach in geometrisch klar abgemessener Distanz auf derselben Achse ruhig nebeneinander; sie schwingen vielmehr wie zwei Körper umeinander und umkreisen dabei gemeinsam den gleichen Schwerpunkt. Eben diesen »Schwerpunkt«, den Wahn und Wirklichkeit in Ahabs Seele umkreisen, bildet der Weiße Wal – als Metapher für seinen Schmerz wie als Mittel der Schiffseigner zu bloßem Kommerz. »Arglistig« ist da entweder alles – das ganze Gebaren, die gesamte Raubtiergestalt der »Katze« – oder gar nichts. Denn es ist nicht ein singuläres Merkmal im Charakter eines solchen Menschen oder in seinem Verhalten, das in den Dienst des Wahnsystems gezogen würde; es ist vielmehr der ganze Mensch mit allem, was er fühlt, denkt und tut, der in seinem »Wahn« um so gefährlicher für sich selbst und andere zu werden vermag, als er in seinen operativen Möglichkeiten nach wie vor vollkommen realitätsgerecht zu planen und zu handeln imstande ist. Ja, es ist möglich, daß die Energie, die dem Wahngebilde entstammt, zur Erreichung seines Ziels die praktische Intelligenz und die handwerkliche Fertigkeit allererst bis zur Virtuosität, ja, bis zur Genialität steigert.

Solch ein Mensch jedenfalls ist Ahab. Sein *voll entwickelter Wahnsinn schwand nicht dahin,* vermerkt Ismael, *sondern verengte und vertiefte sich, so wie der unbändige Hudson, wenn dieser noble Nordmann schmal, doch unergründlich tief durch die enge Schlucht des Hochlands rauscht. Aber so wie in seiner beengt dahinschießenden Besessenheit nicht ein Jota von Ahabs weitem Wahnsinn fehlte, war in diesem weiten Wahn auch nicht ein Jota seiner großen natürlichen Geistesgaben verlorengegangen. Was zuvor lebendiger Urheber gewesen, wurde nun lebendiges Werkzeug... Sein ganz eigener Wahnsinn griff*

seinen gesunden Menschenverstand an, eroberte ihn im Sturme und lenkte sei-
ne geballte Feuerkraft auf das wahnwitzige Ziel seiner selbst um, so daß Ahab
nicht nur nichts von seiner Kraft eingebüßt hatte, sondern für diesen einen
Zweck nun über tausendmal mehr Kraft verfügte, als er je bei gesundem Ver-
stand auf etwas Vernünftiges hatte verwenden können. (XLI 306)
Genauer läßt sich die Spaltung einer Persönlichkeit in der Form einer
schizophrenen Psychose kaum schildern: Da hat sich im Sog der Schwerkraft
bestimmter Erfahrungen, einem gravitativen Strudel über einem Schwarzen
Loch gleich, ein neues Energiezentrum, ein eigener »Komplex«, ein zweites
»Ich« gebildet, ein Organisationszentrum aller psychischen Energien, das
die Fähigkeiten des ersten real angepaßten, sozialisierten Ichs fortan zur
Bearbeitung der erlittenen traumatischen Eindrücke instrumentalisiert,
finalisiert und zu sich hinüberzieht. Ismael selbst schließt eine moralisierende Betrachtung der Zwiespältigkeit und Doppelbödigkeit in Ahabs Verhalten aus, wenn er zur Charakterisierung seines Kapitäns weiter schreibt: *Nun*
ahnte Ahab tief in seinem Herzen dies: All meine Mittel sind vernünftig, all
meine Gründe und mein Zweck verrückt. Er wußte, daß er ohnmächtig war,
diesen Umstand zu beseitigen, zu ändern oder ihm auszuweichen; er wußte
ebenso, daß er sich vor der Menschheit seit langem verstellte, daß er es gewisser-
maßen immer noch tat. Doch diese seine Verstellung unterlag nur seiner Wahr-
nehmung, nicht jedoch seinem entschlossenen Willen. Trotzdem verstellte er
sich äußerst erfolgreich, und als er endlich (sc. nach seinem Unfall, d. V.) *mit*
seinem Knochenbeine festen Boden betrat, glaubte jedermann in Nantucket,
daß er sich nur gräme, sich bis ins Mark, aber nicht über Gebühr gräme. (XLI
307)
Die Ohnmacht des Willens eines so willensstarken Mannes wie Ahab
angesichts der Mechanismen dessen, was er selber als »Wahn« begreift,
ergibt sich geradewegs aus dem Aufbau jenes »Zweit-Ichs«, das selber das
Kommando über die Steuerzentren der Persönlichkeit von einst übernommen hat[14]. In Ahab selber ist psychisch ganz und gar ein Zustand eingetreten
wie auf der *Jerobeam*, wo Kapitän Mayhew nur noch nominell das Kommando führt, – geführt und verführt im Grunde von dem verrückten Erzengel
Gabriel. – In der Erzählung *Benito Cereno* (1856) wird MELVILLE eine solche
Situation übrigens zum zentralen Thema wählen: Sklaven haben den Kapitän des Schiffes samt der weißen Mannschaft unter ihre Kontrolle gebracht;
in jedem Augenblick bestimmen sie das Verhalten ihrer ehemaligen Zwing-
herren und Schinder, nach außen hin aber erhalten sie den täuschenden
Eindruck aufrecht, als sei Kapitän Cereno nach wie vor ein freier Mensch ...

Und so müssen sie tun, um nicht entdeckt und neuerlich in Sklaverei gesetzt zu werden. Die »arglistige Täuschung« der gesamten Umgebung ist nichts anderes als ein »Trick« zum Überleben.

Was psychisch sich als »Wahn« darstellt, läßt sich biologisch deshalb in etwa mit der Überlebensstrategie eines Virus vergleichen: Außerstande, sich selbst zu vermehren, muß es sein Erbgut in eine Wirtszelle einschleusen und ihr die eigene Befehlsgewalt, das eigene Programm aufzwingen: ab jetzt produziert die Wirtszelle nur noch Viren-Erbgut und Viren-Bausteine. – Im Falle Ahab glauben die Schiffseigner der *Pequod*, in ihm genau den richtigen Mann gefunden zu haben, *um gegen das schaurigste aller Untiere sein Eisen zu schleudern. Sie ahnen nicht, daß Ahab, der das wahnwitzige Geheimnis seiner unverminderten Wut verschlossen und verriegelt in sich trug, zu dieser Fangfahrt ausdrücklich mit dem einen, alles beherrschenden Ziele aufgebrochen war, den Weißen Wal zu jagen ... Ihnen lag an profitablen Fahrten; sie waren auf Gewinn erpicht, den sie in frisch gemünzten Dollars zählen konnten. Er aber sann auf kühne, unerbittliche und übermenschliche Vergeltung.* (*Moby-Dick*, XLI 308)

Ahab verfügt *aufgrund langer Erfahrung über einen erstaunlichen Spürsinn, gepaart mit seemännischem Können und unerschütterlichem Selbstvertrauen* (CXXXIV 837); auf der anderen Seite ist er entsprechend seinem Charakter und nun gar durch das »Doppelleben« seines Wahns ein vollkommen vereinsamter Mensch. Nichts ist ihm verhaßter, als von fremder Leute Hilfe abhängig zu sein. *Wenn doch der alte Ahab sich öfter hätte stützen lassen*, wird er spät, allzu spät, zu Starbuck sagen (CXXXIV 845); doch in Wirklichkeit ist Ahab durch und durch geprägt von dem Gedanken der Autarkie: Was immer an Schwierigkeiten sich bietet, – er selbst, und zwar sofort, muß es mit eigenen Mitteln besiegen und beseitigen können. Denn nur so, als unabhängig und frei, kann er die genügende Schutzdistanz zu anderen Menschen aufrechterhalten, um »unberührbar« zu bleiben. Gleichzeitig aber wächst auf diese Weise die Fremdheit zu sich selbst wie zu allen anderen Menschen weiter.

Insbesondere den eigenen verletzbaren Körper hat Ahab vollkommen von seinem Ich abgespalten. Wie oft bei den Opfern militärischer Folter zu beobachten[15], bewohnt seine Seele seit der Verletzung durch den Wal den Körper wie ein Gefängnis aus Fleisch, festgehalten von Gitterstäben aus Knochen: Da war ein Feind, der Macht über das eigene Ich nur gewinnen konnte über diese Außenseite des Ichs, über den Körper; nur durch den Körper war man ihm ausgeliefert; also muß man das Terrain des Körpers in ein

Niemandsland der Seele verwandeln, in etwas Fremdes, nicht dem Ich Zugehöriges, um man selbst zu bleiben: *Aye, Stubb*, klagt Ahab, *ich bin zerbrochen und zersplittert! Du siehst's ja wohl. – Doch sogar mit gebrochenen Knochen bleibt dieser alte Ahab unberührt, und keiner meiner lebend warmen Knochen gehört ein Jota mehr zu mir als jener tote, den ich lang verloren. Weder weißer Wal noch Mensch noch Teufel kann diesen alten Ahab in seinem eigenen, inneren Wesen auch nur berühren.* (CXXXIV 845) Wenn die Seele eines Menschen sich vom Körper trennt, stirbt er, sagt man. In diesem Sinne ist Ahab ein längst Verstorbener, ein »Wiedergänger«, der unter den Menschen haust wie ein »Vendigo«.

Unvermeidbar ist es, daß Ahab bei einem Leben in solcher »Verschiedenheit« und Abgeschiedenheit den anderen Menschen ebenso sonderbar und unbegreifbar erscheinen muß wie diese ihm, nur daß alle anderen sich untereinander verständigen und miteinander austauschen können, während Ahab völlig auf sich allein zurückgeworfen ist. Seine einzige noch intakt gebliebene Kontaktform zu anderen Menschen ist die gottgleiche Machtausübung, die widerspruchsfreie Unterwerfung, die jähzornige Unzufriedenheit und die rücksichtslose Indienstnahme für die eigenen wahnhaft vorgegebenen Zielsetzungen. Undenkbar deshalb, daß es so etwas geben könnte wie engere Freundschaft oder Vertrauen. Statt dessen nehmen die leergelassenen Räume vertrauter Menschlichkeit immer unheimlichere Züge an; sie füllen sich, durch keinen realen menschlichen Austausch mehr korrigiert, auf paranoische Weise mit Vermutungen, Ängsten und Projektionen[16]. Da Ahab keiner mehr etwas zu sagen hat, haben schließlich alle und alles ihm etwas zu sagen. Ahab wird mißtrauisch sogar gegenüber *seiner eigenen Mannschaft, die heidnischen Harpuniere ausgenommen; selbst Stubb und Flask schien er zu verdächtigen, sie könnten womöglich das geflissentlich übersehen, was er so sehnlichst sehen wollte:* den Weißen Wal. (CXXX 813) Ja, es kommt auf der *Pequod* nach und nach dahin, daß *auch der argloseste Mann beinah allem, was er gewahrte, einen arglistigen Sinn* unterlegte. (CXXX 815)

Freilich, wie soll man sich nicht seine Gedanken machen, wenn man zum Beispiel mitansehen muß, wie Ahab, als er, einen *Arm um die Oberbramstenge geschlungen*, nach Moby Dick Ausschau hält, von einem Seehabicht[17] angegriffen wird, der mit seinem Hut davonfliegt? (CXXX 814–815) Bekanntlich war es ein Adler, der die Leber des vermessen Titanen Prometheus am Kaukasus zernagte; und in der Bibel ist es ein Mahnwort Gottes an den klagenden Hiob, daß er sich nicht vermesse, Gottes Richter sein zu wollen: *Fliegt der Falke empor dank deiner Einsicht und breitet seine Flügel aus dem Süden zu? Fliegt der Adler auf deinen Befehl so hoch und baut sein Nest in der Höhe? Auf Felsen wohnt er und nächtigt auf Zacken der Felsen und steilen Klippen. Von dort schaut er aus nach Beute, und seine Augen sehen sie von ferne. Seine Jungen gieren nach Blut, und wo Erschlagene liegen, da ist er.* (Hiob 39,26–30) Was Ahab symbolisch in der Szene mit dem Habicht ereilt, ist mithin ein echtes Jus talionis: Der raubvogelhafte Späher im Rigg wird heimgesucht von dem scharfgesichtigen Raubvogel; der sich dünkt als Beherrscher der Meere, wird lächerlich gemacht durch den Herrscher der Lüfte; der nach Gottes Thron zu greifen vermeint, wird »unbehütet« zurückgelassen. Oder stärker psychoanalytisch gelesen: Der hochfliegende Geist Ahabs wird von ihm selber entführt[18]; sein Raubvogeldenken wird zu einem verselbständigten Angriff auf seinen eigenen Kopf... Ismael seinerseits deutet dieses Bild in Erinnerung an eine Episode aus der Geschichte Roms, die LIVIUS überliefert (*Römische Frühgeschichte*, I 34): Von des Tarquinius Haupt trug ein Adler eine Kappe davon und brachte sie wieder zurück; daraus ersah seine Gemahlin, daß er König von Rom werde. Was aber wird aus Ahab, dem ungekrönten König der *Pequod*, wenn ihm der Habicht den Hut *nicht* zurückbringt? (*Moby-Dick*, CXXX 815)

Noch einmal wird der *Himmelshabicht ... aus seiner Heimat unter den Sternen* herabstoßen, um auf die Windfahne am Flaggenknopf der sinkenden *Pequod* einzuhacken, doch dabei wird er mit seiner flatternden Schwinge zwischen den Hammer des indianischen Harpuniers Tashtego und das Holz geraten, um mit *Erzengelschreien, den herrischen Schnabel emporgereckt, den Leib in Ahabs Fahne gefangen,* mit dem Schiff unterzugehen, *welches wie Satan nicht zur Hölle fahren wollte, bis es nicht etwas Lebendes vom Himmel mit hinabgerissen und sich als Helm aufs Haupt gesetzt.* (CXXXV 864)

Es ist das »Skystengenhirn« Ahabs selbst, das, einem solchen Raubvogel gleich, im Verein mit der »Wildheit« eines der Harpuniere, zum Emblem seines Untergangs wird: hochfahrender Geist und willige Wildheit und dazwischen ein heißes Herz – ein letztes Bild der Zerspaltenheit eines Mannes, den seine eigenen Widersprüche bis zur Vernichtung treiben.

In dem Symbol eines solchen Vogels hatte Ahab selber sich bereits charakterisiert gefunden, als er eine ecuadorianische Golddublone eigenhändig an den Großmast nagelte zur Belohnung für den, der als erster Moby Dick sichten sollte. (XXXVI 270) All die Zeichen auf dieser Münze *aus einem Land in der Mitte der Welt, unter dem großen Äquator, ... an den Hängen der*

Anden geprägt..., *in jenen zeitlosen Gefilden, die keinen Herbst kennen*, mit einer Darstellung des Tierkreises, die zeigt, wie die Sonne *im Zeichen der Waage ... in das Äquinoktium* tritt, deutete Ahab als Bilder seiner eigenen Seele, – darunter auch das Bild eines Vogels. *In allen Türmen*, erklärte er unter Hinweis auf die Gravuren dieser Münze, *allen Gipfeln, in allen grandios erhabenen Dingen liegt immer etwas Selbstherrliches. Sieh hier – drei Gipfel, stolz wie Luzifer. Der feste Turm dort, das ist Ahab; der Vulkan, das ist Ahab; der kühne, furchtlose und siegreiche Vogel, auch das ist Ahab – alle sind sie Ahab, und dieses runde Goldstück ist nur das Abbild jenes Erdenballs, der einem jeden Menschen, wie des Zauberers Spiegel, nur das Rätsel seines eigenen Selbst zurückwirft. Viel Müh und wenig Lohn für jene, die von der Welt des Rätsels Lösung wissen wollen, kann es sich doch nicht selber lösen. Mich deucht jetzt, die gemünzte Sonne habe rote Wangen – ja doch, schau, sie tritt ins Zeichen der Stürme, ins Äquinoktium! Und nur sechs Monde vorher ist sie im Widder aus dem letzten Äquinoktium getreten! Von einem Sturm zum andern! Sei's drum. Der Mensch, in Wehen geboren, muß in Ängsten leben und in Schmerzen sterben* (vgl. Jes 26,17)! *Sei's drum. Kein leichter Werkstoff für das Leid der Welt. Sei's drum.* (XCIX 666–667)

Ahab – der Turm, Ahab – der Vulkan, Ahab – der furchtlose Raubvogel: all das ist Ahab, wie er gern wäre; doch ist er auch Pip und Steelkilt und Fedallah und Gabriel und noch vieles mehr, was er nicht gern wäre, aber durchaus ist, im Zwang, ein anderer als er selber sein zu müssen. Wer er ist, sagt ihm nicht die Sonne, nicht die Welt, nicht Gott, der den *Werkstoff* Mensch in so viel Leid getaucht hat. Selber könnte Ahab das Goldstück sein; er aber sieht sich einzig in dem Bild, das sich in seine Seele so tief eingeprägt hat wie nichts sonst auf Erden: in der Herausforderung durch den jupitergleichen Weißen Wal. Ahab als Prometheus, Ahab als Gott, und doch: – Ahab, ein Mensch, der nur zu gut weiß, daß er, gebannt in einen tödlichen Kreislauf von Zerstörtsein und Zerstören, die entzwei gebrochenen Teile seiner Seele nie mehr zusammenfügen wird. Gerade das aber müßte geschehen. Es müßte das »Erzengelhafte« in Ahab, das »Göttliche«, das »Sonnenhafte«, das »Raubvogelhafte« in ihm sich verbünden und verbinden mit dem Verformten, Schmerzhaften, Leidvollen; und statt es zu bekämpfen und auszumerzen, bedürfte es des Muts, gerade die Abgründe des Lebens behutsam zu entschlüsseln.

In den *Blumen des Bösen* hat CHARLES BAUDELAIRE angesichts derselben suchtähnlichen Zerspaltenheit des Menschen gerade dieses Bemühen einmal in Frageform angeregt; unter dem Titel *Hingabe* schrieb er[19]:

Engel voll Heiterkeit, kennst du die finsteren Mächte,
Kennst du das Schluchzen der Reue, der Scham und der Gier,
Kennst du das fiebernde Grauen der furchtbaren Nächte,
Die das Herz uns verpressen, verknittern wie schwaches Papier?
Engel voll Heiterkeit, kennst du die finsteren Mächte?

Engel voll Güte, kennst du das lautlose Hassen,
Fäuste im Dunkeln geballt und die Tränen der Wut,
Wenn Rachsucht und Wildheit den Weckruf erschallen lassen,
Zu Herren sich machen über den Geist und das Blut?
Engel voll Güte, kennst du das lautlose Hassen?

Engel voll Reinheit, kennst du die fiebrischen Qualen,
Die an der endlosen Krankenhausmauer entlang
Wie Verdammte sich schleppen, lechzend nach Sonnenstrahlen,
Seltsam die Lippen bewegend, mit zögerndem Gang?
Engel voll Reinheit, kennst du die fiebrischen Qualen?

Engel voll Schönheit, kennst du die schmerzlichen Falten,
Die Angst vor dem Alter und jener quälenden Pein,
Was wir so lange für Glück und für Liebe gehalten,
In lächelnden Augen zu lesen als Treue allein?
Engel voll Schönheit, kennst du die schmerzlichen Falten?

Engel voll Güte und Freude, du leuchtende Sonne,
Der sterbende David hätte Genesung erfleht
Von deines herrlichen Leibes strahlender Wonne,
Ich aber flehe nur eines: denk' mein im Gebet,
Engel voll Güte und Freude, du leuchtende Sonne!

Engel, nicht länger des Kampfs, – der Versöhnung müßte es geben, um eines
Ahabs Leiden zu lindern. Doch geht es inzwischen nicht allein um Ahab. Die
Gefahr seines Wesens ist größer. Wie, muß man sich fragen, kann es einem
derart Vereinzelten und Vereinsamten, einem solchen Egozentriker der
Angst und der Gewalt, gelingen, die gesamte Mannschaft der *Pequod* bis
zum äußersten hinter sich zu bringen? Wie kann ein seelisch kranker
Mensch zum Führer aller werden?

5. Von der Mannschaft zur Masse oder: Die Verführungskraft des Führers

An der Geschichte der Fanatiker, mußte Ismael bereits mit Blick auf die bedauerlichen Zustände an Bord der *Jerobeam* feststellen, ist... *ihre eigene maßlose Selbstverblendung nicht halb so erstaunlich wie ihre maßlose Macht, so viele andere zu verblenden und zu betören.* (LXXI 499) Zweifellos ist Ahab ein »Fanatiker«, und die *Pequod* bietet in gewissem Sinne nur das spiegelsymmetrische Umkehrbild der *Jerobeam,* so viel wissen wir; doch macht es einen erheblichen Unterschied, ob die Angst vieler sich von unten nach oben zu einem Wahn auswächst, der am Ende sogar die eigene Führung entmachtet, oder ob ein wahnsinnig gewordener Führer, von oben nach unten, seine Untergebenen als bereitwillige Meute in den Untergang hetzt; – eine Infektionskrankheit, begleitet von Fieberträumen, ist etwas anderes als ein »totaler Krieg«, der rücksichtslos die Vernichtung aller mit einkalkuliert.

Was den Fall Ahab sozialpsychologisch als höchst bemerkenswert erscheinen läßt, ist die Richtung der Angstverarbeitung ebenso wie der Angstverbreitung.

»Normalerweise« kommen »Diktatoren« an die Macht, indem sie die vorhandene Angst aller in ihrer Person zu beseitigen versprechen; »üblicherweise« reagieren autokratische Führer auf die Angst aller und regieren mit der Angst aller. So auch auf der *Pequod.* Doch wenn dieses Walfängerschiff aus dem 19. Jh. schon für ein sozialpsychologisches Langzeitlabor gelten darf – eine »Fallstudie« ohne Beispiel und Parallele in der Weltliteratur –, so springt *eine* Tatsache wohl am meisten ins Auge: Ahab wird nicht erst zum »gottgleichen« Kapitän und widerspruchslosen Idol seiner Mannschaft, als er den Schrecken der abergläubigen Seeleute vor so seltsamen Erscheinungen wie dem Sankt Elmsfeuer überwindet, – von vornherein umgibt ihn die Aura seiner düsteren Magie[1], und die hypnotisierende Energie, die ihm die uneingeschränkte Herrschaft über seine Gefolgsleute sichert, bedarf nur noch der Verkündigung ihres Ziels, um alle in den Sog ihres schäumenden, schaurigen Strudels zu reißen. Die entscheidende Frage lautet daher, wie Ahab seine Mannschaft dahin bestimmt, sich in die bedingungslosen Erfüllungsgehilfen seines wahnhaften Rachefeldzugs zu verwandeln.

Eine wichtige Voraussetzung für eine solche Entwicklung liegt zweifellos in der strengen Gehorsamsforderung. Der geschriebene wie der ungeschriebene Verhaltenscodex zur See nötigt alle Matrosen zu prompter Pflichterfüllung und augenblicklicher Ausführung ergangener Befehle. Dieses schlechterdings »undemokratische« Reglement erscheint allenfalls verständlich vor dem Hintergrund steter Angstgewärtigung. Es ist eine allgemeine Regel im Zusammensein vieler sozial lebender Tierarten, zur Abwehr von Gefahr gemeinsam unter straffer Leitung zusammenzustehen. Wie eine Rinderherde in Gefahr, zum Beispiel beim Anblick eines Raubfeindes, sich um ihr Leittier zu scharen pflegt, so erhebt die zum Gesetz geronnene Angst aller den Zusammenschluß der Mannschaft um ihren Kapitän geradewegs zur obersten Norm. Auf einem Segelschiff kann jederzeit irgend etwas passieren, das den zentral koordinierten Einsatz aller Gefährdeten verlangt. Was Wunder also, daß das Amt eines Kapitäns schon rein rechtlich in MELVILLEs Tagen geradewegs autokratisch umschrieben wurde und den juristischen Bestimmungen eine gleichgerichtete Routine entsprach[2]?

Doch das Phänomen Ahab wird nicht verständlich als Kondensat von Paragraphen. Dieser Mann genießt schon auf Grund seiner seemännischen Erfahrung und seiner nautischen Kenntnisse den höchsten Respekt bei seinen Steuerleuten ebenso wie bei den Backsgasten; wenn überhaupt jemand, so erscheint er als der rechte Mann, es mit Wind, Wetter und Wal gleichermaßen aufzunehmen, und die Achtung, die man ihm bekundet, ist das beste Kreditiv, ihm bedingungslos zu folgen, wohin immer er befiehlt. Wohl hat der stotternde Elias mit seinen warnenden Anspielungen über den »Alten Donnerer« recht: Ahab herrscht wie der blitzefreudige Zeus auf dem gewittrigen Olymp; doch sein »Murren und Knurren« sind keineswegs die Mittel seiner Herrschaft, wie es bei einem schwachen Kapitän ohne weiteres der Fall wäre, im Gegenteil, diese Stilmittel Ahabscher Umgangsformen stehen der unverbrüchlichen Treue, die man ihm entgegenzubringen bereit ist, eher im Wege: ein Stubb gehorcht Ahab nicht weil, sondern obwohl er poltert und flucht. Worin also liegt das Geheimnis von Ahabs »Erfolg«?

Man könnte sich einen Kapitän vorstellen, der als ein rechter Teufelskerl und Haudegen mit Forschheit und Frechheit den strahlenden Charme seiner Fortune über die Mannschaft ausgösse und sie auf diese Art zu einem einzigen Arm, zu einer einzigen Hand zusammenschweißen würde. Wehmütig zum Beispiel durchstreift Weißjacke die Geschichte der englischen wie der amerikanischen Seefahrt, um gerade solchen charismatischen Vorbildgestalten im Kapitänsrang zu begegnen – dem edlen Lord Collingwood etwa oder dem in der Kathedrale von Westminster förmlich zur Ehre der Altäre erhobenen Admiral Nelson (*Weißjacke*, XXXVI 738–740); doch in den Augen eines Mannes wie Ahab müssen selbst diese Grandseigneurs der Seefahrt als unmaßgeblich gelten. Zu verschieden von solchen Lichtgestalten ist bereits sein Naturell. Sagen wir so: Als in der Mitte des 6. Jhs. das Volk der Ostgoten dem oströmischen Feldherrn Narses gegenüberstand, wurde es von zwei höchst gegensätzlichen Königen angeführt – von dem blondhaarigen, heiteren, gewinnenden, großzügigen Totila und, nach dessen allzu frühem Tod, von dem dunklen, wild entschlossenen, tragischen Teja, der seinen Mannen nichts anderes mehr zu bieten vermochte als ihre heroische Vernichtung in der Entscheidungsschlacht am Vesuv[3]. Nichts gemein hat Ahab mit einem Totila; er ist durch und durch ein Teja – ein Kämpfer, der standhält, selbst wenn die Niederlage gewiß, selbst wenn der Untergang unvermeidbar ist. Doch selbst wenn man die Psychologie eines Ahab verstehen kann, – was treibt die Männer der *Pequod* dahin, sich einem solch Rasenden ebenso begeistert wie entgeistert anzuschließen? Nibelungentreue? Sie ist ihnen fremd. Opferbereitschaft? Diese Männer, zweifellos, sind prachtvolle Kameraden, wie Queequeg, und doch ist jeder von ihnen ebenso unbezweifelbar auf seine Art ein ausgesprochener Egoist, der notfalls über Leichen zu gehen bereit ist, wie Stubb. Idealismus für eine große Tat? Er steht nicht zu vermuten bei derart dumpfen Materialisten, wie den Matrosen der *Pequod*, deren einziger Glaube der Aberglaube zu sein scheint. Und doch werden es nicht zum geringsten gerade diese Motive sein: Treue, Opferbereitschaft und Idealismus, die den Tod aller an Bord der *Pequod* – mit Ismael als einziger Ausnahme – heraufbeschwören; der Schwur, den Ahab ihnen abnimmt, verdichtet die genannten Elemente und preßt damit zu einem Augenblicksereignis zusammen, was in Wahrheit eine Wirkung gleichgerichteter Gefühle über einen langen Zeitraum darstellt; das entscheidende Motiv im Hintergrund freilich bleibt allen, sogar Ahab selbst, verborgen: der virtuelle Sieg über den Tod.

Alle Details der Schlüsselszene auf dem *Achterdeck* (*Auftritt Ahab; dann alle*) in Kapitel XXXVI muß man sich in der politischen wie gesellschaftlichen »Realität« als Teilmomente absolutistischer Herrschaft: als ihren Ausdruck wie ihre Begründung, vorstellen, und man ahnt die geschichtliche Brisanz, die sich darin verbirgt. Meisterlich sind ihre Komponenten in diesem einen Augenblick konzentriert, da Ahab zum erstenmal die Mannschaft versammelt, und virtuos werden sie während der gesamten Fangfahrt der *Pequod* gehandhabt. Nur: Wer ist es eigentlich, der da »versammelt« und »handhabt«? Auf und nieder schreitet Ahab mit unruhigem Schritt seine gewohnten Runden an Deck ab, getrieben offenbar von einem einzigen unablässig in ihm kreisenden Gedanken, und dieser Gedanke hat so sehr von ihm Besitz ergriffen, *daß es fast schien, als sei er die innere Form seiner äußeren Bewegungen.* (XXXV 268) Gewiß ist es Ahab selber, der darüber nachdenkt, in welch einer Form er der Mannschaft seinen monströsen Plan mitteilen kann, Moby Dick zu jagen; doch was er im folgenden tut, gehorcht nicht der Dramaturgie einer kühl kalkulierten Theateraufführung. Ahab spielt nicht. Er stellt nicht dar. Er fingiert keine Gefühle. Vielmehr: sein Ich löst sich auf, und heraus tritt, wie aus einer zu klein gewordenen Schale, der Entschluß seines geknechteten Willens; er breitet sich aus wie die Aschenwolke eines berstenden Vulkans, und er bedeckt alles unter sich, gleich einem Regen aus Magma, das in der Luft zu Bimssteinbrocken geworden ist: – zu Worten und Sätzen, deren verheerender Wirkung sich niemand entziehen kann. Der Bann, in dem Ahab selbst sich befindet, erfaßt ausnahmslos alle; er erweitert sich von der hypnotischen *idée fixe* dieses Einen zu dem kollektiven Wahnbewußtsein aller. Doch geschieht diese Übertragung nicht nach den Gesetzen rationaler Logik in Form planbarer Einzelschritte; sie bildet vielmehr selbst einen Teil der archaischen Psychologie des Unbewußten in Ahabs eigener Seele.

Rational »vernünftig« und »pragmatisch«, ja, politisch klug hört es sich an, wenn in der Sozialpsychologie gesagt wird, jede Gruppe forme sich unter dem Druck einer gemeinsamen Gefahr und die Aufgabe ihres Führers bestehe wesentlich darin, den Gegner aller zu definieren und allgemein akzeptierte Maßnahmen zu seiner Abwehr oder Vernichtung anzuordnen[4]. Nach einem solchen Konzept gesellschaftspolitischer Gruppenbildung, das atavistisch genug ist, um dem Sozialverhalten auch des modernen Menschen immer noch die Mentalität eiszeitlicher Jägerhorden zu unterlegen, läßt sich in der Tat in der heutigen Mediengesellschaft der Gemütszustand großer Teile der Weltbevölkerung höchst wirksam manipulieren und kontrollieren. Mit der Propagandakulisse des Außenfeindes »Kommunismus« zum Beispiel wurden in der zweiten Hälfte des 20. Jhs. jahrzehntelang die Rüstungsausgaben im Kalten Krieg auf astronomische Summen getrieben und die Bereitschaft zum Töten von Millionen Menschen sogar bis zur Anwendung von Wasserstoff- und Neutronenbomben als politische Verantwortung gegenüber den Idealen der Freiheit und Humanität zur Pflicht jedes Bürgers erhoben; inzwischen hat nach dem Zusammenbruch des Sowjetimperiums seit 1989 der Islamismus und Terrorismus den Platz auf der Droh- und Drehbühne der Angst eingenommen und rechtfertigt scheinbar einen noch gigantischer aufgeblähten Militärhaushalt, ja, er läßt mittlerweile sogar die Aberkennung der einfachsten bürgerlichen Rechte – eigentlich garantiert als Menschenrechte – als eine patriotische Pflicht erscheinen[5]. Die Eigendynamik aus Feindesangst, Zusammenrottung und Gefolgschaftstreue funktioniert also ungehemmt weiter. Selbst mindertalentierte Führer können sich in das Gewand von gottgesandten Rettern hüllen, wenn sie ihrer Bezugsgruppe einen »passenden« allgegenwärtigen Gegner anzubieten wissen. Wie sich zeigt, ist eine Politik der Angst, die den Führer mit zentralistischen Machtbefugnissen ausstattet, zweifellos mit rein zweckrationalen Mitteln am Reißbrett zu entwerfen – und sie *wird* von entsprechenden Lobbyisten und »Sicherheitsberatern« entworfen. Das alles ist gewiß nützlich und wichtig zu wissen, um vor den schlimmsten Auswüchsen organisierter Massenpsychologie wenigstens ein bißchen gewarnt zu sein. Doch um einen Ahab und seine Mannschaft zu verstehen, trägt es nicht viel bei.

Was den Kapitän der *Pequod* geradewegs schon wieder sympathisch macht, ist der Verzicht, ja, die Unmöglichkeit jeglicher Lüge in propagandistischer Absicht. Ahab kann und will seinen Leuten nicht vormachen, sie seien allesamt und allüberall bedroht, solange Moby Dick noch existiere; die Sicherheit der Meere und die Freiheit des Handels sei erst erreicht, wenn der Kopf des Weißen Wals an den Taljen der *Pequod* hänge ... Das vermeintliche Untier tut erkennbar niemandem etwas, der es nicht jagt und zu töten beabsichtigt. Es ist nicht Moby Dick, der es auf Ahab und seine Mannen abgesehen hat, es ist Ahab, der Moby Dick haßt und seine Mannschaft dahin bringen muß, mit ihm gemeinsam den Tod dieses Tieres zum Ziel aller Aktivitäten zu erklären. Doch damit ergibt sich ein Hauptproblem: Auf den ersten Blick erscheint ein solches Vorhaben undurchführbar! Es geht nicht mit Lügen, es geht nicht mit Drohungen, es geht nicht mit Befehlen, – es geht überhaupt nicht, möchte man meinen. Daß es dann doch geht, liegt an der ganz und gar *unkalkulierten, unbewußten* Vorgehensweise, mit der Ahabs Ich sich zum »Groß-Ich« aller ausdehnt. Wie das geschieht, läßt sich in einer Staffel von Einzelbildern geradezu klassisch beobachten.

Da ist, gleich als erstes, die Komponente des Geheimnisvollen, das Ahab umgibt. Von dem großen griechischen Staatsmann Perikles berichtet PLUTARCH (*Perikles*, Kap. 7, in: Lebensbeschreibungen, I 323), er habe *einen steten, ununterbrochenen Verkehr mit dem Volk* vermieden, *damit es seiner nicht so bald überdrüssig werde*, so daß *er sich ihm nur von Zeit zu Zeit zu nähern* pflegte. »Willst du was gelten, mach dich selten«, lautet die gleichsinnige Empfehlung eines deutschen Sprichworts. Auch Ahab läßt sich lange Zeit vor seiner Mannschaft nicht blicken; statt dessen steigt er *Nacht für Nacht in die Achterlast* hinab, daß sogar Stubb sich fragt, *wozu ... das gut sein* soll. (XXIX 219) Doch so seltsam sich Ahab verhält, – im Unterschied zu

Perikles und anderen politischen »Führern«, die ihren »Auftritt« mit aller Sorgfalt detailgenau kalkulieren und inszenieren, ist Ahab nicht der Mann, der mit solchem Schabernack Menschen zu düpieren dächte. In seinem Wesen ist durchaus nicht Platz für die Berufsverschlagenheit der Hasardeure gesellschaftlicher Macht und öffentlichen Einflusses, wie etwa HONORÉ DE BALZAC in *Die verlorenen Illusionen* sie schildert, – ein unentwegtes Intrigenspiel aus Feinheiten und Gemeinheiten, mit denen Menschen kompromittiert und korrumpiert, angeworben und verdorben, aufgeboten und ausgebootet werden, eine stete Camouflage der wahren Absichten, um die potentiellen »Gegner« bewußt in die Irre zu locken. Gegenüber solchen Kabinettstückchen kultivierter kalkulierter Verschlagenheit denkt und handelt Ahab umweglos direkt; alle diplomatische Klugheit geht ihm vollkommen ab, und auch die Schwierigkeit, vor der er steht, unterscheidet sich auf charakteristische Weise von den Zielsetzungen etwa der Akteure auf politischer Bühne: Während diese mit den Mitteln der Geheimhaltung arbeiten, um gänzlich andere als die vorgegebenen Absichten zu verwirklichen, ist Ahabs Person selbst voller Geheimnisse; aber was er will, kann und darf er nicht geheimhalten, das *muß* er beizeiten und unmißverständlich deutlich machen, in der Hoffnung, daß sein Wille zum Willen aller werde. Nicht die geschickte Manipulation des Willens der Mannschaft, nur die Entschlossenheit und Geschlossenheit auf ein einziges verkündetes Ziel steht ihm zu Gebote. *Wie* er dabei vorgeht, erweist sich allerdings als ein Meisterstück der Demagogie; nicht als verstünde Ahab es, auf den Gefühlen und mit den Gefühlen der Seeleute bewußt zu spielen, – es sind einfach seine eigenen Gefühle, die er auf die Männer überträgt, bis daß sie sind (wie) er. Unbewußtes mischt sich mit Halbbewußtem, Raserei mit Raffinesse, Dämonisches mit Wohldurchdachtem, als Ahab die Matrosen auf dem Achterdeck zusammenruft.

Sein erstes und oberstes Ziel, die Homogenisierung der Gefühle, beginnt mit der Bündelung der Aufmerksamkeit. Was tut ein Lehrer, wenn er einen Klassenraum betritt, in dem die Kinder noch herumtollen und -toben? Er kann mit lauter Stimme die Kinder zur Ordnung rufen; doch weit geschickter ist es, in ruhiger Gelassenheit stehenzubleiben, erst einmal gar nichts zu tun und die Blicke der Schüler durch seine bloße Anwesenheit auf sich zu lenken; um den Effekt zu steigern, kann ein solcher Lehrer auch etwas Auffälliges, wenngleich Nebensächliches tun: – er läßt den Spindschlüssel fallen, er schaut für eine Weile ins Klassenbuch … Manche Redner bedienen sich des Stilmittels der Verzögerung, indem sie bewußt langsam ans Mikrophon treten, für Sekunden schweigen, bis alles Gerede im Saale erstirbt, das Licht verlöscht und sie die ersten Worte in einen dunklen Vorhang des Schweigens hineinfallen lassen. Ähnlich machen es Bühnenautoren und Schauspieler: sie nutzen das Moment der absichtlichen Pause vor dem eigentlichen Auftritt. So sieht man auch Ahab vor seiner angetretenen Mannschaft stampfend mit schweren Schritten an Deck auf und ab gehen, *als wäre er mutterseelenallein an Bord. Den Kopf gesenkt, den Hut in die Stirn gedrückt, stelzte er hin und her und achtete nicht auf das verwunderte Gemurmel der Männer;* der stets spaßhafte Stubb flüstert bereits zu Flask hinüber, der Kapitän wolle sie wohl zu Zeugen einer *fußgängerischen Großtat* machen. (XXXVI 269) Und doch ist eines bereits erreicht: Ahab zieht mit seinem Verhalten die gesammelte Aufmerksamkeit der ganzen Mannschaft auf sich. Man kann ihm – noch einmal gesagt – kaum unterstellen, er arrangiere seinen Auftritt bewußt, um sich theatralisch besonders effektvoll in Szene zu setzen. In diesem Moment *ist* Ahab vielmehr die gespannte Erregung, die sich auf ihren Ausbruch vorbereitet, *ist* er das kochende Wasser, das dicht vor dem Siedepunkt atemlos alle Bewegung innezuhalten scheint, ehe es brodelnd die gespeicherte Energie nach außen abgibt, *ist* er diese motorische Unruhe, die nach Worten ringt.

Dann aber! Der erste Satz, der aus ihm herausbricht, ist zweifellos wohldurchdacht und genau berechnet: Er packt die Männer an genau der Stelle, da sie bislang ihre berufliche Tüchtigkeit in ihrer Tätigkeit als Walfänger unter Beweis stellen konnten. *Was tut ihr, wenn ihr einen Wal seht, Männer?* fragt Ahab die Leute, und ihre *einstimmige Antwort* lautet: *Ihn aussingen!* Entscheidend ist dieses *einstimmig.* Entscheidend ist diese Identität aller im Vertrauten: die Boote wegfieren, die Parole ausgeben, die Taktvorgabe beim Pullen durch den Steuermann ... Es kommt darauf an, daß alles Weitere im Grunde erscheint als Fortsetzung der alltäglichen Routine. Ehe Ahab das völlig Neue, das Revolutionäre, das schlechterdings Ungeheuerliche seines Vorhabens verkündet: die Jagd auf den Weißen Wal, befestigt er in den Köpfen seiner Untergebenen den Eindruck des ganz und gar Gewöhnlichen, weil Gewohnten. Der radikale Bruch mit dem Auftrag der Schiffseigner, ganz einfach so viele Wale wie möglich zu fangen, wird vorbereitet durch die täuschende Rückversicherung, nichts weiter zu tun und tun zu müssen als das Herkömmliche und Altvertraute. Es ist, wie wenn Ahab, ehe er die geebneten Bahnen der gebotenen Route verläßt und sein Gefährt mit hoher Geschwindigkeit auf das rauhe Gelände seiner abwegigen Zielsetzung umlenkt, zuvor noch die Zugfestigkeit am Geschirr der Pferde und die Stabilität der Achsen und Speichen der Räder nachprüfen wollte: Halten sie den zu erwartenden Spannungen und Stoßbelastungen wirklich stand? Auch Ahab kann und muß nicht den Walfang neu erfinden; er muß sich im Gegenteil der Tauglichkeit und Zuverlässigkeit seiner Mannschaft in allen Abläufen ihres Berufsalltags ausdrücklich rückversichern, um dann das völlig Andere als neue Zielsetzung damit verknüpfen zu können.

Nicht selten erhebt sich die Frage, wie Diktatoren und Staatsmänner es immer wieder schaffen konnten und schaffen können, einer ganzen Gruppe: ihrem Staat, ihrer Partei, ihrer gläubigen Gemeinde, den Bruch der überkommenen Ordnung, den Ausbruch der Illegalität, den Durchbruch des Verbrecherischen gar wie eine heilige Handlung erscheinen zu lassen. Die Vorgehensweise Ahabs bietet so etwas wie eine Antwort: Die Umgestaltung des Ganzen setzt voraus die Einhaltung des Gewohnten; die revolutionäre Konspiration trägt in der Praxis durch und durch konservative Züge; denn nur wenn alle weiter ihre »Pflicht« tun, werden sie brauchbar und mißbrauchbar für einen Umbruch, der den Zusammenhalt von allem Bisherigen in Frage stellt. Gefolgsleute müssen gehorsam und hörig bleiben wie immer, will man ihnen das Unerhörte und Ungehörige befehlen. Auch Ahab, berichtete Ismael schon, bedient sich an Bord der *Pequod* gewisser Rituale und Konventionen, die er im Grunde verabscheut; und deutlich wird jetzt, warum. Alles muß scheinbar bleiben, wie es ist; alles muß seinen gewohnten Gang gehen; nur dann kann es *als ganzes* auf das gänzlich neue Ziel umgelenkt werden. Selbst ein Ahab wird seinen Leuten keinen plötzlichen Tabubruch zumuten können; vielmehr wird er sie weiter Wale fangen lassen und sie dabei in dem Bewußtsein wiegen, nichts weiter zu sein als gute Walfänger; dann erst, bestätigt im Gewöhnlichen, läßt sich in ihnen zugleich das Bewußtsein des völlig Ungewöhnlichen erzeugen, zu dem sie berufen sind, eben weil er, Ahab, sie dazu berufen wird.

Das alles wirkt sehr überlegt und klug geplant und ist es gewiß auch. Und dennoch wird man den Eindruck des bewußt Geplanten nicht überbewerten dürfen. Ahab taxiert nicht hintergründig die »Belastbarkeit« und »Willigkeit« seiner Mannschaft für sein absonderliches Vorhaben; eher geschieht der entscheidende Übergang vom Althergebrachten zum alles Verändernden, vom Konventionellen zum Revolutionären, nach dem bereits genannten Vergleich mit einem eindringenden Virus: die befallene Wirtszelle soll und muß sich verhalten wie bisher, um die Bauanleitung zur Produktion neuer Viren ausführen zu können, obwohl mit der Vermehrung des Virus ihre eigene Zerstörung einhergeht. Alles ist, wie es ist; alles bleibt, wie es ist;

alles kommt, wie es muß; – dieser Fatalismus durchzieht bereits Ahabs eigenes Denken und Fühlen ganz und gar, und er überträgt sich, bestätigend und bestärkend, jetzt auch auf das Denken und Fühlen der Mannschaft; bis dahin, daß selbst das Unsinnige und Unheimliche nach wie vor als Teil dessen erscheint, was immer schon war und immer auch sein wird.

Erst damit steht alles bereit für die entscheidende Enthüllung, für die programmatische Offenbarung. Noch wundern die Seeleute sich selber, wie die *scheinbar sinnlosen Fragen* ihres Kapitäns sie derart in Erregung zu versetzen vermögen, da schleudert Ahab, die Hand eine der Besanwanten *wie im Krampfe* umklammernd, sein Geheimnis heraus: das eine, das einzige, das absolut vorrangige Ziel der Fangfahrt der *Pequod* ist ab sofort und in alle Zukunft der Weiße Wal! (XXXVI 270)

Die Verschiebung, ja, die Verkehrung des ursprünglichen Ziels der Ausfahrt folgt *en détail* Ahabs persönlicher Psychologie: Aus etwas, das es bislang unter anderem auch gab, ist in ihm selber dieser eine Konzentrationspunkt aller Überlegungen, Vorstellungen und Empfindungen geworden; und so verkündet eben dieser in seine Obsessionen gebannte Kapitän nun ganz entsprechend seinen Leuten, daß er bisher wohl auch schon *Befehle wegen eines weißen Wales gegeben* habe, daß aber fortan alles bedingungslos diesem einen Fangziel unterzuordnen sei. Für ihn selbst stellt die Vernichtung dieses seines Haßobjekts in sich bereits die höchste Befriedigung dar, die einzig erstrebenswerte Prämie aller Bemühungen; für seine Mannschaft indessen bedarf er eines sichtbaren Zeichens des Ansporns und der Belohnung; ihr stellt er jene ominöse goldene Dublone in Aussicht für denjenigen, der als erster den Weißen Wal aussingt.

Natürlich geht es bei diesem Deputat nicht um den materiellen Wert der Münze; sie besitzt ihren Wert als Symbol. Wer sie gewinnt, hat nicht ein Geldstück gewonnen, er hat gewonnen. Indem Ahab die Münze an den Großmast nagelt, schafft er ein neues Zentrum der Aufmerksamkeit, setzt er der Kompaßnadel ein eigenes Eisenstück vor, verwandelt er das Zusammenleben der Mannschaft in ein Feld der permanenten Konkurrenz nach einem speziell von ihm eingerichteten, vollkommen neuen Wertsystem: Derjenige gilt fortan als der nützlichste, der beste und der tauglichste, der als erster den Weißen Wal aussingt. Ihm verleiht die ecuadorianische Dublone eine Auszeichnung ähnlich dem Eisernen Kreuz im Ersten Weltkrieg: darinnen blinkt objektiv auf die Anerkennung und das Wohlgefallen der ranghöchsten Autorität; darinnen erscheint subjektiv die völlige Angleichung an die Erwartungen des Führers; und im Wechselspiel dieser Entsprechung von

Auftrag und Erfüllung, von Befehl und Ausführung stabilisiert sich die neue Norm des Zusammenlebens aller. Dieses Emblem einer neuen Zielsetzung bedeutet soviel, wie wenn am Großtopp die Flagge einer bisher unbekannten Nationalität gehißt würde; und so ist es in der Tat: Von diesem Moment an ist die *Pequod* ein Dominium für sich – exemt dem Völkerrecht und jedem Recht, ein Herrschaftsgebiet mit einem einzigen autokratischen Regenten, dessen Macht ihm nicht länger mehr zukommt, weil das Gesetz irgendeines Staates sie ihm verliehen hätte, sondern weil er sie sich genommen hat. Wohl weht weiter über der *Pequod* die Flagge der Vereinigten Staaten von Amerika, doch trügt nunmehr dieser Anblick: dort droben weht eine Piratenflagge.

Bereits an Bord der *Neversink* hatte Weißjacke feststellen müssen, daß ein *Kapitän statt einer Magistratsperson, die ausführt, was das Gesetz vorschreibt, ein absoluter Herrscher* (ist), *der nach Belieben Gesetze einführt und aufhebt.* (*Weißjacke*, XXXV 736) Bei einer derartigen Machtfülle des »Souveräns« schwindet der Unterschied zwischen Gesetzeswortlaut und Gesetzesanwendung durch Kapitänswort wie von allein dahin; gleichwohl verbleibt selbst diese Identifikation von Amt und Recht in gewissem Sinne noch innerhalb der gesetzlich festgelegten »Ordnung«. Ahabs gottgleiche Machtbeanspruchung hingegen gründet in nichts als in seiner eigenen Person; sie ist sein Genie, sie ist seine Gehenna; sie ist die Hervorbringung allein seines Hasses. Psychologisch ist all das inwendig bereits festgeschrieben; jetzt aber geht es um die Thronbesteigung dieses monomanen Monarchen, jetzt geht es um die Manifestation seines maßlosen Machtwillens vor seiner Mannschaft. Kein neues Amt wird hier geboren; was man an Bord der *Pequod* miterlebt, ist die Geburtsstunde eines Mannes als eines absoluten Führers. Wohl, er bekleidete einmal das Amt eines Kapitäns; jetzt indessen, da er seinen eigenen Willen über die Beauftragung der Schiffseigner stellen muß, um Moby Dick zu jagen, ist er Kapitän allein kraft eigener Vollmacht. Was Ahab hier begeht, ist nicht mehr Machtausübung, es ist Machtergreifung.

Natürlich läßt ein solcher Umsturz der vorgegebenen Ordnung sich nicht länger legalistisch legitimieren. Unter gar keinem Umstand darf deshalb Ahab riskieren, daß es etwa zu einer Diskussion um die Rechtmäßigkeit seines *procedere* kommt. Da steht Ahab gegenüber der Erste Steuermann Starbuck, an dessen Mienenspiel sich schon deutlich erkennen läßt, daß er die erklärte Rache an einem unvernünftigen Tier selber für unvernünftig, ja, für etwas Widergöttliches hält. (*Moby-Dick*, XXXVI 273) Gerade ein derartig drohendes Moment möglicher Reflexion und Rebellion muß ausgeschaltet werden, ehe es hörbar werden könnte; es hat im widerhallenden Jubel aller erstickt zu werden, indem das eine große Ziel, für dessen Erreichung die Belohnung schon ausgesetzt ist, in seiner ganzen Bedeutung vor dem inneren Auge der Mannschaft entrollt wird. Wieder erfolgt die entscheidende Bewegung dabei durch Sammlung und Verdichtung der Erinnerungen, Eindrücke und Gefühle, die einige oder alle in der Mannschaft persönlich oder vom Hörensagen mit Moby Dick verbinden. Da ist *ein* weißer Wal, erklärt Ahab; das muß *der* weiße Wal sein, ruft Tashtego; das ist Moby Dick! *So kennst du also den weißen Wal,* schreit Ahab. Und nun kommt's von allen Seiten: Er wedelt *so'n bißchen komisch mit dem Schwanz*; er hat *auch 'nen komischen Spaut,* weiß Daggoo; er hat *viel viele Eisen – in sein Haut drin stekken,* stammelt Queequeg. Alle Harpuniere, vor allem diese erfahrenen »Frontleute«, auf die es im entscheidenden ankommt, haben irgendwie immer schon dieses Untier der Meere gekannt, nur daß sie niemals von sich aus auf die Idee gekommen wären, ausgerechnet diesen Wal mutwillig zu jagen und anzugreifen. Doch einzig darin besteht Ahabs »Leistung« in diesem Augenblick: indem er seinen Haß in die Lauge der verschwommenen Ängste und diffusen Vorstellungen seiner Seeleute gießt, wird das Bild von Moby Dick kristallen klar in ihren Herzen ausgefällt; indem er sich mit seinem brennenden Zorn zum Brennspiegel aller Kenntnisse und Mutmaßungen über den Weißen Wal macht, wird er selber zum Brennpunkt des wütigen Ingrimms aller. *... es war aber doch nicht Moby Dick, der dir das Bein abgerissen hat?* fragt ahnungsvoll Starbuck. Doch damit ist es heraus: »*Aye, aye!*« schreit Ahab *mit einem schrecklichen, lauten, tierischen Schluchzen, wie der Schrei eines ins Herz getroffenen Elchbullen.* »*Aye, aye! Es war dieser verfluchte weiße Wal, der mir den Mast abgeschlagen hat, der aus mir bis ans Ende meiner Tage einen erbärmlichen, humpelnden Krüppel gemacht hat!*« Und so gibt er seinen Entschluß bekannt: *... ich werd ihn ums Kap der Guten Hoffnung hetzen ... und durch die Flammen der Verdammnis.* Offen jetzt enthüllt er sein Geheimnis: *Männer, das ist es, wofür ihr angeheuert habt! Diesen weißen Wal zu jagen, auf beiden Ozeanen, in allen Winkeln der Welt, bis schwarzes Blut er bläst und tot im Wasser treibt.* (XXXVI 271–272)

Es ist genau der richtige Augenblick, in dem Ahab sich getrauen darf, diese Worte zu sprechen. Seine Leute haben durchaus *nicht* angeheuert, um den Weißen Wal zu jagen; sie waren bislang nichts als gewöhnliche Walfänger. Jetzt aber haben sie lange genug durch Ahabs Okular geschaut, um auch selbst schon nichts anderes mehr wahrzunehmen als Moby Dick. Ab sofort bedeutet den Ausguck zu stehen, für Ahab mit Ahabs Augen den Weißen

Wal zu erspähen; ab sofort bedeutet Waljäger zu sein, selbst die noch so kleine Lay zu vergessen zugunsten dieser einen goldenen Dublone am Großmast; ab sofort bedeutet Wale zu jagen, *den* Wal zu jagen und nicht auf Gewinn, sondern auf die Befriedigung des überwältigenden Rachebedürfnisses dieses Einen und Einzigen aus zu sein. Von jetzt an gilt es, Ahabs Befehle als eine vorgreifende Äußerung des eigenen Willens zu betrachten, so als wäre die Offenlegung seines aberwitzigen Verlangens nichts weiter als die Offenbarung dessen, was sie alle seit eh und je bereits gewollt hätten. Ja, es ist Ahab, der ihnen fortan die Bedeutung der eigenen Absichten zu erklären vermag, dem allein die Deutungskompetenz über ihr Denken und Handeln zukommt und in dessen Planungen sie eingeschlossen sind wie abgerichtete Falken, denen der hoheitliche Jäger die Augenkappen nur abnimmt, auf daß sie in ihren Fängen die ersehnte Beute zurücktragen. Mit wenigen Gesten und Worten – die in der geschichtlichen Wirklichkeit von Völkern sich freilich über Jahre hinziehen können – hat Ahab im Grunde bereits alles erreicht, worauf es ihm ankommt.

Für gewöhnlich versteht man unter einer Diktatur ein Herrschaftsgebilde nach dem Vorbild Iwans des Schrecklichen oder Stalins, in dem der Eine an der Spitze seine Untertanen mit den Mitteln brutaler Unterdrückung und nimmermüder Aufsicht gefügig zu halten sucht, wobei fast immer dem Einsatz regimetreuer »Sondereinheiten«, wie der »Opritschniki« oder des KGB, die zentrale einschüchternde Wirkung zugeschrieben wird. Die Wirklichkeit aber kann schlimmer sein, zumindest wenn sie sich so darstellt wie an Bord der *Pequod*. Ahab hat es durchaus nicht nötig, seine Leute mit terroristischen Methoden, mit Auspeitschungen und Hinrichtungen, in Schach zu halten, und er ist offenbar auch schlau genug, um zu wissen, daß eine solche Vorgehensweise in seinem Falle niemals zum Ziele führen würde. Nicht verschüchterte Männer, die einzig dem Zwang der Angst folgen, benötigt er, sondern tollkühne Draufgänger, die »freiwillig«, wie sie selbst wähnen, alles einsetzen, um das Ziel ihres Führers durchzusetzen. Nicht ein äußerer Befehl darf fortan die Männer lenken, – sie selber müssen es sein, die ihren Stolz und ihre Selbstachtung darein setzen, unter diesem Führer für diesen Zweck Dienst tun zu dürfen. Die sozialen Kontrollmechanismen können nicht in der Überwachung durch den Führer und in der Bespitzelung durch seine Vasallen bestehen, sie müssen sich aus dem Zusammenwirken der Mannschaftsmitglieder selber ergeben. Ahab der Führer hat als »Leitwolf« (XXXVI 275) den »Feind« aller definiert; jetzt ist es an dem Wolfsrudel, sich um den »Führerbefehl« zu scharen und sich gewissermaßen instinktiv das passende Verhalten aufzuerlegen. Die wahre Macht einer »Diktatur« zeigt sich darin, daß das gegebene Ziel des Einen von allen Untergebenen bedingungslos akzeptiert und internalisiert wird, so daß alle Kreativität, alle Phantasie, alle Tüchtigkeit und alle Tugend im weiteren rein funktional absorbiert bleibt.

Der »passende Instinkt« der Seeleute an Bord der *Pequod* ist insbesondere ihr Mut. *Ihr scheint mir Mut zu haben*, sagt Ahab anerkennend eben noch zu seinen Leuten und streckt ihnen seine Hand entgegen, sie mit den ihren wie zu einer festen Trosse zu spleißen, da kann er im nächsten Augenblick schon Starbucks zögerliche Haltung als Mangel *an Mut für Moby Dick* interpretieren. Wer jetzt noch Bedenken trägt, soll das heißen, wer jetzt nicht begeistert mitmacht, wer immer noch nicht einfällt in den johlenden Chor der *einfachen Seeleute* – des »Volkes Stimme« –, ein *scharfes Auge* und *eine scharfe Lanze* auf Moby Dick zu richten, dem gebricht's, wie sich jetzt zeigen soll, einfach an männlichem Mut. Diese Verschiebung des Bewertungsmaßstabs, nach dem in Zukunft alle Mitglieder der Mannschaft einander beurteilen sollen, sagt alles: Die Frage hat sich nicht gestellt und hat sich nicht zu stellen, ob das, was da getan wird, richtig sei oder falsch, vernünftig oder verrückt, verantwortbar oder verbrecherisch, es geht fortan ganz allein darum, ob jemand mitmacht oder nicht, und wer nicht mitmacht, hat halt als mutlos und als feige zu gelten, – er ist ein »Verräter«, ein »Drückeberger«, eine »Memme«. Alle Bedenken, die möglich sind, schalten ganz einfach aus vor der »Evidenz« dieser simplen Feststellung: wer da sich weigert, ist zu weich für die Herausforderung wahrer Männlichkeit. (XXXVI 272)

Auf der psychologischen Ebene ist damit die »Terrorbrüderlichkeit« der Mannschaft geschlossen: Fortan muß sich ihrem aufoktroyierten Ziel unterwerfen, wer zu ihr gehören will; im Geflecht des »Handspleißes« aller ist es nicht möglich, die Hand zurückzuziehen oder zur Faust zu ballen; jeder einzelne ist ab sofort nur noch ein Kardeel im Kabel, verbunden und verbandelt mit dem ganzen auf Gedeih und Verderb.

Die Unentrinnbarkeit der so entstandenen Situation trägt in der Tat die Züge eines in sich geschlossenen Systems. Mut – diese an sich rein funktionale Tugend – besitzt jetzt einen absoluten Wert; sie entscheidet darüber, wieviel jemand als Mann und als Mannschaftsmitglied wert ist; der Furor Ahabs, der ihn mit dem bloßen Kappmesser auf einen Pottwal losgehen ließ, erscheint nun als eine interne Regieanweisung des Handelns aller ebenso wie jedes einzelnen. Gehorsam – ebenfalls eine an sich funktionale Tugend – besagt jetzt, daß Ahab zu folgen ist bis zum äußersten. Galt es bislang schon als ein Akt von Meuterei, einem Befehl des Kapitäns oder eines seiner Steuerleute nicht augenblicklich nachzukommen, so ist es jetzt für ehrlos, treulos und charakterlos zu halten, nicht inbrünstig in Ahabs Haßgesang miteinzustimmen. Die alte »Ordnung« und die neue Zielsetzung, die verordnete Autorität des Amtes und die Anordnung der autoritären Persönlichkeit schließen die Mannschaft und ihren Führer zu einer »Korporativperson« zusammen[6], indem die Identität eines jeden Mannschaftsmitglieds fortan in der Identifikation mit Ahab selbst besteht und wiederum das, was Ahab ist, sich als identisch erweist mit dem Handlungsauftrag seiner Mannschaft. Es soll kein Unterschied mehr sein, und es ist kein Unterschied mehr zwischen Ahab und seinen Leuten, zwischen dem »Führer« und dem »Volk«, zwischen dem Einen und Allen.

Gültig faßt Ismael deshalb den jetzt erreichten psychischen Zustand an Bord der *Pequod* zusammen, wenn er seine eigene Mittäterschaft mit den Worten begründet: *Hier also stand dieser grauhaarige gottlose Alte und hetzte unter Flüchen einen Hiobswal* (sc. den mythischen Leviathan aus Hi 40,25–32; 41,1–26, d. V.) *rund um die Welt, ... an der Spitze einer Mannschaft, die sich hauptsächlich aus undurchsichtigen Gesellen, aus Verstoßenen und Menschenfressern zusammensetzte und die außerdem moralisch geschwächt war – nämlich durch die Unfähigkeit eines Starbuck mit seiner rechtschaffenen Tugend ohne Tatendrang, durch die unangreifbare, gutgelaunte Wurstigkeit und Waghalsigkeit eines Stubb und die alles durchdringende Durchschnittlichkeit eines Flask. Solch eine Mannschaft mit solchen Offizieren schien wie von einem teuflischen Schicksal handverlesen, um Ahabs monomanischer Rache zum Erfolg zu verhelfen. Wie es kam, daß sie so stark auf den Zorn des Alten ansprachen; welch böser Zauber von ihren Seelen Besitz ergriffen hatte, so daß sein Haß bisweilen beinahe der ihre schien, der Weiße Wal ihr Todfeind so sehr wie der seine; wie all das angehen konnte – was der Weiße Wal für sie war; wie sie in ihm auf eine dumpfe, unbewußte, dunkel ahnende Weise den großen Dämon gesehen haben mochten, der seine Bahn sanft durch die See des Lebens zieht – all das zu erklären, hieße tiefer zu tauchen, als Ismael es vermag. Der Bergmann, der unterirdisch in uns allen am Werke ist – wie können wir am stetig weiterwandernden, gedämpften Klang seiner Picke erkennen, wohin sein Schacht* (sc. sein Streb, d. V.) *führt? Wer spürte nicht den Zug am Arm, dem er nicht widerstehen kann? Welche Schaluppe kann still im Wasser liegen, wenn ein Linienschiff sie im Schlepptau hat? Ich für mein Teil ließ allem seinen Lauf und vergaß Zeit und Ort. Und doch konnte ich bei aller Unrast, dem Wal zu begegnen, in dem Untier nichts anderes sehen als tödlichstes Unheil.* (XLI 308–309)

Da kann ein einzelner, da kann jeder einzelne durchaus noch die Katastrophe herannahen sehen, die der Kampf gegen Moby Dick heraufbeschwören muß, und doch: als Teil dieser eingeschworenen Mannschaft, als Angehöriger dieser verschworenen Gemeinschaft, erlebt jeder den Zwang zum Dabeisein allemal stärker als die Verpflichtung zur Treue sich selbst und sogar Gott gegenüber. Das Rätsel, vor dem Ismael steht und das er weder für sich selbst noch für den Gang der menschlichen Geschichte zu lösen vermag, ergibt sich, wie er überraschend scharfsinnig ahnt, aus Mechanismen im Inneren der menschlichen Seele, die sich der bewußten Wahrnehmung weitgehend und der bewußten Kontrolle so gut wie vollständig entziehen. Diese Mechanismen besitzen eine individuelle Dimension in der Psyche Ahabs, sie besitzen aber auch eine soziale Dimension in der Psychologie der Masse. Auf beiden Ebenen haben wir inzwischen ein Stück weit zur Aufklärung beigetragen, doch müssen wir eingestehen: Alles, was wir bislang zu Tage gefördert haben, ist dazu geeignet, den Eindruck des Unheimlichen, Getriebenen, quasi Hypnotischen der ganzen Szene eher noch zu verstärken denn abzuschwächen. Wenn es schon zweifelhaft scheint, wie ein Mensch im Umgang mit sich selbst den schicksalhaften Teufelskreis aus Traumatisierung, Verdrängung, Übertragung und Wiederholung aus eigener Kraft durchbrechen könnte, so wird es jetzt noch schwieriger zu glauben, ein Einzelner sei imstande, sich dem Sog der Massenpsyche, gleich einem Schwimmer in starker Strömung, allein auf sich gestellt zu entziehen. Sicher falsch wäre es in jedem Falle, die Männer an Bord der *Pequod* selber für »pathologisch«, »paranoisch« oder für »pervers« zu erklären; es sind im Gegenteil psychisch recht robuste Burschen, die hier zu Opfern der zerstörerischen Getriebenheit ihres Kapitäns werden. Sie werden verführt, sie werden mißbraucht, indem sie ganz einfach angesprochen werden auf ihre besten Eigenschaften und Fähigkeiten: auf ihr berufliches Können, auf ihre Loyalität, auf ihre Solidarität, auf ihre Einsatzbereitschaft, auf ihre Tapferkeit . . ., und sie merken nicht, daß sie mit all dem reduziert werden auf ihre bloße Verwendbarkeit. Was sie als Personen sind, wird identisch mit dem, was sie tun; ihre Personalität wird austauschbar gegen ihre Funktionalität; darin besteht das Kernproblem[7]. Und doch, wann je wäre es anders gewesen? Wer außer dem genau beobachtenden Ismael hätte an Bord der *Pequod* – oder wo sonst – jemals danach gefragt, was in den einzelnen Personen vor sich geht – woher sie kommen –, welche Geschichte sie mit sich tragen, wie zum Beispiel der Harpunier Queequeg oder der Schmied Perth? Wie sollen Menschen, die überhaupt nur zur See fahren, um einen Teil ihrer selbst irgendwo am

»Festland« zurücklassen zu können, auf die Idee kommen, ausgerechnet jetzt, nach ihrer Anmusterung unter Ahab, besäßen sie als Individuen eine besondere Bedeutung? Wenn schon das Seerecht selber die bedingungslose Unterwerfung des Einzelnen unter das Diktat der Obrigkeit mit höchstem Anspruch verfügt und für »in Ordnung« befindet, woher dann sollen im Notfalle Kräfte zu Widerspruch und Widerstand erwachsen?

Zugeben muß man zudem, daß Ahab seine Arbeit als Verführer zumindest ebenso meisterlich angeht wie das gesamte Unternehmen Moby Dick. *Nirgendwo*, notiert Ismael, *zeigte sich Ahabs listiger Wahn... deutlicher als in dem unübertroffenen Gespür und der Gerissenheit, mit der er voraussah, daß die Jagd fürs erste jenes seltsamen, einfallsreichen Frevels entkleidet werden mußte, welcher sie unvermeidlich umgab;... daß seine Offiziere und Mannschaften auf ihren langen Nachtwachen etwas anderes, Näherliegendes haben mußten, an das sie denken konnten, als Moby Dick. Denn ganz gleich, wie gierig und unbändig die wilde Mannschaft auch gejubelt haben mochte, als er seinen Vorsatz verkündete: Alle Seeleute sind mehr oder minder launisch und unzuverlässig... so gilt es vor allem, sie in der Zwischenzeit mit Arbeit und Aufgaben zu packen und für den letzten Ansturm in einem Zustand gesunder, gespannter Erwartung zu halten.* (XLVI 348–349)

Vor allem weiß Ahab genau, daß man die Hochstimmung von Gefühlen nicht auf Dauer stellen kann. *Der ständige Gemütszustand des Dutzendmenschen, so dachte Ahab, ist gemein und gewöhnlich. Zugegeben, der Weiße Wal hat die Herzen meiner wilden Männer entflammt und zeugt im Spiel mit ihrer Wildheit gar eine gewisse Großmut in ihnen, ganz wie beim fahrenden Ritter – dennoch brauchen sie, wenn sie aus Lust und Liebe die Jagd auf Moby Dick eröffnen, auch Nahrung für ihre gemeineren alltäglichen Gelüste. Selbst die hochgemuten und ritterlichen Kreuzfahrer früherer Tage waren es... nicht zufrieden, für den Kampf um ihr Heiliges Grab zweitausend Meilen über Land zurückzulegen, ohne unterwegs Häuser auszurauben, Taschen zu leeren und weitere fromme Dreingaben einzustreichen. Wären sie streng an dieses eine, letzte, romantische Ziel gehalten worden – zu viele hätten diesem letzten Ziele angewidert den Rücken gekehrt. Ich will, so dachte Ahab, diese Männer auch weiterhin auf Bares hoffen lassen – auf bare Münze, aye.* (XLVI 349)

Wenn diese Gedanken Ahabs psychologisch zutreffen, wie es der Fall zu sein scheint, so ergibt sich aus ihnen etwas – gelinde gesagt – Erstaunliches. In der Ideologiekritik des 20. Jhs., gleich ob marxistisch oder (neo)liberalistisch, hat man stets betont, politisch-gesellschaftliche Projekte seien in Richtung der sie »tragenden« wirtschaftlichen Prozesse zu interpretieren, und besonders die Entstehung von Diktatur und Gewalt hielt man stets für das Resultat von Abhängigkeit und Ausbeutung; wenn in der arbeitenden Bevölkerung dann noch gar religiöse Ideen und idealistische Konzepte an die Stelle erfolgsorientierter Pragmatik (im Sinne von Geld- und Machtgewinn) zu treten drohten, so schien es klar, daß es sich dabei um den Reflex verschleierter Strukturen sozialer Herrschaft handeln müsse. Alle diese theoretischen Erklärungsmodelle finden indes ihre (zumindest teilweise) Widerlegung an den Vorgängen auf der *Pequod.*

Sogar im Sinne der »bürgerlichen« Moral der Nantucketer Schiffseigner bildete es ein Gebot der Sittlichkeit, zu sprechen, wie Starbuck es immerhin tut: Dem möglichen Vorwurf, er entziehe sich dem Feldzug gegen Moby Dick aus mangelndem Mut, begegnet er als einziger vollkommen korrekt und konsequent mit der nötigen Zivilcourage: *Ich habe genug Mut für sein schiefes Maul und selbst für den Rachen des Todes, Kapitän Ahab, wenn's mir bei unserem Handwerk so beschieden ist. Aber ich bin hierher gekommen, um Wale zu jagen, nicht um meinen Kapitän zu rächen. Wieviel Fässer wird dir deine Rache bringen, wenn sie dir denn gelingt, Kapitän Ahab? Sie wird dir wenig einbringen auf Nantuckets Markt.* (XXXVI 272–273)

Deutlicher kann man das Interesse an Gewinn und Besitz, inklusive der rechtlichen Regelungen, die gesellschaftlich sich mit den Fragen von Profit und Eigentum verbinden, wohl nicht ins Spiel bringen; – um derlei geht es »eigentlich« oder sollte es doch gehen. Auch Ahab selbst ist sich ganz und gar im klaren darüber, daß er sich bei seinem Vorgehen dem Vorwurf aussetzt, *sich das Schiff rechtswidrig angeeignet zu haben, und daß seine Mannschaft, so sie das wollte und vermochte, die rechtliche und moralische Handhabe besaß, ihm jeden weiteren Gehorsam zu verweigern und ihn sogar gewaltsam seines Kommandos zu entheben.* (XLVI 350) Er kann diese Gefahr nur wirksam steuern, indem er zugunsten seiner im Grunde revolutionären Zielsetzung die konservativen »Stilmittel« des Umgangs mit seinen Leuten verstärkt: er muß, um sein alles veränderndes Projekt durchzuführen, *am vorgegebenen und vorgeblichen Zweck festhalten…, zu dem die* Pequod *ausgelaufen war;* und so zwingt er sich sorgsam, *sämtliche althergebrachten Bräuche zu beachten und… all seinen bekannten, besessenen Eifer seinem gewöhnlichen Handwerk zu widmen.* (XLVI 350) Er, der den Walfang nur noch als Gelegenheit für die Tötung Moby Dicks betrachtet, muß so tun, als liege ihm an gefüllten Tranfässern und kostbarem Amber; er, der Geldinteressen völlig verachtet, muß Rücksicht nehmen auf die Profitgier seiner Mannschaft; er, der Geselligkeit zutiefst mißachtet, muß sich demonstrativ in den Mittelpunkt der

Aufmerksamkeit aller stellen. In allem muß er sich nach außen anders geben, als er es in Wirklichkeit meint und möchte.

Dabei verläuft die Dynamik dieser Doppelbödigkeit wohlgemerkt in genau umgekehrter Richtung, als sie in den kritischen Theorien angenommen wird: die »ideellen« Zielsetzungen kaschieren nicht die materiellen Interessen, vielmehr bilden die wirtschaftlichen Motive lediglich das verschleiernde Zugeständnis, um mit ihrer Hilfe ganz andere Ziele zu verfolgen. *Nantuckets Markt – pah!* schreit Ahab seinen Ersten Steuermann an. *Mann, wenn Geld das Maß aller Dinge sein soll und die Buchhalter ihr großes Kontor, den Erdball, ausgerechnet haben, indem sie ihn mit Guineen gürten, eine für jeden Drittelzoll – dann, so laß es dir gesagt sein, wird meine Rache reichlich Zinsen tragen – und zwar* hier! (XXXVI 273) In Ahabs Brust, nicht in äußeren Gegebenheiten schreibt offenbar das Schicksal den Spruch seines Orakels, so daß alle *Weissagungen, die von außen kommen,* im Grunde *Bestätigungen dessen* sind, *was im Innern vor sich geht. Denn,* erklärt Ismael, *wenn es kaum etwas Äußeres gibt, das uns zwingt, treiben uns die innersten Notwendigkeiten unseres Wesens doch weiter voran.* (XXXVI 275) Keinerlei materielle Not drängt, keinerlei materieller Vorteil winkt zur Tötung Moby Dicks; daß sie trotzdem versucht wird, ergibt sich einzig aus der Psychologie eines Mannes, der seine Person zur Psychologie aller ausdehnt.

Wie also »funktioniert« eine Diktatur? Aus der Ahab-Tragödie läßt sich lernen, wie wichtig es ist, die Äußerungen des Führers, seine *idée fixe,* ernst zu nehmen, statt sie als Fiktion abzutun; und das gleiche gilt für die *croyances fixes* einer Gruppe, für ihre *unveränderlichen Grundanschauungen,* für ihre Ideologie, für die mythische Form ihres Selbstverständnisses, die nach der Meinung bereits von GUSTAVE LE BON die *Psychologie der Massen* durchzieht[8]. Statt sich der geradewegs gefährlichen Illusion »richtiger«, theoriekonformer Erklärungen hinzugeben, sollte man den Menschen, mit denen man es zu tun hat, glauben, woran sie glauben, gerade auch, wenn diese ihre »Glaubensinhalte« wahnhafte Züge tragen. Selbst die Unmenschlichkeit einer Diktatur entstammt menschlichen Motiven, und sie zu verstehen erweist sich als die absolut notwendige Voraussetzung, um das Schlimmste zu verhindern.

Dabei ist es eindeutig, was *Ahab* bei der Tötung des Weißen Wals zu gewinnen hofft: erfüllte sich seine Rache, so käme er mit sich selber wieder in Einklang; so fände er Genugtuung für seine Leiden; so würde er der vollkommene Mensch, der zu werden ihn Krankheit und Wahn unentwegt antreiben. Was aber ist es, das *die Mannschaft der Pequod* bei all dem zu gewinnen hofft? Auf der einen Seite steht ein an Kummer und Schmerz irrsinnig gewordener Kapitän, dem das Leben seiner Leute so wenig gilt wie das eigene; auf der anderen Seite steht eine Mannschaft aus lauter mehr oder minder sympathischen Kerlen, die in reiner Selbstvergessenheit ihr Bestes zu tun gedenken. Was wollen *sie* erreichen, wenn sie sich zu willenlosen Werkzeugen des unumschränkten Herrschers ihres Schiffes machen? Was haben sie davon, daß sie im Grunde aller Habsucht abschwören? Auch bei dieser Frage läßt sich eine wichtige Einsicht gewinnen.

Es zählt zu den zentralen Fähigkeiten insbesondere der Mitglieder von *Männerbünden*, in Gefahr füreinander einzutreten und füreinander notfalls sogar das Leben zu opfern. Der Erhalt der Gruppe scheint für die Überlebensstrategien der Evolution weit wichtiger gewesen zu sein als der Erhalt eines Einzelnen. Demgemäß neigen alle Gruppierungen dazu, die auf dem »Feld der Ehre« Gebliebenen als Helden zu rühmen und sie der Nachwelt als Vorbilder zu empfehlen. Ein möglicher »Gewinn« der Selbstaufopferung im Kampf kann daher durchaus der Vorstellung entstammen, etwas Großes, allseits Anerkanntes, Erhabenes zu vollbringen und dadurch bleibende Größe im Gedenken späterer Generationen zu erringen. Doch wieder liegen an Bord der *Pequod* die Dinge gründlich anders. Ahab will nicht Ruhm einheimsen; auch seine Mannschaft will es nicht; es geht ihnen nicht darum, der Menschheit zu dienen. Ahabs Motive sind für derlei Sinnsetzungen zu narzißtisch und die seiner Mannschaft, bei Lichte besehen, nicht minder. Die Leute an Bord wollen sich als mutige Männer erweisen, das ist wahr; doch was sie dadurch gewinnen, daß sie Ahab Gefolgschaft leisten, ist gewiß nicht die Ehre eines Knappen an der Seite seines Ritters; es ist im Gegenteil: – die paradoxe Aufhebung der Angst.

Eigentlich sollten Furcht und Entsetzen die Männer ergreifen, als Ahab ihnen sein Angriffsziel: Moby Dick, enthüllt, und so wäre es auch, wenn man jeden einzelnen von ihnen fragen würde: Willst du es aufnehmen mit dem Weißen Wal? Jeder für sich allein würde sagen, daß man nur gut daran täte, dem legendären Mocha Dick davonzusegeln. Auch die Mannschaft als ganze würde so sagen, wenn sie ein eigenes Stimmrecht besäße – wenn sie einen »schwachen« Kapitän über sich hätte, der ihren Rat einholen müßte; für niemanden kann es »eigentlich« von vernünftigem Vorteil sein, Dutzende von leicht erlegbaren Walen schwimmen zu lassen, nur um sich mit dem schwierigsten und gefährlichsten Exemplar dieser Gattung anzulegen. Doch alles ist anders durch Kapitän Ahab. Selbst vor Moby Dick braucht man künftighin keine Angst mehr zu haben, weil und solange er das Kommando führt; wohl beweist Ahabs Verletzung, wie gefährlich dieser unheimlichste aller Wale ist; zugleich aber weist Ahabs Haltung den Weg, wie mit dieser allseits bekannten Tatsache zu verfahren ist: nicht Flucht, sondern Angriff heißt sein Kommando.

Genauer: Ahab fürchtet den Wal nicht mehr, weil er seine Angst in einen Haß umgewandelt hat, der ihn zum Angreifer seines Angreifers bestimmt. Ein Mann, der sogar Moby Dick nicht mehr fürchtet, hat die Furcht überhaupt besiegt. Selbst der Tod schreckt ihn nicht mehr. Selbst Hölle und Teufel sind nur noch Redensarten in seinen Flüchen – über den Wal. Wer sich ihm anschließt, taucht ein in die Form seiner Angstfreiheit, die nicht geboren ist aus Vertrauen, sondern gerade aus deren Gegenteil: aus dem Konzentrat von Wut, Empörung und Aggression. Und diese Angstfreiheit, wie Ahab sie vermittelt, ist der wahre Gewinn, den die Leute daraus ziehen, daß sie sich in sein Programm fügen. In der Identifikation mit Ahab hat die gesamte Mannschaft der *Pequod* Teil an seiner Art von Furchtlosigkeit.

Und der Effekt zeigt sich auf der Stelle. Die Realangst von einst weicht einer Euphorie, wie als wäre der Wal schon erlegt. Ausgelassen wird an Bord getrunken, getanzt und gelacht – und das alles unter der Regie dieses »schwermütigen« Kapitäns, der seinen Männern ein Gefühl schenkt, als sei der Tod getötet, die Unterwelt bezwungen und alles Böse überwunden. Eine geradewegs religiöse Verheißung geht da um, die in einem quasi sakramentalen Ritus magisch als bereits erfüllte Realität zelebriert wird[9]. Nach Art einer »schwarzen Messe« läßt Ahab die um ihn versammelten Männer aus einem Becher voll Grog trinken; vor ihm am Gangspill sind die Harpuniere mit ihren Eisen aufgestellt; die Steuerleute flankieren ihn mit ihren Wallanzen, und die restliche Mannschaft bildet einen Menschenring; auf Ahabs Geheiß kreuzen die Steuerleute ihre Lanzen, und während er deren Achse erfaßt, scheint es, als wolle er die Männer *mit einem Schlag in dieselbe feurige Erregung versetzen..., die sich in der Leydener Flasche seines eigenen, aufgeladenen Lebens angesammelt hatte.* (XXXVI 276) Mit der Leydener Flasche ging im 18. Jh. die Entdeckung der elektrischen Aufladung eines Kondensators einher, durch welche sich auch das Elmsfeuer auf den Rahnocken und Mastspitzen der *Pequod* erklären läßt: – Ahab selbst erweist sich hier schon als das kalte feurige Licht (seines Geistes), das ihm im Taifun (seiner Gefühle) die Bahn in den Untergang erhellen wird; doch tritt zur bloßen Psychologie in beiden Szenen jeweils die religiöse Magie einer gigantischen Selbstüberhöhung hinzu. SHAKESPEARES *Hamlet* ließ in jener Szene, da der Geist ihm die Freveltaten seines Oheims: Mord, Ehebruch und Blutschande, offenbarte (1. Akt, 5. Szene), seine Freunde Horatio und Marcellus auf das Schwert schwören, nichts von dem Gehörten zu verraten; ähnlich nun weiht Ahab seine Mannschaft in ein dunkles Mysterium ein, indem er die drei Steuerleute zu den drei *Mundschenks* für seine *heidnischen Blutsbrüder* (sc. die Harpuniere, d. V.) erklärt (XXXVI 276), für seine *Leoparden*, von denen er sagt: *sie planen nicht und beten nicht und leben doch wie wir und streben und geben keine Gründe für das Lebensfeuer, das in ihnen brennt!* (XXXVI 274) Gerade eine solche tierisch-dumpfe Bewußtlosigkeit aller Motive, eine solche Gedankenlosigkeit des Tuns, eine solche Blindheit des Gehorsams benötigt Ahab, und so muß er sie heiligen durch einen *Bund auf alle Zeit*, den die *Sonne* selbst *besiegeln* soll. *Trinkt und schwört, ihr Männer,* ruft er aus, *die ihr des Bootes Bug* (sc. als Harpuniere, d. V.) *mit Tod bemannt – schwört Tod dem Moby Dick! Gott soll uns alle miteinander hetzen, wenn wir nicht Moby Dick zu Tode hetzen!* Und alle heben die Stahlkelche ihrer Harpunen und verfluchen trinkend *lauthals* den Weißen Wal. (XXXVI 277)

Absolut zutreffend kann Ahab das Meisterwerk seiner magischen Massenpsychologie am Ende krönen mit der zufrieden-triumphierenden Feststellung: *Befehlen tue ich's euch nicht; ihr* wollt *es so.* (XXXVI 277) *Die Mannschaft, sieh doch nur, die Mannschaft!* murmelt er Starbuck zu, um dessen letzten Widerstand zu überwinden. *Ist sie nicht eins mit Ahab, was den Wal betrifft?... Dein einer... Schößling* (sc. des Widerspruchs, d. V.), *Starbuck, kann doch im Sturme nicht allein bestehn! Und um was geht's?... Es gilt, gemeinsam einen Wal zu töten, weiter nichts... Was ist denn schon dabei?* (XXXVI 274) Gruppenzwang, Solidarität und Kameradschaft machen schließlich sogar für Starbuck die mutwillige Selbsttäuschung akzeptabel, es handele sich bei der Kampfansage an den Weißen Wal nur um die Fortsetzung des Walfangs mit üblichen Mitteln – um etwas so Normales, daß es der ganzen hypnotisierenden, ideologisierenden und ritualisierenden Mystagogie zum Zusammenschweißen der Männer zur Masse eigentlich durchaus nicht brauchen würde. Die Unaufrichtigkeit des ganzen Arrangements, in welchem die Widersprüchlichkeit und Zerrissenheit von Ahabs eigener Psyche sich der Seele der Seeleute einflößt, wird sich niemals auflösen lassen.

Und mehr noch: die Angst »überwindung« durch eine quasi kultische Verehrung des »Führers« bezahlt sich, je länger sie währt, durch die wachsende Angst vor dem Führer. Es geht dabei nicht um die soziale Furcht vor Strafe, im Falle jemand einer Abweichung von dem Kurs auf den Weißen Wal überführt würde; es geht um die Angst, die sofort entsteht, sobald jemand sich innerlich von Ahab entfernt[10]. Da nur der Anschluß an Ahab die Angst vor dem Wal zu bannen vermag, läßt jeder Riß in der Beziehung zu diesem Einen die verdrängte Furcht, wie eine andrängende Sturmflut durch die Schwach- und Schadstellen eines Deiches, in die Seele strömen. Der durch Schwur und Magie per Identifikation verinnerlichte Ahab hat auf wahnhafte Weise in der Seele seiner Mannschaft alle Realangst zum Verschwinden gebracht, doch dafür ist er nun selber zu einer inneren und unentrinnbaren Angstquelle für sie geworden, und zwar ebenso schauervoll und phantastisch wie Moby Dick selbst. Dieselben Männer, die vor dem Wal zu Ahab fliehen, fliehen wiederum vor Ahab dem Wal entgegen, so als hätte die Thematik der Angst sich in eine Katze verwandelt, die eine Maus zwischen ihren zwei Vorderpfoten vor sich hertreibt, um zu beliebigem Zeitpunkt das Spiel zu beenden, indem sie ihr schreckliches, reißzähnebewehrtes Maul öffnet und ihre wohlfeile Beute verschlingt. Sozialpsychologisch sind die Männer mithin in demselben Teufelskreis gefangen, in dem Ahab sich mit seiner Fixierung auf Moby Dick zwischen Selbstverachtung und Selbstheroisierung bewegt. Eins zu sein mit Ahab bedeutet auch, so zerrissen zu sein wie er, so wahnhaft zu werden wie er, so dem Untergang entgegenzutreiben wie er. Vom Zeitpunkt an, da Ahab die Golddublone an den Großmast heftet, sind die Männer der *Pequod* Gladiatoren gleich, die bei ihrem Gang in die Arena ihrem Kaiser die letzte Reverenz erweisen: *Morituri te salutant:* – Die Todgeweihten grüßen dich.

So ist denn Ahab für seine Leute zu einem Kraftfeld geworden, das selbst die Kompaßnadel umpolt, indem *die magnetische Kraft... wie ein Funke aus* seinem *unbeugsamen Herzen auf ihre gleichgestimmten Herzen übersprang.* Die *Angst vor Ahab* ist *größer als* die *Angst* sogar *vor dem Schicksal.* (CXXIV 786) Und dieser Zustand wächst sich aus und hält sich durch bis zum Ende, ja, er *ist* das Ende. Noch am zweiten Tage der Jagd auf Moby Dick muß Ismael feststellen, daß seine Kameraden wie im Fieber *in Wallung geraten... Alle todbleichen Ängste und Vorahnungen, die manche zuvor befallen haben mochten, wurden von der wachsenden Furcht vor Ahab nicht nur verdrängt, sondern versprengt und in die Flucht geschlagen, wie ängstliche Präriehasen vor dem heranstürmenden Bison. Die Hand des Schicksals hatte ihre Seelen gepackt, und die aufwühlenden Gefahren des vergangenen Tages* (sc. des ersten Kampftages gegen Moby Dick, d. V.), *die Marter der nächtlichen Anspannung* (sc. der Sorge, Moby Dick zu übersegeln, d. V.) *und die verwegene, furchtlos beharrliche Fahrt ihres Schiffes, das blind und ungestüm seinem flüchtenden Ziel hinterherstampfte, riß alle Herzen mit. Der Wind, der*

seine Segel zu großen Bäuchen bauschte und der das Schiff mit unsichtbaren
Armen unaufhaltsam vorwärts trieb, schien Sinnbild jener unsichtbaren Wirk-
kraft, die sie wie Sklaven in das Rennen zwang. – Die Männer waren ein Mann,
nicht dreißig. Wie nämlich dieses eine Schiff, welches sie alle trug, zwar aus den
verschiedensten Dingen zusammengefügt war – aus Holz von Eiche und Ahorn
und Fichte, aus Eisen und Pech und aus Hanf –, die dennoch sich zu einem star-
ken Rumpf verbanden, der seine pfeilschnelle Bahn durchs Wasser zog, gehalten
und geleitet durch den langen Mittelkiel, so wurden all die Eigenheiten inner-
halb der Mannschaft – des einen Mannes Tapferkeit und des anderen Mannes
Furcht, des einen Schuld und des anderen Unschuld – verschweißt zu einer Ein-
heit und auf den verhängnisvollen Vorsatz ausgerichtet, den Ahab ihnen wies,
ihr einziger Gebieter und ihr Kiel. (CXXXIV 839–840)

Alles dies sieht Ismael, schreibt Ismael und muß doch feststellen, daß all
das, was sich in den anderen ereignet, sich ganz genau so in ihm selbst
abspielt. Es ist, wie wenn alle Erkenntnis und Selbsterkenntnis nichts weiter
zu tun vermöchten als die Aussagen von Geologen über die Aktivität eines
Vulkans: sie mögen ganz allgemein davor warnen, sich in seiner Nähe nie-
derzulassen, doch sind sie außerstande, den Punkt an der Erdoberfläche vor-
herzusagen, an dem die Bebenwellen aus dem Erdinneren ihr Epizentrum
besitzen, um ringsumher Tod und Verwüstung anzurichten; und schon gar
nicht können sie demjenigen helfen, über den das Verhängnis hereinbricht.

Ich, Ismael, war einer aus dieser Mannschaft, stellt er, erschrocken beinahe,
fest; *meine Schreie waren mit den ihren emporgestiegen; mein Schwur war mit*
dem ihren verschweißt, und ich schrie um so lauter und hämmerte und nietete
meinen Schwur um so fester an ihren ob der Furcht in meiner Seele. Ein wildes,
geheimnisvolles, sympathetisches Gefühl hatte sich meiner bemächtigt; Ahabs
unerbittliche Fehde schien die meine geworden. Meine gierigen Ohren lausch-
ten der Geschichte jenes mörderischen Ungeheuers, dem ich und alle anderen
Rache und Tod geschworen hatten. (XLI 296)

»Ich und alle anderen«! Es scheint so leicht, im Rahmen der »political
correctness« voller Verachtung von den Mitläufern, den Mittätern und den
Helfershelfern eines »menschenverachtenden Regimes« zu sprechen und sie
zu »Genies« der Anpassung zu erklären, die, weil ohne moralisches Verant-
wortungsbewußtsein, zu allem fähig seien. Doch wie soll ein derart ver-
urteilender Blick von außen denen »gerecht« werden, die sich, unter den
wechselnden Winden und Meeresströmungen der menschlichen Geschichte, an Bord einer Ahabschen *Pequod* befinden? Nicht einmal Ahab selbst
wäre richtig beschrieben, sähe man in ihm nur einen Monomanen und

Egomanen, dem es ganz egal wäre, was aus seiner Mannschaft wird. Wohl, selbst am dritten Kampftag noch, als die Tragödie sich ihrem Ende neigt, treibt er die Männer an zu äußerstem Einsatz: *Runter und anrudern, Männer!* schreit er die Bootsgasten an. *Dem ersten, der sich anschickt, aus meinem Boot zu springen, dem jag ich die Harpune in den Leib. Ihr seid nicht Menschen, sondern Ahabs Glieder, Arme, Beine, und gehorcht meinem Befehl!* (CXXXV 857) Doch zugleich will er das Schiff retten (CXXXV 860), das er in Erfüllung der dunklen Schicksalsdeutungen des Parsen Fedallah als eine *Bahre* treiben sieht, *aus Holz gezimmert, das in Amerika gewachsen* (CXVII 759–760; CXXXV 862), doch jetzt ist es zu spät. Jetzt ist das Entweder-Oder erreicht, auf das Ahab die ganze Zeit über zusteuerte. Nur noch Moby Dicks Tod könnte jetzt das Überleben der *Pequod* und ihrer Besatzung sichern. Doch ein Wesen wie der Weiße Wal ist nicht zu töten; und so endet Ahabs mörderisch-selbstmörderische Alternative im Untergang aller.

6. Die Steuerleute und ihre Harpuniere oder: Brechungen einer Persönlichkeit

Auf seine Mannschaft wirkt Ahab in dem Strudel der Massenpsychologie, deren energetisches Zentrum er bildet, wie eine opiatähnliche Droge, die alle Angst vergleichgültigt, oder, je nachdem, wie ein euphorisierendes, aufputschendes Amphetamin, das sie zu bedenkenloser Tollkühnheit antreibt; je länger die Fahrt der *Pequod* währt, desto stärker wird die Abhängigkeit aller von diesem ihrem Führer; und einzig der Untergang von Schiff und Mannschaft, gleichzeitig mit dem Tod von Ahab, erspart uns den Anblick der sonst unvermeidbaren Szenen der Massenhysterie, mit denen Völker, Kirchen oder Sekten den Tod ihrer vergöttlichten Leitfigur mit den »Entzugserscheinungen« des Gefühls völliger Leere und totalen Sinnverlustes zu begleiten pflegen, so als trügen sie sich selbst zu Grabe, wenn sie *ihn* begraben. Für Ismael ist die Aufführung dieser Tragödie wie ein seelischer Läuterungsprozeß, dessen kathartische Wirkung er allerdings nicht mehr beschreibt; daß er am Ende ohnmächtig in dem Sog kreist, der Ahab heißt, versteht sich allerdings von selbst, hat er sich doch schicksalhaft, nach Weisung des hölzernen »Kannibalen-Götzen« Jojo, gerade die *Pequod* mitsamt ihrem Kapitän zur Rettung aus dem Zustand seiner Depressionen »gewählt«. Was aber ist es mit den Offizieren an Bord: mit den Steuerleuten, und mit ihren Handlangern: den Harpunieren? Sie besitzen Charakter genug, um sich deutlich aus der Gleichförmigkeit der Masse herauszuheben, und doch wirken auch sie wie typisierte Reaktionsmuster auf Ahabs Wesen, wie Facetten in Ahab selber[1] – wie Wellen, die, dreifach gebrochen, von einer hohen Woge an sturmumtosten Klippen auf sich selbst zurückgeworfen werden.

a) Starbuck oder: Das schlechte Gewissen

Da steht an der Spitze der Erste Steuermann Starbuck. Er verkörpert den tödlichen Widerspruch, das unauslöschliche Bewußtsein für das Unrechtmäßige seines Tuns, den Schuldvorwurf des Überichs, den Ahab nicht nur in seiner Mannschaft, sondern vor allem in sich selber niederringen und zum Verstummen bringen muß, wenn er die Jagd auf Moby Dick an die Stelle seiner Beauftragung setzt, – wenn er wirklich die Befriedigung seines Hasses gegen die Forderung von Pflicht und Verantwortung stellt.

Starbuck ist ein redlicher, rechtlich denkender, religiös gebundener Mensch, und so stünde zu erwarten, daß ihm nicht der geringste Spielraum bliebe, mit Ahab zu paktieren. »*Man muß Gott mehr gehorchen als den Menschen*« (Apg 5,29) – war das nicht sinngemäß der Gedanke, den Vater Mapple Vin der Kirche von New Bedford den Seeleuten zur Ausfahrt als eiserne Ration mitgeben wollte? Immer stellt sich im Rückblick auf den Zusammenbruch einer Diktatur, angesichts der Leichenfelder eines verlorenen (!) Krieges, die Frage nach der Rolle der Religion im Rahmen der jeweiligen Gesellschaft; gern hörte man von dem tapferen Widerstand, den sie, als es darauf ankam, gegen den verordneten Gottesverrat an den Menschen geleistet hätte, doch niemals vernimmt man mehr als ein schwächliches Starbuck-Zaudern und Starbuck-Zurückweichen. Am Ende hat man, manchmal sogar zur rechten Zeit, wie Starbuck in der Schwurszene (*Moby-Dick*, XXXVI 271–278), meistens verspätet, wie in der Kajüte (CIX 728–729), fast immer zu schwächlich, weil nicht entschieden genug, das Richtige gesagt und dann doch das Falsche getan. Man hat mitgemacht, obwohl man ganz genau wußte: was da geschah, war nicht nur verkehrt, es war vor Gott und den Menschen verboten. Niemals, meinte IMMANUEL KANT, habe das Recht sich an die Politik anzupassen, stets die Politik an das Recht. Doch wie weit entfernt von der Klarheit der Aufklärung vor mehr als 200 Jahren ist das religiös-moralische Bewußtsein gerade der »Steuerleute« der Gesellschaft selbst in unseren Tagen? Woher stammt die chronische, die offenbar strukturelle Schwäche der Religion und des Rechts in den Turbulenzen der menschlichen Geschichte?

Es mutet an, als ob Ismael beim Anblick der Ohnmacht eines Mannes wie Starbuck sein eigenes Gebrechen beklagen wollte, wenn er schreibt: *es ist... überaus betrüblich, nein, mehr noch, erschreckend, den Niedergang seelischer Stärke zu enthüllen. Menschen mögen im Verbund von Aktiengesellschaften und Nationen abscheulich wirken; es mag Schurken, Narren und Mörder unter ihnen geben; Menschen mögen gemeine und mickrige Visagen haben, aber der Mensch ist seinem Ideal nach ein so edles und funkelndes, ein so großartiges und strahlendes Geschöpf, daß all seine Mitmenschen herbeieilen sollten, um einen etwaigen Schandfleck mit ihren kostbarsten Gewändern zu bedecken.* (XXVI 202) Genau das aber ist kaum möglich, wenn man die Problematik verstehen will, die in Starbucks Person ihre typische Ausprägungsform findet.

Der etwa 30 Jahre alte ausgedörrte, sehnige Starbuck wird geschildert als ein *gelassener, unerschütterlicher Mann*, der *ungewöhnlich gewissenhaft* denkt und handelt und von *einer tiefen Ehrfurcht vor der Natur* durchzogen ist, doch geprägt auch von einem *starken Hang zum Aberglauben.* (XXVI 200) Da sein Vater und sein Bruder bereits beim Walfang ums Leben gekommen sind, liegt ihm nicht an irgendeinem romantischen Heroismus; es braucht ein gerüttelt Maß an Mut, um Wale zu erlegen, doch braucht es auch ein gewisses Maß an Besonnenheit, um diesen ungeheueren Wesen nicht im Kampf zu erliegen. Starbuck vereinigt beide Haltungen auf vortreffliche Weise. Und dennoch wirkt der gleiche Mann, der unerschrocken *im Kampf mit Wasser, Wind und Wal* seinen Mann zu stehen weiß und der *vor dem wirren, gewöhnlichen Grauen der Welt keinen Zoll* zurückweicht (XXVI 201–202), wie gelähmt im Gegenüber Ahabs. In einem erschütternden Monolog versucht Starbuck, sich Rechenschaft über seine Lage zu geben: Gebunden an einen Führer, den er für irrsinnig hält, beherrscht von einem Willen, der stärker ist als alle Vernunft, haßt er den alten wölfischen Mann und hat doch zugleich Mitleid mit seinem düsteren Schmerz. Er hält Ahabs Vorsatz für himmelschreiend, und so bittet er Gott, ihn zu vereiteln; in sich selbst fühlt er ein unergründliches Grauen: gehorchen zu sollen im Aufbegehren, loskommen zu wollen von einer Trosse, die er nicht durchschneiden kann, zu spüren, wie seine *Uhr... abgelaufen* ist und wie ihm doch *der Schlüssel* fehlt, um sein *Herz, das alles richtende Gewicht, jetzt wiederaufzuwinden...* (XXXVIII 282) Es ist eine verzweifelte Ausflucht, wenn er sich einredet, daß der Wal in den grenzenlosen Weiten des Pazifiks sich so leicht verlieren könnte wie ein Goldfisch, – vielleicht verfehlt ihn Ahab ja, und alles bleibt ein Alptraum, der sich niemals aufführt! Es ist die ewige

»Hoffnung« all derer, die deutlich sehen, welch ein *gottvergessenes Ziel* ihr Führer verfolgt, und die doch spüren, daß sie ihm *helfen müssen, es zu erreichen.* (XXXVIII 282) Stets harren sie letzten Endes dann doch noch auf ein glückliches Entrinnen, aber die Wahrheit ist immer wieder die gleiche: Wer nicht entschieden genug und rechtzeitig sich weigert, wird sich alsbald selber verraten müssen, um nicht seinen Führer und dessen Befehl zu »verraten«.

Die unvermeidbare Konfrontation spitzt sich in jener Szene zu, als Starbuck seinem Kapitän das Lecken der Tranfässer in der Last melden muß und dieser sich selbstherrlich und pflichtvergessen weigert, die Ladung zu retten. *Einem jüngeren Mann als dir würd ich das nicht verzeihen*, hatte damals Starbuck erklärt, ... *und einem glücklicheren auch nicht.* Der ganze Widerspruch zwischen Bindung und Ablehnung, zwischen Mitleid und Moral liegt in diesem einen Satz. Kann man einem Menschen den Rücken kehren, der als ein offenbar Kranker so sehr der Hilfe bedarf? Nachsichtig geht Starbuck erneut auf den alten Mann zu: *Wollen wir uns ab jetzt nicht besser verstehen, Kapitän Ahab?* Der aber hatte *eine geladene Muskete* aus dem Wandhalter gerissen, um seinen Ersten Steuermann aus der Kajüte zu jagen. Darf man einem Menschen bei der Erfüllung seiner Absichten helfen, der so heillos an dem Falschen hängt? *Das nenn ich höchst behutsam sich erdreisten*, kommentiert Ahab höhnisch das schwächliche Verhalten seines wichtigsten Offiziers. (CIX 729) Und er weiß, daß er künftighin auch auf diesen einen, *der jemals gewagt hatte, ihm auf eine Art Widerstand zu leisten, die man mit gewisser Berechtigung entschieden nennen könnte,* sich persönlich absolut wird verlassen können. Als er sich zum Beispiel in einem Korb zum Großtopp aufheißen läßt, um selber den Ausguck zu stehen und als erster den Weißen Wal zu erspähen, bestellt er keinen anderen als gerade Starbuck, um den Läufer (das lose Tauende einer Talje) an der Reling zu belegen und bei dem Gewirr von laufendem Gut an Deck darüber zu wachen, daß dieses Tau nicht mit einem anderen verwechselt und versehentlich losgeworfen wird: *ausgerechnet diesen Mann* wählt Ahab *zu seinem Leibwächter* und legt *sein Leben bereitwillig in die Hände eines Menschen...,* dem er ansonsten mißtraute. (CXXX 814) Und dieses Vertrauen ist berechtigt.

Zur Art eines Starbuck würde es ganz und gar nicht passen, hinterhältig einen Unfall zu arrangieren, um seinen Kapitän auszuschalten. Zu einem offenen Aufstand aber gebricht es ihm an Kraft, besser: an innerer Erlaubnis. Der entscheidende Augenblick kommt, als der Taifun sich gelegt hat und im Rigg drei Ersatzsegel angeschlagen und gereeft worden sind; da stellt der Rudergänger beim Blick auf die Kompaßnadel überrascht fest, daß, wenn er weiter den befohlenen Kurs hält, der ehedem widrige Wind als eine schöne Brise von achtern hereinweht; rasch also werden die Rahen getrimmt, und Starbuck steigt zur Kapitänskajüte hinab, um Ahab die gute Nachricht zu überbringen, – er weiß noch nicht, daß das Elmsfeuer die Kompaßnadel umgepolt hat. Im Schein der hin und her schwingenden Kajütenlampe erkennt er die geladene Muskete wieder, die der Alte vormals in seinem Zorn auf ihn gerichtet hatte. Soll er ihm wirklich den günstigen Wind melden? Was überhaupt heißt günstig bei einer mutwilligen Fahrt in *Tod und Verderben*? So wie Ahab beinahe seinen Ersten Steuermann getötet hätte, so steht er allem Anschein nach im Begriff, seine ganze Mannschaft zu töten. *Soll ich,* fragt sich deshalb Starbuck, *zahm und zaudernd zusehn, wie dieser irre Alte eine ganze Mannschaft mit sich ins Verderben reißt?* Und er überlegt weiter: *Würd man ihn also just in diesem Augenblick – beseitigen, er könnte das Verbrechen nicht begehen.* (CXXIII 781) Ahab liegt schlafend da, und er regt sich in Träumen; diesen Moment müßte Starbuck nützen, wollte er gegen seinen Kapitän vorgehen; denn ist der alte Mann erst einmal erwacht, so wird er auf keinen noch so vernünftigen Rat hören; er wird wieder seine Befehle geben, und die Männer werden ihm gehorchen, verpflichtet durch Scheu, Gehorsam und Schwur. Doch was soll Starbuck tun? Er könnte versuchen, Ahab gefangenzusetzen; doch wie würde die Mannschaft darauf reagieren? Und was wäre anzufangen mit einem Ahab, der *gefesselt… mit Tau und Troß,… noch grausiger* wäre *als ein Tiger im Käfig?* So also geht es nicht. Aber ein Mord? Ist ein solches Tun gerechtfertigt? Ist es mitunter sogar gefordert? *Ist der Himmel ein Mörder, wenn sein Blitz einen künftigen Mörder im Bette erschlägt und das Laken zum Leichentuch wird?* fragt sich hilflos und ratlos der allein auf sich gestellte Starbuck. (CXXXIII 782)

Selten ist in der Weltliteratur das Problem des Tyrannenmordes so eindringlich aufgeworfen worden wie in dieser Szene, und fast möchte man jene Zeit wohl beneiden, die immerhin solche Skrupel noch kannte; – wir selber mittlerweile leben längst in einer Ära der präventiven Kriege, des Tötens auf bloßen Verdacht hin, des Diktats des »Rechts« aus dem Mündungsfeuer der jeweils stärksten »Muskete«. Doch was ist zu tun, wenn alle Begriffe, selbst die der Verantwortung und der Verpflichtung, zueinander widersprüchlich werden? Ist es nicht *ein befremdlich böser Gedanke*, der sich da regt in Starbucks Herzen, wenngleich *eng verquickt mit unverfänglichen und gar guten Absichten?* (CXXIII 780) Oder verhält es sich gerade umgekehrt: daß es ein bloßes Zeichen der Schwäche ist, sein Gewissen »rein« erhalten zu wollen, wo es gälte, entschlossen zu handeln? Und wie steht es um Starbucks Beweggründe? Ist es ihm wirklich um die Mannschaft zu tun, oder möchte er nicht lediglich seine Mary und seinen Jungen in Nantucket wiedersehen? Oder bilden vielleicht sogar auch diese Motive nur einen Vorwand, die eigene Haut zu retten?

Das Furchtbare bleibt, daß in einer Situation wie dieser all die Gesetze, die am »Festland« so unverbrüchlich klar zu sein scheinen, offenbar ihre Gültigkeit verloren haben. *Ich stehe hier allein auf offner See*, muß Starbuck sich zugeben, *zwei Ozeane* (sc. der Atlantik und der Indik, d. V.) *und ein ganzer Kontinent* (sc. Afrika, d. V.) *sind zwischen mir und dem Gesetz.* (CXXIII 782) Als schwankend und abgründig wie das Meer erweist sich nun alles, worauf Starbuck vormals so fest und sicher zu stehen vermeinte. Was also soll er tun?

Paradoxerweise könnte gerade die Einsamkeit, auf die Starbuck sich zurückgeworfen sieht, dem Steuermann die Richtung weisen; denn eben darin, daß es nicht möglich ist, irgend jemand anderen um Rat zu fragen oder sich auf irgend etwas außerhalb des eigenen Gewissens zu berufen, liegt die Anforderung, nunmehr selbst zu entscheiden. Für ein Problem, wie es Starbuck lösen soll, gibt es von vornherein kein übergeordnetes ethisches oder juristisches Regelwerk, in dem man nur nachzuschauen brauchte, um – aha! – das zweifelsfrei Richtige zu finden. Für den absoluten Ausnahmefall existieren keine allgemein gültigen Gesetze; in einer vollkommen singulären Situation kann nur der Einzelne selber herauszufinden suchen, was für ihn geboten oder verboten ist, und wie immer er sich entschließt, – er muß dafür die volle Verantwortung übernehmen. Würde Starbuck die Muskete abdrücken und Ahab töten, so wäre er vor dem Gesetz ein Mörder und Meuterer, und es wäre mehr als fraglich, ob irgendein Gericht der Welt ihn später freisprechen würde. Noch hat Ahab nichts getan, für das man ihn töten müßte; noch ist selbst der Untergang der *Pequod* nur eine Mutmaßung – die bloße Befürchtung eines übervorsichtigen und übergewissenhaften Mannes womöglich. Doch auch im umgekehrten Falle liegt die Schuld nicht weit, ja: wiegt sie nicht schwerer? *Großer Gott, wo bist du? Soll ich? Soll ich?* fragt verzweifelt der Erste Steuermann der *Pequod* und vernimmt keine Antwort. *Wie der Arm eines Trunkenen*, berichtet Ismael, *schlug die Muskete, die immer noch auf Ahab gerichtet war, gegen das Türholz. Es war, als würde Starbuck mit einem Engel ringen. Dann aber wandte er sich ab, stellte das Todesrohr wieder in seinen Halter und ging zurück an Deck.* (CXXIII 782–783) Er wird es Stubb überlassen, den Alten zu wecken und ihm Meldung von dem plötzlich raumen Wind zu machen. Und doch wird ein schlechtes Gewissen ihn begleiten: Statt sich zu stellen, ist er zurückgewichen, ist er ausgewichen. Er hat den Konflikt nicht gelöst, er hat ihn vertagt, und die Schwäche, die ihn dazu trieb, wird weiterwachsen.

Wohlgemerkt: Kein Militärgericht und kein Zivilgericht wird Starbuck irgendeinen Vorwurf aus seiner Unentschlossenheit machen. Als Tyrannenmörder hätte er ohne Zweifel alsbald eine ganze Welt von Juristen und Moralisten gegen sich, und eine »Rechtfertigung« würde ihm gewiß nur im »Erfolgsfalle« zuteil: Er müßte klipp und klar darlegen können, daß eine Rettung des Schiffes wie der gesamten Mannschaft nur möglich gewesen sei, indem er einen für sich selbst und alle anderen gefährlichen Rechtsbrecher unschädlich gemacht habe; – einen Rasenden, einen Amokläufer zur See, hat er daran gehindert, sein Werk zu vollenden! Stünde es so, stünde Starbuck sogar als Held dar. Mißriete indessen sein Aufstand – und sei es durch einen beliebigen Zufall: Ahab wachte eine halbe Minute zu früh auf, oder Starbuck behielte mit seinen Warnungen unrecht, Ahab obsiegte am Ende wirklich über den Wal –, so stünde es, selbst moralisch und rechtlich, ganz einfach schlimm um einen Mann, der vergeblich versucht hätte, einen Stärkeren zu überwinden. Nichts in der menschlichen Geschichte scheint derart verurteilenswert wie eine erfolglose Revolution. Siegreich, mag sie die alten Tafeln zerbrechen und neue Gesetze in neue Steine meißeln, bestätigt durch den gültigen Wandel der Ordnung, den sie herbeigeführt; unterlegen aber, wird die alte Ordnung zu ihrer eigenen Restabilisierung an ihr ein Exempel statuieren. *Vae victis* – »wehe den Besiegten«, pflegten in solchen Fällen die alten Römer zu sagen.

Rein praktisch liegt in solchen Erwägungen zweifellos ein Impuls zur Rücksichtslosigkeit in der Wahl der Mittel: Eine Tat, deren Erfolg ihre einzige Rechtfertigung bildet, *muß* unter allen Umständen »erfolgreich« sein. Doch was heißt da »Erfolg«? Er bedeutet im Falle Ahab den ausgeführten Mord an einem Menschen, der selbst tief verletzt und verzweifelt ist; er bedeutet, gar nicht so paradox gesprochen, Ahab überwunden zu haben mit Ahab. Denn so wie dieser mit den Mitteln der Verstellung und mit seiner fast hypnotischen Faszination eine ganze Mannschaft in das Programm seines Mordplans an Moby Dick als dem Symbol von allem Bösen zu zwingen weiß, so müßte Starbuck die ganze Mannschaft hinter sich bringen mit dem Ziel, Ahab unschädlich zu machen: gefesselt – getötet, verhaftet – vernichtet, gleichviel! Der Unterschied zwischen Ahab und Starbuck wäre in diesem Falle nichts weiter als eine Differenz in der Zeit: während Ahab mit seinen Rachephantasien auf etwas bereits Geschehenes antwortet, würde Starbuck einer Möglichkeit in der Zukunft vorgreifen; gleichermaßen jedoch würden beide der gleichen Mechanik von Gewalt und Gegengewalt unterliegen, beide blieben sie Sklaven desselben Systems von Vergeltung und Angst, von Angst und Vergeltung. Ahab erschiene in dieser Sicht als ein Starbuck im Nachtrab, als jemand, der das Ungeheuerliche damals nur nicht hätte verhindern können und statt dessen jetzt eine unendliche Kampagne ruinöser Vergeblichkeit inszeniert; Starbuck indessen erschiene als ein Ahab der Avantgarde, der das Ungeheuerliche schon im vorhinein zu verhindern suchte; beide verhielten sich zueinander wie Spiegelbilder, gebunden an dasselbe Gesetz der Gewalt, nach welchem am Ende immer nur einer: »Moby Dick«, Sieger sein wird. Doch welch einen »dritten Weg« sollte es geben?

Das Merkwürdige ist, daß die Problematik eines Starbuck die gesamte moralisierende und justifizierende Auskunftei der fertigen Antworten durchschlägt[2]. Solange die Frage lautet: »Was soll ich tun?«, findet sich für Starbuck keine Antwort. Die Frage, die als viel wichtiger im Raum steht, die aber Starbuck sich bezeichnenderweise gar nicht erst stellt – allenfalls Ismaels Schilderung deutet sie an –, lautet unausweichlich: Wer bist du selbst, (als) Starbuck? Das System der Ethik ist zerbrochen, die Bewertung durch die menschliche Geschichte fragwürdig; das einzige, was bleibt, ist die eigene Person. Nur was sie ist, nur was sie will, gehört ihr selbst. Mögen die Richter der ganzen Welt über einen Einzelnen zu Gericht sitzen, – all die Maßstäbe, nach denen sie urteilen, sind unzureichend, weil außerstande, die Not eines Menschen in Starbucks Situation tief genug zu erfassen.

Doch nun das Entscheidende: diese radikale Vereinzelung, diese Relativierung aller Maßstäbe von außen, ergibt sich nicht aus einem Feld subjektiver »Gleichgültigkeit«, sondern aus einer Form von Verantwortung, die bis an die Grenzen der Moral vordringt – und sie überschreitet. *Moralisch* ist es fortan buchstäblich »gleichgültig«, wie Starbuck sich verhält, – schuldig wird er allemal. Wohl, im letzten gibt es niemanden, der ihn nicht verurteilen müßte, stünde er gegen Ahab auf, im letzten aber gibt es auch niemanden, der ihn freisprechen könnte, bliebe er weiter »in Dienst«. So oder so, Starbuck muß sich entscheiden. Gerade die moralische Zweideutigkeit seiner Lage verlangt die Eindeutigkeit seiner Stellungnahme. Er kann, aus Verantwortung (!), zu Meuterei und Mord schreiten, im Willen, das Leben der Mannschaft zu retten (oder auch nur die Interessen der Schiffseigner zu vertreten); er kann sich in Ahabs Befehle und Pläne fügen, – vorausgesetzt, er gelangte zu der Überzeugung, damit einer großen gemeinsamen Sache zu dienen; in jedem Falle werden quälend genug die Bedenken bestehen bleiben, daß es eine »objektiv« richtige Entscheidung nicht gibt; um so mehr aber müßte Starbuck dahin gelangen, *sich selbst* zu entscheiden und zu seiner Entscheidung zu stehen. Der Erste Steuermann der *Pequod* muß *wählen*, wohin die Reise seines Lebens gehen soll, und die Art seiner Wahl wird erweisen, wer er ist. Nicht über richtig und falsch hat er zu befinden, sich selbst muß er finden, sein eigenes Sein. Doch genau dazu ist Starbuck nicht imstande. Er drückt sich an der notwendigen Entscheidung vorbei. Und so bleibt er aus Angst, moralisch schuldig zu werden, existentiell *alles* schuldig; und die Unentschlossenheit seines Handelns offenbart nur die Zerrissenheit seines Seins.

Wie sehr der Erste Steuermann der *Pequod* sich über diesen Konflikt im klaren ist und darunter leidet, zeigt der erschütternde Monolog, den er am Großmast führt: *Ich glaub, ich sehe wohl sein gottvergessenes Ziel,* klagt er dort über Ahab, *und spüre doch, daß ich ihm helfen muß, es zu erreichen. Ob ich will oder nicht, ein Unaussprechliches hat mich an ihn gebunden ... Ach, klar und deutlich sehe ich, welch elende Rolle mir dabei zukommt – zu gehorchen, auch im Aufbegehren, und, schlimmer noch, zu hassen mit dem Hauch von Mitleid! In seinen Augen nämlich steht ein düstrer Schmerz geschrieben, der mich versengen würde, wenn ich ihn verspürte. Indes, ich hab noch Hoffnung. Die Zeiten und Gezeiten, sie nehmen ihren Lauf ... Sein Vorsatz schreit zum Himmel – mag Gott ihn noch vereiteln.* (XXXVIII 282)

Unentschlossener als in diesen Worten kann ein Mensch sich nicht zeigen; – am Ende soll Gott für ihn tun, was er selbst zu tun sich nicht getraut. Freilich: nur weil Starbuck ein menschlich so großes Format besitzt, treten die Risse seiner Persönlichkeit derart deutlich hervor. An Bord der *Pequod* ist er der einzige, der zumindest die Gefahren erahnt, in die Ahabs Wahn seine Gefährten hineintreibt; und kann man es einem Menschen von außen zum Vorwurf machen, daß er die Tragik einer bestimmten Situation durchaus zu begreifen, doch nicht ihr standzuhalten vermag? Kann man erwarten, daß die seelische Entwicklung eines Menschen stets mit der Höhe der Herausforderungen Schritt hält, in die das Leben ihn führt? Selber allerdings muß Starbuck sich anlasten, im entscheidenden Augenblick »versagt« zu haben durch Nichts-Sagen, durch Nichts-Tun, durch persönliches Nicht-Sein; und gerade diese Last kann ihm niemand abnehmen. Im Grunde ist Starbuck mit der Größe und Qual seiner Freiheit in einen ganz und gar religiösen Raum gestellt. In diesem Raum gehört er niemandem mehr; in diesem Raum ist es ungehörig, nur »gehörig« und »gehorsam« sein zu wollen; in diesem Raum müßte eine neue Art des »Gottesgehorsams« gelebt werden. Doch wie steht es in gerade diesem Punkte mit Starbuck?

Nicht zufällig hebt Ismael die religiösen Züge an dem Ersten Steuermann der *Pequod* hervor, aber es handelt sich um eine Art von Religiosität, die eben das nicht zuläßt oder ermöglicht, was die Beziehung eines Menschen zu Gott »eigentlich« vermitteln sollte: eine Stärkung der eigenen Persönlichkeit in dem Vertrauen, in all den Schwankungen und Wechselfällen des Lebens im Absoluten berechtigt und getragen zu sein. Noch während Ismael mit seinem »heidnischen« Freund Queequeg auf der *Pequod* anmusterte, gelang ihm der Durchbruch zu einer wichtigen Einsicht: daß der Glaube an Gott nicht an den Vorurteilen und Dogmen der jeweiligen Religionsform begrenzt werden kann oder, positiv gewendet, daß Religion und Menschlichkeit einander wechselseitig bedingen. In *Weißjacke* (XXXV 737) heißt es sogar, *vom religiösen Gesichtspunkt sei auch etwas gerechtfertigt, was rechtlich als ›Akt der Meuterei‹ bezeichnet* werde: daß nämlich *jeder ... das moralische Recht* besitzt, sich *bis zum Äußersten* drohendem Unrecht, zum Beispiel einer willkürlichen Auspeitschung, zu widersetzen. Gerade eine solche Einsicht aber bleibt ganz ohne Folgen für Starbuck. Für den Ersten Steuermann drückt die Religion nicht die Befreiung des Menschen aus, sondern vielmehr seine Abhängigkeit von den Mächten der Natur. Das »Abergläubische« in dem Glauben Starbucks ist nicht eine Nebenerscheinung seiner Religiosität, es ist deren eigentlicher Inhalt. Mit anderen Worten: Starbucks Frömmigkeit entspricht ganz der Haltung, welche die Religionskritik bereits im 19. Jh. als ein Mißverhältnis des Menschen zu der ihn umgebenden Natur zu überwinden versucht hat – als ein Verhältnis der Angst und der Unwissenheit. Eigenartigerweise (oder bezeichnenderweise) aber bedarf Starbuck geradezu dieser »unaufgeklärten« Form von Frömmigkeit. Unfähig zu einer persönlichen Entscheidung, verwandelt er die Natur in eine projektive Form der Selbstwahrnehmung; statt Weisheit in sich selbst zu suchen, hält er Ausschau nach Weisung draußen in Blitz und in Donner, in Wind und in Wellen; und statt seinen eigenen Willen zu festigen, verwandelt er die Mächte der Natur in ein Geheimkabinett göttlicher Vorherbestimmungen und Entschließungen. Die sonderbare Unsicherheit des Ersten Steuermanns der *Pequod* tritt an dieser Stelle besonders deutlich in Erscheinung.

Jeden noch so erfahrenen Seemann wird Angst überfallen, wenn ein Taifun das Meer ringsum in einen Kochkessel schäumender Wogen verwandelt. Wie aber mit dieser Angst umgehen? Einem Mann wie Stubb bietet sich nur eine neue Gelegenheit, seine unerschütterliche Frohnatur unter Beweis zu

stellen, indem er seinen *Spaß* in einem *Liedchen* äußert, mit Versen von der
Güte:

> *Der Sturm spielt auf zum Tanz,*
> *Der Wal scherzt, auch er kann's,*
> *Und wedelt mit dem Schwanz...*

Und:
> *Das Schiff im Sturm versinkt,*
> *Es lacht sich eins und trinkt*
> *Sein Eierbier und singt...*
>
> (*Moby-Dick*, CXIX 766)

Ein solcher »Humor« geht dem ernsthaften Starbuck verständlicherweise
auf die Nerven: – Stubb solle den Mund halten, wenn er wirklich Mut habe;
der aber verteidigt sich: er habe nie behauptet, »mutig« zu sein, er werde
weitersingen. Doch der Konflikt zwischen dem Ersten und dem Zweiten
Steuermann auf der *Pequod* hat nicht (nur) mit Unterschieden in Temperament und Charakter zu tun, hinter ihnen versteckt sich eine vollkommen
verschiedene Wahrnehmung der Wirklichkeit. Für Stubb ist der Taifun
nichts weiter als ein gefährlicher Sturm, auf den er antwortet, indem er sozusagen pfeifend wie Klein-Hänschen in den dunklen Keller geht; auf Starbuck
aber wirkt, weit schrecklicher noch als die bloße Realangst, die Unheimlichkeit der Hinweise, die ihm der Sturm zu geben scheint. *Du toller Narr!*
schreit er Stubb an. *Hast du keine Augen im Kopf? Dann sieh mit den meinen!... Merkst du nicht, daß der Sturmwind aus Osten kommt, und ist nicht
Ost genau der Kurs, den Ahab steuern will, um Moby Dick zu treffen? Genau
der Kurs, auf den er heut mittag gegangen ist? Jetzt schau dir sein Boot da
drüben an: Wo ist es zertrümmert? In der Heckducht, Mann, dort wo er
gewöhnlich steht... Den Sturm, der jetzt auf uns einhämmert, uns zu zerschmettern, den können wir in einen günstigen Wind verwandeln, der uns
heimwärts treiben wird. Dort drüben, in Luv, ist alles finsterstes Verhängnis,
doch in Lee, Richtung Heimat, da hellt es sich auf, wie ich seh, aber nicht durch
die Blitze.* (CXIX 767)

Indem Starbuck auf diese Weise die Natur in einen Spiegel seiner Ängste
und Befürchtungen verwandelt, wird er tatsächlich zu Ahabs eigentlichem
Widersacher. Denn auch Ahab betrachtet die Natur projektiv als erfüllt von
geheimnisvollen Weisungen; doch während ihm das Elmsfeuer ein gutes
Vorzeichen zu sein scheint, dessen *weiße Flamme... den Weg zum Weißen
Wal* erleuchtet (CXIX 770), erkennt Starbuck gerade darin eine überaus

dringliche Warnung Gottes: *Gott – Gott ist wider dich, alter Mann!* beschwört er den Kapitän. *Laß ab! Dies ist eine schlimme Reise, schlimm begonnen, schlimm verlaufen! Laß mich die Rahen vierkant brassen, solange es noch geht, alter Mann, und uns mit günstigem Winde heimwärts segeln.* (CXIX 773)

Man kann nicht behaupten, daß Starbuck mit solchen »Argumenten« den Himmel bemüht, um seinen Kapitän zu beeindrucken, – nichts an seinen Worten ist einfach nur vorgeschoben; er glaubt persönlich ganz und gar an das, was er sagt. Und doch zeigt sich gerade darin die Unhaltbarkeit, ja, die Unentschuldbarkeit eines derartigen Typs von Religiosität: Statt daß sein Gott ihm hilft, sich selber zu entscheiden, benötigt Starbuck einen Gott zur Kaschierung seiner Entscheidungsschwäche; den fehlenden Anteil seines Ichs verlegt er in die Gottheit, auf daß sie Ahab sage, was er in eigener Person ihm nicht zu sagen wagt; und so schreibt seine Frömmigkeit lediglich den Status der eigenen Selbstentfremdung fest: der äußerlich »redende« und »eingreifende« Gott, diese Lieblingsgestalt der dogmatischen Theologie, ist dem bis ins Innerste sich selbst Entglittenen ebenso nötig wie hinderlich. Mit einem Wort: Starbucks Religiosität bildet einen Teufelskreis, der sich selbst stabilisiert, indem er, aus Angst vor der Freiheit, die Angst beruhigt durch Aufhebung der Freiheit: – durch ein abergläubisches Spurensuchen und Rätselraten[3]. Und so steht es offenbar mit den »Besten« unter den »Gläubigen«! Auf der *Pequod* besitzt einzig für Starbuck (von Ismael einmal abgesehen) die christliche Religion eine maßgebende Bedeutung; doch gerade an ihm zeigt sich, daß diese Art von »Maßstab« nicht stimmt. Nicht nur der Kompaß der *Pequod* ist nach dem Taifun falsch gepolt, vor allem des Ersten Steuermanns Herz folgt in Fragen der Religion einer Mißweisung um 180 Grad: Wo es selber sein müßte, verweist es auf Gott, und was es Gott nennt, ist es nur selber in projektiv entfremdetem Zustand.

Eben damit aber wird Starbuck »ebenbürtig« zu Ahab; auch er ist ein *Alter ego* dieses alten Mannes, gewissermaßen der positive Schattenbruder, der verbliebene Gewissensanteil in der Seele dieses »gottlosen«, »gottgleichen« Mannes, wie schon Peleg ihn nannte. (XVI 149) Denn auch Ahab »argumentiert« mit den Erscheinungen der Natur, nur deutet er sie allesamt positiv im Sinne seines »Plans«. Für Ahab redet kein Gott in der Natur, – Gott ist für ihn eine Chiffre des Schicksals; doch auch Ahab weiß nicht, er ahnt allenfalls, daß dieser sein Schicksalsglaube ebenfalls nur eine projektive Form der Unfreiheit seiner eigenen komplexbeladenen und in Wiederholungszwängen aller Art versperrten Seele darstellt. Ahabs Projektionsgestalt ist kein Gott, sondern das Ungeheuer Moby Dick, und alle Phänomene der Natur sind für ihn nichts als Wegweiser und Hilfsmittel zur Erreichung seines Ziels: sogar das Elmsfeuer leuchtet ihm voran (CXIX 770), der Sturm beschleunigt seine Fahrt (CXX 774), und selbst die Prophezeiungen Fedallahs über die Einzelheiten der sicheren Katastrophe deutet er allesamt als Versicherungen seines Siegs über den verhaßten Wal. (CXVII 759–760)

Doch gerade auf diese Weise kommt es zwischen dem Kapitän der *Pequod* und dem Ersten Steuermann zu einer merkwürdigen Entsprechung. Wie Starbuck den Wind und die Wellen darum bittet, ihm den rechten Weg zu weisen, so ersucht Ahab in der »Religion« des Parsen Fedallah die Sonne und das Feuer um Erleuchtung für die Beantwortung der ewigen Rätsel des Daseins; und wie der Schein der Sonne den Schattenwurf der Schluchten vor Ahabs Augen in undurchdringliche Finsternis taucht, so vermehrt die »religiöse« Weltdeutung Starbucks nur seine Angst. Keiner der beiden gelangt dahin, die wesentliche Frage an sich selber zu richten: Und wer bin denn nun ich? Ahab wird nicht müde, zu beklagen, was ihm angetan wurde; Starbuck hört nicht auf, zu fragen, was getan werden müßte; beide existieren nur reaktiv, der eine, indem er sich auf wahnhafte Weise für *unsterblich* erklärt (CXVII 760), der andere, indem er gegen einen Tod ankämpft, auf den er in seiner Angst nur um so sicherer zuhält. Die »Religion« des einen trägt die Züge eines uralten »heidnischen« Fatalismus, die des anderen findet ihr Portrait in einem Menschen, der »christlich« genug ist, die Last der Verantwortung in seinem Leben zu spüren, der aber zu schwach ist, sie zu tragen, und sie lieber seinem Schöpfer zurückgibt. Beide sind Opfer ihrer eigenen Angst: der eine, indem er sie überwinden zu können meint durch Übermenschlichkeit, der andere, indem er zurückflieht in eine abergläubige Allzumenschlichkeit.

Von daher wird ein eigentümlicher Vergleich zwischen Ichstruktur und Gewissensstruktur in Ahab möglich. Was sich auf der Ebene des Ichs zwischen Ahab und Pip zutrug, spielt sich nun auf der »weltanschaulich«-religiösen Ebene des Überichs in ähnlicher Weise zwischen Ahab und Starbuck ab. Schon weil der Erste Steuermann der *Pequod*, in der Konzeption des Romans, innerpsychisch gelesen, nur einen Reflex in Ahabs Seele selbst darstellt – einen Rest von Zaudern, ein Moment von Gewissensangst gegenüber dem »Verbrechen« maßloser Selbstüberhebung –, vermag er auch als äußere Gestalt nur »maßvoll« zu rebellieren, statt seinem Kapitän in innerer Klarheit den Gehorsam aufzukündigen. Vor Mord und Meuterei als den letzten Mitteln schreckt er aus moralischen Gründen zurück, – doch vor allem den

Entschluß zu sich selbst bleibt er sich schuldig, und dadurch wird er schuldig, sogar in moralischem Sinne; auch er tritt aus der Ahab-Hypnose niemals heraus. *Großer Gott!* betet er nach zwei Tagen vergeblicher Jagd auf den Wal ebenso flehentlich wie vergebens. *Für einen kurzen Augenblick nur zeige dich!* Und an Ahab gewandt fährt er fort: *Du wirst ihn* (sc. Moby Dick, d. V.) *niemals, niemals fangen, alter Mann – in Jesu Namen, lasse ab! Was du hier tust, ist schlimmer als des Teufels Wahn.* Zwei Tage hast du ihn gejagt, zweimal *ist dir dein Boot zerschmettert worden, sogar dein Knochenbein ward abermals dir abgeschlagen, dein böser Schatten* (sc. Fedallah, d. V.) *ist verschwunden* (sc. bei der Jagd auf Moby Dick in den Fangleinen verstrickt und in die Tiefe gezogen worden, d. V.) *– du wirst von allen guten Engeln unentwegt gewarnt – was braucht es noch an Zeichen? Solln wir den mörderischen Fisch denn weiter jagen, bis er den letzten Mann ins nasse Grab gebracht? Soll er uns alle auf den Meeresgrund hinabziehn? ... Ach, Sünde ist's und Gotteslästerung, ihn weiter zu verfolgen!* (CXXXIV 846–847)

Tatsächlich fühlt Starbuck, daß er, im Gehorsam zu Ahab, sich seinem Gotte widersetzt; doch kaum befiehlt ihm Ahab: *Klar zum Aufheißen!*, um wieder den Ausguck zu stehen, da pariert er schon. (CXXXV 851) *Erstarrt auf dem Kamm eines Schauderns,* beobachtet er, wie Ahab zum dritten Mal sein Boot zur Jagd auf Moby Dick aussetzt inmitten *der reißenden Haie,* die ihm unheildräuend *klaffenden Maules* folgen. *Oh, mein Gott,* fragt er sich, *was durchfährt mich da und läßt mich ruhig sein und doch voll banger Ahnung?* Das Bild seiner Frau und seines Jungen erscheint vor seinen Augen, so als winkte der Kleine ihm von einem Hügel aus zu. Fast hält er selber sich für verrückt bei solchen Gedanken, er will sie abschütteln, und so gibt er wieder von neuem seine gewohnten Befehle. (CXXXV 854–855) Am Ende geht es ihm nur noch darum, sich als Mann durchzuhalten und *nicht in weibischer Ohnmacht* zu sterben; doch hätte er seine »Mannhaftigkeit« nicht auch anders und besser erzeigen können als jetzt – rein im äußeren und viel zu spät? *Ist das der Lohn für all meine flehenden Gebete, für meine lebenslange Treue?* fragt er sich, als der Weiße Wal mit *dem massigen weißen Klotz seiner Stirn* auf die *Pequod* zuhält. *Ach, Ahab, Ahab, siehe, das ist dein Werk! ... Oh, seine Stirn hält unerbittlich Kurs auf einen, dem seine Pflicht gebietet, nicht zu weichen. Mein Gott, jetzt steh mir bei!* (CXXXV 861–862)

Bis zuletzt wird Starbuck nicht begreifen, daß er den Untergang der *Pequod* mitsamt ihrer Mannschaft mitverschuldet hat, indem er seinem Kapitän, den er doch so deutlich als Widerspruch zu allem »Göttlichen«

erkannte, ebenso ergeben dienen zu müssen meinte wie seinem Gott. Besteht, bei Licht betrachtet, Starbucks Schuld nicht gerade darin, daß er den Gehorsam gegenüber Gott einfach auf Ahab übertrug? Doch trägt, wenn es so steht, dann nicht die ganze bürgerliche Gesellschaft Schuld daran, immer wieder und aller Orten ihre »Starbucks« hervorzubringen – Menschen, die man, unter heiligen Eiden auf Gott, verpflichtet, sich irgendwelchen irdischen Autoritäten zu unterwerfen? Soldaten läßt man beim »Fahneneid« schwören, die Befehle ihrer Generalität bedingungslos auszuführen, Bischöfe gar läßt man schwören auf die Treue zur Verfassung ihres Landes: Militär wie Kirche machen Gott zum Büttel des Bürgertums und stehlen damit Menschen, die zur Freiheit berufen sind – mutigen, redlichen Persönlichkeiten –, das Vermögen zu einer eigenen Entscheidung aus der Seele. Und all das gilt für ganz normal und ist es denn wohl auch!

Nur so erklärt sich das eigenartige Phänomen, daß eigentlich untadlige, wohlmeinende Menschen, ordentliche, treusorgende Familienväter, Männer, die in größten Gefahren couragiert und zuverlässig ihren Dienst tun, – daß gerade sie im Offizierskorps der Armee, in der Chefetage einer Firma, im Aufsichtsrat einer Bank, in der Robe eines Richters, wo auch immer, ihre Entscheidungen nicht treffen, wie das Gewissen es ihnen gebietet, sondern wie die nächsthöhere Autorität es ihnen zuweist. Keine Diktatur, keine Korruption, keine politischen und wirtschaftlichen Intrigen, die nicht von Männern höchsten Ranges, bester Ausbildung, beeindruckender Intelligenz und feinster Manieren »mitgetragen« würden. Und sie alle, wenn irgend sie religiös sind, könnten sich selbst sagen oder müssen sich sagen lassen, daß sie mit ihrer Willfährigkeit, auch noch auf der Höllenfahrt der *Pequod* ihren Dienst bis zum Ende vorschriftsmäßig weiter zu versehen, aus lauter Angst Gott verwechseln mit der herrschenden Gewalt auf Erden – daß sie sich damit als Menschen verlieren, indem sie sich in ein bloßes Werkzeug und Spielzeug ihrer Vorgesetzten verwandeln.

Verteilt auf die psychologische »Architektur« einer Persönlichkeit wie Ahab, stehen auf der »Überich«-Ebene somit im Grunde Starbuck und Fedallah einander gegenüber, doch nicht als alternative gleichgewichtige Partner. Fedallah, so sahen wir, stellt die innere Kraft einer »Religion« dar, die mit ihrem Verlangen nach Absolutem in Anbetracht der realen Welt nur Enttäuschung und Bitterkeit hervorzutreiben vermag; Starbuck hingegen, so sehen wir jetzt, personifiziert nur einen schwächlichen Reflex des »Gewissens« auf Ahabs Begierde nach Rache für die Kränkungen, die das Schicksal ihm schlug. Wo Fedallah den Motor, bildet Starbuck die Bremse, doch

Abb. 1: Dirk Hidde Nijland (1880–1955), *Der Penner*, Holzschnitt, 21,8 x 23,0 cm

Abb. 2: Schiffskanzel (1724/25) von Ignaz Hillenbrand (um 1690–1772) in der
ehemaligen Benediktinerkirche Irsee bei Kaufbeuren

Abb. 3: Das amerikanische Walfangschiff *Uncas* vor dem Kap der Guten Hoffnung mit dem Tafelberg im Hintergrund, etwa aus der Zeit um 1780

Abb. 4: *Harpunierende Walfänger*, Aquatintablatt von Frederic Martens nach Louis Garneray (1783–1857), 56,3 x 81,4 cm, Museum für Hamburgische Geschichte

unentschlossen und ohnmächtig; und während in Fedallah etwas aufscheint von dem Rätsel des Lebens, von dem Mysterium des Daseins im Angesicht des »Bösen«, verkörpert Starbuck lediglich das in allen Gesellschaften zu beobachtende Versagen der gesamten auf »Gehorsam« gedrillten Führungselite in Augenblicken wirklicher Entscheidung: Sie, die so hoch die Tugend der Tapferkeit preisen, sind im Innersten lauter »Pips« – verängstigte kleine Kinder.

Was es daneben von dem Zweiten und Dritten Steuermann an Bord der *Pequod* zu berichten gibt, von Stubb und Flask, segelt längst nicht mehr so hoch am Wind und reicht über die Marsstenge nicht hinaus. Gleichwohl gehören auch sie zur Crew der *Pequod*; gleichwohl repräsentieren auch sie gewisse Züge in Ahabs Seele, diesmal allerdings eher die Defizite, die in Ahabs manifester Persönlichkeit *ergänzt* werden müssen, damit seine Fahrt in den Abgrund sich überhaupt aufführen kann.

b) Stubb oder: Das Grinsen zum Grausen

Kein Krieg, sagt man, ohne die prachtvollen »Frontschweine«, ohne die immer gutgelaunten Kameraden, ohne die niemals aufgebenden braven Kerle[4], die, selbst wenn der »Düvel« aus der Hölle an Bord käme, ihm einen Palstek in den Schwanz knoten würden: – man denke nur an den famosen Jack Chase, MELVILLES großen Freund auf der *United States*, oder an *Israel Potter*, diesen Helden ohne Ehrenmal, man denke an all die »unbekannten Soldaten«, für die es in Arlington keine Grabreihen gibt, denen aber MELVILLES ganze Sympathie gehörte.

Von einer vergleichbaren Zuneigung Ismaels an Bord der *Pequod* zu Stubb allerdings kann man kaum sprechen, und zwar nicht nur weil der Zweite Steuermann zu den »Matrosen vorm Mast«, zu den Backsgasten, einen gehörigen Abstand hält, sondern weil die ganze Persönlichkeit Stubbs im Grunde maskenhaft bleibt, ein Grinsen, dem die Gemütlichkeit abgeht, obwohl es um nichts sonst sich so sehr bemüht. Stubb ist ein ausgesprochener Kunstcharakter, der geronnene Wille, das Leben, statt als Tragödie, als Komödie zu betrachten und im übrigen einer möglichst kurzsichtigen Form von Egoismus zu frönen. Kurz: Stubb bleibt ein Kauz; nichts versammelt sich um ihn; er bildet keinen Schwerpunkt, nur ein weiteres Aperçu. Doch was will man von einem Mann erwarten, der als Zweiter Steuermann an Bord eines Schiffes Dienst tut, von dem es schließlich heißt, daß *alles Lachen, selbst das gezwungene*, auf ihm *erstarb*? (CXXX 810)

In Stubb äußert sich eine zu Ahabs düsterer Weltsicht ebenso konforme wie komplementäre Denkweise. *Lachen,* philosophiert er, ist *die klügste und einfachste Antwort auf alles Seltsame.* Wohl ist ihm mulmig an Bord der *Pequod,* schon weil er ahnt, daß *der alte Großmogul* sogar den ehrenwerten Starbuck *herumgekriegt* haben wird. *Hier ist was faul,* sagt er sich. Aber was immer sich ereignen mag, er ist entschlossen, es *lachend* auf sich zu nehmen: *Solch schelmisches Gegrinse lauert in allen grauenvollen Dingen!* weiß er. *Mir ist nach Scherzen zumute... Was wohl mein saftiges kleines Früchtchen jetzt zu Hause treibt? Ob sie sich die Augen nach mir ausweint? Sie wird wohl ein Fest für die zuletzt zurückgekehrten Harpuniere geben, fröhlich wie ein Fregattenwimpel im Winde.* Menschliche Beziehungen müssen Stubb »Spaß« machen; aber dieser »Spaß« ist in Wahrheit nur die andere Seite des Ahabschen Fatalismus. Komme, *was da wolle,* denkt er, *ein Trost bleibt immer: dieser unfehlbare Trost, daß alles vorherbestimmt ist.* (XXXIX 284) »Humor ist«, sagt der Volksmund, »wenn man trotzdem lacht.« So ähnlich hält es Stubb, nur daß sein »trotzdem« nicht, wie bei Ahab, dem Protest und der Rebellion gilt, sondern einer tiefen Resignation entstammt: was auch soll man sich Gedanken machen, wenn im letzten doch nichts zu machen ist?

Insofern stellen Ahab und Stubb im Erscheinungsbild ein vollendetes Gegensatzpaar dar; und doch sind sie im Untergrund miteinander verbunden und bedingen sich wechselseitig: – auch psychologisch ist Stubb Ahabs »Zweiter Steuermann«. Denn gäbe es in dem Kapitän der *Pequod* nicht auch einen Zug von »Wurstigkeit« und »Schicksalsergebenheit«, so würde er sich niemals auf den »Krieg« gegen das »Böse« in Gestalt Moby Dicks einlassen; und umgekehrt: wüßte Stubb nicht mit Ahabscher Klarheit um die totale Vergeblichkeit aller menschlichen Bemühungen, so gelangte er niemals zu seiner fatalistischen »Egalité«. So wie Tragödie und Komödie nur verschiedene Akzentuierungen bei der Betrachtung ein und derselben Wirklichkeit sind, so verkörpern Ahab und Stubb in gewisser Weise nur zwei zusammengehörige Reaktionsweisen auf dasselbe Erleben; freilich darf dabei niemals übersehen werden, wie ungleichwertig diese beiden Pointierungen sind: tonangebend ist absolut und eindeutig Ahab; Stubbs Lachen hingegen intoniert nichts weiter als eine das Zynische streifende Begleitmusik. Dementsprechend tritt Stubb in aller Regel »polyphon« zu Ahab auf, als der Mann, der die in Moll gesetzten Grundtöne seines Kapitäns mit Dur-Klängen zu kontrastieren sucht.

Wenn zum Beispiel Ahab seine unter Fedallah angeworbene Spezialmannschaft mit Worten antreibt, denen nur *die heidnischen Haie im trotzi-*

gen Meere . . . das Ohr leihen, wird Stubb seine Bootsgasten beim Pullen mit so munteren Sprüchen zu motivieren suchen wie: *lustig heißt die Parole . . . sachte, und stetig,* nur um dann fortzufahren: *Brecht euch das Kreuz und zerbeißt eure Messer* (sc. zwischen den Zähnen, d. V.) *. . . Immer mit der Ruhe . . . Und daß euch die Lungen und Lebern platzen!* (XLVIII 364) In solchen Redensarten geht Stubb, so scheint es, mit seinen Leuten um wie ein Dompteur, der seine Raubkatzen mit Zuckerbrot und Peitsche vorführt; doch es steckt in seinem Betragen eben deswegen auch die menschenverachtende Großsprecherei, die auf den Kasernenhöfen der Welt bis heute die Drillsprache der »Schleifer« und Sergeants gegenüber den ihnen Unterworfenen darstellt: um sie in professionelle Killerautomaten zu verwandeln, müssen sie selber bis in ihre physische Existenz hinein zerbrochen und erniedrigt werden; mit derselben Grausamkeit, mit der man sie traktiert, sollen sie ja dem »Feind« gegenübertreten. Wenig später wird Stubb denn auch selber in jener erschütternden Szene von dem langsam und qualvoll verendenden Wal die brutale Rückseite seiner nonchalant-pfeiferauchenden »Gemütlichkeit« in aller Kraßheit offenbaren. (LXI 457–458)

Doch gehört es zu den inneren Widersprüchen dieser Berufsschlächter, daß ihre Grausamkeit nicht etwa einem sadistischen Bedürfnis der eigenen Person entsteigt, wie in den Rachephantasien des verletzten Ahab, sondern sich auf die Unvermeidbarkeiten ihres Tuns beschränkt: Sie endet sozusagen an ihren Händen, sie erreicht nicht ihr Herz. So schreibt Ismael von dem Zweiten Steuermann: *Ein lustiger Bursche war er, weder feige noch tapfer; Gefahren nahm er, wie sie kamen, gleichmütig auf sich und rackerte ruhig und gefaßt vor sich hin, während die Jagd ihrem bedrohlichen Höhepunkt zusteuerte . . . Ganz dicht am Wale, mitten im Kampf auf Leben und Tod, handhabe er seine gnadenlose Lanze kühl und mit leichter Hand, so wie ein Kesselflicker, der pfeifend den Hammer schwingt. Seite an Seite mit dem wütendsten Ungetüm summte er seine alten Gassenhauer. Der Rachen des Todes war für diesen Mann durch jahrelange Gewöhnung zu einem Lehnstuhl geworden. Was er über den Tod an sich dachte, kann ich nicht sagen. Ob er überhaupt je daran dachte, schon das ist fraglich, doch falls er seine Gedanken nach einem gemütlichen Abendessen zufällig in diese Richtung wandern ließ, dann nahm er ihn als guter Seemann, der er war, wie einen Ruf an die Fahrwache, ins Rigg aufzuentern und in die Hände zu spucken – wozu, würde er schon herausfinden, wenn er dem Befehl nachkam, aber nicht eher.* (XXVII 204)

Aus diesem fatalistischen Gleichmut heraus muß man es verstehen, daß für Stubb der Walfang durchaus auch die angenehme Seite der Beschaffung einer nicht zu verachtenden Delikatesse besitzt – so *als wäre das tödlichste Treffen nichts als ein Festschmaus und* die Crew in seinem Boot *die geladenen Gäste*. (XXVII 204) Während etwa Ahab nach dem Erlegen eines Wals in *eine vage Unzufriedenheit, Ungeduld oder Verzweiflung gerät, so als erinnere ihn der Anblick des Kadavers daran, daß Moby Dick noch nicht erlegt war* (LXIV 465), tritt *der wackere Stubb am Gangspill zu seinem Walmahl an*, findet er doch *einen fast maßlosen Gefallen am Wale als würzigem Gaumenkitzler.* (LXIV 466) Und auch am Geldgewinn, den der Walfang verspricht, erweist Stubb ein verschmitztes Interesse, etwa als er der französischen *Bouton de Rose* den stinkenden Wal abschwatzt, in dem er, Fachmann, der er ist, den kostbaren Amber vermutet. (XCI 630–635)

In all dem erscheint Stubb als genau der Mann, den die Schiffseigner in Nantucket sich wünschen und den sie im Grunde auch in Ahab nach wie vor vermuten: *Nun schaut auf Stubb,* schreibt bewundernd Ismael, *einen Mann, den seine humorige Bedachtsamkeit, sein kaltblütiger Gleichmut auch in tiefster Bedrängnis, besonders befähigten,* auf glänzende Weise seine Lanze im *Koppheisterwurf* auf den Wal zu schleudern. (LXXXIV 576–577) Und doch, wir hörten schon, dieser selbe Stubb wird aus »Prinzip«, aus reiner Geldgier, den ängstlichen Pip achteraus in der See treiben lassen, um am Wal festzubleiben. (XCIII 643) Buchstäblich kann dieser Mann »über Leichen gehen«, um seinen »Job« zu verrichten. Andererseits ist er kein Unmensch. Als Kapitän Gardiner von der *Rachel* davon berichtet, wie seit dem Vortage nach einem Treffen mit Moby Dick ein Fangboot von ihm vermißt werde, und darum bittet, es gemeinsam zu suchen, witzelt Stubb zunächst, jemand in dem Boot müsse des Kapitäns Rock, vermutlich mit seiner Uhr darin, tragen, daß man derart dahinter her sei, es wiederzufinden; doch als er dann hört, daß der Sohn des Kapitäns sich in dem Boot befindet, nimmt er seine launige Bemerkung zurück; da scheint es ihm klar: *Wir müssen diesen Jungen retten!* (CXXVIII 804) Nur, als Ahab sich weigert – er muß Moby Dick töten –, vernimmt man von dem sonst so redefreudigen Stubb kein Sterbenswörtlein. Dazu hat er nichts zu sagen, also wird er dazu auch nichts sagen. Das Versagen gerade des »operativen Teils« einer Gesellschaft – des Staates, der Kirchen – in Verwaltung, Justiz, Militär, Polizei, Seelsorge und innerer Führung wird nirgends deutlicher und verständlicher gezeichnet als in der Person eines Stubb: Leute wie er machen alles, und sie machen alles mit, sie bleiben »einsatzbereit« und »verwendungsfähig« selbst bis zum bitteren Ende.

In der Tat: nur mit Leuten wie Stubb im Offiziersrang an der Spitze lassen sich Armeen in die Schlacht führen, Schiffe in das vernichtende Mündungsfeuer eines Seegefechts steuern und selbst die wahnsinnigsten Befehle skrupelloser Führer in die geschichtliche Wirklichkeit umsetzen. Allem Anschein nach hat die Natur dem Gefühlshaushalt sozial lebender Säugetiere, also auch uns Menschen, im Umgang mit dem Tod eine Art euphorischen Optimismus mitgegeben, Sinnes, daß in größeren Gruppen die statistische Wahrscheinlichkeit sinkt, beim nächsten Angriff würde gerade ich sterben müssen. Eine Herde Gnus im afrikanischen Grasland zieht äsend dahin und achtet kaum der Löwin oder des Geparden, die an ihren Rändern auf Beute lauern; es ist nicht, als wenn die Tiere die Gefahr nicht wahrnähmen, doch sie scheint ihnen noch nicht nahe genug, der Angriff hat noch nicht begonnen, und vor allem: es sind der Tiere so viele! Irgendeines, wahrscheinlich, wird es wohl treffen – und soll es sogar in der »Ökonomie« der Natur –, doch ist es recht unwahrscheinlich, daß es gerade »mich«, dieses einzelne Lebewesen, treffen wird. Soldaten bereiten sich auf eine Entscheidungsschlacht vor; ihre Generalität rechnet bei den Angriffsspitzen mit Verlusten von 50 bis 80 Prozent, – welch ein »vernünftiger« Mensch wird schon einem Befehl folgen, bei dessen Ausführung er zur Hälfte oder zu zwei Dritteln schon für »tot« gilt, noch ehe er sich in Marsch setzt? Aber Menschen sind nicht »vernünftig«. In ihren Köpfen herrscht jener naturhafte Säugetierleichtsinn, der auch den Beutegreifern eine Chance läßt, erfolgreich zu sein: Es kann ja sein, daß es den anderen trifft; immer trifft es den anderen... Und überhaupt: »Nicht jede Kugel trifft«. In der Natur folgt der Tod einer vorher nicht auszurechnenden Lotterie, auf deren Ausgang das Einzelwesen nur wenig Einfluß hat, und so wäre es nicht von Vorteil, sich ständig zu beunruhigen. Es ist dieses »Glücksspiel«, das in der Seele jagender wie jagdbarer Säugetiere seinen Niederschlag gefunden hat. – Genau so jedenfalls fühlt und denkt Stubb: *wir sind* (sc. an Bord der *Pequod*, d. V.) *nicht mehr in Gefahr... als all die Mannschaften von zehntausend Schiffen, die jetzt auf See stehn*, erklärt er dem Dritten Steuermann Flask, der sich darum sorgt, daß die *Pequod* ohne Blitzableiter fährt. *Nicht mal eins von hundert Schiffen hat Blitzableiter.* (CXXI 776)

Selbst als Moby Dick das Schiff rammt und Stubb sein Ende nahen sieht, will er durchaus nicht, wie der fromme Starbuck, Gott um Hilfe bitten; vielmehr flüchtet er sich zum letzten Mal in das Mittel von Spott und Ironie: *Ich grins zurück, du grinsender Wal! Wer hat Stubb jemals geholfen...? Und nun legt der arme Stubb sich schlafen auf einer viel zu weichen Matratze – ich wollte, sie wäre mit Reisig gefüllt!... Hört her, Sonne, Mond und Sterne! Ich nenn euch Meuchelmörder, wollt ihr doch einen Burschen morden, so wacker wie nur irgendeiner, der jemals seinen Geist ausgeblasen hat.* Genau so könnte auch Ahab sprechen, nur daß dieser sich wütend auflehnt, während Stubb fort-fährt: *Und trotzdem würde ich noch mit euch zechen, wenn ihr mir nur den Becher reichen wolltet! Oh, oh, oh, oh, du grinsender Wal, bald wird's aber reichlich zu schlucken geben! Ach Ahab, warum fliehst du nicht? Was mich betrifft, Schuhe aus und Jacke weg – Stubb will in Unterhosen sterben! Fürwahr ein feuchter und versalzener Tod! – Kirschen! Kirschen! Kirschen! O Flask, nur eine einzige rote Kirsche, eh wir sterben!* (CXXXV 861) Wo Ahab fluchend und verfluchend noch im Sterben auf Moby Dick einsticht, träumt Stubb, wie ein Kind von der Brust seiner Mutter, von Kirschen. Doch suchte nicht im Grunde auch Ahab eine mütterliche Welt? Stubbs verzweifeltes Lachen und Ahabs verzweifelter Zorn darüber, daß es sie nicht gibt, sind wirklich wie zwei Hände, die zu einem Augspleiß vereint sind.

c) Flask oder: Der Ehrgeiz des zu klein Geratenen

Dann ist da als dritter im Bunde noch Flask. Auch er gehört zu Ahab, getra-gen von der gleichen Motivation, doch gänzlich reduziert auf die handwerk-liche Seite des Walfangs. Von Statur kurz und stämmig, ein *junger Bursche mit roten Backen*, ist er äußerst *kampflustig, wenn es um Wale ging, hielt er die großen Leviathane* doch *sozusagen für seine persönlichen Erbfeinde, die ihn schwer gekränkt hatten – folglich war es Ehrensache, ihnen den Garaus zu machen, wann immer er sie traf.* (XXVII 205) Auch Flask bringt dem Wal als Gattung dasselbe Gefühl der Gekränktheit entgegen wie Ahab dem Wal Moby Dick, und allein diese Tatsache schon schweißt ihn mit Ahab zusam-men. Und doch ist die Art dieser »Gekränktheit« durch den Wal grundver-schieden, denn Ahab projiziert gewissermaßen seine eigene Größe in den Weißen Wal, dem er ebenbürtig werden muß, eben weil dieser ihn »verklei-nert« hat, der kleinwüchsige Flask indessen nimmt es den Walen gewisser-maßen übel, daß sie so groß sind. Flask ist *für jedes Gefühl von Ehrfurcht vor den vielen Wundern ihres majestätischen Leibes und geheimnisvollen Wesens vollkommen unempfänglich, ebenso für jeden Anflug von Angst vor einer mög-lichen Gefahr bei der Begegnung mit ihnen, so daß seiner armseligen Auffas-sung nach der wundersame Wal nichts anderes war als eine Spezies übergroßer Mäuse oder allenfalls Wasserratten, bei der es nur ein bißchen List und wenig Zeit und Mühe brauchte, um die Tiere töten und auskochen zu können. Diese unbewußte, unwissende Furchtlosigkeit machte ihn in Sachen Wale etwas übermütig; er folgte diesen Fischen nur zum Vergnügen und empfand einen*

*Dreijahrestörn jenseits von Kap Hoorn als einen lustigen Jux von eben-
dieser Länge.* (XXVII 205–206) Während Ahab in seinem Haß den Weißen
Wal absolut überwertig bis ins Mythische und Metaphysische hinein vergrößert, zieht Flask den Wal als solchen auf die Niedrigkeit seiner eigenen
Gestalt und Geistesart hinab, um es mit ihm aufnehmen zu können. Beider
Maßstab ist der Wal – für das Übermaß des einen ebenso wie für das Klein-
maß des anderen. Wiederum verhalten beide sich genau umgekehrt zueinander.

An Bord der *Pequod* trägt Flask deshalb bezeichnenderweise den Namen
»Stampfsteven«, *weil er der Gestalt nach einiges mit dem kurzen, kantigen
Spant gemein hatte, das auf den Walfängern des Eismeers… das Schiff gegen
die eisigen Schläge jener hämmernden Seen wappnen soll.* (XXVII 206) So
mickerig und klein von Gestalt, ist dieser »Stampfsteven« Flask erfüllt von
einem gewaltigen *Ehrgeiz.* (XLVIII 361) Fast muß man sagen, daß in ihm das
Reaktionsschema von Minderwertigkeitsgefühl und Überkompensation
bereits auf naturhafte Weise angelegt und vorbereitet ist, das sich in Ahab
auf Grund seiner Verletzung ins Gigantische ausdehnt und das auch schon
in dem Kontrast zwischen dem kleinen Pip und dem großen Queequeg zum
Ausdruck kam. Auch Flask ist ein großer Junge, der sterbend noch als letztes
daran denkt, wie nun sein *armes Muttchen* versorgt werden soll, wo mit seinem Untergang doch auch seine Heuer zugrunde geht. (CXXXV 861)

Alle drei Steuerleute stehen in einer so deutlichen Affinität zu Ahab, daß
sie wie verselbständigte Ausformungen von Teilen seiner Persönlichkeit wirken. Gleichwohl verkörpern sie nicht nur Momente in Ahabs Psychologie,
sondern zugleich auch unterschiedliche Perspektiven der Weltsicht[5]. Fast
stets wirken die drei Steuerleute in ihrem Zusammenspiel wie Muster-
gestalten der immer gleichen Lektion, daß jeder Mensch die »Wirklichkeit«
nur so wahrzunehmen vermag, wie er selber ist. Die subjektgebundene
Aspekthaftigkeit und Relativität aller Aussagen, die Menschen über die Welt
machen zu können glauben, trägt in Ismaels Darstellung einen schon
penetrant schulmeisterlichen Zug; denn mit großer Regelmäßigkeit tritt
jeweils einer der Steuerleute nach dem anderen auf und verkündet seine
Sicht der Dinge, die er jeweils unverbunden neben die der anderen setzt;
jede Aussage ist dabei von Fall zu Fall sich selbst genug; keinem anderen ist
sie zu vermitteln.

Was noch einmal ist es mit der Golddublone am Großmast? Für Ahab ist
sie ein Bild von Ahab (XCIX 667), für Starbuck trägt sie *Belsazers grause
Schrift* (nach Dan 5,26–28), für Stubb portraitiert sie die Sonne, die überall

ist, und der Tierkreis, den sie durcheilt, *das ist das Leben des Menschen in einem einzigen, wohlgerundeten Kapitel* (XCIX 669), während für Flask *das ganze Gegaffe* an und für sich schon blödsinnig ist. (XCIX 670) An diesem kleinen Beispiel also *sieht man's wieder: viele Menschen, eine Welt.* So viele Auslegungen es gibt, die Dublone und ihr Text bleiben dennoch dieselben. (XCIX 671)

Oder: Was ist es mit dem Elmsfeuer? Für Ahab ist es eine göttliche Erscheinung, sein eigentliches metaphysisches Gegenüber, die rechte Beleuchtung für *den Weg zum Weißen Wal* (CXIX 770), für Starbuck ist es ein deutliches Zeichen der Warnung zur Umkehr (CXIX 772–773), für Stubb ein Grund, sein Liedchen zu singen (CXIX 766–767), und für Flask ein Anlaß zu der Frage, ob die *Pequod* unter Ahabs Kommando nicht unterversichert sei. (CXXI 775)

Oder was bedeutet es, daß bereits am ersten Tag des Kampfs mit Moby Dick ausgerechnet Ahabs Boot von dem Wal zerschmettert wird? Für Starbuck ist das *ein Omen, und kein gutes*, für Stubb zeigt sich, daß die *Distel*, Ahabs Boot, *dem Esel* wohl *nicht geschmeckt hat*, für Ahab aber existieren keine »Omina«. *Wenn die Götter freiheraus zum Menschen sprechen wollen, dann tun sie das offen und ehrlich,* denkt er, *sie wackeln nicht mit dem Kopf wie ein altes Weib und ergehen sich in dunklen Andeutungen.* Hinweg, fährt er Starbuck und Stubb an. *Ihr beiden seid Nordpol und Südpol; Starbuck ist Stubb, nur andersherum, und Stubb ist Starbuck...* – *Ahab aber steht alleine unter den Millionen der bewohnten Erde und hat keine Nächsten, weder Götter noch Menschen!* (CXXXIII 835) Ahabs Erster und Zweiter »Steuermann« entnehmen allem, was sich begibt, einen Hinweis zu Furcht oder Heiterkeit; Flask, immerhin, findet sich praktisch in seiner kleinen Welt zurecht; doch nur Ahab, der sie in gewissem Sinne alle drei in sich schließt, erahnt im Bilde Moby Dicks das Ungeheure der Wirklichkeit, das er niemals erfragen, niemals erjagen, an dem er ewig scheitern wird.

Bis in die Todesstunde hinein erhält sich diese Aufspaltung der Wirklichkeit in drei völlig subjektiv wahrgenommene und gedeutete Aspekte. Starbuck, als er den Wal heranschwimmen sieht, wird seine Verantwortung zurückgeben: *Ahab, siehe, das ist dein Werk!* wird er rufen, Stubb wird sein Grinsen gegen das vermeintliche Grinsen des Wals setzen, und Flask wird wünschen, da zu sein, wo Stubbs ersehnte *Kirschen* wachsen. (CXXXV 861) Doch alle drei sprechen damit, jeder für sich, nur noch ein letztes Mal aus, was sie ihr ganzes Leben hindurch waren: Menschen, die auf diese Welt mit Frömmigkeit und Verantwortung antworten wollten oder mit amüsierter

Gleichgültigkeit angesichts eines nicht zu beeinflussenden Schicksals oder mit einem Pragmatismus und Realismus, der einfach tut, was dran ist, und basta. Von all diesem lebt auch in Ahab ein gerüttelt Maß, doch findet sich keine psychische Instanz in ihm, um diese auseinanderfallenden und einander widerstreitenden Teile in ein Ganzes zu integrieren. Über seinen drei Steuerleuten steht an Bord der *Pequod* mithin ein Kapitän, der die drei Teilkräfte seiner selbst wohl zu kommandieren und seinem Willen zu unterwerfen vermag, doch tritt er, außer an den genannten Stellen mit Starbuck, kein einziges Mal in einen Dialog mit einem von ihnen. In all seinem Leid bleibt Ahab allein.

d) *Die Harpuniere oder: Repräsentanten der ganzen Welt*

Zugeordnet den drei Fangbooten der Steuerleute auf der *Pequod* sind die drei Harpuniere Queequeg, Tashtego und Daggoo, von denen freilich nur der »edle Wilde« Queequeg anfanghaft, im Gegenüber zur Lichtgestalt Bulkingtons, eine eigene Persönlichkeitszeichnung erfährt und an der Seite Ismaels eine charakteristische psychologische Bedeutung besitzt. So versteht man, daß Queequeg und sein Freund zu Starbucks Fangboot gehören. Denn obwohl zwischen Starbuck und Ismael während der ganzen Fahrt kein einziges Wort gewechselt wird, das der Erwähnung wert wäre, entspricht doch die innere Einstellung des Erzählers des *Moby-Dick* am ehesten der des Ersten Steuermanns der *Pequod* mit seiner grüblerischen Nachdenklichkeit. Im ganzen aber sind die drei Harpuniere weniger ihrer Persönlichkeiten als ihrer Rassenzugehörigkeit wegen von symbolischer Bedeutung.

Queequeg kennt ihr ja schon, schreibt Ismael im XXVII. Kapitel von *Moby-Dick* (XXVII 207), und da hat er recht: dieser tätowierte Polynesier repräsentiert die gesamte seefahrende Bevölkerung des Pazifiks, auch wenn wir dieser, um korrekt zu sein, noch die Melanesier und Mikronesier hinzurechnen müßten. Aber es geht ja nicht um Ethnologie und Kulturanthropologie; es geht darum, daß die kleine *Pequod* mit ihren drei Harpunieren einen Mikrokosmos der gesamten menschlichen Wirklichkeit abbildet.

Da ist der Indianer Tashtego von Gay Head, *dem westlichsten Vorgebirge von Martha's Vineyard, wo es noch immer* (sc. um 1850, d. V.) *die letzten Reste eines Dorfes von Rothäuten gibt, das der benachbarten Insel Nantucket seit langem viele ihrer verwegensten Harpuniere geliefert hat.* Speziell Tashtego erweist sich als ein würdiger Nachfolger der *stolzen Krieger und Jäger*, die seine Väter einmal gewesen waren, und seine *schlangenhaft geschmeidigen*

Glieder sind immer noch geeignet, den *Aberglauben mancher frühen Purita-ner* wiederzubeleben, die in *diesen wilden* Indianern Söhne *des Fürsten* er-blickten, *der in der Luft herrscht.* (XXVII 207) Daß ausgerechnet dieser verwegene Bursche Stubbs Boot zugeteilt ist, darf man gewiß nicht überin-terpretieren, denn es gibt für eine solche Zuordnung keine inneren Gründe; für geradewegs spezifisch jedenfalls kann man es beim besten Willen kaum halten, wenn Tashtego, als er während des Taifuns neue Laschings (Befesti-gungstaue) an der Großmarsrah anschlägt, dafür plädiert, lieber für Rum statt für Donner zu sorgen. (CXXII 778) Freilich gibt es da eine Affinität im Wesen: wo Stubb lacht, möchte der Indianer sich am liebsten betrinken; doch wer an Bord der *Pequod* – außer Ahab, Starbuck und Fedallah – möch-te das nicht? Am Ende wird es Tashtego sein, der, während die *Pequod* bereits in den Fluten versinkt, am Großtopp noch entsprechend Ahabs Befehl die Windfahne oben an den Mast zu nageln sucht und dabei den Himmels-habicht mit in den Untergang nimmt. (CXXXV 858; 864) Vermutlich wird man dieses Finale – zusätzlich zu dem symbolischen Kontrast von hochfah-render Geistigkeit und »barbarischer« Wildheit – dahin verstehen dürfen, daß es kein Volk gibt, das berufener wäre, den tragischen Untergang von etwas mit Stolz und Würde zu begleiten, als das von den Weißen zum Genozid verdammte Volk der Indianer Nordamerikas[6]. Etwas von der Größe und dem verwegenen Mut ihres Untergangs begleitet auch den Untergang der *Pequod.*

Dann ist da noch Daggoo, der als Harpunier kurioserweise Flasks Fang-boot zugeteilt ist; mit seinen rund zwei Metern Größe fühlt jeder *sich körper-lich erniedrigt,* der zu diesem Giganten an Körperkraft aufblickt; ein *weißer Mann, der vor ihm stand,* schreibt Ismael, *glich einem weißen Fähnchen, das gekommen ist, eine Festung um Waffenstillstand zu bitten.* Und *dieser majestä-tische Neger* wird *der Knappe des kleinen Flask, der sich neben ihm* ausnimmt *wie eine Schachfigur!* Mit *löwengleichem Gang* stolziert Daggoo, *hochaufge-richtet wie eine Giraffe in der ganzen Pracht* seiner Größe, *über die Decks.* Von seinen Ohren hängen, als einziger Schmuck, zwei große goldene Ringe her-ab. In jungen Jahren hat er auf einem Walfänger angeheuert und sich seit-dem *seine sämtlichen barbarischen Tugenden bewahrt.* (XXVII 208)

Eben zu diesen scheint es zu zählen, daß der hünenhafte Schwarze in sich selber ruht und es nicht nötig findet, etwa den kleinen Flask in irgendeiner Weise zu demütigen. Im Gegenteil: Damit er vom Fangboot aus den Wal besser sehen kann, bietet er dem Dritten Steuermann an, an ihm wie zum Masttopp aufzuentern. *Da stand nun Flask, derweil Daggoo ihm einen er-*

hobenen Arm wie einen Brustriemen darbot, der ihm als Lehne und Stütze diente. Es ist ein bewundernswerter Anblick, wie *der noble Neger, der kaltblütig und gleichmütig die lässige, gedankenlose Haltung einer barbarischen Majestät bewahrte, . . . seine edle Gestalt zum Schlingern der Wogen harmonisch hin und her* bewegt. *Auf seinem breiten Rücken,* findet Ismael, *glich der flachsblonde Flask einer Schneeflocke. Der Träger schien edler als der Reiter. Wohl stampfte der lebhafte, prahlerische kleine Flask dann und wann ungestüm und ungeduldig auf, doch hob sich des Negers hünenhafte Brust dadurch nicht einen Deut öfter. Leidenschaft und Eitelkeit habe ich so die grünende und großmütige Erde stampfen sehen, doch die Erde hat darob den Lauf ihrer Zeit und Gezeiten mitnichten geändert.* (XLVIII 361–362) Da erscheint Daggoo wie ein Bild der geduldig und gleichmütig alles tragenden und ertragenden Natur selbst.

Und nicht nur körperlich, auch seelisch scheint der Neger mit ruhiger Selbstverständlichkeit den weißen Kameraden an Bord überlegen. In der Nacht nach der »Vereidigung« der Mannschaft auf die Jagd nach Moby Dick, als das Deck der *Pequod* sich in eine Tanzdiele verwandelt und alle durcheinanderlärmen und zechen, blinken Daggoos weiße Zähne gefährlich wie ein Blitz im Dunkeln; der aber bemerkt nur lässig zu einem erschrockenen Matrosen: *Weiße Haut, weiße Furcht!* (XL 293)

Hat MELVILLE mit dieser ethnischen Zusammensetzung der drei Harpuniere an Bord der *Pequod* ein antirassistisches oder gar ein politisches Gleichnis schaffen wollen[7]? Wohl kaum. In seinen Werken finden sich keine Passagen, die der Ausrottung der Indianer durch die US-Armee die Leviten lesen würden oder der Erniedrigung der Schwarzen auf den Sklavenmärkten und ihrer Ausbeutung auf den Baumwollfeldern der Südstaaten[8]; es gibt in seinen Schriften auch keine Abhandlungen über eine völkerweite weltumspannende Politik der Verständigung. Es stand ihm einfach fest, daß bei allen beachtenswerten und höchst interessanten Unterschieden allüberall Menschen leben, die miteinander auskommen können und sich als Kameraden schätzen, ja, lieben lernen werden, wenn sie nur eine Reihe alberner und schädlicher »religiöser« wie »kultureller« Vorstellungen von göttlicher Berufung und natürlicher Überlegenheit abstreifen. In diesem Sinne stellt Tashtego pfeiferauchend ganz einfach fest: *Götter und Menschen: allesamt Radaubrüder.* (XL 293) Wohl, ein spanischer Seemann bringt die Stimme des landläufigen Vorurteils zu Gehör, wenn er gegenüber Daggoo erklärt: *Aye, Harpunier, deine Rasse ist zweifellos der Menschheit dunkle Seite – und teuflisch dunkel dazu. Nimm's mir nicht übel.* Doch der Schwarzafrikaner knurrt nur: *Tu ich nicht.* (XL 292) Warum auch über rassistischen Unsinn sich erregen!

So ist MELVILLES *Pequod* wie ein Modell für das ganze »Schiff« Erde, wobei sich, wie bei ihm üblich, Realismus und Symbolismus in der Schilderung mischen. Denn wie die Harpuniere sind auch die Matrosen der *Pequod* aus aller Herren Länder zusammengesetzt; sie sind *Isolatos*[9], Inselbewohner, die sich dem »Mutterland« auf dem Festland, das ihre Herkunftsgebiete beherrscht, in aller Regel nicht zugehörig fühlen, *sondern jeder für sich... auf ihrem eigenen Kontinent leben.* (XXVII 209) *In diesem Punkte* (sc. der Zusammensetzung der Mannschaft, d. V.), bemerkt Ismael, *verhält es sich mit der amerikanischen Walfängerei nicht anders als mit der amerikanischen Armee und der Kriegsflotte oder der Handelsmarine wie auch mit den Bautrupps, die an den amerikanischen Kanälen und Eisenbahnen arbeiten. Nicht anders deshalb, so sage ich, weil in all diesen Fällen der gebürtige Amerikaner freigebig den Geist zur Verfügung stellt, während der Rest der Welt großzügig die Muskelkraft beisteuert.* (XXVII 208–209) Dementsprechend führt auch an Bord der *Pequod* der Weiße Mann wie selbstverständlich das Kommando, und wenn es je anders kommen sollte, wie in der Novelle von *Benito Cereno*, so müßte es sich schon um das Ergebnis einer unfaßbaren Greueltat (von Meuterei, Mord und hinterhältiger Verschlagenheit) handeln. Was aber besagt das? Wohin führt der Weiße Mann das Schiff Erde, wenn er selber verrückt ist und mit gottgleichem Anspruch seine Rachejustiz zu exekutieren sucht?

In jener Szene vom Elmsfeuer stehen die Männer, während im Rigg das fahle Licht leuchtet, auf der Back beisammen, und ihre Augen glimmen *wie ein fernes Sternenbild*. Und zusammen stehen auch die drei Harpuniere. *In diesem gespenstischen Lichte wirkte der riesige, pechschwarze Neger Daggoo dreimal so groß, als wäre er die schwarze Wolke, aus der sich das Gewitter entladen* (sc. hatte, d. V.). *Tashtegos weiße Haifischzähne leuchteten unheimlich aus seinem geöffneten Mund, so als lodere auch auf ihnen das Elmsfeuer, und in dem übernatürlichen Licht brannten die Tätowierungen auf Queequegs Leib wie Satans blaue Flammen.* (CXIX 769) Da verstärken die drei »Wilden« bereits mit ihren Leibern den Eindruck des Unheimlichen der Natur, deren Kinder sie selber inmitten der »Halbzivilisiertheit« der Walfängerei geblieben sind. Auch das Elmsfeuer ist eine Erscheinung der Natur, doch zugleich wirkt es wie das Phänomen einer anderen, jenseitigen Welt; in dem kalten Licht auf den Stengen und Rahen der *Pequod* manifestiert sich, symbolisch, so sagten wir, eine Ahabsche Geistigkeit – ein Gemütszustand, in dem ein heißes Herz und ein kalter Kopf sich selber taifungefährlich werden.

Im Bilde der *Pequod* leben wir in einer Welt, in welcher der Weiße Mann, in welcher nicht zuletzt US-Amerikaner die Menschheit scheinbar uneingeschränkt in Gehilfen und Sklaven ihrer egoistischen Zielsetzungen zu verwandeln vermögen. Doch wenn das schon so ist und vor allem: wenn es einstweilen kaum zu ändern sein wird, so mutet das Schicksal der *Pequod* im Abstand von jetzt mehr als 150 Jahren wie eine eindringliche Warnung an. Es steht nicht zu erwarten, daß die »Naturmenschen«, nach deren Gemeinschaft Ismael sich so sehnt, die Macht »an Bord« übernehmen; doch der »Weiße Mann« wird sich offenbar selbst zur Gefahr: – *Ahab sollte sich vor Ahab hüten* (CIX 729); und eine amerikanische Nation, die, verletzt und revanchebesessen, nur noch an sich selbst denkt, statt die große Chance zu nutzen, die Vielzahl der Menschen unterschiedlichster Herkunft in sich zu integrieren und mit ihrer aller Kraft der gesamten Menschheit zu dienen, steht dicht vor dem Abgrund. Nicht nur sich selbst, auch alle, die mit ihr verbunden sind, droht sie dann mit in den Untergang zu reißen. Man sollte nicht Menschen für seine eigenen Zwecke benutzen, ohne ihnen selber dabei nützen zu wollen und von Nutzen zu sein. »Freigebiger Geist« und »großzügige Muskelarbeit« – beide zusammen können eine Menge bewirken, vorausgesetzt, der »Geist« ist gesund, und unterstellt auch, daß die Grenzen zwischen »Geist« und »Arbeit«, zwischen Wissen und Handeln keine rassenspezifischen Gettos bilden, sondern jederzeit offen für Übergänge von hüben nach drüben bleiben.

II. Was für eine Welt?

MELVILLES *Moby-Dick* ist ein Roman von Mensch und Meer – voller Traurigkeit und voller Heiterkeit, voller Grausamkeit und voller Zärtlichkeit, voller Romantik und voller Realismus; Religion und Aberglaube, Christentum und Heidentum, Fatalismus und Skeptizismus begegnen und durchdringen einander; Psychologie und Mythologie, Individuum und Masse, Pragmatismus und Paranoia, grübelnde Introspektion und grenzenlose Projektion wechseln einander ab und werden zum Verwechseln einander ähnlich; die Welt im kleinen an Bord der *Pequod* weitet sich aus zu einem Sinnbild der Welt im ganzen, das historisch Einmalige formt sich zum überzeitlich Exemplarischen, die Moral der Verantwortung und die Mechanik der Verzweiflung ringen miteinander und bedingen einander im ewigen Widerstreit von Schicksal und Freiheit, von Unbewußtem und Bewußtsein, von Es und Ich: – kaum ein Roman der Weltliteratur lotet in solchen Tiefen der menschlichen Existenz wie MELVILLES *Moby-Dick*. Die Fülle der vielfältigen und vielschichtigen Intentionen geht einher mit einer Fülle von Irritationen, um deren Klärung MELVILLE in all seinen Werken immer wieder gerungen hat: Wie erscheint die Wirklichkeit in der Wahrnehmung derart unterschiedlicher Menschen? Wie läßt sich unterscheiden zwischen richtig und falsch, zwischen Sinn und Unsinn, zwischen Wahrheit und Wahn? Und wie sich zurechtfinden in den verwirrenden Fragen von Gut und Böse, von Recht und Unrecht, von Erlaubt und Verboten? Was ist die Welt zwischen Schönheit und Schrecken, zwischen Größe und Grausen, zwischen Grund und Abgrund?

All diese Fragen lagern übereinander und liegen ineinander wie die verschiedenen Schichten eines geologischen Profils, das durch starke Scherkräfte sowie durch Aufschiebungen und Absenkungen das Resultat erheblicher Störungen darstellt. Um die ursprüngliche Schichtfolge zu rekonstruieren, ist es unerläßlich, jede der verschiedenen Ebenen gesondert zu betrachten, – zu schildern also in MELVILLES Werk:

1. die Widersprüche der Wahrnehmung,
2. die Widersprüche des Wirkens und
3. die Widersprüche im Wesen der Welt.

In philosophischer Diktion müßte man sprechen von den Problemen der Erkenntnistheorie, der Ethik und der Ontologie; aber MELVILLE war ein Dichter, kein »systematischer« Denker. Er verachtete alle Schulmeisterei und zeigte sich zutiefst überzeugt von der Vergeblichkeit des Bemühens, die Vielfalt der Erscheinungen gewissermaßen mit der Botanisiertrommel einsammeln zu wollen. Sein Bestreben war es, menschliche Erfahrungen mit bestimmten Personen und Situationen zu verknüpfen; was sich in diesen offenbart, galt ihm als die Grenze des sinnvollerweise zu Sagenden. Gehen wir also, vor dem Hintergrund des Gesamtwerkes MELVILLES, den Hauptfragen seines *Moby-Dick* nach; kommen wir als erstes zu sprechen auf:

1. Widersprüche der Wahrnehmung

Quidquid recipitur, recipitur per modum recipientis – alles, was aufgenommen wird, wird nach der Weise des Aufnehmenden aufgenommen. Dieser Hauptsatz mittelalterlicher Erkenntnistheorie formulierte einmal das Vertrauen in die Fähigkeit des Menschen, die Wirklichkeit entsprechend der Einrichtung seiner Sinne »richtig« wahrnehmen und mit den Mitteln des Verstandes zutreffend erfassen zu können. Wohl galt das Empfinden und Denken von Menschen als »subjektiv« – den Tieren wurde das Denken abgesprochen, und die Engel benötigten keine sinnlichen Eindrücke zur Repräsentation der Realität –, doch hatte Gott als gütiger Gestalter aller Gegebenheiten der Welt das Erkenntnisvermögen des Menschen zum Finden von Wahrheit befähigt. Vorausgesetzt blieb die Annahme, daß es so etwas gebe wie ein Wesen des Menschen, eine geistige Natur, die einem jeden eigne, wofern er ein Mensch sei, und die es ermögliche, die Natur ringsum als nach Gesetzen geordnet zu entdecken und sich darin einzuordnen.

Auch MELVILLE stellt nicht in Abrede, daß es eine solche menschliche Natur »an sich« geben müsse – etwa, wenn Weißjacke an das unerschütterliche Menschenrecht appelliert, an dem sich auch das geschriebene Gesetz eines Staates, zum Beispiel das Seerecht der USA, messen lassen müsse, oder wenn Kapitän Vere in *Billy Budd* betont unterscheidet zwischen einer Schuld, die laut Menschenordnung besteht, und einer »Rechtfertigung«, die gleichzeitig bei Gott stehen mag; man muß nicht erst die *Bill of rights* vom 4. Juli 1776 bemühen, um diesen Glauben an Wahrheit und Recht zu begründen. Doch an dieser Stelle beginnt das Problem eines nachdenklichen Dichters wie MELVILLE.

Rein erkenntnistheoretisch scheint es evident, daß alle Menschen, aus was für Gründen auch immer, ihrem Verstande folgend imstande sind, die Gesetze der Physik oder die Logik mathematischer Gleichungen zu begreifen. Aber das Leben ist nicht durch einen Satz mathematischer Operationen auszurechnen und auch nicht mit Hilfe naturwissenschaftlicher Einsichten vollständig beschreibbar. Korrekt die Naturerscheinungen mit den Sinnen wahrzunehmen und mit dem Verstand zu erfassen, ist Kapitän Ahab durchaus fähig; was ihn geistig krank macht, ist sein Fühlen, sein Wollen, sein Charakter, seine Persönlichkeit. Die erste Frage lautet daher nicht: Was ist die Welt? sondern: Wer ist der Mensch? Und nicht »der« Mensch als solcher, sondern der einzelne Mensch in seiner Eigenart; nicht um »die« Welt geht es, wie sie »an sich« ist, sondern um die Bedeutung, die sie für den Einzelnen annimmt.

Auch in diesen Zusammenhängen behält jener Satz der mittelalterlichen Erkenntnistheorie nach wie vor seine Gültigkeit, doch nunmehr in einer Form, die den Sinn, den er einmal besessen, vollkommen auflöst: Was für »wahr« gilt, entscheidet sich nicht länger mehr auf der Ebene »des« Menschen in seinem »Wesen«, sondern in der Wirklichkeit jedes Einzelnen. Wenn aber jeder die Welt so sieht, wie er selbst ist, und wenn alle Menschen als Einzelne voneinander auf spezifische Weise sich unterscheiden, was ist dann »Wahrheit«, außer dem, was jeder Einzelne dafür hält: – eine Form projektiver Selbststabilisierung im Umgang mit Dingen und Menschen, die ein jeder für sich so »ordnet«, wie er sie gerade braucht?

Oder nicht einmal das! Allzu leicht stellen Menschen Behauptungen über die Wirklichkeit auf, ohne sie anders als vom Hörensagen und verformt durch phantastische Vorurteile zu »kennen«. Was nicht alles zum Beispiel wurde schon über den Wal, insbesondere über den Pottwal, an Darstellungen veröffentlicht? – Ismael findet nur schwerlich ein Ende beim Betrachten all der aberwitzigen Gemälde, die zu diesem Thema schon an die Wände der Museen der Welt gehängt worden sind. Doch gegen solche Formen grassierender Unwahrheit gibt es eine Radikalkur: *Bevor ihr diese Abbildung* (sc. von FREDERICK CUVIERS Pottwal, d. V.) *einem Nantucketer zeigt,* empfiehlt er, *tut ihr gut daran, eure baldige Abreise von dieser Insel vorzubereiten.* (LV 427) Es ist die einfache Erfahrung, die wie eine frische Brise die Geisterwolken unklarer Vorstellungen und Gedanken vom Himmel verjagt.

Da erspäht zum Beispiel Daggoo vom Großtopp aus *eine große weiße Masse, die höher und höher aus dem Wasser steigt, sich aus dem Azur* löst und *schließlich gerade voraus wie ein Schneebrett* schimmert, *das just zu Tale geglitten... Ein Wal scheint's nicht zu sein,* denkt er, *doch ist dies Moby Dick?* Und als *das Phantom* im Wasser versinkt und erneut wieder auftaucht, ist er sich sicher: mit einem *nadelspitzen Schrei* singt er den Weißen Wal aus. (LIX 443) Was dem schwarzen Harpunier da unterläuft, ist ein hanebüchener logischer Fehlschluß: die Verneinung von etwas ist noch lange nicht die Bejahung von etwas; nur weil die große weiße Masse offenbar kein »normaler« Wal ist, muß es sich keineswegs schon um den Weißen Wal handeln; doch angesteckt von Ahabs Jagdfieber möchte der Neger unbedingt Moby Dick zu Gesicht bekommen.

Allerdings – auch gegen falsche Syllogismen hilft die Erfahrung: In Windeseile werden die Boote weggefiert; was man dann aber antrifft, läßt den Gedanken an Moby Dick *fast vergessen,* handelt es sich doch um *die wundersamste Erscheinung..., welche die verschwiegenen Meere der Menschheit jemals offenbart haben: Eine gewaltige breiige Masse, mehrere Kabel lang und breit, trieb sahnigweiß glänzend auf dem Wasser; zahllose lange Arme strahlten von ihrer Mitte aus und wanden sich umeinander wie ein Nest voller Anakondas, so als wollten sie blindlings alles greifen, was unglücklicherweise in ihre Reichweite geriet. Die weiße Masse wies weder ein Gesicht noch eine erkennbare Vorderseite auf, auch keinerlei Anzeichen für Empfindungen oder Instinkte; vielmehr wogte sie mit den Wellen auf und ab wie eine gespenstische, formlose, zufällige Erscheinung des Lebens.* (LIX 444) Statt Moby Dick, erweist sich dieses »weiße Gespenst« mithin als ein Großer Kalmar. Die genauere Beobachtung entlarvt eine für sicher geglaubte Erwartung als die Folge einer Fehlwahrnehmung beziehungsweise eines fehlerhaften Denkens. So weit, so tröstlich.

Indessen schleichen sich auch in Ismaels Darstellung bereits wieder Fehler ein: Die Kalmare wären bar aller Empfindungen und Instinkte? Sie trieben rein passiv im Wasser umher? Da glichen sie wohl am ehesten riesigen Quallen, unerachtet der »zahllosen« Arme, von denen auch nur die Rede sein kann, wenn man vor lauter Schrecken nicht genau hinsieht. In »Wahrheit« zählen die Kalmare zu den höchstentwickelten und intelligentesten Weichtieren überhaupt, begabt mit Lernfähigkeit und Gedächtnis, ausgestattet mit Augen, die es mit denen der Wirbeltiere durchaus aufnehmen können, und mit einem Antriebssystem, das erfolgreich genug war, ihnen über Hunderte von Jahrmillionen das Überleben zu sichern. Doch all dies weiß man erneut nur aus Erfahrung. Alles in Fragen der Wahrheitsfindung scheint demnach auf den reinen Empirismus und Realismus hinauszulaufen.

Jedoch ist die Suche nach »wahrer« Erkenntnis keinesfalls schon identisch mit dem Sammeln von »Erfahrungen« und »Tatsachen«. Leben ist Lernen, wohl wahr, aber das konkrete Erleben der Dinge beschränkt sich nicht auf Sinneseindrücke und Gedanken, es ist untrennbar verbunden mit Gefühlen – im Falle des Großen Kalmars mit Gefühlen des Schauderns vor dem so Andersartigen, Unheimlichen, Fremden – und mit bestimmten Bedeutungsverleihungen. Was hat das Auftauchen des weißlichen Riesenweichtiers zu sagen? Ist es ein Zeichen zukünftigen Schicksals? Die Verknüpfung bestimmter Erfahrungen mit bestimmten Gefühlen kann auf »reale« Gründe zurückgehen: – das Erschaudern etwa vor einem Wal wie Moby Dick enthält durchaus eine berechtigte Warnung, ihm nicht zu nahe zu kommen; doch auch der Weiße Wal hat inzwischen über die bloße Realangst hinaus für Ahab und seine Mannschaft die mythische Bedeutung eines Pandämoniums angenommen. Und wie nun mit dem weißen Riesenkalmar?

Pottwale fressen Tintenfische; wo also diese, sind jene nicht fern. Solch ein Schluß ist »real« begründet. Doch das Erschaudern vor der weichlichweißen Masse des Kalmars geht auf keine wirkliche Bedrohung zurück, solange nicht jemand durch Mutwillen oder durch Schicksalswillkür in die Reichweite der Tentakel eines solchen Tieres gerät; dann allerdings müßte ihm der Eindruck eines instinkt- und empfindungslosen Wesens sehr bald vergehen. Nein, was den Kalmar als »Omen« erscheinen läßt, sind *symbolische* Bedeutungen. Da ist das Weiß seiner Farbe, das auf Moby Dick hinweist, und da ist der Eindruck einer unförmigen Masse, der speziell auf Starbuck so unheimlich wirkt, daß er lieber Moby Dick bekämpfen möchte als ein solches Ungeheuer. (LIX 444–445) Ein derartiges Erschrecken verrät eine Wichtigkeit, die dem Kalmar allenfalls als einem Bild für bestimmte seelische Inhalte zukommt. Psychologen könnten in den umklammernden Saugarmen des Kalmars die Furcht Ismaels vor seiner Stiefmutter verkörpert finden[1], so wie wir in Moby Dick den Zorn Ahabs auf eine väterliche Autorität dargestellt sahen, welche die Mutter allererst zur »Stiefmutter« werden ließ. Doch an dieser Stelle symbolischer Gefühlsinhalte stoßen wir auf ein sonderbares »Gesetz« des Erlebens, das sich als Kontrast von objektivem Erfahrungshintergrund und subjektiver Bedeutungsverleihung beschreiben läßt: Was etwas ist, darüber mag man sich einigen, indem man gründlich genug nachschaut; doch was etwas bedeutet, hängt offenbar ganz davon ab, mit wem das jeweilige »etwas« jeweils »redet«.

Mit Regelmäßigkeit etwa sahen wir die Steuerleute der *Pequod* alle möglichen Erscheinungen sehr verschieden »wahrnehmen«, so sehr, daß es ihnen von vornherein als aussichtslos erscheinen mußte, sich über die »Wahrheit« des »Wahrgenommenen« untereinander zu verständigen. Jeder von ihnen lebt in einer eigenen Welt und erlebt die Welt auf seine je eigene Weise. Was also ist »Wahrheit«, wenn sie *mehr* sein soll als die Summe empirischer – und dementsprechend relativ belangloser – Daten? Oder zersplittert der Glaube an die Wahrheit prinzipiell angesichts der Relativität und Subjektivität der so grundverschiedenen »Wahrnehmungen« der Einzelnen? Und weiter gefragt: Welche Kriterien könnte es geben, um zum Beispiel Ahabs Weltdeutung für »wahnsinnig« zu erklären, Starbucks Einstellung für »abergläubig«, Stubbs Erleben für »oberflächlich« und Flasks Reaktionen für »geistlos«? Ein Maßstab für eine solche Wertung ließe sich nur gewinnen, wenn man die Art, wie ein Mensch lebt (und folglich die Welt erlebt), daran messen könnte, wie er als Mensch eigentlich leben müßte (und folglich die Welt erleben sollte). Dieses »sollte« aber müßte sich ergeben aus der Person, die der Einzelne zu werden bestimmt ist, – aus der Person, zu der er reifen würde, wenn es möglich wäre, ihn einigermaßen gerade aufwachsen zu lassen, beziehungsweise wenn es ihm gelänge, die erlittenen Verletzungen und Verformungen angemessen zu verarbeiten. Wenn es so steht, lautet die Frage allerdings nicht mehr, wie ein Mensch zur Wahrheit der Dinge findet, sondern wie er zur Wahrhaftigkeit seiner selbst gelangt; ehe es möglich ist, die Sterne zu schauen, gilt es, den Spiegel des Teleskops zu säubern, der das Licht des Himmels aufnehmen soll.

Wie ein solches Klären des »Spiegels«, ein solches Klarwerden über sich selber geschehen kann, hat MELVILLE in der ersten seiner *Piazza-Erzählungen* geschildert, die zentral die unterschiedlichen Sichtweisen zweier Menschen thematisiert.

In dieser Geschichte erzählt ein Mann davon, wie er *ein altmodisches Gutshaus, das keine Piazza hatte* (675), um eine solche Veranda, um eine solche Aussichtsplattform nach Norden hin erweitert und von dort aus immer wieder eine *ferne Hütte* betrachtet, die ihn *auf magische Weise* anzieht und ihm erscheint wie ein Gebäude *im Elfenland*. (680) Tag für Tag, bei der Lektüre von SHAKESPEARES *Sommernachtstraum,* blickt er sehnsüchtig nach den

Bergen hinüber, nach jenem Domizil, das seinem Wähnen nach einer *Elfen-königin* gehören muß. Irgendwann, nach einer längeren Zeit der Krankheit und der Rekonvaleszenz, macht er sich wirklich dorthin auf: *ans Ende des Regenbogens, ins Elfenland!* Goldrauten weisen ihm zu Anfang den Weg, dann wird der Pfad steil und beschwerlich, die Füße schmerzen, die Müdig-keit wächst, bis schließlich ein Zickzackpfad zu einer Hütte führt, die einer abgetakelten japanischen Dschunke ähnlich sieht, darinnen ein *einsames Mädchen*, das, hinter einem »fliegengesprenkelten« Fenster hockend, bei der ersten Anrede ängstlich aufspringt *wie ein Mädchen, das, für ein Opfer abge-sondert, durch die Palmen zum erstenmal Kapitän Cook zu Gesicht bekommt.* (685) Dieses Mädchen hat sich elternlos in der verlassenen Behausung ein-gerichtet, gemeinsam mit seinem 17jährigen Bruder, der als Holzfäller und Köhler sich sterbensmüd arbeitet. Marianna ist fast immer allein und be-schäftigt mit Näharbeiten, während die Sonne erbarmungslos niederbrennt und die Schatten eines nahen Berges in der Vorstellung der Vereinsamten in lebendige Wesen verwandelt. Sehnsüchtig weist sie hin auf ein marmornes Haus dort unten, an einen langen Berghang gelehnt, dessen Weiß sich blin-kend vom Blau des Hintergrunds abhebt, und sie preist glücklich dessen Bewohner, nicht ahnend, daß dieser selbst vor ihr steht. Der aber muß erkennen, daß dieses vermorschte, von Insekten umschwirrte, an der Nord-seite durchnäßte Haus sein sonnenvergoldetes Elfenheim ist. Nicht einmal Vögel lassen auf diesem Berge der Traurigkeit ihre Stimmen vernehmen. Nacht für Nacht versucht Marianna gegen ihre schlaflose Müdigkeit anzu-beten, erfüllt von dem Wunsch, nur einmal zu jenem glücklichen Hause dort drunten gelangen zu können; für den tatsächlichen Bewohner dieses Hauses indessen enthält seine herbe Enttäuschung die Lehre: bei seiner Piazza zu bleiben, als seiner *Königsloge* und seinem *Amphitheater*, und jenes müde Gesicht hinter dem goldenen Fenster, das ihm nach wie vor an son-nenbeschienenen Tagen herüberglänzt, zu vergessen. Und doch: *jeden Abend, wenn der Vorhang fällt, dann kommt mit dem Dunkel die Wahrheit herein. Kein Licht blinkt von dem Berg herüber. Auf und ab wandre ich das Piazza-Deck entlang, heimgesucht von Mariannas Gesicht und manch einer ebenso wirklichen Geschichte.* (690)

Wahrheit, so lautet die Botschaft dieser Erzählung, existiert offenbar nur für den, der hinter den täuschenden Vorhang seiner Träume zu schauen gelernt hat und trotz oder gerade infolge all der Enttäuschungen an der Wirklichkeit zu sich selber zurückzukehren vermag, der Nachtseite des Lebens fortan freilich eingedenk bleibend. Die Identität mit sich selbst, die innere Übereinstimmung mit dem eigenen Dasein, bildet die einzige Form von Glück und zugleich die einzige Art, sich der Wahrheit der Dinge gewachsen zu zeigen. Unabhängig davon zerlegt sich die Welt in ein Kaleidoskop perspektivischer Irrtümer, indem ein jeder am meisten sich dorthin sehnt, wo er horizontweit von sich selber entfernt ist. So steht es bereits um die Trugbilder wohliger Träume; mit den Phantomen weher Alpträume ist es nicht anders bestellt.

Man könnte bis hierhin immer noch meinen, daß die reale Erfahrung mit den Dingen, wie sie »wirklich« sind, einen soliden Weg zur Wahrheit ebnen würde. Doch wenn schon die Wahrnehmung der Dinge durch die Bedeutungsverleihung des Subjekts mitgeformt oder richtiger: verformt werden kann, wie schwer muß es dann fallen, zur Wahrheit zu finden, wenn der wahrzunehmenden Oberfläche der Dinge von anderen Subjekten absichtsvoll eine bestimmte Bedeutung aufgeprägt wird? Wie um die Probe aufs Exempel für diese Frage zu machen, hat MELVILLE eine seiner meisterhaftesten Erzählungen solcher Wahrheitssuche im Reich des Trugs gewidmet: Der gutmütige und hilfsbereite Kapitän Amasa Delano versucht vergebens, während seiner unheilvollen Begegnung mit dem spanischen Kauffahrer *San Dominick* unter ihrem sonderbaren Kapitän *Benito Cereno,* sich auch nur ein annähernd wahrheitsgemäßes Bild von den Zuständen an Bord des fremden Schiffes zu machen. *So sehr kann selbst der Beste irren, wenn er das Verhalten eines Menschen beurteilen soll, dessen Wesen er nicht bis in seine tiefsten Hintergründe kennt,* lautet denn auch die melancholische Quintessenz dieser Geschichte. (818) Doch wovon erzählt sie[2]?

Im Jahre 1799 sieht der Kommandant eines Robbenfängers im Hafen von Santa Maria an der Südküste Chiles ein Schiff ohne Flagge auf das Land zuhalten, in Unkenntnis offenbar, daß *ein Unterwasserriff genau vor seinem Bug liegt.* (731) Doch will es überhaupt einlaufen? Das ist in dem Nebel, der des Morgens noch über dem Wasser liegt, nicht eindeutig auszumachen. Um dem fremden Schiff, das allem Anschein nach schon lange auf See ist, behilflich zu sein, läßt Kapitän Delano sich gleichwohl hinüberrudern; doch was er dann zu seiner Verwunderung vorfindet, ist ein in allen Teilen heruntergekommenes Schiff, das schon *vor langen Zeiten... dem Verfall überlassen* worden zu sein scheint. (733) An Bord wird Delano *von einem Schwarm lärmender Weißer und Schwarzer umringt* (734), die ihm den Zustand des Schiffes mit dem Ausbruch des Skorbut erklären, der den Großteil der spanischen Besatzung dahingerafft habe, sowie mit einem drohenden Schiffbruch, dem sie vor Kap Hoorn nur mit Mühe entgangen, mit einer tagelangen Flaute, die sich angeschlossen, und mit einem katastrophalen Mangel an Wasser und Nahrung. Trotzdem scheint das Verhalten der Mannschaft sehr seltsam. Vier ältere Neger sitzen da und zupfen alte Tauenden zu Werg, sechs andere putzen Beile, die sie barbarisch klirrend aneinander schlagen; und als endlich der spanische Kapitän Benito Cereno auftaucht[3], muß der hilfsbereite Delano in ihm einen körperlich und geistig gebrochenen Menschen erkennen, der wie teilnahmslos vor sich hinstarrt, – anscheinend eine Beute seiner Niedergeschlagenheit und geistigen Verwirrung. Doch wie nun? Hat wirklich, fragt sich Delano, das Schicksal des Unglücksschiffes den betrüblichen Zustand seines Kommandanten bedingt oder hat umgekehrt dessen mangelnde Durchsetzungsfähigkeit nebst der schleifenden Disziplin seiner Mannschaft allererst zu dem offenbaren Desaster geführt? Er selbst, so viel steht ihm fest, würde auf seinem Schiff, der *Bachelor's Delight*, bestimmte Vorkommnisse nicht ungestraft hinnehmen. Doch was bedeutet das?

Je länger Kapitän Delano zuhört, wie es an Bord der *San Dominick* zugeht, weiß er immer weniger, was er davon halten soll. Gesetzt einmal, die Angabe der Breiten, in denen die *San Dominick* gekreuzt haben soll, stimmt, – wie läßt sich dann eine so lange Flaute und ein derart planloses Abdriften des Schiffes erklären, wie der spanische Kapitän sie für sein Unglück verantwortlich macht? Allerdings scheint Benito Cereno als erstes Mitleid und Hilfe, statt Vorwürfe und Verdächtigungen zu verdienen; er ist ein ausgezehrter lungenkranker Mann, der froh sein muß, in dem Neger Babo, der ihn überallhin begleitet, einen überaus treuen Gehilfen zu besitzen. Oder ein anderes Beispiel: Ist nicht etwa an der Sorgfalt, mit der Cereno die Messer und Beile reinigen läßt, zu erkennen, daß er der Eigentümer der Ladung und auch wohl der Sklaven an Bord sein wird? Tatsächlich sei Cereno der Besitzer, erfährt Kapitän Delano, aber die Sklaven hätten zuvor einem Alexandro Arando gehört, einem Freund Cerenos der, wohl am Fieber, verstarb. Einfühlsam versucht Kapitän Delano sich die Ergriffenheit des spanischen Kapitäns aus eigenem Erleben zu erklären: Auch er mußte einmal einen Freund, seinen eigenen Bruder, dem Meer und damit den Haien übergeben; vermutlich würde für Cereno der Verlust seines Freundes weniger schwer gewogen haben, hätte er die sterblichen Überreste des armen Alexandro einbalsamieren und an Bord mitführen können. Gerade dieser Gedanke aber erschreckt den Spanier derart, wie wenn er ein Gespenst vor sich sähe, ganz als ob er einen entseelten Körper mit Geistern und Kobolden verbände, und der Diener Babo schaut Delano bei seinen Worten so vorwurfsvoll an, daß dieser sich nicht mehr getraut, das Thema weiterzuverfolgen.

Doch der Merkwürdigkeiten ist kein Ende: Ein stolzer, hochgewachsener Negersklave mit Namen Atufal, der in seinem Lande ein König gewesen, muß alle zwei Stunden vor Kapitän Cereno in Ketten erscheinen, weil er sich weigert, ihn für etwas anscheinend Nebensächliches um Verzeihung zu bitten. Auf sonderbare Weise scheinen die Maßstäbe für das, was strafenswert ist und was nicht, auf der *San Dominick* von Grund auf durcheinandergeraten. Verwirrt sind offenbar auch die guten Sitten: Eine neckische Bemerkung Delanos über einen Schlüssel, den Cereno an seinem Halse trägt, versteht dieser als Anspielung auf seine mangelnde Führungskraft, und seine ausgesprochen gekränkte und mürrische Reaktion muß geradewegs für würdelos und peinlich gelten, – selbst *die unterwürfige Vertraulichkeit* Babos verliert rasch von ihrem Reiz. Für Delano ist dieser ganze höchst *eigenartige Wechsel zwischen Höflichkeit und schlechtem Benehmen im Verhalten des spanischen Kapitäns* nicht zu erklären, außer er unterstellt diesem *entweder unschuldigen Irrsinn oder bösartige Falschheit.* (752) Welche der beiden Annahmen aber trifft zu?

»Einfach« wäre es, Benito Cereno geistig für ebenso krank zu halten, wie er es körperlich ist; doch ein Mann, der einen hilfsbereiten Gast mutwillig kränkt, sollte mit seinem rüden Betragen eigentlich eine Absicht verfolgen. Nur: welche? Alles erscheint mit einem Mal doppelbödig und kompliziert. Kann es nicht sein, denkt Delano, daß dieser Mann ein Betrüger ist, der sich den edel klingenden Namen Benito Cereno bloß zugelegt hat? Dafür sprächen das Übertriebene und Ungeschickte seines zeremoniellen Gebarens, die Brüche in seinem Verhalten und vielleicht sogar seine »tödliche« Krankheit, die ebenfalls nur vorgetäuscht sein könnte. Dann aber müßte Delano davon ausgehen, *daß unter dem Äußeren kindlicher Schwäche die übelsten Kräfte schlummern*; und ist denn eine derartige Arglist unter Menschen überhaupt möglich? *Nicht aus seinen Überlegungen und nicht aus seinem Inneren, sondern von außen und zwar plötzlich und unvermittelt kamen diese Vorstellungen, um indes ebenso schnell wieder zu verschwinden, wie die milde Sonne von Kapitän Delanos Gutherzigkeit zu ihrem Zenit emporstieg.* (753)

Was aber soll der verunsicherte und beunruhigte Delano davon halten, wenn er sieht, wie einer der spanischen Matrosen beim Aufentern ein seidenverziertes, juwelengeschmücktes Hemd unter seiner teerbefleckten Wolljacke erkennen läßt? Hat der Mann das Kleidungsstück gestohlen? Oder gibt er just eben Kapitän Cereno ein geheimes Zeichen? Alle Gedanken drehen sich im Kreise. Ist es nicht absurd, die *San Dominick* für ein Piratenschiff zu halten, das es womöglich gerade auf die *Bachelor's Delight* abgesehen hat? Dann aber wieder: Können der Durst und die allgemeine Notlage an Bord nicht doch nur vorgetäuscht sein, um einen arglistig getarnten Angriff vorzubereiten?

Eben diese Unsicherheit in der Bewertung seiner Beobachtungen wird Kapitän Delano nicht mehr verlassen, solange er sich auf diesem sonderbaren Schiff befindet, das selbst *dem Arglosesten* gewisse *häßliche Befürchtungen* geradewegs aufdrängt. (757) Echt, so scheint es, ist das Unglück an Bord, ist die Not, ist die Krankheit des Kapitäns, doch die Erklärungen, die all dies begründen sollen, wecken berechtigte Zweifel, und das Verhalten der Beteiligten nährt immer neu den Verdacht, einem geheimen Plan zu folgen; dessen Ziel aber müßte schon ganz und gar hinterhältig und verbrecherisch sein, bliebe doch sonst die ganze Geheimnistuerei vollkommen unnötig. Oder läßt sich nicht doch alles auch ganz harmlos verstehen – mit der krankheitsbedingten Schwäche des Kapitäns etwa, der sich außerstande zeigt, selbst gewalttätige Übergriffe der Farbigen gegen die weißen Matrosen zu ahnden? Wohl legen Gutmütigkeit und Hilfsbereitschaft Kapitän Delano die letztere Deutung nahe, doch findet sein einmal erregter Argwohn bei jeder Gelegenheit neue Nahrung.

Insbesondere der vermeintlich so treue Diener Babo macht einen zunehmend zwielichtigen Eindruck: Grinst er gerade hämisch oder lächelt er freundlich, steht er konspirativ mit einigen weißen Matrosen in Verbindung oder verrichtet er nur hilfreich seinen Dienst, umgibt er sorgenvoll und sorgsam seinen gebrechlichen Herrn oder hält er ihn unter Kontrolle und verhindert dessen freie Rede, ist er ihm geflissentlich als Barbier zu Diensten oder setzt er ihm drohend ganz wörtlich »das Messer an die Kehle«?

Alles an Bord der *San Dominick* scheint ebenso möglich wie unmöglich; ständig pendelt die Deutung zwischen Gebrechen und Verbrechen, zwischen Irrsinn und Hintersinn, zwischen Krankheit und Krieg hin und her; immer wieder ringen in Kapitän Delano Vertrauen und Mißtrauen, Nachsicht und Vorsicht, Rücksicht und Einsicht miteinander. Wieder und wieder gewinnt seine Gutherzigkeit die Oberhand über seine Angst; immer aufs neue gibt er sich geneigt, all die Seltsamkeiten im Gebaren Benito Cerenos und seiner Mannschaft irgendwie zu entschuldigen, und doch wird er gerade durch diese seine Güte und Menschlichkeit daran gehindert, die Wahrheit zu erkennen, – eine Wahrheit, die schrecklicher ist als alle Schrecknisse des Winds und der Wellen, von denen dem guten Kapitän erzählt ward.

Wie es nämlich wirklich steht, offenbart sich, als Delano endlich zu seinem Schiff zurückrudern will; da, im letzten Moment, springt Benito Cereno zu ihm ins Boot, verfolgt von Babo, der ihn zu töten sucht; gerade noch rechtzeitig gelingt es Delano, den Neger zu entwaffnen und sich der Meute der Schwarzen zu entziehen, die schwimmend sein Boot in den Untergang zu reißen drohen; und erst jetzt erfährt er von dem spanischen Kapitän, was sich auf der *San Dominick* tatsächlich ereignet hat: Die Neger, die Arando als Handelsware transportieren wollte, hatten unter der Führung von Babo und Atufal rebelliert und die Macht über ihre weißen Zwingherrn gewonnen; sie hatten Arando gemordet und auf Babos Befehl sein Skelett als Galionsfigur an den Bugspriet gebunden – zum Zeichen, wie es allen ergehen werde, so sie sich ihren einstigen Sklaven widersetzen sollten. Da die Schwarzen selber nicht zu navigieren verstanden, hatten sie die Spanier zwingen wollen, nach Afrika zurückzusegeln. Als nun aber Kapitän Delano auftauchte, hatte Babo alle an Bord des Sklavenschiffes genötigt, eine Rolle zu spielen, die es erlaubte, Benito Cereno nach wie vor als Kapitän erscheinen zu lassen. In einem wüsten Handgemenge gelingt es Delano schließlich, das Sklavenschiff zurückzuerobern und die Meuterer vor Gericht zu stellen. Doch wie eigentlich lautet nun die Erkenntnis, die aus der gerichtsnotorischen »Wahrheit« von Mord und Meuterei hervorgehen soll?

MELVILLE fand jene Begebenheit erzählt in einem *Bericht über Seefahrten und Reisen* (A Narrative of Voyages and Travels, Boston 1817), geschrieben von eben jenem Kapitän AMASA DELANO (1763–1823). Doch was er aus diesem Stoff einer atemberaubenden Abenteuergeschichte gemacht hat, ist eine bestürzende Parabel auf die Irritationen und Unwägbarkeiten menschlicher Wahrheitssuche. Wenn es bei der Beobachtung einfacher Sachverhalte schon schwerfallen mag, herauszufinden, was die Dinge bedeuten, wie dann erst soll ein Mensch sich zurechtfinden, wenn er, in Feindesland, auf eine Fülle von Wegzeichen trifft, die absichtsvoll so gestellt sind, daß sie ihn in die falsche Richtung locken müssen? Im Umgang mit Freunden und Vertrauten mag freundliches Vertrauen den einfachsten Zugang zur Wahrheit eröffnen; doch inmitten des Wildheitszustands der Welt wäre es geradewegs gefährlich, die mißtrauische Wachsamkeit wildlebender Tiere auch nur für den Augenblick zu vergessen.

Oder auch wieder nicht!

Zweifellos wurde Kapitän Delano, während er an Bord der *San Dominick* weilte, gerade durch seine fast schon blauäugige Gutmütigkeit daran gehindert, dem verschlagenen Neger Babo auf die Spur zu kommen; hätte er sich nicht immer wieder förmlich gezwungen, die Interpretation seiner Wahrnehmungen den Zielsetzungen seiner Hilfsbereitschaft anzupassen, so hätte er von Anfang an und mit systematischer Entschlossenheit all den Verdachtsmomenten nachgehen können, ja, müssen, die sich so zahlreich ihm darboten; – keine Täuschung vermag anscheinend so perfekt zu gelingen, daß die Folie, die sie als Tarnung über die Wirklichkeit spannt, nicht Risse aufwiese, durch welche der Untergrund verräterisch durchschiene; zudem bildete Babos Täuschungsmanöver das Ergebnis einer kurzfristigen Improvisation; es bleibt staunenswert, wie es ihm überhaupt gelingen konnte, so rasch sein Netz aus verabredeten Lügen und verordneter Kontrolle über alle, über Schwarze wie Weiße, auf dem ehemaligen Sklavenschiff zu werfen. Was aber wäre gewesen, wenn Delano auch nur um ein weniges früher die Wahrheit entdeckt hätte? Zweifellos hätten in diesem Falle Babo und seine Komplizen sich seiner bemächtigt und würden mit ihm nach zweckdienlicher Willkür verfahren sein. Es waren – man kann es nicht anders sagen – die Sichtblenden seiner Menschlichkeit, die ihm die Freiheit, wo nicht das Leben erhielten!

Doch geht es in dieser Geschichte, die eine wahre Begebenheit wiedergibt, nicht nur um einen Konflikt zwischen Vertrauen und Mißtrauen, wie MELVILLE ihn in *Maskeraden* in ethischer Absicht entworfen wird. Daß Kapitän Delano erst so spät, eigentlich gar nicht, hinter der Fassade der Finten die Wahrheit zu finden vermag, liegt im wesentlichen daran, daß er unbeirrt von einer falschen Voraussetzung ausgeht: All seine Überlegungen unterstellen, daß Kapitän Benito Cereno wirklich der Herr seines Schiffes ist; all seine Beurteilungen, die er an dessen Verhalten vornimmt, gehen einher mit dem idealtypischen Maßstab seines eigenen Verständnisses von dem rechten Auftreten und von der eigentlichen Aufgabe eines Kapitäns; selbst die Mutmaßungen des Schlimmsten setzen ins Zentrum aller Aktionen an Bord der *San Dominick* diesen erkennbar kranken, gebrochenen Mann, selbst wenn es bis ganz zum Schluß offenbleibt, ob hier das Leiden die Bosheit oder die Arglist den Irrsinn erzeugt haben mag. Solange aber der amerikanische Kapitän seine eigene Welt mitnimmt, um die Situation auf dem spanischen Sklavenschiff zu verstehen, verstellt er sich alles. Das Eigene ist niemals identisch mit dem Fremden. Und auf das Allerschlimmste kommt er von sich aus gar nicht – das muß ihm von dem anderen selber gesagt werden –: auf die Möglichkeit, daß jener Kapitän gezwungen ward, sein Kapitänsein nur noch zu spielen, um seine faktische Ohnmacht zu verschleiern. Benito Cereno rettet sein Leben, solange er seine Unfreiheit als Freiheit erscheinen läßt, Amasa Delano erhält sich das Leben, indem er sich zum Gefangenen der Lüge macht und dort Freiheit wähnt, wo Unfreiheit waltet. Schier unmöglich ist es ihm (und wohl allen Menschen), ausgehend von den Voraussetzungen der eigenen Lebenswirklichkeit den vollkommenen Umsturz der ihm vertrauten Welt auch nur für denkbar zu nehmen. Genau das aber *ist* hier die Wahrheit: die Revolte auf der *San Dominick* bedeutet einen Umsturz zugleich der gesamten gewohnten Weltsicht eines so wohlmeinenden Menschen wie Amasa Delano. Wenn so etwas möglich ist wie das Geschehen an Bord der *San Dominick*, was auf Erden darf dann noch für unmöglich gelten?

Kapitän Benito Cereno wird seiner Rettung nicht froh werden; *langsam und melancholisch* wird er im abschließenden Gespräch mit dem schmerzlich berührten Kapitän Delano *seinen Mantel* um sich ziehen, *als wäre* er *ein Leichentuch.* Er wird, niedergedrückt durch die Erinnerung an jenen teuflischen Neger, sich in ein Kloster zurückziehen und bald schon seinem Freunde Arando in den Tod nachfolgen; Kapitän Delano hingegen wird nur um so dankbarer zu seinem alten Vertrauen in die Vorsehung zurückfinden und, weil er *kein Gedächtnis* hat, wie Benito Cereno bitter bemerkt, den milden Passat schon wieder als einen »warmherzigen«, »heilenden Freund« begrüßen. (818) Freilich, hat er damit nicht »irgendwie« »auch« recht? Das bleibt die Frage!

Manche Rezensenten betrachten die Erzählung von Benito Cereno als ein Lehrstück vor allem über die Abgründe des menschlichen Herzens und über die Arglist und Bosheit, die in einem Monstrum wie dem Neger Babo Gestalt annehmen konnten und folglich wohl jederzeit wieder – unter geeigneten Konfigurationen – auch in anderen Figuren der menschlichen Geschichte Gestalt gewinnen können[4].

Doch obwohl die gezeigte Mordbereitschaft und Arglist eines Babo gewiß das Vertrauen in einen Menschen nachhaltig zerrütten können, wäre es ein verhängnisvoller Fehlschluß, in diesem Einen das verborgene »Wesen« des Menschen überhaupt erkennen zu wollen, mithin zu behaupten, »im Grunde«, unterhalb der Übermalungen der Kultur, seien »eigentlich« »alle« »Wilde« wie jener. Selbst die vermeintlich »Wilden« sind nicht »wild«, – immer wieder weist MELVILLE darauf hin; sie sind Menschen, deren die Zivilisation sich aus Gründen der Machtgier und zum Zwecke der Ausbeutung gewaltsam bemächtigt hat, in Verleugnung ihrer elementaren Rechte als Menschen. Verwegenheit und Verschlagenheit sind nicht »naturgegeben«, sie bilden eine Reaktionsmöglichkeit von Menschen im Status völliger Entrechtung und vollständiger Ohnmacht. Lüge stellt da nur eine Form intelligenter Gewalt, eine Waffe im Munde und in den Händen der Wehrlosen dar; sie ist keinesfalls genuin »negerhaft« oder »wild«. Ganz im Gegenteil, wenn es darum geht, das Verhalten des Schwarzen nach den Maßstäben des Rechts und der Zivilisation zu bemessen, so wiegt sein Anliegen in den Schalen der Waage der Justitia ungleich schwerer als die »wohlerworbenen« (?) Ansprüche eines Sklavenhändlers wie des ermordeten Alexandro Arando. Was an dem Versuch Babos sollte »unrecht« sein, den Rechtsbruch von Gefangenschaft, Deportation und »Vermarktung« ehedem freier Menschen zu revidieren und die Rückkehr nach Afrika zu verlangen, also auf die erlittene und unausgesetzte Gewalt des Sklavenhandels[5] mit den Mitteln der Gegengewalt zu antworten? Ja, rundheraus gefragt: Wer eigentlich ist da menschlicher: Arando oder Babo – der Mann, der Menschen zu verkaufen gedenkt wie Kokosnüsse und Schweine, oder der Mann, der dagegen aufsteht mit allem, was er vermag? Der legendäre Fall der *Amistad* nötigte in diesem Zusammenhang sogar die Rechtsprechung der USA im 19. Jh. zu einem dramatischen Wandel ihrer Anschauungen[6] und müßte rückblickend auch das Vorgehen von Kapitän Delano problematisieren: Handelte er wirklich »richtig«, als er die *San Dominick* für das »Recht« zurückeroberte und Krieg führte zugunsten der Sklavenhalter gegen deren Opfer? Hätte ihm die Erkenntnis der »Wahrheit« über das Schiff der Aufständischen nicht dahin bestimmen müssen, sich selbst ihrer Revolution freiwillig anzuschließen?

Es gab an Bord der *San Dominik* eine Szene, die Kapitän Delano zutiefst ergreifen konnte, als er *einer schlafenden Negerin ansichtig wurde, die, teilweise verdeckt durch das Geflecht irgendeines Tauwerks, die jugendlichen Glieder achtlos gelockert, wie eine Hündin im Schutze eines Waldfelsens im Schatten der Reling lag. Über ihre üppigen Brüste krabbelte vollwach und nackt, den kleinen schwarzen Körper halb von den Deckplanken und quer über den seiner Mutter aufgerichtet, ihr Kindchen; seine Händchen klammerten sich wie zwei Pfoten an sie, und mit Nase und Mund wühlte es vergeblich, um sein Ziel zu erreichen... Die ungewöhnliche Kraft des Kindes weckte schließlich die Mutter auf. Sie fuhr empor und sah den Kapitän vor sich stehen. Aber völlig unberührt davon, in welcher Haltung sie beobachtet worden war, nahm sie entzückt das Kind auf und bedeckte es voll mütterlicher Freude mit Küssen. – Das ist nun einmal die unverfälschte Natur, reine Zärtlichkeit und Liebe,* hatte Kapitän Delano in diesem Augenblick gedacht; ja, die Art dieser *Negerinnen... gefiel ihm. Wie die meisten Frauen primitiver Völker waren sie augenscheinlich ebenso warmherzig wie von zäher Konstitution, gleichsam bereit, für ihre Kinder zu kämpfen oder zu sterben, unverdorben wie Leopardinnen und liebevoll wie Tauben.* (762–764) Wie kann Delano, dieses Bild vor Augen, es auch nur wagen, die Folgerung der »Wahrheit«, die er gerade entdeckt hat, ins derart Unwahrhaftige zu setzen, daß er am Ende die »Rechtstitel« der Weißen, die auf nichts beruhen als auf dem Diktat der Macht, durchsetzt gegen die naturverbrieften Menschenrechte der »Neger«, die bis in die sinnliche Evidenz hinein reden von einer »Zärtlichkeit«, die universell sein muß, weil alles menschliche Leben ihr seinen Ursprung verdankt?

Zur Wahrheit kann ein Mensch nur finden, wenn er sich selber findet, wenn er den »Spiegel« klärt, in dem sein Bewußtsein die Welt aufnimmt und deutet, – so die Botschaft der *Piazza*-Erzählung. Die Wahrheit kann ein Mensch nur leben, wenn er sich selbst durchhält und die menschlichen Konsequenzen zieht, die sich aus seinen Einsichten ergeben, – so die Botschaft der Geschichte von *Benito Cereno*. Die Psychologie personaler Integration wandelt sich zur Frage persönlicher Integrität; aus der Frage der Wahrheit erhebt sich die Frage der Wahrhaftigkeit. Die Frage nach der Möglichkeit wahrer Erkenntnis vermittelt sich damit zu der Frage nach der Erkennbarkeit von Gut und Böse, von Recht und Unrecht, von Moral und Unmoral.

2. Widersprüche des Wirkens

Wenn es schon unklar ist, welch eine Bedeutung den Dingen und Zusammenhängen in der Welt zukommt, und wenn im Grunde ein jeder sich seine eigene Welt entwirft, wie soll es dann möglich sein, allgemeinverbindliche Werte zu finden und zu formulieren? ... *ich bin, wie ich bin; ob häßlich oder schön, das hängt von dem ab, der zum Richter bestellt ist,* heißt es im *Buch aus den* »*Grübeleien des Bardianna*« in *Mardi und eine Reise dorthin: Man hat noch keine oberste Norm gefunden, die uns erlaubte, uns selbst zu beurteilen.* ›*Selbst unsere Instinkte sind Vorurteile*‹ ... ›*Selbst unsere Axiome und Postulate sind weit davon entfernt, unfehlbar zu sein.*‹ ›*Im Hinblick auf das Universum ist der Mensch nur ein Ausschnitt ... und die ersten Grundsätze sind nichts als Dogmen.*‹ *Welche Ethik herrscht auf den Plejaden? Was haben die Synoden im Sternbild des Schützen beschlossen?* (CLXXV 892)

Doch statt sich des Nebenschauplatzes ihres Auftritts im Raume und des Episodenhaften ihres Daseins in der Zeit bewußt zu werden, gehört es (rund 10 Jahre vor CHARLES DARWIN und wohl auch noch rund 150 Jahre danach) zu den »instinktiven Vorurteilen« der menschlichen Spezies, ihr Anspruchsrecht auf die gesamte Welt geltend zu machen: der Mensch als Herrscher über die Tiere! Sogar die Bibel verbrieft es ihm. (Gen 1,28) Doch »der alte Bardianna« wußte es anders und besser: *Wir sind der am wenigsten volkreiche Teil der Schöpfung,* stellt er fest. *Eine Zählung unter den Heringen (von anderen Stämmen* – sc. Arten, d. V. – *ganz zu schweigen) würde beweisen, daß wir weit in der Minderheit sind. Und wie das Leben für uns ist,* – *sauer oder süß,* – *so ist es auch für sie. Wie wir sterben sie und kämpfen bis zum letzten; wie wir vermehren sie sich und scheiden dahin... Vergeblich suchen wir nach unseren Nordwestpassagen, die für die Wale Durchgangsstraßen sind*[7]. – *O Menschengefährten! Wir sind nur das, was wir sind, nicht was wir sein möchten und zu sein hoffen. Wir sind nur eine Sprosse einer Stufenleiter, die eher über uns hinaus führt als hinab. Wir atmen bloß Sauerstoff.* Wer auf Arkturus (sc. dem Alphastern im Sternbild Bootes, d. V.) *hat schon von uns gehört? In der Milchstraße kennt man uns nicht. Wir schwatzen von göttlichen Fähigkeiten und wissen nicht einmal, wie ein Grashalm sprießt. Unter dem Himmelsgewölbe gehen wir mit eingezogenen Schultern. Wir tönen laut von unkörperlichen Welten; und verweilen doch lange bei unseren Banketten. Wir reklamieren Ewigkeit für unser Leben; und sind doch schon oft von unseren sterblichen Stunden gelangweilt. Wir wissen nicht, von was wir sprechen... Ihr Menschengefährten! Unser sterbliches Leben hat ein Ende, doch ist dieses Ende kein Ziel, kein Ort zum Ausruhen. Was es auch immer ist, es wird sich nur als der Anfang eines anderen Umlaufs erweisen. Wir werden Freude, Hoffnung, Trauer empfinden, wie früher... Das jenseitige Leben wird nicht lyrisch sein; und wir werden nicht gähnen und uns als Schatten strecken, während sich die ewigen Kreisläufe vollziehen... Die künftige Ewigkeit ist nur eine Verlängerung der jetzigen Zeit. Und der Beginn kann wunderbarer sein als das Ende... Wir wollen unsere Schätze in Einsamkeit heben. Wir wollen unseren eigenen Gedanken lauschen. Die Seele braucht keinen Lehrer außer* (sc. dem Gott, d. V.) *Oro; Oro ohne Stellvertreter. Wenn sie ihn wünscht, ist sie zugleich Lehrer und Belehrter. Unleugbar war die Vernunft die erste Entdeckung; und insofern sie auch alle anderen beurteilt, hat sie auch Vortritt vor diesen. Unmittelbar und ungehemmt dringt sie zu uns durch; und hat unbestreitbar Oros Zustimmung... Obwohl sie auch in Bestform nicht unfehlbar ist, können wir uns doch, in ihrem Bereich, auf sie verlassen... Vieles läßt sie im dunkeln; und den alten Rätseln werden neue Geheimnisse zugefügt. Menschengefährten! Der Ozean, den wir ausloten wollen, ist unergründlich; keine unserer Leinen erreicht seinen Boden. Laßt uns also bescheiden sein... Wir kriechen weder wie Würmer noch tragen wir die Tracht der Engel.* – *Das Himmelsgewölbe hat keinen Schlußstein; und der Mensch ist am wenigsten dessen Stütze. Er steht allein...* – *Menschenge-*

fährten! Um uns richtig sehen zu können, müssen wir uns aufmachen und von den Streifen des Jupiters und von den Monden des Saturn einen Blick auf uns werfen. Das All kann ohne uns alt werden, auch wenn uns, dank Oro, ein kleiner Himmelswinkel zugewiesen ist, den wir erblicken können. Wir haben keinen alleinigen Anspruch auf die Ewigkeit; und irdisches Leid allein, das nicht vergolten wurde, kann diesen Anspruch nicht begründen, wenn nicht auch die mißhandelten Tiere Erlösung erlangen können. Leid ist Leid, gleich ob Mensch, Tier oder Ding leidet. – Wie klein, wie nichtig sind unsere Verdienste! Halten wir uns also mit nutzlosen Spekulationen zurück! Man braucht uns nicht zu sagen, was recht ist; wir sind mit dem ganzen Gesetz im Herzen auf die Welt gekommen. Handeln wir – und beugen wir unsere Knie. Und wenn wir trotzdem sang- und klanglos verschwinden, so gehen wir immerhin zugrunde und haben die Unsterblichkeit verdient, anstatt sie unverdient zu genießen. Statt Glaubenskämpfe zu führen, sollten wir tausenderlei Übelständen in unserer Umgebung abhelfen. Armut kriecht auf ihr schäbiges Lager und siecht ohne Hilfe dahin. Hier auf Erden, Menschengefährten, können wir bessere Engel sein als im Himmel, wo es Elend und Not nicht gibt… diese Leben der Sterblichen sind lang, wenn sie richtig gelebt werden; blickt man in diese Seelen hinein, so sind sie unergründlich wie die tiefsten Tiefen. – Menschengefährten! Wir betreiben Haarspalterei; doch läßt man die großen Worte beiseite, bemerkt man, daß die meisten von uns am rechten Glauben hangen. Kein Denkender fällt vom großen Glauben ab. Die ersten Menschen dachten schon wie wir… Der Wirklichkeitssinn ist ein sturer Despot, der sich meistens durchsetzt. Er prüft und genehmigt Dinge, die gar nichts mit ihm zu tun haben. Doch diejenigen, die glauben, sich ganz über ihn hinwegsetzen zu können, sind doch nur auf andere, unmerkliche Weise gefangen und tragen das alte Joch in anderer Gestalt. (Mardi, CLXXV 893–900)

Die Gedanken über die Grundlagen der Moral, die »Bardianna« hier (durch seinen Schüler Babbalanja) vorträgt, stellen eine merkwürdige Mischung aus Zweifel und Zuversicht dar. Unbezweifelbar gelten soll demnach die menschliche Vernunft, die in jedem Menschen vernehmlich redet, wofern er gehorsam genug nach innen horcht; nicht fremden Gesetzen, sondern dem eigenen Herzen folgt ein Mensch, der die Weisungen dieser einen ihm und allen verliehenen Richtschnur befolgt. Die »Autonomie« der »Vernunft« bildet zugleich auch die eine, die einzig plausible Form von Religion: Gottunmittelbarkeit in gelebter Menschlichkeit. Was Bardianna in seinen Lehren verficht, ist, bis hierhin gelesen, nichts anderes als der Idealismus der Aufklärungszeit in seiner reinsten Form, inklusive der Kritik an den dogmatischen Rechthabereien des Kirchenglaubens ebenso wie der politischen Ideologien.

Was aber *sagt* dem Menschen die Vernunft? An dieser Stelle beginnen die Schwierigkeiten.

Die Vernunft sagt dem Menschen, er sei frei, gewiß. Aber was soll er anfangen mit seiner Freiheit? Für IMMANUEL KANT lag in der Freiheit (als dem Vermögen, selber Gesetze zu erlassen) bereits das Formalprinzip aller Sittlichkeit (nämlich so zu handeln, daß die Maxime des Handelns zum Ausgangspunkt einer allgemeinen Gesetzgebung gemacht werden könnte)[8]. Für MELVILLE, der den Namen des deutschen Philosophen gern auf englisch karikierte und als *can't* (er kann's nicht) aussprach, schien mit der puren Inhaltsleere einer solchen Moral nicht viel gewonnen; so läßt er seinen fiktiven Südsee-Weisen vor allem gegen die mögliche Hybris auch und gerade der Vernunftreligion speziell in ihrer christlich verbrämten Anthropozentrik zu Felde ziehen. Beruft man sich auf die Vernunft? So könnte und müßte sie dem Menschen wie nichts sonst seine wirkliche Lage im Universum vergegenwärtigen: Keinesfalls ist der Mensch Herr und Mittelpunkt der Welt. Zu groß ist das Meer seiner Unwissenheit. Zu ausgedehnt sind die schweigenden, gleichgültigen kosmischen Räume. Zu winzig ist die Lebenszeit der menschlichen Gattung oder gar eines einzelnen Menschen. Allein diese objektive Unbedeutendheit des Menschen im All und zugleich seine fundamentale Einheit mit allen Lebewesen könnte und sollte eine erste *inhaltliche* Orientierung des sittlichen Handelns bilden. Eine Folgerung wäre dies, wie sie ARTHUR SCHOPENHAUER, zeitgleich zu MELVILLE, aus den Voraussetzungen der Erkenntnislehre KANTS in systematisch reflektierter Form abgeleitet hat: Mag auch das »Ding an sich«, der eigentliche Zusammenhang der Dinge, dem Verstand entzogen sein, so scheint hinter den Lebensvorgängen doch ein Wille auf, der allen Wesen gemeinsam ist. Alles, was lebt, will leben[9]. Selbst ein Wurm, sinnierte Weißjacke bereits angesichts der drohenden Peitsche, mit der Kapitän Clarets Bootsmaat vor ihm stand, wird sich winden unter dem Fuß, der ihn zermalmt (*Weißjacke*, LXVII 872–873); in allem, was lebt, steckt ein elementares Empfinden für den Wert und die Würde der eigenen Existenz. Dieses Wissen liegt als der eigentliche Inhalt auch der »göttlichen Vernunft« im Herzen jedes Menschen zugrunde: alles Leben ist kostbar, ist schützenswert, ist verteidigenswert.

Doch nun zeigt sich die erschreckende Widersprüchlichkeit der Erscheinungswelt, die SCHOPENHAUER mit seiner Philosophie recht eigentlich begründen und überwinden wollte, während sie MELVILLE, durch keinerlei philosophische Spekulation geschützt, mit voller Wucht traf: statt daß die Einsicht in die Gleichheit und Gemeinsamkeit des Lebens die Kreaturen miteinander solidarisch verbinden würde, kämpfen sie alle den gleichen Kampf gegeneinander. Alles, was lebt, will leben, doch es muß leben auf Kosten anderen Lebens. Ein unheimliches, grausiges Gesetz, nicht der Vernunft, sondern des Hungers, nicht Gottes, sondern der Gier, liegt in den Gliedern der Wesen und nötigt sie, übereinander herzufallen und um eines kurzzeitigen Überlebens im Augenblick wegen einander alle Formen von physischer und psychischer Qual bis hin zum Tod aufzuerlegen. – Mit welch einer Sorgfalt etwa bildet die Natur den Körper eines Hasen heran, und mit welch einer Mühe zieht eine Häsin ihre Jungen auf? Ihr Leben setzt sie ein, um einen Raubvogel von der Sasse der Kleinen zu vertreiben. Und doch genügt ein winziger Moment der Unachtsamkeit oder der Schwäche oder der Ohnmacht, und Beutegreifer aller Art werden ihre Chance nutzen. – Wer in diesem unerhörten Zwang zu gräßlichster Grausamkeit im Herzen aller Lebewesen kein ethisches, kein religiöses Problem erkennt, bis hin zur Infragestellung der bloßen Möglichkeit von Ethik und Religiosität insgesamt, weiß ganz offensichtlich nicht, wovon er redet, wenn er »das Gute« und »den Guten« als Ziel des Handelns und als Ursache der Welt benennt[10].

Einen Moment lang möchte man meinen, der religiösen Vertröstung auf die Unsterblichkeit der menschlichen Seele und auf ein Leben in einer anderen, glücklicheren Welt Glauben schenken zu dürfen. Doch liegt dieser Hoffnung zumindest in ihrer »christlichen« Ausprägung ein kardinaler Fehler zugrunde, den Bardianna denn auch gleich benennt: Stets wurde mit der Aussicht auf den »Himmel« die Bedeutung des Menschen ins Unendliche und seine Dauer ins Ewige gesteigert. Nur er galt für »unsterblich«. Die »unvernünftigen« Tiere hingegen betrachtete man als bloße Übergangswesen, als verbrauchbares Material für die Überlebensinteressen der Spezies Homo sapiens, als rechtlose Objekte zur Nutzung und Ausbeutung durch den Menschen[11]. *Furcht und Schrecken vor euch* (sc. den Menschen, d. V.) *sei über allen Tieren auf Erden und über allen Vögeln unter dem Himmel, über allem, was auf dem Erdboden wimmelt, und über allen Fischen im Meer; in eure Hände seien sie gegeben;* – so definiert die Bibel das »Herrschaftsrecht« des Menschen über die Tiere. (Gen 9,2) Wenn selbst der Gott der »Offenbarung« es so will, wie soll es da anders »wollen« der Mensch? Doch er müßte es anders wollen, wenn irgend er ehrlich seinen Gefühlen, der Vernunft seines Herzens, gehorchen wollte. Wenn ein Mensch sich des irdischen

Leidens getrösten darf durch die Hoffnung auf den Himmel, wieso gilt dieser Gedanke dann nicht gleichermaßen für die Tiere? Sie leiden nicht anders als er. Ihre Angst und ihr Schmerz und ihr Wille zum Leben unterscheiden sich durchaus nicht von den Empfindungen und Strebungen des Menschen. Sind Menschen unsterblich, sind Tiere es auch. Nur in dieser Auslegung macht der Zentralsatz aller Religion Sinn; anders vergrößert er nur den Wahnsinn menschlicher Anmaßung ins Unendliche. Und steht diese Verwandtschaft von Mensch und Tier nicht *auch* in der Bibel? *Dem Menschen geht's wie dem Vieh: wie dieses stirbt, so stirbt auch er, und sie haben alle einen Odem, und der Mensch hat nichts voraus vor dem Vieh; denn es ist alles eitel . . . Wer weiß, ob der Odem der Menschen aufwärts fahre und der Odem des Viehes hinab unter die Erde fahre?* (Pred 3,19.21)

Doch wenn das Schicksal von Mensch und Tier so eng miteinander verflochten ist, läßt sich dann je eine wirkliche Erlösung der Welt im ganzen erwarten? Ergibt sich dann nicht wie von selbst ein Weltbild, wie die Inder, die Pythagoreer oder die Kelten es teilten: daß alles sich fortzeugt in endlosen Zyklen? Oder wie – noch einmal – im Buche des *Predigers* (3,15): *Was geschieht, das ist schon längst gewesen, und was sein wird, ist auch schon längst gewesen, und Gott holt wieder hervor, was vergangen ist.* Und *Prediger* 1,9.10: *Was geschehen ist, eben das wird hernach sein. Was man getan hat, eben das tut man hernach wieder, und es geschieht nichts Neues unter der Sonne. Geschieht etwas, von dem man sagen könnte: Sieh, das ist neu? Es ist längst vorher auch geschehen in den Zeiten, die vor uns gewesen sind.* Und *Prediger* 6,10: *Was da ist, ist längst mit Namen genannt, und bestimmt ist, was ein Mensch sein wird. Darum kann er nicht hadern mit dem, der ihm zu mächtig ist.* Ganz entsprechend zeigt noch der letzte Blick, den er kurz vor dem Wegfieren der Boote am dritten Tage der Jagd auf Moby Dick über das Meer hin werfen wird, Kapitän Ahab ein *altes, altes Bild, und doch so jung, aye, und kein bißchen anders, seit ich es einst zum ersten Male sah, als kleiner Junge, von Nantuckets Dünen! Dasselbe Bild! – Dasselbe Bild, das sich bereits dem Noah bot! In Lee, da fällt ein weicher Schauer. Wie lieblich die Leetriften sind! In Lee muß etwas liegen – etwas, das mehr ist als gemeines Land und schöner als der schönste Palmenstrand.* (*Moby-Dick*, CXXXV 852)

Man stelle sich leeseits an die Reling eines Schiffs und betrachte die Sonne, wenn sie ihr Silberband über die Fluten des Meers legt wie einen Teppich, der einlädt, ihr nachzufolgen bis hin zu jenem fernen Punkt, da Himmel und See miteinander verschmelzen; alle irdische Sehnsucht fühlt sich magnetisch hingezogen zu diesem Ort, und doch: immer von neuem wird das Schiff die Stelle himmlischer Verheißung übersegeln, und es wird sich erweisen, daß die Welt vor der Kimm keine andere ist als die Welt jenseits der Kimm. Die Erde ist rund, und das Leben ist endlich, und nur bis zum Horizont hin erstreckt sich unser Blick; doch selbst diese »Grenze« ist nur ein Sinnentrug für unsere Augen, eine optische Täuschung, die eine Trennlinie markiert, an die durchaus nicht zu gelangen ist. So viel jedenfalls dürfte feststehen: statt auf eine Änderung des Lebens in einer anderen Welt zu spekulieren, sollten wir lieber in dieser Welt anders zu leben versuchen.

Im Abstand von einem halben Jahrhundert gibt es kaum einen Autor angloamerikanischer Zunge, der in Erfahrungsraum und Problemstellung HERMAN MELVILLE so nahe kommt wie JACK LONDON in seinem Roman *Der Seewolf*[12]. Da belehrt der im Elend der Slums groß gewordene Robbenfängerkapitän Wolf Larsen seinen ehemaligen Jugendfreund, den Reiche-Leute-Sohn Humphrey van Weyden, über *seine* Vorstellung von Gut und Böse, wobei er den Unsterblichkeitsglauben zur Grundlage aller »Sittlichkeit« erhebt: *Mit der Unsterblichkeit vor mir wäre Altruismus ein lohnender geschäftlicher Vorschlag*, konzediert er. *Ich könnte meine Seele zu allen Höhen emporheben. Aber mit nichts Ewigem vor mir als Tod, für eine kurze Zeitspanne diesem gärenden Wimmeln und Schlängeln bestimmt, das Leben genannt wird, würde es mir unmoralisch erscheinen, irgendeine Handlung zu vollbringen, die ein Opfer wäre. Jedes Opfer ... ist töricht ..., denn es ist unrecht gegen mich selbst und eine böse Sache.* (I 8; S. 88) *Ich behaupte*, begründet er seine Ansichten, *das Leben sei ein Gärstoff, etwas Hefeartiges, das Leben verschlinge, damit es leben könne, und Leben sei eine bloße erfolgreiche Niederträchtigkeit. Nun, wenn es mit Angebot und Nachfrage etwas auf sich hat, dann ist das Leben die billigste Sache auf der Welt. Es gibt nur soundso viel Wasser, soundso viel Erde, soundso viel Luft; aber das Leben, das geboren zu werden verlangt, ist unbegrenzt. Die Natur ist eine Verschwenderin ... Leben? Pah! Es hat keinen Wert. Von allem Billigen ist es das billigste. Überall geht es betteln. Die Natur verschüttet es mit verschwenderischer Hand. Wo Raum für ein einziges Leben ist, sät sie tausend Leben, und Leben frißt Leben, bis das stärkste und niederträchtigste übrigbleibt.* (I 6; S. 76)

All diese Gedanken mögen durch die Lektüre DARWINS legitimiert scheinen, jedenfalls sind sie, gegenüber MELVILLE, nochmals radikalisiert. Entgegen dem *Unsterblichkeitsinstinkt* der Religionen indessen weiß Wolf Larsen nur von einem *Lebensinstinkt*. (I 11; S. 114) *Das Leben in Ihnen*, erklärt er dem idealistisch gesonnenen van Weyden, *schreit heraus, daß es leben muß, einerlei, was es kostet; deshalb leben Sie schimpflich, treulos gegen das Beste, das*

Sie erträumen, deshalb sündigen Sie gegen all Ihre erbärmlichen, engherzigen Regeln und führen Ihre Seele geradewegs der Hölle zu, wenn es so etwas überhaupt gibt. (I 16; S. 156)

Der Wille zum Leben, zum Überleben unter allen Umständen und mit allen Mitteln, erweist sich allemal als stärker denn der Glaube an ein ewiges Leben. Selbst der Glaube an Gott, diese *poetische Begeisterung* für das Leben, ist nach Larsens Überzeugung nur *etwas, das eintritt, wenn die Verdauung nicht gestört, wenn der Magen in Ordnung und der Appetit geschärft ist und alles geht, wie es sich gehört. Es ist die Bestechung des Lebens, der Champagner im Blut, das Aufbrausen des Gärstoffes – das manche Leute fromme Gedanken denken und andere Gott sehen oder ihn erschaffen läßt, wenn sie ihn nicht sehen können. Es ist weiter nichts als der Rausch des Lebens, das Wollen und Wimmeln der Hefe, das Stammeln des Lebens, das toll ist durch das Bewußtsein zu leben. Und – pah! Morgen werde ich dafür bezahlen, wie der Trunkenbold bezahlt. Und ich werde wissen, daß ich sterben muß, höchstwahrscheinlich auf See, daß ich aufhören werde, aus mir selbst zu wimmeln, und eingehe in das Wimmeln der Zerstörung durch die See, und gefressen und Aas sein und alle Kraft und Bewegung meiner Muskeln hingeben werde, daß sie Kraft und Bewegung in Flossen, Schuppen und Eingeweiden der Fische werden können.* (I 7; S. 80)

Was also wäre der Sinn des Lebens, das Ziel all seiner verwirrenden Veranstaltungen, das Richtmaß für »Gut« und für »Böse«? Was heißt es, zu leben, »wie man muß« – um »comme il faut« zu sein? *Ich meine*, erklärt Larsen dazu, *daß das Leben ein Wirrwarr ist . . . Es ist . . . ein Gärungsstoff, etwas, das in Bewegung ist und eine Minute, eine Stunde, ein Jahr oder hundert Jahre in Bewegung bleiben mag, aber am Ende aufhören wird, sich zu bewegen. Die Großen fressen die Kleinen, damit sie sich weiterhin bewegen können; die Starken fressen die Schwachen, damit sie ihre Kraft behalten können. Der Erfolgreiche frißt die meisten und bewegt sich am meisten, das ist alles.* (I 5; S. 58)

Alles Leben ist zufolge dieser an den englischen Philosophen HERBERT SPENCER (1820–1903) gemahnenden Weltanschauung[13] eine Form der Umwandlung von biochemischer Energie in Bewegungsenergie, die wiederum aufgewandt werden muß, um sich die nötige biochemische Energie zu besorgen – ein Kreislauf des Selbsterhalts ohne irgendeinen Zweck, der darüber hinausweisen würde. Von daher sind die Begriffe Recht und Unrecht gleichbedeutend mit Stärke und Schwäche. *Schwäche ist Unrecht*, philosophiert denn auch Larsen. *Ein Mensch kann gegen einen anderen Menschen nicht unrecht handeln. Er kann nur gegen sich selbst unrecht handeln. Wie ich es ansehe, tue ich stets unrecht, wenn ich Rücksicht nehme auf die Interessen anderer. Verstehen Sie nicht? Wie können zwei Teilchen der Hefe aneinander unrecht tun, wenn sie bestrebt sind, einander zu verschlingen? Das Bestreben, zu verschlingen, und das Bestreben, nicht verschlungen zu werden, ist ihr naturgegebenes Erbe. Wenn sie darauf verzichten, sündigen sie.* (I 8; S. 86)

In eben dieser Weise denkt Ahab, und denkt er auch nicht. Was bei JACK LONDON sich aufteilt in Spruch und Widerspruch zwischen naturhafter Wildheit und kultureller Weisheit, dargestellt in den Personen von Wolf Larsen und Humphrey van Weyden, findet in *Moby-Dick* keine Entsprechung in einem Dialog zwischen dem »Seemann« und dem »Schriftsteller«; vielmehr gehört Ismael selber bis zum bitteren Ende den »Desperados« der See an, und der ganze Konflikt zwischen einer unmenschlichen Wirklichkeit und der Verwirklichung des Menschlichen spielt sich wesentlich in Ahabs eigener Seele ab.

Was Ismael angeht, so hat er beschlossen, fürs erste *das Leben, ja, das ganze Universum als einen einzigen großen Jux* zu betrachten, *obwohl er den Witz darin kaum erkennen kann und den dringenden Verdacht nicht loswird, daß der Spaß nur auf seine Kosten geht. Und dennoch,* stellt er fest, *nimmt ihm nichts den Mut, und nichts scheint einen Streit zu lohnen. Er schluckt alles, was geschieht, schluckt alle Glaubensbekenntnisse, alle Überzeugungen und Anschauungen, alle sichtbaren wie unsichtbaren Härten des Lebens, ganz gleich, wie sperrig sie sind... Was nun die kleinen Sorgen und Schwierigkeiten angeht, die Furcht vor plötzlichem Unglück, die Gefahr für Leib und Leben, so erscheint ihm dies und selbst der Tod nur als versteckte, gutmütige Knüffe und scherzhafte Rempler in die Seite, die ihm der unsichtbare und unerforschliche alte Witzbold verabreicht. Diese wunderliche Stimmung... überkommt den Menschen nur in Zeiten schwerster Prüfungen; sie ergreift ihn mitten im tiefsten Ernst, und was ihm vielleicht eben noch höchst bedeutungsvoll vorkam, scheint ihm nunmehr nur Teil des allgemeinen Juxes zu sein. Nichts ist besser geeignet als der Walfang mit all seinen Gefahren,* resümiert er, *diese freie und unbekümmerte Desperado-Philosophie hervorzubringen, und durch ihre Brille betrachtete ich nunmehr die gesamte Fangfahrt der* Pequod *wie auch ihr Ziel, den Weißen Wal.* (Moby-Dick, XLIX 370)

Was Ismael sich mit seinem »Witz« zu erhalten sucht, ist der ästhetisierende Abstand von einer Tragödie, deren verzweifelte Dynamik sich aus dem Innersten der Welt selber zu ergeben scheint, – aus dem »Herzen der Finsternis«, wird 50 Jahre später der seelenverwandte JOSEPH CONRAD sich ausdrücken[14], damit *dieses Leben bezeichnend – diese geheimnisvolle, gnadenlos logische Ordnung zu einem sinnlosen Zweck. Das Äußerste, was man davon erhoffen kann,* notiert er, *ist ein bißchen Wissen über das eigene Ich – das zu spät kommt – ein paar Körner untilgbarer Reue.* (*Herz der Finsternis*, III 143) Für Ahab hingegen gibt es weder irgendeinen Beobachter-Abstand zu sich selbst noch ein Nacheinander von Leben und Erkennen; bei aller inneren Zerspaltenheit ist er kompakt mit sich eins, und so tritt er, leidend an seinen eigenen Widersprüchen, in sich geschlossen der unleidlichen Widersprüchlichkeit der Welt entgegen. Freilich übernimmt, verinnert, verunendlicht er dabei den wüsten Kampf, den er selber so wütend bekämpft: das ewige entsetzliche Beißen und Stoßen, Raufen und Jagen, Würgen und Schlingen, dem er in der Symbolgestalt des Weißen Wals den Garaus machen will. Ein Mann wie Ahab weigert das Weiterleben unter den bestehenden Bedingungen, und doch kulminieren diese Bedingungen gerade in ihm zu einem grotesken Gipfelpunkt. Ismael hat recht: was könnte den Irrsinn eines Lebens, das sich nur in Jagd und Tod erhält, deutlicher offenbaren *als der Walfang*, es sei denn das Leben *Israel Potters* auf den wechselnden Kriegsschiffen unwechselbar verfeindeter Nationen? Ahab, erbittert und verbittert vor Enttäuschung über die »Bosheit« dieser Welt, hofft, mit einem einzigen Harpunenwurf, mit einem einzigen Lanzenstoß, nicht den Gang der Dinge zu ändern, wohl aber in einem Akt protestierender Rache sich selbst als Mensch zu bestätigen: Sein Bein gehört ihm! Doch wie weit entfernt befindet sich dieser verzweifelte Mensch von der Menschlichkeit? Was überhaupt gehört wem in dieser Welt der Rechtlosigkeit und der Gewalt?

Noch hallen nach die Worte des Smutje Krauskopp, den der allzeit muntere Stubb zu seiner Predigt an die Haie abkommandierte: *also is ein großes Maul nich zum Runterschlingen da, sondern zum Abbeißen vom Speck für die kleinen Haifischbrüder, wo sich nich um dem Wal rumdrängen und was rausbeißen können...* (*Moby-Dick*, LXIV 470) Doch kann so etwas im Sinne eines »Unternehmers« sein? *Fromme Harpuniere machen keine guten Fahrten*, machte bereits Kapitän Peleg gegenüber dem missionierenden Eifer seines Kollegen Bildad geltend. *Frömmeln vertreibt den Haifisch in ihnen, und ein Harpunier, der nicht gierig ist wie ein Haifisch, ist keinen Pfifferling wert.* (XVIII 165) Gemeinschaftliches Teilen der Güter, die, recht besehen, niemandem »gehören«, sollte das Grundprinzip jedes gemeinsamen Umgangs miteinander sein – bei Tieren oder doch zumindest bei Menschen; was aber ist die Wirklichkeit im Verhalten von Individuen, Gesellschaften und Staaten? Wer spricht da »Recht«, wenn nicht die Dezision erklärter Gewalt?

Man nehme nur das »Recht« zum Walfang. Wer eigentlich hat dem Menschen erlaubt, die großen Meeressäuger bis zur Ausrottung zu töten? Gott, der Herr? Selbst wenn das so wäre, wem »gehört« dann der Wal, den man soeben getötet hat? Es gibt, erläutert Ismael, *ein geschriebenes oder ungeschriebenes, weltweit und unangefochten gültiges Gesetz, das sich auf alle Fälle anwenden läßt.* Es ist ebenso kurz wie klar, indem es die zu bejagende Meeresfauna in zwei Kategorien: von »Festfischen« und »Losfischen«, einteilt. Ein »Festfisch« ist ein solcher, der durch eine Leine mit einer bestimmten Person verbunden ist oder durch eine Markierung als in Besitz genommen gekennzeichnet wurde, wofern die in Besitz nehmende Partei *allzeit ihre Befähigung klar und deutlich unter Beweis stellt, ihn* (sc. den Fisch, d. V.) *längsseits zu bringen, wie auch ihre Absicht, selbiges zu tun.* Ein »Losfisch« ist einfach *Freiwild für den, der ihn zuerst fängt.* (LXXXIX 615; 616) Wie die Auslegung dieser goldenen Regel *in praxi* erfolgt, ließ sich bereits bei der Begegnung der *Pequod* mit der aus Bremen kommenden *Jungfrau* beobachten, als Stubb und die anderen dem bis dahin erfolglosen deutschen Walfänger auch noch den schon sicher geglaubten kranken Wal abjagten: Da alle drei Fangboote der *Pequod* an dem Wal festgemacht hatten, stießen sie, als *der Wal wutentbrannt Hals über Kopf losstürmte,* das Boot der Deutschen einfach beiseite, so daß ihr Kapitän ebenso wie ihr verblüffter Harpunier außenbords geschleudert und *von den drei fliegenden Booten unter Wasser gedrückt wurden.* (LXXXI 556) Die Interpretation jenes »Gesetzes« von den Los- und Festfischen besteht unter Walfängern *bisweilen* halt *aus harten Worten und noch härteren Schlägen* – es ist nichts als eine Form des *Faustrechts* (LXXXIX 616), muß denn auch Ismael unumwunden einräumen.

Doch aufgemerkt nun also! Sollte da wirklich noch jemand sein: festgegründet in der staatlichen Ordnung, mit beiden Beinen sicher stehend auf dem »Festland« seiner Gesetze, voller Zuversicht in das so wohltuende Regelwerk moralischer Richtlinien und juristischer Rechtsame, wähnend womöglich, allein die wilde Welt der Walfängerei, ein Handwerk, wie geschaffen für *outcasts* und *outlaws,* bilde allenfalls den letzten Rückzugsraum der Barbarei gegenüber der unaufhaltsam allüberall im Vormarsch begriffenen Zivilisation, so müßte ein solcher wohl nur, bei frischer Brise von See her, zu morgenheller Stunde sich die Augen reiben und umschauen; wird er, *bei gründlichem Nachdenken,* nicht bald schon erkennen müssen, daß jene *beiden Gesetze betreffend Festfisch und Losfisch ... die Fundamente aller irdischen Jurisprudenz* darstellen? *Trotz seines verschachtelten und verschlungenen Maßwerks,* vermerkt Ismael mit spöttischer Bitterkeit, *weist*

nämlich der Tempel der Justitia, wie der Tempel der Philister (sc. in Ri 16,29 f.,
d. V.), *nur zwei tragende Säulen auf* (und so konnte er von einem einzigen
kräftigen und todentschlossenen Burschen wie Samson jäh und unversehens zum Einsturz gebracht werden, d. V.).

Heißt es, begründet Ismael seine Ansicht, *nicht aus jedem Mund, Besitz sei
das halbe Recht – soll heißen, unabhängig davon, wie die Sache in meinen
Besitz kam? Oft ist Besitz gar das* ganze *Recht. Was sind die Sehnen und Seelen
der Leibeigenen in Rußland und der Sklaven in Republiken* (sc. wie zum Beispiel in den Südstaaten der USA, d. V.), *wenn nicht Festfische, deren Besitz das
unumschränkte Recht auf sie bedeutet? Was ist der Witwe letzter Heller für den
raffgierigen Hauswirt, wenn nicht ein Festfisch? Was ist dort drüben der mar-
morne Prachtbau des heimlichen Betrügers mit seinem Türschild als Walfahne,
was ist er, wenn nicht ein Festfisch? Was ist der Wucherzins, den der Makler
Mordechai vom armen Bankrotteur Jammertal auf den Kredit erhebt, der Jam-
mertals Familie vor dem Hungertode bewahren soll – was ist jener Wucherzins,
wenn nicht ein Festfisch? Was ist das Einkommen des Erzbischofs von Seelen-
heil, die hunderttausend Pfund, die er dem kargen Brot und Käse Hunderttau-
sender krummrückiger Arbeiter abknappst (welche allesamt auch ohne seine
Hilfe in den Himmel kämen) – was sind diese feisten Einhunderttausend, wenn
nicht ein Festfisch? Was sind die Dörfer und Weiler auf dem ererbten Grund
und Boden des Herzogs von Dummfries, wenn nicht Festfische? ... Und ist in
allen diesen Fällen Besitz nicht bereits das ganze Recht?*

Und erst recht besitzt das »Recht« vom Losfisch *internationale, ja univer-
sale Gültigkeit. – Was,* fragt rhetorisch Ismael, *war Amerika im Jahre 1492,
wenn nicht ein Losfisch, in den Kolumbus die spanische Standarte warf, um sie
mit einer Walfahne für seine königlichen Herrschaften zu reklamieren? Was
war Polen für den Zaren? Was Griechenland für den Türken? Was Indien für
England? Was schließlich wird Mexiko für die Vereinigten Staaten sein? Allesamt Losfische.*

Und weiter: *Was sind die Menschenrechte und die verbrieften Freiheiten der
Welt, wenn nicht Losfische? Was sind die Meinungen und Anschauungen aller
Menschen, wenn nicht Losfische? Was ist das Prinzip des treuen Glaubens an
sie, wenn nicht ein Losfisch? Was sind die Gedanken der Denker für die wichtig-
tuerischen, betrügerischen Wortverdreher, wenn nicht Losfische? Was ist der
große Erdball selbst, wenn nicht ein Losfisch?* (LXXXIX 619–620)

Wenn die ganze Welt, wie die Karibik im 18. Jh. der Piraterie[15], jedwedem
offensteht, der sie als erster in »Besitz« zu nehmen wagt, was sollte das
vielbeschworene »Recht« dann anderes sein als das uralte Revierprinzip der

Tiere und das Rechtsverständnis der Kornbauern an der Mühle: »Wer zuerst kommt, ›mahlt‹ zuerst«? wobei »zuerst« nur so lange gilt, wie der Wille und die Befähigung bestehen, den jeweiligen Posten bzw. die jeweilige Position auch zu verteidigen. Wenn niemandem irgend etwas »gehört«, ist aller »Besitz« gegründet auf Raub und das Rauben selbst die wahre »Erwerbsform«. Eigentum ist Diebstahl – *la propriété, c'est le vol* – dieser Satz des französischen Frühsozialisten PIERRE JOSEPH PROUDHON (1809–1865) scheint unwiderlegbar.

Man macht – vielleicht – geltend, der Staat als Ordnungsmacht und als Träger des Gewaltmonopols verhindere aber doch Raub, Diebstahl und widerrechtliche Aneignung von Gütern. So ist es wohl auch manchmal im Umgang mit einzelnen Bürgern, und so wäre es generell, erwiese der Staat sich nicht selbst als die eigentliche Quelle von Gewalt, Unterdrückung und Raub, übernehmen doch diese die Patenschaft für ihn gleich bei seiner Geburt und geleiten sie ihn so sicher durch das ganze weitere Leben wie der Schatten einen Wanderer bei Sonnenschein.

Was sind... Reiche, also Imperien, fragte AUGUSTINUS, *anderes als große Räuberbanden? Sind doch auch Räuberbanden nichts als kleine Reiche. ... Wenn eine solche schlimme Gesellschaft* (sc. eine Räuberbande, d. V.) *Gebiete besetzt, Niederlassungen gründet, Staaten erobert und Völker unterwirft, so kann sie mit Fug und Recht den Namen ›Reich‹ annehmen, den ihr nunmehr die Öffentlichkeit beilegt, nicht als wäre die Habgier erloschen, sondern weil Straflosigkeit dafür eingetreten ist. Hübsch und wahr, fährt er fort, ist der Ausspruch, den ein ertappter Seeräuber Alexander dem Großen gegenüber getan hat. Auf die Frage des Königs, was ihm denn einfalle, daß er das Meer unsicher mache, erwiderte er mit freimütigem Trotz: ›Und was fällt dir ein, daß du den Erdkreis unsicher machst? aber freilich, weil ich es mit einem armseligen Fahrzeug tue, nennt man mich einen Räuber, und dich nennt man Gebieter, weil du es mit einer großen Flotte tust.‹* (*Gottesstaat*, IV 4)

AUGUSTINUS, als er dieses Beispiel aus CICEROS Abhandlung *Über den Staat* (III 14) entlehnte, fand in der Geschichte des antiken Rom mehr als genügend Material zum Beleg seiner Räuberbandentheorie des Staates. Ausgerechnet *die* Institution, die – im besten Falle! – nichts weiter verwaltet als den Gruppenegoismus ihrer »Bürger«, wo nicht von vornherein nur die Interessen einer kleinen Oberschicht, sollte sich selber ohne permanenten Raub und Krieg erhalten können? Um wieviel weiter entwickelt erscheint die Moral der Einzelnen, gemessen an den Praktiken der »Staatsmänner«? *Staat heißt das kälteste aller kalten Ungeheuer. Kalt lügt es auch ... der Staat lügt in allen Zungen des Guten und Bösen; und was er auch redet, er lügt – und was er auch hat, gestohlen hat er's,* schrieb 1883 FRIEDRICH NIETZSCHE, und er verurteilte die *Überflüssigen, die Reichtümer erwerben … und werden ärmer damit. Macht wollen sie und zuerst das Brecheisen der Macht, viel Geld, – diese Unvermögenden! Seht sie klettern, diese geschwinden Affen! Sie klettern übereinander hinweg und zerren sich so in den Schlamm und die Tiefe. Hin zum Throne wollen sie alle: ihr Wahnsinn ist es, – als ob das Glück auf dem Throne säße! Oft sitzt der Schlamm auf dem Thron – und oft auch der Thron auf dem Schlamme … Dort, wo der Staat aufhört, da beginnt erst der Mensch, der nicht überflüssig ist: da beginnt das Lied des Notwendigen, die einmalige und unersetzliche Weise.* (*Also sprach Zarathustra*, 1. Teil. Vom neuen Götzen, S. 51–53)

Sätze wie diese mußten selbst dem lesedurstigen MELVILLE (leider) fremd bleiben, doch ihr Inhalt wirkt bezogen auf sein suchendes und zweifelndes Denken (außerhalb seines patriotisch-demokratischen Fortschrittsglaubens) merkwürdig vertraut. Wo in der menschlichen Geschichte mit ihrer endlosen Blutmühle mörderischer Kriege und verlogener Kriegsrechtfertigungen hätte es jemals Menschlichkeit gegeben? Kann es sie überhaupt geben in einer Welt wie dieser?

Einen ebenso einzigartigen wie eigenartigen Lösungsvorschlag für diese seine stete Frage hat MELVILLE in jenem *Pamphlet* eines gewissen Plotinus Plinlimmon formuliert, das seinem idealistisch gesonnenen Romanhelden Pierre auf seinem Exodus in den Moloch New York in die Hände fiel. Kein Text der Weltliteratur, hieß es dort sinngemäß, ist imstande, das Herz eines hochgesinnten Menschen derart zu begeistern wie die Worte der Bergpredigt: – so müßte man leben, ein jeder begreift das! Dann aber schaut man sich um und betrachtet mit Schrecken, wie vollkommen anders gerade *die* Menschen sich verhalten, die sich für »christlich« ausgeben. (*Pierre*, XIV 2; S. 358–359) *Ihr sollt euch nicht* Schätze sammeln auf Erden, da sie die Motten fressen … Sammelt euch aber Schätze im Himmel … (Mt 6,19–21) Es war gerade dieser Satz, den Kapitän Bildad las, als er Ismael auf den 777. »Schätzteil« veranlagen wollte. (*Moby-Dick*, XVI 145) *Die artige Beflissenheit,* hatte Ismael schon ganz zu Anfang beim Anblick seiner leeren Taschen festgestellt, *mit der ein Mann Geld in Empfang nimmt, ist höchst erstaunlich, wenn man bedenkt, daß wir das Geld allen Ernstes als die Wurzel allen irdischen Übels ansehen* (sc. 1 Tim 6,10, d. V.) *und glauben, daß unter gar keinen Umständen ein Reicher ins Himmelreich komme* (sc. Mk 10,25, d. V.). *Ha! Wie frohgemut verschreiben wir uns der Verdammnis!* (I 38)

Und so in allen Punkten. Wie viele blutige Kriege wurden nicht schon geführt im Namen dessen, der die Liebe lehrte! Wie viele Menschen wurden nicht schon »hingerichtet« im Namen des »Guten« und der »Gerechtigkeit«? *Alles* in der Welt müßte anders sein, um den Weisungen der göttlichen Weisheit zu entsprechen. Indessen – gerade *das* steht ja in den heiligen Schriften: *Die Welt wird euch hassen, weil ihr nicht von der Welt seid.* (Joh 15,19) Der ewige Widerspruch der Welt gegen die Wahrheit ist selbst ein Teil der »Offenbarung«; er widerlegt die Wahrheit nicht, er macht sie im Kontrast nur um so greller sichtbar; das Leben aber tritt damit in einen zerreißenden Gegensatz zwischen Wollen und Müssen. Alles verkehrt sich, wie in Pierres eigener Person, ins Gegenteil: Weisheit wird Torheit, Hochgemutheit Hochmut, das Göttliche teuflisch, das Rettende zerstörerisch ... der zynische Pragmatismus erscheint schließlich als die letzte Auskunft der Vernunft. Von GEORGE BERNARD SHAW stammt das Bonmot: »Die Vernünftigen versuchen, sich der Realität anzupassen. Die Unvernünftigen versuchen, sich die Realität anzupassen. Also kommt der Fortschritt von der Unvernunft.« Doch was für ein »Fortschritt« soll das sein, wenn man Jahrhunderte später des Christus »kultisch« »gedenkt«, nur um ein fröhlich Kirchenfest in den Kalender einzutragen – eine »Zeitenwende«, die alles beläßt, wie es ist, eine »Erlösung«, die nur die Sklaverei des Bestehenden als göttlichen Willen verklärt, ein ewiges ruhmloses, ruchloses Scheitern der wenigen »Pierres«, die es zumindest versuchen, mit dem Kopf durch die Wand – das heißt: »durch verschlossene Türen« zu gehen, wie der auferstandene Christus am Ostermorgen (Joh 20,19)? Haben sie nur alles mißverstanden? Ist der augenzwinkernde Verrat, ist das Augurenlächeln, ist die Süffisance der frommen Täuschung (der *pia fraus*) am Ende nicht doch die rechte Art, die Religion »in Schwung« zu bringen?

Folgt man den Kirchentheologen, so »beweist« schon der »Erfolg« der Kirchengeschichte die »Richtigkeit« der Sache Jesu; denn wirklich: Wie sollte der Marquis von Carabas nicht existieren, wo doch sogar der gestiefelte Kater behauptete, in seinem Dienst zu stehen, – und wie sollte Jesus nicht Gottes Sohn sein, wenn doch sogar der Heilige Vater in Rom erklärt, sein Stellvertreter zu sein? SÖREN KIERKEGAARD in Dänemark um 1850 sah richtig: die »Christenheit« steht auf dem Kopf ...[16] Doch auch diesen Verwandten im Geiste konnte MELVILLE nicht kennen. Dafür legt er es mit Plinlimmons »Pamphlet« auf eine äußerste Verlegenheitsauskunft an, indem er die Bergpredigt zwar nicht als Maßstab zum Handeln, wohl aber als Richtmaß zum »Navigieren« betrachtet. Was er vorschlägt, klingt zunächst wie ein schlechter Scherz, es ist aber aufs verzweifelte ernst gemeint, ja, es wäre die letzte Chance für einen längst schon Verzweifelten wie Pierre, sein stolzes Schiff nicht unfehlbar ins Scheitern zu steuern … Worum geht es?

Seit den Anfängen der Schiffahrt bestand ein schweres, schier unüberwindbares Problem in der Bestimmung des Standorts auf hoher See. Sonne, Mond, Sterne, Kompaß und Uhr mochten behilflich sein, die Richtung zu weisen; mit der Einführung von Quadranten und Sextanten ließ sich entsprechend dem Sonnenstand zur Mittagszeit oder dem Polarstern auf der Nordhalbkugel bei Nacht recht genau der Breitengrad bestimmen. Aber der Längengrad! Die »Koppelrechnung« mit Log und Leine erlaubte über die zurückgelegte Entfernung bei bekanntem Kurs, von einem exakt gegebenen Ausgangspunkt her gerechnet, »an sich« wohl eine genaue Ortsbestimmung, doch bei längeren Fahrten addierten sich selbst bei erfahrenen Seeleuten die Ungenauigkeiten ihrer notdürftig vorgenommenen Abschätzungen, und am Ende konnten Abweichungen von Dutzenden von Meilen katastrophale Folgen zeitigen[17]. Die steigenden Anforderungen der Seefahrt verlangten vom 16. Jh. an dringend nach einem zuverlässigen Verfahren, den Längengrad zu bestimmen. Doch die besten Geister: GALILEO GALILEI, ISAAC NEWTON und EDMUND HALLEY, die eine Lösung mit Hilfe der Jupitermonde, der Monddistanz zur Sonne oder der Stellung des Mondes zu den Sternen suchten, versagten an dieser Aufgabe. Eine brauchbare Antwort bot erst das Lebenswerk des zunächst unbekannten, dann verkannten schottischen Uhrmachers JOHN HARRISON (1693–1776): ihm gelang es, mit einer unglaublichen handwerklichen Präzision sowie vor allem durch eine geeignete Auswahl passender Hölzer und Metalle als Material, eine Uhr zu bauen, die selbst bei Sturm und Wetter, selbst unter den heftigsten Stößen eines weit überholenden Schiffes und auch unter den Feuchtigkeits- und Temperaturdifferenzen zwischen den Tropen und den Polarregionen im Verlauf von Monaten und Jahren eine Gangdifferenz zur Greenwich-Zeit von weniger als einer Minute aufwies[18]. Solche nach HARRISONs Vorbild hergestellten Uhren wurden seither auf Schiffen als »Chronometer« mitgeführt, die konstant die Uhrzeit des Null-Meridians angaben. Daneben verwendete man zum Beispiel die Messung des Sonnenhöchststandes am Mittag zur Feststellung der wahren Ortszeit. Der Abstand zwischen Chronometerzeit und Ortszeit diente dann der exakten Bestimmung des Längengrades gegenüber dem Meridian auf der Länge von Greenwich (1 Std. = 15° Länge). Mit einem Wort, es wurde möglich, die Länge auf zehn Meilen genau zu messen.

Und in diesem Zusammenhang nun Plinlimmons moralische Nutzanwendung – seine »horologische« Lösung des Problems der Bergpredigt: Jeder, der ehrlich sein Leben betrachtet, wird zugeben müssen, daß er nicht so lebt – nicht so leben will, nicht so leben kann –, wie die Bergpredigt fordert. Doch besagt das schon, daß die Bergpredigt unrecht hat – daß sie einen falschen Kurs vorgibt oder überhaupt gänzlich überflüssig und unnütz ist? Keinesfalls! Wie der Chronometer an Bord eines Schiffes notwendig ist, um herauszufinden, wo man sich auf hoher See aufhält, so dient die Bergpredigt dazu, einen festen Maßstab zur Standortbestimmung zu bilden. Gewiß, man darf auf einem Längengrad, der durch Bombay, Kalkutta oder Peking geht, nicht so zu leben versuchen wie auf einem Längengrad von Greenwich, doch man benötigt den Greenwich-Chronometer, um durch die Differenz vom Null-Meridian zu ermitteln, wo man sich nun eigentlich befindet. Mit einem Wort: die Bergpredigt ist unerläßlich zur Orientierung, doch würde Chronometerzeit mit Ortszeit verwechseln, wer glauben wollte, auf der Länge von Bombay oder Peking so leben zu können wie auf der Länge von Greenwich... In Plinlimmons Worten: *Bacons* (sc. FRANCIS BACON, 1561–1626, mit dem berühmten Satz:»Wissen ist Macht«, d. V.) *Vorstellungen waren nur die eines Uhrmachers, Christus aber war ein Chronometer, und einer, der höchst genau eingestellt war und präziser lief und dem all die ungünstigen irdischen Einflüsse weniger anhaben konnten als irgendeinem vor oder nach ihm. Und der Grund, weshalb die Juden seine Lehren töricht fanden, war, daß er sich in Jerusalem nach der Himmelszeit gerichtet hat, indes die Juden sich daselbst nach der Jerusalemer Zeit richteten. Hat er nicht ausdrücklich gesagt: ›Meine Weisheit (Zeit) ist nicht von dieser Welt‹? Alles das aber, was an der Weisheit Jesu Christi wirklich eigentümlich ist, kommt uns heute noch genauso töricht vor wie vor 1850 Jahren. Weil nämlich der Chronometer, den er uns vermacht hat, noch immer seine ursprüngliche Himmelszeit anzeigt und das allgemeine Jerusalem dieser Welt sich noch ebenso getreulich an seine Jerusalemer Zeit hält. – Aber obwohl der von Greenwich nach China gelangte Chronometer in China wahrheitsgemäß ansagt, welche Zeit in einem beliebigen Moment in Greenwich herrscht, ja, obwohl er dadurch der chinesischen Zeit notwendig widersprechen muß, so folgt daraus doch keineswegs, daß die chinesischen Uhren, was China betrifft, sämtlich falsch gehen. Ganz im Gegenteil. Gerade wegen dieser Abweichung kann man annehmen, daß die chinesischen Uhren, was China betrifft, ganz richtig gehen... Und so ist denn zwar des Menschen irdische Weisheit bei Gott himmlische Torheit, umgekehrt aber auch Gottes himmlische Weisheit beim Menschen irdische Torheit. So ist das nun einmal, nüchtern gesagt. Auch erwartet Gott in seinem himmlischen Greenwich nicht, daß sich gewöhnliche Menschen in dieser unserer fernen chinesischen Welt an die Greenwich-Weisheit halten, denn das brächte ihnen hienieden nur Nachteile und würde letzten Endes IHN widerlegen, insofern nämlich in diesem Falle die China-Zeit identisch wäre mit der Greenwich-Zeit, was hieße, daß die Greenwich-Zeit falsch wäre.* (Pierre, XIV 3; S. 366–367)

Selbstredend beansprucht Plinlimmons Essay nicht, mit dem Vergleich einer nautischen Orientierung selbst schon moralisch orientieren zu können. Wenn auf der Höhe der Marquesas der Kannibalismus im Schwang ist, so weicht diese Praktik zweifellos von den Regeln auf der Höhe von Greenwich bemerkenswert weit ab, doch auch auf der Höhe von Greenwich können die Tudors oder die Windsors, kann der christlichste König von Frankreich zum Krieg rufen. Was nutzt da eine »Abstandsmessung« zur Zeitangabe des »Chronometers«? Man lebt »mehr oder weniger« »unchristlich«, und man muß es tun, denn: »die Erde ist rund«!? Eine solche Auskunft enthält keine Hilfestellung, sie ist, wie ihre stilistische Kennzeichnung bereits besagt: ein Pamphlet, eine reine Infragestellung, eine absichtliche Provokation. Sie ist eine Aufforderung an all die »Gläubigen«, das Maß ihrer »Abweichungen« im Leben zumindest auf ein paar Yards genau sich einzugestehen – oder: die Bergpredigt schlechthin für unmaßgeblich zu erklären – oder: es doch mit ihr zu versuchen; denn schließlich: seit wann liest man die Moral von den Zeigern der Uhr und nicht von den Weisungen des eigenen Herzens ab?

Doch das Problem bleibt. Pierre wird versuchen, Plinlimmon zu widerlegen; aber indem die Tragödie seines Lebens ihren Lauf nimmt, ist es kein Wunder, daß er in jener Künstlerabsteige *Bei den Aposteln* diesem »Plinlimmon« wiederbegegnet (XXI 3; S. 498–506): dessen »Pamphlet« erweist sich gerade in Richtung auf Pierre als »Prophezeiung«, als bestätigt durch sein Scheitern. Theoretisch-theologisch mag man Plinlimmons Gedankengang »aufheben« in dem »Dualismus« von »Gesetz« und »Gnade« oder in der Lehre von den Zwei Reichen oder »erklären« mit der »Diastase« des »Schon jetzt« und »Noch nicht« zwischen »Ankündigung« und »Erfüllung« im göttlichen »Heilswerk«; – keinem »Ismael« wird irgendein Trost aus derlei Redensarten werden. Welche Wege also gibt es – *vorbei* an Pierre oder besser: zu einem Leben mit »Moby Dick«, zu einem Leben für Isabel – zugunsten der Wahrheit des eigenen Herzens?

3. Widersprüche im Wesen der Welt

Wer ist der Weiße Wal? Was ist die Welt, gemalt in seinem Bilde? – Ein blutrünstiges, grausiges Ungeheuer, das Mitleid nicht kennt; ein mordgieriges Raubtier, das katzenhaft grausam mit seinen Opfern spielt; eine triumphierende Bestie, die hämisch ihr Haupt erhebt hinter der ewigen Tragödie aus Trauer, Trotz und Tod, aus Wehmut, Wut und Wahn, aus Hoffnung, Haß und Hohn; eine monströse, empörende Macht, die zum Widerstand aufreizt und doch jeden Aufstand niederreißt. Alle Lebewesen zappeln in ihrem Treibnetz, und wer sich gegen sie zur Wehr setzt, verfängt sich nur um so unheilvoller in den todbringenden Maschen. Mühsal und Qual, Aggression und Angst bilden die treibenden Kräfte des unentrinnbaren Ringens und Schlingens.

a) Die fatale Einheit von Leben und Tod

Jedes einzelne Lebewesen, *selbst der mächtigste Wal,* ist ausgeliefert dem grausigen *Aasgeiertum dieser Welt,* notiert Ismael. Kaum etwa sind die Männer an Bord der *Pequod* mit dem Flensen fertig, da treibt *der gehäutete weiße Leib des enthaupteten Wals… wie ein marmornes Grabmal* leewärts in die See hinaus, gefolgt von den *nimmersatten* Haifischen, die *das Wasser rings um ihn zum Kochen bringen,* während *kreischende, raubgierige Vögel über ihm die Luft zerreißen, deren Schnäbel, Dutzenden Dolchen gleich, höhnisch seinen Leib zerhacken… Stund um Stund ist dieser grauenvolle Anblick von dem beinah bekalmten Schiffe aus zu sehen. Unter dem milden, wolkenlosen, azurblauen Himmel, über das anmutige Antlitz einer heiteren See, von wonnigen Winden bewegt, treibt diese große Masse Tod immer weiter, bis sie sich im Unendlichen verliert.* Menschen wie Haie, Walfänger wie Wale, Seevögel wie Seeungeheuer – alle, solange sie leben und weil sie leben, unterliegen den gleichen grausamen Gesetzen: zu zeugen und zu zerstören, zu nähren und zu vernichten, zu leben mitten im Tod und zu sterben mitten im Leben und schließlich zum Opfer der *Geier der See* zu werden, die bei ihrem *Leichenschmaus in frommer Gier gern* zugreifen. (*Moby*-Dick, LXIX 490)

Und selbst *wenn der Leib* (sc. eines getöteten Wals, d. V.) *geschändet ist,* ist das Grauen noch nicht zu Ende: sein weißer Rumpf, *der in der Sonne leuchtet, wie auch die weiße Gischt, die hoch an ihm emporschießt,* bietet womöglich *aus der Ferne… einer furchtsamen Fregatte oder einem verirrten Segler auf Entdeckungsfahrt* den Anschein von *Untiefen, Felsen und… Brandung,* so daß ins Logbuch ein Riff eingetragen wird, wo nichts ist als ein stummes Zeugnis des ewigen Kreislaufs vom Werden und Vergehen in dem unerbittlichen Getriebe des Selbsterhaltes der Natur; doch alle Schiffe in Zukunft werden diese »gefährliche Untiefe« umfahren, die nur als das Produkt einer Fehlwahrnehmung existiert. *Da habt ihr euer Gesetz der Präzedenz,* resümiert ironisierend Ismael, *da habt ihr die Nützlichkeit des Überlieferten, da habt ihr die Geschichte eurer hartnäckig fortlebenden Glaubenssätze, die nie auf festem Boden gestanden haben und heute nicht mal mehr in Lüften schweben! Da habt ihr eure Orthodoxie!* (LXIX 491) Trug und Tod, Lüge und Leid, Irrtum und Gier bilden augenscheinlich die Kettfäden auf dem großen Webstuhl des Schicksals, dessen abgründiges Bild, wie nichts sonst, durch die »besondere Wildheit« seines Wesens (XVI 137), durch seine *beispiellose, vernunftbegabte Arglist* (XLI 303), durch seine »Allgegenwärtigkeit« (XLI 301) und vor allem durch seinen *Tiefgang* (LXXXV 582) der Weiße Wal: Moby Dick, ist.

Allein schon das Abtauchen eines Pottwals besitzt nach Ismaels Empfinden die Aura von etwas Göttlich-Dämonischem: – wenn *der Leviathan... seine Fluken sowie mindestens dreißig Fuß* (sc. etwa 9 m, d. V.) *seines Leibes lotrecht in die Luft* streckt und *einen bebenden Augenblick lang in dieser Stellung* verharrt, um dann hinabzuschießen und im Dunkel der Tiefsee zu verschwinden. Dieses *Pieken der Walfluken,* urteilt er, sei *vielleicht der großartigste Anblick, den die ganze belebte Natur zu bieten hat. Aus bodenlosen Tiefen scheint der gigantische Schwanz krampfhaft nach dem höchsten Himmel zu greifen. Grad so,* fährt er fort, *hab ich im Traume den majestätischen Satan seine gemarterte Riesenklaue aus dem Flammenmeer der Hölle recken sehen. Doch kommt es,* gibt er zu, *beim Betrachten solcher Szenen entscheidend auf eure Gemütsverfassung an: Falls ihr wie Dante gestimmt seid, werdet ihr an Teufel denken; falls wie Jesaja, an Erzengel* (sc. an Serafim, in der Berufungsvision von Jes 6,2–7, d. V.). (LXXXVI 590)

Was Ismael selbst betrifft, so ist *seine* »Gemütsverfassung« wie gebannt durch *die überwältigende Vorstellung vom großen Wale selbst.* Da ist die erregende Wirkung des Abenteuerlichen, des gewaltig Großen, des alle Grenzen Übersteigenden, ja, geradewegs Verbotenen, die von Wal wie Meer ausgeht. *Solch ein unheilträchtiges und geheimnisvolles Ungetüm erregte meine ganze Neugier,* schreibt er bereits zur Begründung seiner Entscheidung, auf Walfang zu gehen; *die wilden und entfernten Meere, worin er* (sc. der Wal, d. V.) *seine inselgleiche Masse wälzte, die namenlosen und heillosen Gefahren des Walfangs; dies alles sowie die tausend patagonischen Wunder, die dabei Aug und Ohr bestürmen, drängten mich meinem Wunsche zu. Andere Menschen hätten sich durch derartige Dinge vielleicht nicht verleiten lassen; doch was mich betrifft, so peinigt mich ein ewiger Kitzel nach Entlegenem. Ich liebe es, verbotene Meere zu besegeln und an barbarischen Küsten zu landen. Wenn ich das Gute auch nicht übersehe, habe ich doch ein waches Auge für das Grauen und könnte mich sogar damit anfreunden – wenn sie mich nur ließen –, denn,* vermerkt er erneut ironisch, *es ist nur recht, mit allen Insassen der Welt, in der man haust, auf gutem Fuß zu stehen.* (I 40)

Mit Worten wie diesen vertritt Ismael eine Lebenseinstellung, die nichts in der Wirklichkeit zu verleugnen sucht; wenn es in der Welt Grausiges gibt, so gilt es, diesem Grausigen zu begegnen und ihm entweder entgegenzutreten oder mit ihm leben zu lernen; nicht die (spekulative) Einheit der Gegensätze, sondern ihre rückhaltlose Erfassung durch eine möglichst genaue Beschreibung ist das Ziel eines solchen Strebens nicht nach Vollkommenheit, sondern nach Vollständigkeit des Daseins[19]. *Aus diesen Gründen also,* faßt Ismael die Motivation seines Entschlusses zusammen, *war mir die Walfangreise willkommen; die großen Schleusentore der Wunderwelt schwangen auf, und inmitten der wilden Hirngespinste, welche mich zu meinem Vorhaben drängten, trieben sie in meine innerste Seele, Paar für Paar, eine endlose Prozession von Walen, und, mitten unter ihnen, ein grandioses, verhülltes Phantom, gleich einem Schneeberg in den Lüften.* (I 40) – Dieses »Phantom« ist Moby Dick: ein Wesen in der Welt, doch zugleich ein Sinnbild für das Wesen der Welt, eine lebendige Inkarnation all dessen, was sie an Unheimlichem, Abgründigem und Dämonischem in sich birgt, dabei dicht die Zone des Absoluten berührend – sei diese nun göttlich oder teuflisch –, in jedem Falle von göttlicher Größe, von majestätischer Macht und von grenzenlosem Grauen. Wie der Gott der Bibel, ist *der große Leviathan das einzige Wesen auf der Welt . . .,* welches *bis zuletzt ohne Bildnis bleiben muß* (LV 429) – ein stummes Symbol für das letztlich unvorstellbare, unbegreifbare Grauen der Welt, das einzig sich in den Wirkungen zeigt, die es, kommentarlos und ohne Bedauern, vergleichbar dem Kommen und Gehen von Ebbe und Flut, an den Uferrändern des Lebens in Gestalt von Strandgut und fein zermahlenem Sand hinterläßt.

Dabei sind die Wale »an sich« weder besser noch böser als alle anderen Tiere; es ist allein ihre monströse Masse, die sie in die Sphären mythischer Geheimnisse emporhebt. »Unschuldig« jedenfalls sind sie nicht. Man betrachte Killerwale bei der stundenlangen Jagd auf ein Robbenbaby, das sie von seinem Muttertier in der Herde abzudrängen suchen, – und man versteht die Unangemessenheit aller menschlichen Gefühle und aller moralischen Wertungen, um ein solches Geschehen zu begreifen. Wie am Festland Hyänen tage- und nächtelang einem Rhinozeros-Jungtier nachstellen können, bis sie es endlich, immer wieder im Rudel angreifend, von dem ermatteten Muttertier getrennt haben, um es als Beute zerreißen zu können, gerade so verhalten sich im Meer die Killerwale bei ihrer Jagd. Glattwale, die von kleinen Fischen und Krill leben, treiben sich wechselseitig die Beute zu; ein Teil ihrer Herde schwimmt unter einen Fischschwarm und treibt ihn durch Verwirbeln des Wassers an die Oberfläche, so daß der andere Teil nur mit geöffnetem Maul durch das Gewimmel zu ziehen braucht, – ein »Treibnetz«-Fischen nach Walart. Wie sagte doch Ismael? *Bedenke die List der See – wie ihre schrecklichsten Geschöpfe unter Wasser dahingleiten, zum größten Teile unsichtbar, heimtückisch verborgen unter dem schönsten Azur. Bedenke auch den teuflisch schönen Glanz, der viele seiner gnadenlosesten Geschlechter schmückt, wie bei der schlanken Wohlgestalt vieler Haifischarten. Bedenke einmal mehr den universalen Kannibalismus der See, wo ein Geschöpf das andre frißt und Krieg herrscht bis in Ewigkeit, seit Anbeginn der Welt.* (LVIII 442) Wird man beim Betrachten dieses unablässigen Kontrastes von unbeschreiblicher Schönheit und namenlosem Schrecken nicht wie von selbst zu der Vorstellung gedrängt, *daß unter all dem faden Himmelsblau ein teuflischer Zauber lauere?* (LI 380)

Schon die *weiße* Farbe Moby Dicks erschien Ismael wie eine Offenbarung der hinterlistigen Todverfallenheit, der trügerischen Tarnung und der schauderhaften Leere der gesamten Welt. *Ist es so,* fragte er rhetorisch in seiner uns schon vertrauten Meditation über die Farbe des Wals, *daß das Weiß durch seine Unbestimmtheit die herzlose Leere und unermeßliche Weite des Weltalls andeutet und uns so den Gedanken an Vernichtung wie einen Dolch in den Rükken stößt, wenn wir in die weißen Tiefen der Milchstraße blicken? Oder ist es so, daß das Weiß … eine … öde Leere bietet, die doch voller Bedeutung ist – eine farblose Allfarbe der Gottlosigkeit, vor der wir zurückschrecken? Und wenn wir jene andere Theorie der Naturwissenschaftler bedenken, daß alle anderen Farben dieser Erde – alles stattliche oder anmutige Gepränge –, die lieblichen Tönungen der Wolken und Wälder bei Sonnenuntergang, fürwahr, und der güldene Samt der Schmetterlinge und die Schmetterlingswangen junger Mädchen – daß alles das nur arglistige Täuschungen sind, die den Dingen nicht wirklich innewohnen, sondern ihnen bloß von außen aufgetragen sind.* (XLII 322) So viel scheint unter allen Umständen klar: es gibt beim Betrachten der Wirklichkeit keinen festen Standpunkt inmitten der endlos schwankenden

Unsicherheiten und Ambivalenzen, und gerade derjenige weiß davon am besten Kunde zu geben, der sich auf den höchsten Beobachtungsposten – in den Großmasttopp – begibt, um dort den Ausguck zu stehen: während er verträumt *durch die Kadenzen der mit seinen Gedanken verschwimmenden Wellen in solch eine opiatische Trägheit gelullt* wird, … *daß er zuletzt sein Ich vergißt und die mystische See zu seinen Füßen für das sichtbare Abbild jener tiefen, blauen, unergründlichen Seele hält, die Menschheit und Natur durchdringt,* darf er doch nie vergessen, daß er unentwegt *über cartesianischen Wirbeln* schwebt (sc. gefangen in einer rein mechanischen Bewegung, d. V.) – und: *eines Mittags, und bei schönstem Wetter, stürzt* er *vielleicht mit einem einz'gen, halberstickten Schrei durch die kristallenklaren Lüfte in die sommerliche See, um nie mehr aufzutauchen. Bedenkt das wohl, ihr Pantheisten!* (XXXV 266–267)

Der Tod eines einzelnen Menschen, wie er als eines der letzten unheilverkündenden Vorzeichen an Bord der *Pequod* denn auch eintreten wird (CXXVI 795–796), führt, ebenso sinnlos wie unverhofft, durch sich selbst den »pantheistischen« Optimismus ad absurdum, wonach in allem, was ist und geschieht, sich Göttliches zu erkennen gibt. Ein Matrose, der im Masttopp durch das Rollen des Schiffes sich in einen gefährlichen Schlaf wiegen läßt und bei jähem Überholen des Schiffs aus 15 Metern Höhe in den Tod stürzt, offenbart nicht das transzendente Mysterium einer gottdurchwalteten Naturordnung, er dokumentiert und manifestiert lediglich die fatale Nonchalance der gesamten Welteinrichtung.

Doch auch der »Deismus« scheint eher auf eine Widerlegung denn auf eine Bestätigung des Gottesglaubens hinauszulaufen[20]. Wenn es wirklich so ist, wie hungernd und frierend Ismael schon in den Gassen von New Bedford erkennen mußte: daß es *zu spät* ist, an der Einrichtung der Welt *noch irgendwelche Verbesserungen vorzunehmen,* – denn: *Das Universum ist fertig, der Schlußstein gesetzt, und die Späne und Splitter wurden vor einer Million Jahren weggekarrt* (II 45) –, so bedeutet an Gott zu glauben gerade so viel, wie an das unabänderliche Schicksal zu glauben; mit einem Wort: der Deismus ist letztlich nichts anderes als ein providentieller Fatalismus – alles wurde von Anfang an auf eine Bahn gebracht, die alle Details in einer ehernen Kette von Ursache und Wirkung miteinander verknüpft. »Deismus« ist insofern nur ein anderes Wort für Determinismus, und er bildet offenbar recht eigentlich Ismaels religiöse Überzeugung, freilich weder als Prinzip einer umfassenden Naturerkenntnis noch in Erwartung einer inneren Versöhnung mit dem Gang der Welt. Im Gegenteil: Es bleibt bei Ahabs *vierzig*

Jahren *Krieg… gegen die Grauen der Tiefe* (CXXXII 820), selbst wenn man um die Sinnlosigkeit der Qual, die dieser Krieg bedeutet, nur allzu gut weiß, ja, wenn sogar alles dafür zu sprechen scheint, daß *die ganze Müh und Plag* immer *von vorn* beginnen wird, – eine Seelenwanderung ohne Erlösung; denn: *so ist das Leben,* in dieser wie in jeder beliebigen anderen Welt. (XCVIII 664)

Zu diesem prometheischen Kampf, zu dieser Kaukasus-Existenz im Flügelschatten eines leberzernagenden Adlers, nötigt das Beste im Menschen: der den Göttern geraubte Feuerfunke des Denkens, des Geistes, des Bewußtseins. Die Alternative bestünde nur in der stumpfen Verweigerung allen Nachdenkens, wie sie in dem Schiffszimmermann der *Pequod* ihre Gestalt gewonnen hat[21]: Dieser Mann ist und will nichts anderes sein als ein für jegliches Bedarf ausklappbares *Taschenmesser,* das als *Schraubenzieher, Korkenzieher, … Federhalter, … Bohrer* oder was auch immer dienen mag; im übrigen hegt er nicht nur keinerlei Ehrfurcht oder Respekt vor den Erscheinungen des Lebens, er reduziert alles, was ihm begegnet, auf seinen sozusagen handwerklichen Aspekt – ein überaus modern wirkender *homo faber,* der zur Entschuldigung seiner Nicht-Existenz freilich noch nicht, wie in unseren Tagen, gewisse »wirtschaftliche Notwendigkeiten« ins Feld zu führen vermag. Mit wilder Entschlossenheit lebte dieser Zimmermann, wie Ismael findet, *eine gewissermaßen unpersönliche Dumpfheit, unpersönlich deshalb, weil sie gleichsam im Unendlichen um sie herum aufging und eins schien mit der allgemeinen Dumpfheit der sichtbaren Welt, welche zwar ohne Unterlaß wirkt und webt, aber auf ewig stumm bleibt und eurer nicht achtet, selbst wenn ihr die Fundamente für Kathedralen aushöbet.* Dieser Mann, der allem *entkleidet und niemandem verbunden* war, zeigte eine *seltsame Unberührtheit,* eine Art von »Begriffsstutzigkeit«, bei der *sein Hirn, falls er je eines besessen,* bemerkt Ismael nicht ohne Bosheit, *schon vor langer Zeit in seine Fingermuskeln gesickert* zu sein schien. Diese *seine beinahe grausige Dumpfheit* aber, *welche auch eine stumpfe, allumfassende Herzlosigkeit einschloß,* mutet fast an wie eine äußerste Annäherung an das Sein, wie ein instinktives Gleichförmigwerden mit der jede Antwort verweigernden Welt. (CVII 719-720)

Statt mit den Menschen, statt mit den Tieren, statt mit den Dingen redet dieser Schiffszimmermann einzig mit sich selbst, das heißt seine »Seele« oder was davon übrig ist: *etwas Kundiges, das seltsamerweise denselben Zweck erfüllt, redet in ihm wie ein vernunftloses Rädchen, das summend mit sich selber spricht. Oder, besser gesagt, sein Körper war wie ein Schilderhäuschen mit einem Wachtposten darin, der unentwegt mit sich selber sprach, um wach zu bleiben,* (CVII 720) – eine gestaltgewordene Einsamkeit, eine im Funktionalen verlorene Sinnlosigkeit, die es kategorisch ablehnt, ihres Zustands inne zu werden. Sobald hingegen das Elmsfeuer des Bewußtseins zündelnd und züngelnd von den Skystengen und Rahnocken Besitz ergreift, beginnt die Revolte gegen eine Welt, die, wie in dem letzten Angriff Moby Dicks auf die *Pequod*, durch nichts so sehr als durch *Rache, rasche Vergeltung und ewige Arglist* gekennzeichnet zu sein scheint. (CXXXV 862)

Noch einmal mag bei diesen Worten der Blick zurückgleiten zu jenem Walgerippe in dem Heiligtum auf den Arsakiden – zu dieser magischen Darstellung eines Mysteriums, das die Göttlichkeit der Welt oder ihre Herkunft aus Gott ebenso offenbart wie widerlegt, manifestiert es doch die widersinnige, unerträgliche, unentrinnbare Einheit von Leben und Tod auf dem Webstuhl der Zeit: Leben, erkannte Ismael damals beim Anblick der grünenden Pflanzen, die das Gerippe umwucherten, *Leben umhüllte den Tod, Tod war des Lebens Gerüst, der grimmige Gott* (sc. der griechische Totengott Hades, d. V.) *nahm sich jugendlich kraftvolles Leben* (sc. in Gestalt der Jungfrau Persephone, d. V.) *zum Weibe und zeugte sich lockige, prangende Pracht.* (CII 694) *O nimmermüder Weber! Du unsichtbarer Weber! Halt ein! Nur auf ein Wort! Wohin geht's mit dem Gewebe?* fragt er bestürzt. *Welchen Palast wird es schmücken? Wofür all die endlose Plage? Sprich, o Weber! Halt inne! Nur auf ein einzig Wort mit dir! Doch nein – das Schiffchen fliegt, die Muster treiben aus dem Webstuhl, der quellende, schwellende Teppich gleitet stetig hinweg. Der Webergott, er webt und webt und wird betäubt von seinem Tun, so daß er keines Menschen Stimme hört, und wir, die auf den Webstuhl schauen, sind von dem sausenden Gesumme ebenfalls betäubt, und nur wenn wir entronnen sind, dann werden wir die abertausend Stimmen hören, die durch das Sausen zu uns sprechen.* (CII 693–694)

Der in Ewigkeit stumme, jede Antwort verweigernde, im eigenen Getriebe ertaubte, jedes denkende Wesen betäubende Weber der Welt läßt in den Kettfäden des Todes alle Hoffnung beinahe ersterben. … Wie es komme, fragte sich Ismael schon, als er an den Wänden der Kirche von New Bedford die Gedenktafeln an verschollene, von Walen verschleppte oder getötete Seeleute las, wie es komme, *daß wir immer noch untröstlich wegen jener sind, die wir dennoch* (sc. eigentlich, d. V.) *in unbeschreiblicher Wonne weilend wähnen; warum alle Lebenden so sehr bestrebt sind, die Toten allesamt zum Schweigen zu bringen; weswegen allein schon das Gerücht von einem Klopfen im Sarge eine ganze Stadt in Angst und Schrecken versetzt.* (VII 84) Ismael, sagt er sich, *dir mag dasselbe Schicksal drohen… aye, ein zerschmettertes Fangboot wird mein Brevet für die Unsterblichkeit sein. Ja, im Walfanggeschäft lauer der Tod – jäh, lautlos, chaotisch, und ab geht's in die Ewigkeit . . . Mich dünkt, wir haben diese Frage nach Leben und Tod gründlich mißverstanden. Mich dünkt, daß das, was man meinen Schatten hier auf Erden nennt, mein eigentliches Wesen ist. Mich dünkt, daß wir beim Betrachten geistiger Dinge zu sehr wie Austern sind, welche die Sonne durch das Wasser schauen und jenes dichte Wasser für die dünnste Luft halten. Mich dünkt, mein Körper ist nur der Bodensatz meines bessern Ichs. Ja, ich sage: Meinen Leib nehme, wer will, nehmt ihn denn hin, sag ich, das bin nicht ich.* (VII 85) – Doch was sind das für Gedanken? Welche Beweiskraft wohnt ihnen inne? Sind am Ende Glauben und Verzweiflung im Bewußtsein des Menschen nicht ebenso miteinander verwoben wie in der Wirklichkeit Leben und Tod, und das eine ernährt sich vom andern?

Was geschieht »wirklich«, wenn ein Mensch stirbt, wie beinahe Queequeg?

Damals hatten seine Augen so *einen seltsam sanften Glanz* angenommen, ja, sie erschienen selbst wie *wundersame Zeugen jener unvergänglichen Lebenskraft in ihm, welche weder sterben noch erlahmen konnte. Wie Kreise auf dem Wasser, die schwächer werden, je mehr sie sich ausdehnen, so schienen sich seine Augen immer mehr zu weiten, gleich wie die Sphärenringe der Ewigkeit.* So viel schien beim Anblick *dieses dahinschwindenden Wilden* festzustehen: *der nahende Tod, der alle gleichmacht, ohne Unterschied, gewährt auch allen ohne Unterschied eine letzte Offenbarung, die nur ein Autor aus dem Totenreich uns richtig wiedergeben könnte.* (CX 732 – 733) Nur – wie wird diese Botschaft lauten? Gibt es je eine Antwort auf Ahabs grüblerische Frage, wo denn *der letzte Hafen* liege, *von dem wir nie mehr ablegen* müßten? *Waisen*, meinte er, seien wir alle, deren ledige Mütter bei der Geburt starben und deren Väter uns bis zum Grab unbekannt blieben. Kann man darauf wirklich, die Augen verschließend, wie Starbuck ein *credo quia absurdum* (ich glaube, weil es in das verständige Denken nicht paßt, – so der Kirchenvater TERTULLIAN) verkünden? *Sprich mir nicht von deinen zahnstarrenden Haifischen und deinen räuberischen Kannibalenwesen*, entgegnet er seinem Kapitän. *Möge der Glaube die Fakten, die Phantasie das Gedächtnis vertreiben – ich schaue tief hinab und glaube.* (CXIV 752) Ist es möglich, den Glauben zu gründen auf Denkverweigerung? Wie kann es dem aufrichtig Suchenden, dem Wissenwollenden gelingen, zum Glauben zu gelangen?

Was sich immerhin andeutet, ist die Unwirklichkeit des Wirklichen, die Immaterialität des Materiellen, die Realität der so irreal scheinenden Gedanken. Da verwandelt der Zimmermann, als Queequeg sich wieder erholt hat, dessen Sarg in eine Rettungsboje, und der ewig zwiespältige Ahab, als er das sieht, gerät dabei auf seine Weise ins Sinnieren: *Hier wird nun das furchtbare Sinnbild des grimmigen Todes durch puren Zufall zum mächtigen Zeichen für Hilfe und Hoffnung des bedrohtesten Lebens,* spricht er. *... Geht es noch weiter? Kann es sein, daß der Sarg in einem höheren Sinne nur ein Retter der Unsterblichkeit ist? Ich werd darüber nachdenken.* Aber nein, fällt er sich selber sogleich ins Wort. *Ich bin so weit in die finstere Erdhälfte vorgedrungen, daß ihre andere, angeblich helle Hälfte mir nur ein ungewisses Zwielicht scheint.* (CXXVII 801)

Tiefseebewohnern gleich, die nur selten das Sonnenlicht schauen, ganz wie die Wale, die nur zum Luftholen kurz an die schimmernde Oberfläche des Meeres emportauchen, scheinen wir Menschen zu sein, stets nur allzu bereit, das wäßrige Element der uns umgebenden »Wirklichkeit« mit dem ätherischen Stoff der Wahrheit zu verwechseln, und je tiefer es uns hinabzieht, droht uns der flirrende Glaube an das Licht, dem sterbend selbst die Wale sich zuwenden (CXVI 757–758), aus den Augen und sogar aus dem Herzen zu schwinden. Das einzige, worüber Ismael, worüber ein Mensch, der illusionslos »sehen« will, auf der Suche nach Hoffnung verfügt, ist eine Art von Weltbetrachtung wie durch die Dunstschleier eines Pottwalspauts hindurch, durch diesen *Baldachin aus Dampf...,* erzeugt von seinen Grübeleien... *Denn, seht ihr,* gesteht Ismael, ... *durch den dichten Dunst der dumpfen Zweifel meiner Seele schießt hin und wieder eine Gottesahnung – ein Himmelsstrahl entfacht dann meinen Nebel. Und dafür dank ich Gott. Denn alle hegen Zweifel, und viele leugnen alles; doch ob sie zweifeln oder leugnen, verspüren wenige dazu noch diese Ahnung. Alles Irdische bezweifeln, manches Himmlische erahnen – dadurch wird einer weder gläubig noch ungläubig; er wird jedoch zu einem Menschen, der beides fest ins Auge faßt.* (LXXXV 585) Anders gesagt: er wird damit fähig, einen Sinn zu spüren, der – vielleicht – durch die unter ihren Fragwürdigkeiten und Absurditäten aufreißende Oberfläche der Welt hindurchscheint. *Denn irgendein Sinn,* behauptet fast trotzig Ismael, *ist in allen Dingen verborgen, sonst sind sie wenig wert, sonst ist die ganze Erde nur eine leere, wertlose Chiffre, die man fuderweise verkauft, um einen Morast in der Milchstraße zu füllen, etwa so, wie man mit den Hügeln um Boston verfährt.* (XCIX 665–666)

Nur: wenn »irgendein Sinn« in allen Dingen liegt, welch ein Sinn soll dann in all den Mühsalen und Qualen liegen, mit denen die Lebewesen einander drangsalieren, einzig um einen geringfügigen Überlebensvorteil zu erhaschen, – die winzige Verlängerung einer Lebenszeit, die man bloß deshalb erhofft, weil das bisherige Unglück doch nicht schon »alles« gewesen sein kann ... Wenn aber doch? Wenn es überhaupt keine Erlösung unter den Bedingungen der bestehenden Todespraxis geben kann noch geben soll? Und wenn selbst was als »sinnvoll« empfunden wird, schwankend ist wie die Stimmungen, denen der Sinnsuchende jeweils ausgeliefert ist, was dann soll in dem Regenbogenglitzern des Walspauts oder in den Spiegelungen der Sonne dem Menschen Klarheit und Wahrheit in den Tiefen der See weisen? *Mögen doch manche Dichter sagen, was sie wollen,* wird es in *Pierre* heißen (XXV 4; S. 584), *die Natur ist nicht zuvörderst die allzeit mildgestimmte Deuterin ihrer selbst, sondern vielmehr nur die Lieferantin des trügerischen Alphabets, womit ein jeder, indem er die Buchstaben beliebig auswählt und zusammensetzt, je nach seiner ganz besonderen Geistes- und Gemütsverfassung seine ganz besondere Lektion liest.* Wie leben in einer Welt, in der das Leben selbst den Tod miteinschließt, so wie es selbst von ihm umschlossen wird?

b) Das Fatum jenseits der Freiheit

Noch einmal mag man versucht sein, auf die Starbucksche »Lösung« zu setzen, also die störenden Teile der Wirklichkeit auszublenden und sich seine »christlich«-bürgerlichen Vorstellungen (oder Vorurteile) unangefochten zu erhalten. Psychoanalytiker sprechen von dem »Abwehrmechanismus« der Verleugnung (bestimmter Inhalte) in der Realität. Darin ist ein Starbuck Meister. Vor allem schafft er es, mitzumachen und gleichzeitig seine innere Beteiligung in Abrede zu stellen. In bezug zu Ahabs Rachefeldzug gegen Moby Dick gelingt ihm dieser Streich und nicht minder in bezug zu der Welt, die sich im Weißen Wal verkörpert. Sehr wohl erkennt er die *elende Rolle*, die ihm selbst *im Aufbegehren* gegen Ahabs »himmelschreienden« *Vorsatz* zukommt, doch weiß er nichts Besseres zu tun, als sein Los zu beklagen: *O Gott, mit solchen Heiden übers Meer zu segeln,* spricht er, gerührt von Selbstmitleid, *die kaum etwas von Menschenmüttern in sich tragen! Geworfen irgendwo von einer Haifischsee. Der weiße Wal ist ihr Demogorgon* (sc. ihr Höllenfürst, griechische Gottheit der Unterwelt, d. V.). *Horch! Was für Höllenorgien* (sc. von seiten der Mannschaft, die in der Back Ahabs Bekanntgabe seines Entschlusses zur Jagd auf Moby Dick bereits wie einen Sieg feiert, d. V.)! *Das übermütige Gelärm, es kommt von vorn! Doch hör, wie stetig still es achtern ist! Mich dünkt das wohl ein Bild des Lebens: Ganz vorne stampft der Bug im frohen Übermut durch glitzerndklare See, doch zerrt er nur den düsteren Ahab hinterdrein: Dort hockt er finster brütend in der Heckkajüte, hoch über den bekalmten Wassern unsrer Spur, und wird gehetzt vom wölfischen Gegurgel der Wellen weit dahinter... Ach Leben!* In solcher Stunde, wenn die Seele ganz zerschlagen ist und auf Erkenntnis angewiesen – wie wilde, ungezähmte Tiere auch gezwungen sind zu fressen –, ach, Leben, jetzt spür ich das Grauen, das untergründig in dir lauert! (*Moby-Dick*, XXXVIII 282–283)

Ganz dicht steht der »Erste Steuermann« mit diesen Äußerungen an eben dem Abgrund, in den hineinzustarren sein »Kapitän« wie unter hypnotischem Sog sich gezwungen fühlt. Alle weltanschaulichen, religiösen oder metaphysischen Infragestellungen des Daseins ergeben sich aus dieser Perspektive auf das gorgonische Medusenangesicht der Wirklichkeit wie von selbst. Was aber folgert daraus für Starbuck? Gibt es auf irgendeinem anderen »Schiff«, das in den Weiten der Ozeane kreuzt, einen zweiten Mann wie ihn, der Position und Kurs genauestens berechnet, nur um sich selbst mitsamt der Mannschaft in den sicheren Untergang zu steuern? Muß Starbuck nicht, um überhaupt seinen Dienst weiter verrichten zu können, die lauernde Unheimlichkeit der Lage leugnen? Das jedenfalls tut er: ... *ich bin's nicht!* spricht er. *Dies Grauen wohnet nicht in mir! Und mit dem milden, menschlichen Gefühl in mir,* hofft er, *werd ich euch doch zu trotzen suchen, ihr grimmigen Phantome künft'ger Zeiten! O steht mir bei, o haltet mich, o fesselt mich, ihr guten Mächte!* (XXXVIII 283)

Zu allen Zeiten sah man den Wert der Religion darin, das schwache, schwankende Ich des Menschen in einer übergeordneten guten und göttlichen Macht zu befestigen. Das Erschütternde an der Gestalt eines Starbuck aber ist die Entdeckung, daß diese Haltung betender Vermeidung nicht länger mehr genügt, um menschlich, religiös zu überzeugen. Es gilt, dem Grauen standzuhalten, und sei's im Scheitern wie Ahab. Unmöglich jedenfalls ist es, sich schaudernd wie von einem fremden Phänomen davonzustehlen. Denn: All das Unheimliche *wohnt* in uns selbst. Wir sind ein Teil davon. Und erst wenn wir die eigene Zugehörigkeit zu dieser wilden, wahnsinnigen Welt begreifen, kann sich – in einer neuen, weil vertieften Form von Frömmigkeit und Menschlichkeit – ein Horizont der Zukunft, vielleicht gar eine Lösung zeigen.

Vorbereitet, ja, grundgelegt ist ein solches Begreifen durch das »ismaelitische« Prinzip der Analogie, wonach *unaussprechlich tief* Natur und Menschenseele einander entsprechen[22]. (LXX 495) Kommt nicht im letzten jede Fahrt wie die der *Pequod: rund um die Welt,* an ihrem eigenen Ausgangspunkt an? Und ist dieser »Ausgangspunkt« je etwas anderes als das eigene Herz, so daß, wie Ismael feststellt, *wir Mysterien in der Ferne jagen, die uns im*

Traum erscheinen? (LII 386) Doch daraus ergibt sich vor der Hand eben *das* Problem, das den *Moby-Dick* nicht minder durchzieht wie den großen Roman *Pierre*: die Schicksalhaftigkeit des Lebens, sei diese nun die »christliche« Vorsehung oder das »heidnische« Fatum. Solange nicht geklärt ist, was uns *im Traum* erscheint, bleibt auch unklar, welchen *Mysterien* wir nachjagen, bleibt auch unklar, welche Motive unser Handeln bestimmen; solange gilt erneut SCHOPENHAUERS Kernsatz: »Ein Mensch kann zwar tuen, was er will, aber er kann nicht wollen, was er will.«

Es ist bereits seine Entscheidung, auf der *Pequod* anzumustern, die Ismael auch im Rückblick irritiert: *Obgleich ich nicht zu sagen vermag,* schreibt er über diesen *Teil des grandiosen Spielplans der Vorsehung, der schon vor langer Zeit entworfen ward, ... was genau der Anlaß war für diese Regisseure, die Parzen, mich mit der schäbigen Rolle einer Walfangreise abzuspeisen, wo doch andere für prächtige Rollen in großen Tragödien und für kurze, einfache Rollen in bürgerlichen Lustspielen und drollige Rollen in Possen eingesetzt wurden – obgleich ich nicht zu sagen vermag, warum genau dies der Fall war, so glaube ich doch jetzt, da ich an alle Umstände zurückdenke, ein wenig Einblick in die Triebfedern und Beweggründe gewonnen zu haben, die mich, indem sie mir in verschiedenen Verkleidungen listig vorgesetzt wurden, dazu verleiteten, die Rolle zu übernehmen, die ich später dann spielte, und die mir nebenbei den Irrglauben anschwatzten, es sei meine Entscheidung, die auf meinem eigenen, unvoreingenommenen, freien Willen und auf meinem trefflichen Unterscheidungsvermögen gründe.* (I 39–40) Dieser kompliziert formulierte Satz darf wirklich von sich behaupten, der komplexen Wirklichkeit »analog« zu sein, – in aller Klarheit stellt er die Unklarheit heraus, die sich über die wahren Gründe breitet, von denen das Tun eines Menschen bestimmt wird: Selber weiß Ismael nicht, was und warum er wollte, was er dann tat, in dem Glauben, es gewollt zu haben. Es ist, wie die Psychoanalyse 50 Jahre später sagen wird, das »Unbewußte«, das in dem Motivationsgeschehen der menschlichen Psyche eine derart schicksalbestimmende Rolle spielt und das dem Ich einen eigenen Willen vorgaukelt, wo es selbst nichts ist als der Spielball der »Parzen«.

Insofern aber besteht gerade nicht die Möglichkeit, sich, wie Starbuck es möchte, aus dem Getriebe der Welt zurückzuziehen; die »Natur« steht nicht als eine fremde Macht dem Menschen gegenüber, vielmehr durchdringen und lenken ihre dumpfen Mechanismen die Instinkte und Interessen, die Wahrnehmungen und Widerstände, die Ängste und Abwehrreaktionen der menschlichen Psyche; und insofern gibt es wirklich diese »Entsprechung«

zwischen drinnen und draußen, von der Ismael spricht. Wie in der Natur
alles nach dem Gesetz von Ursache und Wirkung miteinander verflochten
ist, so auch in der Seele des Menschen, und miteinander verflochten sind
eben deshalb auch Mensch und Natur.

Auch *diese* Bedeutung besitzt das Bild vom Webstuhl: daß nicht nur Tod
und Leben in der Natur und nicht nur Verzweiflung und Glauben im
menschlichen Bewußtsein unauflöslich miteinander verwoben sind, sondern auch Fügung und Freiheit, Müssen und Mögen, Vorherbestimmung
und Selbstbestimmung. So empfindet es Ismael selber, als er Queequeg, der
mit einem schweren Eichenschwert lässig zwischen die Fäden fährt, beim
Mattenweben behilflich ist; da ergeht es ihm so, *als wäre dies der Webstuhl
der Zeit und er ein Weberschiffchen, das mechanisch und ohne Unterlaß wie
die Parzen an den Geschicken der Menschen wob. Dort lagen die festen Fäden
der Kette, nur einer einzigen, steten, ständig wiederkehrenden Schwingung
unterworfen, und diese Schwingung reichte gerade aus, daß andere Fäden über
Kreuz mit den Fäden der Kette verwoben werden konnten. Die Kette schien mir,*
schreibt er weiter, *die Notwendigkeit, und hier, so deuchte mich, führ ich mit
eigner Hand mein eignes Schiffchen und web mein eigenes Geschick in diese
unabänderlichen Fäden ein. Zur gleichen Zeit schlägt Queequegs gleichgültiges
Schwert gleichmäßig auf den Einschuß ein, trifft ihn mal schräg, mal schief,
mal stark, mal schwach, grad wie es kommt, und gibt durch diese Abweichung
beim letzten Schlag dem fertigen Gewebe ein entsprechend ungleichmäßiges
Gesicht. Das Schwert dieses Wilden, so dachte ich, das so die Kette wie den Einschuß formt und gestaltet – dies sorglos gleichgültige Schwert, das muß der
Zufall sein. Fürwahr: Zufall, freier Wille und Notwendigkeit, durchaus nicht
unvereinbar, wirken und weben alle zusammen. Die gerade Kette der Notwendigkeit, die sich von ihrem endgültigen Kurs nicht abbringen läßt, ja deren jede
abwechselnde Schwingung diesen nur verfestigt; der freie Wille, der frei genug
bleibt, sein Schiffchen zwischen festen, vorgegebenen Fäden zu führen; und der
Zufall, der zwar in seinem Spiel beschränkt und in den geraden Bahnen der
Notwendigkeit gehalten wie auch in seinen seitlichen Bewegungen vom freien
Willen eingeschränkt wird – dieser Zufall, zwar solcherart von beiden eng
geführt, beherrscht abwechselnd alle beide und führt den letzten, alles prägen-
den Schlag.* (XLVII 351–352)

Notwendigkeit und Freiheit durchkreuzen entsprechend diesem Bild einander unter der ständigen Einwirkung einer »wilden« Willkür, und schon
das Gewebe, das in dieser Weise auf dem Webstuhl der Zeit entsteht, trägt
ein unplanbares, verwirrendes Muster: von vornherein ist es unwahrschein-

lich, daß ein Mensch, wenn er etwas tut, auch wirklich das erreicht, was er sich als Ziel seines Handelns vorgesetzt hat; zu viele »Kettfäden« des Schicksals und zu viele »Schwertschläge« des Zufalls kommen ihm dazwischen. Schon diese fatale Unberechenbarkeit des Verlaufs und Ergebnisses einer Handlung wiegt schwer. Ein noch weit größeres Problem aber ergibt sich daraus, daß auf dem wirklichen Webstuhl des Lebens sich zwischen »Kettfäden« und »Schiffchen« keine klare Trennung vornehmen läßt. Wenn Ahab den *Weg zu* seinem *festgefügten Vorsatz* wie *auf Eisenschienen* laufen sieht, *den Gleisen* seiner *Seele,* die ihn über *unergründliche Schluchten, durch das durchbohrte Herz der Berge, unter den tosenden Flußbetten . . . unbeirrbar* dahinstürmen lassen (XXXVII 280–281), so verschmelzen in ihm Wollen und Sollen auf unheimliche Weise miteinander. Ist es möglich, daß sein Entschluß, den er wie nichts sonst mit seiner ganzen Persönlichkeit gefaßt zu haben wähnt, in Wahrheit das am meisten Unpersönliche in ihm ist – in der Sprache der Psychoanalyse: eine Reaktion seines Es auf die Zerstörung seines überichgebundenen Ich-Ideals?

Bei Ahab ist es so, – doch wo wäre es anders? Wenn Menschen sich gerade dann nicht gehören, wenn sie von starken Gefühlen geleitet werden, mit denen sie am innigsten verschmolzen schienen, so beruht die subjektive Evidenz der Willensfreiheit womöglich überhaupt nur auf einer Illusion. *Gentlemen,* erklärte Ismael bereits in Lima bei der Geschichte der *Town-Ho* denn auch in diesem Sinne seinen Zuhörern, *eine seltsame Schicksalsfügung waltet über den Lauf dieser Ereignisse, so als sei ihr Kurs abgesteckt worden, bevor die Karte der Welt gezeichnet ward.* (LIV 417) Und wie mit der *Town-Ho,* so auch mit der *Pequod* – so mit allem!

Moby Dicks Route in den Weltmeeren ist für Ahab so berechenbar wie der Lauf der *Sonne auf ihrer jährlichen Umlaufbahn . . . in jedem Tierkreiszeichen* (XLIV 330), und so rechnet er *fest damit,* dem Weißen Wal die entscheidende *Schlacht . . . in Gewässern* anbieten zu können, *die der Wal erfahrungsgemäß am häufigsten aufsuchte, und zu einer Jahreszeit, da man ihn mit einiger Berechtigung dort vermuten durfte.* Wie Moby Dick bestimmten vorgezeichneten Wegen folgt, genauso schicksalhaft festgelegt folgt Kapitän Ahab dem Wal. *Seit Ewigkeiten,* schreibt Ismael, *stürmt nun schon die Sonne auf ihrer runden Bahn im feurigen Ring und nährt sich doch nur von sich selbst. Nicht anders Ahab.* (LXXXVII 594–595) Wie waren doch seine Worte unmittelbar noch vor der Jagd auf den Wal? *Was ist das,* hatte er sich gefragt, – *welch namenloses, unerforschliches, unirdisches Etwas, welch trügerischer, verborgener Herr und Gebieter, welch grausamer, erbarmungsloser*

Herrscher zwingt mich, daß ich mich gegen jede natürliche Regung von Liebe und Sehnsucht so unaufhörlich vorwärts treibe, vorwärts dränge, vorwärts stoße, mich ohne jede Rücksicht dazu bringe, das zu tun, was ich in meinem eignen, tiefsten Herzen noch nicht einmal zu denken wagte? Ist Ahab Ahab? Bin ich's, ist's Gott oder wer sonst, der diesen Arm erhebt? ... Beim Himmel, Mann, wir werden um und um gedreht in dieser Welt wie jenes Gangspill dort; das Schicksal ist die Spake. Und siehe! Allzeit lächelt jener Himmel, wogt dieses unergründliche Meer! Schau – nimm diesen Thunfisch! Wer gab's ihm ein, dort jenen fliegenden Fisch zu jagen und zu fangen? Was geschieht mit Mördern, Mann? (CXXXII 822–823) Was vor allem ist mit ihnen, wenn sie »Mörder« nur sind auf Grund der unentrinnbaren Teilhabe an einer mörderischen Weltordnung, die ihnen das furchtbare Gesetz: »Töte, um zu leben!« zum Selbsterhalt mit ehernen Lettern in Magen, Herz und Hirn geschrieben hat?

Betrachtungen dieser Art, bei denen sich der Glaube an die Willensfreiheit immer mehr verkleinert wie die Flamme einer niederbrennenden Kerze, laufen auf das »Argument« von der Klapperschlange hinaus, das in *Maskeraden* ein Fremder gegenüber jenem notorischen Humanisten und Kosmopoliten an Bord der *Fidèle* vorbringen wird. Die Frage lautet: *Ist die Klapperschlange etwa verantwortlich?* Dagegen wendet der Kosmopolit ein: *Könnte man denn nicht im Hinblick auf die Verantwortlichkeit des Menschen ziemlich den gleichen Einwand geltend machen? Eine* reductio ad absurdum, *die zeigt, daß Ihr Einspruch gegenstandslos ist. Wenn Sie nun freilich... die Anlage zum Bösen bedenken, die in der Klapperschlange steckt (ich unterstelle ihr, wohlbemerkt, nicht, daß sie böse ist, ich sage nur, sie hat die Anlage dazu), müssen Sie mir dann nicht zustimmen, daß es doch wohl einer einigermaßen asymmetrischen Betrachtung des Universums gleichkäme, wollte man akzeptieren, daß es dem Menschen verboten sein soll, seinen Mitmenschen ohne gesetzlichen Grund zu töten, der Klapperschlange hingegen stillschweigend ihre Unverantwortlichkeit bescheinigen, ihr also einen Freibrief geben, jedwedes Geschöpf, an dem ihre launische Natur womöglich Anstoß nimmt, kurzerhand umzubringen – den Menschen eingeschlossen? (Maskeraden, XXXVI 406–* 407) Doch natürlich läßt sich diese Überlegung auch umkehren: Wenn Klapperschlangen für verantwortlich gelten sollen, um Menschen nicht als unverantwortlich betrachten zu müssen, ist es dann nicht richtiger, Klapperschlangen und Menschen zugunsten der »Symmetrie« der Weltbetrachtung gemeinsam für »unverantwortlich« zu erklären? Oder anders ausgedrückt: wenn die Menschen einer Natur zugehören, die »Verantwortung« und »Freiheit« nicht kennt, wie können dann die Menschen als so grundver-schieden davon angesehen werden? Gibt es nicht eine kohärente Entwicklung, die von den Instinkten über die Gefühle, die wir mit den Tieren gemeinsam haben, bis zu jenen Gedanken reicht, die einzig in Menschenköpfen entstehen können? Im Grunde tappt der Kosmopolit bei seiner Entgegnung in eine Falle, die ihm der »Fremde« gestellt hat.

Doch nicht nur seelisch, auch sozial: durch die Verflochtenheit mit anderen Menschen, durch die Verwobenheit mit dem aus der Sicht des Einzelnen unbeeinflußbaren Gang der menschlichen Geschichte, ergibt sich ein Gefüge von Handlungen, Bedingungen, Ursachen und Unüberschreitbarkeiten, das seinerseits den Charakter des Schicksalhaften annimmt. Ismaels *eigener* Entschluß war es, auf Walfang zu gehen und ausgerechnet auf der *Pequod* anzumustern, doch schon dabei mußte es ihm selber unklar bleiben, in welch einem Umfang seine vermeintliche Freiheit von ganz eigenen und eigenartigen Motiven präformiert, ja, determiniert ward. Jetzt, an Bord der *Pequod*, jedenfalls betrachtet er seine *Lage so tief und metaphysisch ernst, daß* er *deutlich wahrzunehmen* meint, *wie* sein *ureigenstes Wesen mit dem seinen* (sc. Queequegs Wesen, d. V.) *zu einer Gesellschaft auf Gegenseitigkeit* verschmilzt, *daß* sein *freier Wille tödlich verwundet* ist *und daß eines anderen Fehltritt oder Unglück* ihn als *Unschuldigen ganz unverdient in Tod und Verderben stürzen* kann. Doch eben daraus ersieht er, wie er, erneut halb ironisch, bemerkt, *daß die Vorsehung sich gerade in einer Art Interregnum befand, hätte doch ihr Sinn für Recht und Billigkeit ein so grobes Unrecht niemals zugelassen.* Doch wieder: ist nicht gerade dieses *Interregnum* recht eigentlich die Art der »Vorsehung«? *Wenn euer Bankier Bankrott macht,* erläutert Ismael, *geht auch ihr zugrunde; wenn euer Apotheker euch versehentlich vergiftete Pillen schickt, so sterbt ihr.* Ganz entsprechend muß auch er selber sich eingestehen, *daß* er, *egal was* er *auch tat, nur das eine Ende der Leine in* seiner *Gewalt hatte,* – das andere ist mit Queequeg oder mit einem anderen Matrosen, der einen gefährlichen Dienst verrichtet, wie bei Bergsteigern, verbunden. (*Moby-Dick*, LXXII 505–506)

Was also bleibt in einer solchen Situation der radikalen Geworfenheit in ein Feld unwägbarer Fakten und unkalkulierbarer Faktoren einem Menschen anderes noch übrig, als sich in den Fatalismus zu fügen, wie Seeleute in einem Sturme: *wenn an Deck und im Rigg alles gesichert ist,* schreibt Ismael, läßt sich *nichts weiter tun, als ergeben das Ende des Unwetters abzuwarten: Kapitän und Besatzung werden dann wider Willen zu Fatalisten.* (LI 382) Dieser »Sturm« aber hält, mehr oder weniger fühlbar, ein ganzes Leben lang an! Wenn alles ohnehin einem ebenso unabwendbaren wie unheilvollen Ende entgegentreibt, so gilt es offenbar, das absehbare Scheitern zu akzeptieren und mit Ismael zu sprechen: *Dann also auf, ... stürzen wir uns also kühl und gefaßt in Tod und Verderben, und der Teufel soll den letzten holen.* (XLIX 373)

Oder: man müßte sich vollkommen verweigern! Das wird in den *Piazza-Erzählungen* der Schreiber *Bartleby* tun[23]. Diese um ein halbes Jahrhundert den Figuren KAFKAS vorgreifende Gestalt wird zunächst jeden Arbeitsauftrag, dann jeden noch so gut gemeinten Vorschlag, schließlich sogar das Angebot, die nötige Nahrung zu sich zu nehmen, zurückweisen mit der stereotypen Wendung: *Ich möchte lieber nicht.* (»Ich würde vorziehen, es nicht zu tun.«) Bartleby kämpft nicht mehr, wie Ahab, gegen die Absurdität der Weltordnung an, er geht passiv in den Streik. Er sagt nein. Er will nicht mehr.

Man hat das Sujet dieser Erzählung mit MELVILLES eigener Situation in den 50er Jahren des 19. Jhs. in Verbindung gebracht[24], als nach *Moby-Dick* auch der in gewissem Sinne themenverwandte Roman *Pierre* von den Haifisch-Rezensenten mit beißender Kritik bedacht, wenn überhaupt beachtet wurde; doch übersieht man dabei, daß bereits Ahab noch am dritten Tag der Jagd dem »abgefeimten Winde« vorschlug, nicht länger als Pesthauch durch die Krankensäle zu wehen und lieber stillzustehen über einer *Welt, welche so böse und so elend ist.* (CXXXV 850) Die totale Kriegserklärung ebenso wie die totale Verweigerung sind einander äquivalent, und die eine ergänzt nur die andere. Von der »Verzweiflung des Trotzes« und von der »Verzweiflung der Resignation« sprach zeitgleich zu MELVILLE in dem fernen Kopenhagen der dänische Religionsphilosoph SÖREN KIERKEGAARD, wie um gerade diese beiden Reaktionsmöglichkeiten auf ein Leben der Nicht-Identität, auf ein Dasein im Absurden, zu beschreiben[25].

Oder: es gibt einen dritten Weg! Ein solcher scheint auf an einer entscheidenden Stelle in *Pierre*, freilich nur, um sogleich wieder verlassen zu werden – der tragischen Katastrophe zuliebe! Wir aber werden gerade diesem offenbar einzigen Ausweg nachspüren müssen, um nach möglichen Antworten, ja, Rettungschancen, ja, nach Erlösung für die MELVILLEschen Romangestalten zu suchen. *In ihren feinsten Linien und tiefsten Ursachen,* hieß es bereits, *trotzen die stärksten und glühendsten Gefühle des Lebens jeder analytischen Erkenntnis. Wir sehen die Wolke und fühlen den Blitz; doch die Meteorologie bemüht sich vergebens, kritisch zu untersuchen, wie es zur Aufladung der Wolke kam und weshalb der Blitzschlag so betäubt. Die metaphysischen Schriftsteller geben zu, daß das beeindruckendste, plötzlichste und überwältigendste Ereignis – ebenso wie das winzigste – nur das Ergebnis einer unendlichen Folge unendlich verwickelter und unerforschlicher früherer Begebenheiten ist. Das gilt genauso für jede Herzensregung.* Wir haben diese Stelle in dem Exkurs über *Pierre* damals zitiert (s.o. S. 181), um zu zeigen, daß der Dichter MELVILLE längst vor den Entdeckungen der Psychoanalyse sich bewußt war, daß in der menschlichen Seele alles mit allem zusammenhängt, und daß diese Zusammenhänge nicht offen zutage liegen, sondern verborgen im Unbewußten der Psyche liegen. Entschieden widersprechen müssen wir jetzt der Folgerung, die MELVILLE aus seiner sensiblen Wahrnehmung und seinem intuitiven Wissen zieht. *Darum wäre es müßig, fährt er fort, wollten wir versuchen, auf irgendeinem gewundenen Pfad in Pierres Herz, Gedächtnis, innerstes Sein und Wesen einzudringen, um zu zeigen, wodurch es kam, daß eine Nachricht, wie sie bekanntlich schon so mancher liebenswürdige Gentleman, ob jung oder alt, naturgemäß mit einem augenblicklichen Gefühl von Überraschung* (sc. über einen Fehltritt seines Vaters, d. V.) *und dann mit leichter Neugier, mehr zu erfahren, und endlich mit vollkommener Gleichgültigkeit empfing – müßig wäre es also, wollten wir zu zeigen versuchen, warum solch eine Nachricht sich wie geschmolzene Lava auf Pierres Seele wälzte und darin einen so tiefen Bodensatz an Verzweiflung zurückließ, daß sein ganzes späteres Bemühen, die einstigen Tempel auf jenem Grunde wiederaufzubauen, fehlschlug und seine ganze Bildung nicht vermochte, die verschüttete Blüte wiederzubeleben.* (Pierre, IV 1; S. 121–122)

Sowohl bei Ahab als auch bei Pierre haben wir uns bemüht, gerade *das* zu verstehen: warum ein bestimmtes Ereignis ihr ganzes Leben ins Zerstörerische zu treiben und ihre besten Absichten, wie unter einem schicksalhaften Fluch, ins Gegenteil zu verkehren imstande war; in beiden Fällen stießen wir auf das Ismael-Motiv eines seines Vaters und dann auch seiner Mutter beraubten Kindes, das sich vorfindet inmitten einer gnadenlosen Welt, voller Haß auf die vermeintlich gotterwählten »Abrahams« und voller Zorn über eine Welt»ordnung« der Arglist. Schon aus Sympathie für diese Verlorenen, schon um nach Lösungen für die Fragen zu suchen, an denen sie scheitern, ist es unvermeidlich, ihr *innerstes Sein und Wesen* zu betrachten und ihnen selber bewußt zu machen. Womöglich währt ja die dunkle »Vorsehung«, die sie ins Unglück treibt, nur so lange, als sie selbst nicht über die Einsicht verfügen, welchen Quellen ihre Gefühle und Gedanken entsteigen; und der göttliche Schicksalsspruch, das Fatum der Parzen, behält nur so lange Macht über den Menschen, wie er selbst zu einer klärenden Aussprache noch nicht zu gelangen vermochte.

III. Woher die Rettung?

1. Suche und Versuche einer Antwort oder: Gedichte zum Bürgerkrieg und zur Reise ins Heilige Land

Etwas Unrechtes liegt im Lesen von Büchern aufgrund der Einseitigkeit. Bücher sind das Gespräch eines Autors mit einem ihm Fremden, eine extreme Form des Monologs. Über mehr als 150 Jahre hinweg redet MELVILLE in seinem Roman *Moby-Dick* mit uns, ohne uns zu kennen, ohne uns zu hören, und doch verlangt er, daß – lesend – wir mit ihm sprechen, als die Zukünftigen, als die vielleicht Klügeren, als die womöglich Entwickelteren – oder, wer weiß, als die noch weiter Entarteten, als die noch stärker Abgestumpften. Virtuell ist jedes Buch eine Einladung, etwas zu tun, das die Gläubigen sich für den Himmel – oder für das Fegefeuer – aufgespart haben: eine (Wieder-)Begegnung jenseits von Zeit und Raum, eine Verschmelzung von Schreibendem und Lesendem zu einem wechselseitigen Austausch, der Anfang einer Vertrautheit, die nie mehr enden wird. Unabhängig von allen irdischen Begrenztheiten tritt ein Autor in einem Buch, in das er einen Teil seiner Seele gegossen, vor uns hin und erwartet, daß wir, die so lange ihm zugehört, nun ihn einführen in unsere eigene Welt, ungewiß, wie er darin sich zurechtfinden mag oder gar uns zur Orientierung dienen kann. Bücher sind Leuchttürme, deren Strahlenfinger den Weg weisen, selbst wenn ihr Licht längst von achtern peilt; manchmal mahnen sie gerade dann, bei rechtzeitigem Blick auf die Karte, zur Kursänderung; und mit einem Mal liegen sie uns wieder weit voraus, oder wir müssen froh sein, uns auf ihrer Höhe halten zu können ...

So mögen wir uns vorstellen, wir reisten etwas mehr als 100 Jahre zurück in der Zeit und ein paar tausend Meilen westwärts nach New York. Wir schrieben das Jahr 1885. Noch versähe verdrossen MELVILLE den Dienst eines Zollinspektors. Täglich träfe er, wie in *Redburn*, auf den Zug der Hungrigen und Heimatlosen, der Auswanderer in ein Land der unbekannten Zukunft, und es wurmte ihn, auf der falschen Seite zu stehen: Er, der Festlandflüchtling von einst, nun der Grenzwächter gefühlloser Gesetze und Paragraphen... Andererseits – hatte nicht ABRAHAM LINCOLN (1809–1865) selbst die Notwendigkeit strenger Grenzkontrollen beim Warentransfer hervorgehoben? *Schafft die Zölle ab*, hatte er warnend erklärt, *und unterstützt den Freihandel, dann werden unsere Arbeiter in jedem Bereich der Wirtschaft wie in Europa auf das Niveau von Leibeigenen und Paupern heruntergebracht*[1].

Zollinspektor also als ein verdienstvoller Beruf – das gilt, wenn der Dienst für den Verdienst des Staates für das höchste Ziel erachtet wird. Dabei waren die Docks, die Piers, die Kräne hoffnungslos veraltet, die Abfertigung schleppend, die Liegezeit der Schiffe währte bis zu einer Woche, Schmiergelder flossen, sie flott zu machen. Was unter solchen Umständen blieb MELVILLE anderes, als die Ehre vor sich selbst zu bewahren und trotz des Hungerlohns von vier Dollar pro Tag sich nicht korrumpieren zu lassen? Am schlimmsten wog die Sinnlosigkeit, der Zeitverlust, die innere Ermattung, die wachsende Müdigkeit, die allen poetischen Enthusiasmus wie in einem Panzer aus Blei zu ersticken drohte. Waren und Güter – ging es denn darum? Jedes Schiff brachte eine Geschichte mit, und der breit dahinströmende Hudson wirkte wie die verheißungsvolle Verbindungsader zu den Fluten des weit draußen liegenden Atlantiks. Wieviel Hoffnung liegt hinter dem Horizont?

Durch den Morgennebel, der den Fluß einhüllt, fällt frischer Seewind ein, und wieder ist's, als stünde Ismael am Kai und sehnte sich hinaus ins Grenzenlose, Ewige und Majestätische, – nicht länger mehr, es zu bekämpfen, vielmehr sich träumend daran hinzugeben. Silbrig schimmernd durchdringen die ersten Strahlen der Sonne das Grau und verwandeln die Wasserfläche des Stroms in geschmolzenes Zinn, getrübt allein von den Rußfahnen aus den Schornsteinen der vereinzelten Schlepper und Schuten, die in den ausbändernden Wellenlinien ihres Kielwassers für kurze Zeit stampfend ihre Spuren ziehen. Ach, könnte man noch einmal anmustern auf einer Dreimast-Bark oder wenigstens als Passagier an Bord gehen und hinausfahren: *Kurs rund um die Welt* (*Moby-Dick*, LII 386), wie 1860 auf dem Klipper *Meteor*, auch wenn man damals nur um Kap Hoorn herum San Francisco ansteuerte, zumindest fort aus dem Gedröhn und Gequalm, das in jeden Winkel einzudringen droht! Die Welt ist dabei, sich zu schließen; doch wohin steuert sie selbst? Niemand vermag das zu sagen.

Wir gehen hinüber zu einer der verräucherten Kneipen, die verschlafen ihre Türen zu öffnen beginnen, und nehmen auf einer Holzbank am Fenster

Platz, während der Wirt wortlos eine Kanne dampfenden Tees auf den Tisch stellt. Schweigend schauen wir hinaus auf den Fluß. 35 Jahre nach *Moby-Dick*: was hat dieses Buch noch zu sagen in einer so rasch sich ändernden Welt? Scheinbar gar nichts mehr. Geschieht's nicht ganz recht, daß es keiner mehr liest? Was wäre zu lernen aus dem Untergang der *Pequod*? In gewissem Sinne alles, – doch was je hätten Menschen aus Katastrophen gelernt? Ach, MELVILLE, ist es nicht schon ein Irrtum, das Leben zu betrachten nach Art einer griechischen Tragödie, die durch ihre Aufführung die Zuschauer erschüttert und mit der Erschütterung läutert?

a) Kriegsstücke

Die Urtragödie der Vereinigten Staaten von Amerika ist der mörderische Bruderkrieg zwischen 1861 und 1865, knapp zehn Jahre nach *Moby-Dick* und *Pierre* und kaum ein halbes Jahrzehnt nach den *Encantadas* (1854), nach *Israel Potter* (1855), den *Piazza-Erzählungen* (1856) und den *Maskeraden* (1857). Im Grunde begann das amerikanische Drama mit dem skrupellosen Genozid an den Indianern[2]: In der Überzeugung, den Kindern Israels gleich, ein gottgegebenes Land zu besiedeln, spielte es kaum eine Rolle, daß das »gelobte Land« längst von fremden Menschen bewohnt war; vielmehr galt, was im Buch *Deuteronomium* 7,2 geschrieben steht: *wenn sie der Herr, dein Gott, vor dir dahingibt, daß du sie schlägst, so sollst du an ihnen den Bann vollstrecken. Du sollst keinen Bund mit ihnen schließen und keine Gnade gegen sie üben.* (Vgl. 20,16.17.) Ganz gleich, ob Kanaanäer, ob Indianer oder ob, in unseren Tagen, arabische Palästinenser – wem ein Gott das Land »gegeben« hat, dem »gehört« es, für den bildet die »Landnahme« einen Teil seiner Religion, für den verbietet es sich förmlich, die religiösen Texte in ihrer historischen Bedingtheit zu erkennen; er muß sie in fundamentalistischer Weise in die eigene Gegenwart stellen, um einen ideologischen Anspruchstitel auf seine Begehrlichkeiten erheben zu können. Bigotterie und Egoismus, Gottesverehrung und Geldgier, Frömmigkeit und Heuchelei, Menschlichkeit und Menschenverachtung gingen in der Geschichte der USA von Anfang an eine sonderbare (Mes)Alliance ein[3]. MELVILLE spürte und beschrieb diesen Widerspruch immer wieder, doch mehr als eine menschliche Schwäche, nicht als eine ständig im Untergrund lauernde Widerlegung des erhofften Fortschritts der gesamten Menschheit ausgerechnet durch die Demokratie der noch jungen Vereinigten Staaten von Amerika. Poet wollte er sein, nicht Politiker, Prophet vielleicht, doch nicht Propagandist, Dichter, nicht Richter der menschlichen Wirklichkeit – ein Sinnsuchender im Irrsinn der Welt, für den die Tageszeitungen und Geschichtsbücher bestenfalls Anlässe und Anregungen für wesentliche Fragen boten, doch nicht selbst schon die Antworten. Allerdings hatte sein Denken und Fühlen sich seit dem *Moby-Dick* durch die politischen Ereignisse merklich verändert, – das heißt: verschärft. Wen wir im Jahre 1885 antreffen, ist ein im Grunde resignierter, müde gewordener Mann.

Als MELVILLE im November 1860 von San Francisco nach New York zurückgelangte, indem er zuerst mit dem Dampfer *Cortes* nach Panama reiste, dann mit der Eisenbahn hinüber zur atlantischen Seite Amerikas fuhr und hernach mit dem Dampfer *North Star* New York erreichte, standen politisch die Zeichen auf Sturm. Auf die Wahl LINCOLNS zum Präsidenten der USA antworteten die Südstaaten mit der Bildung der *Confederate States of America* und mit der Wahl von JEFFERSON DAVIS zu ihrem Präsidenten. Die Spaltung des gesamten Staatenverbandes drohte, und die Einheit schien nur noch mit militärischen Mitteln gewährleistet werden zu können. Dabei wußte LINCOLN, daß Menschen nicht mit Mut und Entschlossenheit in einen Krieg ziehen, wenn nicht ein erhabenes menschliches Ziel die Leiden, Grausamkeiten und Gräßlichkeiten des blutigen Gemetzels überstrahlt. Die Wirtschaft auf den Baumwollfeldern des Südens basierte auf Sklavenarbeit, und vor allem: genau dieses Wirtschaftssystem war gerade eben dabei, sich in den westlichen Regionen auszubreiten und dem stärker industrialisierten Norden Konkurrenz zu bieten. In dieser Situation verband LINCOLN das politische Ziel: die Einheit der Union, mit einer moralischen Begründung: der Sklavenbefreiung, um die Nordstaatenarmee für den in seinen Augen notwendigen Bürgerkrieg mit der nötigen Kampfesbereitschaft auszustatten. Der Konflikt brach aus im April 1861, als die Besatzung von Fort Sumter in South Carolina sich weigerte, der Sezession des Staates sich anzuschließen, und von der Südstaaten-Armee zur Kapitulation gezwungen wurde; zwischen LINCOLN und DAVIS schien man sich von diesem Moment an entscheiden zu müssen[4].

Der Pazifist MELVILLE indessen befürwortete zwar den Erhalt der Union, doch blieb er der Kriegshysterie gegenüber distanziert. Seine Hoffnung, eine Stelle als Konsul in Florenz antreten zu können, zerschlug sich. Dafür faßte er seine Eindrücke des Krieges, den er im wesentlichen aus den Nachrichten der Zeitung miterlebte, später in seiner Gedichtsammlung *Kriegsstücke (Battle-Pieces)* von 1866 zusammen[5].

Ein Gedicht gleich zu Beginn schildert den Widerspruch von *Apathie und*

Enthusiasmus, mit der in der unmittelbaren Vorphase des Krieges die einen hilflos dem Gang in die Katastrophe zusahen, während die anderen ihm begeistert entgegenfieberten; doch wie üblich erhob MELVILLE in seinem Gedicht das historische Geschehen in eine mythisch-symbolische Sphäre, die es ihm ermöglichte, die Zeitereignisse als Ausdruck eines ewigen, wesentlichen Geschehens darzustellen: Ablehnung und Befürwortung des Krieges verteilen sich in seiner Darstellung auf die Standpunkte der Alten und der Jungen, und die Spannung zwischen beiden erscheint wie der Kontrast der Jahreszeiten von Winter und Frühling; aus einem Ereignis der menschlichen Geschichte wird somit eine Art Naturvorgang, über dem eine eigene schicksalhafte Notwendigkeit liegt. Wie in *Moby-Dick* die Ausfahrt der *Pequod* in ihren Untergang von dunklen Vorzeichen begleitet wird, so besitzt in MELVILLES Augen auch der Bürgerkrieg sein Prodigium in dem Aufstand, zu dem der Sklavengegner John Brown 1859 in Virginia aufgerufen hatte, um einen Abolitionisten-Staat von freigelassenen Farbigen in den Appalachen zu gründen. Brown, der von dem Kreis der Transzendentalisten und kritischen Moralisten um RALPH WALDO EMERSON (1803–1882) und HENRY D. THOREAU (1817–1862) mit großen Sympathien begleitet wurde, endete am Galgen, doch gerade so ging er in die Geschichte der Märtyrer der Sklavenbefreiung ein; für MELVILLE bildete Browns Schicksal die Ouvertüre, das Vorzeichen (*The Portent*) des kommenden Bürgerkrieges; in dem gewalttätigen Einzelgeschehen malt sich in seinen Augen exemplarisch ein Konflikt, der mit friedlichen Mitteln anscheinend nicht lösbar ist; die legale Ermordung eines Einzelnen, der für das Menschenrecht der Farbigen eintritt, zieht unweigerlich die Frage nach der Legitimation der bestehenden Machtstrukturen insgesamt nach sich, und so zeigt sich laut MELVILLES Gedicht in dem wallenden Bart des gehenkten Brown bereits *des Krieges Meteor*, der fünf Jahre später, 1864, denn auch in dem anmutigen Shenandoahtal niedergehen wird.

Doch nicht nur der mythische Kontrast von Alt und Jung, von Welken und Blühen, von Abbruch und Aufbruch manifestiert sich für MELVILLE in dem tragischen Ringen des Bürgerkriegs, in seinen Augen geht darin zugleich die alte Welt, wie sie kannte und in gewissem Sinne liebte, ein für allemal zugrunde. Zum ersten Mal warf man Menschen in Schlachten, die mit den technischen Mitteln des Maschinenzeitalters geführt wurden – rückblickend erscheinen manche Szenen des amerikanischen Bürgerkriegs geradezu wie eine Vorübung oder wie eine Vorwegnahme der um den Faktor 10 gesteigerten Massaker des Ersten Weltkriegs ein halbes Jahrhundert später auf den Schlachtfeldern Europas.

Doch auch in diesem Punkte liebte MELVILLE das symbolische Zeichen und fand es in der Versenkung von 39 Walfängern, welche, mit Granitsteinen beladen, 1861 von den Nordstaaten nach South Carolina und Georgia entsandt wurden, um die Häfen von Savannah und Charleston zu blokkieren; vor Savannah scheiterte die Aktion, weil die Südstaatler drei ihrer eigenen Dampfschiffe versenkten, um der vermeintlichen Invasionsflotte das Einlaufen in ihren Hafen zu verleiden; erst vor Charleston konnte die *schreckliche Steinflotte* ihren Auftrag ausführen, – tatsächlich sorgten jedoch die Gezeitenkräfte von Ebbe und Flut dafür, daß ein Jahr später die Durchfahrt an den versenkten Schiffen vorbei durch vertiefte Strömungsrinnen sogar noch verbessert war. Kann es etwas Sinnloseres geben? Freilich, der Untergang der stolzen Walfänger, den MELVILLE in dem Gedicht *Die Steinflotte. Eines alten Seemanns Klage, Dezember 1861 (The Stone Fleet. An Old Sailor's Lament)* darstellte, wäre durch den Niedergang der ökonomischen Bedeutung des Walfangs gegenüber der Ausbeutung fossiler Erdöllagerstätten ab 1860 wohl auch von allein zustande gekommen.

Bereits die technische Umstellung der Seefahrt von Windkraft auf Dampfenergie bedeutete den Beginn eines neuen Zeitalters, wie MELVILLE ihn in der Seeschlacht zwischen der gepanzerten Konföderierten-Fregatte *Merrimac* und der *Monitor*, dem neuartigen Panzerkreuzer der Nordstaaten, im März 1862 dargestellt sah; sein Gedicht *The Temeraire (Verwegen)* schildert das Ende nicht nur der Epoche der Segelschiffe, sondern vor allem das Ende der Bedeutung persönlichen Muts in einem solchen »Maschinenkrieg«. Das zusätzliche Gedicht *Eines Utilitaristen Sicht auf die Schlacht der Monitor (A Utilitarian's View of the Monitor's Fight)* verstärkt diesen Eindruck noch: Jeder Krieg dokumentiert in sich bereits die Herrschaft des Mechanischen über das Menschliche; das Maschinenzeitalter aber besteht geradezu in der Unterwerfung aller persönlichen Aspekte des Lebens unter ein tödliches Räderwerk; Kriege im Maschinenzeitalter können daher nichts anderes sein als der mechanisierte Tod, auf Druckknopf verhängt über beliebig große Menschenmassen. Einen Roman wie *Moby-Dick* mag man noch mit dem Gesang HOMERS um die Schlacht vor Troja in Verbindung bringen, in der es göttliche Mächte gibt und große Menschen; doch in dem Gemetzel moderner Kriege wird, wie in *Israel Potter* bereits, nur sinnlos immer weiter gelitten und gemordet, quantitativ ins Gigantische ausgedehnt, inklusive des für den Einzelnen unberechenbaren Spiels des Zufalls, und der menschliche Faktor verschwindet mehr und mehr hinter der Magie der großen Zahlen und der organisierten Vernichtungsstrategien.

Jedoch: immer wieder auch gebiert die Geschichte selbst ihre eigenen Mythen. Fast dreizehntausend Mann verlieren die Unionstruppen Anfang 1863 allein in der Schlacht von Fredericksburg; das Versprechen der Politiker und Militärs von dem raschen Sieg der eigenen Sache gegen einen moralisch minderwertigen Feind erwies sich – wieder einmal – als eine bloße Wunschphantasie beziehungsweise als eine plumpe Propagandalüge der Regierenden. Dann aber, im Juli 1863, kommt es zu der blutigen Schlacht von Gettysburg, die noch heute – oder heute schon wieder – in einer Phase neokonservativer Militarisierung von Politik und Gesellschaft in den USA zu einer Legende von Mannesmut und heldenhafter Todesbereitschaft verklärt wird; tatsächlich verhinderte insbesondere der erbitterte Widerstand des Maine-Regiments den drohenden Vormarsch von Südstaatengeneral ROBERT E. LEE (1807–1870) auf Washington; inmitten des grausigen Gemetzels, das der amerikanische Bürgerkrieg genannt wird, war mit diesem Sieg ein Wendepunkt erreicht, und selbst MELVILLE sprach in dem Gedicht *Das Hemmnis, Juli 1863 (The Check)* von Dagons Sturz vor dem *Schrein unserer heiligen Sache*, ganz so, als sei die Nordstaatenarmee ein zweiter Samson, der im Namen Gottes die heidnischen Philister aufs Haupt haut (1 Sam 5,4–5). Gewiß, so wird damals die Stimmung gewesen sein, in welcher der Norden seinen »Sieg« zu sehen beliebte. Aber Gottes Wille? Gottes Berufung? Der Sieg des »Guten« über das »Böse«?

Absichtsvoll hatte LINCOLN die Befreiung aller Sklaven der Südstaaten für den Anfang des Jahres 1863 ausgerufen; doch gerade diese Proklamation erregte die irischen Einwanderer, die nicht zu Unrecht ihre Arbeitsplätze und ihre ohnedies niedrigen Löhne bedroht sahen, wenn zusätzlich auch noch die Schwarzen auf den »Markt« geworfen würden. Am 13. Juli 1863 kam es zu einem wütenden Aufstand, der zu einem willkürlichen Massenmord an den Farbigen in New York führte und erst nach drei Tagen von General JOHN DIX mit »drakonischen« Mitteln niedergeschlagen wurde. Für MELVILLE stand damit fest, daß es die moralische Überlegenheit des Nordens nicht gab, die man sich nach der blutigen Schlacht(erei) von Gettysburg eingebildet hatte. Sein Gedicht *Das Dach. Ein Nachtstück, Juli 1863 (The House-Top)* beschreibt das Desaster als einen Sturz der menschlichen Spezies zurück um »Äonen«; selbst die gewalttätige Niederschlagung der Straßenkämpfe durch einen Haudegen wie DIX erscheint als eine »zynische« Form der Gewaltausübung – als ein Verstoß gegen Bürgerrechte, die bereits PAULUS als Bürger des Römischen Reiches gegenüber seinen Häschern geltend machte (Apg 22,25). Das Gedicht lautet (in ALEXANDER PECHMANNS Übersetzung)[6]:

Kein Schlaf. In der Luft liegt Schwüle
Betäubt das Hirn – ein starker Druck, genauso wie
Gelbbraune Tiger fühl'n in dunkler Nacht;
Es reizt ihr Blut, drängt sie zu Schreckenstaten.
Und unter Sternen liegt die Dächerwüste,
So leer wie Libyen. Über ihr ist Stille, nicht ein Laut.
Doch plötzlich grollt ein Brandungsrauschen in der Ferne,
Ein dumpfer Hall, ein Schrei, der Atheisten Aufstand.
Dort, wo Sirius, der brennende, über dem Staub versinkt,
Kräht unheilvoll der Rote Hahn – dort, dort – und dort.
Die Stadt wird übernommen von den Ratten – Schiffsratten
Und Hafenratten. Während Bürger, trotz ihrer Pflichten
Und Priesters Zauberwort, das eben Herzen noch im Banne hielt,
Sich angstvoll unterwerfen einem bessren Zwang
Als dem Gewissen; das sich auflöst wie ein Traum,
Und Äonen fällt der Mensch zurück in seiner Art.
Heil dem dumpfen tumben Grollen, dumpf und tot,
Dem schweren Stampfen, vor dem Mauern zittern.
Drako der Weise kommt, in tiefster Nacht das Grollen
Schwarzer Artillerie; er kommt, jedoch zu spät;
Verschlüsselt ruft er aus Calvins Bekenntnis
Und zynische Gewalt ehrlicher Herrscher;
Er kommt, doch sorgt sich kaum; und die befreite Stadt
Dankt ihm in Demut; doch sie achtet nicht
Den Makel, der da schwärzt den Glauben der Republik,
Der impliziert, der Mensch wär' von Natur aus gut,
Und mehr – ein Römer der Natur, den niemand geißeln darf.

Politisch ließe sich Präsident LINCOLN vorwerfen, daß er auf wirtschaftliche Spannungen mit den Mitteln des Militärs und der moralischen Aufrüstung, statt mit Entwicklungsprogrammen und Ausgleichszahlungen für den Süden geantwortet hatte; MELVILLE aber dachte und dichtete nicht »politisch« oder »ökonomisch«; er litt darunter, miterleben zu müssen, wie die Errungenschaften der Kultur, wie die Ideale von Freiheit und Menschlichkeit, von der geschichtlichen Wirklichkeit abblätterten wie eine brüchig gewordene Stuckschicht. Und diese Erfahrung – wieder – offenbarte ihm etwas vom Wesen des Menschen und etwas Wesentliches an der menschlichen Geschichte. Ist nicht *jeder* Krieg ein Rückfall um Äonen? Es ist, als zöge das Meer sich bei Ebbe zurück und legte ein schlammiges Watt frei, das in den Flachwasserzonen am Schelfsockel stets schon sein eigentlicher Untergrund war.

Doch wie aus dem Untergang der *Pequod* in *Moby-Dick* etwas zu lernen bleibt, das sich ins Überzeitliche, Wesentliche emporhebt, so erteilte gerade das Desaster des Bürgerkrieges MELVILLE eine unüberhörbare, dringliche Lehre: Jeder (Bürger)Krieg ist ein Bruderkrieg, geführt zwischen Verwandten, zwischen Zusammengehörigen, zwischen Partnern und Parteien, die bei allen Gegensätzen unentrinnbar miteinander so eng verbunden sind wie das sich mörderische Bruderpaar in der Geschichte von Kain und Abel. Wohl ordnet sich der gesamte Bürgerkrieg in MELVILLES *Kriegsstücke (Battle*-Pieces*)* in die dualistische Betrachtung eines Weltbildes ein, das die Darstellungsweise schon in *Moby-Dick* prägte: in den ewigen Gegensatz des Ringens zwischen Gut und Böse, Hell und Dunkel, Gott und Satan – ein schicksalhafter Fatalismus und »Parsismus« (oder Manichäismus) –, eine Fedallah-Religion, in mythischen Dimensionen ihre tragische Größe gewinnen mag, die aber bei der Deutung des menschlichen Daseins diejenigen Katastrophen förmlich herbeizwingen muß, die in ihren unversöhnlichen Kontrasten angelegt sind. Ein Ereignis indessen wie der amerikanische Bürgerkrieg – wie die menschliche Tragödie im Grunde jedes Krieges – könnte und sollte weit über *Moby-Dick* hinaus die Notwendigkeit zeigen, nicht mehr einander in absoluten Kategorien moralisch zu verurteilen, nur um dann, nach all den Jahren der Greuel, das zugefügte Leid in noch gesteigertem Haß sich gegenseitig vorzuwerfen; speziell nach »Schlachten« wie denen von Fredericksburg oder von Gettysburg hätte jenseits der sittlich vorgeschobenen Kriegsgründe für jede der kämpferischen Parteien sichtbar sein müssen, daß sie in der Verteidigung ihrer vermeintlichen Rechte Unrecht verübte und dabei war, durch unmenschliche Taten ihre Menschlichkeit zu verlieren.

In diesem Geiste sollten MELVILLES *Kriegsstücke* eine Art Beitrag zur nationalen Versöhnung darstellen, indem die verschiedenen Stimmen und Stimmungen in seinen Gedichten einander nicht länger mehr bekämpften und ausschlossen, sondern als Teilstücke eines zusammengehörigen Ganzen erkennbar wurden. Psychische Integration wie staatliche Einheit, Gefühle wie Gedanken, Wertungen wie Wahrnehmungen durchdringen sich in diesen Gedichten in ein und derselben Symbolsprache. Die Lektion, die wir aus der Lektüre des *Moby-Dick* zu ziehen haben werden, wird in den *Kriegsstükken* somit zumindest angedeutet und gibt uns zugleich die Richtung unseres imaginären MELVILLE-Dialogs vor. *Laßt uns Christen sein gegenüber unseren weißen Mitmenschen, ebenso wie Philanthropen gegenüber unseren schwarzen Mitmenschen.* Mit diesem beschwörenden Aufruf enden die etwa 70 Gedichte der *Kriegsstücke*[7]. So wünscht sich MELVILLE die »Katharsis«, die sich – laut ARISTOTELES – aus der Aufführung einer Tragödie ergeben sollte.

b) Die Suche nach dem verlorenen Paradies oder: Clarel

Die nationale Versöhnung und die innere Aussöhnung – der Fortschritt der Menschheit, vermittelt durch das Beispiel einer wahrhaft demokratischen Ordnung auf amerikanischem Boden –, so vorsichtig und verhalten, so lyrisch einladend MELVILLE in den *Kriegsstücken* seine Hoffnung auch ausgesprochen hatte, sie wurde bitter enttäuscht. Die *Maskeraden* von 1857 bereits waren eine dringliche Anfrage, woran an Bord des Glaubens- und Glückseligkeitsdampfers der menschlichen Geschichte (der *Fidèle*) die Vertreter der Menschheit eigentlich zu glauben bereit sind: *Ihr könnt nicht Gott dienen und dem Mammon*, heißt es in Mt 6,24; doch wer begreift schon, daß Konflikte der Lebensangst nicht durch materielle Absicherungen zu lösen sind? Die Lektion, die Amerika – bis heute – aus dem Bürgerkrieg gezogen hat, lautet offenbar, daß es allemal notwendige, gute und gerechte Kriege gebe und daß die Sieger in solchem Falle selbstredend das Recht besäßen, ihren Lebensstil den Besiegten aufzuzwingen. »Industrialisierung und Kommerzialisierung in allen Lebensbereichen, Ausbeutung der Arbeiter und ehemaligen Sklaven, Rassismus, diktatorische Mittel, um die Positionen der Nordstaaten im Süden durchzusetzen, aggressive Erschließung und Besiedlung der westlichen Territorien, Korruption und Parteienfilz in den staatlichen Behörden«[8] – *das* war der Weg, den die USA nach ihrem »Unionskrieg« beschritten und auf dem sie ihre charakteristischen Gesichtsmerkmale (ihre »biometrischen Daten«) gewannen.

Für MELVILLE änderte sich während dieser enttäuschenden Reorganisationsphase im Nachkriegs-Amerika noch einmal seine Sichtweise auf die Welt. MILTONS Lucifer, Kapitän Ahab, Pierre – sie alle träumen von einem Paradies, das die Welt sein müßte, aber nicht ist, und so wüten sie krank und gekränkt voller Stolz und voller Zorn, wehmütig und widerspenstig wider eine Wirklichkeit, die alles widerlegt, was als menschliches Desiderat unverzichtbar an Gottes Schöpfung (?) anzumelden bleibt.

Doch wo eigentlich liegt das »gelobte Land«, wenn es Amerika offenbar nicht ist? Selbst das ist nicht länger mehr klar. Gewiß, rein räumlich leben wir alle im »Paradies« – eine andere Welt als die, in der wir uns aufhalten, ist uns nicht geschenkt. Aber nun: gesetzt, wir befänden uns im Heiligen Land, wir hätten das Ziel der irdischen Pilgerreise erreicht, was wäre gewonnen? – Es begönne erneut das *Pequod*-Problem: die Vielstimmigkeit des Menschen, die Uneinheitlichkeit seines Wahrnehmens, Wollens und Wirkens, die Gegensätzlichkeit der Charaktere und ihre Unvereinbarkeit. Ist nicht gerade die Geschichte der Religionen und Weltanschauungen ein labyrinthisches Durcheinander der widersprüchlichsten Lehren und Verheißungen? Wird nicht wie systematisch nasgeführt, wer sich dem Heerzug der institutionalisierten Religionen ins Gelobte Land anschließen wollte? Genau das ist der Eindruck, den MELVILLE in seinem vierteiligen[9], rund 18 000 Verse in 152 Strophen umfassenden Epos *Clarel* beschreibt: Die Menschen verlangen nach Erlösung, und sie sehen das Paradies zum Greifen nahe, und doch liegt es für sie unerreichbar – in *Regenbogenferne*. (1.28.64)

Konkretisiert ist diese Tantalus-Situation des Menschen in der Gestalt des Theologiestudenten Clarel, der im Heiligen Land einer Reihe von Personen begegnet, die ihrerseits bestimmte religiöse oder politische Anschauungen verkörpern und sich dem jungen Clarel, je nachdem, als Führer oder Verführer zur Seite stellen. Es ist dabei, als träten dem grüblerischen und sucherischen MELVILLE noch einmal die Erinnerungen entgegen, die er bei seinem dreiwöchigen Besuch im Heiligen Land Anfang 1857 hatte sammeln können und die sich nun endgültig in einem letzten abschließenden religiösen Ringen »klären« sollten – obwohl sie sich schon damals nicht hatten »klären« lassen.

Da ist Jerusalem: die Heilige Stadt, geistiger Ort dreier Religionen – Wohnsitz also der Weisheit, der Schönheit und der Menschlichkeit, möchte man meinen. Doch wie desillusionierend fällt die Begegnung mit der Wirklichkeit aus! *Dem Herz bleibt nichts als von der traurigen und vieldeutigen Gleichgültigkeit der Natur und des Menschen gegenüber allem, was diesen Ort dem Christen heilig macht, betroffen zu sein*, notierte MELVILLE damals schon über Jerusalem in seinen *Reisetagebüchern*[10]. (S. 183) *Unkraut wächst auf dem Berg Zion; Seite an Seite, in unparteiischer Gleichberechtigung, erscheinen die Schatten von Kirche und Moschee, und am Ölberg steigt jeden Morgen eine gleichgültige Sonne über die Himmelfahrtskapelle empor ... Wie es betroffen macht, in Jerusalem betrogen zu werden.* Und weiter: *Auch wenn Jerusalem keine besonderen geschichtlichen Assoziationen hätte, würde es trotzdem, durch seine außergewöhnliche physische Erscheinung, besondere Gefühle im Reisenden wecken. So wie der Anblick des Spukhauses Haddon Hall Mrs. Radcliffe* (sc. ANN RADCLIFFE, 1764–1823, eine bekannte Autorin von Schauerromanen, d. V.) *zu ihren haarsträubenden Romanen anregte, so habe ich nur geringen Zweifel, daß die diabolischen Landschaften eines Großteils von Judäa die jüdischen Propheten zu ihrer gespenstischen Religion anregten.* (S. 191)

Eine besondere Erwartung verbindet jeder christliche Besucher der »Heiligen Stadt« natürlich mit der Grabeskirche; doch gerade hier fiel in MELVILLES Augen der Kontrast zwischen Vorstellung und Wirklichkeit besonders schmerzlich aus. *Kein Jude, schrieb er, darf die Grabeskirche betreten. – Eingestürzte Kuppel – ein Haufen, ein Durcheinander und fast eine Ruine. – Labyrinthe und Terrassen mit öden Grotten, Gräbern und Schreinen. Riecht wie ein Beinhaus, schummriges Licht*... *eine Geheimtreppe aus abgeschliffenem Marmor, die hinauf zur angeblichen Schädelstätte führt, wo ein Vorführer im Licht einer qualmenden Pfandleiherlampe aus schmutzigem Gold, neben anderen Dingen, das Loch zeigt, in dem das Kreuz befestigt war, und durch ein schmales Gitter, wie über einem Kohlenkeller, sieht man den Riß im Fels!*... *Der Hauptbereich der Kirche ist jener, der von der hohen und verfallenen Kuppel überdacht wird, deren abgeblätterter Verputz ein dürres Gerippe aus Balken und Leisten enthüllt. Eine Art pestbefallene Pracht herrscht in den bemalten und modernden Mauern ringsum. Mittendrin steht das Heilige Grab; eine Kirche in einer Kirche. Es ist aus Marmor, teilweise reich verziert und mit der verblassenden Erscheinung des Alters behaftet. Aus seinem Portal strömt ein greller Lichtstrahl auf die Gesichter der Pilger, die Schlange stehen, um an eine Stelle zu kommen, wo nur vier oder fünf auf einmal Platz finden. Zunächst kommt man an einem kleinen Vorraum vorbei, wo der Stein ausgestellt ist, auf dem der Engel saß* (sc. Mt 28,2, d. V.), *dann betritt man das Grab. Es ist, als betrete man eine angezündete Laterne. Beengt und halbbetäubt starrt man für einen Augenblick auf die nichtssagende, herausgeputzte Platte, und froh, wieder nach draußen zu kommen, wischt man sich die Stirn, glücklich, der Hitze und Enge dieses Schaukastens entkommen zu sein. Alles glänzt und nichts ist Gold. Ein Übelkeit erregender Schwindel. Die Mienen der ärmsten und unwissendsten Pilger würden es genauso stillschweigend bezeugen wie deine eigene.* (S. 187–189)

Es ist ein bitteres Resümee, das MELVILLE seinerzeit zog: *Kein Land kann schneller romantische Vorstellungen zerstreuen als Palästina – insbesondere Jerusalem. Einige macht diese Enttäuschung todunglücklich*... *Ist die Trostlosigkeit des Landes das Ergebnis der tödlichen Umarmung durch die Gottheit? Glücklos sind die Günstlinge des Himmels. – In der Leere der leblosen Antiquität Jerusalem leben die jüdischen Emigranten wie Fliegen, die sich in einem Totenschädel niedergelassen haben.* (S. 194–195)

Zu der Tristesse dieser Eindrücke kamen noch die bigotten Versuche englischer und amerikanischer Christen, die Juden und Heiden im Heiligen Land zu missionieren, indem sie viel Geld in teure Kirchenbauten investierten oder, wie Mrs. c. s. MINOT und Diakon WALTER DICKSON, eine Landwirtschaftshochschule für Juden gründeten. (*Reisetagebücher*, S. 195–199) Das Ergebnis war stets dasselbe. Entweder: *Niemand ließ sich bekehren, es sei denn, der Bekehrte versprach sich davon weltlichen Nutzen.* Oder: *Nicht ein einziger Jude wurde bekehrt, weder zum Christentum noch zur Landwirtschaft.* (S. 196; 197) Freilich, auch das Umgekehrte kam vor: daß ein amerikanischer Christ wie der Quäker WARDER CRISSON zum Judentum konvertierte und – von seiner früheren Frau geschieden – eine Jüdin heiratete. *Traurig,* bemerkte MELVILLE lakonisch dazu (S. 184) und resümierte: *Das Alles ist halb Trübsinn, halb Possenspiel – wie der ganze Rest der Welt.* (S. 199)

Gerade dieser Erfahrungshintergrund einer verkarsteten Landschaft, einer verfallenen Stadt und einer Reihe getäuschter, enttäuschter und scheiternder Menschen aus seinen Reiseerinnerungen bildet die Vorlage nun für die rund zwanzig Jahre spätere Verserzählung von dem nach Offenbarung dürstenden Theologiestudenten *Clarel*. Statt Gott zu finden, trifft der junge Mann auf eine Mehrzahl von Leuten, die von sich behaupten, Gott gefunden zu haben, – an erster Stelle den amerikanischen Millenniaristen (den Anbruch des tausendjährigen Reichs des Messias erwartenden) Nehemia, der ihn mit der Familie des Amerikaners Nathan bekannt macht; dieser ist – entsprechend dem Vorbild von WARDER CRISSON – mit seiner Frau Agar und ihrer Tochter Ruth zum Judentum übergetreten. In die schöne Ruth verliebt Clarel sich alsbald, doch da wird ihr Vater von Arabern ermordet, und während der Trauerzeit ist es der Jüdin Ruth untersagt, den Christen zu sehen. Um die Zeit des Wartens zu überbrücken, unternimmt Clarel an der Seite von Nehemia eine zehntägige Pilgerreise, die entsprechend der obligatorischen Route, die MELVILLE damals selbst absolvierte, über Jericho zum Toten Meer, dann zum Kloster Mar Saba, nach Bethlehem und schließlich zurück nach Jerusalem führt. Doch die entscheidende Wandlung Clarels besteht nicht in dieser – notgedrungenen – Wanderung, sondern in seiner herbsten Enttäuschung: Den *neuen Garten Eden* hatte der junge Theologiestudent sich durchaus nicht mehr von dem Land Palästina oder von den Verheißungen einer bestimmten Religion versprochen, wohl aber von seiner Verbindung mit Ruth; die aber, als er zurückkommt, ist inzwischen verstorben. Welch eine Antwort gibt es angesichts der Verzweiflung, die jeden Menschen überkommen muß, wenn er so grausam seine heiligsten Hoffnungen

zerstört findet? Alle Gestalten in *Clarel* bilden Aspekte einer solchen Sinn-
und Wahrheitssuche.

Da sind die zwei Amerikaner, die Clarel zum Toten Meer begleiten: Rolfe
und Vine. In der Person des Rolfe findet sich in gewissem Sinne das Bild
MELVILLES selber gemalt: eines humanistisch gebildeten Seemanns, der den
religiösen Vorurteilen gegenüber skeptisch gesonnen ist und doch seinen
aufgeklärten Unglauben verwünscht, weil dieser ihn daran hindert, auf
unangefochtene Weise fromm zu sein. Skeptizismus und Fideismus ringen
in dem mitteilsamen, erzählfreudigen Rolfe miteinander, ohne eine Vermitt-
lung finden zu können.

Vine hingegen erscheint als ein verschlossener genialischer Mensch, der
nur lakonische Bemerkungen hinwirft, doch über dessen introvertiertem
Gebaren sich große Erwartungen breiten: Manches spricht dafür, daß in diesem »Vine« eine Erinnerung an MELVILLES engsten Freund und Nachbarn
zur Zeit der Abfassung des *Moby-Dick* fortlebt: an NATHANIEL HAWTHORNE
(1804–1864)[11]; darüber hinaus könnte der Name auch auf das Johannes-
Evangelium anspielen, in dem Jesus sich selbst als den »wahren Weinstock«
bezeichnet (Joh 15,1–8). Tatsächlich gab es eine Zeit, in der MELVILLE seinen
Freund HAWTHORNE als literarischen Messias feierte; dann fände in dem
schweigsamen Mister Vine die späte Enttäuschung MELVILLES darüber ihren
Ausdruck, daß sein Freund das entscheidende wegweisende Wort, das er
hätte sagen können (und seinen Möglichkeiten nach hätte sagen müssen),
nicht über die Lippen bekam; zugleich aber mag darin auch eine Andeutung
enthalten sein, daß selbst die Botschaft des Christus entweder unhörbar war
oder ungehört blieb; zudem scheint die Bibel in MELVILLES Augen mittlerweile zu einem reinen Stück Literatur geworden zu sein, so daß jede wirkliche Form von Dichtung fortzusetzen und wahrzumachen vermag, was an
»göttlicher Offenbarung« in ihr jemals enthalten gewesen sein sollte.

Indes, die Motive und Kontraste möglicher Zweifel verstärken sich noch.
Im zweiten Teil von *Clarel* stoßen ein griechischer Bankier und sein Schwie-
gersohn Glaucon zu der Pilgergruppe, doch treiben sie sonderbare Befürchtungen bald schon nach Jerusalem zurück. Demgegenüber versucht der
anglikanische Geistliche Derwent, als ein rechter Widerpart zu dem visionä-
ren Phantasten Nehemia, den Glauben des jungen Clarel auf »reale« Gründe
zu stützen. Doch ist ein solcher Standpunkt eines historisierenden Fundamentalismus, in MELVILLES Bildersprache ausgedrückt, nicht wie ein Kreuz,
das auf den Schultern eines *Esels* leuchtet?

Fortan wird der Druse Djalea zum Dolmetscher und Führer der Pilgergruppe; dessen Glaubensverständnis zeigt sich in dem edlen Gehorsam seines Schimmels Zar und in dem Fatalismus (oder Monismus) seines islamisch-mystischen Bekenntnisses: *Es gibt keinen Gott, außer Gott.* (3.16.115)

Dem wiederum widerspricht als Experte der Geologe Margoth, der in dem »Heiligen Land« nichts weiter sieht als ein erdgeschichtliches Phänomen; – natürlich gibt sich in einer bloß naturwissenschaftlichen Sicht auf der ganzen Welt kein »Heiliges Land« zu erkennen. Aber ist die glaubensfeindliche Reduktion der Weltbetrachtung auf ein Ensemble objektiver bzw. historischer »Fakten« nicht in sich selbst erneut schon wieder ein Glaubenssatz? So jedenfalls erscheint es dem glaubensuchenden Rolfe. Nur woran soll oder kann er glauben?

Als eine mögliche Form des Glaubens erscheint der *politische* Utopismus, der in dem Schweden Mortmain Gestalt gewinnt, – einem ehemaligen Revolutionär, dessen Ziele und Ideale durch das Scheitern der Revolution von 1848 in Paris, Wien und Berlin einer tiefen Resignation gewichen sind; entfernt klingt in dieser Person das Schicksal des französischen Romantikers und überzeugten Demokraten ALPHONSE DE LAMARTINE (1790–1869) an.

Doch auch der *messianische* Utopismus, wie er in Nehemia verkörpert ist, verurteilt sich selbst zum Untergang: Als die Pilgergruppe das Tote Meer erreicht und dort übernachtet, sieht dieser religiöse Schwärmer im Traum das neue Jerusalem sich aus den Wassern erheben (entgegen Apk 21,2, wo die Heilige Stadt vom Himmel herabkommt, während aus dem Meer das widergöttliche Tier mit den sieben Köpfen als Bild für die Hauptstadt des imperialen Rom emporsteigt: Apk 13,1); während er auf seine Vision zugeht, ertrinkt Nehemia in den Fluten und wird am anderen Morgen an diesem Ort, der eher an DANTES Inferno als an ein wiedergefundenes Paradies gemahnt, von den Gefährten bestattet.

Im dritten Teil von *Clarel* führt die Reise ins Kedron-Tal zum Kloster Mar Saba, dessen Lage zwischen fruchtbarem Land und steiniger Wüste den Anlaß zu einer längeren Ausführung über die dualistischen Religionen bietet, in deren gegensätzlichen Bekenntnisformen nach MELVILLE so etwas wie der Grundtypus aller Frömmigkeit aufscheint: Zarathustras Lehre von dem Ringen zwischen Ahura Mazda (Ormuzd) und Ahriman stellt in mythischen Bildern die ewige Auseinandersetzung zwischen den beiden moralischen Prinzipien von Gut und Böse dar; derselbe Dualismus findet seine Fortsetzung im Manichäismus sowie in der Gnosis und schließlich in den Lehren des großen Kirchengründers MARCION (ca. 85–169)[12]; zwar wird dessen Name nicht ausdrücklich genannt, doch besitzt seine Anschauung von dem Kampf zwischen dem bösen Weltenschöpfer Jehova, dem gestrengen, rächenden Gott des Alten Testamentes, und dem guten, vergebenden Gott der Gnade, der in Jesus Christus im Neuen Testament Gestalt gewinnt, eine faszinierende Überzeugungskraft und verweist damit auf ein grundlegendes, in den Religionen der Menschheit nach wie vor ungelöstes Problem: In dem Glauben an Gott suchen und ersehnen die Menschen eine Begründung und Bestätigung der Grundhaltungen, die ihre Menschlichkeit ausmachen, – der Güte, der Milde, der Versöhnungsbereitschaft, des Mitleids, des Schutzes der Schwachen, der Schonung der Schuldigen ... –, und dann erblicken sie diese Welt und sind schier zernichtet von dem Eindruck des blinden, grausamen, einzig dem Selbsterhalt dienenden Treibens der Natur, deren absolut amoralische Gesetze so etwas wie Rücksicht und Nachsicht nicht kennen. Ja, dieser Konflikt spitzt sich sogar zu in den modernen Naturwissenschaften, deren (methodischer) Materialismus die zerborstenen Tempel einer überholten Pietät mit den Spukgestalten eines naiven Fortschrittsglaubens zu beleben trachtet, wenn er nicht überhaupt die humanitären Überzeugungen der alten Religionen im ganzen hinwegzufegen droht.

Beweist ein Problem, das in der ganzen Religionsgeschichte nicht gelöst werden konnte, nicht eben dadurch, daß es wirklich ein »Problem« ist – in dem Sinne, den NICOLAI HARTMANN (1882–1950) dem Worte gegeben hat: eine Frage, die sich unabweisbar jedem Denkenden aufdrängt und deren Unbeantwortbarkeit von vornherein feststeht? Jedenfalls kehrt der alte Dualismus der zwei einander widersprechenden Prinzipien der Welteinsicht beziehungsweise der Weltbetrachtung in dem neuzeitlichen Gegensatz von Glauben und Wissen offenbar nur in neuem Gewande zurück.

Doch wenn es keine Entschlüsselung der Daseinsrätsel in der Begrifflichkeit der Wissenschaftler und der Theologen gibt, so bietet sich gleichwohl eine Fülle von Bildern und Symbolen zu einer dichterischen Daseinsdeutung an und führt damit zurück auf die unausgeglichenen Widersprüche der menschlichen Seele als der eigentlichen Quelle all der Entgegensetzungen. *Ich, selbst*, hat einer der Mönche an die Wand seiner Zelle in Mar Saba geschrieben, *ich bin der Feind von Allem./Oh Herr, befrei' mich von mir selbst.*[13] Nicht ein äußeres (geographisch zu suchendes oder geschichtlich zu errichtendes) Paradies müßte demnach das Ziel der Religion bilden, sondern die Einheit der menschlichen Seele, die Versöhnung des Menschen mit sich selbst, die *Erlösung* von Menschen wie Ahab, wie Pierre, wie Bartleby ... Deutlicher als im Kloster von Mar Saba konnte MELVILLE seine Leser nicht auffordern, ihm bei der Bewältigung dieser alles entscheidenden Aufgabe zur Seite zu stehen.

Ein richtungweisendes Bild immerhin birgt das sonst trostlose Felsenkloster im Kedron-Tal: Über dem Abgrund, auf halber Höhe, hat der Gründer eine Palme gepflanzt. Auf sie schaut der schwedische Revolutionär Mortmain, als er, psychisch wie physisch erschöpft, in den Tod sinkt. Nur: welch eine Tröstung bietet der Anblick der Fruchtbarkeit einem Sterbenden? Und was für Zeichen sollen den Lebenden gelten? Ein griechischer Lotse, Agath (griechisch: der Gute) mit Namen, schließt sich im vierten Teil der Pilgergruppe auf dem Wege nach Bethlehem an. Dieser Mann wirkt mit all seinen Seemannsabenteuern wie eine Wiedergeburt Ismaels aus *Moby-Dick*: Sturm, Elmsfeuer, Kompaßmißweisung – alles, was *die Natur* an Schrecknissen bereithält, hat er erlebt. Neben ihm findet sich der Mestize Ungar, der im Bürgerkrieg auf seiten der Südstaaten gekämpft und seither sich als Söldner an die kriegführenden Parteien im Nahen Osten verkauft hat. Seine Verzweiflung über die Schrecknisse *der menschlichen Geschichte* hat ihn zu einem glaubenslosen Lohnsklaven gebotener Grausamkeiten erniedrigt; doch scheint er damit nur das weitere Schicksal der USA insgesamt nach dem Ende des Bürgerkrieges vorwegzunehmen: Wenn bereits Rolfe die Geldgier und das Profitdenken als die eigentliche Religion des neuen Amerika brandmarkte[14], so verkörpert das Halbblut Ungar die wachsende Verwilderung der einmal so idealistisch gesonnenen weißen Einwanderer. Endlose Kriege, keinesfalls die Verbreitung der Demokratie bilden anscheinend für unabsehbar lange Zeit den Beitrag der Vereinigten Staaten zur Weltgeschichte. Es ist ebenso erstaunlich wie bestürzend, im Abstand von einundhalb Jahrhunderten zu sehen, in welch einem Umfang MELVILLES düsterste politische Prognosen in der Gegenwart ihre Bestätigung finden.

Was also wartet am Ende aller Gottsuche auf den Menschen anderes als Enttäuschung, Trauer und Tod? Als Clarel nach Jerusalem zurückkommt, trifft er im Hinnom-Tal auf einen Beerdigungszug: Ruth und ihre Mutter sind an (nervösem?) Fieber verstorben. Völlig vereinsamt drängt sich Clarel in die Schar der Osterpilger der verschiedensten Nationen und Konfessionen, ungetröstet durch die Feier der Auferstehung, – das Symbol des Kreuzes verstärkt sogar eher noch den Schmerz und das Leid, als daß es vom Sieg des Lebens über den Tod zu künden vermöchte. Und so bleibt nur ein anderes Sinnbild: Wenn es keine Gewißheiten des Glaubens und Hoffens gibt, wenn die einzig sichere Aussicht in der Tatsache des Todes besteht, so bietet zur Deutung des menschlichen Daseins sich nur noch das Zeichen des Esels an: geduldig die Last des Lebens zu tragen, so lange es währt. Nur, liegt darin Tröstung und Zuversicht? Wenn in irgendeiner dieser Chiffren ein Zuspruch enthalten sein sollte, so möchte er sich am ehesten wohl noch in jenem Bilde vom Palmenbaum auf halber Höhe über der Schlucht von Mar Saba zeigen: Die Natur kennt keinen Tod, einzig ein Leben, das sich im Geborenwerden und Sterben erhält. Dann aber ist doch auch ein ganz anderer Gedanke möglich: Wenn es im Kommen und Gehen der Lebewesen bereits rein physisch einen Tod gar nicht gibt, könnte es dann nicht auch seelisch und geistig sich ganz genauso verhalten?

Am Ende ist vielleicht nicht mal der Tod real,
Und selbst der Stoiker kommt in den Himmel –

heißt es halb hoffend, halb ironisch in *Clarel*. (4.35.25–26) Wo sich nichts wissen läßt, ist auch nichts auszuschließen. Freilich: sollte aus Ahabs ohnmächtiger Wut, sollte aus seinem schrecklichen Scheitern wirklich nur ein stoischer Esels-Fatalismus und ein Glauben im Absurden sich als Resultat ergeben?

Gefragt nach MELVILLES religiöser Überzeugung wird gern und oft eine Bemerkung zitiert, die sein Freund NATHANIEL HAWTHORNE 1856 nach einem ihrer letzten Gespräche über ihn notiert hat: *Wie immer fing Melville an, über die Vorsehung und das Zukünftige und über all das zu räsonieren, was jenseits menschlicher Vernunft liegt, und er teilte mir mit, er habe ›sich so ziemlich dazu durchgerungen, zernichtet zu werden‹; aber er kann offenbar in dieser Aussicht keine Ruhe finden, und wird wohl nie Ruhe geben, bis er einen eindeutigen Glauben zu fassen kriegt. Sonderbar, wie er darauf beharrt – und darauf hat er beharrt, seit ich ihn kenne, und wahrscheinlich schon lange davor –, durch diese Wüsteneien hin und her zu wandern, die so gräßlich und eintönig sind wie die Sandhügel, zwischen denen wir saßen. Weder vermag er zu glauben, noch sich in seinem Unglauben behaglich einzurichten, und er ist zu aufrichtig und zu couragiert, um nicht das eine oder andere immer wieder zu versuchen. Wäre er religiös, so wäre er einer der wahrhaft religiösesten und gottesfürchtigsten Menschen.*[15]

Das ist eine gewiß zutreffende Beschreibung für das, was MELVILLE selbst gedacht und geschrieben hat; doch darf man nicht vergessen, daß all seine Werke eine beabsichtigte Herausforderung an den Leser, ja, in gewissem Sinne eine versteckte Hilfesuche bei dem Leser darstellen. Mit brennenden Augen, mit fiebrigen Nerven schrieb MELVILLE bereits seinen *Pierre*; den *Clarel*, an dem er fast zehn Jahre lang arbeitete, nannte seine Frau Lizzie schlicht einen *Inkubus* (sc. einen teuflischen Beischlaf, d. V.)*von einem Buch*, über dessen

Verkaufsmöglichkeiten MELVILLE selbst sich von vornherein keine Illusionen mehr machte[16]. Nur 330 Exemplare wurden gedruckt, und als es sich als so *unpopulär* erwies, wie sein Autor es vorausgesehen, wurden 220 Exemplare davon wieder eingestampft. Bis heute ist *Clarel* eine Lektüre für ein paar Spezialisten unter den Anglisten geblieben; ja, manche von ihnen versichern, daß die Lektüre von Büchern wie *Pierre* und *Clarel* gar nicht möglich sei, ohne Gefahr zu laufen, Schaden an Leib und Seele zu nehmen. Indessen ist gerade das Versepos *Clarel* geschrieben worden als ein Ruf durch die Jahrhunderte, suchend nach Menschen der gleichen Leidenschaft und der gleichen Bereitschaft zum Nachfragen, zum Durchtragen, zum Aussagen. »Weißt vielleicht Du, lieber Leser, und sei es in fernster Zukunft, eine Antwort auf meine Zweifel und meine Verzweiflung? Dann, bitte, teil sie mir mit. Dann, bitte, laß uns gemeinsam prüfen, ob der vermeintliche Diamant unter Deinen Gedanken der Härte meiner literarischen Schleifsteine standhält.« MELVILLE zu lesen heißt, sich auf ihn einzulassen und für ihn und mit ihm die Wege zu gehen, die er im Rücken seiner eigenen Wahrnehmung ahnte, doch selbst nicht zu gehen vermochte. Es gilt, aus der Magie seines Schattens herauszutreten und sich in das Licht zu getrauen, dem gerade sein Dunkel sich so sehr verdankt. *Oh Herr, befrei' mich von mir selbst.* Diese Bitte läßt sich nur einlösen in einem gänzlich neuen Verständnis von Religion, an welches MELVILLE wohl rührte, ohne es selbst schon ergreifen zu können: Nie mehr dürften *die Psychologen unter den Theologen* (*Billy Budd*, XVIII 74) anders reden von Religion als »theosophisch« und »therapeutisch« – als integrativ (statt integralistisch), als mündig machend (statt machtbesessen), als begütigend-gütig (statt moralistisch »das Gute« gebietend), als dichterisch-symbolisch (statt doktrinär-dogmatisch), als Dialog stiftend (statt dualistisch versteifend), als heilend und heilsam (statt hegemonial mißbrauchbar). Der Südsee-Christus aus *Mardi und eine Reise dorthin* – wie tritt er aus dem Abgrund hervor als Erlöser und Retter zumal solch verlorener Seelen wie Ahab, wie Pip, wie Pierre, wie Hautia, wie Bell? Wie findet man Yillah? Wie lehrt man Lucy das Leben? Wie lernt man selber die Liebe? Mit einem Wort: Wie fischt man das verstoßene Abrahamskind Ismael aus dem Meer?

2. Das heilsame Scheitern oder: Das Fehlende ergänzen

Über MELVILLES ganzes Werk müßte sich etwas herabsenken wie reine Gnade.

An jenem Morgen des Jahres 1885 sitzt er vor uns als ein inmitten der Menschen Vereinsamter[17]. In gewissem Sinne war er das wohl immer schon, doch die gerade zurückliegende Zeit hatte dieses sein Grundgefühl nicht unbedingt gebessert. Sicher: nach dem »Erscheinen« (besser: nach dem »Verlöschen«) von *Clarel* hatte seine Tochter FANNY (1855–1938) den nicht besonders reichen, doch liebevollen HENRY B. THOMAS (1855–1935) kennengelernt und drei Jahre später, 1880, geheiratet – der ersten Tochter aus dieser Ehe, Eleanor Thomas (später ELEANOR MELVILLE METCALF, 1882–1964) verdanken wir die Sichtung und Herausgabe wichtiger Dokumente der Familie Melville –, doch im ganzen gestalteten sich die Lebensumstände nicht sehr erfreulich. MELVILLES zweite Tochter, ELIZABETH (1853–1908), war ein rheumaleidendes, ans Haus gefesseltes Wesen, das niemals dazu kam, eine eigene Familie zu gründen. Und dann war da noch der zweite Sohn, Stanwix (1851–1886), den es mit 17 Jahren zur See hinausgezogen hatte und der, wie sein Vater unter melancholischem Fernweh litt; inzwischen lebte er glücklos und lungenkrank in Kalifornien. Den ältesten Sohn, MALCOLM (1849–1867), der mit 17 Jahren bereits recht vielversprechend bei einer Versicherung angestellt worden war, hatte man ein Jahr später in seinem Bett mit einer Schußwunde im Kopf tot aufgefunden; trotz der ursprünglichen Vermutung der Polizei, die zunächst von einem Selbstmord ausging, handelte es sich eher um einen tragischen Unfall des waffenverliebten Sohnes, der Mitglied in der New Yorker Nationalgarde war (und eines baldigen Tages wohl »freiwillig« in irgendeinen Krieg gezogen wäre). Weitere Todesfälle traten hinzu. Vor sechs Jahren war HOPE SHAW (1793–1879), MELVILLES Schwiegermutter, verstorben. Besonders schmerzlich aber erfüllte ihn der Tod seines Bruders TOM (1830–1884), den er sehr geliebt hatte und der gerade erst vor einem Jahr plötzlich und unerwartet durch einen Schlaganfall aus dem Leben gegangen war. Wenig später war zudem die jüngere, unverheiratete Schwester FRANCES PRISCILLA (1827–1885) verschieden. Kurz: für MELVILLE bestand im Jahre 1885 nicht wenig Grund, sich über das eigene Schicksal Gedanken zu machen. Daß manchmal der Tod eines Angehörigen die Hinterbliebenen freilich auch bereichern kann, hatte sich gerade im Vorjahr bei dem Tod des Schwagers LEMUEL SHAW (1828–1884) gezeigt: dieser Sohn des angesehenen gleichnamigen Richters war unverheiratet und kinderlos dahingegangen und hatte seiner Schwester ELIZABETH MELVILLE-SHAW (1822–1906) sein ganzes Vermögen vermacht, – für MELVILLE ein Anlaß zu hoffen, er könne, trotz der unangenehmen finanziellen Abhängigkeit von seiner Frau, endlich die noch unangenehmere Arbeit im Zollamt drangeben.

Arbeit? *Man spricht von der Würde der Arbeit*, schrieb MELVILLE verärgert an seine Cousine CATHERINE GANSEVOORT LANSING (1839–1918). *Unsinn.*

Echte Arbeit ist die notwendige Voraussetzung *für das irdische Dasein der armen Menschheit. Die Würde liegt im Müßiggang.* Nebenbei: *99 Prozent aller Arbeit, die auf Erden unternommen wird, ist entweder närrisch oder unnötig oder schädlich und schlecht*[18]. Wenn schon MELVILLES Gattin seine Schriftstellerei als gesundheitlich »schädlich« betrachtete, so dieser seine Tätigkeit als Zollinspektor ganz gewiß als »närrisch«. Die Enkelin ELEANOR MELVILLE METCALF wird später berichten, neben dem Schreibtisch ihres Großvaters habe ein Zettel gehangen mit dem Motto: *Bleibe treu den Träumen deiner Jugend.*[19] Fragen wir also: »Melville, was waren einst die Träume deiner Jugend?«

Die Antwort darauf steht in MELVILLES Werken in aller Klarheit in die Schilderung menschlichen Leids eingeschrieben; sie ergibt sich wie von selbst aus den Widersprüchen, die ihn zutiefst verwundert und verwundet haben – als die Widersprüche der Wahrnehmung, als die Widersprüche des Wirkens und als die Widersprüche der Welt haben wir sie soeben noch beschrieben; die enttäuschten Träume, die sich hinter diesen »Widersprüchen« verbergen, lassen sich ebenso klar benennen: Es sind die »eigentlich« ganz »normalen« Wünsche eines jeden ganz »normalen« Menschen, der das Licht der Welt erblickt:

Menschen sollten eine Chance haben, auf sich selber hin zu reifen und in jenen Einklang zu gelangen, der ihnen eine einheitliche Wahrnehmung der Wirklichkeit überhaupt erlaubt: Wahrhaftigkeit (die »Seinswahrheit«) als ermöglichender Grund von Wahrheit (von »Erkenntniswahrheit«);
ein gewisses Selbstvertrauen sollte sich ausdehnen zu einem Vertrauen in andere Menschen, in das eigene wie in das fremde Tun, bis hin zu jener Überzeugung, wie sie den Religionen eigentümlich ist – zu einem Vertrauen in den tragenden Grund der Dinge;
und schließlich sollte es eine Art Einverständnis geben dürfen mit dem Gang der Welt.

Die entsprechenden Punkte lassen sich in Defizit wie in Desiderat beschreiben als
a) Das Fehlen der Gnade oder: Die wiedergefundene Identität;
b) Das Fehlen des Vertrauens oder: Elemente einer vermenschlichten Religion; und:
c) Das Fehlen der Einwilligung oder: Die Chance der Geduld.
Auf allen drei Ebenen geht es – bezogen auf sich selbst, bezogen auf den »Anderen« und ausgedehnt dann auf die Welt – um die Bewahrheitung des Kerns aller menschlichen Sehnsucht: um das Verlangen nach einer wohl

unverdienten, aber absolut notwendigen Güte, – um die Bedürftigkeit des Menschen nach Gnade. Wenn wir eingangs davon sprachen, es gelte, die Verkehrungen der »Strukturen des Bösen« durch die (Wieder)Entdeckung einer in aller Enttäuschung immer schon vorausgesetzten Grundlage des Daseins – eben des »Paradieses« einer reinen Form von Wohlwollen und Bejahung – umzukehren (s.o. S. 23), so stehen wir jetzt vor der Aufgabe, dieses Versprechen an den MELVILLEschen Romangestalten einzulösen.

a) Das Fehlen der Gnade oder: Die wiedergefundene Identität

Und ich allein bin entronnen, daß ich dir's ansagte. Mit diesen Worten aus dem Buche Hiob (1,15.16.17.19) endete der Moby-Dick. Die umherirrende Rachel, auf der Suche nach ihren verschollenen Kindern, fand Ismael, – eine weitere Waise. (Epilog, 865; 866)

Was es in biblischem Sinne an dieser Stelle »anzusagen« gibt, ist nicht allein die Verkündigung des Untergangs, sondern vor allem die Weise der Rettung. Wenn es stimmt: wir alle sind »Waisenkinder«, so gibt es nur zwei Möglichkeiten, damit zu leben: Man kann gegen diese Tatsache andenken, ankämpfen, anfluchen, wie Ahab es tut, und des Findlings Vater als den eigentlich Schuldigen mit metaphysischem Trotz herauszufordern versuchen (CXIV 752), – dann ist der Weg in das Scheitern vorgezeichnet; oder man vertieft die Erfahrung der Waisenkindexistenz ins Grundsätzliche: jeder Mensch auf dieser Erde ist ein Ausgestoßener, – dann sollte nicht ein einsames Leiden, sondern ein gemeinsames Mitleiden die Folge dieser Einsicht bilden. Eins von beidem gilt es zu wählen. Setzt »Ismael« – die verstoßene, heimatlose, verwaiste Seite des Lebensgefühls eines Menschen – auf »Ahab«, so kann er sich nur einlassen auf das Kampfprogramm wachsender Enttäuschung und endgültiger Verbitterung; mehr und mehr wird sein Leben dann auf Kurs in eine unvermeidbare Katastrophe gelenkt. Oder es wächst das Vertrauen, daß Rettung einem »Ismael« nur ist durch das »Prinzip« »Rachels«. Das kurze Ende der langen Tragödie ist zugleich deren Quintessenz; der entscheidende läuternde Anstoß zur »Umkehr« der gesamten in »Ahab« verkörperten Lebensausrichtung liegt in dieser einen abschließenden Szene der »Bergung« Ismaels aus dem Meer.

Bereits für Ahab selbst bedeutete die Begegnung mit der Rachel einen letzten Aufruf, innezuhalten – und wäre es nur für achtundvierzig Stunden (CXXVIII 804); doch um der flehentlichen Bitte Kapitän Gardiners nachkommen zu können, hätte Ahab zurückfinden müssen zu dem Schmerz, der hinter seinen Rachephantasien steht; er hätte diesen Schmerz universalisieren müssen, statt zu individualisieren. Ahab hätte sein eigenes Leid wiedererkennen müssen in dem (weit größeren!) Leid, das der Wal diesem anderen durch das Herausreißen seines Sohnes in die Weite der See angetan hat. Doch dazu hätte der Kapitän der *Pequod* von sich selbst einmal absehen müssen, und das wäre eine Bewegung geradewegs *gegen* die vom Schmerz erzwungene Einstellung gewesen, – also: unmöglich!

Aller Schmerz macht in gewissem Sinne egozentrisch. Er drängt dahin, sich mit sich selber zu beschäftigen, sich um die Ursachen des eingetretenen Leids zu kümmern und diese nach Möglichkeit zu beseitigen oder einzuschränken. Wenn sich indessen zeigt, daß eine bestimmte Beeinträchtigung durch keinerlei Maßnahmen mehr aus der Welt zu bringen ist, so stellt eine solche Gegebenheit den Betreffenden vor eben jene absolute Alternative: *Entweder* er setzt den individuell empfundenen Schmerz – und damit sich selbst als Individuum – in das Zentrum seiner Weltbetrachtung, dann muß er nach Ahabs Vorbild die gesamte Welt verklagen und mit Vergeltung überbeziehen, dafür, daß sie ihm eine solche Qual zufügen konnte; in diesem Falle totalisiert sich sein Leid im Partikularen und universalisiert sich zugleich in der Reaktion ohnmächtiger Revanchegedanken; *oder* der nicht mehr aufzuhebende Schmerz führt zu einer dauerhaften Einsicht in die allgemein menschliche Verletzbarkeit und Ausgesetztheit gegenüber allen möglichen Arten von Krankheit, Unheil und Leid; in diesem Falle weitet sich der Blick zu einem universellen Mitleid mit all den Wesen, die jederzeit vergleichbaren Qualen anheimgegeben werden können; dann – aber auch nur dann, nach »Ahabs« *Untergang* – wartet, ja, sucht, im Bilde gesprochen, »Rachel« nach Rettung ihres verlorenen Kindes.

So wie viele andere Rückverweise in MELVILLES Werken und insbesondere im *Moby-Dick* setzen vor allem die biblischen Namen bestimmte fest geprägte Assoziationsfelder voraus, die beim Hören unweigerlich mitschwingen. Zu »Rachel« bietet Ismael selbst die Erklärung: Kapitän Gardiners »gischtverweintes« Schiff heißt *Rachel*, weil es, wie die Stammutter Israels, *ihre Kinder beweinete, denn es war aus mit ihnen* (CXXVIII 806), wie es im Anschluß an den Kindermord des Herodes in Bethlehem in Mt 2,18 heißt. Im Grunde tritt mit dieser Rachel-Klage ein vollkommen neues Motiv auf den Plan. Bereits die Trauer um das verschollene Fangboot, in dem Kapitän Gardiners eigener Sohn sich befindet, nötigte, wie wir sahen, sogar einen Stubb dazu, für einen Augenblick seine gewinnorientierte zynische Spaßhaftigkeit aufzugeben und für eine Unterbrechung der Jagd auf Moby Dick zu plädieren. – Die »Haifisch«-Mentalität, die dazu gehört, ein »guter« Wal-fänger zu sein, verträgt sich offenbar nicht mit der »Rachel«-Mentalität des Helfen- und Rettenwollens. Aus diesem Kontrast aber folgt jetzt etwas Wesentliches: In einer Welt, in der man nicht selber von Schmerz und Leid bedroht wäre, könnte man es sich vielleicht leisten, dem Prinzip des *sacro egoismo* unbedenklich weiter zu folgen und rücksichtslos unter allen Umständen den eigenen Vorteil zu suchen; doch sobald man begreift, daß es grundsätzlich auf dieser Erde für kein fühlendes Wesen die Möglichkeit gibt, unerreichbar sich zu halten von Schmerz und von Leid, zwingt selbst der einfachste Impuls von Selbsterhalt und Selbstschutz zu diesem Gegenprinzip der »Rachel« – auf die Suche zu gehen, um den »Ertrinkenden« Rettung zu bringen; denn: ein Weniges nur, und man säße selbst in dem überfälligen Boot!

Entscheidend an der Gestalt der biblischen »Rachel« ist dabei nicht eigentlich, daß das *Matthäus*-Evangelium ihr ein solch mütterliches Mitleid zutraut, sondern daß sie es in der Bibel tatsächlich verkörpert. Die dafür ausschlaggebende Szene in ihrem Leben ist der Moment, da die Lieblings-frau Jakobs auf dem Wege nach Bethlehem stirbt bei der Geburt ihres zwei-ten Sohnes (Gen 35,18.19): – wie soll er heißen? Dem Munde der Sterben-den entringt sich der Name Ben Oni – Sohn meines Schmerzes; doch Jakob weigert sich, das Kind seiner Geliebten, seines »Wolkenschäfchens«, so zu benennen; Ben-Jamin – Sohn meiner Rechten, »Kind meines Glücks«, soll es heißen.

Kein Geringerer als THOMAS MANN hat in seinem *Joseph-Roman* die Bedeutung dieser Szene als eines Zeichens unerschütterten Erwählungs-glaubens hervorgehoben[20]. Doch dem Juden STEFAN ZWEIG blieb es vor-behalten, die *gesamte* Geschichte der Rachel als einen einzigen Klageschrei nach Erbarmen aus dem Herzen einer leidenden, gequälten Frau zu inter-pretieren und diesen Hilferuf der vermeintlich göttlichen Rechtsordnung eines Denkens in den Begriffen von Gut und Böse und Lohn und Strafe ent-gegenzusetzen. In seinen *Legenden*[21] schildert er, wie wieder einmal der Zorn Gottes über »seinem« Volke sich erhebt und es zu vernichten trachtet. So klar scheint ja stets in den Augen des Allgewaltigen die Trennung zwischen den »Richtigen« und den »Nichtigen«, und erneut und endgültig offenbar hat »sein« Volk sich nun abgewandt von dem Weg der Weisheit und des Ge-horsams gegenüber ihm, dem Allerhöchsten; also gehört dieses Volk un-nachsichtig bestraft. Wie ein Gewitter lagert deshalb der unwiderrufliche Spruch unsterblicher Gerechtigkeit über den verurteilenswerten Sterblichen und bestimmt sie allsamt zum Tode. In dieser Situation tritt Rachel hervor und trägt dem Ewigen ihre eigene Geschichte an, die sich zutrug unter den Begrenzungen, Einschränkungen und Demütigungen eines Daseins, das sich durchaus nur zu vollziehen vermochte, indem eine Haltung von Geduld und Verstehen sich an die Stelle des sonst wie selbstverständlich erscheinenden, des in jedem Falle so viel einfacheren Prinzips von Gericht und Verurteilung setzte. Verdient denn Gott überhaupt Gott genannt zu werden, wenn er mit seinem Gerechtigkeitswillen sich außerstande zeigt zu einer vergebenden Güte? Es genügt, daß STEFAN ZWEIGS Rachel ihre eigene menschlich-allzu menschliche Geschichte erzählt: wie ihr eigener Vater Laban sie noch im Brautbett austauschte gegen ihre anscheinend zur Heirat nicht zu vermittelnde Schwester Lea und wie sie selbst, Rachel, Geburt um Geburt dann sich zurückgesetzt fühlen mußte als Unfruchtbare gegenüber dieser gebärfreudigen Anderen, ihrer Schwester, die eines Kinds nach dem anderen genas, während sie selbst... Wenn eines Menschen Leben, bei Lichte betrachtet, darin *besteht*, Geduld und Verständnis zu üben, was für ein Gott sollte dann sein, der mit seinem unverständigen Strafen diese Grundlage des menschlichen Daseins offenbar mutwillig ignoriert?

STEFAN ZWEIGS Rachel wirkte und sollte wirken inmitten des blutgetränkten 20. Jhs. mit seiner unverhüllten Entschlossenheit zum »Sieg« des »Guten« über das »Böse«, auch wenn es dazu nötig sei, über Millionen von Toten hinwegzuschreiten, wie eine äußerste Widerspruchsgestalt des Innehaltens und der Umkehr; MELVILLES *Rachel* hingegen ist nicht eine derart ins Zeitgeschichtlich-Politische gekehrte Chiffre – obwohl sie das durchaus sein könnte; ihr genügt es, ganz gegen Ende der Tragödie als das eigentliche Gegenprinzip zu »Ahab« am Horizont zu erscheinen. Bei MELVILLE steht sie für ein Leben, in dem Menschen wichtiger sind als »Gewinne«, in dem Mitleid die einzig vernünftige Konsequenz aus der universalen Leidensfähigkeit und Hinfälligkeit der Kreaturen darstellt, – ein Bild menschlicher Solidarität angesichts der gemeinsamen Gefährdung und Ausgeliefertheit aller an dasselbe Schicksal. »Ahab« verkörpert in diesem Kontrast die durchaus naheliegende, ja, in gewissem Sinne »unvermeidbare« Neigung, den erlittenen Schmerz zu verewigen, indem man auf immer gegen die Ursache kämpft, aus der er entstand; selbst die Einsicht in die sichere Vergeblichkeit dieses Bemühens, selbst das deutliche Gespür wachsenden Unglücks und steigender Verbitterung, selbst das Wissen um die objektive Sinnlosigkeit all der um sich selbst kreisenden Rachephantasien und Selbstbegründungen aus dem Nichts ändern, solange »Ahab« regiert, rein gar nichts an diesem Teufelskreis aus Resignation und Rebellion, aus Ressentiment und Revanche.

»Rachel« hingegen steht für eine Weisheit, wie sie wohl nur aus tiefem Leid gewonnen werden kann, lautend: »Da alle Lebewesen wesenhaft Leidende sind, bildet Mitleid die einzig angemessene Form des Umgangs mit Menschen wie Tieren.« »Ahab« und »Rachel« stellen, so betrachtet, die Wahl zwischen dem rächenden und dem rettenden Kampf gegen eben den Schmerz dar, der letztlich das Leben selbst ist.

Und was ist mit solch einer Einsicht gewonnen? Viel bereits ist erreicht, wenn die Rettung Ismaels durch *Rachel* in ihrer *prinzipiellen* Bedeutung erfaßt wird – als eine Lektion, die das »Ahab«-Programm ein für allemal als den Irrsinn brandmarkt, den es darstellt: Man kann »das Böse« nicht bekämpfen, indem man die eigene Erbostheit und Bosheit dagegen setzt; man besiegt nicht den Schmerz, indem man nach gewissen (fiktiven, projektiven, mythisch halluzinierten oder politisch ideologisierten) »neuralgischen Punkten« (der eigenen Seele, der menschlichen Geschichte oder der naturhaften Einrichtung der Welt) Ausschau hält und sie mit aller Kraft »aufzuspießen« trachtet; vor allem: man überwindet das Leid, das ein Schicksalsschlag – eine Krankheit, ein Unfall, eine Niederlage – uns zugefügt hat, so lange nicht, wie man es nicht verwindet, im ganzen Dasein ein empfindsames, verletzbares, besiegbares – also »schwaches« Wesen zu sein.

Genau an dieser Stelle aber zeigt sich wohl auch, wie wenig mit einer solchen »Einsicht« an sich schon gewonnen ist. Gewiß, die genannte Alternative besteht; sie stellt sich generell für alle Menschen; sie stellt sich konkret erfahrbar und radikal im Leben eines jeden einzelnen, der einer entsprechenden Heimsuchung ausgesetzt ist. Doch was sich an einer Gestalt wie Kapitän Ahab in aller Klarheit zeigt, ist die psychologisch ebenso sichere wie moralisch verunsichernde Tatsache, daß eine Person wie er die gestellte Wahl durchaus zu erkennen vermag und doch völlig außerstande sein wird, eine eigene »Wahl« wirklich zu treffen. Ein Mann wie Ahab entscheidet nicht, er agiert entschieden; das ist etwas anderes. Was die Lektüre des *Moby-Dick* so faszinierend, aber auch so unheimlich macht, ist ja eben diese verhängnisvolle Getriebenheit des Hauptakteurs in all seinen Aktionen. Wohl kann Ahab die Mittel, die er zur Erreichung seines Zieles einsetzt, frei wählen, vernünftig kalkulieren und willentlich steuern – das Ausmaß seiner Freiheit ist ganz und gar identisch mit dem Radius reiner Zweckrationalität –, das Ziel selbst aber: die Jagd auf das Ungeheuer, kann er nicht in Freiheit wählen; in diesem Punkte erscheint er sich selber als Teil eines seit Ewigkeiten sich aufführenden ungeheuren Plans oder vielmehr als ein von dämonischen Kräften Gejagter oder ganz einfach als ein verrückt Gewordener.

Wie kann unter diesen Umständen »Rachel« »Ahab« retten (beziehungs-weise wie könnte gegebenenfalls »Ismael« vor »Ahab« bewahrt werden)?

Die erste Antwort lautet: Es müßte die fatale Schicksalsgebundenheit, die innere Fremdbestimmtheit, die katastrophale Unfreiheit selbst aufgebro-chen werden, als deren Gefangener der Kapitän der *Pequod* sich auf so unheilvolle Weise darbietet. Wie aber soll das gelingen? mag man, skeptisch geworden, weiterfragen. Müßte man zu diesem Zweck nicht einen ganz anderen »Roman« erfinden als *Moby-Dick* – eine Geschichte mit gänzlich anderen Personen, als die »Desperados« der *Pequod* es sind? Nein, muß man antworten, das braucht man durchaus nicht. Denn es kann nicht darum gehen, sich die Aufgabe ins phantastische zu erleichtern und »Ahab« einfach durch eine Kontrastgestalt zu ersetzen, die mit ihm nur insoweit noch etwas zu tun hätte, als sie sich in allen relevanten Punkten auf das vorteilhafteste von ihm unterschiede; es gilt vielmehr zu zeigen, wie Ahab, kein anderer als er, sondern gerade er, dahin findet, allererst er selber zu werden. Das Schlüs-selwort eben dazu heißt »Rachel«; doch wie läßt sich dann das Ende des *Moby-Dick* gewissermaßen an den Anfang rücken, auf daß das »Rachel«-Prinzip sich überhaupt erst heilend in Ahabs Leben ausgestalten kann?

Selbst unter »christlichen« Theologen herrscht der Argwohn, mit dem Wort »Gnade« kaum mehr zu bezeichnen als menschliche Untätigkeit, kaschiert mit bombastischen Redensarten angeblichen Gottvertrauens; – die Folgen einer jahrhundertelangen dogmatischen Phraseologie sind gewissermaßen zu ihren kirchlichen Urhebern zurückgekehrt. Doch was ein »Ahab« (oder »Ismael« oder »Pip« oder »Perth«…) dringend benötigt, ist gerade das, was mit dem kostbaren Wort »Gnade« einmal gemeint war und was nach wie vor damit gemeint sein sollte: eine Begründung unserer Exi-stenz nicht durch vorzeigbare Leistung, durch errungene Macht oder durch erzwungene Geltung bzw. Vergeltung, sondern durch eine unverdiente Beja-hung, Anerkennung und Wertschätzung.

FRANZ KAFKA konnte einmal davon sprechen, daß man gegen Eis nur mit Spitzhacke und Schaufel vorgehen könne. Genau das tut Ahab sein Leben lang; doch mit all seiner Mühe hat er in Wahrheit bloß die Kältemassen um und um geschichtet – er hat sie (wenn überhaupt) nur etwas günstiger für sich selber verteilt. Am Gefrierzustand der Welt hat er gar nichts geändert, weder für sich noch für irgend einen anderen Menschen. Im Gegenteil, er selbst vereist und versteint immer mehr und strahlt die innere Kälte, die ihn selber zerstört, nun auf alle anderen ab, die von ihm abhängig sind. Die Ret-tung hingegen, die dieses *Seelenschiff* (*Moby-Dick*, CXXXV 853) bringen kann, das sich »Rachel« nennt, geschieht durch etwas, das dem Wehen des Föhnwindes gleicht: Über den meterhohen Schnee- und Eisfeldern der Gletscher weht von Süden her ein wärmerer Wind; er verwandelt die Energie, die er brauchte, um die Luvseite des Gebirges zu überwinden, jetzt, als Fallwind, in höhere Temperaturen, und so bringt er das eingefrorene Wasser zum Schmelzen, auf daß es grünfarben, sauerstoffreich, in die Flüsse und Seen strömt und auf den Fluren der Täler einen neuen Frühling ankündigt. Einzig ein milderes Klima überwindet den Winter. Und um nichts Geringeres geht es, wenn »Ismaels« Rettung mehr sein soll als eine glückliche Episode, – wenn sich darin der Anfang eines neuen Lebens jenseits der Katastrophe anzeigen soll. Es gilt, das Dasein im Kontrast zu der »Ahab«-Maxime auf eine radikal andere Grundlage zu stellen, die der Bedürftigkeit, der Angewiesenheit, der Hilflosigkeit des Menschen wirklich gerecht wird.

Für eine solche »Kursänderung« im ganzen gab es bereits an Bord der *Pequod* ein paar zögernde Ansätze, etwa wenn das *Unglückskind* Pip Ahabs *Innerstes* rührte und ihn mit allen *Fasern seines Herzens* an sich fesselte (CXXXV 792); oder wenn Starbuck seinen Kapitän anflehte, er möge *heimwärts segeln, Kurs auf Nantucket,* im Gedenken an seine Frau, an sein Kind. (CXXXII 822) Doch an jeder Stelle erwies sich der schicksalhaft vorgegebene, dämonische Wille in Ahabs Seele als stärker denn alle Vernunft und Menschlichkeit, – ihm selber ein unauflösbares Rätsel, das sich indessen zur Grundlage seiner gesamten Weltwahrnehmung auswuchs. Hören wir nur noch einmal seine Worte, mit denen er Starbuck antwortete: *Was ist das – welch namenloses, unerforschliches, unirdisches Etwas, welch trügerischer, verborgener Herr und Gebieter, welch grausamer, erbarmungsloser Herrscher zwingt mich, daß ich mich gegen jede natürliche Regung von Liebe und Sehnsucht so unaufhörlich vorwärts treibe, vorwärts dränge, vorwärts stoße, mich ohne jede Rücksicht dazu bringe, das zu tun, was ich in meinem eignen, tiefsten Herzen noch nicht einmal zu denken wagte? Ist Ahab Ahab? Bin ich's, ist's Gott oder wer sonst, der diesen Arm erhebt? ... Beim Himmel, Mann, wir werden um und um gedreht in dieser Welt wie jenes Gangspill dort; das Schicksal ist die Spake.* (CXXXII 822 – 823) Was hätte Starbuck bei solchen Worten inneren Zwangs damals anderes tun sollen, tun können, als sich zusammen mit seinem Kapitän in das schier Unvermeidbare zu fügen? Doch eben das darf nun endgültig nicht mehr sein, wenn es um Rettung gehen soll. Nur: wie taut man den Eispanzer ab, der Ahabs Seele umgibt?

Eine Schwierigkeit für den Ersten Steuermann der *Pequod* lag zweifellos bereits in seiner subalternen Position: er hatte unter Dienstbefehl zu gehorchen, er durfte nicht widersprechen; denn wie leicht ist ein »Vorgesetzter«, schon gar ein »Ahab«, persönlich gekränkt und beleidigt, sobald man ihm, und sei es auch »nur« in einer nebensächlichen Angelegenheit, einen Einwand entgegensetzt! Wie hochfahrend in seinem verletzten Stolz hatte Ahab schon einmal mit schußbereiter Muskete in der Hand vor seinem Steuermann gestanden! (CIX 729)

Aber – es ist jetzt keinesfalls einfach um »Widerspruch« zu tun, schon gar nicht um eine moralische oder juristische »Erinnerung« an die wahren Pflichten eines Kapitäns. Das »Wehen des Südwinds« beginnt vielmehr damit, Ahabs Selbstdarstellung bitter ernst zu nehmen und ihm zu glauben: Dieser so willensstark erscheinende Mann verfügt in Wirklichkeit über gar keinen eigenen Willen! Es ist zunächst vollkommen genügend, aber in sich unerläßlich und für alles Weitere ganz entscheidend, den Kapitän der *Pequod* auf diesen immanenten Widerspruch in seinen Äußerungen hinzuweisen: Er will das, was er tut, selbst überhaupt nicht! Da gibt es etwas in ihm, das ihn zu Taten drängt, an denen er selbst »eigentlich« gar nicht beteiligt ist! Er, der so mächtige und starke Mann, ist in Wirklichkeit ohnmächtig und schwach! Erst wenn »Ahab« diesen Selbstwiderspruch nicht länger mehr beklagt und als einen metaphysischen Vorwurf an das »Schicksal« im ganzen richtet, kann er dahin gelangen, ein höchst persönliches Problem an einer Stelle wahrzunehmen, da er sich bislang nur als Spielball anonymer Kräfte zu begreifen vermochte.

Eine solche Verschiebung seiner Blickrichtung sieht, zugegeben, im Moment noch nicht gerade sehr imposant aus; im Gegenteil, sie erhöht fürs erste sogar noch den Leidensdruck in Ahabs Seele: – den meisten Menschen fällt es ungleich schwerer, sehenden Auges unter sich selber zu leiden als projektiv unter den Auswirkungen eines ungerechten Fatums. Und doch: mit eben diesem Perspektivenwechsel beginnt die eigentliche Arbeit des »Abtauens«; denn der Eindruck des Vorherbestimmten, des Unabwendbaren, der bislang in dem Gefüge des Zwanghaften Ahabs Seele umgab, löst ein Stück weit sich auf. In einen Prozeß, der all die Zeit über wie ohne jede Eigenverantwortung abzulaufen schien, dringt zum ersten Mal so etwas ein wie die Ahnung persönlicher Zuständigkeit und potentieller Veränderbarkeit.

Freilich, mehr als eine »Ahnung« kann sich daraus allein noch nicht ergeben. Die entscheidende nächste Frage stellt sich deshalb, wie das eigene Ich das Territorium seiner Freiheit (zurück) zu erobern imstande ist: Wie gelangt »Ahab« dahin, zu tun, was er wirklich will? Und was eigentlich will er wirklich? Und wie lernt er das, was er selbst will, von dem zu unterscheiden, was in ihm gewollt wird? Gibt es überhaupt eine Berechtigung, solche Unterschiede zu machen, und was für Folgerungen ergäben sich daraus?

Betonen läßt sich vorweg, daß es so gut wie unmöglich ist, allein auf sich selbst gestellt einen Ausweg aus einer derartigen inneren Gefangenschaft zu finden. Dringend benötigt wird eine begleitende außenstehende Person, die den Betreffenden immer wieder, bei allem, was er sagt, beim Wort nimmt und ihn in seiner »Uneigentlichkeit« in Frage stellt sowie ihn in seiner »Eigentlichkeit« bestätigt; psychoanalytisch müßte man davon sprechen, daß es darauf ankomme, die Kräfte des Ichs zu stärken und demgegenüber die Mechanismen des Überichs und des Es nach und nach durch Einsicht und Neukonditionierung außer Kraft zu setzen. Aber wie[22]?

Kaum ein anderer Autor des 19. Jhs. hat die Macht des *Unbewußten* in der menschlichen Psyche auf so unheimliche Weise geahnt und gemalt wie HERMAN MELVILLE in seinen großen Romanen *Moby-Dick* und *Pierre*. Gerade in ihren energischsten Motiven und Taten stehen die Hauptgestalten dieser beiden Erzählungen sich selbst wie hilflos gegenüber: Sie sehen, was mit ihnen geschieht, und sie sehen ein, daß es desaströs mit ihnen enden muß, und doch fühlen sie sich auf unheilvolle Weise mit ihren stärksten Affekten identisch, die ihnen die Ziele ihres Denkens und Handelns vorgeben. Ein »Ahab« mag Kurs halten selbst noch im Taifun, – dem Sturm seiner eigenen Seele ist er wehrlos ausgeliefert; und schlimmer: er ist sogar hoch erfreut, mit solcher Gewalt bei der Jagd auf den Wal vorangepeitscht zu werden. Kein Zweifel also: der »Wille«, den er als »Schicksal« erlebt, ist der Drang seines eigenen Unbewußten, und dieser besteht so lange, wie der Zustand der Unbewußtheit selbst in ihm andauert.

Doch genau an dieser Stelle versagt die Literaturform des psychologischen Romans im 19. Jh. Wir sagten bereits (s. o. S. 82–83), sie sei großartig in der Wucht ihrer Wahrnehmung und in ihrer symbolistischen Gestaltungskraft, doch fehle ihr (noch) die Fähigkeit zur analytischen Durchdringung des visionär vorgetragenen Stoffes; und vor allem: ihr ermangele noch die geschichtliche Dimension bei der Betrachtung menschlicher Charaktere; ihre literarische Virtuosität gehe deshalb auf in einer überaus subtilen Portraitmalerei sowie in der meisterlichen Dramaturgie der Psychodynamik ihrer Akteure. Eben darin aber liegt notwendig auch die Vorstellung einer schicksalhaften Unbegreifbarkeit und Ausgeliefertheit[23], und dieser Eindruck kann sich erst ändern durch ein historisches Denken, durch Fragen nach der Biographie, nach der Psychogenese: aus was für Erfahrungen, insbesondere der frühen Kindheit, hat sich die Persönlichkeit eines Menschen geformt?

Erst jemand, der in etwa zu verstehen gelernt hat, wie er wurde, was er ist, vermag zu entscheiden, wer er werden möchte und wie er werden sollte.

Unvermeidbar also kommt es darauf an, Ahab zurückzuführen in die Zeit, da er noch *ein Junge war,* vor den 40 Jahren *auf dem erbarmungslosen Meer,* zurück in ein Leben vor der wüsten *Einsamkeit... des abgeschiedenen Kapitänslebens.* (CXXXII 820) Es geschieht ein einziges Mal bei solchen Worten, daß Ahab selbst sich einen derart wehmütigen Rückblick auf sein Leben im Gespräch mit Starbuck zumindest ansatzweise erlaubt, und es zeigt sich dabei, auf welch erschütternde Weise dieser Mann von Jugend an gegen sich selber hat handeln müssen. Nach was für »Idealen« eigentlich wurde dieses frühverweiste Kind auf Nantucket erzogen? Wie hoch war der psychische und menschliche Preis, den es kostete, die kleine Insel im Osten von Martha's Vineyard für lange Zeit zu einem weltweiten Walfang-Imperium aufzubauen? In einer Person wie Kapitän Ahab wird die ganze seelische Qual sichtbar, die sich auf jeden Jungen damals legen mußte, der wie selbstverständlich, nur weil er auf dieser vorgelagerten Sanddüne auf der Nantucket-Bank zur Welt gekommen war, wie vom Schicksal dafür bestimmt erschien, ein künftiger Walfänger zu werden: – ein »ganzer Mann« also, ein Kerl voller Tatkraft und Entschlossenheit, furchtlos, verwegen, draufgängerisch, bereit, sich bedingungslos in das »Große-Ganze« einzufügen und sich notfalls gar dafür zu opfern. Persönliche Rücksichtnahmen müssen in einer solchen Erziehung für etwas Schädliches und Schändliches gegolten haben, die Entfaltung weicherer Seiten des Gemüts für Verweichlichung nach »Weiberart«, das Verlangen nach individueller Lebensgestaltung für eine geradezu sittenwidrige Entartung. Es ist – bei aller Anpassungsbereitschaft der menschlichen Natur – undenkbar, daß die Rigidität und Rigorosität einer solchen Erwartung der älteren, der Pionier-Generation an ihre Kinder nicht einhergegangen wäre mit heftigen Widerständen und Reibungen; doch eben diese wurden erklärtermaßen verdrängt und mit absoluter Kapitäns-Autorität niedergezwungen: Die bloße Andeutung einer Unbotmäßigkeit bereits war auf das schärfste zu strafen. Gerade dieses Gefüge unterdrückter, verschobener und verdrängter Aggressionen aber bildet den Gärstoff in der Maische des Unbewußten von Menschen, die so heranwachsen müssen wie Ahab, und es bietet zugleich die Erklärung für den schicksalhaften Fluch, der über ihnen zu liegen scheint.

An genau dieser Stelle nun müßte die nächste Stufe eines »Ahab«-Gespräches beginnen. Die Erkenntnis nämlich kann nicht länger warten, daß der Widerspruch in Ahabs Selbstwahrnehmung und Selbstdarstellung ursprünglich einmal ein Widerspruch war zwischen ihm, als einem noch kleinen Jungen, zu seinen Eltern sowie der ganzen Gesellschaft von Nantucket, deren Erwartungen und Forderungen sie als Erzieher an ihr Kind weitergaben. Nur, was kann ein Junge mit seinem Widerspruch schon ausrichten gegen die ganze ihn umgebende Welt? Als viel zu schwach mußte der kleine Ahab kapitulieren, das heißt, er mußte den äußeren Widerspruch in sich aufnehmen und zum Zwecke der Anpassung in einen inneren Widerspruch umwandeln: um bei den Nantucketer Bürgern geduldet, ja, anerkannt zu werden, oblag ihm die Pflicht, sich selber zu widersprechen, – immerhin besser, als in ewigem Widerspruch zu ihnen allen leben zu müssen.

Immer wieder läßt sich psychologisch die Erfahrung machen, daß Menschen schließlich diejenigen Vorstellungen und Haltungen besonders intensiv in sich ausprägen, gegen die sie vordem sich am meisten gewehrt haben. Ihr resignierter Zusammenbruch führt schließlich dahin, daß sie willenlos nur noch das wollen, was die anderen ihnen so einmütig und so einmündig immer schon gesagt haben. Im Falle Ahab: »Du mußt ein tapferer Junge sein. Du mußt ein Walfänger werden ...« An die Stelle des Selbst-Seins rückt damit das Ideal des »Anderer-Seins«; das Ich stirbt, das heißt, es wiederaufersteht als sein eigener Widerspruch: – im Überich. Zu wollen, was die anderen wollen, wird jetzt zum eigenen Wollen; zu sein, was die anderen sind, wird jetzt zum Ausdruck des Personseins. Stets führt die »Identifikation mit dem Angreifer«, von welcher die Psychoanalytiker sprechen[24], zu einer Überidentifikation mit eben jenem Gegner, dessen Widersacher zu bleiben damals den sicheren Tod bedeutet hätte, dessen Verteidiger und Vertreter zu werden aber das Überleben zu retten vermochte.

Jedoch – ein derartiges physisches Überleben verlangt eine Art psychisches Sterben, und dies nicht nur einmal, sondern lebenslänglich. Zu den großen Rätseln der Ahabschen Selbstbetrachtung gehört das »Um und um gedreht werden«, die ständige Kreisbewegung des Seelischen, die ständige schicksalhafte Wiederholung des gleichen – mit einem Wort: der »Wiederholungs*zwang*«. In diesem Zwang steckt freilich auch für Ahab nicht länger mehr etwas »Mystisches« oder »Mythisches«, vielmehr stellt sich wie von selbst jetzt die Frage, gegen wen oder was sich seine enorme Reizbarkeit, seine immer wiederkehrende jähzornige Übererregbarkeit »eigentlich« richtet, mithin früher sich einmal gerichtet haben muß. Über wen war er in Kindertagen schon derart ergrimmt wie heute über jedermann, der ihm zu widersprechen wagt? Vieles spricht dafür, daß – entsprechend unseren früheren Überlegungen – vor allem die Vaterautorität als willkürlich strafend erlebt wurde und in ihrer monströsen Verschmelzung von Macht und Recht erst bekämpft, dann als »vorbildlich« aufgenommen werden mußte. Um diese Umkehrung zu verstehen, genügt es, sich in die Seele eines Jungen hineinzuversetzen, der in Trotz und Angst, in Zorn und Unterlegenheit seinem eigenen Vater als einer übermächtigen Instanz gegenübersteht, aus deren Hand er jederzeit neuerliche Strafen gewärtigen muß, wofern er die innere Widersetzlichkeit nach außen hin nicht sorgfältig kaschiert. Dieser »Vater«, wohlbemerkt, ist in Ahabs Fall nicht der eigene biologische Vater; der verstarb, noch ehe das Kind auf die Welt kam (wenn man darin nicht bereits einen Todeswunsch gegen den Vater, einen Teil des »Familienromans«, erblicken will). Doch wie wird ein Kind, das »elternlos« aufwachsen muß, ohne daß es erwähnenswert scheint, bei wem eigentlich, auf seine Umwelt reagieren? Es wird sich *überanpassen* müssen, um überhaupt geduldet zu werden, und es wird seine inneren Widersprüche nur um so mehr verdrängen müssen. Irgendwann wird die äußere Verstellung zu einer inneren Einstellung, gepaart allerdings mit einem chronischen Glaubwürdigkeitsdefizit vor sich selbst: Man hat sich zu einer Lebenslüge hinreißen lassen; man ist, wenn auch unter Zwang, geworden, was man auf keinen Fall werden wollte. Und in jedem Moment nun, da diese tiefere Wahrheit der eigenen Nicht-Existenz sich vor dem Tribunal des eigenen Überichs entdeckt, droht wiederum Strafe; mit dem entfremdeten Wollen geht stets auch einher ein Wille zum Unglück, zur Selbstbestrafung für die Unaufrichtigkeit, nicht selber zu sein.

Erinnern konnte Ahab sich noch an die dunkle Prophezeiung, er *sollte* verkrüppelt werden (XXXVII 280), doch war ihm selber nicht klar, woher diese dunkle Weissagung kam, nur wohin sie ihn drängte: in den Entschluß, den zu zerstören, der ihn selber zerstört hat. Dieser »der«, so sahen wir schon und so wird es jetzt wohl auch Ahab selbst deutlich, war ursprünglich einmal nicht der Weiße Wal, sondern eben jene Macht, der er als Kind sich gegenübersah. All sein Zorn, sein Rachebedürfnis, seine aggressive Fixierung richtete sich vormals gegen die eigene Vaterautorität beziehungsweise gegen die Forderungen, die sie vertrat. Dieses Gefühl gegenüber einem »Vater«, der die Mutter dem Kinde verbarg und der sich selber unerkennbar hielt (CXIV 752), meldet sich im Erwachsenen-Ich als ein quasi religiöses Empfinden zu Wort; es entstammt aber augenscheinlich einem Erleben, das einmal real in der kindlichen Biographie begründet war.

Durchaus »normal« wäre es, wenn an dieser Stelle einer psychoanalytischen Aufdeckung der ursprünglichen Zusammenhänge sich ein starker »Verdrängungswiderstand« regen würde; immerhin beginnt im folgenden das gesamte bisherige Lebenskonzept fragwürdig zu werden. »Bewußtwerdung« bedeutet in therapeutischer Absicht ja nie nur ein theoretisches Kennenlernen, es macht Sinn als ein Arbeitsinstrument, mit dem es möglich wird, noch einmal in den Schacht der alten Erinnerungen sich vorzuarbeiten und sie ans Tageslicht zu fördern, um die erlittenen Verletzungen durch eine neue eigene Stellungnahme menschlicher zu begreifen und letztlich durch erweiterte Handlungsspielräume hinter sich zu lassen. Bislang wiederholte sich in Ahabs Seele rein mechanisch, rein unbewußt das Trauma seiner schweren frühkindlichen Verwundungen; sogar die Verstümmelung durch den Weißen Wal mußte unter dieser Voraussetzung als die schicksalhafte Erfüllung jener alten Prophezeiung erscheinen – als die späte Bestrafung für ein Schuldgefühl, das ihn seit Kindertagen verfolgte. Doch eben hier kann und muß ein tieferes Nachdenken einsetzen. Wofür eigentlich fühlt Ahab sich sein Leben lang schuldig? Im Grunde für den Zorn auf seinen »Vater«, wer immerdas gewesen sein mag. Doch was für eine »Schuld« soll darin liegen, daß ein Kind einen Vater nicht zu lieben vermag, der es in einer liebeleeren Welt als »Waisenkind« zurückläßt[25]? Es mag Schuldgefühle geben, die berechtigt sind; es wird aber ganz sicher auch Schuldgefühle geben, die unberechtigt sind; und »Ahabs« (unbewußte) Schuldgefühle (gegenüber der Vaterautorität) sind, bei Licht betrachtet, ganz und gar unberechtigt! Freispruch also in allen Punkten der Anklage!

Alle Psychotherapie verfolgt im wesentlichen das Ziel, Menschen ihre verlorene Unschuld wiederzuschenken und sie aus dem Geflecht endloser Selbstanklagen und Selbstbestrafungen in der Mechanik eines ständigen Zwangs zur Wiederholung des immer gleichen ursprünglichen Traumas nach und nach herauszuholen. Allerdings ist dies jetzt der Punkt, an dem sich entscheidet, ob die vorgeschlagene »Therapie« eines »Ahab« jemals zu einem positiven Ergebnis führt oder nicht. Denn wie wir *Pierre* bei allem Zorn auf seinen Vater eigentlich dessen Ideal (über)erfüllen sahen, so besteht der verborgene Sinn auch und gerade in Ahabs Lebensform eben darin, in einem Übermaß den Forderungen seines »Vaters« nachzukommen, die schon in Kindertagen ihn selbst sich entfremden mußten. Aggression *und* Fügsamkeit, Aufruhr *und* Unterwerfung: – beide zusammen erst ergeben das *Mittendurch-geschnitten-Sein* (CXXVII 801), die Schizophrenie, an der Ahab so leidet, und dieser Zustand kann nur überwunden werden, wenn sich der Grundkonflikt auflöst: Ein Mensch ist *nicht* schuldig für den Aufruhr seiner Kindertage; er besaß in gewissem Sinne sogar ein Recht zu seinem Widerspruch; und wenn es in seinem Leben bisher überhaupt eine

Schuld gab, dann eben die, im Innersten nicht selber gelebt zu haben und statt dessen die »Persönlichkeit« einer bloßen Ausführungsmechanik fremder Anweisungen ausgebildet zu haben. Es ist diese Rolle, gegen die Ahab rebelliert, indem er sich mit seiner Jagd auf den Weißen Wal weigert, noch länger den Lohnsklaven der Schiffseigner der *Pequod* zu spielen, und diese Rebellion wäre nur allzu berechtigt, wenn sie sich endlich in der breiteren Durchsetzung individueller Lebensinteressen geltend machen würde; in seinem mutwillig betriebenen Selbstruin hingegen bleibt Ahab immer noch beides zugleich: aufsässig und fügsam, Souverän und Sklave, Autokrat und Automat.

Es ist dies zugleich auch die »Therapie«-Phase, an der sich zeigt, warum eine »Eigenanalyse« beziehungsweise eine »Selbstheilung« einem Menschen so gut wie immer unmöglich ist: Die Erlaubnis, ja, die positive Aufforderung zu einer eindeutigen und entschiedenen Umwertung der gesamten bisherigen Lebensausrichtung jenseits der Doppeldeutigkeiten und Ambivalenzen kann nur gelingen, wenn sich für einen »Ahab« ein Gegenüber findet, das die alte Vaterautorität übernimmt und gegenbesetzt. Diese »therapeutische Autorität« muß nach und nach einen stärkeren Einfluß auf Ahabs Psyche gewinnen als die bislang im Überich verfestigte Vatergestalt. Eben dagegen aber wird sich das »Überich« zur Wehr setzen, indem es das Ich immer rigoroser zu treuer Gefolgschaft antreibt. Mit aller Kraft wird ein »Ahab« seine Fehlidentifikationen mit seinem »Vater« und damit zugleich seinen Vater als Identifikationsfigur zunächst einmal vor jeder Kritik in Schutz zu nehmen suchen. Und doch ist – hoffentlich – mittlerweile eine Situation eingetreten, in der sich wie von selbst eine Fülle folgenschwerer Fragen an »Ahab« richten wird: »Du klagst den Himmel an als grausam und gleichgültig«, müßte man ihm sagen, »aber wie ernst ist es dir eigentlich mit deinem Widerspruch? Du verewigst nur deine alte Ohnmacht, wenn du sie mit feierlichem Pathos in das Fatum hineinverlegst. Besiegen mußt du weder eine göttliche Notwendigkeit noch einen Weißen Wal, besiegen sollst du und darfst du endlich das Bild deines Vaters, das du in Kindertagen in dich aufnehmen mußtest. Damals, gewiß, konntest du in diesem Manne nur deinen Gegner, den erklärten Widerpart gegen dich selbst als Person, erkennen, und so war es nur natürlich, daß du dich gegen ihn zur Wehr setztest; in deiner Erinnerung aber trägst du seither ein sehr einseitig aufgenommenes Zerrbild, das nicht die ganze Wirklichkeit der Person wiedergibt, die dich seinerzeit aufgezogen hat. Deine Eltern wollten dich ganz bestimmt nicht quälen, selbst wenn sie das objektiv taten; aus ihrer Sicht wünschten sie vermutlich nur das

Beste für dich: Du solltest so werden, daß es dir das größtmögliche Ansehen und Wohlwollen der anderen erbracht hätte. Im Grunde gaben sie nur den Druck an dich weiter, unter dem sie selbst standen.«

Das Eigentümliche ist, daß starke aggressive Gefühle, schon gar solche, die wie bei Ahab zu Fixierungen und Projektionen am Rande des Irrsinns führen, sich weder im Namen der Vernunft noch der Moral wegdrücken lassen, und zwar schon deshalb nicht, weil sie sich überhaupt erst unter dem Diktat von »Vernunftinteressen« und moralischen Ansprüchen in ihrer spezifischen Form bilden konnten. Auflösen lassen sich solche ehedem »heißen« Affekte, die wie das ausfließende Magma eines Vulkans in der Gestalt ihres Ausbruchs erstarrt sind, erst, indem man den Sinn begreift, den sie in dem Kontext der ursprünglichen Situation ihres »Ausbruchs« einmal besessen haben. Nur wenn jemand die Berechtigung versteht, die seinen Emotionen zukommt, kann er aufhören, weiter gegen sich selber als gegen etwas Illegitimes anzukämpfen; erst dann vermag er sich mit sich selbst, mit dem, was er war, und mit dem, was er ist, einverstanden zu erklären. Gleichzeitig aber kann er sich auch mit den Personen aussöhnen, die er einmal geliebt und doch zugleich gehaßt hat – hassen mußte. Indem er in der Sprache ihres Zwangs und ihrer Unterdrückung auch das Moment einer verborgenen Liebe und eines, wenn auch falschen »guten Willens« zu erkennen imstande ist, wird es ihm leichter fallen, die bisherige Frontstellung aufzugeben und sich auch mit seinen »Gegnern« von einst zu solidarisieren. Beide Vorgänge: die innere wie die äußere Versöhnung, sind dabei eins, war doch der innere Widerspruch überhaupt nur die Verneinung (die Introjektion) eines äußeren Widerspruchs.

Konsequenterweise aber ergibt sich jetzt daraus förmlich auch zugleich die Pflicht, um der eigenen neu sich bildenden Identität und Integrität willen den verinnerlichten Widerspruch rückzuentäußern und in einen *realen* Widerspruch umzuwandeln: »Ahab« muß lernen, den bisher geleisteten und geforderten »Gehorsam« aufzugeben zugunsten individueller Souveränität – und Freiheit! Das Ende des psychischen Fatalismus beziehungsweise die Rückgewinnung persönlicher Mündigkeit und Zuständigkeit im eigenen Leben ist für »Ahab« erst gekommen, wenn es ihm gelingt, die im Überich »verewigten« Maßstäbe – den Reflex der verinnerlichten Gewalt aus Kindertagen – mit dem Urteil seines allmählich erwachsen werdenden Ichs noch einmal in Frage zu stellen und, je nachdem, neu zu definieren. Die ungebändigte, weil ungebärdige Aggressivität von einst überführt sich nunmehr in das ichgerechte Urteil eigenverantwortlicher Vernunft. Nicht das ruinöse

Phantom Moby Dick gilt es fortan zu harpunieren, wohl aber lohnt es sich, die »Ideale« von Nantucket oder von welch einem »Gemeinwesen« auch immer aufs Korn zu nehmen: Was zum Beispiel soll die ganze weltweite Walschlächterei? – als ob der eigentlich geringe Bedarf an Öl als Schmier- und Brennmaterial um 1850 nicht auch durch Talg und Wachs, durch den Import von Oliven aus dem Mittelmeerraum oder durch heimischen Anbau von Raps zu decken gewesen wäre. Und was soll die Unterordnung aller menschlichen Werte in »Nantucket« unter den einen und einzigen Zweck des »Walfangs«? – als ob es für einen verständigen Menschen nichts Besseres zu tun gäbe, als die größten »Fische« der Welt zu erlegen. Und was für ein Recht soll es geben, von einem Kind, nur weil es ein Junge ist, zu verlangen, daß es ein großer »Jäger« zu werden hat? – als ob wir noch immer in der Eiszeit lebten und Kampf und Krieg jederzeit die Kultur mit ihren eigenen weiterentwickelten menschlichen Errungenschaften zu einer Chimäre entwerten dürften. Warum im übrigen sollen bestimmte rein männlich-patriarchale Idealsetzungen exklusiv das Zusammenleben der gesamten Gesellschaft regeln? – als ob es keine Frauen gäbe oder sie nichts zu sagen hätten?

Um Ahab zu sich selber zurückzuführen, brauchte es dringend einen solchen Menschen, der es ihm ermöglichen und in gewissem Sinne erlauben würde, seinen Zorn von einst in die durchaus berechtigte Kritik an den bestehenden Verhältnissen in seiner Umgebung zu übersetzen. Dazu freilich gehörte auf »Ahabs« Seite das Vertrauen, für die eigene Person mit einer derartigen Beanstandung mehr an Zuwendung und Anerkennung zu erlangen als auf dem Wege der bedingungslosen Anpassung und Selbstzerstörung von einst. Der nächste Ort, dergleichen zu erfahren, liegt am einfachsten gewiß in der »therapeutischen« Beziehung selbst; doch darüber hinaus sollte sich jetzt auch die bewußte Wahrnehmung der gegenwärtigen Realität zum ständigen Um- und Weiterlernen anbieten. Kann man denn ernstlich glauben, geliebt und gemocht zu werden, wenn man nach Ahabs Beispiel Menschen in maßlosem Jähzorn anfährt, die, wie Stubb, lediglich darum bitten, des Nachts ein bißchen mehr Ruhe zu halten? (XXIX 217–218) Wenn ein Kind schon in Zorn versetzt werden kann von dem Übermaß väterlicher Autorität, wie dann kann Ahab dem Glauben sich hingeben, er werde von seinen Untergebenen *nicht* gefürchtet, gehaßt und bekämpft, wenn er einfach seinen verinnerlichten Druck an sie weitergibt – ganz wie seine eigenen Eltern damals bereits? Selbst die deutlich paranoischen Züge in seinem Wesen (CXXX 813) gehören erkennbar zu einer Welt der einsamen Befehls- und Gewaltausübung, und sie werden so lange bestehen bleiben, wie er darinnen verharrt. Die Frage stellt sich daher, ob es in Ahabs Sicht auf sich selbst und auf andere Menschen wirklich dabei bleiben soll, daß jemand nur dann für »groß« gilt, wenn er all den Zwang, unter dem er selbst heranwachsen mußte, ungehemmt, als ein vorgegebenes System, seiner Umgebung auferlegt. Ein erster äußerst wichtiger Schritt im Kampf gegen das »Böse« wäre getan, vermöchte es Ahab, seine eigene Person aus der destruktiven Dynamik verinnerlichter Aggressionen endlich herauszulösen, statt sie nur immer weiter ins unersättliche zu treiben.

Erst von dieser Stufe an, wenn die innerlich gespeicherten Aggressionen auf ihre »richtigen« äußeren Ziele hin umgepolt worden sind, läßt sich auch an die Bearbeitung *des* Teils der psychischen Inhalte herangehen, der Ahab bewußt erinnerlich geblieben ist; freilich wird von jetzt an sogar mit einem noch heftigeren »Behandlungswiderstand« zu rechnen sein, sind doch alle Themen, die nun zur Debatte stehen, auf das engste mit Ahabs Selbstwertgefühl, mit dem »narzißtischen« Bild seines Ichs, verschmolzen: Hat ein Mann wie er nicht vollkommen recht, ein Untier wie Moby Dick zu hassen? Kann man nicht verstehen, daß jemand auf Rache sinnt, dem lebenslang Gesundheit, Glück und Unversehrtheit, körperlich wie seelisch, in einem einzigen Augenblick vernichtet wurden? – So oder so ähnlich werden die – zum Teil wütenden – Einwände und Invektiven eines »Ahab« an dieser Stelle lauten. Allein, das Beispiel schon von Kapitän Boomer an Bord der *Samuel Enderby* hat uns gezeigt, wie anders man auch mit einer Verstümmelung durch den Weißen Wal umgehen kann (C 674–683); es ist kein Naturgesetz, darüber zu vergrämen und zu verbittern. Nein – darauf muß man bestehen, will man Ahabs enormen »Leidensdruck« vom rein Funktionalen weg auf das Wesentliche lenken –, nein, es ist *nicht* »normal«, den gesamten Lebensaufbau um die eine einzige Stelle seiner Verletzung herumzugruppieren; es ist im Gegenteil höchst krankhaft, aus der begrenzten Erkrankung eines Körperteils eine unendliche Kränkung der ganzen eigenen Person zu machen. Ja, ein solches Verhalten bedarf unbedingt einer besonderen Begründung: Erklärbar ist eine solche Reaktion nur im Erleben eines Menschen, für den die körperliche Fitneß eine überragende Bedeutung besitzt; nur ein solcher kann sich gänzlich entwertet fühlen, wenn er mit einem Mal zum Krüppel geschlagen wird. Ahab jedenfalls hat mit seinem Bein offenbar alles verloren, worauf er das Ansehen seiner Persönlichkeit gründen zu können glaubte: Walfänger mußte er sein – tüchtig, tapfer, treu und trutzig; und das war nicht nur die Aufgabe seines Lebens, das war sein Leben; darin bestand die ganze Rechtfertigung, ja, die Erlaubnis, überhaupt zu sein. Indem der Wal sein Bein zerschmetterte, zerstörte er zugleich für alle Zeit die Möglichkeit, dem Überich-Ideal des eigenen

Selbst je wieder entsprechen zu können. Nicht etwas im Leben von Kapitän Ahab geriet da ins Wanken, sondern die Grundlage barst, auf der er so sicher zu stehen vermeinte.

»Hassest du Moby Dick nicht nur deshalb«, müßte man daher die Frage an Ahab richten, »weil du dich selbst haßt? Du schämst dich seit der Verwundung durch den Wal vor dir selbst, nicht der große, der allzeit einsatzfähige, der allseits einsatzbereite Ahab zu sein. Du bist enttäuscht über das Scheitern deiner Auftragsrolle als eines überragenden Walfängers, und du fühlst dich selbst wie vernichtet, nur weil der Weiße Wal mit der *Sichel seines Unterkiefers* dir das *Bein durchtrennte wie ein Schnitter einen Grashalm auf dem Felde.* (XLI 304) Aber wer eigentlich, Ahab, hat dir eingeredet, du seiest nur anerkennenswert oder gar liebenswürdig als jener unerbittliche Kämpfer, als jener willensstarke Gladiator, als ein Krieger wie der Halbgott Achill, der von seiner Mutter Thetis fast unverwundbar in die Schlacht vor Troja entlassen wurde? Warum nur, Ahab, hat niemand jemals dich gelehrt, es sei genug für dich, als ein bloßer Mensch zu leben, und nichts Beschämendes liege darin, das eigene Maß zu finden und nur einfach ›selbst‹ zu sein[26]?«

Deutlich müßte an diesem Punkte die Kritik an den »Idealsetzungen von Nantucket« weitergehen und ihren wirklichen Ernst, ihre wahre Verbindlichkeit gewinnen. Nicht das Meeresungeheuer Moby Dick gilt es voller Ungeduld zu vernichten; ohne Zögern zu vernichten indessen ist eine »Moral«, die Menschen nicht als Personen leben läßt und ins Leben entläßt, sondern die alle, vor allem die Männer, unter ungeheuren Opfern in die bedingungslosen Erfüllungsgehilfen und -garanten einer profitablen Walfangindustrie zu verwandeln trachtet. Ihr ist vorzuwerfen, daß sie Menschen weit weniger wertschätzt als volle Tranfässer und volle Kassen; daß sie mithin das einfachste Menschenrecht: dasein zu dürfen und glücklich zu werden, mit Füßen tritt um des Ziels eines vermeintlich wohlverdienten Wohlstands willen; ja, daß sie bei allem Sprechen von Gott im Grunde nur die Verfügbarkeit und die Ausbeutbarkeit von Menschen zugunsten der Geschäftsgewinne bestimmter »Schiffseigner« im Sinn trägt. Eine Gesellschaft mit einem solchen Verhaltenskodex ist weder göttlich noch menschlich, sie ist im Gegenteil zutiefst widergöttlich und widermenschlich.

Gesetzt nun, ein »Ahab« machte sich diese Kritik wirklich zu eigen, so bräche mit aller Sicherheit eine weitere Angst in ihm aus: – die Einheit und den Einklang mit allen anderen Bewohnern von »Nantucket« zu verlieren. Doch hat sich inzwischen unter der Hand gewiß auch eine neue Einsicht geltend gemacht: Mit all seinem Selbsthaß, mit all seinem Rachewillen auf

Moby Dick hat Ahab bislang ein äußerstes getan, um die Vorbedingungen zu erfüllen, die in Nantucket (in New Bedford oder sonstwo) an die Zugehörigkeit zur menschlichen Gemeinschaft gestellt wurden; und doch hat er damit einen Weg beschritten, der ihn nach seinem »Berufsunfall« in der Auseinandersetzung mit dem Weißen Wal aus der Rolle des allseits Bewunderten in die Randzone des gerade noch respektvoll Geduldeten hinausgeführt hat.

Selbst wenn Leute wie Kapitän Peleg immer noch mit großer Hochachtung von Ahab sprechen (XVI 136–137; 148–151), so tolerieren doch die verinnerlichten Standards aus Kindertagen nicht die geringste Abweichung vom Richtmaß und machen aus »Ahab« den einsamsten Menschen an Bord seines Schiffes; ja, seine Fremdheit allen anderen gegenüber reicht inzwischen an das generelle Mißtrauen heran, jeder könnte sein Feind und Verräter sein. Das Paradox besteht, daß Ahab zu anderen Menschen erst wieder hinfinden kann, wenn er die Normen der Zugehörigkeit, die er als Kind in Nantucket gelernt hat, energisch *durchbricht*. Keineswegs ist zu befürchten, daß er die Nähe zu anderen Menschen dabei verlieren wird, – er wird ganz im Gegenteil seine glücklose Unnahbarkeit endlich aufgeben können, wenn er von den Erwartungen abläßt, unter denen er als Kind aufwachsen mußte. Das »Klima« hat sich geändert. Wenn irgend ein »therapeutisches« Gespräch in diesem Zusammenhang einen Sinn macht, so darin, daß es eine entsprechende Erfahrung vorbereitet und diese dann auch auf andere Menschen als den Therapeuten auszudehnen hilft.

Noch einmal gewinnt als Zusammenfassung des ganzen Prozesses dabei das Bild der *Rachel* auf der Suche nach Kapitän Gardiners Sohn eine geniale Symbolkraft für die Lektion, die es aus der Tragödie des »alten« Ahab zu lernen gilt. Das Ersuchen des Kapitäns der *Rachel* hatte Ahab in seiner grausigen Obsession soeben noch abgelehnt (CXXVIII 802–806), da ging die Entwicklung in ihm selber doch weiter: Unmittelbar danach wandte er sich seinem verängstigten Schiffsjungen Pip zu, in dem er sich selber auf geradezu homöopathische Weise wiedererkannte, so daß *Gleiches Gleiches heilt* (CXXIX 807) – heilen könnte, ließe er's zu. Alles, was im Falle »Ahab« als notwendig für eine (idealtypisch vorgestellte) »therapeutische« Durcharbeitung seiner Konflikte sich skizzieren läßt, verdichtet sich nunmehr in diesem Bild: Es geht in der Tat um die »urmütterliche« Suche nach dem verlorenen Jungen, der Ahab einmal war; es geht um die »Bergung« eines »Kindes«, das in ihm, verschämt und versteckt, immer noch lebt[27]. Freilich, der »große«, der »erwachsene« Ahab muß zuerst »untergehen«, ehe seine »Rettung« möglich wird.

Oder genauer gesagt: gerettet werden am Ende weder »Ahab« noch »Pip«; die gesamte sich wechselseitig bedingende Polarität dieser beiden Kontrastgestalten versinkt vielmehr und übrig bleibt allein »Ismael«, weder Gigant noch Gnom, einfach nur »Mensch«, einfach nur »er«. In gewissem Sinne ist diese Feststellung angstlindernd. Niemals hätte »Ahab« sich fürchten müssen, zu einem »Kind« herabgesetzt zu werden, wofern er das verlorene Kind in sich selber nur endlich angenommen hätte; er wäre lediglich mit sich selber in Einklang gekommen; er hätte auf seine Weise das Motiv von dem neugeborenen Retterkind in den Religionen der Menschheit ein für allemal eingelöst. Wir erinnern uns: Die *Pequod* lief aus, um mit dem fast zynischen Wunsch auf *Fröhliche Weihnachten* das Fest der Ankunft des Erlösers in der Gestalt eines »göttlichen Kindes« buchstäblich zu übersegeln (XXII 181–187); jetzt, nachdem die katastrophalen Konsequenzen dieses »Kurses« offen vor aller Augen liegen, bleibt nichts anderes mehr als die Integration des verleugneten Kindes und damit das Ende des Ahabschen »Heldentraums«: von der Kompensation des Traumas seiner schweren Verletztheit durch prometheische Entschlußkraft und von der Übersteigerung seines quälenden Minderwertigkeitsgefühls durch titanenhafte Triumphe über das arglistige Böse in Gestalt des Weißen Wals. Zugrunde geht zugleich auch die merkwürdige Ambivalenz der Idealgestalt »Bulkington« vom *Land in Lee* (XXIII 188–189), die Ismael so faszinierte: sich mit allen Fasern nach der Geborgenheit des »Hafens« zu sehnen und gleichzeitig, aus Furcht vor dem Stranden, das Rettende zu fliehen gleich einer tödlichen Bedrohung. Zum ersten Mal scheint in dem Bilde der »Rachel« jetzt eine Mütterlichkeit möglich, die das Lebensprinzip ständiger (ödipaler) Angstflucht überflüssig macht.

Unmittelbar vor dem Schluß der Ahabschen Tragödie fragt sich der Kapitän der *Pequod* tatsächlich selbst, was denn passiert wäre, wenn er *sich öfter hätte stützen lassen.* (CXXXIV 845) Jetzt schließlich dämmert allein schon in dieser Frage das Ende der Kerkerhaft seines angstbedingten Zwangs zu einer extremen Form von Autarkie auf: Ab sofort ist es keine Schande mehr, die Hilfe anderer in Anspruch zu nehmen. Und merkwürdig genug: indem die anderen ringsum vertrauenswürdiger werden, wird sich zugleich der zerfallene Spiegel des eigenen Ichs wieder zusammensetzen. All die Gestalten, in die Ahabs Seele zerrissen war, sollten sich nun, einander ergänzend, zu einer Einheit zusammenfügen: Nicht nur die »Größe« Ahabs und die »Kleinheit« Pips angesichts derselben Angst vor Ausgesetztheit und Verlorenheit sowie des gleichen Willens zu tapferem »Heldentum« und männlichem Todesmut müssen jetzt zueinanderfinden, auch Starbucks Verantwortungsgefühl und seine moralische Integrität, auch Stubbs Nonchalance und sein Vergleich-gültigungswitz, auch Flasks nahezu stumpfe Unbekümmertheit können jetzt ihr angemessenes Recht einfordern; zugelassen ist nicht minder auch die Verzweiflung des unglücklichen Perth (CXII 741–744), ist auch die tüchtig-betriebsame *Homo faber*-Mentalität des Schiffszimmermanns (CVII 717–720); zugehörig ist gleichermaßen die gesamte Vielfalt des Menschlichen in Gestalt der drei Harpuniere. Jenseits ihrer widersprüchlichen »Aktionseinheit« im Rahmen der absurden Jagd auf den »Wal«, können sie alle nun endlich und endgültig zu jener Wesenseinheit sich zusammenschließen, die anzeigt, daß »Ismael« fortan wirklich ein »Geretteter« ist und nicht nur ein »Entronnener« bleibt.

Noch einmal verdient dabei hervorgehoben zu werden: Einzig das »Rachel«-Prinzip einer reinen »Gnade« ist zu einer solchen Umwandlung uralter Angstverzerrungen, wie sie in »Kapitän Ahabs« unglückseliger Persönlichkeit sichtbar wurden, imstande. Nichts auf dem Wege dieses langen »Dialogs« ist zu befehlen oder zu verbieten, anzumahnen oder abzuraten, vorzuwerfen oder zu verwerfen; das einzige, was wirksam werden kann, besteht in einer – allerdings äußerst engagierten und konsequenten – Haltung bedingungsloser Akzeptanz und verständnisbereiten Wohlwollens. Die Begegnung mit einem solchen Gegenüber, auf die niemand einen Anspruch hat und die doch jeder unverzichtbar braucht, um selber leben und er selber werden zu können, – das und nichts sonst ist »Gnade«. Sonderbar: gerade die so hartgewordene Ahab-Gestalt nötigt uns zu der Einsicht in die absolute Unentbehrlichkeit einer solchen Milde im »Kampf« gegen das vermeintlich »Böse«; und schon diese eine alles verändernde »Konsequenz« aus MELVILLES *Moby-Dick* stellt eine wunderbare Belohnung für die Beschäftigung mit diesem monumentalen Roman der Weltliteratur dar. Denn deutlich wird, wie prinzipiell unterschieden von unserer gewohnten bürgerlichen Art des Umgangs miteinander unsere alltägliche Einstellung sein müßte, um einen »Ahab« mit Anteilnahme aus seiner so andersartigen Welt von Gram und Grausamkeit herauszuführen; und wenn es auch natürlich keinerlei »Erfolgsgarantie« für einen solchen »Therapieversuch« in jedem Einzelfalle gibt, so verbietet doch bereits die bloße Möglichkeit einer Rettung es generell, einen Menschen wie Ahab »verloren« zu geben. Gerade diese Verlorenen unter uns offenbaren deutlicher als alle anderen, wovon im Grunde wir allesamt leben. Es ist die Katastrophe der *Pequod*, die jenseits des Zwangs zur Wiederholung des immer Gleichen etwas völlig Neues verlangt: eine Welt des Erbarmens gerade mit den Ertrinkenden.

Aber läßt sich denn eine solche Wandlung zum Positiven, eine solche »Rettung aus Gnade« literarisch überhaupt darstellen, ohne in den Ruf und Ruch des Sentimentalen und Kitschigen zu geraten? Ist es nicht von daher zu begrüßen, daß MELVILLE in seinem Roman die Welt seines düsteren Katastrophen-Fatalismus nicht auch nur andeutungsweise verlassen hat? Diese Frage gilt, und sie stellt sich sehr ernst. Denn wofern Dichtung nicht für »glaubwürdig« erachtet wird, wenn und weil in ihr die Dramaturgie des menschlichen Lebens eine positive Wende erfährt, so stehen gerade die am meisten poetischen, mithin die am meisten freien und befreienden Kräfte der menschlichen Seele unter Verdacht, einem bloßen »Wunschdenken« zu entstammen, und dies an einer Stelle, an welcher es gerade darauf ankommt, die »subjektiven« Energien des Wünschens und Wollens wirksam und wirklich werden zu lassen. Umgekehrt: Wenn irgend es eine Chance zu einer in sich einheitlichen Existenz geben soll, in welcher Innen und Außen, Denken und Fühlen, Bewußtsein und Unbewußtes zusammenkommen können, so ist es unerläßlich, gerade die Symbolsprache der Dichtung nicht nur »diagnostisch« zur Beschreibung bestimmter Konflikte und Komplexe einzusetzen, sondern sie weit stärker noch auch in ihrem integrativen Potential auszuschöpfen, indem man den Wegen einer Überwindung der inneren Verletzungen eines Daseins im Felde der Lieblosigkeit und der Angst nachzuspüren versucht. Allerdings, eine Aufgabenstellung ist dies dicht am Rande bereits der religiösen Erfahrung mit ihren dichterisch-gleichnisartigen Reden über ein gelingendes Leben.

b) Das Fehlen des Vertrauens oder: Elemente einer vermenschlichten Religion

α) Die symbolische Ausdrucksform von Dichtung, Religion und Psychotherapie

Der folgende Satz läßt sich leicht falsch verstehen; doch so, wie er gemeint ist, beinhaltet er eine menschliche Evidenz, die in HERMAN MELVILLES *Moby*-Dick besonders klar hervortritt: Offenkundig ist, daß alle Dichtung eine religiöse Dimension enthält.

Der Satz ist mißverständlich, solange unter Religion ein bestimmtes Lehrsystem verstanden wird; er würde dann besagen, daß Dichtung stets so etwas sein müsse wie weltanschauliche Propagandaliteratur, und das ist natürlich unsinnig. Wenn aber Religion in etwa so begriffen wird, wie Ismael es Kapitän Bildad gegenüber vertritt, es gebe da die *alte Eine und Allum-*

fassende Kirche, ... welcher ... wir allesamt und jeder Mutter Sohn und jede Seele von uns angehören (XVIII 162), so ist alle wahre Dichtung »religiös«, ganz einfach, weil sie Menschen möglichst vorurteilslos, ohne sie zu richten oder zu bewerten, so schildert, wie sie sind – in ihren Stärken wie in ihren Schwächen, in ihren Höhen wie in ihren Tiefen, in ihren hellen wie in ihren dunklen Seiten.

Jede menschlich überzeugende, gar erschütternde Darstellung bestimmter Charaktere setzt ein hohes Maß an Einfühlung und Verstehen für die betreffenden Personen voraus; sie ist deshalb wie von selbst ein Bemühen darum, Menschen nicht auszugrenzen oder zu verurteilen, nur weil sie in die Raster gewisser dogmatischer, moralischer, juristischer oder politischer Vorstellungen nicht hineinpassen. Genau diese Einstellung aber ist es, die den eigentlichen »Inhalt« aller Religion ausmacht: Es gibt keine Grenzen für den »Föhnwind«, der den Frühling über die Eismassen der Gletscher im Gebirge trägt. Nicht eine bestimmte theologische Doktrin, sondern diese Haltung einer unbegrenzten Akzeptation von allem, was menschlich und menschenmöglich ist, macht den Kern des »Prinzips« der »Gnade« in der Religion aus: Da ist ein bestimmter Bereich definiert als eine absolute Asylstätte für einen jeden Menschen, so daß, wie im alttestamentlichen Heiligtum, sogar jemand, der eines schlimmen Verbrechens sich schuldig gemacht hat, auf der Flucht vor dem Bluträcher, der ihn verfolgt, unerschlagen gelassen werden müßte, wofern er mit beiden Händen, schutzflehend, die Hörner an den Flanken des Altares umfaßt hielte. (1 Kön 1,50–53; 2,28)

Dichtung, wohlgemerkt, ist nicht in sich bereits »religiös«: sie hat nicht zu verurteilen, aber sie hat auch nicht zu vergeben; sie ist desgleichen nicht in sich bereits »therapeutisch«: wohl schildert sie bestimmte Konflikte in ihrer Entstehung und ihrer Dynamik, doch hat sie nicht den Auftrag, irgend etwas zu verändern oder zu verhindern. Und doch ist Dichtung die bevorzugte Sprache der Religion ebenso wie der Therapie[28]. Denn um Menschen zu schildern als allesamt der »Gnade« bedürftig, muß man sie alle mit Dichteraugen betrachten. Am Ende verdient selbst der vereinsamte Ahab in seinem verderblichen Wahn nach Rache Verstehen und Mitleid, statt Verstoßung und Fluch.

Stets bedeutet Dichtung daher auch die Überwindung scheinbar endgültiger Ausgesetztheit und Verlassenheit. Sehr schön hat RAINER MARIA RILKE in einem Gedicht zum Andenken an PAULA MODERSOHN-BECKER diese Wahrheit einmal in die Worte gefaßt:

Du blasses Kind, du machst den Sänger reich
mit deinem Schicksal, das sich singen läßt:
so spiegelt sich ein großes Gartenfest
mit vielen Lichtern im erstaunten Teich.
Im dunklen Dichter wiederholt sich still
ein jedes Ding: ein Stern, ein Haus, ein Wald.
Und viele Dinge, die er feiern will,
umstehen deine rührende Gestalt[29].

Ein solcher Schicksalsgesang um einen Menschen ist alle Dichtung – eine Wiederholung des Geschauten im Bewußtsein, eine Würdigung des Geheimnisvollen, das in jedem lebt, eine Brücke, die sich ausspannt zwischen Einsamkeiten, sowie eine Einladung, gemeinsam Unerhörtes zu Gehör zu bringen.

Einsam ist der Dichter wesenhaft selber. Allein die Stille ist der Raum, in dem er ruht, und sein Asyl ein leises Atemholen. In dem Gedicht, das schon den Titel trägt *Der Einsame*, konnte, noch einmal, RILKE von sich und allen Menschen gleicher Wesensart bekennen:

Wie einer, der auf fremden Meeren fuhr,
so bin ich bei den ewig Einheimischen;
die vollen Tage stehn auf ihren Tischen,
mir aber ist die Ferne voll Figur.

In mein Gesicht reicht eine Welt hinein,
die vielleicht unbewohnt ist wie ein Mond,
sie aber lassen kein Gefühl allein,
und alle ihre Worte sind bewohnt.

Die Dinge, die ich weither mit mir nahm,
sehn selten aus, gehalten an das Ihre –:
in ihrer großen Heimat sind sie Tiere,
hier halten sie den Atem an vor Scham[30].

Es dürfte schwerhalten, ein Gedicht zu finden, das treffender als dieses die Seelenstimmung eines Autors wiedergäbe, der fähig war, den *Moby-Dick* zu schreiben – mit all seinem Fernweh, mit all seiner Wehmut, mit all seiner Ausgesetztheit, mit all seiner verzweifelten Ausgelassenheit. Von der Lektüre dieses Romans geht vor allem ein großer Respekt aus, die gezeigten menschlichen Personen und Schicksale erst einmal in ihren Eigenheiten gelten und stehen zu lassen: Wie von selbst wächst Ahab dann zu einem prometheischen Sinnbild des menschlichen Daseins auf, wird Pierre Glendinning zu einer neuen Nuance des »Enceladus«-Motivs . . . Etwas in aller Dichtung verbleibt im Absoluten. Etwas im Menschen rührt an das Göttliche. Dichtung ist nicht in sich Religion, doch alle Religion drückt sich aus in einer Haltung, die dichterisch ist.

Alle »Analyse« hingegen, alles zergliedernde Begreifenwollen, ist gegenläufig zur Dichtung. Es wäre indessen nicht weise, an dieser Stelle bereits die Wegscheide zwischen Dichtung und Therapie markieren zu wollen, statt ihre Verwiesenheit aufeinander hervorzuheben. Gewiß, um fixierte Fehlformen von Angst, Schmerz und Schuld aufzulösen, muß man – mit den Mitteln nachdichtenden Verstehens – in den Antrieb und in die Mechanik seelischer Zerstörung einzudringen und sie »auseinanderzunehmen« suchen, auf daß die zergliederten Teile sich günstiger, gütiger, größer zu dem »eigentlichen« Bild der Persönlichkeit zusammenfügen können. In seiner Arbeitsweise kann das analytische Verfahren der Psychotherapie nicht dichterisch sein; doch am Anfang wie am Ende: in der Darstellung der Not wie in der Vision der Rettung bedarf es, wie die Religion, der Sprache dichterischer Bilder bedarf es der Ausdrucksweise und des Umgangs mit den Sinnbildern der menschlichen Seele. Denn es sind bestimmte symbolische Vorstellungskomplexe selber, die der Durcharbeitung durch die Psychoanalyse harren; dann aber wieder ist es ihre Aufklärung, die schließlich vor dem stets Größeren des wirklichen Lebens verstummt: Nie darf aus »Analyse« Dirigismus werden. »Therapie« ist im besten Falle ein Tor zur persönlichen Freiheit.

Gerade dafür liefert MELVILLES *Moby-Dick* ein erschütterndes Beispiel, – wie kein anderer Romancier im 19. Jh. beteuert der amerikanische Dichter sein Unvermögen, die Begebenheiten wirklich zu begreifen, die er selber beschreibt. (XLI 309) Das, was er darstellt, verwandelt sich wie notwendig in eine symbolische Verdichtung bestimmter Aspekte des menschlichen Daseins, die ihrerseits wie ein Flehen an den Leser wirkt, aufzuhellen, was trotz aller Bemühung bislang noch im Schattendunkel der Unbewußtheit verbleiben mußte. Symbole verlieren ihre magische Wirkung, sobald sie übergehen in etwas begrifflich Bekanntes, doch alles, was wir zu kennen meinen, erweitert sich stets nur in ein neues Unbekanntes; dann kehren die alten Symbole auf einer neuen Stufe ihres Verstehens wieder zurück und bilden, wie in PLATONischen Dialogen, das Ende aller rationalen Überlegungen.

Der beste Beweis für die gemeinsame, aber auch unterschiedliche Verwendung, die identische Symbole in Dichtung, Religion und Therapie finden können, liefert in *Moby-Dick* das Bild des »Fisches«, auf dem Ismael (mit sicherem Instinkt für mythische Konnotationen) unbeirrt beharrt, indem er die biologische Einordnung der Wale als »Säugetiere« mit dem Propheten Jona kategorisch als unbiblische Besserwisserei zurückweist. (XXXII 230)

Tatsächlich erscheinen »Fische« im Verein mit Seeschlangen und Meeresungeheuern aller Art in den Überlieferungen der Völker als Verkörperungen der dunklen Seite der Schöpfung, die »gefangen« und »besiegt« werden müssen, um Chaos in Ordnung zu wandeln. Einige Beispiele solcher Heldentaten des »Walfangs« hat Ismael selber zusammengestellt (LXXXII 566–570), – sie sind in der Tat menschheitlich-global, beginnend mit dem polynesischen Maui und dem riesigen Fisch, den er wegen der Torheit seiner Brüder nicht als ganzen fangen konnte, doch von dem ihm als kleiner Teil immerhin die Insel Hawaiki, seine Heimat, verblieb[31], bis hin zu den Taten des germanischen Gottes Thor, der (beinahe) die Mitgardschlange erlegte, die mit ihrem Leibe die »Mittelerde« umringt, so daß es den Menschen, die dort wohnen, angst wird, wenn sie sich zusammenzieht[32]. Doch wie alle Symbole ist auch das Zeichen der »Fische« und der »Meeresungeheuer« ambivalent: die andere Seite des »Chaos« ist die stete Möglichkeit zu kreativer Neugestaltung, zu fruchtbarer Wiederbelebung, zur Regeneration. Im Alten Ägypten konnte der Gott Osiris, der in seinem Schicksal den Sieg über den Tod verkörperte, auch die Gestalt der Fische Abdju und Inet annehmen, und allem Anschein nach bildete dieses Symbol auch den Hintergrund dafür, daß die frühen Christen ihren Erlöser im Bilde des Fisches verehrten[33].

In diesem Sinne ist *jedes* Symbol ein Wegzeichen, das in zwei gegensätzliche Richtungen weist. Das Bild des Fisches, um dabei zu bleiben, kann auf allen Erfahrungsebenen der menschlichen Wirklichkeit Auflösung, Chaos und Untergang anzeigen: physisch als Tod, psychisch als Wahnsinn und geistige Umnachtung, religiös als Höllenpfuhl und Stätte der Verdammnis. Dasselbe Bild kann aber auch die umgekehrte Bewegung ausdrücken: den Hervorgang aus dem allesverschlingenden Maul des Todes, die Lebenserneuerung beziehungsweise die »Wiedergeburt« durch Erreichen einer neuen Stufe der Integration unbewußter Anteile der Psyche, die Rettung aus den Schrecken der Unterwelt.

Die entscheidende Frage stellt sich natürlich, was darüber befindet, ob von der ambivalenten Bedeutung eines Symbols die positive oder die negative

Ausprägung realisiert wird. Überraschenderweise beantwortet sich diese Frage nicht von den symbolischen Bildern selbst her; diese verhalten sich nur wie Kompaßnadeln, die sich allein nach den Polen orientieren können, die ihnen das umgebende Magnetfeld vorschreibt. Es ist – ganz wie in Ahabs Situation nach dem Taifun und dem Elmsfeuer (CXXIV 785) – die Ausrichtung des Lebens selbst, die über die Tendenz der psychischen Symbole entscheidet: Steht ein Mensch voller Angst sich selbst und der Welt gegenüber, so wird die Sprache der Symbole eine zerstörerische Dynamik anzeigen und entfalten; es verhält sich dann so, als würde die Bilderwelt der menschlichen Psyche in eine Klammer gesetzt, die mit einem negativen Vorzeichen versehen wäre, so daß alle an sich positiven Werte darin in ihr Gegenteil verkehrt und alle an sich negativen Inhalte wie ein positiver Betrag verbucht würden. Steht ein Mensch hingegen voller Vertrauen sich selbst und der Welt gegenüber, so ist es, als setzte sich ein positives Vorzeichen vor die Klammer, welche die Symbole des Unbewußten einschließt, so daß alle Einzelwerte die Bedeutung behielten, die ihnen »an sich« zukommt; – die »Klammer«, das heißt die »Umklammerung« der Angst, hebt sich auf.

Von daher hat MELVILLES »Vertrauensmann« in den *Maskeraden* vollkommen recht: das ganze Leben entscheidet sich an der Alternative von Vertrauen oder Mißtrauen, von Geborgenheit oder Angst, von Zuversicht oder Verzweiflung. Je nachdem kann die Welt und das Leben erfahren werden als »Paradies« oder »Hölle«, als »Segen« oder »Fluch«, als Gelingen oder Mißlingen des Daseins im ganzen. Alles kommt deshalb auf das »Vorzeichen« an: Lebt ein Mensch aus Vertrauen oder aus Angst? – Vertrauen zu ermöglichen bildet deshalb auch das Hauptbemühen der »Psychotherapie«, in der Absicht, selbst einen »Ahab« von seinen Obsessionen durch den »Pottfisch« befreien zu können. Erst in einer entängstigten Welt würde der Weiße Wal wieder zu jenem »stummen Tier«, als welches ihn Starbuck betrachten wollte (XXXVI 273); inmitten der Angst indessen muß er unweigerlich als verschlingender Abgrund, als Bild alles Bösen, als die Verkörperung aller Kränkung, als die Chiffre eines überlegenen Schicksals aus Schuld und Verlorenheit erscheinen. – Der Sinn aller Religion liegt deshalb wesentlich darin, das »Vorzeichen« der »Klammer« der menschlichen Existenz durch Stärkung des Vertrauens ins Positive aufzuheben und die Negation der Angst und des Mißtrauens, der Aggression und des Mißmuts, der Autarkie und der Misanthropie buchstäblich zu durchkreuzen.

β) *Die Botschaft von der Gnade im Jona-Büchlein oder: Ergänzungen zu Vater Mapples Predigt*

Ihre geradezu klassische Darstellung hat diese Ambivalenz der Symbole am Beispiel des Leviathans in der biblischen Geschichte vom Propheten *Jona* gefunden[34]: Solange der Prophet voller Angst vor sich selbst und seiner Berufung davonläuft, erscheint ihm Gott als Schöpfer des »Meeres« (Jona 1,9), als der Erreger eines Sturms, der jedes Schiff zum Scheitern verurteilt, als eine Macht, welche die gesamte menschliche Existenz in dem Bauch eines riesigen »Walfisches« einschließt. Das Bild des Wals selbst erweist sich hier als Maximierung und Totalisierung, als Summe oder als Integral aller Phobien und Traumen des ganzen Lebens. Dann aber gelingt es Jona, aus der verzweifelten Aussichtslosigkeit seiner Lage die »richtigen« Konsequenzen zu ziehen: Unfähig, noch weiter zu fliehen, angsterstarrt bis zur Bewegungsunfähigkeit, begreift er, daß es so, wie begonnen, mit ihm nicht mehr weitergeht; und da nichts so schlimm sein kann, als in Angst und Angstflucht zu verharren, wagt er es, sein Leben um 180 Grad zu drehen und in Richtung seiner eigentlichen Berufung gegen die Angst anzugehen. Im *Matthäus*-Evangelium heißt es einmal: *Fürchtet euch nicht vor denen, die nur den Leib töten* (können), *die Seele aber nicht zu töten vermögen, sondern fürchtet vielmehr den, der es vermag, daß sowohl die Seele als auch der Leib verlorengehen: in der Hölle!* (Mt 10,28) Gerade dieser Entschluß zu der »richtigen« Furcht gelingt Jona an dieser Stelle.

Psychotherapeutisch müßte erneut von dem »Leidensdruck« die Rede sein, der die »Umkehr« in Jona bewirkt, und gewiß wird es seelische Fortschritte gegen die Angst nur geben können, wenn jemandem eine bestimmte Situation schier unerträglich geworden ist; – wann etwa wird ein Alkoholkranker in eine Entziehungskur und in eine Therapie einwilligen, außer er hätte, allen Ausreden zum Trotz, den äußersten Ernst seiner Lage gesundheitlich, psychisch, wirtschaftlich, sozial … ein für allemal »begriffen«? Doch gerade das Beispiel Ahabs vermag zu zeigen, wie auch der Leidensdruck noch sehr ambivalent empfunden werden kann: Es gibt jenen starrsinnigen Willen zum Unglück, es gibt jenen Entschluß zum Selbstruin aus gekränktem Stolz, und in diesem Falle kann der Leidensdruck so groß sein, wie er will, er wird niemals die notwendige »Umpolung« der Lebensausrichtung erzwingen, er wird ganz im Gegenteil nur die Energie liefern, sich immer tiefer und »gründlicher« in den eigenen Untergang zu verbohren. Wenn es überhaupt wieder so etwas geben soll wie den Glauben an die Möglichkeit eigenen Glücks, so müßte er aus dem Vertrauen geboren werden, mit allen Schwächen und

Mängeln, mit allen Brechungen und Gebrechen akzeptiert und zugelassen zu sein. Nur wenn in der gezeigten Weise eine stärkere Bejahung die Selbstverneinung überwindet, nur wenn eine bestimmte Form von Achtung und Wertschätzung spürbar die Selbstverachtung und das Gefühl der Minderwertigkeit aufzulösen imstande ist, läßt sich auf eine »Drehung« der »Magnetnadel« hoffen. Von Jona heißt es, daß er »betete im Bauche des Walfischs« (Jona 2,2); Worte wie diese lassen sich lesen als Niederschlag oder als Aufbruch eines solchen ins Absolute gesetzten Vertrauens.

Und mit einem Mal nimmt das Bild von dem Leviathan eine völlig konträre Bedeutung an: Jetzt ist der Wal nicht mehr der verschlingende Abgrund der Angst, jetzt ist er die Stätte von Wiedergeburt und von Neuanfang. Auf Gottes Befehl hin speit der Fisch Jona an Land. Der Prophet bekommt wieder festen Boden unter die Füße, und er lenkt seine Schritte zum Ort seiner wahren Bestimmung: nach Ninive.

Bezeichnenderweise ist die Fluchrede des Propheten in der »Blutstadt« Ninive (*Nahum* 3,1) der eigentliche Anknüpfungspunkt für die Predigt, die Vater Mapple in der Kirche von New Bedford hält. (*Moby-Dick*, IX 91–102) Sie trägt eben jene Lesart des Religiösen vor, die Ismael bei seiner Ausfahrt unter Ahabs Kommando als Motiv und als Sinndeutung seines Tuns mitnehmen wird: Man muß dem »Bösen« mit aller Klarheit und in aller Schärfe entgegentreten, immer, ohne Zögern, ohne Rücksicht auf gewisse Vorteile oder Nachteile, die sich daraus ergeben können, unerschrocken, allein der Wahrheit verpflichtet. Worte wie diese klingen groß und frei, und sie sind es wohl auch; und doch deutet sich in dieser »prophetischen Radikalität« psychologisch eine merkwürdige Form auch der Äußerlichkeit im Verständnis des Religiösen an: Gott hat befohlen, der Mensch muß gehorchen; er muß seinen Willen unter den Willen Gottes beugen. Bis heute hat sich auf vielen christlichen Kanzeln diese Diktion und Denkweise erhalten; doch bei aller scheinbaren Geläufigkeit und Gefälligkeit geht sie von einer fatalen Voraussetzung aus: von der fundamentalen Gegensätzlichkeit zwischen dem, was Gott will, und dem, was der Mensch will[35]. Eben deshalb, erklärt Vater Mapple, fällt es immer schwer, Gott zu gehorchen. (IX 92) Der Widerspruch gegen »Ninive«, zu dem Jona gesandt wird, ist notwendigerweise im Vorlauf bereits ein Widerspruch auch in Jona selbst.

Gott und Mensch also sind entsprechend dieser Vorstellung im Widerspruch zueinander befindlich, und zwar naturgemäß, ohne weitere Begründung. Dabei ist eine solche Auffassung alles andere als selbstverständlich, sie ist im Gegenteil geradezu bizarr. Sollte man nicht von der Beziehung zwischen Gott und Mensch, zwischen Schöpfer und Geschöpf erwarten dürfen, daß sie von einer tiefen Harmonie und einer inneren Entsprechung geprägt sei, so wie Blumen sich im Einklang mit der Sonne befinden – alles in ihnen drängt sie zum Licht hin? Wieso soll einzig der Mensch stets etwas anderes wollen, als Gott, der Ursprung und Quell seines Lebens, es von ihm verlangt? Ein solches Verhältnis des »Ungehorsams« wird zwar von den alttestamentlichen Propheten immer wieder beklagt und dem »Volke Gottes« zum Vorwurf gemacht, doch handelt es sich dabei um situationsgebundene Aussagen, die nicht dem »Wesen« des Menschen gelten, sondern »nur« einer bestimmten geschichtlichen Lage Israels.

Nur eine einzige Erzählung findet sich in der Bibel, die zu erklären versucht, wie *der* Mensch (Adam) dahin kommt, dem Gebot Gottes zuwiderzuhandeln und des Glücks seines Lebens verlustig zu gehen. Bekannt als die Geschichte vom »Sündenfall«, schildert *Genesis* 3,1–7 diesen entscheidenden Prozeß der Entfremdung zwischen Gott und Mensch gerade nicht als eine Tat mutwilligen Ungehorsams, wie es etwa die babylonische Mythe von dem Dämon Kingu und seinem Aufstand gegen den Gott Marduk nahelegt[36]. – Aus dem Blut des erschlagenen Rebellen wurden nach dieser mesopotamischen Überlieferung die Menschen gemacht; ihnen liegt, entsprechend diesem Bilde, der Aufruhr im Blut, und so müssen sie denn auch von ihren himmlischen wie irdischen Herrschern gewaltsam im Zaume gehalten werden. – In dieser (heidnischen) Vorstellung von den Menschen wäre der Widerspruch zwischen Gott und Mensch eine nicht weiter zu begründende Urtatsache. Doch gerade so denkt nicht die biblische Sündenfall-Geschichte; ganz im Gegenteil schildert sie in Gestalt der »Frau« (Eva) einen Menschen, der durchaus nicht auf die Einflüsterungen der »Schlange« eingehen will, aber von der Angst, das Verbotene tun zu können, eingeholt wird und schließlich, wie hypnotisiert, genau das tut, was er soeben noch mit allen Kräften zu vermeiden suchte. Die »Schlange«, deren Symbolik mit dem Bild auch des Meeresungeheuers, des Leviathans, verwandt ist, verkörpert ähnlich dem Weißen Wal alles Grauen und alles Fragwürdige der Welt, und die »Frau« erliegt ihr, so wie Ahab Moby Dick erlegen ist, längst ehe er im Kampf gegen ihn angeht. Nichts hat dieser Vorgang gemein mit MILTONS Verlust des Paradieses in der Gestalt von »Lucifer«, der aus Stolz und Trotz sich von Gott lossagt und lieber unglücklich und frei als wohlversorgt und »gehorsam« leben möchte. Der Mensch der biblischen Sündenfall-Erzählung wählt nicht seine Freiheit, wie es die Philosophen des Deutschen Idealismus gerne sehen wollten; der aus dem Paradies der Welt verjagte

Adam und seine Frau Eva sind vielmehr ganz und gar die Opfer ihrer Angst.

Die Folgen, die sich aus dieser biblischen Sichtweise für das Bild vom Menschen ergeben, sind schwerlich zu überschätzen, und sie sind sehr dazu angetan, auch Vater Mapples »Theologie« in seiner Jona-Predigt an die »Fahrensleute« an zentraler Stelle zu korrigieren. Denn wenn die Sündenfall-Erzählung recht hat und die Menschen gerade nicht aus prometheischer Hybris »sündigen«, sondern als Ausgelieferte einer Angst, die als Rettung einen Ausweg vorgaukelt, der nur in der »Ausweisung« aus dem Paradies göttlicher Geborgenheit enden kann, – so besitzt der »Zustand« des Widerspruchs zwischen Gott und Mensch eine stets zu beachtende wesentliche »Vorgeschichte«. Keineswegs neigt dann der Mensch von sich aus zu »Ungehorsam« und Widersetzlichkeit gegenüber seinem »Schöpfer«, vielmehr ergibt sich die Abweichung vom Willen Gottes selbst erst aus einer Angst, in welcher das ursprüngliche Vertrauensverhältnis des Menschen zu seinem Ursprung längst zerbrochen ist. Auch der Prophet Jona flieht nicht ans Ende der Welt (»nach Tharsis«, *Jona* 1,3), um partout seinen Willen durchzusetzen beziehungsweise weil es ihm so schwerfiele, »gehorsam« zu sein; er ergreift die Flucht, weil er Angst hat vor einem Gott, der seine Befehle erläßt ohne jedwede Rücksichtnahme auf die Tragkraft des Menschen; es ist dieses Bild einer willkürlichen, despotischen, alles Recht für sich behauptenden Autorität, das in Jona, in Ahab, in jedem Menschen zu Widerspruch und Widerstand treiben *muß*.

Gerade deshalb aber läßt sich die Problematik des menschlichen Daseins nicht von der Kanzel herab nach Vater Mapples Manier mit massiven Machtworten niederpredigen. Wohl ist der Mensch ganz und gar, auf Gedeih und Verderb, schon seiner Sterblichkeit wegen, in die Hand seines Schöpfers gegeben; doch alles entscheidet sich daran, ob diese Grundsituation des Menschen in einem Feld des Vertrauens erlebt wird oder in einem Felde der Angst; und die wichtigste Frage, die sich von daher stellt, lautet, wie ein Mensch aus der Verlorenheit seiner Angst wieder zu der Haltung jenes ursprünglichen Vertrauens zurückgeführt werden kann. Der »Vertrauensmann« auf der *Fidèle* in den *Maskeraden* verweist exakt auf diese Aufgabe, ohne jedoch einen Weg zu ihrer Bewältigung zu erkennen oder zu benennen. Vater Mapple indessen blendet den Hauptteil der *Jona*-Erzählung ganz einfach aus: All seine furiosen Beschreibungen einer Jona-Existenz mitsamt seinen an sie gerichteten Mahnungen verbleiben innerhalb des Desasters eines Gefangenseins in Angst; rein deklamatorisch diktiert sein

Gott am Ende einen »Neuanfang«, der erkennbar keiner ist, weil er die alte Spannung von Angst, Einsamkeit und Unterwerfung im Herzen des Propheten eher noch verschärft, statt sie abzubauen. (*Moby-Dick*, IX 101) Kein Wunder deshalb, daß die latente Verzweiflung des Jona, seine tödliche Verweigerung gegenüber Gott, sich auch dann noch durchhält, als er in Ninive wirklich das Zorngericht Jahwes, wie er soll, ansagt. (*Jona* 4,3.8)

Um so wichtiger ist es zu sehen, daß die Auflösung des Dilemmas menschlicher Angst und Verweigerung, daß das eigentliche Ziel, auf welches die *Jona*-Erzählung hinauswill, erst in der Schlußszene eines äußersten Widerspruches erreicht wird: Nachdem Jona den Untergang Ninives pünktlich auf »*noch vierzig Tage*« angekündigt hat (*Jona* 3,4), wartet er auf das Eintreten seiner Drohungen. Inzwischen aber haben die Leute, der König und sogar die Tiere in Ninive Buße getan (*Jona* 3,5–9), und die Hand Gottes scheint sich nicht rühren zu wollen; das Strafgericht unterbleibt. (*Jona* 3,10) Das aber wurmt Jona derart, daß er lieber sterben will als jetzt auch noch der befürchteten »Langmut« und Vergebungsbereitschaft seines allzu zögerlichen und behutsamen Gottes beiwohnen zu müssen, der offenbar nur nicht recht weiß, wie man zornerfüllt dreinschlägt und Unrecht mannhaft bestraft. (*Jona* 4,1–3) Jona läßt sich im Osten der Stadt nieder und wartet erneut, was mit Ninive geschehen werde. (*Jona* 4,5) Ihn dauert's nicht um Ninive, ihm dauert's um einen Rizinus-Strauch, den Gott wachsen ließ als Kind *einer* Nacht, auf daß er Schatten spende dem Haupt des Propheten (*Jona* 4,6); dieser Rizinus dorrt (*Jona* 4,7), und der unbarmherzige Glast der Sonne und die Glut des Winds aus der Wüste lassen jeglichen Rest an Lebenswillen in Jona ersterben. Wieder einmal befindet er sich »am Ende«. (*Jona* 4,8.9) Doch gerade in dieser Situation endgültiger Verweigerung und Auswegslosigkeit ergeht eine offene Frage Gottes an den Propheten ebenso wie an den Leser des *Jona*-Büchleins zu allen Zeiten, ob die Lebewesen nicht allsamt, statt von Lohn und Strafe, in Wahrheit von einem kreatürlichen Erbarmen leben, das ausnahmslos und unterschiedslos einen jeden umfaßt, – Menschen wie Tiere. (*Jona* 4,10.11)

Stimmt es denn überhaupt, daß wenigstens die Menschen sich zurechtfänden zwischen »Gut« und »Böse« und jederzeit wüßten, was das eine ist, was das andere? Wie viele »gerechte« Kriege hat man nicht schon geführt als ein »Gottesgericht«, das man mit grausamer Unnachsichtigkeit exekutierte, – wie im Juli 1943 in der »Operation Gomorrha« an der Hansestadt Hamburg mit Zehntausenden von Toten, verbrannt mit Phosphor[37]? Wie viele Holocaust-Opfer in wörtlichem Sinne hat dieser fanatische Ahabsche

Wille zur Ausrottung alles Bösen nicht schon zu verantworten, – wie beim »Weihnachtsbomben« von Hanoi 1972 mit Napalm[38]? Der Gott des *Jona*-Büchleins indessen verbietet sich – und damit doch wohl auch all seinen »Gläubigen« – ein solches Vorgehen. Ihm tun seine Geschöpfe leid, und so hindert sein Mitleid, mehr als all die »Buße« in Ninive, sein »Einschreiten« und »Eingreifen« in Strafe.

Ja, das *Jona*-Büchlein, dieses Kleinod unter all den Geschichten der Bibel, bezweifelt am Ende sogar die Möglichkeit einer göttlichen »Gerechtigkeit« nach den Maßstäben von Lohn und Strafe überhaupt. Die Einwohner Ninives, stellt Jahwe, die Gottheit, schließlich fest, können nicht einmal zwischen rechts und links unterscheiden. (*Jona* 4,11) Derart verwirrte, verirrte Wesen bedürfen geduldiger Güte, hilfreichen Handelns und vor allem: eines vergebungsbereiten Verstehens, nicht aber wütender Empörung und zornmütiger Rache. Jona selbst, der erbittert-verbitterte Prophet seines Gottes, muß am Vorbild Ninives nicht minder als am Beispiel seines eigenen Lebens lernen, was *Gnade* bedeutet. Es ist eine Lektion, die über Leben und Tod entscheidet, nicht weit entfernt von der Rettung Ismaels durch die *Rachel*, – eine Erfahrung, die rückwirkend noch einmal das gesamte Verständnis von Religion umkehrt, das dem Mythos von *Moby-Dick* zugrunde liegt.

Würde nämlich Vater Mapple sich selbst und seinen Hörern die Geschichte des Propheten Jona bis zu Ende erzählen, so würde auch er unfehlbar dieses Moment der *Gnade* entdecken, das all die »alttestamentliche« Strafgerechtigkeit aufhebt. Freilich – könnte er seine Predigt dann noch vor »Walfängern« und anderen Kämpfern gegen »das Böse« halten? Seine gesamte Botschaft vom tapferen Einschreiten gegen »das Böse« verwandelte sich in ihr vollkommenes Gegenteil. Nichts, weder »Ninive« noch der »Leviathan«, verdient, vernichtet zu werden! Vielmehr selbst das, was als »böse« gilt nach den Wertungen des Gottes der Bibel ebenso wie der Menschen, die sich auf ihn berufen, wartet darauf, sich zu wandeln in einem vertieften Feld der Begegnung: Was Jona im Osten von Ninive lernt, ist so weit nicht weg von der Arbeit, die »Ahab« zu leisten hätte, wenn er seinen einsamen *Tod nach einsamem Leben* (*Moby-Dick*, CXXXV 862) und seinen verlorenen Krieg *gegen die Grauen der Tiefe* (CXXXII 820) nach dem Untergang seines Schiffes kommentieren könnte.

Dabei ist es, betontermaßen, beim Sprechen von »Gnade« nicht darum zu tun, selbst noch die irrsinnigen Rachephantasien »Ahabs« für »richtig« zu finden; doch entschieden kommt es darauf an, daß alles »Böse« im menschlichen Tun und im menschlichen Herzen sich zurückführt auf schwere Deformationen des Ichs, die unter dem Druck von Angst und von Leid zumeist schon in den Jahren der frühen Kindheit entstanden sind und in Antwort auf bestimmte Einschränkungen und Behinderungen der Persönlichkeit zu allen möglichen Kompensations- und Ersatzbildungen geführt haben. Helfen statt richten, verstehen statt verurteilen, heilen statt strafen – auf diese »Umkehrungen« in der gesamten Sicht auf die Wirklichkeit des Menschen läuft die Lehre hinaus, die das biblische Büchlein *Jona* ebenso zu erteilen vermag wie die Geschichte von der Katastrophe der *Pequod*: Wir alle leben von einer Zuwendung, die wir durch keinerlei Leistung verdient haben und auf die wir unter keinerlei Umständen einen Anspruch besitzen, und doch brauchen wir sie bedingungslos und umstandslos, um wahrhaft zu *sein*. Dieses »Prinzip« der »Gnade« im Angesicht aller Menschennot und alles kreatürlichen Leids gilt total, unbegrenzt und universell.

Betrachtet man die Hintergründe für die Entstehung des »Bösen« und verfolgt man seine Entwicklung in der Seele eines Menschen, so gerät wie von selbst die bloße Möglichkeit abhanden, bestimmte Einstellungen oder Verhaltensweisen noch als gegebene »Tatsachen« zu fixieren und hernach mit fixer Elle moralisch zu bemessen. Die Frage stellt sich einfach nicht mehr, ob »der« Mensch »wesenhaft« »böse« sei und ob er »von Natur aus« »ungehorsam« Gott gegenüberstehe; die Problemstellung kann einzig lauten, wie verzweifelt ein Mensch eigentlich sein muß, wenn er, wie Jona oder Ahab, nur noch Zorn und Zerstörung im Sinn trägt. Auf Verzweiflung läßt sich nicht antworten mit moralischer Strenge, – nur mit einer Milde, die aus innerer Stärke stammt.

Von diesem Punkt an hören Gott und Mensch endgültig auf, ein Widerspruchspaar zu bilden, – unmöglich fortan, das Verhältnis des Menschen zu Gott in den Bildern einer mythischen Theomachie, eines Kampfs gegen Gott, nach dem Vorbild des griechischen Prometheus oder des lateinischen Enceladus zu beschreiben. Die Religion selbst hört jetzt auf, ein zwangsneurotisch anmutendes Ensemble autoritärer Entfremdung zu sein: – ein im Überich etabliertes System aufoktroyierter Ideen, gewaltsam verinnerlichter Idealsetzungen und außengeleiteter Konventionen nebst einem Bündel institutionell abgesicherter Traditionen. Genau der Typ von Religion, den Ismael, aber auch der Südseevagabund, *Omoo*, als unmenschlich doktrinär ablehnten, fällt nun zuinnerst in sich selbst zusammen. Überwunden ist künftig die Wahnidee von einem Gott, der nur einer bestimmten Menschengruppe zugehörte; überwunden gleichermaßen ist auch die Tyrannei eines

»Gehorsam« heischenden Gottes, der wesentlich von außen »dreinredete«
oder dreinschlüge. Ist »Religion« in angegebenem Sinne nichts weiter als die
Stätte eines absoluten Vertrauens in das bedingungslose Angenommensein
des Menschen, so darf jede Religionsform für obsolet gelten, in welcher
»Glaube« als »Unterwerfung«, gar als »Opfer« des Verstandes gegenüber
einem statuarischen Verbundnetz von göttlich garantierten Dogmen verstanden wird. Nicht die Lehre eines bestimmten kulturell und geschichtlich
geprägten Religionstyps ist das Wichtige, sondern die Lebensführung der
einzelnen Menschen; nicht von außen spricht die Gottheit, sondern aus dem
Inneren redet sie begütigend, vergebend, versöhnend in den Schmerz, in die
Schuld, in die Scham des menschlichen Daseins hinein. Nicht in der Stärkung des Überichs, mithin in der Unterdrückung des Ichs, besteht dann ihre
gesellschaftliche Funktion, sondern in der Bestätigung und Bestärkung des
Ichs im Herzen einer jeden einzelnen Person.

γ) *Die Frage der Willensfreiheit und die Vorsehung Gottes oder:*
Jenseits von Fundamentalismus und Dualismus
Damit löst sich zugleich ein Problem, das dem Menschenbild des *Moby-Dick*
zutiefst eingeprägt ist: die philosophisch oder metaphysisch schier unent-
scheidbare Frage der *Willensfreiheit.* Sie ergab sich bereits rein psychologisch
angesichts der oft erschreckenden Psychodynamik des Unbewußten in der
menschlichen Seele: Wie hilflos etwa steht Ahab, wie hilflos steht Pierre sich
selbst gegenüber, und wie ohnmächtig müssen in ihrem Umkreis all die
Menschen erscheinen, die mit ihnen wesentlich verbunden sind! Doch
zumindest teilweise lassen sich die Abläufe in ihrer Seele verstehen, und je
mehr das geschieht, lösen sich die innere Getriebenheit und der Eindruck
eines schicksalhaften Zwangs nach und nach auf; an die Stelle von Abhängigkeit und Ausgeliefertheit kann ein Gefühl von Selbständigkeit und Selbstbestimmung treten.

Das Problem der Freiheit weist aber noch eine andere als nur diese psychologische Seite auf; jahrhundertelang wurde es *in der Theologie* um und
um diskutiert. Die Frage lautete: Ist ein Mensch überhaupt imstande, kraft
eigener Willensentscheidung in moralischem Sinne »gut« zu sein?

Der irische Mönch PELAGIUS (gestorben nach 418) bejahte dies uneingeschränkt, genauso wie die gesamte philosophische Ethik des Abendlandes
die »Willensfreiheit« des Menschen hervorhob; doch der Kirchenvater
AURELIUS AUGUSTINUS (354–430) widersprach kategorisch; als verbindliche
Glaubenslehre der Kirche setzte er die Ansicht durch, daß nur ein Mensch,

der durch »Gnade« »erlöst« sei, über die Freiheit zum Guten verfüge. Diese ganz und gar »unmoralische« Auffassung besitzt, wie gerade an dem Ahab-schen Paradigma gezeigt, eine tiefe Berechtigung; sie verrät eine eigentümliche Güte gegenüber den tragischen Verwicklungen des menschlichen Lebens, wofern man die theologische Ausdrucksweise in die Sprache der (Neurosen)Psychologie (rück)übersetzt: »frei« zum Guten wird ein Mensch einzig durch eine Güte, die ihn unbedingt meint, – eben durch »Gnade«.

Aber warum schenkt Gott dem einen »seine Gnade«, und warum verweigert er sie dem anderen? Die Thematik der »Erbsünde« und der »Erlösung« des Menschen verlängerte sich logischerweise zu der Frage der Vorsehung Gottes. Ist es denn überhaupt möglich, die Allmacht und Allwissenheit Gottes mit der menschlichen Willensfreiheit zu vereinbaren? In der Spätscholastik vertrat vor allem WILHELM VON OCKHAM (von 1300–1349) die Lehre, daß selbst die »Wahrheit« der Dinge einzig von dem positiven Willensratschluß Gottes abhänge[39]; nicht zuletzt MARTIN LUTHER (1483–1546) wurde durch OCKHAMS Gottesbild zutiefst beeinflußt[40], und der Schweizer Reformator JOHANNES CALVIN (1509–1564) verfocht in letzter Konsequenz die Lehre von der Prädestination des Menschen in der absolut freien Gnadenwahl Gottes, eine Auffassung, die speziell den anglikanischen Protestantismus nachhaltig geprägt hat[41]. Hier liegen geistesgeschichtlich denn auch die Wurzeln für Ismaels und Ahabs fatalistisches Weltbild, nur daß »Gottes Vorsehung« sich vor ihren Augen mittlerweile in eine dumpfe Gesetzmäßigkeit verwandelt hat, die nicht mehr mit freudiger Dankbarkeit, sondern eher mit skeptischem Pessimismus quittiert wird: Von der ehemals glänzenden Machtfülle Gottes ist kaum noch ein Schatten geblieben; nur der Eindruck von der Knechtschaft des Menschen hat sich ungeschmälert erhalten, – als ein Hauptindiz jetzt für seine Ausgesetztheit und Heimatlosigkeit inmitten einer immer fremder werdenden Welt. Aus einem Dogma von der Geborgenheit des Menschen in Gott ist eine Chiffre für die Ungeborgenheit des menschlichen Daseins geworden. Dahin konnte und mußte es kommen auf Grund der sonderbaren Folgerichtigkeit der Antworten auf eine von Anfang an verkehrt gestellte Ausgangsfrage, deren Fehler indes unschwer zu erkennen ist.

Kann ein Mensch frei sein, wenn Gott »allmächtig« und »allwissend« ist? Diese Frage läßt sich mit Ja nur beantworten in dem Gefühl der Einheit mit Gott und der Geborgenheit in Gott; nur solange ein Mensch die »Allmacht« und »Allwissenheit« Gottes nicht als Fremdbestimmung erlebt, sondern sie als eine vertrauensvolle Führung ganz in seinem Inneren erfährt, wird er seine Freiheit gerade darin betätigen und bestätigen, daß er der göttlichen Weisung ohne jeden inneren Widerspruch folgt. Wie eine Schwalbe Anfang September dem scheidenden Sommer nachzieht, um über Tausende von Kilometern hinweg nach Zugbahnen, die ihr instinktiv kenntlich sind, ihr Winterquartier südlich der Sahara aufzusuchen, so kann auch ein Mensch von innen her wissen, was es wann für ihn zu tun gibt: Vor allem die Macht der Liebe im eigenen Herzen wird wohl nie anders gefühlt werden denn als ein Drang nach etwas, das mit allem eigenen Streben und Wollen, subjektiv also in »Freiheit«, auf das innigste herbeigesehnt wird. Würde die theologische Diskussion über die »Allmacht« und »Vorsehung« Gottes und über die Freiheit des Menschen sich stets bewußt geblieben sein, daß sie mit aller Begrifflichkeit nie etwas anderes zu beschreiben vermag als ein Verhältnis der Geborgenheit des Menschen in Gott, so hätte sie aller Wahrscheinlichkeit nach den »Gläubigen« vielerlei Zweifel bis hin zu den Reaktionsbildungen des Agnostizismus und Atheismus ersparen können; sie hätte, methodisch gesprochen, alle Zeit über mitbedenken und mitsagen müssen, daß sämtliche Aussagen über bestimmte »Eigenschaften« Gottes nichts anderes sein können als Aussagen über bestimmte Ausrichtungen der menschlichen Existenz, mithin als Formen der »Selbstauslegung des Daseins« – ein Sprechen vom Menschen auf einen Bezugspunkt hin, der in absolutem Sinne als »Grund« oder »Abgrund« (als »Festland« oder als »Meer« in der Diktion des Jona) erlebt wird. Alles Reden von Gott ist als erstes »Anthropologie« – Existenzvergewisserung –, dann erst »Theologie« – Vergewisserung dessen, was dem Menschen Halt ist und sein kann.

Doch statt dieser vorsichtigen Selbstbeschränkung im Sprechen von Gott, gebunden stets an die menschliche Selbsterfahrung, vermittelte die Theologie den Eindruck, als könnte sie mit philosophischen beziehungsweise metaphysischen Mitteln das »Wesen« Gottes »an und für sich« ergründen und darstellen – als ob es möglich wäre, Gott zu finden, ohne sich selbst zu finden! Erst in dieser vom menschlichen Dasein abgespaltenen Form konnte aus dem »Glauben« als einer Existenzweise eine erzwungene Angleichung des Bewußtseins an eine scheinbar »objektive«, durch das kirchliche Dogma »garantierte«, göttliche »Wahrheit« werden; aus der »Theologie« wurde damit ein ideologisches Herrschaftsinstrument von Päpsten, Kaisern und Landesfürsten, aus der Religion als einem Ort der Versöhnung des Menschen mit sich selbst wurde verinnerlichter Zwang mit all den entsprechenden psychischen Ambivalenzen von Zweifelsucht und Rebellion, gerade wie es in Ahabs melancholischen Grübeleien sich zeigt.

Mit einem Wort: so wie »Ahab« aus seinen Widersprüchen psychologisch nur befreit werden kann, wenn er den Idealsetzungen von »Nantucket« zu widersprechen wagt, so lassen sich auch die Widersprüche in seinen religiös-weltanschaulichen Ahnungen und Ansichten nur auflösen durch einen klaren Widerspruch zu dem gesamten (zwanghaften) Religionstyp, der den Hintergrund seiner Zweifel bildet. Es genügt, um sich klar zu werden, nicht länger mehr Ismaels milder Humor, mit dem er den missionarischen Eifer eines Bildad ironisiert, es genügt auch nicht die Wehmut, mit welcher *Taipi* die Kulturzerstörung durch christliche Missionare in der Südsee schildert; es gilt generell, das fehlende Bindeglied wieder einzufügen, das der »offiziellen« Theologie abhanden gekommen ist: ein lebendiges Vertrauen, ermöglicht durch Gnade. Oder anders gesagt: Es kommt darauf an, die Zerstörungen wiedergutzumachen, die entstanden sind, als man anfing, den Menschen einen »objektiv«»wißbaren« Gott als »Glaubensgegenstand« vorzuschreiben. Der Vergleich ist nicht ganz falsch: Man verfuhr in dieser »Glaubensunterweisung« so ähnlich wie puritanische Eltern, die ihren Kindern als erstes die Liebe *verbieten*, um sie dann in einen »Aufklärungsunterricht« zu schicken, der ihnen die Erfüllung der »ehelichen Pflichten« als Inhalt des »Sechsten Gebotes« erläutert. Unfehlbar werden Menschen, die so aufwachsen müssen, psychologisch wie religiös auf das Problem der »Willensfreiheit« stoßen – und es im Rahmen der vorgegebenen »Grundsätze« nicht zu lösen vermögen! Vom anderen Ende her formuliert: Gegen ein fatalistisches Weltbild hilft einzig das Vertrauen in die Liebenswürdigkeit und den Wert der eigenen Person; und zu eben dieser Überzeugung sollte die Religion, will sie sich nicht vertun, beitragen.

Doch die innere Entwicklung geht weiter. Fühlt sich ein Mensch erst einmal frei, so beginnt er auch *frei zu denken*, und hier kommt erneut die wesenhaft symbolische Form religiöser Rede zu Wort[42]. Die schwerste Hypothek der dogmatischen Form der Theologie besteht wohl darin, daß, sobald man Gott zu wissen vorgab, sogleich der Widerspruch zu den Wissenschaften sich erhob. Der Wal zum Beispiel, der Jona verschlingt, zieht seine Bahn durch die Meere der Zeit als ein auf immer gültiges Sinnbild, als ein dichterisches *Symbol* der Verzweiflung eines Menschen angesichts der Nichtigkeit seines Daseins, oder umgekehrt: als Chiffre des Suchens und der Sehnsucht nach der (verlorenen) Urgeborgenheit und Einheit im Schoße der Mutter; – ganz analog verkörpert auch Moby Dick die nämlichen Vorstellungskomplexe. Alles in dieser Bildersprache ist *subjektiv* – ein Reflex starker Befürchtungen und Hoffnungen, Ängste und Enttäuschbarkeiten der menschlichen Seele. Doch setzt man das Sprechen vom »Wal« im *Jona*-Büchlein ins Dinghaft-Reale, so handelt man sich sogleich das Problem der

»historischen Wahrheit« ein, das die gesamte »wissenschaftliche Theologie« (ein »hölzernes Eisen«!) auf dem Boden der Bibel wie Mehltau überzieht: – ein ganzes Kapitel verwendet Ismael denn auch voller Sarkasmus auf die Absurditäten, die sich ergeben müssen, wenn man den »Walfisch« des Jona *historisch-kritisch betrachtet*. (LXXXIII 571 -574) Und doch ergeht es ihm ähnlich ambivalent wie seinem Seelenverwandten *Clarel*, der für ein »objektives« Glauben zu intelligent ist und der doch voller Trauer darüber verzweifelt, eine solch »handfeste« Frömmigkeit nicht (mehr) zu besitzen.

Aber ist denn die Religion der »robusten Geistesart«, wie der amerikanische Philosoph und Psychologe WILLIAM JAMES (1842–1910) sie nannte[43], überhaupt erstrebenswert? Als ihr traurig stimmender Vertreter erschien bereits der Erste Steuermann an Bord der *Pequod*. Er erwies sich als ein maßgeblicher Teilfaktor der Katastrophe. Denn weil er unfähig war zur Mündigkeit eigenen Denkens, blieb er zur Widersprüchlichkeit mit sich selbst verurteilt, sogar noch im dringend gebotenen Widerspruch gegen Ahab; auf abergläubige Weise delegierte er seine Verantwortung an »apokalyptische« Ausdeutungen von Ereignissen, in denen sich seine Unwissenheit bezüglich der natürlichen Zusammenhänge ebenso widerspiegelte wie die blinde Projektion seiner unverarbeiteten Ängste. Autoritätshörige Unterwerfung unter einen »kraftvollen« »Führer«, fundamentalistische Denkverweigerung, die sich »rechtfertigt« mit Bibelzitaten, Weltuntergangsphantasien (die maßgeblich einer unsinnigen »Wörtlichnahme« der *Geheimen Offenbarung* entstammen) als schematischer Rahmen der Geschichtsdeutung – all das, was MELVILLE in Gestalt Starbucks vor über 150 Jahren portraitiert hat, bestimmt bis heute auf erschreckende und gefährliche Weise die Mentalität der Vereinigten Staaten[44].

In aller Klarheit deshalb: Ein religiöser Glaube, der seine eigene Sprache nicht als eine *symbolische* begreift, degeneriert zum Aberglauben; statt im eigenen Innern, sucht er zu seiner Beglaubigung draußen nach einem Außenhalt, der notwendigerweise immer wieder entgleitet: Gott ist kein Ding, und ein Glaube, der sich »dingfest« zu machen sucht, ist ein bloßes »Unding«. Die Alternative zu der manifesten Katastrophe von Ahabs mythischer Waljagd besteht deshalb wesentlich in einer sinnvollen Synthese von Wissen und Glauben, von Aufklärung und Frömmigkeit, in einem Mittelweg zwischen einem lächerlichen Aberglauben und einem ironisch lächelnden Unglauben.

Ineins damit löst sich zugleich die fatale Bevorzugung dualistischer Weltbetrachtungen auf, die ebenfalls bis in die Gegenwart das Denken und Handeln besonders US-amerikanischer Politiker zu bestimmen scheinen; sie *müssen* überwunden werden, wenn es einen wirksamen Schutz vor »Ahabs« rasendem Kampf gegen »Moby Dick« geben soll beziehungsweise wenn die Rettung Ismaels durch die *Rachel* Realität werden soll, – und die Mittel dazu stehen längst schon bereit.

Wie unnütz es ist, die menschliche Wirklichkeit polar in »Gut« und »Böse« einzuteilen, hat sich vorhin noch bei der Darstellung der Ahabschen Konflikte gezeigt. Hilfreich ist nicht ein moralisierendes Klassifizieren, sondern nur ein verstehendes Durcharbeiten der Gründe des Unglücks. Kein Arzt kann dabei stehenbleiben, die Menschen in »gesund« oder »krank« einzuteilen; er muß erforschen, woher die jeweilige Krankheit kommt und wie man ihre Ursachen angehen kann – zur Wiedergewinnung der Gesundheit oder zu ihrem Erhalt. Demgegenüber mag es gewiß als verlockend einfach erscheinen, das notwendige Bemühen um ein geduldiges Begreifen des oft Ungeheuerlichen im Menschen zu ersetzen durch ein rasches, klares und vermeintlich sicheres Urteil: – die Komplexität menschlichen Fühlens und Verhaltens reduziert sich dabei auf ein unkompliziertes zweiwertiges Bewertungsschema: Wurden bestimmte Gesetze eingehalten oder übertreten? Gemäß der Antwort auf diese simple Frage bestimmt sich dann, was »gut« ist oder »böse«. Doch so »praktisch« eine derartige Sichtweise sich auch darbieten mag, so ungeeignet ist sie, Menschen wirklich »gerecht« zu werden. Ja, sie ist im Grunde schädlich; denn sie weigert sich nicht nur systematisch, Menschen in ihrer Not zu helfen, sie versperrt ihnen oft genug auch den einzigen Weg zur Wahrheit ihrer selbst. Ein Moralismus, der sich einer psychologischen Auseinandersetzung mit der konkreten Situation eines Menschen widersetzt, wirkt menschlich auf ähnliche Weise zerstörerisch wie jener Fundamentalismus einer Frömmigkeitshaltung, die sich den inzwischen über 200 Jahre alten Gedanken der Aufklärung auch heute noch verschließt. An eine »Bergung« Ismaels durch die *Rachel* jedenfalls ist so lange nicht zu denken, wie unter einer »moralischen« Haltung wesentlich nichts anderes verstanden wird als die Einhaltung bestimmter Gebote und Gesetze. Eine solche Gesetzlichkeit, die sich selbst als letzten Maßstab zur Verurteilung von Menschen setzt, ohne sich messen zu lassen an der Bedürftigkeit der Menschen nach »Gnade«, verurteilt sich notgedrungen selber zur Unmenschlichkeit.

Nun war moralisierender Rigorismus allerdings niemals Ismaels Sache; seine sensible Neugier sowie seine Freude an der Beschreibung menschlicher Eigenheiten und Eigensinnigkeiten war viel zu groß, um ihn für legalistische oder moralistische Beckmesserei verführbar zu machen. Zudem läßt sich das Schablonendenken nach Gut und Böse schon rein logisch nur durchhalten unter der idealistischen Voraussetzung der »Willensfreiheit« des Menschen, und gerade an diese Bedingung aller Moral knüpfen sie alle – *Taipi, Redburn, Weißjacke,* Ismael, Ahab, *Pierre,* der Erzähler der *Piazza-Tales* (der »Veranda-Geschichten«), der »Vertrauensmann« – ausnahmslos die größten Zweifel. Alles in MELVILLES Erzählungen und Romanen drängt daher zu einer »erlösenden Aufhebung« der moralischen Widersprüche ins Religiöse; doch da der so notwendigen religiösen Dimension der menschlichen Existenz in all diesen Schilderungen die Idee auch nur, geschweige denn die reale Erfahrung von so etwas wie »Gnade« vollkommen abgeht, erweitern sich die moralischen Gegensätze zu der einzig noch möglichen Religion eines *dualistischen* Fatalismus.

Auch diese quasi »manichäische« Grundhaltung durchzieht in einer merkwürdigen Dialektik zu dem Denken und Handeln nach legalistischen und moralistischen Kategorien auf überraschende Weise bis in die Gegenwart hinein die US-amerikanische Gesellschaft und diktiert ihr die Überzeugung etwa von der Berechtigung der Todesstrafe ebenso wie von der »Pflicht«, immer von neuem »gerechte« Kriege gegen das »Böse« führen zu müssen[45]. Demgegenüber kann man es nur als ein gigantisches Menetekel gerade für den »Frömmigkeitstyp« eines solchen dualistischen Schicksalsglaubens erachten, wenn an Bord der *Pequod* der Parse Fedallah mit seiner Religion des reinen Lichtes zum geistigen Führer (und Verführer) Ahabs wird: Er recht eigentlich bildet die Ursache für die abgründige Verzweiflung und Bitterkeit seines »Kapitäns«. Kann man schlimmer scheitern als durch die Erkenntnis, daß die ganze Weltwirklichkeit nicht so ist, wie sie sein müßte, wenn sie tatsächlich, wie die christliche Theologie es lehrt, die »Offenbarung« der Güte und Größe eines allweisen Gottes wäre? Vielleicht aber müssen wir gar nicht wissen, was oder wie die Welt »an und für sich« ist, um von unserem Weltbild her ein entsprechendes Gottesbild zu konstruieren, das uns seinerseits sagen soll, was für Menschen wir zu sein haben, – sondern es liegt der umgekehrte Weg uns buchstäblich viel »näher«: wir benötigten die Religion, um den Mut zu gewinnen, gütige, verständnisvolle, solidarische, hilfreiche Menschen zu werden; dann freilich kommt es darauf an, der Welt, wie auch immer sie sich darstellen mag, standzuhalten.

Sagen wir so: Die erste Frage, die sich in unserem Leben stellt, kann und darf nicht lauten: »Was muß ich tun?«, sie sollte lauten: »Wer bin ich selbst?« Nicht was ich tue, sondern wie ich mit mir identisch werde, ist die eigentliche Problematik des Menschseins.

Es war vor allem der jüdische Religionsphilosoph und prophetische Bibelinterpret MARTIN BUBER (1878–1965), der immer wieder hervorhob, daß alles »Sündige« aus »Absonderungen« im Leben entstehe und daß »gut« nur sein könne, was ein Mensch mit *ganzem* Herzen zu tun vermöge. *Geh vor mir her und sei ganz* (Gen 17,1) – in diesem Befehl Gottes an Abraham erblickte BUBER zu Recht den Auftrag an einen jeden Menschen[46]; dieser »Gottesbefehl« ist kein anderer, als er neutestamentlich in Mk 12,33 zusammengefaßt ist: *Ihn* (Gott) *lieben aus ganzem Herzen und aus ganzem Verstand und aus ganzer Kraft und: Den Nächsten lieben wie sich selbst.* Die ganze Tragödie eines Starbuck oder des Pierre läßt sich in diesem Urteil zusammenfassen: daß sie alles, was sie tun, niemals *ganz* tun können. Nur: wie wird ein Mensch »ganz«?

Sonderbarerweise (doch in der üblichen Abwehrhaltung auch der christlichen Theologen seiner Zeit) weigerte sich BUBER, die psychologischen Konsequenzen aus seinem eigenen (phänomenologischen oder anthropologischen) Ansatz zu ziehen, – dabei liegen diese offen auf der Hand: Wenn alle »Sünde« »Sonderung« ist und Abgespaltenheit in einem Leben, das nur als in sich geschlossen »ganz« (und »gut«) zu sein vermag, so geht die Frage natürlich nach den Gründen der »Dissoziation« (um einen psychoanalytischen Ausdruck zu gebrauchen); und hier wird die Kenntnis der Psychodynamik der *Angst* zum Verständnis der »Verdrängungen«, »Dissoziationen«, »Gegenbesetzungen« und »Nachverdrängungen« unverzichtbar. Insbesondere die Bedeutung des »*Vertrauens*« für die »Integration« der menschlichen Psyche im Gegenüber einer absoluten Akzeptation müßte in einem verständigen Gespräch zwischen den »Psychologen unter den Theologen« gebührend herausgearbeitet, statt »bibeltheologisch« übergangen werden.

Der theologische Ertrag einer solchen psychologischen Durcharbeitung der seelischen Zerrissenheit des Menschen ist identisch mit der Überwindung jedweder Art von dualistischer Weltbetrachtung. Denn es gehört zur »Ganzheit« des Menschen, daß das Gegenüber seines Vertrauens selbst nicht in die gleichen Widersprüche und Ambivalenzen verwickelt sein kann, aus denen die menschliche Existenz »erlöst« werden muß. Die »gnostische« Auffassung des Religiösen besitzt darin gewiß ihre Berechtigung, daß sie überhaupt die Frage nach der Psyche des Menschen in den Mittelpunkt des »Erlösungs«geschehens gestellt hat; aber sie beraubt sich der Voraussetzungen für eine Lösung ihrer eigenen Problemstellungen, wenn sie die menschliche Seele selbst zum »Ort« des Göttlichen erklärt und damit »Gott« ganz und gar in der Widersprüchlichkeit der menschlichen Psyche aufgehen läßt beziehungsweise wenn sie diese Widersprüchlichkeit in der Vorstellung eines Zwiespalts in der Gottheit absolut setzt. Der Religion zugrunde liegt wesentlich nicht der ewige Kampf zwischen Gut und Böse, sondern eine Gnade, die diesen Kampf durch die innere Einheit der menschlichen Existenz jenseits der moralisierenden Aufspaltungen und Abspaltungen überwindet.

Ahabs Verzweiflung und Clarels Todtraurigkeit indessen offenbaren wie nichts sonst die Ausweglosigkeit auch dieses letzten von MELVILLES Protagonisten begangenen Pfads der Deutung des menschlichen Daseins in Form eines fatalen dualistischen Fatalismus. Erneut liegt die »Wahrheit« des religiösen Selbstverständnisses im »Rücken« der Fluchtwege, auf denen die tragischen Helden des amerikanischen Dichters sich selbst zu entkommen suchen.

δ) *Die Probe aufs Exempel: Gnade als Schuldennachlaß auch im Wirtschaftsleben*

Aber nun: Wie kann ein Mensch eine mit sich einheitliche, identische, integrierte Lebensform durchhalten inmitten einer durch und durch uneinheitlichen, widersprüchlichen und desintegrierten Welt? Auch dieses Problem, das insbesondere in *Maskeraden* und in *Kriegsstücke* geradezu quälend wird: der immer grausamere und groteskere Gegensatz zwischen den Beteuerungen »christlicher« Gottseligkeit und geschäftlicher Gewinntüchtigkeit läßt sich eigentlich nur durch eine innere Geschlossenheit lösen, die nicht durch die Interessen des Kapitals korrumpierbar ist. Um mit sich selber eins zu werden und einig zu bleiben, gilt es, noch einmal den verinnerlichten Widerspruch, wie zuvor gegenüber den »Männlichkeits«-Idealen der guten Bürger in »Nantucket«, so auch jetzt gegenüber dem ganz gewöhnlichen Geschäftsgebaren des »Geldwesens« rückzuentäußern.

Die Frage, die MELVILLES »Vertrauensmann« aufwirft, erweist erneut eine erstaunliche Aktualität; sie lautet: Läßt sich das (religiös vermittelte) Lebensprinzip der »Gnade« auch auf den Umgang mit Geld übertragen? Oder hört beim »Geschäft« die »Freundschaft« auf? – Genau das zeigt sich in den »*Maskeraden*«: Wenn es um Geld geht, ist jeder sich selbst der Nächste.

Eigentlich ist das kein Wunder: In der menschlichen Kultur nimmt Geld in etwa den gleichen Stellenwert ein, der in der Biologie dem ATP (Adenosintriphosphat) zukommt: so wie in der Zelle alle Prozesse der Energieübertragung durch ATP als universelles Energietauschmittel zustande kommen, so wird der soziale »Stoffwechselkreislauf« auf dem »Markt« durch Geld als das universelle Tauschmittel aller Waren- und Dienstleistungsangebote angetrieben. Ein solcher Vergleich zwischen »Wirtschaftskreislauf« und biologischem »Energiekreislauf« führt zu JACK LONDONS *Seewolf* zurück: Alles Leben muß, um sich zu erhalten, Energie aufnehmen; Pflanzen können ihren Energiebedarf durch den Vorgang der Photosynthese mit Hilfe von Sonnenlicht, Wasser und Kohlenstoffdioxid abdecken; Tiere und Menschen aber sind darauf angewiesen, sich die nötige Energie zum Leben anderweitig zu beschaffen, – sie fressen die Körper anderer Lebewesen, in denen deren Lebensenergie als Fette, Kohlenhydrate und Eiweiße gespeichert vorliegt. Der DARWINSCHE »Kampf ums Dasein«, das grausame »Gesetz« des »Fressens und Gefressenwerdens«, hat hier seinen Grund. Wie leicht liegt es deshalb nahe, nach Kapitän Larsens Vorbild auch das Zusammenleben der Menschen als dem gleichen »Gesetz« unterworfen zu betrachten? Vor allem die (neo)liberalistische Wirtschaftstheorie erklärt die permanente Konkurrenz unter den »Marktteilnehmern« für etwas ganz und gar »Naturgegebenes« mit dem Ergebnis, daß die Reichen immer reicher und die Armen immer ärmer werden – müssen und sollen! Inzwischen gilt »wettbewerbsorientiertes Verhalten« »global« als Überlebensbedingung für den einzelnen »Existenzgründer« ebenso wie für Firmen und Firmenkonsortien. Die Unerbittlichkeit der Konkurrenz aller gegen alle läßt in dieser Sozial»philosophie« so etwas wie Mitleid und Menschlichkeit grundsätzlich nicht zu; allenfalls an den Rändern des Überflusses mag man einen winzigen Betrag des erpreßten Vermögens für »wohltätige Zwecke« reinvestieren. Auch dieser »Glaube« durchzieht die US-amerikanische Gesellschaft bis heute: daß jeder ein Recht (also die Pflicht) habe, für sich selber zu sorgen, bis er es sich, groß geworden, leisten könne, großzügig zu sein. Am Ende wird ein Räuberbaron wie der Stahlindustrielle ANDREW CARNEGIE (1835–1919) in New York eine Musikhalle bauen und sich als Kunst- und Kulturmäzen betätigen, oder es wird ein Unternehmer-Millionär wie SOLOMON GUGGENHEIM (1861–1949) sich eine ganze Sammlung von Meisterwerken der Malerei zusammenkaufen, um sie schließlich der Öffentlichkeit »zugänglich« zu machen.

Kapitalanhäufung wie karitatives Verhalten ergeben sich nach »liberaler« Wirtschaftslehre gleichermaßen aus der »Freiwilligkeit« der Einzelnen. Doch erneut geht in dieser Betrachtung der Glaube an die »Willensfreiheit« auf paradoxe Weise einher mit einem dumpfen Fatalismus und Determinismus: Was soll die »Freiheit« eines Menschen sein, wenn er angeblich nur die Wahl hat, zu fressen oder gefressen zu werden? Die Angst, getötet zu werden, zwingt dazu, selber zu töten. Ein Entrinnen aus dem Teufelskreis dieser Todespraxis scheint unmöglich, – es sei denn, man würde die Smutje-Predigt an die »Haie« (*Moby-Dick* LXIV 469–471) auch auf den Umgang mit Geld übertragen: gemeinsames Teilen, bei dem die Starken sorgen für die Schwachen, nicht aber ein ständiger Krieg, bei dem die großen Fische stets die kleinen fressen, müßte die Antwort auf die gemeinsame Daseinsnot aller bilden. Prinzipiell unmöglich ist ein solcher Schritt nicht; nur ist er grundsätzlich unvereinbar mit den »Gesetzen« der »freien« Marktwirtschaft. Das Problem aus Plinlimmons »Pamphlet« (*Pierre*, XIV 3; S. 364–373), wie die Bergpredigt sich mit der Brutalität der bürgerlichen »Pflichten« vereinbaren lasse, ja, wie überhaupt eine Welt in Milde und Menschlichkeit möglich sei, entscheidet sich wesentlich auch am Umgang mit Geld. Wenn irgend Religion mehr sein soll als die heuchlerische Zwangsideologie gesellschaftlichen »Rechtverhaltens«, so müßte sie ihre »erlösende« Kraft gerade in dieser Frage unter Beweis stellen.

Und in der Tat: speziell das *Lukas*-Evangelium enthält, unter Berufung auf die Botschaft Jesu, Sätze und Satzungen, die geeignet und gewillt sind, das gesamte Denken im Umgang mit Geld auf eine neue, wirklich *freie* Grundlage zu stellen. *Ein* solcher Satz steht in der »Feldpredigt« (dem lukanischen Analogon zu der »Bergpredigt« im *Matthäus*-Evangelium) und lautet: *Und wenn Ihr* (nur) *denen leiht, von denen ihr's zurückzubekommen hofft, welch eine Huld soll euch da werden? Auch Sünder leihen Sündern, um ein Gleiches zurückzubekommen.* (Lk 6,34) Wohlgemerkt: das gesamte Wirtschaftsleben der Neuzeit basiert wesentlich auf den Kreditgeschäften der Banken; undenkbar deshalb, das Gebot des Moses zu befolgen (Ex 22,25; Lev 25,36; Dt 23,20), das den Zinswucher verbietet, und Geld unentgeltlich zu verleihen! Im Gegenteil, hinzu kommen (spätestens seit 1971, nach dem Zusammenbruch des Vertrags von Bretton Woods aus dem Jahr 1944 über feste Wechselkurse mit dem Dollar als Leitwährung und der Deckung des Dollars durch die Goldreserven von Fort Knox) enorme Spekulationsgewinne aus dem Devisenhandel und aus Börsengeschäften[47]. An den Bestand der Weltordnung scheint deshalb zu rühren, wer die Rechtmäßigkeit von Geldgeschäften in Frage stellt.

Dabei läßt sich leicht zeigen, daß eine Wirtschaft ohne Zins nicht nur möglich, sondern für das Wohl der Bevölkerung weit »effizienter« wäre: die zinsfreie Brakteatenwährung zum Beispiel begleitete den Aufstieg der mittelalterlichen Städte und Stände und ermöglichte den Bau zahlreicher Kathedralen in den Kulturmetropolen Europas, während die Wiedereinführung des Römischen Rechts 1495 auf dem Reichstag zu Worms unter Maximilian I. (König 1486; Kaiser 1508–1519) innerhalb von 30 Jahren die sozialen Unruhen der Bauernkriege sowie die Kritik der Reformatoren an den Mißständen der Papstkirche hervorrief. Selbst rein finanz- und wirtschaftstheoretisch lassen sich gute Argumente zugunsten der Zinsfreiheit beibringen[48].

Doch der Ausspruch Jesu im *Lukas*-Evangelium denkt erst gar nicht an mögliche Zinsgewinne. Er radikalisiert, wie die jesuanische »Interpretation« des mosaischen Gesetzes auch sonst, den Grundgedanken, indem er ihn in eine humane Evidenz hineinstellt: » Wie ist es möglich«, scheint Jesus zu fragen, »daß du ernsthaft glaubst, mit der Armut deines Nachbarn deinen Reichtum vermehren zu können? Was für ein Mensch mußt du sein, wenn du die Not deines Nächsten zu deinem Geschäftsvorteil auszubeuten gedenkst? Wenn du Geld besitzt, mehr als du benötigst, so daß du es, ohne Mangel zu leiden, verleihen kannst, so solltest du es demjenigen geben, der es dir höchstwahrscheinlich nicht zurückgeben kann; denn dieser braucht es am meisten.« Die Schuld des anderen zu entschulden, statt sie auszunutzen; die Schuld des anderen nachzulassen wegen erwiesener Zahlungsunfähigkeit des Schuldners, – wie in dem Gleichnis vom »Schalksknecht« (Mt 18,23–35); die eigene Schuld in das »Prinzip« einer allgemeinen Schuldentilgung zu verwandeln, – wie in dem Gleichnis vom »ungerechten Hausverwalter« (Lk 16,1–9); – das ist die Haltung, die sich auch in der *Vater-unser*-Bitte ausspricht: *Und laß uns nach, was wir verschuldet, wie auch wir hiermit nachlassen denen, die sich uns verschuldet.* (Mt 6,12; Lk 11,4)

Es ist die gleiche Evidenz, mit der sich alle Menschlichkeit begründet aus »Gnade«: Wir alle sind Schuldige, die zerbrechen müßten, verführe man mit ihnen rein nach »Gerechtigkeit«. Kein Mensch kann leben ohne Vergebung, denn je genauer er sich kennenlernt, desto greller wird ihm das Ausmaß seiner Fehler, Irrtümer, Versäumnisse und Verfehlungen, ja, seiner Gebrechen und Verbrechen unter die Augen treten. Niemand ist, der aus eigener Kraft die schädlichen Folgen all seiner Taten, ja, auch nur der bloßen Tatsache, daß es ihn gibt, wiedergutmachen könnte. Jeder bedarf daher der unverdienten Bereitschaft der Betroffenen, »Gnade« vor »Recht« ergehen zu lassen im Umgang mit seiner begangenen Schuld. Allerdings ist eine solche Praxis nicht moralisch einzufordern noch juristisch zu verordnen. Man kann anderen nicht befehlen, noch kann man selber darauf warten, daß die Welt so wird, daß man mit ihr im Einklang »richtig« leben könnte. Umgekehrt: wer aus »Gnade« zu sich selbst gefunden hat, der bliebe sich und allen alles schuldig, verweigerte er fremder Schuld die nötige Vergebung. Es geht nicht um eine moralische Extra-Leistung; es geht »nur« darum, die neu gefundene Wahrheit seines Wesens zu bewahren und die mühsam errungene Einheit mit sich selbst nicht wieder zu zersplittern.

c) Das Fehlen der Einwilligung oder: Die Chance der Geduld

In derselben Einstellung läßt sich unter Umständen auch der tiefste Widerspruch lösen, der das Denken der MELVILLEschen Romanfiguren durchzieht: der Widerspruch zu einer »Weltordnung«, die so offenbar grausam und gleichgültig ist, wie das Gesetz der »Tiefsee«.

Bis hierher ging es darum, das Leben von »Ismaeliten« aus ihrer inneren Gefangenschaft herauszuführen; zu diesem Zwecke galt es, all diejenigen Konflikte in Kultur, Kirche und Kommerz aufzugreifen und anzugreifen, die, wenn ungelöst, Menschen in endlose Widersprüche zu sich selbst verwickeln müssen; bis zu diesem Punkte dürfte der MELVILLE von 1885, mit dem wir, zeitenthoben, uns geistig im Gespräch befinden, die dazu notwendigen Schritte wohl irgendwie wohlwollend: neugierig, erheitert, skeptisch oder auch zustimmend, begleitet haben. Was auch hätte er bislang dabei zu verlieren gehabt? Wenn es möglich ist, das unglückliche Schicksal von Menschen zu verbessern, indem man der »Vorsehung« ein bißchen in die Karten schaut, – warum nicht? Was heute noch rätselhaft und geheimnisumwittert, kann morgen schon zu den wohlbekannten Tatsachen zählen. Trivial werden die MELVILLEschen Tragödien dadurch keinesfalls, im Gegenteil: sie gewinnen an Bedeutsamkeit, sie lassen sich in ganz alltäglichen Schicksalen wiedererkennen, indem ihre Strukturen gerade in der genial geahnten und ausgestalteten Form des *Moby-Dick* und des *Pierre* in ihrer allgemeinen Verbreitung und in ihrer verheerenden psychodynamischen Wirkung offenbar werden.

Doch hinter all den möglichen Fortschritten psychologischer Erkenntnis und auch hinter der an sich wohl willkommenen Vertiefung religionskritischer Gedanken dehnt sich in MELVILLES Werk und Person ein Ozean an Einsamkeit und Schwermut, der kaum zu durchfahren ist.

Wie verloren geht der Blick hinaus auf den Hudson. Durch die Nebelschleier dringt eben jetzt weißschimmernd die Sonne hervor und erwählt einen Punkt auf dem Wasser zu ihrem strahlenden Ebenbild; und in diesem Augenblick ist es wie immer: die Sehnsucht wandert hinüber zu diesem Silberschloß in der Ferne, das bewohnt ist von Träumen, die niemand je sah. Und noch weiter draußen, von wo unter dem leisen Flügelschlag seiner gerefften Segel ein Schoner hereinkommt, dort hinter dem Horizont wohnt der ewig wehmütige Wunsch nach einer anderen Welt. Es ist nicht möglich, mit moralischen Mitteln das Leben von Menschen in »Ordnung« zu bringen – hat MELVILLE in all seinen Romanen nicht gerade diese Erfahrung bezeugt? Es gibt ein Bewußtsein von Recht und Unrecht im Herzen eines jeden Menschen: – Redburn, Weißjacke, Ismael, Pierre, sie alle lebten daraus; und doch: wie weit kann der Weg sein, um bei sich selbst anzukommen und klarer zu sehen, und wer kann ihn gehen ohne die zuverlässige Begleitung anderer? Selbst das Bild, das die »Waisenkinder« der Welt von ihren fehlenden und schon deshalb so ersehnten Eltern sich machen mußten, bedarf einer späteren Ergänzung durch Menschen, die für eine gewisse Zeit ihre Stelle einnehmen. Vor allem bedarf es des Glaubens, daß die Sehnsucht recht hat: irgendwo wartet auf jeden, sogar auf solch schüttelfrostgepeinigte Menschen wie Ahab und Pierre, der »Sommer«. Wenn *das* Religion heißt, benötigt sie jeder.

Die Kanne mit Tee ist längst leergetrunken; an ihre Stelle ist die unvermeidliche Pfeife getreten. Immer wieder, bei jedem Zug, blakt der dicht gestopfte Tabak kurz auf, dann steigen genußvoll blaugraue Rauchwolken zu dem niedrigen Holzdach der Kneipe empor und erfüllen nach und nach den Raum mit einem beißenden Geruch. Immer noch lädt dieses Geschenk eines »wilden« Häuptlingssohns aus der Südsee (*Moby-Dick*, III 65–67; XI 110–111) zu einer Gemeinsamkeit ein, die selbst keiner Worte bedarf und die doch ihrerseits manche Worte überhaupt erst ermöglicht. »Wir sind uns einig«, signalisiert der Ritus des Rauchens in diesem Moment, »alle Menschen brauchten einen Ort, an dem man sie leben ließe.« Wenn es so wäre: Gnade erginge vor Recht, und man mühte sich um Verständnis gerade für die größten Gauner und gefährlichsten Gangster, statt sie einfach wegzuschließen oder wegzuzuschießen, so befänden wir uns wohl wirklich auf einer neuen Stufe der Zivilisation; ja, wenn so etwas in ein paar hundert Jahren möglich wäre, so hätte MELVILLES Plädoyer für einen aus Schmerz und Leid dem Irrsinn Verfallenen wie Ahab oder für einen bitter gewordenen Idealisten wie Pierre oder für einen Mörder in dem gerechten Affekt gekränkter Ehre wie Billy Budd oder für all die unglücklichen Ismaeliten des Lebens seinen Zweck erfüllt. Und wenn gar die Vertreter der verschiedenen Religionsformen, statt sich im Namen ein und desselben Gottes – es wird ja, wenn überhaupt, wohl nur *einen* Gott geben – wechselseitig ihre Verschiedenheit vorzuwerfen, aneinander und miteinander den Punkt herauszufinden vermöchten, an dem sie alle dasselbe meinen und sagen *müßten*, wenn sie wirklich »Religionen« wären, so ließe sich eines Tages die Welt vielleicht doch von einem Mitleid überzeugen, das schon deshalb Gottes sein muß, weil es den Menschen offenbar von Hause aus nicht eigen ist. – »Aber bitte«, könnte MELVILLE an dieser Stelle entgegnen, »machen wir uns nicht doch allmählich zu viel blauen Dunst vor? Er brennt schon in den Augen; sie sind ohnehin seit Jahren vom Lesen und Schreiben chronisch entzündet. Wir sollten ein wenig lüften. – Also: Angenommen einmal, die Menschen als einzelne, die Menschheit als ganze sogar wären merklich sensibler, respektvoller, empathischer miteinander umzugehen geneigt, könnte dann nicht immer wieder die kleinste gesellschaftliche Störung all die erhofften Fortschritte der Kultur hinwegreißen, wie ein aufgebrachtes Kind aus lauter Übermut eine bereits gedeckte Tafel mit einem einzigen Ruck am Tischtuch in ein Chaos stürzen kann? Der Bürgerkrieg ist nun schon 20 Jahre her, doch welch ein Bild von Menschen hat er uns gezeigt? Was überhaupt sind diese ›Fortschritte‹ der Kultur? Wie stolz waren wir auf THOMAS JEFFERSON, als er acht Jahre lang die Weichen für den Weg Amerikas ins 19. Jh. stellte! Und was ist davon übrig geblieben? Es ist nicht nur die Bitterkeit erlittenen und zugefügten Unrechts, es ist das Ausbleiben jeglicher Reue, das irritieren muß: Was eigentlich sind wir für Menschen? Was wir Kultur nennen, sollte uns helfen, Menschen zu werden oder zu bleiben; doch gerade im Namen der Kultur werden die schlimmsten Verbrechen verübt, die skrupellosesten Bluttaten von allen, und das mit dem besten Gewissen – ob an Indianern, Negern oder Polynesiern, ob an Mexikanern, Einwanderern oder finanziell Gescheiterten –; wir stehen uns mit unseren Gesetzen selbst im Wege. Statt zu Vorbildern der Demokratie und der Freiheit zu reifen, sind wir nur eingebildet geworden, so daß wir uns unbekümmert das Recht nehmen, andere Menschen zu demütigen und zu versklaven. Wir sind nicht besser und nicht schlechter als andere Menschen auch. – Aber was ist es mit den Menschen? Wie sollen sie menschlich sein in dieser unmenschlichen Welt? Jeder Krieg ist ein Irrsinn, – dabei bleibt es; aber die ganze Welt ist Krieg! Alle Lebewesen wollen leben; doch wenn sie töten müssen, um zu leben? Was für ein dumpfes und verhängnisvolles Schicksal nötigt uns zu all den Scheußlichkeiten, die wir niemals wollen würden, könnten wir in Freiheit wählen! Man kann nicht Sklaven schuldig sprechen für die Anweisungen ihrer Herren; sie müssen tun, was befohlen wird. In dieser Lage steckt die ganze Menschheit – mehr oder weniger: so wie der Hudson in der Mitte schneller dahintreibt als an den Rändern, so reißt das Schicksal diesen rascher fort als jenen; jedoch die Strömungsrichtung ist überall dieselbe. Sogar die Stellen, da sich Wirbel bilden und der Fluß gegen sich selbst zu strömen scheint, entstehen nur durch Brechungen am Grund und an den Ufern. Wie heißt es in der Bibel? *Es ist alles ganz eitel, sprach der Prediger, es ist alles ganz eitel, es ist alles umsonst. Was hat der Mensch für Gewinn von all seiner Mühe, die er hat unter der Sonne? Ein Geschlecht vergeht, das andere kommt; die Erde aber bleibt immer bestehen. Die Sonne geht auf und geht unter und läuft an ihren Ort, daß sie dort wieder aufgehe. Der Wind geht nach Süden und dreht sich nach Norden und wieder herum an den Ort, wo er anfing. Alle Wasser laufen ins Meer, doch wird das Meer nicht voller; an den Ort, dahin sie fließen, fließen sie immer wieder.* (Pred 1,2–7) Welch eine Hoffnung erlaubt eine Welt, in der alles sein Dasein fristet im Schatten des Todes, wo das All selbst sich gründet auf einer ununterbrochenen Kette unzähliger Formen von Vernichtung, Verfall und Verwesung? Kann es eine schlimmere Entwertung aller menschlichen Anstrengungen um geduldige Güte und um geistige Größe geben als den gedankenlosen Gang der ewigen Gestirne? Mag sein, es ist kein anderer Ort, das Paradies zu finden, als unser eigenes Herz. Doch diese Welt war nie und wird nie sein das Paradies, von dem die Religionen träumen. Wäre die Grausamkeit nicht selbst ein Teil des Weltgesetzes, so möchten die Verheißungen der Bibel manchem Mut und Zuversicht bereiten. So aber bleibt uns nur ein Sehnen ohne Schauen, ein Glaube ohne Hoffnung, – ein Heimweh ohne Heimat. *Es ist alles ganz eitel.* Wer diese Erfahrung einmal gemacht hat, der teilt auf immer ihre untröstliche Einsamkeit. Es ist sein Wunsch nach Wahrheit, der sich jeglicher Beschwichtigung verweigert.«

Dem kann man nur von Herzen zustimmen: es geht nicht mit Beschwichtigung! Doch geht es auch nicht an, sich stundenweis in bläulich-graue Rauchgemütlichkeit zu hüllen, um sich die Welt erträglicher zu machen; es gilt, ein paar Gedanken *prinzipiell* zu fassen. Wohl ist es wahr: *In diesem Leben gibt es keinen steten Fortschritt; wir schreiten nicht empor auf festen Stufen*; wir winden vielmehr zwischen Wahrheit und Wahn, zwischen *Stille und Sturm*, uns im Kreise. (*Moby-Dick*, CXIV 751) Doch mitten in dem allgemeinen Taumel lassen sich ein paar gestochen scharfe Bilder schießen. Auch wenn die Erde sich tagtäglich um sich selber dreht und dann im Jahresumlauf um die Sonne und mit der Sonne ihre Bahn durch die Galaxis zieht, so taucht doch in den Winternächten auf der Nordhalbkugel der Orion regelmäßig aus den Fluten des Atlantiks auf und weist den Nordstern zuverlässig Breitengrad und Richtung ...

Eine Erkenntnis sollten wir in keinem Falle untergehen lassen, – sie strahlt klar und fest am dunklen Firmament; sie lautet: die parsische Weltsicht Fedallahs ist ein Unglück! Warum? *Sie stammt, so hieß es, von der gespenstischen Ursprünglichkeit der ersten Geschlechter auf Erden...*, *als die Erinnerung an den ersten Menschen noch lebendig war und alle Menschen ... einander wie leibhaftige Phantome begafften und die Sonne und den Mond fragten, warum sie geschaffen wurden und wozu.* (L 377) Dieser Satz enthält die ganze Auskunft. Denn unheimlicher, hilfloser, aber auch luzider läßt sich die Suche des Menschen nach sich selbst inmitten dieser Welt nicht schildern.

α) *Ein Bezugspunkt jenseits der Welt und trotz dieser Welt*
Seit Jahr(hundert)tausenden schauten Menschen auf zu den Gestirnen, daß sie zu sagen wüßten, wer sie selber sind, erklärten sie bestimmte Tiere zu den Ahnen ihrer Totemclans, mithin zu Urbildern ihres eigenen Wesens, und ordneten sie als Jäger, Bauern oder Hirten ihr Verhalten nach bestimmten Zyklen am Sternenhimmel oder nach dem Wechsel der Jahreszeiten. Stets sahen sie ihr Leben eingebettet in den Gang der Welt, als einen Teil der alles wirkenden Natur. Kriege und Opferschlachtungen von Mensch und Tier standen fast überall im Mittelpunkt der religiösen Riten dieser kulturellen Nachbildungen dessen, was die Natur ringsum zum Vorbild bot. Und doch mutet diese »naturgegebene« Grausamkeit jener Kulturen, die wir den »Naturvölkern« zuschreiben, als irgendwie noch maßvoll an, gemessen an der Machtgier und Gewaltbereitschaft, mit der vom 16. Jh. an das »christliche Abendland« den Rest der Erde überzieht. Die Wissenschaften üben sich seither in einer »wertefreien«, »objektiven« Weltbetrachtung, jenseits der menschlichen Affekte und Erwartungen; zunehmend kälter, leerer und sinnloser erscheinen nun die ungeheuren schweigenden Räume des Universums den winzig kleinen Menschen[49].

Was für ein Bild liefert diese neue empirische Ansicht der Welt? Rund zwei Jahrzehnte vor den Veröffentlichungen von CHARLES DARWIN kleidete ARTHUR SCHOPENHAUER den *horror vacui* der Neuzeit im Jahre 1842 in die bewegenden Worte: *Im unendlichen Raum zahllose leuchtende Kugeln, um jede von welchen etwan ein Dutzend kleinerer, beleuchteter sich wälzt, die inwendig heiß, mit erstarrter, kalter Rinde überzogen sind, auf der ein Schimmelüberzug lebende und erkennende Wesen erzeugt hat: – dies ist die empirische Wahrheit, das Reale, die Welt. Jedoch es ist für ein denkendes Wesen eine mißliche Lage, auf einer jener zahllosen im gränzenlosen Raum frei schwebenden Kugeln zu stehn, ohne zu wissen woher noch wohin, und nur Eines zu seyn von unzählbaren ähnlichen Wesen, die sich drängen, treiben, quälen, rastlos und schnell entstehend und vergehend, in anfangs- und endloser Zeit: dabei nichts Beharrliches, als allein die*

Materie und die Wiederkehr der selben, verschiedenen, organischen Formen, mittels gewisser Wege und Kanäle, die nun einmal dasind. Alles was empirische Wissenschaft lehren kann, ist nur die genauere Beschaffenheit und Regel dieser Hergänge. (*Die Welt als Wille und Vorstellung*, II 3–4)

In dieser Betrachtung ist die »empirische« Welt (entsprechend der idealistischen Erkenntnislehre) selbst eine Hervorbringung des menschlichen Verstandes, eine »Vorstellung«, welche die Erscheinungen mit Hilfe des Begriffs Kausalität zu einer Einheit verknüpft; als »Ding an sich« aber gilt der unbewußte Wille, der in den Organismen stufenweise sich entfaltet und als Wille zum Leben in einem jeden den Widerspruch zu allen anderen hervorbringt; allein der Mensch, wenn er dieser Tragik des »principium individuationis« inne wird, gewinnt die Fähigkeit zum Mitleid und damit auch die Möglichkeit, der Gefangenschaft dieser »schlechtesten aller Welten« zu entkommen.

Doch diese Relativierung einer rein empirischen Betrachtung änderte wenig an der naturwissenschaftlichen Neigung, auch den Menschen als reines »Naturwesen« zu erforschen und seine Geschichte als einen von »logischen« Gesetzen geregelten Prozeß im Rahmen der Natur zu erklären. Worum geht es in der Natur? Um den Willen alles Lebenden zu überleben, hätte SCHOPENHAUER geantwortet. Doch welchen Sinn hat es, zu überleben? fragte weiter FRIEDRICH NIETZSCHE, nun bereits *nach* DARWIN, doch ohne sich mit dessen biologischen Erkenntnissen besonders lange aufzuhalten; die psychologische Dramaturgie von Macht und Ohnmacht, von Achtung und Verachtung, von Gesundheit und Krankheit – all die Fragen, die Ahab an Bord der *Pequod* sich stellt als ein Leidender an der Welt –, inszenierte NIETZSCHE als das eigentliche Schauspiel der Natur: *Und wißt ihr auch, schrieb er, was mir ›die Welt‹ ist? Soll ich sie euch in meinem Spiegel zeigen? Diese Welt: ein Ungeheuer von Kraft, ohne Anfang, ohne Ende, eine feste, eherne Größe von Kraft, welche nicht größer, nicht kleiner wird, die sich nicht verbraucht, nur verwandelt, als Ganzes unveränderlich groß, ein Haushalt ohne Ausgaben und Einbußen, aber ebenso ohne Zuwachs, ohne Einnahmen, vom ›Nichts‹ umschlossen als von seiner Grenze ... als bestimmte Kraft einem bestimmten Raume eingelegt ... als Kraft überall, als Spiel von Kräften und Kraftwellen zugleich eins und vieles, hier sich häufend und zugleich dort sich mindernd, ein Meer in sich selber stürmender und flutender Kräfte, ewig sich wandelnd, ewig zurücklaufend, mit ungeheuren Jahren der Wiederkehr, mit einer Ebbe und Flut seiner Gestaltungen, aus den einfachsten in die vielfältigsten hinaustreibend, aus dem Stillsten, Starrsten, Kältesten hinaus in das Glühendste, Wildeste, Sich-selber-Widersprechendste, und dann wieder aus*

der Fülle heimkehrend zum Einfachen, aus dem Spiel der Widersprüche zurück
bis zur Lust des Einklangs, sich selber bejahend noch in dieser Gleichheit seiner
Bahnen und Jahre, sich selber segnend als Das, was ewig wiederkommen
muß, als ein Werden, das kein Sattwerden, keinen Überdruß, keine Müdig-
keit kennt –: diese meine dionysische *Welt des Ewig-sich-selber-Schaffens, des*
Ewig-sich-selber-Zerstörens, diese Geheimnis-Welt der doppelten Wollüste,
dies mein ›Jenseits von Gut und Böse‹, ohne Ziel, wenn nicht im Glück des
Kreises ein Ziel liegt, ohne Willen, wenn nicht ein Ring zu sich selber guten
Willen hat, – wollt ihr einen Namen für diese Welt? Eine Lösung für alle ihre
Rätsel? Ein Licht auch für euch, ihr Verborgensten, Stärksten, Unerschrocken-
sten, Mitternächtlichsten? – Diese Welt ist der Wille zur Macht – und nichts
außerdem. Und auch ihr selber seid dieser Wille zur Macht – und nichts außer-
dem. (*Der Wille zur Macht*, Nr. 1067, S. 696 – 697)

Wie ähnlich sind diese Bilder und wie ganz anders doch zu Ismaels Meditationen über seinen *lieben Pazifik*, in dem *die Wellen ohne Unterlaß wogen*
und wallen und steigen und fallen, so daß *alles, was wir eines Menschen Leben*
und Seele nennen, ruhet und träumet hier. Dieses *Meer* der *Sehnsucht, das*
sich wälzt in *der Mitte der Welt* und *gottgleich* das *Herz der Erde* ist, *das in*
Gezeiten pocht, ist gleichermaßen ein »dionysisches« Gleichnis, gewidmet
der Welt- und Vegetationsgottheit *Pan* (*Moby-Dick*, CXI 739–740), aber es
enthält zwischen Sehnsucht und Traum nichts von der martialischen
Gewalt, wie sie in NIETZSCHES Kampf gegen die »christliche« Verweichlichung anklingt. Das eigentliche Verlangen des Menschen geht nicht auf
Kampf und Krieg; vielmehr muß jemand schon so verletzt sein wie Ahab, er
muß schon vergleichbar mit dem Hammer derart an der Skulptur seiner
selbst meißeln wie NIETZSCHE, um die Grausamkeit, die zur Welt gehört,
sich selber zu eigen zu machen und sie als »eigentliche Natürlichkeit« zu
deklarieren. In NIETZSCHES Weltbild wurden Kriege schon nicht mehr
geführt um Gut und Böse, sondern einzig um den Stolz des Sieges: *Ihr sollt*
mir solche sein, deren Auge immer nach einem Feinde sucht – nach eurem
Feinde… Ihr sollt den Frieden lieben als Mittel zu neuen Kriegen. Und den
kurzen Frieden mehr als den langen. Euch rate ich nicht zur Arbeit, sondern
zum Kampfe. Euch rate ich nicht zum Frieden, sondern zum Siege. Eure Arbeit
sei ein Kampf, euer Friede sei ein Sieg!… Ihr sagt, die gute Sache sei es, die
sogar den Krieg heilige? Ich sage euch: der gute Krieg ist es, der jede Sache
heiligt. Der Krieg und der Mut haben mehr große Dinge getan, als die Näch-
stenliebe. Nicht euer Mitleiden, sondern eure Tapferkeit rettete bisher die Ver-
unglückten. (*Also sprach Zarathustra*, 1. Teil. Vom Krieg und Kriegsvolk, 49)

Lehren wie diese sind erklärtermaßen nur verständlich als Selbstrettungsversuche von »Verunglückten«, die nicht noch »Mitleid« wollen, sondern ihren Stolz in Trotz und Stärke zu bewahren suchen. Ein Ahabscher Triumph redet aus solchen Worten, dem größten Gegner sich gestellt und ihn geworfen zu haben. Doch ist das alles noch Weltinterpretation oder nicht vielmehr die Projektion eines gequälten, mit sich selbst zerfallenen Daseins?

Was immer es ist, – es ist ein Irrtum, es treibt in den Irrsinn, den Menschen von der Natur her zu deuten beziehungsweise die menschliche Seele als Geist der Natur zu betrachten. Das gerade zeigt die Idee vom Kampf gegen »Moby Dick«: Die ganze Fedallah-»Religion« wächst sich aus ins Desaströse! Falsch wäre es deshalb, die Kultur nach der Natur auszurichten und den Menschen in der Weise der großen Mythologien in das Geschehen der »Welt« einzufügen. Wir dürfen und wir werden niemals die elegante »Unschuld« einer Katze beim Töten einer Maus erlernen; wir sind und werden selbst im Mummenschanz von »Berserkern« und »Werwölfen« niemals mehr zu »Bären« und zu »Wölfen«; die »blonde Bestie«, die NIETZSCHE pries, ist schlimmer, weil berechnender, weil wissender, weil abweichend vom eignen Sein, als es ein »Raubtier« jemals werden könnte.

Nicht die »Natur«, – das Wissen um das eigene Wesen müßte deshalb den Kern einer vermenschlichenden Form des Religiösen bilden. So wie ein einzelner Mensch seiner selbst nur bewußt werden kann im Gegenüber der Zuwendung einer anderen Person, der er zu vertrauen und sich zu öffnen vermag, so basiert die Menschwerdung der gesamten Menschheit auf dem Glauben an die Unbedingtheit der »Gnade«. In jedem Augenblick stellt sich im Leben eines Menschen die Entscheidungsfrage, was er als »eigentliche« Wirklichkeit betrachtet. Die »Gesetze« der »Welt« sind, wie sie sind, und sie werden sich nicht ändern: Solange es sie gibt, werden Raubtiere auf die Jagd gehen nach Beutetieren und werden die Beutetiere sich durch Flucht oder Angriff zu verteidigen suchen; solange es sie gibt, werden Bakterien und Viren versuchen, sich zwischen den Zellen und in den Zellen ihrer »Wirtsorganismen« zu vermehren und werden die »Wirtstiere« ihre Immunabwehr zu verbessern trachten; solange es sie gibt, werden die Pflanzen, von den Blaualgen bis zu den Mammutbäumen, um einen »Platz an der Sonne« untereinander konkurrieren; und all dieses stumme Ringen um einen Ort zum Leben bedeutet den endlosen Kampf, den alle gegen alle um Sein und Nichtsein führen. Wie soll es jemals einen ehrlichen Dialog zwischen Naturwissenschaft und Theologie geben, wenn dieses entsetzliche Angesicht der

Natur nicht in seinem vollkommenen *Widerspruch* zu dem Gottesbild der Religionen anerkannt und zugegeben wird? In dem Glauben an Gott setzt sich das genaue Gegenteil der »Natur« absolut: statt des Konkurrierens das Kooperieren, statt des zynischen Zufalls ein System des Zusammenhalts, statt der Gleichgültigkeit des Todes die Gleichwertigkeit jedes einzelnen Lebens.

Es ist dabei nicht so, als wenn die Elemente, deren sich die Religion bedient, nicht im Naturprozeß bereits enthalten wären: Daß sozial lebende Wesen wie wir Menschen nach Schockerfahrungen sich schutzsuchend aneinanderdrängen, ist offenbar ein Teil der Überlebensstrategie der Arten; selbst neurobiologisch läßt sich heute zeigen, daß in Angsterlebnissen die Botenstoffe Dopamin und Norepinephrin ausgeschüttet werden, die das Bedürfnis nach Anlehnung verstärken. Doch diese Mechanismen, die das Überleben sichern helfen sollen, sind nur antagonistisch zu den Eindrücken von Tod und Destruktion, die gleichermaßen zur Natur gehören; sie sind daher nur relativ. An Gott zu glauben aber heißt, all die Gefühle, Antriebe, Gedanken und Verhaltensweisen *absolut* zu setzen, die dem Leben dienen. So jedenfalls sieht es das Neue Testament, wenn es von Christus spricht als von dem, *der Amen heißt, der treue und wahrhaftige Zeuge, der Anfang der Schöpfung Gottes.* (Apk 3,14) Ein Ja, das kein Nein in sich schließt, ein Licht, das keinen Schatten wirft, ein Leben, das den Tod nicht kennt, – das ist der Gott, den Jesus in die »Welt« zu bringen kam. Ein Schlüsselsatz des Vierten Evangeliums erklärt deshalb: *Denn das Gesetz ward durch Moses gegeben; die Gnade, die Unverborgenheit Gottes ward durch Jesus Christus.* (Joh 1,17) Diese Grundlage einer absoluten Bejahung ist der eigentliche Inhalt aller Religion.

Insofern bleibt es die alles entscheidende Frage, ob ein Mensch (johanneisch gesprochen) sich von der »Welt« oder von Gott her versteht. Um als Mensch zu leben, muß man glauben an die Menschlichkeit; um die Kraft zur Liebe zu bewahren, muß man glauben an die Liebe; um sich die Fähigkeit zum Vertrauen und die Bereitschaft zur Vergebung zu erhalten, muß man glauben an die Macht der Güte mehr als an die Stärke von Gewalt und Rache[50].

Die Fremdheit zu der Welt ringsum wird dadurch noch verstärkt. Kein Mensch dürfte so handeln, wie die Natur zu jeder Zeit verfährt. Menschlichkeit liegt gerade darin, dem Schwachen Schonung zu gewähren, statt ihn dem Wettbewerb zu opfern, das einzelne Leben zu schützen, statt es als überzählig zu eliminieren, und sogar weltweit Verantwortung für alle Geschöpfe zu übernehmen, statt den Egoismus *einer* Art, der eigenen, zu pflegen. An die Natur kann man nicht glauben; sie muß man erforschen; an Liebe zu glauben ist nur möglich trotz dieser Natur; es ist die einzige Art von Trotz, die sinnvoll ist und Ahabs eigentlicher Leidenschaft entspricht. Doch nicht nur menschlich und moralisch, auch geistig durch den Fortschritt wissenschaftlicher Erkenntnis, wird die Natur uns immer rätselhafter, unheimlicher, ungeheuerlicher. Dazu ein kleines Beispiel, das mit aller Sicherheit im *Moby-Dick* beschrieben wäre, hätte man es damals bereits kennen können.

Immer wieder mal versinkt irgendwo in den Weiten der Meere ein Schiff, ohne daß sich dafür eine »vernünftige« Ursache finden ließe: Materialermüdung kann es nicht sein, ungewöhnliche Wetterphänomene liegen nicht vor, – die Katastrophe bleibt mysteriös. Eine Weile lang versuchte man es mit der Chaostheorie: Könnte es nicht sein, daß das willkürliche Spiel der Wellen durch Überlagerung hin und wieder »Monsterwellen« erzeugte, die plötzlich und unvorhersehbar, ohne besondere Wetterwarnungen, mit vernichtender Gewalt sich vor einem Schiff auftürmten und es in die Tiefe rissen? Von solchen »Monsterwellen«, die jäh und steil mit einer Höhe von bis zu 30 Metern sich mitmal in den Weg stellten, hatten Seeleute beharrlich berichtet, obwohl man ihre Geschichten lächelnd als typisches »Seemannsgarn« abzutun pflegte. Doch neuerdings zeigt eine bessere zeitliche und räumliche Auflösung von Satellitenaufnahmen, daß solche »Monsterwellen« wirklich vorkommen und gar nicht so selten sind; offenbar aber lassen sie sich nicht durch die Gesetze der klassischen Mechanik, inklusive der »Schmetterlingseffekte« der Chaosforschung, erklären. Statt dessen ergab sich etwas Verblüffendes: Die mathematische Gleichung, die ERWIN SCHRÖDINGER (1887–1961) in den 20er Jahren zur Beschreibung des »Wellencharakters« von subatomaren Materieteilchen in die Quantenphysik eingebracht hat, erlaubt die Erzeugung von Bewegungsmustern, die sich mit der Entstehung von »Monsterwellen« vollkommen vereinbaren lassen[51].

Wohlgemerkt, die SCHRÖDINGER-Gleichung besitzt ihre Geltung auf der quantenphysikalischen Ebene der Wirklichkeit – im Mikroskopischen; dort regiert innerhalb der Grenzen der HEISENBERGschen Unschärferelation der reine Zufall; auf Grund der Statistik der Mittelwerte astronomisch hoher Zufälle ergibt sich dann auf der makroskopischen Ebene die vertraute kausale Gesetzmäßigkeit der Ereignisse[52]. Für möglich galt bisher, daß chaotische Prozesse in der uns gewohnten Welt als Aufgipfelungen der Indeterminiertheit in der Quantenwelt zu denken wären; doch niemand hätte für möglich gehalten, daß die »Mathematik« des Mikrokosmos ohne weiteres auch zur

Beschreibung des Verhaltens großer Materieanhäufungen im Makrokosmos geeignet sein könnte. Gerade das aber scheint der Fall zu sein: Wellen bewegen sich offenbar wirklich so, wie SCHRÖDINGERS Wellenmechanik es darstellt.

Und das allerdings ist ein Resultat, das Ismael (und seinem Autor) ein breites Lachen entlockt haben würde: eine Welt, in der Schiffe versinken können ohne erkennbare Ursachen, durch einen bloßen *lusus naturae*, einfach weil die Natur zu »spielen« beliebt und völlig willkürlich 30-Meter-Wellen erzeugt, die sich mitmal wie eine Wand vor einem Schiff auftürmen und es zerschmettern, – das alles übertrifft bei weitem sogar noch die »Arglist« der Welt, die Ahab so quälte. Wenn eine 12 Meter hohe Welle auf den oberen Teil eines Schiffsrumpfes schlägt, ergibt sich ein Druck von 15 Tonnen pro Quadratmeter; das ist vernichtend für eine Dreimastbark wie die *Pequod*; doch die Metallwände heutiger Ozeanriesen halten selbst solchen Belastungen stand. Ein Druck aber von 100 Tonnen pro Quadratmeter, wie er »Monsterwellen« zugeschrieben werden muß, reißt unweigerlich Löcher in die Wandungen, und der Untergang des Schiffes wird so rasch erfolgen, wie die Katastrophenwelle selbst hereinbricht. Und das nicht, weil ein Gott es so »wollte«, einfach weil der Natur es »beliebt«!

Bereits den Ausbruch eines Taifuns in den japanischen Gewässern, überfallartig wie der Abschuß einer Kanone aus heiterem Himmel, verglich Ismael mit dem Hervorzucken der Krallen in der sammetigen Pranke einer schnurrend daliegenden Tigerin (*Moby-Dick*, CXIX 765), und er sah darin ein weiteres Indiz für die unbegreifliche Grausamkeit der Natur. Was aber soll man nun sagen, wenn ganze Schiffe samt Mannschaft und Ladung in die Tiefe gespült werden können auf Grund einer Zufälligkeit und Teilnahmslosigkeit, wie sie der Natur allem Anschein nach innewohnt? Wenn es so steht, sind wir alle »Ismaeliten«, die Bewohner einer schlechthin absurden Welt, die versuchen müssen, sich von einem anderen Zentrum her zu begründen, als es die Welt jemals sein kann.

β) *Von Wahrheit und Wahrhaftigkeit oder: Der Natur trotzen*
Die wirkliche Größe Ahabs liegt, wie bei fast allen negativen Helden der Literaturgeschichte sowie der »wirklichen« Geschichte, in der Energie ihrer radikalen Verneinung. Gegen die gemeine Gleichgültigkeit der Gesetze der Natur setzt Ahab sich selbst als Person (*Moby-Dick*, CXIX 771); insbesondere sein rasendes Verlangen nach Rache entstammt einem verletzten Ehrgefühl und wird damit zum Prototyp für eine Vielzahl gleichartiger Tragödien. Wie viele Kriege etwa werden geführt zur Wiederherstellung verletzter Ehre!

Kaum war in MELVILLES Tagen zum Beispiel der amerikanische Bürgerkrieg durch die überlegene Waffenproduktion der Nordstaaten entschieden, als man zugunsten des systematischen Ausbaus des Verkehrsnetzes und einer konsequenten Siedlungspolitik noch einmal die Indianer mit Vertragsbruch, Landraub, gewaltsamen Vertreibungen, erzwungenen Umsiedlungen und brutalen Dezimierungen dazwischennahm. So kam es am 25. Juni 1876 zu der legendären Schlacht am Little Big Horn, in der rund 2000 Sioux- und Cheyenne-Indianer die Armee von GEORGE ARMSTRONG CUSTER (1839–1876) überfielen und bis zum letzten Mann niedermachten[53]. Die Leute um Sitting Bull und Crazy Horse wußten, daß sie den Krieg gegen die Weißen nicht gewinnen konnten; für die 206 getöteten Soldaten würden viele tausende wiederkommen und sie zu rächen suchen; sie mußten sofort nach Grandmother's Land, in das (noch) britische Kanada, fliehen; militärisch war ihr Sieg vollkommen sinnlos. Doch sie wollten zeigen, daß Indianer Menschen sind und daß man sie nicht einfach abknallen kann wie die 40 Millionen (!) Büffel in den Weiten der Prärie, die man – die Existenzgrundlage der »Rothäute« auf den Plains – nur zum »Spaß« oder für den europäischen Bedarf an ledernen Treibriemen im beginnenden Industriezeitalter innerhalb weniger Jahre so gut wie ausgerottet hatte.

Zu Recht hat die Psychoanalyse die Aggression als eine Energie des Ichs betrachtet; sie sah in der menschlichen Aggressivität sogar einen Ich-*Trieb*; darüber kann man streiten; doch daß die Aggression bei Tier wie Mensch zumindest situativ der Selbstbehauptung oder Selbstdurchsetzung gilt, daran ist nicht zu zweifeln. Und jetzt: in diesem Willen seiner Selbstbehauptung ist Ahab ein Gigant. Sein Kampf gegen Moby Dick ist, wie im Indianerkrieg von 1876, wesentlich ein Kampf um seine Würde. Lieber in Stolz und in Selbstachtung sich selber zugrunde richten, als das erlittene Unrecht widerspruchslos zu akzeptieren. Alle Selbstmordattentäter im Kampf gegen einen physisch und sogar moralisch sich überlegen fühlenden Feind könnten in Ahab die Galionsfigur am Bugspriet der Galeere ihrer Obsessionen finden. Weit wichtiger als die Frage des Überlebens ist der Wille, zu leben in Würde. Schande ist schmerzhafter noch als der Tod. Das ist es, wovon bereits *Weißjacke* (LXVII 872–873) zuinnerst überzeugt ist; und von diesem zu Ahab ist der Weg nicht mehr weit.

Immerhin aber berichtet auch *Weißjacke* von einer anderen Handlungsalternative. Kaum *eine* Strafe ist so entwürdigend wie die Prügelstrafe, vor allem wenn man sie ersichtlich vollkommen zu Unrecht über sich ergehen lassen muß. Da ist an Bord der Kriegsfregatte *Neversink*, der »Unsinkbaren«, der alte Ushant, der als Vormann in der Back eine Gruppe von Leuten »anführt«, die sich Kapitän Clarets Befehl widersetzen, sich Haupthaar und Bärte »ordentlich« scheren zu lassen. Er wird an den Mast gebracht und soll ausgepeitscht werden, doch erklärt er unbeeindruckt und richtig: *Mein Bart ist mein Eigentum, Sir!... Sie sollen mich auspeitschen, wenn Sie wollen, aber Sir, in dieser Sache* kann *ich Ihnen nicht gehorchen.* (LXXXVII 955) Selbst als der Waffenmeister sein abscheuliches Werk vollbracht hat, spricht er *mit der würdevollen Miene eines Brahmanen* die sokratischen Worte: *das ist keine Schmach, wenn jemand, der dich schmähen will, sich selber schmäht.* (LXXXVII 956) Man hält ihn in Haft bis zum Einlaufen in den Hafen; doch da wird er hervortreten mit dem triumphierenden Ausruf: *Zu Hause mit meinem Bart!* Und unter den Hurrarufen der ganzen Mannschaft läßt er sich an Land rudern; auch Weißjacke bemerkt voller Hochachtung: *Es war ein glorreicher Sieg über den Sieger selbst, ebenso wert, gefeiert zu werden, wie die Schlacht am Nil* (sc. wohl eine Anspielung auf die Vernichtung der französischen Flotte bei Abukir im Osten von Alexandrien im Jahre 1798 durch Admiral Nelson, d. V.). (LXXXVII 957)

Dieser alte Mann bewahrt seine Würde, auch ohne, wie Weißjacke in vergleichbarer Situation überlegte, den Kapitän zugleich mit sich selbst zu ermorden. (*Weißjacke*, LXVII 872–873) Selbst eine Maus wird, in die Ecke gedrängt, einer Katze ins Gesicht springen, um im Überraschungsvorteil des Angriffs eine letzte Chance zum Entkommen zu suchen; doch ein Mensch, der in ähnlicher Lage sich nach gleichem Muster verhielte, bewiese seine Menschlichkeit eigentlich – durch Maushaftigkeit; um ein menschlich hohes Ziel zu erreichen, bediente er sich atavistischer Reaktionsschemata längst *vor* den Tagen der Menschwerdung. Der alte Ushant auf der *Neversink* indessen bietet ein besseres Vorbild: Man kann seine Würde bewahren auch ohne zu töten, und der Sieg sogar über die eigene Aggression ist allemal größer als die (auto)-aggressiv-suizidale Niederringung eines noch so demütigenden Gegners.

Freilich, um dahin zu gelangen, müßte einem Menschen der Wert des eigenen Ichs unerschütterlich feststehen; er müßte die Berechtigung seiner Existenz, die »Gnade«, leben zu dürfen, so sicher verinnerlicht haben, daß sie von außen nicht mehr zu irritieren wäre. Solange ein Mensch um seine Anerkennung noch meint kämpfen zu müssen, agiert er eigentlich unterhalb des Niveaus, das er sich zuspricht und das ihm zusteht. Alles hängt deshalb davon ab, daß ein Mensch mit sich identisch ist. Nur wenn die Bejahung der eigenen Person, die Ich-Stärke, groß genug ist, um eine entsprechende Verneinung oder Ablehnung nicht als eine wesentliche Infragestellung oder als eine ernsthafte Kränkung in sich aufzunehmen, läßt sich das »Duell«, die tödliche Auseinandersetzung zur Wiederherstellung der »Ehre«, vor sich selber mehr noch als vor den Augen anderer, umgehen. Auch Ahab wird zum Duell-Krieg gegen Moby Dick getrieben in dem Gefühl, auf Grund der Verletzung durch den Weißen Wal zu einem wertlosen Krüppel geschlagen worden zu sein, und seither sinnt er auf die Demonstration seiner trotz allem verbliebenen Stärke; einen Ausweg aus dieser Kommentkampf-Mentalität von Steinböcken und Hirschen gibt es nur durch eine therapeutisch-religiöse Bestätigung und Bestärkung der persönlichen Wertschätzung und Selbstachtung. Von der Wahrheit des Seins, von *satyagraha*, sprach deshalb der große indische Volksführer und Pazifist MAHATMA GANDHI (1869–1948)[54]. Nur ein Mensch, der sich selbst gefunden hat, ist fähig zur Freiheit, ist groß genug zur Güte, ist verständig genug zur Verantwortung. Erst in ihm erreicht die Größe des menschlichen Protestes gegen eine unmenschliche Welt»ordnung« ihr eigentlich menschliches Format.

Fest steht: wir werden beim besten Willen die Welt, wie sie ist, nicht wesentlich ändern. Doch darauf kommt es primär nicht an. Entscheidend ist, daß wir uns von der Herrschaft des Todes nicht den vermeintlich unvermeidbaren Zwang zu einer permanenten Todespraxis vorschreiben lassen. Einzig ein Mensch, der Ja zu sich selbst sagt, wagt es, Nein zu sagen zu der scheinbar unausrottbaren Neigung, denjenigen für »groß« zu halten, der über die größte Fertigkeit im Umgang mit Harpune und Schwert verfügt oder der einer Fregatte, einem Heer oder einem Staat mit größtmöglicher Tötungskapazität vorsteht. Nur wer selber lebt, wird aus den moralischen Aporien und abergläubigen Hemmnissen eines Starbuck herausfinden und den finsteren Phantasien von Revanche und Rache entgegentreten, in denen Ahab sich verfangen hat. Mittelbar steht auch Stubbs »Seemannsunerschütterlichkeit«, mit der er in heiterer Wurstigkeit die schwierigsten Situationen meistert, im Dienst der unangefochtenen Herrschaft des Todes, – ganz zu schweigen von dem unreflektierten Pragmatismus des Dritten Steuermanns Flask und dem reinen »Handwerkersein« des Schiffszimmermanns.

Selber zu sein – das bedeutet, die Sphäre des nur Funktionalen, des nur Verwendungsfähigen, zu verlassen und in den Bereich persönlicher Zuständigkeit und Verantwortung einzutreten. »Richtig« zu leben wird jetzt weit wichtiger als zu »überleben«, »ganz« zu sein wird entscheidend gegenüber dem Passend-sein in eigenen oder fremden Zwecksetzungen, die eigene Wahrheit zu vertreten wird vorrangig vor dem Erfolg-haben-Wollen.

Und eine weitere Frage findet damit eine Antwort, die ansonsten mit ihrem Eigengewicht jede Möglichkeit einer menschlichen Orientierung in die Tiefe zu ziehen droht. Erkenntnistheoretisch und psychologisch stellte es eine schier unlösbare Schwierigkeit dar, wie eine korrekte Wahrnehmung der Wirklichkeit möglich sein könne, wenn jeder Mensch die Dinge, je nach Gefühl und Gestimmtheit, verschieden auffaßt. Doch wenn schon jeder Mensch eine eigene Wahrheit besitzt, so gilt es offenbar, diese persönliche Wahrheit zu finden und zu leben. Die Erzählung von der *Piazza* zum Beispiel enthält in diesem Sinne zugleich das Problem wie seine Lösung: Ein Mensch weiß erst, wo er zu Hause ist, wenn er zu seinem eigenen Da-Sein gefunden hat; anderenfalls wird er sich immer wieder zu etwas anderem hinübersehen, das er nicht realitätsgerecht wahrzunehmen vermag, weil er es mit illusionären Vorstellungen überzieht, – ein ständiges Schwanken zwischen Hoffnung und Enttäuschung, zwischen falscher Identität und Kränkung, zwischen übersteigerten Erwartungen und frustrierenden Niederlagen. Oder die Geschichte von den Kapitänen Amasa Delano und Benito Cereno: – was wäre gewesen, wenn bereits Cereno, wenn spätestens Delano den Anspruch der Aufständischen auf Freiheit hätte als berechtigt anerkennen können? Freilich, erneut hätten sie in diesem Falle, um zu ihrer eigenen menschlichen Größe aufzuwachsen, dem Gesetz des Kolonialismus und den Vorstellungen eines extremen Rassismus im Namen des Menschenrechts und der Menschenwürde widersprechen müssen. Nicht anders Kapitän Vere auf der *Indomitable*: um den Matrosen Billy Budd vor der Hinrichtung zu bewahren, hätte er die Unvereinbarkeit von Gottesrecht und Menschenrecht in sich selber als einen Konflikt zwischen Überich und Ich, zwischen verinnerlichter Gewalt und eigenem Gefühl persönlich wahrnehmen und überwinden müssen. So aber bleiben all diese Halbexistenzen sich einer höheren Berufung wohl bewußt, jedoch, verhaftet den Zwängen ihrer Zeit und ihrer Umgebung, zeigen sie sich außerstande, dieser nachzukommen.

Als erstes wäre nicht die Welt zu ändern, vielmehr die Unerschlossenheit und Unentschlossenheit des eigenen Daseins. Sieht man allerdings, wie *die Tapferkeit* selbst eines Mannes wie Starbuck so *voll und ganz zernichtet* wird (*Moby-Dick*, XXVI 202), so vergeht nicht nur jede Form von Selbstgerechtigkeit, es entfällt auch die Unerbittlichkeit und die Ungeduld, mit der man so sehr andere Menschen in einem anderen Milieu unverzagter sich wünschen, ja, verlangen würde.

Eine Hauptquelle der Ahabschen Wut auf diese Welt entspringt der Unleidlichkeit der bloßen Tatsache, daß die Menschen sind, wie sie sind, daß sie eben den Zuständen ausgesetzt sind, in denen sie sich vorfinden; und je drückender das Leid jeweils empfunden wird, desto unbezwingbarer wird die Neigung werden, das Schwert des Alexander blankzuziehen und den Knoten zu Gordion zu durchschlagen. Doch die Sage will es, daß der makedonische Welteroberer gerade deshalb so früh verstarb, im Alter von nur 33 Jahren, eben weil er so kurzschlüssig vorging. Wer erst einmal, am eigenen Leben womöglich, begriffen hat, wieviel Zeit es kosten mag, das Vertrauen eines Menschen zu erringen und sein Leben nach und nach sich erzählen zu lassen, der wird niemals mehr glauben, die Weltprobleme mit *einem* Harpunenwurf, auf *einen* Streich, lösen zu können. Die Gefühle des Zorns, der Empörung, der Wut werden durch geduldige Gespräche nicht gleich verschwinden; aber sie werden einen langen Atem erhalten und sich in einen Antrieb zu geduldiger Arbeit umwandeln.

Und am wichtigsten: das Antriebsziel wird sich ändern. Auch Ahab konnte seinen Haß und seine Rache auf den Weißen Wal in eine langfristige Strategie umsetzen, die auf Jahre hin berechnet war. Doch die beharrliche Besessenheit in seinem Entschluß, zu töten, ist geradewegs konträr zu der Geduld, die nötig ist, um aufzubauen und »gesundzupflegen«. Eine Kristallvase umzustoßen ist die Tat eines Augenblicks, ein solches Kunstwerk in Manufaktur herzustellen eine langwierige Arbeit. Wer dem Leben dienen will, statt dem Tode, der muß, was er gelernt hat auf dem Wege, selber zu sein, allem ringsum in gleicher Weise angedeihen lassen: an erster Stelle also Akzeptation, Verstehen und Geduld.

»Akzeptation«, das bedeutet, den Ist-Zustand eines Menschen, einer Situation, erst einmal gelten zu lassen. Man kann sich nur auf etwas einlassen, das man wirklich kennt; um aber einen Menschen kennenzulernen, muß man sein Vertrauen gewinnen, und das kann sicher nicht geschehen mit Spott, Kritik, Zurechtweisung und Strafandrohung, sondern nur durch Ernstnahme, Wohlwollen, Begleitung und Stärkung der Persönlichkeit. Je mehr man aber beginnt, sich in die Lage des anderen hineinzuversetzen und ihn in wörtlichem Sinne zu ver-stehen, wird man zugleich merken, wie verwoben auf dem Webstuhl des Schicksals (*Moby-Dick*, XLVII 351–352) im Leben eines Menschen Innen und Außen, Freiheit und Zwang, Selbstbestimmung und Fremdbestimmung, Kühnheit und Kleinheit, Schönheit und Schande miteinander sein können. Um die verschiedenen Fäden voneinander zu lösen und zu einem selbstentworfenen Muster neu zusammenzufügen, braucht es vor allem Zeit. Man muß warten können. Man muß es sich verbieten, vorschnelle Lösungen erzwingen zu wollen.

Auch an dieser Stelle tritt eine eigentümlich religiöse Seite in jedem ernstgemeinten Umgang mit einem Menschen hervor. Sieht man auf die Qual und die Unerträglichkeit der Lage, in welcher zahllose Menschen sich befinden, so drängt alles Mitgefühl auf eine rasche, möglichst sofortige Besserung der bestehenden Verhältnisse, und auf der Wirklichkeitsebene, auf welcher solche Änderungen per Verordnung und Gesetz erreicht werden könnten, sollten sie selbstredend unverzüglich angestrebt werden; jedoch im persönlichen Bereich gibt es kein anderes Mittel, um eine günstig begonnene Entwicklung zu beschleunigen, als gerade nicht zu drängeln, sondern abzuwarten und jeden Schritt der eigenen Entfaltung sich ruhig und solide vollziehen zu lassen, – ähnlich wie die Knospen der Blumen im Frühling sich nicht öffnen unter mechanischem Zwang, sondern durch die Kraft des Lichts und der Wärme der Sonne. Doch für eine solche Haltung der Geduld braucht man das Gefühl, Zeit zu haben, und eben daran mangelt es in dieser Welt immer wieder: – das Leben ist so kurz! Die innere Gelassenheit, die dazu gehört, einem Menschen wirklich zu helfen, entstammt einer anderen Dimension, als sie im Fluß der Zeit, im Strudel der Vergänglichkeit, enthalten ist. Jeder »Augenblick«, meinte SÖREN KIERKEGAARD, sei ein Kreuzpunkt von *Zeit und Ewigkeit*; nur so sei es möglich, die innere Distanz zu sich selbst zu gewinnen und noch einmal neu Stellung zu nehmen[55].

Dies gilt für den Verzweifelten ebenso wie für den »Helfenden«: Beide müssen sogar das Vertrauen mitbringen, daß eine »Heilung« oder »Rettung« auch dann noch möglich ist, wenn ein Leben dem Ende entgegentreibt und sich, wie im Falle Ahab, die Antriebsrichtung nicht mehr umkehren läßt. (*Moby-Dick*, CXXXII 821–822) Gerade weil unser eigenes Maß an Akzeptation, Verstehen und Geduld oft nicht auslangt, um das Leben eines anderen Menschen zum Guten zu wenden, verbleibt als Alternative zur Resignation eigentlich nur ein Blick auf und ein Ausblick in eine andere »Welt«, in welcher die Liebe nicht so ohnmächtig ist wie in unseren Herzen. *In Lee muß etwas liegen.* (*Moby-Dick*, CXXXV 852) Dieser Sehnsuchtsblick Ahabs unmittelbar vor seinem Ende folgt eben dieser Perspektive, die ihn an sich davor hätte bewahren können, die Beantwortung der Welträtsel im Nu von einem alles entscheidenden »Endsieg« zu erwarten. Eine ruhige Beharrlichkeit, eine zähe Geduld, eine Weitherzigkeit, die darum weiß, wie lange »Heilungen« dauern können, ist in sich selbst das wichtigste Mittel, die leichtfertige Neigung zum Lanzen- (und zum Bomben-)Werfen im Kampf gegen das »Böse« ein für allemal zu überwinden.

In der Bibel findet sich ein bemerkenswertes Gleichnis aus dem Munde Jesu zu der Frage, wie mit dem »Bösen« zu verfahren sei: Ein Bauer hat *ertragreichen Samen … auf seinen Acker* gesät; da kommt *sein Feind* und sät *Unkraut … mitten unter den Weizen.* Als beides zusammen aufgeht, fragen die Knechte den Hausherrn, ob sie nicht *hingehen* und das Unkraut *zusammenlesen* sollen. Der Hausherr aber verwehrt es ihnen; er spricht: *Nein, nimmermehr, beim Zusammenlesen des Unkrauts würdet ihr zugleich damit den Weizen ausreißen. Laßt beides zusammen wachsen bis zur Ernte.* (Mt 13,24–30) Das »Ausreißen« und »Ausrotten« des »Bösen« ist, entsprechend diesem Bilde, niemals Menschenwerk; den Menschen obläge es, das »Böse« zu überwinden durch das »Gute« (Mt 5,39; Röm 12,21), nicht aber im Kampf gegen das »Böse« sich selbst »überwinden« zu lassen vom »Bösen«.

Wohlgemerkt, diese Zurückhaltung, diese Vorsicht, diese Behutsamkeit im Umgang mit den vielfachen Formen des Leids und des Unglücks, der Schuld und des Versagens ergibt sich nicht aus Gleichgültigkeit oder Schwäche, sondern ganz im Gegenteil aus Verantwortungsgefühl und Stärke; in der Wahl zwischen der trotzigen Rebellion Ahabs und der traurigen Resignation Bartlebys kommt es darauf an, einen Mittelweg zu finden, der es erlaubt, auf wirkungsvolle Weise Widerstand zu leisten, in Anerkennung der Tatsache freilich, daß die natürlichen Voraussetzungen im wesentlichen nicht zu ändern sind. So wie die Energie des Weltalls sich weder vermehren noch vermindern, allenfalls umwandeln läßt, so scheint auch das absolute Quantum an Leid im Leben konstant zu bleiben; man kann es umverteilen, man kann es von sich selber weg auf andere abschieben, doch aus der Welt schaffen kann man es nicht. Auch diese Situation, in der sich alle Kreaturen befinden, gilt es zu akzeptieren, und die Frage ist nur, welche Folgerungen sich daraus ergeben.

Leidvermeidung durch Leidzufügung; Töten, um nicht getötet zu werden, – diesem »Prinzip« folgen alle Lebewesen. Biologisch gesehen, besteht der Sinn von Leid und Schmerz geradewegs darin, den betreffenden Organismus zu einer entsprechenden Vermeidereaktion zu veranlassen oder geradewegs zu zwingen. Die »christlich«-abendländische Ethik, deren anthropozentrische Weltsicht schon einmal zur Sprache kam (s. o. 318–323), läßt es geradewegs als sittliche Pflicht erscheinen, Leid von Menschen fernzuhalten, wobei sie die Qualen, die sie dabei den Mitgeschöpfen auferlegt, entweder unerwähnt läßt oder als ein Recht deklariert, das der Schöpfer selber der menschlichen Spezies zuerteilt habe. Doch es geht mit dem Leid nicht anders als mit der Armut, als mit der Todverfallenheit aller Kreaturen: statt sich mit grausamen Mitteln vor der befürchteten Grausamkeit der Welt zu schützen, genügt es, sich der prinzipiellen Rechtlosigkeit allen Lebens klar zu werden, um nicht länger mehr auf Sonderrechte *einer* Spezies oder besonders privilegierter Einzelner zu pochen.

Vor Augen treten noch einmal die schrecklichen Bilder, als man in den Bergen von Martair auf Tahiti die Rinder zusammenschießt: *Es waren ein Bulle, eine Kuh und ein Kalb. Die Kuh lag im Schatten am Rand des Waldes, das Kalb rekelte sich vor ihr im Gras und leckte ihr das Maul, während der alte Taurus danebenstand, einen väterlichen Blick auf diese kleine Familienszene warf und hausherrlich die Nase in die Luft reckte.* Gerade diese Tieridylle wird man mit ein paar peitschenden Schüssen zersprengen: *Das Kalb fiel wie ein Klotz. Seine Mutter stieß ein Gebrüll aus und stieß ihren Kopf in das Dickicht. Aber sie kehrte zurück, lief klagend zu dem leblosen Kalb und umkreiste es immer wieder mit blutenden Nüstern... Bald fiel wieder ein Schuß, und die Kuh stürzte zu Boden. Einige der Eingeborenen wurden bei den toten Rindern zurückgelassen, und wir übrigen eilten dem Bullen nach, dessen furchtbares Brüllen uns zu der Stellte führte, wo er lag. Mit einem Blattschuß war er vor Angst und Schmerzen in den Wald gestürzt, aber als wir kamen, war er in einer grünen Mulde zu Boden gesunken. Er wühlte mit seiner schwarzen Schnauze in einer Lache seines eigenen Blutes und schleuderte es spritzend über sein Fell. – Der Yankee brachte sein Gewehr in Anschlag. Im nächsten Augenblick machte das wilde Tier einen Sprung in die Luft und brach, die Vorderbeine unter sich krümmend, tot zusammen. – Nun waren unsere Inselfreunde in Hochstimmung und voller Mut und guter Laune.* (*Omoo*, LVII 503–504)

Gewiß, derart gedankenlos, derart naturhaft egoistisch, sind Menschen geneigt, sich im Umgang mit Tieren zu verhalten; doch ist dies ein wahrhaft menschliches Verhalten? Und was ist es mit Hunillas Hunden, welche die Indianerin auf der Galapagos-Insel zurückließ? Wir erinnern uns des erschütternden Satzes: *Wären es Menschen gewesen, sie hätten kaum lebhafter das Gefühl der Verlassenheit zum Ausdruck bringen können.* (*Encantadas*, VIII. Skizze: Norfolk und die Chola-Witwe, 871) Spätestens das langsame, grausige Sterben des Wals, den Stubb zur Strecke bringt und der in einem *unsäglichen Todeskampf* verendet (*Moby-Dick*, LXI 458), wirft die Frage auf, ob denn das »rechtens« sei, was wir als Recht uns nehmen, es als Menschen Tieren anzutun. Wenn selbst Ismael die Greuel des Walfangs nur zu »rechtfertigen« vermag mit den noch weit größeren Greueltaten all der »großen« Feldherrn, deren Siege sogar den *Applaus der gesamten Damenwelt* finden (XXIV 191), sollte man dann nicht den Krieg gemeinsam mit der Jagd als zwei Varianten der gleichen archaischen Brutalität aufgeben und als Zeichen wahrer Kultur gegen ein nicht leerzutrinkendes Meer von Leid ein unendliches Mitleid setzen? Wir können die Welt nicht ändern, – doch in ihr als Menschen zu leben versuchen, das können wir schon.

γ) Die Perspektive der Ewigkeit oder: Was liegt in Lee?

Alle Lebewesen der Erde gehören zusammen, und so müßte ein wichtiger Teil der menschlichen Moral darin bestehen, diese Einheit aller angesichts eines gemeinsamen Schicksals von Leid, Schmerz und Tod in wechselseitiger Schonung und Rücksichtnahme wirklich zu leben. Demgegenüber wird der menschlichen Spezies »natürlich« das »Recht« auf die Durchsetzung ihrer artegoistischen Interessen zugestanden, wo nicht zur Pflicht auferlegt; CHARLES DARWINS Erkenntnisse wurden und werden nicht selten sogar dahin interpretiert, daß die Grausamkeiten des »Kampfs ums Dasein« in der Natur vergleichbare soziale Vernichtungswettbewerbe auch in menschlichen Gesellschaften rechtfertigten. Insbesondere in den neokonservativen und neoliberalen »Denkschulen«, den »think tanks« der USA, wird eine vulgäre Form von »Darwinismus« in den Wirtschafts- und Sozialwissenschaften auf die Ebene menschlicher Gemeinschaften übertragen; wie in der Natur, so könne auch die menschliche Geschichte, meint man, nur durch die Konkurrenz aller gegen alle, durch das Spiel des »freien Wettbewerbs«, vorangebracht werden. Übersehen wird in dieser Konzeption geflissentlich, daß der »Kampf ums Dasein« im Sinne des DARWINismus zumeist nicht als ein frontaler Kampf des Fressens und Gefressenwerdens geführt wird, sondern eher den Charakter einer lateralen Konkurrenz um die Verbesserung der Reproduktionsbedingungen annimmt, die ihrerseits wieder durchaus mit komplexen Systemen von intra- und interspezifischer Kooperation und Symbiose vereinbar sind. Aber es stimmt; die Natur ist von Gesetzen geprägt, die im Grunde grausam sind.

Doch eben deshalb kann es nicht für menschlich gelten, diese »Gesetze« auch dem menschlichen Verhalten zu unterlegen. Ahab hat recht: Es ist ein Zeichen der Menschlichkeit, gegen diese »Gesetze« zu rebellieren; nur darf dieser Protest nicht noch tiefer in das »naturhafte« Schema von Schmerz und Vergeltung hineintreiben, er muß im Gegenteil aus der Mechanik von Leid und Leidzufügung, von Angst und Angstverbreitung, von Schmerz und Schmerzweitergabe ein für allemal herausführen. Gerade weil das Leiden grenzenlos ist, liegt es am Menschen, Mitleid zu zeigen. Allein in einer solchen Form universeller Verantwortung gegenüber allen Lebewesen läßt sich eine Sonderstellung des Menschen geltend machen; die Beanspruchung absoluter und genereller Sonderrechte der menschlichen Spezies gegenüber dem Rest der Welt hingegen ist kein Ausweis von Menschlichkeit, sondern ein Rückfall der Vernunft in die Tierheit. Niemals dürfen Menschen mit Menschen und Tieren so umgehen, wie die Natur allerdings jederzeit mit ihnen verfährt. Als zugehörig zur Natur sind wir in der Tat aufgerufen, anders zu sein als die Natur, doch müssen wir dieses Anderssein radikal verstehen: es genügt nicht, nach Ahabs Vorbild dasselbe »anders« zu machen, es kommt darauf an, ein Verhalten zu entwickeln, das anders ist als die gesamte Natur sonst – mithin Leiden zu überwinden durch Mitleiden, Angst durch Vertrauen, Schmerz durch Begleitung.

Eine solche Haltung basiert allerdings auf zwei Voraussetzungen, die Ismael, die Clarel allzu gerne glauben würden, wenn sie nur als glaubwürdig erscheinen könnten: Da ist einmal die Dimension der Ewigkeit – man braucht, wir sagten es gerade, um sich in Geduld zu üben, Zeit, wo Zeit nicht ist auf Erden –, und da ist der absolute Wert des Einzellebens – ganz im Gegensatz zu dem phänomenalen Unwert alles Individuellen im Haushalt der Natur.

Über die vollkommene Flüchtigkeit, die Menschen wie Tieren als einzelnen im Gang der Dinge zugemessen ist, kann nicht der kleinste Zweifel sein. Eine Welle kommt, eine Welle geht, – was ist es gewesen? Das Meer hat nichts gewonnen, das Meer hat nichts verloren: – eine Kräuselung an der Oberfläche, hervorgebracht durch das Wehen des Windes und die Strömung in den Weiten des Ozeans, mehr nicht. Oder noch weniger: – eine Blase im Schaum auf dem Kamm einer Welle, die noch rascher verging, als die Welle verschwand...

Niemals werden fühlende Wesen, werden denkende Menschen damit einverstanden sein, daß ringsum das »Meer«, gefühllos, gedankenlos, für das wahrhaft Bedeutende gilt, sie selber hingegen für das Unbedeutende, das Bedeutungslose. Je stärker Lebewesen ihre Individualität spüren, je intensiver sie Angst und Schmerz empfinden können, je deutlicher ihnen sogar die Unentrinnbarkeit des Todes zu einem Problem wird, desto weniger werden sie es akzeptieren, daß all ihre Mühen und Qualen für nichts weiter »gut« gewesen sein sollen, als vorübergehend im Strom des Lebens mitgeschwommen zu sein, als gelebt zu haben, um Leben weiterzugeben. Mögen auch die Keimzellen potentiell unsterblich sein – um den Preis, daß auf Hunderttausende und Millionen von ihnen nur ein verschwindender Teil dahin kommt, für die winzige Lebensdauer eines weiteren Individuums an dieser

»Unsterblichkeit« wirklich teilzuhaben –, Angst, Schmerz und Tod zu empfinden vermögen nur jene Strukturen, die aus sterblichen Körperzellen zusammengesetzt sind. Die Frage nach der Relevanz von etwas, das Gefühl auch nur von so etwas wie Wert, kann einzig entstehen in diesen Gebilden, die sterblich sind. Es scheint absurd, daß die einzigen Formen des Daseins, die eine Ahnung von der Bedeutung ihrer Existenz zu gewinnen vermögen, hervorgebracht werden allein, um ihrer Bedeutungslosigkeit inne zu werden; und es ist empörend, daß Lebewesen den Wert des Lebens nur begreifen sollten, um zugleich ihrer eigenen Wertlosigkeit belehrt zu werden.

Eben dagegen richtete sich im Kern Ahabs Protest; unvergeßlich für alle Zeiten sind seine mehrfach schon zitierten Worte: *Mitten im verkörperten Unpersönlichen stehe ich hier, eine Persönlichkeit. Wohl bin ich kaum mehr als ein Punkt im All, woher ich auch komme, wohin ich auch gehe; doch während ich hienieden weile, lebt auch diese königliche Persönlichkeit in mir und weiß um ihre königlichen Rechte.* (*Moby-Dick*, CXIX 771) Doch damit dieser Protest menschliche Züge erhält, damit er sich überhaupt durchhalten kann als ein *Krieg*, der immer nur wieder neue *Qual* erzeugt (a. a. O.), muß dieses »königliche« Bewußtsein von der Bedeutung und dem Wert des individuellen Lebens, von der Würde der »Persönlichkeit«, sich seiner Berechtigung vergewissern – gegen eine ganze Welt, die es verneint. Und diese Berechtigung kann nur in einer vollständigen Widerlegung des Eindrucks der Vergänglichkeit liegen. Etwas an der so flüchtig wirkenden individuellen Existenz muß in sich selbst eine unendliche Dauer und Bedeutung besitzen, um gegen die unendliche Flüchtigkeit und Bedeutungslosigkeit des Daseins sinnvoll revoltieren zu können.

Absolut unzureichend ist die vor allem von dem französischen Existentialisten JEAN PAUL SARTRE in den 40er Jahren des 20. Jhs. vorgetragene Auffassung, das Dasein stehe unter der Aufgabe, die eigene Bedeutungslosigkeit zu widerlegen durch die Bedeutsamkeit des Entwurfs seiner selbst. Ein solches Konzept scheitert bereits daran, daß diese Bedeutungsverleihung nicht nur absolut willkürlich und beliebig wirkt, es leidet vor allem an der Unbeantwortbarkeit der Frage, wem überhaupt die selbstgesetzte Bedeutung des Daseins sich erschließen soll außer dem vereinzelten Ich selber. Bei der autarken Seinsbegründung des Daseins nach SARTRE handelt es sich um ein Geschehen, das die Grenzen eines reinen Für-sich-Seins niemals überschreitet und das sofort in die Gefahr gerät, von anderen gänzlich anders wahrgenommen zu werden als von sich selbst. In der Tat spielte dieser Konflikt zwischen dem Für-sich-Sein und dem Für-andere-Sein in der Philosophie

SARTRES denn auch die zentrale Rolle; und er wurde entschieden im Tod: spätestens das Grab bedeutet den endgültigen Sieg des Für-andere-Sein über das Für-sich-Sein; jeder Bestattungsredner schon am Grabe hat die Möglichkeit, die Bedeutung des »Verblichenen« für die Nachwelt auf eine Weise festzulegen, die nie und nimmer seine eigene gewesen ist oder hätte sein können[56]. Mit einem Wort: ein Existentialismus der Selbstbegründung des Daseins beantwortet nicht den Eindruck der Absurdität des Todes, er verewigt ihn.

Nur, das Problem besteht zweifellos: Was ist das Leben eines Menschen? Was in der Geschichte der Erde soll es gewesen sein? – Worin zum Beispiel bestünde die Bedeutung eines Menschen wie HERMAN MELVILLE? Sollte sie wirklich nur darin liegen, daß er Bücher verfaßt hat, die Titel tragen wie *Moby-Dick* oder *Pierre* oder *Clarel*? Was soll ein Autor von sich selber halten, wenn Werke, die ihm wichtig sind, kaum gelesen und schließlich sogar wieder eingestampft werden? Wenn am Ende nichts anderes mehr übrig bleibt, als zu sagen und zu schreiben, was zu sagen und zu schreiben ist, unabhängig sogar davon, wer und wie viele Menschen je davon Notiz zu nehmen belieben und in welcher Weise sie es rezipieren oder rezensieren? Gerade an einer Person wie MELVILLE wird die Relativität, die Unmaßgeblichkeit, die Nichtigkeit der »öffentlichen Meinung«, der Wertung durch die menschliche Geschichte, des Urteils der »anderen« im Wechsel der Zeiten deutlich. Was ein Mensch ist, kann nicht abhängig sein von den Launen der Mode oder des Geschmacks, auch nicht von den Wertsystemen und Bewertungsrastern der jeweiligen Kultur, auch nicht von den gesellschaftlichen Bedingtheiten und Bedürfnissen einer bestimmten Epoche; was ein Mensch ist, kann sich nur klären in einem Feld des Absoluten jenseits der Menschenwelt. Daß es – aus was für Gründen auch immer – derzeit in Deutschland ein neu erwachendes Interesse an dem amerikanischen Autor gibt, kann dahin führen, wichtige seiner Arbeiten erstmals zu übersetzen oder inhaltlich vorzustellen, die Editionen sorgfältiger zu gestalten, die Biographie und die Bibliographie genauer zu erforschen und zu erstellen und auf diese Weise vielerlei Kostbarkeiten in MELVILLEs Werk womöglich neu zu entdecken und neu zu bewerten. Doch die Person des Menschen MELVILLE bleibt, wie die Person eines jeden Menschen, im Grunde von solchen Schwankungen des öffentlichen Interesses unberührt. Obwohl in stetem Gespräch mit »dem« (rein fiktiv vorgestellten) Leser, entsteht keine gültige Zeile in einem Literaturwerk mit dem buhlenden Blick auf die Gunst des geneigten Publikums, und genau so – das heißt: wenn möglich noch viel mehr – verhält es sich im wirklichen Leben: Alles würde auf eine hysterische Weise vertan, wollte jemand sein Dasein an ein reines Für-andere-Sein ausliefern.

Weder also das reine Für-sich-Sein noch das reine Für-andere-Sein kann darüber entscheiden, wer ein Mensch ist – was seinen Wert, was seine Bedeutung darstellt; allein ein Anderer, der nicht die »Öffentlichkeit« der menschlichen Geschichte (zu bestimmten Zeiten und an bestimmten Orten) repräsentiert, sondern der davon absolut unterschieden ist, ein Anderer zudem, der den betreffenden Menschen zuinnerst kennt und der nicht selber durch seine eigene Entwicklung allen möglichen verzerrten Wahrnehmungen und Bewertungen unterliegt, kommt als ein wahres Gegenüber der Wahrheitsfindung in Frage. Ein solches absolutes Subjekt, jenseits der Menschenwelt und jenseits der Geschichte, als das wahrhaft erkennende, als das wahrhaft urteilende, – diese Vorstellung hat in der Religionsgeschichte der Menschheit die Gestalt von Gott als dem »Richter« angenommen.

Gerade mit dem Gedanken an ein göttliches »Gericht« über den Menschen wurde in den Religionen indessen zumeist ein Szenario furchtbarer Qualen und Schrecken verbunden. Der Anspruch unendlicher Gerechtigkeit verwandelte den Richtergott selbst in den Administrator der unendlichen Folter einer »Strafe« ohne Möglichkeit zur Reue, ohne Aussicht auf Besserung, ohne Chance zur Umkehr. Von der *Feuerqual der Hölle* redet denn auch Ahab im Gespräch mit dem Schiffszimmermann, und der gibt zu, *wenn's dazu kommt,* noch einmal *nachrechnen* zu müssen; denn: *bei mir steht einiges zu Buche.* (*Moby-Dick*, CVIII 724–725) Die irdischen Delinquenten besaßen bei solchem Verständnis des Gottesgerichts im Jenseits nicht einmal eine Hoffnung auf den Tod; um als »Verdammte« auf ewig gemartert zu werden, mußten ihre Auferstehungsleiber im höllischen Feuer von der Art sein, daß ihre Haut zwar versengt wurde, doch wunderbarerweise regenerationsfähig blieb. Sinnbild all dieses Grauens war in den Darstellungen an den Portalen mittelalterlicher Kathedralen der Walfischrachen, der sich bereits öffnete, um den Zug der Gerichteten, unter dem Treiben emsiger Teufel, für immer zu verschlingen.

Wenn Ahab gegen den Weißen Wal kämpft, so auch gegen die Angst vor einer solchen Totalverurteilung als Schuldiger; um nicht selbst ein Verfluchter zu sein, verflucht er mit dem letzten Atemzug noch Moby Dick; und er jagt ihn bis zum untersten Abgrund der Hölle, um von ihrem Bilde nicht selber verschlungen zu werden. (*Moby-Dick*, CXXXV 863) In allen Details folgt Ahab der Psychologie eines »Retters«, der dagegen kämpft, »gerichtet« zu werden, und der, ein Gegenbild des Erlösers, sich selbst und alle Welt von der metaphysischen Urangst vor Tod und Verdammnis befreien möchte; seine Tragik jedoch liegt darin, daß er diese Angst, wie sich immer wieder gezeigt hat, nicht in sich selbst überwindet, sondern sich von ihr nach Art einer Gegenbesetzung – in der Pose männlicher Tapferkeit und Unerschrockenheit – den Weg in den Untergang vorschreiben läßt. Nur: wie kann ein Ahab dahin gelangen, nicht länger besessen im Kampf gegen das »Böse« zur Rettung der ganzen Welt in den Abgrund zu steuern, sondern sich selber von der nach ihren verschollenen Kindern suchenden *Rachel* retten zu lassen?

Eine erste Hilfe für Ahab ergab sich bereits in den Skizzen einer möglichen »therapeutischen« Haltung gegenüber den »Ismaels« und »Ahabs« dieser Welt. Aus eigenen Kräften vermag ein Mensch in Angst niemals etwas anderes zu tun, als wie im Totstellreflex zu versteinern oder wie im Bewegungssturm zu fliehen beziehungsweise anzugreifen; alle diese Reaktionen kreisen im Strudel der Angst. Der einzige wirkliche Ausweg läßt sich nur finden durch die Intervention eines anderen, dessen Nähe durch das Vertrauen, das sie ermöglicht, die Angst besiegt. In der Beziehung zu einem Menschen wie Ahab besteht die ganze Schwierigkeit darin, den Selbsteinschluß der Angst in Autarkie und Mißtrauen nach und nach zu öffnen. Und eben darin sollte, ins Unendliche gedehnt, die Idee eines göttlichen »Gerichts« liegen.

Das, was in den Religionen als »Jüngstes Gericht« bezeichnet wird, müßte gerade als ein »therapeutischer« Prozeß endgültiger Klärung verstanden werden; der »Fisch«, der Ahab verschlingt, müßte sich erweisen als der *große Fisch*, den Gott verschaffte, seinen Propheten zu verschlingen (Jona 2,1); und der »Ort« des Grauens müßte sich wandeln in ein Wort der Geborgenheit. Nicht zufällig hat insbesondere das *Matthäus*-Evangelium in der Szene vom Walfischrachen, der Jona verschlingt und ihn wieder ans Festland entläßt, ein Bild für den Tod und die Auferstehung Jesu gesehen (Mt 12,39.40; 16,4). Einzutreten in die Schatten des Todes bedeutet in dieser Blickrichtung nichts anderes, als der Macht, der Person gegenüberzutreten, die wollte, daß wir sind; unter ihren Augen, die uns anschauen mit dem Blick reiner Güte, lernen auch wir, unser Leben verständnisvoll zu betrachten. Da gibt es nicht mehr jene uralte Angst vor Verurteilung, Ablehnung und Strafe, die bisher dem Eingeständnis begangener Schuld sich in den Weg stellen mochte; im Gegenüber dieser reinen Gnade, der wir unsere Existenz verdanken, erscheinen nach und nach all die Fehler und Schwächen, all die Irrtümer, Böswilligkeiten und Gehässigkeiten unseres Lebens als derart kleinkariert, niedrig und sinnlos, daß wir nur das heftigste Gefühl der Scham und der Reue dafür empfinden können; je weiter wir reifen, desto schmerzlicher fühlen wir nun den Druck alter Enge. Wie selbstverständlich wird es jetzt möglich, unverstellt den Zielen unserer ursprünglichen Sehnsucht nachzugehen. Und das wird unser »Jüngstes Gericht« sein: ein Richtigwerden und sich innerlich Ausrichten auf die Vorgaben dessen, warum es uns gibt, ein immer deutlicheres Erspüren unseres wahren Wesens, eine wachsende Identität mit uns selbst. Dazu also waren wir! Das also sind wir! Im letzten ist es ein und dasselbe, an die Ewigkeit des Lebens und an die Läuterung zur Wahrheit zu glauben; im letzten ist dieser Glaube, der die Identität der Person ermöglicht, identisch damit, an eine Zuwendung zu glauben, die immer schon ist und die will, daß wir sind.

Zeigst du dich in der Liebe niedrigster Gestalt, so will ich vor dir knien und dich küssen, zeigst du dich aber bloß als höchste Himmelsmacht, so bleibet etwas in mir ungerührt. (*Moby-Dick*, CXIX 771) Diese Worte Ahabs mitten im Elmsfeuer formulieren die endgültige Alternative für das Gelingen oder Mißlingen des gesamten Daseins. Wie sich die Gottheit uns zeigt, entscheidet sich daran, ob unser Herz, ob unser ganzes Wesen eine solche alles umgreifende Liebe erkennen kann oder nicht. Hier auf Erden bleibt die Hoffnung, bleibt der Versuch, einander diese Liebe, so weit es irgend möglich ist, zu schenken. Es wird, wie stets, nur bruchstückhaft gelingen. Und doch und gerade deshalb gilt die Zuversicht, da werde einer sein, der unser zögerndes Beginnen vollende, wenn's mit uns zu Ende geht. MELVILLES großer Roman *Moby-Dick*, verstehen wir ihn richtig, ist wie ein riesiger Spiegel, der uns ein angstverkehrtes, haßverdrehtes, schmerzzerstörtes Dasein zeigt, mit der verborgenen Aufforderung, in unserem eigenen Leben die spiegelsymmetrische Umkehrung des Gezeigten selber zu versuchen und sie, wenn's geht, zurückzubringen sogar zu seinem Autor.

Draußen über dem Hudson hat die Sonne sich in einen grau verhangenen Himmel zurückgezogen. Es wird bald anfangen zu regnen. Wir müssen gehen. Unser Gespräch ist zu Ende. Doch bleibt dieser seltsame Eindruck bestehen: Wir gehen aufeinander zu, auf Pfaden, die erst im Unendlichen eins sind. Jedes wahre Gespräch ist ein Schritt voran auf solchen zusammenführenden Wegen. Es gibt eine Sonne, die scheint, und es gibt eine Sonne hinter den Wolken; doch auch im Regen erscheint ihre Macht, und selbst die Nebel, die sie verbergen, werden geboren in der wärmenden Kraft ihrer unermeßlichen Energie. Diese aber ist überall.

In MEVILLES Gedichtsammlung *John Marr und andere Seeleute (John Marr and Other Sailors)* von 1888 heißt es[57], während beim Überqueren der Tropen *(Crossing the Tropics)* der Polarstern versinkt und das Kreuz des Südens am Himmel erscheint:

> O love, O love, these oceans vast:
> Love, love, it is as death were past.
> O Liebe, Liebe, diese weiten Meere,
> Die Liebe ist, wie wenn kein Tod mehr wäre.

Ein schöneres Wort zum Abschied kann es nicht geben.

Bildbeschreibungen

Abb. 1: »... Sterben – schlafen –
Nichts weiter! – und zu wissen, daß ein Schlaf
Das Herzweh und die tausend Stöße endet,
Die unsers Fleisches Erbteil – 's ist ein Ziel,
Aufs innigste zu wünschen. Sterben – schlafen –
Schlafen! Vielleicht auch träumen! – Ja, da liegts.«

Es sind Gefühle wie aus SHAKESPEARES *Hamlet* (3. Akt, 1. Szene), die in all den »Desperados« und »Isolatos« leben, aus denen die Mannschaft der *Pequod* besteht, und die sich grade in Ismael verdichten, als er auf einem Walfänger anzumustern beschließt. Ein Bild für diese Mischung aus Verzweiflung und Sehnsucht, Todesverlangen und Fernweh, Müdigkeit und Hoffen auf eine Welt weit hinterm Horizont bietet *Der Penner* (De Slaper) des holländischen Malers und Graphikers DIRK HIDDE NIJLAND (1881 – 1955). Der 21,8 x 23,0 cm große Holzschnitt aus dem Jahre 1919 zeigt einen jungen Mann bäuchlings auf einer Bank an der Kaimauer liegen, den Kopf unter einer Strickmütze in den Armen vergraben, die etwas wie ein Kissen umklammert halten. Nicht mehr denken müssen, – träumen! Träumen und schlafen scheint alles, was diesem Vereinsamten geblieben ist. Da ist das Meer, wie eine Straße ins Unendliche. Noch sieht man am anderen Ufer der Mündung des Stroms einen winzigen Streifen Land, doch er verliert sich in der breithin sich dehnenden See. Und da hinaus treibt ein Schiff, dessen zwei Masten, Stagen und Wanten im ruhig dahinfließenden Wasser sich spiegeln. Die geöffnete Jacke des »Schläfers«, sein linkes Bein, das von der Bank heruntergerutscht ist, die Helligkeit des Tageslichts, – sie alle verraten, daß es längst an der Zeit wäre, aufzustehen; und sogar die Bohlenbretter weisen wie Fluchtlinien die Richtung, in welche zu gehen ist: Irgendwo muß ein Hafen sein. Irgendwo gleich in der Nähe schon ist der Ort, ein solches Schiff zu besteigen... – In: HANS VAN DER GRINTEN – FRANZ JOSEPH VAN DER GRINTEN: Die Frühzeit des modernen Holzschnitts. Holzschnitte aus den Beständen der Stiftung Museum Schloß Moyland – Sammlung van der Grinten Joseph Beuys Archiv des Landes Nordrhein-Westfalen, Apeldoorn, Van Reekum Museum, 28. 11. 1992 – 1. 2. 1993; Koblenz, Mittelrhein-Museum, 11.2. – 18. 4. 1993; Kornwestheim, Galerie der Stadt, 8.5. – 1. 8. 1993; Neuss, Clemens-Sels-Museum, 31.10. – 19. 12. 1993; S. 265.

Abb. 2: Eine Schiffskanzel, wie MELVILLE sie in der Kirche von New Bedford beschreibt (*Moby-Dick*, VIII 86 – 89), findet sich in deutschen Landen in der Kirche von Irsee (Bayern, Foto: E. Baumgartner). Der Maler und Stukkateur Johann Baptist Zimmermann (1680 – 1758) arbeitete zuerst mit seinem Bruder, dem Baumeister Dominikus Zimmermann, zusammen, dann mit dem flämisch-deutschen Baumeister und Dekorateur François de Cuvilliés (1695 – 1768). Schiffe galten bereits im Alten Ägypten sowie in bronzezeitlichen Schiffssetzungen in Stein (zum Beispiel auf Gotland) als Symbol der Reise ins Jenseits (vgl. *Moby-Dick*, CX 733), und auch die Fahrt der *Pequod* ist eine Seelenreise auf der Suche nach einer anderen Welt. Verengt deutete man seit dem Mittelalter das Schiff auch als ein Symbol der Kirche, doch ist es gerade diese Bedeutung, gegen deren Religionsverständnis sich Ismael in aller Entschiedenheit ausspricht. (*Moby-Dick*, XVIII 161 – 163) Vgl. JEAN MEYER – MARTINE ACERRA: L' Empire des Mers, Compagnie du Livre d' Art 1990; dt.: Segelschiffe im Pulverdampf. Das Ringen um die Seeherrschaft, übers. v. Hubertus von Gemmingen; Übers. der Bildtexte v. Walter Paluch, Bielefeld 1996, Abb. 146, S. 168.

Abb. 3: Dieses um 1780 historisch außerordentlich korrekt gemalte Bild erlaubt es, ein paar technische Einzelheiten zu veranschaulichen, die im *Moby-Dick* erwähnt werden. Gezeigt wird das amerikanische Walfangschiff *Uncas* vor dem Kap der Guten Hoffnung mit dem Tafelberg im Hintergrund; das Schiff ist eine Dreimast-Bark wie die *Pequod*, das heißt, ein rahgetakeltes Schiff mit (mindestens) drei Masten: dem Fockmast, dem Großmast und dem Besanmast; im Unterschied zu einem Vollschiff, fährt eine Bark am Besanmast ein Gaffelsegel; zwischen den Masten können zusätzlich Stagsegel gesetzt werden, die an den Stagen (den Tauen zum Abspannen eines Masten oder einer Stenge nach vorn, – im Unterschied zu den Pardunen, die eine Maststenge nach achtern abspannen) angeschlagen werden; eine Stenge ist die Verlängerung des Masten mittels des sogenannten Eselshauptes; die erste Verlängerung ist die Marsstenge, die zweite die Bramstenge; oberhalb der Bramrah befindet sich die Royalrah; entsprechend lauten die Namen der Stagen, Pardunen und Wanten – den strickleiterähnlichen Tauen zur seitlichen Abspannung von Masten und Stengen – sowie der Segel. Die vertikale Ausrichtung der Rahen erfolgt durch die auf dem Bild deutlich eingezeichneten Toppnanten – die Taue, die von den Rahnocken schräg nach oben zum Masten oder zur Stenge verlaufen; die horizontale Vor- und Rückwärtsbewegung der Rahen erfolgt durch die Brassen – Leinen, die ebenfalls an den Rahnocken befestigt sind. Die Segel werden an die Rahen hochgeholt mit Hilfe der Geitaue und der Gordings und mit Hilfe der Schoten gefiert. Auf der *Uncas* sind am Klüverbaum gerade als Schratsegel das Vorderstengestagsegel und der Innenklüver gesetzt, am Fockmast sind als Rahsegel die Fock (das Untersegel am Fockmast) und das Vor-Marssegel backgebrasst, ebenso am Großmast das Großsegel (das Untersegel am Großmast) und das Groß-Marssegel. Beim Backbrassen werden die Luvbrassen so weit eingeholt, daß der Wind von vorn in die Rahsegel fällt und die Fahrt des Schiffes zum Stillstand kommt; das Schiff selbst hat beigedreht, so dass es keine Fahrt mehr voraus macht, sondern unter schräg von vorn kommendem Wind nach Lee abtreibt.

Dieser (relative) Stillstand des Schiffes auf dem Bilde war offenbar nötig, um die Fangboote abzufieren: eines von ihnen ist in Höhe des Bugs an der Steuerbordseite gerade zu Wasser gelassen worden, während ein zweites soeben von den Bootsgasten bemannt wird, die leeren Davits (die galgenartigen Kräne zum Aussetzen der Boote) an der Bordwand des Achterdecks zeigen, daß das dritte Fangboot bereits ausgesetzt wurde; – vermutlich ist es dasjenige, das soeben von rückwärts her sich dem Wal zu nähern sucht. Ein solches Walfangboot ist etwa 10 m lang und 2 m breit und mit Harpunen, Speeren und einer aus mehreren Stücken zusammengesteckten Leine von etwa 250 m Gesamtlänge ausgerüstet, die in einer Balje (einer durchgesägten Tonne) aufgeschossen liegt. Um nicht über weite Strecken rudern zu müssen, werden ein 8 m großer Mast und ein einfaches Sprietsegel mitgeführt. Bemannt ist ein solches Fangboot mit einem der drei Steuerleute des Schiffes, der im Heck steht und die sechsköpfige Crew zum Pullen antreibt. Bis das Boot in Wurfnähe des Wals kommt, sitzt auch der Harpunier unter den Riemengasten auf der vordersten Ducht (Sitzbank) des Bootes und rudert mit – eine Gewohnheit, die MELVILLE im *Moby-Dick* (LXII 460 – 461) als sinnlosen Kräfteverschleiß tadelt. Alle sitzen mit dem Rücken zum Wal; erst auf Anweisung des Steuermanns erhebt sich der Harpunier und versucht, die etwa drei Meter lange Harpune in den Wal zu schleudern; der etwa 1 m lange eiserne Vorderteil der Harpune besteht aus einer Spitze mit Widerhaken und hat am unteren Ende eine Manschette, in die der hölzerne Schaft nur lose eingesteckt ist; über einen Ring direkt hinter der Spitze ist der »Vorläufer« durch einen Schotstek (einen speziellen Knoten zum Verbinden von zwei ungleich starken Enden) mit der eigentlichen Walleine verbunden. (*Moby-Dick*, LXIII 462 – 463) Hat das Boot am Wal festgemacht, beginnt die wirkliche Jagd: Das getroffene Tier zieht mit großer

Geschwindigkeit davon, und die Fangleine läuft aus (*Moby-Dick*, LX 447 – 451); um dem Wal die Flucht zu erschweren, können Dreggen (Querhölzer) angebracht werden, die den Widerstand im Wasser erhöhen. Ist das Boot dicht genug an den erschöpften Wal herangekommen, so geht der Steuermann von hinten nach vorn in den Bug, um mit seiner Lanze das Tier endgültig zu töten.

Auf dem Bild setzt ein Harpunier gerade zum Anwurf auf einen Blauwal an, der, von Möwen umkreist, einen weißsprühenden Spaut bläst und seinen dunklen etwa 20 m langen massigen Leib, mit der Fluke peitschend, durch die Dünung wälzt. Das Boot vor ihm hält direkt von vorn auf ihn zu, so daß seine seitwärts gerichteten Augen die Gefahr nicht erkennen können. Wenn der Wal nicht abtaucht, so daß die Leine gekappt werden muß, und es gelingt, das Tier zu töten, muß sein Kadaver zum Mutterschiff geschleift werden und wird dort längsseits vermurt (festgemacht); dann geht es ans Flensen des Wals (*Moby-Dick*, LXVII) und an das Auskochen des Waltrans (*Moby-Dick*, XCVI); der aufziehende Rauch in der Kuhl (dem mittleren Teil des Oberdecks) der *Uncas* verrät, daß einer der Tranöfen bereits in Betrieb ist. lm Durchschnitt liefert ein großer Blauwal etwa 11 – 14 Tonnen Öl und etwa 1 Tonne Walrat, die, in Fässer gefüllt, in den untersten Teil des Schiffsraumes, in die »Last«, »gestrichen« werden.

Wie links, in der Mitte und am rechten Rand des Bildes ein weiterer Spaut zeigt, ist die *Uncas* offenbar auf eine Walschule getroffen; auch ein anderer Walfänger unter britischer Flagge hat seine Fangboote ausgesetzt. Welch ein Wal am Ende wem gehört, ergibt sich durch die Regel von »Festfisch« und »Losfisch«, die MELVILLE im *Moby-Dick* (LXXXIX 614 – 620) ebenso kritisch wie humorvoll beschreibt.

Die Routen, auf denen die Walfangschiffe den Walen zu folgen suchten, ergaben sich aus der ungefähren Kenntnis der Zugstraßen der Wale. (*Moby-Dick*, XLIV 326 – 330) Zur Bestimmung des Kurses dienten der Quadrant oder Sextant (*Moby-Dick*, CXVIII 761 – 764), mit dem man den Breitengrad maß und den Ahab als Kinderspielzeug unter seinen Füßen zermalmt, und eine genau gehende Uhr, ein »Chronometer«, der die Ortszeit von Greenwich anzeigte; der Abstand zwischen Ortszeit und Greenwichzeit ermöglichte die Bestimmung des Längengrades. (Vgl. *Pierre*, XIV 3; S. 364 – 366.)

Zur Beschreibung von Segelschiffen und ihrer Steuerung vgl. LORE HAACK-VÖRSMANN: Seemannschaft für Großsegler, Stuttgart 1992. Zur Geschichte des Walfangs vgl. Der historische Walfang der Nordfriesen, 1. Bd.: BEREND HARKE FEDDERSEN: Das Jahr der Wal- und Robbenjäger; WOLFGANG ASBACH: Bemerkungen zu den Walfängern. Schriftenreihe des Nordfriesischen Schiffahrtsmuseums Husum, Bd. 2, Husum 1991.

Abb. 4: LOUIS GARNERAY: Harpunierende Walfänger. Aquatintablatt von Martens nach Garneray, 56,3 x 81,4 cm, Museum für Hamburgische Geschichte, Inv. Nr.1946, 14. – Im Dezember 1849 besichtigte MELVILLE die *glorreiche Galerie* in *Versailles* und sah dabei *Darstellungen von Walen und Walfangszenen . . . in zwei großen französischen Stichen, die vortrefflich ausgeführt sind und nach den Gemälden eines gewissen Garnery angefertigt wurden.* (*Moby-Dick,* LVI 432, 431) LOUIS GARNERAY (!) (1783 – 1857) war ein damals sehr populärer Maler von Seeschlachten und anderen Szenen zur See. Gerade sein Bild *La pêche à la baleine* (Walfang) wurde in vielen Stichen wie denen von EDOUARD TRAVIES und FREDERIC MARTENS verbreitet. MELVILLE beschreibt es mit den Worten: *Gerade setzt sich das Boot neben die muschelübersäte Flanke eines großen Glattwals, der ihm zu entkommen sucht; sein schwarzer tangbärtiger Rumpf liegt in der See wie ein bemooster Felsblock vor Patagoniens steilen Gestaden. Seine Spauts ragen so voll, kerzengerade und rußschwarz in die Höhe, daß man bei so viel Rauch, der aus dem Schornstein quillt, schließen muß, daß in dem mächtigen Bauche darunter ein anständiges Essen gekocht wird. Seevögel picken nach den kleinen Krebsen und Schalentieren und all den anderen Seebonbons und Meeresmakkaroni, die der Glattwal manchmal auf seinem enormen Rücken mit sich führt. Und derweil rauscht der dicklippige Leviathan über die Tiefe hinweg, in seinem Kielwasser Tonnen milchigweißen, aufgewühlten*

Schaumes, und bringt das kleine Boot in der Dünung zum Schaukeln wie eine Jolle, die allzu nahe an die Schaufelräder eines Ozeandampfers geraten ist. So ist der Vordergrund des Bildes *ganz stürmischer Aufruhr; dahinter aber sehen wir in bewundernswertem künstlerischem Kontrast das spiegelglatte, bekalmte Meer, die schlaff herabfallenden Segel des ohnmächtigen Schiffes und die reglose Masse eines toten Wals, einer eroberten Festung gleich, mit der Prisenflagge, die träge an dem ins Blasloch gesteckten Harpunenstock hängt.* (Moby-Dick, LXVI 432) Das Setzen einer solchen Prisenflagge auf dem Bild scheint durchaus notwendig, denn unter Vollzeug naht von achtern her bereits ein zweites Schiff, um sich an dem so günstigen Beutemachen zu beteiligen. Auf die Walfangszene selbst aber waren MELVILLES Augen offenbar derart gebannt, daß er auch nicht bemerkte oder vermerkte, daß an der Steuerbordseite des vorderen Schiffes, einer Dreimast-Bark, bereits ein Wal vermurt (festgemacht) worden ist und soeben ein großes Stück seines Specks mit Hilfe einer Flenstalje an Bord gezogen wird, um dort in einem der Tranöfen zu Öl verkocht zu werden; schwarzer Rauch entsteigt nicht nur dem Wal, sondern vor allem dem Ofen, und das mit einem Geruch, *als würden,* wie MELVILLE schreibt, *in der Nähe Leichen auf Scheiterhaufen verbrannt... wie das Jüngste Gericht zur Linken... ein Beweis für den Höllenpfuhl.* (Moby-Dick, XCVI 655)

Bei den Abbildungen konnten nicht alle Rechteinhaber ermittelt werden. Rechtsansprüche bleiben gewahrt.

452

Anmerkungen

(Englischsprachig zitierte Titel in der Übersetzung des Autors)

Wie zu lesen ist

[1] LEON HOWARD: Melville's Struggle with the Angel (1940), in: P. G. Buchloh – H. Krüger (Hg.): Herman Melville, 146 – 162, berichtet, daß MELVILLE im Februar 1849 SHAKE-SPEARE kennenlernte, als er Fanny Kemble den Part der Lady Macbeth lesen hörte (154); Evert Duyckinck habe ihm Shakespeare erschlossen (155); er urteilt:»Die literarische Kunst, die *Moby-Dick* von Melvilles früheren Werken verschieden macht, war eine von Shakespeare erlernte Kunst.«(160) DERS.: Herman Melville (1961), 22, meint, daß besonders»die Zweideutigkeiten und Ambivalenzen« die»dramatischen Shakespeareschen Qualitäten« des *Moby-Dick* ausmachten. Im Juli 1850 schrieb MELVILLE in *Duyckinck's Magazine* einen Artikel: *Hawthorne und sein Moos, geschrieben von einem Mann aus Virginia, während er einen Juli in Vermont weilte*, in dem er auf NATHANIEL HAWTHORNES Kurzgeschichtensammlung *Mosses from an old Manse* (1846) – *Moos von einem alten Pfarrhaus* Bezug nahm; in diesem Artikel heißt es:»In Shakespeares Grab liegt unendlich viel mehr als Shakespeare jemals schrieb. Und wenn ich Shakespeare glorifiziere, so ist es nicht so sehr wegen dessen, was er schrieb, sondern wegen dessen, was er nicht schrieb oder zu schreiben sich versagte. – Denn in dieser Welt der Lügen ist die Wahrheit gezwungen, wie eine verschreckte weiße Hündin durch die Wälder zu fliehen; und nur kundigen Augen wird sie sich offenbaren, wie in Shakespeare oder anderen Meistern in der großen Kunst, die Wahrheit zu sagen –, und selbst dann nur heimlich, teilweise und für kurze Augenblikke.« In: MICHAEL J. DAVEY (Ed.): A Routledge Literary Sourcebook on Herman Melville's *Moby-Dick* (2004), 38 – 40. – CHARLES OLSON: Nennt mich Ismael (1947), 45 – 47, der diese Sätze zitiert, fügt hinzu:»Shakespeares Sinn für das Dramatische verfehlte seine Wirkung auf ihn (sc. MELVILLE, d.V.) nicht, aber er wäre, wie er sagt, zufriedener gewesen mit der ausgewogenen ›volltönenden‹ Sprache eines starken, in sich ruhenden Verstandes‹. Melvilles Wunsch enthüllt, woran es ihm selber gebrach.« Die»Achse der Realität« findet MELVILLE ausgesprochen in»den Mündern der dunklen Charaktere, Hamlet, Timon, Lear und Jago, wo das Drama lag, von dem Melville lernen konnte. Denn Schwärze fesselte und faszinierte Melville … Das ist die Seite Shakespeares, auf die Melville sein Augenmerk heftet. Wahnsinn, Niedertracht und Bosheit werden aus den Stücken hervorgeholt, als wäre Melvilles Bleistift ein Zauberstab der schwarzen Magie.« Vgl. CHARLES OLSON: Lear and Moby Dick, (1938), in: P. G. Buchloh – H. Krüger (Hg.): Herman Melville, 102 – 125; LARZER ZIFF: Shakespeare and Melville's America, in: F. Pullin (Ed.): New Perspectives on Melville (1978), 54 – 67, verweist vor allem auf»einen gewissen strukturellen Rhythmus« in *Moby-Dick*,»den Melville von *Macbeth* gelernt zu haben scheint.« (60) JOHN BRYANT: Moby-Dick as Revolution, in: R. Levine (Ed.): Herman Melville (1998), 65 – 90, betont die inhaltliche Distanz, die den Amerikaner Melville im Abstand von 300 Jahren von dem

Geist des Elisabethanischen Zeitalters trennt:»Melville hatte an Shakespeare ebenso viel abzulehnen wie zu bewundern.« (84) – Literarisch sind die zahlreichen Einflüsse SHAKESPEARES im *Moby-Dick* untersucht worden von F. O. MATTHIESSEN:»Melville«, in: American Renaissance. Art and Expression in the Age of Emerson and Whitman (1941), 369 – 514. GEORGE R. STEWARD: The Two Moby Dicks, (1953), in: P. G. Buchloh – H. Krüger (Hg.): Herman Melville, 245 – 279, weist darauf hin, daß in den Kapiteln I – XV nur drei Stellen, davon zwei in Kap. IX »Shakespearesch« seien (254), während von Kapitel XXIII an die Idee einer »allegorischen, philosophischen und poetischen« Darstellungsweise sich verwirkliche; die »realistischen und humorigen Eigenschaften des Ur-Moby Dick« träten nun zurück (269); Kapitel XXVII führe die philosophische Idee der »Isolatoes« ein; und von Kap. XXVIII an gewinne Ahab seine in folgenden beherrschenden Züge, die ihn von dem Bild eines bloßen Tyrannen, des »Alten Donnerers« in der Sprache des Propheten Elias, weit unterschieden (Kap. XIX, 168). Ja, es scheine, als habe ursprünglich Queequeg die Hauptfigur des Romans spielen sollen und werde dann von Ahab ersetzt.»Exit, Queequeg; enter, Ahab« – »Tritt ab, Queequeg, tritt auf, Ahab.« (252) Mit der Zentrierung auf Ahab aber »begann Melville in Begriffen Shakespearscher Darstellungsweise – dramatisch – zu denken.« (278) WILLIAM ELLERY SEDGWICK: Herman Melville. The Tragedy of Mind (1962), 85, erinnert an *Lear*, *Hamlet*, *Othello* und *Timon*, deren tragische Schicksale auch in Ahabs Gestalt und Sprache zur Aufführung kommen. HANS-JOACHIM LANG: Melville und Shakespeare, in: G. Müller-Schwefe (Hg.): Shakespeare (1964), 134 – 161, hält es nicht für übertrieben »zu sagen, daß Melville spätestens von *Moby-Dick* an von Shakespeare durchtränkt war; man muß nur hinzufügen: seine ganze Zeit war es.« (140) Er fährt fort:»Der Zusammenhang mit Ahab ist deutlich; wer in seinen Reden den Kern der Aussage von *Moby-Dick* erblickt, wird allerdings geneigt sein, den Einfluß Shakespeares hoch anzusetzen.« (145) Dennoch urteilt er (besonders über Kap. CXXXII: Die Symphonie): »Wir brauchen nicht die berühmten Monologe heranzuziehen, um zu sehen: Melville ist kein Dichter, der es mit Shakespeare aufnehmen kann, wenn es gilt, die Tiefen der Seele auszuloten. Es bleiben ihm die Vorzüge seines Schauplatzes und Mediums ... Pointiert gesagt: nicht der beredte Ahab, sondern der stumme Wal und der bewegte Ozean geben *Moby-Dick* Größe.« (149) Das ist richtig, verkennt aber die symbolistische Verflochtenheit von Innen und Außen, von Seele und See in MELVILLES Werk, die, in projizierter Form, eine »Seelentiefe« mythischen Formats erreicht. LEWIS MUMFORD: Herman Melville (1929; revised 1963), 107 – 133: Moby-Dick, meinte richtig, es sei »der Rhythmus der Sprache, die Ahabs Gestimmtheit ... glaubwürdig mache«. (123)

2 JOHN C. MCCLOSKEY:»Moby Dick« and the Reviewers (1946), in P. G. Buchloh – H. Krüger (Hg.): Herman Melville, 181 – 195, zeigt, daß *Moby-Dick* entgegen dem weit verbreiteten Eindruck genereller Ablehnung in den amerikanischen und englischen Rezensionen »in gewissen kritischen Kreisen gut aufgenommen wurde. (194) BRIAN HIGGINS – HERSHEL PARKER (Eds.): Herman Melville. The contemporary Reviews, Cambridge 1995, 351 – 416, haben die zeitgenössischen Rezensionen zu *Moby-Dick* zwischen dem 20. Okt. 1851 und dem Februar 1852 zusammengestellt; vgl. auch die Übersicht bei HUGH W. HETHERINGTON: Early Reviews of Moby-Dick (1953), in: M. R. Stern (Ed.): Discussions of Moby-Dick, 1 – 18, der feststellt, daß ab dem Januar 1852 eine generelle Ablehnung MELVILLES begann, daß aber schon »vor dem heftigen Angriff auf *Pierre*, ... das Buch über den weißen Wal dabei war, rasch in Vergessenheit zu geraten«. (17) – Für die »Wiederentdeckung« MELVILLES war bahnbrechend zweifellos die Biographie des »Vaters« der MELVILLE-Forschung, RAYMOND WEAVER: Herman Melville (1921), gefolgt von LEWIS MUMFORD: Herman Melville (1929), der sich gleichermaßen um eine positive Würdigung des Werks und der Person MELVILLES bemühte. Doch hinzu kam das geistige Gestimmtheit zwischen den beiden Weltkriegen und insbesondere das Lebensgefühl nach 1945, das im Strom des »Existentialismus« Autoren wie SÖREN KIERKEGAARD oder eben wie HERMAN MELVILLE in einer neuen Aktualität erscheinen ließ. MAURICE FRIEDMAN: Problematic Rebel. Melville,

Dostoievsky, Kafka, Camus (1963), 66, zum Beispiel erkennt in Szenen wie dem »Hai-
fischgemetzel« (*Moby-Dick*, LXVI 479 – 481) so etwas wie den »Pantheismus eines universellen diabolischen, dämonischen Bösen … Was für ein Gott *könnte* diese böse Welt
erschaffen?« Diese Frage verbindet MELVILLE in der Tat mit CAMUS' Problematik des
»Absurden«, der Existenz im »Exil«. (S. 458) – OLIVIER TODD: Albert Camus, 307, berich-
tet, wie CAMUS *Moby-Dick* in der Übersetzung von JEAN GIONO las und dazu bemerkte:
»Die Gefühle, die Bilder verzehnfachen die Philosophie.« – HARRY SLOWCHOWER: »Moby
Dick«: The Myth of Democratic Expectancy (1950), in: P. G. Buchloh – H. Krüger (Hg.):
Herman Melville, 231 – 244, sieht in dem »Mythos« *Moby-Dick*« »die Antwort auf die
Frage eines grundlegenden universellen Themas«. (231), nämlich der Vereinbarkeit und
Unvereinbarkeit von Freiheit und Bindung, von Einsamkeit und Gemeinsamkeit, von
Individuum und Gesellschaft. Er schreibt: »Herman Melville steht an dem Wasserschei-
den-Augenblick dieses historischen Zyklus zwischen Individualismus und Einordnung,
zwischen Freiheit und Gleichheit.« »Ahabs Pazifik-Fahrt objektiviert diese ambivalente
Haltung.« (234) »Der moderne Existentialismus, der Melville als einen seiner Vorläufer
reklamiert, enthält eine Variante dieser Dialektik: Sein Individuum würde ebenso ›frei‹
wie Luft‹ sein. Es beginnt mit ›Nichts‹, und bei einer Serie von ›Sprüngen‹ erreicht es Tod
oder Schiffsuntergang. Ähnlich für Ahab. Seine Kommandostimme ist eingehüllt in kindliche Sinnlosigkeit, und sein diktatorisches Ego ist verbunden mit dem Mutterleib der
See.« (236)

3 JEAN GIONO: Melville zum Gruß (1941); es handelt sich um eine Liebesgeschichte, die
MELVILLES Fahrt von 1849 nach England und Deutschland zum Hintergrund wählt. –
Eine ganze »Liste« begeisterter europäischer und amerikanischer MELVILLE-Leser im
20. Jh. zählt ALEXANDER PECHMANN: Herman Melville (2003), 303, auf. – CLARE L. SPARK:
Hunting Captain Ahab (2001), verweist auf die »ängstliche Enttäuschung Melvilles an der
paternalen Autorität«, die in dem frühen Verlust des Vaters und des älteren Bruders in
MELVILLES Erleben als Heranwachsender ihre Begründung finden könnte (91) und die in
den sozialpsychologischen MELVILLE-Deutungen der Kriegs- und Nachkriegszeit eine
große Rolle spielte, wohl weil vergleichbare Gefühle die ganze Epoche bestimmten.

4 JEAN PIERRE MELVILLE (1917 – 1973) war der wohl »begabteste Vertreter des ›Film noir‹.«
Vor allem sein Film *Der eiskalte Engel* (1967) »gilt als wahres Meisterwerk des Genres.«
HARENBERG: Die Chronik des Films, 410. Nicht zuletzt machte JOHN HUSTONS Verfilmung
des *Moby-Dick* (1956) den Roman MELVILLES einem Millionenpublikum bekannt. JENS
PETER BECKER: John Hustons Moby-Dick, in: J. Kruse (Hg.): Illustrationen zu Melvilles
Moby-Dick (1976), 113 – 118, meint: »Niemand, der Hustons *Moby-Dick* gesehen hat,
wird den Tod Kapitän Ahabs vergessen können.« (116) Um die »›pessimistische Grundstimmung Melvilles mit einer schleierlosen Kälte«, aber nicht ohne den Schimmer düsterer
eschatologischer Romantik‹«, ins Bild setzen zu können, kopierte HUSTON einen Schwarz-
weißfilm über den Technicolorfilm und erreichte damit jenen »›trüben Lichtschimmer‹«,
von dem Ismael in New Bedford berichtet, bis hin zu der »›glanzlosen Gischt‹«, in welcher
die *Pequod* versinkt. HUSTON selbst betrachtete den *Moby-Dick* als »ein zutiefst blasphemi-
sches Werk … Hier«, schrieb er, »erhebt ein Mensch seine Faust gegen Gott. Als themati-
sche Hauptlinie erschien mir in Moby Dick immer der Gedanke: wer soll Recht sprechen,
wenn der Richter selbst vor die Schranken des Gerichts gerufen wird? Wer soll urteilen,
wenn nicht er, Ahab! Auf diese Idee habe ich den Film ausgerichtet, denn um dieses Problem ging es Melville, wie ich glaube, im Wesentlichen; und das macht Moby Dick für
unsere Zeit so besonders aktuell. Und wenn ich hier eine Seitenbemerkung erlauben darf:
ich glaube, daß keiner der Kritiker, die über den Film schrieben, diesen Gedanken jemals
erwähnte.« (117) EDWARD STONE: Ahab Gets Girl, or Herman Melville Goes to the Movies
(1975) in: Kevin J. Hayes (Ed.): The critical Response to Herman Melville's *Moby-Dick*,
170 – 182, nennt den Film der Warner Brother's »den ersten seriösen Versuch«, der Buch-
vorlage zu folgen; allerdings erreiche er nicht das »mysteriöse undefinierbare Ganze«

MELVILLES, dessen Idee »für immer beides übersteigt: die bloße Show und das gesprochene Wort«. (180)

[5] LAWRANCE THOMPSON: Melville's Quarrel with God (1952), 147 – 243: Wicked book, 153 – 155, erinnert an die Walgeschichten der Bibel von Jona und Job, auf die MELVILLE anspielt zum Zwecke einer »Antithese oder Umkehrung«. (154) HARTMUT KRÜGER: Melvilles Ahab und das Problem des Bösen (1973), 318, verweist auf »die Statik und Entwicklungslosigkeit der Figuren« MELVILLES und sieht darin eine »Folge des bestimmenden Einflusses des Bösen«. Dieser Eindruck des Schicksalhaften besteht, verlangt aber gerade als solcher nach einer psychologischen Begründung. ALFRED KAZIN: An Introduction to Moby-Dick (1956), in: Milton R. Stern (Ed.): Discussions of Moby-Dick, 52 – 59, spricht von dem »Heroismus des Gedankens« inmitten einer »scheinbar feindseligen und böswilligen Schöpfung«. (57) JANEZ STANONIK: Moby Dick: The Myth and the Symbol (1962), 150, meint: »für Melville ist Gott nicht nur der Schöpfer des Guten, sondern auch der Schöpfer des Bösen. Tatsächlich fand Melville, Gott sei eher böse als gut.« Und S. 151: »Der Symbolismus von *Moby-Dick* ist Melvilles persönlicher Symbolismus: er repräsentiert Melvilles persönliche religiöse Kämpfe und seine persönliche Erfahrung der Indifferenz der Schöpfung, der Grausamkeit der See und des Lebens.« Gewiß habe Melville die Geschichte vom Wal von anderen Seeleuten gehört, doch bewundernswert sei »des Autors tiefe persönliche Antwort auf die Mythe« und seine hohe Kunst, sie auszudrücken.

[6] HERMAN MELVILLE: Moby-Dick oder Der Wal, deutsch von MATTHIAS JENDIS, München – Wien 2001; München (btb 72731) 2003. Zum Vergleich empfehlenswert ist die ältere Übersetzung von THESI MUTZENBECHER (unter Mitwirkung von Ernst Schnabel), Hamburg (rororo 173 – 174) 1956, von RICHARD MUMMENDEY, Berlin – Darmstadt 1954, sowie von ALICE und HANS SEIFFERT, Leipzig 1956 (Frankfurt/M – Wien – Zürich 1968); vgl. JOACHIM KRUSE: Schweizer und deutsche Übersetzungen des »Moby-Dick«, in: J. Kruse (Hg.): Illustrationen zu Melvilles »Moby-Dick« (1976), 95 – 108.

[7] ALBERT CAMUS: Der Mythos von Sisyphos (1942), Hamburg 1959.

[8] Vgl. TYRUS HILLWAY: Herman Melville (1963), 43 – 58: The White Whale Breaches; ALEXANDER PECHMANN: Herman Melville, 143 – 154: Ahab und der Wal; 155 – 165: Der große demokratische Gott. – Genau die gegenteilige Ansicht vertritt W. SOMERSET MAUGHAM: Zehn Romane und ihre Autoren (1954), 260 – 296: Herman Melville und *Moby-Dick*: »Ich habe immer wieder gesagt, daß man, um einen großen Roman richtig zu verstehen, alles wissen muß, was es über den Autor zu wissen gibt.« (295) Und: »Romane sollen ästhetisches Vergnügen bereiten . . . Der Romancier soll keine philosophischen Theorien entwickeln; das überläßt er besser dem Philosophen.« (288) Mit einer solchen Betrachtungsweise der biographischen und der ästhetischen Reduktion bringt man sich leicht um das Verständnis dessen, was ein Autor in seinem Buch zu sagen hat oder zu sagen versucht; am Ende ist ein Roman wie *Pierre* das Buch von einem »wild-pessimistischen Verfasser«, und feststeht: »Es ist ein albernes Buch . . . in einem Zustand fortgeschrittener Neurasthenie geschrieben.« (277) Immerhin erkennt auch W. SOMERSET MAUGHAM kurz vor Ende des Traktats, »daß im Fall Melville fast das Gegenteil gelten könnte« (295); hier lerne man womöglich nicht so sehr etwas von dem Autor über den Roman als vielmehr von dem Buch über den Menschen MELVILLE. Vielleicht lernt man von einem Buch am besten auch etwas von dem Menschen, der man selber ist? Dann aber muß man den »ästhetischen« Standpunkt insgesamt aufgeben, den SÖREN KIERKEGAARD existentiell für eine Form von »Verzweiflung« hielt. Das schließt die Verdienste nicht aus, die z. B. LEWIS MUMFORD: Herman Melville. A Study of His Life and Vision (1929, revised 1963) sich erworben hat, als er neben den anderen Werken auch den *Moby-Dick* auf den Hintergrund von MELVILLES Leben zu verstehen suchte. (107 – 133) Gerade MUMFORD meinte: »Wie die Gemälde in den Höhlen von Ajanta kann die Schönheit von Moby-Dick nur denen bekannt werden, die eine Pilgerreise dorthin machen.« (120) – Zwei umfangreiche Biographien über Melville, die über unzählige Einzelheiten der weit verstreuten Familie informieren, liegen vor

von HERSHEL PARKER: Herman Melville. A Biography, 2 vols., Baltimore 1996; 2002; und LAURIE ROBERTSON-LAURANT: Melville. A Biography, University of Massachusetts Press, 1996.

9 E. DREWERMANN: Strukturen des Bösen. Die jahwistische Urgeschichte in exegetischer, psychoanalytischer und philosophischer Sicht, 3 Bde., Paderborn [8]2000

I. Was für Menschen?

1. »Nennt mich Ismael«.

1 NATHALIA WRIGHT: Biblical Allusion in Melville's Prose (1941), in: P. G. Buchloh – H. Krüger (Hg.): Herman Melville, 163 – 180, zählt auf, daß es »in den 13 Prosabänden nahezu 650 Referenzen zu biblischen Charakteren, Plätzen, Ereignissen und Büchern gibt.« (163) Redburn, Ismael, Pierre – sie alle erfüllen den »Prototyp« des biblischen »Ismael«. (165) LLOYD N. JEFFREY: A Concordance to the Biblical Allusions in Moby Dick, in: Bulletin of Bibliography 21, 1956, 223 – 229. – KLAUS ENSSLEN: Moby Dick – eine Interpretation (1974), in: J. Kruse (Hg.): Illustrationen zu Melvilles »Moby-Dick«, 51 – 62, sieht in Ismael zu Recht den biblischen »Prototyp des von der Gemeinschaft mit Gott Ausgestoßenen, bei Melville ein freischaltendes Individuum ohne Vorgeschichte oder sichtbare Verbindung zu anderen Menschen« (51), und bemerkt: »Die Bibel diente Melville hier wie in allen seinen Werken als unerschöpfliche Quelle für vorgeprägte Namen, leitmotivische Grundsituationen und prophetisches Pathos.« (59) – URSULA BRUMM: Die religiöse Typologie im amerikanischen Denken (1963), 137 – 167: Herman Melville, verweist auf die generelle Bedeutung des typologischen Denkens bei MELVILLE: »Es ist … bisher nicht beachtet worden, inwiefern seine Sicht des Menschen, des Schicksals und der Geschichte theologische und vor allem typologische Züge hat. Nicht nur, daß er in allen Dingen ›a certain significance‹ sucht; er sieht auch die Welt und selbst die Gegenwart als Wiederholung biblischer Vorbilder an.« »Für Melville sind … außergewöhnliche Menschen … die erneute Erfüllung von Vorläufern und Typen, allerdings nicht in reiner Nachbildung, sondern in vielfachen Abwandlungen und Kombinationen. Der moderne Leser, dem die typologische Konzeption hoffnungslos veraltet vorkommt, tut gut daran, sich zu erinnern, daß eine sehr ähnliche Konzeption heute wieder an Boden gewonnen hat … Hierin liegt wohl eine geheime Verwandtschaft unserer Zeit mit Melville.« (140 – 141) – Natürlich sind die zahlreichen Bibelzitate vor dem Hintergrund des weltanschaulichen Umbruchs in der Mitte des 19. Jhs. zu betrachten, der auch das Verhältnis von Dichtung und Bibel beziehungsweise von Poesie und Religion noch einmal neu zu durchdenken nötigte. Insbesondere LAWRENCE BUELL: Moby-Dick as Sacred Text, in: R. H. Brodhead (Ed.): New Essays on Moby-Dick (1986), 53 – 72, verweist auf die geistige Situation, in welcher der Moby-Dick entstand – in einer Zeit, in der »die ganze sogenannte amerikanische literarische Renaissance, der auch Melvilles Werk zugeordnet wird«, von der »Angst« geprägt war, »die aus dem Zusammenbruch der gemeinsamen dogmatischen Strukturen und besonders aus dem Zusammenbruch der biblischen Autorität im protestantischen Amerika herrührte«. (55) Vor allem der Einfluß RALPH WALDO EMERSONS habe dazu geführt, den Schriftsteller und sein schöpferisches Werk in einer »prophetischen Dimension« wahrzunehmen, während umgekehrt die biblischen Schriften trotz ihrer unsterblichen Lehren als literarisch unvollkommen und fragmentarisch betrachtet wurden. Entmythologisierung und Remythisierung waren unter diesen Voraussetzungen gleichermaßen möglich. (57) Zudem lag darin »die Einladung, … unsere Meinung zu sagen ohne Rücksicht auf Konsistenz oder Geschlossenheit«. (59) Die Verfasser der biblischen Schriften und die Autoren moderner Romane haben, so betrachtet, gemeinsam teil an dem schöpferischen Heiligen Geist. (58) Auf seine Art erscheint Moby-Dick mithin als ein

457

»apokalyptisches« Werk (63), dessen religiöse Suche und Infragestellung es mit *Hiob* 23,3 verbindet:»Oh daß ich wüßte, wo ich ihn fände!«(68) – T. WALTER HERBERT, JR.: Calvinist Earthquake: *Moby-Dick* and Religious Tradition, in: R. H. Brodhead (Ed.): New Essays on Moby-Dick (1986), 109 – 140, meint:»Melville attackiert die religiösen Ideen von Gott nicht mit dem Ziel, sie durch bessere Ideen zu ersetzen; seine Sendung ist prophetisch, uns zu einem tieferen Leben zu rufen. Er ist ein Vorläufer von religiösen Schriftstellern in unserer Zeit, wie Dietrich Bonhoeffer und Elie Wiesel . . . Doch anders als Bonhoeffer und Wiesel spricht Melville nicht für eine Gemeinschaft religiöser Lehre und Observanz.« (113 – 114) Indem Melville biblische Stoffe anspreche, setze er sie zugleich in eine charakteristische Dissonanz und ziehe uns so in eine religiöse Auseinandersetzung hinein. Man nehme nur den Namen Ismael: er war und war doch nicht ein Kind Abrahams.»Melville antwortete nicht nur auf das Unrecht von Ismaels Schicksal, sondern auch auf die systematische spirituelle Blindheit, die aus dem Prozeß der Ausschließung entsteht. Gerad wie Systeme kollektiver Ordnung ihre Geschlossenheit bewahren, indem sie Außenseiter schaffen, so unterhalten die Konzepte religiöser Wahrheit ihren Anspruch auf universelle Gültigkeit, indem sie Erfahrungen von der Betrachtung verbannen, die eine Infragestellung an diesen Anspruch setzen.«»Diese Betrachtungen führten Melville zu dem Schluß, daß, wer nach letzter Wahrheit sucht, die Rolle eines Außenseiters übernehmen muß.« (122)

2   HERMANN GUNKEL: Genesis (1910), [8]1969, 184 – 193. Daß Ismael der ältere unter den Söhnen Abrahams ist,»hat seine Parallele in Esau, dem älteren Bruder Jakobs: die semitischen Völker sind ursprünglich Beduinen, und die halb oder ganz seßhaften Semiten sind Ablagerungen der Wüstenstämme im Kulturland«.»Besonders alt ist . . ., daß in der Sage das Kind so viel enger mit der Mutter zusammengehört als mit dem Vater; darin klingen vielleicht älteste Zustände nach, wo das Kind die Mutter, aber nicht den Vater kannte.« Das Nomadentum wird nicht als ein Fluch aufgefaßt, sondern als»Trost« geschildert. Der Stammesgott erscheint als»ein Brunnengott«. (192)

3   RICHARD P. BLACKMUR: The Craft of Herman Melville (1938), in: P. G. Buchloh – H. Krüger (Hg.): Herman Melville, 126 – 141, war noch der Meinung, MELVILLE habe einen Fehler begangen, daß er»nicht unterscheide zwischen dem, was Ismael sah, und dem, was der Autor auf eigene Rechnung sah (130), und er folgerte sogar, MELVILLE habe»die außerordentliche Strafe seines großen Mißerfolges nicht erlitten als ein Ergebnis der Ungerechtigkeiten, die ihm durch seine Zeit zugefügt wurden, sondern wegen seiner tiefwurzelnden Unfähigkeit, eine Technik – die des Romans – zu meistern, die seinem Empfinden radikal fremd war«. (140) Wahr ist, daß der Roman»überhaupt kein kompositionelles Zentrum« besitzt (132); doch um so wichtiger ist es, die»Auflösung« Ismaels in die verschiedenen Gestalten des Romans als Teil der Aussage und Komposition zu betrachten. Was literarisch auf den ersten Blick als mangelhaft erscheint, kann psychologisch geradewegs genial sein. GEORGE R. STEWART: The Two Moby Dicks (1953), in: P. G. Buchloh – H. Krüger (Hg.): Herman Melville, 245 – 279, stellt fest, daß Ismael in den Kapiteln I – XV noch als der zentrale Charakter und als der Erzähler erscheint, der die Dinge aus seiner Sicht schildert; dann aber werde er»manchmal des Autors alles sehendes Auge und alles hörendes Ohr. Er zeichnet auf, was Ahab murmelt, und sogar was Ahab und andere denken«. (252) Insofern ergäbe sich der Auseinanderfall des»vergangenen Ismael« und des»gegenwärtigen Erzählers« aus einer Uneinheitlichkeit der Konzeption des Gesamtwerks. Dem aber steht entgegen die These von BARBARA L. MOREHEAD: Melville's Use of the Narrator in»Moby-Dick« (1950) in ihrer Dissertation: nicht Ismael, sondern der gegenwärtige Erzähler sei das Zentrum des Romans und dürfe mit Ismael nicht einfach gleichgesetzt werden; MELVILLE benutze konsequent und bewußt die Perspektive eines allwissenden Ich-Erzählers. Wohl seien die dramatischen Kapitel zweifellos in der Perspektive eines Er-Erzählers, in der dritten Person, wiedergegeben, und in einigen Kapiteln sei Ismael sogar der»Brennpunkt der ganzen Handlung« (194); doch bilde Ismael an den Stellen, da er in Erscheinung trete, nur »das physische oder theoretische Zentrum«, von dem der Erzähler ausstrahle. (195) Tat-

sächlich weist auch FRANZ STANZEL: Die typischen Erzählsituationen im Roman (1955), 71, auf die »ausdrückliche In-persona-Identifizierung des erzählenden mit dem erlebenden Ich« hin, mit welcher der Roman beginnt. HANS HELMCKE: Die Funktion des Ich-Erzählers in Herman Melvilles Roman »Moby-Dick« (1957), 136, meint, »als wesenhafter Zug« bleibe »immer das Abseits des Ich in ›Moby-Dick‹ bestehen. Ishmael als Zeuge außergewöhnlicher Vorgänge wird nur durch einen Zufall davor bewahrt, auch ein Opfer des maßlosen Geschehens zu werden. Er überlebt die Katastrophe als einziger, der nun davon berichten kann, so wie ... SHAKESPEARES Horatio. Als der persönliche, gegenwärtige Erzähler dieses außergewöhnlichen Geschehens ist er eifrig bemüht, dieses eindringlich in seiner Einmaligkeit aus der Ebene des Bekannten, Alltäglichen, Allgemeinen hervorzuheben, tritt aber unmerklich immer weiter zurück, je mehr ihm die unerhörten Ereignisse das Wort aus dem Munde nehmen. Aus seiner ungewöhnlichen Stellung heraus wirkt er gestaltbildend am Ganzen des Dichtwerks mit«. STANZEL resümiert (143): »Die Wirksamkeit des gegenwärtigen Ich-Erzählers konzentriert sich besonders auf den Bereich des Formalen und des Allgemeinen. Die stärksten Stellen seines (sc. MELVILLES, d. V.) Werkes (der letzte Teil des ›Moby-Dick‹) sind die, an denen er nicht vordergründig in Erscheinung tritt. – Dem Ich-Erzähler fehlt die rechte Mitte der eigenen Persönlichkeit und der Beziehung zu Geschehen und Umwelt. Seine Person ist erfüllt von innerer Spannung und Gegensätzlichkeit; aber die Welt der Tat bleibt ihm weitgehend verschlossen. – Es scheint, als sei der Ich-Erzähler eine Maske, hinter der sich der Autor verstecken möchte.« Ja, es macht den Eindruck, als habe schon in den Frühwerken »nur die Figur eines Ich-Erzählers« MELVILLE »dazu verholfen, sich überhaupt dichterisch zu äußern«. – Wir werden im folgenden stets von »Ismael« als dem (fiktiven) Autor des Moby-Dick sprechen, um diesen Erzähler im Roman deutlich zu unterscheiden von MELVILLE als Romanautor, denn: Kein Autor ist als Person »identisch« mit seinem Werk, es ist nicht möglich, von einer dichterischen Figur auf die Psychologie des Dichters selbst zu schließen. Um so wichtiger ist es, die Psychologie »Ismaels« auf dem »Seelenschiff« Pequod zu untersuchen; dann allerdings ist die »schizoide« Distanziertheit in Ismaels Einstellung und Darstellung unübersehbar. – Rein sprachlich verweist MERREL D. CLUBB, JR.: The second personal Pronoun in »Moby-Dick« (1960), in: P. G. Buchloh – H. Krüger (Hg.): Herman Melville, 302 – 312, darauf, daß »Ismael als Erzähler, ... regulär die Singular-Formen you gebraucht, um die einfache Geschichte vorzutragen; aber, als philosophischer Interpret, dahin tendiert, ... die älteren thou-Formen zu gebrauchen«. Auch Ahab neigt zum Gebrauch der thou-Formen. (311) – LINCOLN COLCORD: Notes on »Moby Dick« (1922), in: P. G. Buchloh – H. Krüger (Hg.): Herman Melville, 63 – 75, kennzeichnete den Erzählstil in den Anfangskapiteln treffend als »subjektiven Realismus«; erst in Kap. XXIX wechselt »die Erzählung von der 1. zur 3. Person«; sie »beginnt, Unterhaltungen wiederzugeben, von denen Ismael nicht gehört worden sein können, und Szenen zu beschreiben, die sein Auge nicht gesehen haben kann«. (69) – Entschieden hat vor allem WALTER E. BEZANSON: Moby-Dick: Work of Art (1953), in: K. J. Hayes (Ed.): The Critical Response to Herman Melville's Moby-Dick, 77 – 98, zwischen »Kapitän Ahab, dem dunklen Protagonisten, dem verstümmelten König des Achterdecks«, und dem Weißen Wal »einen dritten Punkt der Betrachtung« vorgeschlagen, »von dem aus weder Ahab noch der Weiße Wal das dynamische Zentrum« bildet, sondern Ismael (81), mit seinem RABELAISschen Gelächter, mit seiner Desperado-Philosophie (83) und mit seinem Sinn für moralische und psychologische Verwicklungen. (84) Erst in dieser Perspektive lasse sich verstehen, wie »der Symbolismus in Moby-Dick ... in einem schöpferischen Prozeß für beide: Erzähler (sc. Ismael, d.V.) und Leser,« sich dynamisch gestalte. (90) Doch nicht nur formal, im Aufbau eines Kunstwerks, sondern insbesondere psychologisch sollte man MELVILLES »Prosagedicht« (98) als eine Geschichte in Ismael selbst interpretieren. – Eher autobiographisch sieht ELIZABETH HARDWICK: Herman Melville (2000), 96, die Gestalt Ismaels, von der sie schreibt: »Ismael, der Icherzähler in Moby-Dick, ist die kreative Kraft des Romans. Im wirklichen Leben war der Matrose Melville selbst notgedrungen ein wilder Mann, der die Wüsteneien von Atlantik und Pazifik durchstreifte. Vielleicht lächelte er ironisch, als er an seinem Schreibtisch in den Berkshires zwischen Bäumen und Äckern diesen Namen (sc. Ismael, d.V.) wählte, vielleicht auch nicht.«

4 MELVILLE meint den jüngeren Cato, *Uticensis* genannt. Als 46 v. Chr. Caesar bei Thapsus über die Anhänger des Pompejus siegte, gab Cato in Utica sich den Tod, denn er wollte den Untergang der Republik nicht mitansehen. Er stieß sich das Schwert in den Leib, doch war seine Wunde nicht tödlich; die Hilfe seines Arztes wies er zurück und zerriß sich die Eingeweide mit eigenen Händen. PLUTARCH: Lebensbeschreibungen, 5. Bd., 39 – 102: Marcus Porcius Cato. Der Jüngere, Kap. 70, S. 100 – 101. Für die Stoiker galt Cato als das Ideal eines Weisen. Vgl. SENECA: Über die Vorsehung, II 9 – 12:»Dieses Schwert, auch im Bürgerkrieg rein und ohne Schuld geblieben, wird endlich einen guten und edlen Dienst leisten: Freiheit, die es dem Vaterland nicht geben konnte, wird es Cato geben ... Herz, ... entreiß dich dem Bereich des Menschlichen.« M. Rosenbach (Hg.): SENECA: Philosophische Schriften. Lat.-dt., 1. Bd., S. 8 – 11. – Ein vergleichbarer Selbstmord des Herzens ist Ismaels Wille, auf Walfang zu gehen. – ALFRED KAZIN: An Introduction to *Moby-Dick*, (1956), in: M. R. Stern (Ed.): Discussions of Moby-Dick, 52 – 59, meint richtig:»Ismael ist nicht bloß ein intellektueller Beobachter ... Er leidet ... Wie sein Name anzeigt, ist er ein ausgestoßener und vereinsamter Mensch.«»Warum fühlt Ismael sich so allein? Es gibt Hintergründe, Melvilles eigene: Sein Vater ging in Konkurs und starb dann verschuldet, als Melville ein Kind (sc. von 13 Jahren, d.V.) war ... Aber es gibt einen tieferen, einen eher universellen Grund für Ismaels Abgeschiedenheit, und es ist einer, der ihn seltsamerweise verwandt macht mit seinem dämonischen Kapitän Ahab.«»Ismael ist nicht nur ein Waisenkind; er ist ein Exulant, der allein in der Wildnis auf der Suche ist ... er ist ein Mensch, oder wie wir denken möchten, ein moderner Mensch, abgeschnitten von der Sicherheit, die einmal seine innere Welt war. Ismael hat keinen sicheren formalen Glauben mehr. Alles ist im Zweifel, alles ist in ewigem Fluß, wie die See.« (54) – EDWARD F. EDINGER: Melville's Moby-Dick. A Jungian Commentary (1978), schreibt MELVILLE selbst einen »Ismael-Komplex« zu und sieht den Grund dafür in»der Beziehung zwischen Melville und seinem älteren Bruder Gansevoort ... Herman war der verworfene, Gansevoort der Favorit der Mutter«. Beide seien wechselseitig mit dem archetypischen Muster der verfeindeten Brüder identifiziert gewesen: – Kain und Abel, Jakob und Esau, Isaak und Ismael. (16 – 17)

5 ARCHIBALD MACMECHAN: The Best Sea Story Ever Written (1899), in: P. G. Buchloh – H. Krüger (Hg.): Herman Melville, 42 – 52, spricht davon, MELVILLES Humor habe »die übliche Färbung nordischer Melancholie und manchmal einen Hauch von Rabelais«. (50) TYRUS HILLWAY: Herman Melville (1963), 25 – 27, findet ebenfalls, *Moby-Dick* sei »angefüllt mit einem Typ von Humor, der stark an Rabelais und Shakespeare ›erinnere; »besondere Betonung« sei dabei »auf die Komödie des geschlechtlichen Zusammenlebens« gelegt, wie zum Beispiel in Kap. LXXXIX, oder in Kap. XCV: Der Überzieher.»Die phallische Symbolik«, meint er, »hatte wenig Bedeutung oder Interesse für die Frauen in Melvilles Generation, obwohl die meisten männlichen Leser sie humorvoll finden.« HARROHEINZ KÜHNELT: Der Humor in Melvilles »Moby Dick« (1955), in: P. G. Buchloh – H. Krüger (Hg.): Herman Melville, 280 – 291, wendet sich dagegen, MELVILLE nichts anderes zuzutrauen als»Galgenhumor« (288); vielmehr habe MELVILLE das »humoristische Element ... in einer neuen Art die auch von der Tradition noch nicht vorgezeichnet war«, in die amerikanische Literatur eingeführt, und er »verwendete es auch dazu, das Grauenvolle erträglicher zu machen. Und das zu einer Zeit, als fast jeder amerikanische Schriftsteller in Grauen und Schreckensszenen schwelgte.« (289 – 290) - JOSEPH JONES: Humor in Moby Dick (1946), in: Studies in English (Austin, Tex.) 25, 51 – 71 verweist vor allem auf Stubbs »Humor« und meint, Ismael möge den Zweiten Steuermann (mit Ausnahme Queequegs) »mehr als jeden anderen Mann an Bord« (63 – 64); doch das ist nur sehr begrenzt richtig;

und was ist das für ein Humor, der einer reinen Desperado-Philosophie entstammt (*Moby-Dick* XLIX 370) und der das ganze Weltall für einen (schlechten) Scherz erklärt (54)? – Eine grundlegende Arbeit über den Zusammenhang von Tragik und Humor verdankt die Philosophie JULIUS BAHNSEN: Das Tragische als Weltgesetz und der Humor als ästhetische Gestalt des Metaphysischen (1877), bes. S. 62 – 97: Die tragische »Verwicklung« von »Schuld« und »Schicksal«: »Die Schicksalstragödie hat eine Existenzberechtigung, weil die Lebensmächte selber mit dem armen Menschen solch grausam Spiel treiben.« (63) Es ist MELVILLE wie aus der Seele gesprochen, wenn es abschließend heißt: »Götterrespect kennt der Humor so wenig, daß er nicht einmal seine eigene Souveränetät respectirt, sondern schließlich über sich selbst hinauswächst.« (126)

⁶ JAMES DEAN YOUNG: The Nine Gams of the *Pequod* (1954), in: Milton R. Stern (Ed.): Discussions of Moby Dick, 98 – 106, hört aus dem Namen Derick De Deer das bremische Plattdeutsch-Wort de Deern – das Mädchen, heraus. Daß Derick von Moby Dick nichts gehört hat, hält er für eine »Unwissenheit«, die »vorrangig die der Unschuld« sei. (102) Liest man »die Dirn« auf Hochdeutsch – »die Dirne«, so wäre die bremische »Jungfrau« mit ihrem Walfang gerade dabei, ihre »Unschuld« zu verlieren und sich zur »Dirne« zu machen. Doch ist es unwahrscheinlich, daß MELVILLE seinen amerikanischen Lesern deutsche Wortspiele zugemutet hätte.

⁷ WILLIAM HULL: »Moby Dick«: An Interpretation (1949), in: P. G. Buchloh – H. Krüger (Hg.): Herman Melville, 196 – 217, hebt die zeitgeschichtlich revolutionären und konträren Gedanken in MELVILLES Roman hervor: »*Moby-Dick* erschien 1851, als Amerika erblühte auf den Exstasen des evangelikalen Protestantismus, des utopischen Rousseauschen Optimismus und bestimmter Richtungen des deutschen Transzendentalismus, noch die Lehren des rationalistischen Deismus abschüttelte, noch schwer zu verdauen hatte an den Makeln, die mit der Strenge des calvinistischen Puritanismus zusammenhingen. Er erschien, bevor dieses Land auf jene Erschütterungen in Europa reagierte, die bald Darwin, Freud, Einstein und die nicht-aristotelischen Systeme des 20. Jh.'s hervorbringen würden: und Amerika ignorierte oder verwarf das Buch … In den 20ern wurde *Moby-Dick* entdeckt, erhöht und gemessen an den großen mythischen Dramen der Westlichen Kultur – der Griechischen Tragödie, der *Göttlichen Komödie*, Shakespears Tragödie, dem *Verlorenen Paradies*, *Faust*; es wurde die epische Fabel ›des modernen Menschen‹.« (196) Und: »Melville war ein Skeptiker und Empirist … Er war der erste Amerikaner, der in direkter Aussage die Fortschrittslehre des 18. Jhs. leugnete.« (207) »Er erwartete keine endgültige Antwort von der zeitgenössischen Wissenschaft.« (208) »Melville beschreibt den tragischen Helden«, – sterblich, dem Schicksal unterworfen. (209)

⁸ SIGMUND FREUD: Jenseits des Lustprinzips (1920), in: Ges. Werke, Bd. XIII, 1 – 69. PHILIP YOUNG: The Private Melville (1990), 141, berichtet, daß HENRY A. MURRAY im Jahre 1925 eine Kopie des *Moby-Dick* an FREUD geschickt habe; FREUD erklärte den Wal für eine »Vater-Figur«. YOUNG beharrt darauf, daß diese Vater-Figur letztlich »Herman Melvilles Vater« sei. LEWIS MUMFORD: Herman Melville (1929), 15, bereits hatte hervorgehoben: »Beide, Melvilles Vater und Mutter, waren Monstren.« Natürlich liegt es dann nahe, vor allem den Roman *Pierre* als späte Abrechnung MELVILLES mit seinem Elternhaus zu verstehen; doch was hätte man mit solchen biographischen Reduktionen von *Moby-Dick* (und *Pierre*) wirklich verstanden? Man »wüßte« (im besten Falle! bei großem Vertrauen in psychologische Spekulationen) etwas mehr über einen Autor, doch man wäre dabei den Weg wieder rückwärts gegangen, der gerade kreativ und konstruktiv vom Autor zum Werk führten sollte – und zum Leser selbst führen könnte.

⁹ Vgl. E. DREWERMANN: … und es geschah so (1999), 668 – 676: Ein Stück Lebensphilosophie mitten in der Thermodynamik.

¹⁰ SÁNDOR FERENCZI: Versuch einer Genitaltheorie (1924), in: Schriften zur Psychoanalyse, II 317 – 400, S. 361. – Zur Magie des Meeres vgl. den prachtvollen Bildband von PHILIP PLISSON: Das Meer Tag für Tag, 2003. – Speziell zu MELVILLES Erfahrungen und Erinne-

rungen an die Südsee, an die Fidschi-Inseln, vgl. PETER CRAWFORD: Nomaden des Windes (1995), 61 – 83: Das Tor zum Pazifik.

[11] FRIEDRICH NIETZSCHE: Also sprach Zarathustra (1883 – 1885), 3. Teil, Vom Gesicht und Rätsel, 1, S. 173

[12] OTTO RANK: Das Trauma der Geburt und seine Bedeutung für die Psychoanalyse, Leipzig – Wien [3](verb.) 1922. – EDWARD F. EDINGER: Melville's Moby-Dick (1975), 22, sagt im Rahmen der JUNGschen Psychologie zu Recht:»Das Meer ist ein Bild des kollektiven Unbewußten, der unendlichen Mutter Natur, aus welcher alles Leben kommt.« Zum *Rad des Ixion* vgl. GERARD M. SWEENEY: Melville's Use of Classical Mythology (1975), 93 – 98: Ishmael: The Revolutions of Ixion. – Von seiten der JUNGschen Tiefenpsychologie interpretiert JOHN HALVERSON: The Shadow in »Moby Dick« (1963), in: P. G. Buchloh – H. Krüger (Hg.): Herman Melville, 313 – 325, den Ixion-Strudel, in dem Ismael treibt, als ein Mandala-Symbol (324); damit wird richtig das Moment der psychischen Integration aufgegriffen, das zu Ismaels Rettung gehört, doch geht dabei das entscheidende Moment verloren: daß es die *Rachel* ist, die Ismael – aus dem Strudel! – rettet.

[13] Zu MELVILLES Reise in die Südsee (zwischen 1841 – 1844) vgl. ELIZABETH HARDWICK: Herman Melville, 51 – 68: Taipi; ALEXANDER PECHMANN: Herman Melville (2003), 39 – 54; bes.: 4. Kap.: Sodoms Äpfel – Die Südseeromane *Typee* und *Omoo* (1846/47), S. 55 – 67; und: 6. Kap.: Reisen ohne Karte – Der allegorische Roman *Mardi* (1848), S. 79 – 89. Vgl. auch FAITH PULLIN: Melville's *Typee*: The Failure of Eden, in: F. Pullin (Ed.): New Perspectives on Melville (1978), 1 – 28.

[14] OTTO RANK: Der Mythus von der Geburt des Helden ([2]1922), verweist darauf, daß vor allem an das Rettungsmotiv anknüpfende Sintflutsage ... mit ihren Fortbildungen (Verschlingungsmythe)« (S. VI) auf die Geburtssymbolik zurückgehe; der Zusammenhang mit den »Walfischsagen« und der Jona-Erzählung wird von RANK zu Recht hervorgehoben. (S. 136)

[15] ALFRED ADLER: Über den nervösen Charakter ([2]1919), Frankfurt 1972, definierte es als Ziel seiner therapeutischen Bemühungen, den Menschen »den Verirrungen seines wunden, aufgepeitschten, aber ohnmächtigen Gottähnlichkeitsstrebens entreißen und der unerschütterlichen Logik des menschlichen Zusammenlebens geneigt machen« zu wollen. (26) Es ist wie ein Portrait der Gestalt Ahabs, wenn ADLER die »Charakterzüge ..., die das Minderwertigkeitsgefühl verneinen«, umschreibt mit »Stolz, Neid, Geiz, Grausamkeit, Mut, Rachsucht, Jähzorn.« (71) Vgl. DERS.: Neurosen (1929), 47 – 62: Mangel an Gemeinschaftsgefühl und männlicher Protest. – Auf die innere Verbindung von Ismael und Ahab weist DAVID LEVERENZ: Manhood and the American Renaissance (1989), hin, der in beiden die zwei Seiten einer inneren Aufspaltung unter dem Druck der Gesellschaft sieht, getrennt zwischen Individualismus und Demokratie, männlicher und weiblicher Rolle inmitten einer rasch sich wandelnden Kultur, zwischen Anpassung und Rebellion, zwischen wirtschaftlicher Macht und Ohnmacht im aufkommenden Kapitalismus: »Ismael geht zur See, um das Selbst zu fliehen und zu finden ... als Ahab: eine unkontrollierbare Mischung aggressiver und suizidaler Impulse.« »Ahabs Leidenschaft für Dominanz ist die Besessenheit der amerikanischen Männer des 19. Jhs., die Ergänzung zu der weiblichen Hysterie, die so viel mit den Ohnmachtsgefühlen von Frauen zu tun hat.« Ahab stehe nicht so sehr im Erbe von MILTONS und BYRONS Vorstellungen von Stolz, seine Gestalt nehme weit eher den Typ von Persönlichkeit vorweg, der in Amerika bekannt werden sollte: eines aggressiven, fordernden, rücksichtslosen Menschen, »dessen Leben so häufig seine Herzlosigkeit mit einem Herzanfall beendet ... Er (sc. Ahab, d.V.) könnte jeden Workaholic repräsentieren, dessen Wut zu Hause explodiert.« Beherrscht von seinen narzißtischen Phantomen gehe er mit seinem Körper ebenso gnadenlos um wie mit seinen Untergebenen. Zit. bei NICK SELBY (Ed.): Herman Melville, 1998, 126 – 132. – Zweifellos ist es richtig, Ismael und Ahab in einer psychologischen Einheit zu betrachten, doch sind sie nicht die zwei Seiten einer gesellschaftlich geprägten Münze, – sonst müß-

ten sie weit dialogischer aufeinander bezogen sein; tatsächlich ist Ismael das Ich, der Erzähler, und Ahab eine Gefahr, eine Möglichkeit, eine Fluchtrichtung in ihm. – JOHN SEELYE: The Ironic Diagram (1970), sah den ganzen Roman *Moby-Dick* aufgebaut auf dem Gegensatz zwischen Ahab und Ismael, auf dem Konflikt zwischen Ahabs unbezwingbarem Willen, seinem abgründigen Pessimismus gegenüber der Güte der göttlichen Vorsehung sowie seiner Empörung und Rache auf der einen Seite und Ismaels allumgreifender Menschlichkeit auf der anderen Seite. Eine solche Gegenüberstellung, die rein formal an sich begründbar ist, scheitert daran, daß zwar Ismael als Erzähler Ahab umgreift und, so gut es geht, begreift, nicht aber umgekehrt. Um seine »allumgreifende Menschlichkeit« zu realisieren, muß Ismael sich auf die Seelenreise seiner eigenen aggressiven und depressiven Gestimmtheiten einlassen, auf die Auseinandersetzung mit seinen Verletztheiten, Sehnsüchten, Enttäuschungen – auf sie alle: Queequeg, Bulkington, Ahab . . ., in gerade den Spannungen, die psychodynamisch zwischen ihnen bestehen. – Den Unterschied zwischen der Weltsicht Ismaels und Ahabs stellt MAURICE FRIEDMAN: Problematic Rebel (1970), 49 – 148, heraus, indem er zwei Arten des Bösen unterscheidet, die am Ende des *Moby-Dick* beide zusammenkämen:»die Unerforschlichkeit des arglistigen Wals verbindet sich mit der Gleichgültigkeit des unendlichen Universums; während der feindselige Wal auf das Segelschiff zukommt und es in Stücke schlägt, lächeln die Sonne und die See gleichgültig weiter . . . Es gibt gleichwohl einen wichtigen Unterschied zwischen diesen zwei Arten des Bösen, die in Ahabs Konzentration auf Moby Dick selbst symbolisiert ist und in Ismaels Konzentration auf das Weiß seines Buckels. Für Ahab hat alles Böse seinen Brennpunkt in Moby Dick. Für Ismael verweist die Weiße des Wals auf das ganze Universum. Ismael kann diffuse Angst tolerieren, Ahab nicht. In der Sprache der modernen Psychiatrie ist Ahab einem Paranoiker analog, Ismael einem Neurotiker. Ahab personalisiert alles Böse – für ihn ist sogar das Unberührbare bösartig. Ismael depersonalisiert es – hinter dem Universum gibt es vielleicht keinen bösen Gott, nur eine herzlose und gleichgültige Leere.« (69) Tatsächlich muß Ismael den »paranoischen« Teil in sich selber, zumindest in der Vorstellung, in der Gestalt Ahabs, ausagieren, um sich von seiner »Neurose« zu befreien.

16 ERNEST HEMINGWAY: Der alte Mann und das Meer (1952), Reinbek 1959; KENNETH S. LYNN: Hemingway. Eine Biographie (1987), 721 – 722, nennt das Buch »eine kaum verschleierte Parabel über Hemingways Kampf mit sich selbst als Schriftsteller und als Mann.« – MARVIN E. MENGELING: Moby Dick. The Fundamental Principles, in: The Emerson Society quarterly 38 (1965), 74 – 87, verweist auf das Bild des »Helden« entsprechend den »Prinzipien von Ehre, Mut und Ausdauer«, die »unfähig machen« können, sich selbst abzufinden »mit der verlorenen Schlacht, die das Leben ist.« (83)

17 H. BRUCE FRANKLIN: The Wake of the Gods (1963), 93, sieht im Auslaufen der *Pequod* am 25. Dezember einen Hinweis auf die ägyptische Sonnenmythologie; doch liegt es weit näher, an den christlichen Mythos von der Geburt des göttlichen *Kindes* zu denken, der in der Datierung des Weihnachtsfestes natürlich mit dem älteren Sonnenmythos verbunden ist. Die Angabe trägt übrigens autobiographische Züge. RUDOLF SÜHNEL: Melvilles »Moby Dick«, in: Die Neueren Sprachen (1956), 553 – 562, erwähnt, daß Weihnachten 1840 MELVILLE selber von New Bedford aus »an Bord eines Walfängers« hinaussegelte. (554)

2. Bulkington und Queequeg

1 GEORGE R. STEWART: The Two Moby Dicks (1953 – 54), in: P. G. Buchloh – H. Krüger (Hg.): Herman Melville, 245 – 279, erklärt zu dem Auftreten Bulkingtons: »Ich weiß von nichts Unüblicherem im *Moby-Dick* oder womöglich in irgendeinem anderen Roman . . . Meine Erklärung ist, daß Bulkington als ein eigener Charakter für einen wirklichen Teil im *Ur-Moby-Dick* bestimmt war, daß er aber im *Moby-Dick* unnötig war. Seine Beschrei-

bung war gleichwohl schon geschrieben, und Melville mochte sie als solche. Mehr noch, wie die meisten Berufsschriftsteller widerstrebte es ihm, etwas wegzuwerfen, das er bereits geschrieben hatte.« (253) Das mag vielleicht sein, aber »Berufsschriftsteller« werden ohne Zögern etwas in den Papierkorb werfen, das keinen Sinn mehr macht. Und Bulkington macht Sinn. Daß er in Kap XXIII »wirklich eine allegorische Figur« darstellt, räumt auch STEWART ein. Zugeben muß man die Diskrepanz, daß Bulkington in Kap. III eine Drei-Jahres-Reise hinter sich hat, in Kap. XXIII aber eine Vier-Jahres-Reise; hier »schlief« ganz offensichtlich selbst der göttliche Homer ...

2 Für W. SOMERSET MAUGHAM: Zehn Romane und ihre Autoren (1954), 280 – 282, ist diese Tatsache *ein* Indiz unter anderen für die These, »daß Melville ein versteckter Homosexueller war, ein Typus, der damals offenbar häufiger war in den Vereinigten Staaten als heute.« Freilich heißt es dann: »Die sexuellen Neigungen eines Schriftstellers gehen uns Leser nichts an«; doch statt sich an diese Erkenntnis zu halten, folgen auf der Stelle Spekulationen über MELVILLES »Unzufriedenheit in der Ehe«; und schließlich löst die ganze Theorie sich in bloße Vermutungen auf; denn: »Sehr wahrscheinlich behielt sein (sc. MELVILLES, d.V.) Moralgefühl die Oberhand; aber wer weiß schon (sic!), welche Triebe (vielleicht erkannt, vielleicht auch nicht, jedenfalls aber verdrängt und, außer vielleicht in der Phantasie, nie ausgelebt) in einem Mann schlummern und welchen Einfluß sie auf seine Betrachtungsweise ausüben?« (282)

3 Der Name Skotophobin (Dunkelangsterzeuger) wurde 1971 von GEORGES UNGAR zur Bezeichnung der Substanz gewählt, die er dem Gehirn Tausender entsprechend trainierter Ratten extrahiert hatte; GEORGES UNGAR: Molecular coding of information in the nervous system, in: Naturwissenschaften 59 (1972), 85. Vgl. auch HOIMAR VON DITFURTH: Am Anfang war der Wasserstoff (1972), 308 – 312. – CAROLYN PORTER: Call Me Ishmael, or How to Make Double-Talk Speak, in: R. H. Brodhead (Ed.): New Essays on Moby-Dick (1986), 73 – 108, sieht in dem Kapitel »Land in Lee« (*Moby-Dick*, XXIII 188 – 189) den Versuch, die See an die Stelle des Festlands zu rücken, als ein Bild für die ontologische Bedingtheit des Menschen, und uns nach und nach in die Position zu manövrieren, die in Bulkington symbolisiert ist (74), uns also von »Passagieren« zu »Seeleuten« zu machen (75; vgl. *Moby-Dick* I 37 – 38), oder von »Kultivierten« zu Wilden (83), wie in der Szene von Queequeg und Ismael (*Moby-Dick*, XII 112 – 115). – PAUL BRODTKORB, JR.: Ishmael's White World (1965), 112, macht das Phänomen der Langeweile für Ismaels Erlebnishunger verantwortlich: »Wiederholtermaßen begreift er (sc. Ismael, d.V.) durch Langeweile die Bedeutungslosigkeit in Welt und Selbst. Wiederholtermaßen trachtet er nach dem interessanterweise Fremden, sogar nach den Extremen von Horror und Schrecken, um sein Gefühl verdichteter Leere durch ein Gefühl von Fülle zu ersetzen.« Die Langeweile ist in der Tat in Ismaels Erinnerung an jenen unerträglichen Nachmittag unter dem Diktat seiner Stiefmutter das beherrschende Gefühl, das ihn sogar die Prügelstrafe wünschen läßt, um der sinnlos-leeren Zeit seines Erlebens zu entrinnen.

4 Vor allem JOHN HALVERSON: The Shadow in »Moby Dick« (1963), in: P. G. Buchloh – H. Krüger (Hg.): Herman Melville, 313 – 325, sah in MELVILLE »oft ... einen Vorläufer der Tiefenpsychologie« im Sinne C. G. JUNGS. (313) Speziell zum Problem des *Schattens* in der Begegnung zwischen Ismael und Queequeg schreibt er: »Jung glaubte, die Menschheit sei heilbar. Der Weg aus dem Freudschen Dilemma ist der Prozeß der ›Individuation‹, ein Weg, der auf Selbsterkenntnis basiert, Akzeptanz des Schattens und der Erhebung ins Bewußtsein von all dem, was im Unbewußten erhoben werden kann. Jungs Weg geht ... vom ›Erkenne dich selbst‹ zu ›das Königreich Gottes in dir‹. ... Die Entwicklung des Individuums zur Ganzheit erfordert als ersten Schritt die Wiedererkennung und Anverwandlung des Schattens, inklusive natürlich den Abzug seiner Projektionen. Der nächste größere Schritt ist die Akzeptanz des gegengeschlechtlichen Elements der Psyche, der ›Anima‹ für Männer – und für eine männlich dominierte Zivilisation generell. Diese weibliche Komponente bezeichnete Jung allgemein als Eros im Gegensatz zum Ich als

Logos. Sie schließt jene Charakterqualitäten ein, die traditionell mit Frauen verbunden werden: Güte, Zärtlichkeit, Gnade ... Es ist die Fähigkeit, andere zu akzeptieren und sie zu lieben, eine mütterliche Qualität und eine nicht-rationale.« (314) »Der Prozeß der Individuation reicht in seinen Ergebnissen weiter als das Individuum, denn es erhebt und stärkt den Sinn gemeinsamer Menschlichkeit, den Sinn menschlicher Bruderschaft.« »Die ›Begegnung mit dem Schatten‹ ist daher der Kernpunkt für die Entwicklung des Selbst.« »Dem Ich mag der Schatten als furchterregend oder böse erscheinen, indem er repräsentiert, was das Ich unterdrückt hat. Aber mit seiner Akzeptanz offenbart sich der Schatten als hilfreicher Freund, indem er hilft, jene Elemente des Unbewußten ins Bewußtsein zu bringen, besonders den Eros ... Nicht-assimiliert, wird die Schattengestalt böse, eine Konstellation von all dem Dämonischen auf der Nachtseite der Seele, das an sich ethisch neutral ist.« (315) So betrachtet HALVERSON die Begegnung mit dem *Schatten* nicht ganz zu Unrecht als das entscheidende Moment des Scheiterns oder Gelingens des Daseins, dargestellt in Ismael und Ahab: »Die zwei Hauptcharaktere, Ismael und Ahab, indem sie beide sich auf Seelenreisen begeben, treffen ihre Schatten und werden gerettet oder verdammt durch die Ergebnisse dieser Begegnungen. Ihre Reise findet auf dem Meer des Unbewußten statt ... Für Ismael ist der Ozean ›die dunkle Seite der Erde‹«. »Es ist eine seelische Krankheit, die Ismael zur See treibt ... Auf dem Ozean bei der Jagd nach dem Leviathan hofft er auf Heilung. So ist es eine geistige Reise, zu der er sich einschifft, und die erste wichtige Begegnung ist die mit Queequeg ... Es ist Queequegs Ursprünglichkeit, die Ismael fasziniert. Er wiedererkennt den Wert des Ursprünglichen, das die Zivilisation unterdrückt ... Auf einmal fühlt Ismael den wohltuenden Einfluß dieser ›Hochzeit‹.« »Queequeg wird zweimal dramatisch als Retter geschildert«, und beide Male muß er tief tauchen: in die See (XIII), – in den Kopf des Pottwals (LXXVIII). In LXXII »stößt Queequeg die Haie mit bloßen Füßen fort.« (316 – 317) – Und weiter: »Queequeg ist Ismaels Schatten. – Durch seine Akzeptanz und Anverwandlung seines Schattens entdeckt Ismael den Eros, ausgedrückt als das Gefühl von Brüderlichkeit und Liebe.« »Indem er sich innerlich näher zur menschlichen Gemeinschaft bewegt, wandelt er sich radikal von dem Mann, der den Drang fühlt, herumzugehen und ›systematisch den Leuten die Hüte abzuschlagen‹, zu dem Zelebranten brüderlicher Liebe, der seines Bruders Hände im Spermacet drückt.« (318) (Vgl. *Moby-Dick*, XCIV 646 – 648) Eben darin sieht HALVERSON den Unterschied zu Ahab, als dessen »hilfreichen Schatten« er den Negerjungen Pip betrachtet und als dessen negativen Schatten ihm Fedallah gilt. Rettung oder Untergang ergeben sich aus der Stellung des Ichs zum Schatten: »Ismael wird gerettet, weil nur er gänzlich seine eigene Menschlichkeit angenommen hat.« »Indem er die Ganzheit des Selbst erreicht, ist Ismael in Sicherheit auch vor dem wilden See-Habicht des Ich, das den prometheischen Ahab verheert, und vor den gefräßigen Haien des Unbewußten.« (324) Queequeg und Pip verkörpern indessen auch unterschiedliche Seiten des Schattens. »Queequegs Unbewußtheit ist natürlich, er ist ... unberührt von den Neurosen der Zivilisation; Pips Unbewußtheit ist zufälliger Art, der Abzug des Bewußtseins von der unerträglichen Wirklichkeit.« – »Queequeg wird ganzherzig von Ismael akzeptiert ... Pip wird schließlich zurückgewiesen von Ahab ... Pip, der weiß, sein Herr ist nicht ein ganzer Mann, berührt das Zentrum von Ahabs Menschlichkeit. Sein Einfluß ist nicht ausreichend, um Ahab zu retten; aber er ist ausreichend, die dämonische Besessenheit: eine tragische Agonie, umzuformen. Ismael ist ein ganzer Mann, und Queequeg ist der beglaubigte Agent seiner Menschlichkeit und Rettung.« (325) Von Ahab meint HALVERSON resümierend: Auch Ahab beginnt seine geistige Reise auf dem Meer des Unbewußten mit einer tiefen Erkrankung der Seele ... einer dämonischen Besessenheit. Er ist ich-getrieben, alles Logos und kein Eros.« Die Disproportioniertheit seines bewußten Ich zeigt sich etwa in der Deutung der Dublone: »Was immer dem Bewußtsein nicht zugänglich ist, verwirft er gewaltsam.« »Ahabs Ich-Dominiertheit erzeugt – in genauem Gegensatz zu Ismaels Erfahrung – eine arrogante Einsamkeit, die jedes Gefühl menschlicher Brüderlichkeit verwirft.« (319) – In dieser Betrachtung erscheint Queequeg als Hort von rettender Liebe und Menschlichkeit; doch so richtig es ist, in dem Südsee-Harpunier den Schattenanteil in Ismaels Seele zu erblicken, so falsch wäre es, allein durch die Akzeptation dieses »Wilden« Ismael bereits zum »Zelebranten des Menschen und der Demokratie« (318) erheben zu wollen. Man darf nicht vergessen, wer »Queequeg« ist: eine erste Brücke zum Walfang, der Anfang und Anlaß, unter »Ahab« Dienst zu tun. Freilich kann man eben deshalb HALVERSON nur zustimmen, wenn er Ahab und Ismael auf das engste miteinander verwoben sieht und ihnen dabei die literarischen Formen der Tragödie und des Romans zuordnet. Als tragisches Drama betrachtet, seien in *Moby-Dick* die dramatischen Elemente aus SHAKESPEARES *Lear* und *Macbeth* ausschlaggebend, und da sei es Ahab, der die zentrale Position des Buches einnehme. »Aber«, fragt HALVERSON richtig, »ist Ahab ... der ›Held‹ des *Moby-Dick*? ... Wenn es (sc. das Buch *Moby-Dick*, d.V.) die Tragödie von Kapitän Ahab ist, ist es ... der Roman Ismaels.« »Die Erzählung von Ismael und Queequeg und Ismaels Rettung ist wesentlich novellistisch; Ahabs Beziehung zu Pip (speziell mit ihrem Echo von Lear und seinem Narren) und Ahabs endgültige Zerstörung gehören zu einer dramatischen Form.« (323)

5 EDWARD F. EDINGER: Melville's Moby-Dick: A Jungian Commentary (1978), 30 – 21, verweist auf den »dionysischen Aspekt«, den Queequeg verkörpere; MELVILLES »Defekt« liege in einer Schwäche des männlichen Prinzips, und so benötige er zur Ergänzung der Bewußtseinsstellung den »positiven Schatten«, der in seinem ganzen aggressiven Erscheinungsbild mit den Phallussymbolen von Harpune und Lanze die »kreative Kraft des Logos« in einer ursprünglichen, undifferenzierten Form« verkörpere. Zugleich aber repräsentiere Queequeg auch einen Aspekt der Kollektiv-Psyche, die »von den selbstgerechten christlichen Missionaren« unterdrückt worden sei. (31) – In *Mardi* sind dementsprechend Yillah und Hautia die weiblichen Verkörperungen von Prinzipien, keine individuellen Frauengestalten.

6 ALAN LEBOWITZ: Progress into Silence. A Study of Melville's Heroes (1970), 57 – 93, sieht in *Mardi* »eine Art persönlicher Katharsis« (57); auch die schöne Yillah sei »ein Albino« – wie Moby Dick (63); auf mysteriöse Weise seien Hautia und Yillah miteinander verbunden (64); die »Suche nach Yilla, obwohl zentral«, nehme doch »nur einen kleinen Teil von *Mardi* ein«. (66) Darüber hinaus bilde der Kontrast von Glauben und Wissen ein Hauptthema dieses allegorischen Romans. – Zu dem Inhalt und Aufbau des Romans vgl. ALEXANDER PECHMANN: Herman Melville (2003), 81 – 86, der besonders auf den Einfluß von RABELAIS' *Gargantua und Pantagruel*, 4. Buch, sowie auf die Abgrenzung zu der idealistischen Naturphilosophie RALPH WALDO EMERSONS (1803 – 1882) hinweist: »Melville verstand die Vervollkommnung des Menschen als Hybris: als ein prometheisches Aufbegehren des Individuums gegen Gott ... in *Mardi* bleibt die Antwort auf den Idealismus ironisch.« Aber: »Jenseits aller Ironie und absurden Darstellungen philosophischer Gedankenexperimente wird deutlich, daß Herman Melville stets von einem fundamentalen Dualismus der Gegensätze ausging, der eben nicht überwunden oder durchdrungen werden konnte und sich vielleicht sogar im Absoluten, in Gott, fortsetzt. Das Weltbild, das in *Mardi* konstruiert wird, ist der Vorstellung vom ewigen Ringens von Gut und Böse geprägt ... Verwandte Ideen lassen sich im Weltbild der indischen bzw. altpersischen Religion Zarathustras entdecken.« – RICHARD BRODHEAD: *Mardi*: Creating the Creative, in: Faith Pullin (Ed.): New Perspectives on Melville (1978), 29 – 53, sieht in *Mardi* die »embryonische Form« seines größeren Werkes: *Moby-Dick* (46), insbesondere wegen der »Beziehung zwischen Leid und Größe«. (47)

7 In *Mardi* ist »Taji« der Name eines Halbgotts, für den der polynesische König Media und sein Volk den Erzähler halten; Ismael hingegen ist in seiner Ausgesetztheit gerade nicht auf der Suche nach einer weiblichen Ergänzung – nach einer neuen Yillah –, sondern nach einer Entfaltung seiner verdrängten männlichen Anteile. RUDOLF SÜHNEL: Melvilles »Moby Dick«, in: Die Neueren Sprachen (1956), 553 – 562, sieht in Queequeg die Verkörperung »der humansten Gestalt des Buches. Mit den Worten, ›wir Kannibalen müssen den

Christen helfen‹ rettet er zu Beginn seinen über Bord gespülten Beleidiger, und dank seiner entkommt am Ende Ismael als einziger dem Wirbel der Ahabtragödie. Aber es führt kein Weg zurück in den Kreis magisch-primitiver Kultur. Deren Kontakt mit der europäischen Zivilisation wirkt nicht ›entwickelnd‹, sondern zersetzend. Melville ist kein Nachfahre Rousseaus, eher ein Vorläufer von Levy-Brühl.« (555) In dem »Freundespaar Ismael und Queequeg« erkennt er »eine Variation von Coopers Heldenpaar Natty Bumppo und Chingachgook. Geächtete Seefahrer wie in der altenglischen Elegie, sozialer Abschaum wie die ersten Christen, verbinden sich Ismael und Queequeg auf der Basis der Selbstlosigkeit in einer Freundschaft, die fast die sakralen Züge einer Ehe annimmt. In heroischer Kameraderie erwacht in ihnen jenes Bewußtsein menschlicher Zusammengehörigkeit, wodurch Melvilles Altersgenosse Whitman die Menschen der Zukunft ohne Institutionen verbinden will. Melvilles mehr angedeutete als ausgeführte Utopie ist Ausfluß der spezifisch amerikanischen Konzeption dessen, was er in dem fast whitmanschen Schlußhymnus des 26. Kapitels den ›großen demokratischen Gott‹ nennt. Melvilles Demokratie ist eine in die egalitäre Zukunft projizierte amerikanische Version der auf Liebe gegründeten mittelalterlichen Welt von Novalis' ›Christenheit oder Europa‹. Sinnbild der demokratischen Version des christlichen Jedermann ist der anonyme Seemann der amerikanischen Walfangflotte, der – wie der Bergmann im ›Heinrich von Ofterdingen‹ aufopferungsvoll an den Wurzeln des Lebens wirkend – Öl gewinnt, damit überall im Land die Lichter in der Dunkelheit brennen.« (561)

8 Es ist insbesondere PAUL BRODTKORB, JR.: Ishmael's White World (1965), 106 – 108, der die Traumszene in ihrer psychologischen Schlüsselbedeutung für das Ismael-Motiv erkennt: als den Hintergrund für das Erleben einer »stiefmütterlichen« Welt inmitten der vollkommenen Interessenlosigkeit und »Leere in Zeit und Raum« (107): »Verstoßen von seiner Stiefmutter, steht Ismael außerhalb der Welt der normalen, alltäglichen Realität.« (108) Die »übernatürliche Hand«, die Ismael berührt, erscheint ihm wie »das Nichts selbst«. (108) EDWARD F. EDINGER: Melville's Moby-Dick (1978), 32 – 35, erblickt in der Schule C. G. JUNGS in Ismaels Traum die Erfahrung des *mysterium tremendum*, in Parallele zu Daniel 10,10: »Eine Hand rührte mich an«, und Ezechiel 37,1: »Die Hand des Herrn war auf mir.« In Wirklichkeit liegt in der Widersprüchlichkeit des Erlebens der Stiefmutter die klarste Darstellung für das Gefühl vom »Land in Lee«.

9 EDWARD F. EDINGER: Melville's Moby-Dick (1978), 30, bezeichnet Queequeg entsprechend der JUNGschen Tiefenpsychologie als »einen positiven Schatten« mit den »herausragenden, männlichen Attributen, die er verkörpert. Im Gegensatz zu Ismael, der schwermütig, depressiv und regressiv Tendenzen unterworfen ist, wird Queequeg erfüllt von Stärke, Würde und Entschlossenheit, ein Harpunier, der seine Harpune stets mit sich führt.« – Ein psychoanalytisches Argument für die vermeintliche Homosexualität MELVILLES hat vor allem NEWTON ARVIN: Herman Melville (1950) vorgebracht, indem er Ahabs Verlust des Beines »als eine Art von Kastration« deutete und in Moby Dick eine archetypische Elterngestalt sah. (171 – 172) Ismaels Beziehung zu Queequeg betrachtete er als (homosexuelle) »Liebe«, und insbesondere die Szene von dem »Händedruck« (*Moby-Dick*, XCIV 646 – 648) beim Kneten des Spermacets gilt ihm als Bestätigung seiner These. (174) ROBERT K. MARTIN: Melville and Sexuality, in: R. S. Levine (Ed.): The Cambridge Companion to Herman Melville (1998), 186 – 201, resümiert: »Melville, der seine Karriere mit der Suche des Reichs genereller sexueller Freiheit begann, endete mit der Aufzeichnung einer zugleich sichtbaren und mit dem Auftauchen der modernen Homosexuellen geordneten Sexualität.« (199) MARTIN gibt freilich zu, daß die »akademische Kanonisierung Melvilles in den 40ern und 50ern (sc. des 20. Jhs., d.V.) weithin das Werk männlicher Homosexueller war«. (199) In Wirklichkeit war das erste – anonym erschienene – literarische Werk MELVILLES: Fragments from a Writing Desk (1839), der schwärmerischen Beschreibung der »Vorzüge der Dorfschönheiten von Lansingburgh« gewidmet. ALEXANDER PECHMANN: Herman Melville (2003), 29 – 30. Die erste Seefahrt,

die MELVILLE 1839 nach Liverpool unternahm, beschrieb er 10 Jahre später in *Redburn* (1849), und es ist dort im Kapitel XLIV (S. 226) die Beschreibung des Anti-Helden Harry Bolton, die immer wieder als »homosexuell« empfunden wird: »... als ich schon mehr als vier Wochen in England war, da machte ich die Bekanntschaft eines hübschen, wohlerzogenen, aber unglücklichen jungen Mannes ... Er war einer dieser kleinen, aber durchaus ebenmäßig gebauten Menschen mit krausem Haar und glatten Muskeln, die aussehen, als wären sie aus einem Kokon hervorgegangen. Seine Gesichtsfarbe war von einem mäßigen Braun und einer mädchenhaften Zartheit, seine Füße waren klein, seine Hände weiß, seine Augen groß, schwarz und wie die einer Frau, und seine Stimme glich, ohne poetisch zu übertreiben, dem Klang einer Harfe.« Es ist schon die Frage, ob dieser Harry Bolton jemals existiert hat oder ob er nicht eine reine Romanfigur ist; kein Wort jedenfalls ist davon zu lesen, daß Redburn ihn homosexuell begehrt oder berührt hätte; das Effeminierte in Boltons Gestalt und Gehabe ist jedenfalls literarisch notwendig, um sein tragisches Scheitern als Seemann verständlich zu machen. Die einzige »besondere Bewegung«, »fast mit Zärtlichkeit und Liebe«, die Redburn verspürt, gilt ausgerechnet Kapitän Riga (*Redburn*, XIV 75) – nur um zu schildern, wie enttäuscht er von ihm sein wird. Mit den Augen »aufkeimender Zuneigung oder vielmehr mit einem erbarmungsvollen und mitleidigen Auge« betrachtet Redburn auch die Männer an Bord, »die nur durch Mühseligkeiten, Vernachlässigung und Mißhandlungen aus der guten Gesellschaft ausgeschlossen worden waren, und nicht als Schurken, die das Böse um seiner selbst willen liebten ... Und ich rief mir eine Predigt ins Gedächtnis zurück, die ich in einer Kirche für Seeleute gehört hatte, wobei der Prediger sie von der Herde abgesprengte Lämmer genannt und sie mit armen verlorenen Kindern verglichen hatte, mit Kindlein im Walde, Waisen ohne Vater und Mutter.« (*Redburn*, VIII 53) Das führt hin zu dem zentralen Ismael-Motiv in MELVILLES Werken, kann aber nicht als Beleg für homosexuelle Neigungen dienen. – Als ein weiteres »Argument« wird sodann in dem Roman *Taipi* die Schilderung des jungen Schiffskameraden Richard Tobias Greene («Toby«) angeführt, mit dem MELVILLE auf seiner zweiten Reise am 9. Juli 1842 gemeinsam von der *Acushnet* desertierte (vgl. A. PECHMANN: A. A.O., 49). Von Toby heißt es in *Taipi* (V 52 – 53): »Schon äußerlich hatte Toby viel an sich, was ihn für mich anziehend machte; denn während die meisten unserer Leute genauso grobschlächtig aussahen, wie sie es dem Wesen nach waren, machte Toby einen sehr guten Eindruck. Es konnte keinen schmuckeren Matrosen geben als ihn in seiner blauen Jacke und seinen Segeltuchhosen; er war auffällig klein und schlank, dabei sehr gelenkig. Seine von Natur braune Haut war durch die Tropensonne noch brauner geworden, das dichte Haar hing ihm in rabenschwarzen Locken um die Schläfen und ließ seine großen schwarzen Augen noch dunkler erscheinen. Er war ein seltsamer, unberechenbarer Mensch, launischen und schwermütigen Stimmungen unterworfen, bisweilen mürrisch. Auch hatte er ein lebhaftes, feuriges Temperament, das ihn, wenn er schwer gereizt war, in einen Zustand versetzte, der an Wahnsinn grenzte.« Auch Toby ist ein »Ismael«, und das macht ihn für den Roman-Helden bei seiner Flucht von der *Dolly* der ganzen Beschreibung nach weit interessanter als die braune Haut und die schwarzen Haare. – Bleibt noch Jack Chase, der Toppvormann, den MELVILLE 1843 auf der Fregatte *United States* als 53jährigen kennenlernte; vgl. ROBERT L. GALE: A Herman Melville Encyclopedia (1995), 70. Von ihm heißt es in *Weißjacke* (IV 604): »Er war ein Engländer, und zwar ein echter, groß und gut gewachsen, mit klarem, offenem Blick, schöner breiter Stirn und vollem nußbraunem Bart. Nie hat jemand ein besseres oder ein kühneres Herz gehabt. Er war beliebt bei den Matrosen und bewundert bei den Offizieren ... Jack war ein freimütiger und einnehmender Mann.« – Homosexualität? Sie bildet wirklich das Thema in der postum erschienenen Novelle *Billy Budd*, die, rund 50 Jahre später, Jack Chase gewidmet ist; die Geschichte ist unter anderem eine erstaunliche Studie über den Zusammenhang von verdrängten homosexuellen Gefühlen und paranoischen Bewußtseinszuständen, eignet sich aber in keiner Weise für die Begründung von Spekulationen über MELVILLES Sexualleben. Man muß wie mit Absicht oder wie blind all die Beschreibungen der hinreißenden Schönheit von Frauen im Werke MELVILLEs ausblenden, etwa die Beschreibung der »schönen Nymphe« Fayaway in *Taipi* (XI 122 – 125) oder der dunklen Schönheit Isabels in *Pierre* (III 85 – 87), um schließlich, gestützt auf drei knappe Portraits von drei Männern unter Tausenden von Seiten, MELVILLE als Ehemann und Vater von vier Kindern (1849: Malcolm; 1851: Stanwix; 1853: Elizabeth; 1855: Frances) für homosexuell zu erklären. Ansonsten liest man bei ROBERT K. MARTIN: A. A.O., 194, es spiele »quer durch Melvilles Werk die Masturbation eine wesentliche Rolle in der männlichen Sexualität«; als »Beweis« für diese Behauptung dient wieder nur *Moby-Dick*, XCIV 646 – 648; gleichwohl gilt für ausgemacht, der »Gebrauch der Masturbation« habe Melville »bei seiner Suche nach einem nicht-aggressiven Phallizismus« gedient und eine »Antwort auf die kulturelle Unterdrückung der Masturbation als einer gefährlichen und nicht-reproduktiven Sexualität« gebildet. Mit dem vermeintlichen »Phallizismus« MELVILLEs und seinem angeblichen »Maskulinismus« beschäftigt sich LELAND S. PERSON, JR.: Melville's Cassock: Putting on Masculinity in *Moby-Dick* (1994), in: Michael J. Davey (Ed.): A Routledge Literary Sourcebook on Herman Melville's *Moby-Dick*, 113 – 115. Zu Grunde liegt der Untersuchung *Moby-Dick*, XCV 651 – 652, die Schilderung des abgeschnittenen Pottwal-Penis, des »Grandissimus«, wie die Seeleute sagen. PERSON meint, daß MELVILLE, »indem er den Wal-Schwanz feminisiert, Christus maskulinisiert, der exzessiv in den weichen … hermaphroditischen italienischen Bildern feminisiert worden war.« (115) – Man kann eigentlich nur HANS-JOACHIM LANG zustimmen, wenn er im *Nachwort* zu *Pierre* (621 – 664) schreibt, es bleibe »die Frage akut, was Sex zum Verständnis der Texte beiträgt, denn der Fehler der zeitgenössischen Kritik, ihm zuviel Gewicht zu geben, gerade weil der schreckliche Ausdruck gar nicht fällt, könnte sich leicht mit umgekehrtem Vorzeichen wiederholen.« (656) Am Ende verhält es sich mit MELVILLEs Sexualität wie mit Ahabs Dublone am Großmast (!): – jeder sieht darin sich selbst.

[10] Der Grund für die Häufung des Motivs von dem »Retter« Queequeg dürfte in der eigenartigen Geschichte der Abfassung des *Moby-Dick* liegen; vgl. GEORGES R. STEWART: The Two Moby-Dicks (1953), in: P. G. Buchloh – H. Krüger (Hg.): Herman Melville, 245 – 279: »Unsere vollkommene Erwartung beim ersten Lesen bis zu Kapitel XV oder sogar bis zu Kapitel XXII ist, daß Queequeg dazu da ist, ein Held zu sein. Dan verschwindet er praktisch.« (252) – Der *Name* Queequeg könnte übrigens auf einen Neuseeländischen Häuptling namens Ko-towatowa von Kororarika zurückgehen, den CHARLES WILKES: Narrative of the U.S. Exploring Expedition during the Years 1830, 1839, 1840, 1841, 1842 erwähnt; vgl. ROBERT L. GALE: A Herman Melville Encyclopedia (1995), 375. NATHANIEL PHILBRICK: Dämonen der See (2003), 20, verweist darauf, daß MELVILLE bei »seinen Recherchen für den Roman um den Wal … mit brennendem Interesse Wilkes' Reisebericht« gelesen habe. Und S. 398: »Vor allem die Illustrationen (sc. in WILKES' Expeditionsbericht, d.V.) schienen es Melville angetan zu haben. So soll zum Beispiel seine Beschreibung von Queequeg … vom Stich eines tätowierten Maorihäuptlings in Band 2 inspiriert sein.« (Vgl. Abb. zwischen S. 256 – 257.)

[11] MARVIN E. MENGELING: Moby Dick. The Fundamental Principles, in: The Emerson Society quarterly 38 (1965), 74 – 87, schreibt richtig: »Queequeg lehrt Ismael auch, den Tod zu akzeptieren. Dies ist etwas, das Ahab niemals gelernt hat. Er stirbt, wie er gelebt hat – in Weh und Wahnsinn, mit Gedanken an Haß und Rache.« (83) Inwieweit Queequeg freilich MELVILLEs Beziehung zu NATHANIEL HAWTHORNE wiedergibt, wie vermutet (S. 84), steht dahin. – R. E. WATTERS: The Meanings of the White Whale (1951), in: M. R. Stern (Ed.): Discussions of Moby-Dick, 77 – 86, erhebt es zur Kernfrage, ob man den Weißen Wal als »Symbol« oder als Allegorie versteht; er schreibt: »Ismael … ist ein gedankenvoller Mensch – ein Melville. Und das Problem des Universums und/oder des Wals fuhr fort, sich in ihm um und um zu drehen.« (81) »Die Bedeutung, die Ismael in dem Weißen Wal findet, ist offenbar sehr verschieden von der Ahabs … für Ahab war der

Weiße Wal eine Personifikation ... oder vielleicht ein Abbild von etwas sonst Unbekanntem und Unangreifbarem; während für Ismael der Wal nur ein Symbol ist.« (82) Insbesondere zeige sich an Queequegs »Sarg« die Vieldeutigkeit der Dinge: Ursprünglich als Kanu in Auftrag gegeben, macht der Schiffszimmermann daraus einen Sarg und schließlich eine Rettungsboje; diese Offenheit und Verwandelbarkeit der Bedeutungen auch in bezug zum Universum mache die Rettung Ismaels durch Queequeg aus (86): »Ismael wird gerettet; weil er allein etwas von all seinen Erfahrungen gelernt hat; weil er, in der Tat, *sein* Problem gelöst hat, hat er über den symbolischen Weißen Wal und das Universum triumphiert.« – Tatsächlich war MELVILLE selbst erstaunt, ja, begeistert über die symbolischen Interpretationen, die NATHANIEL und SOPHIA HAWTHORNE dem *Moby-Dick* angedeihen ließen. »Ihre Anspielung auf die Geisterfontäne« (sc. *Moby-Dick*, LI 378 – 383, d.V.), schreibt er in einem Brief vom 8. 1. 1852 an SOPHIA HAWTHORNE, »zeigte mir beispielsweise zum erstenmal, daß das Ding eine hintergründige Bedeutung besitzt – aber in diesem Falle war es nicht *beabsichtigt*. Ich hatte beim Schreiben eine vage Vorstellung, daß das ganze Buch für eine allegorische Deutung empfänglich wäre und ebenso seine einzelnen *Teile* – doch die Besonderheit von vielen der einzelnen untergeordneten Allegorien wurde mir erst klar, nachdem ich Mr. Hawthornes Brief gelesen hatte, der, ohne einzelne Beispiele zu zitieren, dennoch die stück- und bausteinartige Gleichnishaftigkeit des Ganzen begreiflich machte.« MELVILLE an SOPHIA HAWTHORNE, in: HERMAN MELVILLE: Correspondence, ed. by. Merrell R. Davis – William H. Gilman (1993), 219; zit. n. ALEXANDER PECHMANN: Herman Melville (20003), 164; vgl. HERMAN MELVILLE: Tales, Poems and Other Writings, ed. by John Bryant (2001), 44 – 46. – MELVILLES *Moby-Dick* ist ein überragendes Beispiel dafür, daß große Schriftsteller in ihren Werken oftmals weit mehr sagen und ausdrücken, als sie in ihrer Zeit reflex wissen konnten und mitteilen wollten. Weit wichtiger für die Interpretation eines großen Dichtwerkes als die Frage, wie der Autor in ihm vorkommt, ist die Frage, wie es den Leser erreicht. – Selber hatte MELVILLE am 17. (?) November 1851 an NATHANIEL HAWTHORNE geschrieben: »Mein lieber Hawthorne, die Leute denken, daß, wenn ein Mann sich etwas Schwerem unterzogen hat, er eine Belohnung haben sollte; doch für meinen Teil, wenn ich das härtest-mögliche Tagewerk getan habe und dann dazu komme, mich in eine Ecke zu setzen und behaglich mein Abendessen zu essen – warum denke ich dann nicht, ich hätte eine Belohnung für mein hartes Tagewerk verdient – wieso bin ich dann nicht in Frieden? Ist mein Abendessen nicht gut? Mein Frieden und mein Abendessen sind meine Belohnung, mein lieber Hawthorne. Daher ist Ihr freudebringender und frohlockenerzeugender Brief nicht meine Belohnung für meine Kanalarbeiter-Arbeit an diesem Buch, sondern der guten Göttin Bonus zusätzlich und obendrein zu dem Vereinbarten – denn nicht *ein* Mann in fünf Zeitaltern wird, wenn er weise ist, anerkennende Wertschätzung von seinesgleichen oder von sonst jemandem erwarten. Wertschätzung! Anerkennung! Findet Jupiter Anerkennung? Wo wäre denn einer seit Adams Zeiten gewesen, der hinter den Sinn seiner großen Allegorie gelangt wäre – der Welt? Also müssen wir Pygmäen damit zufrieden sein, daß unsere papiernen Allegorien nur schlecht verstanden werden. Ich sage, Ihre Wertschätzung ist mir ein herrliches Geschenk. In meiner stolzen, demütigen Art war ich – ein Hirtenkönig – der Herrscher eines kleinen Tals auf der einsamen Krim; Sie aber haben mir nun die Krone von Indien gegeben. Doch als ich sie auf mein Haupt zu setzen suchte, fand ich, sie rutschte mir über die Ohren trotz deren eselsmäßiger Länge – denn nur solche Ohren können solche Kronen tragen. – Ihr Brief wurde mir gestern abend, als ich zu den Morewoods (sc. den Nachbarn John Rowland Morewood, 1821 – 1903, und Sarah Morewood, 1824 – 1863, d.V.) unterwegs war, ausgehändigt, und ich las ihn dort. Wäre ich zu Hause gewesen, ich hätte mich gleich hingesetzt und ihn beantwortet. In mir waren spontan und augenblicklich göttliche, hochherzige Gefühle – ergreife sie, solange du kannst. Die Welt dreht sich, und die andere Seite kommt hoch. Drum kann ich nicht mehr schreiben, was ich fühlte. Nur daß ich pantheistisch fühlte: Ihr Herz schlug in meiner Brust und meins in Ihrer und beide in Gottes. Ein Gefühl unsagbarer Sicherheit ist in diesem Augenblick in mir bei dem Gedanken, daß Sie das Buch verstanden haben. Ich habe ein schlimmes Buch geschrieben und fühle mich makellos wie das Lamm. Unaussprechliche Geselligkeiten sind in mir. Ich möchte mich hinsetzen und mit Ihnen und allen Göttern im Pantheon des Alten Rom dinieren. Es ist ein seltsames Gefühl – keine Zuversicht ist darin, keine Verzweiflung. Zufrieden – das ist es, und Verantwortungslosigkeit, doch ohne ausschweifende Neigung. Ich spreche jetzt von meinem tiefsten Daseinsgefühl, nicht von einem zufälligen Empfinden. – ... Ich fühle, daß die Gottheit zerbrochen ist wie das Brot beim Abendmahl und daß wir die Bruchstücke sind. Daher diese grenzenlose Brüderlichkeit des Gefühls. Nun, aus Sympathie mit dem Papier, wechselt mein Engel zu einer anderen Seite. Sie haben sich nicht den Pfennig um das Buch gekümmert. Doch dann und wann, als Sie lasen, verstanden Sie den durchdringenden Gedanken, der das Buch antrieb – und den haben Sie gelobt. War es nicht so? Sie sind Erzengel genug, den unvollkommenen Körper zu verschmähen und die Seele zu umarmen. Einst drückten Sie den häßlichen Sokrates an sich, weil Sie die Flamme im Munde sahen und hörten das Stürmen des Dämons – des vertrauten –, und den Ton erkannten; deshalb haben Sie es gehört in Ihren eigenen Einsamkeiten. – Mein lieber Hawthorne, atmosphärische Bedenken beschleichen mich jetzt und machen mich zweifeln an meiner geistigen Gesundheit, Ihnen so zu schreiben. Aber glauben Sie mir, ich bin nicht verrückt, mein alleredelster Festus! Nur, die Wahrheit ist immer unzusammenhängend, und wenn große Herzen aneinanderschlagen, ist die Erschütterung ein bißchen betäubend. Leben Sie wohl. Schreiben Sie kein Wort über das Buch. Das würde mich meiner geizigen Wonne berauben. Ich bedaure herzlich, je etwas über Sie geschrieben zu haben – es war erbärmlich. Herrgott, wann werden wir je ausgewachsen sein? Solange wir noch irgend etwas zu tun haben, haben wir noch nichts getan. Also nun, geben wir auch Moby Dick unseren Segen und tun wir den nächsten Schritt. Leviathan ist nicht der größte Fisch – ich habe schon von Kraken gehört. – Dies ist ein langer Brief, aber Sie sind überhaupt nicht verpflichtet, ihn zu beantworten ... Herrgott, wann werden wir die Wandlung vollbracht haben? Ah, es ist eine lange Etappe und ein Wirtshaus nicht in Sicht, und die Nacht kommt, und der Körper ist kalt. Doch mit Ihnen als Reisebegleiter bin ich zufrieden und kann glücklich sein. Ich werde die Welt verlassen, ich fühls, mit großer Genugtuung, weil ich dazu kam, Sie kennenzulernen, weiß ich doch, Sie überzeugen mich mehr als die Bibel von unserer Unsterblichkeit. – Leider, für Ihr Niveau, ein wirrer Brief, daß Sie so ein Kauderwelsch bekommen müssen! Grüßen Sie Mrs. Hawthorne und die Kinder von mir. Und dann, alles Gute, mein Segen – Herman. – Ich kann noch nicht aufhören. Wenn die Welt gänzlich von Zauberern gemacht wäre, würde ich Ihnen sagen, was ich tun sollte. Ich sollte eine Papier-Mühle an einem Ende des Hauses errichten und so ein endloses Laufband haben, das auf meinen Tisch rollt; und auf diesem endlosen Laufband sollte ich Tausend, eine Millionen, eine Milliarde Gedanken schreiben, alle in der Form eines Briefes an Sie. Der göttliche Magnet ist in Ihnen, und mein Magnet antwortet. Welcher ist der größte? Eine dumme Frage – sie sind *Eins*.« – In: HERMAN MELVILLE: Tales, Poems and Other Writings, ed. by John Bryant (2001), 42 – 44; in Teilen übersetzt in: DANIEL GÖSKE: Nachwort, in: HERMAN MELVILLE: Moby-Dick (2001), 869 – 906, S. 885 – 886.

12 EDWARD F. EDINGER: Melville's Moby-Dick (1978), 35, sieht in der Begegnung Ismaels und Queequegs die »Umarmung der Gottheit«, den »kreativen Kontakt mit dem kollektiven Unbewußten«, die »numinose Kraft der transpersonalen Energien«, die freilich »destruktive Effekte auf das Ich« ausüben könnten, ähnlich wie es in Hiob 19,20 heiße: »Erbarmt euch über mich, erbarmt euch, meine Freunde; denn die Hand Gottes hat mich getroffen.« Dieses »Erbarmen«, dargestellt in der *Rachel*, wird tatsächlich sein, das Ismael rettet. Es ist nicht seine Integrations-»Leistung«, die den Erzähler des *Moby-Dick* »rettet«, es ist die Aufnahme durch das »Schiff«, das einem Verschollenen sucht, ein neues mit sich versöhntes Leben ermöglichen könnte.

[13] Es bedeutete ein Mißverständnis, die Freundschaft Ismaels mit Queequeg selbst als das Rettende zu betrachten, wie es vielfach geschieht. Zugespitzt formuliert: ohne Queequeg und seinen Götzen Jojo wäre Ismael niemals in die Lage gekommen, aus der er gerettet werden müßte. Psychologisch korrekt ist es, Queequeg als den »positiven Schatten« in Ismaels Seele zu bezeichnen; dann aber muß man sehen, daß der »negative Schatten« bereits im Hintergrund wartet: Ahab. Die Auseinandersetzung mit der männlichen Aggressivität besitzt eine zerstörerische Kraft, wenn sie sich von den Gefühlen des Hasses und der Rache bestimmten läßt. – MAURICE FRIEDMAN: Problematic Rebel (1970), 49 – 148, sieht in Ismaels Rettung eine »Auferstehung«, »durch die Tatsache, daß es der Sarg Queequegs ist (sc. der im rechten Augenblick auftaucht, d.V.) und daß Queequeg und Ismael haben, was Ahab und Starbuck zu erreichen verfehlt haben: eine Freundschaft, eine Beziehung genuiner Wechselseitigkeit, von gegenseitiger Hilfe, Liebe und Fürsorge.« (78) Zweifellos, Ismael und Queequeg sind Freunde, doch bis auf die Anfangsszene (*Moby-Dick*, IX 103 -108) wird dieses Motiv nicht weiter ausgeführt; Queequeg rettet einen Matrosen der *Moss* und das ganze Schiff (XIII 119 – 122), er rettet Tashtego (LXXVIII 539 – 541), doch von etwas Vergleichbarem, Wechselseitigem auf Seiten Ismaels ist kein Wort zu lesen. Psychologisch kann man sagen, daß es die »edle« Seite der »Wildheit« ist, auf welche Ismael sich unter Ahabs zornigem Kommando einläßt, die am Ende ein Überleben sichert; doch wohlgemerkt: die eigentliche Rettung erfolgt durch die *Rachel* auf der Suche nach ihren »Waisenkindern«.

3. Peleg und Bildad

[1] Vgl. ERIC FREY: Schwarzbuch USA (2004), 333 – 345: Nation unter Gott: Bigotterie und Puritanismus.

[2] Bereits K. H. SUNDERMANN: Herman Melvilles Gedankengut (1937), 60, sprach davon, daß MELVILLE vor allem in *Mardi* mit dem Gott »Oro« einem pantheistischen Gottesbild zuneige, wie es RALPH WALDO EMERSON (1803 – 1882) konzipiert habe, er stellt dann aber fest, daß tragische »Gestalten wie Taji, Ahab, Pierre und Billy Budd ... einer pantheistischen Weltauffassung entgegen« stünden. »Vor allem ... ist die Stellung, die Melville dem Bösen als selbstexistierend und unabhängig vom Guten in der Welt einräumt, vollkommen mit dieser Idee unverträglich. Er stand zweifellos einer dualistischen Weltauffassung näher.« URSULA BRUMM: Die religiöse Typologie im amerikanischen Denken (1963), 137 – 167: Herman Melville, meint sehr richtig: »Etwas Unabwendbares und Prädestiniertes, das freien Willen ausschließt, liegt schon im typologischen Gedanken an sich. Mit seinem Namen hat Ahab auch ein Ahab-Schicksal angetreten.« »In diesem Konflikt zwischen dem irrenden Menschen und dem allgewaltigen Gott stand Melville auf der Seite des Menschen, und es ist gerade die von den Calvinisten betonte und von Melville zunächst akzeptierte Konzeption der Allgewalt – die allerdings durch *Moby Dick* in Frage gestellt wird –, die ihn gegen Gott aufbringt ... Gott ist danach auch für die Rebellion gegen Gott und auch für das Böse verantwortlich.« (155) WILHELM DILTHEY: Der Aufbau der geschichtlichen Welt in den Geisteswissenschaften, Gesammelte Schriften, Bd. VII, 266, meinte (um 1910): »Der Tod begleitet wie ein Schatten jeden Lebensmoment Calvins. Dem Protestanten steht hinter der Erfahrung der Seligkeit im Glauben durch die Wahl Gottes immer der furchtbare Gedanke, der aus der grundlosen Verdammung der anderen Seelen stammt ... Und je stärker ein Mensch in eigenem Wesen lebt, von dem Treiben der Welt, von den sozialen Verflechtungen sich losgelöst hat, desto mehr erschrecken ihn die Untiefen in jedem von uns. Einsamer und getrennter fühlt er sich von den anderen Menschen. Das Geschiedensein von ihnen möchte er überwinden. So trägt hinauf, hinein, hinab ins Unsichtbare, Seelen liebend und verstehend mit sich zu vereinigen, das Leben selbst in seinem Grundwesen.« (266) Besser läßt sich Ismaels »Calvinismus« und »Anticalvinismus« nicht kennzeichnen.

³ Zu den »analen« Zügen des Zwangscharakters gehören die Merkmale von Sauberkeit, Sparsamkeit und Pünktlichkeit; im Hintergrund aber stehen sadistische Triebimpulse, wie sie in Ahabs Weltbild zum Ausdruck kommen; in diesem Betracht ist »Ahab« ein »Bildad«, dessen Triebstruktur nicht mehr sozial (durch seine Verwendungsfähigkeit für den Geschäftssinn der Schiffseigner) integriert ist. Vgl. SIGMUND FREUD: Das Unbehagen in der Kultur (1930), in: Ges. Werke, XIV 419 – 506: »... die Gruppe von Eigenschaften ..., die uns als Sparsamkeit, Sinn für Ordnung und Reinlichkeit bekannt sind, ... ergeben, was man den Analcharakter heißt.« (456) – Rein literarisch zeigt HARRISON HAYFORD: Unnecessary Duplicates: A Key to the Writing of *Moby-Dick*, in: F. Pullin (Ed.): New Perspectives on Melville (1978), 128 – 161, daß ursprünglich Peleg der Kapitän der *Pequod* hätte sein sollen, einfach weil Ahab noch nicht existierte; »er wurde später erfunden.« (159)

⁴ ADAM SMITH: Eine Untersuchung über Natur und Wesen des Volkswohlstandes (1776), übers. v. E. Gründfeld, 3 Bde., Jena 1908 – 1923.

⁵ Zu den Geschäftspraktiken der Nantucketer Reeder vgl. NATHANIEL PHILBRICK: Im Herzen der See (2000), 28 – 45; ALEXANDER PECHMANN: Herman Melville (2003), 40 – 42.

⁶ BERNHARD RADLOFF: Cosmopolis and Truth. Melville's Critique of Modernity (1996), 48 – 49, findet gerade in den *Maskeraden* Kritik an einem »Globalstaat« ausgedrückt, »der transzendental – und wirtschaftlich –, aber nicht gemeinschaftsbezogen ist. – Der Staat verbleibt außerhalb des Kreises der Freundschaft. Er ist gegründet auf dem phänomenalen Reich des sozialen Egotismus, seinen utilitaristischen Kalkulationen und Selbst-Entwürfen ... Fourier und sein amerikanischer Schüler Brisbane (sc. CHARLES FOURIER, 1772 – 1837, der Begründer des utopischen Sozialismus, und ALBERT BRISBANE, 1809 – 1890, d.V.) schlugen gerad eine solche ›Verfassung der Liebe‹ vor; ihr Konzept ist gleichwohl insoweit verschieden von Aristoteles' emphatischer Betonung der Freundschaft als Bedingung bürgerlicher Vereinigung, als moderne Utopien die Herstellung sozialer Sympathie durch die Regulation des Gefühls zum Ziel haben – Aristoteles setzt eine natürliche Anziehung zwischen den Mitgliedern einer Art und in allem, was lebt, voraus.« Die *Fidèle*, das Schiff der »Gläubigen«, läßt sich auch lesen als Kritik an christlichen Kirchen. Zu MELVILLES Einstellung speziell zum Katholizismus vgl. K. H. SUNDERMANN: Herman Melvilles Gedankengut (1937), 35 – 37. – Zu ALBERT BRISBANE vgl.: Letters of the American Socialist Albert Brisbane to K. A. Varnhagen von Ense, ed. by. Terry H. Pickett – Françoise de Rocher, Heidelberg 1986.

⁷ Vgl. ERIC FREY: Schwarzbuch USA (2004), 383 – 395: Die Macht der Lobbys: »Viele Bereiche der amerikanischen Außenpolitik werden nicht von nationalen Interessen, sondern von einflußreichen wirtschaftlichen und ethnischen Lobbys bestimmt: der Ölindustrie, dem Bananenkonzern Chiquita, der Kubaner in Florida oder der mächtigen Israel-Lobby.« (383) – Zu dem Problem der Auswanderer in MELVILLES Tagen vgl. HOLGER AFFLERBACH: Das entfesselte Meer (2001), 250 – 266: Die europäische Massenauswanderung in die USA im 19. Jahrhundert.

⁸ DON GEIGER: Melville's Black God (1954), in: M. R. Stern (Ed.): Discussions of Moby-Dick, 93 – 97, beginnt seine Interpretation der *Town-Ho*-Geschichte mit den Worten: »Daß Herman Melville wichtige Inhalte der calvinistischen Version von Gott verworfen hat, ist häufig behauptet worden, wenn nicht allgemein akzeptiert.« »Die *Town-Ho*-Geschichte ist ein lebendiges Beispiel von Melvilles Betrachtung der Evidenz, die den Gott rechtfertigen möchte, den er letztlich ablehnt.« (92) »Da wird der Wal ein Emblem der göttlichen Gerechtigkeit, fähig, soziales Unrecht zu rächen und die aufgeputzten Mächte der säkularen Gesellschaft.« »Doch dies ist nicht, wie man gedacht hat, ein Gleichnis gerad einer *christlichen* Gerechtigkeit ... der Gott, der straft durch Moby Dick, ist dem Gott der Rache näher als Er dem Gott der Liebe ist. Der Gott der *Town-Ho*-Episode ist, in der Tat, eine kaum verhüllte Karikatur des orthodoxen Calvinisten-Gottes.« »Der Gott, der sich in der *Town-Ho*-Episode offenbart, hat einige derselben Charakteristika des Gottes, der sich Ahab und der Mannschaft der *Pequod* offenbart, aber Ahabs Tragödie ist nicht

›dieselbe Sache‹ wie Radneys, und die Differenzen zwischen ihren Schicksalen sind wichtiger als ihre Ähnlichkeiten.« (96) Wenn es möglich ist, daß die Stelle des Richter-Gottes von einem mythischen Wesen wie Moby Dick ausgefüllt wird, was ist es dann mit Gott, was ist es dann mit dem Weißen Wal? THOMAS WERGE: Moby Dick and the Calvinistic Tradition, in: Studies in the Novel (Denton, Tex.) 1 (1969), 484 – 506, betont den Gegensatz zwischen der calvinistischen Tradition, wonach »Glaube und Hoffnung die unverzichtbaren Bedingungen menschlicher Gotteserkenntnis« darstellten, während sie für Ismael wie für Melville ... nicht zu fassen« seien. (501) Andererseits erscheine das Wissen um die Gebrochenheit und Ohnmacht des Menschen in *Moby-Dick* »nur kohärent im Lichte der calvinistischen Tradition«. (502)

⁹ Gerade dieses Problem stellte sich FRIEDRICH NIETZSCHE: Also sprach Zarathustra (1883), 1. Teil: Von den Verächtern des Leibes, 34 – 36: »Hinter deinen Gedanken und Gefühlen, mein Bruder, steht ein mächtiger Gebieter, ein unbekannter Weiser – der heißt Selbst. In deinem Leibe wohnt er, dein Leib ist er. Es ist mehr Vernunft in deinem Leibe, als in deiner besten Weisheit.« (35)

¹⁰ WILHELM DILTHEY: Weltanschauungslehre, Ges. Schriften, Bd. VIII, 75 – 118: Die Typen der Weltanschauung und ihre Ausbildung in den metaphysischen Systemen.

¹¹ Vgl. KLAUS LANZINGER: Primitivismus und Naturalismus im Prosaschaffen Herman Melvilles (1959), 6 – 24: Zivilisationskritik und Apologie des edlen Wilden:»Melville versuchte das Unheil, welches über die Eingeborenen des Südsees durch den Kontakt mit der westlichen zivilisierten Welt hereingebrochen war, einerseits durch eine offene Schilderung der eingetretenen Mißstände zu illustrieren, andererseits führte er durch die Beschreibungen des glücklichen Urzustandes, in dem sie vorher lebten, den Lesern deutlich vor Augen, was zerstört wurde.« (10) »Er (sc. Melville, d.V.) geriet in seiner Jugend in ein Mißverhältnis zur Gesellschaft, so daß sich sein Mißtrauen gegenüber der zivilisierten Welt immer mehr verhärtet hatte. Er verurteilte mit scharfen Worten den merkantilen Geist seiner Zeit und versäumte keine Gelegenheit, die ›business‹-Moral eines smarten Bürgertums als verlogen hinzustellen.« (13) BERNHARD RADLOFF: Cosmopolis and Truth. Melville's Critique of Modernity (1996), 46 – 47, betont vor allem in den *Maskeraden* die Kritik an dem »Dollar-Kosmopolitismus der Wirtschaft«.

¹² HARRY SLOWCHOWER: The Myth of Democratic Expectancy (1950), in: P. G. Buchloh – H. Krüger (Hg.): Herman Melville, 231 – 244, meinte schon vor einem halben Jahrhundert zu *Moby-Dick*: »Unsere amerikanischen Anfänge enthalten die Elemente des universellen Mythos. Wir begannen als eine interrassische Gemeinschaft und mit der Notwendigkeit der Wiederherstellung alter Formen. Es besteht Gefahr, daß unsere Einheit petrifiziert wird zu einer luftlosen Konformität und daß unsere Freiheit desintegriert.« (241- 242) »Im sozial-historischen Kontext ist Ahabs Fahrt Amerikas Reise, seine kreativen Ursprünge zu finden, und in der Kette der Mythopoesie ist sie ein Versuch, Amerikas eigener Bewegung zu faustischen ökonomischen Eroberungen entgegenzuwirken.« (244)

4. Ahab oder: Erbost auf das Böse

a) – e)

¹ *Redburn*, LIX 306.

² Vgl. *Redburn*, VIII 53: »Da ich feststellte, daß die Matrosen alle ganz freundlich und umgänglich waren, wenigstens untereinander, ... kam mir der Gedanke, letzten Endes seien sie doch ganz gute Burschen ... Und ich kam zu der Überzeugung, daß ich ihr wahres Wesen wohl falsch beurteilt hatte, denn bei der Ausfahrt hatte ich sie als einen Haufen verruchter, hartherziger Halunken angesehen.« MELVILLES Bemühen, das Geheimnis der

Bosheit von Menschen zu ergründen, setzt ihn als Dichter auf die Stufe der großen russischen Autoren: DOSTOJEWSKI, TSCHECHOW, GORKI ...

³ Biblische Namen waren durchaus üblich auf Nantucket. (*Moby-Dick,* XVI 139) Ahabs Name aber entstammt, laut Kapitän Peleg, einer »dummen, närrischen Grille seiner verrückten, verwitweten Mutter, die starb, als er gerade zwölf Monde zählte.« Die »alte Indianersquaw Tistig von Gayhead« hatte schon damals gemeint, »der Name würde sich so oder so als Omen erweisen«. (XVI 149) Ahab kann mithin gar nicht anders, als das biblische Vorbild aufs neue zu verkörpern. – Wie LEON HOWARD: Herman Melville (1951), 166, gezeigt hat, galt das ursprüngliche Konzept des *Moby-Dick,* wie es sich in den ersten 35 oder 40 Kapiteln noch erhalten hat, wohl dem »Willenskonflikt zwischen einem sonderbaren Kapitän und einem ... abergläubigen Steuermann«; Vorbilder dazu boten JOSEPH C. HART: *Miriam Coffin and the Whale Fisherman,* New York 1834 (vgl. *Moby-Dick,* XXXII 227) sowie OWEN CHASE: *Narrative* von 1821, der Bericht des Obermaats über den Untergang der *Essex.* (Vgl. dazu NATHANIEL PHILBRICK: Im Herzen der See, 2000.) Dann aber änderte sich das Konzept durch MELVILLES Lektüre von CHARLES WILKES: *Narrative* von 1845, dem Bericht über die berühmte U.S. Exploring Expedition, die zwischen 1838 – 1842 der Erforschung der Südlichen Ozeane galt, und insbesondere durch den Einfluß von NATHANIEL HAWTHORNE. Eine Fülle von Details in *Moby-Dick,* die auf WILKES' Bericht über die Expedition in die Antarktis zurückgehen dürften, hat DAVID JAFFÉ: The Captain Who Sat for the Portrait of Ahab, in: Boston University Studies 4 (1960), 1 – 22, zusammengestellt. So könnte es sein, daß WILKES' Beschreibung des »geheimnisvollen weißen Ozeans mit kathedralengleichen Eisbergen« (7) auch das Bild Moby-Dicks geformt hat. Auch das Bild der »tragischen Männer«, die »ihre Größe durch etwa Krankhaftes« gewinnen (*Moby*-Dick, XVI 140), rückt Ahab in die Nähe von WILKES (10). Bis ins einzelne geht die Ähnlichkeit bei der Darstellung, die Ahab erfährt: seine Mutter starb, als er ein Jahr alt war (XVI 149), WILKES' war drei Jahre alt, als seine Mutter starb; Ahab war »drei Fahrten lang« verheiratet – das können bei Ahabs Alter, der mit 50 erst heiratete, nicht »zwölf Jahre« sein, wie JAFFÉ (12) meint, sondern nur 6 – 8 Jahre, doch WILKES war wirklich 12 Jahre verheiratet, als er seine Expedition begann; Ahab hat ein noch sehr junges Kind – WILKES hat (unter drei anderen Kindern) ein Mädchen, das gerade erst einen Monat alt ist; in Ahabs Namen hat die Indianerin ein Omen gesehen – in WILKES erkannte bereits seine Amme, daß er ein Admiral werden würde. (12) Die Darstellung des Elmsfeuers (*Moby*-Dick, CXIX 765 – 773) könnte durch WILKES' Beschreibung dieses Phänomens angeregt worden sein. (15) Auch die Gams mit der *Albatros* (*Moby-Dick,* Kap. LII), mit der kein Kontakt zustande kommt, und mit der allzu fröhlichen *Bachelor* (Kap. CXV) zeigen Parallelen zu WILKES' *Narrative.* (15 – 16) Insbesondere die Gestalt des Erzengels Gabriel auf der *Jerobeam* (Kap. LXXI) erscheint verwandt mit dem Eingeborenen-Priester Joe Gimblet, von dem WILKES berichtet. (17 – 18) In dem Kapitel Die Große Armada (*Moby*-Dick, LXXXVII 593 – 594) werden nicht nur dieselben Orte erwähnt, sondern auch die Verhaltensweisen der Insulaner ähnlich kommentiert, wie es sich bei WILKES findet, inklusive des Auftauchens der Piraten (*Moby*-Dick, LXXXVII 594). (18 – 19) Schließlich finden in Kap. XLII 318 – 319 die Bemerkungen über Lima ihre Parallelen in WILKES' *Narrative.* (20 – 21) JAFFÉ folgert aus all dem: »Es scheint also, daß Ahab nach einem der farbigsten Gestalten der amerikanischen Geschichte (sc. eben nach CHARLES WILKES, d.V.) gestaltet war.« (21) Die ergreifende Geschichte dieses tragischen Kapitäns, der mit sechs Schiffen vier Jahre lang eine Vielzahl von Inseln in der Südsee wissenschaftlich erforschte und einen großen Teil der Antarktis kartographierte, nur um 1842 bei seiner Rückkehr wegen Mißhandlung der Matrosen vor ein Seegericht gestellt zu werden, hat NATHANIEL PHILBRICK: Dämonen der See (2003), auf packende Weise nacherzählt. Doch gerade wenn der Einfluß der Expeditionsberichte von WILKES sich so deutlich zeigt, heben die Unterschiede sich nur um so klarer ab: Was macht MELVILLE aus der nüchternen Beschreibung des »Elmsfeuers«! Und vor allem: die Psychologie und die Persönlichkeit Ahabs ist *wesent-*

lich die eines zutiefst verletzten Mannes; Ahab wird nicht erst am Ende seiner Ausfahrt zu einer tragischen Figur, die Tragik gehört zu ihm, und eben dieser Zug verleiht ihm seine Bedeutung. Vor allem ist es die Zentrierung der Persönlichkeit auf ein Trauma, auf einen *Mangel*, die der Gestalt des Kapitäns der *Pequod* ihre Modernität und Aktualität verleiht; denn sowohl die Psychoanalyse als auch die Existenz- und Sozialphilosophie versuchen, das Problem des Menschen von einem zentralen Mangel her zu begreifen; vgl. JEAN-PAUL-SARTRE: Das Sein und das Nichts (1943), 701 – 723: Die existentielle Psychoanalyse; DERS.: Kritik der dialektischen Vernunft (1960), 129 – 162: Mangel und Produktionsweise. Es ist dieser Hintergrund des fundamentalen Mangels, den JOHN PARKE: Seven *Moby-Dicks* (1955), in M. R. Stern (Ed.): Discussions of Moby-Dick, 66 – 76, in den Mittelpunkt seiner Interpretation des Moby-Dick stellt, indem er von daher das (wahnhafte) Verhältnis zur Natur im Bilde des Weißen Wals verständlich zu machen sucht:» Die erste und undiskutierbare Tatsache des inneren Dramas ist es, daß Kapitän Ahab dahin geführt wird, dem Teil des gegen ihn gerichteten Universums Überlegung zuzuordnen.«»Wenn die äußere Natur sich einfach nicht mit des Menschen Schicksal beschäftigt, so ist die Bös- oder Gutwilligkeit, die er (sc. Ahab, d.V.) ihr zuordnet, offensichtlich eine bloße Projektion der eigenen Gefühle von Haß oder Liebe, Furcht oder Vertrauen. Doch wenn er sie übelwollend glaubt – d. h. daß er nicht akzeptieren kann, was immer ihm vom Schicksal zugemutet wird – und sie angreift, wird sie sich als übelwollend erweisen.«»Die Energie, im Menschen und außerhalb seiner, ist unpersönlich und neutral: sei der Mensch, persönlich oder kollektiv, der, durch freie Wahl oder inneren Zwang, sie zu einem zerstörerischen oder schöpferischen Ende wendet.« (68) »So ist Ahab ... In seinem Naturverständnis ... scheint das Universum sich gegen ihn gewendet zu haben. Wie am Anfang von *König Lear* ist der königstreue und gänzlich menschliche Mann (Kent, Starbuck) impotent.« (69) »Das bloße Faktum ist, daß Melville, indem er sich mit dem Problem des Schicksals beschäftigte, dies vollständig außerhalb des christlichen Bezugsrahmens tat.« (71) »Ahabs tragische mißliche Lage ist das Ergebnis seiner eigenen heroischen Stimmung und besonderen Persönlichkeit *plus* dieser philosophischen oder theologischen Bedingung: der Entfernung Gottes und der Vorsehung vom Universum.«»Er (sc. Melville, d.V.) ... war dabei, sich selbst loszuschneiden von den Bollwerken der ethisch und theologisch vertrauten und normalen Denkweise zu seinen Tagen.« (71 – 72) »Schließlich finden wir uns in *Moby-Dick* in eine Art Apokalypse verwickelt ... Diese, scheint Melvilles prophetische Intuition ihm zu sagen, ist das einzige derzeit vorstellbare Resultat des Zusammenstoßes zwischen dem eigensinnigen Geist und Intellekt des Menschen (mit all seinen ererbten Gerechtigkeitsidealen) und dem vorsehungsfremden, ungerechten, unsorgsamen Universum – leer von Gott ... Man beachte, daß Melville keine Liebe verschwendet auf den standfesten Christen, Starbuck: der Steuermann ist in dem moralischen Klima der Geschichte ein Anachronismus: er lebt weiter, sicher und unerschütterlich in einer Welt, deren Illusionen für Ahab irreparabel zerschmettert sind.« (72) »Wie, in der Tat, wenn Gott und die bequemen Konzepte der Vorsehung, der göttlichen Gerechtigkeit und Erlösung verloren gegangen sind, soll der Mensch sich mit seinem Schicksal versöhnen? Ahab, in die Geschichte vernarbt und gottlos hineingeboren, am meist nackten ausgesetzt dem scheinbaren Nihilismus des Universums, steht dieser Herausforderung allein gegenüber.« *Moby-Dick* ist, so betrachtet, »eine theologische Allegorie ... so mächtig wie die Geschichte von Job selbst: die Konfrontation des Chaos durch den Menschen – Chaos, der alte Gott des Mittelmeerischen ...«»Das Chaos, sagt Melville, ist nicht nur um den Menschen herum, es ist in ihm. Denn nach Verabschiedung der christlichen Theologie findet sich das Herz des Menschen immer noch dabei, wie es sich krümmt mit dem Bösen.« (73) »Seine (sc. Ahabs, d.V.) Suche nach Moby Dick ist zum Teil eine metaphysische, denn er ist *in der Revolte gegen die Existenz des Bösen selbst.*« »... wie Faust.« (74) Mit diesen Worten werden die zentralen Gefühle, Gedanken und Themen des *Moby*-Dick sehr gut zusammengefaßt.

⁴ ALFRED ADLER: Menschenkenntnis (1926), 170 – 203: Charakterzüge aggressiver Natur. DERS.: Neurosen. Fallgeschichten (1929), 47 – 62: Mangel an Gemeinschaftsgefühl und männlicher Protest. – Natürlich läßt sich Ahabs Verstümmelung auch im Sinne S. FREUDS als »Kastration« und als Teil des »Ödipuskomplexes« deuten: – als das Ziel der ursprünglichen Aggressionen läßt sich sehr deutlich eine (väterliche) Autorität ausfindig machen; doch bildet nicht die Sexualität Ahabs das Problem, sondern seine Rolle als Mann und die (narzißtische) Kränkung, welche die Verletzung ihm zufügt. Insofern ist (an dieser Stelle) ADLERS Ansatz am besten geeignet, um das Selbst- und Welterleben Ahabs zu begreifen. – HENRY NASH SMITH: The Madness of Ahab (1976), in: K. J. Hayes (Ed.): The Critical Response to Herman Melville's Moby-Dick, 183 – 200, stellt als erstes Ahabs scheinbare »Zurechnungsfähigkeit« fest: »Ahabs Verletzung der moralischen und rechtlichen Verpflichtungen, die ihm als Kapitän auferlegt sind, führt den Untergang der *Pequod* herbei ebenso wie seinen eigenen Tod und den Tod der ganzen Mannschaft, Ismael ausgenommen. Somit, wenn wir nur Ahabs beobachtbares Verhalten in Rechnung ziehen, muß er monströser Verbrechen schuldig gesprochen werden.« Gleichwohl besitzt dieser Mann in MELVILLES Augen eine tragische Größe wie »Aischylos' Prometheus oder Hamlet und Lear oder ... Byrons Manfred und Kain.« (183) Tatsächlich arbeite Ismael, »der offensichtlich als Melvilles Sprachrohr dient«, den Eindruck heraus, »daß Ahab an einem Schwund seiner moralischen Kräfte, nicht seines Verstandes leidet«. (186) Gerade darin sieht SMITH »eine Schwäche in der Geschichte«. (188) Die »Monomanie« Ahabs nach der Verletzung durch den Wal (vgl. *Moby-Dick*, XLI 304 – 305) findet er »mager«. (189) Auf der anderen Seite vermittle insbesondere Fedallah einen »übernatürlichen« Eindruck, das Bild eines »Teufels, der ihn (sc. Ahab, d.V.) heimsucht und die Kontrolle über ihn ausübt«. »Entsprechend der alten Verbindung in der Volkskultur zwischen Krankheit und Dämonologie, war Melville sich der Auffassung von Krankheit bewußt, die als Teil hoher Kultur überkommen ist, daß sie als etwas Übernatürliches betrachtet wurde, und zwar eher als gutartig denn als bösartig.« (193) So sei es »wichtig zu beobachten, daß Ahabs Krankheit nicht ein unglücklicher Unfall ist, der einen möglicherweise großen Mann getroffen hätte, sondern daß sie ein wesentliches Element in seiner Größe bietet, das Element, das es tragisch macht«. (195) Doch statt nun zu zeigen – und zu verstehen –, wie Krankheit und Wahnsinn zusammenhängen, hält SMITH die Figur Ahabs für das Ergebnis »von zwei Ansichten«, die MELVILLE verfolgt habe, »als er den Roman schrieb«, weil er, »wie Ismael, einen starken Impuls hatte, sich selbst mit Ahab zu identifizieren«. (196) Damit löst sich die Analyse über die Person Ahabs auf und gleitet ab in Spekulationen über den Autor, der die höhere Mittel-Klassen-Kultur seiner Zeit habe attackieren wollen. (197) Dementsprechend versteht SMITH auch das wichtige Kapitel von »Land in Lee« (*Moby-Dick*, XXIII 188 – 189) nicht psychologisch, sondern symbolisch-metaphysisch, indem er resümiert: »Ahabs Krankheit ist seine Verweigerung des sklavischen Standes von Ordnung und Gesundheit; es ist seine Art, die Mittelmäßigkeit einer Kultur zu transzendieren, die aller Unterscheidungen ermangelt und die, schlimmer noch, von Grund auf heuchlerisch ist.« (199) Das ist ein »Plädoyer«, nach dem Ahab vor einem amerikanischen Gericht wohl auch heute noch mit dem Tode bestraft werden müßte. – Bereits LEWIS MUMFORD: Herman Melville (1929; revised 1963), 107 – 133: Moby-Dick, betonte: »Es liegt Wahnsinn in diesem (sc. Ahabs, d.V.) Stolz; der Wahnsinn einer gemarterten Seele.« (122)

⁵ HANS SELYE: Streß – Mein Leben. Erinnerungen eines Forschers, Frankfurt/M. 1984.

⁶ HANS SELYE: The physiology and pathology of exposure to stress, Montreal 1950.

⁷ Bereits WILLIAM S. GLEIM: A Theory of »Moby Dick« (1929), in: P. G. Buchloh – H. Krüger (Hg.): Herman Melville, 76 – 89, der von der Beeinflussung MELVILLES durch den schwedischen Theosophen EMANUEL SWEDENBORG (1668 – 1772) ausging, stellte richtig heraus: »Ahabs Charakter ... ist eine Zusammensetzung all der historischen und mythischen Rebellen gegen die Vorsehung« (81), und erinnerte an Prometheus, Perseus etc. WILLIAM

BRASWELL: Melville's religious Thought (1959), 57 – 73: Accuser of the Deity, meint: »Ahabs Strenge mit seiner Mannschaft sollte nicht blind für die Tatsache machen, daß sein Mitleid für die Menschheit seine Feindschaft gegen die Gottheit motiviert.« K. H. SUNDER-MANN: Herman Melvilles Gedankengut (1937), 63, erinnerte an den Satz des EPIKUR: Von der Überwindung der Furcht, S. 136: »Entweder will Gott die Übel beseitigen und kann es nicht, oder er kann es und will es nicht, oder er kann es nicht und will es nicht, oder er kann es und will es. Wenn er nun will und nicht kann, so ist er schwach, was auf Gott nicht zutrifft. Wenn er kann und nicht will, dann ist er mißgünstig, was ebenfalls Gott fremd ist. Wenn er nicht will und nicht kann, dann ist er sowohl mißgünstig wie auch schwach und dann auch nicht Gott. Wenn er aber will und kann, was allein sich für Gott ziemt, woher kommen dann die Übel und warum nimmt er sie nicht weg?« »Mit diesen verschiede-nen Möglichkeiten versucht Melville die Frage nach Gottes Allgegenwart, Allwissenheit, Güte und moralischer Vollkommenheit zu lösen.« »In striktem Gegensatz zu Emerson (sc. zu dem Transzendentalisten RALPH WALDO EMERSON, 1803 – 1882, d.V.) wird ... deutlich, daß Melville eine dualistische Weltauffassung vertritt. Emerson fand im Monismus sein absolutes Ideal, während Melville im ewigen Kampf zwischen Gut und Böse das herr-schende Weltprinzip sah.« – THOMAS WOODSON: Ahab's Greatness: Prometheus as Narcis-sus, in: ELH 33 (1966), 351 – 369, vergleicht Ahab mit MILTONS Satan, mit BYRONS Man-fred und mit GOETHES Faust; sie alle seien »exzessive« Charaktere (351); insbesondere die Szene vom »Elmsfeuer« (Moby-Dick, Kap. CXIX) trage zweifellos die Züge eines »narziß-tischen Prometheismus«. (365) Und nicht zuletzt sei Ahabs Untergang dem des Narzissus gleich: »Mancher stirbt bei Ebbe, mancher bei Niedrigwasser und mancher beim höchsten Stand der Flut – und mir ist jetzt, als wäre ich eine brandende Woge, die nichts ist als ein schaumgekrönter Kamm.« (Moby-Dick, CXXXV 853) LEWIS MUMFORD: Herman Melville (1929; revised 1963), 107 – 133: Moby-Dick, meinte generell: »Moby-Dick ist eine Geschichte des Meeres und das Meer ist das Leben ... Moby-Dick ist die Geschichte des ewigen Narziß in uns, der in alle Flüsse und Ozeane starrt, um das unergründliche Phan-tom des Lebensverlustes in den trügerischen Wassern zu ergreifen.« (107) – Von Ahab als einem »Prometheus«, dem »in Ewigkeit ein Geier an dem Herzen« frißt, spricht Moby-Dick, XLIV 333. WOODSON meint dazu: »Wie das Schiff, wie die Welle, bricht Ahabs Per-sönlichkeit zusammen und zieht ihn zurück in die undifferenzierte Einheit der leeren See.« (368) Die Zusammenführung der beiden mythischen Gestalten von Prometheus und Narziß, von widergöttlicher Rebellion und Selbstverliebtheit, trifft den Kern der Ahab-Gestalt; doch gilt es, psychologisch die Einheit beider Motive aus dem Erleben der Verletztheit verständlich zu machen. – Zu dem Vergleich mit Prometheus und Narziß vgl. GERARD M. SWEENEY: Melville's Use of Classical Mythology (1975), 35 – 53; 55 – 70; 70 – 91: »Der Narziß des PLOTIN ist auf ewig verbunden mit dem Schattenbild im Wasser, den schönen, obgleich unwirklichen, irdischen Formen. So auch mit Ahab, der selbstver-kennend und selbstverführt bleibt bis zuletzt. Er ist – wie der untergehende Narziß – für immer im Tode vereint mit seinem Phantom oder, besser, mit seinen zwei Phantomen: dem Weißen Wal und Fedallah, beide Projektionen seiner inneren Entartung.« (91) – Die Ähnlichkeit, aber auch der Unterschied in der »prometheischen« Haltung Ahabs und in dem Verständnis des griechischen Titanen bei LORD BYRON zeigt sich in seinem Gedicht Prometheus:

Titan! vor dessen ew'gen Augen
Der Sterblichkeit elendes Los
Nicht wie ein Ding erschien, das bloß
Zum Spott der Götter mochte taugen!
Was lohnte dein erbarmend' Herz?
Schweigsames Dulden, tiefster Schmerz!
Fels, Geier, Kette, alle Pein,

Die Stolz empfinden kann, war dein:
Die Marter, die kein Aug' erblickt,
Das Weltgefühl, das uns erstickt,
Das nur, wo es allein ist, spricht
Und eifersüchtig bebt, ob nicht
Der Himmel lauscht, und nimmer stöhnt,
Bis echolos sein Seufzer tönt.

Titan! dein Erbteil war der Streit;
Des Willens Kampf mit bittren Nöten,
Die Folter sind, wo sie nicht töten,
Des Himmels Unerbittlichkeit,
Des tauben Schicksals blinder Trieb,
Der Haß, das herrschende Prinzip,
Das Ding' erschafft, die es sodann
Zur eignen Lust vernichten kann, –
Versagten dir die Ruh' im Grabe:
Der Ewigkeit unsel'ge Gabe
War dein, – und stark ertrugst du sie.
Des Donnrers Grimm entriß dir bloß
Die Drohung, die auf ihn die Angst
Der Folter warf, in der du rangst:
Du sahst vorher sein künftig Los;
Er flehte, doch erfuhr es nie.
Sein Urteil war in deiner Stille.
In deiner Seel' ohnmächt'ger Wille
Und dunkle Furcht vor bösen Mächten, –
Der Blitzstrahl bebt' in deiner Rechten.

Göttlicher Frevel – hilfreich sein!
Durch Rat zu mindern und Gebot
Die Summen erdgeborner Not,
Dem Menschen Kraft im Geist zu leihn!
Die Götter störten dich beim Werke,
Jedoch in deiner Dulderstärke,
In deinem Trotz und Widerstand
Des Geistes, welchen zu bekehren
Himmel und Erd' unmöglich fand,
Blieb uns die größte aller Lehren.
Du bist ein Zeichen und Symbol
Des, was der Mensch vermag und muß;
Wie du ist er halb göttlich wohl,
Aus reiner Quell' ein trüber Fluß.
Und teilweis' auch erkennt er
Sein grabgeweihtes Los vorher,
Sein Elend und sein Widerstreben,
Sein traurig, unbefreundet Leben,
Und seine einz'ge Waffe ist
Sein Geist, der mit dem Schmerz sich mißt,
Und fester Will' und tief' Empfinden,
Das in Tortur und Jammers Nacht
Selbsteignen Lohn vermag zu finden,

Und siegt, wenn es zum Trotz erwacht
Und zum Triumph das Sterben macht.
(LORD BYRON: Gedichte, 280 – 282)
BYRONS Titan leidet, um die Menschheit zu erlösen, Ahab will sich erlösen im Protest
gegen sein Leid.

[8] So sprach ALFRED KAZIN: An Introduction to *Moby-Dick* (1956), in: M. R. Stern (Ed.):
Discussions of Moby-Dick, 52 – 59, von dem »Heroismus des Gedankens selbst, wie er
sich erhebt über seiner scheinbaren Unbedeutendheit und verkündet ... in ... einer
feindlichen und böswilligen Schöpfung, daß des Menschen Stimme gehört *wird* für
irgend etwas entgegen der wässerigen Wüste in der Tiefe, daß eines Menschen Gedanke
ein Echo hat im Universum.« (57) Andererseits wies KAZIN zu Recht darauf hin, daß MEL-
VILLE in gewissem Sinne gerade für diese »kalte« Natur eine außerordentliche Einfühlung
beweist: »... in dem Kampf zwischen des Menschen Bemühen, Sinn in der Natur zu finden, und der Gleichgültigkeit der Natur selbst, die sich ihm einfach entzieht (Natur meint
hier die ganze äußere Aufführung und Kraft des beseelten Lebens in einer Welt, die plötzlich gottentleert ist, eine, in der eine ›unberührbare Bosheit‹ regiert hat von Anbeginn),
portraitiert Melville den Kampf oft von seiten der Natur selbst aus.« Doch die Ergriffenheit durch die »bloße Realität der Dinge« ist selbst schon »wie die Anbetung eines Gottes«. Daß der Wal das Schiff vernichtet, geschieht »in einem kosmischen Sinn, nicht in
dem Sinn, daß der Prophet (Vater Mapple) die Bestrafung des menschlichen Ungehorsams predigt ..., als Er aus dem Sturm spricht. Was Melville macht, ist, zu sprechen für
den Sturm, für die wässerige Wüste, für die Haie.« »Daran liegt es, daß Moby Dick seine
schreckliche und vernichtende Kraft ausübt ... Goethe sagte, er wünsche, als Schriftsteller zu wissen, was es ist, wie eine Frau zu sein. Aber Melville macht dich manchmal fühlen, daß er weiß, als Schriftsteller, was es ist, die Augen des Felsens zu sein, die Größe des
Wals, die kochende See, die Träume, die im Pazifik verborgen liegen. Alles wird natürlich
durch menschliche Augen gesehen, doch gibt es bei Melville eine kalte, endgültige, wilde
Hoffnungslosigkeit, eine Art von ekstatischem Masochismus.« (57) »In all diesen Szenen
(vom Wal, von den Haien, vom Unglück Pips, vom Untergang der *Pequod* ...) gibt es eine
Ekstase im Schrecken, dem Schrecken der Natur selbst, der Natur ›pur‹, ohne Gott oder
Menschen: die Leere.« »Diese Sicht der Wirklichkeit, diese Fähigkeit, für die Natur Partei
zu ergreifen eher als für den Menschen, bedeutet eine Fähigkeit, zu lieben, was keine
Beseeltheit besitzt, was nur unmenschlich ist, was nicht auf der Suche ist, wie der Mensch
gegen die ›Wirklichkeit‹.« (58) Insgesamt bemerkte KAZIN, der Mensch könne die Natur
nicht meistern, nicht bezwingen, er könne sich ihr aber auch nicht einfach beugen, wie in
Vater Mapples Predigt sich der Prophet Gott beuge: »Der Mensch ist nicht nur ein herren-
loses Gut in der Welt; er ist ein Ohr, das der See zuhört, die ihn fast ertränkt ... Dort, in
des Menschen unglaublichem und ruhelosem Geist, liegt das fantastische Geschenk, mit
dem wir in das eintreten, was nicht unser ist, was sogar gegen uns ist, – und für das wir,
so erstaunlich, sprechen können.« (59) – Genau so aber sieht nicht die Welt der an der
Welt leidende Ahab. JOHN BRYANT: *Moby-Dick* as Revolution, in: R. S. Levine (Ed.): The
Cambridge Companion to Herman Melville (1998), 65 – 90, meint: »Ismael kennt das
transzendentale Problem. Er gerät in die Krise, indem er den Tod und die Finsternis überall sieht ... Doch seine tiefste Furcht ist nicht der Tod; er fürchtet, daß es nichts gibt jenseits unserer Hülle der Existenz, keine ideelle Wirklichkeit jenseits der materiellen, daß da
nichts ist. Dieser letzte Zweifel drängt Ismael, Fragen zu stellen, die nicht einmal Gott
beantworten kann: Woher kommt das Seiende? Wie kommt Bewußtsein zustande?« (72)
Indem Ahab mitunter Ideen und Bilder äußere, die Ismael bereits zuvor ausgesprochen
habe, wie in Kap. XLII, zeige sich, daß Ahab »eine Projektion von Ismael« sei. (75) Sagen
wir: Ahab ist selbst ein verselbständigter Teil, eine Gefahr in Ismael.

[9] HARRY SLOWCHOWER: The Myth of Democratic Expectancy (1950), in: P. G. Buchloh – H.
Krüger (Hg.): Herman Melville, 231 – 244, verweist zu Recht auf den projektiven, para-

noischen Zug in Ahabs Vorstellung von dem Weißen Wal, er bringt dieses Motiv aber, gut FREUDianisch, mit den Problemen des Kastrationskomplexes und einer (verdrängten) Homosexualität in Zusammenhang; für Ahab sei der Weiße Wal das verkörperte Böse, obwohl nicht der Wal Ahab verfolge, sondern umgekehrt. »Dies enthält ein paranoisches Element.« Zudem versage Ahab offenbar als Ehemann. SLOWCHOWER schreibt: »Es legt nahe, daß Ahabs Verfolgung der Wale ein Versuch war, sich als Meister der See zu erweisen, um die Inadäquatheit in seinem persönlichen Leben zu verbergen. – Verbunden mit Ahabs paranoischer Attitüde ist das homosexuelle Motiv des Romans, der sich ausschließlich mit einer Männerwelt zur See beschäftigt. Das Motiv erscheint in *Ein Händedruck* (sc. in Kap. XCIV, d.V.), in der Beziehung zwischen Ismael und Queequeg . . . und sonstwo. Die Geschichte als Ganze ist angefüllt mit phallischen Bildern und Anspielungen auf den Sexual-Akt, besonders in den Kapiteln, die des Wals Schwanz beschreiben . . . (sc. Kap. LXXXVI: Der Schwanz und Kap. XCV: Der Überzieher, d.V.) – Aber Moby Dick wird auch in Metaphern beschrieben, die nahelegen, den Wal als weibliche Figur . . . (sc. zu sehen, d.V.) Diese zeigen Moby-Dick als eine besondere Form des hermaphroditischen Mysteriums.« (243) Dahinter stehe »ein zwiespältiges Zusammentreffen von Vater und Mutter als dem elterlichen Mysterium«. (243) – Demgegenüber ist darauf hinzuweisen, daß von einem »Versagen als Ehemann« gerade bei Ahab keine Rede sein kann: – er hat ein Weib, »keine drei Fahrten sind sie verheiratet (sc. also etwa acht Jahre lang, d.V.) –, ein süßes, ihm treu ergebenes Mädchen. Denk nur, von diesem süßen Mädchen hat dieser alte Mann ein Kind«. (XVI 150) Geheiratet hat er dieses »mädchenhafte Weib« »mit über fünfzig Jahren«, und es waren die Pflichten als Walfänger, es war die Lebensweise der Nantucketer, die ihn immer wieder hinaustrieb auf See. (CXXXII 820) Statt sich in bi- oder homosexuellen Spekulationen zu ergehen oder über die Ambivalenz der Eltern (MELVILLES!) nachzusinnen, sollte man eher sagen, daß Ahab den Weißen Wal verfolgt im Kampf gegen eine (väterliche) Autorität, die alles Weibliche überdeckt. Sehr wichtig – doch bei den Interpretationen zumeist übersehen – wird die kurze Bemerkung von Kapitän Peleg, Ahabs Mutter sei, bereits verwitwet, verstorben, »als er gerade zwölf Monde zählte«. (XVI 149) Ahab also mußte aufwachsen als Vollwaise, inmitten einer mutter- und vaterlosen Welt, ein »Ismael« in noch gesteigerter Form, auf der Suche nach einer Mutter, die er nie gekannt hat, und nach einem Vater, der ihn bereits verlassen hatte, ehe er zur Welt kam. Ahabs Haß auf eine lieblose Welt, die sich ihm in Moby Dick verkörpert, ist zugleich auch ein Ausdruck des Verlangens nach einer anderen liebevolleren Welt, die er nie kennengelernt hat, und auch diese Sehnsucht findet ihr Symbol in dem Weißen Wal, – so wie der Wal, der Jona verschlingt, sowohl ein Instrument des göttlichen Zorns wie der mütterlichen Geborgenheit ist. Vgl. E. DREWERMANN: Und der Fisch spie Jona an Land (2001), 29 – 30.

10 JAMES DEAN YOUNG: The Nine Gams of the *Pequod* (1954) in: M. R. Stern (Ed.): Discussions of Moby-Dick, 98 – 106, hat versucht, den neun Begegnungen der *Pequod* mit anderen Schiffen je ein spezifisches Thema zuzuordnen und daraus dreimal drei inhaltliche Einheiten zu erstellen. Tatsache ist, daß die *Pequod* eine Welt im kleinen darstellt und mit den anderen Welten nur durch Gams in Verbindung steht. (98) Alle Treffen kreisen um die Stellung zu Moby-Dick. Die *Albatros*, deren Kapitän das Sprachrohr aus der Hand fällt, noch ehe er antworten kann (LII 385), erscheint als ein »böses Omen« und steht »für das Problem der Kommunikation« überhaupt. »Wo Worte fehlen, werden Erscheinungen dienlich.« (99) Deutlich ist der Albatros, »dieses weiße Phantom«, ein Hinweis auf den Weißen Wal. (*Moby-Dick*, XLII 313) – Die *Town-Ho*, deren Geschichte Ahab nicht erfährt (LIV 394), zeigt den Mangel der Kommunikation auf dem eigenen Schiff. Die *Jerobeam* (Kap. LXXI) scheint »eine . . . Warnung auszusprechen, die man so wiedergeben kann: Gott vernichtet die, die seine Göttlichkeit angreifen, ebenso die, die ihre Kameraden angreifen.« (100) Die *Jungfrau* (Kap. LXXXI) repräsentiert eine »Unwissenheit« gegenüber dem Weißen Wal, die als »Unschuld« bezeichnet werden kann, während die

Rosenknospe (Kap. XCI) die »Unerfahrenheit« repräsentiert. (102) Demgegenüber verrät die *Samuel Enderby* (Kap. C) eine Einstellung der »Indifferenz«: – »Der fremde Kapitän teilt Ahabs Monomanie nicht.« (103) »Der Abschied von der *Enderby* ist der Beginn des endgültigen Abstiegs zur Zerstörung.« (104) Die verbleibenden drei Gams präsentieren nach YOUNG drei Weisen von Aktion: die *Bachelor* (Kap. CXV) steht für einen Erfolg beim Walfang, wenn man sich geistig mit Moby Dick nicht auseinandersetzt, die *Rachel* (Kap. CXXVIII) hat Moby Dick kennengelernt, nimmt aber den Menschen wichtiger als den Wal, und die *Delight* schließlich (Kap. CXXXI) zeigt im voraus die Schäden für den, der sich in den Zweikampf mit dem Weißen Wal begibt. YOUNGs Resümee daraus lautet: »Die Alternativen des Handelns für die *Pequod* wären also diese: 1) Nicht-Glauben an den Wal und ein Handeln auf der Basis dieses Nichts-Glaubens; 2) Glauben an den Menschen und Handeln auf der Basis dieses Glaubens; 3) Glauben an den Wal und Nicht-Handeln auf der Basis dieses Glaubens.« (106) – Zustimmen kann man YOUNG gewiß darin, daß »die Serien der Gams« helfen können, »Struktur und Handlung der Erzählung« zu verstehen (106); doch kommt speziell in der Begegnung mit der *Samuel Enderby* das psychologische Moment einer alternativen Auseinandersetzung mit der Verletzung durch den Wal bei Kapitän Ahab und Kapitän Boomer entschieden zu kurz. – Rein literarisch ordnete bereits W. WEBER: Herman Melville – eine stilistische Untersuchung (1937), 178 – 179, die Gams der »Ereignissymbolik« zu und meinte: »Diese echt romantischen Elemente bilden das Grundgerüst für ›Moby-Dick‹. . . . Da stehen in erster Reihe die verschiedenen Ereignisse und Umstände, die schon von Anfang an auf das schauerliche Ende stimmungsmäßig hindeuten: Die Prophezeiung der Squaw Tistig (sc. XVI 149, d.V.), die Votivtafeln in der Kapelle von New Bedford (Ch. 7), der ominöse Peter Coffin (Ch. 15), die wiederholten geheimnisvollen Andeutungen des Narren Elijah (Ch. 19 und 21), die Abfahrt am Weihnachtstage (Ch. 22), die rätselhafte Gestalt Ahabs (sc. Kap. XXVIII 211, d.V.) . . . – Dazu kommen beim Herannahen der Schlußkatastrophe Schlag auf Schlag beängstigende *Anzeichen*: Eine riesige Meerkrake taucht auf, ein böses Zeichen für alle Abergläubigen (Ch. 59); der Phantast Gabriel zeigt Ahab sein nahes Ende an (Ch. 71); der ahnungsvolle Starbuck warnt den immer mehr seine Besessenheit offenbarenden Ahab (Ch. 109); Ahabs prophetische Träume werden von dem unheimlichen Parsee gedeutet (Ch. 117); Ahab schmäht und zertritt den Quadranten, das Symbol des Vernunft (Ch. 118); der hartnäckige Gegenwind will das Schiff von seinem Verhängnis abtreiben (Ch. 119 und 124); das St. Elmsfeuer flammt auf, sogar auf Ahabs mit heidnischem Blut getaufter Harpunenspitze (Ch. 119); der Kompaß versagt (Ch. 124); das Schiffslog geht verloren (Ch. 125); der erste Mann, der nach dem weißen Wal Ausschau hält, ertrinkt aus unbekannten Gründen (Ch. 126); der ursprünglich für Queequeg bestimmte Sarg wird in eine Rettungsboje umgewandelt (Ch. 127); die ›Pequod‹ begegnet der ›Rachel‹, die, eben von einem tragischen Kampf mit ›Moby-Dick‹ kommend, auf der Suche nach ihren verlorenen Kindern ist und Ahab von seinem Vorhaben ablenken will (Ch. 228); Ahab, der als erster den Wal entdeckt, wird auf dem Ausguck der Hut, das Symbol der Macht und Herrschaft, von einem Falken entführt (Ch. 130); der ›Pequod‹ begegnet die ›Delight‹, die im Kampf mit Moby-Dick fünf Mann verloren hat und Ahab warnt (Ch. 131); und schließlich bringt die dreitägige Jagd die Erfüllung aller Träume und Prophezeiungen, d. h. den grausigen Tod Ahabs und all seiner Leute mit Ausnahme Ishmaels, der von der suchenden ›Rachel‹ aufgefischt wird (Ch. 133 – 135).« Diese »Ereignissymbolik« »gehört . . . zum technischen Apparat des (romantischen) Dramas, und so finden wir ihre wesentlichen Elemente schon bei Shakespeare, besonders schön z. B. in ›Lear‹. In grob verzerrter Gestalt taucht sie dann wieder auf in der *Gothic Novel*.« »Es ist bedeutsam, daß diese Ereignissymbolik bei Melville erst in dem Moment auftaucht, als der Einfluß HAWTHORNES bei ihm einsetzt; auch, daß sie noch in verstärktem Maße in ›Pierre‹ weiterlebt, in dem ja in psychologischer, ethischer und philosophischer Beziehung tiefe Nachwirkungen von Hawthornes Geist und Werken zu verspüren sind, besonders der Magnetismus der ›Blithdale Romance‹ (sc. 1852; dt.: Ein tragischer Sommer, 1925, d.V.) und ›The House of the Seven Gables‹ (sc. 1851; dt.: Das Sieben-Giebel-Haus, 1954, d.V.).« (S. 185) Psychologisch wird es zu einer entscheidenden Frage, wie das Lebensgefühl von Menschen sich gestaltet, die immer wieder schreckerregenden Warnzeichen zu begegnen meinen: – Hilflosigkeit, Ausgesetztheit, Angst – ein kleines Ich in einer überwältigenden Welt –, Zynismus, Fatalismus, Rebellion, Scheitern, – mit solchen Begriffen läßt sich ein solches Erleben in etwa kennzeichnen.

[11] Vgl. KARL KERÉNYI: Die Mythologie der Griechen, 1. Bd. (1966), 164 – 175: Prometheus und das Menschengeschlecht, S. 174. Bekanntlich wuchs die unsterbliche Leber des Titanen, die der Adler am Tage verzehrte, in der Nacht wieder nach, – die Strafe des Zeus sollte in Ewigkeit dauern. Nicht so bei Ahab. GERARD M. SWEENEY: Melville's Use of Classical Mythology (1975), 51 – 52, sieht in dem zerstörten Bein Ahabs ein Äquivalent zur Leber des Prometheus, doch das entscheidende Moment: das Wiedernachwachsen des Organs fehlt gerade; einleuchtend aber ist die Parallele zwischen Jupiters Adler und Ahabs »Seehabicht« (wohl eine Raubmöwe).

[12] EDWARD F. EDINGER: Melville's Moby-Dick (1978), 50, ordnete nicht zu Unrecht Ahab und Ismael als »zwei Seiten des häretischen Außenseiters« einander zu: Ismael das passive Opfer, Ahab der aktive Rebell. Doch Ismael findet die Verkörperung seines »Schattens« in dem heroischen Südsee-Harpunier Queequeg, während Ahabs »Schatten« sich in dem angsterfüllten Negerjungen Pip verkörpert. GERARD M. SWEENEY: Melville's Use of Classical Mythology (1975), 43, meint: »Jeder Held ... hat in seiner Tragödie einen irren Gegenpart: Pip in Moby-Dick, Io in Prometheus.« CHARLES OLSON: Nennt mich Ismael (1979), 62 – 66, meinte: »Die schöne Verbindung von Ahab und Pip ist wie das Verhältnis Lears zu seinem Narren und Edgar. Was der König während des Sturms durch die Gemeinschaft mit ihnen von seinem Leiden lernt, hilft ihm, seinen Hochmut fahrenzulassen.« (65) Doch eben davon kann bei Ahab keine Rede sein. Wohl ist Ahabs Stimme »weniger wütend und knarrend«, »als Pip mit ihm in der Kajüte wohnt«, ja, er »macht sich sogar Gedanken über seine früheren Lästerungen« (63), doch all das schwächt nur Ahabs »rachsüchtige Zielstrebigkeit« (64), und so muß er Pip verstoßen. Psychologisch gilt es diese Frage gerade zu klären: Warum haben die »Helden« einen »Narren«, – ein schwaches, verängstigtes, lächerliches Kind »neben sich«, in sich, und warum ist es so viel schwerer, den Schatten des »Kindes« in sich aufzunehmen als den Schatten des »kraftvollen Naturburschen«?

[13] ARTHUR SCHOPENHAUER: Preisschrift über die Freiheit des Willens (1839), in: Sämtliche Werke, IV 1 – 102: »Ich kann thun was ich will: ich kann, wenn ich will, ... – Aber ich vermag nicht, es zu wollen.« (43) » ... durch das was wir thun, erfahren wir bloß was wir sind.« (60)

[14] PAUL BRODTKORB, JR.: Ishmael's White World (1965), 117, geht so weit, DESCARTES' »cogito, ergo sum« für Ismael zu übersetzen mit: »er ist nur, weil er Angst hat.« – Seit SÖREN KIERKEGAARD ist diese Betrachtungsweise des Menschen zur Grundeinsicht der existentialistischen Philosophie geworden: Bewußtsein ist Angst. – Und S. 128: »Die Wirklichkeit des Lebens, erzählt uns Ismael in dem allerersten Kapitel seines Buches, ist unbegreiflich. Sie ist ein Bild eines Phantoms von sich selbst, gesehen von dem wasserträumenden Narziß (der ›jeder von uns‹ ist) in der dahintreibenden Wasserwelt.« (Vgl. Moby-Dick, I 36) Im Spiegel des geängsteten Ichs, auf der Suche nach sich selbst, kann die Welt nur als fremd, unbegreifbar und unheimlich erscheinen.

[15] Es ist sehr wichtig zu sehen, wie das Ismael-Motiv sich auf das Waisenkind Ahab psychologisch ausdehnt. Treffend charakterisiert die Gestalt Ahabs und seine Jagd auf den Wal RUDOLF SÜHNEL: Melvilles »Moby Dick«, in: Die Neueren Sprachen (1956), 553 – 562: »Da ist zunächst Ahab, ein kleiner Kapitän der amerikanischen Walfangflotte, ein Quaker-Demokrat ohne Pomp. Er wetteifert mit den Helden der klassischen Tragödie, deren Größenmaße aus ihrer Stellung in einer metaphysisch überwölbten hierarchischen Ord-

nung stammen. Ahab dagegen ist nichts, was er nicht aus sich selbst ist. Er ist *selfmade-man* noch als moralischer Heros, der mit bloßen Händen den Kampf mit dem Schicksal aufnimmt beim Versuch, das Prinzip der freien Persönlichkeit gegen die Mächte des Unpersönlichen zu behaupten. *Sein* Schicksal macht er zum Schicksal der Welt.« (559) »Der Wal verkörpert den Riß, der mitten durch das Universum geht: so wie der Kannibalismus das Südseeparadies entstellt, so wie der Hai unter der azurnen Oberfläche des Meeres lauert, so wie selbst die Engel in der Negerpredigt des 64. Kapitels als ›gebändigte Haifischnatur‹ gedeutet werden. Diese Vorstellungen aus dem dualistischen Weltbild Zoroasters, dessen Abgesandter der mephistophelische Abgesandte Fedallah ist, verbinden sich in Melvilles gnostisch inspirierter Gedankenwelt mit der Gottesvorstellung des Alten Testamentes, ohne daß dieses seine christliche Erfüllung durch das Neue Testament fände. Das verleiht dem Buch die düster ausweglose Grandiosität ältester Epik. Das Grauen ist exemplifiziert durch die vielfältigen Schauer der schönen, tückischen, wunderbaren Welt des Meeres, die Melville wie kein zweiter in dichterisches Wort bannte – vergleichbar allenfalls dem einsamen Verfasser der *Lusiaden* (sc. LUIS VAZ DE CAMÕES, etwa 1525 – 1580, d.V.), mit dem Melville sich in einem Altersgedicht identifizierte.« (562)

¹⁶ INGE LEIMBERG: *Moby Dick.* Der weiße Wal historisch betrachtet, in: Literatur in Wissenschaft und Unterricht, 5 (1972), 7 – 21, sieht in Ismael »den repräsentativen Menschen . . ., der, verloren in der Masse, allein der Natur und Gott gegenübertritt; viel radikaler ein Wüstenwanderer unter der Wolke . . ., als die Pilgerväter es waren. Sie mußten zwar auch Gottes Verborgenheit anerkennen, aber sie hatten wie Sir Thomas Browne (sc. 1605 – 1682, ein Dichterphilosoph, der Melville mitbeeinflußt hat, d.V.) die Bibel als das geoffenbarte Wort.« (17) In Ismaels wie Ahabs Leben waltet kein gütiger Gott mehr, sondern ein blindes Schicksal, und es scheint die Enttäuschung an diesem zerbrochenen Glauben zu sein, die Ahabs Zorn sich gegen den Weltenrichter – wie gegen Moby Dick! – richten läßt. – LAWRANCE THOMPSON: Melville's Quarrel with God (1952), 145 – 243, hielt *Moby-Dick* entschieden für ein »wicked book« und unterstellte MELVILLE eine ironische, kritische, blasphemische, radikal antichristliche Grundeinstellung, und natürlich lassen sich für diese Ansicht eine Fülle von Zitaten beibringen; es darf aber nie vergessen werden, daß all diese Stellen ein ringendes, fragendes, verzweifeltes Suchen nach etwas darstellen, das in den Religionen Gott genannt wird und das in den religiösen Doktrinen doch ebenso widersprüchlich und dunkel erscheint wie in der Erfahrungswirklichkeit der Welt. Zu Recht weist THOMPSON (153) darauf hin, daß Ahabs Untergang bereits in der Bibel durch ein bösartiges Arrangement Gottes zustande komme, der »seine« Propheten zu dem König des Nordreiches schickt, nur um ihn in einen Krieg zu locken, in dem er sterben wird: »Und der Herr sprach: Wer will Ahab betören, daß er hinaufzieht und vor Ramot in Gilead fällt? . . . Da trat ein Geist vor und stellte sich vor den Herrn und sprach: Ich will ihn betören . . . und will ein Lügengeist sein im Munde aller seiner Propheten. Er sprach: . . . geh aus und tu das!« (1 Kön 22,20-22) Da ist der böse, betrügerische – prometheische, mephistophelische – Geist, der Ahab beherrscht, von Gott selber über ihn verhängt worden! Kein Wunder deshalb, wenn Ahabs Untergang in ʻMoby-Dick (CXXXV 863) in Worten geschildert wird, die THOMPSON (235 – 236) als Umkehrung der Worte des sterbenden Christus in Lk 23,46 versteht; dort scheidet Jesus aus dem Leben mit den Worten aus Psalm 31,6 auf den Lippen: »Vater, in deine Hände gebe ich meinen Geist.« Ahab indessen ringt bis zum letzten mit dem Wal als dem Inbegriff alles Bösen: »aus dem Herzen der Hölle stech ich nach dir, dem Haß zuliebe spei ich meinen letzten Hauch nach dir! . . . *So* werfe ich die Waffen hin.« Ahab übergibt letztlich seine Lanze an den Wal, an Gott . . . »So interpretiert, sind Ahabs letzte Worte zweideutig symbolisch, satanisch, blasphemisch.« (THOMPSON, 236) In dem gesamten religiösen Denken MELVILLES erkennt THOMPSON (149) »das Phänom der Desillusionierung ... Beginnend mit der Liebe zu Gott, wandte er sich skeptisch dahin, Gott zu hassen«; und dann habe er begonnen, seinen Haß zu hassen und sich über beides, über die Liebe wie über den Haß zu Gott, lustig

zu machen; dann wieder habe er seine innere Loslösung gehaßt und seine Sehnsucht entdeckt, Gott könnte doch liebenswert sein; und schließlich habe er wieder angefangen, diese Sehnsucht zu hassen … Und all diese Muster fänden sich in *Moby-Dick*. – An dieser Auffassung ist zweifellos viel Richtiges. Als das zentrale Problem, als »das Kreuz in Melvilles tragischer Weltsicht«, aber erscheint THOMPSON die »Überzeugung, daß der Tod die äußerste Beleidigung darstellt. Manchmal konnte er (sc. MELVILLE, d.V.) das Phänomen als natürlich betrachten; aber er war genug Transzendentalist, um ›Natur‹ mit ›Gott‹ gleichzusetzen und Gott diese Beleidigung vorzuwerfen.« (THOMPSON, 129) Genauer sollte man sagen: Es ist die – scheinbar so vergebliche! – Suche nach dem »christlichen« Gott, die eine Natur nicht akzeptabel erscheinen läßt, in welcher der Tod regiert; und es ist die unheimliche, grausige Seite der Natur, die das Bild eines gütigen Gottes bis zum Unauffindbaren verschleiert. – R. V. OSBOURN: The White Whale and the Absolute, in: Essays in Criticism, 6 (1956), 160 – 170, findet zu *Moby-Dick* Analogien in SCHOPENHAUERS »blindem, irrationalem Willen, in Herbert Spencers Unbewußtem und noch wahrer in Hardys Immanentem Willen.« (160) »Die Referenzen zu Atheismus und Unglaube bleiben erhalten in der religiös unorthodoxen Position des säkulären philosophischen Suchers nach dem Absoluten.« (163) Als ein absolutes Wesen erscheine Moby Dick als allgegenwärtig und zeitlos. Daneben trete das Dilemma eines Menschen, der zwischen See und Land, zwischen Isabel und Lucy hin und her gerissen werde. (165) Schließlich erscheine der Kopf des Wals (*Moby-Dick*, LXXVIII 541) als ein Bild für PLATOS Transzendentalismus (und für seine Lehre von der Unsterblichkeit der Seele); bzw. einerseits für den Kopf JOHN LOCKES und andererseits IMMANUEL KANTS (*Moby-Dick*, LXXIII 516); auch in der »Cetologie« (*Moby-Dick*, XXXII 229) werde eine Beziehung zwischen Walen und Philosophen hergestellt (168 – 169), um doch im ganzen einer skeptischen Position zu huldigen. Vgl. dazu auch J. A. WARD: The Function of the Cetological Chapters in Moby Dick, in: American Literature 28 (1956/1957), 164 – 183, S. 181 – 182. – WILLIAM BRASWELL: Melville's religious Thought (1959), 57 – 73: Accuser of the Deity, sieht in Moby Dick »das Symbol ebenso alles geistigen wie alles physischen Bösen« (58) und begründet diese Ansicht mit der Gleichsetzung des Weißen Wals mit dem »schneeweißen Stier«, der Jupiter verkörpert (*Moby-Dick*, XLII 311), oder mit dem Gott Vishnu, der als Leviathan erscheine (*Moby-Dick*, LXXXII 569); es sind tatsächlich die »dunkle Hinduhälfte der Natur« (*Moby-Dick*, CXVI 785), der »Hindugeruch« aus der Nähe der »Leichen auf Scheiterhaufen« (*Moby-Dick*, XCVI 655), die sich in Moby Dick manifestieren und gegen die Ahab rebelliert. (BRASWELL, 59 – 60) Es ist das »Mitleid mit der Menschheit«, das Ahabs »Feindschaft gegen die Gottheit« motiviert. (65) – JANEZ STANONIK: Moby Dick: The Myth and the Symbol (1962), 143 – 151: The Symbolism of Moby-Dick, nennt »die sogenannte theologische« Interpretation des Weißen Wals, neben den eher psychologischen, philosophischen und soziologischen Deutungen, die »am weitesten akzeptierte«; danach repräsentiert »der Kampf zwischen dem Weißen Wal und Kapitän Ahab symbolisch die Revolte eines dämonisch besessenen Menschen, personifiziert durch den Kapitän der *Pequod*, gegen die göttliche Ungerechtigkeit und Indifferenz, die sich häufig in der christlichen Lehre von Gott, wie sie in der Bibel dargelegt wird, finden läßt; dieses Konzept von Gott ist verkörpert im Weißen Wal«. (143) Andererseits aber, meint STANONIK, sei der Wal ein mythisches Symbol, das auch den Gott von Blitz und Donner (147), ja, sogar die Sonne bezeichnen könne. (149) »Ein und dasselbe Symbol kann somit Elemente zweier gegensätzlicher Werte verkörpern: die Personifikation des höchsten Guten und des höchsten Bösen …: für Melville ist Gott nicht nur der Schöpfer des Guten, sondern auch der Schöpfer des Bösen. Tatsächlich fand Melville Gott eher böse als gut.« (150) – TYRUS HILLWAY: Herman Melville (1963), 90, betont freilich zu Recht, daß die Behauptung zu weit ginge, »Melville habe die Existenz Gottes geleugnet oder Gott als einen Feind betrachtet.« Ganz sicher ist Ahab in MELVILLES Roman nicht die Gestalt, die zur Nachahmung empfohlen wird. Schon K. H. SUNDERMANN: Herman Melvilles Gedankengut (1937), 56 – 57, bemerkte:»Der unerbittliche Kampf in Melvilles Seele … zwischen Glauben und Zweifel, Intuition und Wissen, das Schwanken zwischen den christlichen Bekenntnissen und den anderen Weltreligionen ist für Melvilles inneres religiöses Leben überaus aufschlußreich.«»Als kritischer Kopf glaubte Melville nur durch eigenes Forschen und durch immer neue Erprobung seiner Ansichten eine gesicherte Grundlage für seine religiöse Überzeugung finden zu können. Daß er trotz dieser tapferen Haltung nie zu einem festen Ergebnis kam, war die Tragik seines religiösen Suchens.«»Daß ein höchstes Wesen, Gott, existiert, hat Melville nie bezweifelt. Ebenso sehr ist er von der Notwendigkeit des Glaubens an einen Gott überzeugt, nicht weil irgendwelche Gottesbeweise diesen zu erzwingen vermöchten, sondern aus der Überzeugung … Voltaires …: ›Si Dieu n'existait pas, il faudrait l'inventer‹.« (Wenn Gott nicht existierte, müßte man ihn erfinden.) Und zwar nicht, um die Welt besser erklären zu können, sondern um eine Grundlage für die menschliche Existenz zu gewinnen.

17 LAWRANCE THOMPSON: Melvilles Quarrel with God (1952), 192, sieht in dem Weißen Wal »ein allegorisches Bild Gottes«, ja, er findet eine Verspottung des christlichen Gottesbildes als»abergläubisch« darin, daß der Weiße Wal als ein Monstrum geschildert werde, das»allgegenwärtig« sei. (Moby-Dick, XLI 300 – 301) Doch für Ismael ist der Wal eben keine»gräßliche und geschmacklose Allegorie« (XLV 338) – Sehr richtig hat RAYMOND W. SHORT: Melville as Symbolist (1948), in: P. G. Buchloh – H. Krüger (Hg.): Herman Melville, 218 – 230, auf den Unterschied von Allegorie und Symbol hingewiesen:»Allegorie ist wesentlich rationalistisch; wenn sie existiert, ist der Glaube in das Dogma übergegangen, die Abteilung, wo alles einen und nur einen Namen hat. Obwohl die Allegorie sogar mit Mystizismus existieren kann, ist sie, besonders als künstlerische Methode, nichtrationaler Erfahrung entgegengesetzt.« (220) »Obwohl Moby-Dick unnatürliche Methoden verwendet …, ist es (sc. dieses Buch, d.V.) keine Allegorie in diesem Sinne.«»Natürlich ist Melville antidoktrinär, denn in seiner Sicht muß jede Doktrin eine Simplifizierung sein und von daher eine Unaufrichtigkeit. Calvinismus, Transzendentalismus, Naturalismus, Supranaturalismus – sie alle sind Auszüge von einer Erfahrung, die in jeder vollen Anrechnung der Erfahrung enthalten sein wird …, aber diese Auszüge dürfen nicht mit dem Ganzen identifiziert werden.« (222) »Man sieht, daß die Bewegung in dem Buch Moby-Dick, die mit der Suche der Pequod nach dem Weißen Wal korrespondiert, unwiderstehlich einem Ur-Symbol gilt … Was also ist Moby Dick?«»Offensichtlich glaubte Melville hier wie anderswo, daß das letzte Reich menschlicher Erkundung das Reich von Gut und Böse sei. Moby Dick … steht als Ur-Symbol in dem Apex dieses Problems. Er enthält alle Möglichkeiten, letztlich alle, die Melville intuitiv aufgriff. So ist er böse, obgleich er nicht der Böse ist; und er ist böse nur vom menschlichen Standpunkt aus … Moby Dick ist all das, was Kritiker von ihm gesagt haben, und mehr … Wir mögen sagen, Moby Dick sei Gott. Melville würde zweifellos sich gegen diese Zuschreibung gewandt haben wegen des doktrinären Beiklangs des Namens. Nichts desto weniger können wir nicht mehr glauben, daß Moby Dick Gottes Antagonist ist.« (229) »Melville entfernte die doktrinäre Trennlinie zwischen Gut und Böse.«»Anscheinend begriff Melville vollkommen die Unorthodoxie seiner Vision der Stellung des Bösen in letzter Bewertung.« (230) – Das Problem der Deutung Moby Dicks liegt nicht allein in der möglichen Verwechslung von Allegorie und Symbol, sondern vor allem in der Vielschichtigkeit des Symbols selbst, das mythologisch, psychologisch, theologisch, philosophisch mit demselben Bild sehr unterschiedliche, wenn auch nicht notwendig gegensätzliche, sondern ergänzende Bedeutungen annehmen kann. Die Abgründigkeit der Natur, die Ablehnung durch den Vater, die Sehnsucht nach der Mutter, die Ambivalenz des Unbewußten, die Zwiespältigkeit Gottes in seiner Schöpfung, die Gegensätzlichkeit und Verflochtenheit von Gut und Böse – all diese Interpretationen sind legitim, wenn man sie methodisch korrekt einbindet und nicht willkürlich miteinander vermengt. KLAUS ENSSLEN: Moby-Dick – eine Interpretation (1974), in: J. Kruse (Hg.): Illustrationen zu Melvilles»Moby-

Dick«, 51 – 62, legt gerade Wert auf diese Aspektgebundenheit der Interpretation, wenn er die Jagd auf den Weißen Wal »auf verschiedene Weise« für verstehbar hält: »wörtlich als konkrete, oft naturalistisch genaue Schilderung einer der wichtigsten Großindustrien des zeitgenössischen Amerika; psychologisch als ein zwanghafter Selbstzerstörungsprozeß, als Ringen um den Zugang zum Unbewußten oder als Ausdruck einer lebensbedrohenden – sexuellen – Verstümmelung; moralisch als morbide und doch auch heroische Übersteigerung eines absoluten Individualismus, als Hybris im christlichen Sinn, die (wie bei HAWTHORNE, dem das Buch gewidmet ist) in Isolation endet; mythisch als Sturmlauf gegen das Göttliche und gegen die *condition humaine* ... Zum anderen ist es der Wal als zentraler Gegenstand der Erzählung, der sich gleich gut zum Konkret-Speziellen wie zum Abstrakt-Allgemeinen hin variieren läßt. An ihm wird die Natur in ihrem ganzen Ausmaß beschwörbar und geistig bedeutsam, gemäß Melvilles Auffassung von den Analogien zwischen ihr und der Seele des Menschen, wobei der Autor nicht wie die Transzendentalisten oder andere amerikanische Romantiker vom Ideellen ausging, sondern im Realen das Geistige zu entdecken suchte: durch ein ungemein scharfes Ins-Auge-Fassen und Durchdringen der Natur.« (56 – 57)

¹⁸ CHARLES CHILD WALCUTT: The Fire Symbolism in *Moby* Dick, in: Modern Language Notes, 59 (1944), 304 – 310, stellt die richtige Frage: »Wenn Feuer Ahmazd, das Gute, für die Zoroastrier repräsentiert, ist es schwer zu verstehen, wie es auch das Böse symbolisieren kann.« (305) Seine Erklärung lautet, daß Ahab zunächst den christlichen Glauben an die Güte und Allmacht Gottes angenommen hatte, dann aber die Allgegenwart des Bösen erkennen mußte und zu der verzweifelten Überzeugung gelangt sei, das Böse liege im Herzen der Wirklichkeit. (306) Ursprünglich habe Ahab das Feuer als echter Zoroastrier angebetet als Zerstörer des Bösen, als das Prinzip des Lichts; doch dann sei er von dem Feuer versengt worden; dieses Versengtwerden sei das Gegenstück zu der Verletzung durch Moby Dick. Sein Verbranntwerden habe ihm offenbart, daß Gut und Böse nicht getrennt, sondern eins sind. »Nach dieser Erfahrung haßt Ahab das Feuer, wie er Moby Dick haßt, denn er betrachtet es als wesenhaft böse, menschenfremd und bösartig zerstörerisch.« (307) »Ahab ... realisiert, daß das Böse (Emerson würde sagen das Fatum) nicht zerstört werden kann, doch daß der Mensch zu Größe aufsteigen kann, indem er es bekämpft.« »Feuer als Zerstörer und Reiniger, wie im Phönix-Mythos, war ein offensichtlich komplementäres Symbol für den Wal.« (308) – Diese Auffassung ist einleuchtend, wirft aber mehr Fragen auf, als sie beantwortet. Vor allem: Was veranlaßte Ahab, vom Christen zum Zoroastrier zu werden? Und wie kam es, daß das Feuer ihn verbrannte? Und wieso erregte die Entdeckung der Einheit des Guten und des Bösen in der Welt einen solchen Haß und einen solch titanenhaften Widerstandswillen in ihm? Ein Zusammenhang ergibt sich nur durch die Annahme, daß Ahab *als Christ* ein »Feueranbeter« war, der das reine Gute wollte und verlangte und sich von Gott selbst wie verraten empfand, als er die Unvollkommenheit, ja, die »Bosheit« der Welt und ihrer »Ordnung« erkennen mußte; der Wille zum reinen Licht »verbrannte« und quälte ihn und ließ ihn aufbegehren gegen die Quelle des Leids (das Licht), gegen den Grund des Leids (das Böse in der Welt) und gegen den unbegreifbar gewordenen Schöpfer. So ist Moby Dick (unter anderem auch) ein Bild für eine Natur, die in ihrer übermächtigen Gleichgültigkeit des Menschen spottet, und der Kampf gegen den Wal gilt einem Gott, der diese Welt erschaffen hat und doch »eigentlich niemals hätte erschaffen dürfen, wenn er Gott wäre – wenn er Gott *geblieben* wäre. So muß Ahab Gott, dem reinen Feuer, »trotzen«, um es »recht zu verehren«; so wurde Ahab selbst »die Finsternis, die aus dem Lichte sprang«. (*Moby-Dick*, CXIX 771 – 772) – URSULA BRUMM: Die religiöse Typologie im amerikanischen Denken (1963), 152 – 153, beschreibt die Gestalt Ahabs mit den Worten: »Indem er den Leviathan-Wal verfolgt, führt Ahab den Kampf gegen Gottes Weltordnung, präziser gesagt, gegen das Urmächtig-Böse, dem Gott in dieser Welt einen Platz und eine Funktion zugewiesen hat ... Mit dieser Motivation seiner Verfolgungsjagd ist Ahab mit einem Schlag

zugleich eine moderne Gestalt geworden; ein Mensch mit einer verletzten Psyche, der nicht nur aus der göttlichen Ordnung der Welt herausgefallen ist, sondern auch – obwohl er ein so leidenschaftlicher Debattierer seiner Anklagen ist – an der rationalen Klärung ihrer Übel verzweifelt und der nun diese Übel in monomanischem Haß auf einen Sündenbock, ein Symbol allen Übels, auf Moby Dick abwälzt, indem er diesen Wal im theologischen Sinne als den Leviathan, als ›Bild der von Gott erschaffenen und beherrschten urweltlichen Kräfte‹ und ›bösen Weltmächte‹ erfaßt. In dieser Motivierung durch abgrundtiefe Verzweiflung an Gottes Weltordnung, die zu einem ausweglosen psychologischen Zwang führt, ist Ahab moderner als die dämonischen Helden der Romantik, die das Böse aus einer unerklärlichen Faszination durch das Böse tun. Mit seinem Ahab hat Melville den dämonisch-satanischen Helden der *Gothic novel*... nachträglich erklärt und gerechtfertigt. Er ist der von den Widersprüchen in Gottes Weltordnung erboste Mensch, der deshalb Gottes Ordnung willentlich trotzt.«

[19] HENRY A. MURRAY: In nomine Diaboli (1951), in: M. R. Stern (Ed.): Discussions of Moby-Dick, 25 – 34, stellt zwei große Auslegungsrichtungen der Gestalt Ahabs einander gegenüber: 1) Ahab sei die Verkörperung des gefallenen Engels – nach dem Vorbild MILTONS; sein selbstsüchtiger Sadismus stelle die innerlich zugehörige Antithese zu der masochistischen Unterwerfung dar, die Vater Mapple predige; 2) Ahab sei der Repräsentant der kulturell unterdrückten Dispositionen der menschlichen Natur, – des Teils der Persönlichkeit, den die Psychoanalytiker als Es bezeichnen. (28) Demgegenüber erscheine der Weiße Wal als die Macht, die für die Repression verantwortlich sei, er repräsentiere FREUDS Überich. So sei der Wal eine Projektion des presbyterianischen Gewissens, der calvinistischen Vorstellung einer furchterregenden Gottheit und ihrer strengen Gebote. (29) »Was Ahab in den Wal projiziert, ist nicht das Bild eines liebenden Vaters, sondern ein Gott der alten göttlichen Fügung.« (30) »Die einfachste psychologische Formel für Melvilles dramatisches Epos ist diese: ein aufsässiges Es in tödlichem Konflikt mit einem unterdrückenden kulturellen Überich.« »Warum griff er so furios die westliche Orthodoxie an, so furios wie Byron (sc. Lord GEORGE GORDON BYRON, 1788 – 1824, d.V.) und Shelley (sc. PERCY SHELLEY, 1792 – 1822, d.V.)..., so furios wie Nietzsche oder die radikalsten seiner Nachfolger in unseren Tagen?« (31) Den Grund sieht MURRAY in der calvinistischen Tradition einer Gottheit, in deren Augen Eros Sünde sei. Jedoch: »Die Religion des Eros, die einmal die geheime Determinante von Ahabs Unternehmung gewesen sein mag, wird niemals erwähnt.« (32) *In summa*: »Es gibt wenig Zweifel an der Natur des Feindes in Melvilles Tagen. Es war die herrschende Ideologie, diese besondere Mischung von Puritanismus und Materialismus, von Rationalismus und Kommerzialismus, von... Optimismus und Technologie.« In einer solchen Welt sei jeder Poet von des Teufels Partei. Überleben werde in einer solchen Welt nur das Böse, »die kompakte Bosheit der Gruppe... und ihr Soldatengott, der kaum bewundernswerter ist als ein primitives Totemtier, etwas Oral-Aggressives, ein kinderfressender Kronos der See.« (33) Nicht übersehen werden dürfe bei Ahabs Untergang »MELVILLES permanente Bindung an die Imago der Mutter... sowie die Unterwerfung an... die bindende Macht des elterlichen Gewissens, des Überichs des Mittelklassen-Amerika«. (34) Ähnlich sieht es auch THOMAS WERGE: Moby Dick and the Calvinistic Tradition, in: Studies in the novel, 1 (1969), 484 – 506, der in dem Weißen Wal geradewegs das Bild des calvinistischen Gottes erblickt: »Wenn Calvin den Verleumdern der göttlichen Vorsehung antwortet, gibt er nicht nur Paulus und Augustinus wieder, sondern den Gott des Job, dessen Geschöpf, Leviathan, Macht, Urteil und göttliche Weisheit verkörpert, der der Mensch niemals durchdringen kann.« (489) Tatsächlich sagt CALVIN: Unterricht in der christlichen Religion, III 23,5, S. 638 – 639: »Die Unermeßlichkeit der Gerichte Gottes ist euch doch aus deutlichen Proben bekannt. Ihr wißt doch, daß sie als tiefer Abgrund bezeichnet werden! (Ps 36,7) Nun fragt einmal bei eurer engen Vernunft nach, ob sie auch faßt, was Gott bei sich beschlossen hat, Was hilft es also, eund in unsinnigem Nachspüren in einen

Abgrund zu versenken, von dem doch schon die Vernunft sagt, daß er euch zum Untergang führen wird! Weshalb hält euch nicht wenigstens angesichts dessen, was die Geschichte des Hiob wie auch die prophetischen Bücher von Gottes unbegreiflicher Weisheit und furchtbarer Gewalt predigen, einige Furcht zurück?« – Die Brücke zwischen CALVIN und Ahab wäre demnach Hiob 40,25-32; 41,1-26. WERGE (495 – 496) sieht den entscheidenden Unterschied zwischen Ahab und Starbuck in der Tat darin, daß letzterer die Grenzen der Unerforschlichkeit von Calvins Gott respektiert, wie beim Betrachten der Dublone: »So werden wir«, spricht er, »von Gott in diesem Tal des Todes fest umschlossen, aber über unserer Finsternis scheint stets die Sonne der Gerechtigkeit als Leuchtturm unserer Hoffnung.« Er muß sich von der Dublone losreißen, »bevor die Wahrheit mich erschüttert«. (*Moby-Dick*, XCIX 668) »Auch wenn Melville selbst den Glauben und die Schwäche Starbucks ... nicht akzeptieren konnte ..., sollte niemand ihn verurteilen ... Und wenn er auch mit Ahabs Sehnsucht sympathisiert, das Rätsel des Universums zu kennen ... weit mehr als Calvin oder die Puritaner, akzeptiert Melville viel zu viel von der calvinistischen Tradition, um zu denken, daß Ahabs ungehorsame Suche nach Wissen und Vergeltung jemals im Triumph enden könnte.« (503) – Entscheidend ist indessen weniger die Anerkennung der Grenzen menschlichen Wissens – damit hätte MELVILLE keine Schwierigkeiten gehabt –, als vielmehr das Erschrecken über die grausige Wirklichkeit der Welt. K. H. SUNDERMANN: Herman Melvilles Gedankengut (1937), 59, schrieb:»Gott ist für Melville ... die unerbittliche Allgewalt oder das Schicksal, die Prädestination oder fatalistische Notwendigkeit ..., und das Motiv der Gnade taucht bei Melville kaum auf. Diese gnadenlose, Frieden suchende und nicht findende Haltung ist bei ihm kalvinistisch-puritanisches Erbgut.« »Die alttestamentliche Gottesidee von Jehova als Krieger und die gnostische Auffassung von Jehova als Schöpfer und Gott des Bösen, mit denen sich Melville auseinandersetzte, hatten für ihn etwas Entsetzliches und Grauenerregendes an sich. Er hat sie als minderwertig und seinem Wesen völlig widersprechend strikt abgelehnt.« Wie aber einen anderen »Gott« finden angesichts dieser Welt? – T. WALTER HERBERT, JR.: Calvinist Earthquake: *Moby-Dick* and Religious Tradition, in: R. H. Brodhead (Ed.): New Essays on Moby-Dick (1986), 109 – 140, diskutiert die Schwierigkeiten, die calvinistische Theologen generell mit dem *Moby-Dick* haben (müssen):»Ahab sieht göttliche Bosheit in dem Angriff des Wals, die Bosheit, die Calvins Gott gegen die richtet, die er nicht zur Erlösung erwählt hat.« (126 – 127) Es sind Ahabs Worte in XXXVI 273 vom »unfaßbaren Ding«, das hinter der Mauer sich befindet, die der Weiße Wal darstellt; diesem, »ob der weiße Wal nun Werkzeug oder ob der weiße Wal der Urheber von allem ist«, gilt Ahabs Haß. Im Grunde ist es die Lehre von der Reprobation, von der Vorherbestimmung Gottes zur Verdammnis, die in dem grausigen Wal und seiner Vernichtungsgewalt zum Ausdruck kommt. – URSULA BRUMM: Die religiöse Typologie im amerikanischen Denken (1963), 138, erklärt:»*Moby Dick* ist eine einzige erbitterte Debatte über Vorherbestimmung und freien Willen, ausgetragen in der Rebellion des ›satanischen‹ Helden Ahab; und auch Pierre schlägt sich mit dem unlösbaren Konflikt von ›Fixed Fate‹ und »Free Will' herum. So debattiert einer, der gegen den Calvinismus rebelliert, der aber die Welt noch mit den Augen des Calvinisten ansieht, denn sonst hätte das Problem der Prädestination seinen Sinn für ihn verloren.« – KLAUS LANZINGER: Primitivismus und Naturalismus im Prosaschaffen Herman Melvilles (1959), 86 – 91: Ein blindes und böses Weltgeschick, sah in *Moby-Dick* nicht zu Unrecht »die Auffassung von einem blinden Schicksal ..., das ... durchwegs heidnisch-antik, jedenfalls nicht mehr christlich zu verstehen ist ... Melville verlor ganz eindeutig den personalen Gottesbegriff, indem er sich einem blinden Fatalismus überantwortete. So kam er zu der grotesken Vorstellung, daß Gott der Feind des Menschen und der Seele sei«. »Was Melville befürchtete, war der nihilistische Wertabbau, die Vergewaltigung der Seele und das Verlöschen des Menschen im Nichts.« (87) Allerdings darf man nicht Ahabs Lebensgefühl ohne weiteres mit der Meinung MELVILLES (oder auch nur Ismaels) iden-

tisch setzen. Doch es stimmt, wenn LANZINGER fortfährt:»Es ist aufschlußreich zu beobachten, wie Melville im sozialen Geschehen unter den Menschen eine Parallele zum
Naturgeschehen, insbesondere zum Leben im Meer, zu sehen beginnt. Er stellt in *Moby-
Dick* das Raubtierhafte als Lebensprinzip der Tierwelt des Meeres noch klarer heraus,
aber nicht nur das, auch das Meer vernichtet mitunter sinnlos das Leben, welches es selbst
erzeugt und ernährt.« (88) – ELIZABETH HARDWICK; Herman Melville (2000), 165, meint
zu MELVILLES religiöser Einstellung:»Ein Mann vom Verstand eines Melville, der seine
Zweifel hatte, wenn er nicht gar Atheist war, litt gewiß stärker unter Gott als der halbher-
zige, dösende Kirchgänger. Für Melville war Gottes Welt ein Ort der Ungerechtigkeit, des
Leids, des Krieges und des Hungers. Doch so ist es nun mal: Viele können kaum ertragen,
daß Gottes Hand nicht helfend eingreift, und erträglich wird es für sie nur durch den
Aberglauben in den Weltreligionen, der Hoffnung oder Resignation bringt.« Doch so
selbstgewiß agnostisch dachte gerade nicht der suchend-ringende MELVILLE.

[20] In psychoanalytischen Ausdrücken ist Ahab das Ideal-Ich Pips und Pip das Kind in Ahab.
Von daher ist Pip nicht nur der»Schatten«oder ein»Angebot«an Ahab, sein Leben zu
ändern, sondern die Verkörperung der Wahrheit dessen, was sich in ihm selbst abspielt. –
ROBERT L. GALE: A Herman Melville Encyclopedia (1995), 335, vermutet, daß in Pip John
Backus aufleben könnte, der an Bord des Walfängers *Acushnet*, auf dem MELVILLE Weih-
nachten 1840 anheuerte, als»eine kleine schwarze Person«beschrieben wurde.

[21] W. SOMERSET MAUGHAM: Zehn Romane und ihre Autoren (1954), 260 – 296; w. SOMMER-
SET MAUGHAM findet, daß Melville in»kein besonderes Geschick darin (besaß), die Sprache
verschiedener Personen zu differenzieren: Alle sprechen so ziemlich gleich.«»Dialoge
sollten plausibel sein, den Leser aber nicht vor den Kopf stoßen.« (286; 287) Was MELVIL-
LE in der Kunstsprache Pips in Wirklichkeit gelingt, ist eine ebenso geniale wie erschütternde Darstellung des Zustands einer posttraumatischen Schizophrenie. – Die Situation
eines einsam im Meer Treibenden beschreibt eindrucksvoll JAMES HAMILTON PATERSON:
Seestücke (1992), 9 – 11:»Ich bin verloren ... Dies sind die Worte, die der Schwimmer in
panischer Angst an das sonnige Universum richtet, in das er prustend und desorientiert
auftaucht ... Der Schwimmer ... stellt sich vor, der Himmel drücke auf das Meer herun-
ter und das Meer trage die Last der Atmosphäre ... – Seine erste panische Handlung
besteht darin, daß er sich im Wasser im Kreis dreht und dabei zu stehen versucht: einmal,
zweimal, dreimal irrt sein Blick über einen konturlosen Horizont. Nichts ... – Panisch
keucht er und dreht sich im Kreis, ohne Boot, ohne Land und mit dem elementaren
Schmerz der nackten Angst angesichts seiner Lage mit einemmal: mutterseelenallein im
Pazifischen Ozean ... – Und doch ist es undenkbar, aufzugeben, in Minutenschnelle von
einem tüchtigen und tätigen Dasein zum Lebensverzicht überzugehen, wie tödlich verwundet. Die Angst kehrt in Wellen wieder. Während er sich auf der Wasserwüste unter
einem strahlenden Himmel umschaut, überkommt ihn schubweise immer wieder der
adrenalingetriebene Gedanke: Es kann nicht wahr sein, daß mir das passiert ... *Aber es ist
wahr.* Dann eine Weile auch wieder nicht; und noch während er die Wahrscheinlichkeit
abwägt, durch Ertrinken, Haifische oder Unterkühlung zu sterben, tritt dem Schwimmer
ein scharfes, grandioses Bild seiner Lage vor Augen ... Er stellt sich vor, wie der Kopf aus
der ungeheuren Weite des gekrümmten blauen Ozeans als kleiner runder Ball hervorragt,
blank poliert vor der Sonne wie der Messingknauf auf einem Schulglobus. In diesem
Aufscheinen seiner Verlorenheit wird er zum Angelpunkt, um den sich die ganze Erde
dreht.«

[22] HARTMUT KRÜGER: Melvilles Ahab und das Problem des Bösen (1972), 239, spricht von
der»Unerkennbarkeit des Kosmos und der ihn bestimmenden Kräfte (des Bösen)«sowie
von der»Unerkennbarkeit des Selbst«. Doch MELVILLES Problem ist nicht primär intellektueller Natur, sondern emotionalen oder, besser; existentiellen Ursprungs. Vor allem
das abgrundtiefe Leiden Ahabs wird geradewegs ausgeblendet, wenn es an gleicher Stelle
von dem Kapitän des *Pequod* heißt:»Alle ihn während der monomanischen Suche

490

bestimmenden Züge des Stolzes seines Ich und der Herausforderung jedes Nicht-Ich haben ihren Ursprung in der am Grunde seines Wesens liegenden Morbidität. Deren faktische Gegebenheit bleibt unbegründet (sic!), nur ihre Wirkung zeigt sich an dem katastrophalen Ausgang der durch sie bedingten Jagd.« (238)

²³ HARRY SLOWCHOWER: The Myth of Democratic Expectancy (1950), in: P. G. Buchloh – H. Krüger (Hg.): Herman Melville, 231 – 244, stellt Ahab »Hamlet, Faust und Siegfried« zur Seite. (241) – UWE STEFFEN: Drachenkampf. Der Mythos vom Bösen (1984), 147 – 151, sieht Ahab im Kampf gegen »das Abgründige in der Natur.« Das schließt nicht aus, daß das Symbol des Leviathan sich ebenfalls bezieht auf »das Abgründige in der Natur des Menschen« (S. 151 – 154) sowie auf »das mythisch-böse Weltprinzip«. (157 – 161) – So meinte bereits LEWIS MUMFORD: The Golden Day (1926), 142 – 153: »Der Weiße Wal ist die schiere brutale Energie des Universums, die den menschlichen Geist herausfordert und stoppt. Es ist nur der einsame heroische Geist, der sich selbst zu einem souveränen Wesen erklärt, das dem Weißen Wal zu folgen wagt . . . Der Weiße Wal ist die äußere Kraft der Natur und des Schicksals. Am Ende siegt er; er muß siegen, bis der menschliche Geist selbst Leviathan ist . . . – In Moby Dick brachte Melville die persönliche Seelenreise zu ihrem unvermeidbaren Schluß.« (150)

²⁴ RUDOLF SÜHNEL: Melvilles »Moby Dick«, in: Die Neueren Sprachen (1956), 553 – 562, verweist vor allem auf Sir THOMAS BROWNE (1605 – 1682) und den Einfluß, den dessen Buch *Religio Medici* (1642; dt.: *Des berühmten Thomas Brownes Religion eines Arztes*, übers. v. G. Vensky, Leipzig 1746) auf MELVILLES religiöses Denken ausübte, vertrat BROWNE doch den Gedanken der Toleranz und der Geistesfreiheit, gepaart mit stoischen, manichäischen und platonischen Gedanken: »Nie konnte ich jemand wegen seiner abweichenden Glaubensüberzeugung hassen oder ihm dafür zürnen, daß er meinem Urteil widersprach, von dem ich vielleicht schon wenige Tage später selbst abgerückt bin.« MELVILLE zitiert BROWNES Buch *Pseudodoxia Epidemica* von 1646 gleich einleitend: »Was Walrat ist, mögen die Menschen sich füglich fragen, da der gelahrte Hofmannus in seinem Werke nach dreißig Jahren Arbeit daran freimütig erklärte: Nescio quid sit.« (Ich weiß nicht, was es ist.) (*Moby-Dick*, Auszüge, S. 19) Diese Vorsicht des Nicht-Wissens und ein durch und durch symbolisches Verständnis der Welt auf Grund der Entsprechung von Natur und Seele teilte MELVILLE mit dem ihm hochgeschätzten BROWNE, wenn er auch an der Gemäßheit des Glaubens für einen Wissenschaftler der Neuzeit, an der »Religion« eines modernen »Arztes« zum Beispiel, große Zweifel haben mochte. – Zu dem Verhältnis von MELVILLE zu BROWNE vgl. des näheren BRIAN FOLEY: Herman Melville and the Example of Sir Thomas Browne, (1984), in K. J. Hayes (Ed.): The Critical Response to Herman Melville's *Moby-Dick*, 201 – 220. – CHARLES H. COOK, JR.: Ahab's Intolerable Allegory (1955 – 1956), in: M. R. Stern (Ed.): Discussions of Moby-Dick, 60 – 65, geht von der Warnung in Kap. XLV 337 – 338 aus, »Moby Dick womöglich als ungeheuerliches Fabelwesen« abzutun »oder, noch schlimmer und abscheulicher, als gräßliche und geschmacklose Allegorie«; zugleich schlägt er eine Interpretation vor, welche »die Evidenz fordert, daß der Wal eine Art von Bedeutung für Melville und Ismael hat und eine andere speziellere für Ahab«. (61) Näherhin begehe Ahab »den tragischen Irrtum, den Ismael vermeidet«: er wende die Gesichtslosigkeit des Wals (vgl. *Moby-Dick*, LXXIV 519) eben als »Allegorie« ins Eindeutige (63); er übergehe die zweideutige Dualität des Symbols. »Als Ahab, in der Absicht, seinen eigenen Anteil am Bösen zu externalisieren, die äußere Verwirklichung von Gut und Böse ignorierte und eine Allegorie aus dem Weißen Wal machte, verlor er seine Fähigkeit zum richtigen Handeln.« (64) – R. E. EATTERS: The Meanings of the White Whale (1951), in: M. R. Stern (Ed.): Discussions of Moby-Dick, 77 – 86, verweist auf die unterschiedliche Bedeutung, die schon an Bord der *Pequod* verschiedene Leute den Dingen zumessen. »So hängt die Bedeutung der Münze – und die Bedeutung des Weißen Wales – von dem Subjekt ab, von dem, der betrachtet. Es gibt daher unzählige Bedeutungen für den Weißen Wal, grad wie es unzäh-

lige Leser anderer Beispiele des ›listigen Alphabets der Natur‹ gibt. Diese Tatsache macht natürlich nicht jede Meinung jeder anderen gleichwertig: diese Art von philosophischem Relativismus war Melvilles Denken fremd.« (78) »Gewöhnliche Menschen, wie ihre Vertreter an Bord der *Pequod*, ... denken von dem Weißen Wal als von einer besonderen Gefahr, nicht als von der Gottheit oder einem Agenten der Gottheit, nicht als von dem Teufel oder als einem Agenten des Teufels, und nicht als von einem Symbol des einwohnenden Bösen oder der Unbegreifbarkeit des Universums. Einige derer, die ›abergläubig eingestellt sind‹, wie Ismael sie nennt, gehen ein wenig weiter und denken sich den Weißen Wal als unsterblich und allgegenwärtig, – aber sogar diese Annäherung läßt sie weit entfernt von den Interpretationen entweder von Ahab oder Ismael.« »In Starbuck und Stubb ... haben wir Repräsentanten zweier großer Gruppen von Lesern: denen, die es vorziehen, den Weißen Wal nur als eine gefährliche Abart der Meeresbiologie zu betrachten, ohne philosophische oder symbolische Konnotationen; und denen, die keinen Gedanken auf die im ganzen vorherzusehende Tatsache geben, das Abenteuer sei aufregend.« (78 – 79)

25 THOMAS HOBBES: Leviathan oder Stoff, Form und Gewalt eines bürgerlichen und kirchlichen Staates, hg. u. eingel. v. Iring Fetscher, Neuwied – Berlin 1966. Zur Deutung vgl. UWE STEFFEN: Drachenkämpfe. Der Mythos vom Bösen (1984), 142 – 147: Leviathan – der Staat. – Eine hervorragende Darstellung der Philosophie des englischen Aufklärers bietet WILHELM DILTHEY: Der entwicklungsgeschichtliche Pantheismus, in: Weltanschauung und Analyse des Menschen seit Renaissance und Reformation, Ges. Schriften, Bd. 2 (1913), 312 – 390, S. 360 – 390, der in HOBBES ein »Zwischenglied zwischen dem Materialismus der Alten und dem Positivismus« sieht. (388) – MARK NIEMEYER: *Moby-Dick* and the Spirit of Revolution, in: K. J. Hayes (Ed.): The Critical Response to Herman Melville's *Moby-Dick* (1994), 221 – 239, sieht den Kampf Ahabs gegen den »Leviathan« wesentlich (auch) als eine revolutionäre Auflehnung gegen Unfreiheit und Ausbeutung in Diktatur und Kapitalismus zugunsten von Demokratie und Gerechtigkeit. So etwa, wenn Ahab sich weigere, die »Eigentumsrechte im Kontext eines kapitalistischen Systems anzuerkennen«. (230) (Vgl. *Moby-Dick*, CIX 728)

26 Zur Geschichte des Walfangs vgl. DUNCAN HAWS: Schiffe und Meer (2000), 131: »Die Blütezeit der Walfang-Segelschiffe war nur kurz. Schon 1850 begann der Walfang rückläufig zu werden, da die Fangreisen sehr lange dauerten ... Die ganze Mannschaft war am Gewinn einer solchen Reise beteiligt, und die Höhe dieser Anteile berechnete sich aus dem Nettogewinn. Die Kapitäne der Walfangschiffe verkauften an ihre Mannschaft Kleidung, Tabak und ähnliche Dinge. Häufig kauften die Matrosen hemmungslos, so daß ihnen am Ende der Reise, die drei und mehr Jahre dauern konnte, oft kein Heller blieb. – Wale waren auch nicht allzu reichlich. So wird nach einer Reise von 19 Monaten nur ein Fang von 34 Walen angegeben. Einige Schiffe brauchten drei bis vier Jahre, um zu einem solchen Ergebnis zu kommen. Die Größe der Wale wurde nach Fässern oder Tonnen gerechnet. Die größten Wale entsprachen 60 Faß. Ein Faß erbrachte damals etwa 100 Pfund Erlös.« Vgl. auch RUDOLF KUSCHERT: Die frühe Neuzeit, in: Geschichte Nordfrieslands (1995), 191 – 200: Nordfriesen auf Walfang und Robbenschlag. – RUDOLF SÜHNEL: Melvilles »Moby-Dick«, in: Die Neueren Sprachen (1956), 553 – 562, gemahnt an die Ausrottung der Wale heute und sieht die Bedeutung des MELVILLEschen Romans in einer Dimension von Erfahrung, die dabei ist, vernichtet zu werden: »Handbuch, Drama, Predigt und Epos in *einem*, ist *Moby Dick* ein Dinosaurier in der modernen Welt, in der man den Wal mit Radargeräten, Hubschraubern, elektrischen Harpunen jagt und mit Starkstrom tötet, fünfzigtausend in der Saison. Mit der Ausrottung wird ein weiterer Schritt in der technischen Domestizierung der Erde getan sein, aber Ausblicke in Regionen werden zugemauert, sowohl in der Natur wie in unserem Bewußtsein, Ausblicke in physische und spirituelle Welten, von denen wir nur noch aus Büchern erfahren – aus Büchern von der unausschöpflichen Faszination wie Melvilles *Moby Dick*.« (562) – Zur Blüte der Pott-

waljagd zwischen 1820 – 1890 vgl. PETRA DEIMER: Das Buch der Wale (1983), 177 – 181; zur Epoche des modernen Walfangs vgl. S. 184 – 188: »Allein in der Saison 1930/31 fallen ... in der Antarktis 40 201 große Wale 41 Flotten zum Opfer, 30 000 weitere außerhalb der Antarktis, davon sind etwa 29 000 Blauwale.« – Die Routen, auf denen die Wale die Meere durchziehen und von denen MOBY DICK, XLIV 326 – 328 erzählt, sind alles andere als Seemannsgarn. Vgl. MANFRED LEIER (Hg.): Weltatlas der Ozeane (2000), 54 – 55: Die Wanderungen der Wale. Speziell der Pottwal wandert »im Sommer Richtung Pole, ältere Männchen bis an den Rand des Polareises, Weibchen und Jungtiere selten über 45° nördliche oder 42° südliche Breite. Überwintern in gemäßigten und tropischen Gewässern«. (55) Der Bestand der wandernden Pottwale wird mit 2 Mio. angegeben. – Zum Leben der Wale vgl. auch LES LINE – GEORGE REIGER: Lebensraum Ozean (1980), 153 – 168: Auf hoher See.

27 Zu JEREMIAH N. REYNOLDS, der die unter CHARLES WILKES 1838 begonnene U.S. Exploring Expedition förderte, vgl. JANEZ STANONIK: Moby Dick: The Myth and the Symbol (1962), 42 – 54: Reynold's Mocha Dick; NATHANIEL PHILBRICK: Dämonen der See (2003), bes. S. 47 – 49; 54 – 58; 60; EIGEL WIESE: Als Moby Dick noch Mocha Dick hieß, in: Mare 15 (Aug./Sept. 1999), 24 – 27. Zu dem *Jona*-Motiv vgl. UWE STEFFEN: Jona und der Fisch (1982), 77 – 106; DERS.: Drachenkampf. Der Mythos vom Bösen (1984), 121 – 162: Der Kampf gegen den Leviathan.

28 Zu dem Untergang der *Essex*, den MELVILLE in *Moby-Dick* (XLV 339 – 341) ausdrücklich erwähnt, vgl. NATHANIEL PHILBRICK: Im Herzen der See (2000), 109 – 125: Der Angriff.

29 Vgl. PETRA DEIMER: Das Buch der Wale (1983), 92 – 97: zur Lauterzeugung der Wale. NATHANIEL PHILBRICK: Im Herzen der See (2000), 120 – 122, meint: »Walforscher vermuten, daß die Bullen mit den *clangs* (sc. langsameren und lauteren Klicks, d.V.) in Frage kommende Walkühe auf sich aufmerksam machen und männliche Konkurrenten abschrecken wollen.« Die so entstehenden Geräusche sind Hammerschlägen so ähnlich, »daß die Walfänger dem Pottwal den Beinamen ›Zimmermannsfisch‹ gaben.« Möglicherweise nahm der Wal die Hammerschläge an Bord der *Essex* für die Signale eines anderen Walbullens und griff mit der üblichen Wildheit an.

30 EIGEL WIESE: Als Moby Dick noch Mocha Dick hieß, in: Mare 15 (Aug./Sept. 1999), 24 – 27, S. 24.

31 HERBERT G. ELDRIGE: »Careful Disorder«: The Structure of »Moby Dick« (1967), in: P. G. Buchloh – H. Krüger (Hg.): Herman Melville, 332 – 351, weist darauf hin, daß es bei der Fahrt der *Pequod*, anders als in *Redburn* und *Weißjacke*, keine Häfen gibt, welche die Reise markieren, sondern nur die vier Meere: Atlantik, Indik, das Südchinesische Meer, der Pazifik mit den zentralen Fanggründen »auf der Linie« (334); die entsprechenden Markierungen erfolgten in Kap. LI: Der Geisterspaut; LXXXVII: Die große Armada; CXI: Der Stille Ozean; CXXX: Der Hut. (335) Daneben stehe Kap. XXII: Fröhliche Weihnachten, – »der Abriß der Lautlosigkeit, zu beide, Ahab und Ismael, streben und die Tod dem einen und heimatloses Überleben dem anderen bringen wird.« (337) ELDRIGE gelangt zu der Auffassung, daß die Gliederung des *Moby-Dick* nach den Meeren (338) zu »sechs Segmenten eines räumlichen Fortschritts« führt. Anscheinend habe MELVILLE mit einer »generellen Symmetrie« gearbeitet, »unerachtet der ›organischen‹ Hinzufügung von Kapiteln oder Gruppen von Kapiteln, während der Roman an Umfang und Komplexität zunahm«. (342 – 343) »Die wichtigste organisatorische Maßnahme in der Darbietung der Cetologie und des Walfangs ist der Gebrauch von Waltötungen als ... strukturellen Gelegenheiten, ... Abhandlungen und Gespräche zu ordnen.« (347) Daraus folgt für ELDRIGE: »*Moby-Dick* ist nicht mehr ein (sc. wildwachsender, d.V.) Baum als (sc. vielmehr, d.V.) ein episches Dichtwerk oder eine Tragödie in fünf Akten. – Das Argument ... war, daß Melville *Moby-Dick* durch eher künstlerisch-praktische Methoden entwickelte als durch Analogien oder gar durch Ideenassoziationen. Hinter den Kapitel-Büscheln,

welche die belaubte Konfiguration des Romans definieren, befinden sich Stamm und Äste: die interozeanische Reise, geteilt auf der Basis der Weiterfahrt des Schiffes von Wasserwelt zu Wasserwelt und unterteilt nach einem einfachen numerischen Prinzip.« (350 – 351) – Hinzukommt die weiße Farbe des Wals. Vgl. dazu F. BURWICK: Goethes Farbenlehre und ihre Wirkung auf die deutsche und englische Romantik, Goethe Jahrbuch 111, 1994. MAX FRANK: Die Farb- und Lichtsymbolik im Prosawerk Herman Melvilles (1967), 97 – 106, untersucht vor allem die Argumentationslogik des XLII. Kapitels des *Moby-Dick* und meint:»Die Übersinnlichkeit der Farbe (sc. Weiß, d.V.) wird als eine allgemeine vererbte Erfahrung des Menschengeschlechtes hingestellt. Damit ist wieder der Schritt in den metaphysischen Bereich getan.« (104) »Mit einem Kunstgriff werden ... die unempfänglichen von den empfänglichen Gemütern geschieden und der Schrecken fast ausschließlich auf dieses eine Phänomen geschoben, wobei es noch nebenbei mit Stille und Grenzenlosigkeit angereichert wird.«»Dann wird wieder indirekt argumentiert, indem das instinktive Wissen um das Böse zunächst unabhängig von Weiß eingeführt wird, um dann im nächsten ... Abschnitt mit Weiß verbunden zu werden.« (105) Im letzten Abschnitt werde»Weiß in seiner Unbestimmbarkeit mit der grenzenlosen und unerbittlichen Unermeßlichkeit des Weltalls und danach mit dem Gedanken an die Vernichtung des Ich analogisch verknüpft. – Die nächste Frage ist ... eine ironische Verdrehung des Kusanischen Gedankens vom Zusammenfallen der Gegensätze in Gott, indem Melville die Gegensätze innerhalb von Weiß zusammenfallen läßt ... – Der nächste Gedankengang geht ... ein zentrales Problem bei Melville (an), und kommt zu dem Schluß, daß die Farbenpracht der göttlichen Natur nur auf Täuschung beruht«. (106) Insgesamt stellt FRANK fest:»Typisch für Melville ist, daß alle Farben bei ihrer symbolischen Verwendung sowohl positive als auch negative Bedeutung haben und auch in ganz verschiedenen Bereichen gleichzeitig schwingen können.« (146)

[32] *Bachelor's Delight* heißt später das Schiff von Kapitän AMASA DELANO in der Novelle *Benito Cereno*.

[33] Es war vor allem NEWTON ARVIN: Herman Melville (1950), 143 – 193, der Ahabs Verhältnis zu dem Weißen Wal im Sinne FREUDS als»eine Art von Kastration« deutete, so daß in dem Prothesenbein»die phallische Quelle vitaler Potenz ersetzt worden ist durch ein Bild der Impotenz und der Leblosigkeit ... Moby Dick ist somit der Elternarchetyp, der Vater, ja, aber die Mutter auch, insoweit sie ein Substitut für den Vater wird. Und die Gefühle, die Moby Dick in uns hervorruft, sind die gewaltsam widersprüchlichen Gefühle, die zwischen Eltern und Kind vorherrschen.«Ähnlich urteilt RICHARD CHASE: Herman Melville: A Critical Study (1949), 43 – 102; er betrachtet Ahab als so »amerikanisch« wie HOMERS Odysseus »griechisch« war, und so schreibt er:»Er (sc. Ahab, d.V.) ist das Spiegelbild der amerikanischen Kultur: der Industriekapitän und seine Seele: der Ausbeuter der Natur, der seine eigene Zugehörigkeit zur Natur auflöst und sich selbst existentiell ausbeutet.« Beide Auffassungen lassen sich vereinbaren, wenn man das Thema »Sexualität« weit genug versteht und so übersetzt, daß Ahab ein Mensch ist, der mit aller Anstrengung darum gerungen hat, Liebe und Anerkennung zu finden, und der dadurch ausbeutbar in jeder Weise wurde; identifiziert mit einem äußerst repressiven Überich, bringt ihn die Verletzung dahin, sich selber für seine »Unfähigkeit« zu hassen und diesen Haß in Rachsucht und Mordlust auf ein Ersatzobjekt zu verschieben, das zugleich auch den Haß in sich aufnimmt, der einmal den Unterdrückern in Kindertagen gegolten hat. Die psychologische Seite des »Waisenkind«-Daseins Ahabs (und Ismaels) ist die Erlebnisvoraussetzung auch für die Einstellung gegenüber Gott; LAWRANCE THOMPSON: Melville's Quarrel with God (1952), 3 – 12, der sich dagegen verwahrt, Ahabs Aufstand in »christlichem« Sinne als »Sünde« zu verstehen (und sei es auch auf dem Umweg über die Psychoanalyse), hat sicher recht damit, die geistige Auseinandersetzung im *Moby-Dick* als ein eigenes Thema zu würdigen, doch ist es nicht nötig und auch nicht möglich, alternativisch »Psychologie« oder »Theologie« (oder Philosophie) gegeneinander zu stellen.

[34] FRIEDRICH NIETZSCHE: Wille zur Macht, Nr. 1053 – 1067, S. 689 – 697: Die ewige Wiederkehr: »Die beiden extremsten Denkweisen – die mechanistische und die platonische – kommen überein in der ewigen Wiederkunft: beide als Ideale.«

[35] SIGMUND FREUD: Neue Folge zur Einführung in die Psychoanalyse (1932), Ges. Werke, XV 113 – 115.

[36] NATHANIEL PHILBRICK: Im Herzen der See (2000), 59 – 60; 71 – 73; 91 – 93, beschreibt die Fahrt der Essex im Jahre 1819 im Zickzack-Kurs durch den Atlantik nach Kap Hoorn; Ahabs Kurs gilt nicht den Walfanggründen im Pazifik, sondern von vornherein dem Treffen mit Moby Dick in der japanischen See zu einem vorberechneten Zeitpunkt.

[37] ELIZABETH RENKER: Strike through the Mask. Herman Melville and the Scene of Writing (1996), 24 – 48: Fear of Faces: From Moby-Dick to Pierre, verweist auf die sonderbare Furcht der MELVILLEschen Romangestalten vor dem Anblick des Gesichts eines anderen: – Pierre zum Beispiel fühlt sich »verfolgt« vom Antlitz Isabels (24); Ismael umgekehrt ist erschrocken über die »Gesichtslosigkeit« des Wals. (Moby-Dick, LV 429; LXXV 524 – 528) Es scheint, als sei das Problem von »Oberfläche« und »Tiefe«, von Täuschung und Wahrheit, von Maske und Wirklichkeit bei MELVILLE bereits mit dem optischen Anblick von Menschen und Dingen verbunden gewesen. RAYMOND W. SHORT: Melville as Symbolist (1948), in: P. G. Buchloh – H. Krüger (Hg.): Herman Melville, 218 – 230, legt Wert darauf, das »Masken-Durchschlagen« nicht als Vergleichgültigung der Realität (miß) zu verstehen: »Unterhalb dieser Masken, natürlich, liegen die wahren Realitäten. Melvilles Bemühen wird diesen Realitäten gelten, ob er zu ihnen gelangen kann.« Trotzdem bleiben die Dinge, was sie sind, »und sogar, wenn wir denken, wir wären durchgekommen, liefern sie niemals ihre eigentümliche Identität in der physischen Welt aus.« (223 – 224) »Wie bei Conrad bewahrt Melvilles unglaubliche Gesundheit der Dinge unseren Kontakt mit den einfachen Gewißheiten der Wirklichkeit ... Er selber war überrascht, als Hawthorne nahelegte, daß sie konsistent zu interpretieren seien.« Dabei stellt SHORT fest, daß »die Behandlung der physischen Objekte ... sehr verschieden von Melvilles Behandlung der Personen« ist. Die ersteren würden überkünstelt realistisch, die letzteren völlig phantastisch. (224) »Melville möchte, daß seine Charaktere ›ursprünglich‹ seien in dem Sinne, wie Adam, Eva und Satan im Garten Eden ›ursprünglich‹ waren.« (225) »Beide, Melville und Shakespeare, waren interessiert an den Elementen der Erfahrung hinter dem unmittelbaren Nebel der physischen Realität. Wie andere Schriftsteller mit diesem Interesse benötigen sie eine Mythen-Welt ... In Moby-Dick sind nur die Dinge real ... Die Charaktere haben die Flüssigkeit, die essentiell symbolische Qualität ... Wenn Shakespeare die Realität beleuchtet durch das Zeigen des Kämpfe realer Personen in einer Mythen-Welt, wo die Probleme nackter enthüllt sind als in einer naturalistischen Welt, so bewahren Melvilles Charaktere eher biegsam den Mythos. – Die Reise der Pequod ist deshalb eine Entdeckungsreise auf den Meeren der Erfahrung für den Autor wie für den Leser.« (226 – 227) – Wie eng der Versuch ausfallen mag, Moby-Dick Zug um Zug nach einem Schematismus fester Bedeutungen auszulegen, zeigt unfreiwilligerweise WILLIAM S. GLEIM: A Theory of »Moby Dick« (1929), in: P. G. Buchloh – H. Krüger (Hg.): Herman Melville, 77 – 89, indem er allen Personen und Schiffen bestimmte Gefühle und Bedeutungen zuordnet. (87 – 88)

[38] Es könnte sein, daß gerade auch dieses Moment der schicksalhaften Zwangsläufigkeit die Wahl des Namens Ahab mitbestimmt hat. FLAVIUS JOSEPHUS: Jüdische Altertümer, VIII 15, S. 542, zieht aus dem unglückseligen Ende des Königs Israels die typische widersprüchliche Folgerung, die sich auch in MELVILLES Darstellung findet: »Da sich also an Achab die Weissagung zweier Propheten erfüllt haben (sc. in 1 Kön 22,10-28, d.V.), so müssen wir daran die Größe Gottes erkennen und ihn stets verehren und anbeten. Auch können wir daraus lernen, daß wir nie Gunst und Eigenwillen der Wahrheit vorziehen dürfen, und daß die Prophezeiung und die Kenntnis der Zukunft die nützlichste Einrichtung ist, weil wir dadurch den Willen Gottes erfahren und vor dem gewarnt werden, was

uns Schaden bringen kann. Aus dem Geschicke des Königs aber können wir auf die Macht des Verhängnisses schließen, dem man, auch wenn man es im voraus kennt, nicht zu entgehen vermag, das vielmehr die Gemüter der Menschen nur deshalb mit trügerischer Hoffnung umschmeichelt, um sie dahin zu locken, wo es sie treffen kann. So scheint auch Achab von seinem Verhängnis getäuscht worden zu sein und dadurch sein Leben eingebüßt zu haben, da er der Verkündigung seines Untergangs nicht traute, vielmehr denen Glauben schenkte, die ihm seinem Wunsche gemäß weissagten.« Paradoxer als in diesem pharisäischen Denken lassen sich der Wille Gottes und der Wille des Menschen, Schicksal und Wahl, Verhängnis und Freiheit einander nicht zuordnen!

[39] Zu dem Vergleich der tragischen Helden Ödipus und Ahab vgl. GERARD M. SWEENEY: Melville's Use of Classical Mythology (1975), 71 – 83.

[40] ALEXANDER PECHMANN: Herman Melville (2003), 125, verweist auf die Abschaffung der Auspeitschung durch den Kongreß am 28. Sept. 1850, zu der MELVILLES White-Jacket beigetragen haben mag.

[41] Die Geschichte von BILLY BUDD geht zurück auf die Meuterei auf der Somers unter Kapitän Alexander Slidell MacKenzie (1803 – 1848) im Jahre 1842, als zwei Drittel der Mannschaft unter Führung von Philip Spencer, dem 18 Jahre alten Sohn des Kriegsministers John C. Spencer, den Kapitän sowie Lieutenant Guert Gansevoort (1812 – 1868), MELVILLES Cousin, zu töten und das Schiff in ihre Hand zu bekommen suchten; Gansevoort selber stimmte für die Hinrichtung von dreien der Täter, deren einer, Elisha Small, mit den Worten starb:»Gott segne die Fahne.« ROBERT L. GALE: A Herman Melville Encyclopedia (1995), 43. – Die Erzählung MELVILLES wurde – ähnlich wie die Gestalt des Weißen Wals – völlig gegensätzlich interpretiert. E. L. GRANT WATSON: Melville's Testament of Acceptance (1933), in: P. G. Buchloh – H. Krüger (Hg.): Herman Melville, 451 – 457, erblickte in der Erzählung die Haltung einer tiefen Akzeptanz:»Melville ist (sc. in dieser Geschichte, d.V.) nicht länger ein Rebell. Es sollte beachtet werden, daß Billy Budd, selbst unter der härtesten Provokation, kein Element von Rebellion in sich hat; er ist eine zu frei Seele, um eine Qualität nötig zu haben, die eine Tugend nur bei Sklaven ist.« » Seine (Billy Budds) völlige Unbewußtheit der Anziehung und demgemäß der Abwehr, die seine jugendliche Schönheit und nicht-erklügelte Kameradschaft auf Claggart (sc. den Waffenmeister, d.V.) ausübt, machen es nur leichter für diese Qualitäten, Neid in Haß zu kehren.« (453) – »In Kapitän Vere finden wir eine Gestalt, die interessanterweise mit Pontius Pilatus verglichen werden kann.« (454) – »Billys letzte Worte sind das triumphierende Siegel seiner Akzeptanz … man fühlt, daß die Seelen von Kapitän Vere und Billy in diesem Moment seltsamerweise eins sind.« – »In dieser kurzen Geschichte … sind Probleme zu entdecken, fast so profund wie die, welche auf den Seiten der Bibel uns als Rätsel aufgegeben werden.« (456) – Ähnlich urteilte auch KLAUS LANZINGER: Primitivismus und Naturalismus im Prosaschaffen Herman Melvilles (1959), 112, der sich besonders auf die Vision vom Lamm Gottes bei Billy Budds Hinrichtung bezieht:»Melville erreichte in Billy Budd die von ihm lange angestrebte psychologische Realität, wobei zugleich ein Bereich der größeren geistigen Wirklichkeiten sichtbar wird. Welch dramatische Intensität lebt darin, welch abgründige Aspekte des Bösen tun sich auf, doch über alles hinweg strahlt versöhnend das Lamm Gottes! … Welch eine Erlösung für einen Menschen, der alle Schmerzen der Verzweiflung auskosten mußte und bis an die Grenzen der Zweifelsmöglichkeiten gegangen war, der die Schatten des Materialismus heraufkommen sah und der die Probleme des 19. Jahrhunderts voll ausgefochten hatte. Diese offensichtlich im christlichen Glauben erfolgte Aussöhnung des Menschen und Dichters Melville ist um so mehr überraschend, … da das Streitgespräch zwischen Naturwissenschaft und Religion seinem Höhepunkt zustrebte.« – Für eine derartige Deutung scheint u. a. zu sprechen, daß MELVILLE von HONORÉ DE BALZACS Erzählung Seraphita den Gedanken SWEDENBORGS übernommen hatte, daß Engel keine Schöpfung Gottes seien, sondern durch ihr irdisches Leben in den Rang von Engeln gelangen könnten (was eher der griechischen

Heroenvorstellung als der christlichen Schöpfungslehre entsprechen würde). Vgl. JOHN
HAYDOCK: Melville's Seraphita: Billy Budd, Sailor, in: Melville Society Extracts 104 (März
1962), 2 – 13. – Eine geradewegs buddhistische Versöhnungshaltung erkennt dementsprechend ALEXANDER PECHMANN: Herman Melville (2003), 297 – 298, in der Novelle,
indem er »William« als *Will* und *I am*, als »Wille« und »Ich bin« zu lesen vorschlägt und
Budd als Abkürzung für Buddha liest. Er meint:»Budds Charakter basiert auf buddhistischen Idealen, auf einer Ferne von allen irdischen, alltäglichen Begierden und Ängsten,
die ihren Ursprung in der sogenannten Zivilisation zu haben scheinen. *Billy Budd* führt
so, neben der lebenslangen Suche nach einer übergeordneten Wahrheit, auch die Zivilisationskritik aus Melvilles Frühwerk auf ein abschließendes Niveau.« (297) – Als Versöhnung mit den Widersprüchen der Gesellschaft zugunsten des Glaubens an Menschenrecht und Freiheit las die Novelle RAY B. BROWNE:»Billy Budd«: Gospel of Democracy
(1962), in: G. P. Buchloh – H. Krüger (Hg.): Herman Melville, 469 – 488:»Der Melville,
der viel früher dazu gekommen war, an die persönliche Auflösung nach dem Tode zu
glauben, kam schließlich zu der Bestätigung der Macht und der Zukunft der Demokratie,
der Hoffnung auf die ›unsterbliche Menschheit‹.« (488) Insbesondere in einem Gedicht
in *Clarel* (Teil III, 21) fand er MELVILLES»Kommentar zu der konservativ-liberalen Kontroverse seiner Tage und aller Zeiten. Hier«, meinte er,»ist seine klangvolle Bestätigung
des Glaubens an den endgültigen Triumph der Menschenrechte und der Demokratie.«
(487) Andererseits muß auch BROWNE einräumen, daß Kapitän Vere, als er Billy Budd
hinrichtet,»tatsächlich fähig eines großen Bösen geworden ist, einer großen Destruktivi-
tät. – In seiner Krankheit kann Vere nur noch an Selbstschutz denken ... Billigt Melville
diese Aktion Veres? Kaum!« (482) In Wahrheit ist unter dem amerikanischen Seerecht
»Billy kein Individuum mehr. Er ist universalisiert worden. Er ist *jeder* Seemann«. (486) –
Ganz entgegengesetzt versteht KARL E. ZINK: Herman Melville and the Forms – Irony and
Social Criticism in »Billy Budd« (1952), in: G. P. Buchloh – H. Krüger (Hg.): Herman
Melville, 458 – 468, die letzte Novelle aus MELVILLES Feder als »eine soziale Allegorie, die
letzte von Herman Melvilles Kritiken der sozialen Ungerechtigkeit, wie er sie im Amerika
des 19. Jh's sah«.»Billy Budd ist eine Tragödie der Gesellschaft, nicht eine Tragödie der
›Hoffnung und des Triumphs im Tode‹, ... noch passiver Akzeptanz, wie etwa 30 Jahre
der amerikanischen Kritik einförmig wiederholt haben.« (458) »Trotz seiner scheinbar
historischen Authentizität ist *Billy Budd* keine realistische Darstellung der Ereignisse. Es
ist eher eine starke soziale Allegorie. Die Charaktere und Situationen wirken klar als
Symbole. Gegen den sozialen Rahmen des Schiffes – die Kriegsleutegesellschaft – entwik-
kelt sich von neuem der alte Kampf zwischen der Kraft zum Guten und der Kraft zum
Bösen ... Billy und John Claggart sind die komplexen Symbole für diese Kräfte. Claggart
ist aggressiv böse, Billy ist passiv gut, ein begreifbares Symbol der Art natürlicher Güte,
die Adam lebte vor dem Fall ... Ein dritter symbolischer Charakter ist Kapitän Vere, der
aufgeklärte Mittler, das Symbol der Autorität ..., der die harsche Strenge des sozialen
Rechts als letztlich Bestes für das Gemeinwohl verteidigt.« (459) »Scheinbar waren die
Männer nicht fähig einer vitalen, widerstandleistenden Artikulation in Worten, denn sie
waren in Aktion. Und so verewigt die Autorität sich selbst. Das ist die letzte in der Kette
von Ironien im Anschluß an die Aufhängung (sc. Billy Budds, d.V.), die die brutale, heim-
tückische Macht der (sc. gesellschaftlichen, d.V.) Formen beleuchten – die große Gefahr
für den Einzelnen, der zu der Maschinerie gehört, durch welche die Gruppe sich selber
leitet.« (467) Am Ende stirbt Vere »überzeugt, daß seine Entscheidung richtig war ...
Dies ist Melvilles endgültige Ironie. Das Murren hat aufgehört. Der Triumph der Formen
ist vollständig. Und Melvilles tragische Allegorie auf das Amerika des 19. Jh.'s ist beendet.« »Denn es war (sc. die absolute Wertlegung auf, d.V.) ›die Formen‹, was den bösen
Claggart nährte und beschützte, und ein Befürworter der Formen (Vere), der, in vollem
Bewußtsein von Billys moralischer Unschuld, den Mann zum Sterben verurteilte, der die
Welt (symbolisch) von dem naturhaft Bösen befreite.« (467) »Teil der Lektion ist, daß

Menschen dieses inhärente Böse der (sc. gesellschaftlichen, d.V.) Struktur positiv, unkritisch tolerieren.« »Etwas dieser Art ... ist der Tenor von Melvilles Denken in *Billy Budd.* Es ist ironische Sozialkritik, nicht Akzeptanz.« (468) Vgl: auch JOHN BERNSTEIN: Pacifism and Rebellion in the Writings of Herman Melville (1964), 203; 219, der *Billy Budd* für ein »Testament der Rebellion« hält und dabei vor allem der »Vorbemerkung« eine zentrale Rolle zuspricht. – In dieser Kontroverse stellt sich die Frage, aus welcher Perspektive man ein Dichtwerk liest: aus der Sicht der geschilderten Personen, aus der (zu rekonstruierenden) Sicht des Autors oder von den Forderungen der Zeit her, in der er lebte. Am besten scheint es, als erstes die Gefühle und Motive der Personen aufzugreifen, die geschildert werden; es kann dann sein, daß die menschliche Glaubwürdigkeit der Charaktere und Handlungsabläufe ein Wissen um seelische Zusammenhänge verrät, das die bewußte Reflexion und Aussagemöglichkeit eines Autors und seiner Zeit weit übersteigt. So bei Ismael und Ahab, Pierre und Isabel, Billy Budd und Claggart ...

⁴² SIGMUND FREUD: Psychoanalytische Bemerkungen über einen autobiographisch beschriebenen Fall von Paranoia (dementia paranoides) (1911), Ges. Werke, VIII 239 – 320.

⁴³ Ausgehend von der Stottersymptomatik hat insbesondere ROBERT ROGERS: The »Ineludible Gripe« of BILLY BUDD (1964), in: P. G. Buchloh – H. Krüger (Hg.): Herman Melville, 489 – 504, die Frage aufgeworfen: »Bietet die vorliegende Novelle Melvilles ›Testament der Akzeptanz‹ oder die endgültige, schlagende, ironische Antwort in seinem ständigen Streit mit Gott?« (491) RICHARD CHASE: Herman Melville (1949), 258 – 277, betrachtete »Kastration und Kannibalismus, das rituelle Töten und Essen des Feindes« als »das eigentliche Thema« des BILLY BUDD; F. O. MATTHIESSEN: American Renaissance (1941), 501, meinte: »Hier (sc. bei Billy Budd, d.V.) ist die Suche nach einem Vater, wie latent bei allen Ismaels Melvilles ... und in all dem Suchen seines heimatlosen Geistes nach Autorität ... Wenn Billy der junge Adam vor dem Fall ist und Claggart fast die Inkarnation des Teufels, so ist Vere der weise Vater, schrecklich streng, aber gerecht.« Alles wartet eigentlich darauf, die verschiedenen psychologischen Elemente: Vatersuche, Kastrationsangst, Rebellion und Strafe als Einheit zu lesen, und gerade das versucht ROGERS, indem er der Psychodynamik des Stotterns auf seiten Billy Budds und der Homosexualität Claggarts die gebührende Aufmerksamkeit widmet. »Die meisten Kritiker«, schreibt er, »ignorieren freundlicherweise Billys Stottern.« (495) Gerade das Stottern aber verrate »unterdrückte Feindseligkeit, speziell gegen den König und erweitert gegen Gott und andere Elterngestalten«. (496) »Bill stottert *nur,* wenn seine Kastrationsangst mobilisiert wird durch das Ansinnen, daß er die Autorität haßt. Sein Antagonismus ist unbewußt. Wie Ödipus verleugnet er vehement seine tiefsten Sehnsüchte.« – »Einige Kritiker erwähnen Claggarts Homosexualität.« »Das Wesen seiner Krankheit liegt in seiner ausgeprägt paranoischen Abwehr gegen seine sexuellen Impulse, nicht in den Impulsen selbst.« (497) »Billy und Claggart sind wirklich *alter egos,* und auf einer Ebene können sie als zwei Seiten eines zusammengesetzten Charakters betrachtet werden.« (499) »Billys Rolle als der normale Sohn in der ödipalen Phase der Entwicklung, der Sohn, der rebelliert, statt sich zu unterwerfen, wird bestätigt durch die Präsenz eines kontrastierenden Widerparts in Claggart, dem weiblichen, unterwürfigen Sohn (sc. von Kapitän Vere, d.V.), dessen Tod ein symbolisch sexueller Sieg für Billy ist.« (502) So ergeben sich für ROGERS vier verschiedene Deutungsebenen, die alle – wie in *Moby-Dick* – miteinander zusammenhängen: »Auf der psychologischen Ebene beinhaltet die Geschichte die Rebellion des grundlegend guten, aber moralisch unvollkommenen autonomen Selbst, den natürlichen Konflikt von Vater und Sohn, die Antinomien der homosexuellen und heterosexuellen Orientierungen; auf der theologischen Ebene: der Mensch gegen den Gott, der ihn unvollkommen schuf, um in einer unvollkommenen Welt zu verweilen; auf der politischen Ebene: der Mensch gegen die soziale Ordnung, wenn die Ordnung sich als tyrannisch erweist; auf der metaphysischen Ebene: der Mensch gegen den frostigen Zugriff der Umstände.« (503 – 504)

[44] Bis heute besteht dieses Problem in der breiten Akzeptanz der Todesstrafe in den USA durch die Bevölkerung (80%!). Vgl. ERIC FREY: Schwarzbuch USA (2004), 263 – 272: Land der Henker: Die populäre Todesstrafe.

[45] HEINZ KOSOK: Ishmael's Audience in »The *Town-Ho's* Story« (1967), in: P. G. Buchloh – H. Krüger (Hg.): Herman Melville, 326 – 331, sah gerade in der Abgeschlossenheit der Erzählung von der *Town-Ho* den verborgenen Sinn der Geschichte: »Die *Town-Ho*-Geschichte ist der einzige Teil des *Moby-Dick*, in dem klar wird nicht nur *wann*, sondern auch *wem* Ismael seine Geschichte erzählt.« (327) »Melville bietet hier eine bedachtsame Dramatisierung seines eigenen Lesepublikums. Die Reaktionen von Ismaels Zuhörern sind weitgehend dieselben wie die Reaktionen von Melvilles Hörerschaft, wie er sie nach der Publikation seiner früheren Romane erlebt hatte und wie er sie danach bei *Moby-Dick* erwartete.« (328) »Melville kommentiert hier den Gegensatz zwischen seiner eigenen kreativen Agonie beim Schreiben von *Moby-Dick* und dem materiellen und intellektuellen Wohlbefinden seiner Leser.« » Wann immer sie (sc. die Zuhörer in Lima, d.V.) Ismaels Erzählung unterbrechen, beweisen sie ihre ungenügende Konzentration, ihr Interesse an oberflächlichen und irrelevanten Details und ihre Unfähigkeit, das zentrale Problem der Geschichte aufzugreifen.« (329)

[46] DON GEIGER: Melville's Black God: Contrary Evidence in »The *Town-Ho's* Story« (1954), in: M. R. Stern (Ed.): Discussions of Moby-Dick, 93 – 97, sieht in der Geschichte »nicht eine Parabel irgendeiner *christlichen* Gerechtigkeit, sondern einer Art von christlicher Gerechtigkeit … der Gott, der durch Moby Dick straft, ist dem Gott der Rache näher als dem Gott der Liebe. Der Gott der *Town-Ho*-Episode ist in der Tat eine unverhüllt verdrehte Karikatur des orthodoxen calvinistischen Gottes. Obwohl seine Strafmethoden jenseits des menschlichen Begreifens sind und nur dunkel reflektiert in den natürlichen Mitteln (der Macht Moby Dicks), durch die er seine Gesetze erzwingt, bietet seine Bewertung menschlicher Ereignisse (der Ungerechtigkeit Radneys) eine klare moralische Lektion für die Auferbauung menschlichen Verstehens. Gezeigt wird uns dann nur eine spezielle, calvinistische Version christlicher Gerechtigkeit, markiert mehr durch Zorn und Strafe als durch Liebe.« (96) Wenn es so steht, begreift man, daß im »katholischen« Lima unter dem »calvinistischen« Gottesbild die Ahnung von etwas absolut Archaischem, doch möglicherweise Wirklichem, Wahrem einbricht und nur schwerlich Glauben findet, geht es doch hier um das »Wissen vom Dämonischen in dieser Welt«. (*Moby-Dick*, XLII 321)

[47] SHERMAN PAUL: Melville's »The *Town-Ho's*-Story« (1949), in M. R. Stern (Ed.): Discussions of Moby-Dick, 87 – 92, sieht in Steelkilt eine christusähnliche Figur: »Vielleicht«, fragt er, »sollen die drei Meuterer an die Kreuzigung Christi erinnern.« (90) Als Quintessenz der Geschichte betrachtet er die Einsicht, daß alles gut gegangen wäre, wenn Radney nur den Teil des Menschenrechts in Steelkilt anerkannt hätte, der sogar einem Sklaven gebührt, – aber Radney ›liebte Steelkilt nicht‹. Das Gesetz, um eine religiöse Bestätigung zu haben, muß gemildert sein durch Liebe, christliche Liebe und Mitleid, und für dieses fundamentale Recht, wie die Franzosen 1848, errichteten die ›See-Pariser‹ ihre Barrikaden.« (92)

[48] Es ist wahr, daß Radney umkommt, wie auch Ahab zugrunde gehen wird; und doch ist Radney nicht Ahab; merkwürdigerweise steht der rebellierende, eigenwillige Steelkilt mit seinem Aufstand gegen seinen Quälgeist dem Kapitän der Pequod weit näher, und so findet sich in ihm eher das geheime Wunschtraum Ahabs repräsentiert, erfolgreich Rache zu nehmen; erst die Verdrängung des Mordimpulses gegen die (väterliche) Autorität führt zu der Projektion des Rachewunsches auf eben das Wesen, dessen Gewalt ursprünglich als die eigene gewünscht wurde.

[49] Es war die Entdeckung SIGMUND FREUDS, daß die strafenden Anteile des Überichs sich selber umgelenkten Es-Energien verdanken; er schrieb: »Das Über-Ich wird den Charakter des Vaters bewahren, und je stärker der Ödipuskomplex war, je beschleunigter (unter dem Einfluß von Autorität, Religionslehre …) seine Verdrängung erfolgte, desto strenger

wird später das Über-Ich als Gewissen vielleicht als unbewußtes Schuldgefühl über das Ich herrschen.«»Während das Ich wesentlich Repräsentant der Außenwelt der Realität ist, tritt ihm das Über-Ich als Anwalt der Innenwelt, des Es, gegenüber.«»Als Ersatzbildung für die Vatersehnsucht enthält es (sc. das Überich, das Ichideal, d.V.) den Keim, aus dem sich alle Religionen gebildet haben. Das Urteil der eigenen Unzulänglichkeit im Vergleich des Ichs mit seinem Ideal ergibt das demütige religiöse Empfinden.« S. FREUD: Das Ich und das Es (1923), Ges. Werke, XIII 235 – 289, S. 256 – 267: Das Ich und das Über-Ich (Ichideal), 263; 264; 265.

50 H. BRUCE FRANKLIN: The Wake of the Gods. Melville's Mythology (1963), 53 – 98, sieht in Moby Dick das Ungeheuer der griechischen Mythologie: Typhon und, in einem Wortspiel, zugleich den Taifun (78 – 79). In der ägyptischen Mythologie ist Typhon identisch mit dem bösen Gott Seth, der den Gott Osiris tötete. So sieht FRANKLIN Ahab die Rolle des Osiris spielen. (81). Doch von der Sonne gilt:»Weder Ahab noch der Wal ... ist die Sonne. Die Sonne ist ihr Schöpfer.« (86) »Als der Schöpfer von allem ist die Sonne der Gott beider, des Menschen und des Wals. Wie Ahab, betet auch der sterbende Wal das Feuer an.« (87) (Vgl. Moby-Dick, CXVI 757.)

51 WILLIAM S. GLEIM: A Theory of»Moby Dick« (1929), in: P. G. Buchloh – H. Krüger (Hg.): Herman Melville, 76 – 89, ging von der Beeinflussung MELVILLES durch EMANUEL SWEDENBORG (1688 – 1772) aus; MELVILLE hörte von dem schwedischen Mystiker durch den deutschen Philosophen GEORGE J. ADLER (1861 – 1868), den er auf seiner Reise nach England 1849 kennenlernte; In Reisetagebücher, 13, notierte MELVILLE unter Freitag, 12. Oktober:»Er (sc. Adler, d.V.) ist Autor eines ausgezeichneten Wörterbuches (Deutsch und Englisch); bei dessen Zusammenstellung richtete er beinahe seine Gesundheit zugrunde. Eine Zeitlang sei er beinahe verrückt gewesen, erzählte er mir. Er steckt voller deutscher Metaphysik und Diskurse über Kant, Swedenborg etc.« Und am Samstag, 13. Oktober:»Der letzte Abend war sehr angenehm. Mit dem Deutschen, Mr. Adler, bis spät in der Nacht auf Deck promeniert, über ›vorbestimmtes Schicksal, freien Willen, absolute Vorausbestimmung‹ etc. gesprochen. Seine Philosophie stammt von COLERIDGE (sc. dem Dichter SAMUEL TAYLOR COLERIDGE, 1772 – 1883, d.V.): er akzeptiert die Göttlichkeit der Heiligen Schrift und nimmt sich die Freiheit, die Natur zu erforschen. Er ist nicht der Ansicht, daß die Bibel absolut unfehlbar ist und daß alles Gegenteilige in der Wissenschaft falsch sein muß. Er glaubt, daß es Dinge außerhalb Gottes und von ihm unabhängig gibt – Dinge, die existieren würden, wenn es keinen Gott gäbe; – wie etwa zwei und zwei vier ergibt; denn es ist nicht Gott, der das mathematisch verfügt, sondern es liegt in der reinen Natur der Dinge, dies ist ein Faktum.« (14 – 15) GLEIM unterlegt seiner»Theorie« des Moby-Dick die SWEDENBORGschen Bedeutungen als feste Tatsachen, so wenn er»Wasser«als Wahrheit setzt (81) oder das»Schiff«als die Welt (82); und doch erfaßt er die metaphysische Ebene recht gut, wenn er in der Ausfahrt der Pequod so etwas sieht wie einen allegorischen Kreuzzug; denn:»die Menschheit ist das hilflose Opfer eines vorherbestimmten Leids«, und»für all das Elend in der Welt ist eine unaussprechbare Macht verantwortlich«: das Fatum;»der Weiße Wal ist konzipiert als ein Symbol für das Schicksal« (79); von daher seien auch die Attribute Moby Dicks wie des Fatums zu verstehen:»sie konnotieren eine blinde, gefühllose, hirnlose, willkürliche, bösartige und unwiderstehliche Macht.« (80) – HARRY SLOWCHOWER: Moby Dick: The Myth of Democratic Expectancy (1950), in: P. G. Buchloh – H. Krüger (Hg.): Herman Melville, 231 – 244, sieht in Ahab eine Gegenfigur zur Versöhnung im griechischen und christlichen Sinne; dieser Ödipus stelle, aber löse nicht das Rätsel der Sphinx; dieser Georg bekämpfe, aber besiege nicht den Drachen. (238) Er könnte der Fischer-König in der Legende vom Heiligen Gral sein sowie der junge Held, der ihn rettet, – beides zugleich könnte Ahab sein – der satanische Rebell und der erlösende Messias. (239) Doch in Wahrheit sei Ahab eine tragische und selber erlösungsbedürftige Gestalt, die vor allem den Gemeinsinn verweigere:»Wie Job besteht er darauf, seine eigenen Wege vor Gott bei-

zubehalten. Aber er erhebt sich nicht zu der Anerkennung der gemeinsamen Elemente in seinem eigenen Selbst, und am Ende kehrt Ahab Job um, ebenso wie die griechischen und christlichen mythischen Helden.« (50) Den Grund dafür sieht SLOWCHOWER freilich nicht in dem Egozentrismus, den alles Leid, das nicht von menschlicher Nähe begleitet wird, mit sich bringt, sondern in den Zeitumständen: »*Moby-Dick* erschien zu dem Zeitpunkt, als die Industrialisierung ihre Vorwärtsbewegung begann ... Das Werk bringt die mythische Einsicht mit sich, daß, wenn Amerika den Fortschritt kennenlernt, es seine kreativen Anfänge sammeln und verwandeln muß.« (241) Denn: »Es gibt die Gefahr, daß unsere Einheit petrifiziert wird zu einer luftlosen Konformität und daß unsere Freiheit zur bloßen Launenhaftigkeit zerfällt. Aber es gibt ein Versprechen in ihrem harmonischen Zusammenspiel. Und dieses amerikanische Versprechen ist groß.« (241 – 242) ALFRED KAZIN: An Introduction to *Moby-Dick* (1956), in: M. R. Stern (Ed.): Discussions of Moby-Dick, 52 – 59, schreibt: »Am Ende des Buches verliert Ahab all seine menschlichen Bande und wird vollkommen fanatisch. Aber Melville hat keinen Zweifel – noch wir selber –, daß Ahabs Jagd *menschlich* verständlich ist. Und die Jagd selbst ergänzt das Buch mit seiner technischen *raison d'etre*.« »Hinter Ahabs Schrei steht die Furcht, daß des Menschen Vertrag mit Gott gebrochen ist, daß es keinen Zweck für unsere Existenz gibt.« (56) Ahab fühle wie wir alle die »Vergeblichkeit im Angesicht einer blinden unpersönlichen Natur«; seine »Bitterkeit, seine Unerbittlichkeit, seine Unfähigkeit, auszuruhen in der Ungewißheit, die, wie Freud uns gesagt hat, der moderne Mensch auszuhalten lernen muß«, führe dahin, daß Ahab »Gedanken ausagiert, die wir alle teilen. Aber Ahab ... ist ein Heros; wir können nicht genug darauf bestehen.« (55)

⁵² Bereits E. L. GRANT WATSON: »Moby Dick« (1920), in: G. P. Buchloh – H. Krüger (Hg.): Herman Melville, 53 – 62, sah in Fedallah die fatale Inspiration von Ahabs Wahnsinn repräsentiert, er sei der Geist des Wahns, ohne menschliche Qualität. (57 – 58) NATHALIA WRIGHT: Biblical Allusion in Melville's Prosa (1941), in: A. A.O., 163 – 180, erkennt in Fedallah einen Falschpropheten wieder, der, ähnlich wie in 1 Kön 22,22, schicksalhaft in die Irre leiten soll. (168). Doch so verhält es sich nicht. R. E. WATTERS: The Meanings of the White Whale (1951), in: M. R. Stern (Ed.): Discussions of Moby-Dick, 77 – 86, sah richtig, als er schrieb: »Fedallah ist ein Fatalist, der seinen eigenen Untergang und den von Ahab vorhersieht, auch wenn er es vorzieht, Ahab seine prophetischen Botschaften fehlinterpretieren zu lassen.« Mit der Folge: »Ahabs ›großer natürlicher Intellekt‹ ist selbst ein Agent, das ›lebende Instrument‹ seiner Monomanie geworden.« (80 – 81) Doch warum ist das so? – Eine JUNGianische Antwort versuchte JOHN HALVERSON: The Shadow in Moby Dick (1963), in: P. G. Buchloh – H. Krüger (Hg.): Herman Melville, 313 -325; er sah in Fedallah den negativen Schatten Ahabs, im Gegensatz zu dem positiven Schatten, den er in Pip verkörpert fand. Als erstes konstatierte er die Egozentrik, die Ahab schicksalhaft gefangenhält, und schrieb: »Eine Konsequenz seiner Egozentrik ist, daß er kein Gefühl von Verantwortung hat. Er ist bereit, nicht nur sich selbst zu zerstören, sondern alles mit ihm; es ist nicht *sein* Tun ..., Ahab ist ›des Schicksals Leutenant‹.« – »Ahab lebt in seinem Schatten, ... seine Schattenseite hält ihn in Besitz.« – »Auch Ahab begegnet einem hilfreichen Schatten – dem Negerjungen Pip.« (320) Doch: »Ahab hat einen anderen Schatten, einen ›bösen Schatten‹, wie Starbuck ihn ausdrücklich nennt«: der Parse Fedallah. »Stubb nimmt ihn für den Teufel.« (321) »Fedallah symbolisiert Ahabs Besessenheit.« (322)

⁵³ JOHN PARKE: Seven *Moby-Dicks* (1955), in: M. R. Stern (Ed.): Discussions of Moby-Dick, 66 – 76, meint: »Das geschlechtslose, unmenschliche Symbol Fedallah (identifiziert mit dem Teufel, da er keinen Schatten wirft) ist ein früher Beschwörer dessen, was kommen wird.« (68 – 7)) Er fährt fort: »Alle Werte sind verkehrt ... Es gibt keine Gesetze einzuhalten, wenn der Mensch sich selbst setzt, um Rache zu nehmen an dem namenlosen Phantom: dem Leben selbst, an dem Universum an sich selbst. Und unvermeidlich geht alles verloren in dem großen Debakel einer solchen paranoischen Orgie.« »*Moby Dick* ist

ein ungeheuerlicher Alptraum von uns selbst im Krieg mit dem Schicksal und dem Universum, einer, den wir wohltäten, zu betrachten – Amerikaner besonders, die, bei all ihrer wissenschaftlichen Plünderei und Bastelei, Respekt zu lernen haben für die Natur und den Kosmos, für Leben und Tod, und für sich selbst.« (70) Im Vergleich zu anderen Autoren resümiert PARKE:»Satans Ende (sc. bei MILTON, d.V.) ist abstoßend, Kurtz's (sc. bei JOSEPH CONRAD, d.V.) pathetisch; Ahabs ... ist auf paradoxe Weise großartig.« (71) Aber woher kommt es zu der Fedallah-Besessenheit Ahabs? Es ist eine nachdenkenswerte Antwort, wenn PARKE schreibt:»Ahabs Tragödie ... ist ... seine Unfähigkeit, das Böse in sich selbst zu lokalisieren und zu objektivieren.« (75) – Zu MILTONS Einfluß auf MELVILLES Werk vgl. HENRY F. POMMER: Milton and Melville, Pittsburgh 1950.

54 Fedallahs Gestalt könnte auf die Beschreibungen von Eingeborenen und Mischlingen in Manila zurückgehen, die CHARLES WILKES in seiner *Narrative of the U.S. Exploring Expedition* (1845) gab. Sein Name bedeutet auf arabisch:»Opfer oder Lösegeld für Gott.« ROBERT L. GALE: A Herman Melville Encyclopedia (1995), 136. Vgl. DANIEL GÖSKE: Anmerkungen zu *Moby-Dick*, S. 978 zu *Moby-Dick*, L 376 – 377. Wenn Fedallah den »Geisterspaut« aussingt,»als hätte ein geflügelter Geist sich in das Rigg gesetzt und einen Ruf hinabgesandt zur sterblichen Besatzung« (LI 378 – 379), so könnte darin eine Anspielung auf JOHN MILTON: Das verlorene Paradies (1667), (übers. v. B. Schuhmann, 1855), IV 194 – 199, S. 93, vorliegen, wo es von Satan heißt:»Auf zum Lebensbaum, / Des Gartens höchstem, schwang er sich und saß / Hier als ein Rabe; doch nicht wahres Leben / Sog er aus ihm; er sann ja denen Tod, / Die lebten, und gedachte nicht der Kraft / In diesem lebenspendenden Gewächs.«

55 Vgl. REINHOLD MERKELBACH: Mithras (1984), 193 – 227: Stieropfer und Kosmogonie. Es ist der Urgedanke,»daß die Welt aus einem Uropfer – Tier oder Mensch oder Gott – entstanden ist.« Parallelen finden sich in germanischen Kosmogonien, in dem indischen Uropfer sowie im babylonischen Weltschöpfungsepos. Indem Mithras den Stier tötete, schuf er die Grundlagen der Welt: aus dem Schwanz des Stiers wächst die erste Kornähre, aus seinen Gliedern sprossen Bäume und Pflanzen, sein Blut verwandelt sich in Wein, und sein Same reinigt sich im Licht des Mondes. (193)

56 Gerade vor dem Hintergrund der persischen *Mithras*-Religion erscheint es, als wolle Ahab die kosmogonische Tat des Mithras: die Tötung des Stiers, wiederholen, um sie zu revidieren: Wenn alles Dasein sich dem blutigen Geschäft des Tötens »verdankt«, ist das Dasein in sich selbst inakzeptabel; und wenn im Urgrund von allem die Reste der »Finsternis« und des »Bösen« liegen und lauern, so gilt es, sie zu entfernen, um eine »bessere«, gereinigte Welt heraufzuführen. – HERMAN LOMMEL: Symbolik der Elemente in der zoroastrischen Religion (1959), in: B. Schlerath (Hg.): Zarathustra, 253 – 269, schreibt:»Die Moslim haben die Zoroastrier Feueranbeter genannt. Daß das nicht richtig ist, liegt auf der Hand; es ist von außen gesehen. Wir neigen sogleich zu der Auffassung, daß das Feuer ein Symbol ist.« (253) »Der Dualismus von Gut und Böse ist allerdings das Wichtigste ... Wirklich verstehen kann man aber den Zarathustrismus nur, wenn man auch den anderen Dualismus, den von Geist und Stoff, beachtet. Dieser durchzieht gleichermaßen die gute und die böse Welt ... Schlecht und böse sind ... die stofflichen und die geistigen Bestandteile der bösen Gegenschöpfung; auf der guten Seite aber sind die stofflichen Dinge gut.« (256) »Da stehen gegenüber der Wahrheit die Lüge, dem guten Denken schlechtes Denken, der Herrschaft die Mißherrschaft, der Fügsamkeit Auflehnung (Empörung), dem Heilsein (Gesundheit, Wohlergehen) Elend, dem Nichtsterben (Fortleben) Verderben. – ich betone ..., daß da nicht ›Tod‹ genannt ist. Tod ja nichts Übles, Böses, sondern etwas Natürliches, Notwendiges, ohne das es kein Fortleben gäbe.« (259) Genau so sieht es *nicht* der MELVILLESCHE »Feueranbeter« Ahab!

57 Auch die Ruderpinne der *Pequod*, die »aus einem einzigen Stück, geschnitzt aus den langen, schmalen Unterkiefer ihres Erbfeindes«, des Pottwals, gemacht war (*Moby-Dick*,

XVI 134), belegt die literarische Unausgeglichenheit der »zwei *Moby-Dicks*«: LXI 453 gibt Ahab selbst Luvruder, »bevor noch der Rudergänger in die Spaken (sc. des Steuerrades, d.V.) greifen konnte«. XCVI 657 indessen steht Ismael an der »Kieferknochenpinne«, und auch CXXIII 779 schlägt im Taifun die »Walkieferpinne der *Pequod*« wild hin und her.

[58] Die psychologische Frage stellt sich, warum Ahab, der als Christ aufwuchs, überhaupt zum »Feueranbeter« wurde – wieso er sein Christsein so glühend und rein zu leben versuchte, daß ihn schließlich das »Feuer« versengte und die ganze Einrichtung der Welt ihm feind wurde. S. o. Anm. 4a, 3.

[59] Diese Problemstellung liegt bereits den persisch-dualistischen Weltdeutungen zu Grunde und hat sich im Christentum in der Vorstellung des »Teufels« erhalten, der nach seinem Abfall von Gott der guten Welt Gottes »durch seinen Haß gegen Gott« »schwere Schäden geistiger Natur und indirekt sogar physischer Natur« zufügen soll, wie der »Weltkatechismus« der Katholischen Kirche noch heute rund 1 Mrd. Menschen zu glauben abverlangt. *Catéchisme de l' Église Catholique* (1992), Nr. 395, S. 89.

[60] WILLIAM B. DILLINGHAM: Melville and his circle. The last Years (1996), 58, beschreibt, daß MELVILLE 1870 mit SCHOPENHAUER bekannt wurde. Zwischen 1877 – 91 sei für MELVILLE das Lesen von SCHOPENHAUERS Schriften wesentlich geworden (63), inklusive der buddhistischen Betrachtung der Welt als eines Traums. (67) So schreibt ARTHUR SCHOPENHAUER: Die Welt als Wille und Vorstellung, 1. Bd. (^{2}1844), Sämtliche Werke, II 259 – 260, Kap. 44: »wir sehn in ihr (sc. der Natur, d.V.) die vielfachen Grade und Weisen der Manifestation des Willens, welcher, in allen Wesen der Eine und selbe, überall das Selbe will, was eben als Leben, als Daseyn, sich objektiviert, in so endloser Abwechselung, so verschiedenen Gestalten, die alle Akkomodationen zu den verschiedenen äußeren Bedingungen sind, vielen Varianten des selben Themas zu vergleichen. Sollten wir aber dem Betrachter den Aufschluß über ihr inneres Wesen auch für die Reflexion und in Einem Worte mittheilen; so würden wir am besten jene Sanskrit-Formel, die in den heiligen Büchern der Hindu so oft vorkommt und Mahavakya, d. h. das große Wort, genannt wird, dazu gebrauchen können: ›Tat twam asi‹, das heißt: ›Dieses Lebende bist du!‹«

[61] R. E. WATTERS: Melville's »Isolatoes« (1945), in: M. R. Stern (Ed.): Discussions of Moby-Dick, 107 – 114, verweist darauf, daß sie alle: Weißjacke, Redburn, Isabel, Israel Potter, Clarel, John Marr … unfreiwillige »Isolatos« sind, meint dann aber, MELVILLE sei, wohl wegen der größeren Möglichkeiten des Tragischen, tiefer an der selbstgewählten Isolation interessiert gewesen, und fährt fort: »Melvilles zwei größte freiwillige Isolatos, Ahab und Pierre, haben manche Leser zu einem falschen Verständnis seiner generellen Einstellung zum Individualismus verführt. Nach F. L. PATTEE (Herman Melville, American Mercury, X, 39, Jan. 1927), war Melville ›ein Nietzschejaner, als Nietzsche noch ein Schulkind war. Sei hart, schlage, trample nieder, sei ein Übermensch, zuerst werde du selber niedergetrampelt – so das Gesetz der Natur – das Gesetz Gottes, wenn es einen Gott gibt.‹« (108 – 109) Es wäre gewiß falsch, Ahab oder Pierre mit MELVILLE selbst gleichzusetzen, doch läßt sich nicht leugnen, daß ein erstaunliches NIETZSCHE-ähnliches Pathos in den Monologen dieser beiden großen Romangestalten anklingt, indem sie gerade gegen die Welt revoltieren, die MELVILLE selber schließlich recht zutreffend bei SCHOPENHAUER beschrieben fand. FRIEDRICH NIETZSCHE: Also sprach Zarathustra (1883), 1. Teil, Von den Predigern des Todes, S. 46 – 48, wehrte sich gegen die Weltverleumdung und Weltverleugnung: »Es gibt Prediger des Todes: und die Erde ist voll von solchen, denen Abkehr gepredigt werden muß vom Leben. – Voll ist die Erde von Überflüssigen, verdorben ist das Leben durch die Viel-zu-Vielen. Möge man sie mit dem ›ewigen Leben‹ aus diesem Leben weglocken … Da sind die Fürchterlichen, welche in sich das Raubtier herumtragen und keine Wahl haben, es sei denn Lüste oder Selbstzerfleischung.« »Ihnen begegnet ein Kranker oder ein Greis oder ein Leichnam; und gleich sagen sie: ›das Leben ist widerlegt!‹ – Aber nur sie sind widerlegt und ihr Auge, welches nur das Eine Gesicht sieht am Dasein. – Eingehüllt in dicke Schwermut und begierig auf die kleinen Zufälle, welche den

Tod bringen: so warten sie und beißen die Zähne aufeinander.« WATTERS hingegen möchte MELVILLE so verstehen, daß er die Isolation und die Schwermut seiner Romanhelden nicht verherrliche, sondern zeige, daß Isolation die Seele des Menschen krank mache.»In seinem ganzen Werk entfaltet Melville seinen Glauben, daß Glück nicht erreichbar ist durch ein Individuum in Isolation.« Die Lehre Christi von der Liebe und sein Versprechen der Unsterblichkeit hätten stets zu den bleibenden Einflüssen in MELVILLES Leben gezählt. (109)

[62] Ganz und gar dem»manichäischen« Verständnis des *Moby-Dick* entspricht die Interpretation, die D. H. LAWRENCE: Moby Dick or the Whale (1923), in: M. R. Stern (Ed.): Discussions of Moby-Dick, 35 – 44, gegeben hat:»Es ist ein großes Buch, ein sehr großes Buch, das größte Buch des Meeres, das je geschrieben wurde. Es trägt Schrecken in die Seele. Die furchtbare Schicksalhaftigkeit. Schicksalhaftigkeit. Untergang.«(43) Woher aber kommt das Verhängnis? In gewissem Sinne ist für LAWRENCE die Geschichte von *Moby-Dick* ein Gleichnis auf den Zustand der USA:»Ein wahnsinniger Kapitän der Seele und drei hervorragende praktische Steuerleute. – Amerika!« (38) Aber die seelische Erkrankung sitzt tief. Psychoanalytisch ist der Weiße Wal als ein Symbol der Vaterautorität zu verstehen, als Elternimago, als ein Bild des (calvinistischen) Gottes; LAWRENCE indessen kehrt die Betrachtung vollkommen um; was wäre, wenn es keine Unterdrückung der Triebe im manichäistischen Sinne gäbe? Dann wären die Triebe»gut«! Es ist das»Überich«, das zum Kampf gegen die Natur zwingt.»Was also ist Moby Dick? Er ist . . . unsere tiefste Blut-Natur. Und er wird gejagt, gejagt, gejagt von dem wahnhaften Fanatismus unseres weißen geistigen Bewußtseins. Wir wollen ihn niederjagen. Ihn unserem Willen unterwerfen. Und bei dieser wahnsinnigen bewußten Jagd auf uns selbst, setzen wir schwarze Rassen und hellhäutige ein, uns zu helfen, rote, gelbe, schwarze, Ost und West, Quäker und Feueranbeter . . . Das letzte phallische Seiende des weißen Mannes. Gejagt in den Tod des Über-Bewußtseins und des idealen Willens . . . Heißblütiger meergeborener Moby Dick. Gejagt von Monomanen der Idee.« (44) Dabei war der »Fisch« einmal ein Bild auch für den Christus. Wäre dann nicht der Sieg Moby Dicks ein Triumph der verdrängten Triebe über eine bizarre Moral der Selbstzerstörung? Mithin, recht verstanden, eine Ahnung künftiger Erlösung? Die eigentliche Revolution bestünde dann nicht in dem Kampf Ahabs gegen die»Natur«, gegen»Gott«, sie bestünde darin, die Gestalt des inneren Verfolgers, die Fedallah-Dämonie Ahabs, aufzulösen; es käme alles darauf an, Ahab von Ahab zu erlösen . . . »Wenn der Große Weiße Wal das Schiff der Großen Weißen Seele 1851 versenkte, was ist seither geschehen?«fragt LAWRENCE.»Postmortem-Wirkungen, vermutlich. Denn in den ersten Jahrhunderten war Jesus Cetus, der Wal. Und die Christen waren die kleinen Fische. Jesus, der Erlöser, war Cetus, Leviathan. Und all die Christen alle seine kleinen Fische.« (44) – Zur Religion des Manichäismus vgl. ALEXANDER BÖHLIG: Christliche Wurzeln im Manichäismus (1960), in: G. Widengren (Hg.): Der Manichäismus, 225 – 246. Eine wesentliche Quelle MANIS war die Lehre des Gnostikers BARDESANES, der dem Christentum, speziell den Vorstellungen des Johannes-Evangeliums, nahe stand, aus der Mani aber»eine . . . bildhafte und harmonische Weltschau entwickeln konnte« (234); hinzu kam die Alternative von dem guten Gott, den MARKION lehrte.»Mani verbindet beide Auffassungen durch selbständiges Denken, durchdringt das mythologische Weltbild mit dualistischer und asketischer Strenge. Die Schroffheit von Manis Dualismus kann, wohl beeinfluß durch Gedanken, die ihm von der iranischen Religion her vertraut waren, eine konsequente Weiterführung Markions darstellen; besonders neigte aber die religiöse Wetterecke der Spätantike, Syrien und Mesopotamien, überhaupt zu scharfen Entscheidungen und Gegenüberstellungen.« (236)»Der Manichäismus behauptet sogar, daß er allein die wirkliche christliche Auffassung des Bösen besitze, während die katholische Kirche durch philosophisches Denken die Schärfe der Gedanken gemildert habe.« (244) Vgl. auch HENRI-CHARLES PUECH: Der Begriff der Erlösung im Manichäismus (1937), in: A. A.O., 145 – 214:»die

Erlösung ist Befreiung und ausschließlich auf der Gnosis aufgebaut, die sie hervorbringt ... Die manichäische Erlösung ist eine Erlösung der Intelligenz und durch die Intelligenz. Aber diese Intelligenz schließt in ihrem Erscheinen Offenbarung ein, und Mythologie in ihrem Inhalt. Nun ist es aber gerade dieser mystische und mythische Charakter, der es bewirkt, daß der Ablauf der kosmischen Ereignisse sich zum Drama gestaltet, und die Erfüllung der Erlösung des Menschen zu einem Kampfe ... der grundsätzliche Dualismus ... formt diese mythische Welt- und Menschengeschichte in eine Reihe von Wechselfällen und hilfreichen Eingriffen um; von der Seite der Seele gesehen, in unaufhörliche Versuchungen, Aufschwünge, feiges Zurücksinken. Sie beginnen mit einem Zusammenbruch und enden mit einem unvollkommenen Siege.« (212 – 213) – Zu Recht stellt MAURICE FRIEDMAN: Problematic Rebel (1970), 49 – 148, den Satz aus *Moby-Dick* CXIX 771 als den Kern der Revolte Ahabs heraus:»Mitten im verkörperten Unpersönlichen stehe ich hier, eine Persönlichkeit.« –»Hier«, schreibt FRIEDMAN,»ist das Geheimnis von Ahabs Auflehnung: er ist, was dieser ›klare‹ Geist des Feuers‹ niemals sein kann – eine Person, und als Person ist er bewußt und wissend um sich selbst, wie Feuer es nicht ist.« (108)

63 Es ist eben diese intellektuelle Akzeptanz der Dinge, wie sie sind, weil sie so sind, die Ahab selber *im Gefühl* unmöglich fällt; denn sein eiskaltes Skystengenhirn (*Moby-Dick*, CXX 774)»fühlt, fühlt, fühlt nur«. (CXXXV 849) – Das Ergebnis dieses Konfliktes hat GEORG BÜCHNER: Dantons Tod (1835), 3. Akt, 1. Szene, in: Werke und Briefe, S. 107, formuliert: »Ihr könnt Gott demonstrieren, Spinoza hat es versucht. Man kann das Böse leugnen, aber nicht den Schmerz; nur der Verstand kann Gott beweisen, das Gefühl empört sich dagegen ... Das ist der Fels des Atheismus. Das leiseste Zucken des Schmerzes und rege es sich nur in einem Atom, macht einen Riß in der Schöpfung von oben bis unten.«

64 Vgl. E. DREWERMANN: ... und es geschah so. Die moderne Biologie und die Frage nach Gott, 222 – 226: Die Schöpfung eines »guten« Gottes?; 259 – 262: Die Welt des Dionysos; 408 – 420: Gott und die Gene oder: Vom Wert und Unwert des Individuums; 753 – 760: Die Bildung des Zellkerns – und was Theologen davon lernen können; 761 – 773: Vom Zusammenbruch der rationalen Gotteserkenntnis aus der Natur.

65 TEILHARD DE CHARDIN: Der Mensch im Kosmos (1947), vertrat als Paläontologe die Lehre von der Ausrichtung der Evolution auf den kosmischen Christus.

Exkurs: Pierre

1 KLAUS LANZINGER: Primitivismus und Naturalismus im Prosaschaffen Herman Melvilles (1959), 81 – 86: Pierre, der Nihilist, nennt den Roman»die notwendige Folgerung, die tragische Konsequenz von *Moby-Dick* ... Melville hatte ... das Schicksal aufgebrochen und das Zweideutige darin vorgefunden, das seinen geistigen Blick immer mehr ins Sinnlose zu verfinstern drohte. In *Moby-Dick* hatte Melville die Zuverlässigkeit der äußeren Erscheinungswelt in Frage gestellt, in *Pierre* richtete sich sein Zweifel nach innen, wobei er ernstlich den wahren Gehalt des Sittlichen prüfte ... Es ging ihm ... lange nicht mehr um ein zelotenhaftes Moralisieren, um die Entlarvung bürgerlicher Heuchelei und Scheinheiligkeit ... bei *Pierre* ... ging es letztlich ... um die Frage nach dem Bestand von Wahrheit und Tugend überhaupt.« (81) »Im Kernpunkt der Problematik ... steht die Frage nach der Existenzmöglichkeit des Idealen.« (82) »Melville durchbrach den weltanschaulich und emotional gesicherten Bereich, in dem das Bürgertum seiner Zeit lebte. Gleicht er nicht Nietzsche, dem Zertrümmerer aller Werte und radikalen Verneiner aller bis dahin ordnenden Werte des christlichen Abendlandes? Gleicht er in seinem Pessimismus nicht Schopenhauer, in der Doppeldeutigkeit von Gut und Böse nicht Dostojewskij? – Wird in ihm nicht ebenso die Krise des modernen Abendlandes sichtbar? – Melville ahnte die Krise, er sah sie bereits auf Schritt und Tritt kommen, er hatte sie mit aller Eindringlichkeit

aufgezeigt und resignierte in tragischer Weise und Bitterkeit. Er war ein Frühzeitiger, ein Einsamer, sein Geist durchwanderte als einer der ersten die öden Steppen einer nihilistischen Landschaft und verlor sich in einer Finsternis, in die kein Strahl der Hoffnung mehr fiel.« (85 – 86) Ähnlich stellte auch LAWRANCE THOMPSON: Melville's Quarrel with God (1952), 247 – 294, die Interpretation des *Pierre* unter die Überschrift:»Gottes steinernes Herz«. Freilich wird dabei vorausgesetzt, daß MELVILLE gewissermaßen »methodisch« überlegt den religiösen Vorstellungen des Christentums habe widersprechen wollen. Alles beginne mit einer »psychologischen Allegorie« – einer Garten Eden-gleichen Welt vor Adams Sündenfall: mit Frau Glendinning als Mutter Erde, Herrn Glendinning als himmlischem Vater und Lucy als Eva. (250) Doch wenn es sich so verhielte, müßte Pierre von Fräulein Tartan zu etwas (Sexuellem mutmaßlich) verführt worden sein, das die Vertreibung der beiden aus dem Garten der Unschuld hätte nach sich ziehen müssen; stattdessen aber bricht Pierres behütete Welt durch ein »Vergehen« seines Vaters zusammen. Die Liebesschwüre zwischen Pierre und Lucy interpretiert THOMPSON als»Burleske« (252 – 255); das aber unterstellt, daß Pierre an seine Liebe zu Lucy nicht wirklich habe glauben können – oder daß sie zumindest dem allwissenden Erzähler von vornherein als lächerlich habe erscheinen müssen. Tatsächlich jedoch geht es gerade darum, die Zerstörung der Liebe und des Glaubens an die Liebe durch eine tragische Perversion der besten Absichten zu schildern. Da freilich THOMPSON, wie manche andere Kritiker, es kategorisch ablehnen, MELVILLES Romangestalten psychologisch von innen heraus verstehen zu wollen, verurteilt der Interpret sich selber zu der Rolle eines bloßen Zuschauers und unterstellt Sarkasmus und Zynismus, wo nichts ist als Leid, Ohnmacht und Verzweiflung – aus Gründen, die den Handelnden verborgen sind, während sie doch in ihren Handlungen offenbar werden. »Ein Idealismus«, schreibt THOMPSON, »wie derjenige Pierres ist lächerlich, sagt Melville, weil er absolut unmöglich gemacht wurde durch Gott, den Allmächtigen, und durch die Gesellschaft als ein unbewußtes Werkzeug Gottes.« (278) Aber sagt MELVILLE das wirklich? Was er erzählt, ist eine Tragödie, die sich gerade durch die Prozesse im Unbewußten Pierres aufführt. So kann man auch nicht wie THOMPSON sagen, er habe nicht die Toleranz wahren können, die er als Künstler angestrebt habe, und er habe»statt dessen sehr kraftvoll seine vorherrschende Sympathie für die antichristlichen Attitüden Ismaels und Kapitän Ahabs dramatisiert und beleuchtet.« (292) – WILLIAM BRASWELL: Melville's religious Thought (1959), 86 – 106: The Story in the Symbolism of *Mardi* and *Pierre*, geht davon aus, daß»der Schlüssel zu vielem von Melvilles Symbolismus« in ROBERT BURTON: *Anatomie der Melancholie* (1847) liege, und er beruft sich dabei auf zwei Studien: E. L. GRANT WATSON: Melville's *Pierre*, in: New England Quarterly, 3 (April 1930), 195 – 234; und GEORGE CASPAR HOMANS: The Dark Angel: The Tragedy of Herman Melville, in: New England Quarterly, 5 (Oct. 1933), 699 – 730. Es ist von vornherein zu fragen, inwieweit es möglich ist, von einem Roman aus die Psychologie eines Autors rekonstruieren zu wollen; doch daß sich Pierres Tragödie nur mit den Mitteln der Psychologie verstehen läßt, sollte nicht bezweifelt werden. BURTON, den MELVILLE gelesen hatte, erwähnte die Auffassung des PARACELSUS (1493 – 1541) und des THOMAS CAMPANELLA (1568 – 1639), der Mensch besitze vier Seelen; in *Redburn* (XLIX 260) greift MELVILLE diese Theorie auf, um zu erläutern,»die menschliche Seele sei in ihrem Wesen harmonisch ... die Halle eines Adelssitzes«, in welcher»Quartette von Melodien« erklingen. In *Pierre* nun erklingt das»Quartett« der Seele in tödlicher Disharmonie, indem Pierre, wie BRASWELL (93) meint, die rationale Seele symbolisiere, einschließlich von Wille und Verstand; Lucy repräsentiere die sensitive Seele; Delly Ulver erscheine als vegetative Seele (97), während Isabel, die einige Ähnlichkeit zu Yillah in *Mardi* aufweist (97), die vierte, die spirituelle Seele verkörpere. Um diese vier Seelen zu charakterisieren, verwende MELVILLE erneut das Symbol des Landes: Isabel (wie Yillah) hat die See durchfahren und ist von fernher ins Land gekommen, Lucy hat ein Heim an der See, hat aber viel Zeit im Inland verbracht; sie hat zwei Brüder bei der Marine; Delly wurde geboren und aufgezogen im Inland; Pierres Leben ist unendlich härter in der zweiten Hälfte des Romans, deren Kulisse ein Seehafen (New York) bildet. (98) Den Vetter Glen betrachtet BRASWELL als Symbol des öffentlichen Selbst. (99) Den Tod der Mutter versteht er als das Ende des Einflusses auf die rationale Seele von seiten der Welt, in der Pierre großgeworden war. (99) Doch warum muß der selbstlose Plan Pierres, sein Leben durch die Begegnung mit Isabel vollkommen zu ändern, um seine Halbschwester zu retten, derartig scheitern? Hier hilft nicht länger die Psychologie des 19., allenfalls des 20. Jhs. weiter. Sah sich MELVILLE wirklich als eine Art »BYRONschen Helden«, als er seinen *Pierre* schrieb? (105) Tatsächlich liegt die Erklärung der Tragödie Pierres in der vielschichtigen und widersprüchlichen Seele des Romanhelden selbst – WILLIAM ELLERY SEDGWICK: Herman Melville. The Tragedy of Mind (1962), 137 – 171: Pierre, sieht in Pierre ebenfalls »eine Kreatur von tragischer Ironie«. (142) Wie aber soll es »ironisch« sein, wenn Pierre der stolzen Herrschaft seiner Mutter nur entkommen kann, indem er zum Opfer seines eigenen »desaströsen Stolzes von Rechtschaffenheit, Wahrheit und Idealismus« wird (143)? Wer sich in die Not eines Menschen, ob im Leben, ob im Roman, nicht wirklich hineinfühlt, mag manches als Narretei und Posse belächeln, was dem Betreffenden selbst, Pierre in MELVILLES Darstellung, bitter ernst ist: die »Rechtschaffenheit«, der »Idealismus« sind ja Teil des mütterlichen Standards, und daß die Wahrheit unvereinbar ist mit dieser Welt, ist gerade das, was Pierre auch nur zu denken von sich selbst her gar nicht möglich war. Sehr richtig indessen vergleicht SEDGWICK Pierres Mutter mit der Gestalt der Hautia in *Mardi* und fügt hinzu: »Der einzige böse Charakter oder das Symbol des Bösen ist die Mutter« – nicht also etwa Isabel. (148) Isabel bedeute in *Pierre* in etwa dasselbe wie das Meer in *Moby-Dick* und wende sich eigentlich an »die robuste, gesunde Seele in Pierre«, nur fehle dem jungen Glendinning der »Festlandsinn« (151); Lucy hingegen »sei ein Symbol für menschliches Wachstum, Vollendung, Einheit.« (152) Anders eben Isabel. »Obwohl nicht selber böse, ist Isabel von demselben dunklen Geheimnis, das die Notwendigkeit von Sünde und Leid einschließt. Wie das Meer in *Moby-Dick*, ist sie die dunkle, arge Seite des Lebens . . .; und die Seite, die sich selbst nicht artikulieren kann.« (153) Auf diese Weise gelangt SEDGWICK zu einer Fülle von symbolischen Verweisungen, mit denen ein JUNGianer unter den Tiefenpsychologen sehr zufrieden sein könnte, er gelangt aber nicht dahin, die Psychodynamik in Pierre selbst zu verstehen: Wie kommt es zu all diesen Bildern und welch ein (unbewußter) Zwang steckt in dem allen? Das »Pamphlet« Plinlimmons, das man biographisch als eine Satire auf HAWTHORNE verstehen kann, nimmt er durchaus positiv («es öffnet die Türen der Liebe und der Rettung für alle Arten und Verhältnisse von Menschen«, S. 161), wo es wohl tatsächlich sich nur ironisch verstehen läßt – als ein verzweifeltes Gedankenexperiment, in einer Welt zurechtzukommen, die dermaßen das Unrecht braucht. Beherzigenswert allerdings bleibt die Lehre, die SEDGWICK aus *Pierre* zieht: »Die letzte tragische Erkenntnis von allem ist, daß die Vernunft nur in der edlen Verfolgung der Wahrheit zu einem wahren Sinn ihrer selbst kommt als ihrer einzigen Realität und daß Realität das Prinzip der Zerstörung ist . . . Wir träumen, daß wir träumten einen Traum. Das Element des Zweifels, das er in *Hamlet* fand, trieb Melville ins Äußerste. Aber . . . so lang es uns bestimmt ist zu träumen, daß wir träumen, gibt es kein Entrinnen aus dem Alptraum.« (172) – Zu den biographischen Umständen der Entstehung des Romans vgl. ALEXANDER PECHMANN: Herman Melville (2003), 167 – 170; 178 – 180. Es könnte sein, »daß Herman Melvilles Vater . . . eine uneheliche Tochter hatte . . . Allan Melville (sc. Herman Melvilles Vater, 1782 – 1832, d.V.) hatte 1797 als junger Mann in Boston in der Nähe eines kleinen Textilgeschäftes gewohnt, in welchem eine Martha Bent als Aushilfe arbeitete. 1798 brachte sie eine Tochter zur Welt, die später den Namen ihres Ehemanns Allan annahm. Die Indizien sprechen dafür, daß . . . Ann Middleton Allan (sc. 1798 – 1869, d.V.) . . . tatsächlich die Tochter Allan Melvilles war. Herman Melville war . . . 19 Jahre alt, als er auf der Farm seines Onkels von der Existenz der Halbschwester erfuhr.« (178 – 179) Vgl. PHILIP YOUNG: The Private Melville (1993), 9 – 26: History of a Secret Sister. – Auf die Umstände des Todes von Allan Melville, der dem Tod von Pierres Vater so ähnlich sieht, geht ELIZABETH HARDWICK: Herman Melville (2000), 28, ein:»Allan Melville fand sein Ende im Alter von fünfzig Jahren unter solch elenden und unglückseligen Umständen, daß sie noch die Trauer um den Tod vergällten. Er zog sich ein heftiges Fieber zu, eine schwere Lungenentzündung mit den entsprechenden Schweißausbrüchen und Delirien. Nach drei Wochen war er tot. Der anhaltende, rasende Fieberwahn ließ seine Pfleger und Besucher glauben, er wäre verrückt geworden und stürbe als Irrer.« – Als konkretes Vorbild für die Gestalt Isabels dürfte MELVILLES Cousine Anne Marie Priscilla Melvill (1810 – 1858), die Tochter seines Onkels THOMAS MELVILL JR. (1776 – 1845) und dessen französischer erster Frau Françoise Fleury (1781 – 1814), gedient haben. Wie Isabel war auch Priscilla in Frankreich, in Paris, geboren worden und als Kind nach Amerika gekommen; sie war vier Jahre alt, als ihre Mutter starb. PHILIP YOUNG: A. A.O., 27 – 54: Melvills, and the Heroine of *Pierre*, 39 ff, zitiert aus Briefen, die Priscilla Melvill zwischen 1848 – 1853 an ihre Cousine Augusta Melville (1821 – 1876), Hermans Schwester, schrieb, die ihr leidenschaftliches Wesen zeigen; auch sie war, wie Isabel, eine»dunkle Schönheit«, und auch sie»mußte... im Kindesalter zahlreiche Todesfälle und häufige Umzüge miterleben. Einer ihrer Brüder hieß tatsächlich Pierre (sc. Pierre Melvill, 1806 – 1844, d.V.).« MELVILLES Enkeltochter ELEANOR METCALF (1882 – 1964) erinnerte sich in ihrer eigenen Familie auch an eine Gitarre, wie sie von Isabel gespielt wird. (ALEXANDER PECHMANN: A. A.O., 178)

2 Natürlich ist mit dem Begriff»Ödipuskomplex« an sich noch nicht sehr viel gesagt; vor allem gilt es zu beachten, daß es Mrs. Glendinning ist, die ihren Sohn ganz und gar als ihren idealen Geliebten: als Sohn, Bruder, Ehemann-Ersatz und Schwiegervater-Nachfolger, auf lebenslänglich bei sich behalten möchte; keineswegs geht es nur um die»neurotische Fixierung infantiler libidinöser Triebwünsche«. Immerhin mag die Inzestthematik des *Pierre* noch einmal Anlaß bieten, über die Motive der Weltliteratur nachzusinnen; vgl. OTTO RANK: Das Inzestmotiv in Dichtung und Sage. Grundzüge einer Psychologie des dichterischen Schaffens, Leipzig – Wien 1912. – LEWIS MUMFORD: Herman Melville (1929; revised 1963), 134 – 152: Amor, Threatening, fand zwar den Stil von *Pierre*»unerträglich«, aber die»Fragmente... manchmal wunderbar«. (141) Im ganzen aber bemängelte er den zentralen psychologischen Konflikt:»Pierres emotionale Reaktion auf Isabel ist gänzlich außerhalb jeder Proportion zu der Tatsache, daß er eine Schwester gefunden hat, deren Existenz er nie zuvor vermutet hatte. Für einen jungen Mann, der kindlich an seine Mutter gebunden ist..., sollte der Eintritt einer anderen jungen Frau nicht solch einen vulkanischen Effekt haben.« (141) MUMFORD sah nicht, daß gerade die Mutterbeziehung Pierres den Schlüssel der ganzen Tragödie enthält; allerdings stellte er fest:»Pierres doppelte Beziehung zu dem Bild seines Vaters und zur aktuellen Gegenwart seiner Mutter, seine vermischten Einstellungen zu Lucy und Isabel, der Konflikt zwischen seinen latenten Interessen und seinen Handlungen und Rationalisierungen – all diese Dinge werden mit einer bemerkenswerten Eindringlichkeit dargeboten... Pierres Identifikation der Liebe seiner Mutter mit einem Höchstmaß an Egotismus, Pierre als Spiegel, in dem sie ihre eigene stolze Grimasse erblickt, – das ist nicht weniger eindringlich als Melvilles Aufrechnung der Beziehung zwischen Pierre und seiner Cousine, die von romantischer Liebe zu Apathie und Feindschaft verläuft.« (145)»Die Liebe seiner Mutter für ihren Sohn ist Selbstliebe, und ihre Verehrung für ihn ist Eitelkeit... Pierres reinste Liebe ist ein verhohlener Inzest, sein Edelmut ist weltlich ein Verbrechen, wohingegen ein Mangel an generösen Impulsen zu Wohlstand und Ehre geführt hätte... schließlich: die einzige Zivilisation, die vollständig die Gebote der christlichen Moral mißachtet, ist die der westlichen Welt, die sie bekennt. – Diese Paradoxe waren verwirrend genug.« (148) Das stimmt. Doch wieder: was ist der Grund für diese ungeheure»Ambiguität« aller Verhältnisse und Beziehungen? MUMFORD führte die Situation von *Pierre* auf die Situation von MELVILLE selbst zurück, und so machte er aus der erregenden psychologischen Studie eines großen Romans das private Problem einer»Regression« mit inzestuösem Einschlag, die er auf

MELVILLES sexuelle Entwicklung von Südsee-Freiheit zu häuslichem Zwang zurückführte: »Sexualität bedeutete Heirat; Heirat bedeutete Haushalt; kein Wunder, seine Phantasie heftete ihn an eine Mutter, die nicht kapitulieren konnte, an eine Halb-Schwester, die keine Kinder gebären konnte.« (150) Tatsächlich indessen verhält es sich in *Pierre* gerade umgekehrt: Alles wäre in Ordnung, wenn Mrs. Glendinning nur endlich »kapitulieren« würde! Es dürfte schwerhalten, Pierres Alptraum in MELVILLES Wunschtraum umzudeuten. – In Wahrheit ist die scheinbare Kluft zwischen *Moby-Dick* und *Pierre* nicht so groß. WYN KELLEY: *Pierre's Domestic Ambiguities*, in: Robert S. Levine (Ed.): The Cambridge Companion to Herman Melville (1998), 91 – 113, bemerkt, daß MELVILLE lediglich »die Brüderlichkeit vom Schiff ins Haus verlegt, von dem Modell einer Kameradschaft unter Männern in eine gleichermaßen intime ›Brüderlichkeit‹ zwischen Mann und Frau. *Pierre* handelt wie ein Bruder zu den drei Frauen in seinem Leben: seiner Mutter Mary Glendinning, seiner mutmaßlichen Schwester Isabel Banford und später seiner Verlobten Lucy Tartan.« (92) Doch während die Gesellschaft fast unbegrenzte Intimität unter Brüdern dulde, stelle sie die Beziehung zwischen Bruder und Schwester entweder unter die Pflicht zölibatärer Enthaltsamkeit oder verurteile sie als Inzest. Hier auch liege der Unterschied zu HAWTHORNES *Sieben-Giebel-Haus*, »das nach der Herausforderung der Gesetze der patriarchalen Familie mit deren Neuverschreibung endet«, wohingegen »Melvilles *Pierre* die Ehe verwirft mit dem Angebot einer verdrehten utopischen Alternative.« (93) Literarische Einflüsse ließen sich finden in SUSANNA ROWSON: Charlotte Temple (Hallowell 1832), eine Geschichte »um Verführung und Betrug einer Frau«, sowie in CATHARINE MARIA SEDGWICK: Hope Leslie (dt.: Hope Leslie, Leipzig 1836) und HARRIET MARTINEAU: The Hour and the Man (London 1841). Tatsächlich schrieb MELVILLE seinem Verleger Richard Bentley, ausgerechnet der *Pierre* sei »sehr viel mehr auf Popularität berechnet als irgend etwas, das Sie bisher von mir veröffentlicht haben.« (94) Das Thema antipatriarchaler Frauengeschichten war wirklich damals (wie heute) »populär«, doch was am meisten an *Pierre* schockierte, war die inzestuöse Liebesbeziehung. Dabei, meint KELLEY, lasse sich »angedeuteter Inzest als die erste Form der Sozialisation von Frauen betrachten, wie in vielen Frauen-Romanen die Heldinnen es von ihren Vätern und Brüdern lernen, wie man sich durch Liebe der männlichen Autorität unterwirft.« (95) Neben beachtlichen Parallelen zu HAWTHORNES *Sieben-Giebel-Haus* ist es nach KELLEY vor allem der Wechsel der Szene vom Land in die Stadt New York mit all ihren Übeln: Armut, Prostitution, Trunkenheit und Verfall, der den dramatischen Kontrast zwischen dem Mittel-Klassen-Lobpreis von Haus und Heim und der sozialen Wirklichkeit der unteren Schichten der Großstadt-Bevölkerung verdeutlicht. (106) »Darüberhinaus hofft Pierre, in einer Häuslichkeit, die eher auf Brüderlichkeit als auf Heirat beruht, eine Antwort auf die philosophische Herausforderung zu formulieren, die er in dem Traktat von Plotinus Plinlimmon begegnet.« (107) Doch gerade dieser Traktat stellt Pierres Idealismus in Frage; nur andererseits› soll er wirklich mit harmlosen, »anständigen« Geschichten sein Geld für eine bürgerliche Existenz verdienen? Tatsächlich leben Pierre und die drei Frauen an seiner Seite wie Mönche und Nonnen in einer quasi klösterlichen Gemeinschaft, wie sie auch von dem Ort ihres Aufenthalts »Bei den Aposteln« beschworen wird. (108) Aber selbst diese häusliche Fassade zerbricht an den Gefühlen, die Lucys Ankunft auslöst und die sie selber mitbringt. Und spätestens der Traum Pierres von dem Titanen Enceladus zeigt, »daß Pierres metaphysisches Buch sein häusliches Leben verschlungen hat.« (109) »Pierres heroische Bemühungen, die Mittel-Klassen-Häuslichkeit neu aufzuführen, läuft gegen das Gesetz an und endet in einem grimmigen Scherz: ... Pierre vereinigt sich im Tod mit seinen Schwestern.« (110) Die Frage bleibt: »Warum machte Melville Pierres utopische Gemeinsamkeit zum einem Triumph der idealen Liebe und des Opfers?« KELLEYS Antwort lautet: »*Pierre* ... greift die Perversionen der Häuslichkeit von innen heraus an. Der Fehlschlag der Brüderlichkeit, die eigentliche Alternative Christi zur Ehe, verklagt die falschen Götter und Göttinnen von Melvilles Lesern.« »Die Religion der amerikanischen Familie, deutet Melville an, verlangt die Anbetung falscher Idole. Melvilles

Alternative ist nicht, wie es scheinen könnte, ein radikaler Individualismus, ist doch Pierres bilderzerstörendes Schreiben verwurzelt in einer egalitären, gemeinsamen Häuslichkeit. Aber das Ideal der Brüderlichkeit und Schwesterlichkeit wirft Probleme auf, die weder Melville noch ... Hawthorne lösen konnte.« (110) – Tatsächlich ist bei allem Kenntnisreichtum die Ergänzungsbedürftigkeit aller wesentlich oder ausschließlich an der Sozialgeschichte oder an der Familiensoziologie ausgerichteten Interpretationen von Büchern wie *Pierre* mit Händen zu greifen. Weit wichtiger als die Frage, wie die Glendinnings oder die Tartans auf dem Lande leben, ist die Frage, wie Pierre sich mit dem verinnerlichten Bild seines Vaters und seiner Mutter auseinandersetzt; die Psychoanalyse sollte auf diesen Punkt konzentriert werden und das verzweifelte Scheitern der subjektiv besten Absichten Pierres verständlich machen, statt sich in unbeweisbaren Theorien und Spekulationen über den Autor des *Pierre* zu ergehen; erst dann wird der eigentliche Schock, den Pierres Untergang auslöst, erahnbar und, in gewissen Grenzen, die Katastrophe heilbar. Nicht die Ideale der Liebe sind »falsch«, wohl aber ist es unmöglich, im Rahmen narzißtischer Überich-Bindungen zur Liebe zu reifen. Wie Ahab die moralischen Standards in Nantucket in Frage stellen müßte, um zu sich selbst zu finden, so müßte Pierre das Idealbild seines Vaters auflösen dürfen, um der Bindung an seine Mutter zu entwachsen. Während der »Ödipuskomplex« klassischerseits darin besteht, daß der Sohn seinen Vater »bekämpft«, um den Platz an der Seite der Mutter zu behaupten, liegt ein Teil der Tragödie Pierres gerade darin, daß er die Gunst von Mrs. Glendinning nur erhalten kann, wenn er die Aggression gegen seinen Vater verdrängt. So kommt es zu der »klerikalen« Variante des Ödipuskomplexes, die jede Liebe, statt zu ihrem Glück, zu Opfer und Zerstörung führen muß. Vgl. E. DREWERMANN: Kleriker. Psychogramm eines Ideals, 277 – 286: Die Wiedergutmachung der Tatsache des Daseins oder: Der frühkindliche Ursprung der klerikalen Opferideologie.

[3] Vgl. CARL GUSTAV JUNG: Über den Archetypus mit besonderer Berücksichtigung des Animabegriffs (1936), Werke, IX 1, 67 – 87; DERS.: Die psychologischen Aspekte des Mutterarchetypus (1939), Werke, IX 1, 89 – 123. – Vor allem HENRY A. MURRAY (Ed.): *Piere*, New York 1949, deutete in der Einführung seiner *Pierre*-Ausgabe die Gestalt Isabels als *anima*-Figur.

[4] CARL GUSTAV JUNG: Über den Archetypus mit besonderer Berücksichtigung des Animabegriffs (1936), Werke, IX 1, 75 – 76: »In Wirklichkeit werden ... gerade die Elternimagines ... am allerhäufigsten projiziert ... Man sieht dies wohl am deutlichsten in Übertragungsfällen, wo der Patient sich völlig klar darüber ist, die Vaterimago (oder selbst die der Mutter) auf den Arzt zu projizieren und sogar die damit verbundenen Inzestphantasien in weitestem Umfang einsieht, ohne deshalb von der Rückwirkung seiner Projektion, von dem Übertragungseffekt, befreit zu sein.« – Es bleibt zum Staunen, wie genau MELVILLE Zusammenhänge dieser Art in *Pierre* nicht begriffen und analysiert, wohl aber erahnt, beschrieben und erfahrbar gemacht hat – eine dichterische Leistung, die das Bemühen eines bloßen »Analytikers« für immer übersteigt. Zudem hat er völlig klar gesehen, »wie viel religiöse Ideen mit den Elternimagines zu tun haben.« (JUNG, 77) Darin liegt bis heute ein ganz entscheidender Unterschied zu vielen Rezensenten, die (immer noch) zwischen Psychologie und Literaturwissenschaft (oder Theologie bzw. Philosophie) alternativisch trennen möchten. – Bei der Suche nach den Gründen, weswegen sich MELVILLE gerade des Vaterthemas und des Inzest-Motivs annahm, werden, neben den familiären Gegebenheiten, erneut homosexuelle Argumente vorgetragen, diesmal in zwei Varianten: NEWTON ARVIN: Herman Melville, New York 1950, gab sich sicher, daß die Freundschaft zu HAWTHORNE die zwiespältige Sexualität des Dichters mitbestimmt habe; demgegenüber stimmte JAMES CREECH: Closet Writing, Gay Reading: The Case of Melville's Pierre, Chicago 1993 zwar darin zu, daß in *Pierre* die heterosexuelle Liebesgeschichte die Liebe des Hauptakteurs zu einem Mann verdecke, doch sei dieser Mann nicht ein Liebhaber, sondern der eigene Vater, und darin eigentlich bestehe der inzestuöse Konflikt. – Nun ließe sich argumentieren,

daß MELVILLE in HAWTHORNE eine Art Vater(ersatzgestalt) gesehen und auf ihn kindliche Gefühle übertragen habe; doch wie weit entfernt ist man mit solchen Hypothesen von der Geschichte, die in Pierre wirklich erzählt wird: die Enttäuschung eines Jungen an der Idealgestalt eines Vaters, den er kaum gekannt hat! Und wie weit entfernt ist man dabei von MELVILLE selber? WYN KELLEY: *Pierre's Domestic Ambiguities*, in: Robert S. Levine (Ed.): The Cambridge Companion to Herman Melville (1998), 91 – 113, meint, daß MELVILLE in der »häuslichen« Geschichte des *Pierre* HAWTHORNE habe zeigen wollen, daß er dessen *Sieben-Giebel-Haus* ebenso gelesen habe, wie dieser seinen *Moby-Dick* (98); die Verehrung von Pierres Tante Dorothea zu ihrem Bruder, Pierres Vater, seien mit den Gefühlen zu vergleichen, die Hepzibah Pyncheon zu Clifford hege, dessen Seele als ein »dunkles und ruinöses Herrenhaus« beschrieben werde. (99) – ELIZABETH HARDWICK: Herman Melville (2000), 136, fragt ebenfalls: »Warum wurde das Buch (sc. *Pierre*, d.V.) geschrieben?« und antwortet: »Die überwältigende Trübsinnigkeit des ganzen Unterfangens geht vom Autor aus, diesem ehrenwerten, begabten, irrsinnig getriebenen, auf immer an seinen Schreibtisch gefesselten Mann.« So wäre Pierres Versuch, als Schriftsteller mit einem »populären« Buch zu überleben, das doch nur voller Blasphemien und moralischer Ungeheuerlichkeiten steckt, unter anderem auch ein Selbstportrait MELVILLES.

5 SIGMUND FREUD: Zur Kritik der »Angstneurose« (1895), in: Ges. Werke, I 355 – 376, unterschied die folgenden ätiologischen Begriffe:»a) Bedingung, b) spezifische Ursache, c) konkurrierende Ursache und ... d) Veranlassung oder auslösende Ursache. ... so charakterisiert sich als Veranlassung oder auslösende Ursache diejenige, welche zuletzt in die Gleichung eintritt, so wie sie dem Erscheinen des Effekts (sc. dem Ausbruch einer seelischen Erkrankung, d.V.) unmittelbar vorausgeht.« (372)

6 Tatsächlich hat MELVILLE 1891 in dem Gedichtband *Timoleon, Etc.*, den er in nur 25 Exemplaren drucken ließ, unter dem Titel *Buddha* das folgende Gedicht geschrieben:

»*For what is your life? It is even a vapor that appeareth for a little time and then vanisheth away.*«
Swooning swin to less and less,
Aspirant to nothingless!
Sobs of the worlds, and dole of kinds
That dumb endurers be –
Nirvana! absorb us in your skies,
Annul us into thee.

In: The Poems of HERMAN MELVILLE, ed. by DOUGLAS ROBILLARD (2000), 322.

»Denn was ist dein Leben? Es ist
nichts als ein Dunstschleier, der kurze Zeit
auftaucht und dann verschwindet.«

Ohnmächtig treiben, schwimmen und schwinden,
Begierig, den Weg ins Nichts zu finden!
Unter Leiden, Tränen, Seufzern der Welt
Ziehen wortlose Dulder hinaus –
Nirvana! Nimm uns auf in Dein Firmament
Lösche uns in Dir aus.

In: ALEXANDER PECHMANN: Herman Melville (2003), 298.

7 SIGMUND FREUD: Der Familienroman der Neurotiker (1909), Ges. Werke, VII 225 – 231.

8 Vgl. Mk 10,29: Sprach Jesus: Bei Gott, sage ich euch, da ist keiner, der Haus oder Brüder oder Schwestern oder Mutter oder Vater oder Kinder oder Äcker verlassen hätte, um

meinetwillen und um der Heilsbotschaft willen, ohne daß er Hundertfaches empfinge ...

[9] Vgl. E. DREWERMANN: Daß auch der Allerniedrigste mein Bruder sei. Dostojewski – Dichter der Menschlichkeit. Fünf Betrachtungen (1998), 36 – 37.

[10] HORST EBERHARD RICHTER: Eltern, Kind und Neurose (1963), 128 – 180: Das Kind als Gatten-Substitut, meint: »Durch das Aufflammen *sexueller Impulse* wird die von der Mutter her seit vielen Jahren geschürte Intimbeziehung gefährlich. Die ihre eigene Sexualität unterdrückende Mutter unterschätzt die Verführung, die sie mit ihrer Forderung auf Fortsetzung des engen zärtlichen Kontaktes ausübt – obwohl sie unbewußt diesen Effekt gerade anstrebt.« (175) Doch das ist nur die *eine* Seite der Triebhemmung. »Erstrebt die Elternfigur gegenüber dem Kind in der Gatten-Ersatzrolle für sich selbst eine *dominierende* als eine *unterwürfige* Position, so wird das Kind von vornherein in seinen Impulsen stärker eingeschnürt.« (169) Noch wichtiger als all das ist die *seelische Bedeutung*, die Pierre für Mrs. Glendinning besitzt: Er ist ihr Leben! Als er fortgeht, geht sie aus dem Leben! In der Sprache der Psychoanalyse: Sie ist mit ihrem Sohne durch eine »narzißtische Objektbesetzung verbunden«, soll heißen: Sie liebt sich selbst in der Liebe ihres Sohnes, mit der Folge, daß es so gut wie unmöglich ist, ein eigenes Leben neben ihr aufzubauen.

[11] Diese merkwürdige Dialektik findet sich in fast allen »revolutionären« Verhaltensweisen: sie sind im Grunde konservativ und gelten der Wiederherstellung eines Zustandes, der einmal das Leben war und in dem sich so etwas wie eine eigene Würde fand. Diese regressive Tendenz in all den Heldentaten der Mythen und Sagen hat OTTO RANK: Der Mythus von der Geburt des Helden ([2]erw. 1922), 79 – 86, als erster herausgearbeitet: »Bloß eine Klasse von Menschen, die sogenannten Psychoneurotiker, die ... gleichsam in gewissem Sinne Kinder geblieben sind, wenn sie sich auch sonst als Erwachsene präsentieren, haben ihr kindliches Seelenleben sozusagen nicht aufgegeben: es hat vielmehr bei ihnen im Laufe der Reife eine Verstärkung und Fixierung statt einer modifizierenden Entwicklung erfahren. Beim Psychoneurotiker ist die Infantilität gesteigert erhalten und dadurch zu pathologischen Wirkungen befähigt, die uns diese sonst unbeachteten Regungen vergröbert, sozusagen in mikroskopischer Vergrößerung zeigen.« (81)

[12] Wohlgemerkt ist diese Stelle in dem umfangreichen Gesamtwerk MELVILLES die einzige, die klar und offen eine homosexuelle Beziehung beschreibt – als einen Teil normaler Entwicklung von heranwachsenden Jugendlichen. Von »Entwicklungshomosexualität« müßte denn auch die Rede sein, um die Beziehung zwischen Pierre und Glen zu bezeichnen. Vgl. W. BRÄUTIGAM: Formen der Homosexualität. Erscheinungsweisen, Ursachen, Behandlung, Rechtsprechung, Stuttgart 1967.

[13] Vgl. GEORGE GORDON BYRON: Manfred (1817), übers. v. W. Grüzmacher, in: Werke, hg. v. F. Brie, Bd. 4, Wien – Leipzig 1912. Das dramatische Gedicht zeigt einen von Schuldgefühlen zerrissenen Mann in einem Alpenschloß, im Dialog mit sieben Geistern, die, statt der erhofften Versöhnung, ihm eine Frauengestalt vorstellen, die beim Versuch, sie zu umarmen, sich als Trugbild erweist. Manfreds Schuldgefühl entstammt einem inzestuösen Verhältnis und nötigt ihn beinahe dazu, sich selbst das Leben zu nehmen. Einer Alpenhexe gesteht er, von Kindheit an gezeichnet zu sein. Manfred tritt in Verbindung mit dem Geisterfürsten Arimanes (dem »bösen« Gott der Zoroastrier), der Nemesis (die griechische Göttin des rächenden Schicksals) beauftragt, Astarte erscheinen zu lassen. Diese Frau, die den Namen der syrischen Liebesgöttin trägt, ist es, mit welcher Manfred sich versündigt hat. Ohne Vergebung, aber auch ohne Verfluchung wird Manfred sterben – ein tragisch scheiternder Held auch er. – In dem Inzestmotiv hat man einen Hinweis auf BYRONS Beziehung zu seiner Stiefschwester Augusta sehen wollen; und dieser Umstand wiederum sollte auch ein Schlüssel für MELVILLES Roman sein; vgl. J. J. MOGAN, JR.: »Pierre« and »Manfred«. Melville's Study of the Byronic Hero, in: Papers on English Language and Literature 1 (1965), 230 – 240.

¹⁴ E. DREWERMANN: Goethes Märchen tiefenpsychologisch gedeutet (2000), 49 – 50.

¹⁵ Auch das ist eine Problemstellung, die FRIEDRICH NIETZSCHE: Götzendämmerung (1888), in: Sämtliche Werke, Götzendämmerung, Ecce Homo, Gedichte, 77 – 183, S. 132 – 133, aufwarf:»Das Christentum setzt voraus, daß der Mensch nicht wisse, nicht wissen *könne*, was für ihn gut, was böse ist: er glaubt an Gott, der allein es weiß.... Wenn tatsächlich die Engländer glauben, sie wüßten von sich aus, ›intuitiv‹, was gut und böse ist, wenn sie folglich vermeinen, das Christentum als Garantie der Moral nicht mehr nötig zu haben, so ist dies selbst bloß die *Folge* der Herrschaft des christlichen Werturteils und ein Ausdruck von der *Stärke* und *Tiefe* dieser Herrschaft ... Für den Engländer ist die Moral noch kein Problem ...«– für MELVILLE *war* sie ein Problem – wie Gott, wie Gut und Böse, wie Staat und Welt ...

4. f) Ahab, der Kapitän

¹ Vgl. *Weißjacke*, LXXI 887 – 890; LXXII 890 – 896: Der Ursprung der Kriegsartikel:»Da die Kriegsartikel die Bundeslade und Satzung der Strafgesetze der amerikanischen Marine bilden ...: Woher kommen sie? Und wie geschieht es, daß der eine Arm der nationalen Verteidigung einer Republik von einem türkischen Gesetzbuch regiert wird, in dem fast jeder Abschnitt wie der Lauf eines Revolvers nichts anderes als Tod in die Herzen der Übeltäter feuert?« (887) »Durch welche beispiellose Gesetzlosigkeit, durch welche mönströse Aufpfropfung der Tyrannei auf die Freiheit war es möglich, daß man von diesen Kriegsartikeln in der amerikanischen Marine überhaupt etwas gehört hat?« (888) MELVILLES Erklärung besteht darin, die Ursache im englischen Seerecht zu suchen, doch muß er selber zugeben, daß vor allem die Züchtigungsparagraphen im Jahre 1800 in das britische Marinegesetzbuch zusätzlich eingeschoben wurden. Also fragt er (vergeblich) weiter:»Wer öffnete diesen tiefen Abgrund zwischen dem amerikanischen Kapitän und dem amerikanischen Matrosen? Oder ist der Kapitän etwa kein Geschöpf mit den gleichen Leidenschaften wie wir selbst? Oder ist er ein unfehlbarer Erzengel, unfähig eines Schattens von Irrtum?« (891) »Tatsächlich kann man fast sagen, er legt den Bürger ab, wenn er sein Achterdeck betritt.« (892)

² Es war FLAVIUS JOSEPHUS: Jüdische Altertümer, VIII 15, S. 542, der aus dem Schicksal Ahabs»auf die Macht des Verhängnisses schließen«wollte,»dem man, auch wenn man es im voraus kennt, nicht zu entgehen vermag«.

³ GEORGE R. STEWART: The Two Moby Dicks (1953), in: P. G. Buchloh – H. Krüger (Hg.): Herman Melville, 245 – 279, verweist zu Recht darauf, daß die Gestalt des halbverrückten Elias nicht weitergeführt wird und offenbar dem Ur-*Moby-Dick* angehört (268);»der Name Fedallah ist ein arabischer Name ‹der den muslimischen Gottesnamen enthält und ganz und gar nicht zu einem persischen Feueranbeter paßt ... Möglicherweise hatte Melville ursprünglich die Idee, daß Fedallah einfach ein anderer der Manila-Leute war (die auch Muslime sein können), und erst später hatte er die Idee, ihn zu einem Perser zu machen, um die Idee des Feueranbeters einzuführen.« (256) JANEZ STANONIK: Moby Dick: The Myth and the Symbol (1962), 119 – 123, betont, daß einzig Fedallah»ein Mysterium für jeden an Bord«bleibe (120; vgl. *Moby-Dick*, I 376); und vor allem die Tatsache, daß er keinen Schatten werfe (vgl. *Moby-Dick*, CXXX 812), lasse ihn wie einen»körperlosen Geist« erscheinen, entsprechend dem weitverbreiteten Glauben,»daß der Teufel keinen Schatten hat.« (121) Von daher erscheint auch Ahab im Bündnis mit dem Teufel, wie GOETHES *Faust* oder WEBERS *Freischütz* (128), entsprechend GOTTFRIED AUGUST BÜRGERS Ballade: *Der wilde Jäger* (130) oder dem Motiv vom *Fliegenden Holländer* (131). Doch was, entgegen STANONIKS Vergleichen, all diese romantischen Gestalten wesentlich von Ahab unterscheidet, ist die Tatsache, daß sie alle versuchen, eine Frau zu gewinnen, während Ahab seine zerstörte Männlichkeit zu rächen sucht.

[4] Vgl. SIGMUND FREUD: Massenpsychologie und Ich-Analyse (1921), Ges. Werke, XIII 71 – 161: »Die Masse erscheint uns … als ein Wiederaufleben der Urhorde. So wie der Urmensch in jedem Einzelnen virtuell erhalten ist, so kann sich aus einem beliebigen Menschenhaufen die Urhorde wieder herstellen; soweit die Massenbildung die Menschen habituell beherrscht, erkennen wir den Fortbestand der Urhorde in ihr. Wir müssen schließen, die Psychologie der Masse sei die älteste Menschenpsychologie; was wir unter Vernachlässigung aller Massenreste als Individualpsychologie isoliert haben, hat sich erst später, allmählich und sozusagen immer noch nur partiell aus der alten Massenpsychologie herausgehoben.« (137)

[5] IMMANUEL KANT: Grundlegung zur Metaphysik der Sitten (1785), 2. Abschnitt: Übergang von der populären sittlichen Weltweisheit zur Metaphysik der Sitten, Werke, VII 33 – 74: »Handle so, daß du die Menschheit, sowohl in deiner Person, als in der Person eines jeden andern, jederzeit zugleich als Zweck, niemals bloß als Mittel brauchest.« (61)

[6] Vgl. WILHELM DIETL: Schwarzbuch Weißes Haus (2004), 264 – 283: Die Geschichte von G. W. Bush bis zum endgültigen »Wahlsieg« am 9. Dez. 2000, als der U.S. Supreme Court die weitere Auszählung der Stimmen in Florida stoppte, weil der Demokrat Al Gore nur noch 66 Stimmen hinter dem jetzigen 43. Präsidenten der USA lag. »Ein Putsch aus dem Olymp der amerikanischen Rechtsprechung.« (283) Vgl. auch ERIC FREY: Schwarzbuch USA (2004), 273 – 284: Korrumpierte Demokratie: Wahlkampfspenden und unfaire Wahlen; 285 – 297: »Bushonomics«: Politik als Selbstbedienungsladen für die Reichen. – Zur Umwandlung der Dritten Gewalt, der Justiz, in ein Herrschaftsinstrument der (Neo)Konservativen durch die entsprechende Besetzung der 13 Berufungsgerichtsstellen in Washington durch »geeignete« Richter auf Lebenszeit, vgl. HANS LEYENDECKER: Die Lügen des Weißen Hauses, Reinbek 2004, 184 – 192: Die Politik greift nach der Justiz.

[7] Vgl. RUDOLF BILZ: Paläoanthropologie (1971), 488 – 495: Die Identische Exekutive einer Bejahung: »Der Herr selber ›speist‹, während die armen Schlucker ›abgespeist‹ werden.« »Die Ranghohen sind auch die Nahrungs-Oberherren.« (489) Vgl. PETER MARSH – DESMOND MORRIS: Die Horde Mensch (1988), 91 – 96: Essen und Trinken; 96 – 99: Speisezeremonien.

[8] Vgl. SIEGFRIED MORENZ: Gott und Mensch im alten Ägypten ([2]erw. 1984), 43 – 95: Der Lauf Gottes im geschichtlichen Horizont des Ägypters, der vor allem die Wandlungen in der Auffassung des Gottkönigtums beschreibt. Wie anfällig ein solcher »Sohn des Re« sein konnte, zeigen die »erschütternden Worte, die dem ermordeten Amenemhet I. (sc. 1991 - 1962, d.V.), dem doch so kraftvollen Reorganisator des ägyptischen Einheitsstaates am Beginn der 12. Dynastie …, als Lehre an seinen Sohn und (sc. ab 1971, d.V.) Mitregenten Sesostris I. (sc. 1962 – 1926, d.V.) in den Mund gelegt werden …: ›Vertraue nicht einem Bruder, kenne keinen Freund und schaffe dir keinen Vertrauten‹.« (64) – Als »wüste Einsamkeit«, als »mauerumringte Festung« wird Ahab die Last seines »abgeschiedenen Kapitänslebens« bezeichnen und beklagen. (Moby-Dick, CXXXII 820)

[9] KLAUS LANZINGER: Primitivismus und Naturalismus im Prosaschaffen Herman Melvilles (1959), 94 – 95, setzt die Position MELVILLES an dieser Stelle deutlich ab von derjenigen HAWTHORNES, zum Beispiel in Der scharlachrote Buchstabe (The Scarlett Letter, 1850), wo der Mensch zwar »notwendig der Sünde verfällt, … aber durch den Leidensweg, den die Sünde mit sich bringt, eine große Läuterung erfährt« (93); er meint: »Hawthorne bleibt im Rahmen der calvinischen Prädestinationslehre, sein Denken ist durchaus christlich und hätte niemals den sinnvollen Ablauf des Weltgeschicks in Frage gestellt.« »Melville beschäftigte sich wohl (sc. wie HAWTHORNE, d.V.) mit dem Problem des Scheins, aber es genügte ihm nicht, nur dem Menschen den Spiegel seines niederträchtigen Selbst vorzuhalten, sondern er erhob das Scheinproblem zur kosmischen Frage, die ihm Einblick in die tiefsten Welträtsel gewähren sollte. Die weiße Farbe des Wals war ihm ein Ausdruck für das Scheinbare, das alle Dinge umgibt. Würden sie einmal ihres Scheins entblößt, könnte man ihre Gestalt nicht mehr fassen. In der Vorstellung Melvilles befand sich der Mensch

im Widerspruch zu seiner Umwelt, die seine Existenz bedrohte. Melville redete also nicht mehr dem Menschen ins Gewissen, sondern klagte seine Umwelt an. – Ganz im Sinne eines anbrechenden naturalistischen Weltbildes fiel auch bei ihm der letzte Schein zur Berechtigung einer moralischen Qualifikation des Natur- und Weltgeschehens nach Gut und Böse. Das Weltgeschehen stehe außerhalb jeder moralischen Qualifizierbarkeit, weil es ohne letzte Zwecksetzung unbeirrbar dem Notwendigen folge und in diesem Sinne dem Menschen gegenüber blind sei. Die Weltstruktur so sehend, sprach Melville von einem heimtückischen Schicksal ... – Melville schrieb revolutionär und sozialkritisch, er redete aber nie dem einzelnen ins Gewissen, sondern verteidigte ihn immer gegen die Gesellschaft, den Staat, das Kriegsrecht, schließlich gegen das Schicksal selbst.« (94 – 95)

[10] JAMES DEAN YOUNG: The Nine Gams of the *Pequod* (1954), in M. R. Milton (Ed.): Discussions of Moby-Dick, 98 – 106, sieht in der *Jerobeam* zu Recht »die Prophezeiung des Wahnsinns, eine Warnung, die nicht beachtet werden kann, obwohl sie verstanden wird.« (101) Genauer könnte man auch sagen, die *Jerobeam* sei nicht eine »Prophezeiung«, sondern die umgekehrt symmetrische, spiegelbildliche Darstellung des Zustands an Bord der *Pequod*.

[11] Beide Betrachtungsweisen: Gabriels Divinisierung des Wals und Ahabs Dämonisierung des Wals, sind die zwei Seiten der vollkommenen Gefühlsambivalenz (psychologisch) beziehungsweise der vollkommenen Widersprüchlichkeit (theologisch), in welcher der Hintergrund und Untergrund des Daseins wie der Weltwirklichkeit erlebt wird und sich darstellt. – JAMES MCINTOSH: The Mariner's Multiple Quest, in: R. H. Brodhead (Ed.): New Essays on Moby-Dick (1986), 23 – 52, geht insbesondere auf die Vielfalt der Motive für Ahabs Verhalten ein; er schreibt: »Melville erforscht, was es bedeuten kann, hinabzusteigen, hineinzusteigen in das Selbst, und dort eine Unterwasser-Wirklichkeit von Geheimnissen zu entdecken, die der sterblichen Vernunft unerträglich sind.« (38) Näherhin stellt er fest: »... was Ahab auf seiner Reise vorantreibt: seine Wut gegen ein herzloses Universum und die Götter, die er sich dahinter vorstellt; sein Bemühen, an die verborgenen Bedeutungen hinter der undurchdringlichen Maske der sichtbaren Dinge zu gelangen; seine Besessenheit von Moby Dick, der für ihn diese Bosheit und Undurchdringlichkeit verkörpert ...; seine willentliche Mißachtung der ›Natur‹, der natürlichen Schönheit und der natürlichen menschlichen Bedürfnisse.« (39) Im ganzen betrachtet MCINTOSH die Geschichte von *Moby-Dick* als einen Entwicklungsroman der Bewußtwerdung: »Als ein Bewußtsein überlebt er (sc. Ismael, d.V.), um *Moby-Dick* zu erzählen – in Isolation.« (51) Eigentlich müßte gerade diese Betrachtungsweise von einem nur literarischen zu einem psychologischen Verständnis des *Moby-Dick* überleiten.

[12] Psychoanalytisch ist Gabriel mit seiner Anbetung des Weißen Wals eine projektive Erinnerung daran, daß Ahab der »Feueranbeter« geblieben ist, der er einst war, – eine Verkörperung der Einsicht auch, daß selbst der »Satan« glaubt, »er verrichte einen Gottesdienst«. (Joh 16,2) – Wie stark apokalyptisches Denken die (gegenwärtige) Politik der USA beherrscht, zeigt GEIKO MÜLLER-FAHRENHOLZ: In göttlicher Mission (2003), 51 – 68: Amerika im endzeitlichen Kampf.

[13] Vgl. ERIC FREY: Schwarzbuch USA (2004), 263 – 272: Land der Henker: Die populäre Todesstrafe; 333 – 345: Nation unter Gott: Bigotterie und Puritanismus; 346 – 356: Fahnen und Gewehre: Chauvinismus und Militarismus.

[14] Ausdrücke wie »paranoisch«, »wahnsinnig«, »verrückt«, »monomanisch« u. ä. gebrauchen fast alle Interpreten des *Moby-Dick* bei der Beschreibung von Ahabs Gemütszustand; doch wie soll es dann erlaubt sein, MELVILLES großen Roman korrekt zu interpretieren, ohne sich der Psychoanalyse und der Psychiatrie zu bedienen? RONALD D. LAING: Das geteilte Selbst (1960), 116 – 130, spricht in dieser seiner wohl intensivsten Studie zur »Innenansicht« schizophrener Bewußtseinszustände von dem »Falschen Selbst-System«, in dem alle Aktionen nicht durch den eigenen Willen, »sondern durch einen fremden

Willen geregelt« werden, der sich innerhalb des eigenen Seins gebildet hat. LAING sieht in dem fremden Willen »die Reflektion des Willens« der »Mutter und ihrer fremden Realität« (120 – 121); doch ist diese »Reflektion« nicht notwendig eine stempeldruckartige Abbildung, sondern in aller Regel das komplexe Ergebnis der inneren Verarbeitung der Elterngestalt und der Auseinandersetzung mit entsprechenden Erfahrungen der Umwelt. MELVILLES psychologisches Genie liefert genügend Anhaltspunkte, um die Pathogenese der seelischen Erkrankung Ahabs nachzuzeichnen.

[15] GUSTAV KELLER: Die Psychologie der Folter (1981), 59 – 71: Psychische Folterwirkungen, zählt an langfristigen psychischen Veränderungen durch Folter u. a. auf: reaktive Depressionen, Beeinträchtigung des Selbstwertgefühls, schwer kontrollierbare Gefühle der Aggression und des Hasses, soziale Kontaktstörungen, Paranoia. (67) Darüber hinaus sind Bewegungsunruhe, Appetitlosigkeit und agitierte Depressionen zu beobachten. (62; 64) All diese Symptome werden von MELVILLE als Folgen der Verletzung Ahabs durch den Wal geradewegs klinisch genau beschrieben.

[16] Zur Beschreibung der *Paranoia* vgl. EUGEN BLEULER: Lehrbuch der Psychiatrie (¹¹umgearbeitet 1969), 473 – 481, der die Paranoia nach EMIL KRAEPELIN (1856 – 1926), dem Begründer der modernen Psychiatrie, definiert als »schleichende Entwicklung eines dauernden, unerschütterlichen Wahnsystems bei erhaltener Klarheit und Ordnung im Denken, Wollen und Handeln«. (473) Gerade vom psychiatrisch-psychoanalytischen Standpunkt aus bleibt es erstaunlich, mit welcher Genauigkeit und Einfühlung MELVILLE eben diesen Zustand seelischer Erkrankung darstellen konnte.

[17] Bei dem schwarzen »Seehabicht«, der es auf Ahabs Hut abgesehen hat, dürfte es sich um eine Raubmöve handeln, wie THESI MUTZENBECHER richtig übersetzt. Vgl. M. BOECKER: Familie Raubmöwen, in: Grzimeks Tierleben, VIII (Vögel 2), 199 – 217. Die Raubmöwen sind »große, dunkel gefärbte Vögel von möwenartiger Gestalt ... Besonders bezeichnend ... ist ihre Ernährungsweise: Mit Vorliebe verfolgen sie Seeschwalben, Möwen, Alken und andere Seevögel und jagen ihnen die Beute ab. Sie bedrängen ihr Opfer so lange, bis es – aus Angst und um den lästigen Verfolger loszuwerden – seine Nahrung auswürgt oder fallen läßt. Oft schnappt die Raubmöwe die Beute noch in der Luft auf. Den kleineren Arten der Gattung kommt bei diesen Verfolgungsjagden offenbar ihr falkenähnliches Aussehen und Verhalten sehr zustatten«. (199) Offenbar hat der Vogel in Ahabs Hut einen Nahrungskonkurrenten zu jagen versucht und schließlich seine nutzlose Beute fallen lassen. (*Moby-Dick*, CXXX 815) Der Angriff der Raubmöwe erfolgt offenbar auf Grund eines ähnlichen Irrtums, wie Moby Dick ihn begeht, wenn er die *Pequod* angreift, weil er das Hammerschläge an Bord mit den Knacklauten eines anderen Walbullen verwechselt. Doch so genau MELVILLE das Verhalten von Tieren beschreibt, so war ihre Verhaltenspsychologie bis in die Mitte des 20. Jhs. hinein noch weitgehend unbekannt.

[18] Das sprechendste Symbol dieser Art ist die babylonische Mythe von Etanas Himmelfahrt – der Geschichte von einem Adler, der Etana zum Himmel emporträgt, um dort mit ihm das Kraut des Gebärens zu holen. Vgl. RUDOLF JOCKEL: Götter und Dämonen (1953), 58 – 60. – SIGMUND FREUD: Eine Beziehung zwischen einem Symbol und einem Symptom (1916), in: Ges. Werke, X 394 – 395, wies darauf hin, daß der Hut »als Symbol des Genitales, vorwiegend des männlichen«, zu betrachten sei, ebenso wie der Kopf; das Geköpftwerden stelle in Träumen einen »Ersatz des Kastriertwerdens« dar; der Hut sei so viel wie ein »abnehmbarer Kopf«, in dem sich die Angst vor der Kastration ausdrücken könne. Das Motiv des zurückgebrachten Hutes wäre demnach als Überwindung der Kastrationsangst zu verstehen.

[19] CHARLES BAUDELAIRE: Die Blumen des Bösen (1861), übers. v. Terese Robinson, in: Ausgewählte Werke, hg. v. F. Blei, 72 – 73: Hingabe.

5. Von der Mannschaft zur Masse

[1] REGINAL L. COOK: Big Medicine in *Moby Dick* (1948), in: M. R. Stern (Ed.): Discussions of Moby-Dick, 19 – 24, stellt richtig fest, der Magier wolle eher Macht als religiöse Demut (20), und insofern könne man Ahabs »Religion« in der Tat als eine Art von Magie betrachten; allerdings besitze er übermenschliche Macht nur über seine Mannschaft, nicht über Moby Dick; zudem gelange er nicht durch Traum und Vision, wie sonst in den Kulturen von Indianern, Afrikanern und Melanesiern, zu seiner magischen Befähigung, sondern, müßte man ergänzen, durch die Abgründe seines Leids und die hypnotisierende Dynamik seiner auf ein einziges Ziel konzentrierten Energie. COOK schreibt: »Er (sc. Ahab, d.V.) ist achtsam auf eine unsichtbare Macht, aber er ist unsicher, ob es einen erkennbaren Sinn gibt hinter dem unerforschlichen Universum.« (21) Religionsgeschichtlich deutet er die archaische Auffassung Ahabs von Moby Dick mit den Worten: »Animismus wird berührt im Umfeld des Weißen Wals, wenn die Mannschaft suggeriert im Wal als maskiertem Gott.« (24) – NATHAN SÖDERBLOM: Der lebendige Gott (1966), 34, meinte: »... das Wesen der Religion ist Unterwerfung und Vertrauen. Das Wesen der Magie ist kühne Selbstverherrlichung. Die Magie kennt keine Grenzen für ihre Macht ... In der Magie ist der Mensch Herr. In der Religion ist die Gottheit Herr. Magie verneint und zerstört die Gefühle der Andacht und Ehrfurcht, welche die Seele des Menschen erheben.« Das beschreibt Ahabs »Magie« auf das genaueste; man muß nur hinzufügen, was für ein Erleben von Angst und Verzweiflung dahintersteht, wenn Ahab sich zu nichts mehr »erheben« kann und will, als was er selbst ist und tut ... Auf die Herkunft der Magie aus Gefühlen von Ohnmacht und Angst hat vor allem hingewiesen BRONISLAW MALINOWSKI: Magie, Wissenschaft und Religion (1925), 54 – 74: Die Kunst der Magie und die Macht des Glaubens. »Die Funktion der Magie ist, den Optimismus des Menschen zu ritualisieren, seinen Glauben an den Sieg der Hoffnung über die Angst zu stärken. Die Magie drückt aus, daß Vertrauen für den Menschen einen größeren Wert hat als Zweifel, Standhaftigkeit größeren Wert als Unbeständigkeit und Optimismus größeren Wert als Pessimismus.« (74) Das gilt selbst für den bitteren »Sieg«, den Ahab über Moby Dick erringen will. – MALINOWSKIS Magie-Verständnis wurde freilich von anderen widersprochen, die gerade umgekehrt in den magischen Riten den Sinn erkannten, lebenswichtige Tätigkeiten »feierlich« zu machen und damit das Überleben der Gesellschaft zu gewährleisten. Auch diese Auffassung läßt sich beim Anblick der feiernden und tanzenden Mannschaft an Deck der *Pequod* vertreten. – Zur Diskussion über das Verständnis von Magie vgl. MURRAY U. ROSALIE WAX: Der Begriff der Magie (1963), in: Leander Petzoldt (Hg.): Magie und Religion. Beiträge zu einer Theorie der Magie, 324 – 353; S. 345 – 384: Stellungnahmen.

[2] S. o. Anm. 4 f, 1.

[3] So in der romantisch-romanhaften Darstellung von FELIX DAHN: Ein Kampf um Rom (1876), München 1953; FRITZ MARTINI: Deutsche Literatur im bürgerlichen Realismus, 1848 – 1889, Stuttgart ^{2}1964, 448 f. sieht eine »heroisch-pessimistische Daseinsstimmung« in dem Roman, »die ihre widerspruchsvollen Wurzeln bei Schopenhauer und Darwin hat«.

[4] Vgl. RAYMOND BATTEGAY: Der Mensch in der Gruppe, 1. Bd. (^{2}durchges. u. erg. 1968), 72; zu den Aufgaben des Führers und seinem Verhalten vgl. GEORGE CASPAR HOMANS: Theorie der sozialen Gruppe (1950), 386 – 407. Richtig betont CAROLYN PORTER: Call Me Ishmael, or How to Make Double-Talk Speak, in: R. H. Brodhead (Ed.): New Essays on Moby-Dick (1986), 73 – 108: »Es ist nicht nur seine (sc. Ahabs, d.V.) institutionalisierte Autorität als Kapitän, sondern eine primitive Stammesautorität, der die Mannschaft sich selbst in einem heidnischen Ritual unterwirft.« (102) (Vgl. *Moby-Dick*, XXXVI 268 – 278.) »Ahabs Macht ist ... unwiderstehlich, weil dämonisch.« (104) Wie aber interpretiert man »dämonisch« psychologisch?

[5] Insbesondere die Lehren von LEO STRAUSS (1899 – 1973) dienen dabei den Neokonserva-

517

tiven zur Grundlage. WILHELM DIETL: Schwarzbuch Weißes Haus (2004), 36 – 40; vgl. auch ERIC FREY: Schwarzbuch USA (2004), 420 – 435: Mitschuld und Mißbrauch: Der 11. September und der »Krieg gegen den Terror«, 436 – 442: Visionen der Weltherrschaft: Bushs Präventivkriegsdoktrin.

6 Erstaunlicherweise ist es gerade dieses Konzept der »korporativen Persönlichkeit«, das von Exegeten und Theologen von der archaischen Psychologie einer biblischen Stammesmentalität zum göttlichen Modell des Zusammenlebens christlicher Kirchen ausgestaltet wurde, inklusive der Rechtfertigung einer zentralistischen Papstautorität und einer absoluten Gehorsamsforderung gegenüber dem kirchlichen »Lehramt«. Vgl. H. WHEELER ROBINSON: The hebrew conception of corporate personality, Beiheft zur Zeitschrift für die alttestamentliche Wissenschaft, H. 66 (Berlin 1936), 49 – 62; HERIBERT MÜHLEN: Una Mystica Persona (1964), 149 – 161: Die »Erweiterung« Christi zum Groß-Ich durch die Mitteilung seines Pneuma. – Was auf diese Weise sozialpsychologisch beschrieben wird, entspricht dem ethnologischen Phänomen der Bemächtigung einer Gruppe durch einen Voodoo-Geist. – Eine Innenansicht von Ahabs Alleinherrschaft bietet HARRY SLOWCHOWER: »Moby Dick«: The Myth of Democratic Expectancy (1950), in: P. G. Buchloh – H. Krüger (Hg.): Herman Melville, 231 – 244; er schreibt: »Ahab ist der einzige Herrscher seines sozialen Universums . . . Aber was ist die Legitimation von Ahabs Gesetz?« »Sie (sc. die Leute der Mannschaft, d. V.) sind irgendwie hypnotisiert durch ihres Führers Dämon, und sie handeln, wie wenn sie alle ein kollektiver Ahab wären. Die Transformation wird erreicht durch etwas, das mit schwarzer Magie verwandt ist.« (235) »Melville zeigt dies, indem er sie alle (mit Ausnahme von Queequeg) zu mehr oder weniger depersonalisierten Stereotypen macht.« (236)

7 Vgl. JEAN-PAUL SARTRE: Kritik der dialektischen Vernunft (1960), 270 – 365: Die Kollektive; E. DREWERMANN: Strukturen des Bösen, 3. Bd. (1978), 338 – 340: Serialität als Exterioritätseinheit. – OTTO F. KERNBERG: Ideologie, Konflikt und Führung (1998), 145 – 164: Paranoiagenese in Organisationen, meint: »Im allgemeinen zeigen sich die Symptome der Paranoiagenese in Organisationen innerhalb eines breiten Spektrums zwischen einem psychopathischen und einem depressiven Pol . . . am psychopathischen Ende des Spektrums (befinden sich) Mitglieder mit offenkundig betrügerischen, unaufrichtigen, antisozialen Verhaltensweisen . . ., die sie in ihrem Privatleben nicht zeigen würden.« »Die große Masse . . . gab in ihren Vorgehensweisen innerhalb der Institution jedoch ausgeprägt paranoide Merkmale zu erkennen, die im Widerspruch zu ihren Persönlichkeitseigenschaften außerhalb der Organisation standen . . . Typischerweise ist die Beziehung des Personals . . . zu den Vorgesetzten durch Angst, Mißtrauen und Ressentiments charakterisiert, durch übertriebene Wachsamkeit und Vorsicht, eine Suche nach subtilen und verborgenen Bedeutungen und Botschaften sowie durch Bemühungen, Bündnisse mit gleichgestellten zu schmieden, um die allen gemeinsam drohende Gefahr abzuwenden.« (147 – 148) Demgegenüber ist an Bord der *Pequod* genau das Gegenteil zu beobachten: die Mannschaft fühlt keine Angst mehr, weil sie mit Ahab als ihrem Führer vollkommen identifiziert ist; das paranoische System des Kampfs gegen das Böse in Gestalt des Weißen Wals bietet gerade den Vorteil, die Realangst zu ersetzen durch die Angst, die entstünde, wenn man *nicht* eins wäre mit Ahab.

8 GUSTAVE LE BON: Psychologie der Massen (1895), 20 – 21, schrieb: »Da die Reize, die auf eine Masse wirken, sehr wechseln und die Massen ihnen immer gehorchen, so sind sie natürlich äußerst wandelbar. Daher sehen wir sie auch in demselben Augenblick von der blutigsten Grausamkeit zum unbedingten Heldentum oder Edelmut übergehen.« »Für den einzelnen in der Masse schwindet der Begriff des Unmöglichen. . . . Als Glied einer Masse . . . übernimmt er das Machtbewußtsein, das ihm die Menge verleiht, und wird der ersten Anregung zu Mord und Plünderung augenblicklich nachgeben. Ein unerwartetes Hindernis wird wütend zertrümmert. Wenn der menschliche Organismus dauernde Wut zuließe, so könnte man die Wut als den normalen Zustand der gehemmten Masse

bezeichnen.«Zu den Führern der Massen und ihren Überzeugungsmitteln schrieb LE BON:»Meistens sind die Führer keine Denker, sondern Männer der Tat ... Man findet sie namentlich unter den Nervösen, Reizbaren, Halbverrückten, die sich an der Grenze des Irrsinns befinden. So abgeschmackt auch die verfochtene Idee oder das verfolgte Ziel sein mag, gegen ihre Überzeugung wird alle Logik zunichte ... Persönliches Interesse, Familie, alles wird geopfert. Sogar der Selbsterhaltungstrieb ist bei ihnen ausgeschaltet, und zwar in solchem Maße, daß die einzige Belohnung, die sie oft anstreben, das Martyrium ist.«(83 – 84) Zu den»unveränderlichen Grundanschauungen«vgl. A. A.O., S. 101 – 105.

[9] GUSTAVE LE BON: Psychologie der Massen, 92 – 101: Der Nimbus, unterscheidet zwischen dem erworbenen oder künstlichen Nimbus wie Titel, Uniform, Reichtum, der jemandem »einen Glorienschein des Einflusses«verleiht,»so gering auch sein persönlicher Wert sein mag«, und dem persönlichen Nimbus, der»etwas Individuelles«ist und durch jene Komponenten»verstärkt werden, aber auch sehr wohl unabhängig davon vorhanden sein« kann. (93)

[10] SIGMUND FREUD: Massenpsychologie und Ich-Analyse (1921), Ges. Werke, XIII 71 – 161, stellte nicht nur den Mechanismus der Identifizierung (statt der»Objektwahl«) bei der Bildung einer Masse heraus (115 – 121), er brachte im Zusammenhang mit dem hypnotischen Effekt der Beeinflußbarkeit der Masse durch den Führer auch den Begriff des *Mana* ins Spiel. (140) Die unterdrückte Liebe regrediere auf das infantile Gefühl der Einheit mit dem Führer. Nicht äußerer Zwang, sondern»freiwillige«(!) Hingabe sind das Ergebnis.

6. Die Steuerleute und ihre Harpuniere

[1] RAYMOND W. SHORT: Melville as Symbolist (1948), in: P. G. Buchloh – H. Krüger (Hg.): Herman Melville, 218 – 230, bemerkt:»Ahab enthält alle Qualitäten seiner Mannschaft; aber man kann nicht sagen, daß die Individuen der Mannschaft all die Qualitäten Ahabs enthielten.«(228) Diese Feststellung ist vollkommen zutreffend, sie muß aber psychologisch in einem Konzept, wie dem vorliegenden, Zug um Zug durchgearbeitet werden. – WILLIAM S. GLEIM: A Theory of»Moby Dick«(1929), in: P. G. Buchloh – H. Krüger (Hg.): Herman Melville, 76 – 89, glaubte, in Starbuck, Stubb und Flask die Prinzipien von Platonismus, Epikuräismus und Stoizismus oder von Glauben und Rechtschaffenheit verkörpert zu finden. (83) – LAWRANCE THOMPSON: Melville's Quarrel with God (1952), 174 – 177, fand ganz im Gegenteil auch Starbucks Frömmigkeit als eine ironische Burleske geschildert (174), während Stubbs»Religion«als blanke Denkverweigerung erscheint und Flask mit einer atheistischen Einstellung ausgestattet ist. Ganz entsprechend wählen sich nach THOMPSON die drei Steuerleute ihre Harpuniere: Starbuck den einzig religiösen Harpunier Queequeg, Stubb den fatalistischen Indianer Tashtego und Flask den mit barbarischen Tugenden begabten Daggoo. (177) An dieser Auffassung ist zumindest so viel richtig, daß auch Starbucks Frömmigkeit nicht einfach »christlich«, sondern in vieler Hinsicht höchst bedenklich ist und daß die Steuerleute in innerer Entsprechung (in psychologischem Zusammenhang) zu ihren Harpunieren stehen.

[2] Das moralische Paradox, vor dem Starbuck steht, löst sich eigentlich nur durch einen dritten Weg jenseits der ethischen Antinomien, auf den der»Vater«der Existenzphilosophie, SÖREN KIERKEGAARD, zeitgleich, doch leider völlig unbemerkt, in seinem Werk: *Furcht und Zittern* (1843) hingewiesen hat: die Entwicklung des religiösen Individuums.

[3] Auch dieser zwanghafte Typ der Religiosität, der selber nicht leben will, indem er seine Freiheit an eine vermeintlich»richtige«, aber fremde»Notwendigkeit«der Gesellschaft,

der Religion, eines entfremdenden Bezugssystems delegiert, ist von SÖREN KIERKEGAARD: Die Krankheit zum Tode (1849), 36 – 40: Die Verzweiflung der Notwendigkeit, geschildert worden; vgl. E. DREWERMANN: Strukturen des Bösen, 3. Bd. (1978), 476 – 479. Völlig unzureichend erscheint es, wenn NEWTON ARVIN: Herman Melville (1950), in dem Kapitel »Der Wal« den »Gegensatz« zwischen Ahab und Starbuck so beschreibt: »Der wahre Gegensatz zum Hochmut ist Mäßigung, und Mäßigung zählt in Melvilles Repertoire nicht gerade zu den Kardinaltugenden; Starbuck aber verkörpert sie, und Starbuck hält die Waage zwischen dem goldenen Mittelmaß und bloßer Mittelmäßigkeit.« (Zit. n. ELIZABETH HARDWICK: Herman Melville, 106, Anm. 5) Wesentlich stellt sich der Konflikt Starbucks im Feld der Ethik, doch zeigt sich zugleich, daß er nur in einer religiösen Ebene lösbar ist. Nicht um »Tugenden« geht es, sondern um Identität in der Existenz.

⁴ Vgl. ERICH MARIA REMARQUE: Im Westen nichts Neues (1929), 84 – 85, schildert das Kriegsgeschehen als eine Verrohung des Menschen bis zum Äußersten: »Aus uns sind gefährliche Tiere geworden . . . wir können zerstören und töten, um uns zu retten, um uns zu retten und zu rächen. . . .wie Katzen laufen wir, überschwemmt von dieser Welle, die uns trägt, die uns grausam macht, zu Wegelagerern, zu Mördern, zu Teufeln . . . in Angst und Wut und Lebensgier.« Daß so etwas wie Krieg überhaupt durchführbar ist, liegt an einem Typus von Mensch, der bei REMARQUE Katczinsky oder Kat heißt: »Katczinsky ist nicht zu entbehren, weil er einen sechsten Sinn hat. Es gibt überall solche Leute.« (32) – Auch der (Anti)Kriegsfilm griff ebenso gern wie notwendigerweise auf diesen Heldentyp des guten Kameraden zurück, der am Gesamtverlauf der allgemeinen Tragödie nichts ändern kann. Erinnert sei an STANLEY KUBRICK (Reg.): Wege zum Ruhm (1957), der eine Episode aus dem Ersten Weltkrieg aufgreift: General Mireau verurteilt 100 Soldaten wegen Feigheit vor dem Feinde zum Tod, trifft dabei aber auf den entschiedenen Widerspruch von Colonel Dax, gespielt von Kirk Douglas. Der Film wurde bezeichnenderweise bei seinem Erscheinen in Frankreich, der Schweiz und in US-amerikanischen Militärkinos in Europa zeitweilig verboten. HARENBERG: Die Chronik des Films (1994), 291.

⁵ Auf die Auswirkung psychologischer Unterschiede in den Differenzen des Weltbildes verwies WILHELM DILTHEY: Der Aufbau der geschichtlichen Welt in den Geisteswissenschaften (1907 – 1910), Ges. Schriften, VII 191 – 251: Erleben, Ausdruck und Verstehen, bes. S. 213 – 216: Hineinversetzen, Nachbilden, Nacherleben: »Die Stellung, die das höhere Verstehen seinem Gegenstande gegenüber einnimmt, ist bestimmt durch seine Aufgabe, einen Lebenszusammenhang im Gegebenen aufzufinden. Dies ist nur möglich, indem der Zusammenhang, der im eigenen Erleben besteht und in unzähligen Fällen erfahren ist, mit all dem in ihm liegenden Möglichkeiten immer gegenwärtig und bereit ist.« (213 – 214) DERS.: Die Typen der Weltanschauung und ihre Ausbildung in den metaphysischen Systemen, in: Ges. Schriften, VIII 73 – 118: »Das Leben, das unter . . . spezialisierten Bedingungen entsteht, ist sehr verschiedenartig, und ebenso ist es der Mensch, der das Leben auffaßt . . . Wie die Erde von unzähligen Formen der Lebewesen bedeckt ist, zwischen denen ein beständiger Streit um die Existenz und den Raum zur Ausbreitung sich abspielt, so entwickeln sich in der Menschenwelt die Gestalten der Weltanschauung und ringen miteinander um die Macht über die Seele.« »Das tiefste Geheimnis ihrer Spezifikation liegt in der Regelhaftigkeit, welche der teleologische Zusammenhang des Seelenlebens des besonderen Struktur der Weltanschauungsgebilde aufdrückt.« (84; 85)

⁶ Vgl. ULRIKE MOSER: Das Heilige Experiment, in: Geo Epoche (2003), Nr. 11; Amerikas Weg zur Weltmacht 1498 – 1898, 42 – 49, zum Sendungsbewußtsein der »Pilgerväter«; REYMER KLÜVER Bis an den Rand der Neuen Welt, A. A.O., 70 – 88, – zur Ausdehnung der Weißen Einwanderer von der Ost- zur Westküste. – Zu den Indianerkriegen vgl. H. J. STAMMEL: Die Sioux. Amerika und seine Indianerpolitik (1976), 119 – 149: Das Feuerroß; 202 – 227: Gold in den Black Hills.

7 WILLIAM S. GLEIM: A Theory of »Moby Dick« (1929), in: P. G. Buchloh – H. Krüger (Hg.):
Herman Melville, 76 – 89, sieht in den drei Harpunieren die Prinzipien der Religion
(Queequeg, seiner zahlreichen Frömmigkeitsübungen wegen), der Sünde (Tashtego, sei-
ner Bezeichnung als »Sohn des Fürsten der Mächte der Luft«, *Moby-Dick*, XXVII 207
wegen) und der Unwissenheit (Daggo, seiner Bezeichnung als der »dunklen Seite der
Menschheit«, *Moby-Dick*, XL 292 wegen) verkörpert. (84) Jenseits solch allegorisierenden
Deutungen ist klar, daß die drei Harpuniere die kleine *Pequod* als ein Modell der ganzen
Welt erscheinen lassen sollen.

8 Vgl. SUSANNE EVERETT: Geschichte der Sklaverei (1978), 28 – 61: Schwarzes Elfenbein.
Der westafrikanische Sklavenhandel 16. – 19. Jh. – ALEXANDER PECHMANN: Herman Melville (2003), 161, verweist darauf, daß MELVILLE in seiner Theorie vom »Festfisch und Losfisch« (*Moby-Dick*, LXXXIX 614 – 620) auch die »Sklaven in Republiken« (619) erwähnt
und damit »auf den Widerspruch der Sklaverei in den USA zur Verfassung anspielt.
Gemäß des 1850 unter Fillmore (sc. Millard Fillmore, 1800 – 1874, d.V.) eingeführten
›Slave Fugitive Law‹ mußten entlaufene Sklaven, die sich in freien Bundesstaaten aufhiel-
ten, an ihre Besitzer in die Sklavenstaaten des Südens zurückgegeben werden. Pikanter-
weise war Melvilles Schwiegervater Lemuel Shaw (sc. 1781 – 1861, d.V.) der erste Richter,
der dieses umstrittene Gesetz, welches die andauernden Spannungen zwischen Nord und
Süd mindern sollte, umsetzte. Was waren diese Menschen anderes als ›feste Fische‹, über
die gerichtlich verfügt wurde, als wären es Wertgegenstände, die entweder einen Besitzer
haben oder aber in Besitz genommen werden können?«

9 R. E. WATTERS: Melville's »Isolatoes« (1945), in: M. R. Stern (Ed.): Discussions of Moby-
Dick, 107 – 114, bemerkt summarisch: »All diese Individuen (sc. in MELVILLES Werken,
d.V.) finden sich durch die unglücklichen Zufälle der Geburt oder der Erziehung oder des
Temperaments im Mangelzustand der Erfordernisse eines vertrauten sozialen Umgangs
mit ihren Kameraden … niemandem von ihnen gelingt es, sich in die soziale Gruppe einzufügen, die sie ablehnte.« »Nach Melvilles Ansicht führt eine allzu große Isolation entweder zur Vereisung des Herzens oder zur Verderbnis des Gemüts – oder zu beidem.« (108)
Eben deshalb sei es nicht richtig, MELVILLE einen NIETZSCHE-ähnlichen Individualismus
zuzuschreiben. (109)

II. Was für eine Welt?

1 Von Anfang an besitzt das Meer für Ismael (unter anderem auch) eine ausgesprochen
weibliche Bedeutung, so wie jener Malteser Seemann erklärt: »Der nächste Tanz gehört
den Wellen … Na, wär doch jede Welle ein Weib, ich ginge mich ersäufen und tät für alle
Zeiten mit ihnen schassieren! Es gibt nichts Süßeres auf Erden – womöglich selbst im
Himmel nicht! –, wie so ein kurzer Blick beim Tanz auf warme, wilde Brüste, wenn die
schützenden Arme so reife, berstend pralle Trauben bergen.« – Kaum geht die Rede von
solchen Verlockungen, als ein sizilianischer Seemann entgegnet: »Sprich mir nicht davon!
Hör mal, Freund: Flüchtig verschlingen sich die Glieder – wiegen sich geschmeidig – wei-
chen scheu zurück – beben und zittern! Lippen! Herzen! Hüften! Streife sie nur: Berühre
sie und weiche stets zurück – Koste sie nicht aus, sag dir, sonst bist du sie bald satt.«
(*Moby-Dick*, XL 290) Die verlockende und die zu meidende Frau, das Bild von »Land in
Lee« (XXIII 188 – 189), drücken direkt wie symbolisch verhüllt die gleiche Angst vor dem
Weiblichen, wie sie Ismael erinnerlich noch aus seiner Stiefmutter verbindet. (IV 68 –
70) Der Große Kalmar läßt sich als ein solcher »mütterlicher« Krake mit vielen Armen
deuten, der in der Tiefe lauert; auch Moby Dick, auf den der Kalmar als Omen hinweist,
liest sich dann als ein Bild der («kastrierenden«) Mutter. – Eine ähnliche Ambivalenz
gegenüber der Frau (auf dem Hintergrund der Erfahrungen mit *seiner* Mutter) findet sich
in der berühmten Erzählung von HANS-CHRISTIAN ANDERSEN: Die Kleine Meerjungfrau,

521

wo tief drunten im Meer eine furchtbare Meerhexe wohnt, welche der kleinen Meerjungfrau zwar zu den »Beinen« verhilft, um an Land zu den Menschen zu gehen und ihren
geliebten Königssohn wiederzufinden, welche ihr aber zugleich die Stimme raubt, um zu
verhindern, daß sie jemals das Geheimnis weiblicher Sexualität mitteile. Vgl. E. DREWER-
MANN: Liebe, Leiden und Unsterblichkeit. Das Märchen von der Kleinen Meerjungfrau
(1997), 111 – 128: Aber bei jedem Schritt, den du machst, ist es, als trätest du auf ein
scharfes Messer.

² Auch die Novelle von *Benito Cereno* ist kontrovers interpretiert worden. ROSALIE FEL-
TENSTEIN: Melville's »Benito Cereno« (1947), in: P. G. Buchloh – H. Krüger (Hg.): Herman Melville, 411 – 422, geht von dem Namen »benito« aus, den sie mit »benediktini-
scher Mönch« (statt mit »der Gesegnete«) übersetzt und den sie dem Wort »bonito«, der
»Schöne«, gegenüberstellt. »In diesem Wechsel eines einzigen Buchstabens liegt der
Schlüssel für manche Aspekte der Geschichte«, meint sie (414); umgekehrt versteht sie
die *San Dominick* als eine Anspielung auf die Dominikaner als »schwarze Brüder« und
auf die von ihnen betriebene Inquisition; die Sklaverei wäre demnach nichts als ein
erweiterter rassistischer Glaubenskrieg. Die *Bachelor's Delight* erinnert sie an die zwei
Schiffe in *Moby-Dick* (CXV; CXXXI), und folgert daraus: »Die zwei Schiffe . . . beschreiben durch Symbole die Beziehungen des menschlichen Lebens zum Bösen.« (415) Und
daraus ergibt sich für sie: »Wie alle Melvilleschen Helden wird Benito Cereno vom
Bösen zerstört. Anders als Pierre oder Ahab hat er keinen göttlichen Wahn oder Trotz . . .
Delano, ein Mann ungefähr wie Stubb, kann diese Leiderfülltheit nicht verstehen.«
(419) »Schwärze und Weiße sind Melvilles vorherrschende Symbole des Bösen, und
Babo ist Schwärze, nicht nur ein Schwarzer.« (420) Doch wenn es sich so verhält, ist
dann die Unterdrückung der Schwarzen nicht moralisch geboten? Und sollte das wirklich MELVILLES Meinung gewesen sein? – JOSEPH SCHIFFMAN: Critical Problems in Melville's »Benito Cereno« (1950), in: P. G. Buchloh – H. Krüger (Hg.): Herman Melville,
423 – 433, wendet sich zu Recht gegen die Auffassung, Babos Bosheit sei grundlos (425),
sowie gegen die Gleichsetzung von Weiß und Schwarz mit Gut und Böse (426), und stellt
die Frage, was Sklaverei für MELVILLE bedeutete. Feststeht ihm: »Melville beabsichtigte
›Benito Cereno‹ nicht als einen abolitionistischen Traktat.« Und ist Babo am Ende nicht
sogar »der moralische Sieger«? »Cereno kann niemals mehr zum Sklavenhandel zurückkehren nach der Erfahrung mit Babo.« (432) – MARGARET M. VANDERHAAR: A Re-
Examination of »Benito Cereno« (1968), in: P. G. Buchloh – H. Krüger (Hg.): Herman
Melville, 434 – 447, erinnert daran, daß das Erscheinungsjahr der Novelle 1855 in der
Vorbürgerkriegszeit liegt. (436) Seiner ganzen Einstellung nach war MELVILLE »kompromißlos gegen die Sklaverei, und er war kompromißlos überzeugt, daß der Süden,
indem er in den Krieg zog, um die Union zu zerstören und die Sklaverei beizubehalten,
unrecht hatte.« (437 – 438) Aber: »Warum, wenn Melville so tief mit den versklavten
Schwarzen empfand, zeichnete er sie in ›Benito Cereno‹ als gewalttätig, brutal, gänzlich
unsympathisch, unfügsam, anarchisch?« (439) Da lautet nach VANDERHAAR die eine
Botschaft, daß »aus Unrecht Gewalt« entsteht. »Das ursprüngliche Unrecht war die
Sklaverei, von der der Riese Atufal in Ketten das allgegenwärtige sinistre Symbol ist.«
(444) »Die brutalisierenden, entmenschlichenden Wirkungen der Sklaverei bei beiden:
Herr und Sklave, sind in ›Benito Cereno‹ wirkungsvoll hervorgehoben durch Melvilles
Gebrauch von animalischen Bildern.« (445) Zudem wird auf beiden Seiten das Verhalten doppeldeutig: Die »Weißen tragen die Maske der Autorität, um die Brutalität nieder-
zuhalten, die sich als Fügsamkeit maskiert.« (446) Das Resümee lautet: »Delano war ein
Mann von lauterem gutem Willen, aber guter Wille war genug, und guter Wille
ohne Verständnis und Sinn für das Recht ist unwirksam.« (447) – KLAUS ENSSLEN: Melvilles Erzählungen (1966), 62 – 83: Benito Cereno, verweist – allerdings nur als ein
erzählerisches Mittel – auf das »spannungserzeugende Prinzip« der »Diskrepanz zwischen Delanos Bewußtsein und den tatsächlichen Umständen«. Diese »Methode der

mystification« werde benutzt, um die »besondere Wesens- und Geistesart von Delano« zu erschüttern. »Delano betrachtet jede andere Haltung als die der Zuversicht und des bedingungslosen Optimismus als geistige und moralische Schwäche.« (64) Tatsächlich aber ist diese »Methode« bereits der wesentliche Inhalt der MELVILLEschen Erzählung: – es geht nur mittelbar um die Sklavenfrage; zur Debatte steht die schiere Unmöglichkeit, Wahrheit zu finden und Wahrhaftigkeit zu leben. Bezeichnend ist ein wichtiger Unterschied: AMASA DELANO: Narrative of Voyages and Travels (1817); neu herausgegeben von Eleanor Roosevelt Seegraves: Delano's Voyages of Commerce and Discovery (1994), Chap. XVIII: Capture of the Spanish Ship *Tryal* at Santa Maria Island, Chile, p. 245 – 267, schildert Benito Cereno als einen heimtückischen grausamen Menschen, der den Aufstand der Sklaven mit provoziert habe; eben diese Züge entfallen bei MELVILLE zugunsten einer in sich gebrochenen Schilderung von Menschen, die sich eben *nicht* einfach nach Gut und Böse einteilen lassen. ENSSLEN meint: »Beide . . ., Cereno und Delano haben am Ende der Erzählung nicht eigentlich begriffen, worum es bei dem Aufstand geht, oder was für ein latenter Abgrund sich vor ihren Augen geöffnet hat: Delano bagatellisiert die Sache und betrachtet sie nur als zeitweilige Trübung der lächelnden Oberfläche einer grundsätzlich wohlwollenden Welt . . . Cereno andererseits . . . sieht die Neger zwar nicht als verkörperte Teufel . . ., aber er sieht in christlich verabsolutierender Weise in ihren Handlungen das Teuflische, eine durch den Menschen wirksam werdende Macht. – Cereno ist . . . seinem Wesen nach der Mönch, der er zum Schluß tatsächlich wird.« (79) – SAMUEL OTTER: »Race« in *Typee* and *White-Jacket*, in: R. S. Levine (Ed.): The Cambridge Companion to Herman Melville (1998), 12 – 36, verweist auf die Analogie, die MELVILLE zwischen der »schwarzen Sklaverei« und der Sklaverei an Bord amerikanischer Fregatten zieht. (24 – 25) Mit einem Wort: die Versklavung ist in jeder Form ein Unrecht gegenüber der Würde des Menschen, gleichgültig, ob man Menschen ihrer Freiheit beraubt, um sie auf Baumwollfelder zu schicken, oder ob man sie schikaniert, um sie »kriegstauglich« zu machen.

3 KLAUS ENSSLEN: Melvilles Erzählungen (1966), 74, hält den Namen Benito Cereno für »einen sarkastischen Kommentar«: »*Benito* heißt auf Spanisch so viel wie ›gesegnet‹, und zusammen mit *sereno* – heiter – ergibt es den denkbar unpassendsten Namen für den spanischen Kapitän, wie er vor uns steht.« »Benito Cereno wird zwar von dem Kloster auf einem Berg mit dem suggestiven Namen ›Mount Agonia‹ barmherzig aufgenommen und von dem Mönch Infelez (infeliz = unglücklich) sorgsam betreut, kann aber offensichtlich auch hier keinen Trost finden und stirbt als 29jähriger drei Monate nach der Gerichtsverhandlung.«

4 KLAUS ENSSLEN: A. A.O., 70, betont: »Will man, wie so viele Kritiker, auf der teuflischen Grausamkeit Babos und seiner Helfer bestehen, so sieht das sehr nach . . . Identifikation mit der Lage des weißen Mannes . . . aus, der vergessen hat, daß die Voraussetzung für diese Lage die dem Neger aufgezwungene Sklaverei war. Man sollte sogar zögern, ob die Weißen bei Rückeroberung des Schiffes sich größerer Grausamkeit schuldig machen.« Wahr ist vor allem dieses: »Nach der Meuterei ist die *San Dominick* ein Schauplatz offener erklärter Feindseligkeit . . . Wie so oft bei Melville ist das Meer ein metaphysisches oder moralisches Schlachtfeld, das eine verschüttete Realität offenbart. Und die Offenbarung ist keine sehr angenehme.«

5 »Fast vier Millionen Sklaven lebten Mitte des 19. Jahrhunderts in den Südstaaten der USA.« Geo Epoche, Nr. 11 (2001), 90. Vgl. auch SUSANNE EVERETT: Geschichte der Sklaverei (1978), 94 – 132: Fluch der Baumwolle; 192 – 223: Die Zerschlagung des Sklavenhandels.

6 Zu dem Zwischenfall auf der *Amistad* vgl. SUSANNE EVERETT: Geschichte der Sklaverei (1978), 54: »Im Frühjahr wurde Singbe, Sohn des Häuptlings der Mende in Sierra Leone, gefangengenommen, an portugiesische Händler verkauft und nach Kuba verschifft. In Havanna wurde Singbe zusammen mit 50 Leidensgenossen an zwei Spanier verkauft, die

die Amistad charterten, um die Sklaven nach Principe zu bringen. Eines nachts stahlen die Sklaven den Seeleuten ihre Waffen und töteten den Kapitän Ramon Ferrer und den Koch. Unter dem Kommando Singbes übernahmen sie das Schiff und befahlen ihren Besitzern, Kurs auf Afrika zu nehmen. – Die Spanier steuerten jedoch in Richtung Norden und Westen, bis die Amistad nach 63 Tagen Long Island erreichte. Die Afrikaner wurden dort verhaftet und wegen Piraterie angeklagt. Die Besitzer klagten die Rückgabe ihres Eigentums ein. Ein Professor der Yale Universität entdeckte einen Seemann, der von den Mende abstammte und als Dolmetscher dienen konnte ... Gegner der Sklaverei ... argumentierten, die Afrikaner seien gekidnappt worden und als freie Menschen hätten sie das Recht, ihre Freiheit notfalls mit Gewalt zu verteidigen. Die Verhandlungen zogen sich über den ganzen Winter hin. Singbe hielt eine Ansprache auf Mende, die so beeindruckend war, daß sie das Urteil in seinem Sinne beeinflußte. Die Entscheidung wurde an den Obersten Gerichtshof der Vereinigten Staaten überwiesen. – Die Verhandlung wurde von dem früheren Präsidenten John Quincy Adams geleitet. Körperlich geschwächt und fast erblindet, hielt der 73jährige eine achteinhalbstündige Rede, die vermutlich den Ausschlag für das Urteil gab. Das Gericht sprach Singbe und seine afrikanischen Kameraden frei. Sie konnten 1842 nach Sierra Leone zurückkehren.« – Eine andere Meuterei von Sklaven ereignete sich 1841 auf der *Creole*. Vgl. SIDNEY KAPLAN: Herman Melville and the American National Sin: The Meaning of Benito Cereno, in: Journal of Negro History 41 (1956), 311 – 338; 42 (1957), 11 – 37.

7 Zu den Bemühungen, die Nordwestpassage zu finden, vgl. PAOLO NOVARESIO: Die großen Entdecker (1996), 132 – 153: Die Suche nach der Nordpassage. Noch 1845 war Sir JOHN FRANKLIN (1786 – 1847) mit zwei Schiffen zur Baffin-Insel aufgebrochen und hatte den Lancaster Sund erreicht; doch dann war er von Packeis eingeschlossen worden und verschollen geblieben. Ab 1848 durchstreiften rund 40 Expeditionen die kanadische Arktis, doch konnte das Schicksal von FRANKLIN erst Jahre später geklärt werden: Nach drei Polarwintern waren er und seine Mannschaft verstorben. Es dauerte bis 1906, daß ROALD AMUNDSEN (1872 – 1928) mit der *Gjöa* die erste Fahrt durch die – wirtschaftlich im Grunde uninteressante – Nordwest-Passage vollführte. (138 – 141)

8 IMMANUEL KANT: Kritik der praktischen Vernunft (1788), Werke, VII 103 – 302, S. 140.

9 WILLIAM B. DILLINGHAM: Melville and His Circle (1996), 58 – 86, zeigt, wie MELVILLES Lektüre SCHOPENHAUERS ab 1870 sein Denken immer mehr bestimmte und ihn dem Buddhismus geneigt machte; hinzu kam der englische Dichter JAMES THOMSON (1834 – 1882) mit seinem bekanntesten Werk: *The City of Dreadful Night and Other Poems*, der gleichfalls SCHOPENHAUER und dem Buddhismus nahe stand und den Glauben an einen persönlichen Gott ablehnte. (50 – 52) Auch der persische Dichter OMAR CHAJJAM (gestorben zwischen 1115 – 1132) und seine Gedichtsammlung *Rubaijat* (dt.-engl. 1969) mit seinem zweifelnden Skeptizismus und seinem Empfinden für die Bedeutungslosigkeit des Lebens empfand MELVILLE als kongenial. (156 – 157) So heißt es *Rubaijat*, LXV; LXVI, LXVIII, S. 59:

Was Fromme auch und Weise uns enthüllt,
die flammend uns gelehrt und gotterfüllt:
's sind Märchen, die man tauscht vom Schlaf erwacht –
bis Schlaf die müden Zungen wieder stillt.

– – –

Durchs Ungesehne sandte ich den Geist,
ein Wort zu finden, das das Jenseits weist;
  mit dieser Antwort fand er endlich heim:
»Bin selbst was Himmel und was Hölle heißt!«

– – –

Was anders sind wir als ein flüchtger Tanz
magischer Schattenbilder um den Glanz
der Sonnenleuchte, die der Meister hält
in Mitternacht zu Scherz und Mummenschanz?

[10] Vgl. EUGEN DREWERMANN: ... und es geschah so (1999), 130 – 144.
[11] E. DREWERMANN: Der tödliche Fortschritt ([6]erweitert u. aktualisiert 1990), 67 – 110: Die christliche Anthropozentrik und die Zerstörung der Natur.
[12] HARRY SLOWCHOWER: The Myth of Democratic Expectancy (1950), in: P. G. Buchloh – H. Krüger (Hg.): Herman Melville, 231 – 244, sah in JACK LONDONS (1876 – 1916) Gestalt des Wolf Larsen eine Kombination von Ahab und Moby Dick. (237 – 238, Anm. 7) Auf die Ähnlichkeit des Lebensgefühls aber ging er nicht ein.
[13] Vgl. HERBERT SPENCER: System der synthetischen Philosophie (1855 – 1896). Insbesondere *Die Prinzipien der Soziologie* von 1855 erklären die Moral des Menschen für ein Anpassungsprodukt des Überlebenskampfes. Da der Drang zum Selbsterhalt primär sei gegenüber dem Interesse des Arterhalts, bestimme sich der moralische Wert einer Handlung rein utilitaristisch; der Wertmaßstab des Tuns liege in der Nützlichkeit für das Individuum wie für die Art. – MELVILLE scheinen SPENCERS Schriften unbekannt geblieben zu sein, doch lagen Gedanken dieser Art »in der Luft«.
[14] Das Ende Ahabs und das Ende von MILTONS Satan sowie von CONRADS Kurtz vergleicht in einer knappen Bemerkung JOHN PARKE: Seven *Moby Dicks* (1955), in: M. R. Stern (Ed.): Discussions of Moby-Dick, 66 – 76: »Satans Ende ist abstoßend, Kurtz' pathetisch; Ahabs, obwohl wie das der anderen moralisch im Widerstand befindlich, ist paradoxerweise großartig.« (71)
[15] MARCUS REDIKER: Libertalia: Utopia der Piraten, in: D. Cordingly (Hg.): Piraten (1996), 126 – 141, schildert den Seeräuberstaat Libertalia auf Madagaskar im 18. Jh. als eine auf den Kopf gestellte Welt. »Verantwortlich dafür war eine Übereinkunft, in der die Regeln und Bräuche der Piraten festgelegt waren. Die Seeräuber ›verteilten Gerechtigkeit‹, wählten ihre Offiziere, teilten die Beute zu gleichen Teilen unter sich auf und setzten ein anderes Strafsystem ein. Sie begrenzten die Autorität des Kapitäns, enthielten sich der Praktiken der kapitalistisch orientierten Handelsschiffahrt und etablierten eine multikulturelle, multirassische und multinationale soziale Ordnung. Mit aller Deutlichkeit unterwanderten sie die herrschenden Normen und bewiesen, daß Schiffe nicht nach den brutalen und unterdrückenden Regeln der Handelsschiffahrt und Royal Navy geführt werden mußten. – Auf See wie in Libertalia – und zu einer Zeit, in der von politischen Rechten der Arbeiter noch keine Rede sein konnte – wählten die Piraten ihre Anführer nach demokratischen Regeln. Bei der Verfolgung einer Prise und im Kampf hatte der Kapitän absolute Autorität, doch ansonsten wurde er ›durch die Mehrheit regiert‹. ›Sie erlauben ihm, Kapitän zu sein‹, bemerkte ein Zeitgenosse, ›unter der Bedingung, daß sie auch Kapitän über ihn sind‹. Er genoß kaum Privilegien . . . Kapitäne, die es wagten, ihre Kompetenzen zu überschreiten, wurden hingerichtet . . . Eine weitere Einschränkung der Macht des Kapitäns garantierte der Maat, der gewählt wurde, um ›die Interessen der Mannschaft‹ zu vertreten und zu schützen. Der Rat, eine demokratische Versammlung, bei der alle Männer eines Schiffes Mitspracherecht hatten, stellte immer die höchste Autorität dar.« (133) – Die Geschichte von *Libertalia* wurde publiziert von Captain CHARLES JOHNSON: *General History of the Pyrates* (1724; Nachdruck 1972, hg. von M. Schonhorn), 392; 425, wo er von einem gewissen Kapitän Misson berichtet, der seine utopische madagassische Republik stolz »Libertalia« nannte. Obwohl die englischen Machthaber ab 1690 rigoros gegen die Piraterie vorgingen, lebten die Ideen von Libertalia weiter. »Der Traum von Libertalia lebte fort, doch nur, weil einfache, zu Piraten gewordene Seeleute den Galgen riskiert hatten, um sich eine bessere Welt vorzustellen als die, die sie auf den Handels-, Kriegs- und Kaperschiffen des 18. Jahrhunderts vorfanden. Sie hatten eine strenge

starre Disziplin in ein lockeres, freieres Regime verwandelt, das auf dem Grundsatz fußte, ›die Strafe, die der Kapitän und die Mannschaft für angemessen halten, ist gerecht‹. Sie hatten die kargen Rationen durch ausgelassene Festgelage ersetzt, den ausbeuterischen Lohnverhältnissen das geteilte Risiko der Unternehmung entgegengestellt und waren Invalidität und vorzeitigem Tod durch aktive Sorge um Gesundheit und Sicherheit begegnet. Die Einsetzung der Offiziere stand in krassem Gegensatz zu der beinahe diktatorischen Kommandostruktur in der Handelsschiffahrt und der Royal Navy.« (141)

16 Vgl. SÖREN KIERKEGAARD: Der Augenblick. Flugschriften zwischen 1854 – 1855, in: Werkausgabe, II 309 – 567:»Denn glaube mir, es gibt nichts, was Gott so widerwärtig ist, keine Ketzerei, keine Sünde, nichts ist ihm so widerwärtig wie das Amtliche ...; denn da Gott ein persönliches Wesen ist, kannst Du wohl begreifen, wie widerwärtig es ihm ist, daß man ihm den Mund mit Musterblättern wischen will.« (396)

17 DAVA SOBEL: Längengrad (1995), 21 – 32: Das Meer vor der Zeit, schildert, wie »in der nebligen Nacht des 22. Oktober 1707 ... die Scillys zum namenlosen Grab für zweitausend von Admiral Shovells (sc. Admiral Sir Clowdisley Shovell, d.V.) Marinesoldaten« wurden. (21 – 24)

18 DAVA SOBEL: Längengrad (1995), 85 – 99: Tagebuch eines Zahnradmachers, beschreibt die Herkunft und die frühen Jahre von John Harrison.

19 C. G. JUNG: Antwort auf Hiob (1952), in: Ges. Werke, XI 385 – 506, stellte Vollständigkeit als ein »weibliches« Desiderat dem »männlichen« Streben nach Vollkommenheit gegenüber. (424)

20 WILLIAM BRASWELL: Melville's Religious Thought (1959), 32, betont freilich, daß »in der frühen Periode« von Taipi und Omo MELVILLE »wie die Stoiker ..., die Deisten und viele andere« der Meinung zugestimmt habe, »daß die moralischen Gesetze allen Menschen geoffenbart worden« seien. Doch die Ruhe« des MELVILLE im Sinne des Deismus mit der Gottheit verbindet, ist für ihn höchst ambivalent. K. H. SUNDERMANN: Herman Melvilles Gedankengut (1937), 59, schrieb dazu:»Sonnengleich, immerdar leuchtend am grundlosen Firmament, wird Gott als die einzige zentrale Wahrheit bezeichnet, und er ist der Urgrund des Lebens, das in den Menschen zur Auswirkung kommt. – Gott ist für Melville aber auch die unerbittliche Allgewalt oder das Schicksal, die Prädestination oder fatalistische Notwendigkeit; wie man ihn auch nennen will. Diese Kräfte sind die Lenker des Weltalls, und das Motiv der Gnade taucht bei Melville kaum auf. Diese gnadenlose, Frieden suchende und nicht findende Haltung ist bei ihm kalvinistisch-puritanisches Erbgut.«

21 WILLIAM HULL:»Moby Dick«: An Interpretation (1947), in: P. G. Buchloh – H. Krüger (Hg.): Herman Melville, 196 – 217, macht zu Recht darauf aufmerksam, daß der Schiffszimmermann »auf zwei Ebenen« erscheint:»als ein emsiges Mitglied der Mannschaft und, auf einer Ebene, die Queequeg manchmal innehat, ... als ein Zeichen der indifferenten, unpersönlichen, objektiven Verrichtungen des Universums.« (210)

22 W. WEBER: Herman Melville – eine stilistische Untersuchung (1937), 181 – 183, meint: »Die Symbolik der Gestalten und Charaktere, zusammen mit der Natur- und Weltsymbolik, bildet einen Bestandteil der innersten Konzeption. Hier haben wir es mit regelrechter Mystik zu tun, der Melville bis zu seinem Tode ernstlich gehuldigt zu haben scheint.« »Die Charaktere und Gestalten sind Verkörperungen gewisser mystischer Weltkräfte; allen voran die beiden Antagonisten Moby-Dick und Ahab. Moby-Dick stellt das Ur-Natürliche dar ...; Ahab repräsentiert das Ur-Geistig-Menschliche.« »Moby-Dick ... ist das Symbol des Weltdämonismus ... Ahab ist der einsame Übermensch.« »Natur und Welt werden als ganzes zum mystischen Zeichen der dahinterstehende Realitäten.« »Alles durchdringt und umspannt die Naturmystik. Die See in ihrer Lieblichkeit ist das Sinnbild des gleißnerisch-mörderischen Kosmos, See und Land haben ihr Gegenbild der menschlichen Seele.«

23 ALEXANDER PECHMANN: Herman Melville (2003), 191 – 192, meint:»Die Figur des Kanz-

leischreibers Bartleby ist vielleicht Melvilles originellste und wirkungsvollste Schöpfung.«»Die Faszination der Figur Bartleby liegt nicht allein in ihrer totalen Verweigerung, sondern ebenso in der Frage, ob sein Verhalten einfach wahnsinnig ist oder aber eine notwendige Schlußfolgerung und Reaktion auf eine Gesellschaft, in welcher einem Individuum nur die Rolle eines austauschbaren Zahnrädchens zugestanden wird.« (191)

[24] LEO MARX: Melville's Parable of the Walls (1953), in: P. G. Buchloh – H. Krüger (Hg.): Herman Melville, 355 – 377, meint, es gebe »exzellente Gründe, um ›Bartleby‹ zu lesen als eine Parabel, die mit Melvilles eigenem Schicksal als Schriftsteller zu tun hat«. (355) Wie Ahab, werde Bartleby von der »Mauer des Todes, die uns umgibt«, gefangen gehalten, und wie der Wal, werde diese Mauer jeden vernichten, der sie durchschlagen wolle. (372) – ALEXANDER PECHMANN: Herman Melville (2003), 191 – 192, meint:»Für die Erzählung gibt es . . . biographische Quellen: Allan Melville (sc. Melvilles Bruder, 1823 – 1872, das 5. Kind der Melvilles, d.V.), der inzwischen ein Anwaltsbüro an der New Yorker Wall Street leitete, beschäftigte für einige Zeit einen alten Bekannten seines Bruders Herman: Eli Fly (sc. 1817 – 1854, Melvilles Freund, d.V.). Herman Melville hatte Fly, der 1854 nach langer Krankheit und psychischen Problemen starb, durch Zuwendungen unterstützt. Das berühmte ›Ich möchte lieber nicht‹ Bartlebys kann aber auch auf Melvilles eigene Verweigerungshaltung bezogen werden. Seine Mutter schrieb an Peter Gansevoort (sc. Melvilles Onkel, 1788 – 1876, d.V.), daß ihr Sohn die Bemühungen der Familie, ihn vom Bücherschrieben abzubringen, ignorierte, daß er seine Stellensuche immer wieder aufschob, um zu seiner Literatur zurückzukehren. Zudem könnte Bartleby ein Stellvertreter für Melvilles stille Rebellion gegen die Konventionen der damaligen Literaturproduktion sein: Wie Bartleby weigerte er sich, zu kopieren und seinen Verlegern die Imitationen und Schablonen zu liefern, die als erfolgversprechend von ihm verlangt wurden.« – Zur literarischen Analyse der Erzählung vgl. KLAUS ENSSLEN: Melvilles Erzählungen (1966), 13 – 39:»Das Rätsel Bartleby wird indirekt nur in seinem Resultat als totale Lebensweigerung deutlich, in seinen Motiven und Wurzeln aber wird es nicht erklärt, so daß die existentielle Beunruhigung und der metaphysische Schrecken . . . bis zum Ende ständig wachsen.« (39)

[25] SÖREN KIERKEGAARD: Die Krankheit zum Tode (1849), 48 – 59: Verzweifelt nicht man selbst sein wollen, die Verzweiflung der Schwachheit; vgl. E. DREWERMANN: Strukturen des Bösen, 3. Bd. (1978), 487 – 492: Verzweiflung verstanden als Schwäche oder Trotz.

III. Woher die Rettung?

[1] Zitiert nach HANS-PETER MARTIN – HARALD SCHUMANN: Die Globalisierungsfalle (1996), 137.

[2] ERIC FREY: Schwarzbuch USA (2004), 20 – 36: Der große Landraub: Die Vernichtung der Indianer.

[3] DETLEF JUNKER: Power and Mission – Was Amerika antreibt, Freiburg 2004.

[4] HEINRICH JAENECKE: Der Bruderkampf Nord gegen Süd, in: Geo Epoche (2003), 96 – 112.

[5] HERMAN MELVILLE: Battle-Pieces (1866), in: The Poems of Herman Melville, ed. by Douglas Robillard (2000), 51 – 190. – EDGAR A. DRYDEN: Monumental Melville (2004), 66 – 100: John Browns »America«, zeigt auf, wie die Darstellung des Abolitionistenführers John Brown (1800 – 1859) als des »Meteors« MELVILLE insbesondere von WALT WHITMAN unterscheidet. (69 – 76)

[6] *The Poems of Herman Melville*, ed. by Douglas Robillard (2000), 94; ALEXANDER PECHMANN: Herman Melville (2003), 261 – 262. – Deutlich ist der expressionistische Stil – 50 Jahre vor dem Expressionismus! CLARK DAVIS: After the Whale. Melville in the Wake of

Moby-Dick (1995), 122, spricht von MELVILLES »Verlangen, Sprache in die Dauerhaftigkeit von Stein zu schneiden, Gegenwart und Stimme dem schweigenden Toten zu geben«. »Diese Gedichte richten sich an den Abstand zwischen dem Toten und dem Lebenden, nun überbrückbar einzig durch Sprache.« LAWRENCE BUELL: Melville the Poet, in: R. S. Levine (Ed.): The Cambridge Companion to Herman Melville (1998), 135 – 156, betont die Absicht MELVILLES, »die Verschiedenheit der Perspektiven« herauszuarbeiten: »der Süden ebenso wohl wie der Norden, gemeiner Mann wie Offizier, Kriegsfront und Heimatfront, Gedächtnis und Satire.« Immer wieder äußere sich die Zwiespältigkeit, aus Kriegserfolgen Legitimität zu gewinnen, und die Ablehnung des Standards aus HORAZ: Carmina, III 2.13: *dulce et decorum est pro patria mori* – süß und ehrenvoll ist es, fürs Vaterland zu sterben.

7 *The Poems of Herman Melville*, ed. by Douglas Robillard (2000), 185; vgl. ALEXANDER PECHMANN: Herman Melville (2003), 264.

8 ALEXANDER PECHMANN: Herman Melville (2003), 275.

9 HERMAN MELVILLE Clarel: A Poem and Pilgrimage in the Holy Land (1876), in: Vol. 12 of *The Writings of Herman Melville*, ed. by Harrison Hayford, Alma A. MacDougall, Hershel Parker, G. Thomas Tanselle, Evanston – Chicago 1991. – Zu Inhalt und Deutung des Werks vgl. K. H. SUNDERMANN: Herman Melvilles Gedankengut (1937), 37 – 57: »Ihn (sc. Melville, d.V.) beherrschte . . ., wenn man seine Stellung zum Glauben im ganzen betrachtet, der Zweifel, der für ihn wie ein dunkler, endloser Weg ins stets Ungewisse und zu immer neuer Unzufriedenheit führt. Sein Schlußbekenntnis (sc. der Geist triumphiere über die Materie, d.V.) ist nur ein Ausweichen und Abbiegen von dem eigentlichen zu Beginn gestellten Problem und ein Hinübergleiten vom Religiösen ins Philosophische. Melvilles Überzeugung im Sinne Platos von der Unsterblichkeit des Geistes und der Vergänglichkeit der Materie kann darüber nicht hinwegtäuschen. Daß in dieser Haltung der weitgehend puritanisch-protestantische Geist Melvilles zum Ausdruck kam, dürfte ohne weiteres klar sein.« (56) – Den langen Weg, den MELVILLE von *Moby-Dick* zu *Clarel* zurückgelegt hat, beschreibt ROBERT MILDER: Melville and the Avenging Dream, in: R. S. Levine (Ed.): The Cambridge Companion to Herman Melville (1998), 250 – 278. MILDER verweist darauf, daß von Anfang an der Gedanke der Brüderlichkeit unter den Menschen »bei Melville nicht nur demokratisch und tragisch ist; er ist demokratisch, weil tragisch.« (258) Er sei ein Teil des Weltgefühls Ismaels und seiner Auflehnung in Ahab. Wenn Ahab seine Harpune im Blute der heidnischen Harpuniere taufe »non . . . in nomine patris, sed in nomine diaboli« (nicht im Namen des Vaters, sondern im Namen des Teufels, *Moby-Dick*, CXIII 748), so stecke darin »das Erzwingen der genealogischen Anerkennung von seiten eines Vaters, der sich selbst von seiner Schöpfung verabsentiert und die Verwandtschaft mit seinen Kindern aufgelöst« habe. (261) Insbesondere verweist MILDER auf den Gnostizismus, den Melville durch PIERRE BAYLE: Dictionnaire Historique et Critique (1697) kennengelernt habe und der das Drama von Gut und Böse in die Schöpfung selbst hineinverlege. (262) Der »Hunger nach ›Verkehr‹ mit dem abwesenden Vater« sei »fast sicher eine Übertragung des Gefühls des jungen Melville vom Verlust seines wirklichen Vaters – Allan Melville war gestorben, als Herman zwölf war.« (265) Es sei dann der Roman *Pierre*, in dem Melville »das Ahabsche Element in sich selber« analysiere. (266) Dann aber meint MILDER, »am Ende von *Pierre*« habe »Melville einen Heroismus exorzisiert, der das Transzendente suchte«; er habe »begonnen zu verstehen, das die authentischere Größe die des ›Seelen-Kleinkinds‹ ist, dessen Herausforderung darin besteht, Mutter und Vater zu sein, Erde und Himmel zu sich selbst.« Davon ist freilich weder in *Moby-Dick* noch in *Pierre* etwas zu lesen; auch nicht, daß »der Rachetraum (sc. Pierres, d.V.) selber gerächt worden sei durch ein rein inneres Maß der Göttlichkeit, das beides annehmen kann: den Spott der Gesellschaft und die Gleichgültigkeit der Götter, die Verstoßung durch die Mutter und das Schweigen des Vaters«. (269) Freilich, in dem Versepos *Clarel* findet sich eine gewandelte Einstellung: »Am Ende sucht Clarel Freiheit bei Ruth,

aber Ruth und das Paradies, das sie repräsentiert, sind tot, so wie Yillah gestorben war für Taji, und Clarels Bestimmung – der Menschheit Bestimmung, meint Melville – ist es, so gut es geht, die Via Dolorosa zu bereisen, auf den Schultern einen Zweifel und vielleicht, wie Rolfe, reifend unter seiner Last.« (274) – Auch JENNY FRANCHOT: Melville's Traveling God, in: R. S. Levine (Ed.): The Cambridge Companion to Herman Melville (1998), 157 – 185, sieht MELVILLE nicht nur enttäuscht und kritisch gegenüber dem überkommenen Christentum, sondern darum bemüht,»einen Glauben, ausgezehrt von den Herausforderungen der Aufklärung..., des liberalen Protestantismus und schließlich des Darwinismus, wiederzubeleben«. (159 – 160) So habe er begonnen, das Christentum in dichterische Erzählung zu übersetzen und es»in eine Sammlung von Analogien und Bilder« umzuformen. (162) Im Zentrum stehe dabei einmal die allgemeine Menschlichkeit der Religion, die sich (ähnlich der Kunst im 20. Jh. in bezug auf die bewußte Aufnahme polynesischer, afrikanischer und indianischer Einflüsse) an den Kulturen der»Primitiven« regenerieren könne, dann aber das Problem des Bösen. Schon DANIEL DEFOE: The Life and strange surprising Adventures of Robinson Crusoe, of York, Mariner (London 1719), Kap. 15, läßt den Eingeborenen Freitag fragen, wieso eigentlich Gott, wenn er doch unendlich viel stärker sei als der Teufel, diesen nicht ganz einfach totschlage; an dieser einfachen Frage zerbricht der Glaube an die Vorsehung des monotheistischen Gottes. (170 – 171)»Wie die Jona-Erzählung in Moby-Dick verstreut ist durch Ismaels vielfältige Stimmen, so wird Jehova allgegenwärtig als Fragment.« (172)»Durch seine Kunst sind Melvilles Erzähler niemals eindeutig innerhalb oder außerhalb des Christentums, denn das Christentum hat sich selbst als einen verstreuten fragmentarischen Stoff für allgemein bekannte Zitierungen wiederhergestellt.« (178) Insofern, meint FRANCHOT, sei MELVILLES»Glaube« der einer ständigen Wanderschaft. Aber:»Kann das Individuum, wiedererweckt durch Einsamkeit und verschiedene Gestalten des Anderen, schließlich zu Gott reisen?... Clarel widerruft die Illusion der Reise, die Illusion, es gebe einen Raum des Glaubens, der Andersheit, in den man reisen und die Last des Unglaubens und das Selbst loswerden könne.« (183) – Vgl. zu Clarel auch ALEXANDER PECHMANN: Herman Melville (2003), 275 – 283.

[10] HERMAN MELVILLE: Die Reisetagebücher, übers. u. komm. v. a. Pechmann, 2001.

[11] Zu dem Verhältnis von HAWTHORNE und MELVILLE vgl. KLAUS LANZINGER: Primitivismus und Naturalismus im Prosaschaffen Herman Melvilles (1959), 92 – 95: Hawthorne und Melville: Zwei verschiedene Welten:»Hawthorne bleibt im Rahmen der calvinistischen Prädestinationslehre, sein Denken ist durchaus christlich und hätte niemals den sinnvollen Ablauf des Weltgeschehens in Frage gestellt. In seiner Welt hatte Reue noch ihren echten Sinn, denn der Mensch spürt sein eigenes Verschulden. Arthur Dimmesdale und Hester Prynne in The Scarlet Letter (sc. Der scharlachrote Buchstabe, d.V.) gehen in sich und erkennen sich sündig; in ihnen hat eine große Reue Gestalt angenommen.»Als Melville Moby-Dick schrieb, war er in seinem geistigen Ringen über viele Stationen hinausgekommen, an die Hawthorne nie im entferntesten gerührt hatte.« (94) – In einem Brief vom 16.(?) April 1851 schrieb MELVILLE anläßlich von HAWTHORNES House of the Seven Gables (1851) über die Unerklärbarkeit des Universums und über seine Vorstellung von einer autonomen Persönlichkeit:»Es gibt eine gewisse tragische Phase der Menschheit, die unserer Meinung nach niemals machtvoller verkörpert war als in Hawthorne. Wir meinen die Tragödien des menschlichen Denkens in seinen unverfälschten, urtümlichen, tiefgründigeren Werken... wir meinen... den Mann, der, wie Rußland oder das Britische Empire, sich selbst eine souveräne Natur (in sich selbst) zuschreibt, inmitten der Mächte von Himmel, Hölle und Erde) Er mag zugrunde gehen; aber solange er existiert, besteht er darauf, mit allen Mächten auf gleicher Basis zu verhandeln. Wenn einige dieser anderen Mächte es vorziehen, gewisse Geheimnisse zu behalten, – laß sie; das beeinträchtigt nicht die Souveränität in mir selbst; das macht mich nicht tributpflichtig. Und vielleicht gibt es überhaupt kein Geheimnis. Wir neigen dazu, zu denken, das Pro-

blem des Universums sei gleich dem mächtigen Geheimnis der Freimaurer, ganz schrecklich für alle Kinder. Schließlich kommt heraus, daß es in einem Dreieck besteht, einem Schlegel und einer Schürze – nichts weiter. Wir neigen dazu, zu denken, daß Gott seine eigenen Geheimnisse nicht erklären kann und daß er gern selber ein bißchen Information über gewisse Punkte hätte. Wir Sterblichen erstaunen ihn ebenso sehr wie er uns. Aber um dieses *Sein* geht es; da liegt der Knoten, mit dem wir uns ersticken. Sobald man sagt: *Ich, ein Gott, eine Natur,* sobald springt man von seinem Stuhl und hängt am Balken. Ja, dieses Wort (sc. Gott, d.V.) ist der Henker. Nimm Gott aus dem Wörterbuch, und man würde ihn auf der Straße haben. – Es gibt die große Wahrheit über Nathaniel Hawthorne. Er sagt *Nein* im Donner; nicht mal der Teufel kann ihn bewegen, *Ja* zu sagen. Denn alle Leute, die *Ja* sagen, lügen, und alle Leute, die *Nein* sagen, – also, die sind in dem glücklichen Zustand von verständigen, unbeschwerten Reisenden in Europa; sie passieren die Grenzen zur Ewigkeit mit nichts als einer Reisetasche, –will sagen: dem Ego.« In: WILLIAM THORP (Ed.): Herman Melville: Representative Selections (1938), 387 – 389; HERMAN MELVILLE: Correspondence, ed. by. Merrell R. Davis, William H. Gilman (1993), 186; HERMAN MELVILLE: Tales, Poems and Other Writings, ed. by John Bryant (2001), 36 – 38. – Gerade ein solcher Mann, der *Nein* sagt, wie MELVILLE es wünschte, war und wurde HAWTHORNE nie. URSULA BRUMM: Die religiöse Typologie im amerikanischen Denken (1963), 95 – 136: Nathaniel Hawthorne, meint:»Die Kernfrage, die an Hawthorne zu stellen ist, scheint mir zu sein: glaubt er, daß das moralische Weltprinzip auch in außermenschlichen, soliden Welterscheinungen tätig ist und dessen Kausalgesetze und Wahrscheinlichkeitsberechnungen umbiegt, oder gibt er sich damit zufrieden, es im Bereich des menschlichen Geistes wirksam zu sehen, wo er es durch Symbole sprechen läßt. Die erste Möglichkeit steht dem calvinistischen Glauben nahe und hat seine Fortsetzung in der semi-wundergläubigen Romance gefunden; die zweite berührt sich mit dem philosophischen Idealismus und führt zum dichterischen Symbolismus. Mir scheint, daß Hawthorne zwischen beiden Anschauungen steht und schwankt; er spielt mit beiden, ohne sich zu entscheiden. Er bietet beide an und macht mit keiner wirklich Ernst. Sich mit der zweiten Möglichkeit zu bescheiden, hat er nicht übers Herz gebracht; sich für die erste zu erklären, wagte er seinen skeptischen Zeitgenossen nicht anzubieten, und sie entspricht wohl auch nicht seiner eigenen vollen Überzeugung.« (134 – 135) – Zur Freundschaft zwischen MELVILLE und HAWTHORNE zwischen 1850 – 1851 vgl. auch ALEXANDER PECHMANN: Herman Melville (2003), 131 – 142. – Es war SOPHIA PEABODY HAWTHORNE (geb. 1809), der wir in einem Brief an ihre Schwester Elizabeth Peabody vom 4. Sept. 1850 ein eindringliches Portrait über den so rätselhaften Freund ihres Mannes verdanken; sie schreibt:»Er hat eine sehr starke Vorstellungskraft, doch was mich erstaunt, ist, daß seine Augen nicht groß und tief sind. Er scheint alles sehr genau zu betrachten, und wie er dies mit seinen kleinen Augen zustande bringt, kann ich nicht sagen. Es sind auch keine scharfen Augen, sondern insgesamt ziemlich normal. Seine Nase ist gerade und recht hübsch, sein Mund drückt Sensibilität und Gefühl aus. Er ist recht groß und aufrecht, mit einer freien, tapferen, männlichen Art. Beim Sprechen ist er voller Energie, gestikuliert heftig und verliert sich in seinem Thema. Ganz ohne Anmut und Schliff. Gelegentlich weicht seine Unruhe einem einzigartig stillen Ausdruck in jenen Augen, die ich zuvor beschrieben habe; ein nach innen gekehrter, dämmriger Blick, der dich dennoch gleichzeitig spüren läßt, daß er im selben Augenblick seine Umwelt auf das genaueste wahrnimmt. Es ist ein seltsamer, schläfriger Blick, der dennoch eine recht einzigartige Kraft in sich trägt. Er scheint dich nicht zu durchdringen, sondern in sich aufzunehmen.« In: ELEANOR MELVILLE METCALF: Herman Melville. Cycle and Epicycle (1953), 92 – 93; übers. in: ALEXANDER PECHMANN: Herman Melville (2003), 136 – 137. ELIZABETH HARDWICK: Herman Melville (2000), 91, meint:»Mit Hawthorne verband Melville die einzige intellektuelle und kreative Freundschaft seines Lebens, in ihm hatte er jemanden gefunden, der wie er vom Schrecken und der düsteren Gleichgültigkeit des Universums betroffen

war. Die Intensität der Verehrung, der Verbundenheit konnte nicht erwidert werden ...
Melville ... wollte mit Hawthorne das Schicksal eines Schriftstellers in Amerika teilen,
das zerfetzte Banner mit ihm tragen ... Doch gab es da ein Auseinanderklaffen der Tem-
peramente, eine Ungleichartigkeit der Passion. – Hawthorne ist in jeder Hinsicht der
gefälligere Mensch und Bürger, zumindest im Vergleich zu Melville, der selbst im gesetzten Eheleben viel von einem Renegaten an sich hatte ... Als Melville mit der *Acushnet*
segelte, hatte Hawthorne längst das Bowdoin College in Maine hinter sich gelassen ...
Melvilles Kameraden dagegen waren versoffene, geschlechtskranke, dickfellige, brutale
Herumtreiber gewesen, an denen man auf der Straße eilig vorbeigehen würde.«

12 Zur Lehre MARCIONS vgl. ADOLF VON HARNACK: Marcion. Das Evangelium vom fremden
Gott (1924); Darmstadt 1985. – Zu den Auffassungen MANIS, die von dem Gnostiker
BARDESANES und von MARCION beeinflußt sind, vgl. FRANCIS CRAWFORD BURKITT: Die
Auffassung von dem Bösen Prinzip im manichäischen System und von seiner Übereinstimmung mit dem Christentum (1925), in: G. Widengren (Hg.): Der Manichäismus,
31 – 36: »Die Religion Manis ist ein Versuch, die Gegenwart des Bösen in der Welt, in der
wir leben, zu erklären, und sie vereint praktischen Pessimismus mit letztlichem Optimismus ... Was diese Welt betrifft, sind sie (sc. die Manichäer, d.V.) ausgesprochen pessimistisch: sie war schlecht zu Anfang, und sie führt in immer größeres Elend. Aber sie glaubten, daß das Licht wirklich größer und mächtiger ist als die Finsternis und daß am Ende
alles, was gut war in ihrem Sein, gesammelt würde in dem Reich des Lichts, einem Reich,
das ganz regiert wird durch Vernunft, Erkenntnis, Verstand, guten Gedanken und gute
Absicht.« (33)

13 ALEXANDER PECHMANN: Herman Melville (2003), 280: *Clarel*, 3.27.123 – 124. – EDGAR A.
DRYDEN: Monumental Melville (2002), 101 – 147: Death and Poetry: The Problems of
Character in *Clarel*, hebt hervor, daß MELVILLE »die Literatur als ein Mittel«betrachtete,
»die Gewalt zu heilen, die eine Kultur prägt, wenn ihre konzeptionellen Vorstellungen sie
im Stich lassen, wenn Religion, Philosophie und Wissenschaft ihre Autorität verloren
haben.« (146) Gerade *Clarel* ist ein solcher Versuch einer Sinnsuche inmitten einer
zusammenbrechenden Welt.

14 ALEXANDER PECHMANN: Herman Melville (2003), 281. Vgl. *Clarel*, 4.21.139.

15 NATHANIEL HAWTHORNE: English Notebooks 1853 – 1857, ed. by R. Stewart, New York
1962; zitiert in JAY LEYDA: The Melville Log: A Documentary Life of Herman Melville,
1819 – 1891, 2 vols., 529; vgl. CHARLES OLSON: Nennt mich Ismael (1947), 92 – 93. –
Demgegenüber liest KLAUS LANZINGER: Primitivismus und Naturalismus im Prosaschaffen Herman Melvilles (1959), 104 – 108, gerade den *Epilog* in *Clarel* als ein Bekenntnis zu
»der christlichen Osterbotschaft«: »Melville überwand den Zweifel, die Hoffnungslosigkeit und den Nihilismus, der sich jahrelang in seiner Seele vergraben hatte. So fand er
doch die Glaubenszuversicht, um die er zeitlebens gerungen hatte, und konnte seinen
Lebensabend in der tröstlichen, christlichen Gewißheit verbringen, daß der Tod nur ein
Durchgang zu einem anderen Leben ist.« (108) – Gewiß suchte MELVILLE eine solche
Hoffnung, doch spricht er im *Epilog* von dem »Sieg«, zu dem der Tod das Leben führe,
und dieses Wort ist, wie die meisten christlichen Vokabeln (vgl. 1 Kor 15,55) bei
MELVILLE, auch offen für andere Deutungen.

16 ALEXANDER PECHMANN: Herman Melville (2003), 283.

17 Vgl. ALEXANDER PECHMANN: Herman Melville (2003), 286 – 288. – ELIZABETH HARD-
WICK: Herman Melville (2000), 23, geht darauf ein, daß der Name des Sohnes *Stanwix* an
die Schlacht von Fort Stanwix erinnert, in der Colonel Peter Gansevoort (1749 – 1812),
der Großvater mütterlicherseits, gegen die Indianer unter dem Mohawk-Häuptling
Joseph Brant und gegen die Briten kämpfte: Als die Indianer ein Fort stürmten und die
Insassen massakriert hatten, sich dann aber zurückziehen mußten, »setzte Colonel Gan-
sevoort die Dörfer der Indianer in Brand, vernichtete ihre Ernte und vermochte Fort
Stanwix zu halten. Daß sie (sc. die Melvilles, d.V.) ihren Sohn nach dieser Schlacht

531

benannten, läßt vermuten, daß Herman Melville und seine Frau den Platz ihrer Familie in der Geschichte würdigten.«Stanwix, der wenige Wochen nach der Veröffentlichung des *Moby-Dick* zur Welt kam, wurde taub, ungefähr»zum Zeitpunkt von Malcolms Tod.«Als er mit 35 Jahren in Kalifornien an Tuberkulose starb, soll ein»Freund ... bei ihm gewesen« sein,»eine Bemerkung, die nichts sagend bliebe, sollte sie nicht eine homosexuelle Freundschaft andeuten.« (131 – 132)

[18] A. A.O., 286; aus HERMAN MELVILLE: Correspondence, ed. by Merrell R. Davis – William H. Gilman (1993), 464: Brief an Catherine Gansevoort Lansing, Melvilles Cousine.

[19] ALEXANDER PECHMANN: Herman Melville (2003), 293.

[20] THOMAS MANN: Joseph und seine Brüder. Die Geschichten Jaakobs (1933), 7. Hauptstück, Benoni, S. 280 – 290.

[21] STEFAN ZWEIG: Legenden (1922), 7 – 27: Rahel rechtet mit Gott. – ELIZABETH HARDWICK: Herman Melville (2000), 125, sieht in der Begegnung mit der *Rahel* ein»Zwischenspiel, das Ahab mit tiefstem menschlichem Elend konfrontiert, mit familiärem Leid, dem Kummer eines Vaters und seiner Liebe zum Sohn ... Obwohl er selbst ein Kind hat, ist er kein Vater, fehlt ihm jegliches existentielle Verständnis für dieses heilige Band.«Diese Feststellung trifft so nicht zu; und zudem: wie wurde Ahab, was er ist? Und was wäre nötig, um seine abgrundtiefe Not zu lindern? Selbst die *Rachel verlangt* etwas von ihm, wo er doch selbst, wie später Ismael, die gleiche *Rachel*, als»Prinzip«, benötigte, um das verlorene»Kind« (in ihm) zu retten.

[22] HARRY SLOWCHOWER: The Myth of Democratic Expectancy (1950. Nachtrag 1971: The Psychic Burden), in P. G. Buchloh – H. Krüger (Hg.): Herman Melville, 231 – 244, meint:»Selbst wenn Ahab als ein satanischer Held erscheint in der Linie von Loki, Hagen und Jago, deren Revolte einen diabolischen Charakter hat, besitzt er noch die Qualität des tragischen Helden ... er ist eine tragische und erlösungsbedürftige Figur.« (243) Das ist wahr, doch wie erlöst man Ahab? – Gerade diese Frage stellt JOHN PARKE: Seven Moby-Dicks (1955), in: M. R. Stern (Ed.): Discussions of Moby-Dick, 66 – 76:»Wie er (sc. der Untergang der *Pequod*, d.V.) vermieden werden könnte, sagt Melville uns nicht. Könnten wir es ihm sagen?« (76) Eben das müssen wir versuchen. – Sehr schön bemerkte bereits LEWIS MUMFORD: Herman Melville (1929; revised 1963), 107 – 133: Moby-Dick, von der Tragödie Ahabs:»... im Kampf gegen das Böse, mit Gewalt statt Liebe, wird Ahab selbst ... das Abbild dessen, was er haßt: er hat die Menschlichkeit verloren, bei dem Bemühen, sie zu verteidigen.« »Hier ist eine schwere Lektion zu lernen: es ist leichter, Krieg zu führen, als in sich selbst die Neigung zu bekämpfen, parteiisch, rachsüchtig und ungerecht zu sein.« (126)

[23] URSULA BRUMM: Die religiöse Typologie im amerikanischen Denken (1963), 137 – 167: Herman Melville, meint:»Der gleichzeitige europäische Roman, etwa im Werke Balzacs und Stendhals, hat unzählige Möglichkeiten und Varianten präsentiert, um darzulegen, wie Charaktere mit Herkommen, Umwelt und Schicksal in Konjunktion treten können. Bei Melville hingegen sind Charakter und Schicksal identisch; bei einigen Gestalten, wie Ishmael oder White Jacket, bestimmt der Name sogar das Schicksal, in jedem Falle aber rollt dieses Schicksal nach echt prädestinierter Art unabänderlich und unaufhaltsam ab. Melvilles Gestalten haben keine Entwicklungen, sie haben auch keine Chancen, die veränderlichen Weltläufe für sich zu nutzen: sie haben eine zugewiesene Rolle, und die müssen sie durchführen. Auch Ahab, der mit der einen Seite seines Wesens ein moderner, romantischer Charakter ist, weiß, daß er eine ihm zugeteilte Rolle zu Ende spielen muß, und seine Tragik ist es, daß er es weiß, und daß es eine böse, selbstzerstörerische Rolle ist.« »MELVILLES Gestalten seien »durchaus nicht Individualitäten im eigentlichen Sinne, sondern etwas sehr Merkwürdiges: eigenes Erleben in der Form des Typenhaften ... einsam ragende Figuren von einfachen Umrissen, ohne Vorgeschichte und ohne Bindungen.« (137) »Etwas Unabwendbares und Prädestiniertes, das freien Willen ausschließt, liegt schon im typologischen Gedanken an sich.« (155)

532

[24] ANNA FREUD: Das Ich und die Abwehrmechanismen (1936), 85 – 94: Die Identifizierung mit dem Angreifer.

[25] Nach Kapitän Pelegs Urteil war die Namengebung für Ahab »eine dumme, närrische Grille seiner verrückten, verwitweten Mutter, die starb, als er gerade zwölf Monde zählte.« (*Moby-Dick*, XVI 149) Somit hat Ahab seinen Vater nie gesehen und seine Mutter nie gekannt. Psychologisch ist diese kurze Bemerkung – die einzige über Ahabs Kindheit – sehr wichtig. Liest man sie als »Familienroman« im Sinne FREUDS, so drückt der frühe Tod des Vaters den Tötungswunsch des Kindes und die Enttäuschung an der »verrückten« Mutter aus, die als das Opfer eines Vaters betrachtet wird, der sie mit ihrem Kind im Stich gelassen hat beziehungsweise der sie, wie in der Abraham-Ismael-Geschichte, verstoßen und dem Elend preisgegeben hat. Das Motiv vom frühen »Tod« der Mutter bezieht sich in vielen Mythen und Märchen auf die psychische oder physische Unfähigkeit der Mutter, für ihr Kind noch weiter dazusein; es gehört geradezu klassisch in das Umfeld der Heroensage, in welcher aus dem Schmerz von Einsamkeit und Verlassenheit der künftige Held hervorgeht. Vgl. OTTO RANK: Der Mythus von der Geburt des Helden, Leipzig – Wien [2](verb.) 1922. – Im Falle Ahabs ist es für seine »reale« Biographie bemerkenswert, daß von Stief- oder Pflegeeltern keine Rede geht; vorstellen könnte man sich die Geschichte eines Kindes, das bei Bekannten und Verwandten mitversorgt wird und das an jeder Stelle froh sein muß, gerade geduldet zu werden. Eine solche Kindheit vermöchte gut die Wesensart eines Mannes zu erklären, der in seelischer Härte und Entbehrung gezwungen ist, sich an die Forderungen der Umgebung bedingungslos überanzupassen, und der gleichzeitig voll inneren Protestes gegen die (»väterliche«) Autorität ist, die (anonym oder persönlich) hinter den Anpassungsforderungen steht: Vater, Lehrer, Pastor, Maat – und Gott.

[26] Das Motiv von der »Meerfrau«, die einen Heldensohn zur Welt bringt, fügt sich in die Geschichte der Thetis, die »zu den großen Göttinnen des griechischen Meeres gehörte. Ehe sie zur Mutter des *Achilleus* wurde, hatten Zeus und Poseidon um sie gestritten. Hätte sie einem der großen Götter den Sohn geboren, so wäre dieser noch mächtiger geworden als sein Vater, und es wäre anstatt der Kriege um Theben und Troja, in denen sich die Menschheit in und um Griechenland geschwächt hat, das Zeitalter einer neuen Götterherrschaft unter einem neuen Götterkönig angebrochen.« KARL KERÉNYI: Die Mythologie der Griechen, Bd. 2: Die Heroengeschichten (1966), 241. – In der germanischen Heldensage entspricht dem Motiv *Witege*, der erst Gefolgsmann, dann Feind Dietrichs von Bern ist. Sein Name verweist auf den Helden Widigoja, der 332 im Kampf gegen die Römer fiel und der nach dem gotischen Geschichtsschreiber JORDANES in Preisliedern geehrt wurde. Er war das Kind von Bödwild, der Tochter des Königs Nidung, von Wieland, dem Schmied. EDMUND MUDRAK: Deutsche Heldensagen (1955), 14. Mit dem Schwert Mimung besiegte der zürnende Witege sogar Dietrich von Bern. (A. A.O., 168 – 169) Als Witege nach der Rabenschlacht, in der er auf Seiten Ermenrichs Dienst getan hatte, widerstrebend drei der Etzelsöhne tötete, ward er von Dietrich von Bern verfolgt und floh »geradezu in der Richtung auf das Meer, das schon ganz nahe war ... Witege verzweifelte an seiner Flucht – da kam sie im letzten Augenblicke. Aus den Fluten erhob sich eine Meerfrau; das war Waghild, seine Urahne. Sie nahm den letzten Sprossen ihres Geschlechtes in ihre Arme und zog ihn samt seinem Rosse mit sich hinunter auf den Meeresgrund.« (A. A.O., 188) – In der Artus-Sage ist *Lancelot vom See* das Kind der schönen Viviane, deren Bild in einer silberhellen Quelle erscheint. Als Kind ist er »in den Armen der Frau vom See« erwacht, und er erinnert sich, »daß sie blaue Kleider trug und einen weißen Schleier. Ihr Gesicht war immer wie von den Strahlen des Mondes beschienen ... der See ... war durch ihren Zauber hervorgebracht.« RUTH SCHIRMER: Lancelot und Ginevra (1961), 147. Psychoanalytisch ist es das »Meer« des Unbewußten, das den Helden positiv wie negativ mit der Mutter verbindet und ihn zur Erringung ihrer Liebe ebenso wie aus Angst vor ihrer Umgarnung

all seine »Großtaten« verrichten läßt: – all die späteren »Drachentötungen« gelten, so besehen, der Überwindung des Vaters und der Rückgewinnung der Mutter.

[27] Nicht zu Unrecht hält Starbuck den vor Angst irre gewordenen Pip für einen Zeugen »unserer himmlischen Heimat.« (*Moby-Dick*, CX 736) Das *Kind*, das den »Helden« beziehungsweise die Menschheit erlöst, hat seinen religionsgeschichtlich und psychologisch gültigen Ausdruck in der Gestalt des »göttlichen Kindes« gefunden. Vgl. C. G. JUNG: Zur Psychologie des Kindarchetypus (1940), Ges. Werke, IX, 1. Teil, 163 – 195.

[28] Vgl. E. DREWERMANN: Jesus von Nazareth (1996), 214 – 258: Von Poesie und Therapie.

[29] RAINER MARIA RILKE: Das Buch der Bilder, 2. Buch, 1. Teil (1906), in: Sämtliche Werke, I 440.

[30] RAINER MARIA RILKE: Das Buch der Bilder, 1. Buch, 2. Teil (1902), in: Sämtliche Werke, I 393 – 394.

[31] Zur Maui-Mythe vgl. ROSLYN POIGNANT: Ozeanische Mythologie, 51 – 59. Maui forderte die Götter heraus und suchte Unsterblichkeit für den Menschen – ein polynesischer Prometheus.

[32] SNORRI STURLUSON: Die jüngere Edda (1925), Gylfis Betörung, Nr. 48, S. 101 – 103.

[33] Vgl. E. DREWERMANN: Ich steige hinab in die Barke der Sonne (1989), 128 – 129.

[34] Zur Auslegung des *Jona*-Büchleins vgl. E. DREWERMANN: Und der Fisch spie Jona an Land (2001), 38 – 45, zum Motiv der »Wiederholung« und des Neuanfangs. – Einen metaphysischen Sinn in den symbolischen Bildern des *Moby-Dick* sieht ROWLAND A. SHERRILL: The prophetic Melville (1979), 130 – 132, und beruft sich dabei auf einen Ausspruch Ismaels in *Moby-Dick*' XCIX, 665: »... irgendein Sinn ist in allen Dingen verborgen, sonst sind sie wenig wert, sonst ist die ganze Erde nur eine leere, wertlose Chiffre.« »Diese Feststellung«, meint SHERRILL, »entstammt seinem (SC. MELVILLES, d.V.) Sich-Einlassen auf Erfahrung und kündigt Überzeugungen an, die aus seinen metaphysischen Spekulationen erwachsen sind.« (130) »Seine Feststellung metaphysischer Überzeugung ... zieht die nihilistische Möglichkeit in Rechnung, daß auf dem Grund der Erfahrung nichts sein könnte. In der Tat, nur der Glaube kann die Versicherung geben, daß die Welt der Erfahrung Offenbarungscharakter besitzt angesichts einer solchen Möglichkeit. Nichts desto weniger ist dieser Glaube nicht nur ein treuherziger Fideismus; er kommt nur zustande, nachdem die tiefste Suche der Erfahrung Ismael bewiesen hat, daß – unerachtet des verborgenen Charakters des Transzendenten und unerachtet der Grenzen seiner eigenen Auffassung von den Möglichkeiten des Wissens – ›Wunder sich überall zeigen‹. Sein Glaube entsteht nicht als ein verzweifelter Sprung über den wissenschaftstheoretischen Graben; vielmehr bezieht sich sein Glaube auf ... die Wirklichkeit der Erfahrung selbst in ihrer Fähigkeit, dem menschlichen Leben Vorzeichen einer anderen Welt zu bieten. Weit entfernt, eine bloß intellektuelle Zustimmung zu rein gedanklichen Erwägungen zu sein, schließt dieser Glaube dennoch die Vernunft nicht aus, denn er kommt zustande gerade weil die metaphysischen Untersuchungen Ismaels, die ihm die Wunder-Welt gezeigt haben, ihn dahin gebracht haben, an den verborgenen Grund der Dinge zu rühren.« (131) SHERRILL möchte, im Sinne von PAUL TILLICH und KARL BARTH, den *Moby-Dick* und die anderen Werke MELVILLES in den Rahmen eines bestimmten fundamentaltheologischen Argumentationsmusters von Transzendenz, Symbol, Vernunft und Erfahrung bringen, doch bleibt dabei das Wichtigste ausgeklammert: so gut wie alle »Vorzeichen« und »Symbole« des Transzendenten sind nicht nur vieldeutig, sondern – recht verstanden! – im Bild des Weißen Wals Hinweise auf das Schreckliche, das der Mensch meiden sollte! Insbesondere die psychische Ambivalenz *aller* Symbole im Felde der Angst oder des Vertrauens entgeht SHERRILL; es ist nicht die metaphysische Untersuchung, es ist der »Sprung« in den Glauben (SÖREN KIERKEGAARD), der die Welt als »Wunder« betrachten läßt.

[35] Besonders T. WALTER HERBERT, JR.: Calvinist Earthquake: *Moby-Dick* and Religious Tradition, in: R. H. Brodhead (Ed.): New Essays on Moby-Dick (1986), 109 – 140, hat diese

calvinistische Besonderheit in Vater Mapples Predigt klar herausgearbeitet:»Der calvinistische Gott macht keine Bekehrten, indem er an die menschliche Vernunft oder das moralische Empfinden appelliert; im Gegenteil, ein Sünder muß dahin gebracht werden, das Diktat seiner gefallenen Natur zu verletzten.«(124) An dieser Stelle zeige sich denn auch der Unterschied zwischen Jona und Ahab:»Jona nimmt den Angriff des Wals als eine göttliche Zurechtweisung an; Ahab nimmt ihn als einen außerordentlichen Affront.« (125) Doch mit der Einseitigkeit seiner Monomanie unterscheide sich Ahab auch von Ismael: wo jener»die religiöse Wirklichkeit nur in Horrorszenen«erblicke, sehe Ismael selber beides: den Schrecken des Meeres und die Augenblicke seiner überragenden Milde. (133 – 134) Und während Ahab in Moby Dick ein Ungeheuer erkenne, das die Attribute des calvinistischen Gottes verkörpere, betrachte Ismael den Wal auf vielfältige Weise, auch als Gott, freilich als unbegreifbares Geheimnis. (136 – 138) — Im Erbe CALVINS war es im 20. Jh. KARL BARTH, der im Rahmen seiner dialektischen Theologie den Widerspruch in der Einheit von Gott und Mensch betonte. Vgl. KARL BARTH: Die kirchliche Dogmatik, 3. Bd.: Die Lehre von der Schöpfung, 4. Teil (^{2}1957), 131 – 134, wo er die Erschaffung des Menschen als Mann und Frau unter *Gottes Gebot* gestellt sieht im Sinne einer radikalen»Relativierung jener (sc. ehelichen, d.V.) Begegnung und des Seins des Menschen in dieser Begegnung«. BARTH möchte die Vergöttlichung der Liebe nach Art der Mythen der Menschheit christlich überwinden, aber er erwähnt nicht die Angst, die den Menschen erst dahin treibt, die Liebe zu einem anderen Menschen absolut zu setzen. Der Ausfall der Psychologie in der Beschreibung der menschlichen Not (der»Sünde«) naturalisiert fälschlich, was als Phänomen der Entfremdung im Felde der Angst und der Verlorenheit therapeutisch durchgearbeitet werden müßte, um das Geschehen von »Erlösung«zu begreifen.

[36] Vgl. HUGO GRESSMANN: Altorientalische Texte zum Alten Testament (1926), 108 – 129: Das babylonische Weltschöpfungslied»Als droben«, Tafel 4, S. 116 – 120; Tafel 6, Vers 21 – 28, S. 122:»Aus seinem (sc. Kingus, d.V.) Blut mischte (?) er die Menschen, / Legte ihnen auf die Dienste der Götter, die Götter ließ er frei.«

[37] Vgl. JÖRG FRIEDRICH: Der Brand (2002), 112 – 118; 191 – 196; 444 – 446.

[38] RAYMOND CARTIER: Nach dem Zweiten Weltkrieg (1970), 1079 – 1081, schreibt:»Nach den letzten Kämpfen Weihnachten 1972, den schwersten Bombardierungen des ganzen Krieges, war für beide Seiten (sc. für Washington wie für Hanoi, d.V.) ein Einlenken gleich wichtig.« (1079) Das hört sich so an, als habe Nordvietnam erst mit dem Massaker des»Weihnachtsbombardements«in die Knie gezwungen werden müssen. ERIC FREY: Schwarzbuch USA (2004), 156 – 171: Blut, Lügen und Domino, erinnert daran, daß schon im März 1968 die JOHNSON-Regierung den Vietnam-Krieg beenden wollte; dann aber führten HENRY KISSINGER und Präsident NIXON den Krieg vier Jahre lang weiter. Beim»Weihnachtsbombardement«Dezember 1972, dem heftigsten Bombardement der Geschichte,»warfen amerikanische Flugzeuge hunderttausend Bomben über Hanoi und Haiphong ab. Deren Sprengkraft war insgesamt fünfmal so hoch wie die der Atombombe von Hiroshima.« (169) Vietnam hat die Flächengröße etwa von Bayern; auf dieses Land gingen dreimal so viele Bomben nieder»wie insgesamt im II. Weltkrieg... 45 Prozent der Städte, 75 Prozent der Industrieanlagen... waren zerstört.« (CARTIER, 1080) Die Zahl der Toten stieg auf über 2 Millionen – etwa das Vierfache der Bombenopfer im gesamten »Großdeutschen« Reich im Zweiten Weltkrieg.

[39] OTL AICHER – GABRIELE GRENDL – WILHELM VOSSENKUHL: Wilhelm von Ockham (1986), 110 – 116: Die Freiheit und die Allmacht Gottes.

[40] MARTIN LUTHER: Vom unfreien Willen (1525), in: Die Werke Luthers in Auswahl, hg. v. K. Aland, Bd. 3: Der neue Glaube, 151 – 334.

[41] JOHANNES CALVIN: Unterricht in der christlichen Religion (1955), II 2,1 – 11, S. 142 – 150: Der Mensch ist jetzt des freien Willens beraubt und elender Knechtschaft unterworfen. – Entscheidend wäre es, den Begriff der»(Erb)Sünde«so zu fassen, daß er sich

für ein psychologisches Verständnis der Dynamik der Angst inmitten einer »gnadenlosen« »Welt« erschließt, statt aus der behaupteten »Unfreiheit« des Menschen eine Art zweiter »Natur« zu machen.

[42] Vgl. E. DREWERMANN: Glauben in Freiheit oder Tiefenpsychologie und Dogmatik. Bd. I: Dogma, Angst und Symbolismus (1993), 385 – 502: Symbolische Felder der Geborgenheit.

[43] WILLIAM JAMES: Die Vielfalt religiöser Erfahrung (1902), 129 – 141: Die robuste Geistesart und die Reue. Wesentlicher Pluralismus der Philosophie der robusten Geistesart: »Die katholische Praxis der Beichte und der Absolution ist in einer Hinsicht wenig mehr als ein systematisches Verfahren, die robuste Geistesart hochzuhalten. Durch sie wird eines Menschen Sündenrechnung von Zeit zu Zeit amtlich geprüft und in Ordnung gebracht.« (130)

[44] GEIKO MÜLLER-FAHRENHOLZ: In göttlicher Mission (2003), 51 – 68: Amerika im endzeitlichen Kampf?

[45] Vgl. ERIC FREY: Schwarzbuch USA (2004), 263 – 272: Land der Henker: Die populäre Todesstrafe.

[46] MARTIN BUBER: Abraham der Seher (1939 hebr., 1955 dt.), in: Werke, II 871 – 893: »Noah ist die erste Person, der die Schrift Epitheta beilegt. Sie sagt von ihm, er sei ›in seinen Geschlechtern‹ . . . ›ganz‹ gewesen.« (882) Insofern schlägt Gen 17,1 den Bogen zu Gen 6,9; Abraham wird als zweiter Anfang Noah gegenübergestellt.

[47] HANS-PETER MARTIN – HARALD SCHUMANN: Die Globalisierungsfalle (1996), 71 – 74: Von Bretton Woods zur freien Spekulation.

[48] MARGIT KENNEDY: Geld ohne Zinsen und Inflation (1990), 146: »Auf dem Reichstag zu Worms im Jahre 1495 führte Kaiser Maximilian I. das ›römische Recht‹ wieder ein. Hauptsächlich auf Betreiben der Kirche war nun der Besitz von Boden im Privateigentum erlaubt, und an die Stelle der Münzverrufung (sc. einer befristeten Gültigkeitsdauer des Geldes, d.V.) trat der ›ewig Pfennig‹ oder ›Dickpfennig‹. Die Fugger und Welser . . . konnten so über den Geldverleih mit Zins und Zinseszins – an Könige und Kaiser mit bis zu 270 Prozent pro Jahr – schnell ungeheuere Reichtümer anhäufen . . . – Im gleichen Maße, in dem einige wenige profitierten, verarmte die Mehrheit der Bauern und Handwerker. Bauernaufstände waren die Folge. 1525 kam es zum ›großen Bauernkrieg‹.«

[49] E. DREWERMANN: Im Anfang . . . Die moderne Kosmologie und die Frage nach Gott (2002), 1073 – 1103: Von der Trostlosigkeit naturwissenschaftlicher Begriffe.

[50] D. DREWERMANN: Das Johannes-Evangelium. Bilder einer neuen Welt, 2 Bde. (2003), I 30 – 51: Joh 1,1 – 18: »Im Anfang war das Wort.«

[51] Zweites Deutsches Fernsehen: 4.5.04: Expedition: Monsterwellen auf dem Meer – Schiffe in Seenot.

[52] Vgl. E. DREWERMANN: Im Anfang . . . Die moderne Kosmologie und die Frage nach Gott (2002), 768 – 784: Die Schrödingersche Wellengleichung, das Verhalten stehender Wellen und die Entartung von Gasen.

[53] H. J. STAMMEL: Die Sioux. Amerika und seine Indianerpolitik (1976), 228 – 245: George A. Custer – Mythos und Realität; 246 – 257: Der Hinterhalt; 258 – 268: Das Massaker am Little Big Horn.

[54] M. K. GANDHI: Eine Autobiographie oder Die Geschichte meiner Experimente mit der Wahrheit (1977), 296 – 300: Satyagraha im kleinen.

[55] SÖREN KIERKEGAARD: Philosophische Brosamen (1844), Kapitel IV § 4: Die Auffassung des Vergangenen, 94 – 102.

[56] JEAN PAUL SARTRE: Das Sein und das Nichts (1943), 4. Teil, 1. Kapitel, II.: Freiheit und Geworfenheit, 610 – 696: »So entfremdet uns die Existenz des Todes auch in unserem eigenen Leben ganz und gar zugunsten Anderer. Tot sein heißt, den Lebenden eine Beute sein.« (684) »In diesem Sinne ist Sterben gleichbedeutend mit Verurteiltwerden . . . man wird verurteilt, nur noch durch den Anderen zu existieren.« (685)

[57] HERMAN MELVILLE: John Marr and Other Sailors (1888), in: The Poems of Herman Melville, ed. by Douglas Robillard, 261 – 301, p. 296: Crossing the Tropics. – EDGAR A. DRYDEN: Monumental Melville (2004), 148 -166: John Marr and Other Sailors, betont freilich, daß MELVILLE auch in diesen Gedichten »die Möglichkeit irgendeiner Spiritualisierung der Natur« verwerfe. (159) Um so wichtiger ist es, der alles zerstörenden Natur die Macht von Menschlichkeit und Liebe mit der diesen eigenen Evidenz von Hoffnung entgegenzusetzen.

Zitierte Literatur

(zitiert stets nach der zuletzt genannten Ausgabe)

1. Werke und Schriften von Herman Melville

HERMAN MELVILLE: Fragments from a Writing Desk, May 1839, anonym, in: No. 1., No. 2. Democratic Press, and Lansingburgh Advertiser, 4; 18

HERMAN MELVILLE: The Story of Toby, A Sequel to »Typee«, London 1846

HERMAN MELVILLE: Narrative of a Four Month's Residence among the Natives of a Valley of the Marquesas Islands; or a Peep at Polynesian Life (später: Typee: A Peep at Polynesian Life), London 1846; dt.: Taipi, übers. v. Ilse Hecht (Leipzig 1953, 1992), Berlin (Aufbau Taschenbuch Verlag 6097) 2001

HERMAN MELVILLE: Omoo: A Narrative of Adventures in the South Seas, London 1847; dt.: Omoo. Abenteuer in der Südsee, übers. u. komm. v. Richard Mummendey, in: Redburn, Israel Potter und Sämtliche Erzählungen, München 1967, 295 – 590

HERMAN MELVILLE: Mardi: And a Voyage Tither, London 1849; dt.: Mardi und eine Reise dorthin, übers. u. komm. von Rainer G. Schmidt, Hamburg – Bremen 1997; München (btb 72565) 2000

HERMAN MELVILLE: Redburn: His Voyage. Being the Sailor-Boy Confessions and Reminiscences of the Son-of-a-Gentleman, in the Merchant Servis, London 1849; dt.: Redburn, übers. u. komm. v. Richard Mummendey, in: Redburn, Israel Potter und Sämtliche Erzählungen, München 1967, 5 – 324

HERMAN MELVILLE: White-Jacket; Or, the World in a Man-of-War, London 1850; dt.: Weißjacke oder Die Welt auf einem Kriegsschiff, übers. u. komm. v. Richard Mummendey, in: Redburn, Israel Potter und Sämtliche Erzählungen, München 1967, 591 – 991

HERMAN MELVILLE: Hawthorne and His Mosses, in: Literary World, 17. u. 24. Aug. 1850, New York

HERMAN MELVILLE: Moby-Dick; Or, the Whale, London – New York 1851; dt.: Moby Dick, übers. v. Thesi Mutzenbecher, unter Mitwirkung von Ernst Schnabel, Reinbek (rororo 173 – 174) 1956; neu übersetzt von Matthias Jendis (München – Wien 2001), München (btb 72731) 2003, Nachw. v. Daniel Göske, S. 869 – 920; Anmerkungen v. Daniel Göske, S. 921 – 1027

HERMAN MELVILLE: Pierre; Or, The Ambiguities, New York 1852; ed. by Henry Murray, New York 1949; dt.: Pierre oder Die Doppeldeutigkeiten, übers. v. Christa Schuenke, München – Wien 2002, Nachw. v. Hans-Joachim Lang, S. 621 – 667; Anmerkungen v. Daniel Göske, S. 679 – 740

HERMAN MELVILLE: Israel Potter: His Fifty Years of Exile, New York 1855; dt.: Israel Potter. Fünfzig Jahre im Exil, übers. u. komm. v. Richard Mummendey, in: Redburn, Israel Potter und Sämtliche Erzählungen, München 1967, 327 – 513

HERMAN MELVILLE: The Piazza Tales, New York 1856: *Bartleby, the Scriver*, 1853; *The Encantadas*, 1854; *The Lightning-Rod Man*, 1854; *The Bell-Tower*, 1855; *Benito Cereno*, 1855; dt.: Die Piazza-Erzählungen, übers. u. komm. v. Richard Mummendey, in: Redburn, Israel

Potter und Sämtliche Erzählungen, München 1967: *Die Piazza*, 675 – 690; *Bartleby*, 690 – 730; *Benito Cereno*, 730 – 819; *Der Blitzableitermann*, 820 – 827; *Die Encantadas oder Die verwunschenen Inseln*, 827 – 867; *Der Glockenturm*, 887 – 904

HERMAN MELVILLE: The Confidence-Man: His Masquerade, New York 1857; dt.: Maskeraden oder Vertrauen gegen Vertrauen, übers. u. mit Anmerkungen versehen von Christa Schuenke (Leipzig 1991; Hamburg 1999), München (btb 72749) 2001

HERMAN MELVILLE: Billy Budd, Sailor; An Inside Narrative (1886 begonnen; postum 1924, ed. by Raymond Weaver); dt.: Billy Budd. Vortoppmann auf der Indomitable, übers. v. Richard Möring, Stuttgart (reclam 7707) 1954

HERMAN MELVILLE: The Letters of Herman Melville, ed. by Merrel R. Davis – William H. Gilman, New Haven 1960

HERMAN MELVILLE: The Poems of Herman Melville: Battle-Pieces, and Aspects of War, New York 1866; Clarel: A Poem and Pilgrimage in the Holy Land (in Auswahl), New York 1876; John Marr and Other Sailors, With Some Sea Pieces, New York 1888; Timoleon, Etc., New York 1891; dt.: Der Rosenzüchter, in Auswahl übers. v. Walter Weber, Hamburg 1972; engl.-dt. Auswahl: Wracks am Strande der Zeit, übers. v. F. Schunck, Waldbrunn 1948

HERMAN MELVILLE: Clarel: A Poem and Pilgrimage in the Holy Land (1876), in: The Writings of Herman Melville, ed. by Harrison Hayford, Alma A. MacDougall, Hershel Parker, G. Thomas Tanselle, Vol. XII, Evanston – Chicago 1991

HERMAN MELVILLE: Correspondence, ed. by Merrell R. Davis and William H. Gilman, Evanston – Chicago 1993

HERMAN MELVILLE: The Poems of Herman Melville: *Battle Pieces*; *John Marr and other Sailors*; *Timoleon etc.*; Excerpts from *Clarel* (1866 – 1891), ed. by Douglas Robillard, Kent, Ohio 1999

HERMAN MELVILLE: Tales, Poems and other Writings (1839), ed. by John Bryant, New York 2001

HERMAN MELVILLE: Journal of a Visit to London and the Continent, 1849 – 1850, ed. by Eleanor Melville Metcalf, Cambridge 1948; dt. übers. v. W. Schmitz, in: Schreibheft 37, Essen 1991. – Journal of a Visit to Europe and the Levant, Oct. 11, 1856 – May 6, 1857, ed. by Howard C. Horsford, Princeton 1955; dt.: Reisefresken dreier Brüder, übers. v. Daniel Göske, Berlin 1991. – Journal of Melville's Voyage in a Clipper Ship, 1860, ed. by William S. Gleim, in: New England Quarterly, 2 (Juni 1929); dt.: Die Reisetagebücher. Reise von New York nach London 1849; Reise ins Heilige Land 1856/57; Reise an Bord des Schiffes »Meteor« 1860, mit Briefen und Dokumenten, aus dem Amerik. übers. u. kommentiert v. Alexander Pechmann, Hamburg – Bremen – Friesland 2001

2. Abhandlungen zu Person und Werk Herman Melvilles

NEWTON ARVIN: Herman Melville, New York 1950

JENS PETER BECKER: Melvilles Walbilder, in: Joachim Kruse (Hg.): Illustrationen zu Melvilles »Moby – Dick«, Schleswig-Holsteinisches Landesmuseum, Schloß Gottorf, 18.6. – 19. 9. 1976, 67 – 82

JOHN BERNSTEIN: Pacifism and Rebellion in the Writings of Herman Melville, The Hague 1964

WALTER E. BEZANSON: *Moby-Dick*: Work of Art (1953), in: Kevin J. Hayes (Ed.): The Critical Response to Herman Melville's *Moby-Dick*, Westport, Connecticut – London 1994, 76 – 98

RICHARD P. BLACKMUR: The Craft of Herman Melville (1938), in: Paul G. Buchloh – Hartmut Krüger (Hg.): Herman Melville, Darmstadt 1974, 126 – 141

WILLIAM BRASWELL: Melville's Religious Thought. An Essay in Interpretation, New York 1959

RICHARD BRODHEAD: *Mardi*: Creating the Creative, in: Faith Pullin (Ed.): New Perspectives on Melville, Edinburgh 1978, 29 – 53

RICHARD H. BRODHEAD: Trying All Things: An Introduction to Moby-Dick, in: Richard H. Brodhead (Ed.): New Essays on Moby-Dick, London – New York – New Rochelle – Melbourne – Sidney 1986, 1 – 21

PAUL BRODTKORB, JR.: Ishmael's White World. A Phenomenological Reading of *Moby-Dick*, New Haven – London 1965

RAY B. BROWNE:»Billy Budd«: Gospel of Democracy (1962 – 1963), in: Paul G. Buchloh – Hartmut Krüger (Hg.): Herman Melville, Darmstadt 1974, 469 – 488

URSULA BRUMM: Die religiöse Typologie im amerikanischen Denken. Ihre Bedeutung für die amerikanische Literatur- und Geistesgeschichte, Leiden (Studien zur amerikanischen Literatur und Geschichte, hg. vom Amerika-Institut der Freien Universität Berlin) 1963

JOHN BRYANT: *Moby-Dick* as Revolution, in: Robert S. Levine (Ed.): The Cambridge Companion to Herman Melville, Cambridge 1998, 65 – 90

LAWRENCE BUELL: *Moby-Dick* as Sacred Text, in: Richard H. Brodhead (Ed.): New Essays on Moby-Dick, London – New York – New Rochelle – Melbourne – Sidney 1986, 53 – 72

LAWRENCE BUELL: Melville the Poet, in: Robert S. Levine (Ed.): The Cambridge Companion to Herman Melville, Cambridge 1998, 135 – 156

RICHARD CHASE: Herman Melville. A Critical Study, New York 1949; repr. 1971

MERREL D. CLUBB, JR.: The Second Personal Pronoun in »Moby Dick« (1960), in: Paul G. Buchloh – Hartmut Krüger (Hg.): Herman Melville, Darmstadt 1974, 302 – 312

LINCOLN COLCORD: Notes on »Moby Dick« (1922), in: Paul G. Buchloh – Hartmut Krüger (Hg.): Herman Melville, Darmstadt 1974, 63 – 75

REGINALD L. COOK: Big Medicine in *Moby-Dick* (1948), in: Milton R. Stern (Ed.): Discussions of Moby-Dick, Boston 1960, 19 – 24

CHARLES H. COOK, JR.: Ahab's »Intolerable Allegory« (1955 – 1956), in: Milton R. Stern (Ed.): Discussions of Moby-Dick, Boston 1960, 60 – 65; auch in: Paul G. Buchloh – Hartmut Krüger (Hg.): Herman Melville, Darmstadt 1974, 292 – 301

JAMES CREECH: Closet Writing, Gay Reading: The Case of Melville's Pierre, Chicago 1993

MICHAEL J. DAVEY (Ed.): A Routledge Literary Sourcebook on Herman Melville's *Moby-Dick*, New York 2004

CLARK DAVIS: After the Whale. Melville in the Wake of *Moby-Dick*, Tuscaloosa – London 1995

WILLIAM B. DILLINGHAM: Melville and His Circle. The last Years; Athens, Georgia 1996

EDGAR A. DRYDEN: Monumental Melville. The Formation of a Literary Career, Stanford, California, 2004

EDWARD EDINGER: Melville's Moby-Dick: A Jungian Commentary. An American Nekyia, New York 1975

HERBERT G. ELDRIDGE:»Careful Disorder«: The Structure of »Moby Dick« (1967 – 1968), in: Paul G. Buchloh – Hartmut Krüger (Hg.): Herman Melville, Darmstadt 1974, 332 – 351

KLAUS ENSSLEN: Melvilles Erzählungen. Stil- und strukturanalytische Untersuchungen, Heidelberg 1966

KLAUS ENSSLEN: Moby-Dick – eine Interpretation, in: Joachim Kruse (Hg.): Illustrationen zu Melvilles »Moby-Dick«, Schleswig-Holsteinisches Landesmuseum, Schloß Gottorf, 18.6. – 19. 9. 1976, 51 – 66

ROSALIE FELTENSTEIN: Melville's »Benito Cereno« (1947 – 1948), in: Paul G. Buchloh – Hartmut Krüger (Hg.): Herman Melville, Darmstadt 1974, 411 – 422

BRIAN FOLEY: Herman Melville and the Example of Sir Thomas Browne (1984), in: Kevin J. Hayes (Ed.): The Critical Response to Herman Melville's *Moby-Dick*, Westport, Connecticut – London 1994, 201 – 220

541

JENNY FRANCHOT: Melville's Traveling God, in: Robert S. Levine (Ed.): The Cambridge Companion to Herman Melville, Cambridge 1998, 157 – 185

MAX FRANK: Die Farb- und Lichtsymbolik im Prosawerk Herman Melvilles, Heidelberg 1967

H. BRUCE FRANKLIN: The Wake of the Gods. Melville's Mythology, Stanford 1963

MAURICE FRIEDMAN: Problematic Rebel. Melville, Dostoievsky, Kafka, Camus, Chicago – London ([2]revised) 1970

DON GEIGER: Melville's Black God: Contrary Evidence in »The *Town-Ho*'s Story« (1954), in: Milton R. Stern (Ed.): Discussions of Moby-Dick, Boston 1960, 93 – 97

ROBERT L. GALE: A Herman Melville Encyclopedia; Westport, Connecticut – London 1995

WILLIAM S. GLEIM: A Theory of »Moby Dick« (1929), in: Paul G. Buchloh – Hartmut Krüger (Hg.): Herman Melville, Darmstadt 1974, 76 – 89

DANIEL GÖSKE: Nachwort, in: Herman Melville: Moby-Dick, neu übersetzt von Matthias Jendis (2001), München (btb 72731) 2003, 869 – 906

JOHN HALVERSON: The Shadow in »Moby Dick« (1963), in: Paul G. Buchloh – Hartmut Krüger (Hg.): Herman Melville, Darmstadt 1974, 313 – 325

ELIZABETH HARDWICK: Herman Melville, New York 2000; dt.: Herman Melville, übers. v. Bernhard Robben, München 2002

JOHN HAYDOCK: Melville's Seraphita: Billy Budd, Sailor, in: Melville's Society Extracts 104 (March 1962) 2 – 13

HARRISON HAYFORD: Unnecessary Duplicates: A Key to the Writing of *Moby-Dick*, in: Faith Pullin (Ed.): New Perspectives on Melville, Edinburgh 1978, 128 – 161

HANS HELMCKE: Die Funktion des Ich-Erzählers in Herman Melvilles Roman »Moby-Dick« mit einem vergleichenden Blick auf Melvilles frühere Romane, München 1957

T. WALTER HERBERT, JR.: Calvinist Earthquake: *Moby-Dick* and Religious Tradition, in: Richard H. Brodhead (Ed.): New Essays on Moby-Dick, London – New York – New Rochelle – Melbourne – Sidney 1986, 109 – 140

HUGH W. HETHERINGTON: Early Reviews on *Moby-Dick* (1953), in: Milton R. Stern (Ed.): Discussions of Moby-Dick, Boston 1960, 1 – 18

BRIAN HIGGINS – HERSHEL PARKER: The Flawed Grandeur of Melville's *Pierre*, in: Faith Pullin (Ed.): New Perspectives on Melville, Edinburgh 1978, 162 – 196

BRIAN HIGGINS – HERSHEL PARKER (Ed.): Herman Melville. The Contemporary Reviews, Cambridge 1995

TYRUS HILLWAY: Herman Melville, New York 1963

GEORGE CASPAR HOMANS: The Dark Angel: The Tragedy of Herman Melville, in: New England Quarterly, 5 (Oct. 1932) 699 – 730

LEON HOWARD: Melville's Struggle with the Angel (1940), in: Paul G. Buchloh – Hartmut Krüger (Hg.): Herman Melville, Darmstadt 1974, 146 – 162

LEON HOWARD: Herman Melville; Minnesota, Minneapolis (Pamphlets on American Writers, Nr. 13) 1961

WILLIAM HULL: »Moby-Dick«: An Interpretation (1947 – 1948), in: Paul G. Buchloh – Hartmut Krüger (Hg.): Herman Melville, Darmstadt 1974, 196 – 217

DAVID JAFFÉ: The Captain Who Sat for the Portrait of Ahab, Boston University Studies in English, 4 (1960) 1 – 22

LLOYD N. JEFFREY: A Concordance to the Biblical Allusions in *Moby Dick*, in: Bulletin of Bibliography 21 (1956), 223 – 229

JOSEPH JONES: Humor in Moby Dick, in: Studies in English (Austin, Tex.) 25 (1946) 51 – 71

SIDNEY KAPLAN: Herman Melville and the American National Sin: The Meaning of Benito Cereno, in: Journal of Negro History 41 (1956), 311 – 338; 42 (1957) 11 – 37

ALFRED KAZIN: Contemporaries, Boston – Toronto (1924), 1956, 29 – 40: Ishmael and Ahab

ALFRED KAZIN: An Introduction to Moby-Dick (1956), in: Milton R. Stern (Ed.): Discussions of Moby-Dick, Boston 1960, 52 – 59

WYN KELLEY: Pierre's Domestic Ambiguities, in: Robert S. Levine (Ed.): The Cambridge Companion to Herman Melville, London 1998, 91 – 113

HEINZ KOSOK: Ishmael's Audience in »The *Town-Ho*'s Story« (1967), in: Paul G. Buchloh – Hartmut Krüger (Hg.): Herman Melville, Darmstadt 1974, 326 – 331

HARTMUT KRÜGER: Melvilles Ahab und das Problem des Bösen – gesehen im Kontext des Gesamtwerks und im Lichte der Forschung, Kiel (Diss. an der Christian-Albrechts-Univ.) 1972

JOACHIM KRUSE: Schweizer und deutsche Übersetzungen des »Moby-Dick«, in: Joachim Kruse (Hg.): Illustrationen zu Melvilles »Moby-Dick«, Schleswig-Holsteinisches Landesmuseum, Schloß Gottorf, 18.6. – 19. 9. 1976, 95 – 108

HARRO HEINZ KÜHNELT: Der Humor in Melvilles »Moby Dick« (1955), in: Paul G. Buchloh – Hartmut Krüger (Hg.): Herman Melville, Darmstadt 1974, 280 – 291

HANS JOACHIM LANG: Melville und Shakespeare, in: Gerhard Müller-Schwefe (Hg.): Shakespeare. Seine Welt – unsere Welt, Tübingen (Ringvorlesungen zum 400. Geburtstag William Shakespeares) 1964, 134 – 161

KLAUS LANZINGER: Primitivismus und Naturalismus im Prosaschaffen Herman Melvilles, Innsbruck 1959

D. H. LAWRENCE: Moby Dick, or the White Whale (1923), in: Milton R. Stern (Ed.): Discussions of Moby-Dick, Boston 1960, 35 – 44

ALAN LEBOWITZ: Progress into Silence. A. Study of Melville's Heroes, Bloomington – London 1970

DAVID LEVERENZ: Manhood and the American Renaissance, Ithaca – London 1989

JAY LEYDA: The Melville Log: A Documentary Life of Herman Melville, 1819 – 1891, 2 vols., New York 1951

ARCHIBALD MACMECHAN: The Best Sea Story ever Written (1899), in: Paul G. Buchloh – Hartmut Krüger (Hg.): Herman Melville, Darmstadt 1974, 42 – 52

JAMES MCINTOSH: The Mariner's Multiple Quest, in: Richard H. Brodhead (Ed.): New Essays on Moby-Dick, London – New York – New Rochelle – Melbourne – Sidney 1986, 23 – 52

JOHN C. MCCLOSKEY: »Moby Dick« and the Reviewers (1946), in: Paul G. Buchloh – Hartmut Krüger (Hg.): Herman Melville, Darmstadt 1974, 181 – 195

ROBERT K. MARTIN: Melville and Sexuality, in: Robert S. Levine (Ed.): The Cambridge Companion to Herman Melville, Cambridge 1998, 186 – 201

F. O. MATTHIESSEN: »Melville«, in: American Renaissance. Art and Expression in the Age of Emerson and Whitman, New York 1941, 369 – 515

W. SOMERSET MAUGHAM: Ten Novels and Their Authors, London 1954; dt.: Zehn Romane und ihre Autoren, übers. v. Matthias Fienbork, Zürich 1994

MARVIN E. MENGELING: Moby Dick. The Fundamental Principles, in: The Emerson Society quarterly 38 (1965) 74 – 87

ELEANOR MELVILLE METCALF: Herman Melville. Cycle and Epicycle, Cambridge 1953

ROBERT MILDER: Melville and the Avenging Dream, in: Robert S. Levine (Ed.): The Cambridge Companion to Herman Melville, Cambridge 1998, 250 – 278

J. J. MOGAN, JR.: »Pierre« and »Manfred«. Melville's Study of the Byronic Hero, in: Papers on English Language and Literature 1 (1965) 230 – 240

BARBARA L. MOREHEAD: Melville's Use of the Narrator in »Moby Dick«, Diss. Chicago 1950

LEWIS MUMFORD: The Golden Day. A Study in American Experience and Culture, New York 1926

LEWIS MUMFORD: Herman Melville. A Study of His Life and Vision (11929), London, revised 1963

HENRY A. MURRAY: In Nomine Diaboli (1951), in: Milton R. Stern (Ed.): Discussions of Moby-Dick, Boston 1960, 25 – 34

MARK NIEMEYER: *Moby-Dick* and the Spirit of Revolution, in Kevin J. Hayes (Ed.): The Critical Response to Herman Melville's *Moby-Dick*, Westport, Connecticut – London 1994, 221 – 239

CHARLES OLSON: Lear and Moby Dick (1938), in: Paul G. Buchloh – Hartmut Krüger (Hg.): Herman Melville, Darmstadt 1974, 102 – 125

CHARLES OLSON: Call me Ishmael, New York 1947; dt.: Nennt mich Ismael. Eine Studie über Herman Melville, übers. v. Wulf Teichmann, Nachw.: Klaus Reichert, München 1979

R. V. OSBOURN: The White Whale and the Absolute, in: Essays in Criticism, Oxford, 6 (1956) 160 – 170

SAMUEL OTTER: »Race« in Typee and White-Jacket, in: Robert S. Levine (Ed.): The Cambridge Companion to Herman Melville, Cambridge 1998, 12 – 36

JOHN PARKE: Seven *Moby-Dicks* (1955), in: Milton R. Stern (Ed.): Discussions of Moby-Dick, Boston 1960, 66 – 76

HERSHEL PARKER: Herman Melville. A Biography, 2 vols., Baltimore 1996; 2002

F. L. PATTEE: Herman Melville, in: American Mercury X, 39 (Jan. 1927)

SHERMAN PAUL: Melville's »The *Town-Ho*'s Story« (1949), in: Milton R. Stern (Ed.): Discussions of Moby-Dick, Boston 1960, 87 – 92

ALEXANDER PECHMANN: Herman Melville. Leben und Werk, Wien – Köln – Weimar 2003

LELAND S. PERSON, JR.: Melville's Cassock: Putting on Masculinity in *Moby-Dick* (1994), in: Michael J. Davey (Ed.): A Routledge Literary Sourcebook on Herman Melville's *Moby-Dick*, New York 2004, 113 – 115

FRIEDEMANN PHILIPP: Herman Melville, in: Joachim Kruse (Hg.): Illustrationen zu Melvilles »Moby-Dick«, Schleswig-Holsteinisches Landesmuseum, Schloß Gottorf, 18.6. – 19. 9. 1976, 33 – 40

FRIEDEMANN PHILIPP: Moby-Dick, in: Joachim Kruse (Hg.): Illustrationen zu Melvilles »Moby-Dick«, Schleswig-Holsteinisches Landesmuseum, Schloß Gottorf, 18.6. – 19. 9. 1976, 41 – 50

TERRY H. PICKETT – FRANÇOISE DE ROCHER (Ed.): Letters of the American Socialist Albert Brisbane to K. A. Varnhagen von Ense, Heidelberg 1986

HENRY F. POMMER: Milton and Melville, Pittsburgh 1950

CAROLYN PORTER: Call Me Ishmael, or How to Make Double-Talk Speak, in: Richard H. Brodhead (Ed.): New Essays on Moby-Dick, London – New York – New Rochelle – Melbourne – Sidney 1986, 73 – 108

FAITH PULLIN: Melville's *Typee*: The Failure of Eden, in: Faith Pullin (Ed.): New Perspectives on Melville, Edinburgh 1978, 1 – 28

BERNHARD RADLOFF: Cosmopolis and Truth. Melville's Critique of Modernity, New York – Washington D.C. / Baltimore – Bern – Frankfurt am Main – Berlin – Vienna – Paris 1996

OTTO REINERT: Bartleby the Inscrutable: Notes on a Melville Motif (1966), in: Paul G. Buchloh – Hartmut Krüger (Hg.): Herman Melville, Darmstadt 1974, 378 – 407

ELIZABETH RENKER: Strike through the Mask. Herman Melville and the Scene of Writing, Baltimore, Maryland, 1996

LAURIE ROBERTSON-LAURANT: Melville. A Biography, University of Massachusetts Press, 1996

ROBERT ROGERS: The »Ineludible Gripe« of Billy Budd (1964), in: Paul G. Buchloh – Hartmut Krüger (Hg.): Herman Melville, Darmstadt 1974, 489 – 504

JOSEPH SCHIFFMAN: Critical Problems in Melville's »Benito Cereno« (1950), in: Paul G. Buchloh – Hartmut Krüger (Hg.): Herman Melville, Darmstadt 1974, 423 – 433

WILLIAM ELLERY SEDGWICK: Herman Melville. The Tragedy of Mind, New York 1962

JOHN SEELYE: Melville: The Ironic Diagram, Evanston 1970, 60 – 73: Line and Circle

NICK SELBY (Ed.): Herman Melville. Moby-Dick. Icon Critical Guides, Cambridge 1998

ROWLAND A. SHERRILL: The Prophetic Melville: Experience, Transcendence and Tragedy, Athens, Georgia, 1979

RAYMOND W. SHORT: Melville as Symbolist (1948), in: Paul G. Buchloh – Hartmut Krüger (Hg.): Herman Melville, Darmstadt 1974, 218 – 230

HARRY SLOWCHOWER:»Moby Dick«: The Myth of Democratic Expectancy (1950), in: Paul G. Buchloh – Hartmut Krüger (Hg.): Herman Melville, Darmstadt 1974, 231 – 244

HENRY NASH SMITH: The Madness of Ahab (1976), in: Kevin J. Hayes (Ed.): The Critical Response to Herman Melville's *Moby-Dick*, Westport, Connecticut – London 1994, 183 – 200

CLARE L. SPARK: Hunting Captain Ahab. Psychological Warfare and the Melville Revival, Kent, Ohio – London 2001

JANEZ STANONIK: Moby Dick: The Myth and the Symbol. A Study in Folklore and Literature, Ljubljana 1962

FRANZ STANZEL: Die typischen Erzählsituationen im Roman. Dargestellt an Tom Jones, Moby-Dick, The Ambassadors, Ulysses u. a., Wien – Stuttgart 1955

MILTON R. STERN: Some Techniques of Melville's Perception (1958), in: Milton R. Stern (Ed.): Discussions of Moby-Dick, Boston 1960, 115 – 126

GEORGE R. STEWART: The Two Moby Dicks (1953 – 1953 – 1954), in: Paul G. Buchloh – Hartmut Krüger (Hg.): Herman Melville, Darmstadt 1974, 245 – 279

EDWARD STONE: Ahab Gets Girl, or Herman Melville Goes to the Movies (1975), in: Kevin J. Hayes (Ed.): The Critical Response to Herman Melville's *Moby-Dick*, Westport, Connecticut – London 1994, 170 – 182

RUDOLF SÜHNEL: Melvilles»Moby Dick«. Versuch einer Deutung, in: Die Neueren Sprachen N. F. 5 (1956) 553 – 562

K. H. SUNDERMANN: Herman Melvilles Gedankengut. Eine kritische Untersuchung seiner weltanschaulichen Grundideen, Berlin 1937

GERARD M. SWEENEY: Melville's Use of Classical Mythology, Amsterdam 1975

LAWRANCE THOMPSON: Melville's Quarrel with God, New Jersey 1952

MARGARET M. VANDERHAAR: A. Re-Examination of»Benito Cereno« (1968 – 1969), in: Paul G. Buchloh – Hartmut Krüger (Hg.): Herman Melville, Darmstadt 1974, 434 – 447

CHARLES CHILD WALCUTT: The Fire Symbolism in *Moby Dick*, Modern Language Notes, Baltimore, Vol. LIX 1944, 304 – 310

J. A. WARD: The Function of the Cetological Chapters in Moby Dick, in: American Literature 28 (1956 – 1957) 164 – 183

ROBERT PENN WARREN: Melville the Poet (1946), in: Milton R. Stern (Ed.): Discussions of Moby-Dick, Boston 1960, 127 – 134

E. L. GRANT WATSON:»Moby Dick« (1920), in: Paul G. Buchloh – Hartmut Krüger (Hg.): Herman Melville, Darmstadt 1974, 53 – 62

E. L. GRANT WATSON: Melville's *Pierre*, in: New England Quarterly, 3 (April 1930) 195 – 234

E. L. GRANT WATSON: Melville's Testament of Acceptance (1933), in: Paul Buchloh – Hartmut Krüger (Hg.): Herman Melville, Darmstadt 1974, 451 – 457

R. E. WATTERS: Melville's »Isolatoes« (1945), in: Milton R. Stern (Ed.): Discussions of Moby-Dick, Boston 1960, 107 – 114

R. E. WATTERS: The Meanings of the White Whale (1951), in: Milton R. Stern (Ed.): Discussions of Moby-Dick, Boston 1960, 77 – 86

RAYMOND WEAVER: Herman Melville. Mariner and Mystic, New York 1921 (Repr. 1961)

W. WEBER: Herman Melville. Eine stilistische Untersuchung, Basel 1937

JOHN WENKE: Melvilles Muse. Literary Creation and the Forms of Philosophical Fiction; Kent, Ohio – London 1995

THOMAS WERGE: Moby Dick and the Calvinistic Tradition, in: Studies in the Novel, North Texas State University (Denton, Tex.) 1 (1969) 484 – 506

THOMAS WOODSON: Ahab's Greatness: Prometheus as Narcissus, E L H 33 (1966) 351 – 369

NATHALIA WRIGHT: Biblical Allusion in Melville's Prose (1941), in: Paul G. Buchloh – Hartmut Krüger (Hg.): Herman Melville, Darmstadt 1974, 163 – 180

JAMES DEAN YOUNG: The Nine Gams of the *Pequod* (1954), in: Milton R. Stern (Ed.): Discussions of Moby-Dick, Boston 1960, 98 – 106

PHILIP YOUNG: The Private Melville, Pennsylvania 1993

LARZER ZIFF: Shakespeare and Melville's America, in: Faith Pullin (Ed.): New Perspectives on Melville, Edinburgh 1978, 54 – 67

KARL E. ZINK: Herman Melville and the Forms – Irony and Social Criticism in »Billy Budd« (1952), in: Paul G. Buchloh – Hartmut Krüger (Hg.): Herman Melville, Darmstadt 1974, 458 – 468

3. Zum Verständnis Melvilles dienende Bücher

a) Schiffskunde, Ozeanographie, Meeresbiologie, Geschichte der Seefahrt

HOLGER AFFLERBACH: Das entfesselte Meer. Die Geschichte des Atlantik (2001), München (Piper Tb. 3989) 2003

WOLFGANG ASBACH: Bemerkungen zu den Walfängern, in: Der historische Walfang der Nordfriesen 1, hg. von Klaus Lengsfeld, Husum 1991, 79 – 92

JOCHEN BRENNECKE: Geschichte der Seefahrt, Künzelsau 1986

OWEN CHASE: Narrative of the Most Extraordinary and Distressing Shipwreck of the Whale-Ship *Essex*, of Nantucket..., New York 1821

PETER CRAWFORD: Nomads of the Wind. A Natural History of Polynesia, BBC-Books 1993; dt.: Nomaden des Windes: Paradies Polynesien, übers. v. Hasso Rost, Köln 1995

PETRA DEIMER: Das Buch der Wale (1983), München (Heyne Tb. Nr. 19/105) 1991

AMASA DELANO: Narrative of Voyages and Travels in the Northern and Southern Hemispheres comprising Three Voyages round the World together with a Voyage of Survey and Discovery in the Pacific Ocean and Oriental Islands, Boston 1817; repr. as: Delano's Voyages of Commerce and Discovery, ed. by Eleanor Roosevelt Seagraves, Foreword by. William La Moy, Stockbridge, Mass. 1994

BEREND HARKE FEDDERSEN: Das Jahr der Wal- und Robbenjäger, in: Der historische Walfang der Nordfriesen 1, hg. v. Klaus Lengsfeld, Husum 1991, 10 – 78

LORE HAACK-VÖRSMANN: Seemannschaft für Großsegler, Stuttgart 1992

JAMES HAMILTON PATERSON: Seven Tenths, London 1992; dt.: Seestücke. Das Meer und seine Ufer, übers. v. Hans-Ulrich Möhring (1995), München (btb 72157) 1998

DUNCAN HAWS: Schiffe und Meer. Chronik der Seefahrt, übers. v. Dieter Jung u. Ulrike Seifert, Bielefeld 2000

RUDOLF KUSCHERT: Die frühe Neuzeit, in: Geschichte Nordfrieslands, hg. v. Nordfriisk Instituut in Zusammenarbeit mit der Stiftung Nordfriesland, Heide 1995

MANFRED LEIER: (Hg.): Weltatlas der Ozeane. Mit den Tiefenkarten der Weltmeere, die der Kanadische Hydrographische Dienst veröffentlicht hat, München 2001

LES LINE – GEORGE REIGER: The Audubon Society Book of Marine Wildlife, New York 1980; dt.: Lebensraum Ozean, Münster 1990

JEAN MEYER – MARTINE ACERRA: L'Empire des Mers (1990); dt.: Schiffe im Pulverdampf. Das Ringen um die Seeherrschaft in Europa, aus dem Franz. übers. v. Hubertus von Gemmingen, Übers. der Bildtexte v. Walter Paluch, Bielefeld 1996

Monsterwellen auf dem Meer – Schiffe in Seenot. In der Reihe: Expedition. Zweites Deutsches Fernsehen, 4. Mai 04

PAOLO NOVARESIO: Die großen Entdecker (Vercelli 1996); aus dem Engl. übers., Erlangen o. J.

NATHANIEL PHILBRICK: In the Heart of the Sea. The Tragedy of the Whaleship Essex, New York 2000; dt.: Im Herzen der See. Die letzte Fahrt des Walfängers *Essex*, übers. v. Andrea Kann u. Klaus Fritz, München 2000

NATHANIEL PHILBRICK: Sea of Glory. America's Voyage of Discovery: the U.S. Exploring Expedition, New York 2003; dt.: Dämonen der See. Die dramatische Expedition zur Erschließung des Pazifiks und der Antarktis (1838 – 1842), übers. v. Enrico Heinemann – Andrea Kann, München 2004

PHILIP PLISSON: La Mer. Au Jour le jour, Paris 2003; dt.: Das Meer. Tag für Tag, übers. v. Bettina Blumenberg u. a., München 2003

JEREMIAH N. REYNOLDS: Mocha Dick or the White Whale of the Pacific, in: Knickerbocker Magazine 13 (1839) 377 – 392

DAVA SOBEL: Longitude, 1995; dt.: Längengrad. Die wahre Geschichte eines einsamen Genies, welches das größte wissenschaftliche Problem seiner Zeit löste, übers. v. Mathias Fienbork, Berlin (B v T 76101) 1996

EIGEL WIESE: Als Moby Dick noch Mocha Dick hieß, in: Mare 15 (Aug./Sept. 1999), 24 – 27

CHARLES WILKES: Narrative of the United States Exploring Expedition, 5 vols., 1844; dt.: Die Entdeckungsexpedition der Vereinigten Staaten in den Jahren 1838 bis 1842 unter Lieutenant Charles Wilkes. Von ihm selbst beschrieben und nach der Originalausgabe abgekürzt übersetzt, 2 Bde., Stuttgart – Tübingen 1848

b) Philosophie, Theologie, Religionsgeschichte, Kulturgeschichte, Zeitgeschichte

OTL AICHER – GABRIELE GREINDL – WILHELM VOSSENKUHL: Wilhelm von Ockham. Das Risiko, modern zu denken, München 1986

AURELIUS AUGUSTINUS: De civitate Dei (413 – 426); dt.: Des hl. Kirchenvaters Aurelius Augustinus 22 Bücher über den Gottesstaat, übers. v. a. Schröder, in: Augustinus' ausgew. Schriften, Bd. I u. II, Kempten – München (BKV 15/16) 1911; 1914, eingel. v. J. N. Espenberger

FRANCIS BACON: Instauratio magna. Novum Organum, sive Indicia vera de interpretatione naturae, London 1622; dt.: Neues Organon, übers. v. J. H. von Kirchmann, Berlin 1870

JULIUS BAHNSEN: Das Tragische als Weltgesetz und der Humor als ästhetische Gestalt des Metaphysischen (1877), hg. u. eingel. v. Winfried H. Müller-Seyfarth, Berlin (Monographien aus den Grenzgebieten der Realdialektik) 1995

KARL BARTH: Die kirchliche Dogmatik, 3. Bd.: Die Lehre von der Schöpfung, 4. Teil, Zürich ^{2}1957

PIERRE BAYLE: Dictionnaire Historique et Critique, Rotterdam 1697; Paris 1820 – 1824, hg. v. a. J. Beuchot, 16 Volumes; dt.: Philosophisches Wörterbuch oder die philosophischen Artikel aus Baylens Historisch-kritischem Wörterbuch, übers. v. L. H. Jakob, 2 Bde., Halle 1797 (Ausw.)

ALEXANDER BÖHLIG: Christliche Wurzeln im Manichäismus (1960), in: Geo Widengren (Hg.): Der Manichäismus, Darmstadt 1977, 224 – 246

THOMAS BROWNE: Religio Medici, London 1642; dt.: Des berühmten Thomas Brownes Religion eines Arztes, übers. v. G. Vensky, Prenzlau – Leipzig 1746

THOMAS BROWNE: Pseudodoxia Epidemica, London 1646

MARTIN BUBER: Abraham der Seher (1939 hebr., 1955 dt.), in: Werke, Bd. II: Schriften zur Bibel, München – Heidelberg 1964, 871 – 893

FRANCIS CRAWFORD BURKITT: The Religion of the Manichees, 1925; dt.: Die Auffassung von dem Bösen Prinzip im manichäischen System und von seiner Übereinstimmung mit dem Christentum, übers. v. Rüdiger Schmitt, in: Geo Widengren (Hg.): Der Manichäismus, Darmstadt 1977, 31 – 36

F. BURWICK: Goethes Farbenlehre und ihre Wirkung auf die deutsche und englische Romantik, Goethe Jahrbuch 111, 1994

JOHANNES CALVIN: Christianae Religionis Institutio totam fere Pietatis Summam et quidquid est in Doctrina Salutis Cognitu necessarium complectens, Basel 1536; dt.: Unterricht in der christlichen Religion, nach der letzten Ausgabe übersetzt und bearbeitet von Otto Weber, Neukirchen-Vluyn (1955), [5]1988

ALBERT CAMUS: Le Mythe de Sisyphe, Paris 1942; dt.: Der Mythos von Sisyphos. Ein Versuch über das Absurde, übers. v. H. G. Brenner u. W. Rasch (1950), komm. v. Liselotte Richter, Reinbek (rde 90) 1959

RAYMOND CARTIER: Histoire mondiale de l'Après-Guerre, 1970; dt.: Nach dem Zweiten Weltkrieg. Die internationale Politik von 1945 bis heute, übers. v. Wilhelm Thaber unter wiss. Beratung v. Lutz Ziegenbald, München (1971: Mächte und Männer unserer Zeit), Neuausgabe aktualisiert und erweitert 1980

CATÉCHISME DE L'ÉGLISE CATHOLIQUE (»Weltkatechismus«), Paris 1992

TEILHARD DE CHARDIN: Le Phénomène Humain, Paris 1947; dt.: Der Mensch im Kosmos, aus dem Franz. übers. v. O. Marbach, München 1959

WILHELM DIETL: Schwarzbuch Weißes Haus. Außenpolitik mit Sturmgewehr, Erftstadt 2004

WILHELM DILTHEY: Der entwicklungsgeschichtliche Pantheismus, in: Weltanschauung und Analyse des Menschen seit Renaissance und Reformation, in: Gesammelte Schriften, hg. v. B. Groethuysen, Bd. II, Stuttgart 1957, 312 – 390

WILHELM DILTHEY: Der Aufbau der geschichtlichen Welt in den Geisteswissenschaften (1907 – 1910), in: Gesammelte Schriften, hg. v. Bernhard Groethuysen (1926), Bd. VII, Stuttgart 1958, 79 – 188; 191 – 291

WILHELM DILTHEY: Weltanschauungslehre. Abhandlungen zur Philosophie der Philosophie, in: Gesammelte Schriften, hg. v. B. Groethuysen, Bd. VIII, Stuttgart 1960, 75 – 118: Die Typen der Weltanschauung und ihre Ausbildung in den metaphysischen Systemen

EUGEN DREWERMANN: Strukturen des Bösen. Die jahwistische Urgeschichte in exegetischer, psychoanalytischer und philosophischer Sicht, 3 Bde., Paderborn (1976), [8]2000

EUGEN DREWERMANN: Kleriker. Psychogramm eines Ideals, Olten 1989

EUGEN DREWERMANN: Der tödliche Fortschritt. Von der Zerstörung der Erde und des Menschen im Erbe des Christentums (Regensburg [6]erw. 1990), Freiburg – Basel – Wien (Herder Tb. 4032) 1991

EUGEN DREWERMANN: Glauben in Freiheit oder Tiefenpsychologie und Dogmatik. Bd. I: Dogma, Angst und Symbolismus, Solothurn – Düsseldorf 1993

EUGEN DREWERMANN: Jesus von Nazareth. Befreiung zum Frieden. Glauben in Freiheit, Bd. II, Düsseldorf – Zürich 1998

EUGEN DREWERMANN: . . . und es geschah so. Die moderne Biologie und die Frage nach Gott, Zürich – Düsseldorf 1999

EUGEN DREWERMANN: Und der Fisch spie Jona an Land. Das Buch Jona tiefenpsychologisch gedeutet, Düsseldorf – Zürich 2001

EUGEN DREWERMANN: Im Anfang . . . Die moderne Kosmologie und die Frage nach Gott. Glauben in Freiheit, Bd. III: Religion und Naturwissenschaft, 3. Teil: Kosmologie und Theologie, Düsseldorf – Zürich 2002

EUGEN DREWERMANN: Das Johannes-Evangelium. Bilder einer neuen Welt, 2 Bde., Düsseldorf 2003

EPIKUR: Von der Überwindung der Furcht. Katechismus – Lehrbriefe – Spruchsammlung – Fragmente, eingel. u. übertr. v. Olof Gigon (1949), München (dtv 2164) 1983

SUSANNE EVERETT: History of Slavery, London 1978; dt.: Die Geschichte der Sklaverei, übers. v. Jürgen und Rainer Heinzerling, Augsburg 1998

ERIC FREY: Schwarzbuch USA, Frankfurt/M 2004

JÖRG FRIEDRICH: Der Brand. Deutschland im Bombenkrieg 1940 – 1945, München 2002

MOHANDAS KARAMCHAND GANDHI: An Autobiography or The Story of My Experiments With Truth, Ahmedabad; dt.: Eine Autobiographie oder Die Geschichte meiner Experi-

mente mit der Wahrheit, nach der engl. Übers. aus dem Gujarati v. Mahadev Desai ins
Deutsche übertr. v. Fritz Kraus (München 1960), neu hg. u. völlig überarbeitet von Rolf
Hinder unter Mitarbeit von Jürgen Genings, Gladenbach (Hessen) 1977

HUGO GRESSMANN: Altorientalische Texte zum Alten Testament, in Verbindung mit Erich
Ebeling, Hermann Ranke und Nikolaus Rhodokanakis hg. v. Hugo Gressmann, Berlin –
Leipzig (völlig neugestaltet und stark vermehrt) 1926

HERMANN GUNKEL: Genesis, Göttingen (1910), 1969, eingel. v. W. Baumgartner

ADOLF VON HARNACK: Marcion. Das Evangelium vom fremden Gott. Eine Monographie zur
Geschichte der Grundlegung der katholischen Kirche, Leipzig (verb. u. verm.) 1924;
Nachdruck: Darmstadt 1985

THOMAS HOBBES: Leviathan or the Matter, Forme and Power of a Commonwealth Ecclesia-
sticall and Civil, London 1651; dt.: Leviathan oder Stoff, Form und Gewalt eines bürgerlichen und kirchlichen Staates, übers. v. W. Euchner, hg. u. eingel. v. I. Fetscher, Neuwied –
Berlin 1966

HEINRICH JAENCKE: Der Bruderkampf Nord gegen Süd, in: Geo Epoche (2003), Nr. 11:
Amerikas Weg zur Weltmacht 1498 – 1898, 96 – 112

RUDOLF JOCKEL: Götter und Dämonen. Mythen der Völker, ausgew. u. eingel. v. Rudolf
Jockel, Darmstadt – Genf 1953

CAPT. CHARLES JOHNSON: A General History of the Robberies and Murders of the Most
Notorious Pirates, 1725; Repr. 1972, ed. M. Schonhorn

FLAVIUS JOSEPHUS: Jüdische Altertümer, aus dem Griech. übers. u. angem. v. Heinrich
Clementz, 2 Bde., Köln 1959

DETLEF JUNKER: Power and Mission – Was Amerika antreibt, Freiburg 2004

IMMANUEL KANT: Grundlegung zur Metaphysik der Sitten (1785), in: Werke in 12 Bden., hg.
v. Wilhelm Weischedel, Frankfurt/M 1960 – 1964, Bd. VII, 7 – 102

IMMANUEL KANT: Kritik der praktischen Vernunft (1788), in: Werke in 12 Bden., hg. v. Wilhelm Weischedel, Frankfurt/M 1968, Bd. VII, 103 – 302

MARGIT KENNEDY: Geld ohne Zins und Inflation. Ein Tauschmittel, das jedem dient.
Mit einem Beitrag und Grafiken von Helmut Creutz, München (Goldmann Tb. 12341)
²(erw. u. überarb.) 1991

KARL KERÉNYI: Die Mythologie der Griechen, 2 Bde., München (dtv 1345; 1346) 1966

SÖREN KIERKEGAARD: Furcht und Zittern. Dialektische Lyrik, von Johannes de Silentio,
Kopenhagen 1843, übers. u. komm. v. Liselotte Richter, Reinbek (rk 89) 1961

SÖREN KIERKEGAARD: Philosophische Brosamen oder Ein bißchen Philosophie, von Johannes Climacus (Kopenhagen 1844), und: Unwissenschaftliche Nachschrift, unter Mitwirkung von Niels Thulstrup und der Kopenhagener Kierkegaard-Gesellschaft hg. v. Hermann Diem u. Walter Rest (1959), München (dtv) 1976

SÖREN KIERKEGAARD: Die Krankheit zum Tode. Eine christliche psychologische Entwicklung zur Erbauung und Erweckung, von Anti-Climacus, Kopenhagen 1849; übers. u.
komm. v. Liselotte Richter, Reinbek (rk 113) 1962

SÖREN KIERKEGAARD: Der Augenblick. Flugschriften zwischen 1854 – 1855, übers. u. erl. v.
Hayo Gerdes, in: S. Kierkegaard: Werksausgabe, Bd. II, Düsseldorf – Köln 1971, 309 –
567

REYMER KLÜVER: Bis an den Rand der Welt, in: Geo Epoche (2003), Nr. 11: Amerikas Weg
zur Weltmacht 1498 – 1898, 70 – 88

HANS LEYENDECKER: Die Lügen des Weißen Hauses. Warum Amerika einen Neuanfang
braucht, Reinbek 2004

TITUS LIVIUS: Ab urbe condita (ca. 27 – 14 v. Chr.); dt.: Römische Frühgeschichte, ausgew. u.
übertr. v. Josef Feix, 2 Bde., München (GG Tb. 675; 831) 1971 – 1972

HERMANN LOMMEL: Symbolik der Elemente in der zoroastrischen Religion (1959), in: Bern-
fried Schlerath (Hg.): Zarathustra, Darmstadt 1970, 253 – 269

MARTIN LUTHER: Vom unfreien Willen (1525), in: Luther Deutsch. Die Werke Luthers in Auswahl, hg. v. Kurt Aland, Bd. III: Der neue Glaube, Göttingen (UTB 1656) 1991, 151 – 334

BRONISLAW MALINOWSKI: Magic, Science and Religion (1925), in: Magic, Science. And Other Essays, New York 1948; dt.: Magie, Wissenschaft und Religion. Und andere Schriften, übers. v. Eva Krafft-Bassermann, Frankfurt/M 1973, 1 – 74: Magie, Wissenschaft und Religion

HANS-PETER MARTIN – HARALD SCHUMANN: Die Globalisierungsfalle. Der Angriff auf Demokratie und Wohlstand (1996), Reinbek (rororo 60450) 1998

REINHOLD MERKELBACH: Mithras, Königstein 1984

SIEGFRIED MORENZ: Gott und Mensch im Alten Ägypten, Leipzig (erw.) 1984

ULRIKE MOSER: Das Heilige Experiment, in: Geo Epoche (2003), Nr. 11: Amerikas Weg zur Weltmacht 1498 – 1898, 42 – 49

EDMUND MUDRAK: Deutsche Heldensagen, 2 Teile: 1) Nordische Götter- und Heldensagen, Reutlingen 1961; 2) Deutsche Heldensagen, Reutlingen 1955; in einem Band, Reutlingen o. J.

HERIBERT MÜHLEN: Una Mystica Persona. Die Kirche als das Mysterium der Identität des Heiligen Geistes in Christus und den Christen: Eine Person in vielen Personen, München – Paderborn – Wien 1964

GEIKO MÜLLER-FAHRENHOLZ: In göttlicher Mission. Politik im Namen des Herrn – Warum George W. Bush die Welt erlösen will; Vorw. v. Eugen Drewermann, München (Knaur 77722) 2003

FRIEDRICH NIETZSCHE: Also sprach Zarathustra. Ein Buch für alle und keinen. (1883 – 1885), mit einem Nachw. v. Walter Gebhard, Stuttgart (Kröner Tb. 75) 1988

FRIEDRICH NIETZSCHE: Götzendämmerung (1888), in: Sämtliche Werke: Götzendämmerung. Wagner-Schriften. Der Antichrist. Ecce Homo. Gedichte, Nachw. v. Walter Gebhard, Stuttgart (Kröner Tb. 77) 1990, 77 – 183

FRIEDRICH NIETZSCHE: Wille zur Macht. Versuch einer Umwertung aller Werte, ausgew. u. eingel. v. P. Gast, unter Mitwirkung von E. Foerster-Nietzsche, Nachw. v. a. Baeumler, Stuttgart (Kröner Tb. 78) 1964

PLOTIN: Enneades (ca. 254 n. Chr.; postum hg. v. PORPHYRIOS, 233 – 301/304); dt.: Die Enneaden, übers. v. Richard Harder, in: Schriften, 5 Bde., Leipzig 1930 – 1935; teilw. überarbeitete Neuauflage mit griech. Text u. Komm., hg. v. Rudolf Beutler – Willy Theiler, Bd. II, III u. V, Hamburg 1956; teilweiser Abdruck in: Ausgewählte Schriften, hg. v. Walter Marg, Stuttgart (reclam 9479 – 81/81a) 1973

PLUTARCH: Bioi paralleloi (ca. 100 n. Chr.); dt.: Lebensbeschreibungen. Gesamtausgabe in 6 Bden., übers. aus dem Griech. v. Johann Friedrich Kaltwasser, 1799 – 1806, bearb. v. Hanns Floerke (1913), Bd. I, eingel. v. Otto Seel, München (GGTb. 1430 – 1431) o. J., 316 – 357: Perikles

PLUTARCH: Bioi paralleloi (ca. 100 n. Chr.); dt.: Lebensbeschreibungen. Gesamtausgabe in 6 Bden., übers. aus dem Griech. v. Johann Friedrich Kaltwasser, 1799 – 1806, bearb. v. Hanns Floerke (1913), Bd. V, München (GGTb. 1438 – 1439) o. J., 39 – 102: Marcus Porcius Cato

ROSLYN PRIGNANT: Oceanic Mythology; dt.: Ozeanische Mythologie. Polynesien, Mikronesien, Melanesien, Australien, übers. v. Siegrid Schmidt, Wiesbaden (Vollmer Verl.) o. J.

PIERRE JOSEPH PROUDHON: Qu' est-ce-que la proprieté? Ou Recherches sur le principe du droit et du gouvernement, Paris 1841; dt.: Was ist das Eigentum? Erste Denkschrift. Untersuchungen über den Ursprung des Rechts und der Herrschaft, übers. v. F. A. Cohn (Berlin 1895), Stuttgart 1963, hg. u. eingel. v. Th. Ramm

HENRI-CHARLES PUECH: Der Begriff der Erlösung im Manichäismus (1937), in: Geo Widengren (Hg.): Der Manichäismus, Darmstadt 1977, 145 – 214

MARCUS REDIKER: Libertalia: Utopia der Piraten, in: David Cordingsly (Ed.): Pirates. Terror on the High Seas. From the Caribbean to the South China Sea, 1996; dt.: Piraten. Furcht

550

und Schrecken auf den Weltmeeren, übers. v. Sabine Lorenz u. Felix Seewöster, Köln 1999, 126 – 141

H. WHEELER ROBINSON: The hebrew conception of corporate personality, Beiheft zur Zeitschrift für die alttestamentliche Wissenschaft, H. 66 (Berlin 1936), 49 – 62

JEAN PAUL SARTRE: L'être et le néant. Essai d'ontologie phénoménologique, Paris 1943; dt.: Das Sein und das Nichts. Versuch einer phänomenologischen Ontologie, übers. v. Julius Streller, K. A. Ott u. a. Wagner, Reinbek 1962

JEAN PAUL SARTRE: Critique de la raison dialectique, précédé de Question de méthode, Tome 1: Théorie des ensembles pratiques, Paris 1960; dt.: Kritik der dialektischen Vernunft, Bd. I: Theorie der gesellschaftlichen Praxis, übers. v. Traugott König, Reinbek 1967

ARTHUR SCHOPENHAUER: Die Welt als Wille und Vorstellung, 1. Bd. (1819), Sämtliche Werke, hg. v. Arthur Hübscher, Bd. 2, Wiesbaden 1949

ARTHUR SCHOPENHAUER: Die Welt als Wille und Vorstellung, 2. Bd., welcher die Ergänzungen zu den vier Büchern des ersten Bandes erhält (21844), Sämtliche Werke, hg. v. Arthur Hübscher, Bd. 3, Wiesbaden 1949

ARTHUR SCHOPENHAUER: Preisschrift über die Freiheit des Willens (1839), in: Sämtliche Werke, hg. v. Arthur Hübscher, Bd. 4: Schriften zur Naturphilosophie und zur Ethik, Wiesbaden 1972, 1 – 102

L. ANNAEUS SENECA: De providentia (ca. 55 n. Chr.) – Über die Vorsehung, in: Philosophische Schriften, 5 Bde., lat.-dt., lat. Text hg. v. a. Bourgery – R. Waltz, übers. v. Manfred Rosenbach, 1. Bd., Darmstadt 1980, 1 – 41

ADAM SMITH: An Inquiry into the Nature and Causes of the Wealth of Nations, 3 vols., London 1791; dt.: Eine Untersuchung über Natur und Wesen des Volkswohlstandes, übers. v. E. Grünfeld, 3 Bde., Jena 1908 – 1923

NATHAN SÖDERBLOM: Der lebendige Gott im Zeugnis der Religionsgeschichte. Nachgelassene Gifford-Vorlesungen, deutsch hg. v. Friedrich Heiler (1942), München – Basel 1966

HERBERT SPENCER: A System of Synthetic Philosophy. London 1855: The Principles of Psychology; [2]1870 – 1872, 2 Bde.; London 1862: First Principles ([6]1945); London 1864 – 1867: The Principles of Biology; London 1876 – 1896: The Principles of Sociology (Hamden, Conn. 1969, ed. by S. Andreski); London 1879: The Data of Ethics; London 1892 – 1893: The Principles of Ethics; dt.: System der synthetischen Philosophie, übers. v. B. Vetter; Bd. I: Grundlagen der Philosophie, Stuttgart 1875; Bd. II: Die Principien der Biologie, Stuttgart 1876; Bd. VI: Die Principien der Soziologie, Stuttgart 1877; Bd. IV – V: Die Principien der Psychologie, Stuttgart 1882 – 1886; Die Tatsache der Ethik, Stuttgart 1879, Neudruck 1908

H. J. STAMMEL: Die Sioux. Amerika und seine Indianerpolitik (Stuttgart 1976), München (dtv 1497) 1979

UWE STEFFEN: Jona und der Fisch. Der Mythos von Tod und Wiedergeburt, Berlin – Stuttgart 1982

UWE STEFFEN: Drachenkampf. Der Mythos vom Bösen, Stuttgart 1984

SNORRI STURLUSON: Die jüngere Edda mit dem sogenannten ersten grammatischen Traktat, übertr. v. Gustav Neckel und Felix Niedner (1925), Düsseldorf – Köln (Thule. Altnordische Dichtung und Prosa, Bd. 20) 1966

EMANUEL SWEDENBORG: Arcana coelestia quae in Scriptura Sacra seu Verba Domini sunt, detecta ... Una cum mirabilibus quae visa sunt in mundo spiritum in coelo angelorum, 8 Bde., London 1749 – 1756; dt.: Himmlische Geheimnisse, welche in der Heiligen Schrift oder in dem Worte des Herrn enthalten und neu enthüllt sind. Zugleich die Wunder, welche gesehen worden in der Geisterwelt und im Himmel der Engel, übers. v. J. F. I. Tafel, 16 Bde., Tübingen – Basel 1837 – 1869

EMANUEL SWEDENBORG: De commercio animae et corporis, London 1769; dt.: Von Seele, Geist und Leib. Emanuel Swedenborgs Gedanken zum Leib-Seele-Problem, hg. v. G. Gollwitzer, Zürich 1956

QUINTUS SEPTIMIUS FLORENS TERTULLIANUS: De carne Christi (ca. 210 – 212), in: Opera, Bd. II, hg. v. a. Kroymann, Turnholt (Corpus Christianorum, Series Latina, II 2) 1954; H. VON CAMPENHAUSEN: Lateinische Kirchenväter, Stuttgart (Urban Tb. 50) 1960
OLIVIER TODD: Albert Camus. Une Vie, Paris 1996; dt.: Albert Camus. Ein Leben, übers. v. Doris Heinemann, Reinbek 1999
MURRAY AND ROSALIE WAX: The notion of Magic (1963); dt.: Der Begriff der Magie, übers. v. Anna Sannwald, in: Leander Petzoldt (Hg.): Magie und Religion. Beiträge zu einer Theorie der Magie, Darmstadt 1978, 324 – 353; S. 354 – 384: Stellungnahmen

c) Psychologie, Psychoanalyse, Sozialpsychologie, Verhaltensforschung, Biologie

ALFRED ADLER: Über den nervösen Charakter. Grundzüge einer vergleichenden Individual-Psychologie und Psychotherapie (11912), Frankfurt/M (Fischer Tb. 6174) 1972, eingel. v. W. Metzger
ALFRED ADLER: Menschenkenntnis (Vorträge in Wien 1926), Frankfurt/M (Fischer Tb. 6080) 1966
ALFRED ADLER: Problems of Neurosis. A Book of Case Histories, London 1929; dt.: Neurosen. Fallgeschichten. Zur Diagnose und Behandlung, hg. v. Hein L. Ansbacher, Einf. v. Robert F. Antoch, übers. v. Willi Köhler, Frankfurt/M (Fischer Tb. 6735) 1981
RAYMOND BATTEGAY: Der Mensch in der Gruppe. Bd. I: Sozialpsychologische und dynamische Aspekte; Bd. II: Allgemeine und spezielle gruppenpsychotherapeutische Aspekte, Berlin – Stuttgart 1967
RUDOLF BILZ: Paläoanthropologie. Der neue Mensch in der Sicht einer Verhaltensforschung, Frankfurt/M 1971
EUGEN BLEULER: Lehrbuch der Psychiatrie, 11. umgearbeitete Auflage von Manfred Bleuler, unter Mitarbeit von Rudolf Hess, Werner Mende, Herbert Reisner, Siegfried Scheidegger, Walter Schulte, Berlin – Heidelberg – New York 1969
M. BOECKER: Möwenartige und Alken, in: Grzimeks Tierleben. Enzyklopädie des Tierreiches in 13 Bden., hg. v. Bernhard Grzimek, Bd. VIII: Vögel 2, (Zürich 1970), München 1980, 199 – 217: Familie Raubmöwen
W. BRÄUTIGAM: Formen der Homosexualität. Erscheinungsweisen, Ursachen, Behandlung, Rechtsprechung, Stuttgart 1967
CHARLES DARWIN: On the Origin of Species by Means of Natural Selection or The Preservation of Favoured Races in Struggle for Life, London 1859; dt.: Die Entstehung der Arten durch natürliche Zuchtwahl, übers. v. C. W. Neumann, Nachw. v. G. Heberer, Stuttgart (reclam 3071 – 80) 1974
HOIMAR VON DITFURTH: Am Anfang war der Wasserstoff, Hamburg 1972
SANDOR FERENCZI: Versuch einer Genitaltheorie (1924), in: Schriften zur Psychoanalyse, 2 Bde., hg. v. Michael Balint, Frankfurt/M 1970 – 1972, II 317 – 400
ANNA FREUD: Das Ich und die Abwehrmechanismen (1936), München (Kindler Tb. 2001) o. J.
SIGMUND FREUD: Zur Kritik der »Angstneurose« (1895), in: Gesammelte Werke, Bd. I, London 1952, 355 – 376
SIGMUND FREUD: Der Familienroman der Neurotiker (1909), in: Gesammelte Werke, Bd. VII, London 1941, 225 – 231
SIGMUND FREUD: Psychoanalytische Bemerkungen über einen autobiographisch beschriebenen Fall von Paranoia (dementia paranoides) (1911), in: Gesammelte Werke, Bd. VIII, London 1945, 239 – 320
SIGMUND FREUD: Eine Beziehung zwischen einem Symbol und einem Symptom (1916), in: Gesammelte Werke, Bd. X, London 1946, 394 – 395

SIGMUND FREUD: Massenpsychologie und Ich-Analyse (1921), in: Gesammelte Werke, Bd. XIII, London 1940, 71 – 161

SIGMUND FREUD: Das Ich und das Es (1923), in: Gesammelte Werke, Bd. XIII, London 1940, 235 – 289

SIGMUND FREUD: Das Unbehagen in der Kultur (1930), in: Gesammelte Werke, Bd. XIV, London 1948, 419 – 506

SIGMUND FREUD: Neue Folge zur Einführung in die Psychoanalyse (1932), in: Gesammelte Werke, Bd. XV, London 1950

GEORGE CASPAR HOMANS: The Human Group, New York 1950; dt.: Theorie der sozialen Gruppe, übers. v. R. Gruner, Köln – Opladen 1960

WILLIAM JAMES: The Varieties of Religious Experience. The Gifford Lectures, Edinburgh 1901 – 1902; dt.: Die Vielfalt religiöser Erfahrung. Eine Studie über die menschliche Erfahrung, übers., hg. u. mit Nachw. versehen v. Eilert Herms, Olten – Freiburg 1979

CARL GUSTAV JUNG: Über den Archetypus mit besonderer Berücksichtigung des Animabegriffs (1936), in: Gesammelte Werke, Bd. 9 1. Teil, Olten – Freiburg 1976, 67 – 87

CARL GUSTAV JUNG: Die psychologischen Aspekte des Mutterarchetypus (1939), in: Gesammelte Werke, Bd. 9 1. Teil, Olten – Freiburg 1976, 89 – 123

CARL GUSTAV JUNG: Zur Psychologie des Kindarchetypus (1940), zus. mit Karl Kerényi: Das göttliche Kind, in: Gesammelte Werke, Bd. 9 1. Teil: Die Archetypen und das kollektive Unbewußte, Olten – Freiburg 1976, 163 – 195

CARL GUSTAV JUNG: Antwort auf Hiob (1952), in: Gesammelte Werke, Bd. 11, Olten – Freiburg 1963, 385 – 506

GUSTAV KELLER: Die Psychologie der Folter. Die Psyche der Folterer. Die Psycho-Folter. Die Psyche der Gefolterten, Frankfurt/M (Fischer Tb. 3441) 1981

OTTO F. KERNBERG: Ideology, Conflict, and Leadership in Groups and Organizations, New Haven – London 1998; dt.: Ideologie, Konflikt und Führung. Psychoanalyse von Gruppenprozessen und Persönlichkeitsstruktur, übers. v. Elisabeth Vorspohl, Stuttgart 2000

RONALD D. LAING: The Divided Self. An existential study in sanity and madness (1960); dt. Das geteilte Selbst. Eine existentielle Studie über geistige Gesundheit und Wahnsinn, übers. v. Christa Tansella-Zimmermann, Köln 1972

GUSTAVE LE BON: Psychologie des Foules, 1895; dt.: Psychologie der Massen, Einf. v. Helmut Dingeldey, Stuttgart (Kröner Tb. 99) 1973

PETER MARSH – DESMOND MORRIS: Tribes (1988); dt.: Die Horde Mensch. Individuum und Gruppenverhalten, übers. v. Holger Fliessbach, München 1989

OTTO RANK: Das Inzestmotiv in Dichtung und Sage. Grundzüge einer Psychologie des dichterischen Schaffens, Leipzig – Wien 1912

OTTO RANK: Der Mythus von der Geburt des Helden. Versuch einer psychologischen Mythendeutung, Leipzig – Wien ²(verb.) 1922

OTTO RANK: Das Trauma der Geburt und seine Bedeutung für die Psychoanalyse, Leipzig – Wien – Zürich 1924

HORST EBERHARD RICHTER: Eltern, Kind und Neurose. Psychoanalyse der kindlichen Rolle, Stuttgart 1963

HANS SELYE: Streß. – Mein Leben. Erinnerungen eines Forschers, Frankfurt/M 1984

HANS SELYE: The Physiology and Pathology of Exposure to Stress, Montreal 1950

GEORGES UNGAR: Molecular coding of information in the nervous system, in: Naturwissenschaften 59 (1972), 85 ff.

4. Belletristik, Film

AISCHYLOS: Der gefesselte Prometheus (Prometheus desmotás, um 450 v. Chr.), über S. u. erl. v. Oskar Werner, in: Tragödien und Fragmente, Reinbek (rk 213 – 215) 1966, 179 – 210: Promethie. Der gefesselte Prometheus, 180 – 207; Der befreite Prometheus, 207 – 209; Feuerträger Prometheus, 210

HANS CHRISTIAN ANDERSEN: Sämtliche Märchen und Geschichten, aus dem Dänischen übertragen von Eva-Maria Blühm u. Gisela Perlet, 2 Bde. (Leipzig 1953), Leipzig – Weimar 1982, I 67 – 90: Die kleine Seejungfrau

HONORÉ DE BALZAC: Seraphita, Paris 1834; dt.: Seraphita, aus dem Franz. übers. v. G. Goyert, in: Mystische Geschichten, München 1958

HONORÉ DE BALZAC: Les illusions perdues, Paris 1837; dt.: Verlorene Illusionen, übers. v. O. Flake (Berlin 1924), Hamburg 1960

CHARLES BAUDELAIRE: Les Fleurs du Mal, 1857; dt.: Die Blumen des Bösen, in: Ausgewählte Werke, hg. v. Franz Blei, übertr. v. Terese Robinson, München (Georg Müller Verl.) o. J., 1 – 285

JENS PETER BECKER: John Hustons Moby-Dick, in: Joachim Kruse (Hg.): Illustrationen zu Melvilles »Moby-Dick«, Schleswig-Holsteinisches Landesmuseum, Schloß Gottorf, 18.6. – 19. 9. 1976, 113 – 118

GEORG BÜCHNER: Dantons Tod. Ein Drama (1835), in: Werke und Briefe, hg. v. Karl Pörnbacher, Gerhard Schaub, Hans-Joachim Simm u. Edda Ziegler (1988), München (dtv 2202) 1990, 67 – 133

GEORGE GORDON LORD BYRON: Manfred. A Dramatic Poem, London 1817; dt.: Manfred, übers. v. W. Grüzmacher, in: Werke, hg. v. F. Brie, Bd. IV, Wien – Leipzig 1912

GEORGE GORDON LORD BYRON: Gedichte, nach den Ausgaben von O. Gildenmeister, T. Tuckermann und anderen ausgewählt, zusammengestellt und erläutert von Alexander Heine, Kettwig 1990

LUIS VAZ DE CAMÕES: Os Lusíadas, Lissabon 1572; dt.: Die Lusiaden, übers. v. W. Storck, in: Sämtliche Gedichte, Bd. V, Paderborn 1883

OMAR CHAJJAM: Rubaijat, Englisch-Deutsch, rendered into English Verse by Edward FitzGerald, Versübertragung mit Einführung von Henry W. Nordmeyer, Bern [2](verb.) 1969

JOSEPH CONRAD: Heart of Darkness, Edinburgh – London 1899; dt.: Herz der Finsternis, übers. v. Reinhold Batberg (1992), Frankfurt/M – Leipzig (it 1730) 1992

DANIEL DAFOE: The Life and strange surprising Adventures of Robinson Crusoe, of York, Mariner, London 1719; dt.: Robinson Crusoe, übers. v. F. Riederer, Nachw. v. E. G. Jacob, München 1966

FELIX DAHN: Ein Kampf um Rom (1876); München 1953

ALIGHIERI, DANTE: La Divina Comedia (1307 – 1321), 1472; dt.: Göttliche Komödie, übers. v. I. u. W. von Wartburg, Zürich 1963

FJODOR MICHAILOWITSCH DOSTOJEWSKI: Besy (1872); dt.: Die Dämonen, übers. v. Günther Jarcho, München (GGTb. 575 – 577) 1955

FJODOR MICHAILOWITSCH DOSTOJEWSKI: Bratja Karamazovy (1880); dt.: Die Brüder Karamasoff, übers. v. Karl Noetzel, München (GGTb. 478 – 479; 480 – 481) 1958

EUGEN DREWERMANN: Daß auch der Allerniedrigste mein Bruder sei. Dostojewski – Dichter der Menschlichkeit. Fünf Betrachtungen, Zürich – Düsseldorf 1998

EUGEN DREWERMANN: Goethes Märchen tiefenpsychologisch gedeutet oder Die Liebe herrscht nicht, Düsseldorf – Zürich 2000

EUGEN DREWERMANN: Liebe, Leiden und Unsterblichkeit. H. Ch. Andersens Märchen von der Kleinen Meerjungfrau (1997: ... und gäbe dir eine Seele), Freiburg – Basel – Wien (Herder Tb. 5369) 2003

JEAN GIONO: Melville zum Gruß (Paris 1941), aus dem Franz. v. Walter Gerull-Kardas, München 1999

JOHANN WOLFGANG VON GOETHE: Stella (1775: Erste Fassung; 1805: Zweite Fassung), in: Hamburger Ausgabe, Bd. IV: Dramatische Dichtungen II, hg. v. Erich Trunz, München [13](durchges.) 1994, 307 – 351

JOHANN WOLFGANG VON GOETHE: Faust: Der Tragödie erster und zweiter Teil (1831: 1. Teil; postum: 2. Teil 1832) Urfaust, hg. u. komm. v. Erich Trunz (Goethes Werke, Bd. 3, Hamburger Ausgabe) München 1976

BRÜDER GRIMM: Kinder- und Hausmärchen. Ausgabe letzter Hand mit den Originalanmerkungen der Brüder Grimm, mit einem Anhang sämtlicher nicht in allen Auflagen veröffentlichten Märchen und Herkunftsnachweisen, hg. v. Heinz Rölleke, 3 Bde., Stuttgart (reclam 3191, 3192, 3193) 1980

HARENBERG: Die Chronik des Films, Gütersloh – München 1994

JOSEPH C. HART: Mariam Coffin and the Whale Fisherman, New York 1834

NATHANIEL HAWTHORNE: Mosses from an old Manse (Moos von einem alten Pfarrhaus), Boston 1846

NATHANIEL HAWTHORNE: The Scarlet Letter, Boston 1850; dt.: Der scharlachrote Buchstabe, übers. v. R. Mummendey, Zürich 1957

NATHANIEL HAWTHORNE: The House of the Seven Gables, Boston 1851; dt.: Das Sieben-Giebel-Haus, übers. v. H. Kahn, Zürich 1954

NATHANIEL HAWTHORNE: The Blithdale Romance, London 1852; dt.: Ein tragischer Sommer, übers. v. F. Blei, Berlin 1925

NATHANIEL HAWTHORNE: English Notebooks 1853 – 1857, ed. by R. Stewart, New York 1962

ERNEST HEMINGWAY: The Old Man and the Sea, New York 1952; dt.: Der alte Mann und das Meer, übers. v. Annemarie Horschitz-Horst (1952), Reinbek (rororo 328) 1977

FRIEDRICH HÖLDERLIN (Übers.): Sophokles: Antigonä, (442 v. Chr.), deutsch, in: HÖLDERLIN: Werke und Briefe, hg. v. Friedrich Beißner – Jochen Schmidt, 3 Bde., Frankfurt/M 1969, II 736 – 790

HOMER: Odyssee, aus dem Griech. übers. v. Roland Hampe, Stuttgart 1979

HORAZ: (Quintus Horatius Flaccus): Carmina (ab 33 v. Chr.); dt.: Die Gedichte des Horaz. Oden und Epoden, lat.-dt. hg. v. Hans Färber, München (Heimeran) o. J.; Gedichte. Eine Auswahl, hg. u. mit Nachw. versehen von Wilhelm Plankl, Stuttgart (reclam 7708) 1975

JOHN HUSTON: (Reg.): Moby Dick, USA 1956

STANLEY KUBRICK (Reg.): Wege zum Ruhm, USA 1957

ALPHONSE DE LAMARTINE: La chute d'un ange, Paris 1838; dt.: Der Fall eines Engels, übers. v. G. Diezel, Stuttgart 1840

JACK LONDON: The Sea Wolf, New York – London 1904; dt.: Der Seewolf, übers. v. Christine Hoeppener (1968), Zürich (Diogenes Tb. 21509) 1987

KENNETH S. LYNN: Hemingway, New York – London 1987; dt.: Hemingway. Eine Biographie, übers. v. Werner Schmitz, Reinbek 1989

THOMAS MANN: Joseph und seine Brüder, Roman in 4 Teilen:
1. Die Geschichten Jaakobs (Berlin 1933), Frankfurt/M (Fischer Tb. 1183) 1971, S. 5 – 290
2. Der junge Joseph (Berlin 1934), Frankfurt/M (Fischer Tb. 1183) 1971, S. 291 – 495
3. Joseph in Ägypten (Wien 1936), Frankfurt/M (Fischer Tb. 1184) 1971, S. 497 – 952
4. Joseph der Ernährer (Stockholm 1943), Frankfurt/M (Fischer Tb. 1185) 1971, S. 955 – 1363

HARRIET MARTINEAU: The Hour and the Man: an Historical Romance (London 1841), New York 1974

FRITZ MARTINI: Deutsche Literatur im bürgerlichen Realismus 1848 – 1889, Stuttgart [2]1964

JEAN PIERRE MELVILLE (Reg.): Der eiskalte Engel, Frankreich 1967

JOHN MILTON: Paradise Lost, London 1667; dt.: Das verlorene Paradies, übertragen v. Bernhard Schuhmann (1855), Berlin 1984

Das Nibelungenlied, mittelhochdeutsch und neuhochdeutsch, auf Grund der Übersetzung von Karl Simrock bearb. v. Andreas Heusler, Berlin 1964

FRANÇOIS RABELAIS: Gargantua et Pantagruel, Lyon 1532 – 1564, Paris 1966, ed. R. Delblausse, 2 Bde.; dt.: Gargantua und Pantagruel, übers. v. G. Regis, 2 Bde., München 1964

ERICH MARIA REMARQUE: Im Westen nichts Neues (1929), Frankfurt/M – Berlin – Wien (Ullstein Tb. 56) 1979

RAINER MARIA RILKE: Das Buch der Bilder (1902 und 1906), in: Sämtliche Werke, hg. vom Rilke Archiv. In Verbindung mit Ruth Sieber-Rilke besorgt durch Ernst Zinn, Bd. I: Gedichte. 1. Teil, Frankfurt/M 1955, 367 – 477

SUSANNA ROWSON: Charlotte Temple: a tale of truth (Hallowell 1832), ed. by Cathy N. Davidson, New York 1986

RUTH SCHIRMER: Lancelot und Ginevra. Ein Liebesroman am Artushof. Den Dichtern des Mittelalters nacherzählt, Zürich 1961

CATHARINE MARIA SEDGWICK: Hope Leslie, or early times in the Massachusetts, ed. by Carolyn L. Karcher, New York 1998; dt.: Hope Leslie: oder einstige Zeiten in Massachusetts, Leipzig 1836

WILLIAM SHAKESPEARE: A Midsummer-Night's Dream (1600); dt.: Ein Sommernachtstraum, übers. v. August Wilhelm Schlegel, in: Sämtliche Werke, Wiesbaden (R. Löwit) o. J., 124 – 141

WILLIAM SHAKESPEARE: The Merchant of Venice, 1600; dt.: Der Kaufmann von Venedig, übers. v. August Wilhelm Schlegel, in: Sämtliche Werke, Wiesbaden (R. Löwit) o. J., 165 – 187

WILLIAM SHAKESPEARE: The Life of Timon of Athens (1623); dt.: Timon von Athen, übers. v. Dorothea Tieck, in: Sämtliche Werke, Wiesbaden (R. Löwit) o. J., 569 – 587

WILLIAM SHAKESPEARE: The Tragedy of King Lear (1608); dt.: König Lear, übers. v. Wolf Graf Baudissin, in: Sämtliche Werke, Wiesbaden (R. Löwit) o. J., 731 – 756

WILLIAM SHAKESPEARE: The Tragedy of Macbeth (1623), dt.: Macbeth, übers. v. Dorothea Tieck, in: Sämtliche Werke, Wiesbaden (R. Löwit) o. J., 781 – 799

WILLIAM SHAKESPEARE: The Tragedy of Hamlet, Prince of Denmark, 1603; dt.: Prinz von Dänemark, übers. v. August Wilhelm Schlegel, in: Sämtliche Werke, Wiesbaden (R. Löwit) o. J., 801 – 830

WILLIAM SHAKESPEARE: Othello, The Moor of Venice, 1622; dt.: Othello, der Mohr von Venedig, übers. v. Wolf Graf Baudissin, in: Sämtliche Werke, Wiesbaden (R. Löwit) o. J., 831 – 857

PERCY BYSSHE SHELLEY: Prometheus Unbound, London 1820; dt.: Der entfesselte Prometheus, übers. v. a. Wolfenstein, Berlin 1922

STEFAN ZWEIG: Legenden (1922; Stockholm 1945), Frankfurt/M 1979, Nachw. v. Alexander Hildebrand

Eugen Drewermann
Eine Auswahl

Glauben in Freiheit
oder Tiefenpsychologie und Dogmatik.
Dogma, Angst und Symbolismus Band I
ISBN 3-530-16896-3

Band II zu Glauben in Freiheit
Jesus von Nazareth
Befreiung zum Frieden
ISBN 3-530-16897-1

Band III/1 zu Glauben in Freiheit
Der sechste Tag
Die Herkunft des Menschen und die Frage
nach Gott
ISBN 3-530-16898-X

Band III/2 zu Glauben in Freiheit
... und es geschah so
Die moderne Biologie und die Frage nach Gott
ISBN 3-530-16899-8

Band III/3 zu Glauben in Freiheit
Im Anfang...
Die moderne Kosmologie und die Frage nach Gott
ISBN 3-530-16900-5

Hat der Glaube Hoffnung?
Von der Zukunft der Religion am Beginn des 21. Jahrhunderts
ISBN 3-530-16905-6

Kleriker
Psychogramm eines Ideals
ISBN 3-530-70016-9

Tiefenpsychologie und Exegese
Band I: Die Wahrheit der Formen
Traum, Mythos, Märchen, Sagen und Legende
ISBN 3-530-16855-6

Band II: Die Wahrheit der Werke und der Worte
Wunder, Vision, Weissagung, Apokalypse, Geschichte, Gleichnis
ISBN 3-530-16856-4

Das Johannes-Evangelium
Bilder einer neuen Welt. 2 Bände
ISBN 3-491-50102-4 (Bd. 1: Joh 1–10)
ISBN 3-491-50103-2 (Bd. 2: Joh 11–21)

Daß auch der Allerniedrigste mein Bruder sei
Dostojewski – Dichter der Menschlichkeit.
Fünf Betrachtungen
ISBN 3-491-69412-4

Von Tieren und Menschen
Moderne Fabeln
ISBN 3-491-69047-1

Reden gegen den Krieg
ISBN 3-491-72466-X

Ein Mensch braucht mehr als nur Moral
Über Tugenden und Laster
ISBN 3-530-16907-2

Grimms Märchen tiefenpsychologisch gedeutet

Aschenputtel
ISBN 3-530-17001-1

Schneewittchen
ISBN 3-530-17002-X

**Der Wolf und die sieben jungen Geißlein /
Der Wolf und der Fuchs**
ISBN 3-530-17003-8

Frau Holle
ISBN 3-530-17004-6

Brüderchen und Schwesterchen
ISBN 3-530-17005-4

Das Mädchen ohne Hände
ISBN 3-530-17006-2

Hänsel und Gretel
ISBN 3-530-17007-0

Schneeweißchen und Rosenrot
ISBN 3-530-17008-9

Der Herr Gevatter / Der Gevatter Tod / Fundevogel
ISBN 3-530-17009-7

Der Froschkönig
ISBN 3-530-16953-6

atmos VERLAGSHAUS